国家重点档案专项资金资助项目

抗日战争档案汇编

抗战时期西安防空御敌档案汇编

1

西安市档案馆 编

五洲传播出版社

图书在版编目（CIP）数据

抗战时期西安防空御敌档案汇编 / 西安市档案馆编 . 北京：五洲传播出版社，2025. 1. -- （抗日战争档案汇编）. -- ISBN 978-7-5085-5214-9

Ⅰ . K265.063

中国国家版本馆 CIP 数据核字第 20242FM097 号

抗战时期西安防空御敌档案汇编

编　　者：西安市档案馆
出 版 人：关　宏
责任编辑：宋博雅
装帧设计：北京禾风雅艺文化发展有限公司
出版发行：五洲传播出版社
地　　址：北京市海淀区北三环中路31号生产力大楼B座6层
邮　　编：100088
电　　话：010-82005927，82007837
网　　址：www.cicc.org.cn, www.thatsbooks.com
印　　刷：天津艺嘉印刷科技有限公司
版　　次：2025年1月第1版第1次印刷
开　　本：210mm × 285mm
印　　张：72
定　　价：1160.00元（全二册）

抗日战争档案汇编编纂出版工作组织机构

编纂出版工作领导小组

组　长　陆国强

副组长　王绍忠　付　华　魏洪涛　刘鲤生

编纂委员会

主　任　陆国强

副主任　王绍忠

顾　问　杨冬权　李明华

成　员（按姓氏笔画为序排列）

于学蕴　于晓南　于晶霞　马忠魁　马俊凡　马振犊

王　放　王文铸　王建军　卢琼华　田洪文　田富祥

史晨鸣　代年云　白明标　白晓军　吉洪武　刘　钊

刘玉峰　刘灿河　刘忠平　刘新华　汤俊峰　孙　敏

苏东亮　杜　梅　李宁波　李宗春　吴卫东　何素君

张　军　张明决　陈念芜　陈艳霞　卓兆水　岳文莉

郑惠姿　赵有宁　查全洁　施亚雄　祝　云　徐春阳

郭树峰　唐仁勇　唐润明　黄凤平　黄远良　黄菊艳

梅　佳　龚建海　常建宏　韩　林　程潜龙　焦东华

童　鹿　蔡纪万　谭荣鹏　黎富文

编纂出版工作领导小组办公室

主　任　常建宏

副主任　孙秋浦　石　勇

成　员（按姓氏笔画为序排列）

李　宁　沈　岚　贾　坤

陕西省抗日战争档案汇编编纂出版工作组织机构

编纂出版工作领导小组

组　长　高新民

副组长　孙秀梅

编纂委员会

主　任　高新民

副主任　解华波　王康生　孙秀梅　汪明哲　唐建军

委　员（按姓氏笔画为序排列）

王　辉　刘文全　张文峰　吴立民　陈会理　杜佳琦

张若筠　张桂存　张晓红　张雪平　郑文军　周　宏

罗维央　侯富乐　柴小刚　徐　杰　唐国红　寇　宁

崔伟峰

编纂出版工作领导小组办公室

主　任　罗维央

副主任　杨凯雯

成　员　张　艺　曹英发　邱小艳　张一诺　吴小佳　田育星

陈凯华　李蓓蕾　李佳祎　王子琼　黄建伟

《抗战时期西安防空御敌档案汇编》编纂出版工作组织机构

编纂委员会

主　任　吴立民

副主任　张　帜　黄海绒

顾　问　崔　林

成　员　林晓弟　高粉娥　赵　勇　王文利
　　　　李华东　杜　坤

编辑组

主　编　王民权

副主编　赵　勇　柏雪梅

编　辑　闵　冬　杨　朝　何晓丹　苏　洁
　　　　卫秋芬　王　敏　宋　昭　郭琳玉

总序

为深入贯彻落实习近平总书记「让历史说话，用史实发言，深入开展中国人民抗日战争研究」的重要指示精神，国家档案局根据《全国档案事业发展「十三五」规划纲要》和《「十三五」时期国家重点档案保护与开发工作总体规划》的有关安排，决定全面系统地整理全国各级综合档案馆馆藏抗战档案，编纂出版《抗日战争档案汇编》（以下简称《汇编》）。

中国人民抗日战争是近代以来中国反抗外敌入侵第一次取得完全胜利的民族解放战争，开辟了中华民族伟大复兴的光明前景。这一伟大胜利，也是中国人民为世界反法西斯战争胜利、维护世界和平作出的重大贡献。加强中国人民抗日战争研究，具有重要的历史意义和现实意义。

全国各级档案馆保存的抗战档案，数量众多，内容丰富，全面记录了中国人民抗日战争的艰辛历程，是研究抗战历史的珍贵史料。一直以来，全国各级档案馆十分重视抗战档案的开发利用，陆续出版公布了一大批抗战档案，对揭露日本帝国主义侵华罪行，讴歌中华儿女勠力同心、不屈不挠抗击侵略的伟大壮举，弘扬伟大的抗战精神，引导正确的历史认知，发挥了积极作用。特别是国家档案局组织有关方面共同努力和积极推动，「南京大屠杀档案」被联合国教科文组织评选为「世界记忆遗产」，列入《世界记忆名录》，捍卫了历史真相，在国际上产生了广泛而深远的影响。

全国各级档案馆馆藏抗战档案开发利用工作虽然取得了一定的成果，但是，在档案信息资源开发的系统性和深入性方面仍显不足。正如习近平总书记所指出的：「同中国人民抗日战争的历史地位和历史意义相比，同这场战争对中华民族和世界的影响相比，我们的抗战研究还远远不够，要继续进行深入系统的研究。」「抗战研究要深入，就要更多通过档案、资料、事实、当事人证词等各种人证、物证来说话。要加强资料收集和整理这一基础性工作，全面整理我国各地抗战档案、照片、资料、实物等……」

国家档案局组织编纂《汇编》，对全国各级档案馆馆藏抗战档案进行深入系统地开发，是档案部门贯彻落实习近平总书记重要指示精神，推动深入开展中国人民抗日战争研究的一项重要举措。本书的编纂力图准确把握中国人民抗日战争的历史进程、主流和本质，用详实的档案全面反映一九三一年九一八事变后十四年抗战的全过程，反映中国共产党在抗日战争中的中流砥柱作用以及中国人民抗日战争在世界反法西斯战争中的重要地位，反映国共两党「兄弟阋于墙，外御其侮」进行合作抗战、共同捍卫民族尊严的历史，反映各民族、各阶层及海外华侨共同参与抗战的壮举，展现中国人民抗日战争的伟大意义，以历史档案揭露日本侵华暴行，揭示日本军国主义反人类、反和平的实质。

编纂《汇编》是一项浩繁而艰巨的系统工程。为保证这项工作的有序推进，国家档案局制订了总体规划和详细的实施方案，明确了指导思想、工作步骤和编纂要求。为保证编纂成果的科学性、准确性和严肃性，国家档案局组织专家对选题进行全面论证，对编纂成果进行严格审核。

各级档案馆高度重视并积极参与到《汇编》工作之中，通过全面清理馆藏抗战档案，将政治、军事、外交、经济、文化、宣传、教育等多个领域涉及抗战的内容列入选材范围。入选档案包括公文、电报、传单、文告、日记、照片、图表等多种类型。在编纂过程中，坚持实事求是的原则和科学严谨的态度，对所收录的每一件档案都仔细鉴定、甄别与考证，维护档案文献的真实性，彰显档案文献的权威性。同时，以《汇编》编纂工作为契机，以项目谋发展，用实干育人才，带动国家重点档案保护与开发，夯实档案馆基础业务，提高档案人员的业务水平，促进档案馆各项事业的发展。

守护历史，传承文明，是档案部门的重要责任。我们相信，编纂出版《汇编》，对于记录抗战历史，弘扬抗战精神，发挥档案留史存鉴、资政育人的作用，更好地服务于新时代中国特色社会主义文化建设，都具有极其重要的意义。

抗日战争档案汇编编纂委员会

编辑说明

抗战时期，西安作为中国空军的主要基地和大后方主要战略资源基地，侵华日军曾多次制定进攻西安计划，却始终因各种因素的掣肘而被迫放弃。西安尽管未被日军直接入侵，却也遭受日军战机惨无人道的狂轰滥炸长达七年之久。据不完全统计，自一九三七年十一月十三日首次轰炸起到一九四四年十二月四日止，日军先后轰炸西安一百四十五次，出动战机一千一百余架次，投弹三千四百四十余枚，炸毁房屋近七千间，造成二千四百八十余人伤亡。西安人民在蒙受重大生命财产损失、长期饱受精神恐怖之苦的环境下，进行了不屈不挠的艰苦斗争。早在抗战全面爆发前，西安市政府就通过发放传单、开展讲演以及文艺演出等各种方式向市民进行防空知识教育和宣传，组织情报传递、空袭警报、交通管制、消防灭火、防毒消毒、对空射击等科目的防空演习，建设城墙防空洞、军事堡垒以及各类地下室、防空壕、防空坑等防空工事，这些防空工事在之后的空袭防范中起到了非常重要的作用。

西安市档案馆梳理馆藏抗战时期西安防御日机空袭方面相关档案，编纂出版《抗战时期西安防空御敌档案汇编》。全书共二册，均选用馆藏档案原件全文影印，未作删节，如有缺页，为档案自身不全。选稿起自一九三六年二月，迄于一九四六年五月，收录馆藏民国西安市政府、西京筹备委员会、西京市政建设委员会（简称「西京建委」）、陕西省会警察局等全宗档案二百七十余件，内容真实、客观揭露了侵华日军空袭西安造成重大人员伤亡和财产损失的罪行，反映了陕西军民抵御日机空袭的艰辛历程。

全书按照「主题—时间」体例编排，共分为开展防空教育宣传、组织防空救助救护、构筑防空避难工事、召开防空御敌会议、日机空袭伤亡损失、被炸人员设施善后六个主题，部分主题下分列小主题，分别按时间排序。

全书使用规范的简化字。档案中原标题完整或基本符合要求的使用原标题，原标题有明显缺陷的进行了修改或重拟，无标题的加拟标题。标题中人名使用通用名，机构名称使用全称或规范简称，历史地名沿用当时名称，人物姓名、历史地名、机构名称中出现的繁体字、错别字、不规范异体字等予以径改。档案的形成时间以发文时间为准。档案所载时间不完整或不准确的，作了补充或订正；只有年份的，排在该年末；只有年份、月份而没有具体日期的档案，排在该月末；档案无时间且无法考证的标注「时间不详」。

限于篇幅，本书不作注释。

由于时间紧，档案公布量大，编者水平有限，在编辑过程中可能存在疏漏之处，欢迎斧正。

编　者

二〇二〇年十二月

目录

总序
编辑说明

第一册

一、开展防空教育宣传

陕西省建设厅关于检送《西京市人民消极防空常识问答》致西安市政工程处的训令（一九三六年三月九日）……○○三
西京市人民消极防空常识问答（西安市政工程处印）（一九三六年三月二十八日）……○○五
陕西省建设厅、西安市政工程处关于妥觅适当地点作为防空展览会址的来往公文
（一九三六年三月十六日至二十三日）……○三八
陕西省建设厅致西安市政工程处的训令（一九三六年三月十六日）……○三八
附一：全国防空委员会关于奉令在陕筹办防空展览致陕西省政府的公函（一九三六年二月十日）……○四一
附二：全国防空协会关于奉函在陕筹办防空展览致陕西省政府的公函（一九三六年二月二十九日）……○四三
西安市政工程处致陕西省建设厅的呈（一九三六年三月二十三日）……○四五
陕西省建设厅、西安市政工程处关于送交防空巡回展览设备图样估计预算的来往公文
（一九三六年四月二十三日至二十七日）……○四七
陕西省建设厅致西安市政工程处的训令（一九三六年四月二十三日）……○四七

西安市政工程处致陕西省建设厅的呈（一九三六年四月二十七日） …… ○五○
陕西省建设厅关于奉令印发防空避难之设备等防空宣传资料致西安市政工程处的训令（一九三六年五月十三日） …… ○五三
国民政府军事委员会西安防空展览会关于开幕时间地点参加须知及开幕秩序表等致各机关学校团体及领袖的公函（一九三六年五月） …… ○五五
陕西省建设厅关于奉函印发省防空协会宣传工作纲要致西安市政工程处的训令（一九三七年二月八日） …… ○六四
附：陕西省防空协会宣传工作纲要（一九三七年） …… ○六六
陕西省建设厅关于奉函检发防空宣传小册子饬属遵照参阅致西安市政工程处的训令（一九三七年十月十二日） …… ○七三
附一：国民对于消极防空应有的准备和注意（一九三七年九月） …… ○七五
附二：市民防空救护须知（一九三七年九月） …… ○八八
附三：民众防空常识（一九三七年九月） …… 一二五
附四：防毒须知（一九三七年九月） …… 一四二
附五：飞机识别法（一九三七年九月） …… 一五九
附六：简易纱布防毒口罩之制法（一九三七年九月） …… 一七○

二、组织防空救助救护

陕西省卫生处卫生总队关于请将该队列为第八救护中队发给证章致防空第一大队的便函（一九三九年八月十六日） …… 一八五
陕西全省防空司令部救护大队关于所需救护器材应由防空司令部核示后可与该队直接洽办致省卫生处卫生总队的公函（一九三九年八月十八日） …… 一八七
陕西全省防空司令部救护大队关于省卫生处卫生总队奉令编为第三义勇救护队并听候检阅致卫生总队的公函（一九三九年八月二十五日） …… 一八九
陕西全省防空司令部关于防空及防护等电话已饬交换室各司机注意接转致工务（程）大队的训令（一九三九年九月四日收） …… 一九一

西安市政工程处关于赍送所组防空地下室及道路工程队人员名册致全省防空司令部工务（程）大队的笺函（一九三九年）……一九六
陕西全省防空司令部工务（程）大队关于每届警报务须征调工队一队集合待命以备抢修道路营救市民致所属道路工程队的训令（一九四〇年七月十三日）……二〇一
陕西全省防空司令部关于所请嘉奖六月三十日赴灾区抢救死亡情形致西京建委工程处的公函（一九四〇年七月十六日）……二〇三
陕西全省防空司令部关于速将防护团名册连同器材造表送部检查致西京筹备委员会的公函（一九四〇年七月十七日）……二〇五
陕西全省防空司令部工务（程）大队道路工程队关于该队所属各工程队已划分区域并饬每于警报解除后立即执行任务致工务（程）大队的呈（一九四〇年七月十八日）……二〇六
陕西全省防空司令部工务（程）大队关于嗣后救护及抢修被炸工程宜遵照指示办理致所属道路工程队的指令（一九四〇年七月二十三日）……二〇八
陕西全省防空司令部救护大队第三义勇救护队指派担任行营各部救护工作各队一览表（一九四〇年九月）……二一二
陕西全省防空司令部工务（程）大队编制表（一九四〇年九月）……二一四
国民党陕西省执行委员会关于检送西京市空袭服务救济联合会办事处筹备会议记录及组织大纲致西京市国民兵团的笺函（一九四〇年十月二十九日）……二一六
陕西全省防空司令部关于检发义勇消防队臂章式样饬属知照致工务（程）大队的训令（一九四〇年十一月三日）……二二〇

三、构筑防空避难工事

（一）防空方案

西安防空工程实施方案（时间不详）……二二五
西安防空工务实施方案（时间不详）……二三五

（二）修建防空窑洞

陕西省建设厅关于奉令转饬各县尽量增筑窑洞致西安市政工程处的密令（一九三六年三月四日）……二四九

西安市政工程处关于该市防空地下室建设尚付阙如可否预为计划设法筹建致陕西省政府的呈（一九三六年十一月十四日）……二五一

陕西省防空协会、西安市政工程处关于派工修理城墙根地窑的来往公函（一九三七年五月四日至七日）……二五四

陕西省防空协会致西安市政工程处的公函（一九三七年五月四日）……二五四

西安市政工程处致陕西省防空协会的公函（一九三七年五月七日）……二五八

陕西省防空协会关于派员参会商谈该市城墙附近地窑调查设计各事宜致西安市政工程处的公函（一九三七年五月十七日）……二六〇

陕西省会警察局关于赍送该市公共窑洞调查统计表致西安市政工程处的公函（一九三七年六月十一日）……二六四

附：西安市公共窑洞调查统计表（一九三七年六月）……二六七

西安市政工程处关于奉函整理该市公共地窑办法致陕西省防空协会的公函（一九三七年六月二十五日）……二七六

西安市政工程处关于洽办整理该市城垣附近地窑情形致陕西省建设厅的呈（一九三七年七月二十八日）……二七九

陕西省各界抗敌后援会关于请将该市所掘地下室一律加深致西安市政工程处的公函（一九三七年九月九日）……二八二

陕西省建设厅、西安市政工程处关于派调查员劝令市民赶造简易防空壕沟的来往公文（一九三七年九月十三日至二十日）……二八五

陕西省建设厅致西安市政工程处的密令（一九三七年九月十三日）……二八五

西安市政工程处致陕西省建设厅的呈（一九三七年九月二十日）……二八八

西安市政工程处关于三十八军无线电台电报局等在城墙根挖掘防空洞暨城墙塌陷情形致陕西省建设厅及西京建委的呈（一九三七年十一月三十日）……二九二

附：西安市政工程处调查员李广荫关于兴隆巷附近城墙防空洞塌陷致该处的签呈（一九三七年十一月二十八日）……二九四

陕西全省防空司令部关于检送会商整理及增筑公私防空地下室防空壕沟议决事项致西京建委的公函（一九三九年二月四日）……二九六

附：抗敌后援会、市防护团、防空司令部、各代表会商整理及增筑公私防空地下室防空壕沟议决事项（一九三九年二月一日）…… 二九九
西京建委工程处关于钰记营造厂违章承修建筑转请警局依法取缔致西京建委的呈（一九四〇年一月二十六日）…… 三〇一
附：西京建委工程处调查员陆大荣关于钰记营造厂违章承修建筑致该处的签呈（一九四〇年一月二十四日）…… 三〇三
西京建委工程处关于该市各公共防空洞气眼大都破坏东关正街及马厂子口等处破坏更甚致陕西全省防空司令部及省会警察局的公函（一九四〇年三月五日）…… 三〇四
西京建委工程处关于该市城墙防空洞多不合法亟应改善并附送调查表改善图致陕西全省防空司令部的公函（一九四〇年三月七日）…… 三〇六
附：调查城墙下防空洞危险情形地址数目记载表（一九四〇年三月）…… 三〇八
陕西省会警察局关于该市公共防空地下室已由防护团统筹请款补修致西京建委工程处的公函（一九四〇年三月十日）…… 三一二
陕西省公路管理局关于嗣后如有警报请仍准许该局员工前往防空洞避藏免生危险致西安市政工程处的公函（一九四〇年六月十六日）…… 三一四
陕西全省防空司令部关于准函转饬防护团从速赶修效忠里城墙防空洞致西京建委工程处的公函（一九四〇年六月二十日）…… 三一六
陕西全省防空司令部关于准函补修该市公共地下室等致西京建委的公函（一九四〇年六月二十四日）…… 三一八
陕西全省防空司令部关于城墙地下室气眼勿留于城外致西京建委的公函（一九四〇年六月二十九日）…… 三二〇
西安警备司令部关于定期召集城防有关机关会商堵塞穿透防空洞办法致西京建委的公函（一九四〇年七月十五日）…… 三二二
西京建委关于请即转饬修整沿城内外防空沟壕以利市民趋避致陕西全省防空司令部及省会警察局的公函（一九四〇年七月二十日）…… 三二四
西京建委工程处关于遵令派员详查城墙及防空洞经过情形致陕西全省防空司令部工务（程）大队部的呈 …… 三二六
（一九四〇年十一月二日）…… 三二六
陕西全省防空司令部关于赍送拟建西安第二预备情报所略图致西安市政工程处的公函（一九四一年一月十五日）…… 三二八
附：拟建（喇嘛寺）第二防空预备情报所设计略图（一九四一年一月）…… 三三〇

（三）四郊防空疏建

西安市非常时期疏建委员会关于从速派员来会与建设组接洽办理近郊调查挖窑各事致西京建委的笺函
（一九三七年七月九日）…………三三二

陕西省建设厅关于各机关职员眷属应于可能范围内迅速移住乡村谨防意外致西安市政工程处的训令
（一九三七年九月十四日）…………三三四

陕西省政府秘书处关于愿在城南凿筑窑洞机关可径向建设厅洽办致西安市政工程处的公函（一九三七年十月九日）…………三三六

陕西省建设厅关于洽办城南凿窑手续并检送各机关凿窑分段图表致西安市政工程处的密函（一九三七年十月十四日）…三三八

附：拟定中央及西京市各机关凿窑分段图（一九三七年十月十四日）…………三四〇

陕西省建设厅关于请将本市各机关城南凿窑分段图表检送一份以明有无冲突致西京建委的公函
（一九三七年十月二十四日）…………三四一

陕西省建设厅关于饬知前所划定城南凿窑地段因故变更致西安市政工程处的训令（一九三七年十一月十一日）…………三四五

西京建委技师赵梦瑜关于城南应凿窑洞数量地段致该会的便签（一九三七年十一月十五日）…………三四七

西京建委技师赵梦瑜关于凿筑窑洞所耗工资材料杂费致西京筹备委员会的签呈（一九三七年十一月十六日）…………三四八

附一：防空平窑洞图（一九三七年十一月十六日）…………三四九

附二：凿筑窑洞所耗工料及所凿窑洞价格各表（一九三七年十一月十六日）…………三五〇

中中交农四银行联合办事处西安分处关于送请查收四行窑洞工料费暨请先核给居住许可证等致西京建委的公函
（一九三七年十二月二日）…………三五四

西安市非常时期疏建委员会关于赍送疏建四郊计划致西京建委工程处的公函（一九三九年六月二十日收）…………三六〇

附：陕西省会疏建四郊计划（一九三九年六月二十日收）…………三六一

军政部驻陕军需局、西京建委工程处关于新履公司拟在城外另建新厂速办领照手续以便查勘的一组公函
（一九三九年七月四日至九日）…………三七一

军政部驻陕军需局致西安市政工程处的公函（一九三九年七月四日）…………三七一

西京建委工程处致军政部驻陕军需局的公函（一九三九年七月九日）…………三七三

西安市非常时期疏建委员会关于答复疏散时间致西京建委的笺函（一九三九年七月十日）……三七五
西安市非常时期疏建委员会关于检送工作总报告续表致西京市政工程处的公函（一九三九年八月三日）……三七七
附一：西安市非常时期疏建委员会工作总报告补充续表（一九三九年八月九日）……三七八
附二：西安市非常时期疏建委员会疏散机关统计续表（自一九三九年七月十一日起至二十八日止）……三八〇
西安市非常时期疏建委员会关于检送本会工作概况与五十日工作报告补充表及统计总表致西京建委的公函
（一九三九年十一月二十日）……三八四
附一：西安市非常时期疏建委员会工作概况（一九三九年五月二十一日至七月十日）……三八五
附二：西安市非常时期疏建委员会疏散机关统计总表
（自一九三九年六月一日第一期自动疏散起至七月十日强迫疏散止）……三九一
附三：西安市非常时期疏建委员会五十天工作总报告补充表（一九三九年七月十六日）……四〇五
国民政府文官处关于饬知另编临时概算呈请追加防空各费致西京筹备委员会的公函（一九三九年十二月九日）……四一一
国民政府关于所请追加民国二十八年度岁出临时概算已经会议决议通过致西京筹备委员会的训令
（一九四〇年三月十一日）……四一四
财政部关于追加民国二十八年度防空修建疏建临时费致西京筹备委员会的公函（一九四〇年四月二十三日）……四一七
陕西全省防空司令部关于动员教堂教民积极疏散以减损害致工务（程）大队的代电（一九四〇年五月十四日）……四一九
西京筹备委员会关于送达该会防空疏建费领款书第二、三两联致中央银行国库局的笺函
（一九四〇年五月二十二日）……四二〇
陕西省政府及全省保安司令部关于从速实施省会警察局疏散人口暂行办法致西京建委的代电
（一九四〇年七月二十二日）……四二二
附：陕西省会警察局疏散人口暂行办法（一九四〇年）……四二四
西京建委工程处关于遵照陕西省疏建委员会疏建办法暂停发放一切建筑执照是否可行致西京建委的呈
（一九四〇年十一月十五日）……四二七

附：陕西省疏建委员会第五组疏建办法（一九四〇年） …… 四二九
陕西省疏建委员会关于该会第四次全会决议要求积极疏散以策安全致西京建委的通告（一九四一年五月二十四日收） …… 四三四
（四）打通疏散通道
西京建委、陕西省会警察局关于令饬沿城住户限期一律拆让围墙以资修筑顺城马路的来往公函
（一九三九年二月九日至十一日） …… 四三八
西京建委致陕西省会警察局的公函（一九三九年二月九日） …… 四三八
陕西省会警察局致西京建委的公函（一九三九年二月十一日） …… 四四〇
米俊生等人与西京建委关于拆让附城墙垣事的来往文书（一九三九年二月十八日至二十二日） …… 四四三
米俊生等人致西京建委的呈（一九三九年二月十八日收） …… 四四三
西京建委致米俊生等人的批示（一九三九年二月二十二日） …… 四四六
杨焌茹等人与西京建委关于拆让附城墙垣事的来往文书（一九三九年二月十八日至二十二日） …… 四四八
杨焌茹等人致西京建委的呈（一九三九年二月十八日收） …… 四四八
西京建委致杨焌茹等人的批示（一九三九年二月二十二日） …… 四五三
广仁寺代理达喇嘛关符清与西京建委关于绕越修筑顺城马路事的来往文书（一九三九年二月十四日至三月二日） …… 四五五
关符清致西京建委的呈（一九三九年二月十四日） …… 四五五
西京建委致关符清的笺函（一九三九年三月二日） …… 四五八
陕西全省防空司令部关于修筑顺城马路暂按五市尺宽迅于进行致西京建委的公函（一九三九年三月十四日） …… 四六〇
西京建委关于该会第一百一十九次会议议决用劳动服务民工修筑顺城马路致陕西省会警察局的公函
（一九三九年三月二十五日） …… 四六二
西京建委、陕西省政府关于顺城马路仍照五公尺修筑请饬警察局强制执行的来往公函
（一九三九年四月二十一日至五月二日） …… 四六四
西京建委致陕西省政府的公函（一九三九年四月二十一日） …… 四六四

陕西省政府致西京建委的公函（一九三九年五月二日）……四六七

西京建委、陕西省会警察局关于拆除四府街门外红庙及打通顺城路与城中路交通的来往公函（一九三九年四月二十一日至五月五日）……四六九

西京建委致陕西省会警察局的公函（一九三九年四月二十一日）……四六九

陕西省会警察局致西京建委的公函（一九三九年五月五日）……四七一

附：街绅王德明香长董云五等关于申请免拆红庙而重教育致陕西省会警察局的呈（一九三九年四月）……四七五

陕西省会警察局关于办理顺城马路拆让情形致西京建委的公函（一九三九年六月六日）……四七七

附一：军政部第二十五无线电台致陕西省会警察局第六分局的公函（一九三九年六月）……四八一

附二：陕西省会警察局第一分局管区东南城墙根尚未拆除军事机关建筑物调查表（一九三九年六月）……四八二

西京建委、第十战区长官司令部、西安警备司令部关于顺城马路拆让因有军事机关建筑物难以打通及查核办理情形的来往公函（一九三九年六月二十七日至七月九日）……四八四

西京建委致第十战区长官司令部及西安警备司令部的公函（一九三九年六月二十七日）……四八四

第十战区长官司令部致西京建委的公函（一九三九年七月七日）……四八六

西安警备司令部致西京建委的公函（一九三九年七月九日）……四八九

陕西省政府关于调查表中仅有环境电话处三学街南城根地下室围墙拆除为该府管辖当准函令其拆让致西京建委的公函（一九三九年七月六日）……四九二

陕西省会警察局关于已准函严饬各分局勒令沿城住户迅将顺城马路建筑物拆除净尽所有机关建筑物办理不无困难仍请派员分头接洽拆让致西京建委的公函（一九三九年七月十六日）……四九四

西京建委、陕西省会警察局关于促请催办打通顺城马路的来往公函（一九三九年八月一日至十一日）……四九七

西京建委致陕西省会警察局的公函（一九三九年八月一日）……四九七

陕西省会警察局致西京建委的公函（一九三九年八月十一日）……四九九

附：各军政机关建筑物调查表（一九三九年八月）……五〇三

西京建委关于促请转饬各军事机关拆让建筑物以便打通顺城路线致第十战区长官司令部的公函
（一九三九年八月二十五日）……五〇四

附：有碍顺城马路墙房各段平面草图（一九三九年八月）……五〇六

西京建委工程处处长龚贤明关于东仓巷北段开辟防空路线致西京筹备委员会顾问张扶万的笺函
（一九四〇年一月三十一日）……五〇八

西京建委工程处、陕西省会警察局关于转饬储备仓东巷联保打通该巷北端住户史文华院内北墙的来往公函
（一九四〇年二月十二日至二十二日）……五一〇

西京建委工程处致陕西省会警察局的公函（一九四〇年二月十二日）……五一〇

陕西省会警察局致西京建委工程处的公函（一九四〇年二月二十二日）……五一二

西京建委工程处关于打通东仓巷北端住户史文华院内北墙已请警局饬办在案致西京筹备委员会顾问张扶万的笺函
（一九四〇年二月二十四日）……五一四

陕西省政府关于商请转饬办理临时参议会咨送参议员张扶万等提请开通西仓北边道路以便居民出避敌机致
西京建委的代电（一九四〇年五月二十一日）……五一六

附：张扶万等开通本市西仓北边道路以便居民出避敌机提案（一九四〇年五月）……五一七

西京建委、西京建委工程处关于派员查勘开通西仓北边道路的来往公文（一九四〇年五月二十四日至六月五日）……五一九

西京建委致西京建委工程处的代电（一九四〇年五月二十四日）……五一九

西京建委工程处致西京建委的呈（一九四〇年六月五日）……五二〇

附：西仓东北角同教场巷相通平面图（一九四〇年五月二十八日）……五二三

西京建委关于仰照所拟第一项办法开通西仓巷道路致会属工程处的指令（一九四〇年六月二十九日）……五二四

西京建委关于开辟西仓北边道路并附送相关平面图致陕西省政府的公函（一九四〇年六月二十九日）……五二六

西京建委工程处、陕西省会警察局关于转饬西仓保长即按第一项办法拆除庙房以便派工修筑而利防空的来往公函
（一九四〇年七月六日至九月九日）……五二八

西京建委工程处致陕西省会警察局的公函（一九四〇年七月六日）……五二八

附：西仓内东北角拟辟新巷道平面设计图（一九四〇年七月六日）……………………五三〇
陕西省会警察局致西京建委工程处的公函（一九四〇年九月九日）……………………五三一
西京建委关于已函警局转饬西仓保长拆除庙房俾便开辟西仓道路致陕西省政府的公函（一九四〇年七月十三日）……五三三
西京建委工程处关于遵令派员会同警局洽办打通顺城路经过并赍调查表分段草图致西京建委的呈
（一九四〇年八月五日）……………………五三五
附：西京市顺城马路各段阻碍住户姓名地址门牌名称调查表（一九四〇年八月五日）……………………五三八
陕西省政府关于商请转饬筹划设计继修城内环城马路俾利城防而便民众防空致西京建委的代电
（一九四〇年八月七日）……………………五四〇
西京建委、陕西全省防空司令部关于是否出示打通顺城马路布告的来往公函（一九四〇年八月十日至十九日）……五四一
西京建委致警备防空两司令部、陕西省会警察局的公函（一九四〇年八月十日）……………………五四一
陕西全省防空司令部致西京建委的公函（一九四〇年八月十九日）……………………五四五
陕西省政府及全省保安司令部、西京建委关于洽商继续辟筑顺城马路俾利城防而便民众防空的来往代电
（一九四〇年八月十一日至十五日）……………………五四七
陕西省政府及全省保安司令部致西京建委的代电（一九四〇年八月十一日）……………………五四七
西京建委致陕西省政府及全省保安司令部的代电（一九四〇年八月十五日）……………………五四八
西京建委工程处关于遵令派员分头洽办拆除顺城路阻碍物情形并划定红线以为拆除标准致西京建委的呈
（一九四〇年九月十二日）……………………五五〇
西京建委工程处关于拆除西仓庙房打通道路原系参议会提案未便变更致陕西省会警察局的公函
（一九四〇年九月二十一日）……………………五五二
陕西全省防空司令部关于商请酌予拆除顺城马路土墙建筑物致西京建委的公函（一九四〇年九月二十三日）……五五四
西京建委工程处关于报告遵令派员洽办顺城马路经过情形致西京建委的呈（一九四〇年十月十一日）……五五六
陕西省政府及全省保安司令部关于顺城马路可先绕道兴筑致西京建委的公函（一九四〇年十月十三日）……五五九

西京建委工程处、西京建委关于将顺城马路应留应拆建筑物先为指明俾定线者知所遵绕的一组公文（一九四〇年十月二十四日至三十日） …… 五六一

西京建委工程处致西京建委的呈（一九四〇年十月二十四日） …… 五六一

西京建委致陕西省政府、全省保安司令部的公函（一九四〇年十月三十日） …… 五六三

西京建委致西安警备司令部的公函（一九四〇年十月三十日） …… 五六五

西京建委关于通知会勘顺城马路时间致西安警备司令部的公函（一九四〇年十一月二十二日） …… 五六七

陕西全省防空司令部关于开辟顺城马路时请将城下防空洞口过低者饬工注意排水道致西京建委的代电（一九四一年七月三十日） …… 五六九

陕西省政府关于准电转知承筑顺城路机关将路线离开城垣三公尺俾免妨碍城防工事致西京建委的代电（一九四一年八月十九日） …… 五七〇

第二册

三、构筑防空避难工事

（五）修筑防空便门

西京建委工程处关于请核示处理中央战时干部训练团第四团拟于西南城角开门意见致西京建委的呈（一九三九年四月四日） …… 五七五

陕西省建设厅关于四府街新辟城门与该街马路不成直线小差市挖掘处俟大差市动工时再为补修致西京建委的公函（一九三九年四月十五日） …… 五七九

西京建委、国民政府军事委员会委员长天水行营参谋处关于在东南城垣开设交通孔八处的一组公文（一九三九年四月二十一日至二十四日） …… 五八一

西京建委致国民政府军事委员会委员长天水行营总务处的笺函（一九三九年四月二十一日） …… 五八一

国民政府军事委员会委员长天水行营参谋处致西京建委的公函（一九三九年四月二十四日）……五八三
西京建委关于该会第一百二十一次会议决议增辟城门致陕西省建设厅的公函（一九三九年四月二十一日）……五八五
陕西省建设厅关于特派该厅技佐王冀纯前往商洽处置新辟四府街城门坍塌之处致西京建委龚贤明的笺函
（一九三九年四月三十日）……五八七
陕西省建设厅关于增辟五处防空便门业已全部测定并确定开工日期致西京建委的公函（一九三九年五月六日）……五八九
西京建委关于设计估价南四府街新辟城门上端砖碹致会属工程处的训令（一九三九年五月十七日）……五九一
陕西省建设厅关于请速检送测定西北三路开辟便门位置图并派员指示地点致西京建委的公函
（一九三九年五月二十三日）……五九三
陕西省建设厅关于南四府街新辟城门砖碹工程请由市政工程处办理致西京建委的代电（一九三九年五月二十四日）……五九六
西京建委关于奉函转知迅即施工开辟西北三路防空便门致陕西省建设厅的公函（一九三九年五月二十六日）……五九七
西京建委关于四府街新辟城门砖碹工程已由市政工程处办理致陕西省政府的代电……五九九
（一九三九年五月二十六日）……五九九
西京建委关于新辟西北三路防空便门迅予施工勿再延缓致会属工程处的训令（一九三九年五月二十六日）……六〇一
西京建委、陕西省建设厅关于注意改善柏树林及其他新辟各门城外坡度的来往公函
（一九三九年五月二十六日至六月一日）……六〇四
西京建委致陕西省建设厅的公函（一九三九年五月二十六日）……六〇四
陕西省建设厅致西京建委的公函（一九三九年六月一日）……六〇六
陕西省建设厅关于属员签称柏树林崇礼路等三处新辟便门土质松散风蚀层落亟应用砖砌碹致西京建委的公函
（一九三九年六月九日）……六〇八
陕西省建设厅关于西安警备司令部函请派员勘估四府街城门砖工程致西京建委的公函（一九三九年六月十日）……六一〇
西京建委工程处关于南郊铺筑碎石路面及南四府街新辟城门砌砖等工程将当众开标请派员指导致西京建委的呈
（一九三九年六月十八日）……六一二

陕西省建设厅关于柏树林崇礼路两防空便门似可利用土墙加砌砖碹顶致西京建委的公函（一九三九年六月十九日）……六一四
陕西省建设厅关于请将崇礼路柏树林两防空便门从速施工加砌砖碹致西京建委的公函（一九三九年七月八日）……六一六
西京建委关于修筑崇礼路柏树林防空便门应加柱照做并改正图样报会致会属工程处的训令（一九三九年七月十九日）……六一九
西京建委工程处关于请核除饬包商赶修南四府街新辟城门外所有中山门现堵一门可否打通致西京建委的呈（一九三九年十月七日）……六二一
陕西省建设厅关于准函增工赶修南四府街新辟城门致西京建委的公函（一九三九年十月七日）……六二四
西京建委关于准函赶修南四府街新辟城门致会属工程处的训令（一九三九年十月十一日）……六二六
陕西全省防空司令部关于请即转饬工程处增工修筑南四府街新辟城门致西京建委的公函（一九三九年十月十三日收）……六二八
西京建委工程处关于南四府街新辟城门已派该处施工处主任前往督修限期完成致西京建委的呈（一九三九年十月二十三日）……六三〇
第十战区司令长官司令部关于请即转饬员工漏夜兴筑南四府街新辟城门分别改辟东南西北及中山各城门外瓮城之门致西京筹备委员会的代电（一九三九年九月二十七日）……六三二
陕西省建设厅关于增辟双仁府及莲花池两处防空便门致西京建委的公函（一九三九年十一月十七日）……六三三
西京建委关于准函增辟双仁府及莲花池两处防空便门致会属工程处的训令（一九三九年十一月二十一日）……六三五
西京建委工程处关于请求派员验收南四府街新辟城门工程致西京建委的呈（一九三九年十二月八日）……六三七
西京建委工程处关于请求派员验收大油巷等处防空便门门窗工程致西京建委的呈（一九四〇年二月二十八日）……六三九
西安市政处关于饬属届时派员参加修筑本市防空便门大门等工程比价致处属工务局的训令（一九四四年五月十日）……六四一
西安市政处工务局关于赍送修筑北马道巷等五处防空便门合同等件致市政处的呈（一九四四年五月十七日）……六四三
附一：修筑北马道巷等五处防空便门合同（一九四四年五月）……六四六
附二：北马道巷等五处防空便门施工说明书（一九四四年五月）……六五三
附三：北马道巷等五处防空便门木架图（一九四四年五月）……六五五

附四：修筑北马道巷等五处防空便门及木架工程估价单（一九四四年五月）……六五六

西安市政处工务局关于赍送北马道巷等五处防空便门竣工图并请派员验收致市政处的呈（一九四四年七月二十二日）……六五八

附一：北马道巷等五处防空便门竣工草图（一九四四年七月）……六六〇

附二：北马道巷等五处防空便门竣工图（一九四四年七月）……六六一

附三：北马道巷等五处防空便门工程结算表（一九四四年七月）……六六二

陕西省政府、西安市政府关于派员验收北马道巷等五处防空便门工程的来往公文（一九四四年九月八日至十月六日）……六六三

陕西省政府致西安市政府的指令（一九四四年九月八日）……六六三

西安市政府致陕西省政府的呈（一九四四年十月六日）……六六五

四、召开防空御敌会议

（一）陕西省防空协会

陕西省防空协会研究组会议记录（一九三七年一月二十一日）……六六九

陕西省防空协会研究组会议记录（一九三七年一月二十二日至二十三日）……六七〇

陕西省防空协会第十次周会记录（一九三七年七月十七日）……六七二

陕西省防空协会第二次会务会议记录（一九三七年七月三十一日）……六七六

陕西省防空协会第十五次周会记录（一九三七年九月四日）……六八三

陕西省防空协会第四次会务会议记录（一九三七年九月三十日）……六八八

（二）陕西全省防空司令部

陕西全省防空司令部第二次会报记录（一九三九年四月十二日）……六九六

陕西全省防空司令部第三次会报记录（一九三九年四月二十六日）……六九八

陕西全省防空司令部第四次会报记录（一九三九年五月十日）……七〇二

陕西全省防空司令部第五次会报记录（一九三九年五月二十四日）……七〇五

陕西全省防空司令部第六次会报记录（一九三九年六月七日）……七〇八
陕西全省防空司令部第七次会报记录（一九三九年六月二十八日）……七一一
陕西全省防空司令部第八次会报记录（一九三九年七月十二日）……七一四
陕西全省防空司令部第九次会报记录（一九三九年七月二十六日）……七一七
陕西全省防空司令部第十次会报记录（一九三九年八月二十三日）……七一九
陕西全省防空司令部第十一次会报记录（一九三九年九月六日）……七二四
陕西全省防空司令部第十二次会报记录（一九三九年十月四日）……七二七
陕西全省防空司令部第十三次会报记录（一九三九年十月十八日）……七三一
陕西全省防空司令部第十四次会报记录（一九三九年十月十八日）……七三五
陕西全省防空司令部第十五次会报记录（一九三九年十一月十五日）……七三七
陕西全省防空司令部第十六次会报记录（一九三九年十一月二十九日）……七三九
陕西全省防空司令部第十七次会报记录（一九四〇年一月十日）……七四三
陕西全省防空司令部第十八次会报记录（一九四〇年二月十四日）……七四七
陕西全省防空司令部第十九次会报记录（一九四〇年三月六日）……七五一
陕西全省防空司令部第二十次会报记录（一九四〇年三月二十七日）……七五四
陕西全省防空司令部第二十一次会报记录（一九四〇年四月十日）……七五八
陕西全省防空司令部第二十二次会报记录（一九四〇年五月一日）……七六〇
陕西全省防空司令部第二十三次会报记录（一九四〇年五月二十二日）……七六二
陕西全省防空司令部第二十四次会报记录（一九四〇年六月十二日）……七六四
陕西全省防空司令部第二十五次会报记录（一九四〇年七月三日）……七六六
陕西全省防空司令部第二十六次会报记录（一九四〇年七月三十一日）……七七二
陕西全省防空司令部第二十七次会报记录（一九四〇年十月二日）……七七八

陕西全省防空司令部第二十八次会报记录（一九四〇年十月二十三日）……七八〇
陕西全省防空司令部第二十九次会报记录（一九四〇年十一月十三日）……七八四
陕西全省防空司令部加强防空设备委员会第三次会议议程（一九四一年二月七日）……七八七
陕西全省防空司令部与各有关机关联席会议记录（一九××年五月十六日）……七九三
陕西全省防空司令部紧急会议议程（时间不详）……七九八

（三）陕西全省防空司令部救护大队

陕西全省防空司令部救护大队第四次临时会议记录（一九三九年八月十日）……八〇二
陕西全省防空司令部救护大队第六次临时会议记录（一九四〇年四月十二日）……八〇六
陕西全省防空司令部救护大队第七次临时会议记录（一九四〇年六月十五日）……八〇八
陕西全省防空司令部救护大队紧急临时会议记录（一九四〇年七月一日）……八一四
陕西全省防空司令部救护大队第九次临时会议记录（一九四〇年八月二十六日）……八二二
陕西全省防空司令部救护大队第十次临时会议记录（一九四〇年十一月十六日）……八三〇

五、日机空袭伤亡损失

陕西省建设厅关于奉令查明摄片具报敌机轰炸情形致西安市政工程处的训令（一九三七年九月七日）……八三七
陕西省建设厅关于奉令具报敌机空袭行政人员训练所伤亡学员名单照例议恤致西安市政工程处的训令（一九三八年十二月二十四日）……八四〇
陕西省卫生处卫生总队一九三九年十月十一日救护难民名单（一九三九年十月十二日）……八四九
陕西全省防空司令部救护大队第三义勇救护队兼省卫生处卫生总队队长孙家齐关于遭敌空袭救护情况致省卫生处的报告（一九三九年十月三十日）……八五〇
陕西省卫生处卫生总队第一分队关于当日被炸震坏器具估价致总队的报告（一九三九年十一月八日）……八五二
附：陕西省卫生处卫生总队第一分队被炸损坏器具估价清单（一九三九年）……八五三

陕西全省防空司令部救护大队第三义勇救护队造送救护被炸受伤人数报告表（一九三九年十一月二十五日）……八五五
陕西全省防空司令部救护大队第三义勇救护队造送当日上午十一时救护被炸受伤人数报告表
（一九三九年十一月二十六日）……八五六
陕西全省防空司令部救护大队第三义勇救护队造送当日上午十时救护被炸受伤人数报告表（一九四〇年六月三十日）…八五七
陕西省会卫生事务所关于赍送被炸财产损失报告单致警察第二分局的公函（一九四一年五月二十五日）……八五九
西京建委工程处职员王志学关于赍送最近两次空袭被毁建筑物调查表致该处的签呈（一九四一年八月二十七日）……八六一
附一：第一次空袭被毁建筑物调查表（一九四一年八月）……八六二
附二：第二次空袭被毁建筑物调查表（一九四一年八月）……八六六
西京建委工程处职员董世忠关于被炸各区建筑物动工领照情形致该处的签呈（一九四一年九月十九日）……八七〇
附：复查各户动工领照及罚办表（一九四一年九月十九日）……八七二
华峰面粉股份有限公司关于赍送遇敌轰炸期间停机时间损失表致第一区面粉工业同业公会的公函
（一九四四年五月十六日）……八七四
附：西安华峰面粉公司历年因受空袭警报停机时间损失表（一九四四年五月十六日）……八七五
陕西省会警察局敌机轰炸损害报告表（一九四四年九月十二日）……八七七
陕西省会警察局敌机轰炸损害报告表（一九四四年九月十二日）……八七九
陕西省会警察局敌机轰炸损害报告表（一九四四年九月二十日）……八八〇
陕西省会警察局敌机轰炸损害报告表（一九四四年九月二十一日）……八八一
西京招待所与西安市政府关于证明抗战期间财产损失以便转向敌方要求赔偿的来往文书
（一九四六年二月十九日至三月八日）……八八二
西京招待所致西安市政府的呈（一九四六年二月十九日）……八八二
附：西京招待所各项损失表单（一九四六年二月十五日）……八八三
西安市政府的批示（一九四六年三月八日）……八八六

西安市浴商业同业公会关于赍送抗战时期日机轰炸损失汇报表致西安市政府的呈（一九四六年三月十日）……八八八
附：浴商业同业公会会员财产损失汇报表（一九四六年二月三日至三月七日）……八九〇
陕西省会抗战损失调查报表（一九四六年三月七日至五月二十五日）……九〇二

六、被炸人员设施善后

（一）补修被炸鼓楼

西京建委关于派员查勘补修钟鼓楼被炸工程并估价报会致会属工程处的训令（一九三九年九月九日）……九五七
西京建委工程处修理鼓楼被炸部分草图（时间不详）……九五九
西京建委工程处修补鼓楼楼顶工程预算表（一九三九年九月二十日）……九六〇
西京建委工程处关于赍送补修鼓楼被炸工程合同标单说明书保证书致西京建委的呈（一九三九年十一月二十日）……九六一
附一：补修鼓楼被炸工程合同（一九三九年十一月二十日）……九六二
附二：补修鼓楼被炸工程估价单（一九三九年十一月十一日）……九六九
附三：补修鼓楼被炸工程施工说明（时间不详）……九七一
附四：承修鼓楼被炸工程保证书（一九三九年十一月六日）……九七三
西京建委工程处关于请求派员验收补修鼓楼被炸工程致西京建委的呈（一九三九年十二月二十日收）……九七四
西京建委工程处关于赍送补修鼓楼被炸工程结算表决算表致西京建委的呈（一九四〇年一月二日）……九七六
附一：补修鼓楼被炸工程结算表（一九三九年十二月三十日）……九七八
附二：补修鼓楼被炸工程决算表（一九三九年十二月三十日）……九七九
西京建委工程处关于请求派员验收补修鼓楼被炸工程修复经过情形致西京建委的呈（一九四〇年一月四日）……九八〇

（二）补修被炸钟楼

西京建委工程师龚洪源关于宜早补修钟楼被炸部分以策安全致西京建委的签呈（一九三九年十月十四日）……九八三
西京建委关于补修钟楼被炸工程估价致会属工程处的训令（一九三九年十月二十八日）……九八四

西京建委工程处关于奉令造赍补修钟楼被炸工程图表致西京建委的呈（一九三九年十一月七日）…… 九八六
附一：修补钟楼工程设计图（一九三九年十一月四日）…… 九八八
附二：修补钟楼工程费预算表（一九三九年十一月四日）…… 九八九
西京建委关于准予照修钟楼被炸工程唯于承包公司须随时注意切勿疏忽致会属工程处的指令（一九三九年十一月十八日）…… 九九一
西京建委工程处关于奉令赍送补修钟楼被炸工程合同估单说明书保证书致西京建委的呈（一九三九年十二月六日）…… 九九三
附一：补修钟楼被炸工程合同（一九三九年十一月十八日）…… 九九五
附二：补修钟楼被炸工程标单（一九三九年十一月十三日）…… 一〇〇二
附三：补修钟楼被炸工程施工说明（时间不详）…… 一〇〇五
附四：承修钟楼被炸工程保证书（一九三九年十一月十三日）…… 一〇〇八
西京建委工程处补修钟楼被炸工程增修各部略图（一九四〇年二月十八日）…… 一〇〇九
西京建委工程处关于请求派员验收补修钟楼被炸工程致西京建委的呈（一九四〇年二月二十四日）…… 一〇一〇
陕西省会警察局、西京建委关于饬工从速修竣钟楼内部以便配驻警队维护公安的来往公函（一九四〇年三月十一日至十九日）…… 一〇一二
陕西省会警察局致西京建委的公函（一九四〇年三月十一日）…… 一〇一二
西京建委致陕西省会警察局的公函（一九四〇年三月十九日）…… 一〇一四
西京建委工程处关于遵令赍送钟楼二楼被炸檐柱修补估价致西京建委的呈（一九四〇年四月十一日）…… 一〇一六
西京建委关于迅予增补具报钟楼二楼被炸檐柱致会属工程处的训令（一九四〇年六月七日）…… 一〇一八
（三）修复被炸民居、环城路
民人张季衡与西京建委工程处关于租赁被炸房屋地基筑墙搭棚营业事的来往文书（一九四〇年一月二日至四日）…… 一〇二一
民人张季衡致西京建委工程处的呈（一九四〇年一月二日）…… 一〇二一
西京建委工程处的批示（一九四〇年一月四日）…… 一〇二三

西京建委工程处职员胡思修关于文化服务社两旁被炸房屋修复调查情况致该处的签呈（一九四〇年三月二十八日）……一〇二五
附一：黄裕如所缴图表收据（一九三九年八月七日）……一〇二七
附二：黄裕如等所缴暂行修缮呈报图则（一九三九年八月十一日）……一〇二八
附三：查勘修缮工程地点概图（一九四〇年八月十一日）……一〇三〇
西京建委工程处职员胡思齐与该处关于商民崔景震呈请免拆被炸房屋地基上搭盖泥棚事的一组文书
（一九四〇年六月二十六日至七月三日）……一〇三一
胡思齐致西京建委工程处的签呈（一九四〇年六月二十六日）……一〇三一
附：商民崔景震关于恳请免拆被炸房屋地基上所搭泥棚致西京建委工程处的呈（一九四〇年六月）……一〇三五
西京建委工程处的批示（一九四〇年七月三日）……一〇三八
西京建委工程处、西京市国民兵团团部关于继续派兵整修环城路被炸路面的来往公文
（一九四一年五月三十日至六月一日）……一〇四〇
西京建委工程处致西京市国民兵团团部的笺函（一九四一年五月三十日）……一〇四〇
西京市国民兵团团部致西京建委工程处的公函（一九四一年六月一日）……一〇四二
（四）修复西大街桥梓口被炸地下室
陕西全省防空司令部、西京建委关于派员修复桥梓口被炸公共地下室的来往公函（一九四〇年七月五日至十日）……一〇四五
陕西全省防空司令部致西京建委的公函（一九四〇年七月五日）……一〇四五
西京建委致陕西全省防空司令部的公函（一九四〇年七月十日）……一〇四六
西京建委关于迅急修整桥梓口被炸地下室并报会备转致会属工程处的训令（一九四〇年七月十日）……一〇四八
西京建委工程处关于赍送修筑西大街地下室被炸部分预算及草图致西京建委的呈（一九四〇年七月十日）……一〇五〇
西京建委工程处关于赍送修筑西大街地下室被炸部分估单致西京建委的呈（一九四〇年七月十一日）……一〇五二
附：补修西大街地下室被炸部分估单（一九四〇年七月三日）……一〇五四
西京建委关于修理西大街被炸地下室预算表单审核结果致会属工程处的指令（一九四〇年七月十三日）……一〇五五

西京建委工程处关于赍送修整西大街被炸地下室工程合同说明书保证书致西京建委的呈（一九四〇年七月十三日）……一〇五七
附一：修整西大街被炸地下室工程合同（一九四〇年七月九日）……一〇五九
附二：修整西大街被炸地下室工程施工说明（一九四〇年七月）……一〇六六
附三：承修西大街被炸地下室工程保证书（一九四〇年七月）……一〇六八
西京建委关于修整桥梓口被炸地下室所需费用拟由防空设备费项下开支致陕西省政府的公函
（一九四〇年七月二十日）……一〇六九
西京建委工程处关于赍送修理西大街被炸过街水沟工程决算表及草图致西京建委的呈（一九四〇年八月六日）……一〇七一
附：修理西大街被炸过街水沟工程决算表（一九四〇年七月三十一日）……一〇七三
西京建委关于修理西大街被炸过街水沟费用准由养护费项下开支致会属工程处的指令（一九四〇年八月十日）……一〇七四
西京建委工程处关于请求派员莅临验收西大街被炸地下室工程致西京建委的呈（一九四〇年八月十五日）……一〇七六
附：修整西大街被炸地下室工程结算表（一九四〇年八月）……一〇七八
西京建委、西京建委工程处关于转饬承包人重新修整西大街被炸地下室内部工程的来往公文
（一九四〇年八月二十三日至九月二日）……一〇七九
西京建委致西京建委工程处的指令（一九四〇年八月二十三日）……一〇七九
西京建委工程处致西京建委的呈（一九四〇年九月二日）……一〇八一
西京建委关于修整桥梓口被炸地下室所需费用拟由防空设备费项下开支致陕西全省防空司令部的公函
（一九四〇年八月三十日）……一〇八三
（五）修复东厅门被炸地下室
西京建委关于东厅门被炸地下室已先修复其他小整理径由该会工队自行修整致陕西省政府的公函
（一九四〇年七月五日）……一〇八六
西京建委工程处关于请求派员验收东厅门被炸地下室修整工程致西京建委的呈（一九四〇年七月五日）……一〇八八
西京建委关于补修东厅门地下室工程准予验收请制图表送会存转致会属工程处的指令（一九四〇年七月十六日）……一〇九〇

陕西省政府关于修整东厅门被炸地下室较大工程仍请商同防空司令部详勘估计拟复核办致西京建委的公函（一九四〇年七月十七日）…………一〇九二
西京建委工程处关于修补本市各街及东厅门地下室经过情形致西京建委的呈（一九四〇年七月十九日）…………一〇九四
西京建委关于修补东厅门被炸地下室及补修该市各街道地下室工程情形致陕西省政府的公函（一九四〇年七月二十日）…………一〇九六
西京建委工程处关于赍送修理东厅门地下室图表致西京建委的呈（一九四〇年七月二十二日）…………一〇九八
附：修理东厅门地下室草图表二份（一九四〇年七月二十二日）…………一一〇〇
西京建委关于赍送修整东厅门地下室草图致陕西省政府的公函（一九四〇年七月二十五日）…………一一〇二
西京建委关于加固该市地下室及城墙防空洞致陕西省政府的公函（一九四〇年七月二十五日）…………一一〇四
西京建委关于修补东厅门被炸地下室及补修该市各街道地下室工程情形致陕西全省防空司令部的公函（一九四〇年七月二十五日）…………一一〇六
西京建委关于修整东厅门被炸地下室工程费由处存防空设备费项下开支致会属工程处的指令（一九四〇年九月二十日）…………一一〇九
后记

一、开展防空教育宣传

陕西省建设厅关于检送《西京市人民消极防空常识问答》致西安市政工程处的训令（一九三六年三月九日）

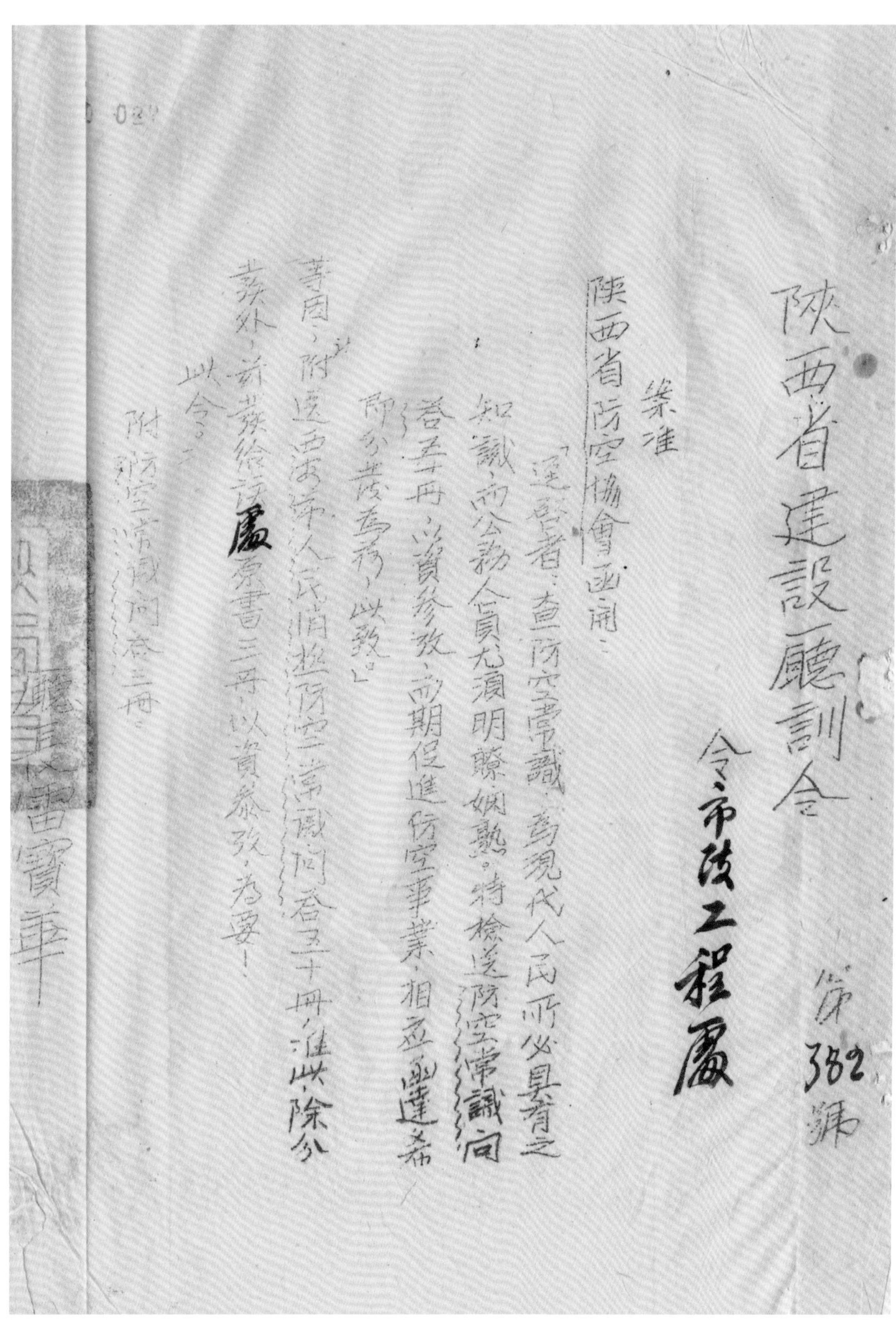

陝西省建設廳訓令　第382號

令市政工程處

案准

陝西省防空協會函開：

「逕啟者：查防空常識，為現代人民所必具有之知識，而公務人員尤須明瞭嫻熟。特檢送防空常識問答五十冊，以資參考，而期促進防空事業，相應函達，希即分發為荷。此致」

等因，附送西安市人民消極防空常識問答五十冊。准此，除分發外，合發給該處原書三冊，以資參考，為要！

此令。

附防空常識問答三冊。

廳長　雷寶華

中華民國廿四年十一月九日
陝西省政府印
廳長 雷寶華
監印 陳子鵠

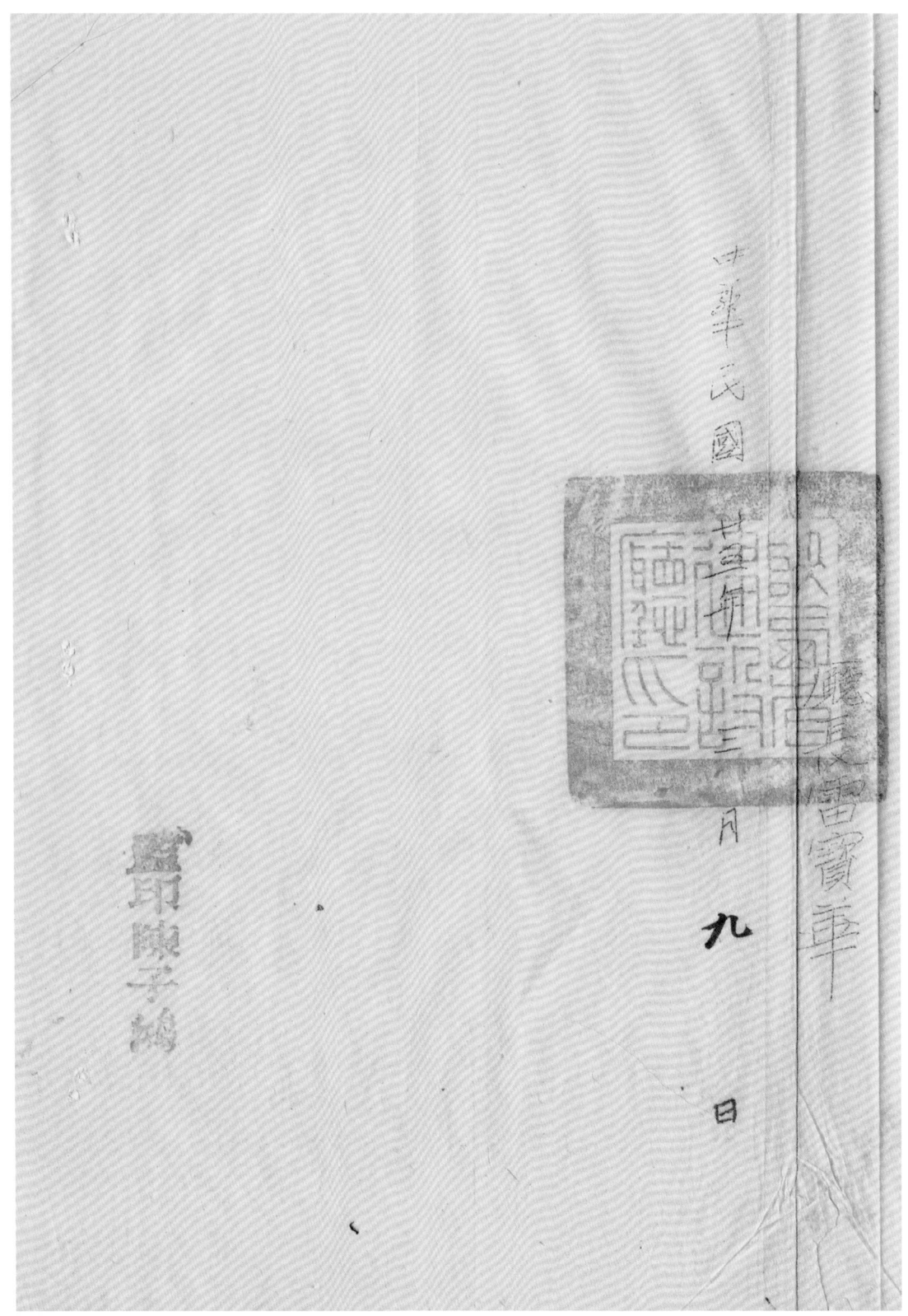

西京市人民消极防空常识问答（西安市政工程处印）（一九三六年三月二十八日）

030

西京市人民消極防空常識問答

西安市政工程處印 二十五年三月廿八日

031

西京市人民消極防空常識問答

問 什麽叫做防空？

答 我們和敵人打仗，敵人的空軍必然向我們的陣地內及後防各處轟炸，我們為抵抗及減少損害，用種種方法去抵制與防護，這就叫做防空。

問 什麽叫做空軍？

答 打仗的時候，有軍用飛機或飛艇在空中參加作戰的，就叫做空軍

問 打仗的時候，敵人的空軍來到我們的前後方時，都用甚麽攻擊方法呢？

答 他們的飛機到我們的前後方來、散發傳單、恐嚇居民，投擲爆炸彈、燃燒彈、破壞我們的房屋、傷害我們的人民，以期

壹

達到他們的戰爭目的．

問　我們防空為什麽單獨注重都市呢？

答　因為都市人口較為集中，而且是政治，軍事，文化，經濟，交通等之樞紐，國交破裂時，敵人必首先企圖破壞我重要都市，使我們運用指揮的總部不能和分部接連，以達彼等戰勝的目的，所以都市防空比別的地方特別要緊．

問　軍用飛機有幾種？

答　軍用飛機有三種，一偵察機，二戰鬥機，三轟炸機。

問　偵察機是做甚麽用的呢？

答　偵察機是觀察偵探敵人軍情用的．

問　戰鬥機是做什麽用的呢？

答　戰鬥機是抵抗敵人的空軍在空中作戰用的．

問 轟炸機是做什麼用的呢？

答 轟炸機是專為拋擲爆裂彈，燃燒彈，或毒氣彈，破壞敵人的重要地方毀滅重要的資源地。

問 爆裂彈怎樣的厲害呢？

答 爆裂彈又分破片爆彈及地雷彈兩種，破片爆彈投下時，與地面接觸，立即破裂，破片橫飛，能將三四十米突半径（五十步）範圍的人畜殺傷，地雷彈投下時，落在地面，能裂開三四十米突如漏斗形的大洞，落在房屋上，能使房屋粉碎，落在堅固的墻壁或橋樑，則彈藥先炸，能將近傍的人畜損害，

問 燃燒彈怎樣的厲害呢？

答 燃燒彈的形狀與手榴彈差不多，裝的藥料有很大的燃燒性，無論什麼東西觸着就爆發，能發二千度高熱，雖鋼鉄也可溶化

弍

，效力範圍約達一百平方米突左右。

問 毒氣弹怎樣的厲害呢？！

答 毒氣弹的樣式很小，但爆發時發散大量的毒氣，毒藥作用可分為五種性質，

一，窒息性毒氣——傷人的肺臓，令人呼吸發之困難，甚窒息而死。

二，催淚性毒氣——刺激人的眼目，令人流淚，且暫時失去視察力，但不致失明或喪命。

三，噴嚏性毒氣——刺激人的喉鼻，令人發噴嚏，甚或嘔吐。

四，糜爛性毒氣——係持久性毒氣之一種，其毒化散於空氣中或在地上，延至數日或數星期而不滅，能令人皮膚發泡潰爛，受重毒者二三月即死，

五，中毒性毒氣——刺激人的神经和血液，輕則令人呼吸困難頭

痛心跳，嘔血或吐血，重則令人知覺麻痺而死。

問　防空種類有幾種？

答　防空種類，依其步驟，可分為積極防空和消極防空兩種，依其責任，積極防空又稱軍隊防空，消極防空又稱國民防空，

問　我們人民應用的是那一種防空？

答　是消極防空、

問　為什麽人民用消極方法防空呢？

答　因為現代戰爭到處有受鉄鳥（飛機）光顧的危險，僅藉軍隊防空，勢難兼顧，人民防空又難到處設置戰鬥機，高射砲等物品，只得想出幾樣很經濟而尤很簡單的方法來防護，消極防空的意思就是這樣。

問　消極防空應當怎樣作呢？

叁

答　我們暫時用的消極防空方法，不外下列各種設施，一警報，二燈火管制，三交通管制，四消防，五防毒，六防爆裂弾隊，七救護，八偽裝及遮蔽，九防空建築。

問　什麼叫做防空警報？

答　防空警報就是當地防空機關，在遠方的監視哨，聽見敵機飛來的時候，便發出命令或記號，使全市民衆得以立時從事防護工作。

問　我們西京市的防空警報應當用什麼方法來警報傳達？

答　我們西京市的防空警報總樞紐應當設在鐘鼓樓（有時為避免目標起見也或遷移別處）由防空協會接到遠方防空監視哨的電話便馬上叫鐘樓擊起警鐘的記號，接着岡警吹起警笛來，再由各坊閭鄰長各自迅速傳達該屬住戶預備防護，其他或由本市電灯公司，麵粉公司發出汽笛以示警報，各行政機關学校等亦可振鈴警報，再或由防空機關吹號警報，（該號音請現已規定俟另紙印發各處）西京市警報傳達法，預定是這樣，將來如有確切的規定，當另通知。

問 接到預行警報的時候，市民應如何動作？

答 一，防護團體人員（如公安局，消防隊，住戶救護隊，住戶防護隊人民義勇隊等）從事預備，整裝待發。

二，屋內居民，應立即關閉門窗，將重要的物件，移置於安全住所，

三，在屋外的住民或在路上行走，應當立刻停止活動，趕快到附近的人家裏去躲避或逃到就近避難室內（避難室現尚未設立待設立後當另通告）

四，如在夜間，市内的灯火，如裝飾灯「商家的裝飾灯」廣告灯，街

肆

路灯、照明灯等，實行灯火管制、

問　若是敵機走後我們用警報傳達法否？

答　當然要警報的，這叫做解除警報，另有一種記號（待防空機關把記號規出來另行通知，但解除警報的號譜現已規定，後當另紙印發）敵機飛走後，市民恢復平時狀態，照常活動。

問　還有其他的警報嗎？

答　還有緊急警報和毒氣警報兩種，皆有號音的規定，（另紙印發）（該號音暫應秘密）

問　什麼叫做灯火管制？

答　敵機夜來襲擊時，當然是要找有灯火很多的地方，便知道這是一個都市，有了這樣很顯明的目標，實在增加敵人空軍搜索的好機會，我們要想叫敵人找不到我們的都市，必先熄滅灯火煇煌的目標，這就叫做灯火管制法。

問　灯火應當怎樣管制法？

答　灯火管制有兩種方法：

一，中央管制法，由防空軍部傳達警報，使各電廠及變電所將轉換器間斷將一部或全部電灯熄滅，

二，自由管制法，市民根據所發出的警報，各人將自已所用的灯火熄滅或隱蔽起來。

問　我們西京現用瓦斯灯沒有電灯，這怎樣管制呢？

答　所用這種灯，實在是難以管制，只好在平日，多多的訓練公安局及各住戶等，使其明瞭管制灯火方法與迅速，倘有敵機警報傳來時，各崗警及附近住戶等可先將路灯熄滅，有時一人不能顧及多灯時，寧可將灯打碎撲滅灯火，亦不足惜，再由各住戶將各

伍

自的灯熄滅或隱蔽。

問　婚喪宴會等事能點灯嗎？

答　不能點。

問　靠近都市的市鎮村落能點灯麼？

答　不能。因為在都市的外面點着灯，就能現着範圍以內的黑暗，敵機飛來偵察時，就知道那個黑暗的地方就是都市，所以不但附近不能點灯就是靠都市遠的地方也不能點灯的。

問　屋內的灯火如何管制？

答　屋內四週的窗戶，或屋頂天窗，宜用黑色布幕遮蔽，出入口的門扉，關閉宜恰當，勿使屋內光線外洩，最好屋內的不關重要的灯火，一律熄滅，其必要者，如果是電灯則用一層或二層黑布製成的灯罩以遮蔽之，煤油灯或其他的油灯，則用黑色紙製成的灯罩

以遮蔽之，總之以光線不洩於外為原則，

問 什麼叫做交通管制？

答 因為敵人的飛機來襲擊的時候，市民必現恐惶狀態，難免發生紊亂，在這個時候，我們設法保持街市的安靜秩序和交通便利，就叫做交通管制。

問 敵機來時市中秩序紊亂，有什麼害處？

答 市中紊乱，不但自相摧残践踏，且有引起敵机發現目標之害，應當服從交通隊員的指揮管制。

問 交通管制方法有幾種？

答 有兩種：一、陸地交通管制，二、水面交通管制，管制的執行有交通管制隊担任之。

問 交通管制隊應由何人組織？

應以市中公安人員童子軍和交通職務的人等組織之。

問　交通管制隊有那幾種任務？！

答　交通管制隊有下列幾種任務。

一、準備船隻車輛，載運避難市民，

二、聞警報或奉到交通管制之命令時，迅即出動，到達服務地點，管制人行車馬船隻，毋使交通遲滯。

三、按當時情況，分別軍事上通行路，及人民避難通過路，實地分別指揮之。

四、按當時情況，對於行人車馬或船隻，令其緩行，或加速，或停止。

五、對於避難的人民，應即指導他們避入附近避難處所，或可通行之道路，或可供出入之城闕。

六，對於車輛船隻，應按灯火管制的規定，隨時取締之。

七，如果一處蒙了敵人的毒氣弹，燃烧弹，或炸弹時，在那地段四週路口距離約一百米達左右，不准市民挨近，於必要時可断絶其交通，以便防空部隊（救火隊，防毒隊，救護隊等）動作便利。

八，遇叢集囂鬧的群衆，設法制止或解散之。

問 在街道上行走，忽遇空襲時，應該如何？！

答 應該遵照交通管制人員的指導，迅速避入附近的人家，或避難處所，如果站在街上，或站在玻璃窗門附近，都很危險。

問 什麼叫做消防？！

答 敵機飛來時，必投擲燃燒彈，使市街到處發火災，我們要消滅牠，就叫做消防。

柒

問　發生燃燒彈的火警，怎樣去救？

答　房屋被敵機擲下燃燒彈燃燒時，切莫以水灌救，須用預置附近的砂包內的砂子掩在着彈之處（或用化學滅火機以撲滅之）但被燃燒彈燃燒的部份，可用水撲滅之。

問　怎樣準備救火？

答　救火的準備可分為公共準備和私有準備兩項：

一，公共準備充實公安局的消防隊及市民救火會之設備，并應從新組織防空救火義勇隊。

二，私有準備：一，自備的水井或附近池塘等，都要妥為保存，二，於適當地點多備太平水缸，三，購置化學滅火機，并於房屋附近多備砂包。

問　防空救火義勇隊如何組織？

答　應由市民就城市之大小分區組織，充分準備各種救火器材，平時多加演習，以備空襲時為消防之輔助。

問　倘樓一起火，樓梯燒斷了，困在樓上的人如何施救？

答　被困人應由窗戶向外面呼救，俟消防人員張羅救生網於下面時方可跳下。或自將窗幕床被結成一長条，自行縋下。

問　倘衣服已經着火，如何辦法？

答　應立時卧倒泥地上，打幾回滚將火焰壓滅。

問　倘被困在濃煙火場裏面，如何辦法？

答　不能直立行動時，最好伏下爬行藉勢滚着出來。

問　被火災的民衆，應取何態度？

答　要鎮静，不要慌乱，應遵守消防救護人員的指導，避於臨時避難所，或移居指定的區域内，千萬不要東跑西竄，擾乱秩序。

捌

問　什麼叫做防毒？！

答　敵人襲擊投擲毒氣弹的時候很多，這種東西殺人最易，最多，最慘，我們要避免這種毒物，必要一種防護的方法，這就叫做防毒。

問　我們怎樣認得拋下的是毒氣弹？！

答　毒氣弹投下爆炸的聲音比别種炸弹小，即時看見煙霧噴出或有液体向四面濺散，在風大的時候不能拋擲毒弹，我們遇風力微弱的時候必須留神，至空氣中有無毒氣，普通在稍遠的地方均藉嗅覺以鑑别之，如為窒息性者，即飄出腐爛蘋果之臭氣，如為糜爛性者，即飄出辛辣芥仁之臭氣，至噴嚏性與催淚性者，則為異常之臭氣，較易感覺。

問　敵機投下毒氣弹，我們怎樣避免？！

答 避免的方法略如下：

一、如站在下風地方，必須逆着風向前快走，可以衝出毒氣的重圍，

二、如在路上行走，應速入最近的避難所，但須顧慮風之方向，切不可順風走，（我們陝西多是地窖等設備，亦可暫作避難所，但須設備封口蓋，勿使毒氣侵入。

三、在屋内的人，須避入防毒室或避難室，若無完善的防毒室或避難室，可到屋的高層躲避。

四、如有防毒面具，須立即戴上，如無防毒面具，或來不及時，可用濕手巾掩住口鼻，（防毒面具現我国已能自製，價值約在九元）

問 我們消極防空不能建設防毒室，避難室等，應該怎麼辦呢

玖

答　都市的住户，最好每户各準備一個無隙縫的房間為防毒室，住宅的内外，須預先撒多量的漂白粉，以禦芥氣（即糜爛性毒氣）或撒播大量的炭酸鈉，次亞硫酸鈉，以防禦毒氣。

問　我們買不起防毒面具怎麼辦呢？

答　那可自做一個，在西藥房預購炭酸鈉一兩，次亞硫酸鈉四兩，甘油壹兩，溶解一面盆熱水中，臨時用紗布或布片包棉花壹塊，浸入該藥水内，此須絞乾，用以覆口鼻，使吸之空氣經過藥水棉花，有溶解毒氣的效能，欲防糜爛性毒氣，就要用不透氣的油布，製成防毒衣靴，欲防催淚性毒氣，更須戴用嚴密的風鏡，

問　如果以上那種的方法，我們買不起的時候，還有别的方法嗎？

答　可臨時取布片三四層，内包細砂土，浸濕後，掩於口鼻，亦可稍解

毒氣，如果這個辦法來不及時，可匿身於乾草堆內，或麥藁中或將頭部埋於木炭中，或伏藏於青草中，輕輕呼吸，亦可減少毒氣。

問　已經受了毒化的區域，怎樣消毒？

答　持久性毒氣沉降地面，一兩月後，尚能殺人傷畜，故被持久毒氣毒化的區域，須用漂白粉炭酸鈉等嚴密消毒。

問　抵抗毒氣，各人可否預服防毒藥品？

答　事先預服重曹錠，可增加身体的抵抗力，撒有鋅養粉或滑石粉於腋窩，陰會，頸，項，腹各部，可以防糜爛性毒氣。

問　凡已吸入毒氣者，如何處置？

答　凡已吸入毒氣者，不論其病之輕重，均應視為重症診治，首宜注意安靜，保溫，及更換衣服，否則可致死命。

問　我們怎樣防護爆裂彈呢？

拾

答

市民對爆裂彈的防護法有下列各項

一、務須肅靜，要知搔擾之害，甚於炸彈。

二、在路上行走時，須避入附近房屋，如在曠野荒郊，無相當處所可避，則伏於路傍田溝中，或不當風的低窪之處。

三、在室內之人，應伏在地下，床下，桌下，避毒室或有掩蓋之地下室，或梃柱之側面。

四、最忌多數人聚積於一處。

五、切忌傍立於玻璃窗門。

六、切忌站在樓上，或站在門外翹首探望。

七、在房屋附近之空地，鑿二三公尺深而窄的溝，將挖出之土堆積於溝口，兩邊形成凵凵，當空襲時，家人均趨避於其內。

八、最好先將老幼婦女，送往離城十里之村落暫避。

問　救護傷者的步驟如何？

答　可分救急及療治兩項，救急是都市人民普遍應有的知識和義務，療治是醫生醫院的責任。

問　救急要準備何種材料？

答　人人要準備一兩包殺菌紗布，三四捲绷帶，三四塊三角巾，四五捲絆膏布，一小瓶稀碘酒，西藥房均有出售，對於中毒者救急，更須預備薄荷油，（玉樹油亦可）蘇打麻油，凡士林等各一瓶。

問　對於中毒者如何救急？

答　施救的人，宜戴用防毒面具手套等物處處留心自己的染毒，輕輕的將中毒者移出毒區，置於新鮮空氣地方，如果中毒者的衣服，着了毒氣，便小心將他的衣服除下，再用熱水洗滌全身及頭髮，但切不可在盆內沐浴，（因毒氣比水輕，恐怕漂在水面，仍可染到身上）洗完之後再

拾壹

穿上未染毒之衣服，若是一時找不到替換的衣服和熱水，至少應該將他的外衣除下，并用水洗滌手及臉，然後覆以温軟的毛毯，或棉被，使之安卧，再飲以開水，茶或咖啡，然後再加以適當療治。

問　對於中毒者對症救急處置如何？

答　上述手續完備之後，如果中毒者面目發紅流淚，可用温開水，硼酸水洗滌，再用熱手巾包裹，如果中毒者的喉嚨乾燥和發癢，可用開水一大碗，加一點小蘇打或幾點薄荷油，或玉樹油，在碗上覆上一個玻璃漏斗，慢慢的從漏斗尖口吸入水蒸氣，如果中毒者的皮膚起了泡，可用鹹水或蘇打水，小心沖洗，再塗上麻油，或蔴油和石灰水的混合物，或凡士林，再覆上清潔的滅菌布片，如果中毒者的胸部疼痛，或小腿抽筋，可在患處放上一個熱水袋，或用熱手巾包裹。如果呼吸突然停止，可用人工呼吸法救之（見後）

問　對於創傷者如何救急？！

答　槍彈射傷的，多半是小創口，砲彈或炸彈炸傷的，多半是大創口，有時甚至將一臂一腿炸去，但救急的方法，都不外乎『止血』（消毒）（包裹）三項手續而已，但救急者，宜特別鎮靜，不要慌張，切不可用手指衣服及一切有毒的東西，或污穢泥土接觸傷口。

問　創口如何止血？！

答　如果創口小而流血很少，不去止他也會自己止住，我們可先行消毒，如果流血太急，或一湧一湧的出來，或成一根直線射出來，（這就是表示動脈管破裂的現象）就應該立時將血管紮緊，施行止血法，否則就有生命危險，止血的要義是將受傷的血管從上部紮壓，斷絕血管來源，可分上肢及下肢止血法兩項：

上肢止血法——如果上肢出血，就將受傷的手，向上舉起在上臂靠

拾弍

肩部處，用繃帶或三角巾紥緊，愈緊愈妙，沒有繃帶，衣袖也可以使用，若是繃帶不容易紥緊時，便可用一根小圓棍將繃帶絞緊，必須緊到摸不到上腕的脈跳，方可証明上脈的血管已經壓扁，方能止住流血，緊紥之後，不可再鬆，趕速送醫師處治療。

下肢止血法——如果下肢出血，就將傷者睡在地上，將足向上舉起，依上法將大腿部緊紥，愈緊愈妙，也必須緊到摸不着脚背上的脈跳，方能止住流血，緊紥之後，不可放鬆，趕速送往醫院或醫師處治療。

問　創口如何消毒？！

答　如果流血不急，那就先要注意消毒，如果流血太急，那就止住了血後，再着手消毒，消毒之法，就是應用消毒的紗布蘸些碘酒，塗在傷口，以及傷口的周圍，或填以海碘紡紗布，以免微菌侵入，不致將來發生潰爛，或致生命危險，若可以從容從事的時候，便應先看一看傷口，倘黏有灰塵等物，就先用微溫的開水冲洗幾次（但不可用天然水）冲洗之後，再用碘酒消毒，若在空襲緊急，不能從容從事時候，止血之後，應即消毒，至於傷口上的灰塵泥土，只好送到醫院讓醫生去洗。

問 創口如何包裹？

答 創口消毒之後，即用幾層消毒紗布，蓋在傷口上面，外面再用繃帶或三角巾裹好，或用絆創膏貼好，不可過鬆，以免紗布脫落，取紗布的時候，手指只可夾在紗布的緣邊，所以緣邊處，不可與創口接觸，以免傳入微生物，這是救急，必須注意的事，

問 對於火燙傷者，或沸水燙傷者如何救急？

答 兩種燙傷救急法，都是一樣，救護的人，切不可用手和別的物

拾叁

件接觸燙火傷的地方，以免微生物乘機侵入，如果沒有破皮的燙傷，可立時用消毒紗布幾層，蓋在上面，外再用綳帶鬆鬆的纏好，只要紗布不脫落就够了，或用絆創膏貼好，千萬不要纏太緊，以免燙火傷的皮膚受壓，如係破了皮的燙傷，敷以硼酸油膏。

問　對於電傷者如何救急？

答　他的救急法可分兩部手續：

一，輕度觸電的救急法，若是電流僅通過身体一部分，這部分就發生麻痺，皮膚發現燙火傷，但這種人必定尚有知覺，且已脫離電的範圍以外，對於這種人的救急，可照水火燙傷的救急法處置之。

二，重度觸電的救急法，若是電流通過身体全部，除皮膚發現燙傷以外，並且心的跳動加强，心臟就疲於奔命，即刻便將癱麻失去知覺，對這種人的救急，第一步要使他脫離電線接觸，就是使他脫離電流範圍，但是救急者同時須注意本身不可觸電，最好將電門關閉，或用一根木棍將這觸電人從電流中撥出來。，如果已經沒有呼吸，只要心還跳動，可以用人工呼吸法（見後）救轉他的生命，如果有效了，再照水火燙傷的急救處置，加以治療。

問　受傷者是否折斷了骨頭，如何去辨別了？

答　凡折斷了骨頭，有下列幾種徵象：

一，骨頭斷了的地方，必定是很痛的。

二，骨頭斷了的地方，動作能力必定消失；例如一個小腿，骨頭折了這個脚就不能行路。

三，骨頭斷了的地方，形狀必有變更：例如一個小腿骨折，這個小腿

拾肆

，比康健的小腿形狀，必定稍灣，或者屈曲，或者縮短。

四，骨頭斷了的地方，外面常常紅腫。

問 骨折的救急法如何？

答 四肢的骨頭容易折斷，所以最要緊的也就是四肢骨折救急法。若是單純骨折，外面沒有創口，就用一塊木板，放在這條受傷的肢体下面，用幾條綳帶或三角巾，將這條受傷的肢体綳在木板上。如果沒有木板，利用手杖，門柄，刀鞘，槍柄，傘柄均可以的。若係腿骨折斷，可以將兩腿平行綳在一起，如有創口，須先照創口救急法處置，再照上法綳好，然後送往醫院治療。如果骨頭伸出創口外面，千萬不可將骨頭還入內面，以免截斷附近的神經血管，或使細菌侵入，妨碍將來的治療，只可將他綳在木板上，趕速送往醫院，讓醫師處置。我們最要注意的：在綳紮

問 折骨的時候，扶托必要得法，否則不但使傷者劇痛難受，而且可使內部的神经和血管，有被折骨軋傷糜爛的危險。扶托骨折受傷者，如何方為得法？

答 可分為臂斷扶托法，及腿骨折斷扶托法：

一，臂骨折斷扶托法，右手緊握傷部的上端，左手緊握傷部的下端，順着臂部原來形狀，拉作勁直，把他固定住不使移動，如有提舉這個臂必要時，應當將緊握的雙手緩緩舉行，務令保持一定部位，勿稍移動，然後另由一人施行綳紮。

二，腿部折傷扶托法：一人面向傷者足部而立，用雙手緊握傷部的上端，另一面向傷者頭立，用雙手緊握傷部的下端，順着腿的原來形狀，拉作勁直，把他固定住不使移動，如有提举這個腿的必要，應當二人緩緩举起，務令保持一定地位，勿

拾伍

稍移動，然後由第三人施行綳紮。

又綳紮折骨和綳紮止血的情形不同，只要綳紮堅實，務使下端的動脈仍有脈搏，如果綳得過緊，使有全肢攣痙麻痺的危險。

問　人工呼吸法如何？

答　此法是用人工幫助呼吸，凡是觸電，溺水，或暈厥的人，一時停止呼吸，看去如同已死一樣，只要他的心還跳動，可用這法救轉來，其法：先將受傷者的上部衣服脫去，使他仰臥地上，用枕頭或衣被將他胸部墊高，先叫一人蹲在受傷者的頭部用雙手担住受傷者的頭，使他仰上，口部張開，於是空氣可以自由在口中出入，這時還要看他的舌子塞住喉嚨沒有，如果塞住了喉嚨，必須用舌鉗或手指將舌子拉直，另外一人雙腿跪在受傷者的大腿兩旁，臉朝着傷者的頭部，張開兩手，將兩手放在傷者的胸膛上乳房下面，用力的將傷者的胸膛向地下緊壓，使他的胸膛縮小，將肺中的空氣趕了出來，緊壓時候要用很大力氣，但又不可過猛，口中緩緩的數「一二三四」。然後再把兩手漸漸的放鬆，幾秒鐘之後，又用力緊壓一次，如此一壓一鬆，不到好久，受傷者就可活轉來，施行人工呼吸是一件很費氣力的事，不可性急，有時須施行半小時或一小時，受傷者的呼吸方回轉來，如果氣力不夠時，可用二三人輪流施行，除此法之外尚有一簡易人工呼吸法。

問　人工簡易呼吸法如何？

答　先把病人伏地而卧，再將一臂向頭上伸直，一臂枕於額下，面向側方，把口張開，再用軟枕或衣服墊高胸部，救護者然後向着病人的頭部，膝地跨立，用雙手平捺病人的下胸部兩旁的肋骨，按

拾陸

照時間距離（每分鐘十五次）施行呼吸運動，其法如左：

第一步動作：身体先向前俯，兩臂伸直，將全身重量壓在病人下胸的背上，使肺內空氣受壓而出，出氣時當有呼吸之聲發自口鼻，這樣動作，約需時間二秒鐘。

第二步動作：身体向後面立，兩臂鬆起，不要使病人受任何的壓力，而使肋骨向外面張以吸收新空氣入肺，這樣動作，約需時一秒半鐘，把這兩項動作來回往復，按準快慢，連續做去，可以把許多垂斃的人救活過來，只要傷者的心還跳動，此法不可放棄，有時須連續這工作二十小時，才得回醒，倘病人口中唾沫過多，應當隨時揩去，以免阻塞空氣出入。

（注意：閱熟的同胞們，力為宣傳是幸）

陕西省建设厅、西安市政工程处关于妥觅适当地点作为防空展览会址的来往公文（一九三六年三月十六日至二十三日）

陕西省建设厅致西安市政工程处的训令（一九三六年三月十六日）

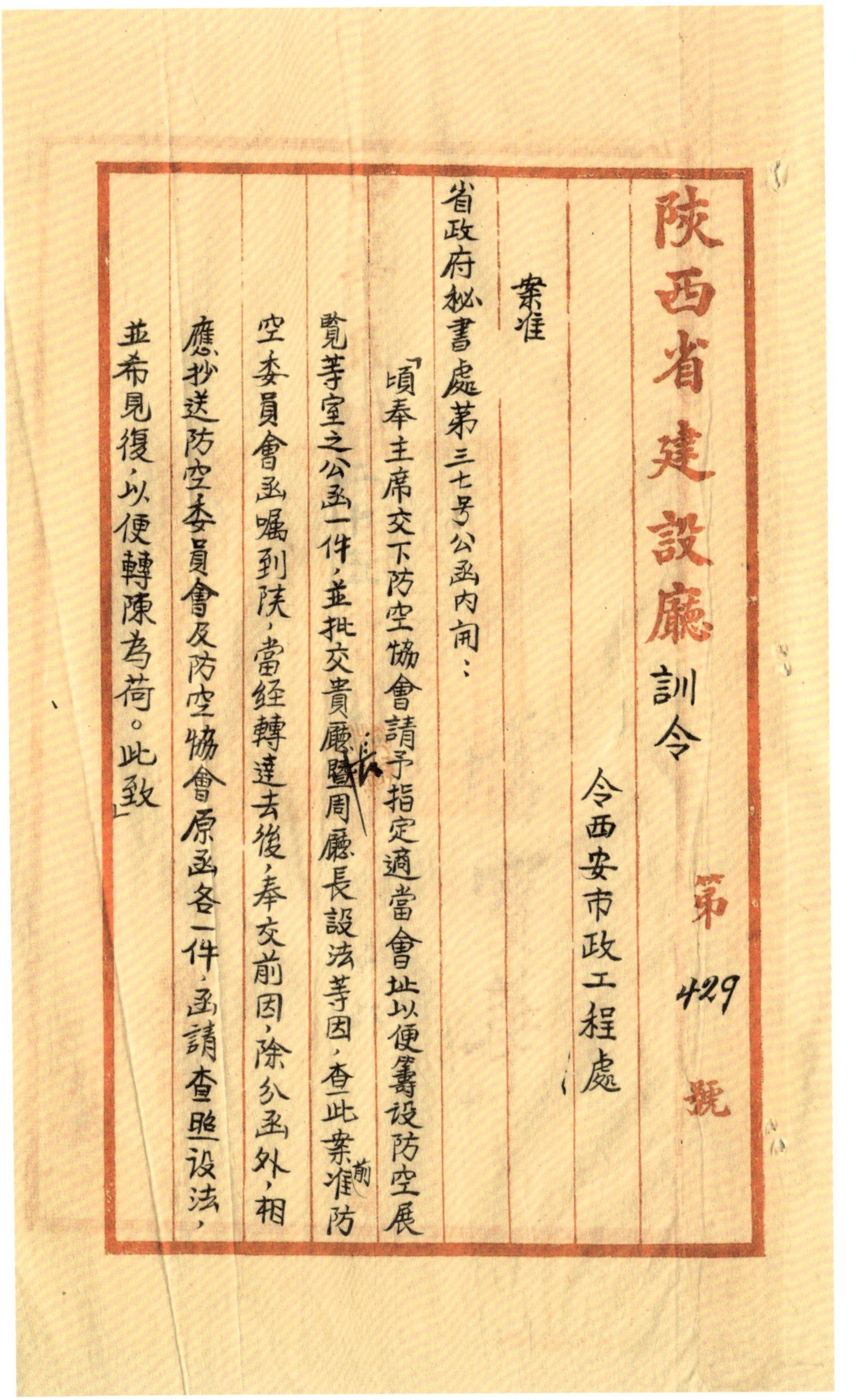

陝西省建設廳訓令 第429號

令西安市政工程處

案准

省政府秘書處第三七号公函内開：

「頃奉主席交下防空協會請予指定適當會址以便籌設防空展覽等室之公函一件，並批交貴廳暨周廳長設法等因，查此案准前防空委員會函囑到陝，當經轉達去後，奉交前因，除分函外，相應抄送防空委員會及防空協會原函各一件，函請查照設法，並希見復，以便轉陳為荷。此致」

013-1

等由：計抄送防空委員會二月十日公函一件防空協會二月廿九日公函一件

准此，合行照抄原函各一件令仰該處妥覓適當會址，剋日具復以憑

核轉為要！

此令

計抄發防空委員會二月十日公函一件防空協會二月廿九日公

函一件。

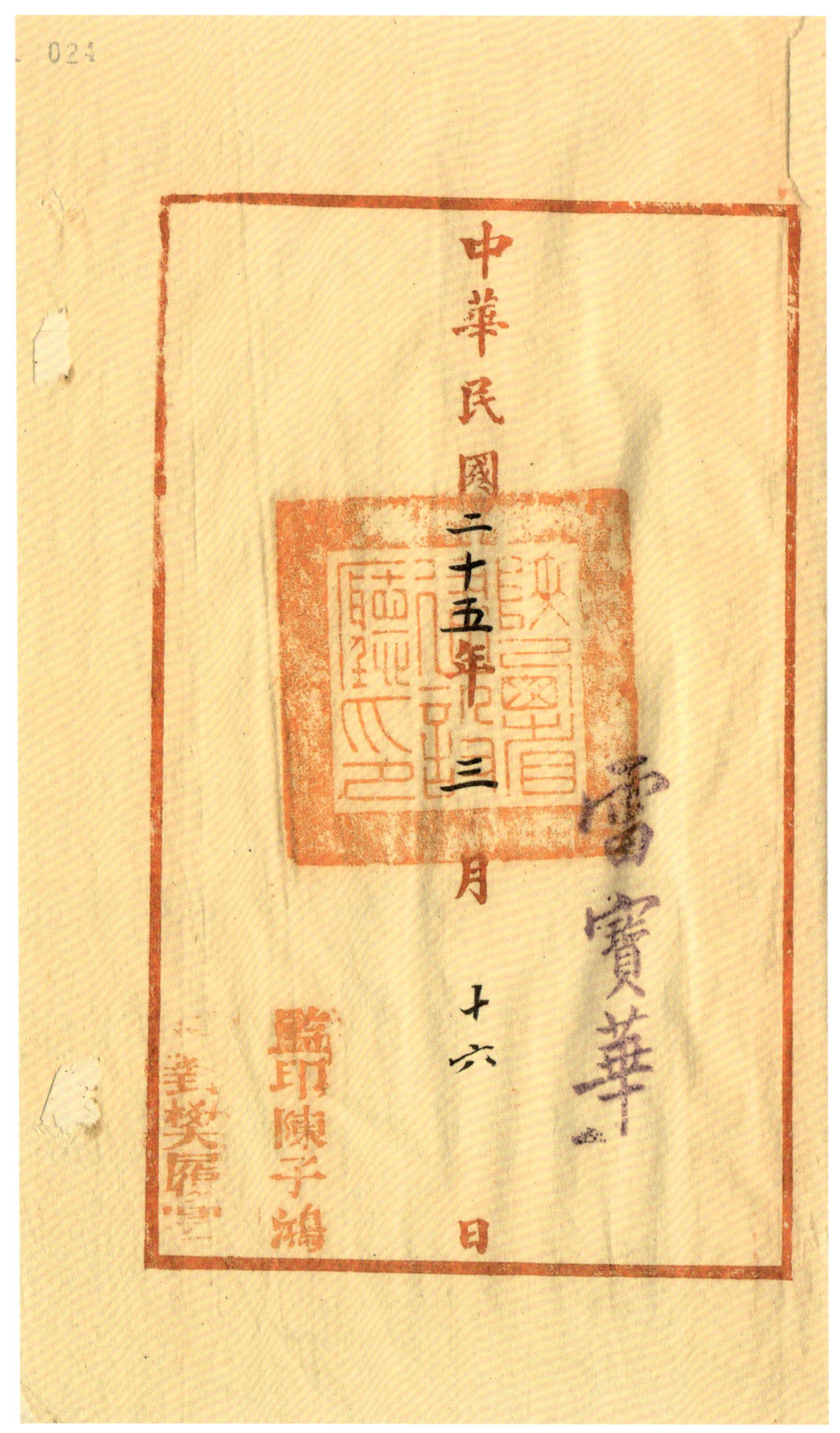

雷寶華

中華民國二十五年三月十六日

監印陳子鴻

校對樊[illegible]

附一：全国防空委员会关于奉令在陕筹办防空展览致陕西省政府的公函（一九三六年二月十日）

照抄防空委員會公函

案奉

軍事委員會高一字第二三九五號密令開：「案據防空學校校長黃鎮球報告擬具關于全國防空事項防空武器補充防校教育改進諸端請核奪示遵等情前來除指令照辦並補充武器令兵工署辦理外合行抄錄全國防空事項隨令附發仰即查核辦理此令。」等因附奉發關于全國防空事項一份奉此查原事項中關於民间防空者其第二項各都市防空展覽室之設原擬意見尚無不合除分函外相應抄同原擬全國防空事項關民间防空者第二項函請

貴省政府查照辦理務希搜集購製各種防空器材模型及各種防空事

025-1

書籍图表在各重要城市籌設防空展覧室以廣宣傳而普遍灌輸民衆防空智識並希將办理情形见復為荷此致

陝西省政府

附抄發原拟全國防空事項関于民间防空者第二項一份。

主任委員黄鎮球

中華民國廿五年二月十日

附二：全国防空协会关于奉函在陕筹办防空展览致陕西省政府的公函（一九三六年二月二十九日）

026

照抄防空協會公函

案准

貴府二十五年二月（未列日）函為轉防空委員会函請籌設各都市防空展覽室除原文有案邀免全錄外尾開：

「准此相應檢送原抄件，函請貴会查照办理，並希見復，以便轉函為荷。」

等因，計檢送原抄件一紙，准此，查防空展覽室，確為推廣宣傳灌輸民衆防空常識之重要設備，本会早有此項設計劃，惟本会至今尚無永久会址，自屬無室可以陳列防空書籍掛圖等件，為此相應函請

026-1

貴府於遊人較多之公園內，指定房屋一處為本会会址並作展覽室及避難室各種模型之設備，以俟地址確定後，當即查照办理，是否可行，即希見復為荷，此致

陝西省政府

中華民國二十五年二月二十九日

西安市政工程处致陕西省建设厅的呈（一九三六年三月二十三日）

案奉

钧厅第四二九号训令内开：

「案准

省政府秘书处第三七号公函内开：『顷奉主席谕下防空协会请予指定适当会址，以便筹设。云云（叙至）此致』等由，计抄送防空委员会二月十日公函一件，防空协会二月先日公函一件，准此，合行照抄原函各一件，令仰该处妥觅适当会址，刻日具报，以凭核转为要！此令。」

等因，计抄发防空委员会二月十日公函一件，防空协会二月先日公函一件。奉此，遵查筹设防空会址，及展览防空室，本市商埠地址，以钟鼓

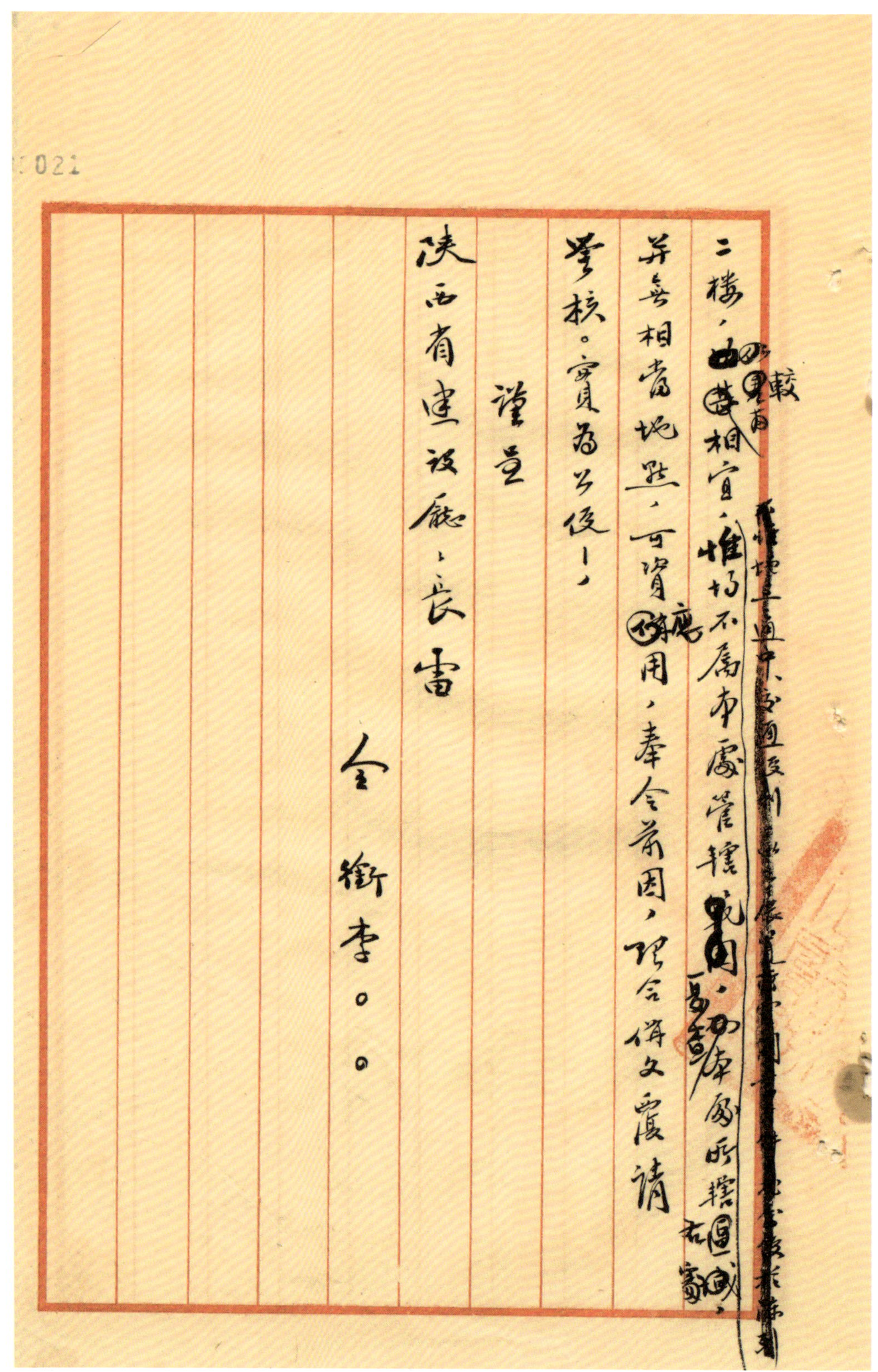

二楼，較為相宜，惟均不属本處管辖範圍，亦非本處所擬
并無相當地點，可資應用，奉令前因，理合備文呈請
鑒核。實為公便！
謹呈
陝西省建設廳廳長雷
全銜李〇〇

陕西省建设厅、西安市政工程处关于送交防空巡回展览设备图样估计预算的来往公文
（一九三六年四月二十三日至二十七日）

陕西省建设厅致西安市政工程处的训令（一九三六年四月二十三日）

051

陝西省建設廳訓令　第691號

令西安市政工程處處長李仲蕃

據本廳主任科員張世祥簽呈内稱：防空巡迴展覽会第二次会議，奉部主席交下地下室及炸弹模型，饬由市政工程處按照圖樣詳確估計工料所需詳數，限三日送交該会審核，等因。可否饬知並附責圖樣式紙，等情。據此，查防空設備，關係重要。茲據前情，合亟檢發原圖樣式紙，令仰該處長遵照，迅速估計，逕送

051-1

審核，俾將辦理情形，具報備查，切切毋延，此令。

計附發防空地下室及炸彈模型各一紙，辦畢

仍繳

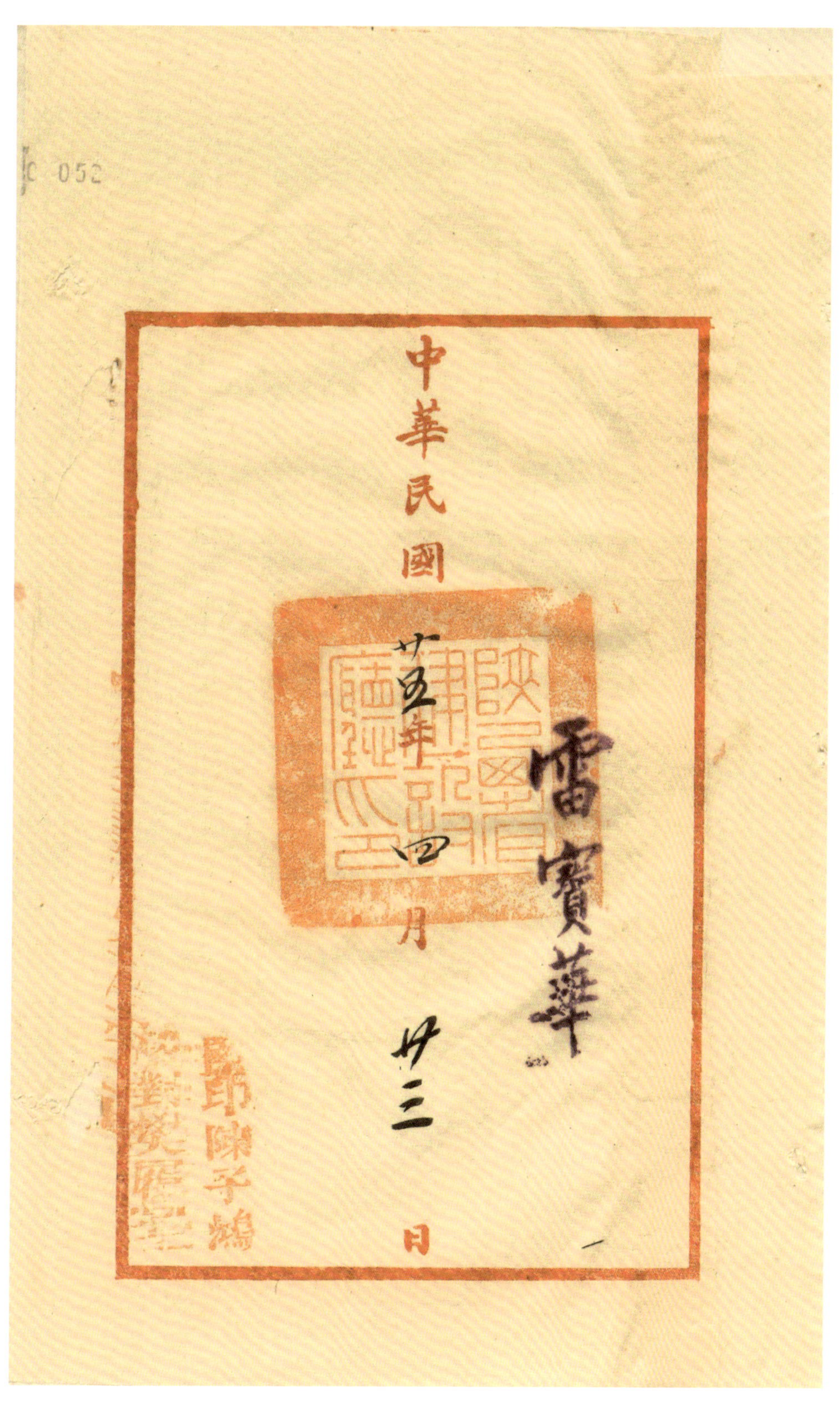
雷寶華
中華民國廿五年四月廿三日

西安市政工程处致陕西省建设厅的呈（一九三六年四月二十七日）

048-1

案奉

钧厅第六九一号训令内开：

「据本厅主任科员张世祥签呈内称：防空巡回展览会

第二次会议奉

邵主席交下地下室、及炸弹模型式样（叙略）此令。」

等因，计附发防空地下室及炸弹模型各一纸，办毕仍缴。奉此，遵

即编制预算，并将不完备各点，分别补充，当将模型蓝图

及预算各二份，于本月廿七日分送

省府秘书处、西安防空委员会暨

钧厅第二科鉴查，并核收各在案。奉令前因，理合将蓝[illegible]

情形，并檢繳原圖二份，一併備文呈齎，恭請

鑒核。實為公便！

謹呈

陝西省建設廳廳長雷

附呈繳防空地下室及炸彈模型圖各一紙

全銜李〇〇

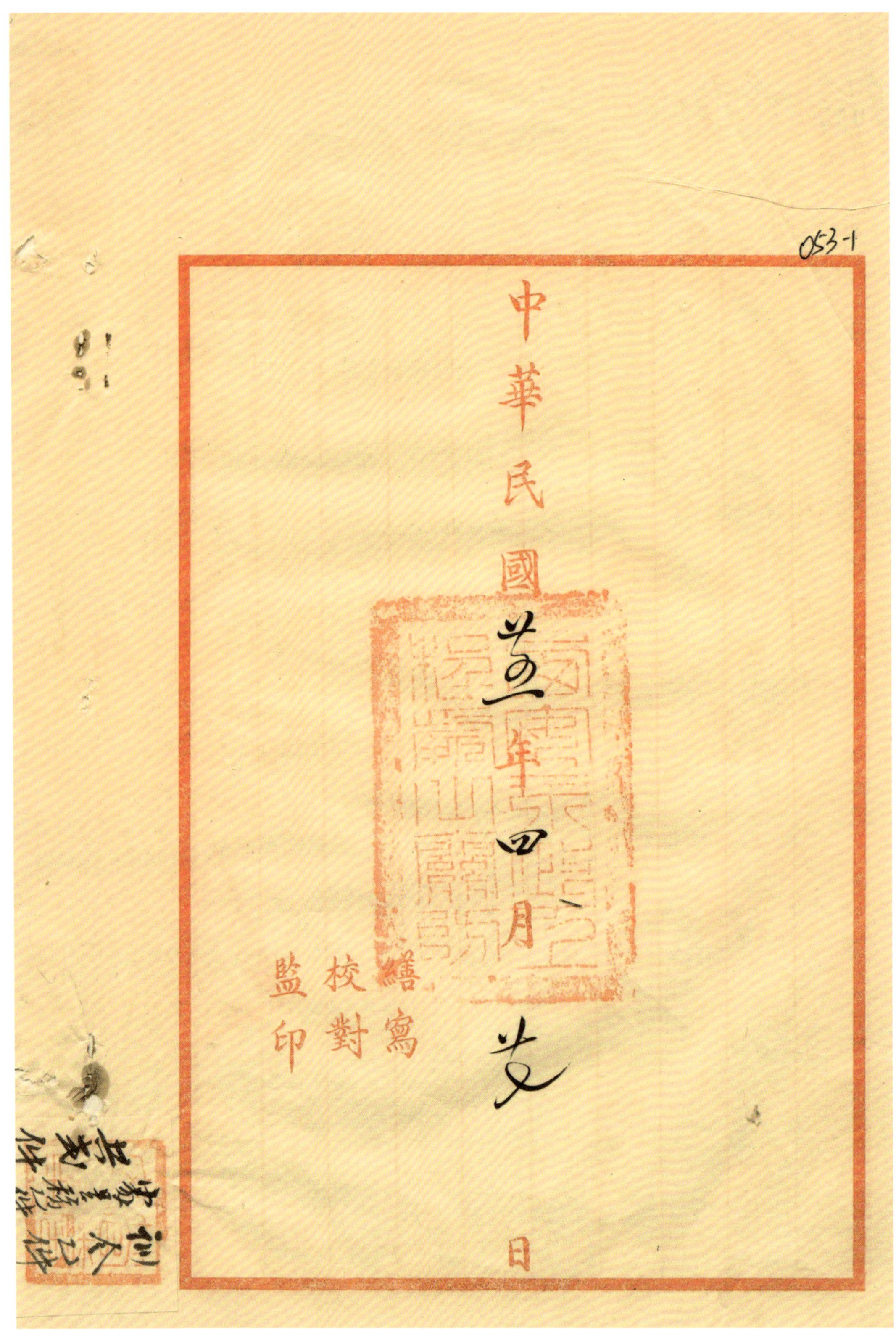

陕西省建设厅关于奉令印发防空避难之设备等防空宣传资料致西安市政工程处的训令（一九三六年五月十三日）

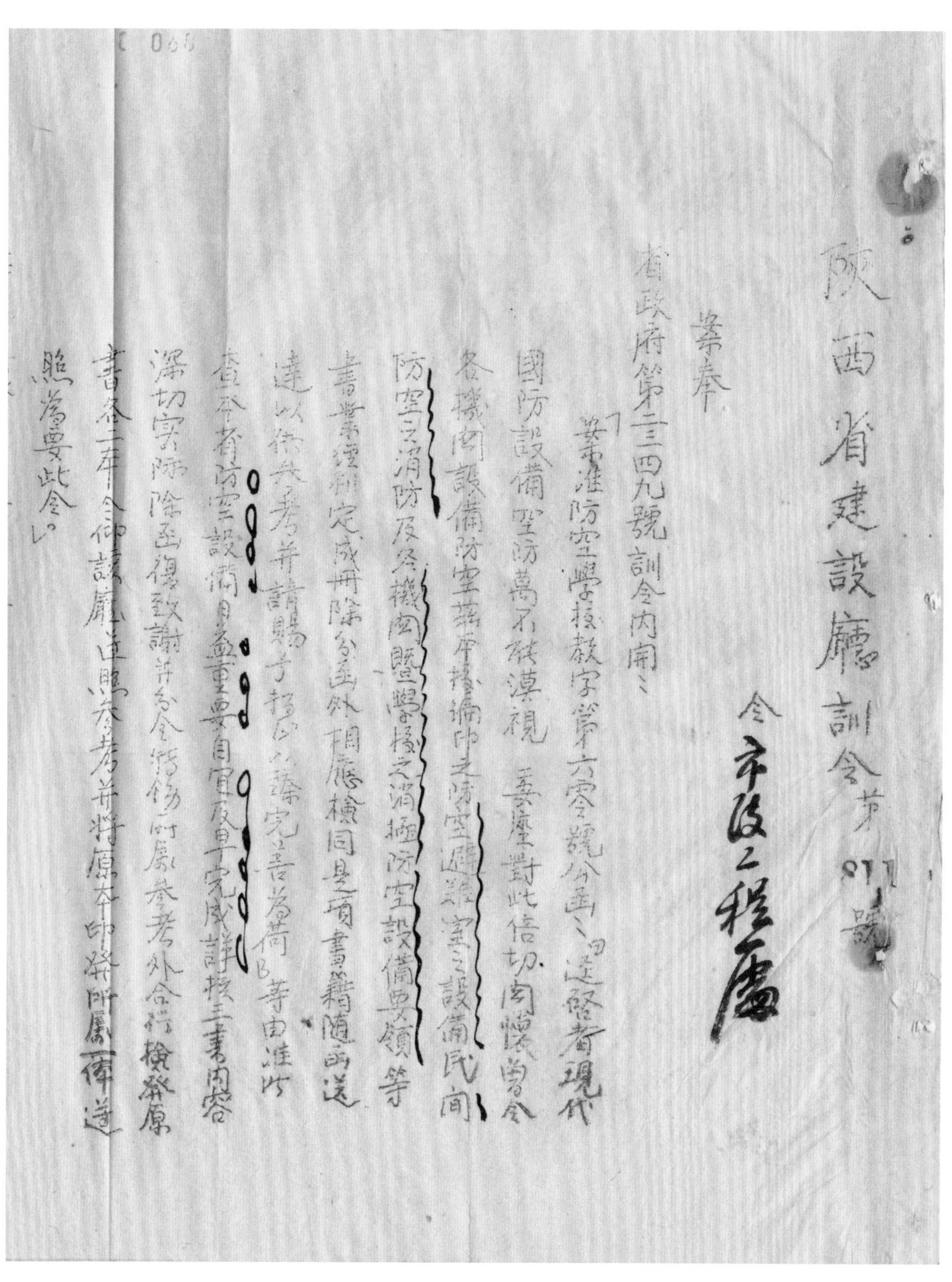

陝西省建設廳訓令第811號

令市政工程處

案奉

省政府第三四九號訓令內開：

「案准防空學校教字第六零號公函，以遂發者現代

國防設備，空防萬不能漠視，茲應對此倍切關懷，嗣後令

各機關設備防空，茲本校編印之防空避難室之設備、民間

防空之消防及各機關暨學校之消極防空設備要領等

書，業經刊定成冊，除分函外，相應檢同是項書籍隨函送

達，以供參考，並請賜予指正，以臻完善為荷等由，准此。

查本省防空設備，目前重要，自宜及早完成，詳核三書內容

深切實際，除函復致謝並分令飭屬參考外，合行檢發原

書各一本，令仰該廳，遵照參考，並將原本印發所屬，一律遵

照，為要。」此令。

等因。附發書九二本。奉此。當即照印原書三種。除分發外，合行隨令發給該處各五冊，仰即查收并報備查為要！

此令。

附書拾五冊。

廳長 雷寶華

中華民國二十九年五月十三日

国民政府军事委员会西安防空展览会关于开幕时间地点参加须知及开幕秩序表等致各机关学校团体及领袖的公函

（一九三六年五月）

逕啓者本會訂於五月二十八日午前八時在西安革命公園開幕典禮相應檢同參加須知開幕秩序請

查照屆時蒞會並請轉知所屬職員教員學生團體暨各同業一致參加爲荷

此致

公鑒

軍事委員會西安防空展覽會啓

參加須知

（一）出席人

1 各機關學校團體及領袖

2 黨部　縣黨　區黨

3 軍界　派隊或代表

4 學界　各校教職員中等學校學生小學學生各特別訓練班

民衆學校各勞工學校　各公民訓練班

5 第一區各保甲長商民

6 各民衆團體團隊壯丁隊

（二）服裝 1 文官着短服或長袍馬褂 2 軍官着軍服 3 學生着學生

服4其餘均照文官辦法5請注意清潔整齊不吸煙不吐痰6以上各團體機關學校除整隊入場外餘皆憑各該機關團體學校團體證章入場

（三）劃到

1劃到處設於革命公園門前

2入場時如係單人請在指定劃到簿上簽到依警衛或引導人員之指引至一定所在地如係團體由率領員先到指定之劃到簿上簽到依警衛或引導人員之指引至一定所在地

3既到一定所地後不可移動不可高聲

（四）劃到時間

午前七鐘開始八鐘截止

開會典禮程序

1開會2奏樂3唱黨歌4向黨國旗及總理遺像行三鞠躬禮5恭讀總理遺囑6靜默三分鐘7主席報告籌備經過8關主任致詞9黨軍政各高級長官致詞10來賓演說11奏樂12禮成

軍事委員會西安防空展覽會參觀地點及時間表

一、地點：西安省立高級中學

一、時間：每日自上午八時至下午五時半

一、日期：五月二十八日起至六月三日止

一、上午爲各機關團體參觀時間下午爲民衆參觀時間

參觀須知

一、到會觀衆，無論體團或個人，均應聽會場內外警衛及宣傳人員之指揮

二、到會觀衆，均應遵守本會會場內一切規則及秩序

三、到會觀衆，應循序而進，不得爭先恐後，及擁擠逗留徘徊

四、會場內陳列之各種模型圖表，不許移動攀模，如違而致損壞者，除賠償外幷予以相當處罰

五、會場內禁止喧嘩嬉笑，如有不明白之處可請在場之指導員解釋之，但不得故意辨難，妨害他人參觀

六、出入會場，須依照劃定路綫及固定進出口絕對不得亂闖

七、會場內無論何處嚴禁吸烟，及攜帶引火爆炸，與足以危害安全之物品，否則如經查覺，定予懲處

八、開展及閉展均有定時，須一律遵守，不准早入或遲退

九、十歲以下之孩童不許入內

十、入會觀衆服裝須整齊，態度須莊重，不准披衣蓬頭赤脚否則有違新生活之規定，不許入內

十一、觀衆，不得攜帶犬鳥等入場

十二、嚴禁車輛及行商小販入內

十三、參觀者不得攜照像機入場撮影

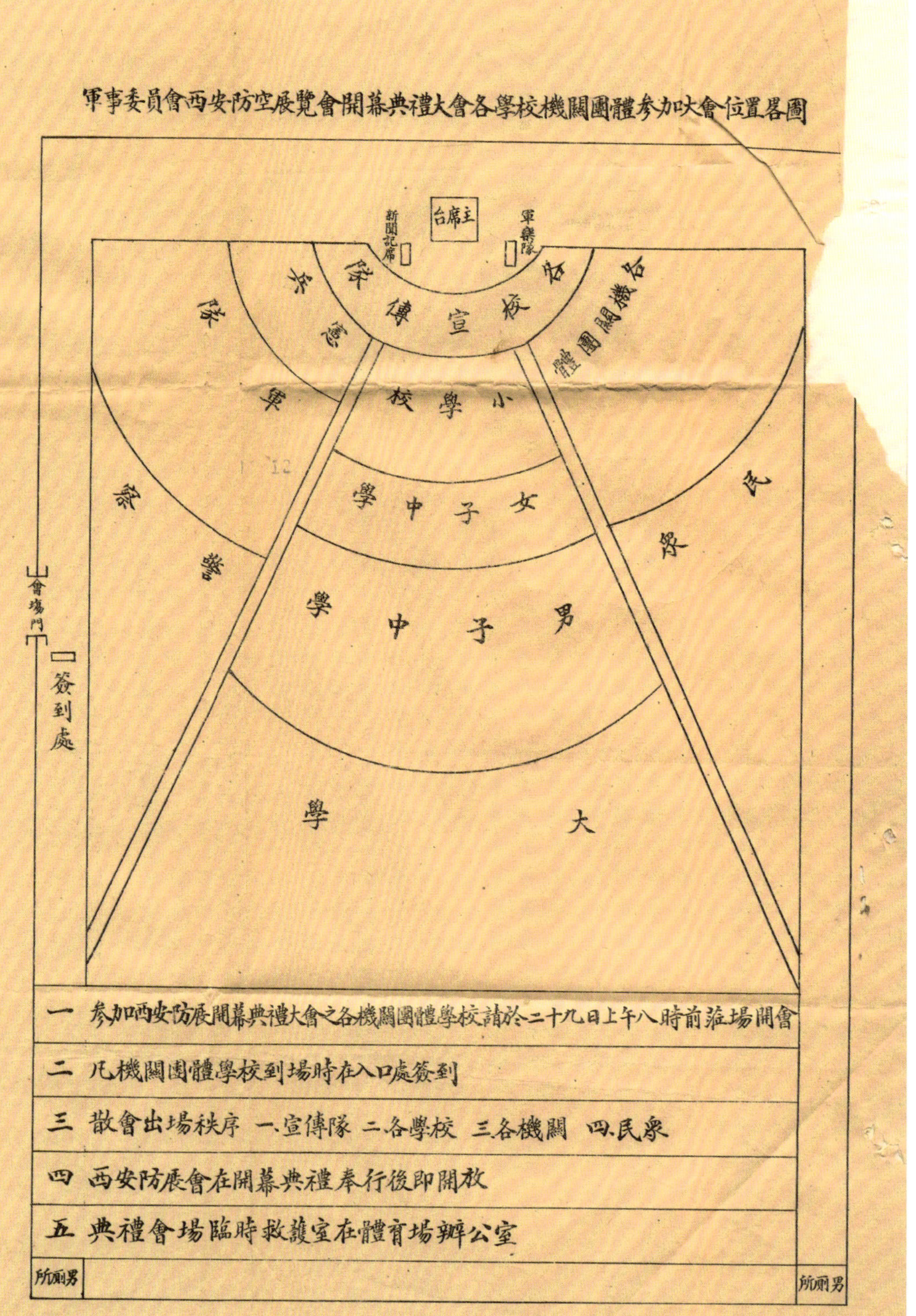

軍事委員會西安防空展覽會開幕典禮大會各學校機關團體参加大會位置畧圖

一 参加西安防展開幕典禮大會之各機關團體學校請於二十九日上午八時前蒞場開會

二 凡機關團體學校到場時在入口處簽到

三 散會出場秩序 一、宣傳隊 二、各學校 三、各機關 四、民衆

四 西安防展會在開幕典禮奉行後即開放

五 典禮會場臨時救護室在體育場辦公室

西安各機關學校團體參觀防空展覽會秩序表

日期	五月二十九日	三十日	三十一日
時間	上午	上午	上午
參觀團體	開幕典禮大會主席團 宣傳隊 東北大學 全市中級學校	西北政訓處 陝西省黨部 全市縣高初級小學校及民衆學校 全市各公立醫院及軍醫院	學生集中訓練大隊 陝西省地方政務研究班 小學教師訓練所 陝西省各縣黨委軍訓班 長安縣黨部 西北剿匪總司令部 西安綏靖公署 省政府及各廳處 省立第一民教館
時間	下午	下午	下午
參觀團體	民衆	民衆	民衆

日期	上午	下午
六月一日	第一〇五師司令部及所屬部隊 第一〇九師司令部及所屬部隊 工兵第二團 砲兵第十一團 憲兵第一團 通訊大隊 高射砲隊 輜重大隊 空軍第四隊	民衆
二日	軍警督察處 陝西保安處 警備第一旅 特務第一團 綏署砲兵營 綏署教導營 綏署衛士營 綏署幹部訓練大隊 保甲訓練隊	民衆

	三日	四日
上午	省會公安局及各分局 市政工程處 國民軍訓會 長安縣政府及所屬各局所 郵政管理局及各分局 電政管理局 汽車管理局 隴海鐵路西段工程處 警察大隊 警士訓練大隊 各種稅務局	民衆
下午	民衆	民衆

附註：各機關團體請按表上規定日期時間來會參觀

西安機關林立調查難備未經列入之各機關團體可隨時來會參觀

軍事委員會西安防空展覽會製

陕西省建设厅关于奉函印发省防空协会宣传工作纲要致西安市政工程处的训令（一九三七年二月八日）

陝西省建設廳訓令第159號

事由：令發防空宣傳綱要，仰廣事宣傳由。

令市工處

案准

陝西省防空協會函開：

「查西安市防空工作，本會正在籌劃推進，惟此種業務，端賴軍民一體，通力合作，方克有成，良以戰爭一開，既無戰區非戰區之分，亦無前方與後方之別。如能事前普遍宣傳，使全市軍民人等，盡明防空真諦，始能臨時配備裕如，鎮靜沉着，井井有序，以期減少傷亡。本會改組之後，除以各種方法向外宣傳外，竊恐宣傳未周，致失事機，特擬定宣傳工作綱要，擬應

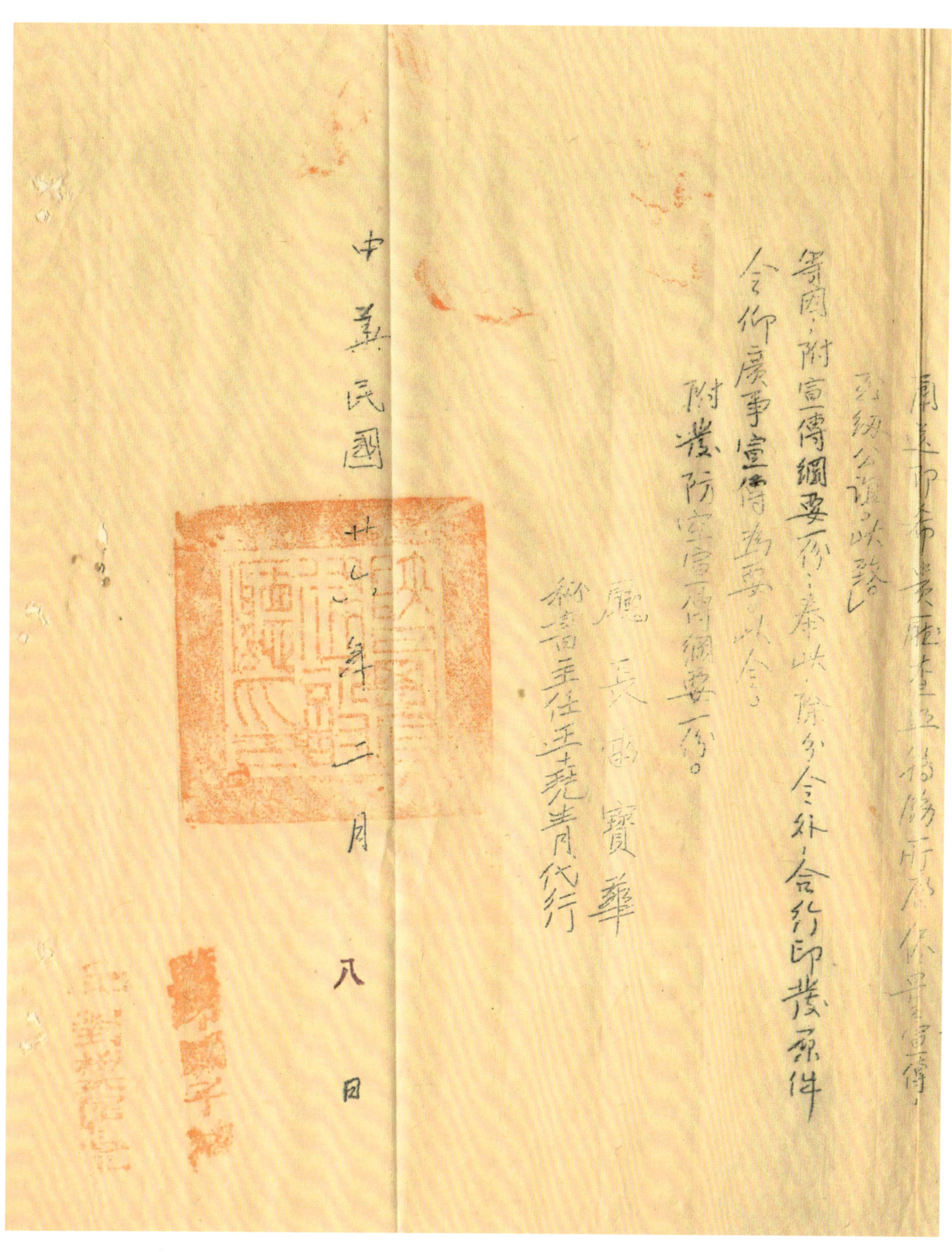

關於即希貴廳查照，轉飭所屬作為宣傳，

至紉公誼。此致路

等因，附宣傳綱要一份。奉此，除分令外，合行印發原件，

令仰廣事宣傳為要。此令。

附發防空宣傳綱要一份。

廳長 鄭寶華

秘書主任王士堯青代行

中華民國廿七年二月八日

附：陕西省防空协会宣传工作纲要（一九三七年）

陕西省防空協會宣傳工作綱要

㈠宣傳辦法

1.宣傳對象為本省駐軍警憲公務人員學生以及一般民衆並先由西京市着手次及各縣

2.各軍警機關由主管長官通令於平時訓練注意防空常識之灌輸

3.各教育機關由教育廳通令每週舉行防空講演一次

4.各政治機關及不屬於軍警教育之其他機關或團体(如工廠醫院等)由省府通令即日開始防空宣傳

5.各主管機關對其隸屬機關之防空宣傳須負督導之責

6.各機關各團体須於每月終將本月防空宣傳工作進行情形向各該主管機關陳報再由各主管機關彙送本會備查

7.散居民衆由各社會教育機關及當地公安局負宣傳責任並派於每

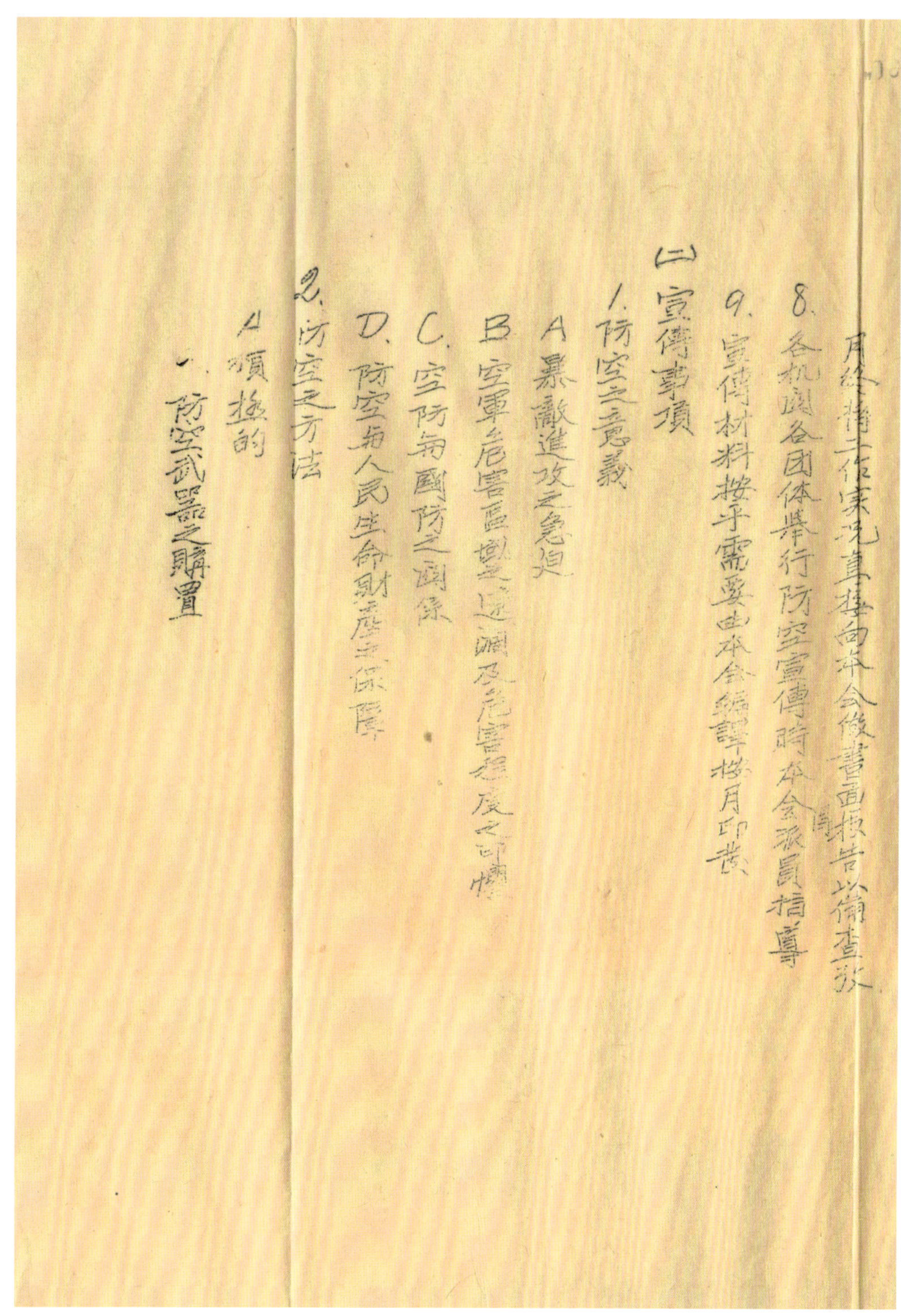

月終將工作實況直接向本会做書面報告以備查攷

8、各机関各团体舉行防空宣傳時本会派員指導

9、宣傳材料按乎需要由本会編譯按月印發

（二）宣傳事項

1.防空之意義

A 暴敵進攻之急迫

B 空軍危害區域之遠濶及危害程度之可怕

C.空防与國防之關係

D.防空与人民生命財產之保障

2.防空之方法

A 積極的

1.防空武器之購置

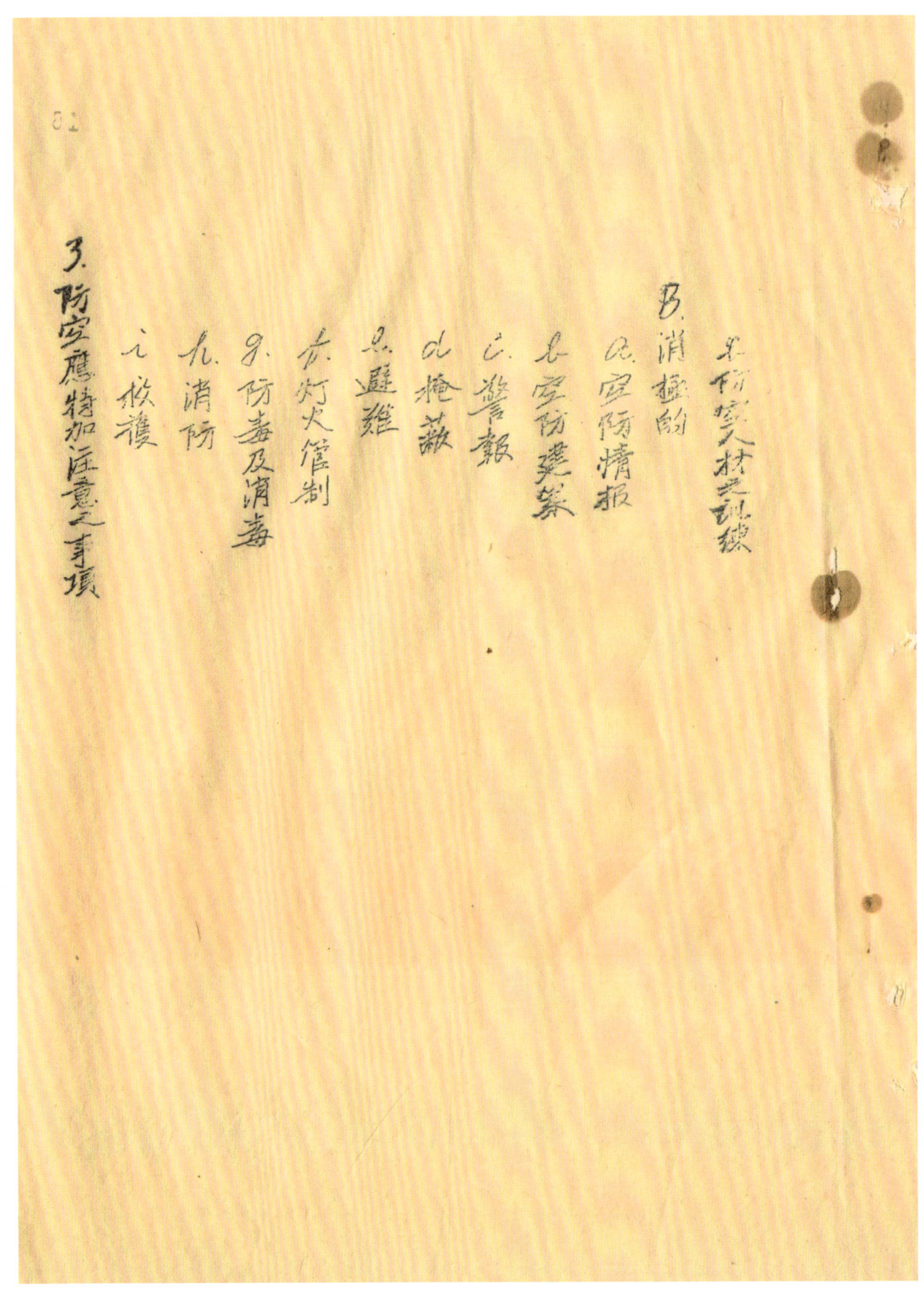

81

k.防空人材之訓練

B.消極的

a.空防情報

b.空防建築

c.警報

d.掩蔽

e.避難

f.灯火管制

g.防毒及消毒

h.消防

i.救護

3.防空應特加注意之事項

A. 灯火管制

B. 空襲警報後秩序之維持及警報解除後秩序之恢復

4. 各種飛行機之性能及說明事項

A. 轟炸機

B. 偵察機

C. 攻擊機

d. 驅逐機

e. 炸弹之种類及其性能

5. 防空器材之性能及其說明事項

A. 防毒工具

B. 高射機關炮

C. 高射：：一

D. 高射機關槍
E. 照空灯
F. 測音机
G. 阻塞汽球
6. 防空最有效之实证講演事項
A. 欧战期间飛机攻擊及防空設備防空训练之功效
B. 一二八沪战我國無防空之損失
7. 人民對於防空協會應有之義務
A. 帮助宣傳
B. 捐款
C. 參加本会所組之各隊工作
(三) 宣傳方式

1. 口頭的

A. 普通集會增加防空講演

B. 定期召開防空講演會

C. 廣播無線電台播送防空節目

d. 組織街頭防空宣傳隊

e. 利用幻灯召集民衆实施防空宣演

F. 表演防空戲劇

2. 文字的

A. 編印防空運動傳單

B. 編印防空常識小冊

C. 各報刊行防空週刊

D. 刊物雜誌刊行防空專號

E. 绘制防空漫畫及區[illegible]

F. 張貼防空標語

G. 影院放映防空標语及漫画灯片

H. 影院放映防空影片

I、利用幻灯放映防空宣傳標语及漫画

四、成績考查

1. 本會得隨時派員考查各機関各团体防空之情形，各该主管机関依據各该機関之报告，考查其实施成绩，並须将考查结果彙送本会

2. 散居民家之防空宣傳工作由本会按期派人考查，将考查结果彙送本会

3. 各機関团体對於防空宣傳工作举行不力者，本会得通知其主管機関予以惩戒

4. 辦理防空成績優良者之機関团体或民众，本会得通知其主管機関予以奖勵

陕西省建设厅关于奉函检发防空宣传小册子饬属遵照参阅致西安市政工程处的训令（一九三七年十月十二日）

陝西省建設廳訓令 第1827號

事由：准教育廳函送奉令編印之消極防空注意等宣傳小冊六種茲檢發該冊令仰參閱并報備查由

令市政工程處

案准

陝西教育廳八七零三號公函内開：

「本年九月三日案奉 省政府財字第六九一七號訓令以現值非常時期防空極關重要，飭印製國民消極防空注意等宣傳小冊分發應用等因，遵即選定(一)國民對於消極防空應有的準備和注意(二)市民防空救護須知(三)民家防空常識(四)防毒須知(五)飛機識別法(六)簡易紗布防毒口罩之製法（附馬騾簡易防毒口罩說明）等六種，趕期製印分別裝訂成冊，除分別函令送發外，相應檢送上項(一)(二)(三)(四)(五)各三十冊(六)十五冊，函請貴廳查照為荷」

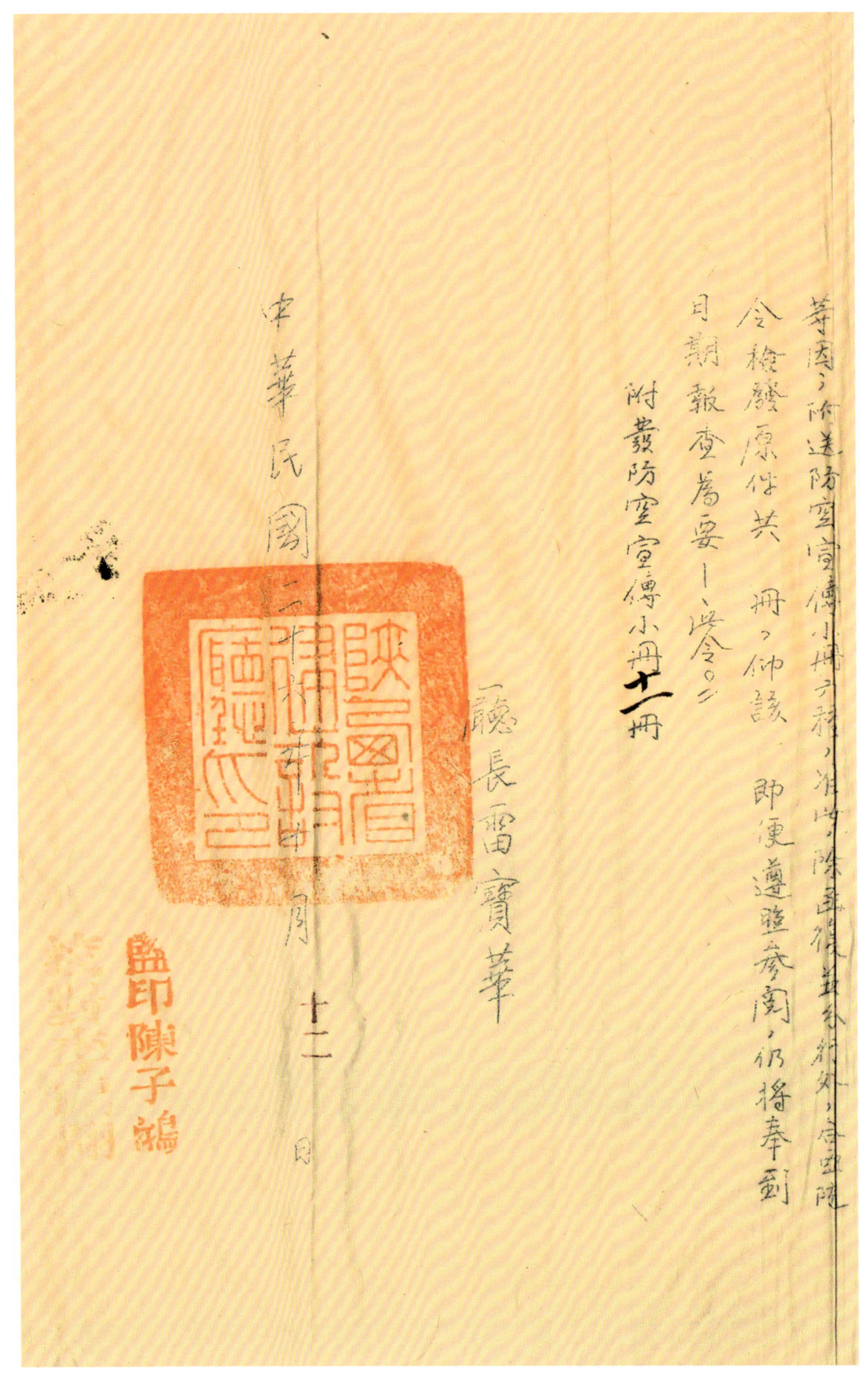

等因，附送防空宣傳小冊六種，准此，除函復並分行外，合亟隨

令檢發原件共 冊，仰該 即便遵照參閱，仍將奉到

日期報查為要！此令。

附發防空宣傳小冊十一冊

廳長雷寶華

中華民國二十七年十二月 日

監印陳子綸

民國二十六年九月

國民對於消極防空應有的準備和注意

第　號

陝西省教育廳翻印

國民對於消極防空應有的準備和注意

同胞們：我們的國家是已經到了最後的關頭，敵人是一天一天的在向我們進逼，大戰就在目前，敵人的飛機，現在是隨時隨地都可飛來襲擊，所以我們大家在這生死存亡的時候，對於各種消極防空的設備，應該趕快準備充實，這下面的，就是我們應該準備和注意的事項：

甲、現在的準備

一、關於警報者

要知道各種防空警報的信號是：

嗚—嗚•嗚•嗚—嗚•嗚•……………

(1)空襲警報　電(汽)笛　拉响二十秒長音後，連拉兩响短音，(共三秒鐘)即停止兩秒鐘，像這樣連拉六次。

警　鐘　噹。敲一响後，再連敲兩响，噹噹，
●—●—●●—●……
像這樣敲三分鐘。

喔——喔·喔·喔……

（2）緊急警報

電（汽）笛　拉响三十秒鐘長音後，續拉短音若干
■■■■■■……
次，約一分鐘。
●—●—●—●—●—●……

警　鐘　噹，噹，噹，……急擊繼續不停敲
兩分鐘。

（3）解除警報

電（汽）笛　喔——
繼續拉二分鐘的長聲（一次）
●●●●●……

警　鐘　噹、噹、噹、噹、噹、像這樣單獨一
响一响的敲二分鐘。

(4)毒氣警報　擊鼓（或敲洋油桶）　咚，咚•咚，咚，咚，咚•…………

—○-○-○•|○-○-○•…………

咚，咚，咚，擊鼓三响後，稍停片刻再擊三响，像這樣繼續擊兩分鐘。

燈旗標示　白天有黃旗插在的地方和黑夜有紅燈燃亮的地方，都是表示毒化的地區。

(5)火災警報　敲鑼　鑼聲亂敲二分鐘。

二、關於消防者

(1)各家戶應準備消防器材如滅火機，唧水機，太平水桶及消防砂等，并多掘水井，以免自來水管被破壞時，發生水量恐慌。

(2)凡容易燃燒之危險物品，應放置適當地點，如煤油，火藥，及不用之家私衣服等。

三、關於防毒者

國民對於消極防空應有的準備和注意　三

（1）最好每人有防毒面具，但現在只能每人購備防毒口罩（軍醫署衛生事務所製好後即可購備）

（2）準備油紙，油布，包裹食料，或將密口的器具盛好保存，以防毒氣侵害。

（3）準備消防藥劑

A.漂白粉—地面和什物沾着不容易揮散的毒氣，可用漂白粉消毒；皮膚受芥氣毒害時，用漂白粉塗敷，亦可消毒。

B.肥皂漿—皮膚或衣服受芥氣毒害時，可用肥皂水冲洗，或用溫肥皂水沐浴。

C.凡士林—皮膚消毒後，可塗凡士林，以使濕潤。

D.鹼—衣服沾着毒氣，可在溫熱鹼水中煑洗消毒。

四、關於救護避難者

(丁)每家須在屋內靠近牆壁之一側，安堅固支柱數枝，上蓋以厚木板，搭成避難處，則房屋縱使倒塌，不致壓傷，危及性命。

(2)屋內有庭院，應設備防空壕深約一•四公尺•上面寬一•公尺，但為防地下出水起見，可掘較淺坐姿防空壕，但此壕宜距房屋稍遠，以免牆倒壓傷。

五、關於燈火管制者

(1)室內外電燈之自動開關，應分開裝置(廣告燈更要注意)。

(2)窗戶門扉天窗應一律緊閉，并用厚黑布緊密遮蔽。以免漏光於外方。

(3)要準備洋燭、或油燈等但須製備燈罩，

(4)各種燈光要如附圖之加以遮蔽。

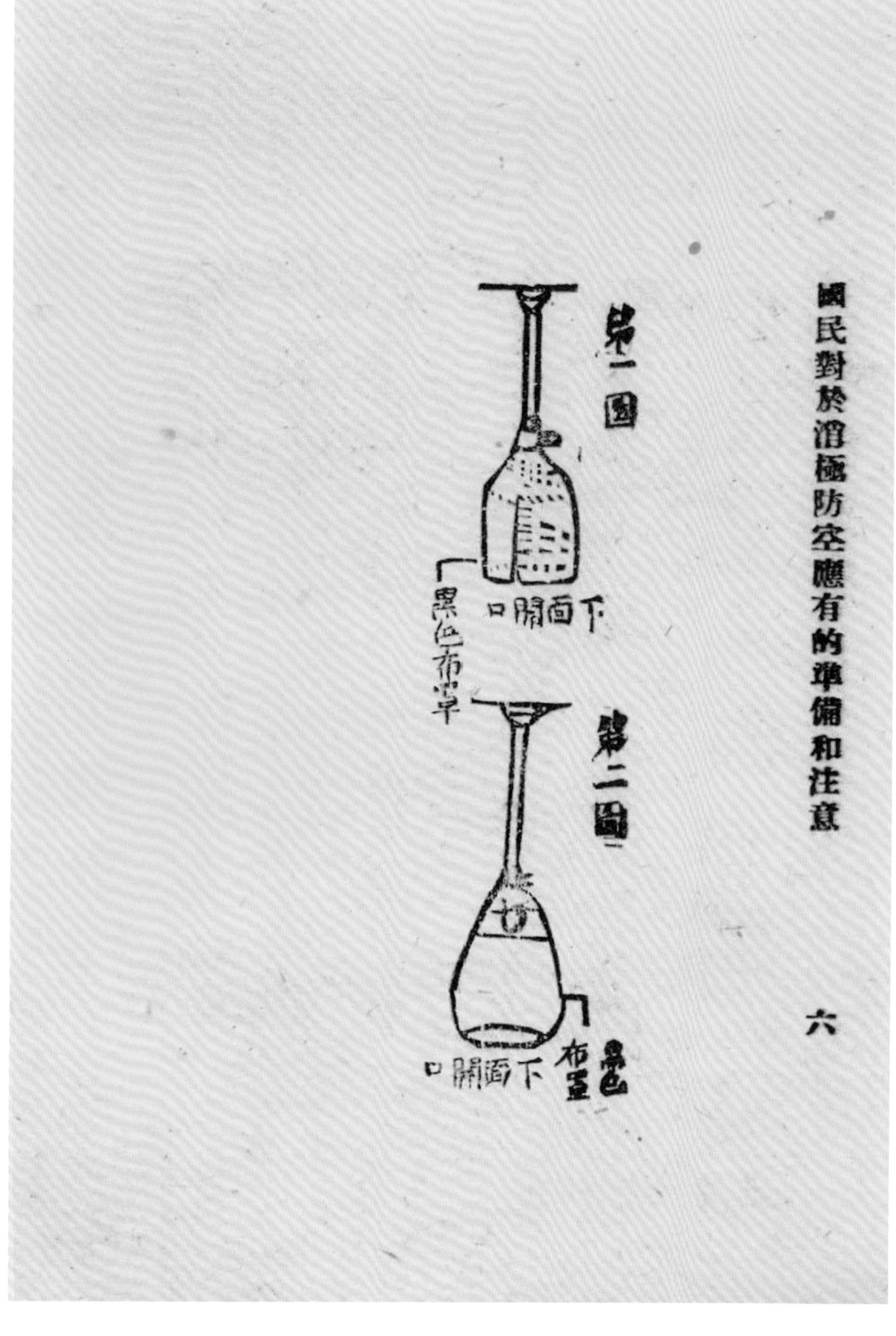
第一圖
下面開口
黑色布罩
第二圖
黑色布罩
下面開口

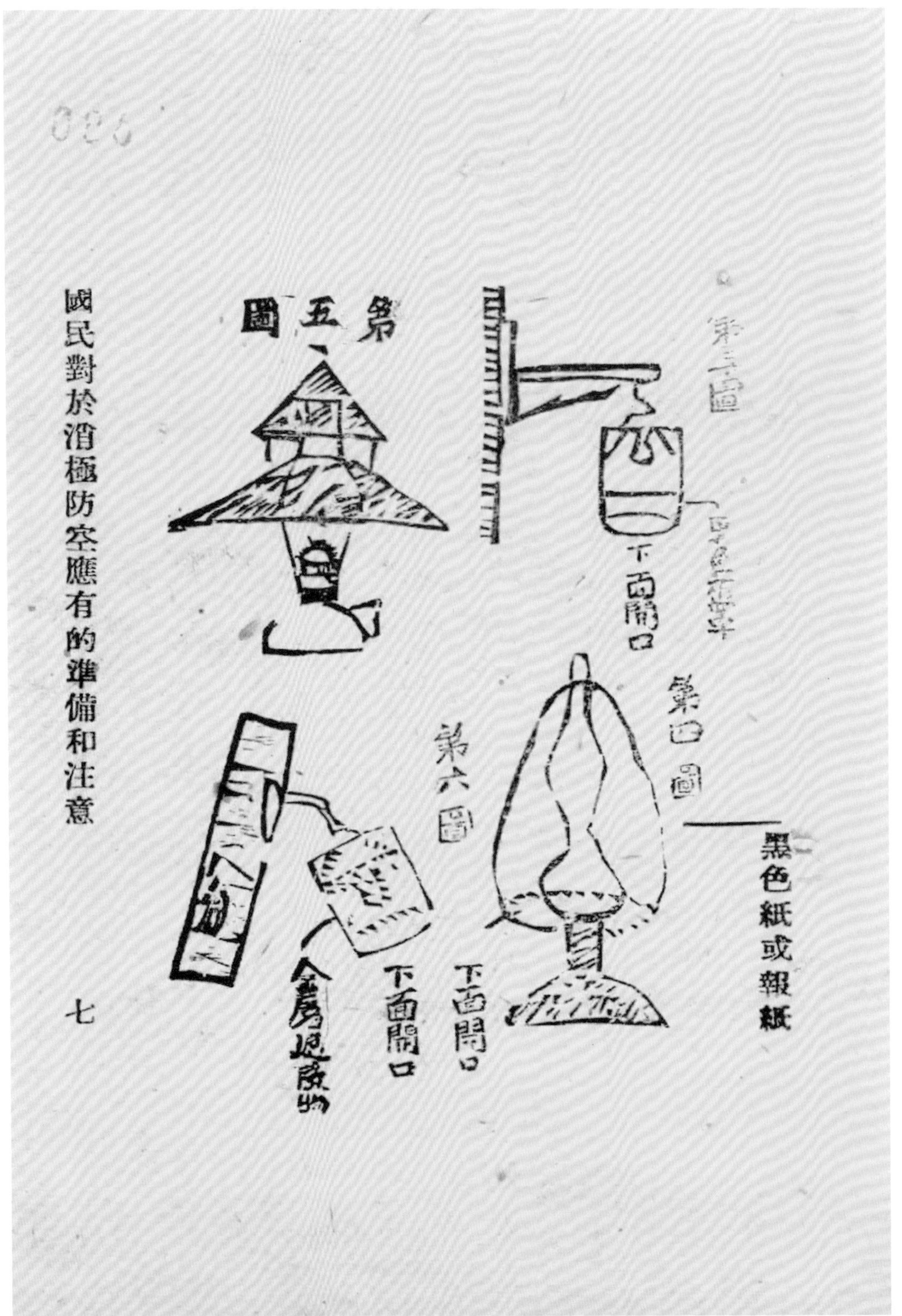

國民對於消極防空應有的準備和注意 七

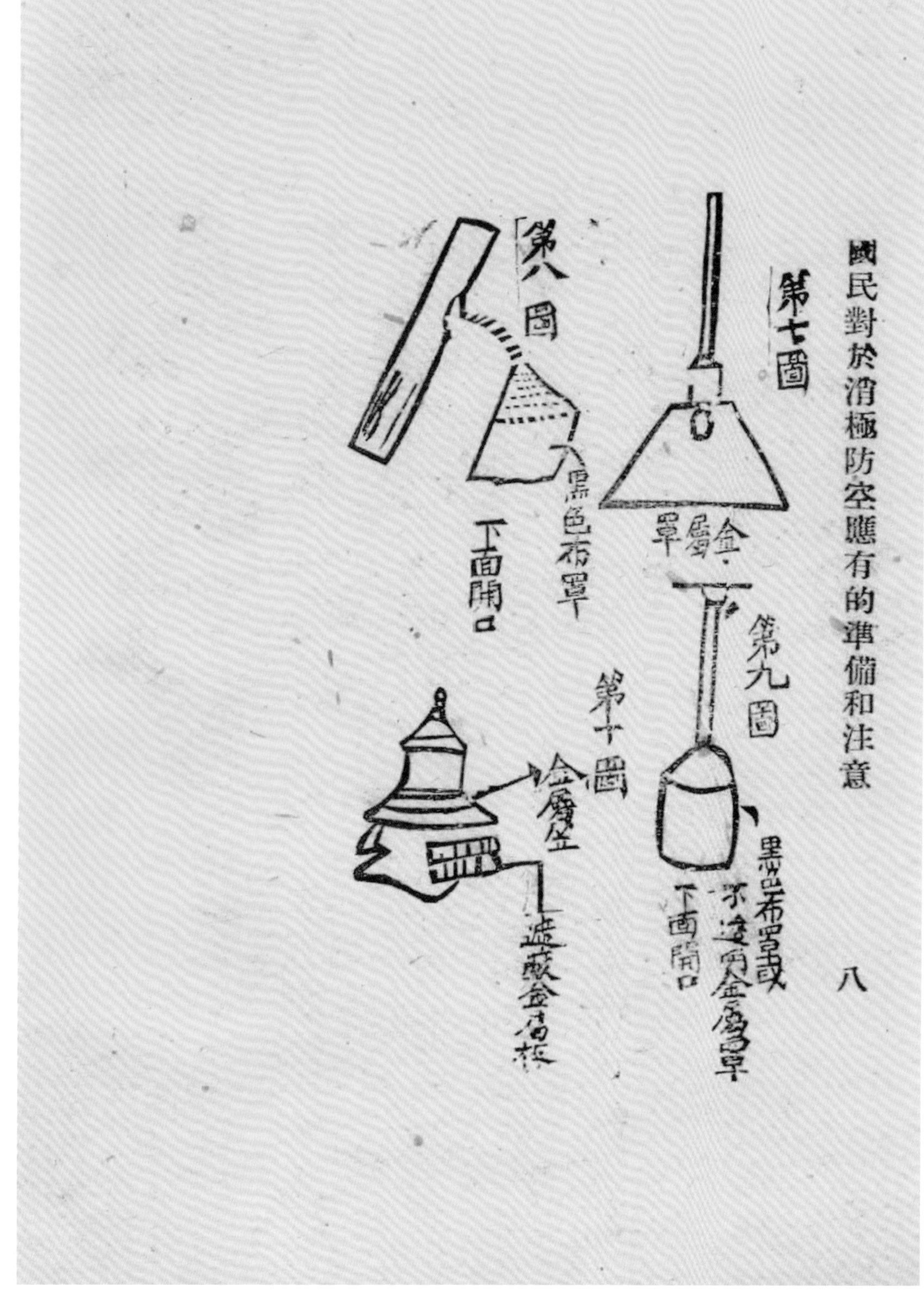
第七圖
金屬罩
第八圖
黑色布罩
下面開口
第九圖
黑色布罩或不透明金屬罩
下面開口
第十圖
金屬盆
遮蔽金屬板

乙、非常時期的注意

一、空襲警報時

(1)各人應立即準備消防防毒救護等各種器材。

(2)室外燈廣告燈應速熄滅。

(3)在屋內之人處置：

A.夜間應熄滅燈光，或取較弱燈光如低燭光泡或有色燈泡，洋

國民對於消極防空應有的準備和注意　九

燭等。

B須絕對靜坐室內，不得亂跑，各自準備防空，婦兒安置避難處。

C.全部窗戶門扉須關閉，火焰（如火爐）須熄滅，幷嚴禁在空地燒火。

（4）在屋外之人處置：

A.馬路上行人須立刻避入須屋內附近避難場所。

.B.所有車輛須速停靠路旁。

C全部馬匹須適宜拴固之。

二、緊急警報時

（1）各人仍在家熄滅全部燈光，沉着準備防空，絕對不許亂走。

（2）如有火災要立即設法撲滅，以免蔓延，如不能撲滅時，應迅去附近避難場所。

（3）如發現有毒氣，應立刻避往高處，或向逆風方向去。（或以毒氣標記插於有毒處如旗幟等）

（4）避難時須絕對聽交通管制人員軍警指導，沉着！守秩序！不得爭先恐後亂跑！并不許携帶傢私笨重物件等！

三、解除警報時

（1）應照常工作服務，但外出時要試探有毒氣否。

（2）嚴禁因小事而鬧集多人。

（3）有毒氣處務即設法以火或水除去，并準備一切需要以防今後空襲。

（4）協助當地防護團員整理工務，恢復交通。

國民對於消極防空應有的準備和注意

一一

除以上各點，同胞們應切實準備注意并遵守外，我們更需要的是沉着鎮靜，來建設我們心理上的防空，親愛的同胞們！如果我們平素有準備，敵人空襲是不怕的!!!

國民政府軍事委員會印發

附二：市民防空救护须知（一九三七年九月）

民國二十六年九月

市民防空救護須知

陝西省教育廳翻印

防空市民救護須知

一、空襲與救護

現代的戰爭，因爲飛機的應用，和從前的戰爭不同，在飛機沒有應用到戰爭的時候，受危險的，只限于在前綫的士兵，在後方的就比較安全。現在可不行了，戰事一開，敵人就可以用爆炸飛機，載多量的炸彈，隨處炸燬我們的建築，殺傷我們的軍隊和人民，敵機的飛行半徑，可以到一千五百公里，換句話說，就是隔前綫二三千里的地方，敵機都可以隨時來轟炸．投下爆彈，有重到一千公斤的，至于爆彈的種類又分爆裂彈．燒夷彈、毒氣彈，爆裂彈可以炸燬我們的房屋，殺傷我們的人民，燒夷彈可以燒燬我們的建築·因此我們市民對於救護的常識·不能不十分注意。

二、救護要則

空襲時候，軍民所受的傷，有槍彈射傷的，有砲彈轟傷的，有炸彈炸傷的，有房屋倒塌壓傷的，有起火燒傷的還有毒氣殺傷的等等，因爲受傷的原因，是非常的複雜，所以受傷的狀態，也就不一樣，但是無論是受何種傷，都有共同的一點，就是在戰時受傷的人，十有八九是皮破血流的，一部份是中毒受傷的，我們對於這種皮破血流或中毒的創傷，在救護的時候，必須特別注意三件事：第一件就是消毒，第二件就是止血，第三件就是送往附近救護機關。

（1）消毒—消毒的意義有二種，一種是普通受傷的消毒一種是中毒的消毒，前者是微菌，後者是毒氣，無論微菌毒氣，都是具有毒性的。當我們健康的時候，我們的皮膚，周周整整，蓋滿了全身，微菌是無法侵入我們體內的，一旦受傷之後，皮破血流，微菌就有了機會，隨時可以侵入我們體內，他們侵入體內以後，毒性發作，小則傷口生膿，重則生病致死，毒氣更是厲害，好好的身體，遇着了毒氣，就要中毒而死。所以我們救護上最要注意的事，就是消毒。普通的消毒，是一方面對於傷口上，已經直接沾染的微菌，設法消毒，一方面對於包裹傷口用的東西，以及一切要與傷口接觸的東西，（例如紗布，棉花，鉗子等），先將上面微菌消毒，然後方與傷口接觸。毒氣的消毒詳於後節。

(2)止血—皮破血流受傷的人，有許多血流不止，遂卽立時死亡，這也是最常見的事，所以對於受傷的人，如果出血很凶，必須立刻設法止住，以免喪失性命，至於如何止血的方法，後面再來詳說。

(3)送往救護機關—以上兩項，不過救急手段，根本的辦法，必須送往救護機關，求醫師的治療，才免危險。

三、救急用品

救急用品，極爲簡單，人人都應製備一份：

(1)紗布—紗布就是一種棉紗織成的布，布質極爲稀鬆，各處西藥房都有出售，這種紗布，可以剪成方塊，用幾層貼在傷口，外面再裹以綳帶，以資保護，但西藥房的紗布，都是整疋的，並且沒有經過消毒的手續，買來之後，必須自已消毒，消毒的方法，最簡便的，就是將這種剪成方塊的紗布，每一二十塊一包，用粗布包成小包，包口用綫縫好，以免鬆散。把這些小包，放在蒸飯籠內，蒸一小時，再取出放在火爐上烤乾。用的時候，再把粗布包打開，將紗布取出，因爲微菌最怕的就是熱氣，放在蒸籠裏蒸了一小時，紗布上面所有的微菌都蒸死了，又恐怕紗布由蒸籠裏取出之後，又沾染了新的微菌，所以要用粗布包上。

（2）綳帶及三角巾——紗布只能貼在傷口上，外面必須另有布帶或布片包裹，方能穩妥不掉，這種包裹用的布帶，叫做綳帶，包裹用的布片，就是三角巾，綳帶是用新的粗布撕成二寸寬三四尺長的長條，可以捲成一捲，隨時備用，用的時候，如果嫌這根綳帶太長，可以隨意撕斷或剪斷，這種綳帶，最好多預備幾捲，有時一兩捲，是不夠用的。綳帶是裹包傷口外面的，不會與傷口直接接觸，可以不必消毒。

三角巾就是一塊三角形的粗布，這種三角巾，使用極爲簡便，在戰場上包裹頭部及四肢的傷口，有時是極有用的，三角巾也不必消毒。有時遇了急變，手邊既無綳帶，又無三角巾的時候，可以將衣服撕成長條，或三角形，或用大手巾摺成三角形，以資應用。

（3）絆創膏—絆創膏又名叫橡皮膏，粘性很强，各處西藥房都有發賣，這種絆創膏的用處，也同綳帶及三角巾一樣，將他貼住傷口的紗布，可以固定紗布的位置。使其穩妥不掉，用繃帶或三角巾包裹傷口，有些地方，有些時候，不甚適用，例如頭部受傷，使用繃帶就不十分方便，腹部被炸彈炸傷，傷口如果很多，三角巾决不適用，若用繃帶：就用三四捲都不夠用，在這一種情形之下，用絆創膏就方便得多了，絆創膏初買來的時候，多半是一大張一大張的，可以將其撕成三四分寬一二尺長的長條，捲在一根小竹片或筷子上，多撕幾捲，以備應用，用的時候，如果嫌這根絆創膏太長，可以隨時撕斷或剪斷，這種絆創膏，也是不與傷口接觸的，所以不必消毒。

（4）碘酊—碘酊又名碘酒，是一種深棕色的溶液，係將碘溶於酒精中而成。照中華藥典上的規定，碘酊共有兩種；一種是百分之十的碘酊，分量太强，不宜常用。一種是百分之二、五的碘酊，叫做碘稀酊，是我們救急時最常用的，這種碘酊，消毒的力量極强，無論何種傷口，雖然已經直接沾染了微菌，只要用紗布蘸了碘酊塗在傷口上，幾分鐘就可以將這些微菌殺死。這種碘酊，到各處西藥房，都所以買得到手。普通只要買一百公撮 CUBIC CENTI METER或二百公撮，就可以夠用。

上面這幾種東西，一二包紗布，三四捲綳帶，一塊三角巾四五捲絆創膏，一小瓶碘酊，製備既極容易，佔地又復極小，只要一個小口袋，就可以裝好。在戰事的時候，最好每人預備一份，隨身以備不虞，

四、創傷救急法

凡屬皮肉受了損傷，就叫做「創傷」。在空襲的時候，創傷的原因很多，創傷的形狀，也就不一樣。槍彈射傷的傷口，多半不過是一個小孔，砲彈或炸彈炸傷的，傷口就大得多了，有時甚且將一臂或一腿整部炸去。我們對於各種創傷的形狀，暫且不必去管他，無論是何種形狀的創傷，他的救急的方法，總是一樣的。創傷救急的方法，可以分做四步來說；

（1）救急者本身及環境的注意—在救急的時候，救急者必須特別鎮靜；千萬不可慌張，必須時時刻刻，將消毒同止血兩件最重要的事，記在腦子裏，對於皮破血流的傷口，不可用手指衣服，以及一切沒有消毒的東西，去和他接觸，污穢的東西，如泥土等，尤其不可和傷口接近。

（2）止血—凡屬受了傷的人，立時不久就喪去了性命，有許多是由於流血太急，沒有去設法止住的原故。所以對於受傷的人，先要看看流血的緩急，如果流血很緩，就是注意消毒；如果血流太急，那就將消毒放在第二步，先止住了血再說，止血的方法，下面另有專論。

（3）傷口消毒—如果血流不急，那就先要注意消毒；如果血流太急，那就止住了血之後，也就着手消毒。消毒的方法，就是用消毒的紗布，蘸了碘酊，塗滿傷口上，以及傷口周圍，傷口上塗碘酊是有一點痛的，但這是救急的一件最重要的事，千萬不可省略。因爲從傷口侵入的細菌，如破傷風桿菌侵入能使人致强直病，氣桿菌侵入能使傷部浮腫潰爛甚至使人致死。如果可以從容從事的時候，止住了血之後，可以先看一看傷口上有沒有灰塵泥土，以及其他異物的存在，倘若有之，可以用微溫的開水，在傷口中沖洗幾次，將泥土等沖去。微生物最怕的是火與熱，凡是煮開過了的水，裏面的微生物都煮死了的。所以在傷口上沖洗，是不會有危險的。若是沒有煮開過的冷水，裏面含的微生物極多，就千萬不可與傷口接觸。但是只可用微溫的開水去沖，千萬不可用手指或其他物件去擦洗，沖洗之後，即行用稀碘酊消毒，若是在空襲時，必不能這樣從容沖洗，止血之後，應即消毒，這種傷口上的灰塵泥土，只好等到醫院之後，再行洗滌了。

（4）包裹傷口—傷口消毒之後，就將粗布包打開，取出幾層消毒的紗布，蓋在傷口上面，外面再用綳帶或三角巾裹好，或用絆創膏貼好。裹綳帶的方法，與裹腿帶相同，不可過鬆，以免紗布脫落，（包紮用的紗布棉花和綳帶愈乾愈好）。用手指在布包中，取紗布的時候，只可夾在紗布一處的邊緣，這一處邊緣，就决不可與傷口接觸，以免手指上的微生物，沾在紗布上，傳入傷口，這是救急者必須注意的。

五、止血法

流血的情形|普通的小傷口，流血很緩，這種流血，不必去止他，他自已也會止住的，流血太急，就必須設法止住，若是傷口流血，一湧一湧的出來，或是或一根直綫射出，這是大血管流血的症狀，是極危險的，必須立時設法止住。

止血的原理—止血的要義，就是斷絕血的來源，血是從心裏出來的，由血管運往全身，血管正與橡皮管子一樣，中空而質軟，若用力壓扁，卽閉塞不通，血不能由其中流過。所以我們若將心與創傷部分的交通斷絕，就是將連接心與創傷部分的血管壓扁，血就自然會止住了。

上肢止血法—如果是上肢出血，就將受傷者的手，向上舉起，用繃帶或三角巾，使極大的氣力，緊紮受傷者的上臂靠肩部處，愈緊愈妙，血就會自然止住，繃帶必須三四根合在一處，方有力量，不致斷脫。沒有繃帶的時候，衣袖也可以就用，如果繃帶不容易紮緊的時候，最好用一根小圓棍，或摺扇之類的物件，將繃帶絞緊。紮緊上臂，到底紮緊到什麼程度呢？這一點必須特別注意的。無論何人的手腕上，都可以摸得到脈跳的，現在上臂紮緊之後，必須緊得到手腕上摸不着脈跳，方可證明是上臂的血管已經壓扁，流血才會止住，如果紮住不緊，手腕上仍舊摸得脈跳，那就是血管還沒有壓扁的證據，流血是不會止住的。救急的時候。必須注意這一點，紮緊之後，即讓他紮緊，不可再鬆。等到送往醫院或醫師處，再讓醫師來處置，並且在兩小時內，必須送往醫院或醫師處治療，否則肢體因爲血流不暢，過時太久，必將發生種種毛病。施行止血的時候，手指及其他物件，千萬不可與傷口接觸，若必須接觸的時候，可以用幾層消毒的紗布，將傷口蓋好，再去接觸。

下肢止血法——如果是下肢出血，就使受傷者睡在地上，將其足向上舉起，用繃帶或三角巾，緊紮大腿上部，愈緊愈妙，血也會自然止住，如在大動脈破裂失血過多的時候，就是用手指直接壓住出血之點，然後再圖繃紮和消毒的手術．無論何人的腳背上面，也可以摸得着脈跳的。紮緊的時候，必須緊得到腳背上的脈跳摸不着，方能認爲血管已經壓扁，流血才可以止住。紮緊之後，即讓他紮緊，不可再鬆、在兩小時之內，送往醫院或醫師處。

六、骨折救急法

骨折的種類｜骨頭斷了，就叫做骨折。骨折有二種：一種是單純骨折，就是只有骨頭斷了，皮肉並沒有受傷破裂；一種是穿破骨折，流血骨頭斷了，皮肉也受傷和裂，成了創傷。

骨折的症狀——我們如何知道骨頭斷了呢？這有幾種特別的症狀。

(1)骨頭斷了的地方，必定是很痛的。

(2)骨頭斷了的地方，動作的能力完全消失，例如左邊小腿骨折，這條小腿就不能行路了。

(3)骨頭斷了的地方，形狀必有變更，列如左邊小腿骨折，這條小腿的形狀，必定或者稍灣，或者屈曲，或者縮短，只要與右邊健康的小腿一比，就可以看出不同的地方來。

(4)骨頭斷了的地方，常常腫起。

骨折救急法——四肢的骨頭，最容易斷，所以我們講骨折救急法，最要緊的，就是四肢的骨折，下列幾點，是必須注意的。

（1）如果是穿破骨折，除了骨斷以外，皮內必都是破了的。對於這種傷口處置、與普通一般創傷的處置相同。

（2）在穿破骨折，如果骨頭伸出在傷口外面，就讓他是這樣，不要動他，等到醫院之後，再讓醫師去處置，千萬不可將骨頭推入骨口裏面去。因爲這種伸出傷口外面的骨頭，總難免不沾染了微生物，在救急時，無論如何消毒，總難於將這些微生物盡行殺死，若冒失將他推入傷口裏面。將來微生物在裏面醞釀作膿，對於治療上要發生無窮的困難。

（3）若是單純骨折，沒有創傷的時候，就用一塊木板，放在這條肢體下面，用幾條繃帶或三角巾，將這條肢體紮緊的綑在木板上，如果沒有木板的時候，就是手杖，門栅，刀鞘，鎗柄，傘柄，都可以利用。若連這些物品都沒有，就只好是用木板夾着傷肢貼身綳起，腿骨折斷，則以兩腿平行綳在一起。若是穿破骨折，將創傷止血消毒包裹之後，也立時綑在木板上，再行運往醫院或醫師處治療，在綳紮骨折的時候，最要注意的，就是扶托骨折的方法，倘若扶托不得其法，不但枉使患者劇痛難受，而且內部的神經和血管，有被折骨軋傷糜爛的危險，扶托的方法，分述之如下：

一、臂骨折斷扶托法，右手緊握傷部的上端千萬不要移動，左手緊握傷部的下端，順着臂部原來的形狀，拉作勁直，把牠固定住不使移動。如有提舉這個臂必要的時候，應當將緊握之雙手，緩緩同舉。務令保持一定部位，勿稍移動，然後由另一人施行綳紮。

二、腿骨折斷扶托法，一人面向傷者足部而立，用雙手緊握傷部的上端，千萬不要移動，另一人面向傷者頭部而立，用雙手緊握傷部的下端，順着腿的原來形狀，拉作勁直，把牠固定住不使移動。如有提舉這個腿必要的時候，應當二人同時緩緩舉起，務令保持一定的部位不使移動，然後由第三人施行綳紮。還有一件要注意的事，就是綳紮折骨和綳紮止血的情形不同，止血的綳紮，要綳紮得緊，直至傷部下端的動脈，（在臂部的傷，指手腕上的動脈。在腿部的傷，指腳背上的動脈）。不再現脈搏爲止。骨折的綳紮，是要綳紮得堅實，而務使傷部下端的動脈，仍有脈搏爲止。否則，全肢有轉成攣縮，或痲痺或竟成屙症的危險。凡是折骨，肢體形狀必定稍有變更，或者稍彎，或者屈曲，或者縮短，對於這種肢體的變形，在救急時，千萬不要去移動他，或拉直他，讓他是這樣變形，不管他如何彎曲，如何縮短，只將他綑在木板上，就得了。因爲骨頭斷了的地方，附近如有許多血管及神經，若是外行的人，將這條肢體移動或拉直，這根斷骨的尖端，雖免不將附近的血管及神經截斷，反致發生重大的危險。因此之故，對於這種變形，千萬不要去移動他或拉直他，只可用木板綑好，運往醫院讓醫師去處理。

七、火傷救急法

火焰燒傷的，同沸水沸油燙傷的、都叫做燙傷，燙傷了的皮膚，輕的就發紅起泡，重的就發黑變焦。

撲滅火焰的方法—如果火焰正在燒人的時候，火焰若是不大，可以用衣服撲在燒的地方，火焰自會消滅。如果本人衣服已經著火，最好自已跑往泥土地上，在地下打幾個滾，火焰也可消滅。

對於燙傷的注意—對於燙傷的皮膚，最要注意，凡屬手指，衣服，以及無論何種物件，都不可與燙傷的地方接觸，以免微生物乘機侵入。

不破皮的燙傷救急法—如果是沒有破皮的燙傷，可以立時用幾層消過毒的紗布，蓋在上面，外面再用繃帶或三角巾，鬆鬆的纏好以免紗布脫落。但是纏的時候。千萬注意·不宜太緊·只要紗布不脫落就夠了·以免燙傷的皮膚受壓。

破皮的燙傷救急法—如果是破了皮的燙傷，可以用幾層消過毒的紗布，醮了微溫的或冷的茶汁，蓋在傷口上面，這種茶汁，愈濃愈妙，外面再用繃帶或三角巾鬆鬆的纏好，以免紗布脫落，原來治療破了皮的燙傷，最有效的藥，就是鞣酸，茶葉裏面含有這種鞣酸很不少，茶汁都是用開水沖的，裏面不會含有微生物，所以醮了茶汁敷在傷口上。是燙傷救急最好的辦法。茶葉以愈劣愈妙，茶汁以愈濃愈妙，裏面含的鞣酸就最多。

在內地有兩個古傳的方法，也可以用作救急燙傷的良方：(一)用一份麻油一份石灰水掉勻浸透紗布敷傷處。(二)用熟的狗油，塗抹傷處，既不費錢，又可救急。

八、電傷救急法

空襲的時候，電綫常被炸斷，觸電受傷的人，必定是不少的，所以對於電傷救急法，也不可不說一點。

觸電的輕重—凡是觸電的人，電流有通過身體一部的，有通過身體全部的。電流若是僅僅通過身體一部份，這一部份就發生麻痺，皮膚上就發生燙傷的現象，輕則發紅起泡，重則發黑變焦。電流若是由身體全部通過，除了皮膚上發生的燙傷現象以外，并且心的跳動加强，心臟就疲於奔命，痳痺而死，觸電死的，都是由於這種原因。

輕度觸電救急法—若是電流僅通過身體一部，這種人必定是尚有知覺的，并且必定已經脫離了電流範圍以外。對於這種人救急的處置，不過處置他皮膚上的燙傷而已。處置燙傷的方法，詳見前章。

重度觸調救急法—若是觸電的人，電流通過身體全部，這個人必定沒有什麼知覺，必定還在電流範圍以內、身體一部，必定還與電絲接觸。對於這種人救急的處置，第一步是要使他脫離電絲接觸，就是要使他脫離電流範圍以外。但是同時救急者本身須要注意，不可自己觸電，最好的方法，是關閉電門。如果是觸了敵人的電網，那就只可用一根木棍，（千萬不可用槍，因爲槍上有鐵，可以傳電），將這個觸電的人，撥了出來，使他脫離電絲接觸，脫離電流範圍 脫離電流範圍以後，如果這個人已經沒有呼吸，只要心還在跳，可以用人工呼吸法（見後），救轉他的生命，對于灼傷的地方，可以照燙傷救急法處理。

九、人工呼吸法

凡是觸電的人，溺水的人，以及昏厥的人，一時停止呼吸，看去同死了一樣，只要他的心還在跳，可以用人工呼吸的方法，將他救轉活來。

人工呼吸的意義—胸膛一張一縮，使空氣在肺中一出一入，這種作用，就叫做「呼吸」。平常健康人的呼吸，是一種自然的現象，並不須要他人帮助的。就是受了傷的時候，這個人的胸膛，失去了張縮的能力，於是呼吸便暫時停止。在這種急緊關頭，便必需人工來幫助呼吸。就是用人力來使受傷者的胸膛，一張一縮，使空氣循環出入，漸漸的引起他自然的呼吸來。

人工呼吸的方法—先將受傷者的衣服脫掉，使他仰臥在地上。用枕頭或衣服將他腰部墊高。先叫一人蹲在受傷者的頭部，用雙手端住受傷者的頭，使他仰上，口部張開，於是空氣可以在口中自由出入，還要看看舌子塞住喉嚨沒有。如果舌子塞的了喉嚨，空氣還是不能出入，必須用手指將舌子拉直，以免他塞住喉嚨，另外一人，雙腿跪在受傷者的大腿兩旁臉朝着受傷者的頭部．張開兩手，將兩手放在受傷者的胸膛上，乳房下面，雙手用力，將受傷者的胸膛，向地面緊壓，使他胸膛縮小，將肺中的空氣趕了出來，緊壓的時候，要用很大的氣力，但又不可過猛，口中要緩緩的數一，二，三。然後再把兩手漸漸的放鬆。幾秒鐘之後，又用力在胸膛上向地面緊壓一次，如此一壓一鬆胸膛就一張一縮，肺中的空氣，就一出一入，不到好久之後・受傷者就可起死回生。施行人工呼吸法，是一件很費氣力的事，千萬不可性急，不可以爲施行一二十分鐘之後，受傷者尚未活轉，就認爲是沒有救，就放棄不理會他了。須知有些時候，要施行半小時甚或一小時，受傷者的呼吸，方回轉來。如果一個人氣力不夠時，可以兩三個人輪流施行。

簡易的人工呼吸法——最簡易的人工呼吸法，先把病人伏地而臥，再將一臂向頭上伸直，一臂枕於額下，面向側方，把口張開。再用衣服或軟枕，墊高胸部，救者然後向着病人的頭部，膝地跨立，用雙手平挨病人的兩傍下胸肋骨、按照時間距離，施行呼吸運動。其法如下：（每分鐘十五次）。

第一步動作：身體先向前俯，兩臂伸直，將全身重量，壓在病人下胸的背上，使肺內空氣受壓而出，出氣時當有呼吸之聲，發自口鼻這樣的動作約需時間二秒鐘。

第二步動作：身體向後回立，兩臂鬆起、不要使病人受任何的壓力，而使肋骨向外回張，以吸收新空氣入肺，這樣的動作約需時間一秒半鐘。

把這兩項動作，來回往復，按準快慢，連續做去，可以把許多垂斃的病人救活過來。只要傷者心脈還在跳動，此法不可放棄。有時須連續工作至二十小時後。才得回蘇。倘或病人口中唾沫過多，應當隨時擦去，勿使阻碍空氣出入。

十、毒氣受傷救護法

空襲的時候，敵人難免不投毒氣彈，因受毒氣而致傷的人，其治療法如次：

一、窒息性毒氣中毒之救治法

1. 呼吸困難者施以人工呼吸法。
2. 一面用硼酸水含漱，一面洗滌眼睛。
3. 頭髮較長或有鬍鬚者，用硼酸水洗滌。
4. 咳嗽過劇時，用松節油數滴或痲醉劑10%的溶液數滴加於水中並出蒸氣，使其吸入。

5.呼吸薄弱皮膚起蒼白時，可用養氣通過溼布使其呼吸入。

6.心臟衰弱可服葡萄酒火酒若干，並施行樟腦油注射。

7.身體可用懷爐保其温度，並給與少量的咖啡。

8.病狀越重的，越要保持絕對的安甯。

二、中毒氣性毒氣中毒的救治法

1.呼吸困難即施行人工呼吸法。

2.用威士忌酒摩擦其身體．用安摩尼亞刺激其嗅覺。

3.施行養氣吸入。

4.心臟裏的則用樟腦液注射。

三、噴嚏性毒氣中毒之救治法

1. 以2%硼酸水含漱其口內．並洗滌眼，鼻，頭髮．

2. 咽喉感覺受疼痛則用牛乳一杯滲入硼酸一起，使其飲服。

3. 氣管受毒，則依窒息性毒氣中毒要領施行救治。

四、催淚性毒氣中毒之被治法

1. 以2%硼酸水洗滌眼鼻，頭髮。

2. 頭痛時內服（PyRAMIBON PHENACELEN）若干

3. 氣管受毒時概依窒息性毒氣中毒要領施行救治。

五、糜爛性毒氣中毒之救治法

1. 使用揮發油，石油，酒精，獸脂，過養化錳液所浸的棉布擦，拭，將毒物除去。

2. 毒液揩擦乾淨之後，再用上述各液體洗滌，至毒氣消散爲止。被毒部位以外的部份，用肥皂洗滌。

3. 洗滌後被毒部位呈紅色時，可塗上滑石粉，然後再用繃帶綁上。

其餘參照前述各種毒氣中毒救治之要領。

十一、受傷人員搬運法

上面講的許多救急法，都是只能應一時之急，至於根本治療，還是要靠醫院及醫師。所以救急之後，必須立卽將受傷者搬運往醫院或醫師處去。還有些時候，受傷的地址太過危險，不能施行救急，必須將受傷者搬運到比較安全的地帶，方能施行救急。因此之故，對於受傷者的搬運方法，也不可不略爲一講。

單人搬運法

（1）如果受傷者神經清醒，兩手沒有受傷，還能用力的時候，就可以照普通的背法，將受傷者背在背上，使他兩手圍住了搬運者的頸部。

（2）如果受傷者尙能站起，可以將受傷者的背，對住了搬運者的背，搬運者的兩手伸出肩頭，緊握了受傷者的腋部，將他反背在背上。放下來的時候，可以先緩緩蹲下，將右膝跪好，使受傷者坐在地上，然後回轉身來，扶住了受傷者。

（3）如果受傷者自已完全不能動作，那就要另外用一種搬運法了。受傷的人 多半是睡在地上的。先將他翻轉來面部朝天，雙手放在兩邊，然後站在受傷者的頭部，將他扶起跪在地上，再將雙手插入他的腋窩．扶住站起來。自己將身體屈下，將頭伸在受傷者的右腋下，使受傷者的身體．撲在自己的右肩，再用右手伸在受傷者的胯下。將右手由受傷者的胯下繞過來，握住了受傷者右腿然後將身體立直．站了起來。

雙人搬運法

如果有兩個人來搬運受傷者，就可以將兩人的手交叉做成椅子式。扶受傷者坐在上面。

担架搬運法

1．先將受傷人員抬置在担架上。

2．記其姓名及病症而後安適運搬。

3．必要時須施行簡單之救治手術。

救護車搬運法

1.先將受傷人員抬置在救護車上。

2.由救護人員施行簡單之救治手術。

3.然後和平駕駛搬運送至指定醫院內診治。

（完）

市民防空救護須知

三六

民國二十六年九月

民衆防空常識

陝西省教育廳翻印

民衆防空常識

甲、概説

當今的戰爭方式，已從地面戰爭擴大到空中戰爭了；一旦戰爭爆發，敵人可用飛機裝載着各種新式殺人利器（炸彈毒菌等）活動於海闊天空中，不僅殘殺前方的戰士，而且破壞後方的政治中心經濟中心以及工商業文化區和一般無辜的民衆，無論何人何地，都有被攻擊的遭遇，似此情形，我們實不能不謀有以自衛，自衛之道，首須明瞭其種類，性能，以及空襲的情況和炸彈的種類與效力，次謀種種預防的方法。

乙、飛機的種類

目前軍用飛機，約分爲三類，提示如下：

壹、戰鬥機

(一)驅逐機

(1)白晝驅逐機……白晝大隊出發，其任務是：

1. 掩護空中偵察安全；
2. 阻止敵人空中偵察；
3. 掩護本方或友軍的重要建築物；
4. 爭得制空權，襲擊敵人的活動等。

(2)夜間驅逐機……多單獨於夜間同探照燈合作其任務是：

1. 攻落來襲的轟炸機；
2. 突擊出現於光錐內的敵機；

3. 飛往敵方攻擊敵機等。

(二)攻擊機……用以擾亂並牽制地上步隊活動的。時速爲二五〇至三五〇公里，前後座裝四至八桿機關槍，常編隊飛行。

(三)轟炸機

(1)白晝轟炸機……飛行高度四〇〇〇至八〇〇〇公尺，可帶炸彈五六百公斤，有五六百匹馬力，常大隊出發，又名爲輕轟炸機。

(2)夜間轟炸機……飛行高度二〇〇〇至四〇〇〇公尺，可帶炸彈一〇〇〇至五〇〇〇公斤，多係夜間單獨飛行，馬力數千匹，續航約十小時，用以轟炸特別堅固之目標者。

貳、偵察機

(一)構造……多爲上單翼或下單翼短小之雙翼式。

(二)裝置……攝影器，無線電，機關槍等。

(三)速度……每時約二五〇—三〇〇公里。

(四)航時……續航可四五小時。

(五)作用……爲軍隊的耳目。

(六)種類：——

(1)遠偵察機（戰略偵察機）

(2)近偵察機（戰術偵察機）

(3)夜間偵察機

(4)礮兵偵察機

(5)步兵偵察機

（4）（5）兩項爲戰區偵察機

叁、交通飛機

（一）聯絡飛機

（二）輸送機

（三）運送傷兵機

丙、飛機的性能

飛機凡於三千公尺以上之高度飛行時，無若何危險，以其速度較速於火車之五倍，即以鏡視察地上人物亦難明瞭，故其效微而危險少。

丁、敵人的空襲

壹、方法

（一）白晝空襲……多以大隊飛機舉行，有聯合大隊同時空襲者，有各大隊依定時緊隨繼續前往轟炸者；

（二）夜間空襲……多單獨載重量炸彈以五分鐘或十分鐘的間隔，不斷的前往轟炸，採取一種滾轉空襲術，擾亂敵方。

（三）投擲炸彈法

（1）單獨投擲……每個炸彈，均須精確瞄準後投擲；

（2）順次投擲……各機依次向目的物投擲炸彈；

（3）集團投擲……一切炸彈，同時向一大目標投擲。

貳、目的

(一)破壞交通中心經濟中心及生產能力以絕原料的來源及食料的供給；

(二)驚動其民衆的心魄，失去其抵抗意志，或使其內部發生變化，阻撓其政府作戰。

戊、炸彈的種類重量和效力

壹、燃燒炸彈

(一)推耳米特……性急猛烈，爲養化鐵及鋁的碎粉混合物，然後能生三千度高之熱度，見水即向四外迸濺，更加火源、惟速以沙土掩蓋，拋於曠野，使他燒燃，其重量平均約半公斤至二公斤，能大批攜帶。

(二)黃燐炸彈……在空氣中能自燃，水合硫酸銅養若干能撲滅。須留意燐塗於皮膚上，以免生出極痛的創傷。

貳、爆裂炸彈

（一）破片炸彈……係以人畜無目標者，其重量由一至二十公斤，爆炸後化爲六〇〇至一二〇〇之小炸片，其能力約在周圍三百公尺內。

（二）中號爆裂炸彈……用以轟炸固定目標者，重約五十公斤，炸片少而較大，效力可深入土中一·八公尺，坑的直徑約六·二公尺，兩層樓房能穿透。

（三）大號爆裂炸彈……用以轟炸要塞車站堅固陣地及大城市者，重量三〇〇，五〇〇，九〇〇，一八〇〇，乃至五〇〇〇公斤以上能破壞三合土工事至三公尺以上。

叁、毒氣炸彈……用以毒殺敵方人畜者，重約一〇公斤至一〇〇〇公斤，着地爆炸聲甚小，入地中亦不深，外殼愈薄愈好，破裂後或化作烟幕，或氣化散布，或四方飛揚；

肆、煙幕彈……用以蒙障防空武器，多屬輕小炸彈，彈內充以能生煙幕之材料，能使牠對抗後來之大隊轟炸隊；

伍、毒菌彈……用以使敵方傳染虎列拉瘟疫等疾病者與通常小型炸彈無異，彈內貯有毒菌，投炸後毒氣卽散佈於空氣中，不易覺察和防範，其性頗烈。

已、預防

壹、晝間預防飛機法

(一)飛機來襲切勿驚惶亂跑，須就原地伏臥不動。如就地遇有牆壁樹木之陰影處隱避，亦可避免危險；

(二)行進時遇見飛機，如持有各色易爲敵機目標之物，如旗幟等，須即收藏而伏臥原地不動，驚惶切忌；

(三)開掘地窖於院中，機來即避入窖中，窖口處覆以厚板，並用三尺以上之厚土，掩蓋於其上。

(四)各戶務宜預爲多儲用水，以免敵機投擲炸彈時所生之火災擴大；

(五)民衆團體如備有鋼砲或機關槍等武器者，預先須以稻草或樹枝施行僞裝，使與地面之顏色同等，以免暴露而防敵機視察。

貳、夜間預防飛機法

(一)遇有警告，須即息滅燈火，以除敵機投擲炸彈最好之目標而避危險；

(二)凡持有手電燈籠以及汽車燈等夜間行進者，聞警須即息滅，靜息停止不動；

(三)娛樂場所，遇警告時，須即息燈，鑼鼓歌舞等，均須停止。

叁、射擊敵機的時機

(一)凡備有武器之民衆團體等，對敵機欲爲有效之射擊，須俟其降至一千公尺左右時；

(二)注意射擊敵機時，預仰臥地上，用多數槍火齊向敵機之發動機或坐人處行猛烈射擊方能有效，否則雖射機尾或兩翼，亦屬枉費心力。

肆、留心敵機投彈的時機……見敵機降至一千公尺以內之高度而環繞飛行時，非偵察即投擲炸彈，千萬留心。

庚、防空警報

壹、意義……防空機關於敵機來襲時發出命令或記號，使各民衆得隨時從事防護工作的意思。

貳、種類

(一)預行警報……防空機關根據各方情報或監視哨的報告，知道敵機來襲的警報；

(二)緊急警報……就是敵機快到我領空及防護地區時發出的警報；

(三)解除警報……就是敵機已經離開我防空地區，無空襲顧慮的警報。

叁、傳達的方法……都市內利用電燈的明，滅，或電笛，汽笛，大警鐘台等的響聲等，以先期規定各種各樣的簡單記號，直接將各樣警報傳達於各民衆爲最好；設恐不能普及時，須設法沿衔向住戶傳達之，又如軍隊的號音，學校及其他機關工廠振鈴或利用有無綫電報或電話等直接或間接確實迅速地傳達於民衆。

辛、交通管制

壹、意義……敵機來襲時，爲防止民衆恐慌和紊亂，設法保持安靜秩序和交通便利的意思。

貳、種類……（一）陸地交通管制；（二）水面交通管制。

叁、組織……由市公安人員或地方士紳士及童子軍和退伍軍人等組織之。

肆、任務

（一）聞警報或奉到命令時，速至適地管制行人車馬船隻，毋使交通遲滯；

（二）準備船車載運避難民衆；

（三）分別指揮軍事上通行路與人民避難通過路，以維秩序；

（四）對於行人車馬或船隻，指揮其緩行，加速或停止；

(五)指揮避難民衆避入附近的避難所或通行的道路等;
(六)隨時取締不守燈火管制規定的車輛船隻等;
(七)制止或驅散叢集囂鬧的民衆;
(八)制止民衆挨近危險地點於四週距約一百米達之外,必要時卽斷絕交通。

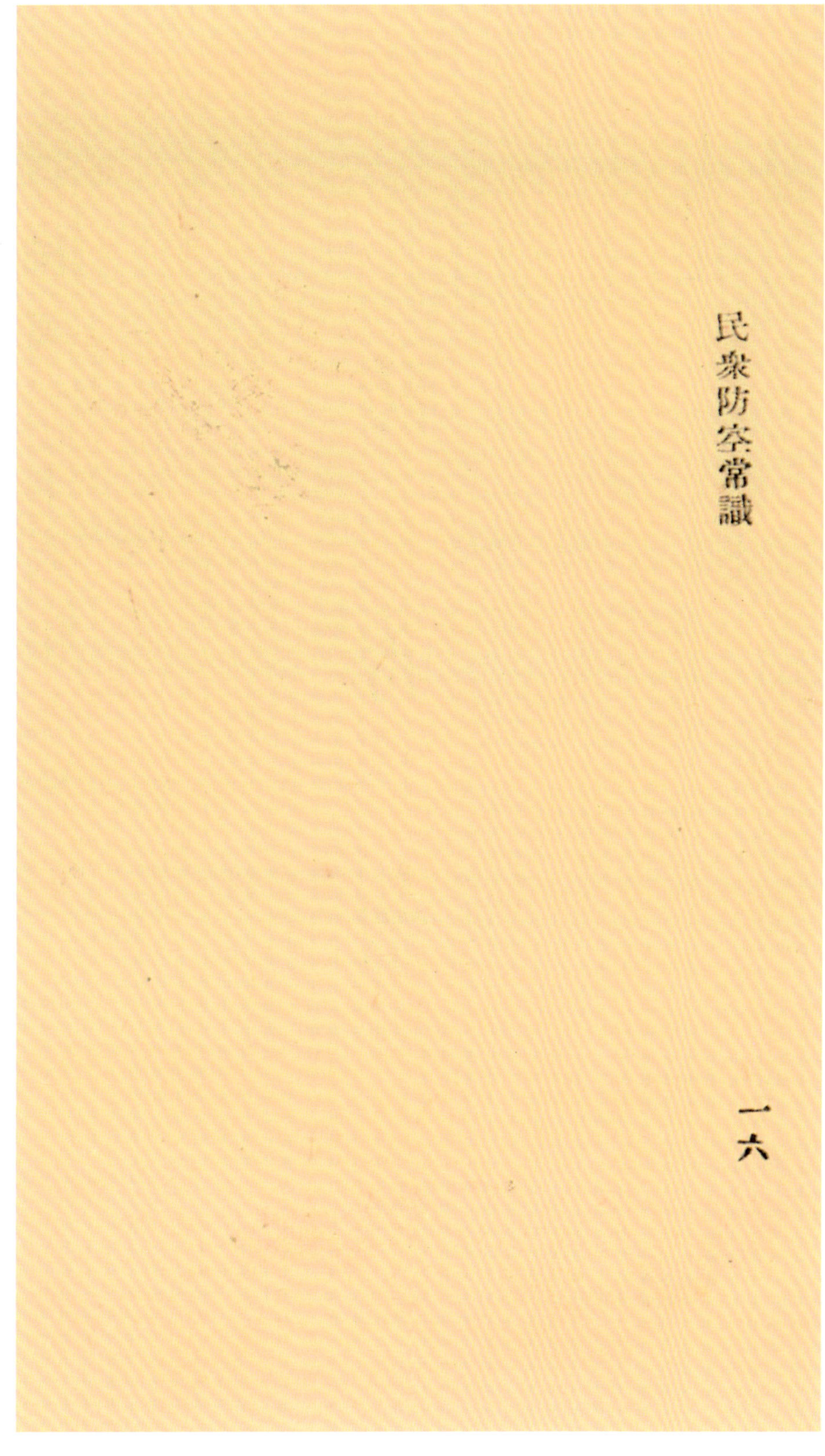
民衆防空常識
一六

附四：防毒须知（一九三七年九月）

民國二十六年九月

防毒須知

陝西省教育廳翻印

第 035 號

防毒須知

一、緒言

自科學昌明，兵器進步，戰爭之方式，已由平面而變爲立體，戰場之範圍，已由前綫而及於後方，戰爭之利器，已由機械而進爲化學，其威力之猛，必大於歐戰時千百倍。一旦戰爭爆發，毒氣之使用，在所難免。値茲戰雲瀰佈、殺氣冲天，世界大戰大有一觸即發之勢，一般民衆，對於防毒常識，固宜講求，而防毒設備，尤宜周密，茲將毒氣之性能及防禦之方法，作簡單之說明，俾衆周知採用，應付毒氣戰爭。

二、毒氣之種類及其性能

軍用毒氣，種類繁多，然按其性能，約分爲下列五種：

防毒須知

(1)窒息性毒氣——此類毒氣，傷人肺腑，使呼吸發生困難，若大量吸入，可令人窒息致死。少量吸入，則令人喉鼻作癢，連續咳嗽，涕淚交流。

(2)催淚性毒氣——此類毒氣，能刺激眼目，使其流淚，失去視察能力，但不至失明，或有致命之危險。

(3)噴嚏性毒氣——此類毒氣，能刺激喉鼻，令人發生噴嚏。甚至嘔吐。

(4)糜爛性毒氣——此類毒氣，爲害甚烈，能刺激皮膚，使發泡潰爛，爲持久性毒氣之一。其防禦方法，除戴防毒面具外，尚須着嚴密不通氣之油布製成之防毒衣服，手套，靴鞋。

(5)中毒性毒氣——此類毒氣，能刺激神經系統及血液，輕則頭痛，呼吸困難，心臟激動，重則全體發現中毒病症，以致死亡。

三、毒氣侵襲時應注意之事項

(1)毒氣彈破裂時，其聲音比較普通炸彈爲小，有煙霧飛騰，或液體濺散。

(2)毒氣彈，有特別臭味，凡發覺毒氣之人，必須跑到最近之公安分局或防毒隊消毒隊報告。

(3)毒氣彈落下時，在其附近下風之人，必須立刻避至上風。

(4)得悉敵人投擲毒氣彈時，有防毒面具的人，即須趕快戴上，無防毒面具的人，則用溼手巾掩住口鼻向上風逃避。

(5)每家每戶，須準備一間無罅隙的房子，以爲避毒室。

(6)地下室之出入口處，若沒有完善的防毒設備，往往有受毒氣侵入的危險，反不如避入高地爲宜。如有三四層樓的建築物，則夠至最上層樓較爲安全。

(7)每家每戶，均應準備漂白粉，作爲糜爛毒氣之消毒劑。

(8)道路上行人，遇毒氣襲擊時，應速入附近之避難所躲避，但須顧慮到風的方向。

(9)進入避難所的時候，要先讓老幼婦女進去。壯年的人在後進去。若可能時，更須帮助作消毒及他種防護事務。

(10)持久性毒氣所毒化之地區，千萬不可入內，如必要時，必須穿戴防毒面具及防毒衣服。

(11)器具物品，有被毒嫌疑時，切勿用手去摩，必須先行消毒。

(12)糜爛性毒氣，感毒最快，但其作用，却在感毒後數小時甚至數日。在這潛伏期中，最易將毒質傳染他處，此時如用手去摩擦眼睛，最爲危險。

(13)身上雖穿防毒衣具，而坐臥被毒地上，亦是非常危險。最好勿以身體與被毒地相接觸。手有染毒嫌疑時，未經消毒，切勿入便所，以免危險。

(14)中毒之人，切忌激動，宜速入救護所治療。總之，對一切毒氣，不宜慌張，要沉着應付。

四、個人防禦法

（1）自製簡單面具——預購西藥房出售之炭酸鈉一兩，次亞硫四兩，甘油一兩，溶解於一面盆熱水中，臨時用紗布裹棉花一大塊，浸入該液後，稍擰乾用以掩蓋口鼻，但須掩蓋嚴密，使空氣由棉花內吸入，因此藥液，有中和毒氣之效。（加入烏羅托羅賓，可防光氣PHOSGEN）

（2）如未備有此等藥劑，祇好取布片一二層，內塡土壤，澆以人尿浸溼，然後用此布片，覆於口鼻，亦可稍解毒力。

（3）購買完備之防毒面具，因此種面具有濾毒罐一具，內貯活性炭素及曹達石灰二物，由呼吸管連繫於皮製之面具上，有此面具，可以防護各種毒氣。

五、各種防毒劑及消毒法

（1）增加身體抵抗力之藥劑——毒氣多係酸性，事先預服曹錠，可令身體之抵抗力增强。或注射〇·五至一·%之重曹液於靜脈內，其利益同上。

（2）皮膚之防禦——若撒布重曹粉，或滑石粉於腋窩，會陰，頸項，腹部各處，可以增强皮膚之抵抗力。

（3）住室內外之消毒法——爲中和毒氣起見，預撒布多量漂白粉於室內室外，可以防禦芥子氣。又將碳酸鈉與次亞硫酸鈉二物溶解於水中，大量洒滴於室內外，亦可防禦氯氣之侵襲。

此外門窗縫隙，必須一一堵塞嚴密，勿令透氣。最好門窗之簾幕（用毛氈或棉被製）預浸於炭酸鈉及次亞硫酸鈉之溶液中，效力尤佳。

六、毒化區域內之消毒法

(1)水珠噴射法——用救火機以噴射水珠，使毒氣易於消散。

(2)燃燒法——注煤油於柴薪，堆置於毒化區域，點火燃燒，能使毒氣消散。

(3)其他——用機關槍掃射及放鞭砲法，亦有效驗。

七、集團防禦法

(1)防毒室以在高處空氣流通之地方爲佳，切不要避去森林及低窪地區。

(2)防毒室之建築，須以水泥或堅密之磚壁造成，分爲內外兩間，外間有門窗及氣眼，內間除一門外，毫無縫隙。

(3)外間之通氣孔旁，置一電風扇，使室內空氣流出（卽扇葉對向室外）而外間空氣不易流入。

(4)外間之門幕，應用厚重棉絮製成，夾以板條，並浸以消毒藥液。

(5)內外間之通道，須有兩層門幕，距離約須三尺，以便掀外門幕時，內幕尚可防蔽。

(6)外間地面上洒以消毒藥劑。

(7)室內安置清淨器——此項清淨器所用之藥液，凡能中和毒氣者，均可應用。如亞摩尼亞，石灰等是也。

八、中毒者之救護法

(1)救護人員若在染毒地區內救護中毒者，則須注意防毒

防毒須知　一〇

面具之着用，如中毒者未戴用防毒面具時，應卽爲之戴上，或用簡單面具，以覆於中毒者之面上。

(2)將中毒者慢慢移置到新鮮空氣中，如空曠之高阜和無煙之田野，都是空氣新鮮，毒氣不易集積之地方。若無空曠之處所，則屋上之露台，樓房之最上層，都是毒氣較少，新鮮空氣較多的所在。

(3)救護人員，搬移中毒者之時，應特別留心，務使中毒者安靜呼吸，切忌急忙，反使中毒者呼吸促迫，而呼入多量毒氣。

(4)小心脫換病人的衣服——中毒者一經離開毒區，卽應小心脫去毒化衣服，(救護人員應避免自己的手指染毒)用熱水淋洗全身，但淋洗時，切勿在浴盆內，因毒氣比水輕，恐怕漂浮水面，仍然染在身上。至脫下之衣服，應即投入鹼水或漂白粉水中，泡十餘天後，再用清水冲洗。

(5)加意保溫——病人既然脫換衣服之後，即應使其安眠，覆以被蓋，放置熱水袋等，以取溫暖。

(6)飲以開水或茶——病人安眠後，即須飲以熱開水，或茶及咖啡等。

(7)對症之處置：

(A)眼睛發紅之流淚症——先用溫開水洗拭，再用熱手巾包蓋。

(B)喉嚨乾燥和發癢——用熱開水一大碗，覆上一玻璃，或白鐵漏斗，從漏斗的尖口，吸入水蒸氣，若能在熱水中加一點小蘇打或薄荷油，玉樹油更好。

（C）皮膚起泡——應小心用鹼水或蘇打化水沖洗，再塗上蔴油，或蔴油與石灰水混和物，或凡士林等，再覆上清潔之布片吸取毒液，但切勿將泡弄破。

（D）胸部疼痛和小腿抽筋——放上熱水袋或熱手巾包蓋，即可停止。

（E）呼吸突然停止——可用人工呼吸法。

（8）延醫診治——中毒後，一面施行急救，一面延醫診治，或直接送至毒區以外之醫院去醫治。

敵機來襲及撒毒時應注意事項

1.當敵機來襲時，不應在馬路上徘徊。　應遠離馬路或街道，進入屋內防毒室或地下室。

2.地下室之窗戶，不可無炸彈防禦之設施。　地下室窗戶之周圍，應以沙包或泥土塡塞，平時卽宜準備妥當，以便隨時應用。

3.地下室之入口，未有防毒設備，在開門時，毒氣仍可侵入，變成無用之避難所。　地下室之入口，應裝以氣閘（例如門及門閂裝以緊張之羊毛氈）氣閘須隔離內外兩間，阻止毒氣侵入內間。

4.當空襲時不應開窗窺望　應立即關窗並下窗帘，如有隙縫，均須嚴密閉塞。

5.如遇毒氣，在馬路上疾走，兩手高舉，適足以吸入多量毒氣。應以手巾掩覆口鼻；平靜呼吸，須與風向相反或斜直之方向前進，脫離毒氣區域。

6.在瓦斯煙霧中狂呼奔走，以致吸入多量毒氣。如已吸入毒氣，宜安靜走入防毒室內，靜臥於室中，避忌一切動作及談話。

7.不應在防毒室內毫無秩序，如任意吸煙散步謾罵燃點燈火。應依照防空命令，遵守秩序保持安靜

8.當馬路上尚未消毒之前不應離開防毒室。俟消毒隊將被毒街道已加清除後方可外出。

9.中毒後已感苦悶時，不應跋涉或走上樓梯，而求醫師診治。中毒後，即未曾感到苦悶，亦應保持安靜，以待救護隊抬至醫師處。

10液體毒氣不可用手拂拭　應用手巾拂拭，不使皮膚接觸，用過後之手巾可燒棄之。

11不可穿着已被染毒之衣服及靴鞋。　應脫去衣服及靴鞋，用肥皂熱水洗澡，并擦以氯化鈣，但氯化鈣切不可入眼內．因有失明危險。

12不可攝取已被毒氣侵染之飲食物。　可疑之食物之宜先行檢查，最少宜煑沸半小時，如已確定曾經氣氣侵染之水，雖經煑沸亦不可用。

防毒須知

一六

民國二十六年九月

飛機識別法

陝西省教育廳翻印

飛機識別法

一、由構造上之識別

a.偵察機　機身較驅逐機爲大，形式多屬細長，通常爲雙座，其機身之大小，約與機翼相等。

b.驅逐機　機身特別短小，通常爲單座，其翼特大，其身特小。

C.攻擊機　機身較偵察機小，較驅逐機大，有單座及雙座二種，機翼比機身略大。

d.轟炸機　機身特大，輕轟炸機之發動機雖爲一個，然在普通較大之飛機，其發動機均在兩個以上。視時因機體之關係，其形如一大腹大尾之魚。

e.特種機　特種機之種類雖多，無論何種，其機身均比機翼較大。

二、由行動上之識別

音響之識別

a.偵察機　雖因機體大小而異其音響，但較驅逐機爲大，且所發之聲，均平衡而柔弱。

b.驅逐機　所發之音響，不但爲一種强硬之碎聲，且其聲音時高時低，有時聲如巨雷，有時在短時間寂寞無聲。

c.攻擊機　與小偵察機相類似，但其音響不平，又與驅逐機相同。故音如小偵察機而所發之聲高低不平時，其爲攻擊機也毫無疑義。

d.轟炸機　所發之音，均甚平均。

（1）輕轟炸機　如機械鋸木之音。

（2）重轟炸機　如載重汽車重量過度時嗡嗡之聲，

e.特種機　因種類之複雜——各有不同；但其聲音平均緩和，而且柔弱。

三、飛行狀況之識別

a.偵察機　多爲水平飛行，轉彎時曲半徑，比驅逐機大，且因照像關係，接近我方時必多作水平之緩慢飛行。

b.驅逐機　因機體較小之故，行動時比其他各機均爲靈活。如急下急上倒飛翻觔斗迅速變換方向等等奇特飛行，凡他種飛機所不能行者，此機均能行之。

c.攻擊機　活動性雖稍遜於驅逐機，但在其他飛行機之上。

d.轟炸機　爲飛機中之笨重者，不但上昇困難，且行動亦甚遲緩；但飛行半徑特大，行動時常有數架戰鬥機爲之保護。

e.特種機　飛行時，多成水平直綫及速率等齊之飛行。

四、速率之識別

a.偵察機　每小時約 140——→240 公里

b.驅逐機　每小時約 220——→300 公里

c.攻擊機　每小時約 180——→240 公里

d. 轟炸機　每小時約 140——180 公里(輕重相同)

e. 特種機　因飛機之大小種種不同，其速率亦無一定，有時因作戰之情況而變更。其速度普通在 100至 200 公里之間。

上列速率爲數年前之調查，近來機械學進步，飛行速率、亦已增進，大抵每小時較前均可增加五十公里。

五、隊形之識別

a. 偵察機　因所負任務之不同，殊不一致。若施砲兵任務觀察時，通常用雙座機一架，作低空之飛行，成一極有規矩長方形之程序，其一邊之飛行頗長，伸出於陣地以外，並有時在上空作極遲緩之飛行。施行偵察任務時，通常爲單機一架，飛翔於極高之空中，成一直綫之程序，以通過陣地，作長距離之偵察，並有使用少於三機爲一隊，作遠距離之偵察者，其隊形普通開∨字形。

b. 驅逐機與攻擊機，二者隊形相同，通常由小隊編爲一中隊，取極大之間隔距離，（每機之間隔爲一百二十米每一小隊之距離約爲三百米）飛翔於空中，行動極爲迅速，但無一定之程序，有時高翔雲外，隨雲浮動，有時逼近地面，藉地物以爲掩護；並有時每機或每小隊取不同之高度，而作重層之配置。每小隊之機數，約爲三機，但亦有多至六機者，例如圖：

C. 轟炸機　多爲在中空或低空作密集之飛翔，每機之間隔約爲四十米達，其編隊因隊形靈活及使用之限度計，罕有少於五機爲一隊及多於十八機爲一隊者，其飛行隊爲V字形，或三角形。三角形之頂角，約爲一百二十度之餘角，如圖：

閒
V
1
3 2
5 4
120°

閒
V
1
3 2
5 6 4
120°

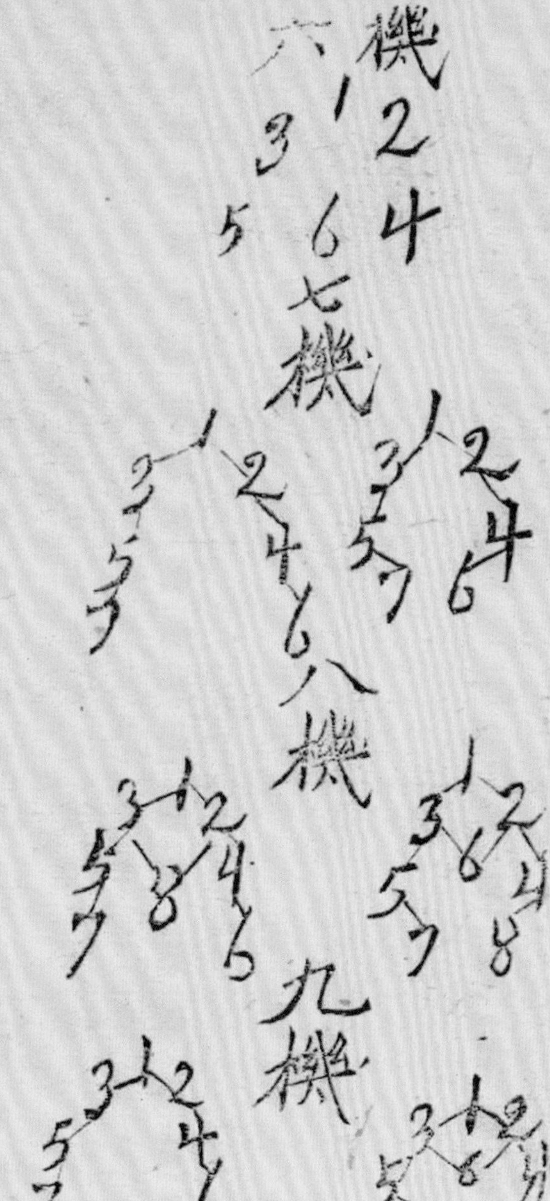

六機

七機

八機

九機

每一飛機之高度差，約爲二十米達左右，重轟炸機之上方或下方，有時配置驅逐機一小隊，以爲掩護。

六、高度識別

a. 偵察機　遠方飛來時，在四千米達以上，行至目的地，而欲施行偵察任務時，則在五百至一千米達左右之高度而施行之。

b. 驅逐機　不易判斷，有時特高，有時隨地飛行。驅逐機多用以驅逐敵機，故有時因敵機之高度，而變其自己之高度。

c. 攻擊機　與驅逐機同。凡攻擊敵機時，亦隨敵機而變更其高度。

d. 轟炸機　約高四千至一萬米達，行動時，多在八千米達以上，至其施行轟炸任務時，最高須至五千米達，高則投擲爆彈，較爲困難。

e。特種機　並無一定，有時依敵情地形及所負任務等，而變更其高度。以上所述，係普通情形，但有時完全相反。如滬戰之役，日人因我國空防力薄弱，不但一機兼任各種任務，且投擲爆彈，距地面之高度，僅百數十尺，此爲特殊之情形也。

附六：简易纱布防毒口罩之制法（一九三七年九月）

民國二十六年九月

簡易紗布防毒口罩之製法

（附馬縣簡易防毒口罩說明）

陝西省教育廳翻印

簡易紗布防毒口罩之製法

查歐戰士兵死亡之統計，其因一般兵器而致死者，較中毒而致死者，多至數十倍以上，可知士兵之有相當防禦者，則毒氣毫不足以危害之也。茲恐前線民衆與士兵因一時未能領到防毒面具，特擬具簡

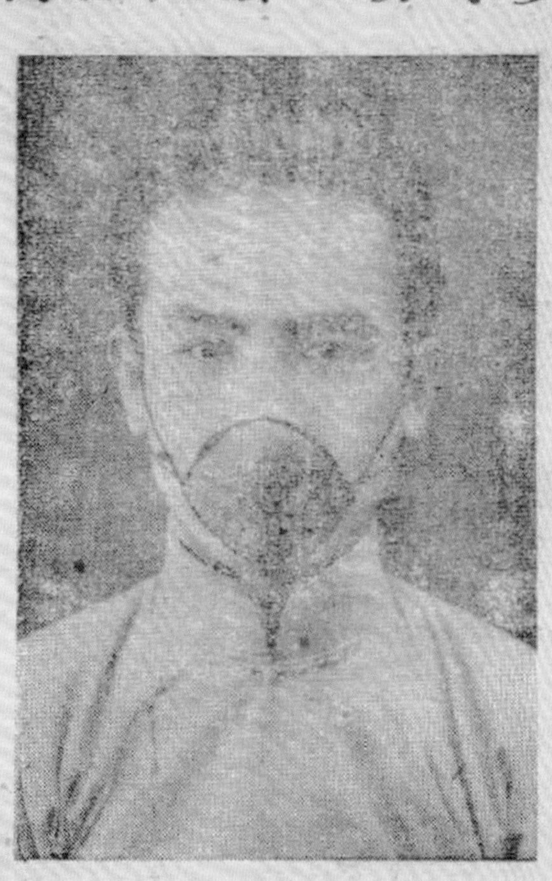

易紗布防毒口罩製法二種，俾各部隊之軍醫就近取材，自行配製，分發士兵，以作防禦毒氣之用。此種口罩雖不能防禦一切毒氣，但有此口罩，决不至爲毒氣毒死矣。茲述其製法及用法如下：

一・紗布　取醫用消毒紗布四十層，裁成十二公分見方之小塊，以備浸漬藥劑之用。另取闊十五公分，長一公尺半之紗布一條，以備縛扎口罩之需。

二・藥劑　經試驗所得最切實之處方，計有二種：

甲。優洛託品（Urotropin）　十九公分

炭酸鈉（粉狀 Na_2CO_3）　七公分

（如係結晶狀者 $Na_2CO_3 \cdot 10H_2O$，應用

二十公分）

硫代硫酸鈉（結晶狀，俗稱海波蘇打 $Na_2S_2O_3$ H_2O）二十二公分（如係粉狀者 $Na_2S_2O_3$ 應用十四公分）

水　四十七公分

酒精　五公分

配成溶液。或用

乙・優洛託品（Ürotropin）　二十四公分

炭酸鈉（粉狀 Na_2CO_3）　十公分

（如係晶狀者）$Na_2CO_3 \cdot 10H_2O$ 應用二十九公分）

水　六十公分

配成溶液。

三・浸漬　以十二公分見方之紗布四十層，浸入上述藥劑甲或乙，任取一種。待完全濕透後取出，擠至半乾（按上述藥方所開之份量，適足配製一個口罩之需，故不應有多量之藥液擠出，如欲多製口罩，則所配之藥量，依上述處方照加）。

四・縛扎　以浸漬藥劑之紗布，覆罩口鼻部份，外以紗布圍繞縛扎，鬆緊適度，要能完全緻密，使吸入空氣，必須經過口罩透入。

五・效力　如浸甲種藥劑之口罩，其抗毒時間（以光氣濃度千分之一計算）爲十五分鐘，戰地之毒氣濃度較淡，約可支持一小時以上，如浸乙種藥劑，則口罩之抗毒時間（以光氣濃度千分之一計算）爲二十分鐘，戰地濃度較淡，約可支持二小時以上。

如在四十層紗布中間，夾入鬆疏之消毒棉花一層，厚一公分左右，則可增加口罩之濾煙效能，雖夾入棉花厚二公分，對於呼吸，尚不致感覺困難。

六·卸除　口罩用久後，如察覺有毒氣侵入，必須更換，如已無毒氣存在，則應取下，以清水洗滌，再浸藥劑，仍能復用。

簡易紗布防毒口罩之製法 六

再者：倘士兵遇見敵人施放催淚毒氣，各士兵可將風鏡戴上，風鏡上之氣孔，可預先用膠布封閉之。

注 一・優洛託品卽 Hexamjn（六個一烯四胵）

二、硫代硫酸鈉即次亞硫酸鈉（硫礦酸鈉）

附馬騾簡易防毒口罩說明

一，口罩型式爲一圓柱狀布質之囊，上口周圍，分爲甲乙兩種，甲種六十八公分，乙種六十六公分，下底周圍，甲種六十公分，乙種五十八公分，口罩高甲種二十二公分，乙種二十公分，外表爲國產灰色布，內裏爲國產白布（因比灰布價廉）內舖棉花（用脫脂棉爲佳）每一具約七五•○乃至八五•○克（并將此棉以縫綫與分表灰布引結，以免浸水壓榨時，棉花團結成塊）上口裏邊附縫附貼以寬三公分半之鬆緊帶，再在上口成直對方向，縫釘四層重疊之灰布繫帶兩條，（每條長六十五公分，寬三公分半）。以便在項部結繫。

二、口罩製配（如圖）臨用時，將口罩用10%重炭酸曹達水浸濕，用手適宜壓榨，以不向外滴水爲度，裝配於馬騾頭部（籠頭裏面）掩護口鼻，嗣將兩條繫帶向上伸引，在頭部結合之。

三、實地檢驗，經將此項口罩，照法製配後，觀察馬匹之呼吸情形暨全般狀況，曆時許久毫無異常，雖在運動間，其呼吸作用難免發生多少障碍，但實際上有毒瓦斯侵襲之處時，總以掩護馬匹使之安靜爲主，一時似不至多有劇烈之運動；因之此項口罩在裝配應用上，似可持續二三小時，藉以減損毒瓦斯之侵襲。

四、改製小型各種小牲畜所用之口罩，可按上述方法將口罩之口下底及高度，酌量該牲畜鼻之大小改製小型口罩，即可以資應用。

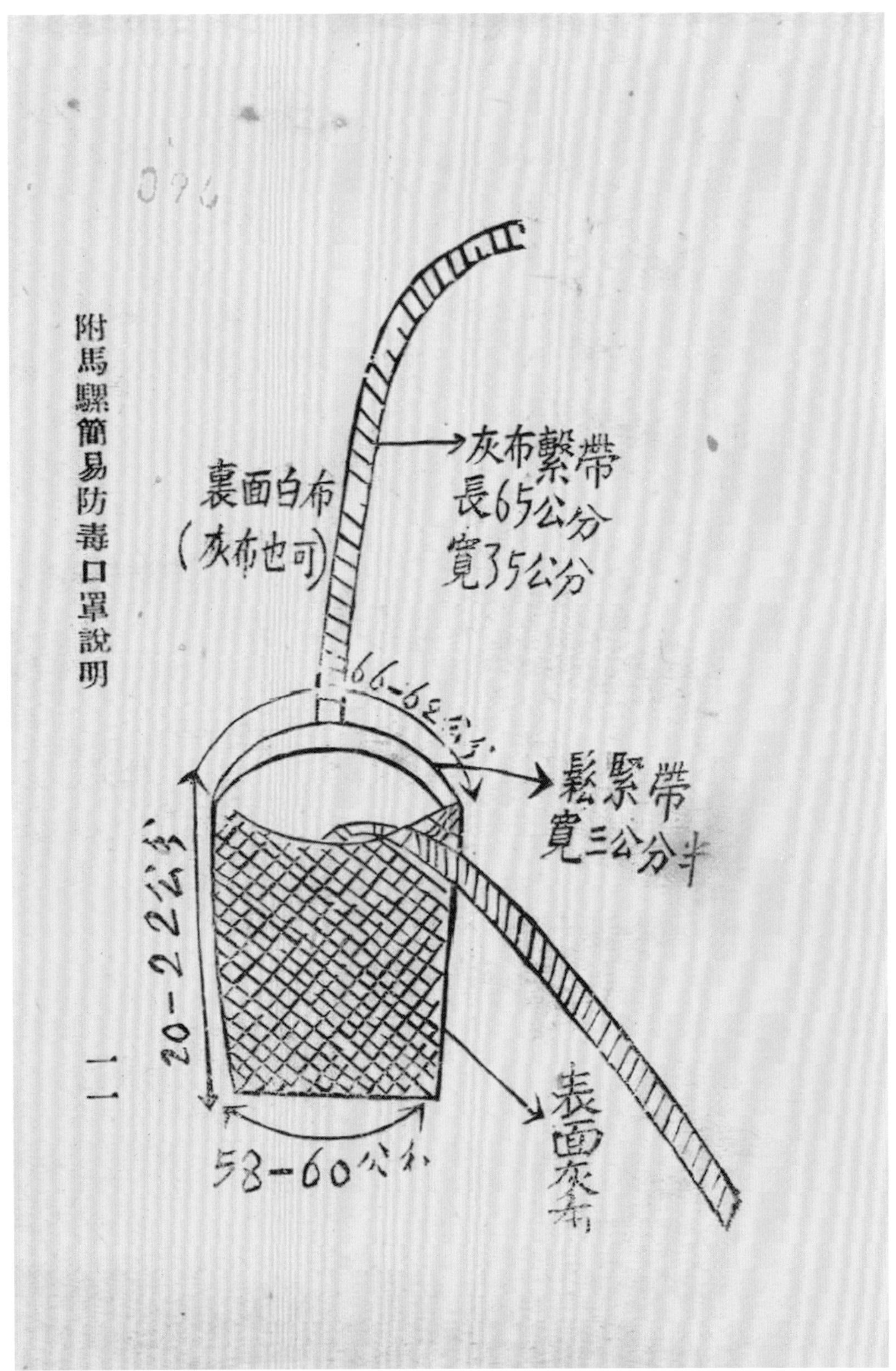
附馬縣簡易防毒口罩說明
二
096
裏面白布
（灰布也可）
灰布繫帶
長65公分
寬35公分
66-62公分
鬆緊帶
寬三公分半
20-22公分
58-60公分
表面灰布

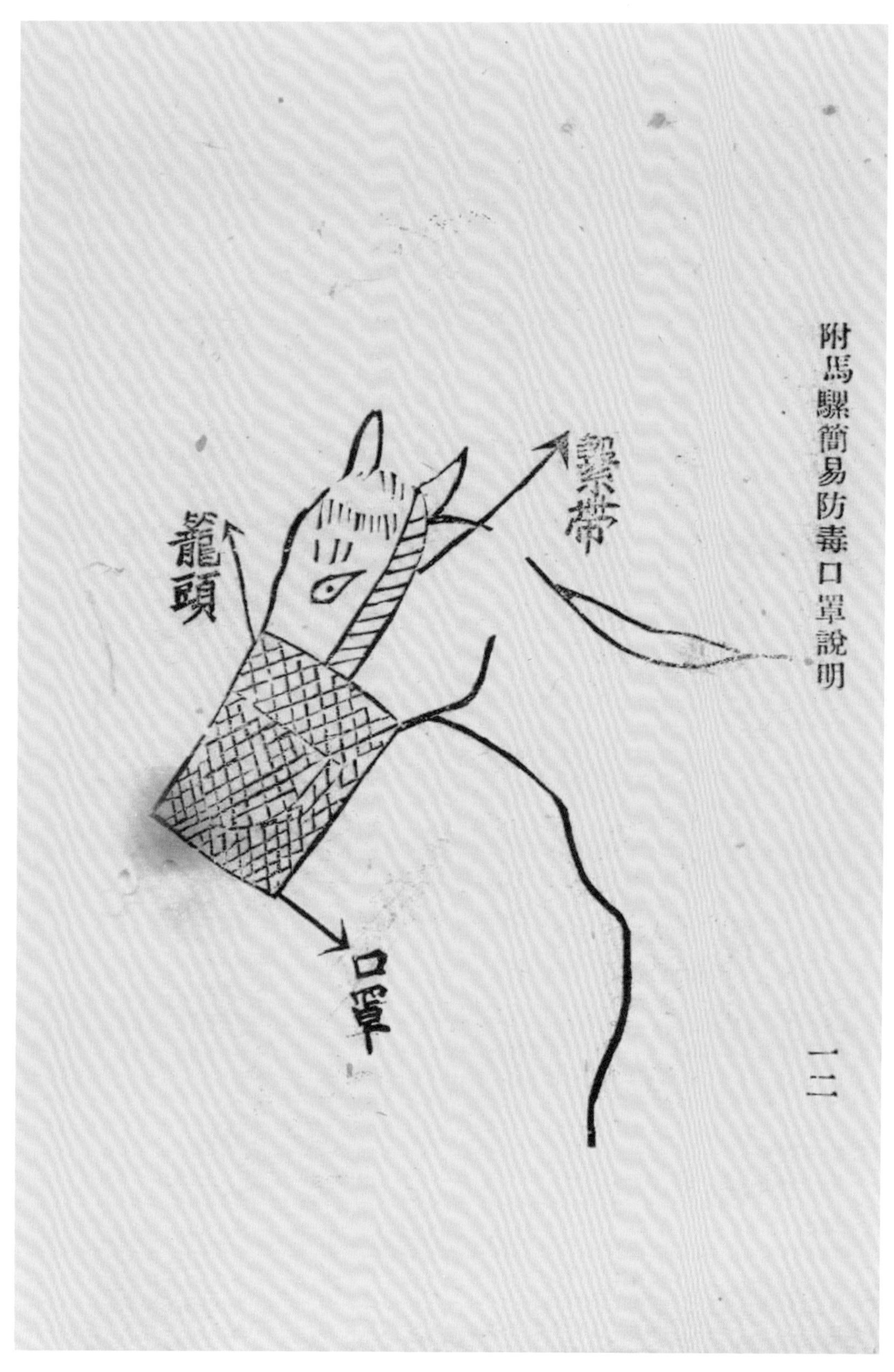
附馬騾簡易防毒口罩說明
一二
繫帶
龍頭
口罩

二、组织防空救助救护

陕西省卫生处卫生总队关于请将该队列为第八救护中队发给证章致防空第一大队的便函（一九三九年八月十六日）

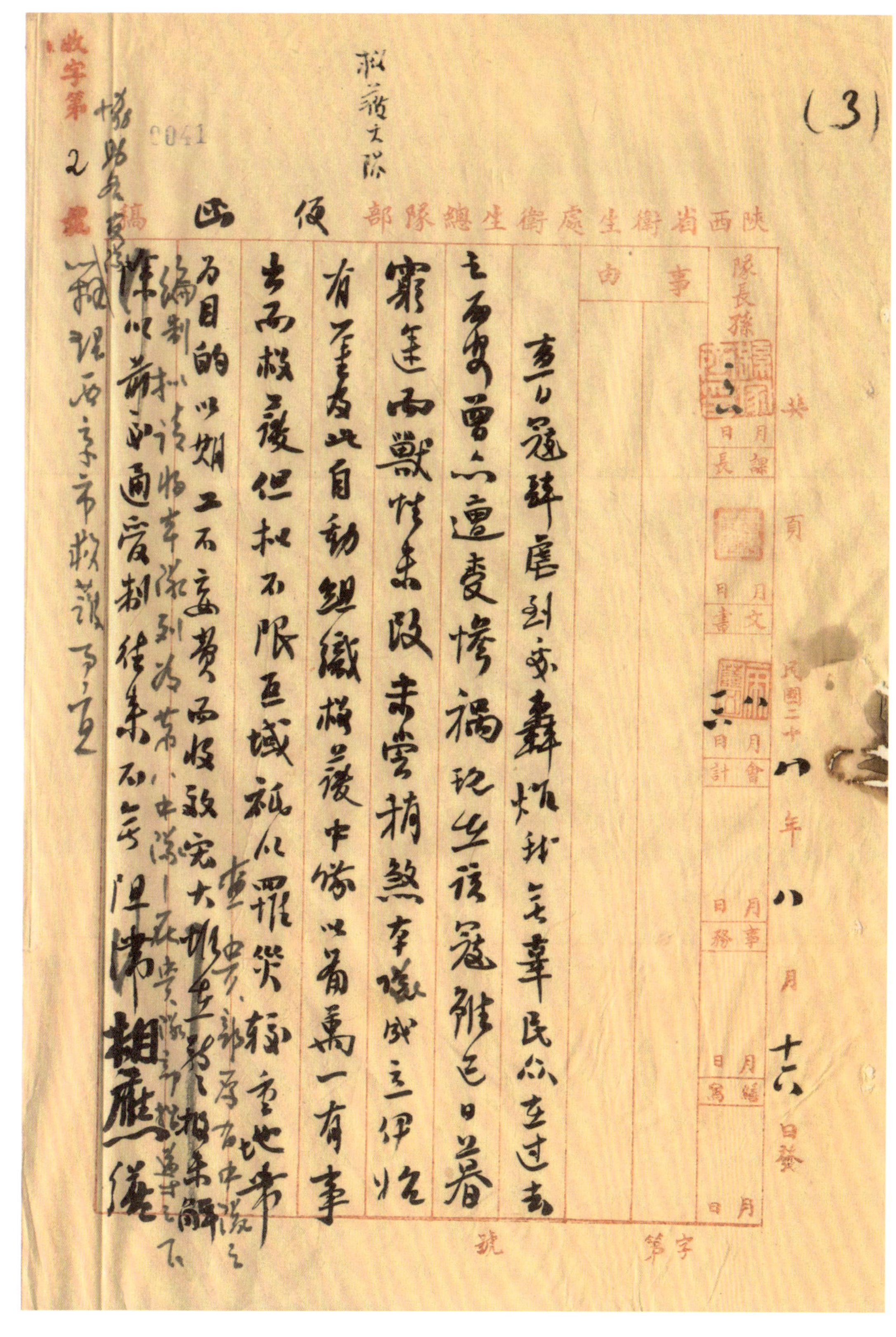

（3）

陕西省卫生处卫生总队部 便函 稿

事由

队长孙

民国二十八年八月十六日发

查日寇肆虐，到处轰炸，我无辜民众在过去

已[illegible]遭受惨祸，现在该寇虽已日暮

穷途，而兽性未改，未尝稍敛，本队成立伊始

有鉴及此，自动组织救护中队，以备万一有事

出而救护，但救护不限区域，祇以罹灾[illegible]

为目的，以期工不虚费而收效宏大[illegible]

字第 号

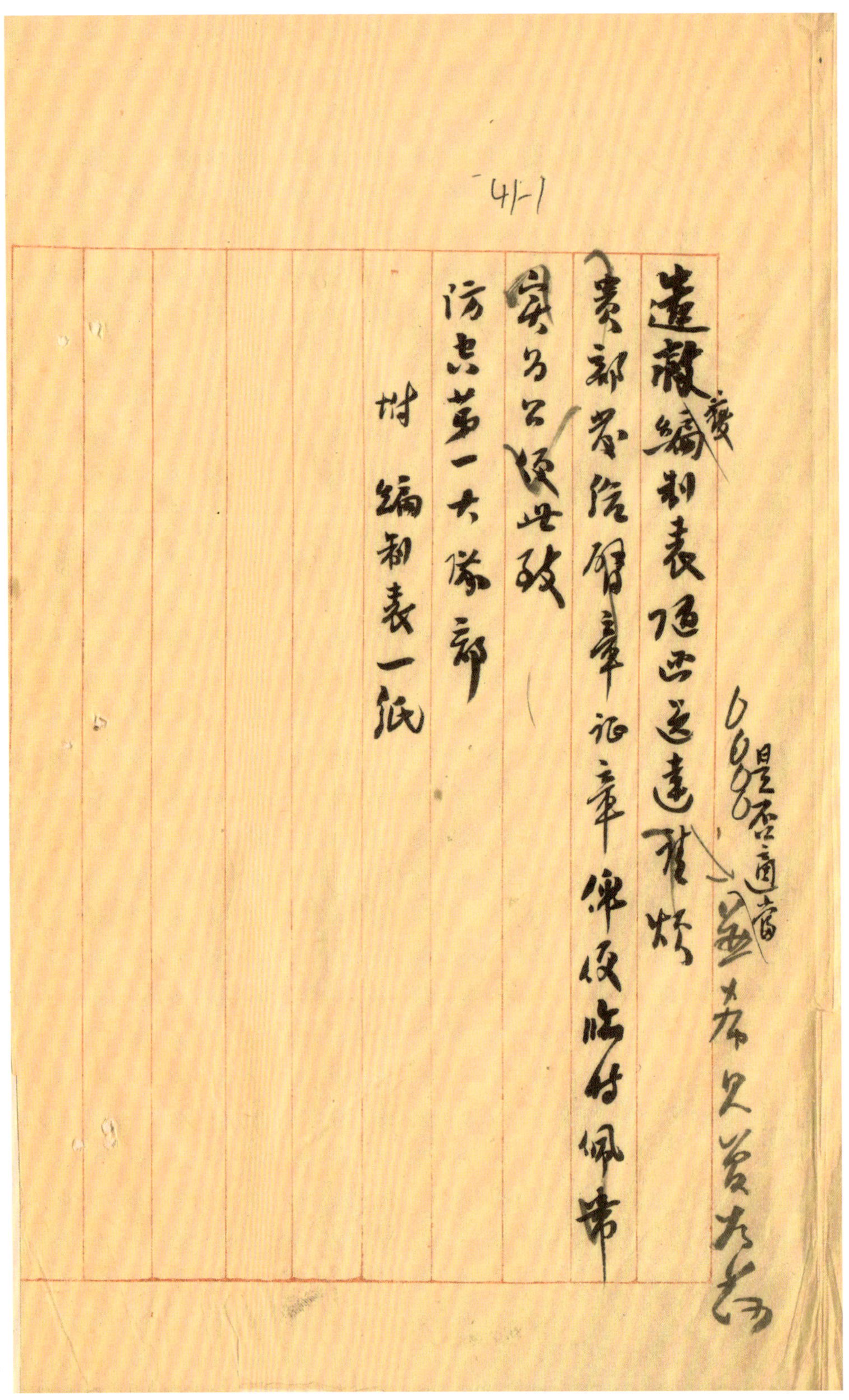

41-1

遵飭編制表隨函送達查照

是否適當並希見覆為荷

貴部於領章證章係俟臨時佩帶

實為公便此致

防空第一大隊部

附 編制表一紙

陕西全省防空司令部救护大队关于所需救护器材应由防空司令部核示后可与该队直接洽办致省卫生处卫生总队的公函（一九三九年八月十八日）

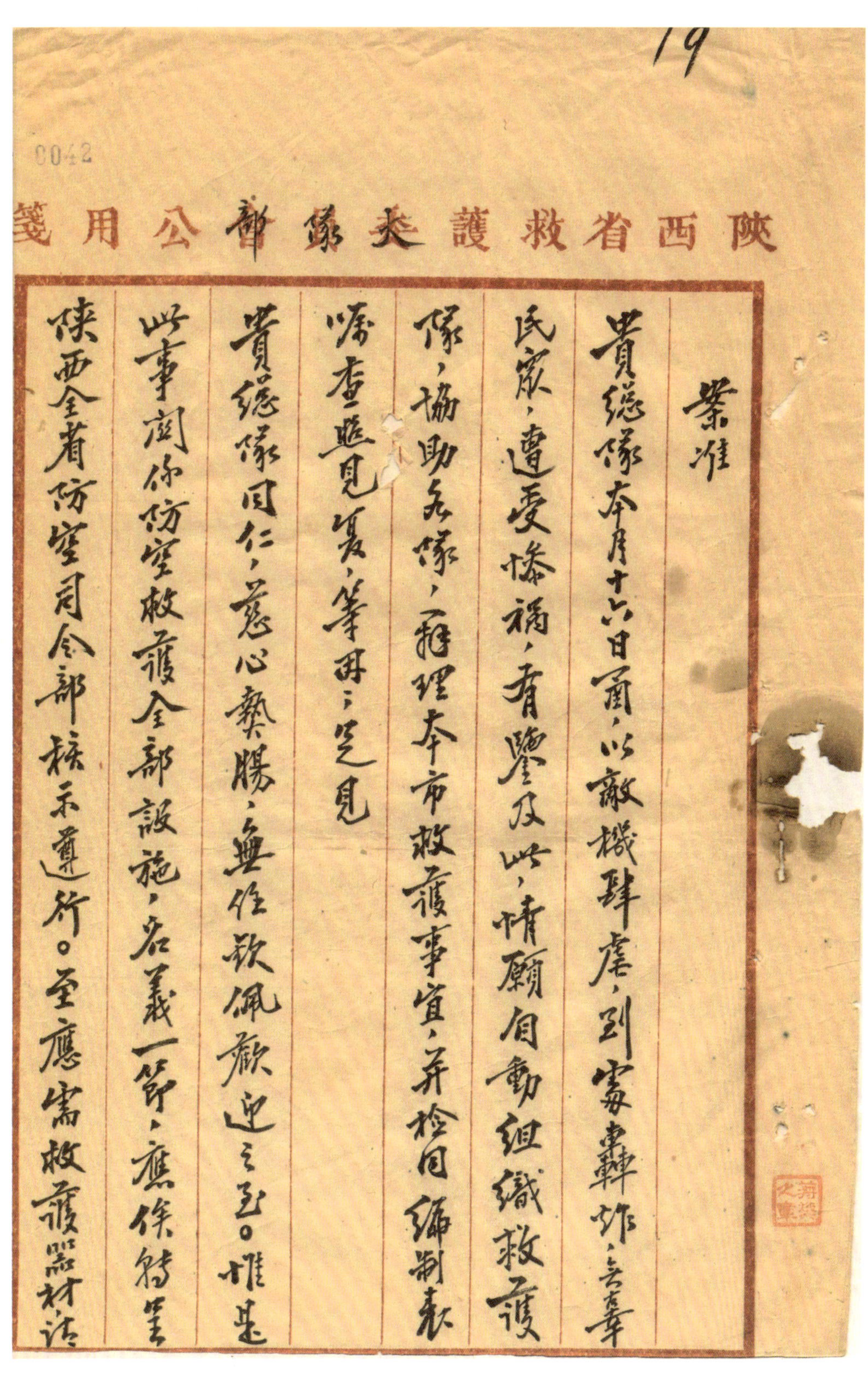
陝西省救護大隊部公用箋

案准

貴總隊本月十六日函，以敵機肆虐，到處轟炸，無辜民衆，遭受慘禍，有鑒及此，情願自動組織救護隊，協助本隊，辦理本市救護事宜，并檢同編制表囑查照見復，等因。因是足見貴總隊同仁，慈心熱腸，無任欽佩歡迎之至。惟是此事關係防空救護全部設施，名義一節，應俟轉呈陝西全省防空司令部核示遵行。至應需救護器材請

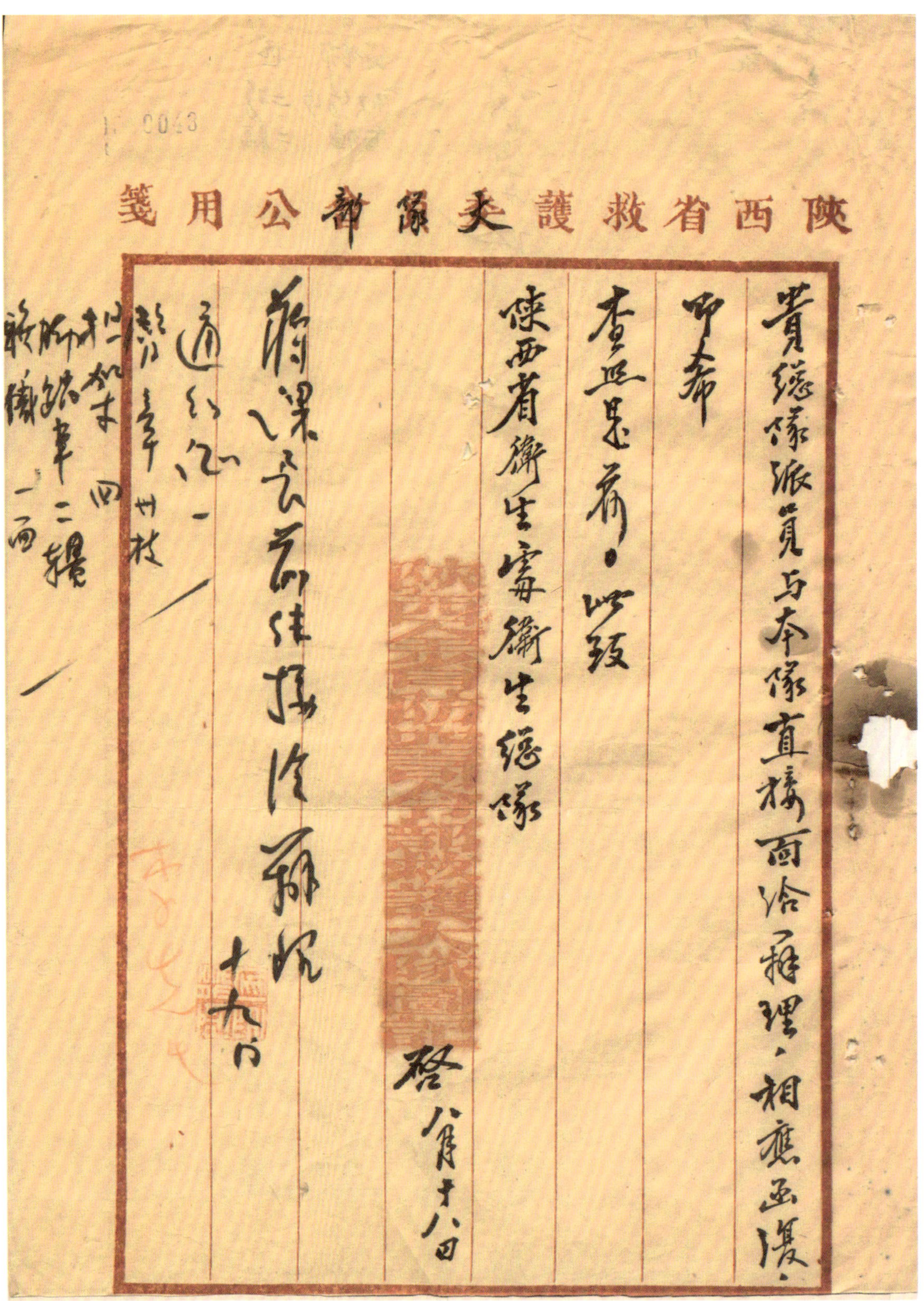

陕西省救护大队部公用笺

贵总队派员与本队直接面洽办理，相应函复，

即希

查照为荷。此致

陕西省卫生处卫生总队

启 八月十八日

转渠已派员前往接洽办理 十九日

通知汽一

臂章卅枚

担架四

救护车二辆

旗帜一面

陕西全省防空司令部救护大队关于省卫生处卫生总队奉令编为第三义勇救护队并听候检阅致卫生总队的公函（一九三九年八月二十五日）

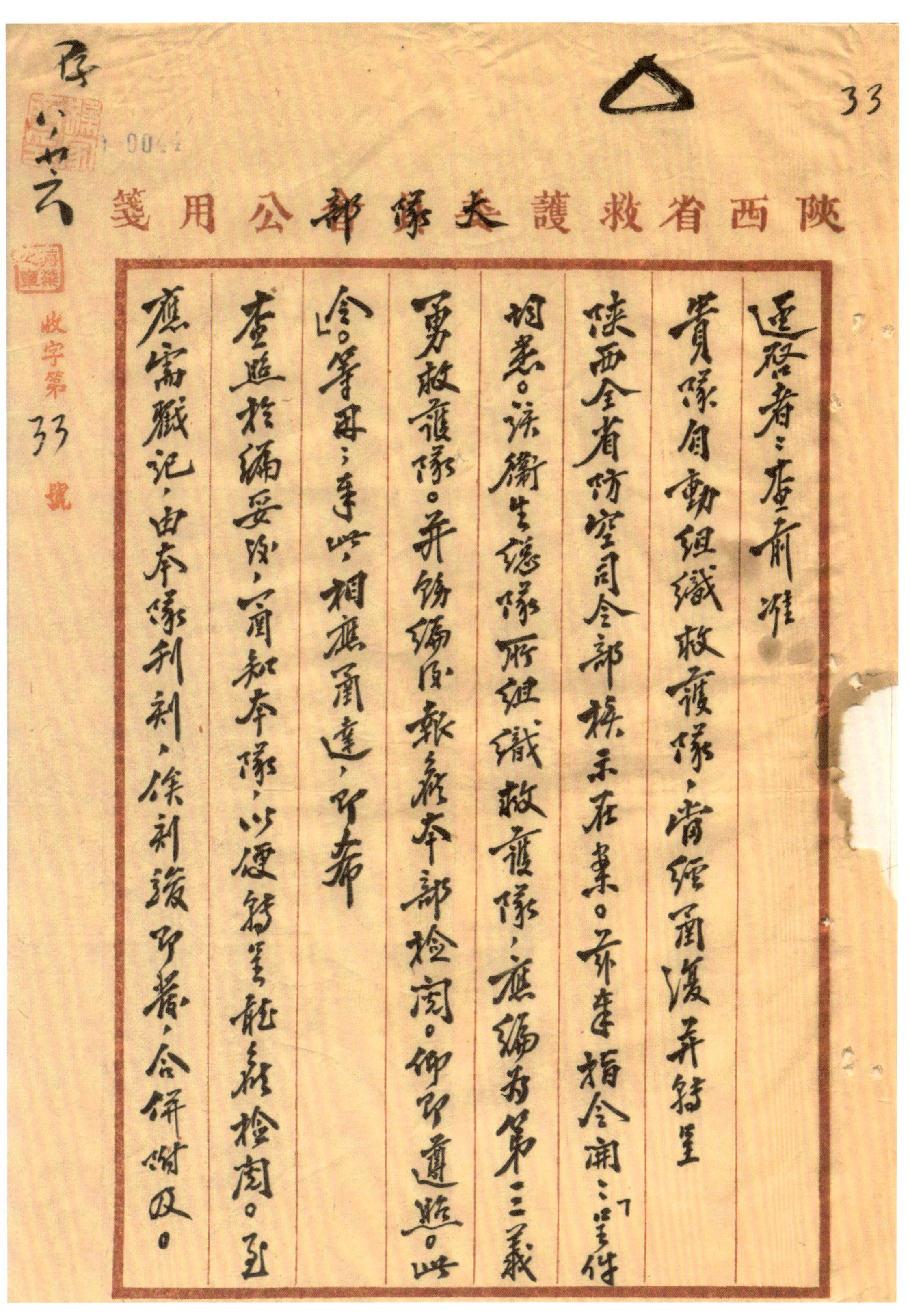
存 八、廿六

收字第33號

陝西省救護大隊部公用箋

逕啟者：案前准

貴隊自動組織救護隊，當經函復並轉呈

陝西全省防空司令部核示在案。茲奉指令開：「呈件均悉。該衛生總隊所組織救護隊，應編為第三義勇救護隊。並飭編隊報請本部檢閱。仰即遵照。此令。」等因；奉此，相應函達，即希

查照，轉飭妥為編隊，函知本隊，以便轉呈報請檢閱。至應需戳記，由本隊刊刻，俟刻竣即發，合併附及。

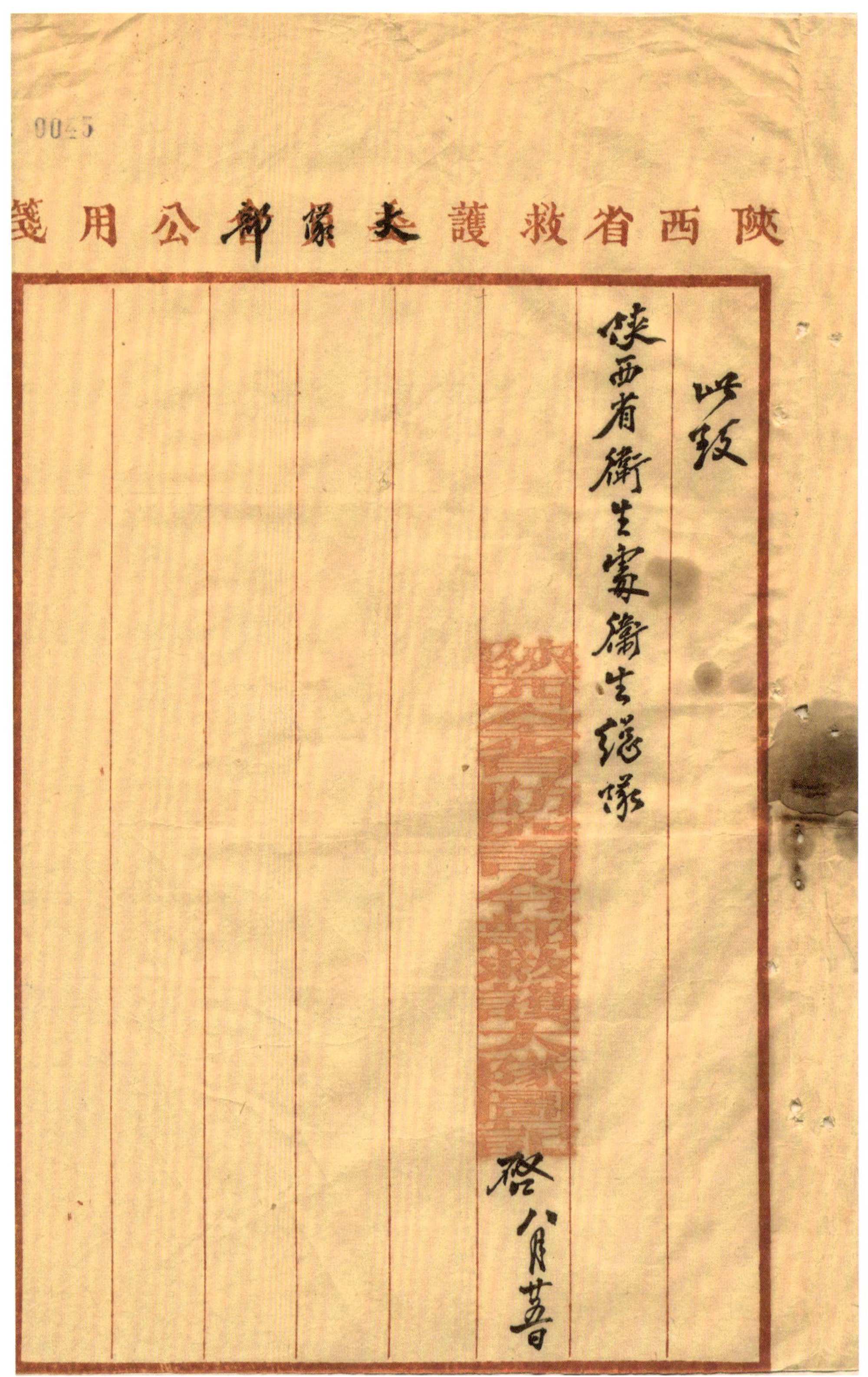
0045

陕西省救护大队部公用笺

此致

陕西省卫生处卫生总队

（印）陕西省防空司令部救护大队之章

启 八月　日

陕西全省防空司令部关于防空及防护等电话已饬交换室各司机注意接转致工务（程）大队的训令
（一九三九年九月四日收）

130

陝西全省防空司令部訓令

事由	擬辦	批示	備考
准電政管理局函復，關於防空及防護等電話已飭交換室各司機注意接轉等由，令仰注意並轉飭注意通話符號由。	擬令轉飭		

附件

呈字第　號

28年9月4日時到

收文　字第130號

120-1

陕西全省防空司令部训令 防三字第0574號

令 工務大隊

案准陕西電政管理局本年八月三十日市話字第四一三號函開：

案准 貴司令部本月二十六日防字第五五五號公函内開：本部第十次會報紀録第七案第五区团杨屏北提議：於被炸後擬派各班出動工作，當時不明各区实情，先用電話詢问臨電話局接線，十分遲緩，有誤防空工作，請公决案。決議：由防空司令部函電話局查照，轉飭話務員，如遇防空及防護電話，務須迅速接转，以免貽誤等語在卷。相應録案函達，即請查照，轉飭遵照，以利防護工作等由。准此，查每遇要報，本市一般市民及公

呈字第 號

28年9月4日 時到

私团体恒以敵机行踪及轟炸狀况電詢貴司令部以致五五零號中繼綫接不勝接除軍事机関及擇其要者予以接通外其中當不免有向隅者向貴屬各防護团体多係借用電話司机為從查悉當時或以貴部電話忙或以其他存要號碼適與他户通話或無人接話一時未能通話亦屬難免除飭各司机特別注意外為便利計應請貴部轉飭所屬各区团遇事報發話時向司机告明防空或防護等字樣俾司机格外注意以利防務相應函復即希查照為荷。等由准此除分令外合行令仰該隊長遵照并轉飭所屬注意通話號碼先以防空報告招呼為要此令。

131-1

兼司令蒋鼎文
副司令董釗

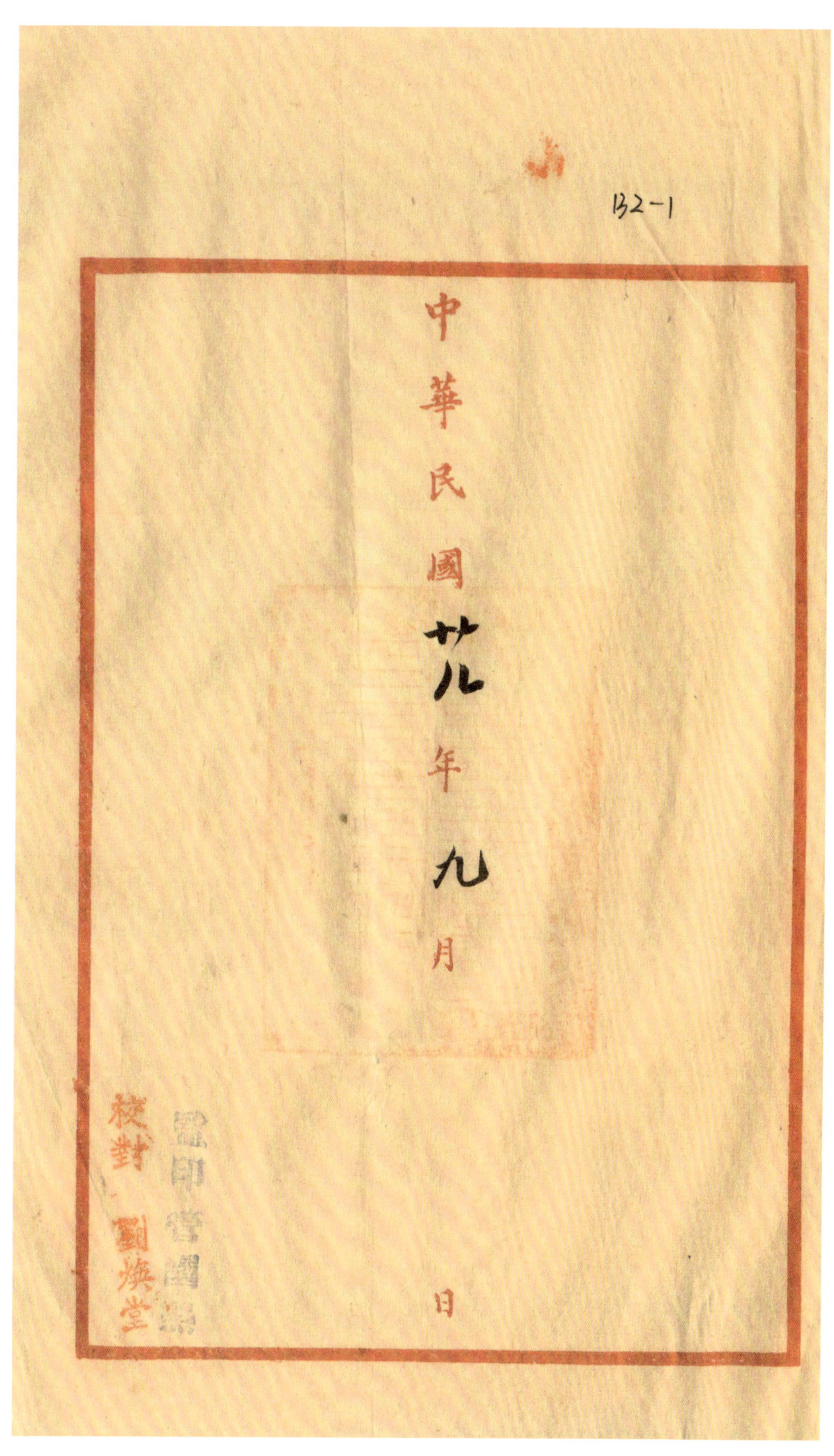

132-1
中華民國廿九年九月日
校對 劉煥堂
監印 曾國照

西安市政工程处关于赍送所组防空地下室及道路工程队人员名册致全省防空司令部工务（程）大队的笺函

（一九三九年）

145

西安市政工程處謹依照實施方案將所有員工分别組成防空地下室及道路工程各隊特造具清册送請

鑒核

地下室及避難所工程隊——任地下室之構設

隊長 白星樵

隊員 孫儁生 徐欽鳴 司彰露 宫之桂 孫文奎 穆忠信

特務組——任通訊聯絡及運輸之責

組長 楊正春

組員 傅顯揚 胡思修 張培風 蕭盛財

145-1

道路工程隊——担任西安城關馬路之修復分設四分隊

第一分隊——担任北大街迤西西大街迤北及西關區域

分隊長 張克銳

隊員 宗忠 侯群章 趙玉滿 張米學

胡春義 胡長桂 張全修 徐德寬

張福成 谷登庸 王子忠 蕭炳元

李登滿 王玉珊 許德山 李金潤

穆潤生 劉俊傑 段振海 石榮威

第二分隊——担任西大街迤南南大街迤西及南關區域

分隊長 李運生

146

隊員	楊忠申	諸水五	李永福	何輯五
	張海順	田培秀	劉錫和	周玉林
	周年成	王錫鵬	辛新書	王維公
	侯東成	申來緒	郭五	李煥章
	張有海	楊三	宋德保	張德潤

第三分隊——担任南大街迤東東大街迤南及東關區域

分隊長	白興華			
隊員	宋敘胡	龔紹周	趙景泉	孫紀仲
	傅金喜	趙鉄祿	趙國有	黃玉祥
	董連城	成明勳	林懷軍	侯印章

146-1

胡滿堂　段根茂　胡金嶺　陳祺善

原鴻盛　何德山　胡世傑　苗生榮

第四分隊——担任東大街迤北北大街迤東及火車站附近北關區域

分隊長　董世忠

隊員　劉學同　劉心田　丁換金　楊瑞祥

趙國良　李兹為　賀玉林　姜喜元

張存祿　高永清　楊坤元　李順海

崔新合　王生堂　李國英　栗文森

宋起永　許耀廷　張炳義　唐自新

防護組工程大隊副隊長

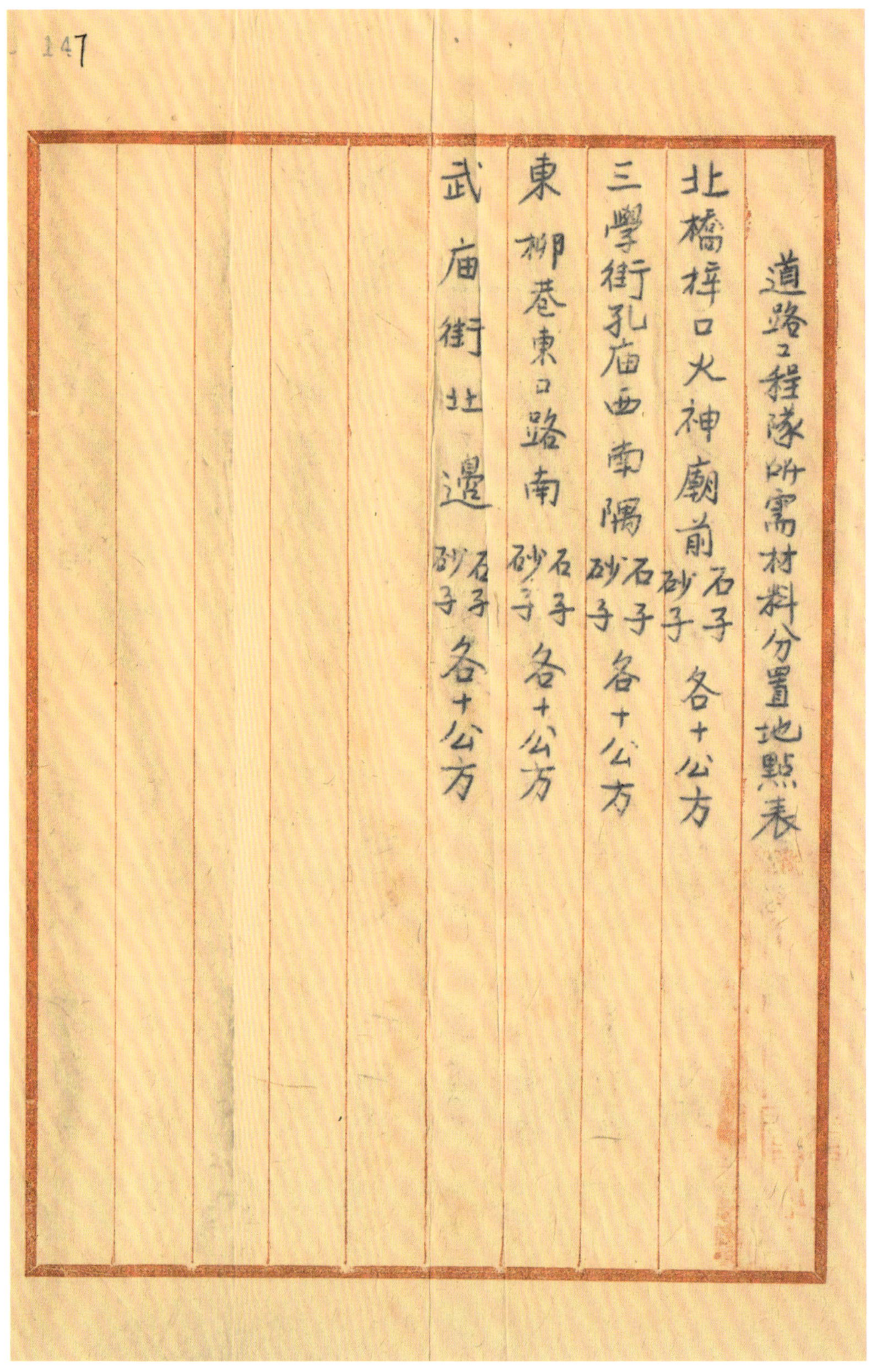
147

道路工程隊所需材料分置地點表

北橋梓口火神廟前 石子 砂子 各十公方
三學街孔庙西南隅 石子 砂子 各十公方
東柳巷東口路南 石子 砂子 各十公方
武庙街北邊 石子 砂子 各十公方

陕西全省防空司令部工务（程）大队关于每届警报务须征调工队一队集合待命以备抢修道路营救市民致所属道路工程队的训令（一九四〇年七月十三日）

陕西全省防空司令部工务大队训令　令字第65号

令市道路工程队

案奉

陕西全省防空司令部肃王日第十五次会报纪录第六项据第三区团签注明提议本区团工务班器材较少，本市与借用应如何办理案，经决议八、饬各工务行政机关借用（并应解释防空用途）之，嗣后由工务大队于空袭时将道路工程队控制五十人集中一空地点，以便协助救主要区等因，奉此。查防空救护关系市民生命，嗣后每届警报期间，务须征调该二工队轮流集合工程处候命出发，以备抢修道路，恢复交通，其紧急救护之区应尽量救市民，合行令仰该队遵照办理具复。

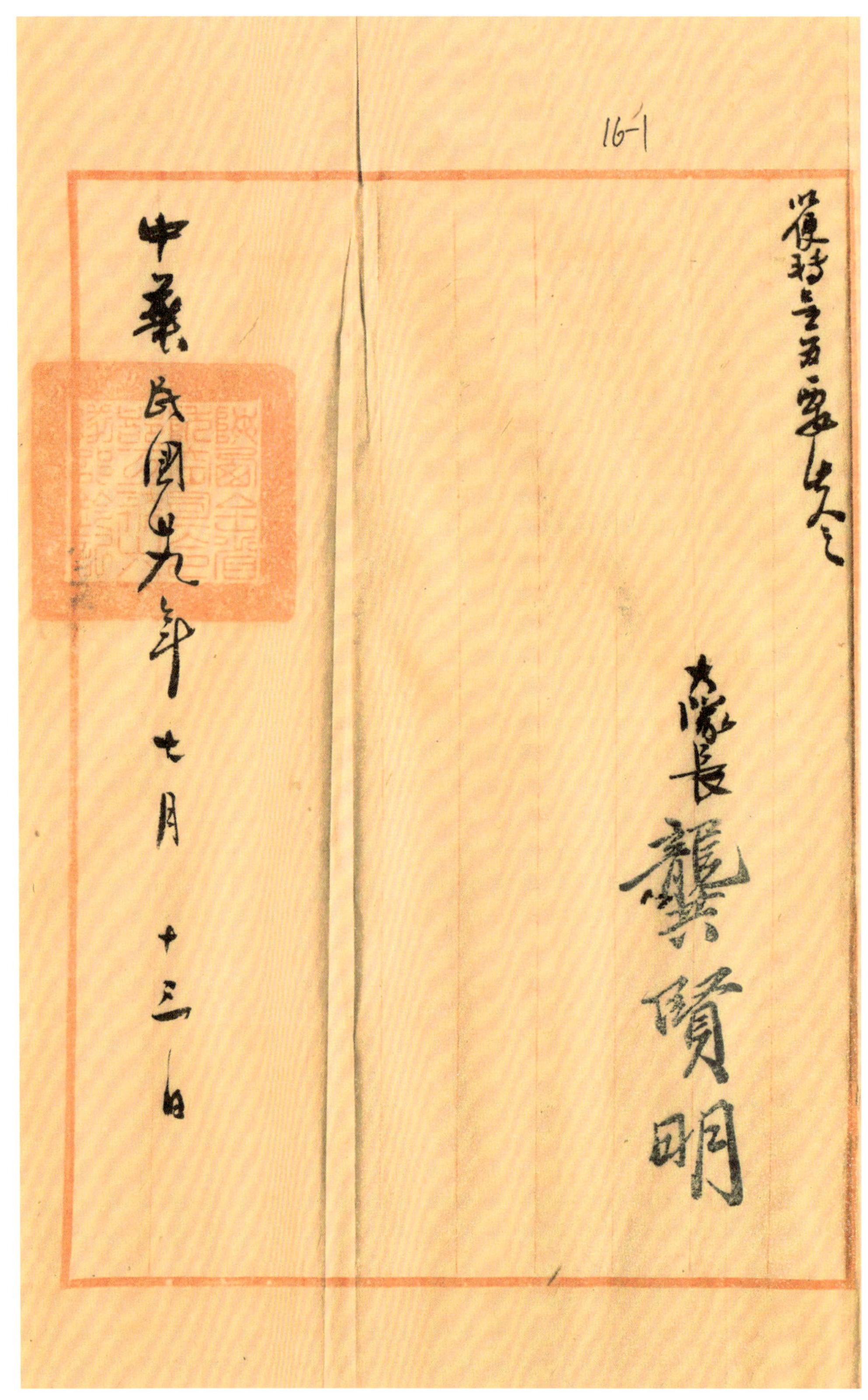

16-1

復特三五零號令

大隊長 龔賢明

中華民國廿九年七月十三日

陕西全省防空司令部关于所请嘉奖六月三十日赴灾区抢救死亡情形致西京建委工程处的公函
（一九四〇年七月十六日）

18

陝西全省防空司令部公函　防三字第1412號

中華民國二十九年七月十六日發

事由	准函以工程隊六月卅日往灾区搶救死亡情形請予嘉獎等由函請查照由
附件	

案准

貴處本年七月十日市工字第136號公函以本工程隊於六月卅日前往五灾区搶救死亡情形請予嘉獎等由准此查此次敌机轰炸伤亡惨重搶救人員赴机遲鈍為一大原因　上峯不予责斥即為大幸若再請獎恐未能邀准相應函復即希

查照為荷此致

184

西京市政建委会工程处

陕西全省防空司令部关于速将防护团名册连同器材造表送部检查致西京筹备委员会的公函（一九四〇年七月十七日）

陝西全省防空司令部公函　防三字第1420號

案查本市各機關防護團經報成立者固屬不
少為時已久人事變更團務廢弛本部現為加強防護
力量起見亟宜加以調整以資健全除分函外相應函
達即希

查照速將防護團名冊連同器材造繕詳細表送部以便檢
查而利防空為荷此致

西京籌備委員会

中華民國二十九年七月　日

中華民國廿九年七月拾七日發

校對　劉

陕西全省防空司令部工务（程）大队道路工程队关于该队所属各工程队已划分区域并饬每于警报解除后立即执行任务致工务（程）大队的呈（一九四〇年七月十八日）

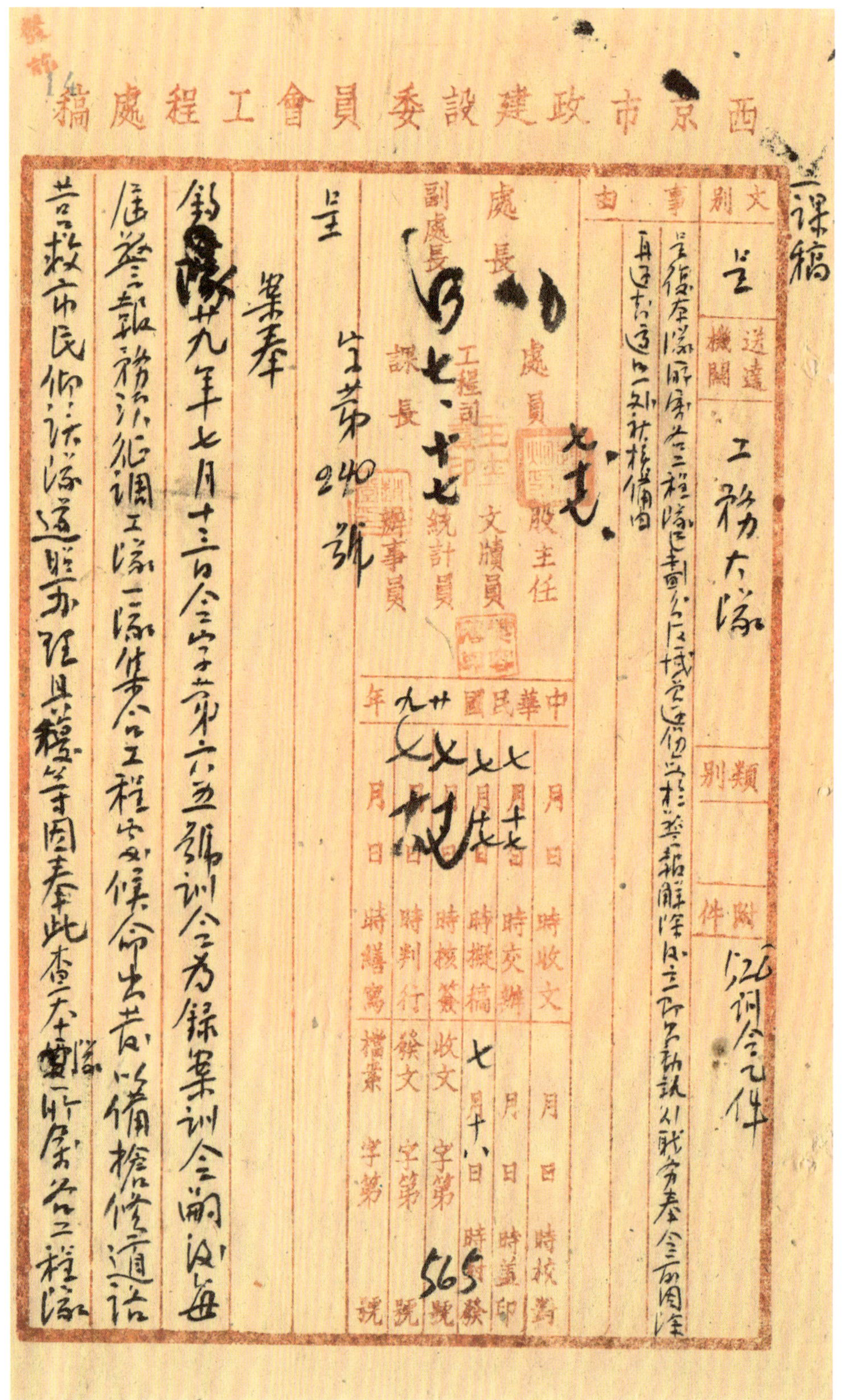

14-1

區劃分市省區域之經過仍另於整理報解除該三項出動提出各

稅關地之執行職務在案奉令併同解除再通知遵照外理合具文

呈復伏乞

鑒核備查實為公便

謹呈

陝西全省防空司令部工務大隊

市道工程隊

陕西全省防空司令部工务（程）大队关于嗣后救护及抢修被炸工程宜遵照指示办理致所属道路工程队的指令

（一九四〇年七月二十三日）

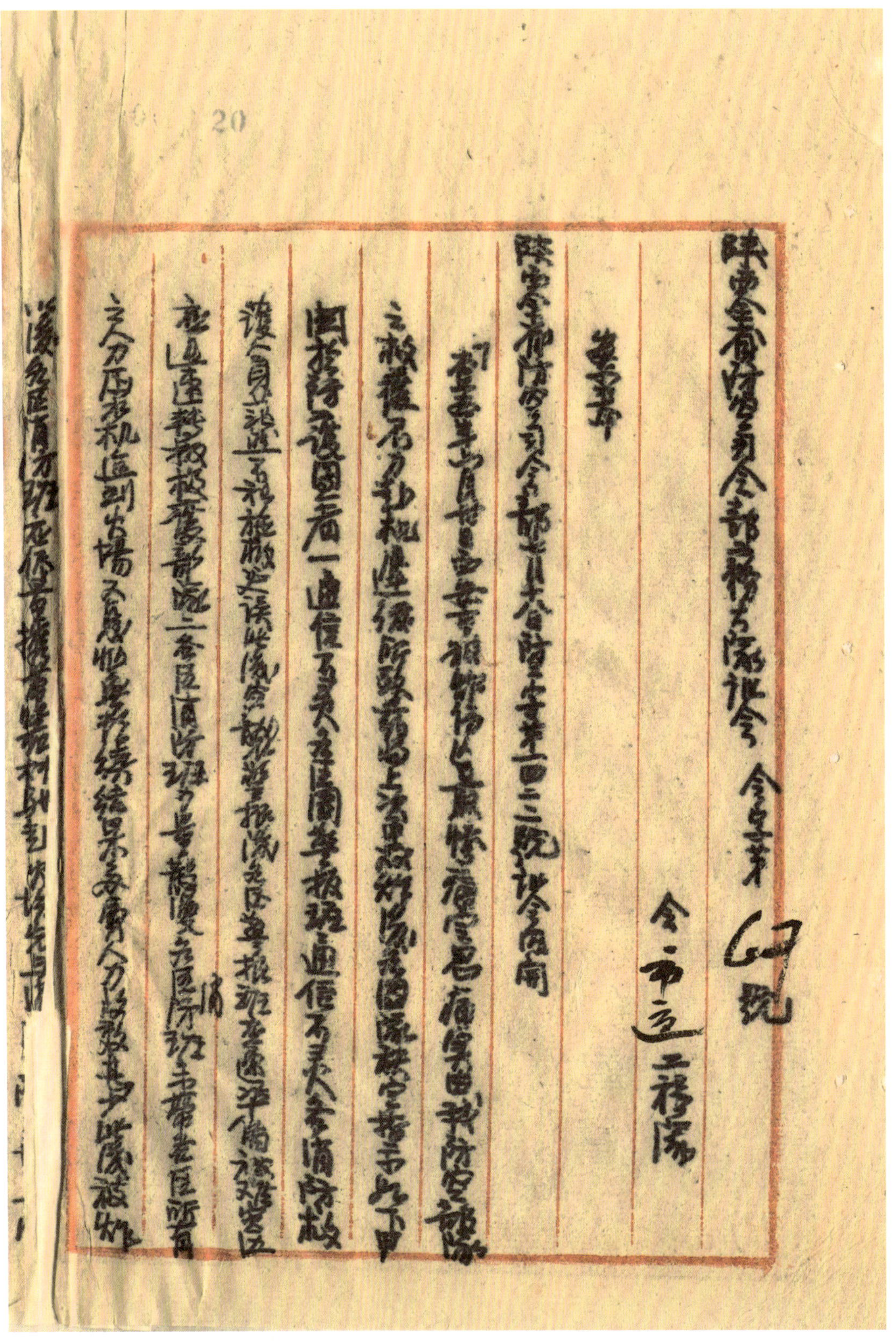

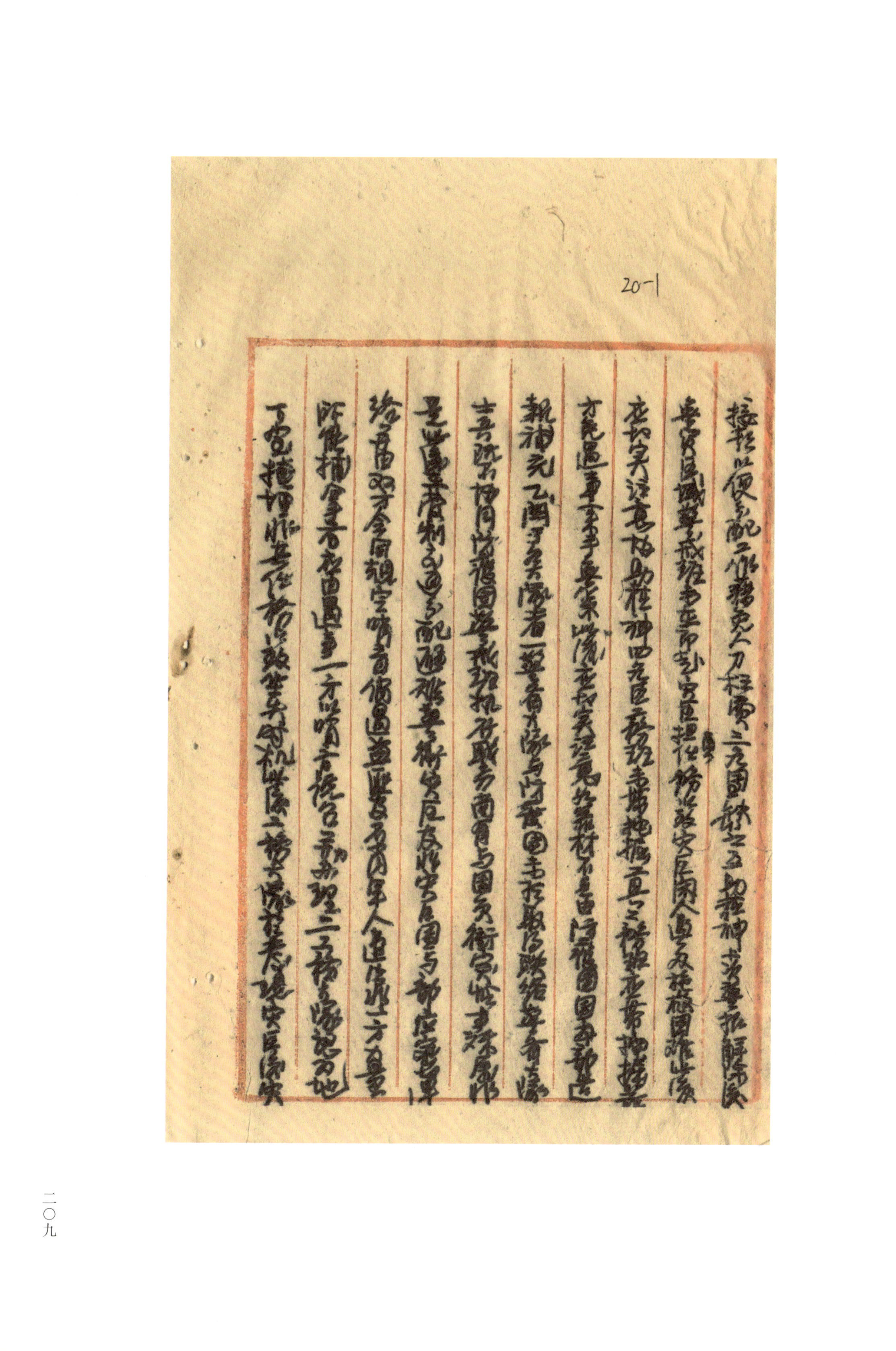

接洽以便分配工作務免人力[illegible]

要實[illegible]

在切實諸意協助[illegible]

方能[illegible]

執行[illegible]

吉普[illegible]

至[illegible]

給[illegible]

所能[illegible]

下宜[illegible]

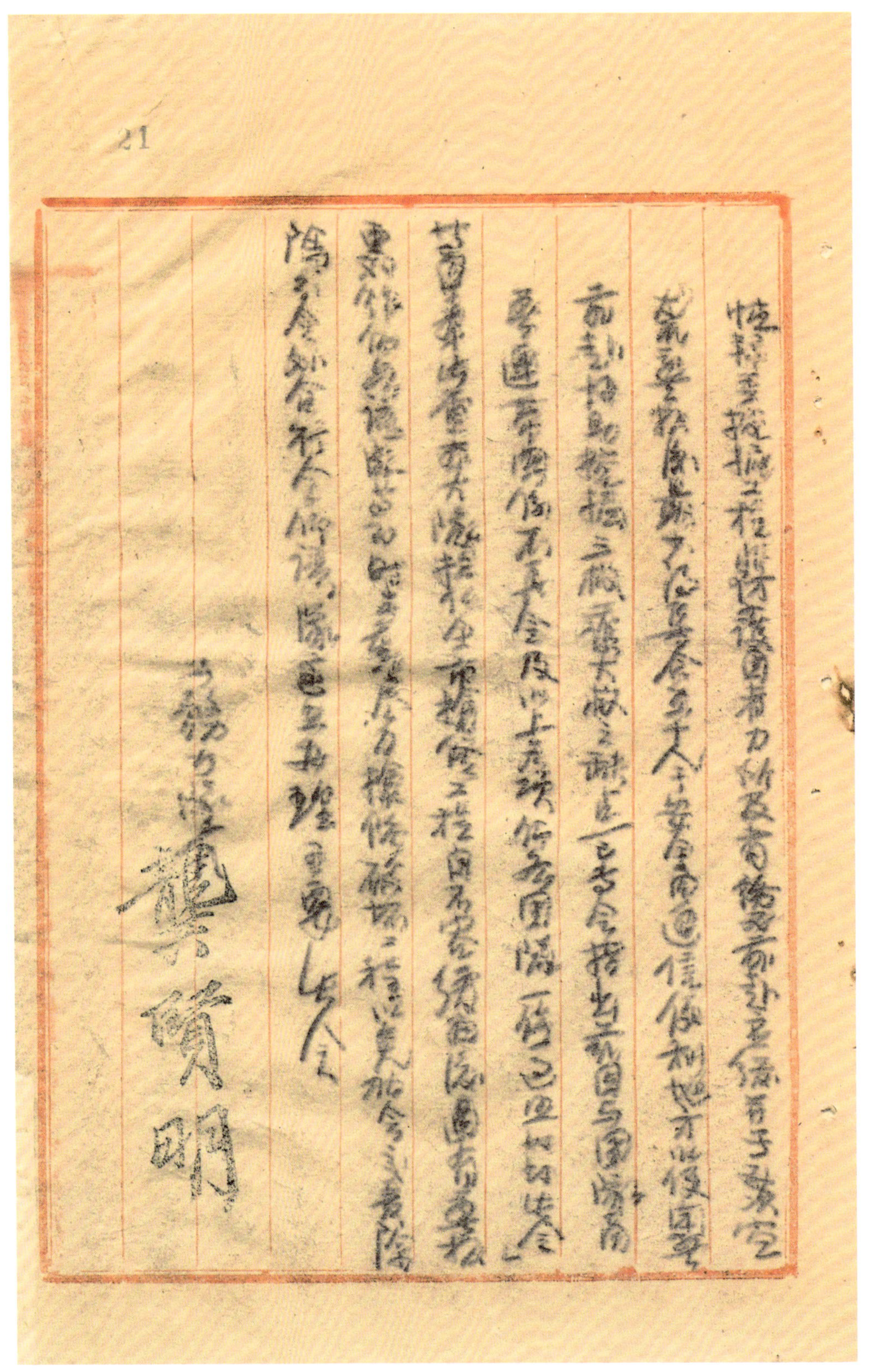

21

龚贤明

21-1

中華民國廿九年七月廿三日

陕西全省防空司令部救护大队第三义勇救护队指派担任行营各部救护工作各队一览表（一九四〇年九月）

陕西省防空司令部救护大队第三义勇救护队指派担任行营各部救护工作各队一览表

指派地点	隊名	隊長	隊員	駐地	電話	交通工具
後宰門政治部	第六分隊	吳學懸	十五名	通濟坊西北醫院	五〇二	人力車
東廳門五嶽廟	第二四分隊	張義為 宋文楷	十名	北院門陝西省衛生總隊部	六五八	汽車
菊花園土地什字	第一三分隊	張炳陽 蔣燦	十名	仝上	仝上	仝上

附註：總負責陝西省衛生處衛生總隊長孫家齊

P8-1

通訊處 北院門衛生總隊部

陕西全省防空司令部工务（程）大队编制表（一九四〇年九月）

陝西全省防空司令部工務大隊編制表

隊號	編制人數	實有人數	駐地	備考
工務大隊	大隊長一員	一	東木頭市	
市内道路工程隊				
第一分隊	分隊長一員	一	建國公園	
	隊員二十員	二五		
第二分隊	分隊長一員	一	西大街	
	隊員二十員	十八		
第三分隊	分隊長一員	一	西大街	
	隊員二十員	十七		
第四分隊	分隊長一員	一	新城北門外	
	隊員二十員	二七		
特務組	組長一員	無		
	組員四員	無		
下水道工程隊	分隊長一員	一	新城北門外	
	副分隊長一員	一		
	隊員二十一員	二七		
特務組	組長一員	無		
	組員一員	無		

地下室工程隊	分隊長一員 隊員六員	無
特務組	組長一員 組員四員	無
合計	一百二十七員	一二一
四郊道路工程隊		
西蘭道路工程隊		
電報工程隊		
電話工程隊		
電燈工程隊		
鐵道工程隊		
說明	四郊道路西蘭道路電報電話電燈鐵道等各工程隊因散駐四郊城廂各處故未列入合併說明	

中華民國二十九年九月　日

国民党陕西省执行委员会关于检送西京市空袭服务救济联合会办事处筹备会议记录及组织大纲致西京市国民兵团的笺函（一九四〇年十月二十九日）

0146

查西京市空襲服務救濟聯合辦事處籌備會已於本月二十三日開會通過組織大綱正式成立茲將會議紀錄檢送一份即希

查照爲荷此致

國民兵團部

附會議紀錄組織大綱各一份

啓 十月廿九日

西京市空襲服務救濟聯合辦事處第一次籌備會議

時間：十月二十三日下午四時

地點：省黨部委員辦公室

出席機關代表：衛生處楊肯三　軍管區程世傑　警察局
黄[illegible]　[illegible]救濟會
李海樓　西京市商會　亢孝穠　紅萬字會[illegible]
徐卓然　西京市黨部　邊翼藩　西北化學
製衣藥廠　王豐哉　保安處　王祿　防空司令部
趙林溪　省黨部　伍步升

主席　伍步升

紀錄　王之瑞

報告事項：本部奉　中央令召集有關機關等籌備組織成立[illegible]
空襲服務救濟聯合辦事處

討論事項

1、擬訂定西京市空襲服務救濟聯合辦事處組織大綱請公決案

決議：照案修正通過

2、推定各組正副組長案

決議：救護組正組長推衛生處担任副組長推省立醫專附屬醫院担任救濟組正組長推省振濟會副組長推紅萬字會担任征募組正組長推省動員會副組長推市商會

3、關於參加三組之各單位由聯合辦事處正副主任決定後由正副組長[illegible]召集案決議通過

4、本會圖記呈請省府頒發案　決議通過

5、第一次會議由防空司令部召集案　決議通過

6、聯合辦事處定於本日成立案　決議通過

西京市空襲服務救濟聯合辦事處組織大綱

一、為求增強敵機空襲本市時之救護救濟工作，特依據中央社會部之指示設立西京市空襲服務救濟聯合辦事處（以下簡稱本處）

二、本處由有關救護救濟等機關團體派員組成之

三、本處設正副主任各一人，由省防空司令及省會警察局長擔任之

四、本處正副主任之下設左列四組，每組設正副組長各一人，分掌各組事務

甲、救護組　辦理敵機轟炸時救護及緊急醫療

乙、救濟組　辦理敵機轟炸後受害市民之救濟事宜

丙、征募組　辦理救濟被難同胞之募捐事宜

五、各組正副組長由有關各機關推定之

六、本處各組為取得密切聯繫配合實際工作起見每月得召集各正副組長舉行處務會議一次以商討工作之推行如遇敵機狂炸後必要時得由主任召集各組正副組長開緊急會議商討關於應行緊急措置事宜

七、本處全體工作人員會議三個月舉行一次由主任及各組組長報告工作概況并討論有關救護救濟等之推進

八、本處每次全體工作人員會議及處務會議等以主任為主席如主任有事不克出席時得由副主任主持

九、各組組務會議兩週舉行一次其時間由各組組長自行擬定

十、本大綱經各機關團體派員開會通過後施行并報省防空司令部省政府省黨部備案

十一、本大綱如有未盡事宜得由本處全體工作人員通過修改并呈報防空司令部及省政府省黨部

陕西全省防空司令部关于检发义勇消防队臂章式样饬属知照致工务（程）大队的训令（一九四〇年十一月三日）

转行查照 各大队所分发 各行 十六日

陕西全省防空司令部训令　防三字第1611号

令本市工务大队

案据消防大队队长武元钊本年十月廿八日呈称：

「查义勇消防队，曾经于去岁以义勇警察抽调训练，分区编组，以增消防力量。兹为空袭时服务便利，易资识别起见，爰印制布质臂章，按区次分发各队员佩用，计一百八十四枚（由一号起至一八四号止），除分报宪警局外，理合检同式样一份，具文呈报，仰祈鉴核，备查并饬属知照，实为公便。谨呈」

等情，附呈臂章式样一份。据此，除分令外，合行检附原式样一纸，令仰该队长转饬所属一体知照！

此令。

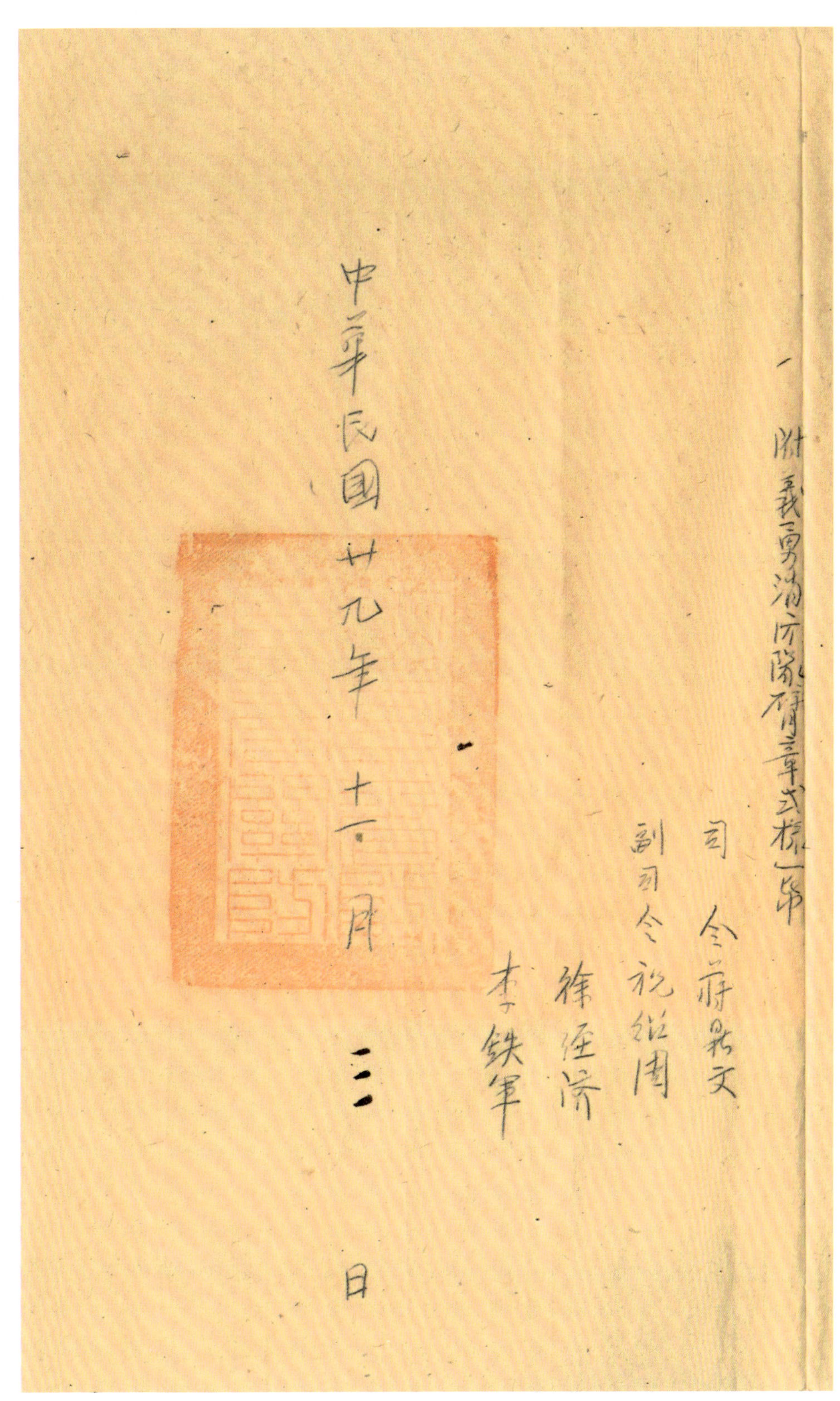

一　附义勇消防队肩章式样一帖

司　令　蒋鼎文

副司令　祝绍周

徐经济

李铁军

中华民国廿九年十一月二日

三、构筑防空避难工事

（一）防空方案

西安防空工程实施方案

其一 方針

一、以顧慮遭敵空襲時得以確实保有我地上各种活力之目的，主对於防區内主要建設及交通設備应实施各种防護及修復之工務。

其二 要領

二、道路桥梁鉄道電訊電灯及其附屬建築物為地上活力之要素，如被轟炸時应迅速修復之。

三、水源下水道為人民生活衛生之所必需，平時应先為防護之準備，如遭敵轟炸尤須迅速整理修復。

0172

四、主要機関之办公应預設地下室，民众之防空在城内主用避難室，在城外主用防空壕。

五、為達工務实施迅速確实之目的，并顧慮技術之熟練材料之取给便利，應就各項建设主管机関分别組織各种工程隊分担工作，而統一編成運用，以收指揮灵活之效。

六、实施区域为西安城周七十公里以内之地区实施重心应保持于西安城。

其三 部署

七、工程队之编成及任务区分

工程大队

大队长 西京市政建设委员会

副队长

(1)道路工程队

长 市政建设委员会、公路管理局(每分队二十一人)主管各公路及其桥梁之修复下设三分队

市工处—主管城内各马路之修复下设四分队每分队二十一人

(2)铁道工程队

陇海铁路局西安站—担任铁道及其桥梁车站之修复下设三个分队

每队二十一人

(3)电话工程队

电政管理局—主任电报线路之修复队员十五人

(4)電話工程隊

電話局環境電話隊—主任電話线路之修復隊員十五人

(5)電灯工程隊

電灯公司—主任電灯電燈线路之修復隊員十五人

(6)水源及下水道工程隊

長建設委員会
市工處—主任水源之防護及修復

下水道工務所
市工處—主任下水道之修復

(7)地下室及避難所工程隊

長建設委員会
市工處—任地下室之構設

建設廳　任避難所之構設及籌設防空壕之督促指導

八、各隊之行動及注意

(1)道路工程隊分七分隊以第一二三四分隊担任城關道路之修復第五六七分隊担任防空區域七十公里以内主要公路之修復

第一分隊担任北大街以西西大街以北及西關區域内道路之修復其分隊長及隊員由市工處原有之第一路工隊六十名充之

第二分隊担任西大街以南南大街以西及南關區域内道路之修復其分隊長及隊員由市工處原有之第二路工隊六十名充之

第三分隊担任南大街以東東大街以南及東關区域内道路之修復其分隊長及隊員由咸榆公路工程隊抽六十名充之

第四分隊任東大街以北北大街以东及火車站附近區域内道路之修復其分隊長及隊員由西朝公路原有之工程隊抽六十名充之

第五分隊任西荆公路距城七十公里区域内道路之修復其人員由該路原有之第一工程隊担任之隊員八十名此路為西安與武漢交通之要道軍輸命脈應注重之

第六分隊任西鳳公路距城七十公里區域内道路之修復其人員由該路第二工程隊担任之隊員八十名但於必要時得由鳳隴公路第一工程隊協助之該路為西

0174

安与西川之連絡公路亦主重之

第七分隊任西蘭公路距城七十公里區域内道路之修復其人員由該路工程隊充之

隊員四十名本路為西安与西蘭州惟一運輸要道亦主重之

(五)城関道路修復之注意

如市内僅某地段交通發生障礙時酌調其他分隊三分之一隊員協助修復茲規定如左：

西大街發生障礙時由一二兩分隊修復之南大街發生障礙時由二三兩分隊修復之

東大街發生障礙時由三四兩分隊修復之北大街發生障礙時由四一兩分隊修復之

東西南北四道為市内交通之幹綫應主重而迅速修復

(六)水源及下水道工程隊之注意

西安無自來水之設備惟一水源在西甕城内如一旦被毀全城恐慌故事先亦妥為防護以混凝土工事堅固之並設備井蓋以防散毒為要遇敵空襲時該隊亦主重水源之防護

(七)地下室及避難所工程隊應主重避難所之構設城内應在交通要道處附近指定民

房若干間闢為避難所四十處並城垣附近得利用城墻加寬部分掘成避難所七處
護城河岸及城周之崗陵陡處橫掘古式窯洞若干所城外鄉村並用防空
濠工力均易於成功

（丙）各隊人員平時概以原屬機關為駐屯地在實施時統歸該大隊長指揮之分別在
指定地點集合於必要時因情況之緊迫得由大隊長自由調遣以協助其他隊之
工事

其四　通訊連絡

九、工程隊設特務組一組或二組擔任通訊連絡及運輸之責由各隊自行組織之每組設
組長一人組員五人至十人通訊並用電話及脚踏車傳遞

十、工程隊特務組應備運輸及通訊之車輛等件由各隊長會同組長分別決定之向
原屬機關預為準備如原屬機關缺乏則可呈請防空司令部函請陝西公路
局及建委員借用汽車惟汽油應由借用機關自備

十一、道路工程隊之特務組應分設市內及公路之兩組其人員由公路局路警充之每
市內特務組々長由路警隊々長担任並由公路局撥派脚踏車十輛汽車兩輛以
使運輸工程上需要之材料及補助電話通訊之不足

0175

公路特務組分三小組，每小組組長由路警隊班長充之，組員五名。又每小組公路局撥派汽車一輛，脚踏車二輛，直屬公路各工程分隊指揮。

其五　其他事項

十二、道路工程隊市內各分隊隊員應由防空協會購發防毒面具若干副，每分酌發防毒衣若干件，以備于施毒區域內修復道路與消毒人員同時施工，以免延誤時間，交通長時阻滯。

十三、除右述外，其他各工程隊由防空協會酌量發給防毒面具或口罩，並事先派員指導使用。

十四、各工程隊應備材料由各隊長按照工作需要向原屬機關預為準備，分置各處，並另造實單呈大隊部轉防空司令部備查。

十五、各工程隊之符號、旗幟、臂章等由防空協會規定式樣，交由各負責機關製定發給。

十六、各工程隊應於某月某日以前按照本方案一律組織成立，將人員編配造冊呈大隊部轉防空司令部備查。

十七、各工程隊應由防空司令部指導大隊部統籌於本時按照訓練實施方案

加以訓練並假設各種情形實施演習、

六、各隊所用之工作報告表須照本方案附表式樣自行印用、

第　中隊第　分隊工作報告表

地點	工作類別	年　月　日工作完成
人工		
分隊長○○○ 分隊工　名	名称　所用數量	名

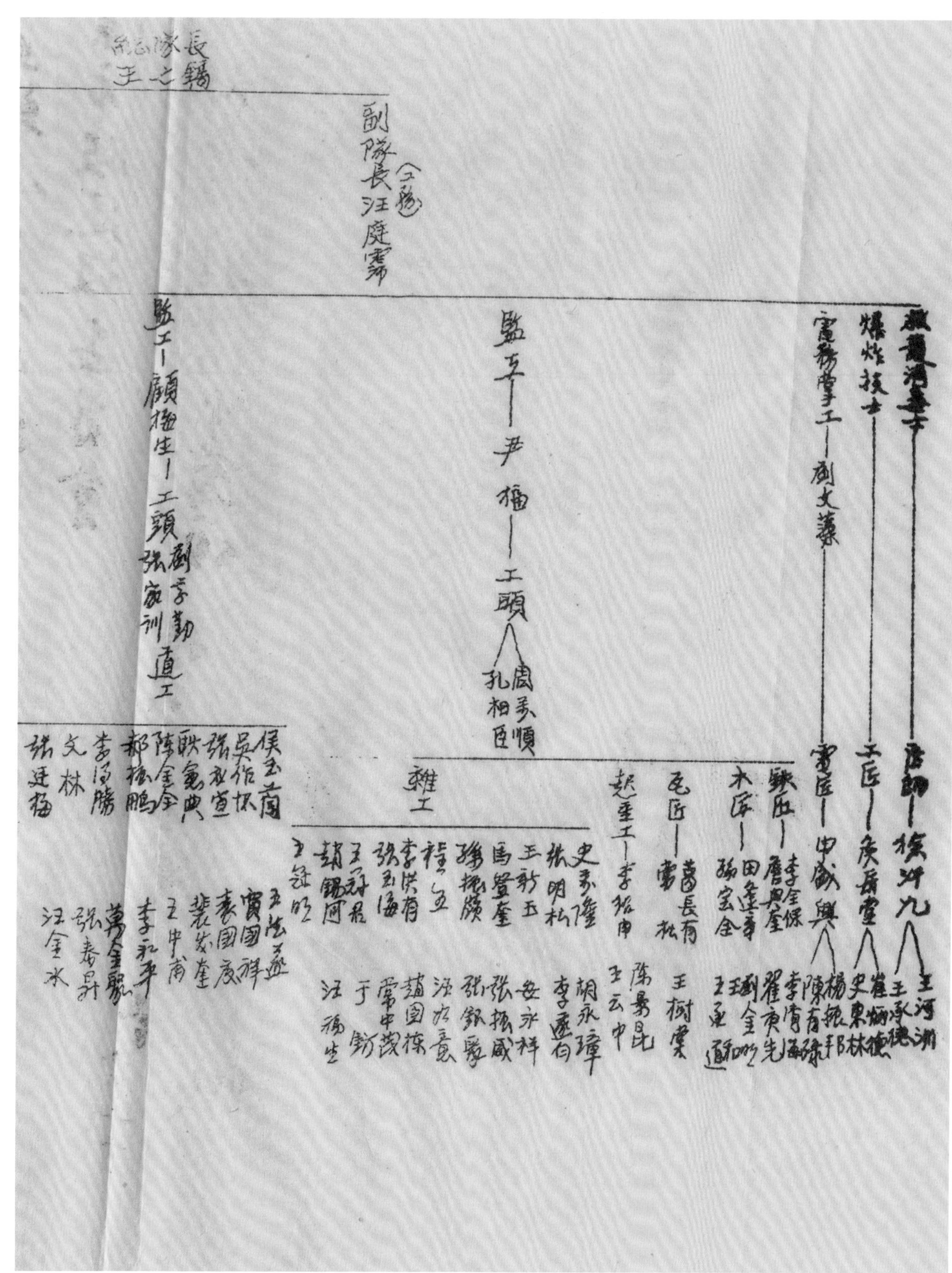

總隊長
王之鑄
副隊長（工務）汪庭霈
監工—顧樹生—工頭
劉季勤
張家訓
直工
監工—尹福—工頭
周秀順
孔相臣
雜工

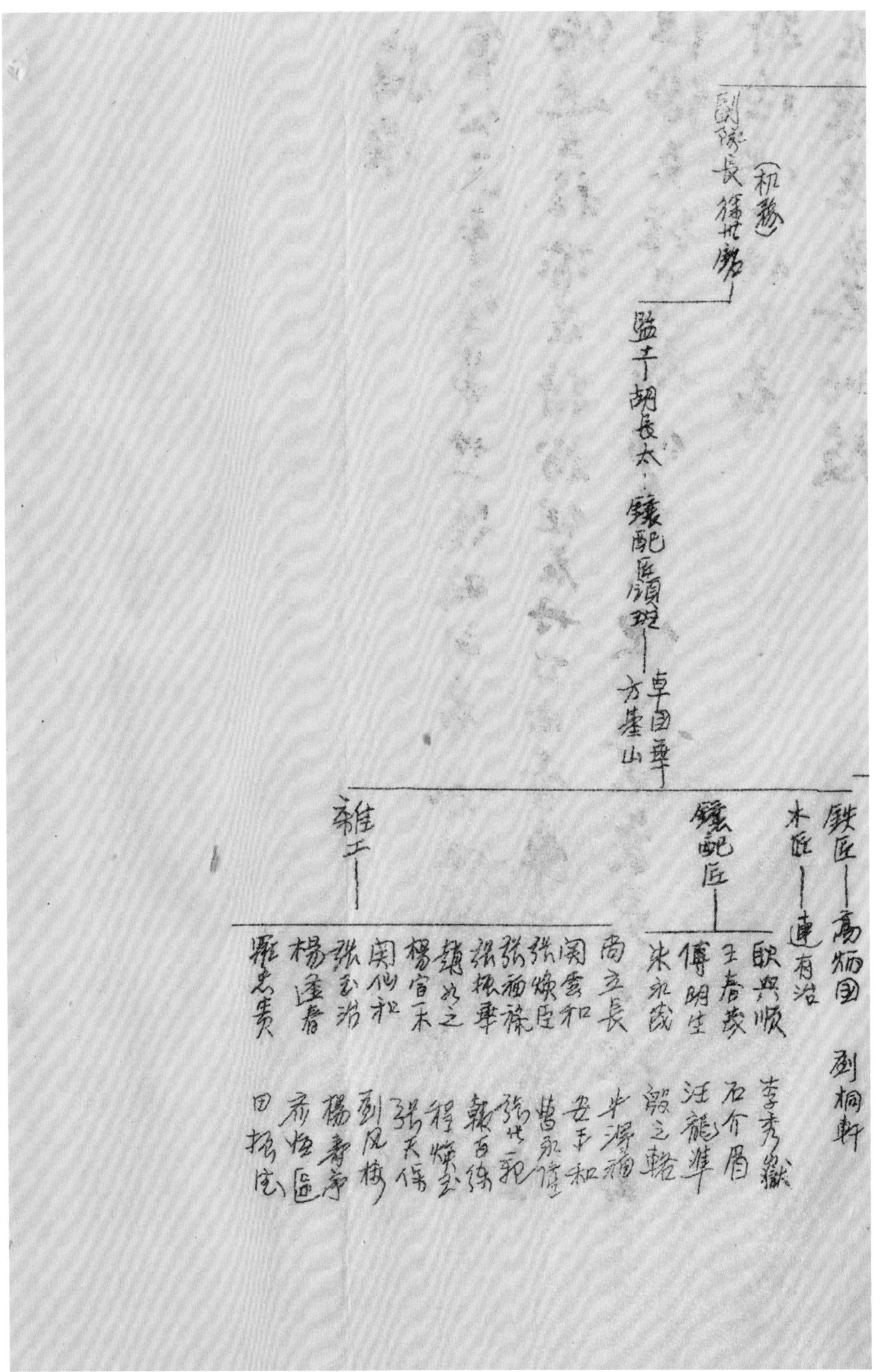

西安防空工务实施方案（时间不详）

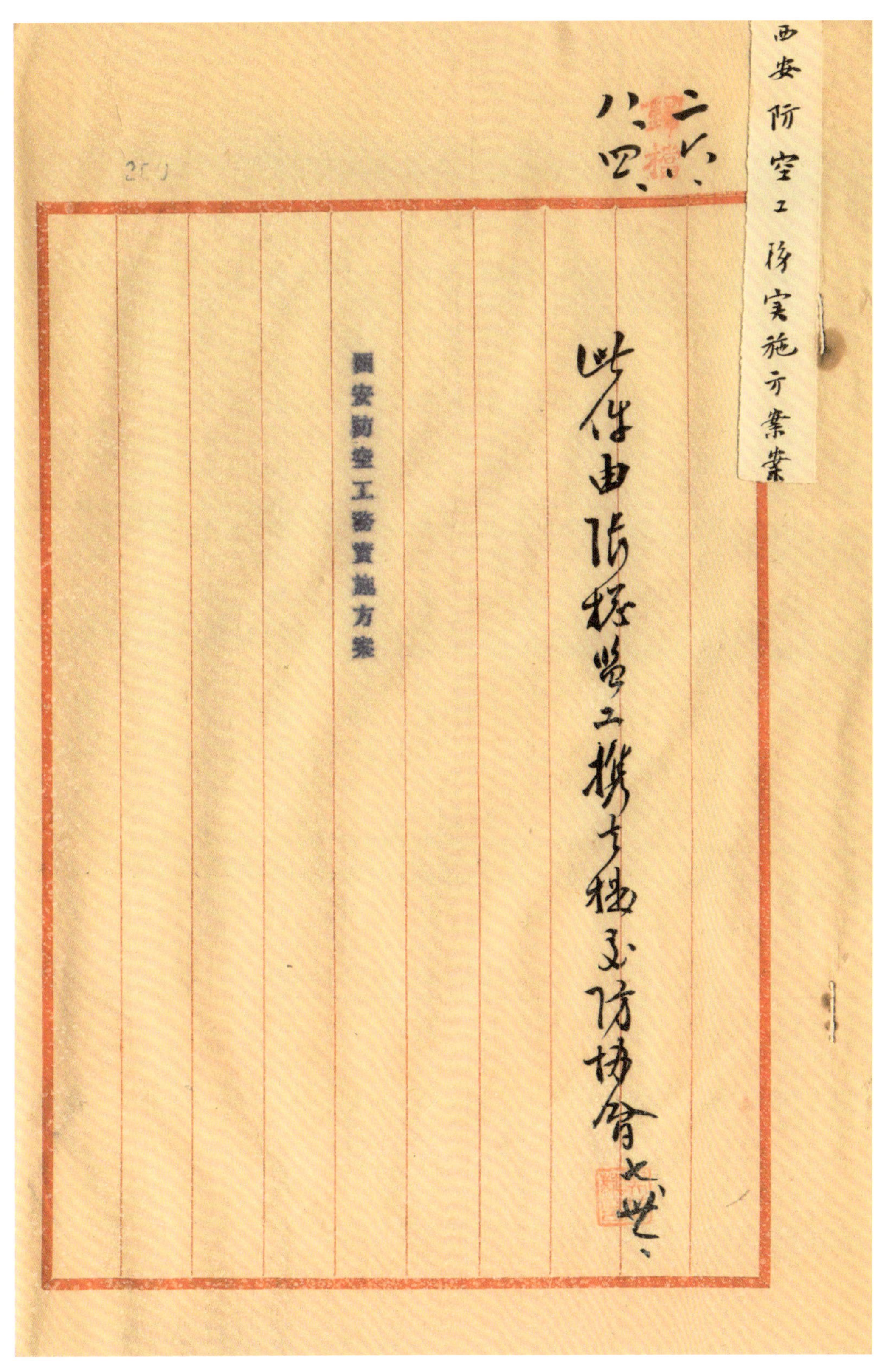

西安防空工務實施方案

甲目的　防空工務實施之目的1乃準備世界二次大戰時敵方空襲對於被破壞之道路鐵路橋樑電報電話電燈水源下水道及主要建築物等欲使其迅速修復而維持交通通信之圓活為要並於空襲前一切關於工務之設備如地下室避難所等等之建築預先計劃

乙區域　西安城內各關廂及城周七十公里之地帶

丙編組　1西京市政建設委員會2建設廳3市工處4陝西公路管理局5隴海鐵路管理局6電政管理局7電話局8電燈公司工務大隊設隊長一人由市政建設委員會擔任之副隊一人由各隊長互推兼任之直接受防空司令部之指揮下設各工程隊其編制如左

1道路工程隊　擔任修復公路橋樑城內馬路等工作由市政建設委員會市工處及公路局人員組織之建委會及公路管理局主管各公路及其橋樑之修復市工處主管城內各馬路之修復各設隊長一人分隊長三人每分隊隊員二十人

2鐵道　擔任修復鐵路之軌道橋樑車站等工作由隴海鐵路局西安站人員組織之設隊長一人分隊長三人每隊隊員二十人

3電報　擔任修復電報線路工作由電政管理局組織之設隊長一人隊員十五人

4電話　擔任修復電話線工作由電話局搶救電話隊組織之設隊長一人隊員十五人

5電燈　擔任修復電燈線路及路燈工作由電燈公司人員組織之隊長一人隊

員十五人

6水源及下水道　西安縣自來水僅一水源在西北城內一旦毀壞全城恐慌專關宜妥為保護（如築護土保護之）由建設委員會及市工處負責擔任之下水道如被毀由下水道工務所及市工處擔任修復

7地下室　由建設委員會及市工處擔任備主要機關人員辦公避難所　由建設廳擔任為市民之避難所利用城牆建於城牆加寬部份（全城約五十處）護城河岸及城關之崗陵陡處挖掘古式窰洞利用其土佐築省工料

8每縣設特務組一組或二組擔任運輸或通訊工作由各縣擔任機關人員組織之每組設組長一人組員五人至十人通信以電話或腳踏車

各隊組織系統：

工程大隊
- 道路工程隊
  - 第一分隊　特務組
  - 第二分隊　特務組
  - 第三分隊
- 鐵路工程隊　特務組
- 電報工程隊　特務組
- 電話工程隊　特務組
- 電燈工程隊　特務組
- 水源及下水道工程隊
- 地下室及避難所工程隊

〡、道路工程隊應分七分隊〡、〢、〣、〤分隊擔任城區道路之修復〥、〦、〧分隊擔任防空區域七十公里內主要公路之修復

第一分隊擔任北大街以西西大街以北及西關區域內道路之修復其隊長及隊員由市政工程處原有之第一路工隊六十名擔任之

第二分隊擔任西大街以南南大街以西及南關區域內道路之修復其隊長及隊長及隊員由市政工程處原有之第二路工隊六十名擔任之

第三分隊擔任南大街以東東大街以南及東關區域內道路之修復其隊長及隊員臨時調咸榆公路工程隊擔任之隊員六十名（因咸榆公路對於戰時運輸不十分重要故酌調一部）

第四分隊擔任東大街以北北大街以東及火車站附近區域內道路之修復其隊長及隊員臨時調西朝公路原有之工程隊擔任之隊員六十名因西朝路對於戰時之運輸亦不十分重要故酌調一部

第五分隊擔任西荊公路距城七十里防空區域內道路之修復其人員由該路原有之第一工程隊擔任之隊員八十名因西荊爲西安與武漢交通之要道軍運之命脈故不得不主重之

第六分隊擔任西鳳公路距城七十公里防空區域內道路之修復其人員由該路第二工程隊擔任之隊員八十名於必要時由鳳隴路第一隊協助之因西鳳公路爲西安與四川公路之一段其交通運輸更爲重要故不得不主重之

第七分隊擔任距城七十公里防空區域內道路之修復其人員由該路工程隊擔任之隊員四十名因該路爲西安蘭州連絡之惟一要道尤爲蘭州運輸之命脈故亦當重視之

特務組應分市內特務公路特務二組其人員均由公路局路警三十名負担之

市內特務組組長由路警隊隊長擔任隊組員以路警十五名擔任由公路局撥派駐

路車十輛汽車兩輛以便運輸工程上需要之材料及補助電話通訊之不足

公路特務組分三小組每小組組長以路警隊班長擔任組員五五名每小組由公路

局發派汽車一輛與路車二輛直屬各工務隊指揮

說明1如市內某地交通發生特別故障時得調撥其他分隊三分之隊員協助修復

2西大街發生故障由一二兩分隊擔任修復南大街發生故障由二三兩隊擔

任修復東大街發生故障由三四兩隊擔任修復北大街發生故障時由四一

兩分隊擔任修復因東西南北四道為市內交通之幹線欲使其迅速修復故

由臨近兩分隊共同擔任之以期其迅速之完成

3各分隊隊員統由防空司令部發防毒面一副每分隊酌發防毒衣若干件以

備于施毒區域內道路破壞之修復可與消毒人員同時着施工以免延誤時

關與交通之聯繫

1 各隊人員平時概以原屬機關爲駐在地在實施時須在分別指定地點集合

2 關於工務隊各隊之組織及行動由防空司令部派員指導之

3 各隊應備材料由各隊長按照工作需要向原屬主管機關預爲準備分置各處並另造實單呈防空司令部備查

4 各隊特務組應備運輸及通訊之車輛等件由各隊長會同組長分別決定向原屬主管機關預爲準備如原屬主管機關缺乏運輸車輛則可呈請防空司令部函請陝西公路管理局及建委會借用該汽車油費由借用機關籌備

5 各隊之特種旗幟臂章等由防空司令部發給

6 各隊之面具口罩由防空司令部酌量發給並須派員指導使用方法用後繳還

205

7 各隊所用之紀錄報告表須照本方案附表式樣自行印就

8. 假設事項

西安防空計劃工務大隊組織及任務表

隊別		職別	人數	担任机關	担任人員	任務	備考
工務	大隊本部	大隊長	一	西京市政建設委員會		統理管轄區域內工務整理事宜	
	隊本部	副隊長	一	由各隊長互推一人兼任		協助大隊長辦理區域內工務整理事宜	
道路工程	第一分隊	隊長	一	市政委會		指揮管轄區域內路道修復事宜	
		分隊長	一	同上		同上	
		隊員	四〇	同上		担任所屬區域道路修復工作	
	第二分隊						

大隊

第三分隊				
鉄道工程隊	隊長	一	鉄路局	指揮軌道修復事宜
	隊員	二〇	鉄路局	担任軌道修復工作
電報工程隊				
電話工程隊				

第△中隊第△分隊工作報告表

地點△△△△ 工作類別 年 月 日

人工		材料		工作完成
分隊長△△△	隊工△△△名		名稱 所用數量	

（二）修建防空窑洞

陕西省建设厅关于奉令转饬各县尽量增筑窑洞致西安市政工程处的密令（一九三六年三月四日）

陝西省建設廳密令第四號

令市政工程處

案奉

省政府第二五號密令內開：

「案奉西北剿匪總司令部總司令蔣副司令張參字第七三六號刪酉參一代電內開：『查防空設施，亟應著手準備。本部曾經派員分赴各處偵察，着手進行，茲據報稱：陝西居民住窑頗多，并有挖窑（地下窑）之經驗，為民眾及部隊防空計，除駐軍竭力構築地下室（窑洞）外，寔有責成各縣盡量增築之必要等情。查對空防護軍民并重，核其所稱，甚為可行，特電查照，遵辦，務求普遍，以備應用為盼』等因。奉此，查防空設備事關國防要政及民命保障，且本省土質素富粘性，即宜利用挖窑經驗，督導民眾盡量普遍增築，茲

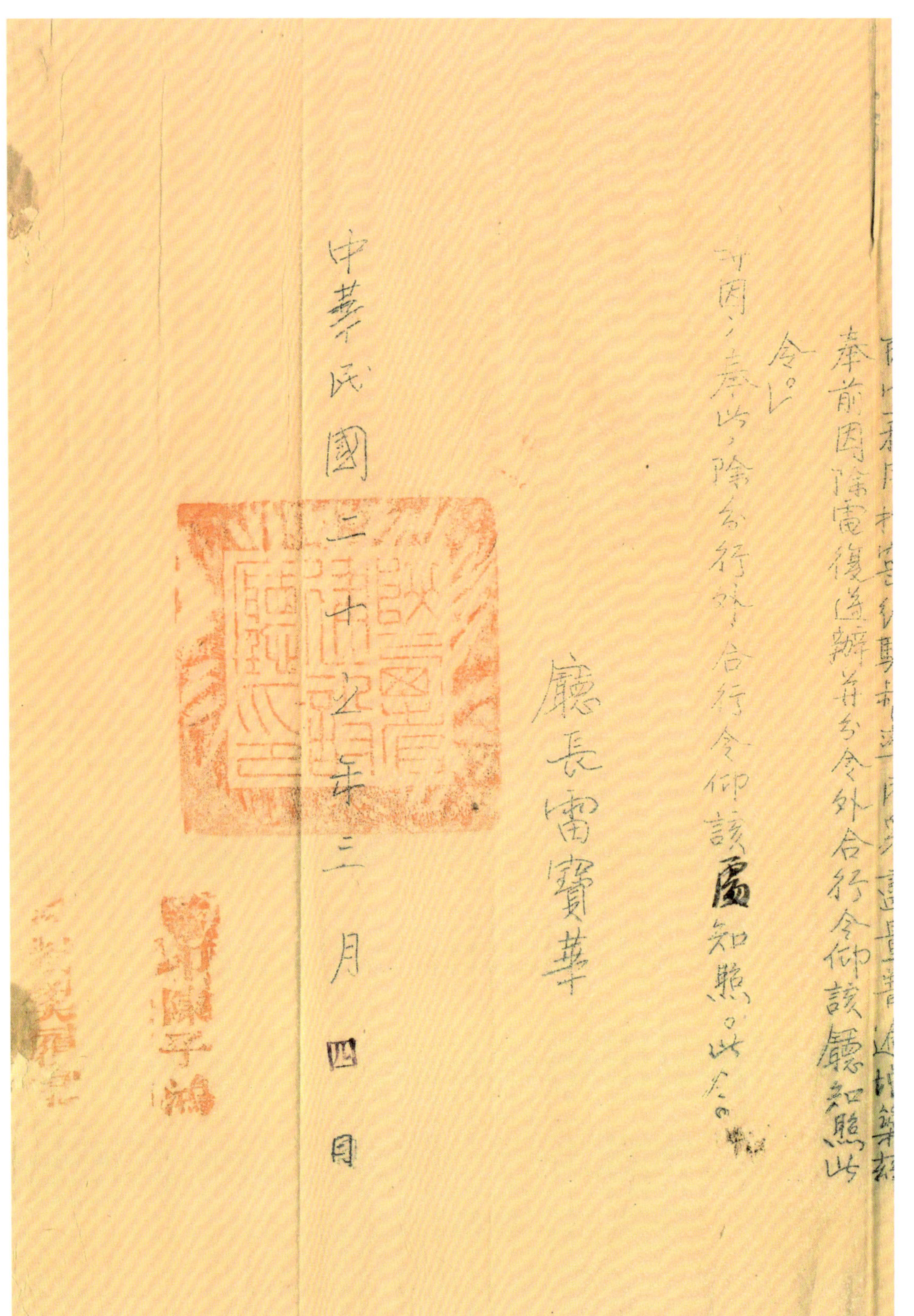

奉前因，除電復遵辦并分令外，合行令仰該廳知照。此

令。

等因，奉此，除分行外，合行令仰該區知照。此令。

廳長雷寶華

中華民國三十二年三月四日

西安市政工程处关于该市防空地下室建设尚付阙如可否预为计划设法筹建致陕西省政府的呈

（一九三六年十一月十四日）

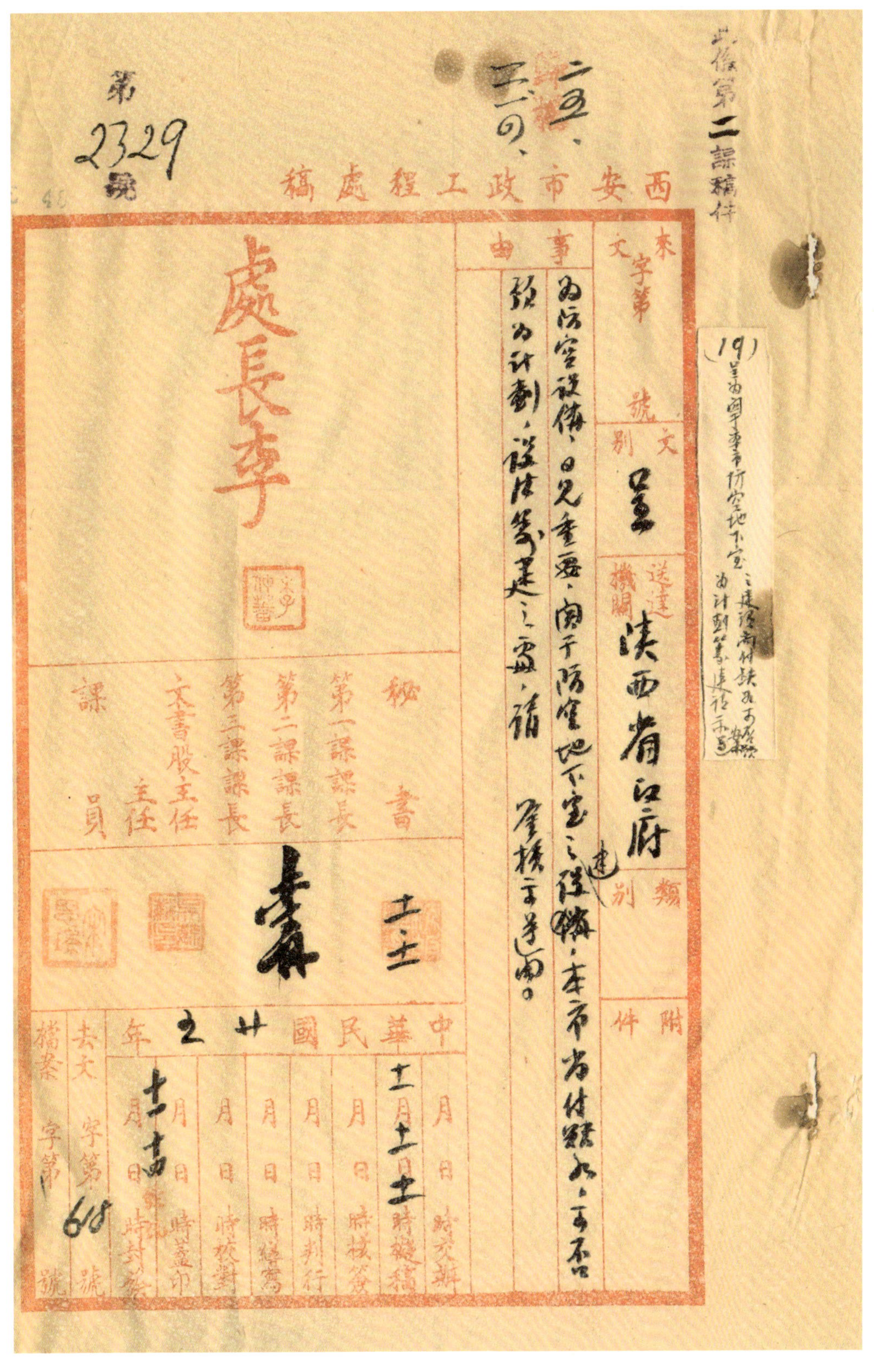

案查本案前奉

陕西省建设厅训令内开：

"案奉

省政府第二三〇九号训令[illegible]至此令等

因，附发防空避难室之设备，民间防空之消防，各机关

经呈予核，核情极防空设备需须振作，率此，重防

除已分发本市各有关局阅览并已具文呈复外，准查迎来许

空设备，既因其重要，而关于防空地下室之建设，本

市尚付缺如，亦亟需由本府预为计划，设法筹建

之案，理合备文呈请

钧府鉴核示遵，实为公便！谨呈

陕西省政府主席 邵。

全衔李[illegible]

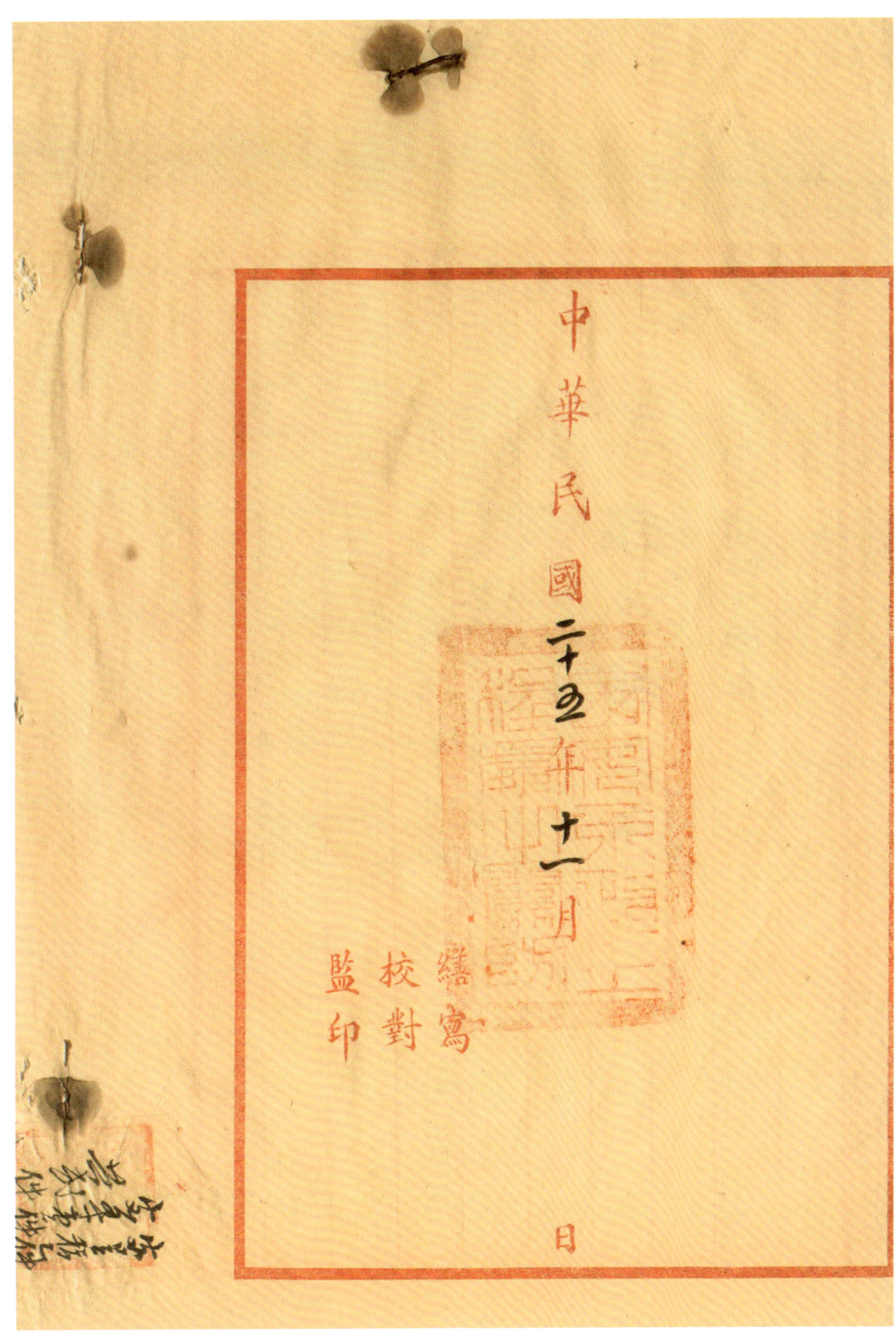

中華民國二十五年十一月　日

繕寫
校對
監印

陕西省防空协会、西安市政工程处关于派工修理城墙根地窖的来往公函（一九三七年五月四日至七日）

陕西省防空协会致西安市政工程处的公函（一九三七年五月四日）

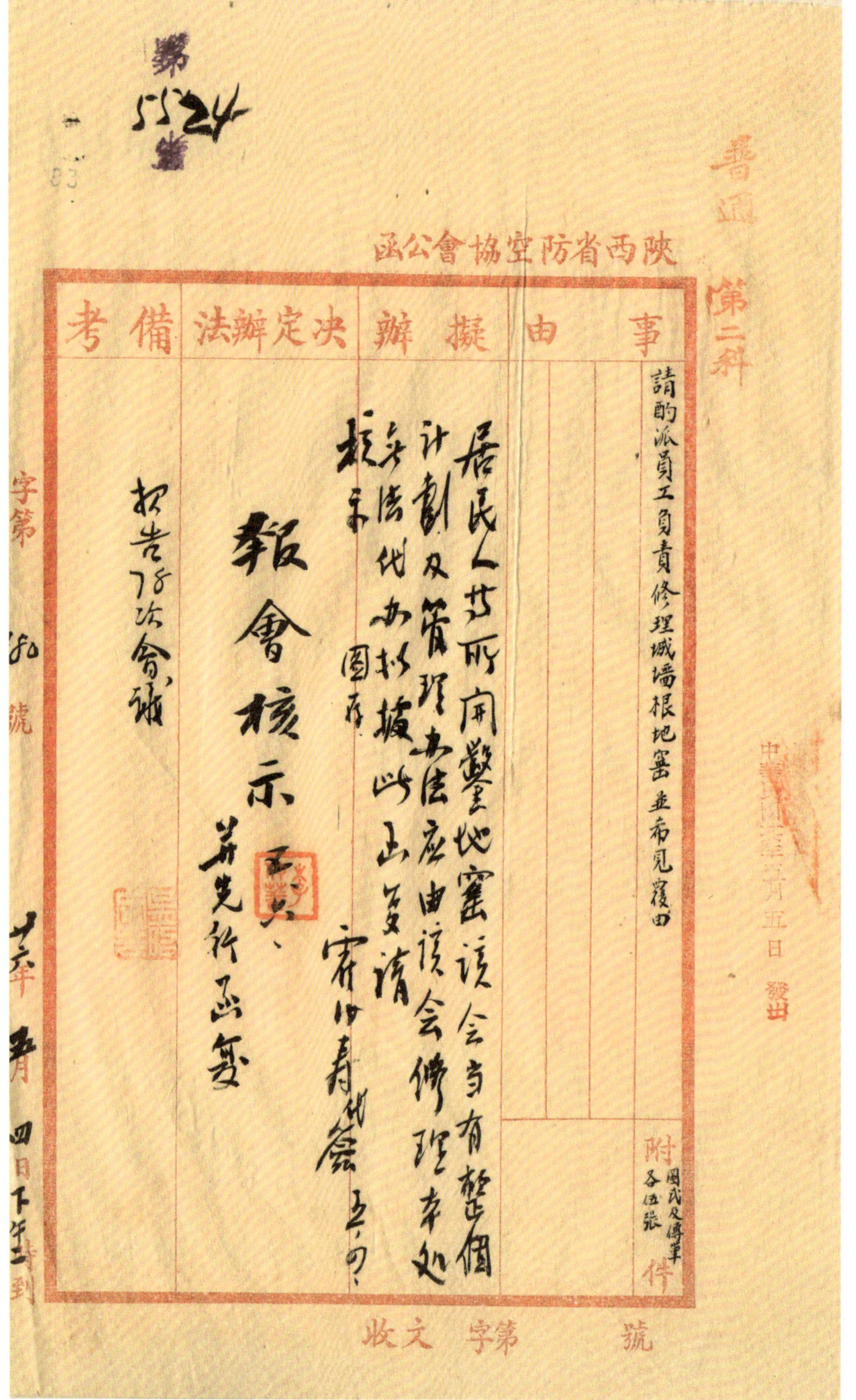

陝西省防空協會公函

防[illegible]字第 26 號

查雙十二事變期間，駐紮本市各部隊及靠近城牆居民為避免空襲損害起見，紛紛在城牆根開鑿地窰，設計方面，既乏講求；工程方面，又皆粗率，而不及早整理，一遇夏秋霪雨，傾陷不無可慮。曾經本會於本年四月十四日開會議決，請由

貴處酌派員工，負責修理紀錄在卷。相應將印製圖式及傳單各伍份，隨函送達，

即希

查照辦理見復為荷！

此致

西安市政工程處

會長孫蔚如

中華民國二十二年五月四日

西安市政工程处致陕西省防空协会的公函（一九三七年五月七日）

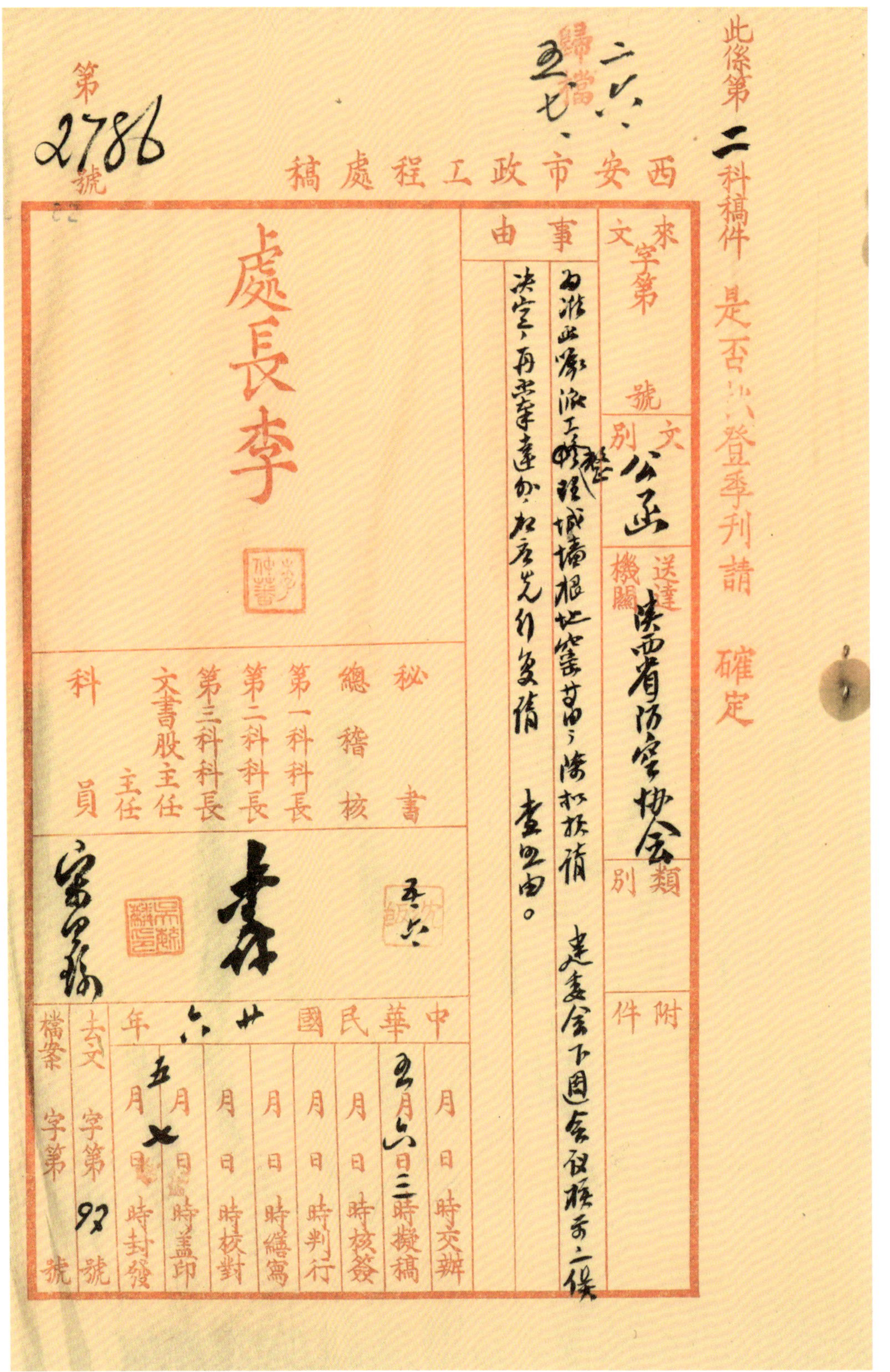

此係第二科稿件 是否送登季刊請確定

歸檔 二六、五、七、

第2786號

西安市政工程處稿

來文字第　號	
文別	公函
送達機關	陝西省防空協會
類別	
附件	
事由	為准函囑派工整理城墻根地窖一案，除簽請建委會下週會議提出，俟決定再函達外，相應先行函復，請查照由。

處長李

秘書　總稽核　第一科科長　第二科科長　第三科科長　文書股主任　科員

中華民國廿六年

五月六日二時擬稿

五月七日　時蓋印

去文字第93號

檔案字第　號

公函　第　號

案准

貴會本年五月四日東防字第二六號公函略開：

「請酌派員工負責修理城墻掘地窑，並希

見復」。

等由，附送地下室圖式及條件各五張。准此，查關於整

理防空地窑，本府亦經擬具，除抄提請

西京市政建設委員會下屆會議核議，一俟決定，再行函

達外，准函前由，相應先行復請

查照為荷！此致

陝西省防空協會。

陕西省防空协会关于派员参会商谈该市城墙附近地窑调查设计各事宜致西安市政工程处的公函

（一九三七年五月十七日）

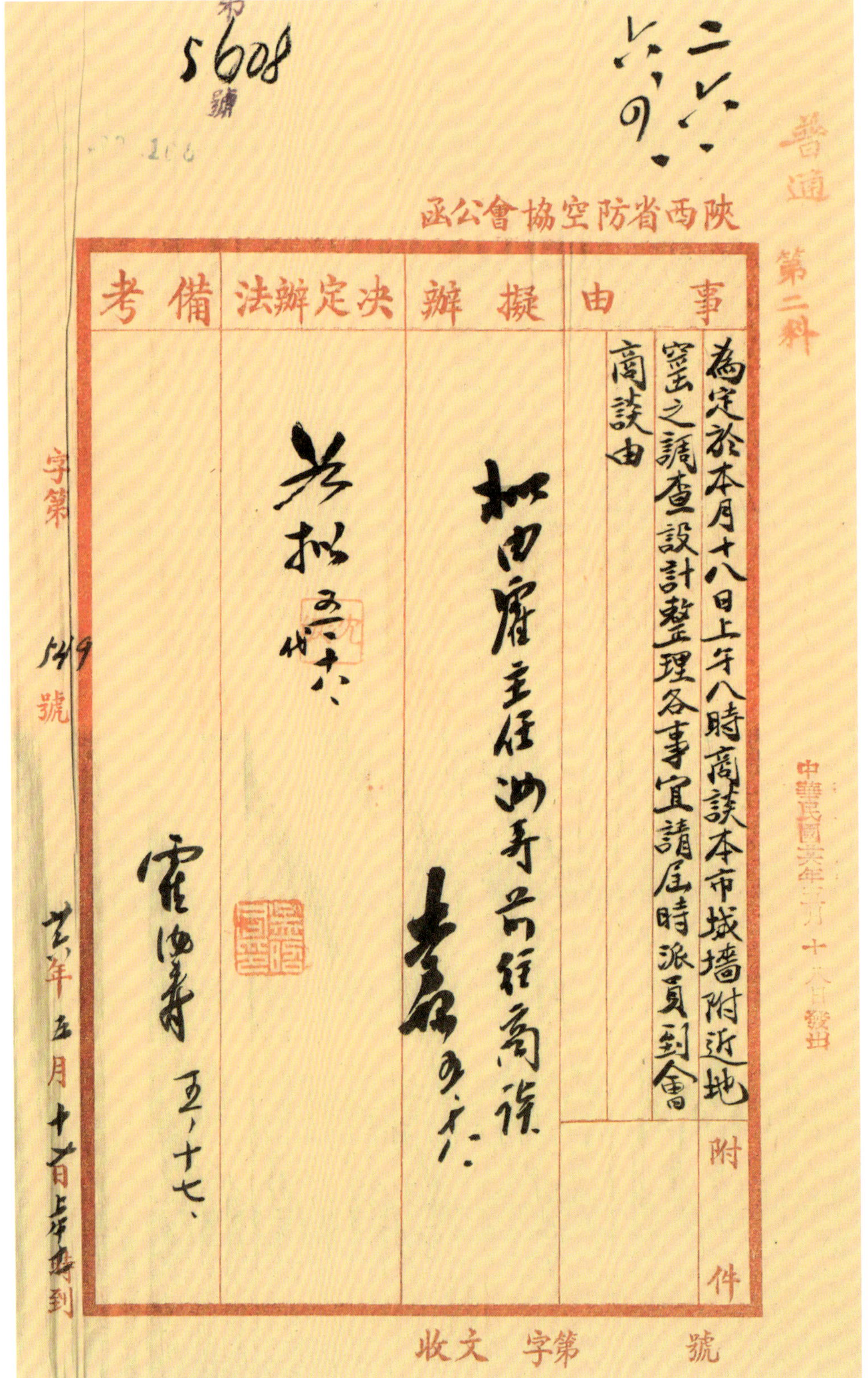

陝西省防空協會公函

普通

第二科

事由	擬辦	決定辦法	備考
為定於本月十八日上午八時商談本市城墻附近地窑之調查設計整理各事宜請屆時派員到會商談由	擬由霍主任渺寿前往商談 五、十六	如擬 五、十六	霍渺寿 五、十七

附件

中華民國廿六年五月十六日發出

廿六年五月十七日上午收到

收文　字第　號

陝西省防空協會公函

防總字第10號

查雙十二事變期間，駐省部隊，在本市城墻附近挖掘之地窖，大小不一，形式各別，穿透城垣者，亦復不少，既乏確切統計，又無適當管理，馴致任意開鑿已成貧民麕集之場，殺人越貨，每為匪徒出没之路，他如白面之販賣，軍火之私運，恐多以此為捷徑者，亦有聞焉，長此以往，不惟城垣之堅固受其影響，即本市之治安，亦殊可慮，當經提交本會本月十五日會議討論，決議，函請省會警察局與市政工

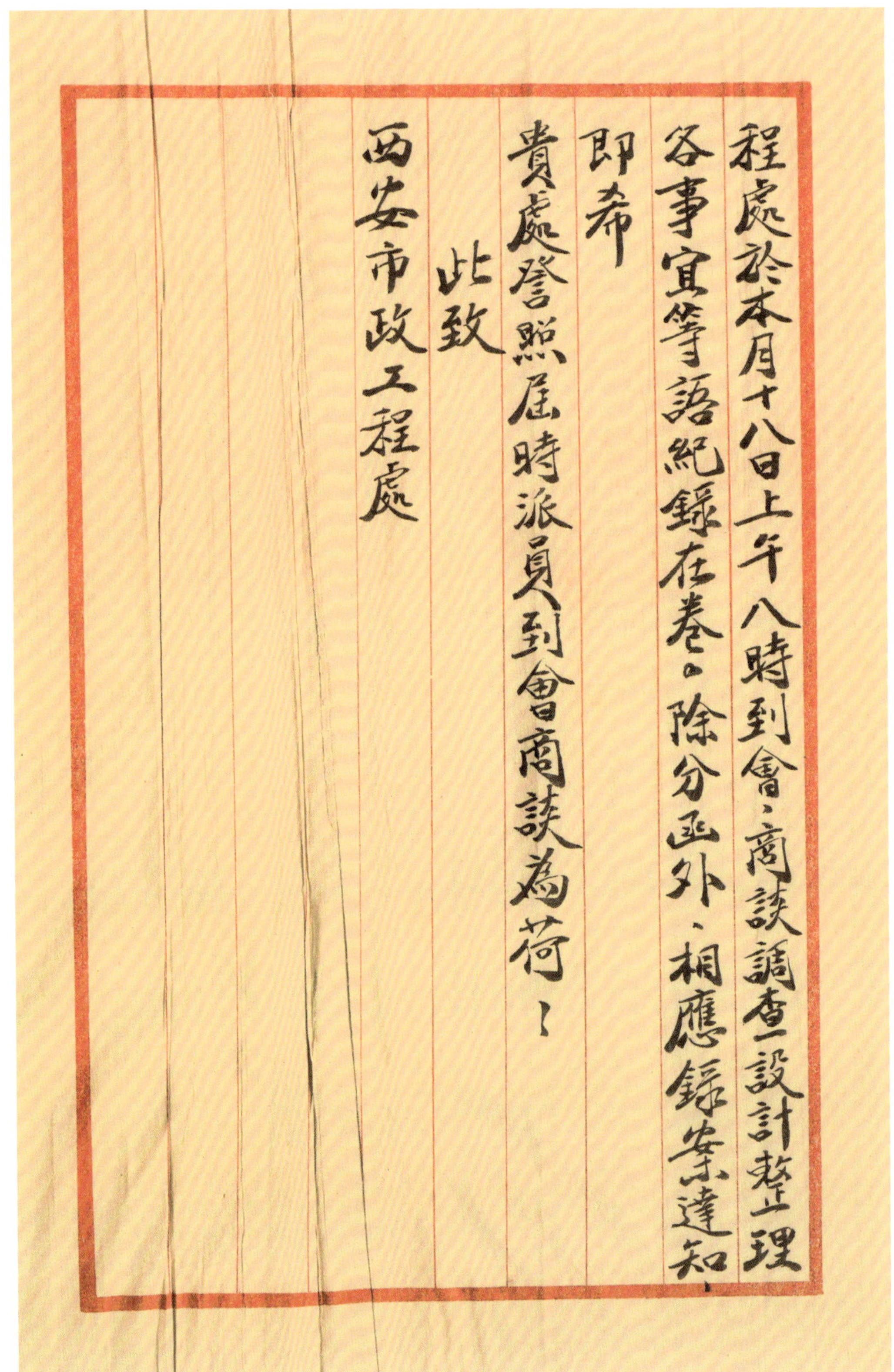

程處於本月十八日上午八時到會，商談請查設計整理各事宜等語紀録在卷。除分函外，相應録案達知，即希
貴處誉照，屆時派員到會商談爲荷！
此致
西安市政工程處

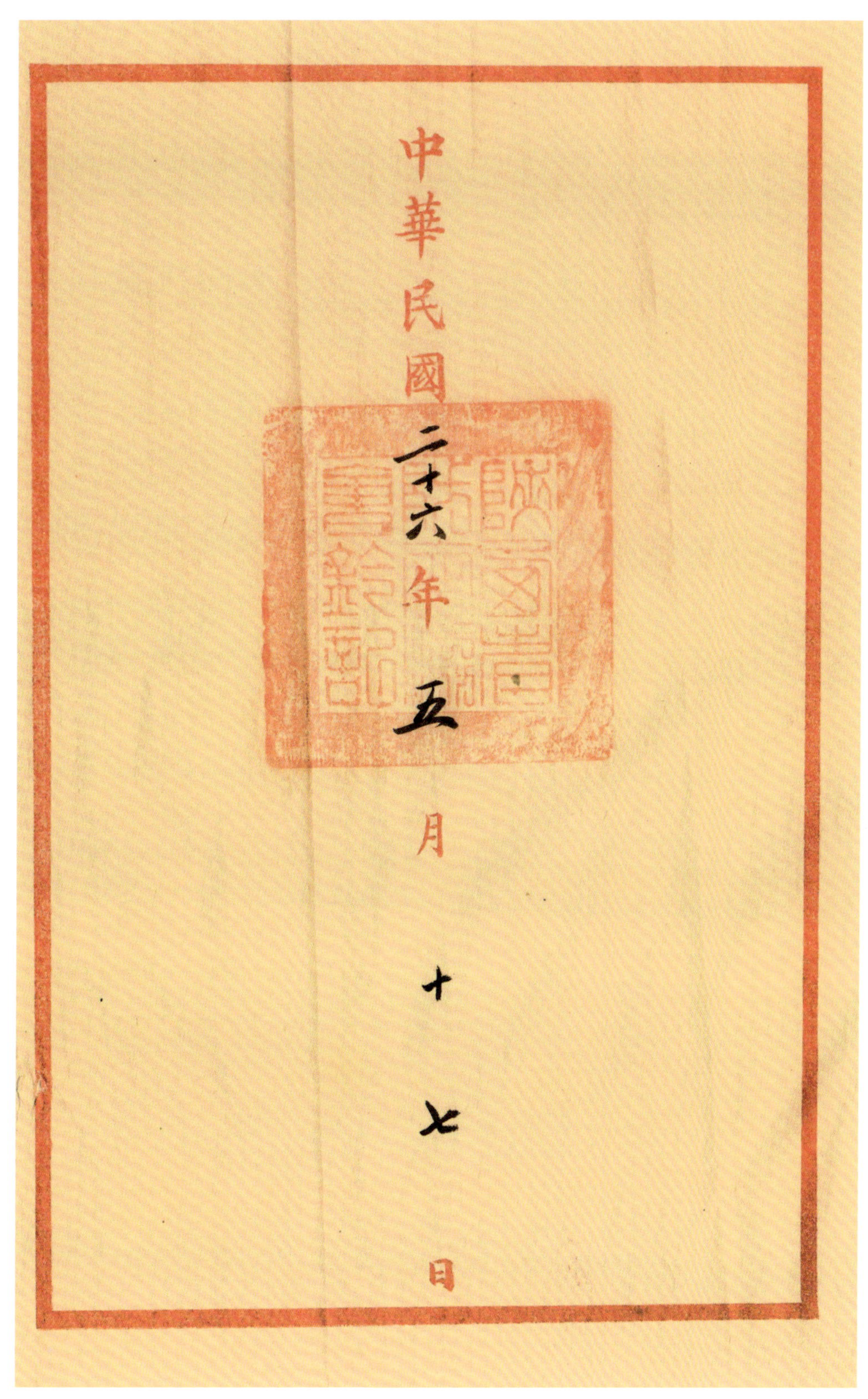

中華民國二十六年五月十七日

陕西省会警察局关于赍送该市公共窑洞调查统计表致西安市政工程处的公函（一九三七年六月十一日）

陝西省會警察局公函

政字第 三三 號

案據本局督察長陳禮文本月八日報稱：

「查本市情形複雜，宵小最易潛蹤，各處窯洞，實為若輩隱匿窩藏之地，根據最近各分局調查，西安市郊共有公共窯洞四百九十處，在事實需要，封閉堵塞，自屬刻不容緩，惟是為數過多，所費頗鉅，事關地方治安，且為整理市政之要圖，擬請函達西安市政工程處統籌規劃併案辦理。是否有當？敬請核示祗遵。」

等情，據此，查調查本市環城窯洞，並經本局派員會同詳加勘

查，并将调查情形，函达

防空协会查核办理在案。兹称前情，除汇列调查表函请防空

协会查照外，相应汇列各分局最近调查窑洞表，备函送请

查核参考，俾集办理，并希

見覆，至级公谊。

此致

西安市政工程處。

附送公共窑洞調查表一份。

120

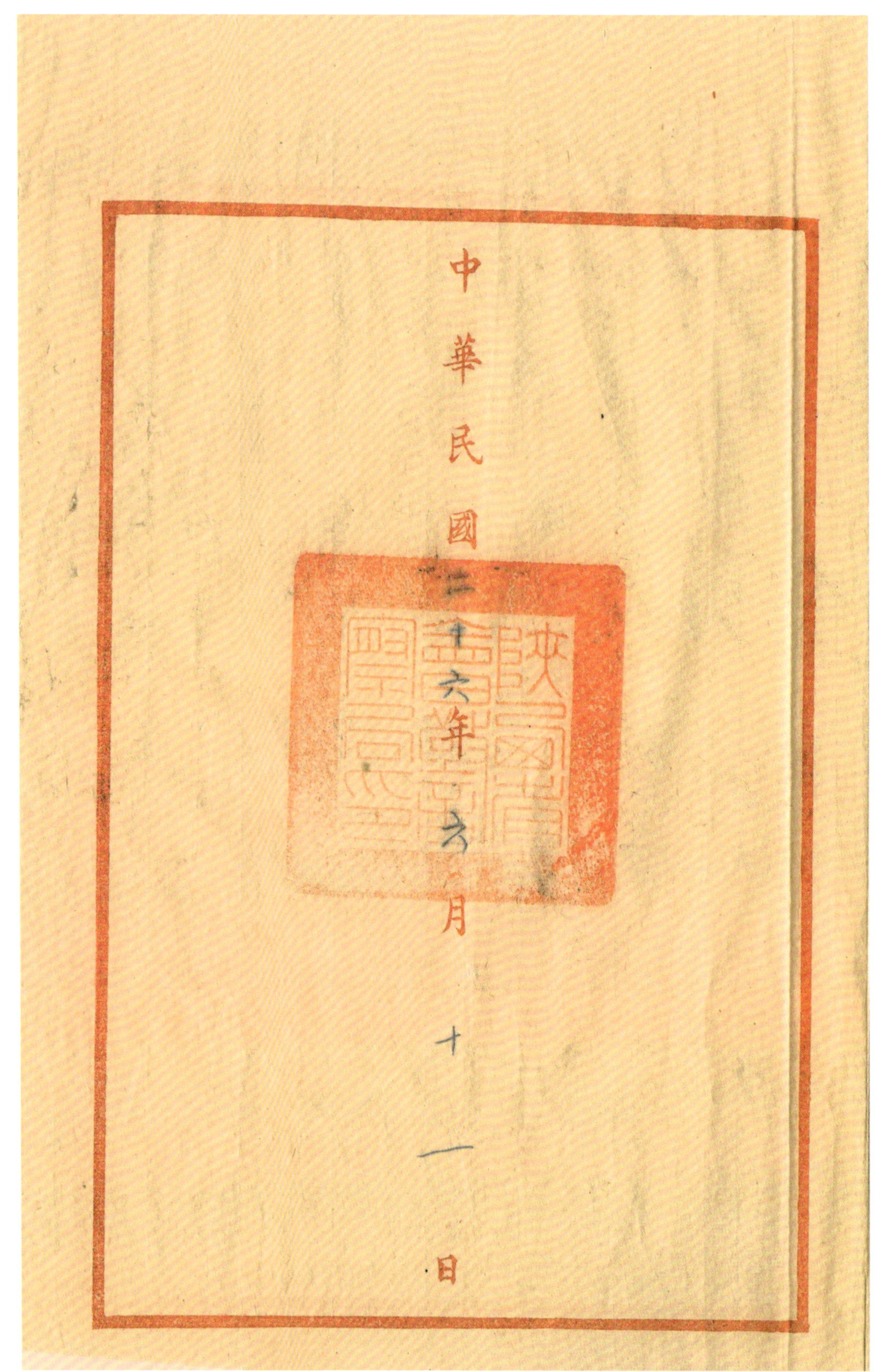
中華民國二十六年六月十一日

附：西安市公共窑洞调查统计表（一九三七年六月）

西安市公共窰洞調查統計表 二十六年六月

局別	窰洞數量	人數容量	備考
第一分局	三〇	六一三	
第二分局	一五	四一五	
第三分局	一五〇	五九〇六	
第四分局	一〇	一五〇一	
第五分局			查該分局呈報該管段內所有公私窰洞均已封閉完竣
第六分局	一六五	三二八二	
第七分局	一二〇	五〇一〇	
統計	四九〇	一六七二七	

第一區	公共窰洞地址	窰口數量	每口尺度	窰内深度	每窰人數容量	備考
	縣倉巷南城根	一	八尺	一丈五尺	一五	
	南城墻根	一八	三尺五寸	仝	八	
	玄風橋南口外	二	四尺	一丈二尺	六	
	東城墻根	四九				已由三十六師軍人查封
	東七道巷東口	六	四尺三寸	一丈三尺	七	
	三學街南城根	二	五尺	四丈五尺	一五〇	
	柏樹林南城根	一	仝	四丈	一〇〇	
第二區	南關西後地	一	二尺	一丈	一〇	
	仝	一	二尺	一丈	一〇	

南関南城下	一	一尺	七尺	一〇
仝	一	二尺	一丈	二〇
南関西南城角	一	二尺	一丈五寸	三〇
南関西城下	一	二尺	五尺	三〇
南関東郭门	一	二尺	二丈	五〇
南関東後地	一	二尺	二丈	四〇
仝	一	二尺	一丈	一〇
南関東南城下	一	二尺	一丈	三〇
南関南城下	一	二尺	一丈	一〇
紅庙门南城下	一	三尺	一丈	二〇

	仝	一	三尺	八尺	二〇
	仝	一	三尺	一丈	二〇
	仝	一	四尺	一丈	三〇
第三区	北馬道城根下	一	三尺	一丈五尺	五〇
	仝	一	三尺	一丈三尺	五〇
	仝	一	三尺	一丈一尺	四〇
	報恩寺街一号背後城根下	一	三尺五寸	一丈	二五
	報恩寺街四号背後城根下	一	三尺	二丈	三〇
	報恩寺街廿七号背後城根下	一	三尺五寸	二丈	三〇
	龍渠湾十七号後边	一	三尺五寸	七尺	六

同豐紙號監製

126

仝	一三尺	八尺	八	
机器局口	一三尺	八尺	七	
風颳洞门前	一三尺	一丈五尺	二五	
仝	三三尺五寸	一丈五尺	一〇	
西門北大巷口	一四五尺	七尺	四五	共计窑洞十四个每口高宽深及容量均相同
				查西門公共窰一百十三孔均在郭门裡边周圍
王家巷口西	二〇五尺	七尺	四五	共计二十個餘同
講武堂後边	二三五尺	一丈三尺	八九	共计三十三個餘同
講武堂至西北角	一〇五尺	一丈二尺	八九	共计十個餘同
西北角至西稍门	一六五尺	九尺	七	共计十六個餘同

	西稍门至西南角	一二五尺	七尺	四五	共计十一個條同
	西南角西边	二五尺	一丈三尺	九	
	西南角南边	二五尺	一丈三尺	九	
	西南至回回巷	二四五尺	六尺	五	共计二十四個條同
	回回巷至南大巷	一五五尺	六尺	五	共计十五個條同
第四区	西北隅北城根	二四一丈		四〇	
	西城根	一四五尺		二〇	
	西五台	六五尺		一〇	
	北城根坡东	三五尺		九	
	仝	一一丈三尺		一三〇	

同豐紙號監製

第六区

仝	一	六尺		八	
北蒋王庙新二九号房后	一	六尺		三〇	共计六个洞口
仝	一	五尺		七	
仝	一	五尺		六	
检家巷西北角	二	四尺		三	
平民一所内	三	四尺	一丈五尺	一五	
中山门向北城上	七	四尺	二丈五尺	三五	
中山门向北城下	一六	四尺	二丈四尺	三〇	
平民二所西边	四	四尺	二丈	二七	
崇礼路向北至[illegible]庙路城下	一八	四尺五寸	一丈五尺	二〇	

崇廉路至中正门口	五一	三尺	一丈五尺	二〇
孤儿院东边	二	三尺	一丈五尺	二〇
民乐园南	四	三尺	八尺	一二
國民市場内	一	五尺	二丈	三〇
七贤庄迤南	三	四尺	八尺	一〇
水利局内	一	三尺	二丈五尺	三八
後宰门二十号内	一	二尺五寸	一丈八尺	一七
中正门向西至北门口城下	一七	三尺	四丈	五〇
仝	三七	四尺	一丈六尺	一九
第七区				
丹凤亭	一	四尺	二丈五尺	五〇

地点				
東壹村	一	五尺	三丈五尺	七〇
大華紗廠南边	一	五尺	三丈	六〇
電灯公司	一	六尺	三丈五尺	七〇
含元殿村南	六	五尺	三丈	六〇
北関大神廟边	一〇	七尺五寸	二丈	四〇
北稍門外大路南边	一〇	九尺	二丈	四〇

附記

同豊紙號監製

西安市政工程处关于奉函整理该市公共地窖办法致陕西省防空协会的公函（一九三七年六月二十五日）

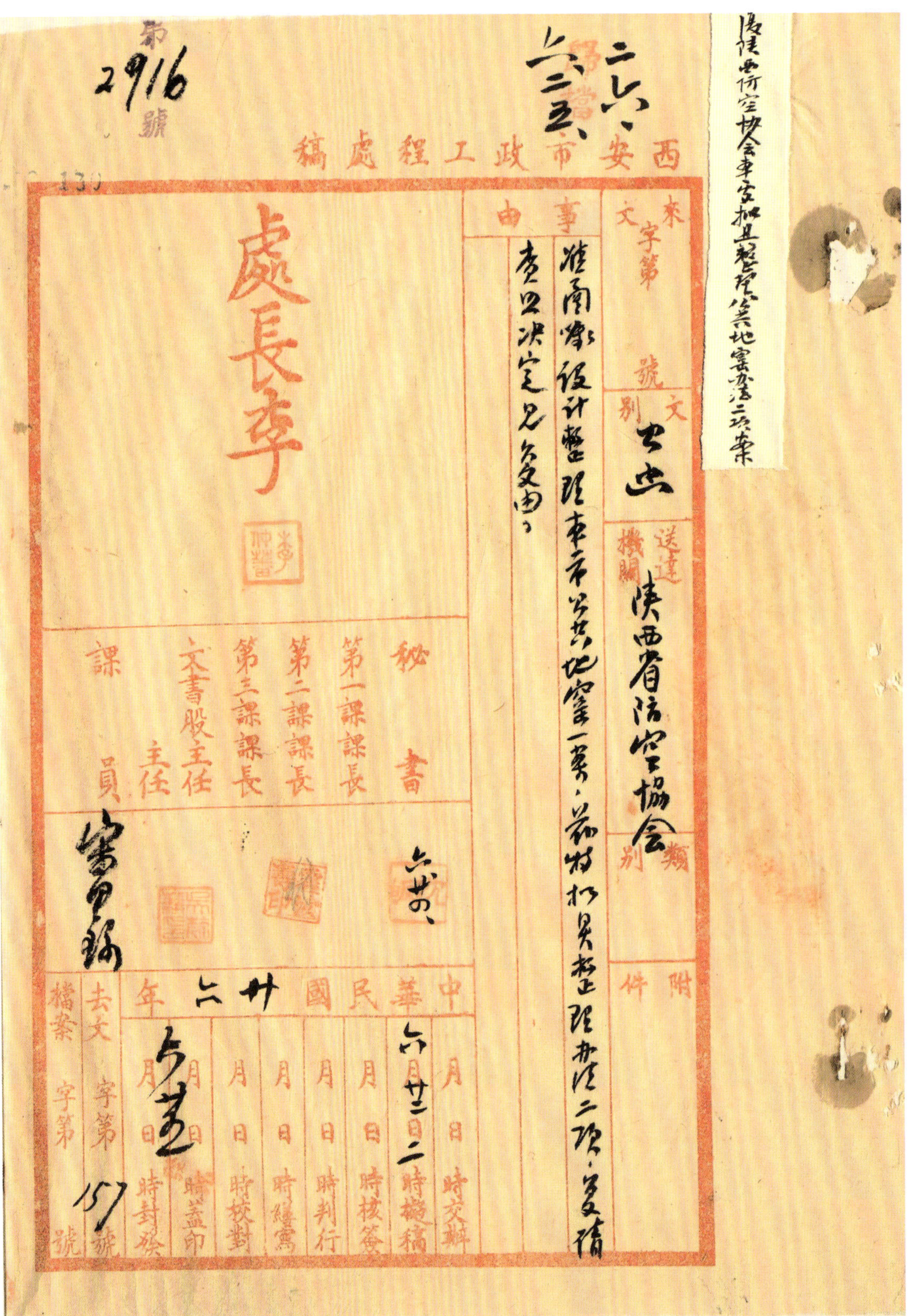
西安市政工程處稿

處長李

事由：准函嘱设计整理本市公共地窖一案，兹将整理办法二项，函请查照决定见复由

送達機關：陕西省防空協会

中華民國廿六年

公函 第 号

案准

贵会本年六月十七日沪总字第二二九号公函以「准有会暨营窖
函送本市公共窖洞调查表,嘱查核参攷备案办理等由,
函请设计整理,并希见复」。同日又准
沪总字第二三零号公函,嘱派专家职员郝之美列会会商
本市城垣地窖整理估计了空,多有由沦陷,查只窖市宜现
拟之整理办法有二:
(一)开阔顺城马路。行人车马二路通行,二路兼可作藏匿。
(二)距窖内约一公尺用碎砖填砌,窖内外加黄土填实(有用

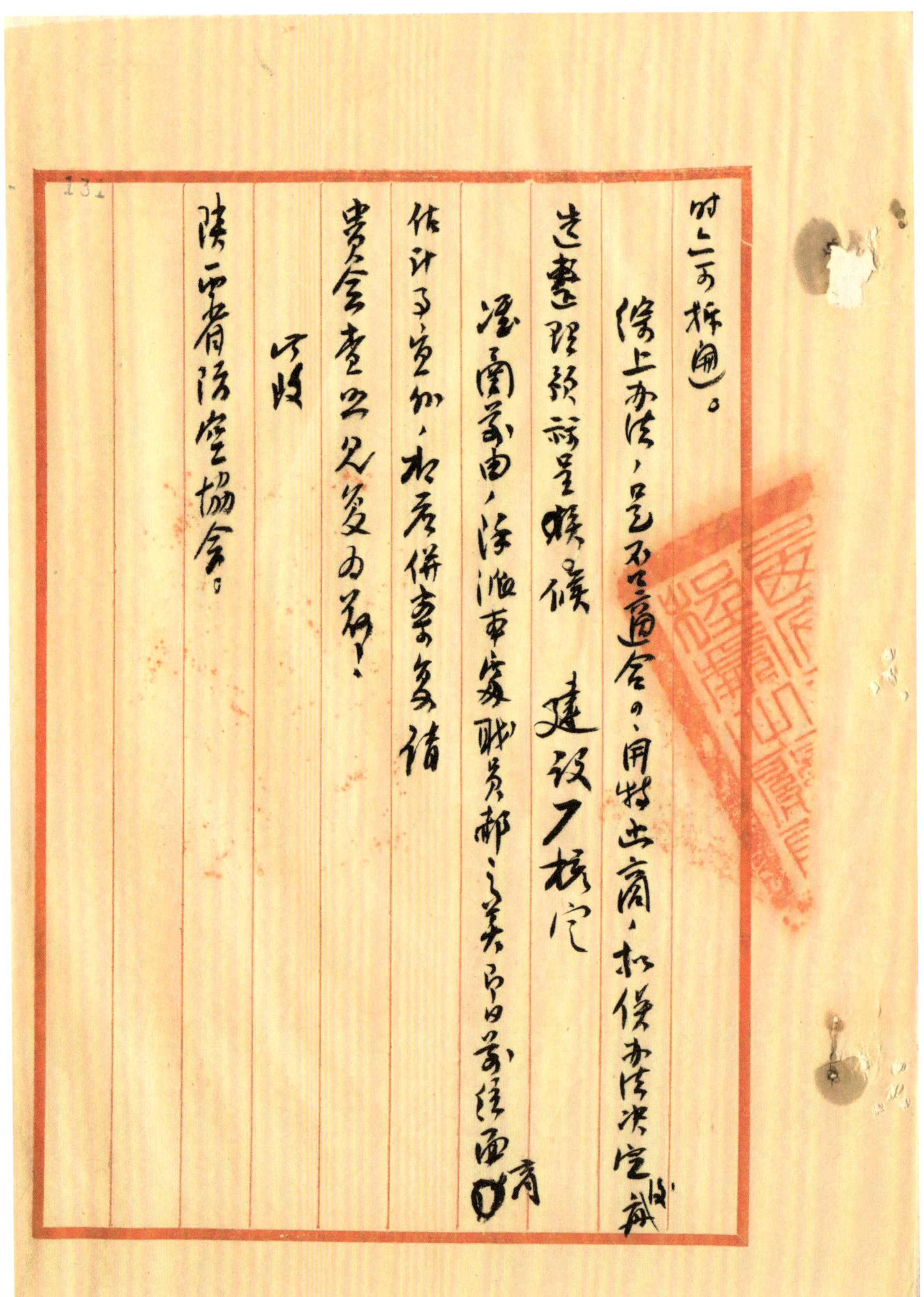

131

附上，可否採用。除上办法，是否適合，用特函商，擬俟办法決定後，再速整理預算呈核，俟建設工程完竣，繪圖案由，派准本會職員鄭之英即日前往西安估計事宜外，相應併案函請貴會查照見復為荷！

此致

陝西省防空協會。

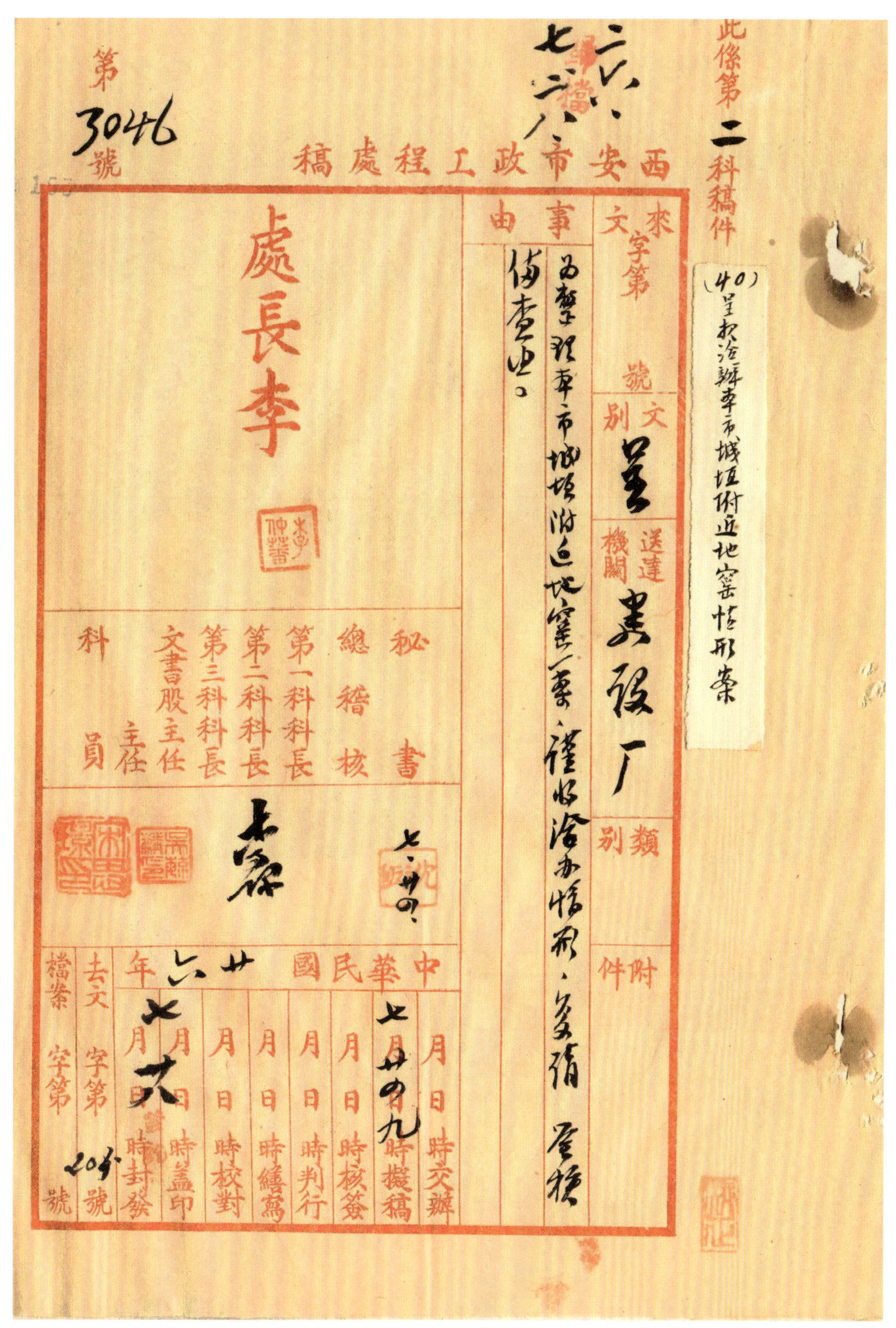

此係第二科稿件

西安市政工程處稿

第3046號

（40）呈報洽辦本市城垣附近地窑情形案

來文字第　號

文別：呈

送達機關：建設厅

類別

附件

事由：為整理本市城垣附近地窑一案，謹將洽办情形，文请鉴核備查由。

處長李

秘書　總稽核　第一科科長　第二科科長　第三科科長　文書股主任　科員

中華民國廿六年

月日時交辦　月日時擬稿　月日時核簽　月日時判行　月日時繕寫　月日時校對　月日時蓋印　月日時封發

去文字第　號

檔案字第　號

西安市政工程处关于洽办整理该市城垣附近地窑情形致陕西省建设厅的呈（一九三七年七月二十八日）

案奉

钧会本年七月十四日第一二五二号指令，以据呈准

防空协会函嘱整理本市城垣附近地窟，业由本

会拟定办法，商由该会同意，可否准予所拟

办理之处，连呈领费书表请鉴核一案内开：

「呈阅具领标书均悉。此令。」等因；奉此，

甘四日奉准，遂即派员前往该会洽办去后，兹准

据答称：

「奉派赴防空协会，等因；奉此，据请鉴核。」

甘情等来，理合据情呈复，谨请

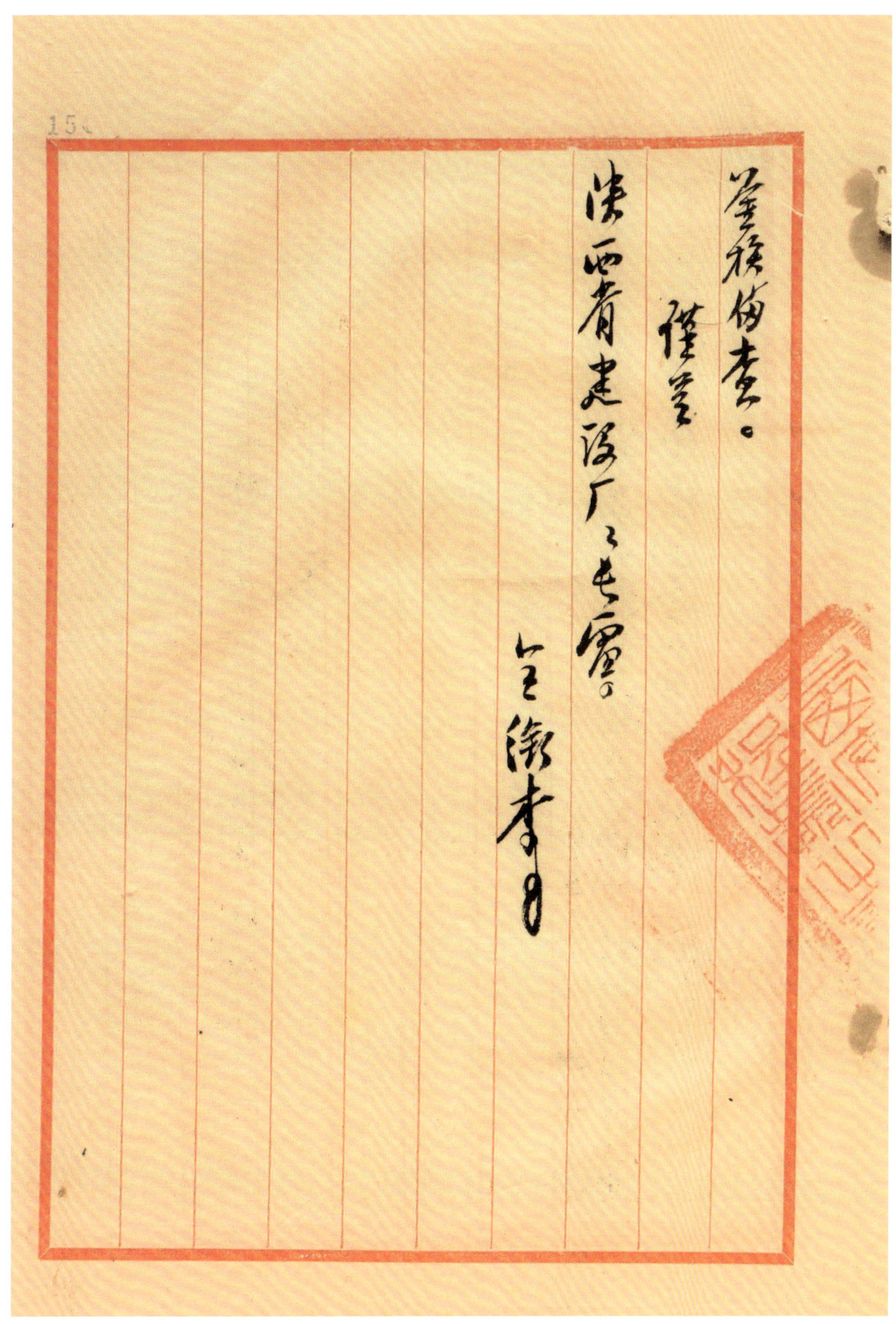

鉴核备查。

谨呈

陕西省建设厅厅长雷

全衔李[illegible]

陕西省各界抗敌后援会关于请将该市所掘地下室一律加深致西安市政工程处的公函（一九三七年九月九日）

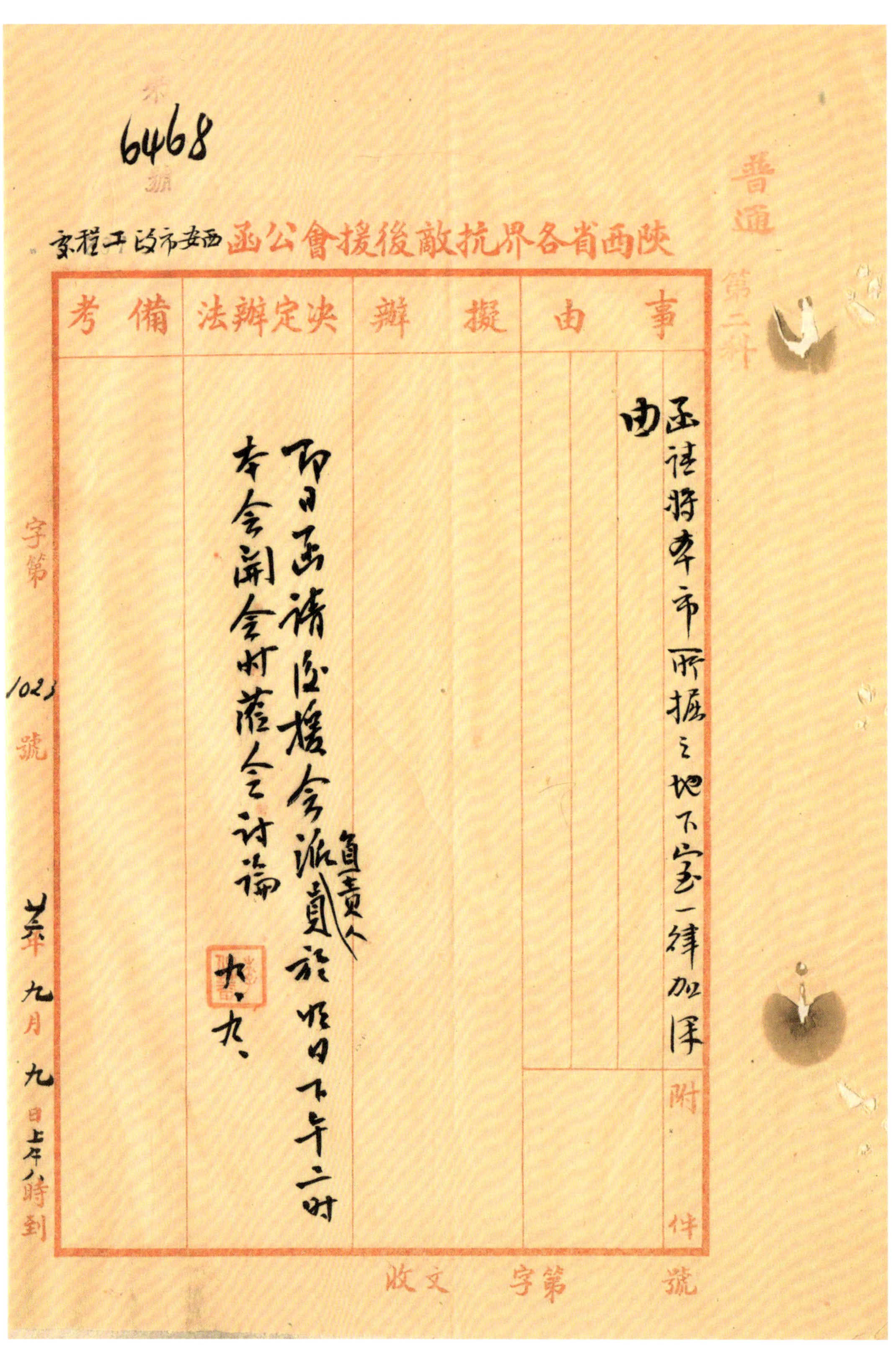
6468

陕西省各界抗敌后援會公函　西安市政工程處

普通

第二科

事由	函請將本市所掘之地下室一律加深由
擬辦	
決定辦法	即日函請後援會派負責人於昨日下午二時本會開會時蒞会討論　九、九、
備考	

附件

第　字第1023號

廿六年九月九日上午八時到

收文　第　字　號

陝西省各界抗敵後援會公函

發字第225號

查本市近來以禦防敵機轟炸起見，對於地下室多處，俾資民眾藏避。惟以所掘欠深，距離地面太薄，對於較重之炸彈，恐不易生效。本會有鑒及此，爰特函請

貴處將所掘之地下室，一律加深，以保安全，實紉公誼。此致

西安市政工程處

中華民國二十六年九月九日

陕西省建设厅、西安市政工程处关于派调查员劝令市民赶造简易防空壕沟的来往公文（一九三七年九月十三日至二十日）

陕西省建设厅致西安市政工程处的密令（一九三七年九月十三日）

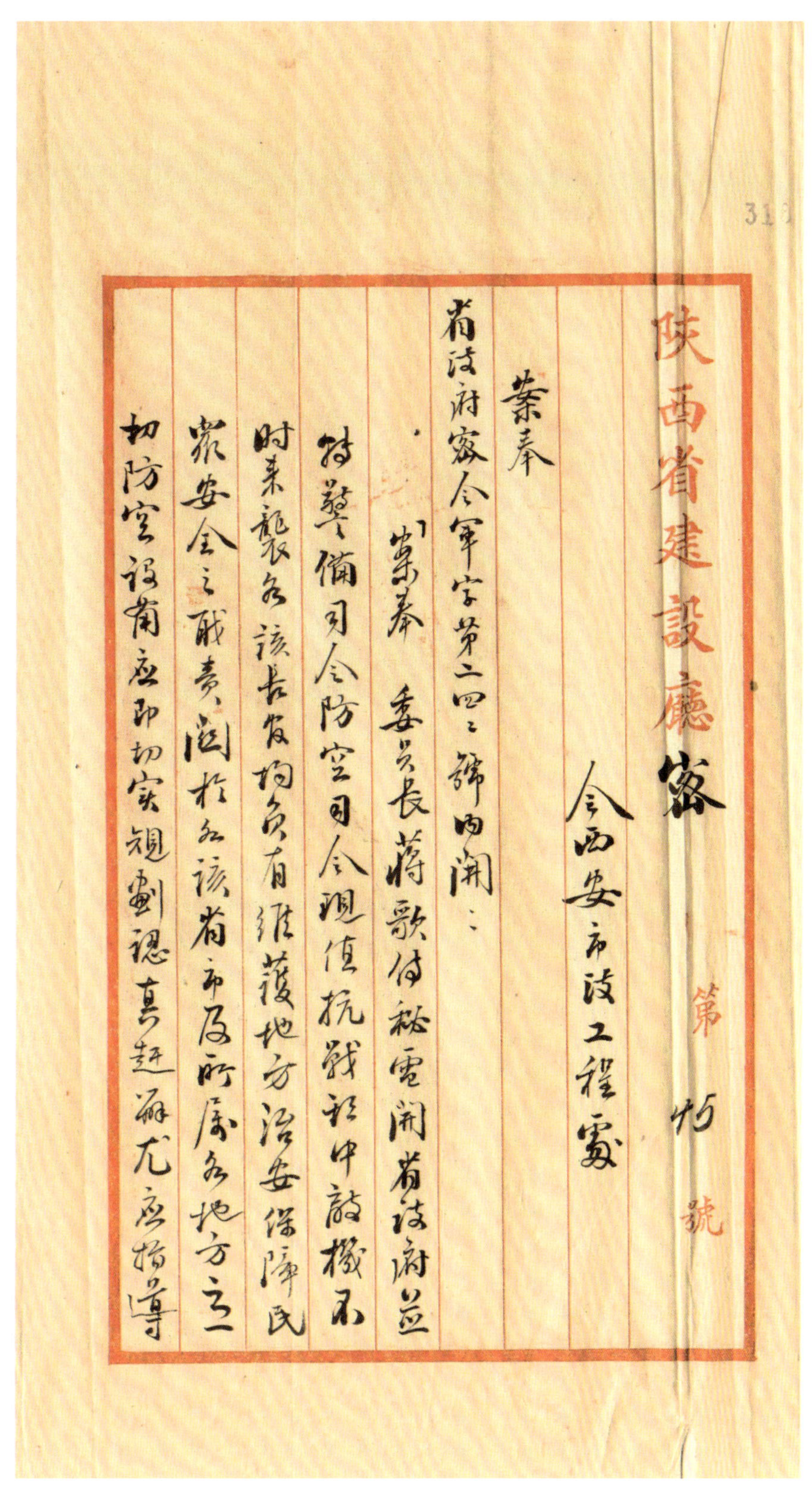

陝西省建設廳密令　第竹號

令西安市政工程處

案奉

省政府密令軍字第二四二號內開：

案奉委員長蔣歌侍秘電開：省政府並

轉警備司令、防空司令：現值抗戰期中，敵機不

時來襲，各該長官均負有維護地方治安、保障民

衆安全之職責，關於各該省市及所屬各地方之

一切防空設備，應即切實規劃，認真趕辦，尤應指導

並飭與民衆據築六尺深二尺寬之簡易防空壕溝上蓋木板厚堆土數層隨地構築愈多愈好既便閃避趨避尤屬費省之舉安定人心關係甚大仰督率民衆切實遵行並應加重各縣長之職責一体遵辦毋稍敷衍倘有玩忽因循或遇敵機來襲時地方長官自行畏避貽誤空防致紊秩序加重地方民衆之損害者一經查出當按軍法懲處仰即遵照並分別轉飭所屬一体遵照等因奉此事關防空至為重要除電復遵辦並分別函令外合行令仰該廳遵照辦理為要此令。

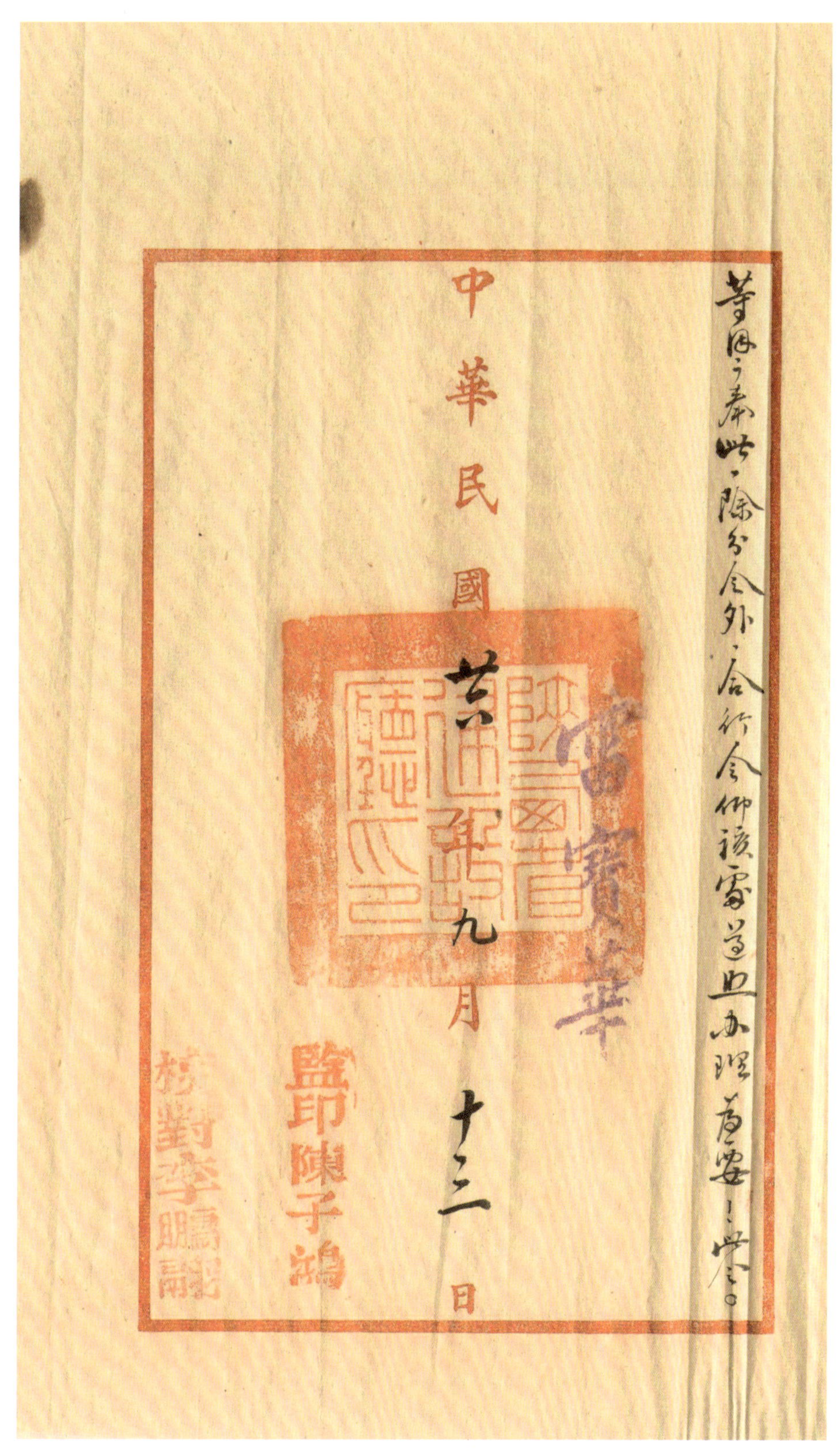

等因。奉此。除分令外。合行令仰該審遵照辦理爲要。此令。

雷寶華

中華民國廿六年九月十二日

監印 陳子鴻

校對 李鵬翔

西安市政工程处致陕西省建设厅的呈（一九三七年九月二十日）

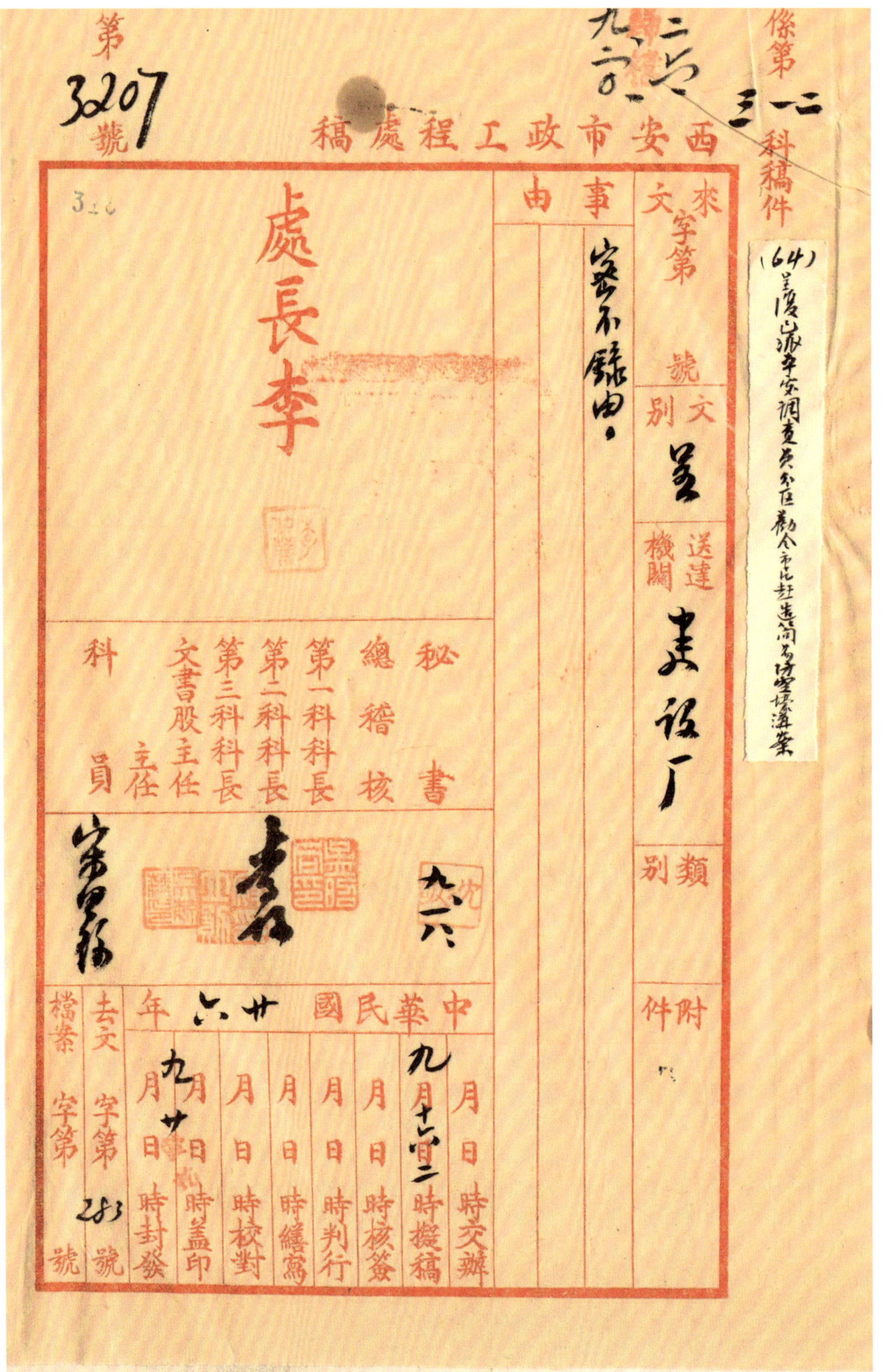

案奉

钧厅本年九月十三日第〇五号密令略开：

「案奉省政府密令，转奉

委员长秋电：查现值抗战期中，敌机不时来袭，各省市及所属各地方之一切防空设备，应即切实筹划，惟其赶办尤应指导并协助民众，掘筑六尺深二尺宽之简易防空壕沟，上盖木板，厚七八寸土层，随地构筑，愈多愈好。再属遇敌机来袭时，俾地方士官自行畏避，免误空防

廿二、经查出，当拟呈请总会。廿四，防

即遵照办理。

廿五、本府查关于本市消极防空设备，业

由本府会同本市各技术机关积极计划，踏勘择地构筑在案。

奉令前因，除饬令本府调查员分头劝令本市

民赶速构造上项简易防空壕渠，以备非常

外，理合将遵办情形，备文呈请

钧府鉴核备查。

谨呈

陕西省建设厅厅长雷。

西安市政工程处关于三十八军无线电台电报局等在城墙根挖掘防空洞暨城墙塌陷情形致陕西省建设厅及西京建委的呈（一九三七年十一月三十日）

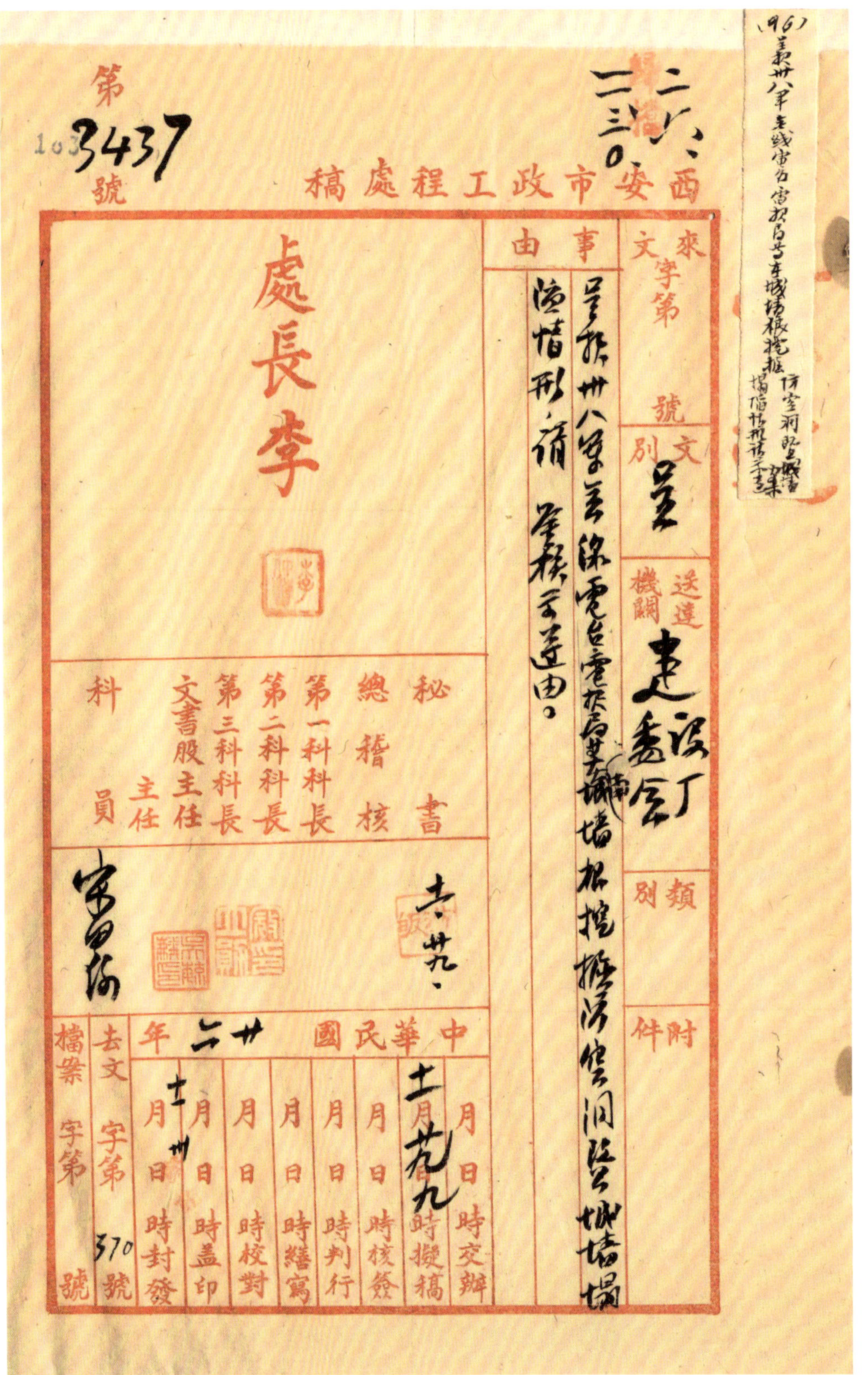

案准本省調查員李廣蔭本年十一月廿八日簽報：

「查興隆巷附近卅八號 六號止

鑒核示遵」。

等情。據此。查城垣挖掘防空洞，關係城防安全至鉅。惟本案似難取締，究應如何辦理之處，除分呈建委會、建設廳外，理合據情報請鑒核示遵，實為公便。謹呈

陝西省建設廳、西京市政建設委員會。

全銜李○○

附：西安市政工程处调查员李广荫关于兴隆巷附近城墙防空洞塌陷致该处的签呈（一九三七年十一月二十八日）

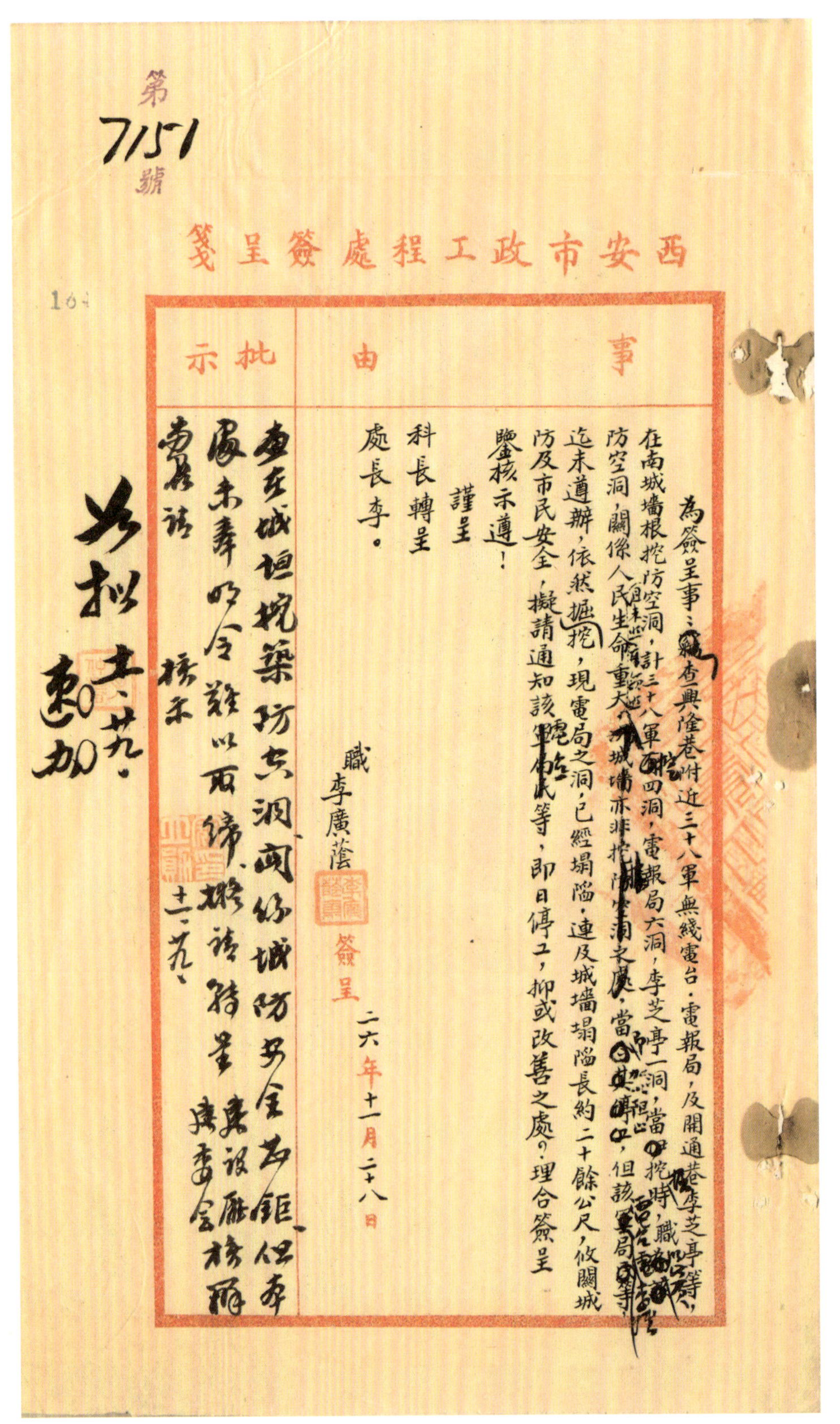

第7151號

西安市政工程處簽呈箋

事由	批示
為簽呈事：竊查興隆巷附近三十八軍無線電台、電報局，及開通巷李芝亭等，在南城墻根挖防空洞，計三十八軍四洞，電報局六洞，李芝亭一洞，當[illegible]挖時，職[illegible]防空洞，關係人民生命[illegible]重大，[illegible]城墻亦非挖防空洞之處，當[illegible]，但該[illegible]局[illegible]等，迄未遵辦，依然掘挖，現電局之洞，已經塌陷，連及城墻塌陷長約二十餘公尺，攸關城防及市民安全，擬請通知該軍[illegible]等，即日停工，抑或改善之處。理合簽呈 鑒核示遵！ 謹呈 科長 轉呈 處長 李。 職 李廣蔭 簽呈 二六年十一月二十八日	查在城垣挖築防空洞，關係城防安全甚鉅，但本處未奉明令，難以取締，擬請轉呈[illegible]建設廳核辦 [illegible] 核示 十一、廿九 另擬 十一、廿九 [illegible]

中華民國二十六年十二月　日

監印

校對

繕寫

陕西全省防空司令部关于检送会商整理及增筑公私防空地下室防空壕沟议决事项致西京建委的公函

（一九三九年二月四日）

002-1

陝西全省防空司令部公函

防工字第0056號

查本月一日下午三時本部函由抗敵後援會代表及西安市防護團代表會商關於本市空襲時人民避難問題曾經決定第二案二項，「為便利市民避難計由防空司令部分別函令西京建委會派技士協同省會警察局修築城牆內環城交通溝」，除分函省會警察局外相應檢同會商議決事項一份函請查

查照辦理為荷！此致

西京市政建設委員會

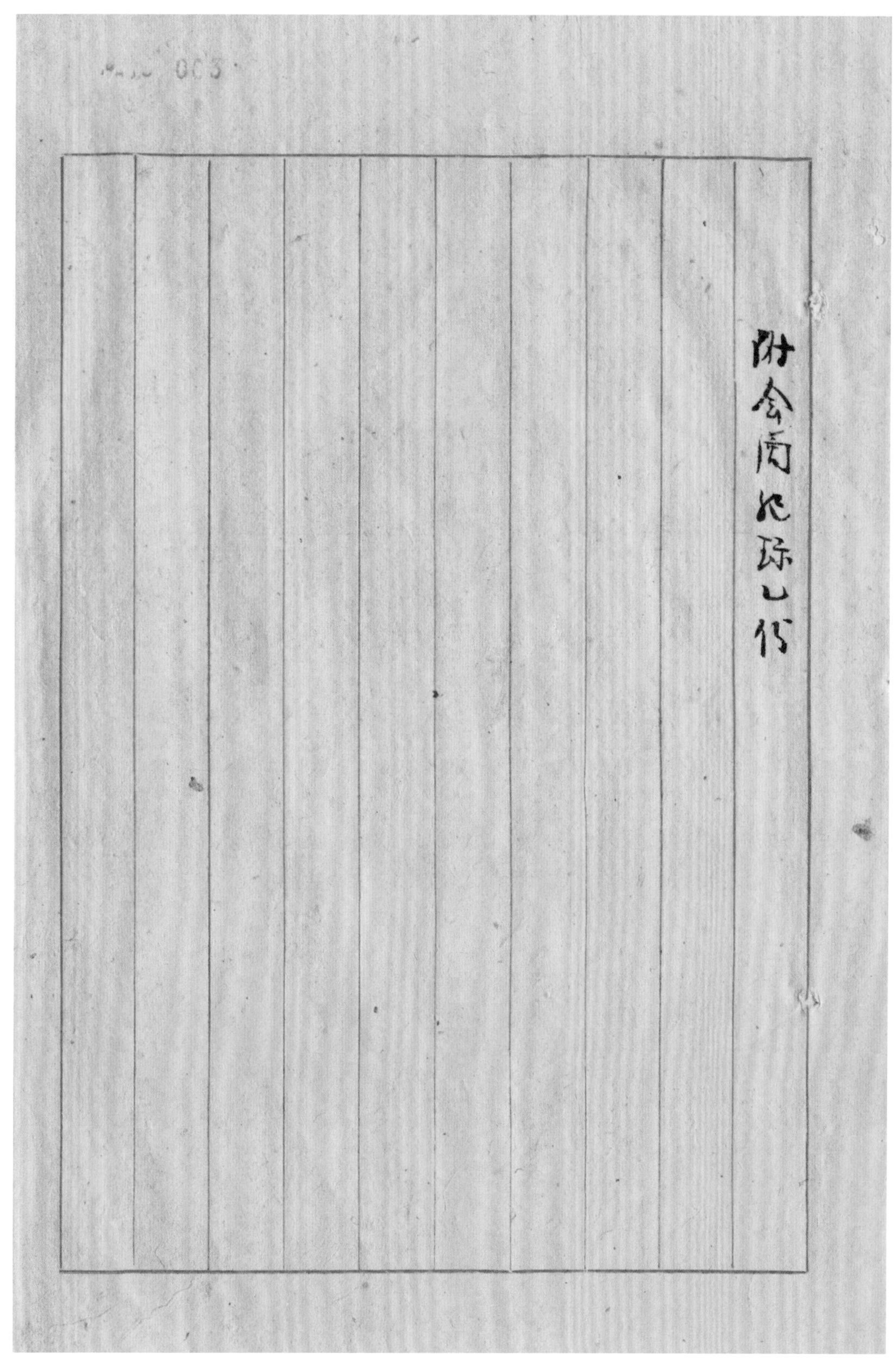

附会南北路工作

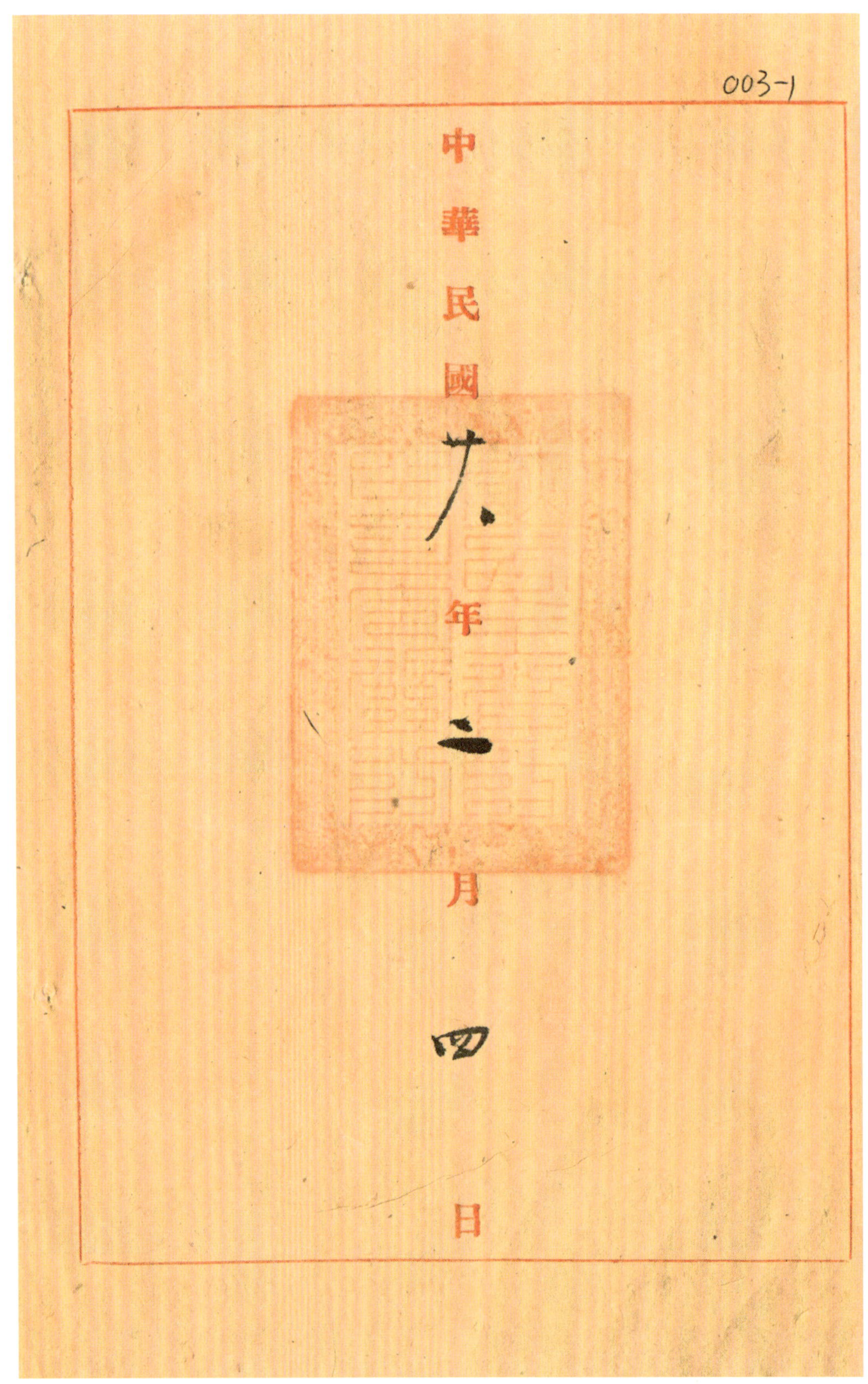

003-1

中華民國廿八年二月四日

附：抗敌后援会、市防护团、防空司令部、各代表会商整理及增筑公私防空地下室防空壕沟议决事项

（一九三九年二月一日）

抗敵後援會、市防護團、防空司令部、各代表會商整理及增築本市公私防空地下室防空壕溝、議決事項。

時間、二月一日下午三時、

地點、防空司令部

出席代表、抗敵後援會委員、趙德垂、張玉山、龔賢明、

市防護團總幹事、郭貞梁。防空司令部科長董舜五、

白西垣、張宜之（馮志昭代）

決議事項、、

a. 由防空司令部派員督同市防護團分區挨戶檢查市民地下室及防空壕溝並指導修正、並登記編號、其詳細辦法由防空司令部另訂之。

b. 添設地下室及防空壕溝。

一、由防空司令部派員協同抗敵後援會、函請西京市政建設

委員會派技士一名隨同，查勘沿城墻內劃定地點，設計構築地下室。

(二)為便利市民避難計，由防空司令部分別函令西京建委會派技士協同，省會警察局修築城墻內外交通路。

(三)城墻勘查完後，繼續對察市內各街道於適中地點構築公共地下室，內量以能容二百人為限。

(四)由防空司令部，函請西京建委會設計東門至西門、南門至北門，地下隧道，並在各十字街口建築出入道之工程，計劃及預算。

C、檢查完畢，請由各代表繼續開會商討辦法

此致

龔賢明先生 查照

西京建委工程处关于钰记营造厂违章承修建筑转请警局依法取缔致西京建委的呈（一九四〇年一月二十六日）

西京市政建設委員會工程處稿

三課稿

文別	呈
送達機關	西京市政建設委員會
類別	
附件	簽呈乙件
事由	呈為鈺記營造廠違章承修建築請轉函警局依法取締並予以相當處分以儆效尤由

處長
副處長
課長
處員
工程員
股主任
文牘員
統計員
辦事員

中華民國廿九年

月日時收文	月日時校對
一月廿日時交辦	月日時蓋印
一月廿日時擬稿	月日時封發
月日時核簽	收文字第號
月日時判行	發文字第號
月日時繕寫	檔案字第號

呈 字第47號

案據本處調查員陸大榮簽呈稱：……謹簽呈者……謹呈……等情。據此，查該鈺記營造廠此次承修上述建築既未據章登記，又不請領執照，隨意承辦工程，殊屬有違規則。據呈前情，理合具

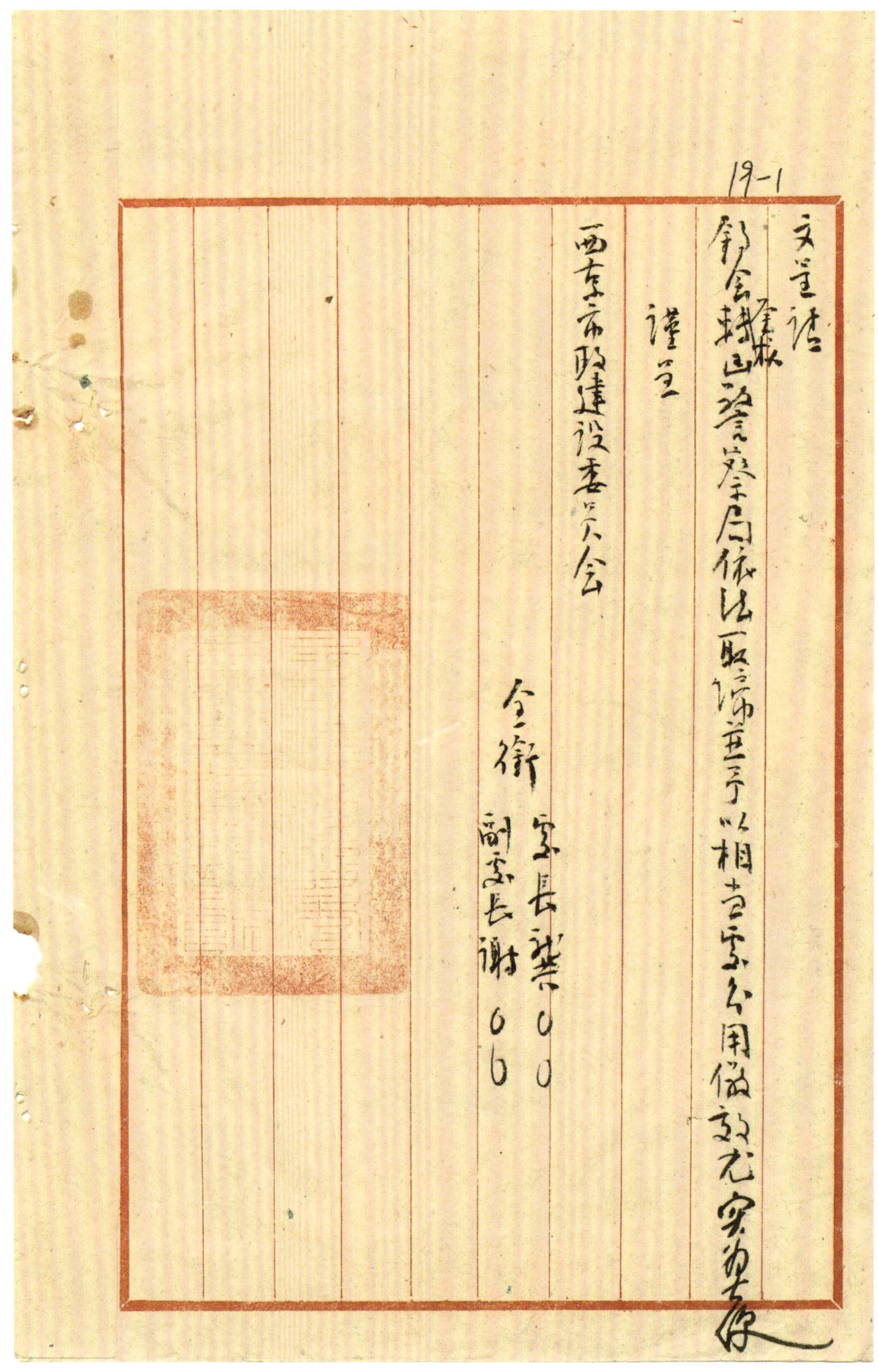

19-1

文呈请

钧会鉴核转函警察局依法取缔并予以相当处分用儆效尤实为公便

谨呈

西京市政建设委员会

仝衔 处長 张〇〇

副处長 谢〇〇

附：西京建委工程处调查员陆大荣关于钰记营造厂违章承修建筑致该处的签呈（一九四〇年一月二十四日）

謹簽呈者竊查天水行營在五岳廟門南城根下修築防空洞及隴海鐵路莊段長在玄風橋南端新修樓房四間均由鈺記營造廠承修該項建築均未領照業於上年十二月七日及十日報告在案茲查該營造廠並未在本處呈請登記經職屢次催其來處登記及辦理領照手續至今迄未遵辦究應如何辦理理合簽請

鑒核　謹呈

擬呈　會請報函警局對該鈺記營造廠違反建築規則部份予以取締

處員　轉呈核示

職調查員陸大荣謹呈

元月廿四日

主任

課長

副處長謝

處長龔

第180號

西京建委工程处关于该市各公共防空洞气眼大都破坏东关正街及马厂子口等处破坏更甚致陕西全省防空司令部及省会警察局的公函（一九四〇年三月五日）

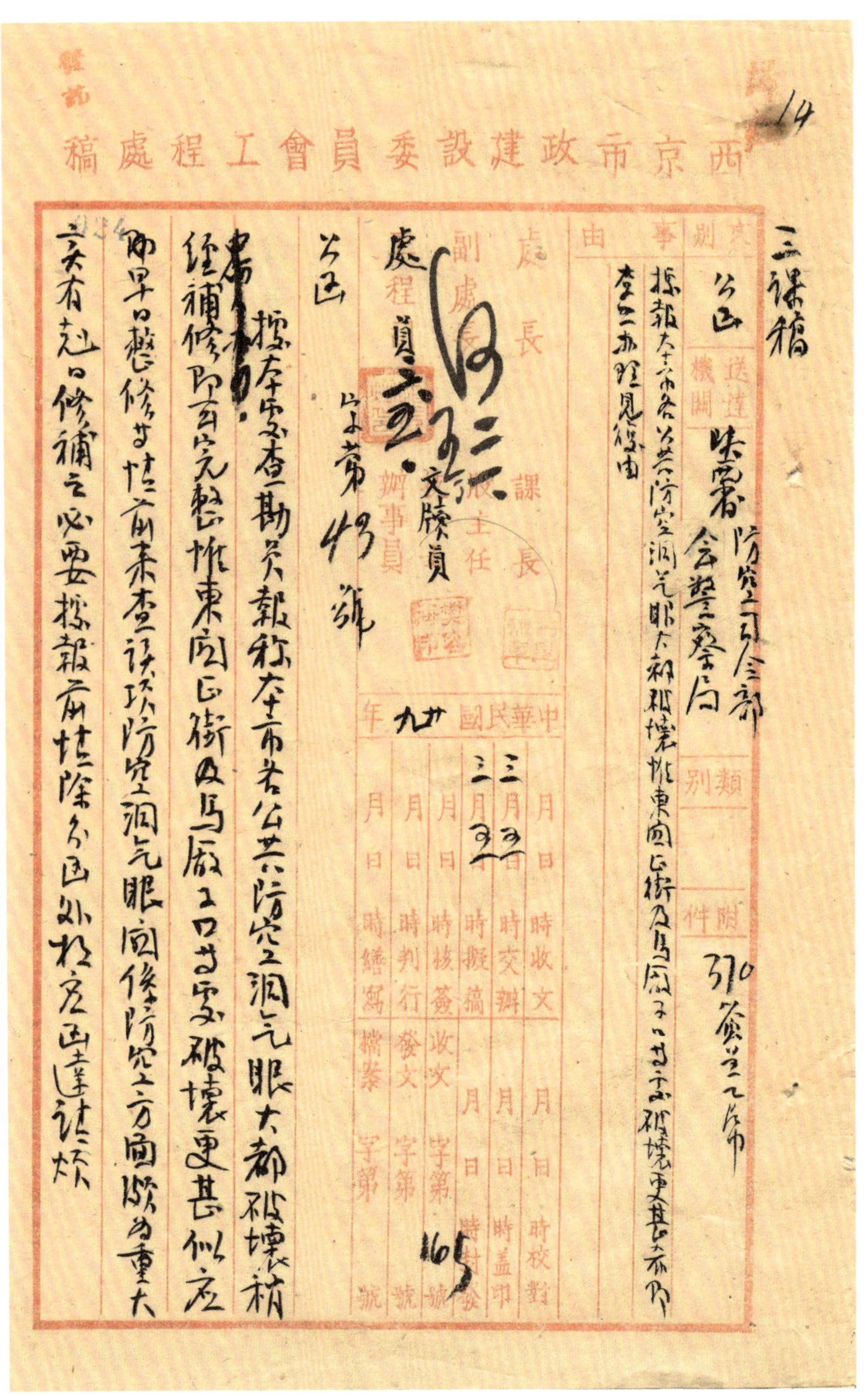

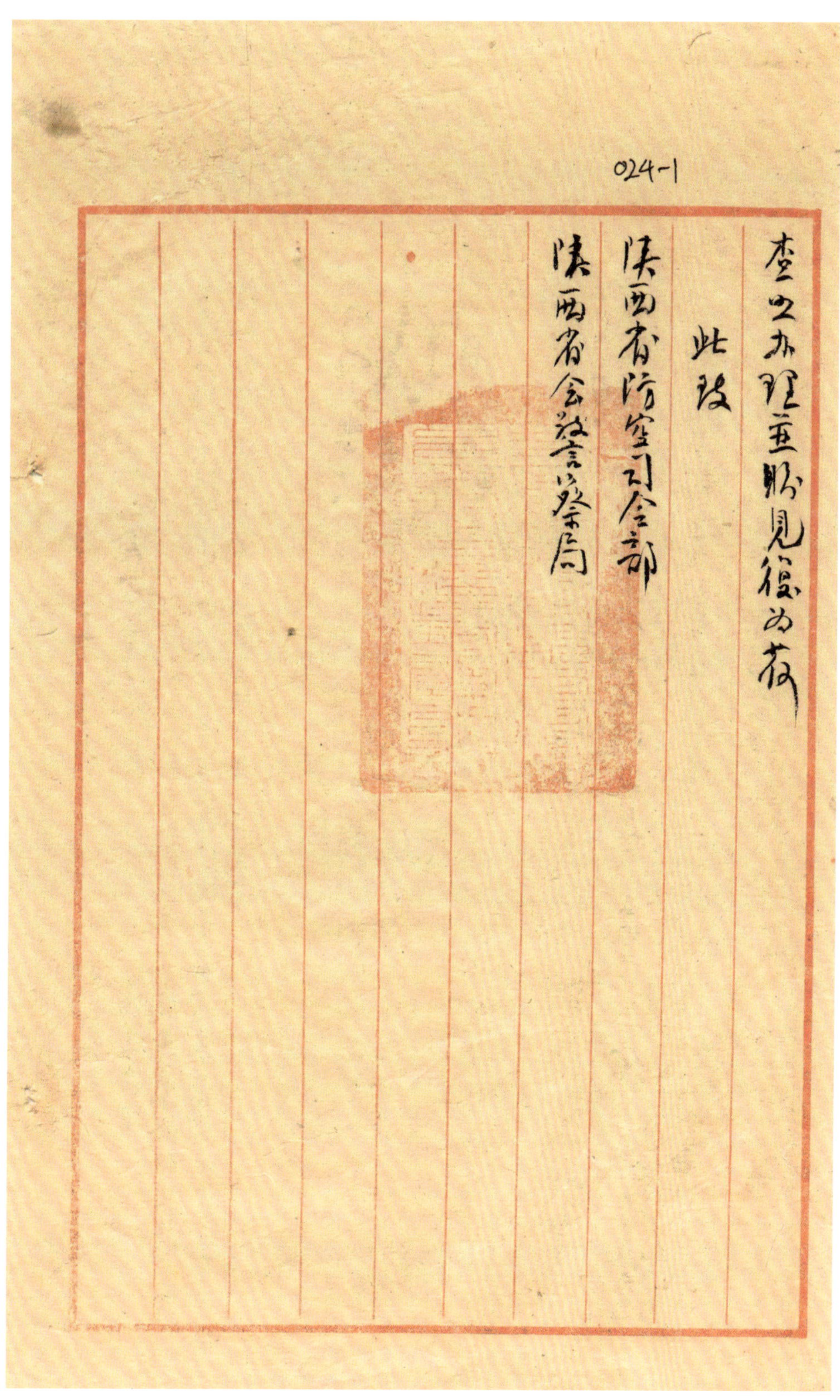

024-1

查照办理並盼見復為荷

此致

陕西省防空司令部

陕西省会警察局

西京建委工程处关于该市城墙防空洞多不合法亟应改善并附送调查表改善图致陕西全省防空司令部的公函

（一九四〇年三月七日）

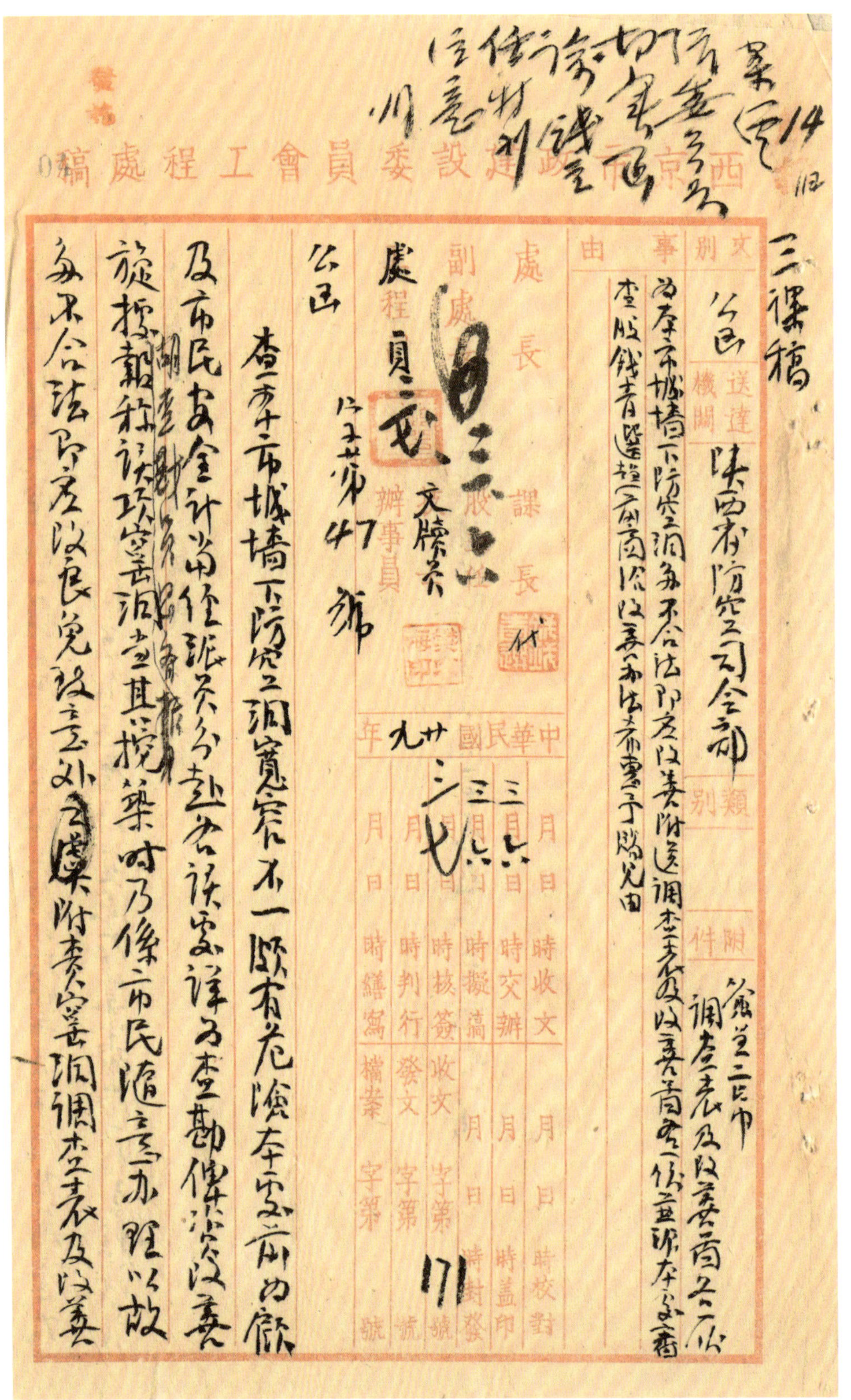

04-1

意见书各一份，伏乞鉴核等情前来。查改善该城空壕洞工程甚为重大，诚非一时所可办理，相应附送原件，并派本会审查股主任钱青选趋前商洽改善办法，即希

惠予赐见，至纫公谊。

此致

陕西省防空司令部

附送本市城墙下防空洞调查表及改善意见书一份

附：调查城墙下防空洞危险情形地址数目记载表（一九四〇年三月）

调查城墙下防空洞危险情形地址数目记载表

洞址	号数	危险情形	修理法	备考
旧东门南边	1499—1619号	洞窄而浅	应修小宽度选好者再深挖之	
东南城角东边墙下	无	仝上	应缩窄宽度	洞一個
西门南边511号北边	无	仝上	仝上	洞一個
仝上521号南第三洞	无	仝上	仝上	仝上
南局内西边	530	仝上	应加中柱	仝上
甜水井街39号後墙外	无	水将洞墙冲坏	应修洞墙	计长五公尺高一公尺宽约五公寸
南门西边城墙下	555	仝上	仝上	长二公尺高一公尺宽约五公寸
仝上	544	仝上	仝上	仝上
仝上	549	仝上	仝上	长三公尺高七公寸宽五公寸
仝上	593号西边	仝上	仝上	仝上
仝上	593号东边	仝上	仝上	仝上
西门北边	无	宽而浅	应填实	计五洞係难民自挖
仝上	无	过宽而深	应修中柱	北马道巷二号对面
仝上	无	仝上	仝上	仝上
仝上	495	宽而浅	应缩窄之	并应向深再挖之
仝上	上号北边	水将墙冲坏亦过宽	应修墙缩窄洞口	

07-1

仝上	495北边第三洞	口过宽	应缩窄之	计长约五公尺馀	✓
仝上	仝	洞深宽墙已破坏	应加中柱修洞墙	北名对面	✓
仝上	仝	洞过直深	应加挖横洞	仝上	✓
仝上	480北边	口过宽大	应缩窄之	计长约四公尺馀	✓
仝上	470北边	内全放大粪	应除去之		✓
仝上	470北边第四洞	过浅	应再深挖或横挖之		✓
仝上	460号	仝上	仝上		
仝上	261号	仝上	仝上		
仝上	260北边	洞身深而宽顶已坏	应加中柱		
玉祥门北边	441号	宽而深	仝上		✓
西北城角下	洪字24号	仝上顶已破裂	仝上		✓
北城墙下	〃28号	仝上	仝上		✓
仝上	马登坡西边第二洞	仝上	内应加中柱并缩窄洞口	查係前任军队挖用	✓○
仝上	洪字11号	顶过平	应改修之或加中柱		✓
仝上	洪字7号	仝上	仝上		✓
仝上	〃5号	仝上	仝上		✓
旧北门东边	352号	仝上而宽	应改修顶		✓
仝上	上号东边一洞	仝上	仝上		✓
仝上	350号东边	宽而浅	应缩窄之		✓
仝上	341号	顶平	应改修		✓

仝上	340	损坏甚重	应改修之	
仝上	335	仝上	仝上	
仝上	332	仝上	仝上	
中正门西马路坡下	无	过宽而浅	应用破砖砌之	係军人放车马用 共计三洞
北城墙下	271	口宽口	应缩窄	
仝上	267	仝上而深	应加中柱	
仝上	260	仝上	仝上	
东北城角南边三洞	无	口过宽洞亦浅	应缩窄洞口再挖深	
東城墙下	250	仝仝	仝上	
仝上	239	过宽	仝上	
仝上	239北边	仝上	仝上	
仝上	236	仝上	仝上	
仝上	No.055号	仝上	仝上	
仝上 仝上	東一新城坊小校後 南边二洞	损坏已裂	应改修加中柱	
仝上	231	仝上	仝上	
仝上	227	洞身过宽	应加中柱	
仝上	No.32号	仝上	仝上	
中山门南边	174	口过宽	应缩窄之	
仝上	168	损毁甚重	应改修之	

08-1

仝上　165　顶本已裂　应改修加中柱

1. 查四周城下各洞完全出水不利顺城路交通不便应完全加修故未分别列记

2. 查四关墙下因城墙过高挖洞不坚兼之城墙多处倒塌前挖之洞多属危险闻警局已令民人完全填塞(计西关已填完)故未再记

陕西省会警察局关于该市公共防空地下室已由防护团统筹请款补修致西京建委工程处的公函（一九四〇年三月十日）

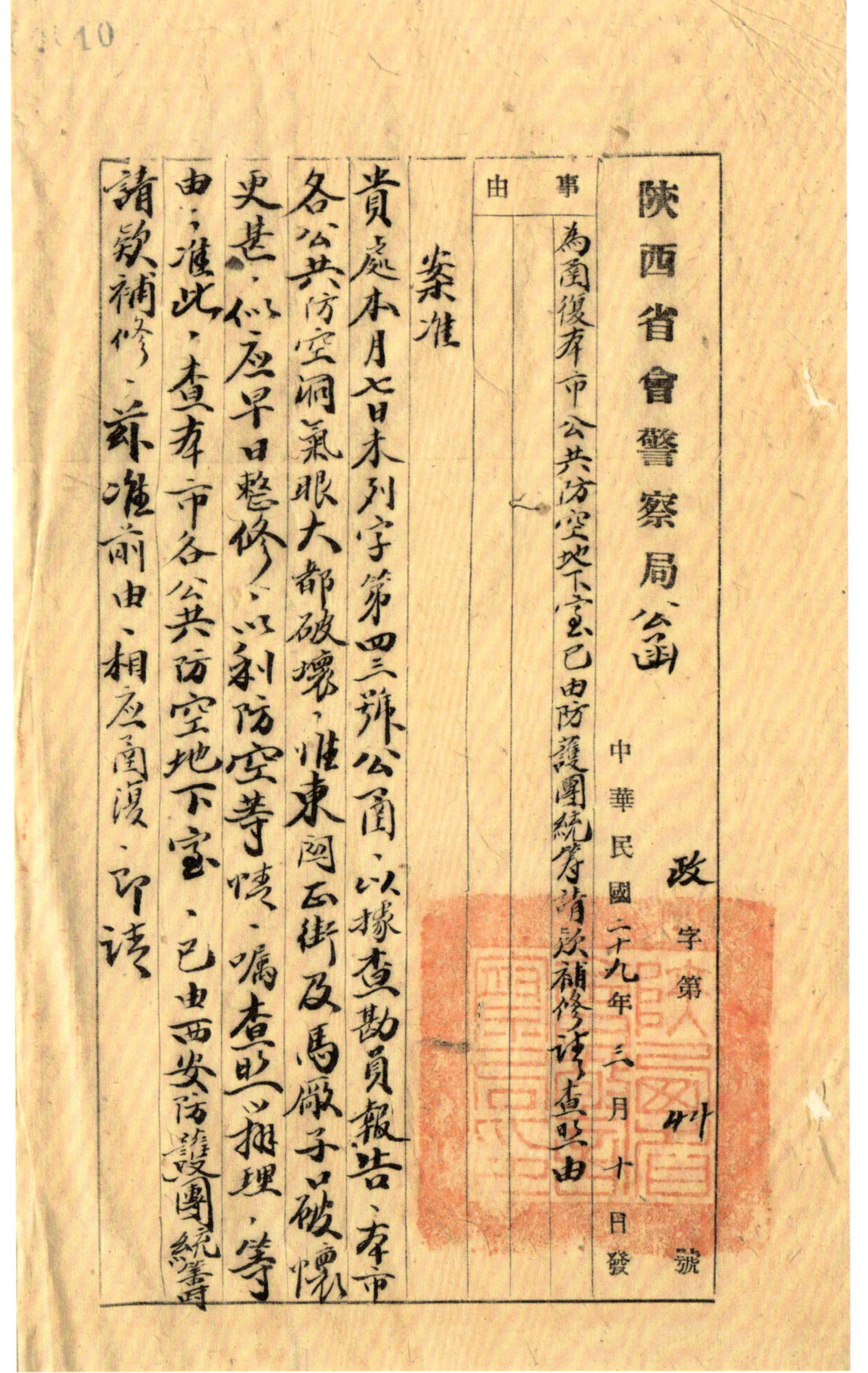

陝西省會警察局公函

政字第卅號

中華民國二十九年三月十日發

事由：為函復本市公共防空地下室已由防護團統籌請款補修請查照由

案准

貴處本月七日未列字第四三號公函，以據查勘員報告，本市各公共防空洞氣眼大都破壞，惟東西街及馬廠子口破壞更甚，似應早日整修，以利防空等情，囑查照，以憑辦理，等由；准此。查本市各公共防空地下室，已由西安防護團統籌請款補修。茲准前由，相應函復，即請

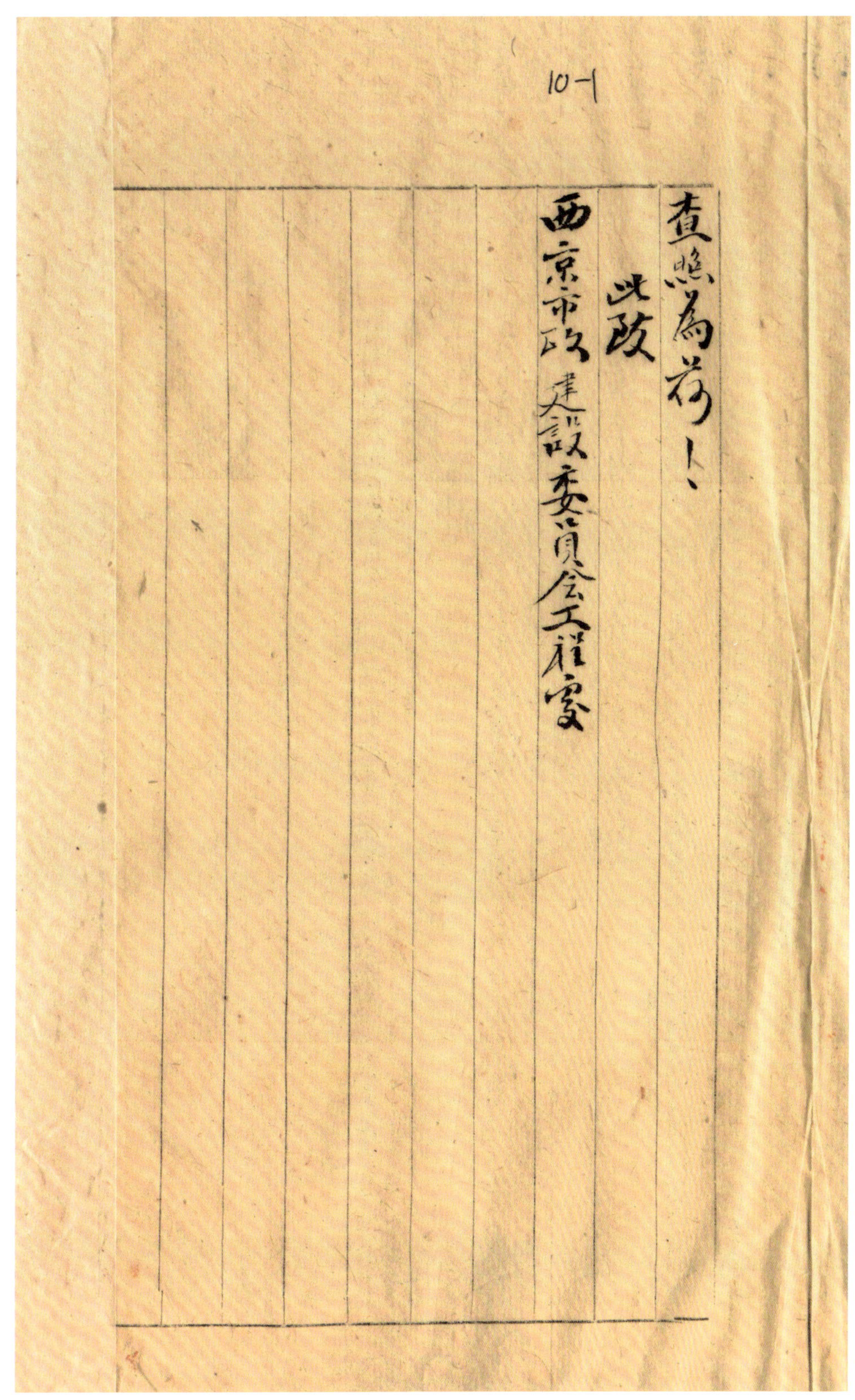

10-1

查照為荷！

此致

西京市政建設委員會工程處

陕西省公路管理局关于嗣后如有警报请仍准许该局员工前往防空洞避藏免生危险致西安市政工程处的公函

（一九四〇年六月十六日）

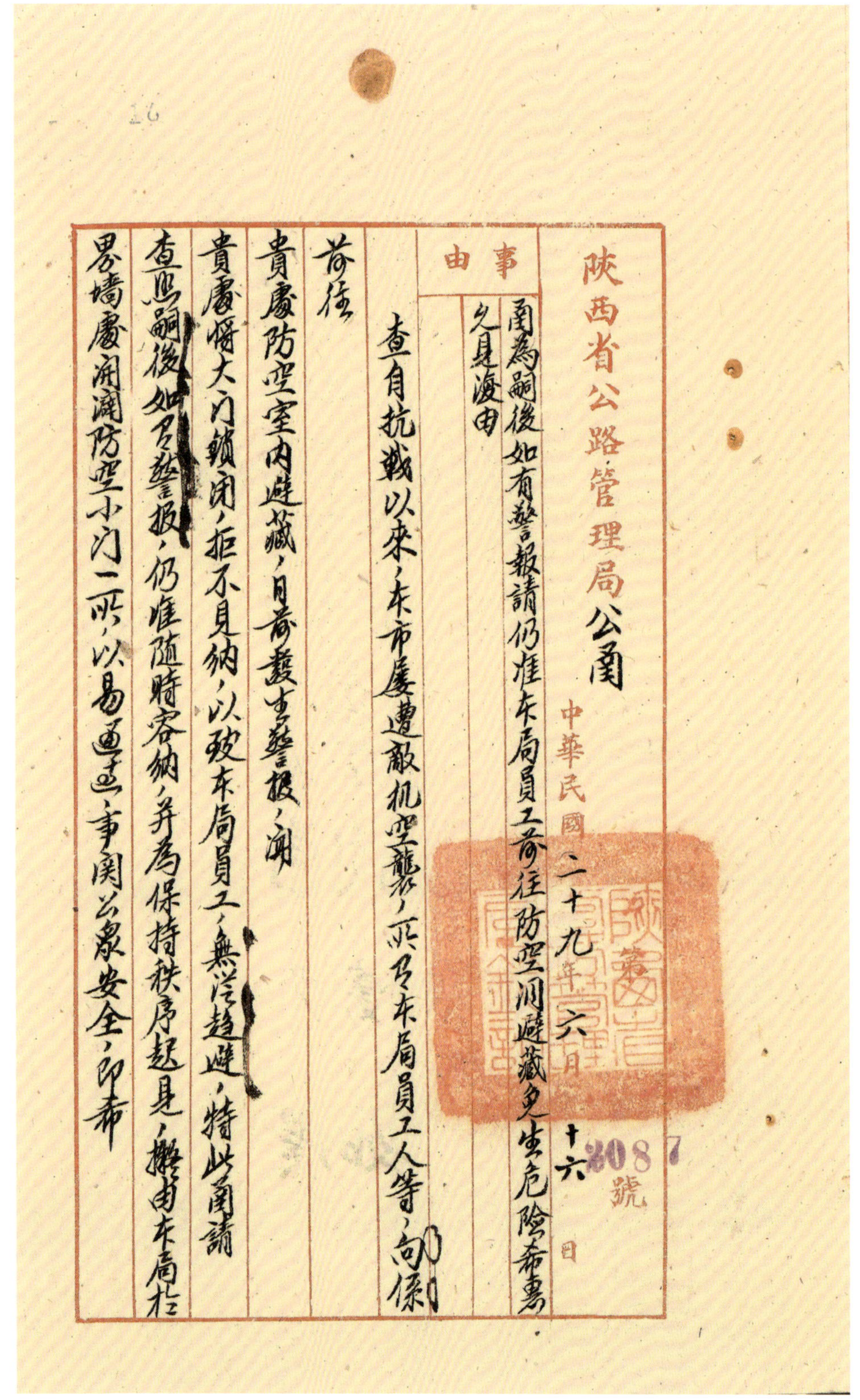

陕西省公路管理局公函

中華民國二十九年六月十六日

3087號

事由：函為嗣後如有警報請仍准本局員工前往防空洞避藏免生危險希惠允見復由

查自抗戰以來，本市屢遭敵机空襲，所有本局員工人等，向係前往

貴處防空室内避藏，自前數次警報，聞

貴處將大门鎖闭，拒不見納，以致本局員工，無從趋避，特此函請

查照，嗣後如有警報，仍准隨時容納，并為保持秩序起見，擬由本局於

界墻處開闢防空小门一所，以易通达，事関公衆安全，即希

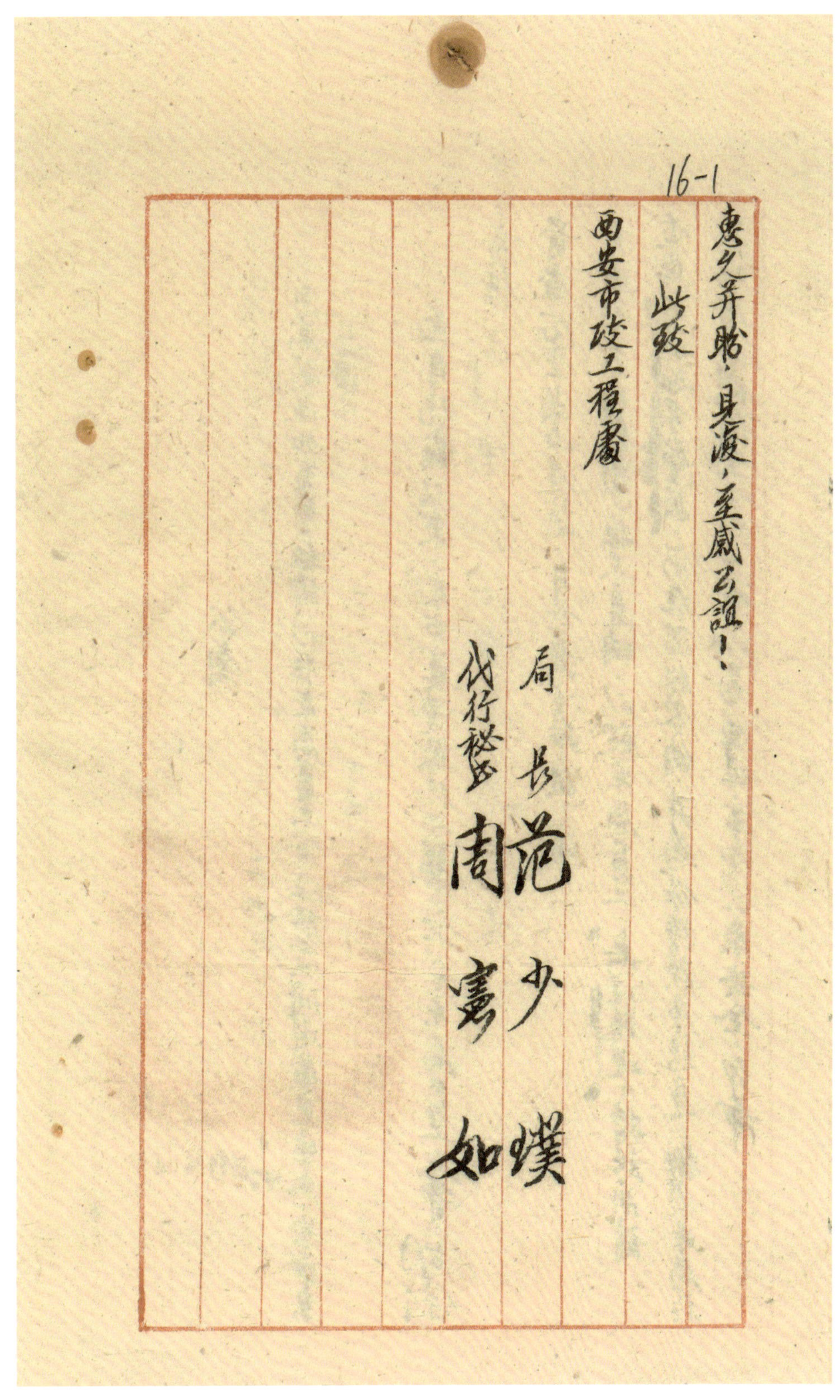
16-1

惠久并盼！是荷！至感公谊！

此致

西安市政工程处

局长 范少㒲

代行秘书 周宪如

陕西全省防空司令部关于准函转饬防护团从速赶修效忠里城墙防空洞致西京建委工程处的公函

（一九四〇年六月二十日）

陕西全省防空司令部公函　防三字第1341號

中華民國廿九年六月廿日發

事由：准函催轉飭市防護團從速趕修效忠里城墻防空洞等由業經轉飭迅即遵照趕做完成復希查照由

附件

案准

貴處本年六月十三日市字第106號函，囑再催西安市防護團從速趕修效忠里城墻洞等由。查此前經轉飭第一區團趕速辦理具報在案。茲據呈稱：派指導員王英斌率同團員趕做口沿、及濾水孔，並旁一城洞之濾水孔，亦經加深改小，業已完成。相應函復，即希

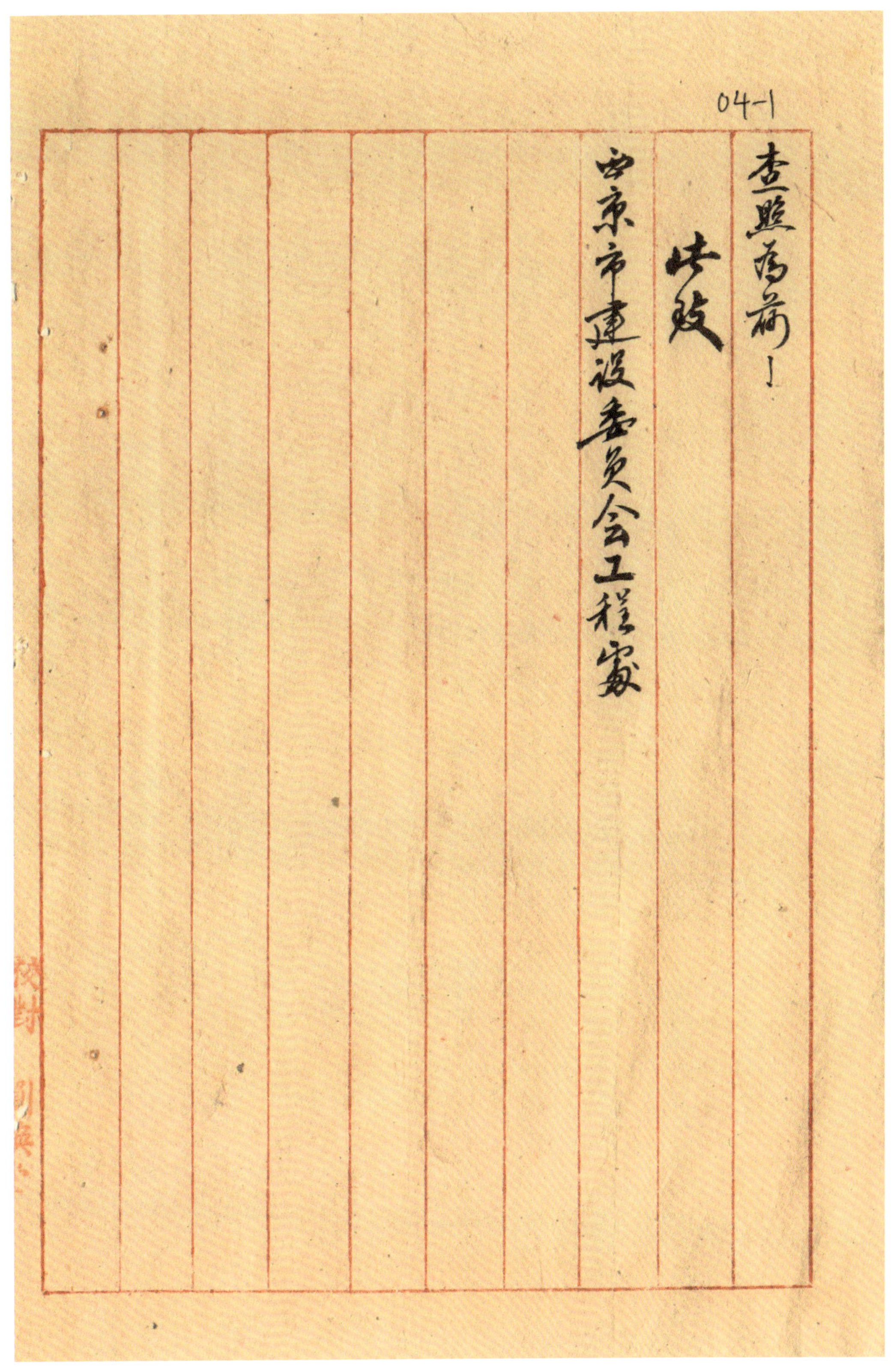

04-1

查照为荷！

此致

南京市建设委员会工程处

陕西全省防空司令部关于准函补修该市公共地下室等致西京建委的公函（一九四〇年六月二十四日）

陝西全省防空司令部公函

陝三字第1346號

中華民國廿九年六月廿四日發

事由：准函補修本市公共地下室等由復請查照一併辦理由

附件

案准

貴會本年六月十二日函略稱：「以本市各街巷公共地下室構築日久，迭遭敵機轟炸損壞在所難免，經會同工程處派員詳細切查，依照法定手續估價修理，至所需費用擬即由　陝西省政府所指定之本市防空設備工程費項下開支，并檢同修補各地下室工料費預算表，係即囑查」等由，准此，正核辦中，復據民衆張廼芸六月十六日呈報：

026-1

敬呈者查東九府街公共防空地下室西口開於敝舍門前車馬行人通過甚難前年省會警察局建築地下室時廼芸即呈請將室口改修爾時廼芸因服務外縣致未如願竊維公家之建築地下室原為保障人民安全今以地下室開口地位適在敝舍門口以致家人出入不便是已失却保障原意為此擬請

鈞部鑒核飭工將該地下室西口稍為縮短俾不碍於民衆避難之中藉可使芸家出入得以便利實為感德無涯矣

等情、、據此、、復經派員查勘該處地下室西口、尚可改修需費無多、既可便民、亦利交通、相應函達、即希查照、一併設法辦理、實級公誼、此致

西京市建設委員會

校對 劉[illegible]

陕西全省防空司令部关于城墙地下室气眼勿留于城外致西京建委的公函（一九四〇年六月二十九日）

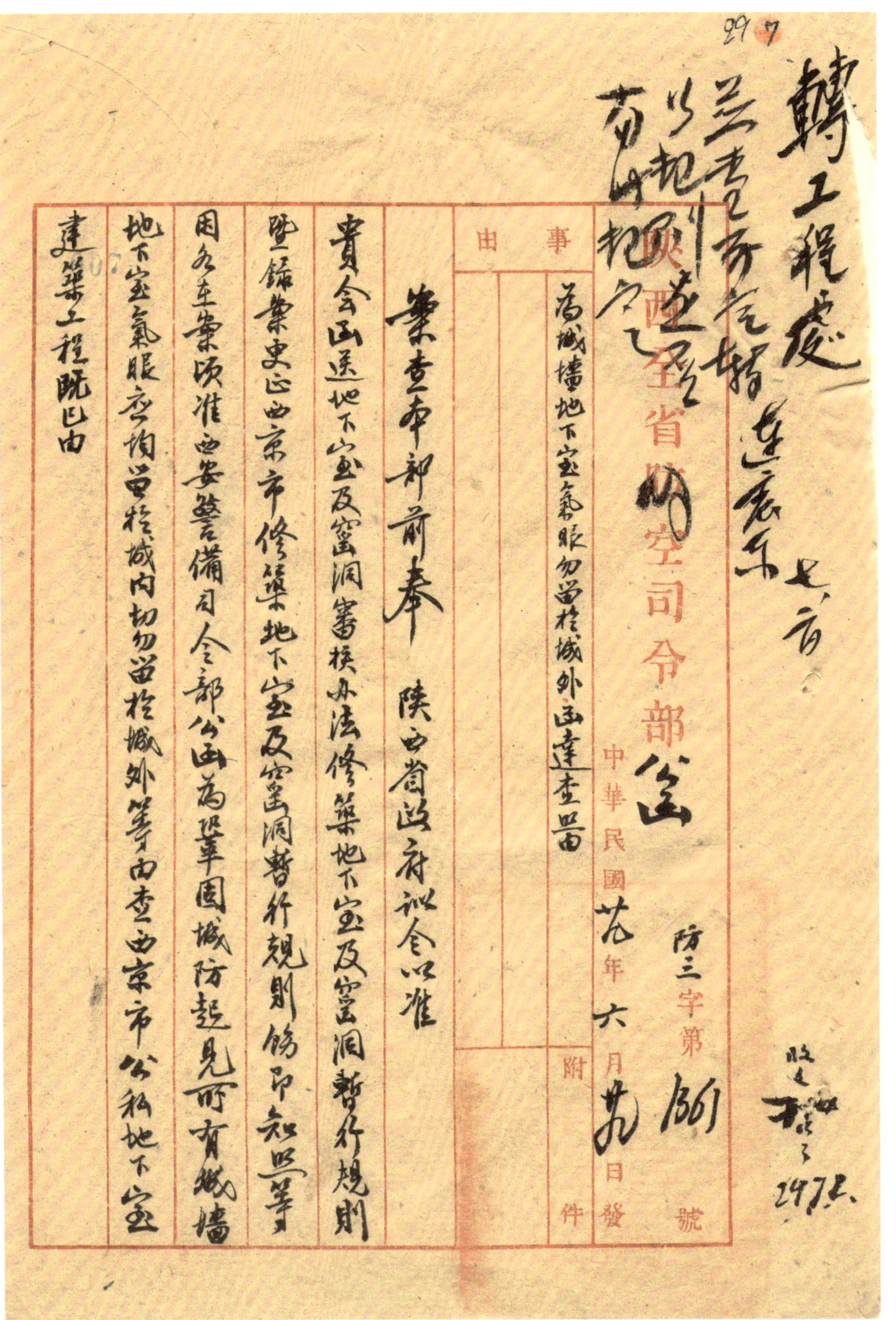
转工程处
并责成承修者速改正，以把关防而杜流弊。
七、一
陕西全省防空司令部公函 防三字第 号
事由：为城墙地下室气眼勿留于城外函达查照由
中华民国廿九年六月廿九日发
案查本部前奉陕西省政府训令，以准贵会函送地下室及窑洞审核办法、修筑地下室及窑洞暂行规则暨饬业已由西京市修筑地下室及窑洞暂行规则饬即知照等因。久之案准西安警备司令部公函为保障国城防起见，所有城墙地下室气眼应均留于城内，切勿留于城外等由。查西京市公私地下室建筑工程既已由

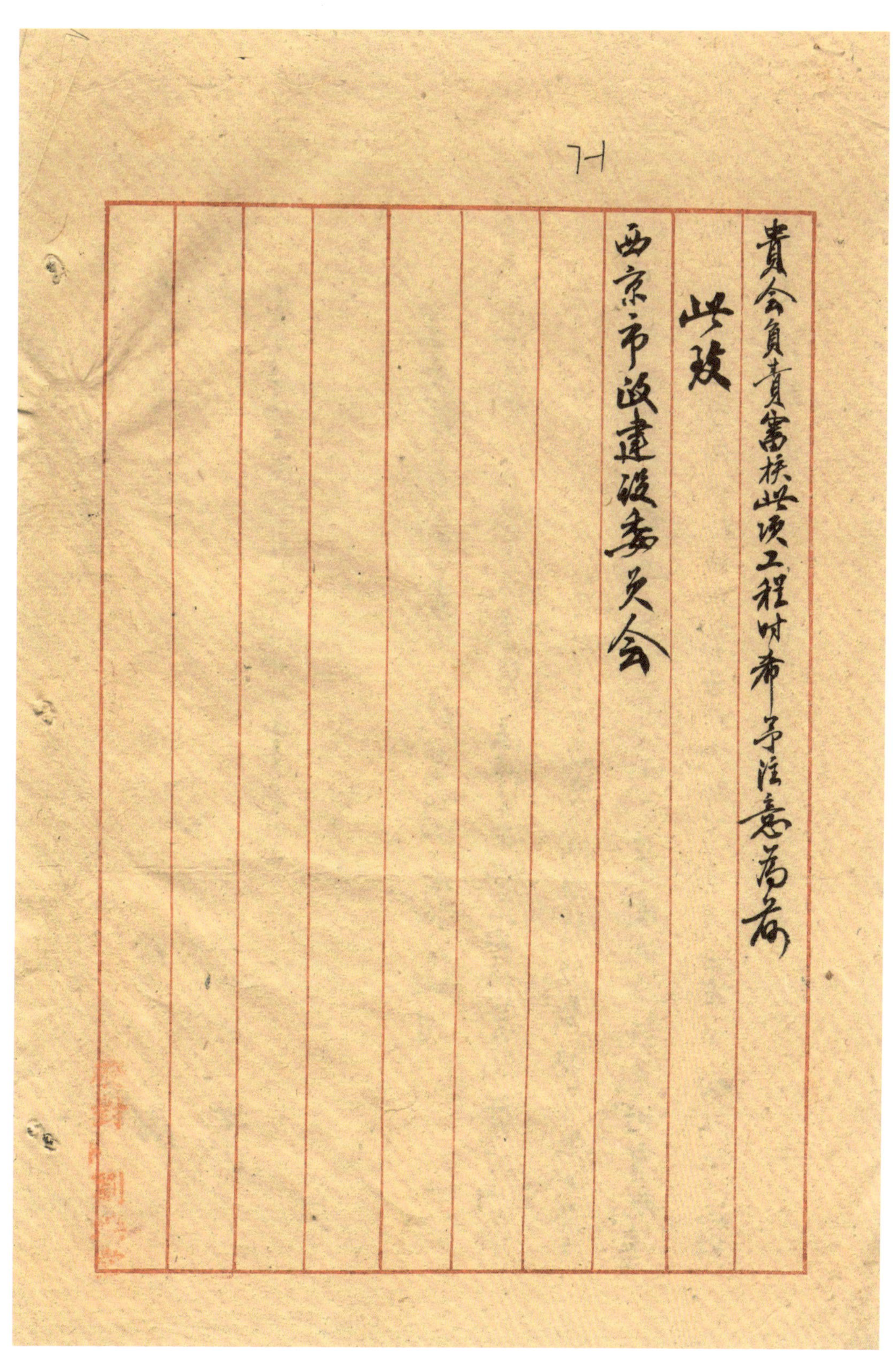

71

貴会負責審核此項工程时希予注意為荷

此致

西京市政建設委员会

西安警备司令部关于定期召集城防有关机关会商堵塞穿透防空洞办法致西京建委的公函（一九四〇年七月十五日）

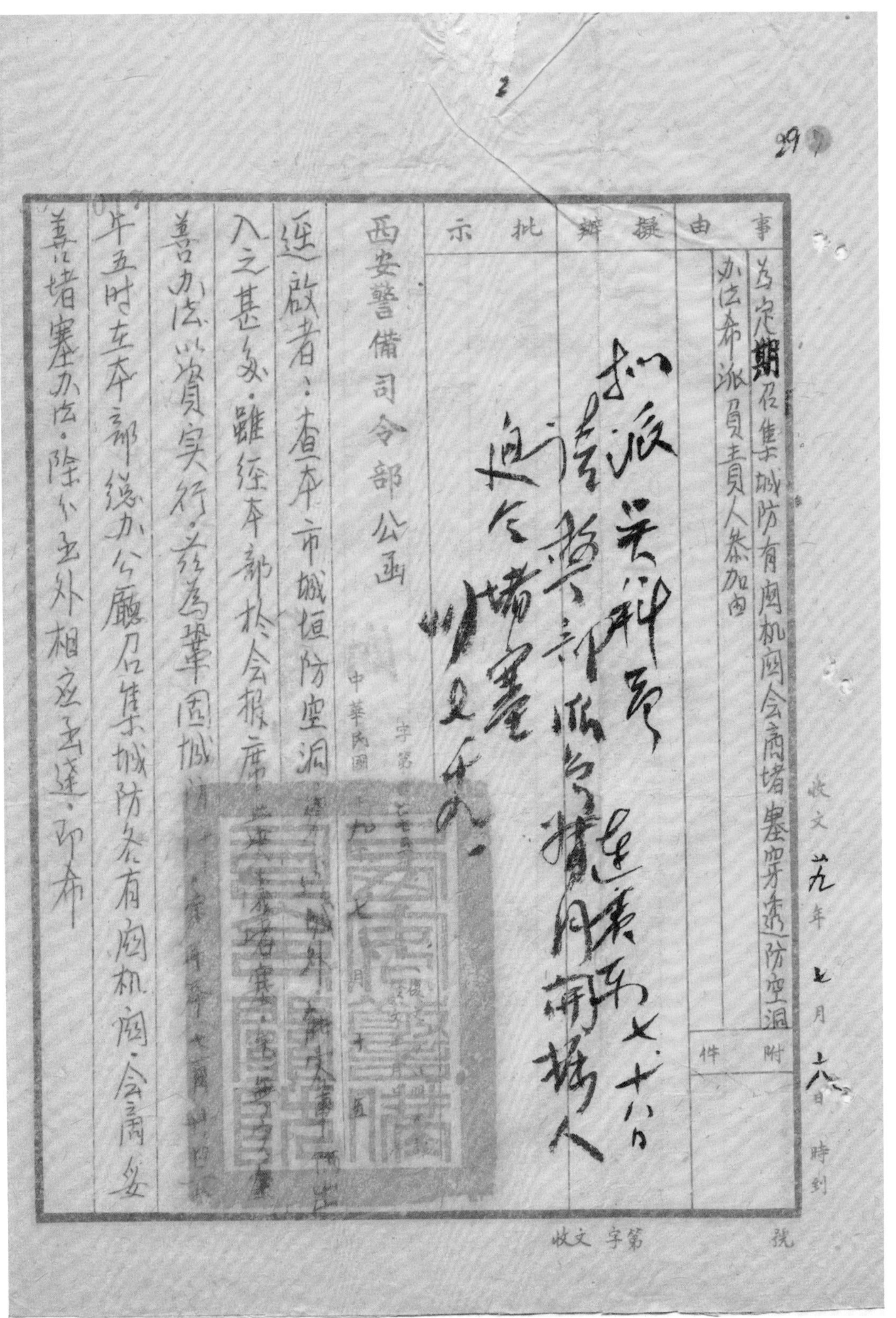
事由：为定期召集城防有关机关会商堵塞穿透防空洞办法希派员负责人参加由

西安警备司令部公函

迳启者：查本市城垣防空洞……入之甚多，虽经本部于会报席上……善办法，以资实行，兹为举园城……午五时在本部总办公厅召集城防各有关机关，会商妥善堵塞办法，除分函外，相应函达，即希

中华民国二十九年七月十五日

收文 廿九年七月十六日 时到

17-1

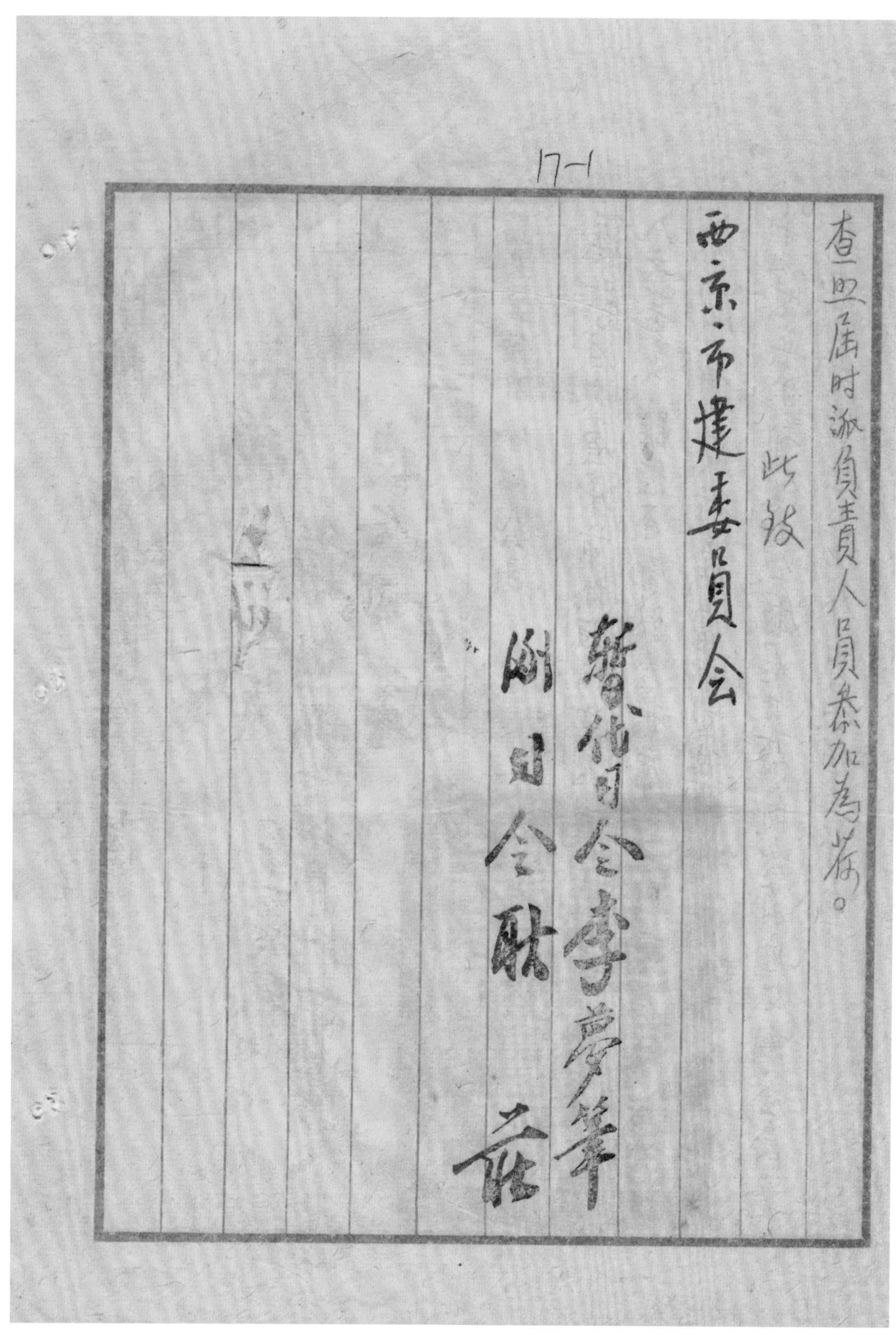

查照届时派負责人員参加為荷。

此致

西京市建委員会

暫代局長 李夢筆

副局長 耿 莊

西京建委关于请即转饬修整沿城内外防空沟壕以利市民趋避致陕西全省防空司令部及省会警察局的公函（一九四〇年七月二十日）

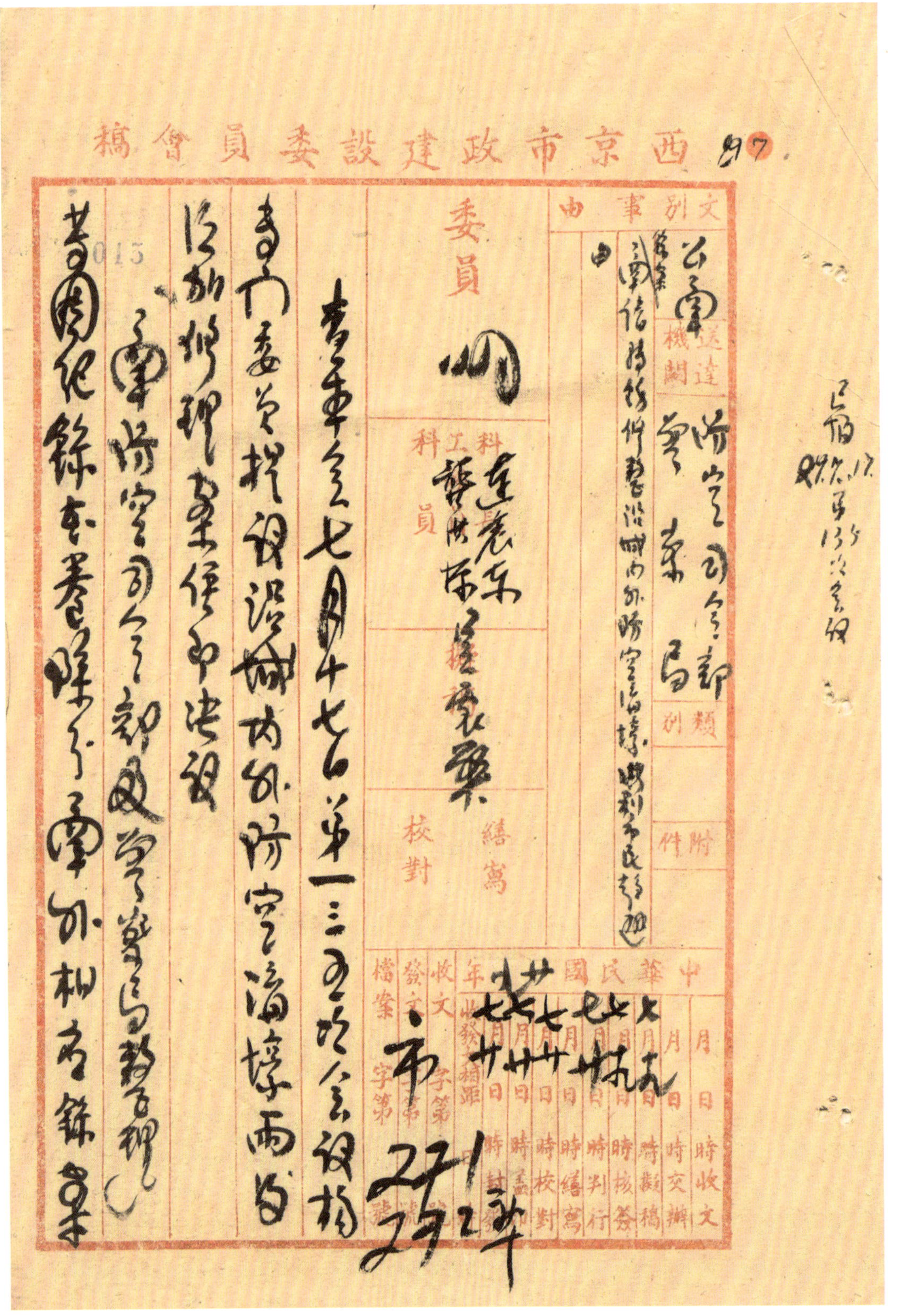

西京市政建設委員會稿

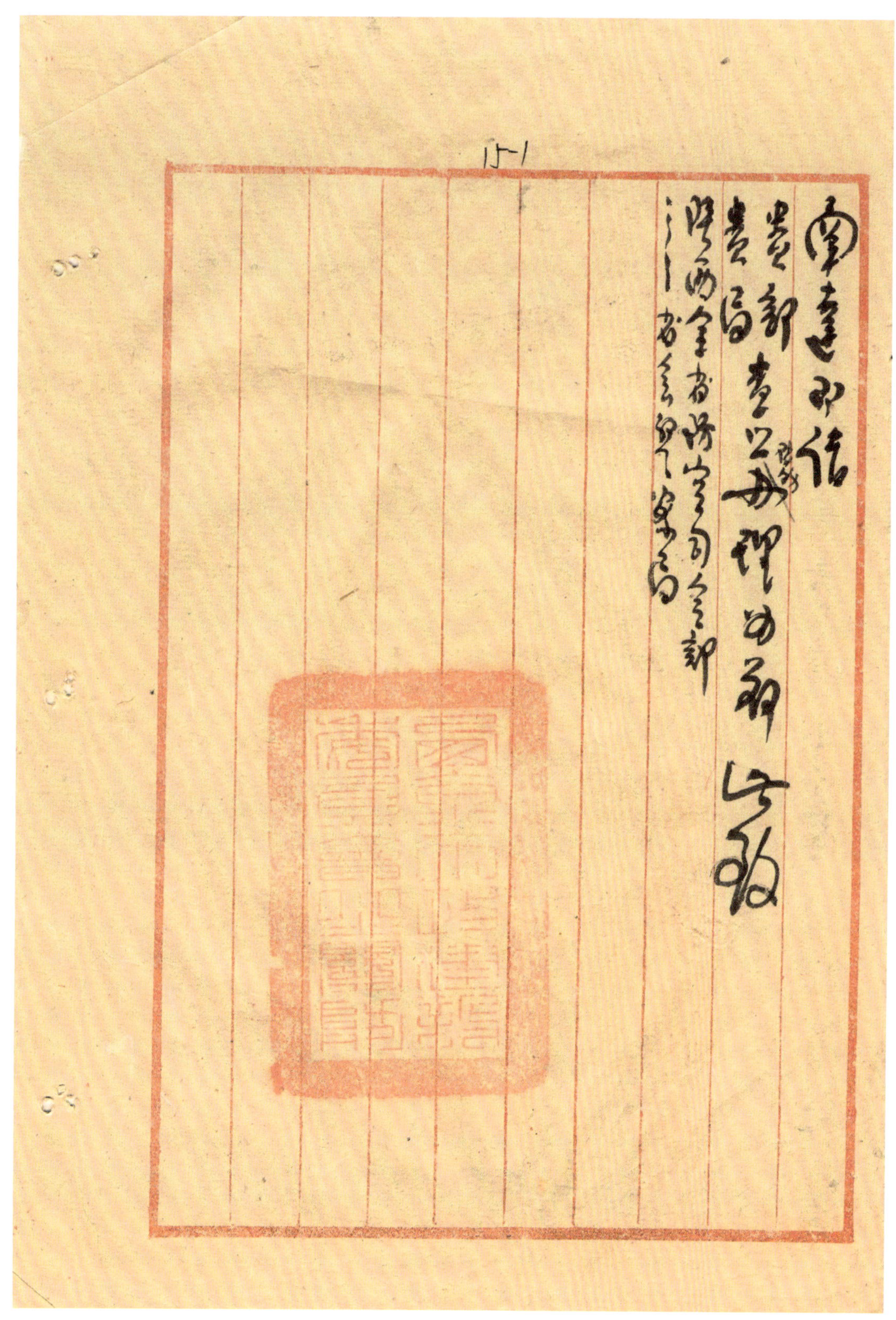

151

[illegible]

貴部查照辦理為荷 此致

貴局

陸海空軍總司令部

[illegible]

西京建委工程处关于遵令派员详查城墙及防空洞经过情形致陕西全省防空司令部工务（程）大队部的呈（一九四〇年十一月二日）

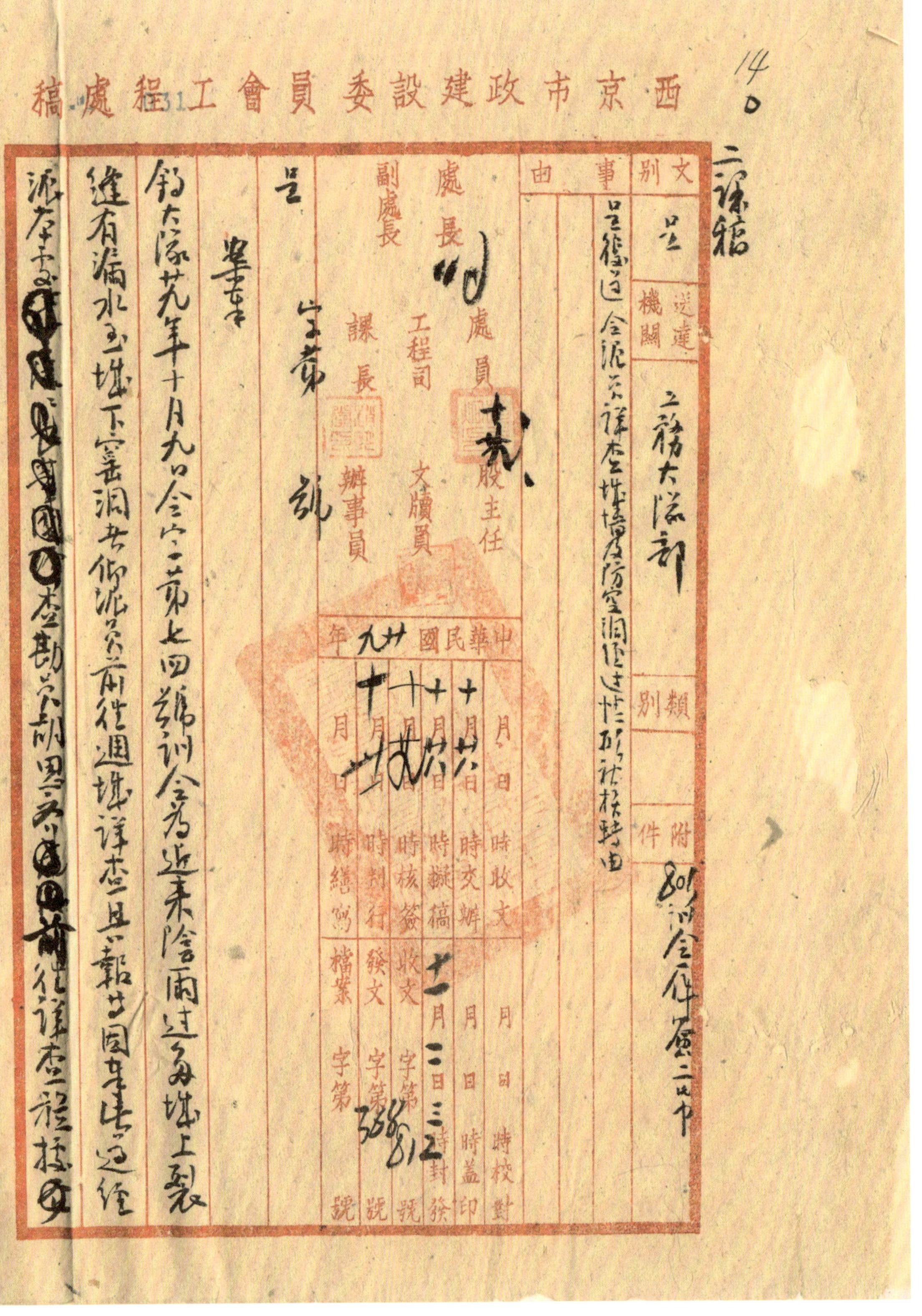

031-1

報稱學校週圍城墻經詳查，一、過洞於城洞上部並無破裂痕之處，惟大多數洞口較低，如遇天雨，水即流入洞內，不惟潮濕過甚，且有塌壞之虞。此外，墻外洗眼似覺過大，殊於防空方面不無影響等情前來。查該校所稱均屬實情，擬請予加固城墻防空洞工程，併案辦理，以期省工。奉令前因，理合據情呈復，伏乞

鑒核轉呈，實為公便。

謹呈

陝西全省防空司令部工務大隊部

全銜 [illegible]

陕西全省防空司令部关于赍送拟建西安第二预备情报所略图致西安市政工程处的公函（一九四一年一月十五日）

5

陝西全省防空司令部公函

防二字第2416號

中華民國三十年一月十五日發

附一件

事由：為建西安第二預備情報所附送略圖請查照由

查本部為加強防空設備顧及情報通訊安全計擬建西安第二預備情報所勘定本市西北隅喇嘛寺附近城墻開鑿窰洞三眼並附城墻建房三間業經提交陝西加強防空設備委員會通過在卷除呈報陝西省政府備查外相應附送略圖一份即希查照為荷

此致

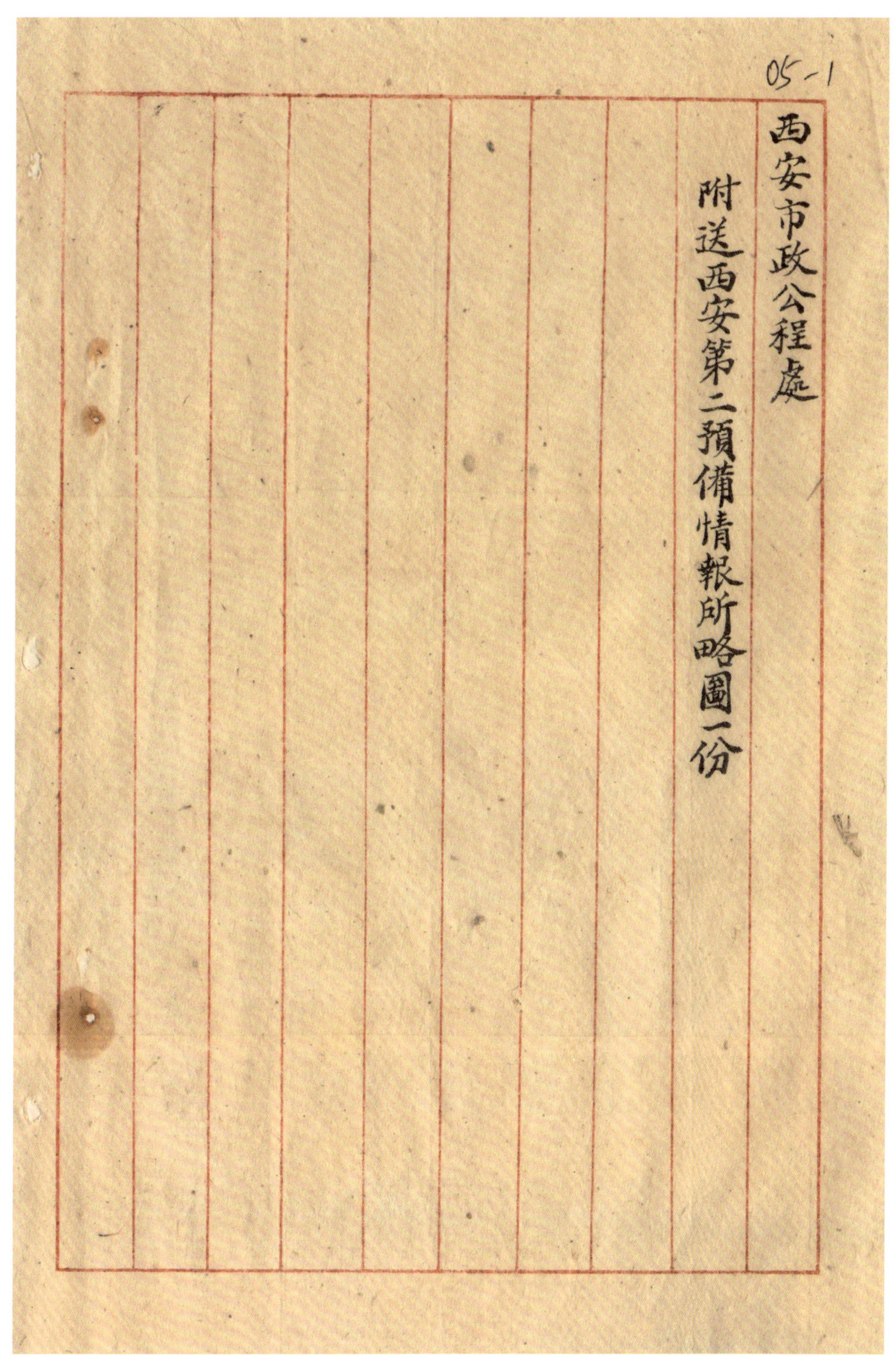
05-1

西安市政公程處

附送西安第二預備情報所略圖一份

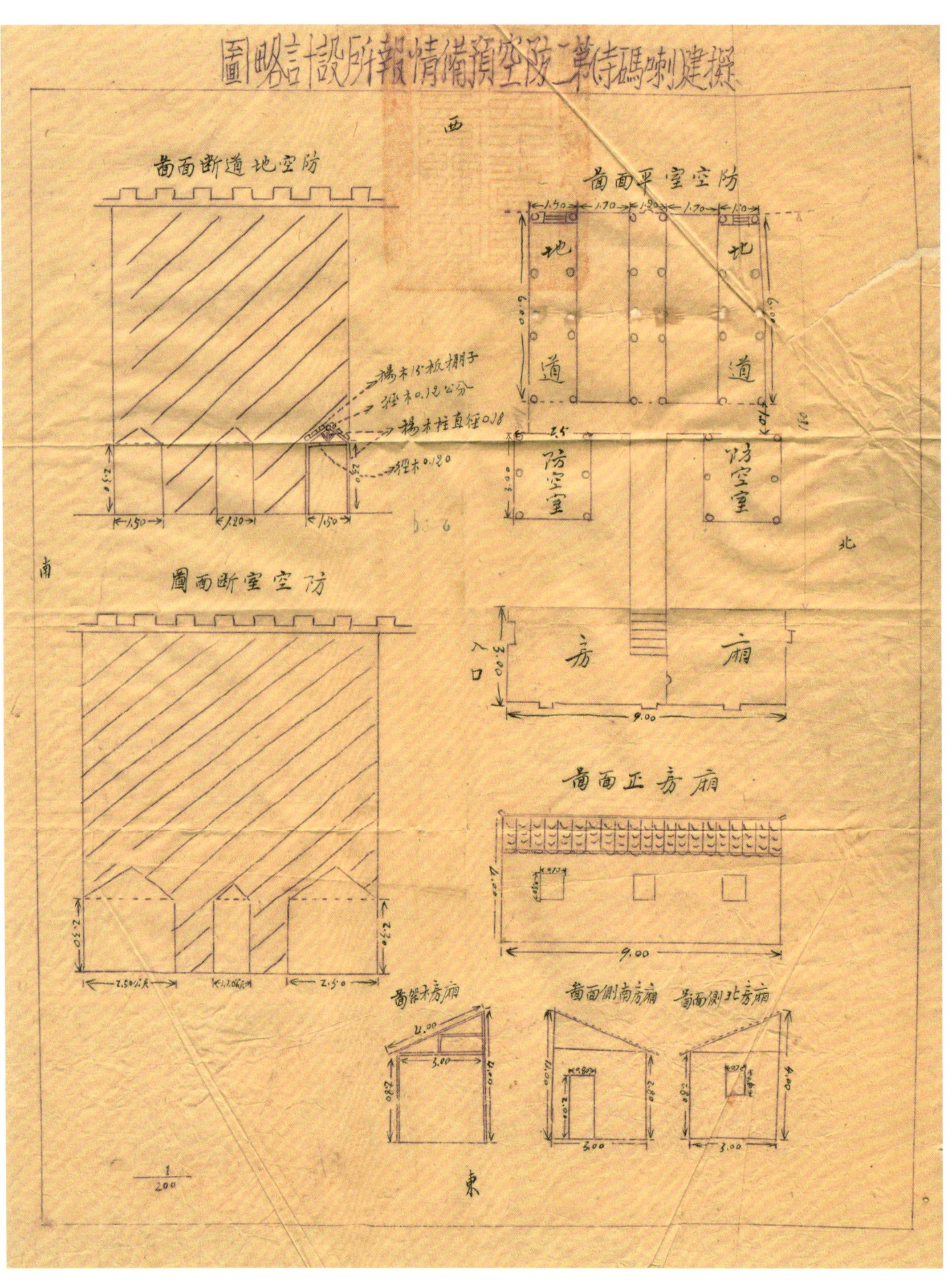

附：拟建（喇嘛寺）第二防空预备情报所设计略图（一九四一年一月）

（三）四郊防空疏建

西安市非常时期疏建委员会关于从速派员来会与建设组接洽办理近郊调查挖窑各事致西京建委的笺函

（一九三七年七月九日）

西安市非常時期疏建委員會用箋

查本會拟在近郊調查挖窑地段及派挖窑監視員工與警察局長安縣政府交涉派壯丁隊及派民工挖築各事項急待辦理所有各事應由西京市政建設委員會建設廳長安縣政府分别担任除分函外相應函請

查照派員來會与本會建設組接洽辦理爲荷

此致

西京市政建設委員會

31

西安市非常時期疏建委員會用箋

西安市非常時期疏建委員會

啓 七月九日

陕西省建设厅关于各机关职员眷属应于可能范围内迅速移住乡村谨防意外致西安市政工程处的训令（一九三七年九月十四日）

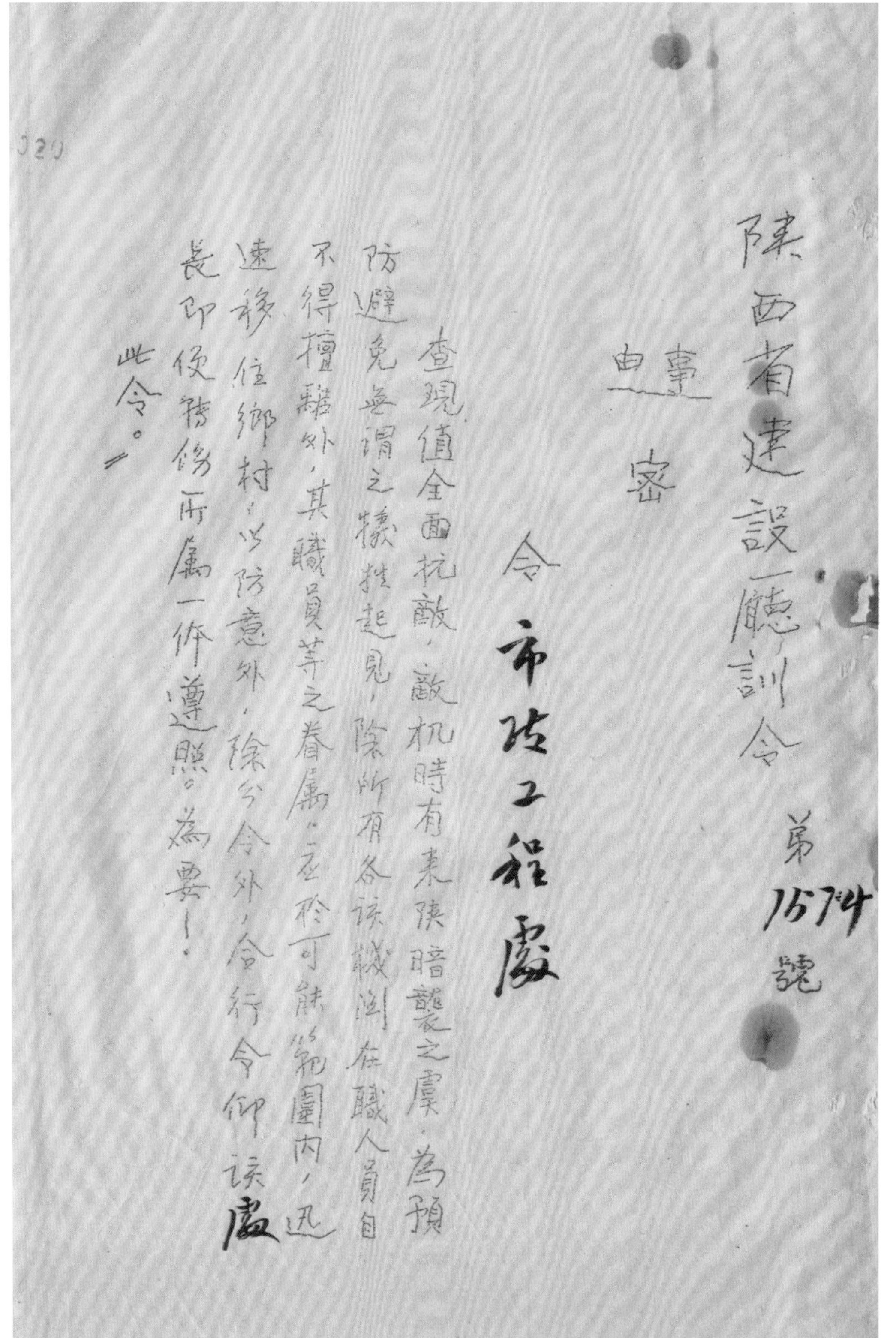

陝西省建設廳訓令 第1574號

事由：密

令市政工程處

查現值全面抗敵，敵机時有來陝暗襲之虞，為預防避免無謂之犧牲起見，除所有各該機關在職人員自不得擅離外，其職員等之眷屬，應於可能範圍內，迅速移住鄉村，以防意外。除分令外，合行令仰該處長即便轉飭所屬一體遵照。為要！

此令。

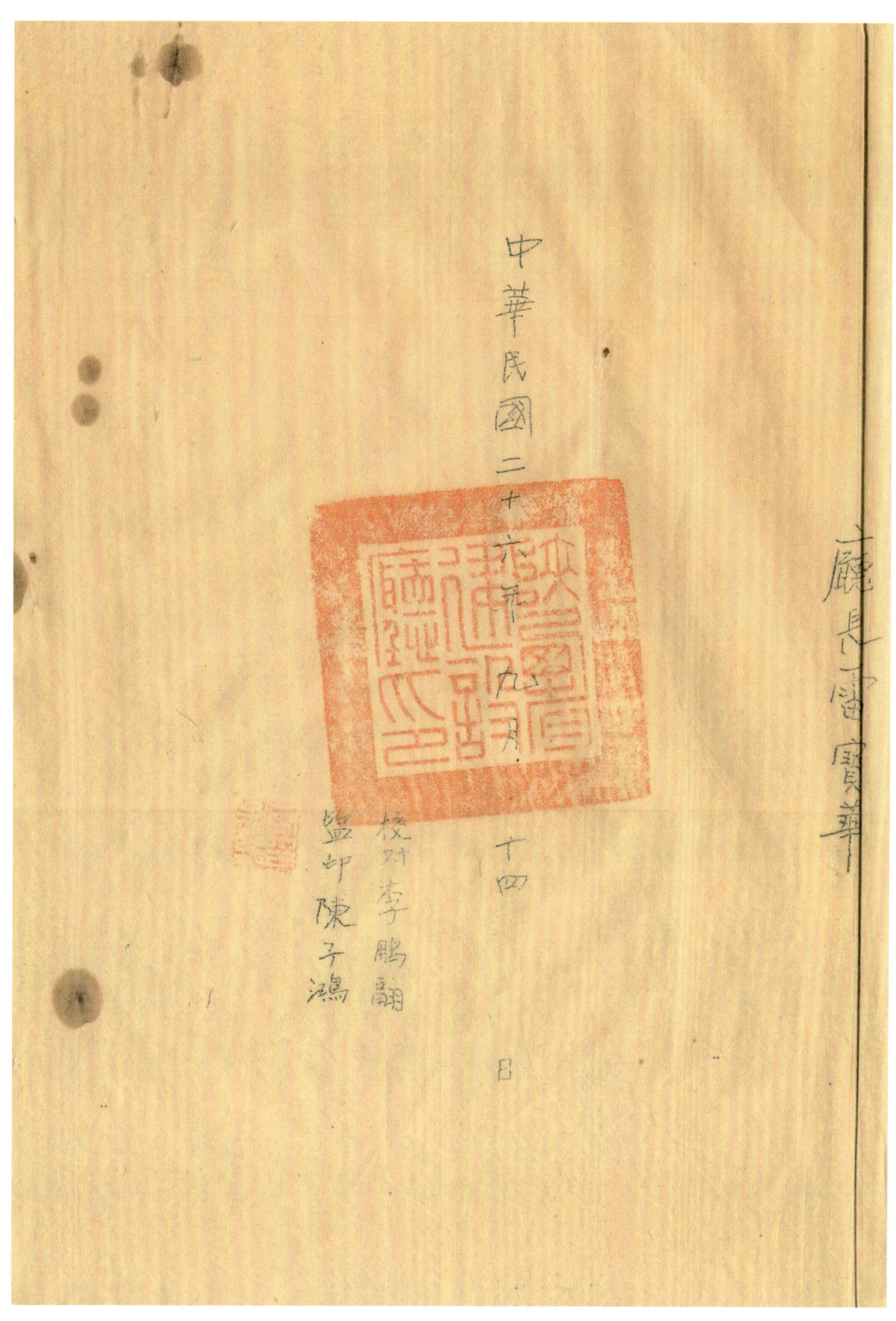

廳長雷寶華
中華民國二十六年九月十四日
校对李鵬翮
监印陳子鴻

陕西省政府秘书处关于愿在城南凿筑窑洞机关可径向建设厅洽办致西安市政工程处的公函（一九三七年十月九日）

陝西省政府秘書處公函　建字第325號

由　建窰

查現在全面抗戰業已展開時局日趨緊張本市為西北國防後方重鎮時有遭受敵機空襲之虞因于防空設備亟宜嚴密佈置本府前曾決定在城南韋曲東原一帶地段鑿築窰洞若干座以備臨時遷移辦公之需當經建設廳會同各機關派員前往查勘設計並就本市所有中央及地方各機關應住窰洞位置分別區劃繪具圖說除由府令飭建設廳先按所擬兩種窰洞樣式各築一座以備各機關仿鑿並分函外相應函請

貴處查照如願鑿築時即希逕向建設廳洽辦為荷此致

市政工程處

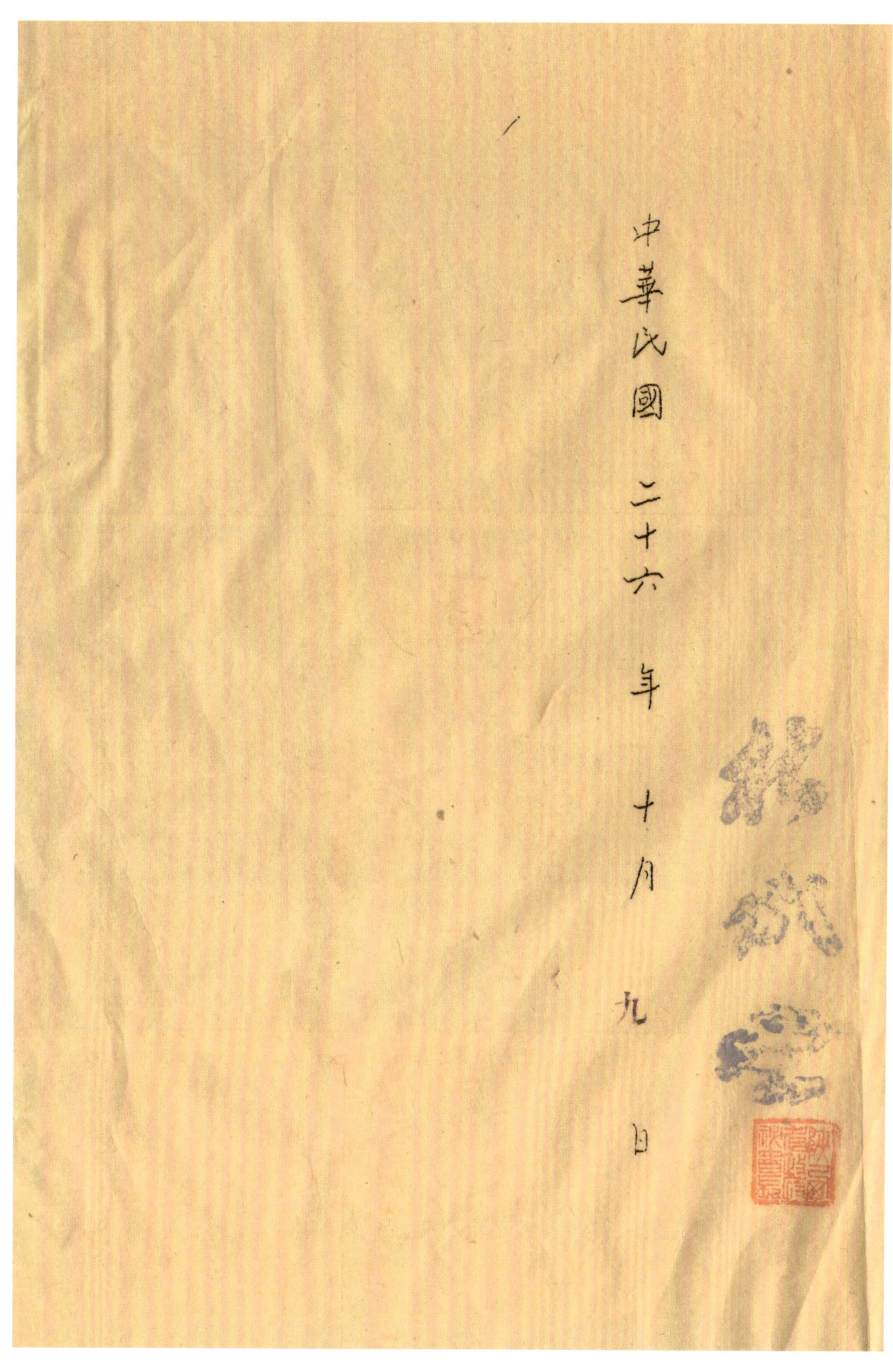
中華民國二十六年十月九日

陕西省建设厅关于洽办城南凿窑手续并检送各机关凿窑分段图表致西安市政工程处的密函（一九三七年十月十四日）

陝西省建設廳密函　第　三號

事由：密

案查本廳前奉

省政府密令，以國難嚴重，時局緊張，防空設備，亟應嚴密佈置，飭即會同各機關派員前往省城南鄉韋曲東原一帶查勘鑿築窯洞地段，呈候核奪一案，當經本廳派工程師袁敬亭會同各機關派員勘就城南韋曲至杜曲中間一帶北方高崖地段為各機關築窯地點，曾經呈奉

省政府指令飭將所擬兩種窯洞樣式，各鑿一座，以備各機關仿築，並繪具各機關鑿窯地段簡説，呈奉

省政府第一三五九五號指令內開：

「呈件均悉。已分函各機關逕向該廳洽辦矣，仰即知照，件存，此令。」

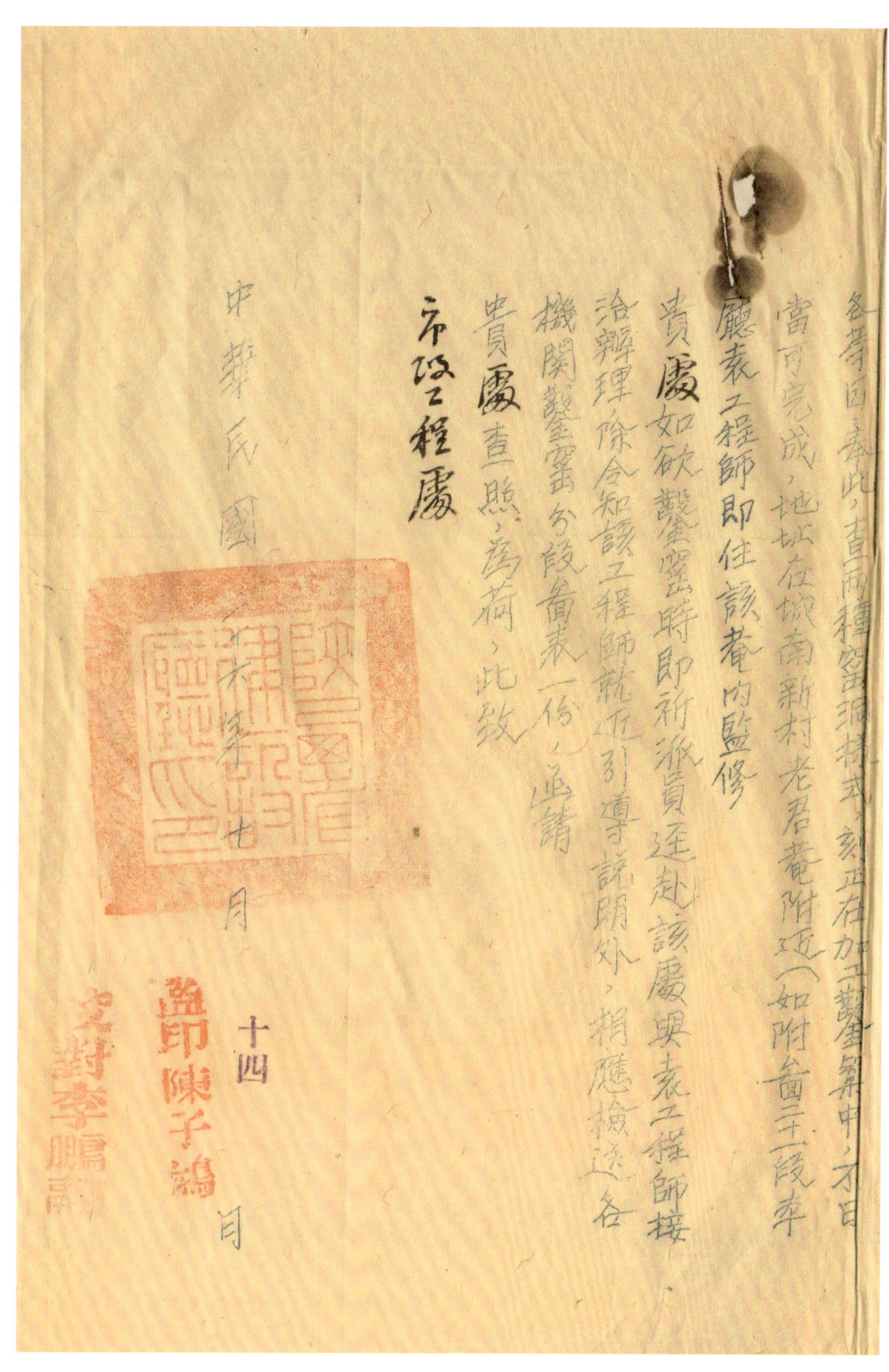

令等因；奉此，查兩種窑洞樣式，刻正在加工鑿築中，不日當可完成，地址在城南新村老君菴附近（如附圖二十一段），本廳袁工程師即住該菴內監修。

貴處如欲鑿窑時，即祈派員逕赴該處與袁工程師接洽辦理，除令知該工程師就近引導說明外，相應檢送各機關鑿窑分段圖表一份，函請

貴處查照，為荷，此致

市政工程處

中華民國二十八年七月十四日

監印 陳子鴻

校對 李鵬

附：拟定中央及西京市各机关凿窑分段图（一九三七年十月十四日）

陕西省建设厅关于请将本市各机关城南凿窑分段图表检送一份以明有无冲突致西京建委的公函（一九三七年十月二十四日）

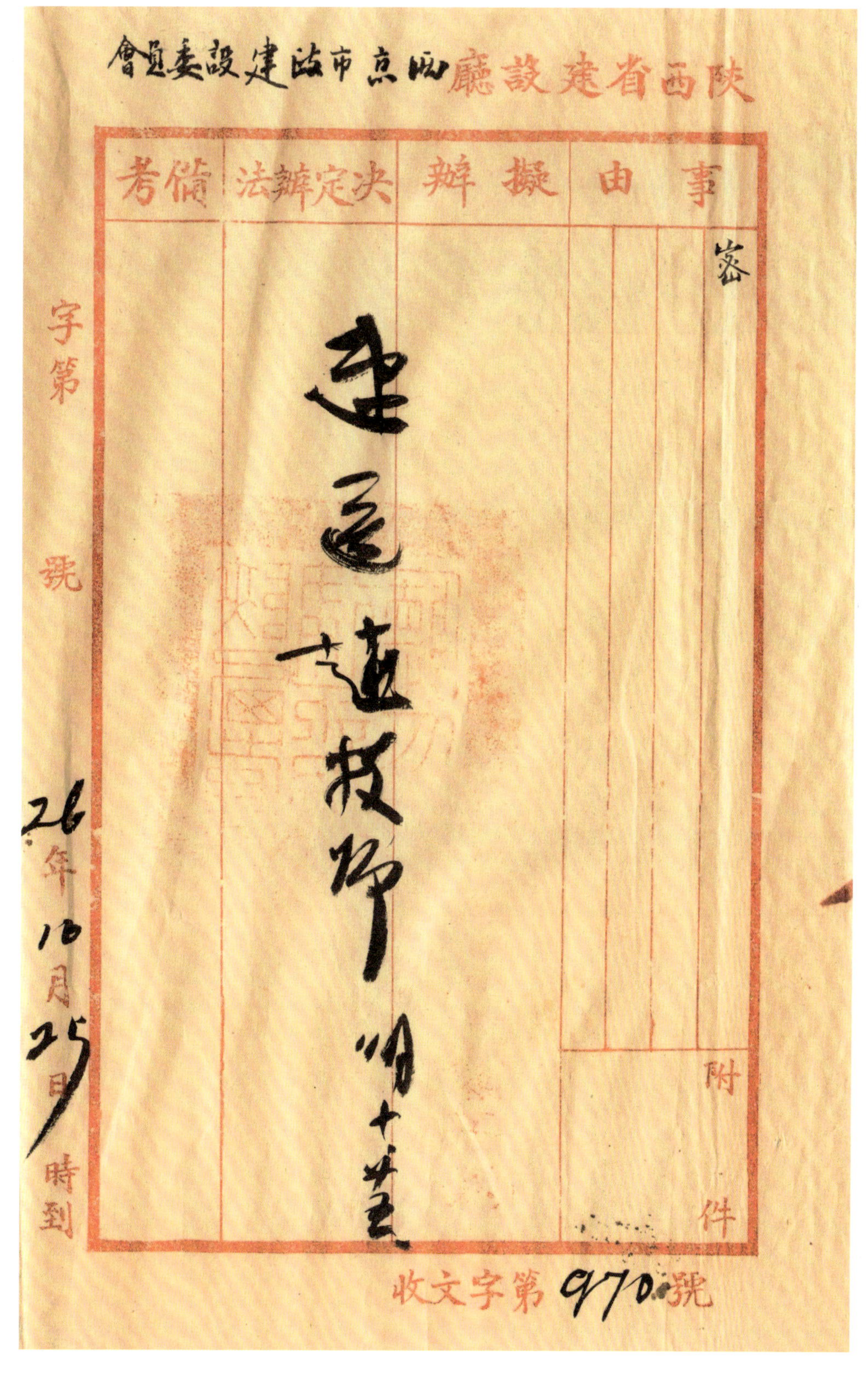

陕西省建设厅　函　京市政建设委员会

事由	拟办	决定办法	备考
窑	速送		

附件

字第　号

26年10月25日時到

收文字第970號

108-1

陕西省建設廳公函

第 八 號

案准

貴會本年十月十八日市字第三五一號公函以本廳在城南韋曲東側一帶地段為本市各機關劃分開鑿窯洞地址囑勿與

貴會所鑿窯洞地域重複等因准此查雙方鑿窯地段是否重複因未悉

貴會鑿窯地段無法作复相應將本市各機關鑿窯分段圖表檢送一份即希

查照有無衝突之處並希

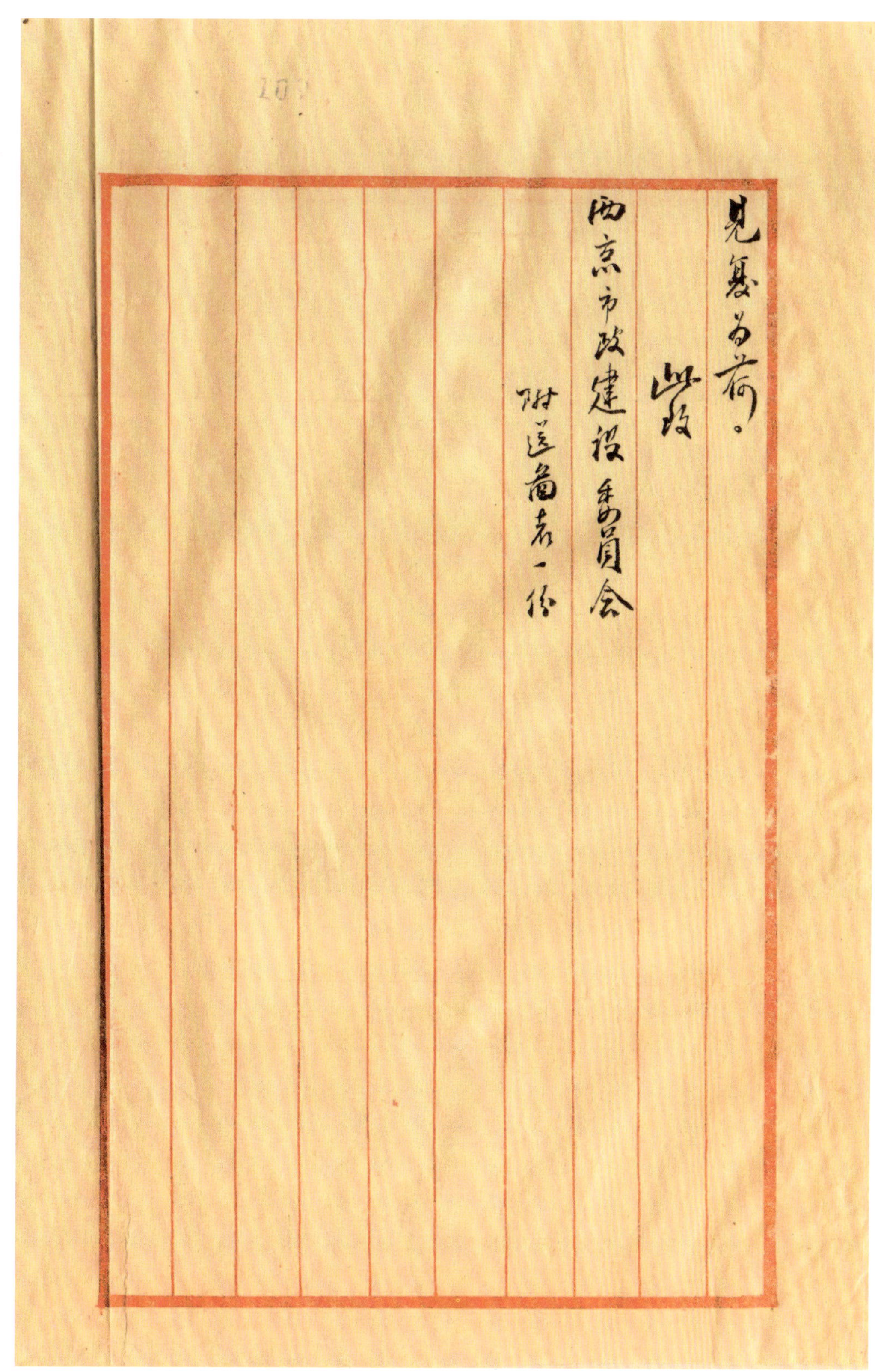
見覆爲荷。此致
南京市政建設委員會
附送備表一份

109-1

中華民國廿七年十月二十四日

監印陳子鴻

校對李[illegible]

陕西省建设厅关于饬知前所划定城南凿窑地段因故变更致西安市政工程处的训令（一九三七年十一月十一日）

陝西省建設廳訓令第2136號

令市政工程處

案查本廳前准航空委員會第五〇駐陝西辦事處卄六年十一月宇第

　　號密函開：

「逕啓者，案奉航空委員會命令，宗陝建設各種空軍軍

工程前經選定西安南門外高遷村對面高原下開挖山洞存儲

之用，已私開工。忽發覺該地已為貴廳計畫為西安市各機關避難洞

所，本處不便侵佔，隨即另選向東約二公里之龍眼溝為開洞新址，

經已函請陝西省政府查照在案。惟派員測量，發覺該溝坡度太

陡，且溝底常流水，如作車輛運轉場，需款既巨，費時亦久，不得已

遷溝外西頭山坡約估長度二百五十公尺，因軍情緊急，不便久延，已

於今日正式開工。查該處所估約避難工程之第十七、十八、十九、二十等段，如該

溝內兩面建築，似尚無不便。合請查照，希為本處所用之目的，暫緩避難

工程，請為重要，而以全公誼，特此奉達，請煩查照為荷。此致

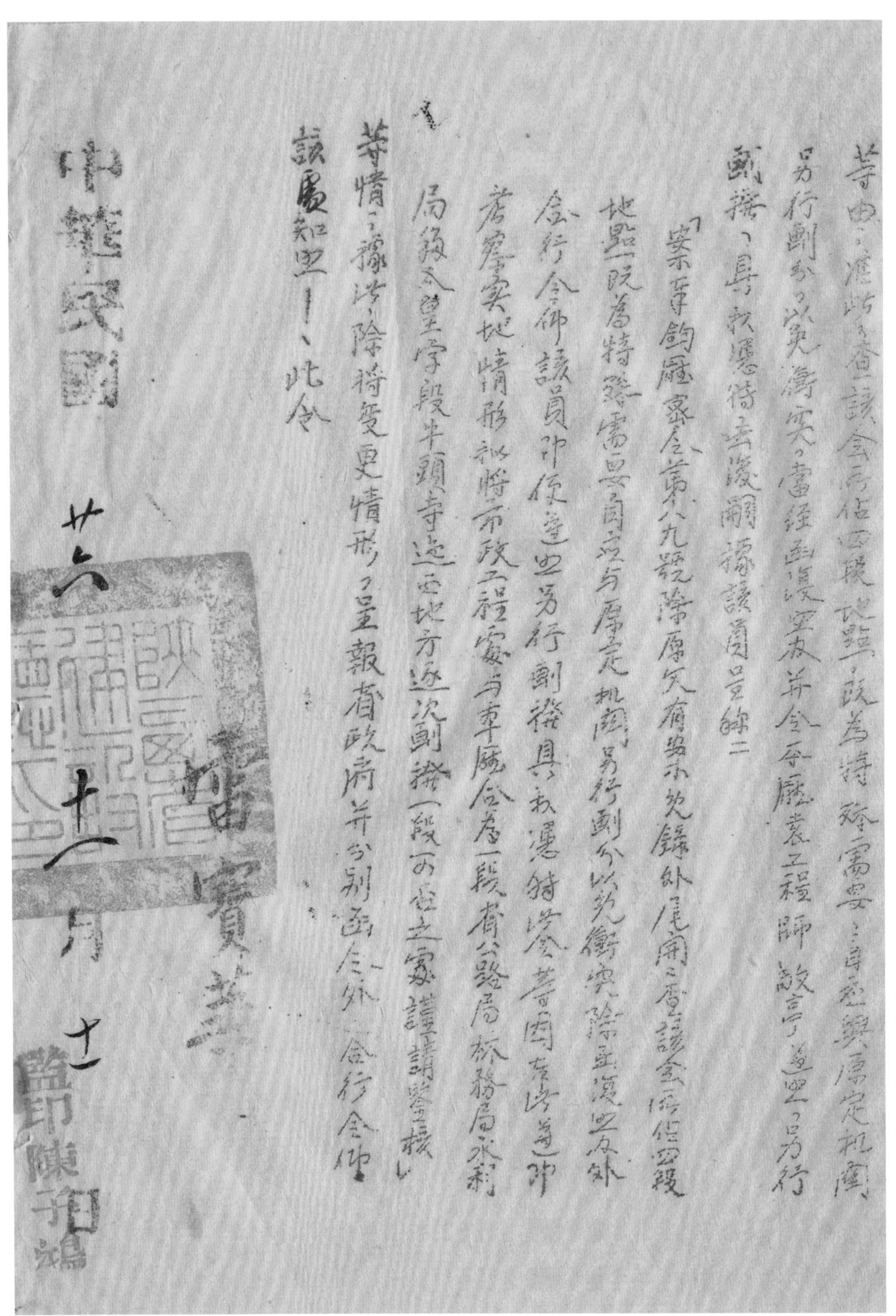

等由。准此，查該會所估西段地點，既為特殊需要，自應與原定機關另行劃分，以免衝突。當經函復空衣并令本廳袁工程師敬亭遵照，另行劃撥，具報憑轉去後。茲據該員呈稱：

「案奉鈞廳第八九號訓令，除原文有案不究録外，尾開：查該會所估西段地點，既為特殊需要，自應與原定機關另行劃分，以免衝突。除函復空衣外，合行令仰該員即便遵照，另行劃撥具報，以憑轉咨。等因。奉此，遵即考察實地情形，擬將市政工程處與本廳合為一段，省公路局、林務局、水利局、籌委會坐字段牛頭寺迤西地方逐次劃撥一段，以應空襲。謹請鑒核。」

等情。據此，除將變更情形呈報省政府并分别函令外，合行令仰該處知照。此令。

中華民國廿六年十二月十二日

雷寶華

監印 陳翊編

西京建委技师赵梦瑜关于城南应凿窑洞数量地段致该会的便签（一九三七年十一月十五日）

本會所鑿窰洞皇子坡下窰底五個及南門外四個西家崖西七個牛頭寺西六個共二十二個適在建廳所擬皇字區內華嚴寺上、中、下十七個適在九區十區內外二三區內有本會窰洞三個二七二八兩區內有本會窰洞八個請即照此見復或參考隨所呈圖表亦可俟期開鑿時免重複

技師　趙夢瑜　十一月十五

西京建委技师赵梦瑜关于凿筑窑洞所耗工资材料杂费致西京筹备委员会的签呈（一九三七年十一月十六日）

為簽報事代建設委員會在樊川一帶所鑿窑洞五十個現已完全竣工刻正趕辦油刷工作共計工資材料雜費合洋叁仟五百八十六元其詳細情後附圖表說明謹呈

西京籌備委員會

技師 趙夢瑜 呈 十一、十六

附圖二張表二張

附一：防空平窑洞图（一九三七年十一月十六日）

附二：凿筑窑洞所耗工料及所凿窑洞价格各表（一九三七年十一月十六日）

調查做成實支工料表

種類	數量	單價	總價
窰門外土方	75立方公尺	30	2250
窰洞内土方	75.7〃	32	2422
窰内小洞土方	16	35	560
雜木單扇門	1	600	600
雜木走馬窓	1	400	400
麥草及麥糠	250斤	150	375
沙子	1石	100	100
土坯	600個	003	180
門窓過木	4塊	60	240
鉄閂鉄釘		55	55
粗細泥工	12個	70	840
合計			8022
備攷	洞外土方隨地而異土方多則價隨之而大		

原包價估計表

種類	數量	單價	總價
窑門外土方	75 立方公尺	20	1500
窑洞内土方	75.7 〃	25	1893
窑内小洞土方	16	30	480
雜木單扇門	1	600	600
雜木走馬窗	1	400	400
麥草及麥糠	250 斤	150	375
沙子	1 石	100	100
土坯	400 個	003	120
門窗過木	4 塊	60	240
鉄閂鉄釘		52	52
粗細泥工	12 個	70	840
合計			6600
備考	洞外土方隨地而異土方少則價隨之而減		

西京建委會在樊川北原所鑿窑洞價格等級表

號數	地址	等級	價格	租主	備考
一	皇子坡窑底	一	77 00		
二	〃	一	77 00		
三	〃	一	77 00		
四	〃	一	77 00		
五	〃	一	77 00		
六	皇子坡南門外	一	77 00		
七	〃	一	77 00		
八	〃	一	77 00		
九	〃	一	77 00		
一〇	段家掌西	一	77 00		
一一	〃	一	77 00		
一二	〃	一	77 00		
一三	〃	一	77 00		
一四	〃	二	70 00		
一五	〃	二	70 00		
一六	〃	二	70 00		
一七	牛頭寺西	一	77 00		
一八	〃	一	77 00		
一九	〃	一	77 00		
二〇	〃	一	77 00		
二一	〃	一	77 00		
二二	〃	一	77 00		
二三	華嚴寺上	二	70 00	四屬行訂	
二四	〃	一	77 00	〃	
二五	〃	一	77 00	〃	
二六	〃	一	77 00	〃	
二七	〃	一	77 00	〃	
二八	〃	一	77 00	〃	
二九	〃	一	77 00	〃	
三〇	〃	一	77 00	〃	
三一	〃	一	77 00	〃	
三二	華嚴寺中	一	77 00		
三三	〃	一	77 00		
三四	〃	三	50 00		因洞低小
三五	〃	四	20 00		洞内浸水
三六	華嚴寺下	四	20 00		同上
三七	〃	二	70 00		
三八	〃	二	70 00		
三九	〃	一	77 00		
四〇	西楊萬坡村後	一	77 00		
四一	〃	一	77 00		
四二	〃	一	77 00		
四三	董爺溝口	二	70 00		一小窑穿通
四四	〃	二	70 00		一小窑穿通
四五	東楊萬坡默庵	一	77 00		
四六	〃	一	77 00		
四七	〃	一	77 00		
四八	〃	一	77 00		
四九	〃	一	77 00		
五〇	〃	二	70 00		少二小窑
總計			三千六百四十六元		

窰洞做成實支總價分價表

類別	數量	單價		共價		備攷
原色窰洞	50	66	00	3300	00	
土質稍劣已安門窗而坍塌者	2	66	00	132	00	
土質稍劣未安門窗而坍塌者	1	53	00	53	00	
土坯因雨淋化者	5000		003	15	00	
油刷窰洞門窗	50	1	00	50	00	
勤務工資	3	12	00	36	00	三個月計
總計				3586	00	
平均每座窰價				71	72	

窰洞等級分價表

等級	數量	單價		共價		備攷
一	38	77	00	2926	00	
二	9	70	00	630	00	
三	1	50	00	50	00	
四	2	20	00	40	00	此洞可作廚房及儲藏室
總計	50			3646	00	
說明	按此價格收款長餘洋六十元以備平修洞前道路					

中中交农四银行联合办事处西安分处关于送请查收四行窑洞工料费暨请先核给居住许可证等致西京建委的公函

（一九三七年十二月二日）

中中交農四銀行聯合辦事處西安分處

兹送上敝四行窑洞九座工料費共國幣陆百八拾六元，請

查收，公函再補上。請先

核給居住許可証暨收據各九紙交来人帶回

爲荷。此致

西京市建設委員會

中中交農四行聯合辦事處西安分處啓

廿六、十二、二

中華民國　年　月　日

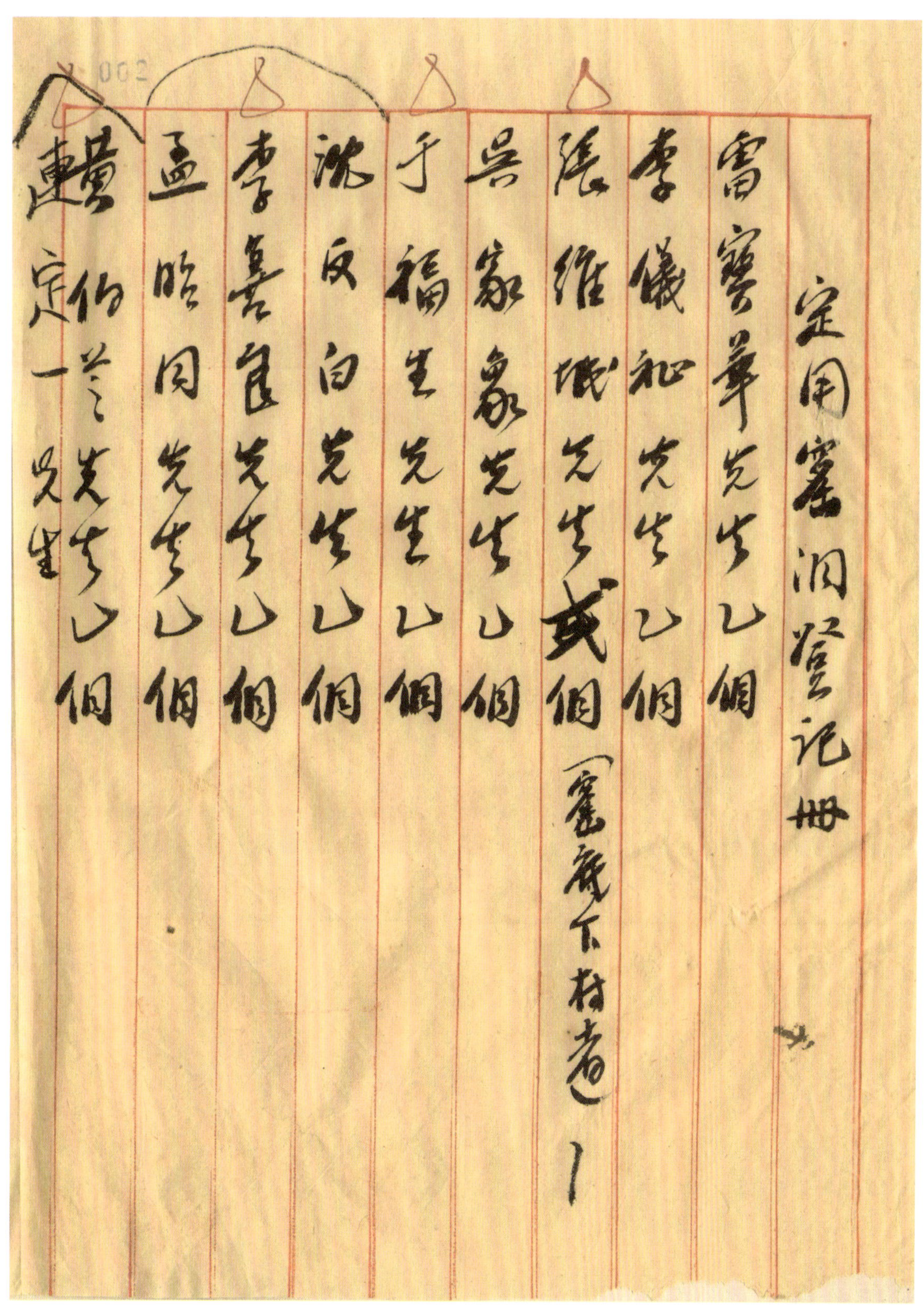

定用窯洞登記冊

雷寶華先生乙個

李儀祉先生乙個

張維城先生貳個（窯底下村者）

吳家象先生乙個

于福生先生乙個

沈反白先生乙個

李善良先生乙個

孟昭同先生乙個

黃伯芝先生乙個

連定一先生

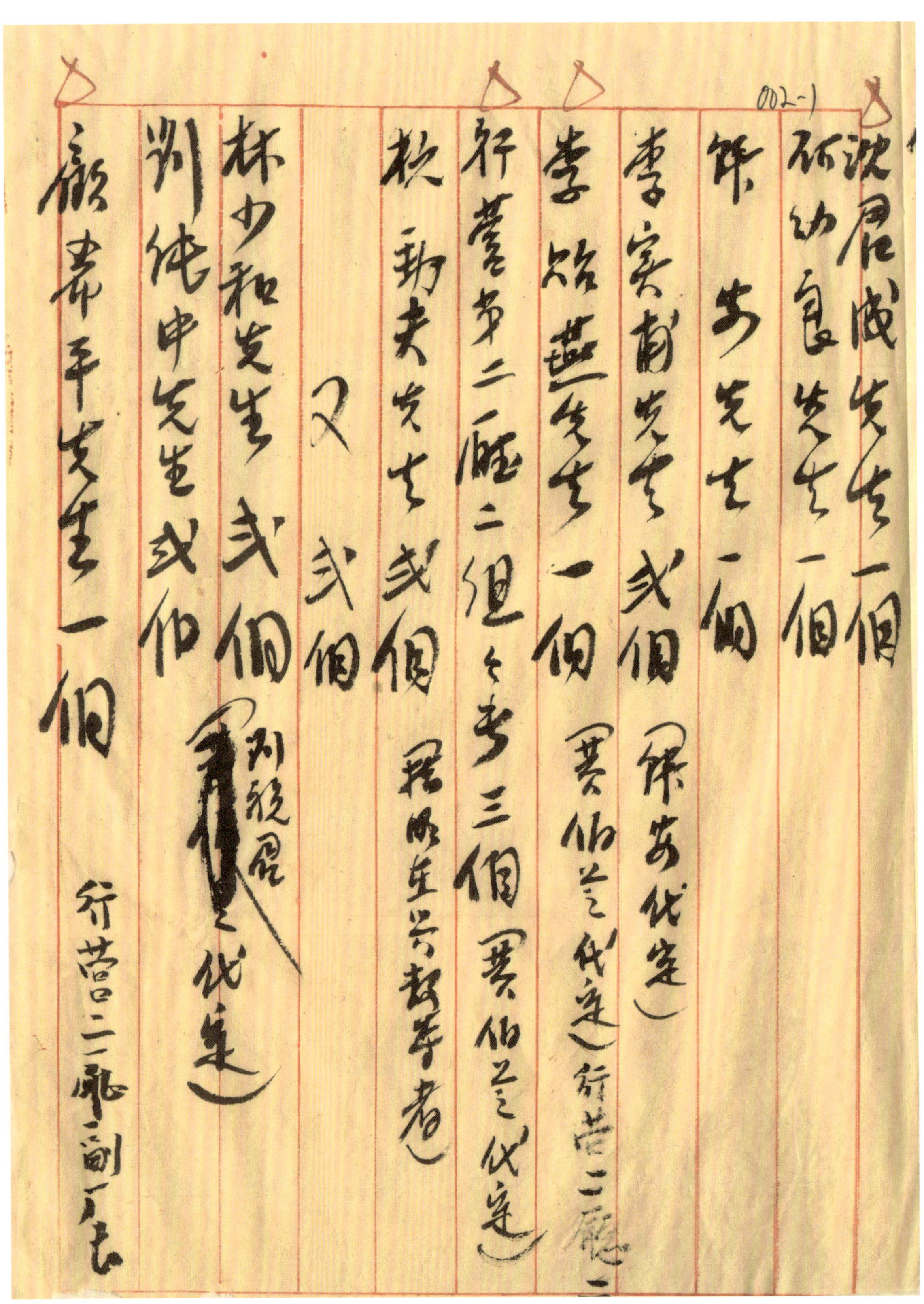

沈居成先生一個
何幼良先生一個
張安先生一個
李實前先生弍個（張安代定）
李焰燕先生一個（黄伯芝代定）行營二廳一
行營第二廳二組々長三個（黄伯芝代定）
杜勤夫先生弍個（程明生吳教等者）
又弍個
林少和先生弍個（劉毅君代定）
劉純中先生弍個
顧肅平先生一個
行營二廳李副廳長

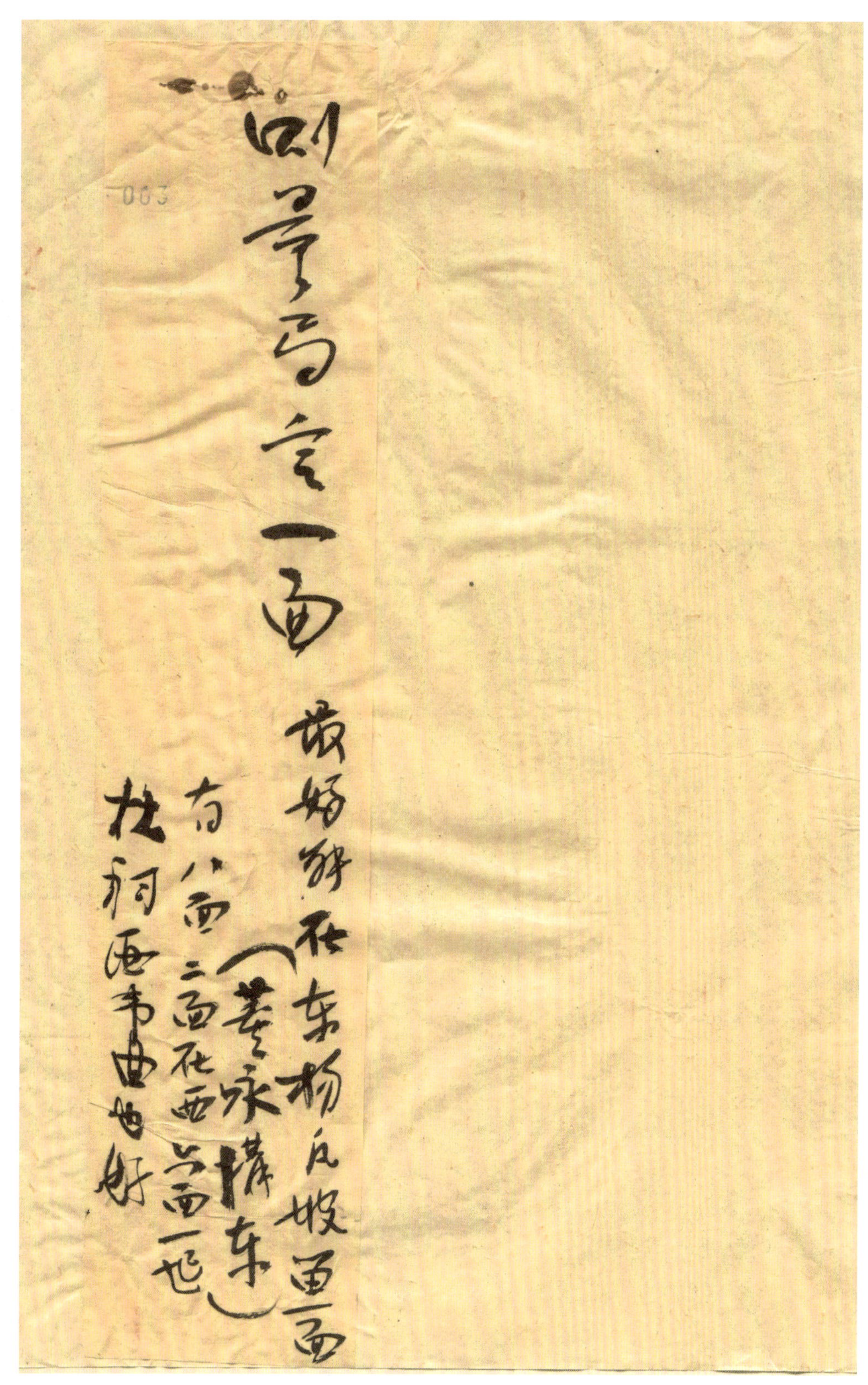

063

明年写生一画

最好能在东杨瓦坡画一画（姜永祥东）

有八画二画在西头画一起

在祠堂东画也好

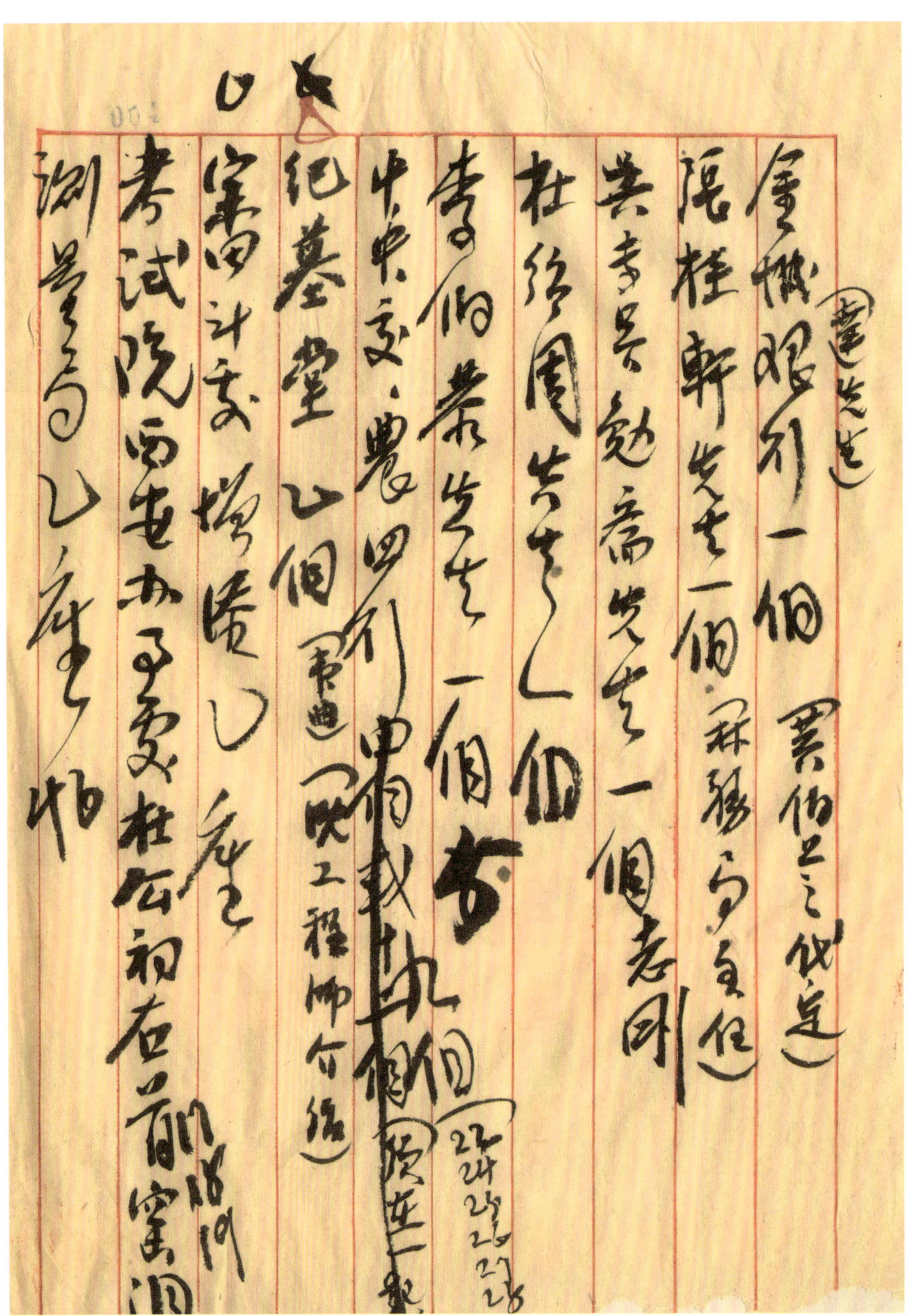

金城銀行一個（賈伯三之代定）

隴桂軒先生一個（孫務之負任）

吳青吾、勉齋先生一個 志剛

杜伯周先生一個

李伯棠先生一個

中央交、農四行一個

紀基堂一個（李遇）（陝工程師介紹）

審計處 楊隱一座

考試院西安辦事處杜公祠右前窑洞

測量局一座

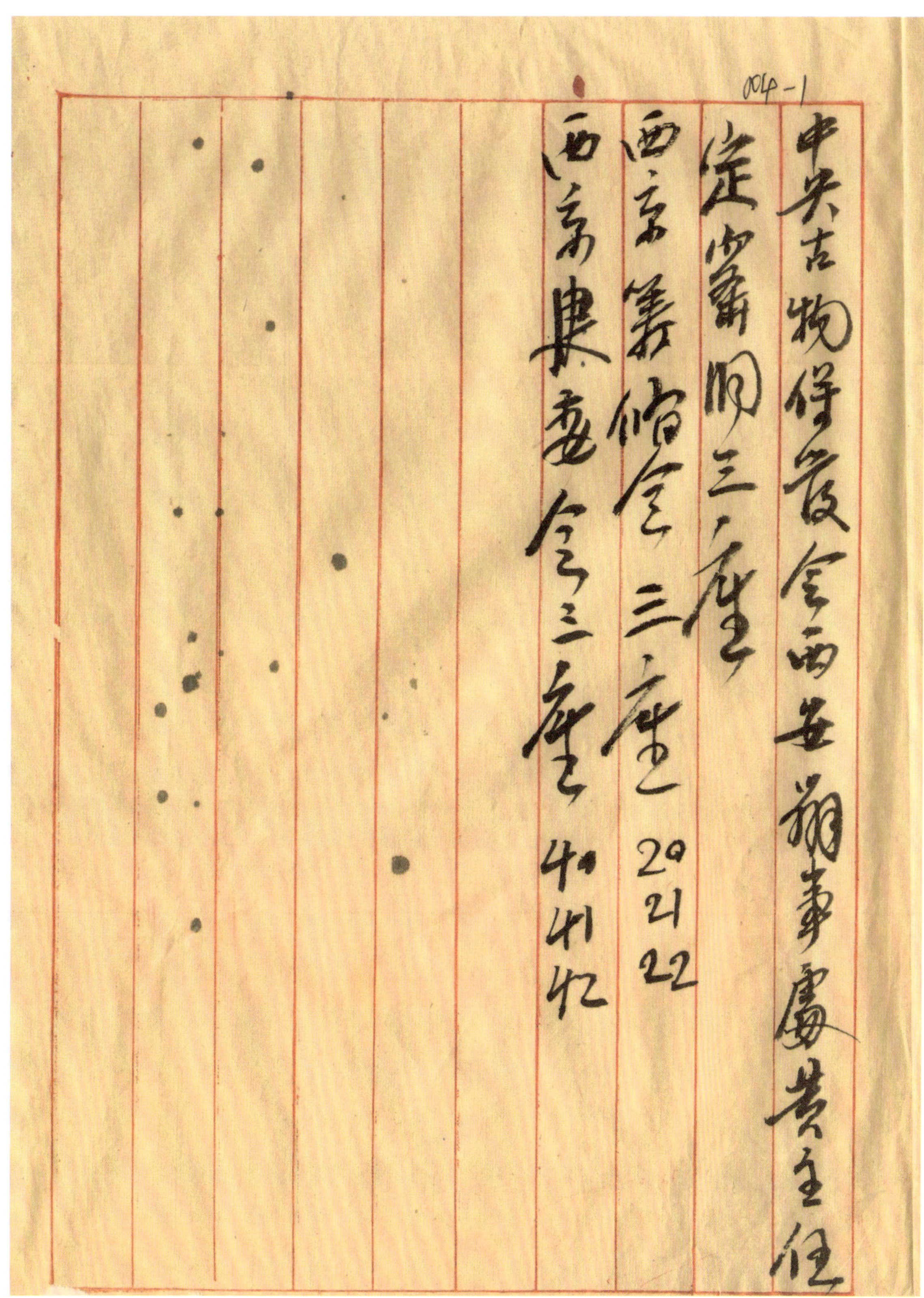
004-1

中央古物保管会西安办事处黄主任

定衛團三座

西京筹备会 三座 20 21 22

西京建委会三座 40 41 42

西安市非常时期疏建委员会关于赍送疏建四郊计划致西京建委工程处的公函（一九三九年六月二十日收）

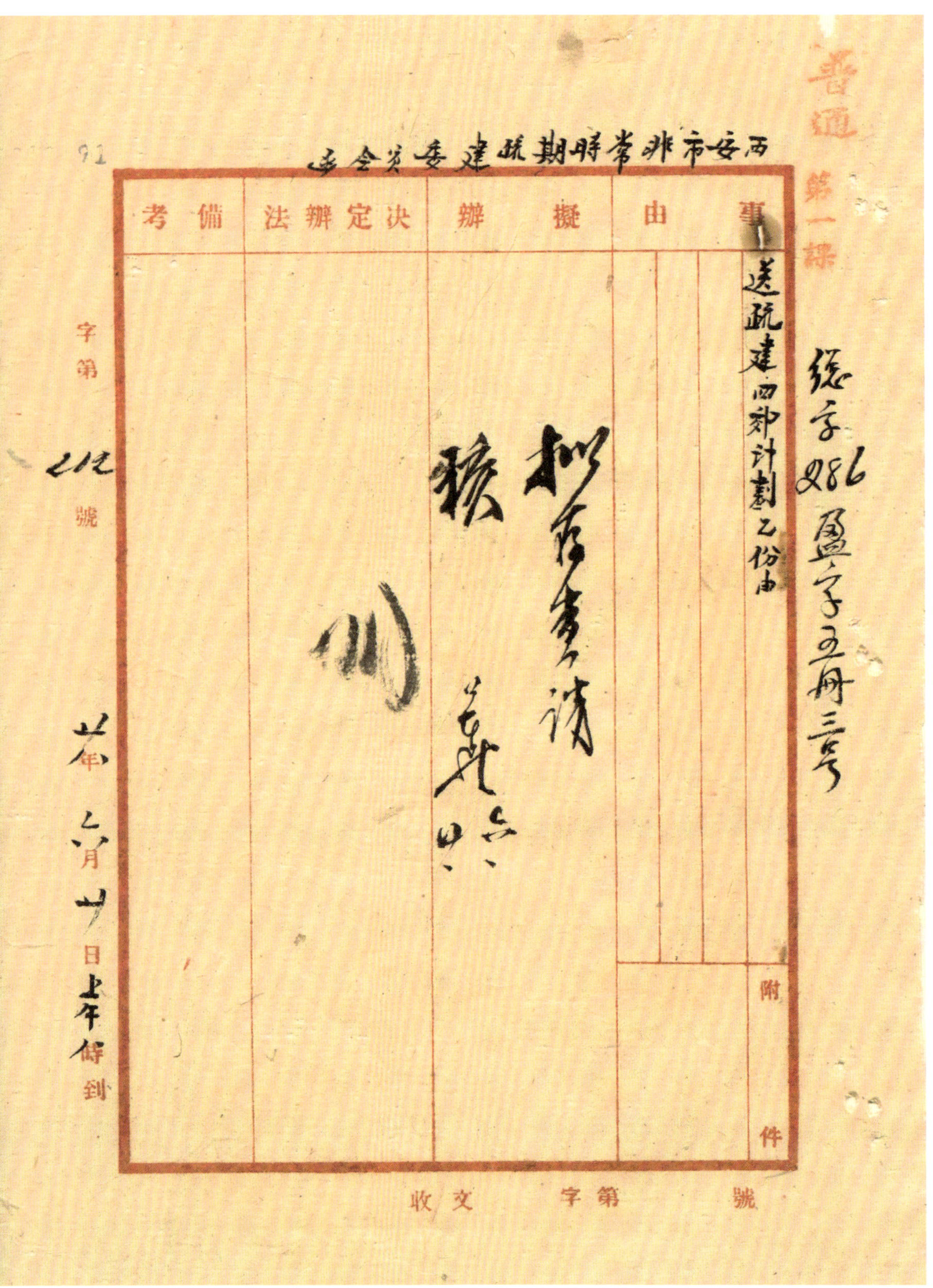

普通 第一課

西安市非常時期疏建委員會

事由	擬辦	決定辦法	備考
送疏建四郊計劃乙份由			
附件			

字第 號

廿八年六月廿日上午 時到

收文 第 字 號

附：陕西省会疏建四郊计划（一九三九年六月二十日收）

陝西省會疏建四郊計劃

提要

一、引言
二、疏散人口
三、四郊概况
1、人口
2、住所
3、教育
4、警衛
四、四郊建設
1、添築住所
2、配置商業
3、教育設施
五、劃區及警衛

陝甘寧參議會疏建四郊計劃

一、引言

查本市此次疏散人口，遷移農村，意義重大，規模宏大，全市民衆其環境許可者，因能依照（指定）地區擬具疏散，而特以各職業根據地，或以種種原因不能遠離者，仍為數衆，爲求各業安全，及生活維持常態計，擬於四郊地帶，設法妥為安置，用符疏建之目的，良適合民衆需要之要旨。惟四郊鄉村人煙稀少，房屋無多，設備欠缺，整飭修葺，疏散市民，使之永建房屋，計資充作修配備整頓，興舉交通治安，設置日用品商業交易生活之需要，擴充小學教育，保育兒童，失業各種，如能一一建樹，則市民之遷移四郊，無異於城市，不但以郊作市民之疏散階

題。得以分別辦理，即四郊鄉村，亦得藉此策繁
不齊市區建設之擴展，更就管見所及，自有擬入疏
建四郊新村計劃，俾依據擇。

一、疏散人口

查本市現有人口，為二十三萬四千餘人，以疏散十六
萬而論，其因職業根基不能遠離市區謀生，或因
戰時特（業務）不便而遠寄疏散者，至少有三萬至四萬人，此項
人口，如能設法疏散四郊，以三人或四人平均占屋一間計，則
需住屋一萬間。

二、四郊概況

欲明四郊之概況，應先決定其區域範圍，
本計劃所指定四郊區域，以敵空襲各個目標擬擴充整
區之城郭地區為範圍：計東至韓信墳，南至直

谷洞、西交周家圍墻北至孫家山。乃七十三村。其概況經調查如左：

1、人口　四郊七十三村現有戶口爲六千五百八十六戶，二萬八千七十九口。利用現有之房屋，尚可容納五千人。

乙、修所　四郊七十三村現有房屋、爲九千五百二十三間，在各村內隙地，尚可建築四千餘間，容納一萬六千至一萬六千人。如在各村外適宜地點分別修築，可建房屋一萬間，以四郊地域之廣，防空方面既無顯露目標之房屋，容納人數，復可增至三萬五千四萬人。且鄉村區域堪供挖窰洞之處甚多。一般貧民居住問題，當可解決。

丙、教育　四郊七十三村現有小學三十一所，教員四十三人，學生一千九百三十三人，原有學校尚可容納學生七百人。

丁、警衛　四郊七十三村，除駐軍及南郊有保安大隊官兵千餘名外，再無其他地方武力。

（附調查表）

四、四郊建設

欲藉四郊鄉村疏散市民，必需有種種準備。其理由已如上述，茲將應行建設事項分別闡述於左：

1、添築候所

（A）在四郊鄉村建築房屋一萬間，以便疏散市民居處，是項房屋建築，平均每間以二百元計，需款約二百萬元，並應按鄉村形勢，疏散建築免致異路目標，其所需建築經費擬請省府撥款設計建築或由省府暨本會督飭本市廠行界撥資並由西京市政建設委員會發動監督完成，以供租住。

(B) 啟用候撥疏散地區，利用壯丁或雇業團體建造適量棚舍，俾供租住。

乙、配置商業

四郊鄉村，日用品商店甚少，疏散市民應將須計疏散至各鄉村及原有住民人數分別統計，配置日用品商店，是項商業之配置，屆時即由市內商店統籌分配遷移。

丙、教育設施

準備疏散之二萬人中，以十分之一為小學生計約有學生八千人，除原有學校尚能容納七百人，勉可繼續求學外，尚有七千三百人無處就讀，為免除學生失學計，擬以左列方法辦理：

(A) 改善並擴充原有小學，其應添聘之教師及所需之經費，即以市內小學部份宜充小學經費及教師福利。

(B) 市民疏散至四郊鄉村後，視事實之需要，由長安縣政府撥款添設小學數所。

(C) 民教館組織鄉村流動教育，如巡迴車、書報車、露天講座等，於可能範圍內，盡量實施。

4. 劃區及警衛

查警察局前次所擬擴充警區計劃，係將四郊外各村，連同四關，劃分四區，本會疏建四郊鄉村、鎮以此為範圍，為求鄉村建設整齊起見，應依文化及農工商各業性質分區疏散，並配備相當警衛，擬以左列方法辦理之：

（A）以東郊為商業住宅區，南郊為文化教育區，西郊為農業園藝區，北郊為工業工廠區。市民疏散之後，分別遷移。（附略圖）

（B）由本會函請省府警備司令部及警察局將四郊警衛力量，迅速配備，以維治安。

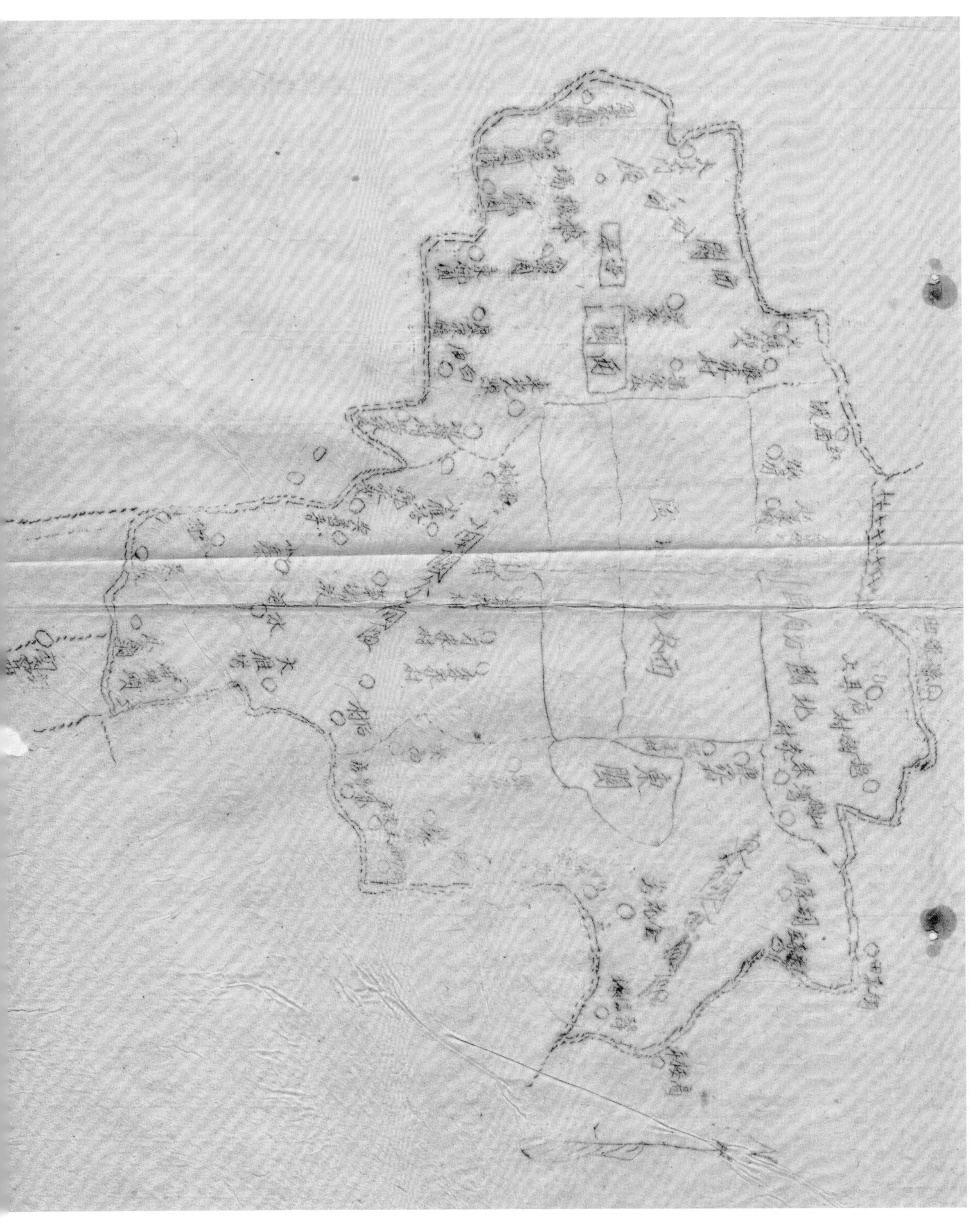

军政部驻陕军需局、西京建委工程处关于新履公司拟在城外另建新厂速办领照手续以便查勘的一组公函

（一九三九年七月四日至九日）

军政部驻陕军需局致西安市政工程处的公函（一九三九年七月四日）

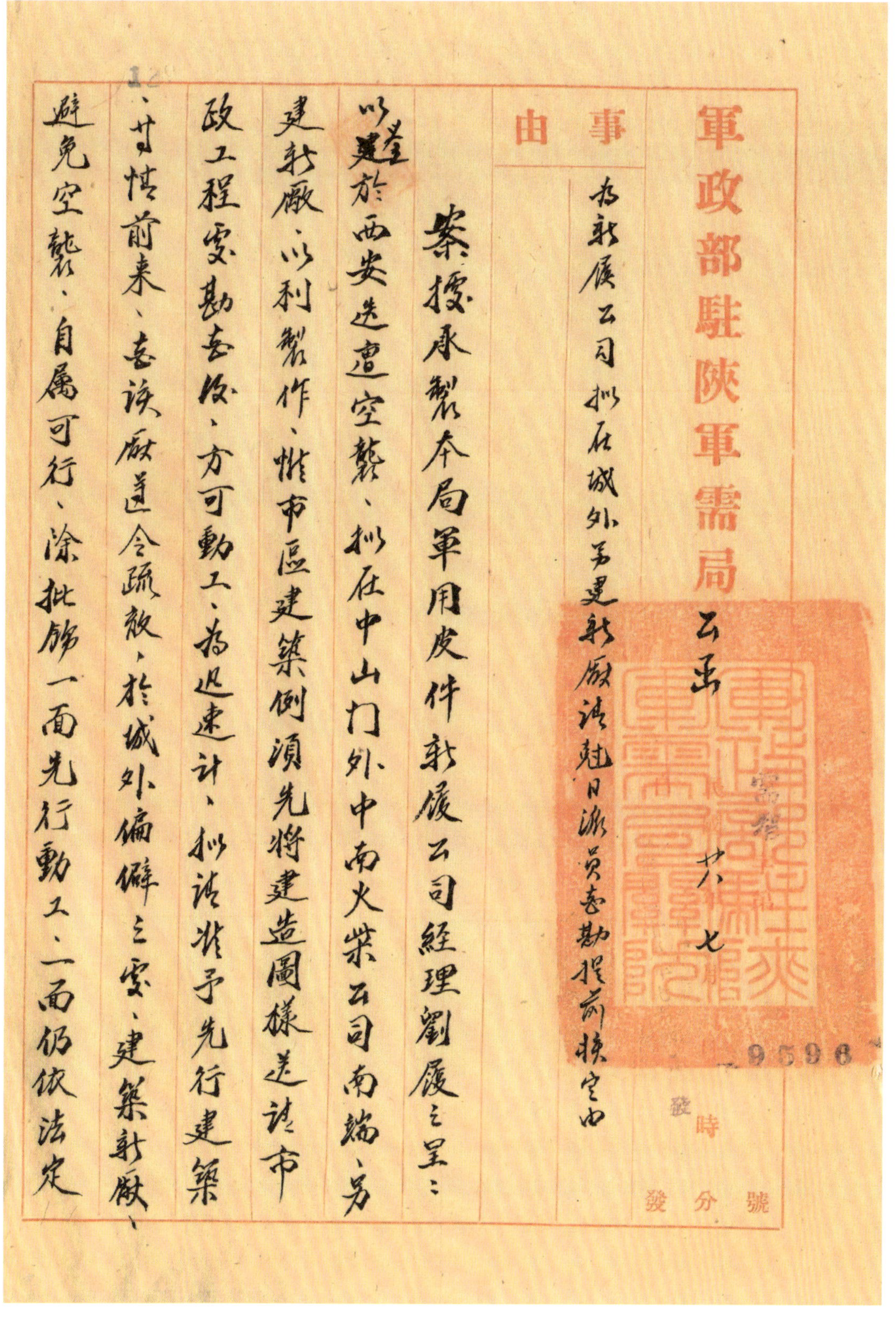

軍政部駐陝軍需局公函 六七

事由：為新履公司擬在城外另建新廠請尅日派員查勘提前核定由

案據承製本局軍用皮件新履公司經理劉履之呈：「以鉴於西安迭遭空襲，擬在中山门外中南火柴公司南端另建新廠，以利製作，惟市區建築例須先將建造圖樣送請市政工程處勘查後，方可動工，為迅速計，擬請准予先行建築」，并請前來，查該廠遵令疏散，於城外偏僻之處，建築新廠，避免空襲，自屬可行，除批飭一面先行動工，一面仍依法定

9596

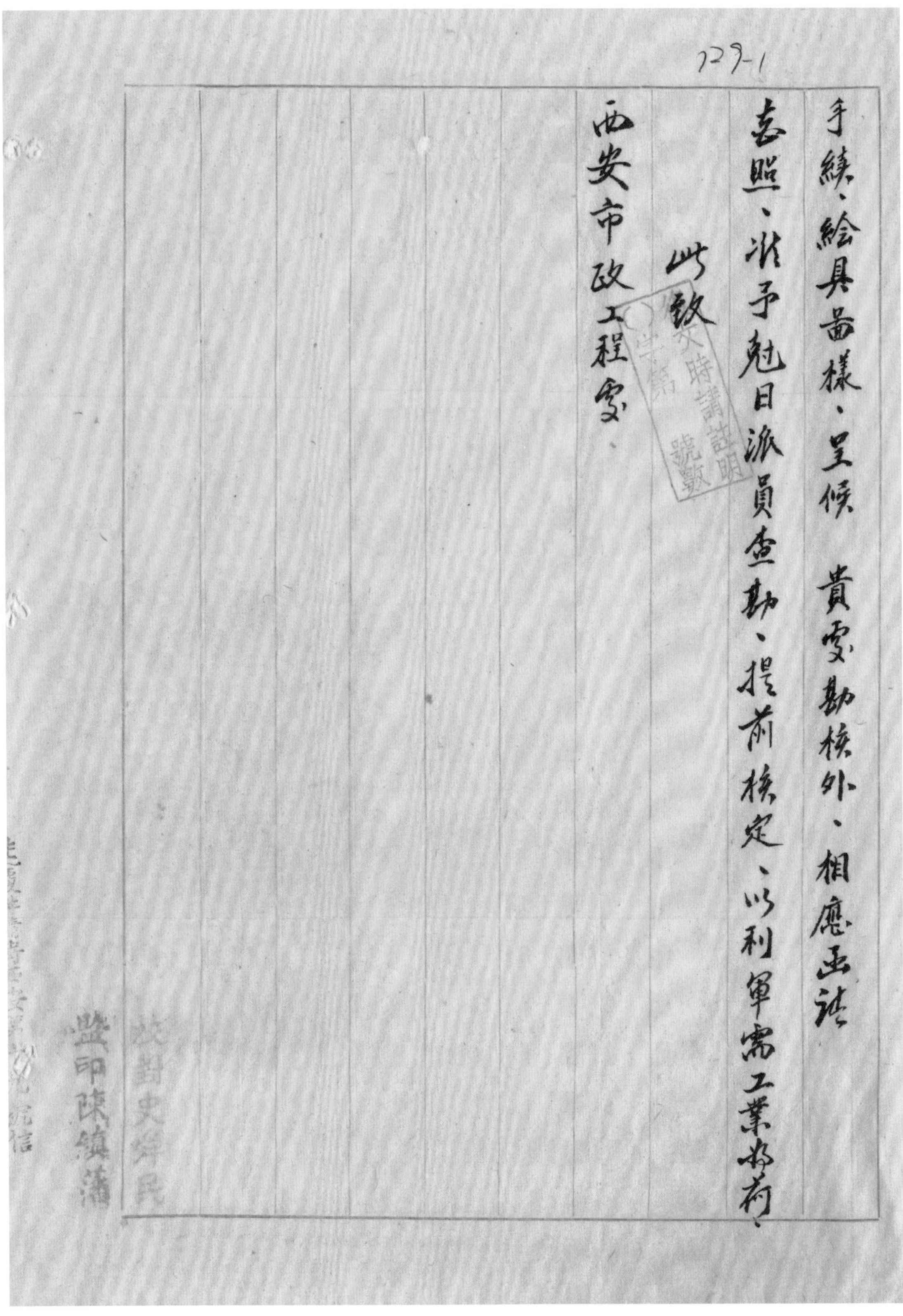

129-1

手續、繪具圖樣、呈候　貴處勘核外、相應函請

查照、准予尅日派員查勘、提前核定、以利軍需工業為荷、

此致

西安市政工程處

西京建委工程处致军政部驻陕军需局的公函（一九三九年七月九日）

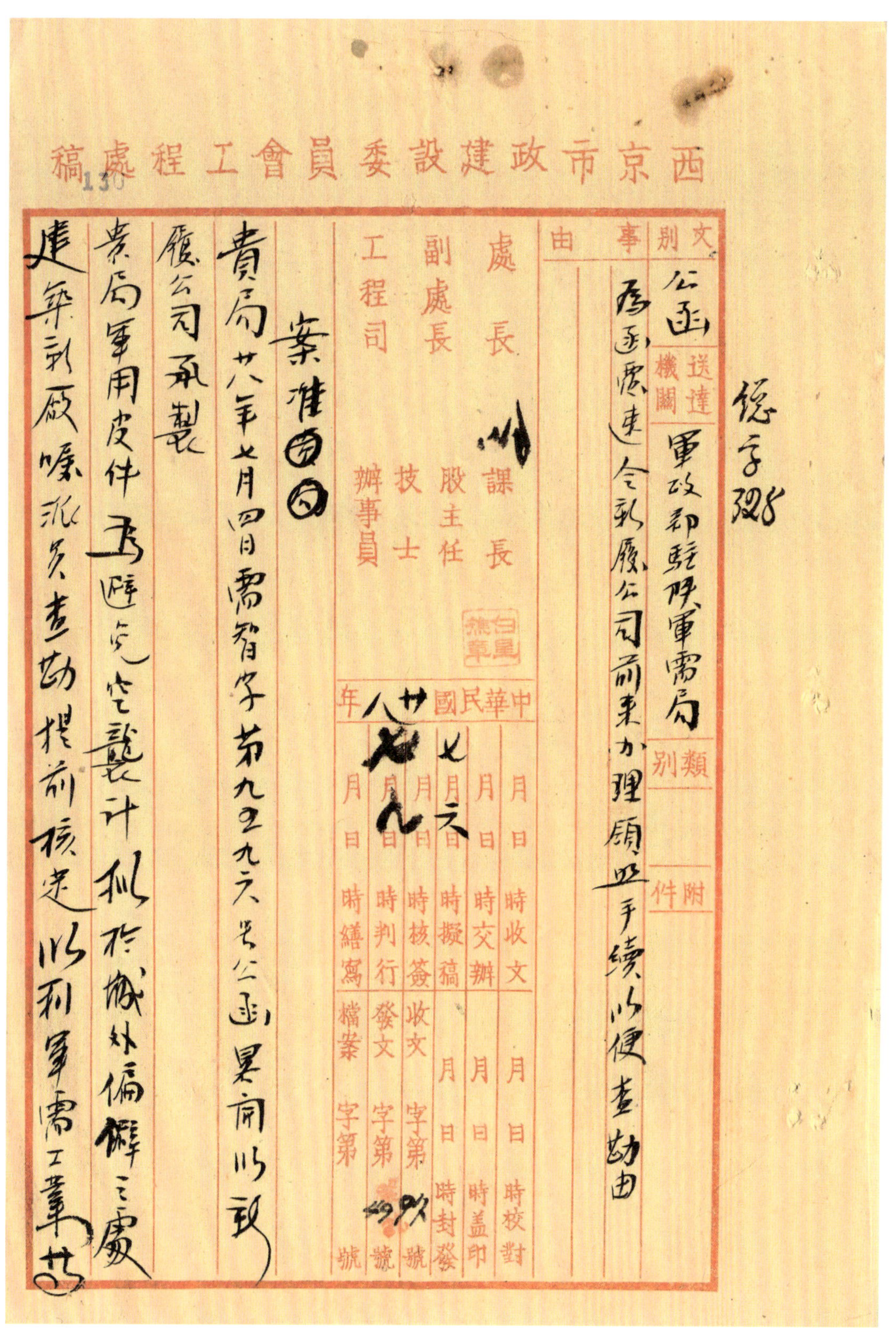

西京市政建設委員會工程處稿

總字328

文別：公函

送達機關：軍政部駐陝軍需局

事由：為函覆速令新履公司前來辦理領照手續以便查勘由

類別

附件

處長　副處長　工程司　課長　股主任　技士　辦事員

中華民國廿八年七月六日擬稿　七月九日

案准

貴局廿八年七月四日需智字第九五九六號公函略開以新履公司承製貴局軍用皮件，為避免空襲計，擬於城外偏僻之處建築新廠，囑派員查勘，提前核定，以利軍需工業等由

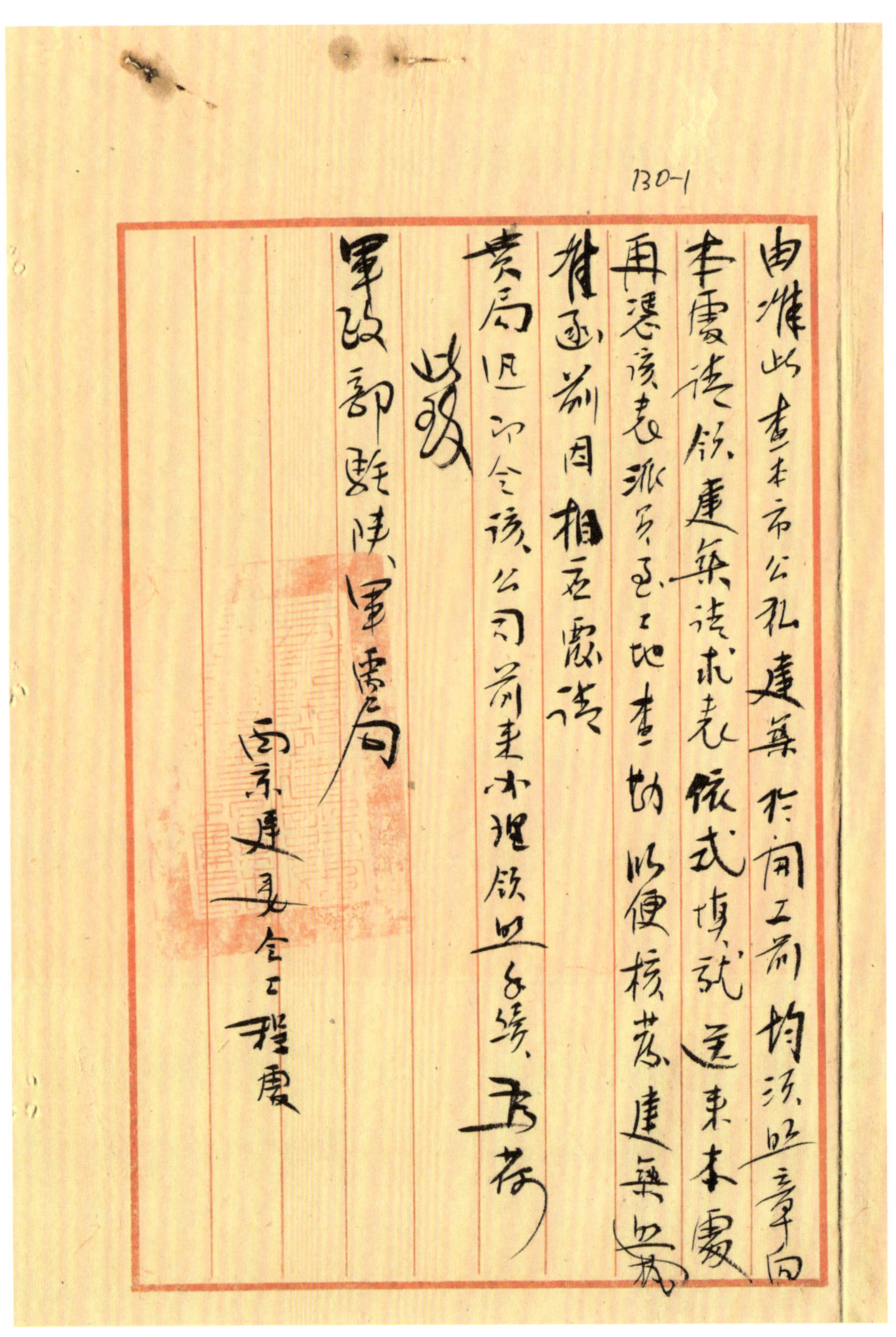

130-1

由准此

查本市公私建築於開工前均須照章向

本處請領建築許可證依式填就送來本處

再憑該表派員至工地查勘以便核發建築執照

准函前因相應函請

貴局迅即令該公司前來辦理領照手續為荷

此致

軍政部駐陝軍需局

西京建築工程處

西安市非常時期疏建委員會用箋

查本會第七次常會第一案西京市建設委員會函詢何時疏散一案奉行營代電由本會自行核議應如何辦理案經決議情形特殊准予緩遷并呈函行營省政府備查等因紀錄在卷除函致通知本會督導組知照外相應函復

查照爲荷！

西安市非常时期疏建委员会关于答复疏散时间致西京建委的笺函（一九三九年七月十日）

25

西安市非常時期疏建委員會用箋

西京市政建設委員會

此致

啓 七月十日

西安市非常时期疏建委员会关于检送工作总报告续表致西京市政工程处的公函（一九三九年八月三日）

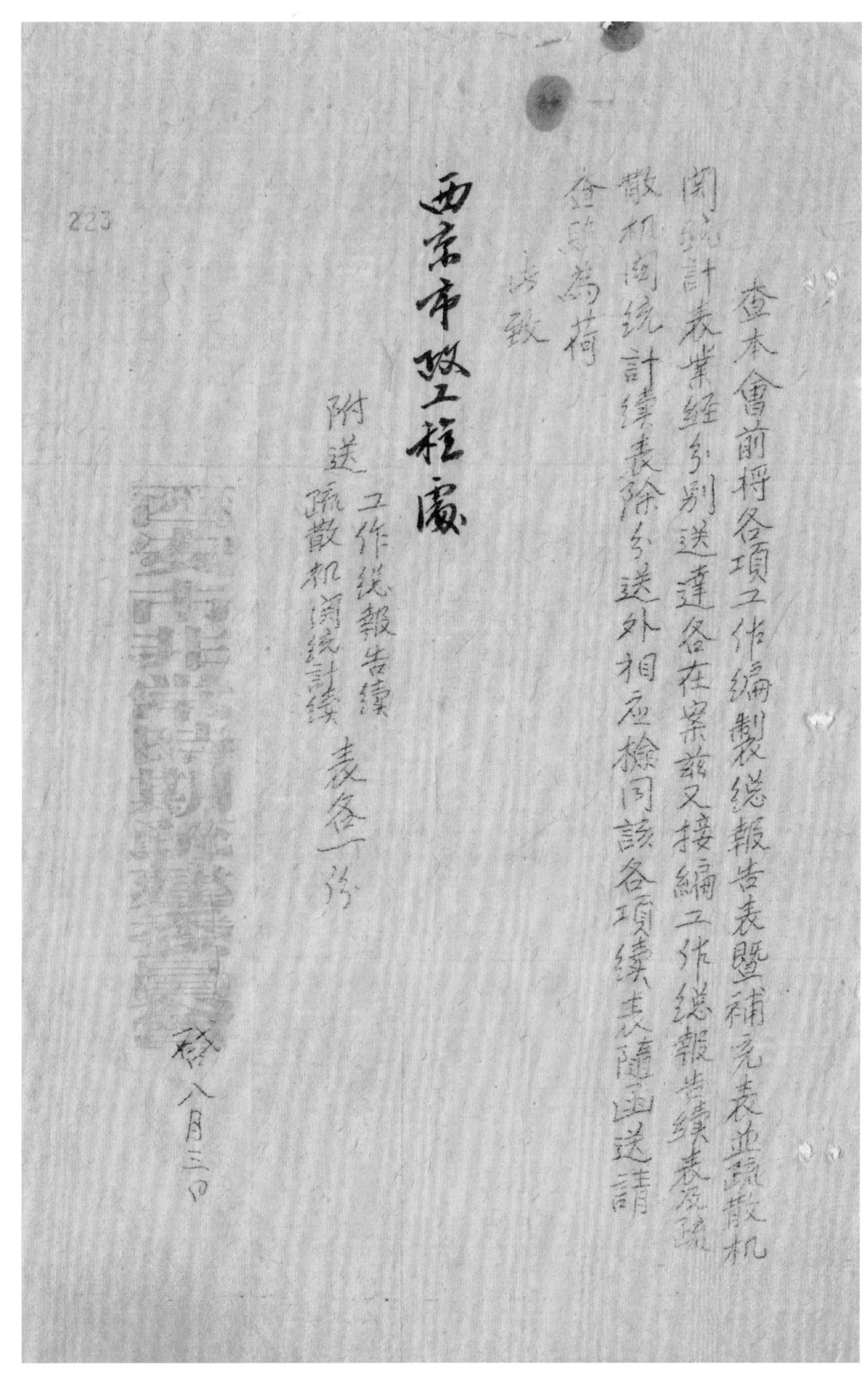
223

查本會前將各項工作編製總報告表暨補充表並疏散机關統計表業經分別送達各在案茲又接編工作總報告續表及疏散机關統計續表除分送外相應檢同該各項續表隨函送請

查照為荷

此致

西京市政工程處

附送工作總報告續表

疏散机關統計續表各一份

西安市非常時期疏建委員會

八月三日

附一：西安市非常时期疏建委员会工作总报告补充续表（一九三九年八月九日）

西安市非常時期疏建委員會工作總報告補充續表 民國二十八年八月九日製

分期疏散机關（七月十一日起至七月二十八日止）

期別	完全疏散數	部分疏散數	准予緩迁者 天水行營	准予緩迁者 省政府	准予緩迁者 本會	准予緩迁者 共計	准予不迁者 天水行營	准予不迁者 省政府	准予不迁者 本會	其他請求迁移疏散者	不見回文數
第一期	五	無	一	無	無	一	無	無	無	二	二八
第二期	一	無	無	無	無	無	無	無	無	無	四
第三期	三	一	一	無	無	一	一	無	無	一	一〇

軍事机關眷屬疏散

回文已遷數	回文飭遷數	回文無眷數	回文不遷數	不見回文數
一	一	無	一	八九

工商業疏散

縣名	地名	需要工商各類情形
長安	大兆鎮	以印刷業麥粉業鉄工廠建築業等為迫切需要

寶雞	以火柴業皮件廠麵粉廠為該縣切實需要
岐山	以麵粉業肥皂工廠旅店業理髮業書業等甚為需要
汧陽	以書籍報紙等業為最需要
醴泉	以皮行及毛巾工廠為最需要

以上各縣係本會去函詢問各該地需要各業得其答復者已分別函請長安縣商會轉飭該各業等分往各縣開設以利疏散

又新履等公司已在本市郊外自築廠屋營業

又福盛鉄工廠將機器原料迁至宝雞河南

計

一、本會七月二十一日至八月九日收到各方公文為五十六件連前共收文六百二十一件

二、本會七月十七日至八月九日發出文件為三百九十四件連前共發文四千二百七十件

附二：西安市非常时期疏建委员会疏散机关统计续表（自一九三九年七月十一日起至二十八日止）

225

西安市非常時期疏建委員會疏散機關統計續表　自七月十一日起至七月廿八日止

機關名稱	疏散地址及情形	備攷
（甲）關於完全疏散者		
西京籌備委員會	遷移城南清涼寺	
軍事委員會華北戰地督導民众服務团駐西安通訊處	在西安只一通訊員餘已疏散	
黃河水利委員會河南修防處	已遷移洛陽法院前街办公	
陝西殘廢養老所	遷移距城十里之大蔣家寨二十里混家庄	
陝西省國術館	早已停止工作職員已星散	
同蒲鐵路管理局	遷移天水	
長安縣稅務局畜稅征收所	遷移大兆鎮	
長安灞河洪口救濟會	地址未詳	
戰地文化服務處西安總處	該處已結束	

長安縣度量衡檢定分所	已奉令結束	

(乙)關於部分疏散者

機關名稱	部分疏散情形	備考
行政院非常時期服務團第五隊	七十名團員奉令調黃河組工作隊已結束只留一員處訊	

(丙)關於准予緩遷或不遷者

機關名稱	准予緩遷機關及情形	備考
長安稅務局東關分局	奉陝省府公函府財一稅字第六〇八五號准予緩遷	
長安稅務局南關稽征所	仝右	
長安稅務局北關稽征所	仝右	
西京市政建設委員會	由本會常委會議決准予緩遷	
中國婦女慰勞自衛抗戰將士總會陝西分會	奉行營行轅訓令第二四三號准予緩遷	
交通部陝甘青寧電政專員辦事處	奉行營行轅寒代電准予緩遷	

226

特種教育人員訓練班	奉行營行和稿訓令第二三八號准予免遷	

(丁)關於正籌疏散或其他請求者

機關名稱	請求情形	備攷
陝西省水利局	聲明正籌疏散	
豫源通軍服工廠	該廠請求因女工皆係貧寒難民不能疏散	
軍委会战地服務团第一服务隊長安站傷兵招待所	為傷兵服務不能疏散	
陝西省建設厂培華女子職業学校合办婦女染織工廠	正設法覓廠址	

(戊)迄未見回復者

西安民众施教區	同昌被服廠	公記軍服廠
軍政部軍需局臨時工廠	集義成工廠	河北省政府後方留守處
陝西省審查訓育主任公民教員資格委員会	黃河水利委員會器材保管處	陸軍八十四軍服股
東北難民救濟委員会西北分会	扶武被服廠	軍政部駐漢軍需局臨時被服廠

非常時期難民救濟委員会臨時病院
衛生署西北区防疫專員办事處
中華文藝協会西安分會
兵工署駐西北办事處
福兴成被服廠
参謀本部陸地測量局
西北青年抗敌协会西安總会
西北青年抗敌协会西安東関分会
陝西林农業改進所
西京回民救濟委員會

軍政部軍需局臨时被服廠
回民紅十字会西安保管支会
軍政部駐陝軍需局第二廠豫北工廠
復兴元軍服廠
軍需局联合工廠
軍政部駐陝軍需局臨時被服廠漢昌三分廠
陸軍第八十三师倉庫
審計部陝西審计處
西北顏料办事處
三民主义青年团西安青年招待所

軍政部軍需第二联合振業合工廠
関中师管区司令部臨时被服廠
天成軍服廠
陝西回民畜牧
全國青年抗敌總会西北分会
山東高等法院駐陝办事處
預備第一师倉庫
陝西省平糶總局
西安民众教育館
東関保商收容所

二

西安市非常时期疏建委员会关于检送本会工作概况与五十日工作报告补充表及统计总表致西京建委的公函

（一九三九年十一月二十日）

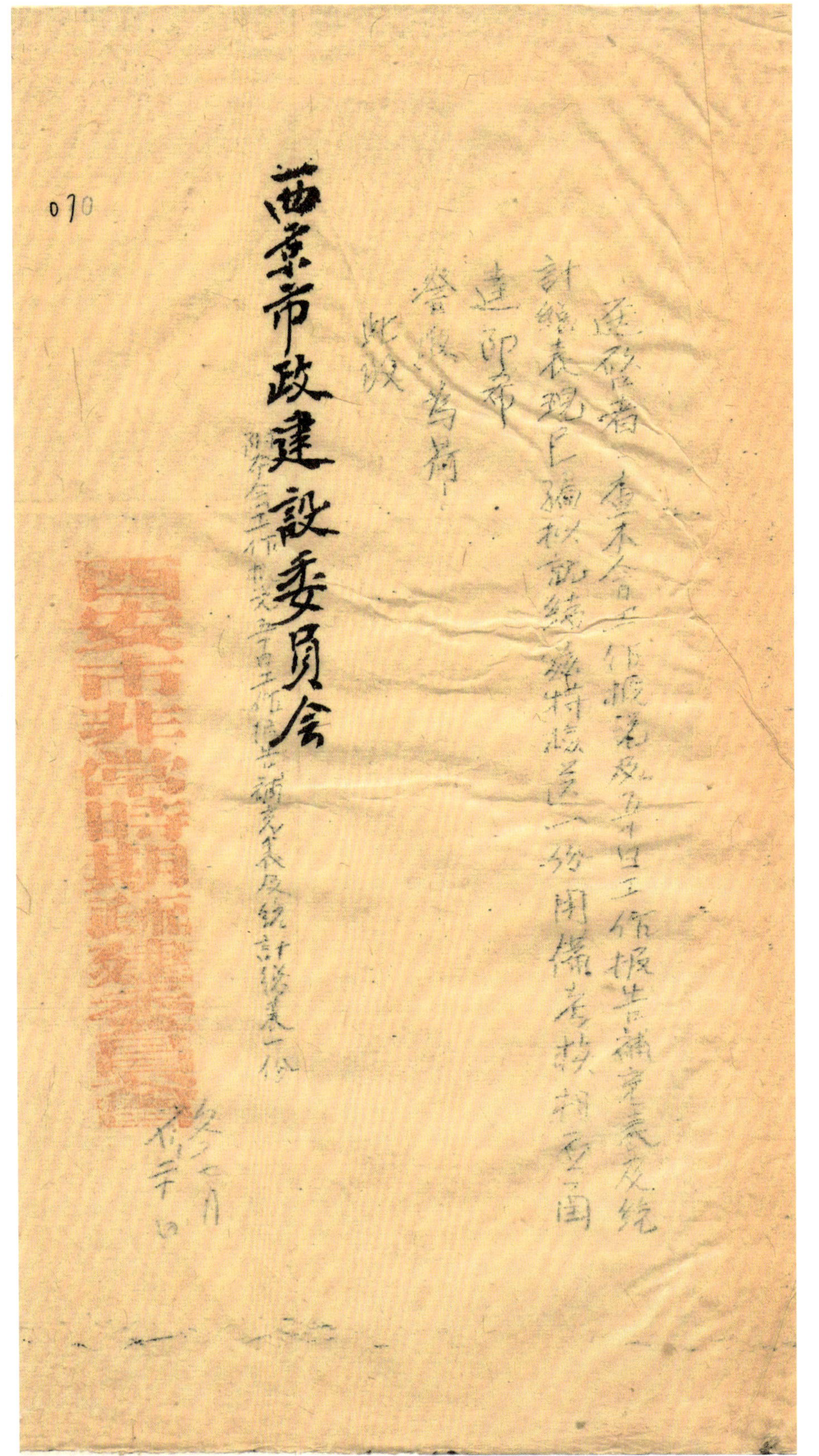

070

逕啓者：查本会工作概况及五十日工作报告補充表及統計總表現已編校就緒，特檢送一份，用備參考，相應函達，即希 查收為荷。此致

西京市政建設委員會

附本会工作概況、五十日工作報告補充表及統計總表一份

西安市非常時期疏建委員會

卅八年十一月二十日

07

西安市非常時期疏建委員會工作概況 自二十八年五月二十一日至七月十日

一、對於黨政机關之疏散 視各机關在省之性質與其相互之關係，為之分期疏散，計第一期一百二十机關，第二期二十七机關，第三期二十八机關。每期疏散机關又分為自動与強迫二期，其規定第一期疏散机關之自動疏散期間為自本年六月一日至十日，強迫疏散期間十一日至二十日；第二期疏散机關之自動疏散期間為六月十一日至二十日，強迫疏散期間二十一日至三十日；第三期疏散机關之自動疏散期間為六月二十一日至三十日，強迫疏散期間為七月一日至十日。各期疏散机關均須同眷屬辦理。在自動之期間，均先分別函請各該机關照期遷移至所定疏散地點，一面分請天水行營暨警備司令、長官司令部及保安處、省政府分別轉飭部屬遵照；在強迫疏散期間，亦經分別函請各該机關遵照，並函行營、省府派令憲警協同，暨由本會督導一切疏散事務，但並未有強制辦法，以尚未實行也。

二、關於軍事机關眷屬之疏散遷移 軍事机關人員之責任與黨政机關不同，不能與黨政机關一同遷移，惟其所屬人員之家眷，應儘先安置於郊外安全區，為便於照顧計，並指西安近郊為遷移地點，業經本會分函各軍事机關查照，並分請行營及戰區司令部飭照，計共一百四十八單位，均即陸續遷移，其未遷移之少數眷屬亦正在積極找尋地點，據來函稱准於最近期内遷出之。

三、對於特准緩遷之黨政機關眷屬之疏散　黨政機關之以種種理由向行營及省府呈准緩遷者頗多，本會以各該機關本身雖以種種原因不能即遷，惟其所屬人員之眷屬殊不忍令其與機關同冒旦夕空襲之危險，爰經分函各該機關先將其所屬人員家眷先行遷居近郊，並分請行營省府轉飭遵照。

四、對於軍事附屬機關如通訊處、辦事處等之疏散　本會以各該機關之在省垣有不能全部離開之理由，惟其不必要之人員與物品應儘先遷移，以策安全，爰經本會議定照辦，並即分函各該機關，並分請行營及戰區司令部飭照辦理。據先後來函，大致均稱凡重要物品已運至較遠地帶，至本市次要之物品在近郊另找地點儲存，至所有人員原爲數不多，已先行疏散，所餘負責者與物品全部遷出後，當尋前往指定地點云。

五、對於民家老弱婦孺之疏散　先經本會規定自六月十五日至六月底爲自動疏散期限，除於旬前業經疏散一萬數千人外，最近旬日内又繼續疏散計約八千餘人，連前共計疏散之市民已約有二萬餘人，譜至未疏散者，正由本會督導組進行勸導中，並托三民主義青年團西安招待所學生於檢[illegible]清潔

072

附帶勸導各户遷移尚有回民方面雖其處境特苦而獨能深明大体據稱可有萬人集体之疏散請求借予補助疏散費已由本會轉請獲准刻正在辦理登記中又本市其他貧苦老弱婦孺致有亦擬予以救濟俾便疏散本會亦已分頭接洽業有頭緒至於民衆疏散之強迫限期因各種原因未能規定其強迫辦法雖亦有所擬討因恐未果執行

對於工廠商店之疏散　本會經一再召集各商廠討論各商店及工廠疏散事宜各商廠家均願遵令疏散赴郊外出者已不少唯以現有貨物之出城及將來出品之入城請求予以免稅本會允為請准免納出城稅商於貨物出貨不進城別無銷路果能全部疏散自然不須進城等語本會並答為之轉請又以各地各縣人口集中之處必需要各種商品本會復分函詢商已得多處函復有所需求本會當經通知商會轉知各商舖擬往開設關於工廠並亦分函各處詢問可往開設地點並為各工廠設法資助經費中央在陝之經濟機關分別接洽此外為謀疏散民衆需要供給上便利起見尤其為由城遷出之商肆小販得繼續營在鄉生業起見經尊縣府設陝晤電決定增設集市於各鄉鎮並經由長安縣長指定各種貨集及重心市集

關於疏散地點及房屋之準備　經本會指定城西各縣及長安四郊各鄉村為疏散地點由省府分令準備

並規定房屋租價分别磚房土房至多每間二元五角至少每間一元現聞遷移鄉間之市民紛稱房租均飭按照規定價格尚無多大困難復經議定官民合資建築土房一萬間現正計劃進行中並復計劃於四郊大規模挖掘窯洞可容五萬人居住之準備已有各關係機關分頭籌備此均為一般疏散者另擬分别各機關各於鄉間自建土房又將長安縣長之草房建築辦法分送各方面參考

八、關於疏散地區之治安　先經分請軍政當局設法保護並建議各種治安辦法旋即奉復分飭各縣嚴整保甲並由軍警隨時協助併擬組織便衣隊前往各疏散區域往返巡察一面與長安縣府商定嚴整保甲發動鄉政保衛疏散機關事宜藉副鈞府設施嚴密之至意現正籌組警衛視察組分區從事稽查以策萬全

九、關於交通工具之準備　先經訂定辦法分向鐵路及公路局接洽嗣復另擬辦法更新計劃同時呈請行營轉令路局及交通部公路方面當承允辦火車問題因路局格於定章行營亦因命令嚴設法限制經再四往復商請現乃奉行營電復已為轉飭路局其他獸力車人力車則已由警察局辦理中

十、勸阻外來西安住家者　本市疏散結果出城者實不乏其人而市上人口竟不見有何減少不少住屋一面空出一面住進此其故何哉外來西安之人絡繹不絕也本會為杜絕來源計經分請行營轉飭各縣並分函各

83

交通機關設法勸阻攜眷而來西安者，另擬訂勸阻辦法分別責由各該管官署商業當事，宜不能全如人意，或以為可行，或以為不可也。

十一、本會所訂之規章及辦法　有「西安市非常時期疏建委員會組織規程」「西安市非常時期疏散人口機關暫行辦法」「西安市非常時期疏建委員會總務組工作計劃」「西安市非常時期疏建委員會督導組工作計劃」「西安市非常時期疏建委員會警衛組工作計劃」「西安市非常時期疏建委員會交通組工作計劃」「西安市非常時期疏建委員會宣傳組工作計劃」「西安市非常時期疏建委員會建設組工作計劃」「西安市非常時期強制疏散執行辦法」「疏散治安辦法」「西安市非常時期疏建委員會疏散老弱婦孺辦法」「建西省會疏建四郊計劃」「西安市疏散人口設置公共儲藏庫暫行辦法」「疏散期間禁止各地人民遷來西安居住辦法」「運輸工具辦法」「疏散時交通用具辦法」「西安近郊及遠郊挖[illegible][illegible]辦法」「土窯及商業機關疏散計劃」「西安市負販老弱婦孺疏散辦法」「平房建築辦法」「西安市非常時期疏建委員會設置視察組辦法」

綜觀以上各項，經過任期五個月之內，凡本會職責所及，可謂皆辦盡辦，所未成者，力有不逮，致所待疏散，給因本市政府公團各機關及商廠、市民，在疏散期中雖亦有不少遷合，遷移而建，率不盡

希望所最多數人之政在本會呈請開亦有未到之處而所需之不易既敵外來之不能勸之交通具方

理又不暇顧顧神長官集體之必要加之社會各方紛紛異議人情物理重重為難實因為重要而西

總之該事体大關係為全体市民生氣之所係積極勸為整個鄉村建設之所在即令冒與險艱時間

由而促任何單獨機關局處會辦理之亦未必能勝任而愉快本會一臨時湊合之無机体若之何能於五

旬之內完成此浩大之事業哉

三

附二：西安市非常时期疏建委员会疏散机关统计总表
（自一九三九年六月一日第一期自动疏散起至七月十日强迫疏散止）

西安市非常時期疏建委員會疏散机関統計総表 自二十八年六月一日第一期自動疏散起至七月十日第三期強迫疏散止

(甲) 完全疏散者（四十九單位）

機關名稱	疏散地址	備註
交通部陝甘寧電政專員辦公處	南鄉上塔坡之天地堂	
山西省電政管理局臨時辦事處	城南上塔坡	
長安縣教育局	大兆村小校	
西安振業和工廠同和聯合工廠第三廠	東南鄉三兆鎮	
察哈爾省政府駐陝辦事處	宝雞上馬營	
經濟部水利司中央研究院氣候研究所[illegible]測候所	鄠縣南鄉	
西北防疫處駐陝辦事處	城南杜曲桃溪寨	
軍政部軍需局久大聯合工廠	城南里王村春臨村	
公路警備旅駐陝辦事處	開赴前綫	
長安地方法院	城南杜曲鎮閣帝廟娘娘廟	

長安縣黨務指導員辦事處	城南大兆鎮
軍政部軍需局所屬同和廠	南關外十二里繆家寨
軍政部軍需局所屬同義合廠	東關外南廓門外十里三兆鎮
軍政部軍需局所屬振和興廠	仝右
軍政部軍需局所屬同義發廠	仝右
軍政部軍需局所屬義泰廠	仝右
軍政部軍需局所屬同豐廠	東關外三里金家落村
軍政部軍需局所屬振和廠	北關外机器局
軍政部軍需局所屬三義廠	南關外韋曲村
軍政部軍需局所屬鈞益廠	南關外十五里杏園村
軍政部軍需局所屬大昌廠	東關南大街大新巷口
軍政部軍需局所屬豫北廠	東關南大街大新巷四号

85

軍政部軍需局所屬協和祥廠	東関正街鴻市坊七号
軍政部軍需局所屬積裕廠	東関小東門姚家巷四十号
軍政部軍需局所屬久大廠	南門外十[illegible]等處
長安縣政府	城南大兆鎮
後援會兒童保育院	
國聯防疫處	
陝西省國術館	
陝西省工業試驗所	
陣中日報社	
鈞益被服廠	
長安縣保安大隊部	城南大兆鎮
西京圖書館	城南杜曲鎮附近[illegible]城土地廟

陝西省通志館		只留二人保管
革命先烈撫卹委員會	長安西鄉關帝廟	
陝西省儲備倉庫		早已疏散地址未詳
長蘆禁烟總局		該局結束
財政部蘇甘寧青區稅務專員辦事處	遷移蘭州	
陝西省禁烟總局		結束
禁烟總局會計專員辦公室		結束
第七師倉庫		未声明地址
第二十四師倉庫	遷移寶雞縣	
三十八軍团倉庫	遷移城外	
陝西省民政厅長安城内土地登記處		結束
陝西聯運所		結束

86

陕西省各界抗敌后援会	—	结束
陕西省各界抗敌后援会西京市民分会		取销
陕西省灾童教养院	城南大兴寺	

（己）部分疏散者（三十二单位）

机关名称	疏散情形及地址	备　注
西京市政建设委员会		地址未明准予缓迁
陕西省振济会	一部分疏散咸阳	
中国国民党陇海路特别党部	咸阳宝鸡车站留少数人住者	
国立北平研究院合组陕西考古会 陕西省政府	只留保管员一人勤务一人看门	
陕西华洋义振分会	只留一部在城办理义勇救护队事	
交通警察第二支队第二团	大部分奉令担任陇海铁路长安至宝鸡勤务	
振济委员会运送配置难民西安总站	只留少数人在崇忠路四号办公	

陕西考古会	该会奉准省府公一字第一三○号公函只留保管员一人
中国济生会长安分会	大部分迁移南郊杜曲设施药之所，少数在城担任救护事宜
第八十四师军服股	迁移虢镇
财政部所得税事务处陕西办事处	会计统计各员一同前往凤翔
西安陕甘贸易公司	一部分迁移他处仅留二人以应门口
陕西省会救济院残废养老所	一部分已迁移城南竹殷家村等处
国营陕西黄龙山垦区管理局	多半人已迁移黄龙山，仅留少数人通讯
陕西卫生处	因兼防空救护事宜未能完全疏散，仅将重要案卷迁移宋家花园，重要案卷迁至宝鸡
经济部农本局西安棉业办事处	一部分已迁移城南之府庄办公
山西省党部驻陕办事处	祇留一人住陕西省党部，余均赴战区工作
义泰军服店	因通讯仅留少数人，大部迁移三兆镇
西安孤儿教养院	一部迁移曲江池东北新开门村

陝西理善勸戒烟酒支會	因通訊僅留少數人餘遷移扶風公會
山東省政府駐陝辦事處	因通訊僅留少數人
山西旅省同鄉會	因守門留一書記
西安園林管理處	因防敵並僅留二人餘移西關[illegible]園
西安中華聖公會	因通訊留少數人在會餘一部遷移咸陽一部城南[illegible]家寨
陝西普濟化俗文教會	因守門房僅留少數人餘皆移曲江池村及新開門
軍令部通訊兵指揮部駐天水辦事處	因收發文件僅留數人餘遷移城南北山門口
山西省銀行西安辦事處	祇留少數人餘遷移蘭州成都南鄭
永泰軍服廠	祇留少數人餘遷移城南金浮沱
長安法院看守所	因第二審人犯已在高陵提訊 監移杜曲鎮
中國童子軍陝西省理事會籌備處	已在辦童子軍服務員總報到 不能全部遷移餘遷移隴縣
陝西省立醫科學校附設醫院	祇留一部分餘遷移東關民[illegible]中校

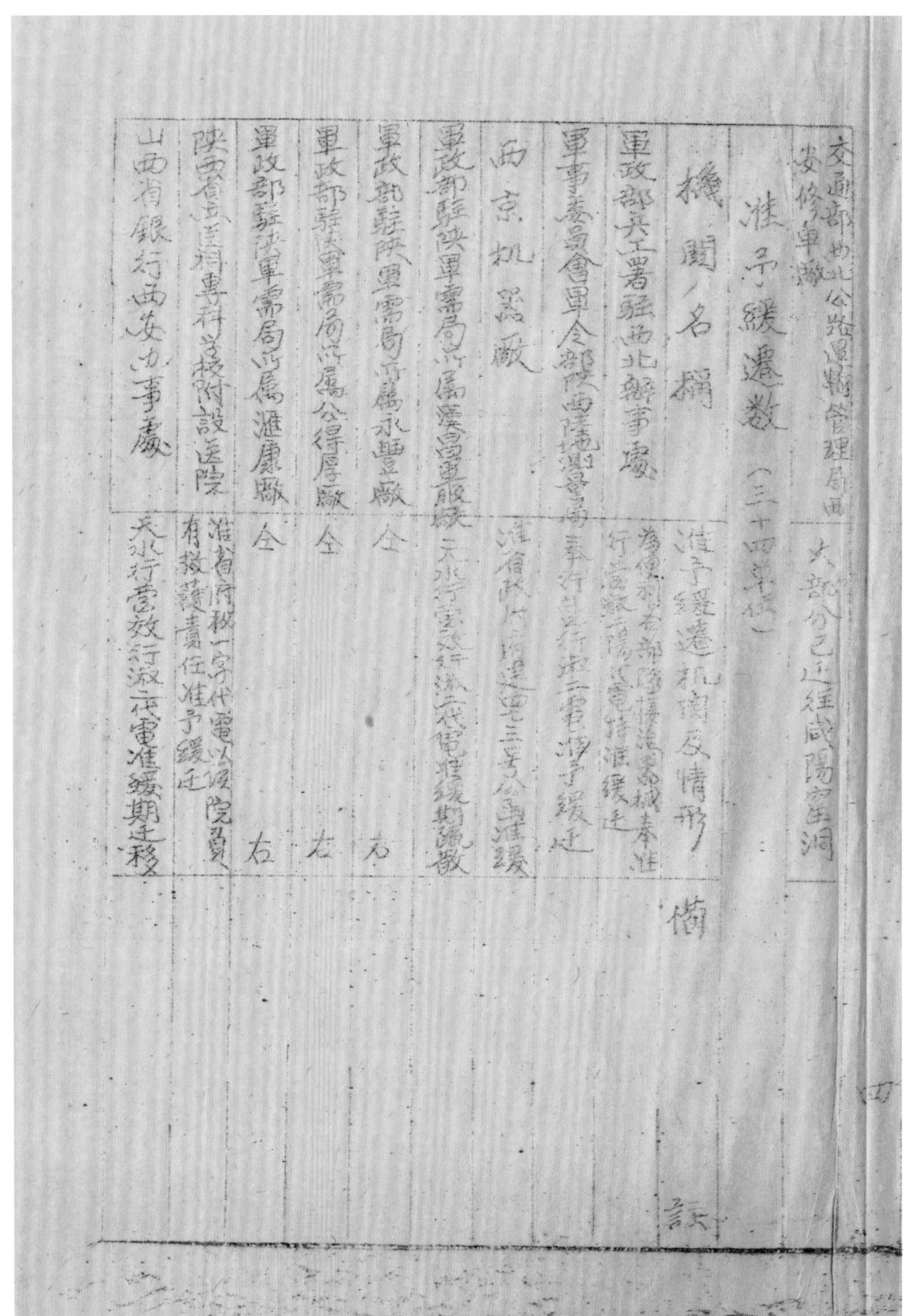

交通部西北公路運輸管理局西安修車廠	大部分已遷往咸陽窯洞	

准予緩遷数（三十四年份）

機關名稱	准予緩遷機關及情形	備註
軍政部兵工署駐西北辦事處	爲便利各部隊接洽軍械奉准行營咸陽之電特准緩遷	
軍事委員會軍令部（西陸地測量局）	奉行營行淑二電准予緩遷	
西京机器廠	准省政府陽建西三号公函准緩	
軍政部駐陝軍需局所屬漢南軍服廠	天水行營效行淑二代電准緩期遷徽	
軍政部駐陝軍需局所屬永豐廠	仝右	
軍政部駐陝軍需局所屬公得厚廠	仝右	
軍政部駐陝軍需局所屬滙康廠	仝右	
陝西省立醫科專科學校附設醫院	准省府秘一字代電以該院負有救護責任准予緩遷	
山西省銀行西安办事處	天水行營效行淑二代電准緩期遷移	

88

禁烟督察处陕西分处	天水行营代电函行政二电应准缓迁
禁烟督察处总监察室派驻陕西监察室	奉行营行政二电准予缓迁
长安税务局包寄货物征收分局	准省府马府民一代电准予缓迁
所得税西安办事处	天水行营行政二第一四[illegible]号准
禁烟督察处西安盐运分所	天水行营行政二电应准缓迁
汉昌军服厂	天水行营行政代电缓准
三民主义青年团陕西支团部筹备处	本会六次常会议决转准缓迁
长安县税务局南关稽征所	准省府财二税字五[illegible]号准缓
公路管理局	准省府建路八六[illegible]号准缓迁
陕西新生活运动促进会妇女工作委员会	准新生活运动总会新字[illegible]号准缓迁
豫源通军服工厂	奉行营代电行政二电准予缓迁
陕西盐务办事处	奉行营指行政二电
	并本市盐商四家一律缓迁

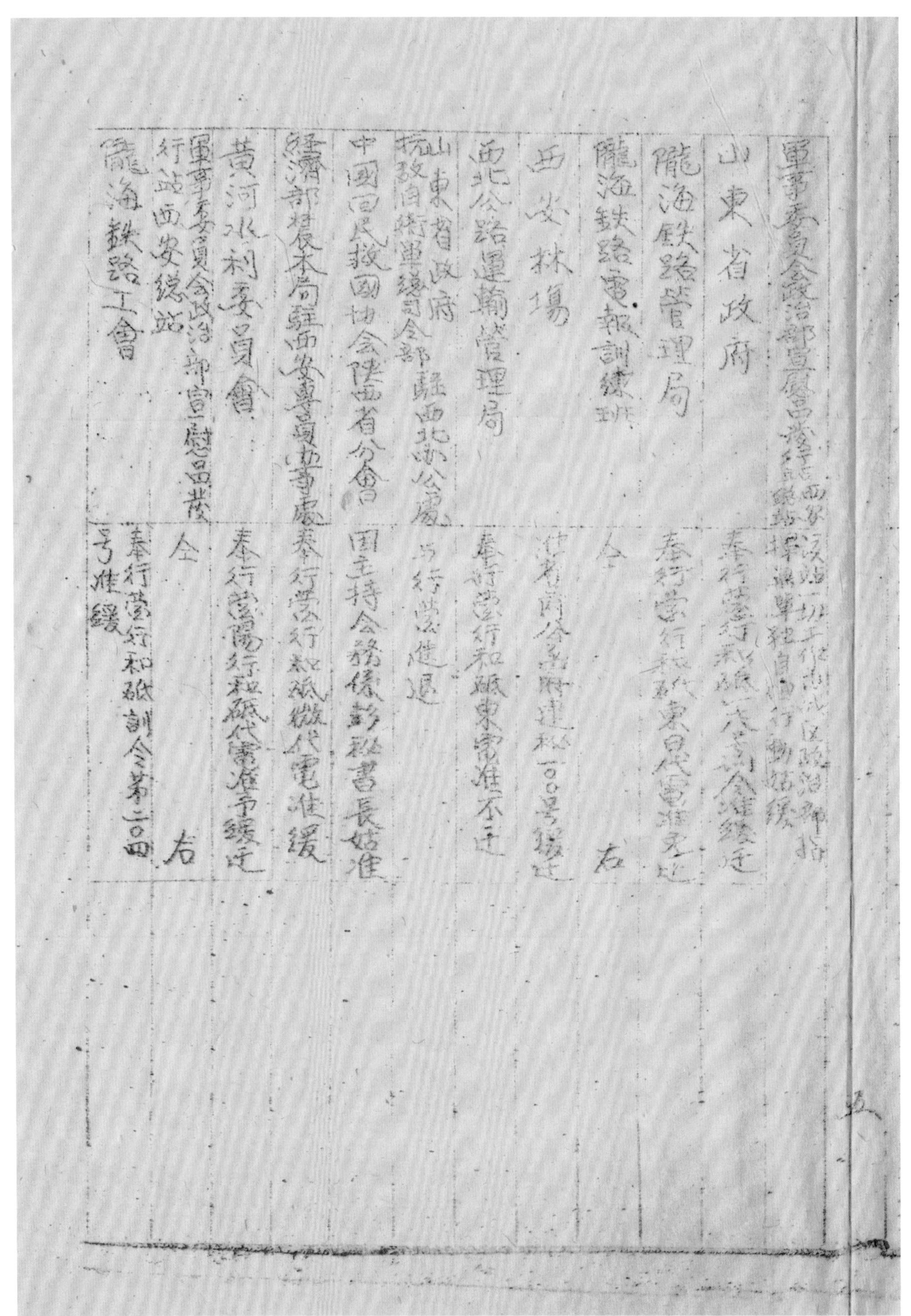

機關	辦理情形
軍事委員會政治部宣傳品發行總站西安分站	一切工作仍照區政治部指揮，擬單獨自行動請緩
山東省政府	奉行營行知一六八八號訓令准緩遷
隴海鐵路管理局	奉行營行知代東日代電准免遷
隴海鐵路電報訓練班	仝右
西安林場	准省府令附達秘一〇〇號緩遷
西北公路運輸管理局	奉行營行知代東電准不遷
山東省抗敵自衛軍總司令部駐西北辦公處	呈行營准遷
中國回民救國協會陝西省分會	因主持會務依彭秘書長姑准
經濟部採金局駐西安專員辦事處	奉行營行知微代電准緩
黃河水利委員會	奉行營陽行知陽代電准予緩遷
軍事委員會政治部宣慰品發行站西安總站	仝右
隴海鐵路工會	奉行營行知訓令第二〇四號准緩

禁烟督察处陕西分处公栈	天水行营行政字第五七号感代电（续）

其他请求或正筹疏散者（二十三单位）

山西高等法院临时办事处	俟兵站车拨到即行离省北上
同蒲铁路管理局	俟火车到即行全部离开
财政部陕豫区印花税局	已派员赴凤翔南郑觅房
财政部河南盐务办事处	已奉令正移渭南，俟在洛底觅妥后即迁移
陕西省立第一监狱	若添造房屋俟修理竣即迁城南木塔寺
长安县城关区营业税征收处	因正办本年续征稽，俟即遵令疏散
西安基督教女青年会	职员四人请不疏散
西安测候所	俟水利局车到即迁兴平
振济委员会西安中医救济医院	正积极觅房
财政部陕西西安分区统税管理所	正觅地址

陸軍二十八師倉庫	候車到即迁至[illegible]卧龍寺	
平漢鉄路員工善後委員會駐陝西辦事處	奉令西迁正在輸送	
軍政部軍需署軍需品西安倉庫	正在長安縣建造房屋一俟房竣即當迁移	
陝西省合作委員會辦事處	該處以[illegible]困難已呈省政府	
第四集團軍總司令部駐西安辦事處	[illegible]存儲甚多正迁移	
軍政部軍需局國人[illegible]工廠	正在鄉間修建房屋遷廠房	
軍政部駐陝軍需局積存被服廠	派員赴鄉覓房屋後即行迁移	
第三戰區司令部會計股	因各戰區各機關儲[illegible]不能迁移	
建國公園公共体育場	因一二人不能疏散	
陝西廣仁寺	因設息災道場設壇誦經等情	
軍政部軍需署管理處直屬二科	因該科內係重要未便迁移	
特种人員[illegible]訓練班	二週後即結束無庸疏散	
高等法院	派員積極籌覓地址	

迄無回覆者（五十六單位）

西安民眾施救區
陝西省水利局
黃河水利委員會修防處
黃河水利委員會器材保管處
軍事委員會華北戰地督導民眾服務團
非常時期難民救濟委員會臨時病院
衛生署西北區防疫專員辦事處
中華大藝協會西安分會
天成軍服廠
復興充軍服廠
軍需局聯合工廠

同昌被服廠
軍政部軍需局臨時工廠
河北省政府後方留守處
陸軍第八十四軍服股
扶武被服廠
軍政部軍需局臨時被服廠
國民紅十字會西安保管支會
隴海路員工駐陝辦事處
長安税務局菸税經收所
陝西國民圖書館
陝西省合作織工廠

公記軍服廠
集義成工廠
陝西省黨部[illegible]委員會
東北難民救濟委員會陝分會
軍政部駐陝軍需局臨時被服廠
軍政部軍需局第二聯合工廠 振華
關中師管區司令部臨時被服廠
軍政部駐陝軍需局第三廠北工廠
兵工署駐西北辦事處
福興成被服廠
參謀本部陸地測量局

軍政部軍需署軍需局臨時被服廠第三分廠漢昌	陸軍第八十三師倉庫	長安縣度量衡檢定分所	預備第一師倉庫	西北領料辦事處	西京市難民救濟委員會	婦女慰勞分會	西安民衆教育館
全國青年抗敵總會西北分會	山東省黨部駐陝辦事處	戰地文化服務處西安總處	軍事委員會戰地服務團傷兵招待所	陝西省平糶總局	西安直接稅營業稅西安稽查所	三民主義青年團西安青年招待所	東關俘虜收容所
西北青年抗敵協會西安總會	西北青年抗敵協會西安東關分會	審計部陝西審計處	陝西省農業改進所	長安縣消防救濟會	行政院振濟委員會服務團第三隊部	軍委會戰地服務團西安服務所	

附三：西安市非常时期疏建委员会五十天工作总报告补充表（一九三九年七月十六日）

西安市非常時期疏建委員會五十天工作總報告補充表　民國二十八年七月十六日統計股製

分期疏散機關

期別	機關數	期限：自動疏散期	期限：強制執行期	完全疏散數	部分疏散數	准予緩遷數			共計	懷予不遷者	其他請求緩遷尚未批覆數	[illegible]
第一期	二〇	六月一日至十日	六月十一日起	四三	一三	七	三	二	一三	一	六	三二
第二期	二七	六月十日至二十日	六月二十一日起	八	四	三	一	一	五	無	五	六
第三期	三八	六月廿日至三十日	七月一日起	一	四	二	二	二	六	四	五	一五

期別	自動疏散期間辦理經過	強制執行期間辦理經過
第一期 第二期 第三期	一、分函各機關疏散意義 二、通知各指定之疏散機關遷移日期 三、分函介紹疏散地址 四、函告規定房價並函請省府令飭遵照 五、呈函行營省府飭遵期疏散 六、呈函行營省府轉飭疏散所在地之專員縣長 七、由本會組織便衣隊偵緝匪首，保護疏散所在地	一、函詢不遷理由 二、呈函行營省府催促疏散 三、再分函通知即行疏散 四、分函告派警察強制執行附號

軍事機關眷屬疏散

機關數	辦理經過	回文已遷數	回文飭遵數	回文無眷者數	回文不遵數	不見回文數
	一、陝分函各軍事機關疏散眷屬					

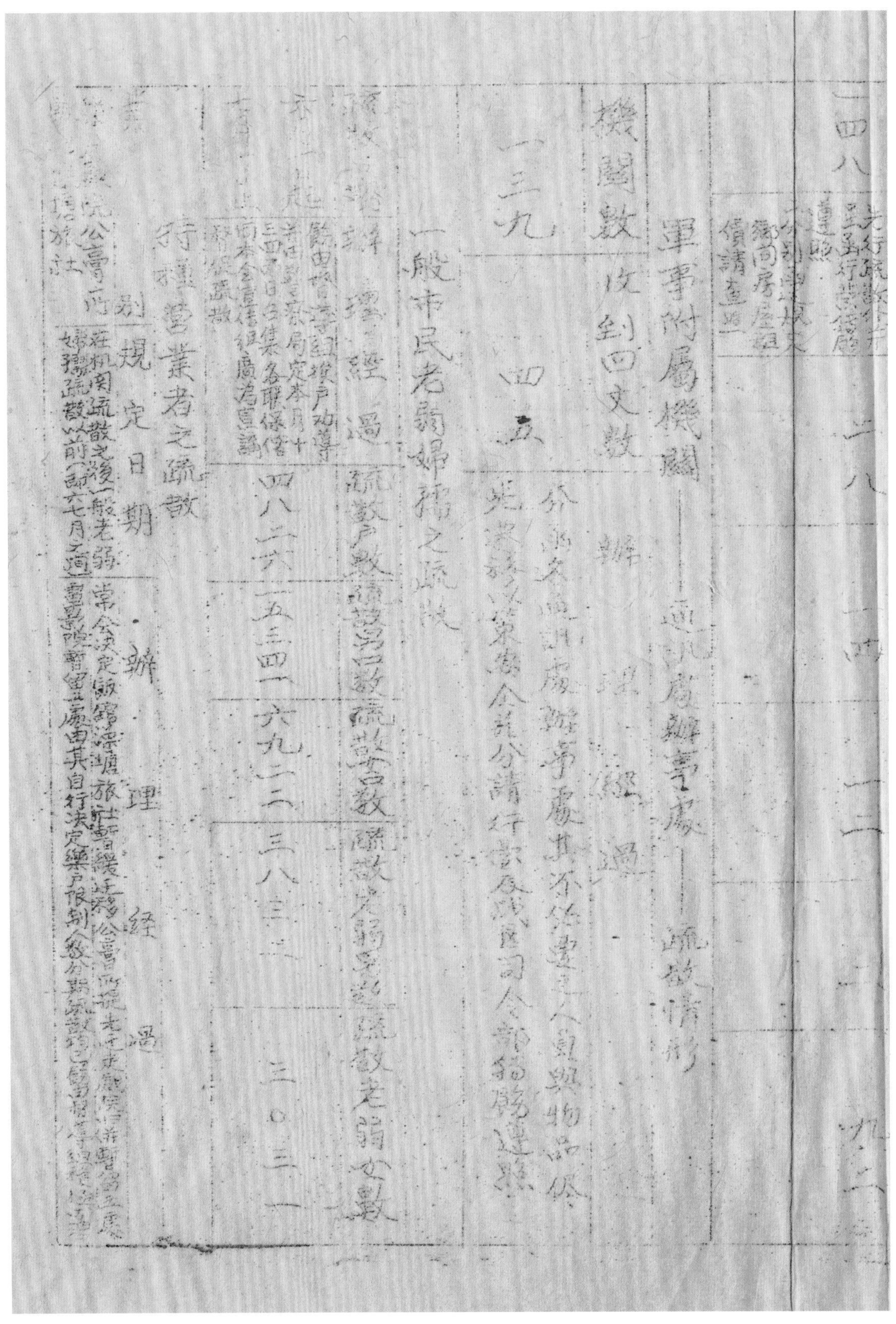

一四八 先行疏散[illegible] [illegible] 二八 一四 一二 九二

遵照 [illegible]

軍事附屬機關——通訊處辦事處——疏散情形

機關數	收到回文數	辦理經過
一三九	四五	分函各通訊處辦事處其不必要之人員與物品從速疏散以策安全並分請行營及戍區司令部轉飭遵照

一般市民老弱婦孺之疏散

辦理經過	疏散户數	疏散男口數	疏散女口數	疏散老弱男數	疏散老弱女數
飭由城區警察局按戶勸導并由警察局定本月十三四兩日召集各聯保保長及本會宣傳組商爲宣講勸令疏散	四八二六	一五三四一	六九二二	三八三二	三〇三一

行業營業者之疏散

別	規定日期	辦理經過
[illegible]公寓[illegible]旅社	在機關疏散之後一般老弱婦孺疏散以前（即六七月之間）	常會決定飯館澡堂旅社暫緩疏散[illegible]

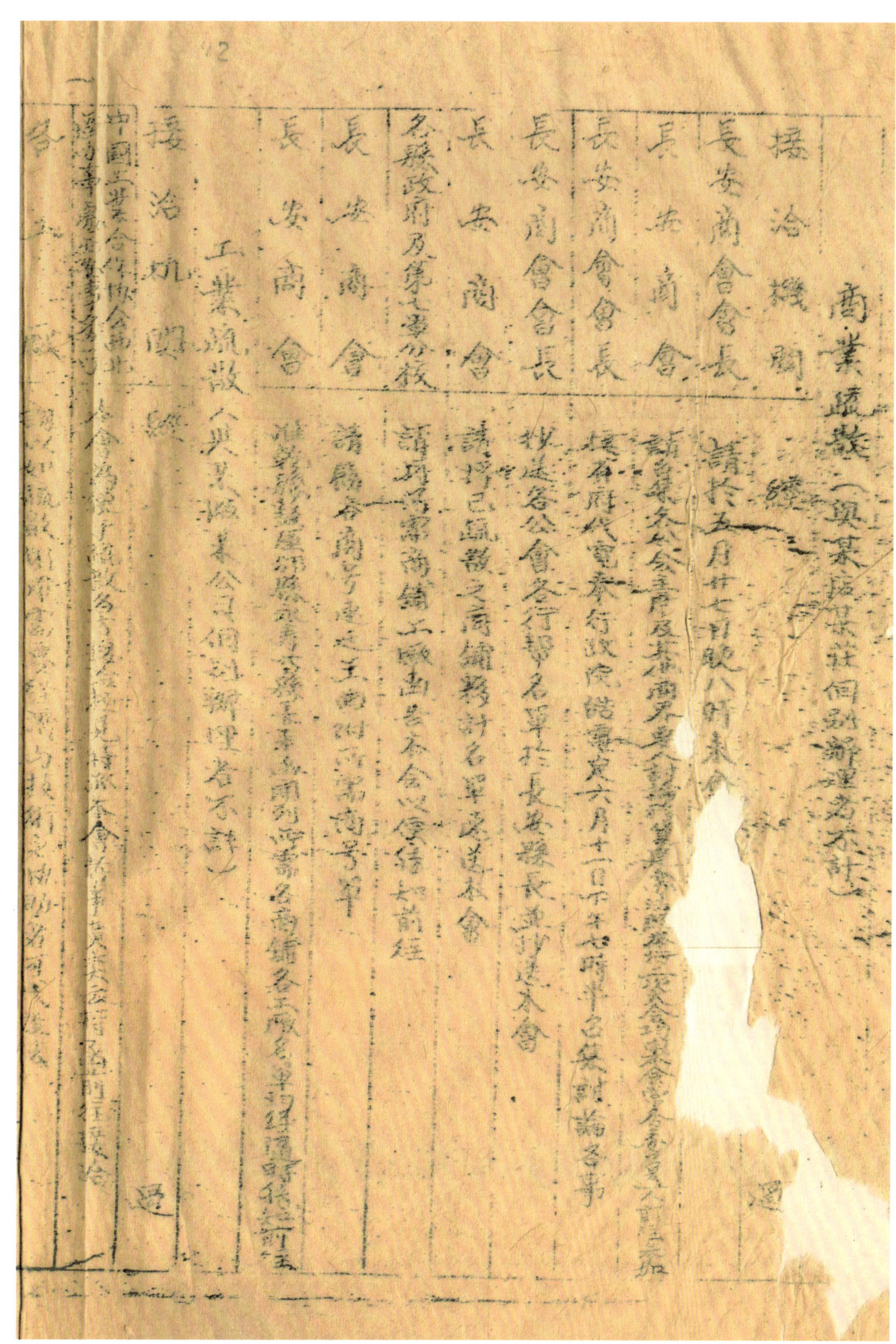

42

商業疏散（與某店某莊個別辦理者不計）

接洽機關	經過
長安商會會長	請於五月廿七日晚八時來會[illegible]
長安商會	請召集各公會主席及其他商界要人討論[illegible]參加
長安商會會長	接本府代電奉行政院諭農定六月十一日下午七時半召集討論各事
長安商會會長	抄送各公會各行幫名單於長安縣長並抄送本會
長安商會	請將已疏散之商舖移討名單送本會
各縣政府及第七專分校	請將各縣需商舖工廠函告本會以便轉知前往
長安商會	請轉告各商號速送王曲附近需商號單
長安商會	准[illegible]縣[illegible]需名商鋪各工廠名單均經隨時轉知前往

工業疏散（與某廠某公司個別辦理者不計）

接洽機關	經過
中國工業合作協會西北區辦事處	本會為便于疏散各工廠[illegible]請派本會[illegible]

一、各[illegible]疏散[illegible]

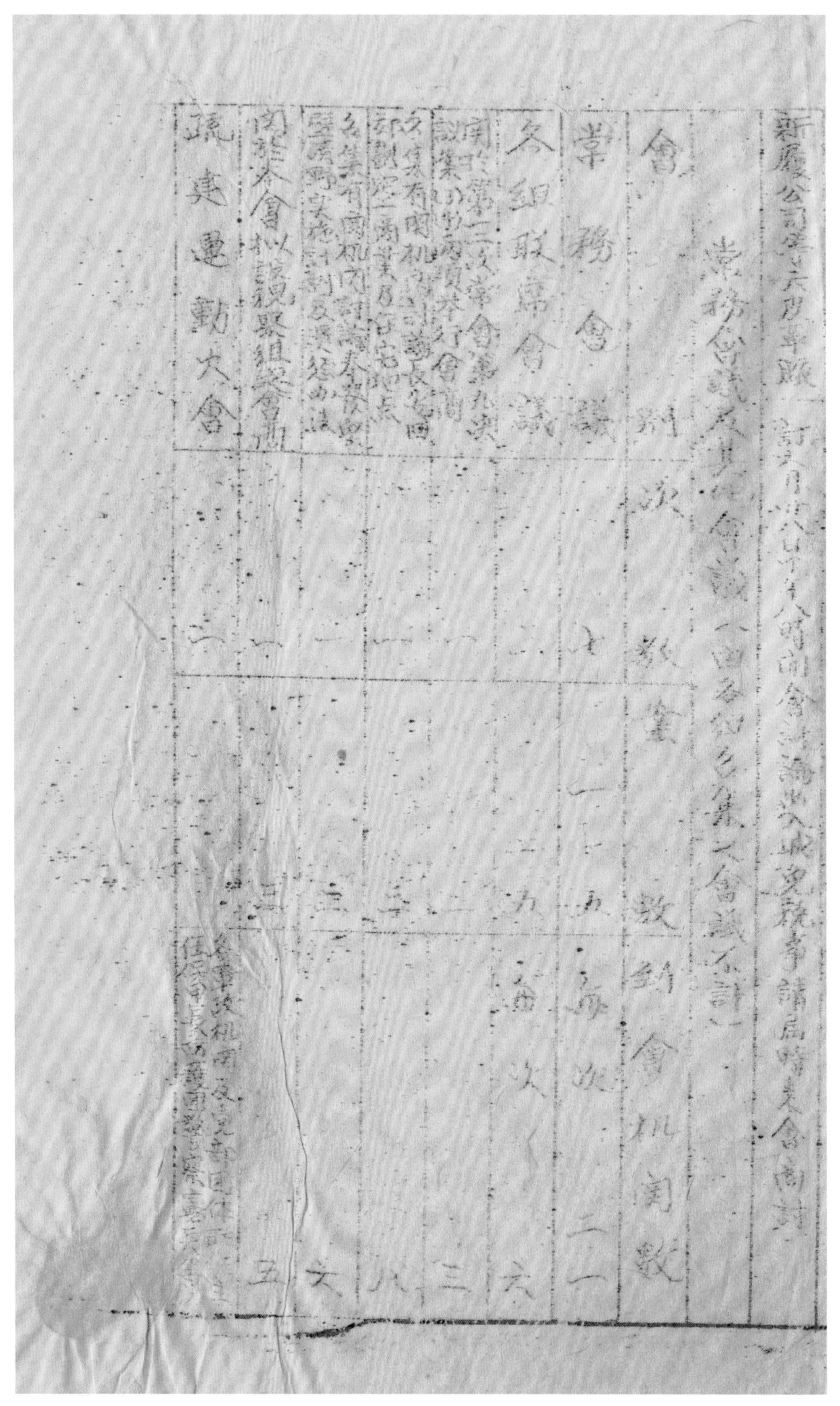

新履公司第六次常務會議…… [illegible]

常務會議及其他會議（由各組各負責人會議不計）

會別	次數	實數	到會機關數
常務會議	七	一五	每次二一
各組聯席會議	二	二九	[illegible]次六
關於第二次常會第九案議[illegible]分別負責進行會商	一	一	三
各項[illegible]有關機關[illegible]會議長官[illegible]	一	三	八
召集有關機關討論本會[illegible]實施計劃及[illegible]	一	三	六
關於本會[illegible]組織會商	一	五	五
擴大運動大會	二		各事業機關及[illegible]保甲長防護團[illegible]

所訂各種規程計劃辦法

規程類別

西安市非常時期疏建委員會組織規程

計劃類別

西安市非常時期疏建委員會總務組工作計劃

西安市非常時期疏建委員會督導組工作計劃

西安市非常時期疏建委員會警衛組工作計劃

西安市非常時期疏建委員會交通組工作計劃

西安市非常時期疏建委員會宣傳組工作計劃

西安市非常時期疏建委員會建設組工作計劃

陝西省會疏建四郊計劃

生產及商業機關疏散計劃

堅壁清野實施計劃（連[illegible]急辦法）

辦法類別

西安市非常時期疏散[illegible]機關暫行辦法

強制疏散執行辦法

疏散治安辦法

西安市非常時期疏建委員會疏散老弱婦孺辦法

西安市疏散人民設置公共[illegible]暫行辦法

疏散期間禁止各地人民遷來西安居住辦法

疏散時運用交通用具辦法

運輸工具辦法

長安遠近郊徵僱工具辦法

西安市貧苦老弱婦孺疏散辦法

草房建築辦法

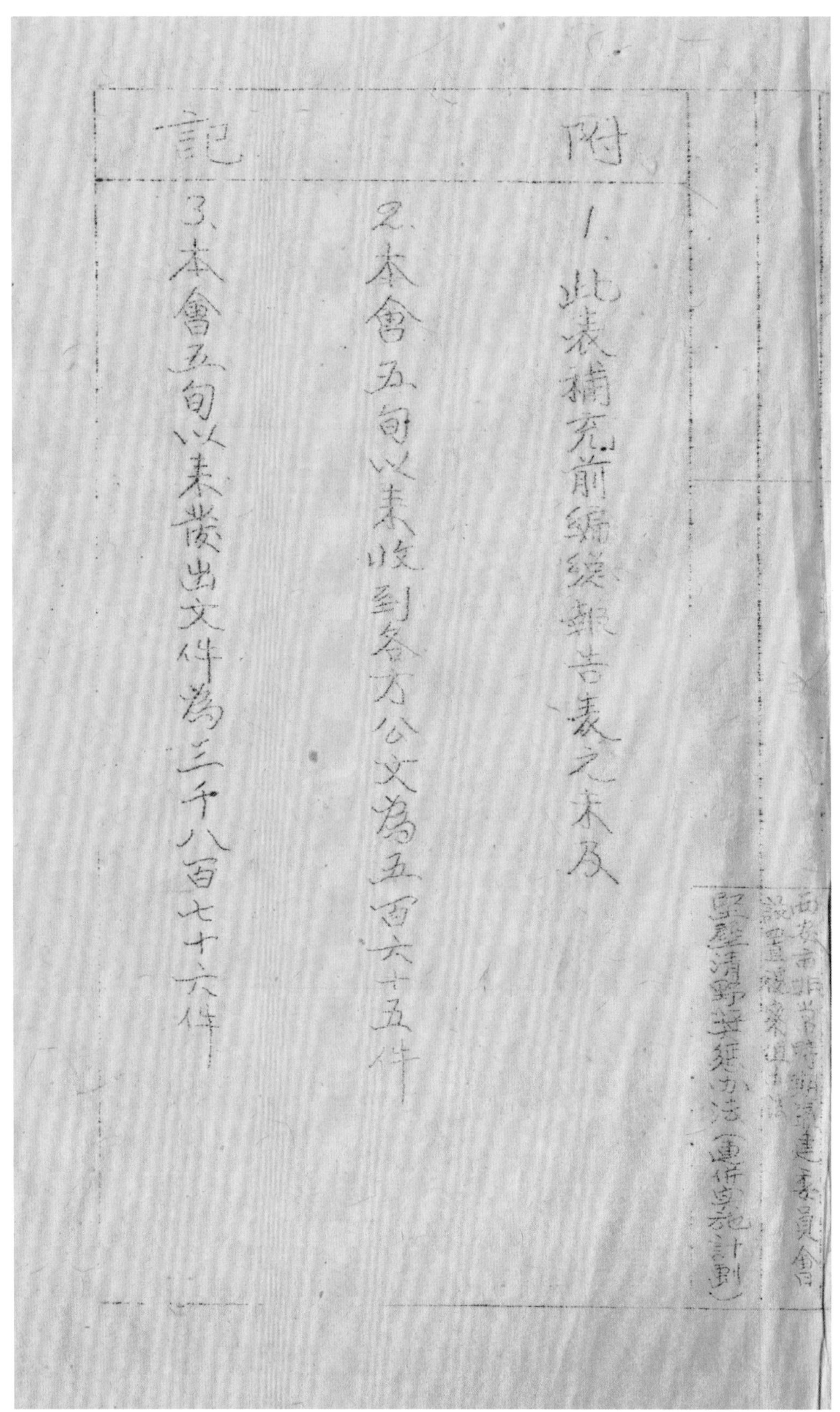
堅壁清野實施辦法（連帶實施計劃）

附記

1. 此表補充前編總報告表之未及

2. 本會五旬以來收到各方公文為五百六十五件

3. 本會五旬以來發出文件為三千八百七十六件

国民政府文官处关于饬知另编临时概算呈请追加防空各费致西京筹备委员会的公函（一九三九年十二月九日）

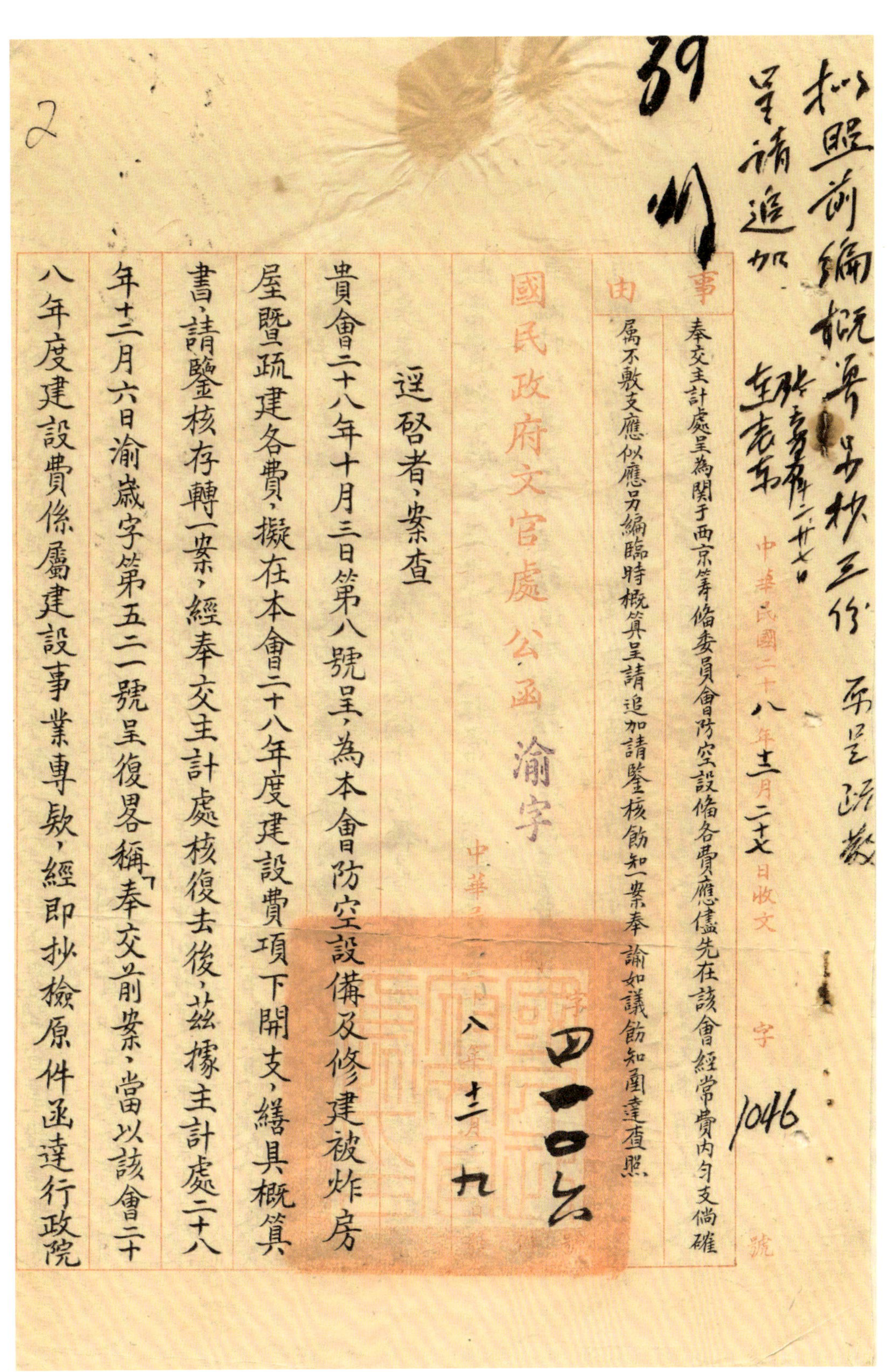

擬照前編概算另抄三份呈請追加

事由：奉交主計處呈為關于西京籌備委員會防空設備各費應儘先在該會經常費內勻支倘確屬不敷支應似應另編臨時概算呈請追加請鑒核飭知一案奉諭如議飭知函達查照

中華民國二十八年十二月二十七日收文 字 1046 號

國民政府文官處公函 渝字第四一〇六號

中華民國二十八年十二月九日

逕啓者：案查貴會二十八年十月三日第八號呈，為本會防空設備及修建被炸房屋暨疏建各費，擬在本會二十八年度建設費項下開支，繕具概算書，請鑒核存轉一案，經奉交主計處核復去後，茲據主計處二十八年十二月六日渝歲字第五二一號呈復畧稱：「奉交前案，當以該會二十八年度建設費係屬建設事業專款，經即抄檢原件函達行政院

002-1

查核辦理去後茲准行政院呂字第一四一三八號函略開查建設事業專欵原係專充建設事業之用不得流用為機關經費如年度屆滿所領建設事業經費有賸餘時應掃數繳還國庫列收建設事業專欵帳充次年度建設事業專欵預算之財源在建設事業專欵收支及審核辦法內業經明白規定西京籌備委員會所報防空設備及修建被炸房屋暨疏建各費雖係緊急開支仍屬普通性質之臨時機關經費經常費如不敷支應自可依照非常時期各項開支緊縮辦法之規定編具臨時概算依章呈請追加所請在建設事業費項開支一節未便照准相應檢還原概算復請查照轉陳飭知等由前來查西京籌備委員會防空設備各費自應儘先在該會經常費內匀支倘確屬不敷支

應似應照章另編臨時概算呈請追加除將原概算書存處備查外，呈

請鑒核轉飭該會知照」等語到府，奉

主席諭，「如議飭知」等因，相應函達

查照。此致

西京籌備委員會

文官長魏懷

国民政府关于所请追加民国二十八年度岁出临时概算已经会议决议通过致西京筹备委员会的训令（一九四〇年三月十一日）

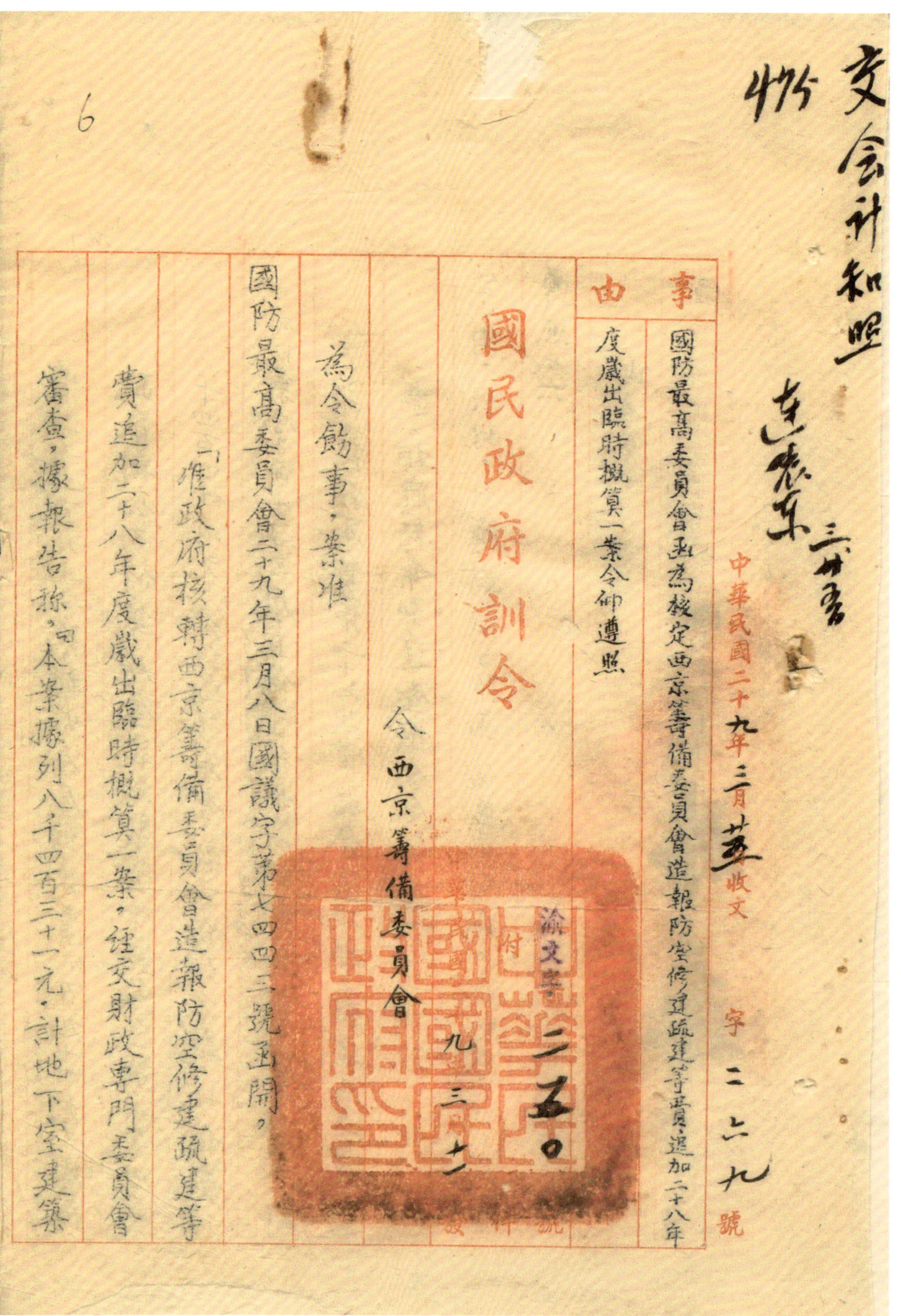

国民政府训令

事由：国防最高委员会函为核定西京筹备委员会造报防空修建疏建等费追加二十八年度岁出临时概算一案令仰遵照

令西京筹备委员会

为令饬事。案准

国防最高委员会二十九年三月八日国议字第七四四三号函开：

"准政府核转西京筹备委员会造报防空修建疏建等费追加二十八年度岁出临时概算一案，经交财政专门委员会审查，据报告称：'本案据列八千四百三十一元，计地下室建筑

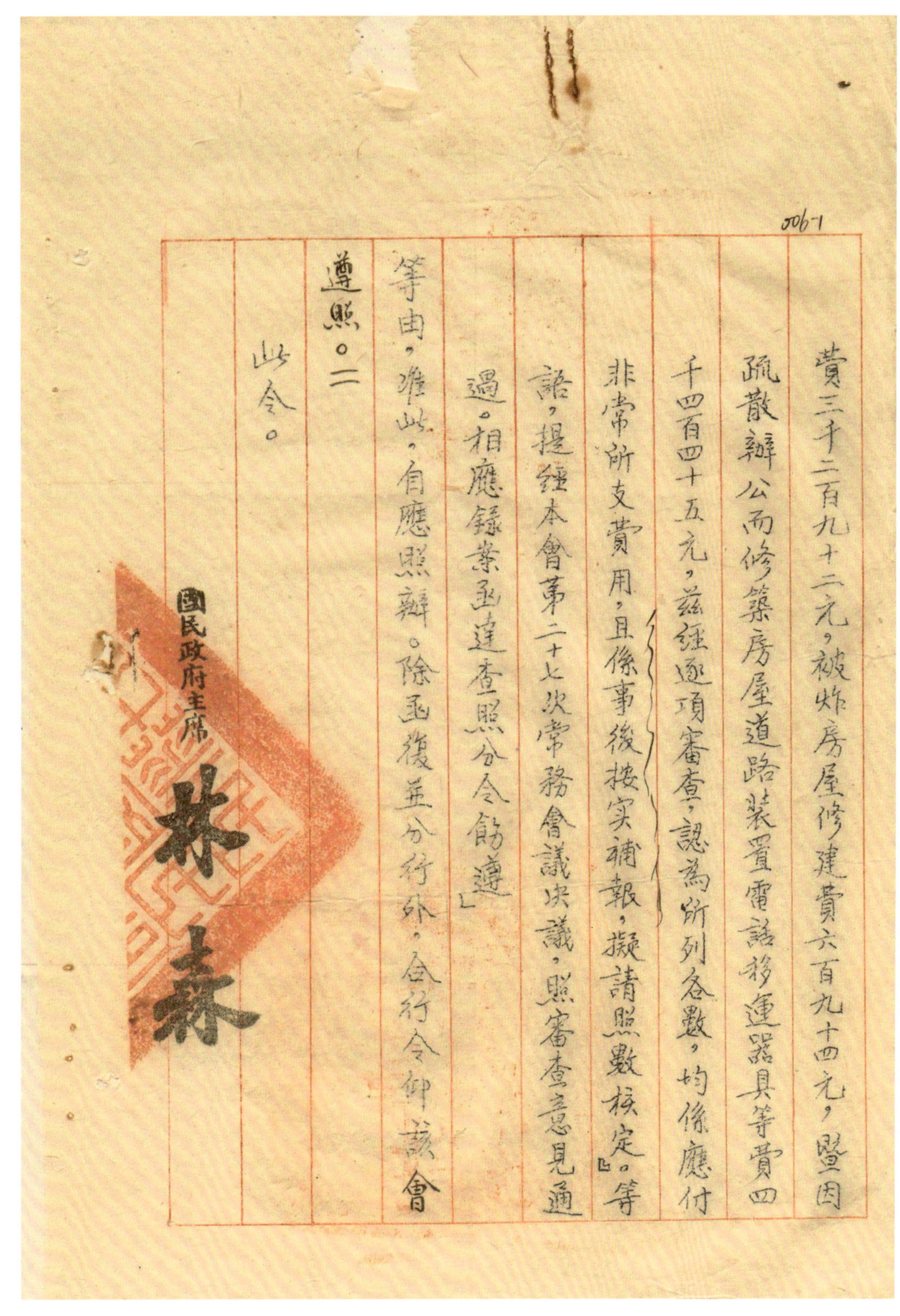
0067

費三千二百九十二元，被炸房屋修建費六百九十四元，暨因
疏散辦公而修築房屋道路裝置電話移運器具等費四
千四百四十五元，茲經逐項審查，認為所列各數，均係應付
非常所支費用，且係事後按實補報，擬請照數核定」。等
語，提經本會第二十七次常務會議決議，照審查意見通
過，相應錄案函達查照分令飭遵」
等由，准此，自應照辦。除函復並分行外，合行令仰該會
遵照。二
此令。

國民政府主席　林森

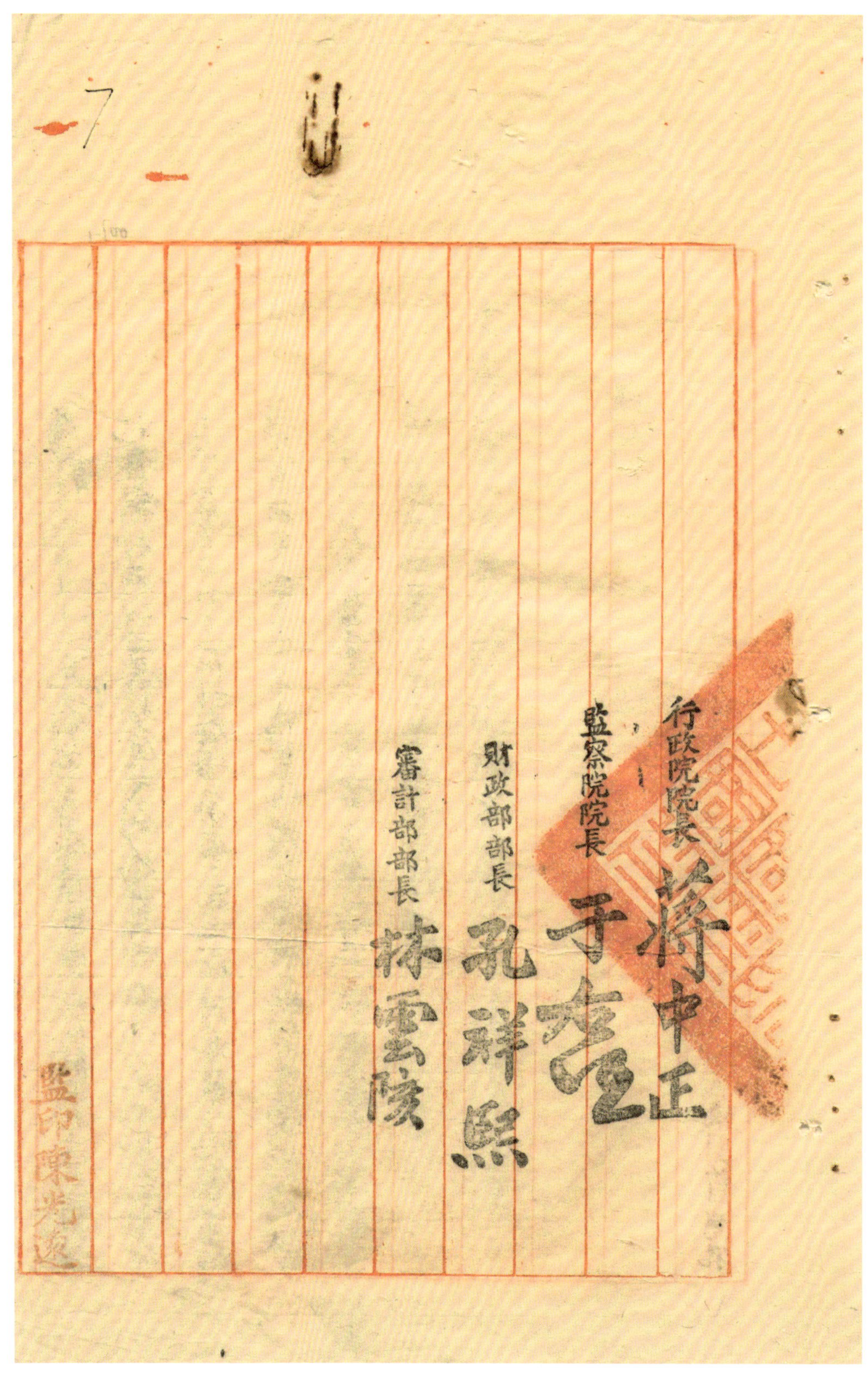
行政院院長 蔣中正
監察院院長 于右任
財政部部長 孔祥熙
審計部部長 林雲陔
監印 陳光遠

财政部关于追加民国二十八年度防空修建疏建临时费致西京筹备委员会的公函（一九四〇年四月二十三日）

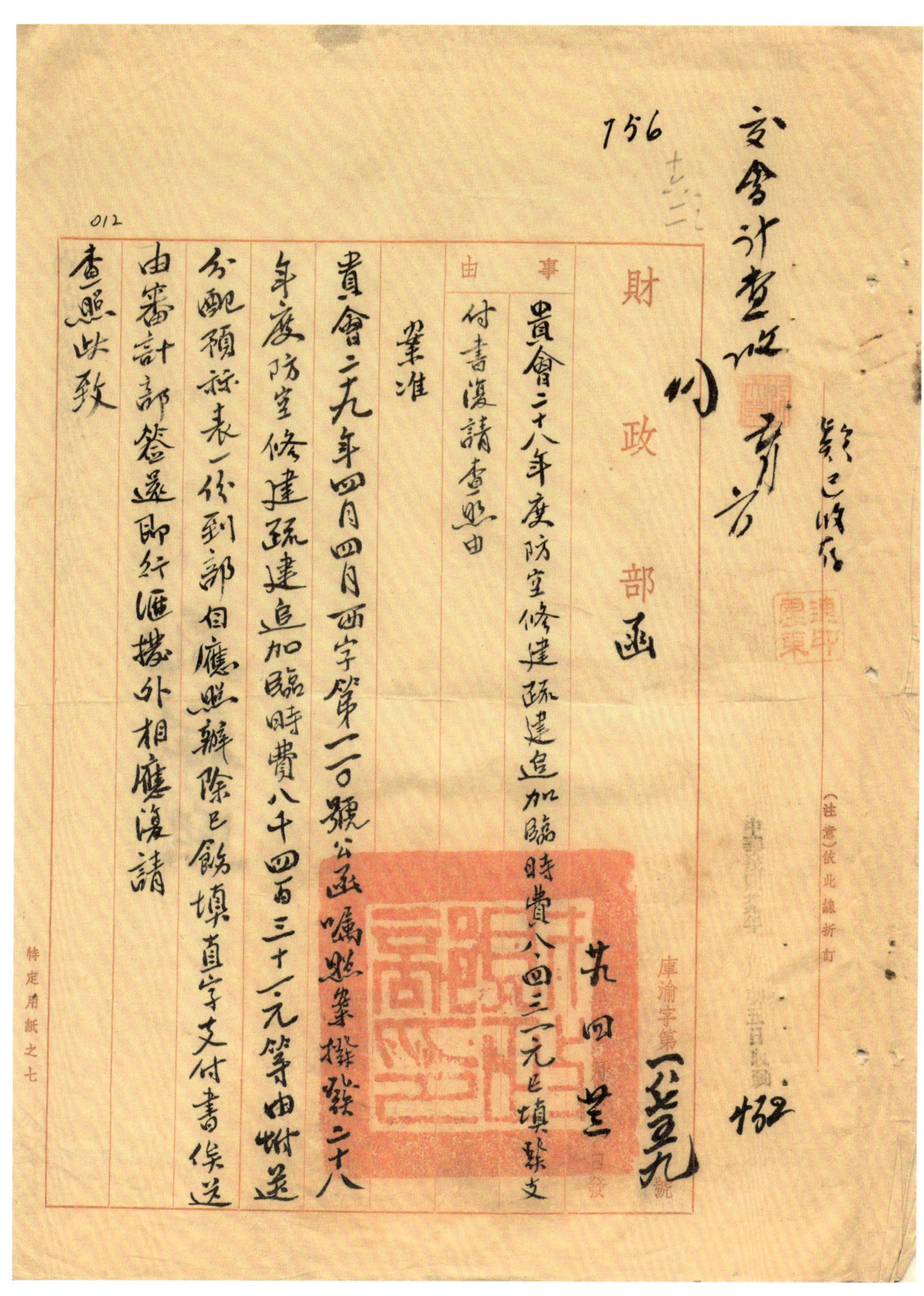
交會計查收

財政部函

事由：貴會二十八年度防空修建疏建追加臨時費八、四三一元已填發支付書復請查照由

庫渝字第一〇五九號

貴會二九年四月四日西字第一〇一號公函囑照案撥發二十八年度防空修建疏建追加臨時費八千四百三十一元等由，附送分配預算表一份到部。自應照辦，除已飭填直字支付書，俟送由審計部簽還即行匯撥外，相應復請查照。此致

（注意）依此線折訂

特定用紙之七

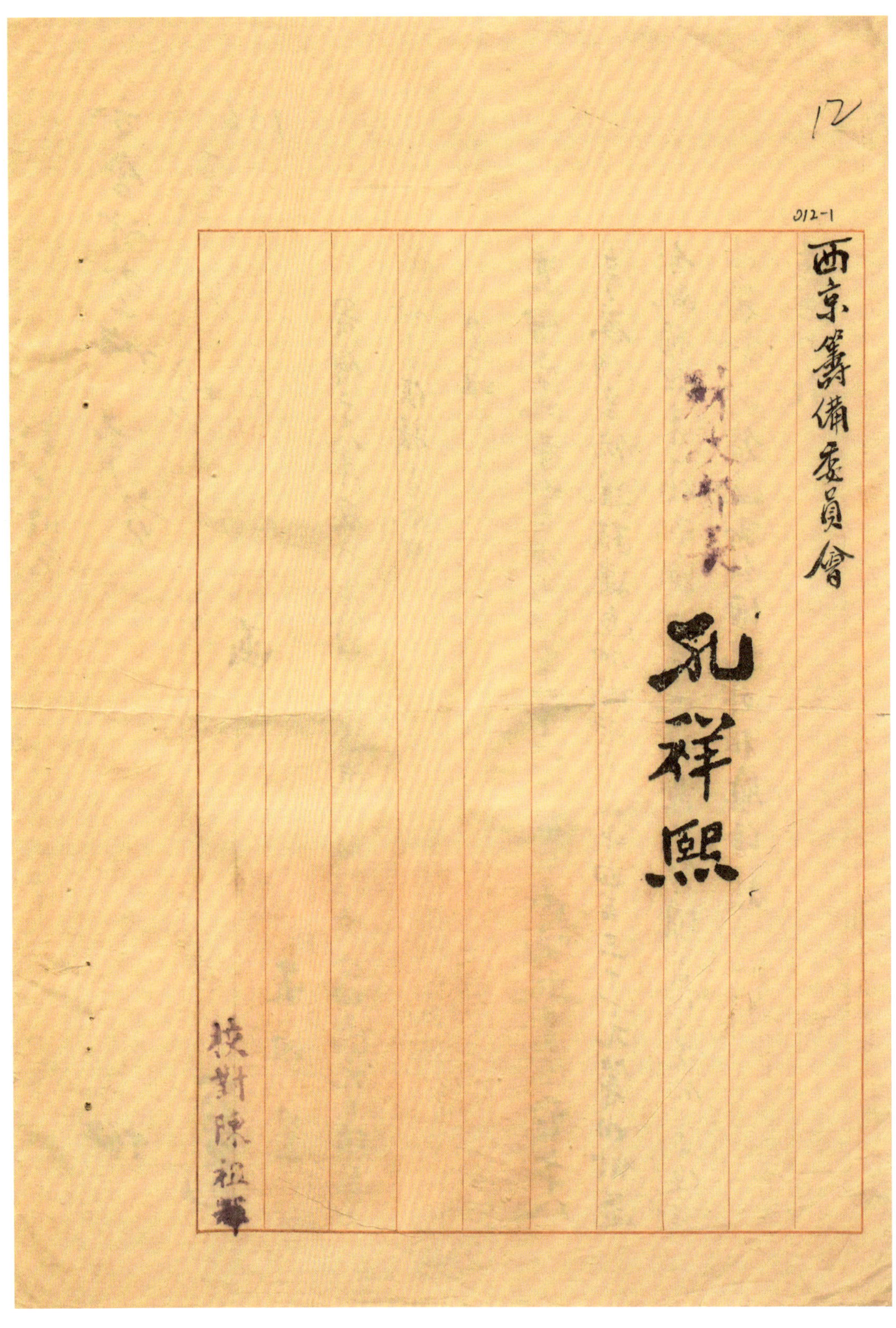
12
012-1
西京筹备委员会
副委员长
孔祥熙
校对陈祖华

陕西全省防空司令部关于动员教堂教民积极疏散以减损害致工务（程）大队的代电（一九四〇年五月十四日）

陕西全省防空司令部代電 防三字第1285號

工務大隊鑒：案奉軍令部四月迥一亨字第2202號代電内開：「據贛省防空司令報称元日敵機轟炸臨川被炸死傷同胞多係天主教收容之教籍難民及附設之難童學生緣彼等以美國教堂庇護之下麕集不愿疏散致遭慘禍等語查各處教堂尚多民衆麕集未行疏散各省防空部應注意將敵機轟炸外人生命財產損失之事实向教堂及民衆宣傳并劝導請求对空防護積極疏散以減損害除分令外仰即知照飭屬遵照辦理為要」等因：奉此，除分行外合行電仰遵照辦理為要

陕西全省防空司令蔣鼎文防三辰印

中華民國二十九年五月

校對劉□堂
監印管國照

受1373
29.5.15.

西京筹备委员会关于送达该会防空疏建费领款书第二、三两联致中央银行国库局的笺函（一九四〇年五月二十二日）

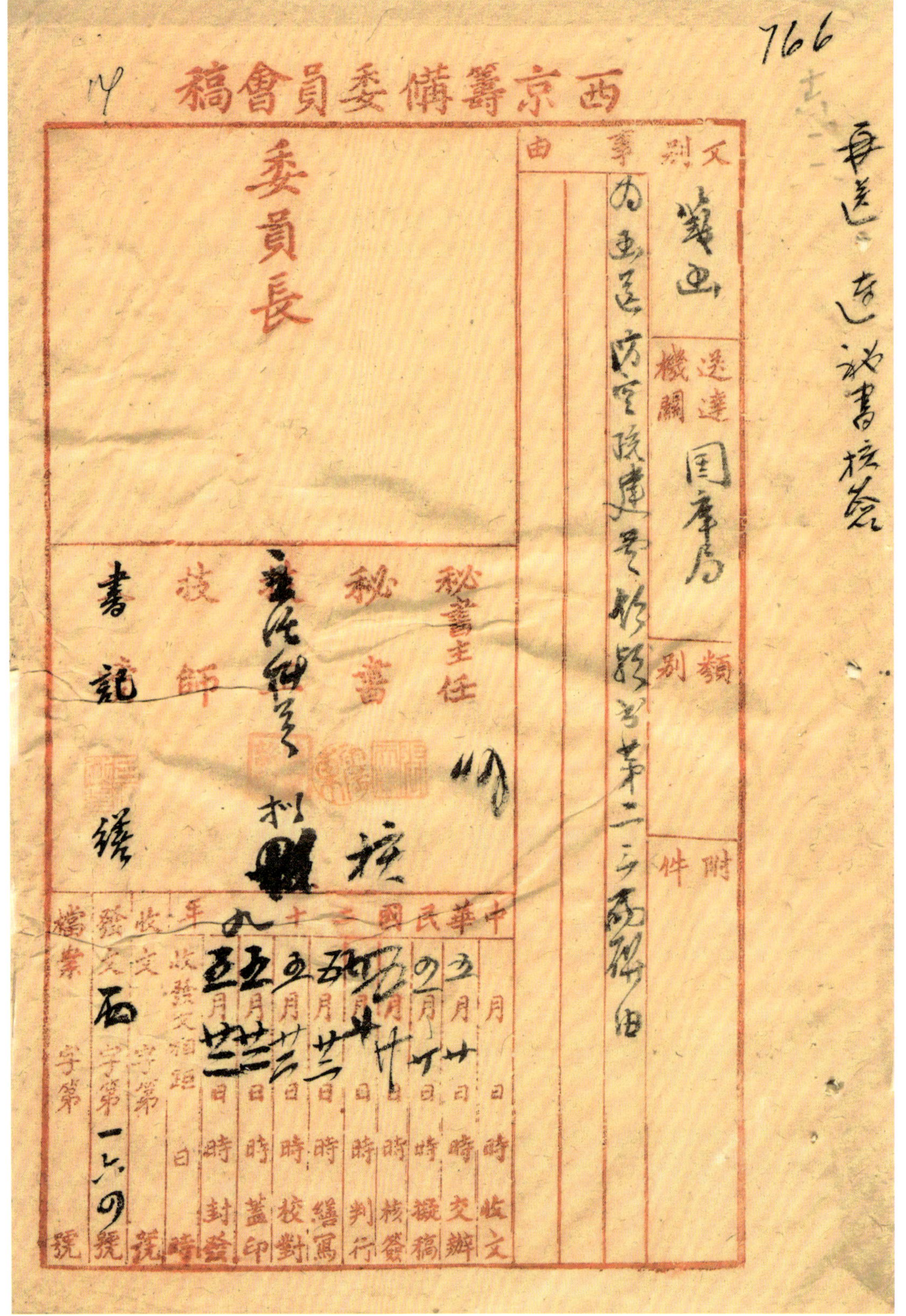

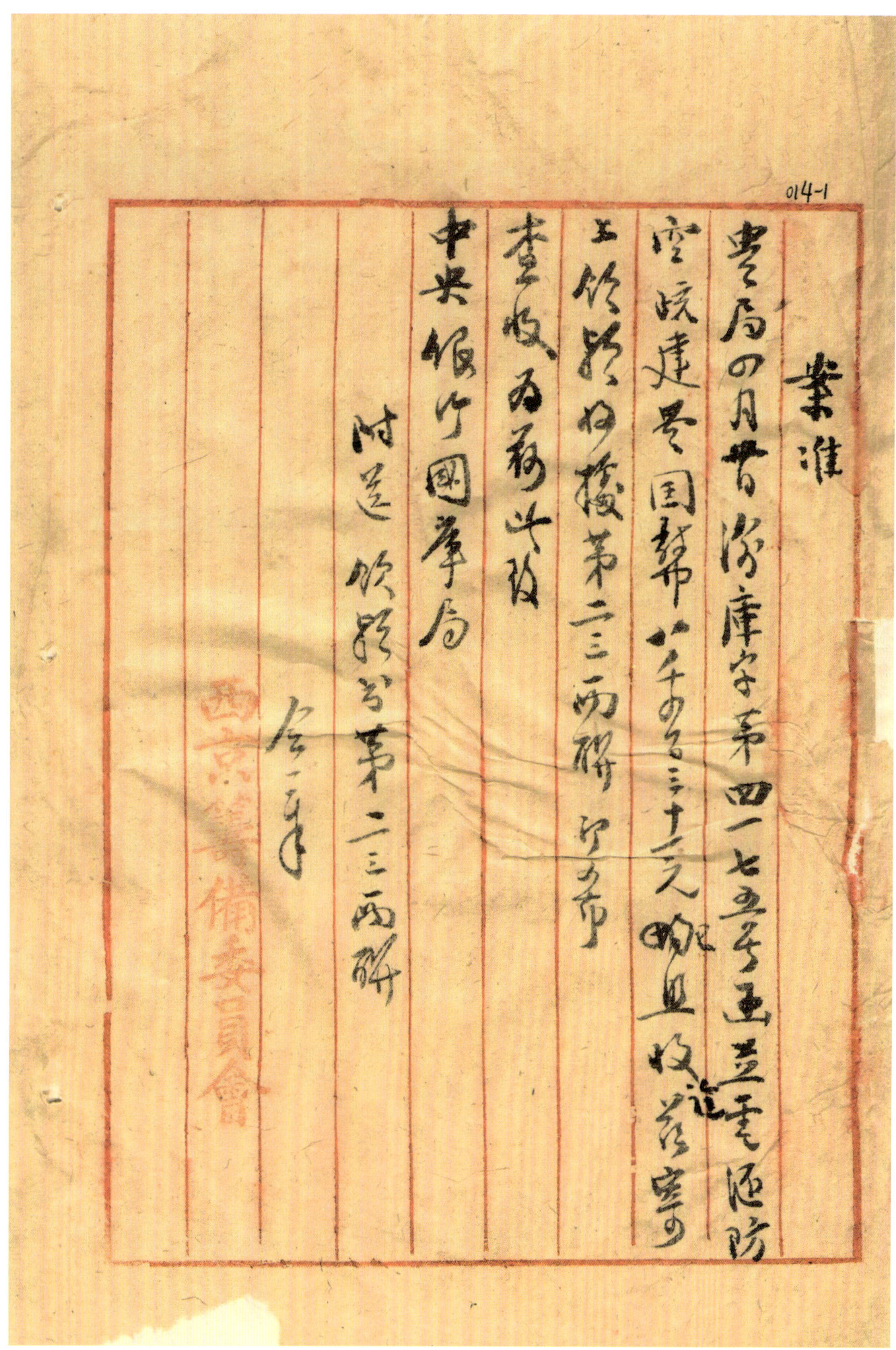

014-1

業准

貴局四月廿日滬庫字第四一七五号函並電匯防空設建費國幣八千四百三十元照數收訖茲寄奉上收據存據第二三兩聯即希查收為荷此致

中央銀行國庫局

附送收據第二三兩聯

全一年

西京籌備委員會

陕西省政府及全省保安司令部关于从速实施省会警察局疏散人口暂行办法致西京建委的代电（一九四〇年七月二十二日）

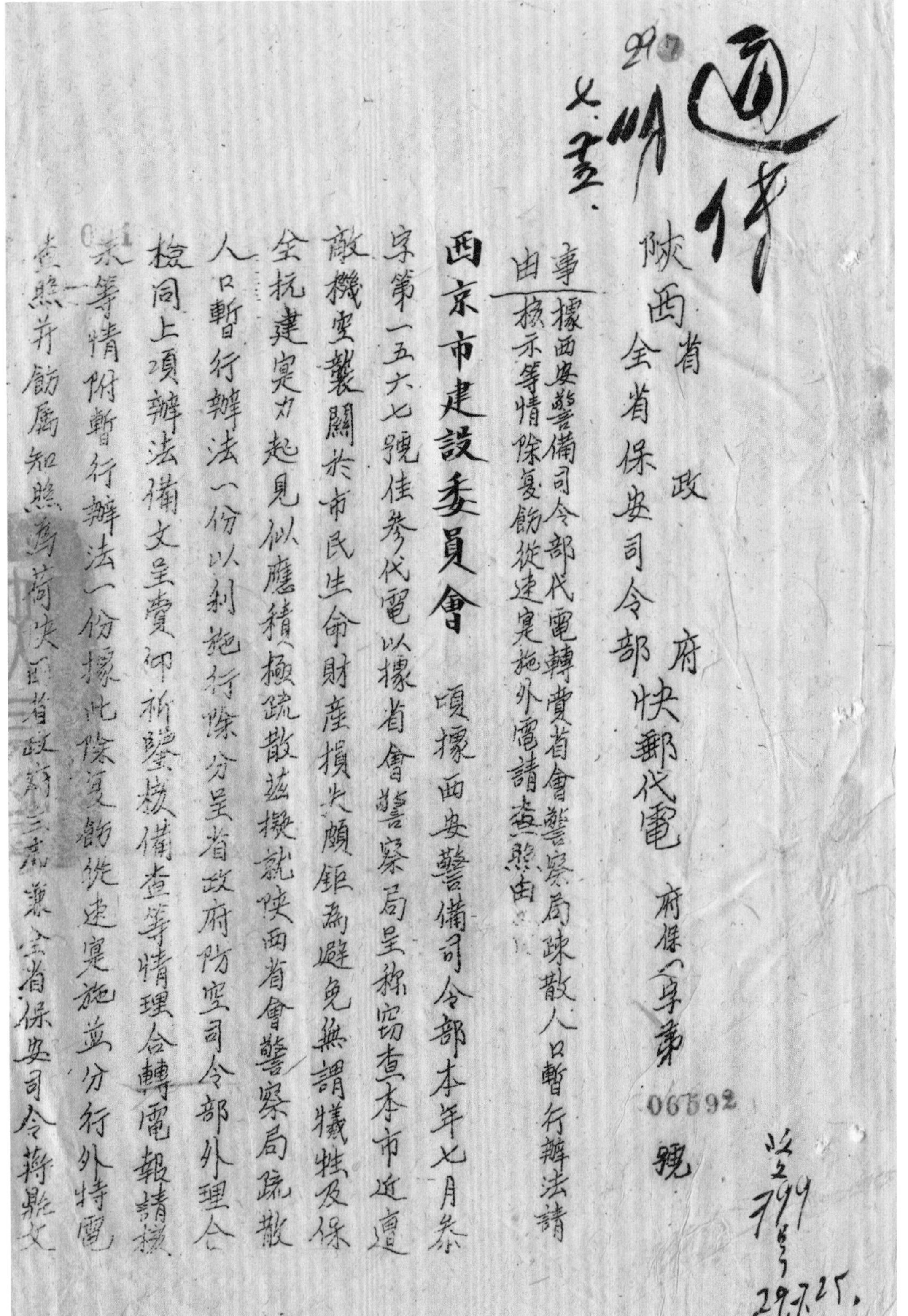

陕西省政府
全省保安司令部 快邮代电 府保（一）字第 号

事由：据西安警备司令部代电转赍省会警察局疏散人口暂行办法请核示等情除复饬从速实施外电请查照由

西京市建设委员会：顷据西安警备司令部本年七月参字第一五六七号佳参代电以：据省会警察局呈称：窃查本市近遭敌机空袭，关于市民生命财产损失颇钜，为避免无谓牺牲及保全抗建实力起见，似应积极疏散。兹拟就陕西省会警察局疏散人口暂行办法一份，以利施行，除分呈省政府防空司令部外，理合检同上项办法备文呈赍，仰祈鉴核备查等情，理合转电报请核示等情，附暂行办法一份。据此，除复饬从速实施并分行外，特电查照，并饬属知照为荷。陕西省政府主席兼全省保安司令蒋鼎文案。府依一戰附陝西省會警察局疏散人口暫行辦法一份。

中華民國二十九年七月　日

附：陕西省会警察局疏散人口暂行办法（一九四〇年）

陕西省会警察局疏散人口暂行办法

一、應疏散人員

1. 老弱婦孺不需自謀生活者、
2. 居民之無職業者、
3. 雖有職業但與城市生活無關、歸居亦能謀食者、
4. 生活富裕而無固定職業者、
5. 客籍人民寄居本市無固定職業者

二、疏散步驟

1. 令各分局員警及聯保人員即日開始調查登記應予疏散之人員
2. 凡屬應予疏散者由各該區警察會同保甲長即日勸告從速疏散
3. 經勸告後逾期猶不自動疏散者應呈局勒令疏散、
4. 遷入戶口如無特殊情形經分局核准者不予戶口登記、

一、疏散時間自公佈之日起分期推行全部時間為三十日。

1. 第一期十日為調查勸告時期
2. 第二期二十日為辦理疏散時期

四、機關工廠倉庫之疏散

1. 不必居留城市之機關屬于省政府者呈請省府予以疏散
2. 不屬於省府之各機關而無留駐于本市之必要者函請疏散
3. 規模不大機械輕便易搬遷之工廠限期遷移鄉間設立、
4. 規模龐大非短期能移動之工廠函請從速覓取安全地區開工、
5. 私家倉庫及貨棧勒令限期移往城外安全地區、
5. 公立倉庫及貨物函請遷移

五、娛樂場所之取締及限制

1. 本市戲院過多可酌量情形予以合併或封閉俾能減少戲院數量及演員人數、
2. 為避免敵機夜襲於廢曆每月中旬禁止演唱。

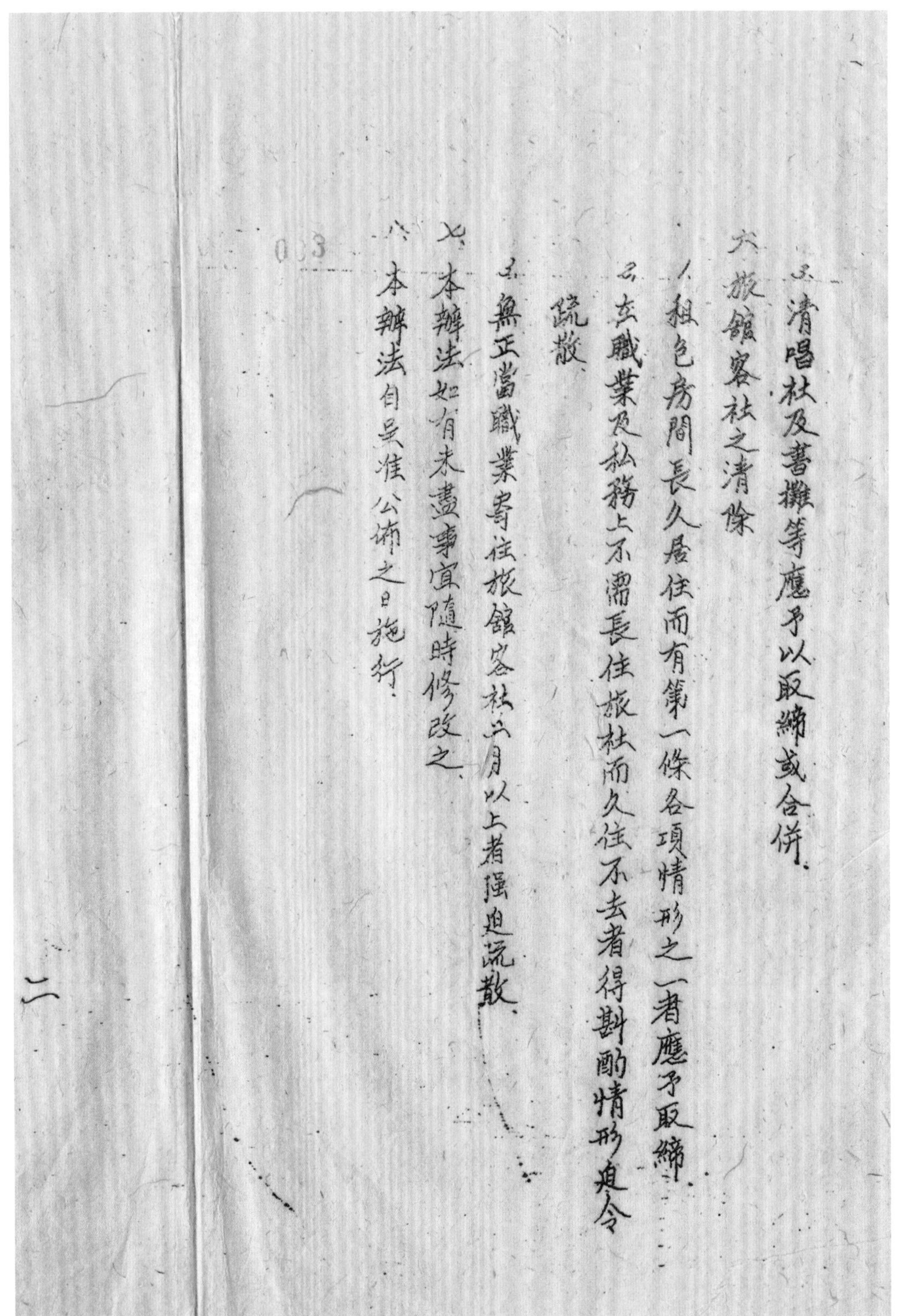

三、清唱社及書攤等應予以取締或合併。

六、旅館客社之清除

1、租包房間長久居住而有第一條各項情形之一者應予取締。

2、在職業及私務上不需長住旅社而久住不去者得斟酌情形迫令疏散。

3、無正當職業寄住旅館客社三月以上者強迫疏散。

七、本辦法如有未盡事宜隨時修改之。

八、本辦法自呈准公佈之日施行。

二

西京建委工程处关于遵照陕西省疏建委员会疏建办法暂停发放一切建筑执照是否可行致西京建委的呈

（一九四〇年十一月十五日）

西京市政建設委員會工程處呈

字第　號

中華民國二十九年十一月十五日發

事由：為准疏建會函送疏建辦法一份並囑暫停發給建築執照等由如何之處附賫原件祈核示由

案准陝西省疏建委員會二十九年十一月七日疏字第四一號公函内開：

查本會疏散第五組擬具疏建辦法當經迭次修正決定施行在案

茲查該辦法第四條所載凡呈請警察局或警捐局征收所發給營

業執照或許可證及建築執照等在勸告疏散開始後一律暫行停止發

給等語除分函外相應檢送原辦法一份函請查照為荷此致

等由附疏建辦法一份准此查西安為西京市之一部尚西安城内停止發給建築執照

116-1

其城關當屬例外惟城內建築執照一旦停發一切建築自應停止此點是否可行

理合檢同原件賫請

鈞會鑒核示遵實為公便

謹呈

西京市政建設委員會

附賫疏建辦法一份

西京市政建設委員會工程處處長龔賢明

112

陝西省疏建委員會第五組疏建辦法

第一條　本組根據大會分組原則之決議疏散對象為西安市全市市民

第二條　疏散限期與程序

甲、疏散勸告期（即應行疏散者之準備期）截至十一月底為止

乙、疏散第一期——本期以兩月為限（自十二月一日起至三十年一月底止）應行疏散者如下

(1)各業商店三分之一

(2)無職業或無固定職業及職業不在本市者

(3)雖有職業而不必居住市區者（如批發轉口業等）

(4)樂戶三分之一

(5)外籍僑民無須留居本市者及各種教堂人員暨其家屬（勸告）

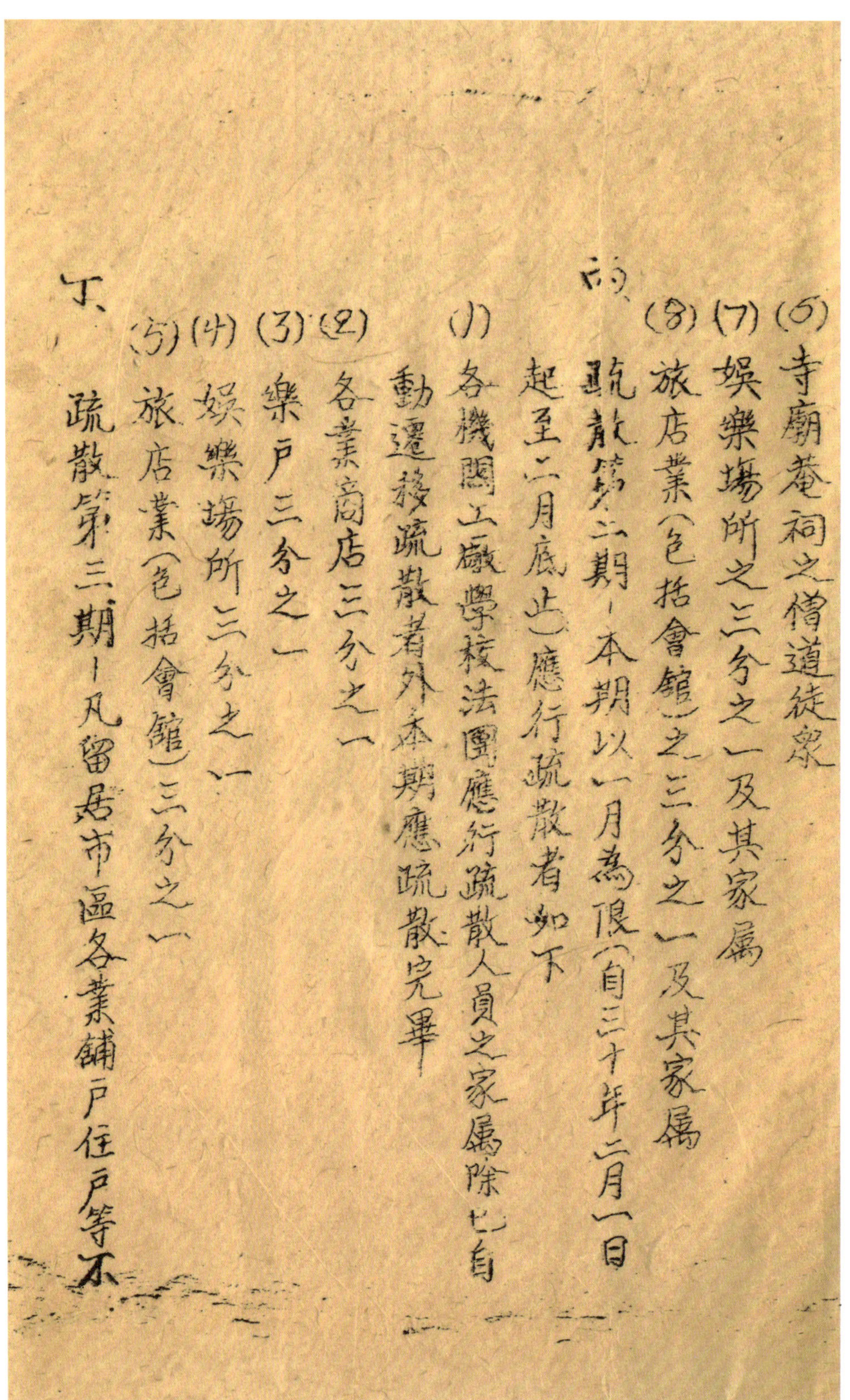

(6)寺廟菴祠之僧道徒衆
(7)娛樂場所之三分之一及其家屬
(8)旅店業(包括會館)之三分之一及其家屬
丙、疏散第二期—本期以一月為限(自三十年二月一日起至二月底止)應行疏散者如下
(1)各機關工廠學校法團應行疏散人員之家屬除已自動遷移疏散者外本期應疏散完畢
(2)各業商店三分之一
(3)樂戶三分之一
(4)娛樂場所三分之一
(5)旅店業(包括會館)三分之一
丁、疏散第三期—凡留居市區各業舖戶住戶等不

必要者均於本期内疏散之

以上各期應行疏散者由疏散第五組督同有關機關團體商定或以抽籤法行之

二、疏散程序

(1)由警保人員即日開始調查登記應行疏散之人員分別勸告請其自動疏散

(2)經勸告後逾規定疏散期限猶不自動疏散者應予强迫疏散

(3)自勸告開始之日起如無特殊情形經管區警察分局核准者不予户口登記限制遷入

(4)凡經疏散之户口由管區警保人員於該户門首貼疏散條嗣後不得任意遷入(疏散條如附式一)

三、疏散地區城郊或外縣由人民自動選擇之惟於注銷戶口時登記明白係遷往何處以供考查

第三條　貨物之疏散、依下列之規定

(1)貨物中之無關稅收者各商家自行運輸之

(2)貨物中之有關稅收者其運輸應由市商會商同財政部稅務局財政廳稅務局辦理之

(3)貨物之繁多者該同業行會可申請本會交通組協助運輸之

(4)凡經疏散出城之貨物未經本會允准不得自行運入本市

(5)存貯貨物地區由貨主自行選擇之

(6)郊外市場之建設由本會建設組督導商會及各同業行會辦理之

第四條　凡須呈請警察局或警捐局征收所發給營業執照

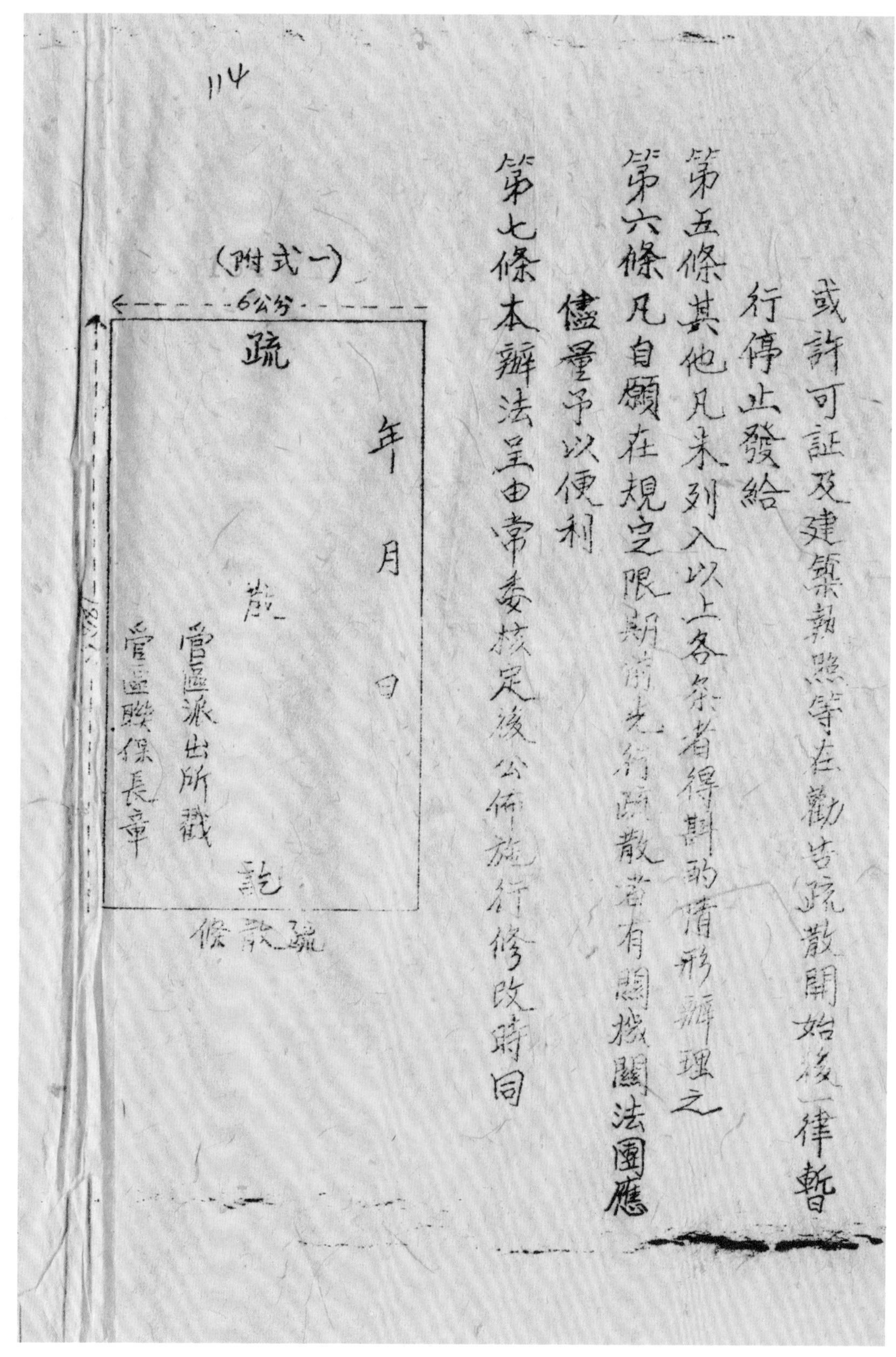
114

或許可証及建築執照等在勸告疏散開始後一律暫行停止發給

第五條 其他凡未列入以上各条者得斟酌情形辦理之

第六條 凡自願在規定限期前先行疏散者有關機關法團應儘量予以便利

第七條 本辦法呈由常委核定後公佈施行修改時同

（附式一）

6公分

疏

年 月 日

散

証

曾區派出所戳

曾區聯保長章

疏散條

陕西省疏建委员会关于该会第四次全会决议要求积极疏散以策安全致西京建委的通告（一九四一年五月二十四日收）

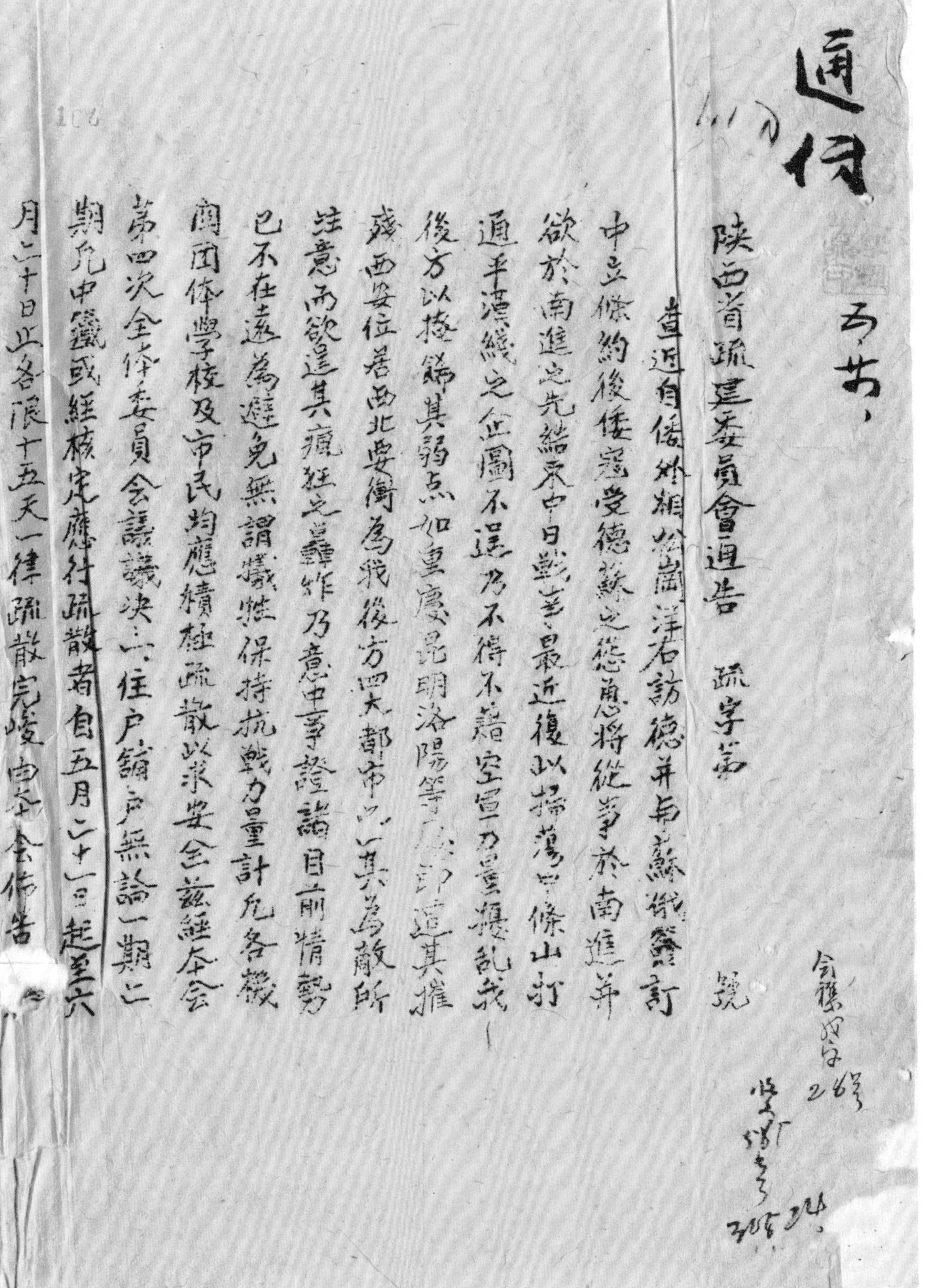

通告

陕西省疏建委员会通告　疏字第　号

查近自倭外相松冈洋右訪德并与蘇俄簽訂中立條約後倭寇受德蘇之慫恿將從事於南進并欲於南進之先結束中日戰爭最近復以掃蕩中條山打通平漢綫之企圖不逞乃不得不藉空軍力量擾亂我後方以掩飾其弱点如重慶昆明洛陽等處即遭其摧殘西安位居西北要衝為我後方四大都市之一其為敵所注意而欲逞其瘋狂之轟炸乃意中事證諸目前情勢已不在遠為避免無謂犧牲保持抗戰力量計凡各機關團体學校及市民均應積極疏散以求安全茲經本会第四次全体委員会議議決：一、住戶舖戶無論一期二期凡中籤或經核定應行疏散者自五月二十一日起至六月二十日止各限十五天一律疏散完竣由本会佈告

二、各學校中學自即日起限二十天，小學自六月一日起限三十天疏散完畢。三、中央、地方、軍事、政治、經濟、教育及一切文化機關團体並其眷屬等自即日起限三十天疏散完畢（如有特殊情形應向本会申述理由）（請示　常委核定）四、各工廠自即日起限一月疏散完畢，由軍需局建設廳督促辦理。五、疏散運輸工具：鐵路運輸由隴海路局負責，汽車運輸由西北公路局及省公路局負責，膠輪車、大車、小車等運輸由建設廳負責，由本会隨時接洽辦理，並設立疏散運輸登記處負責登記、審查、調查、分配及規定運輸等事宜。六、關于疏散貨物運輸事宜由本会召集財政廳、市党部、省稅務局、市商会商定办法。七、凡逾期不疏

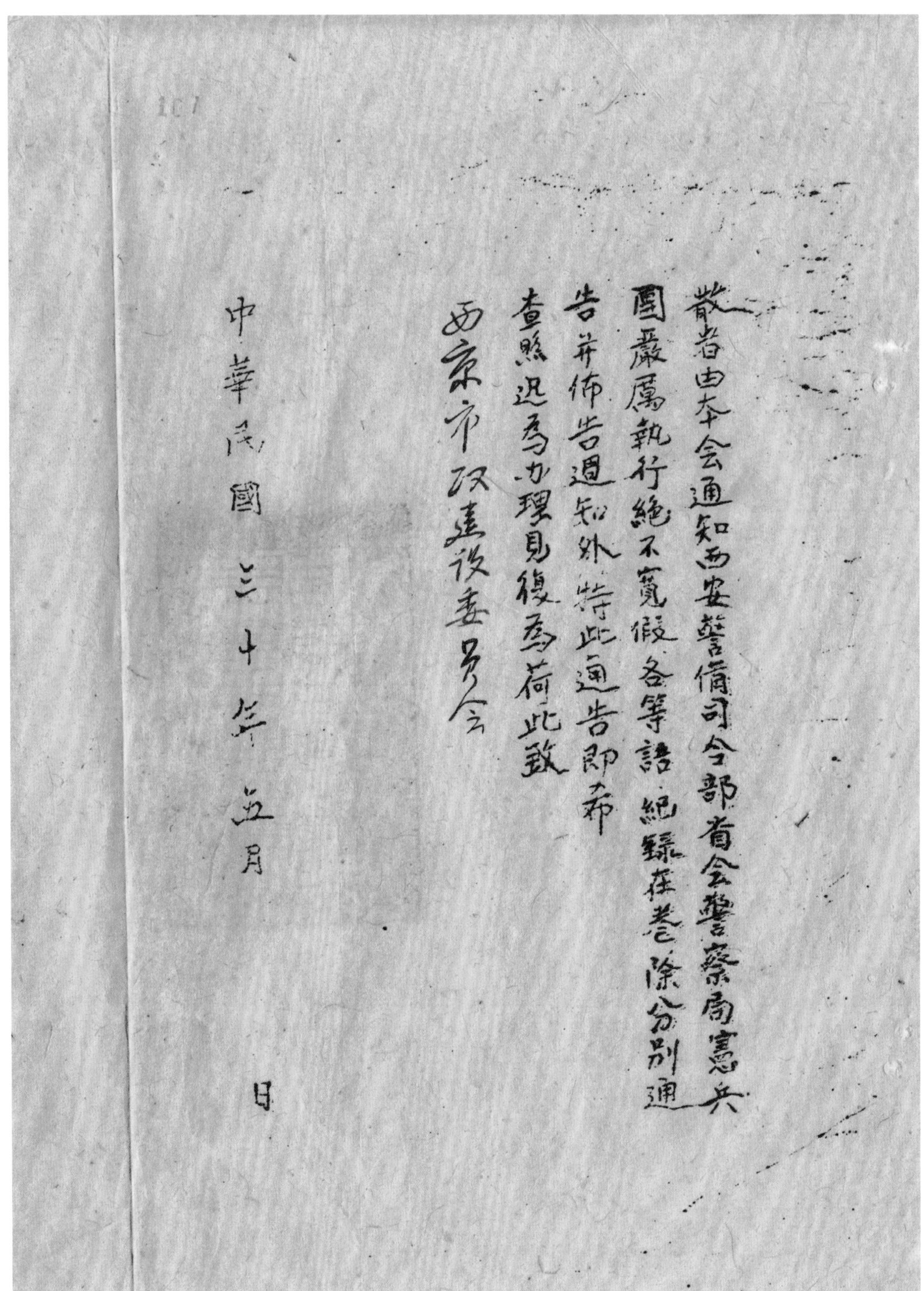

敬启者，由本会通知西安警备司令部、省会警察局、宪兵团严厉执行，绝不宽假各等语，纪录在卷，除分别通告并布告週知外，特此通告，即希查照迅为办理见复为荷。此致

西京市政建设委员会

中华民国三十年五月　日

（四）打通疏散通道

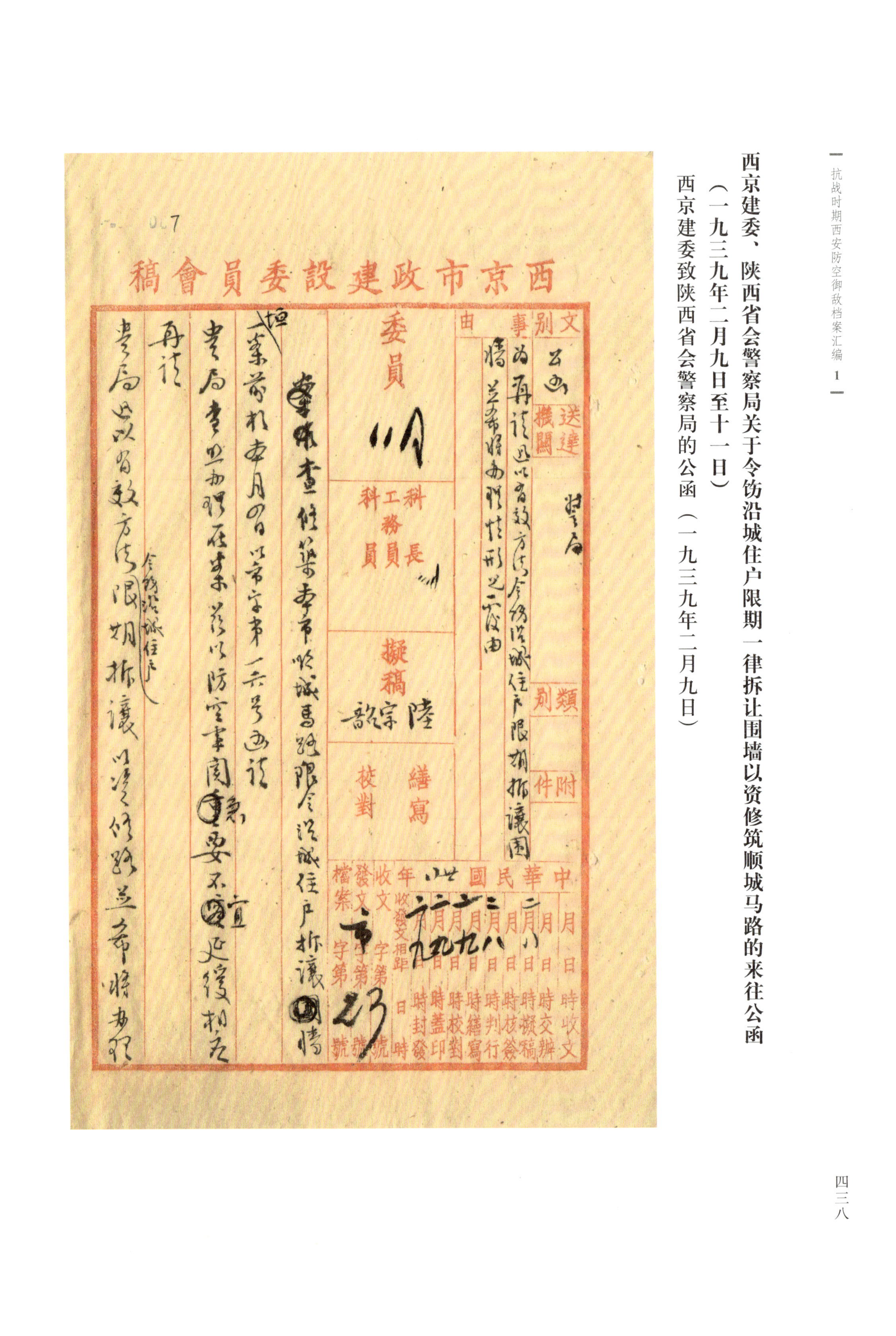

西京建委、陕西省会警察局关于令饬沿城住户限期一律拆让围墙以资修筑顺城马路的来往公函（一九三九年二月九日至十一日）

西京建委致陕西省会警察局的公函（一九三九年二月九日）

0077

情形見覆為荷此致

陝西省會警察局

陕西省会警察局致西京建委的公函（一九三九年二月十一日）

014-1

陝西省會警察局公函

政字第五三號

案准

貴會本月九日市字第二三號公函，以修築本市順城馬路，關係防空，不宜延緩，屬以有效方法令飭沿城住户限期拆讓，以資修築，並將辦理情形見復，等由；准此。查此案前准函達到局，當經轉飭各分局遵辦在案。茲准前由，除再令飭各分局嚴限沿城住户，於十日内一律拆讓完竣外，相應函復，即請

查照爲荷！

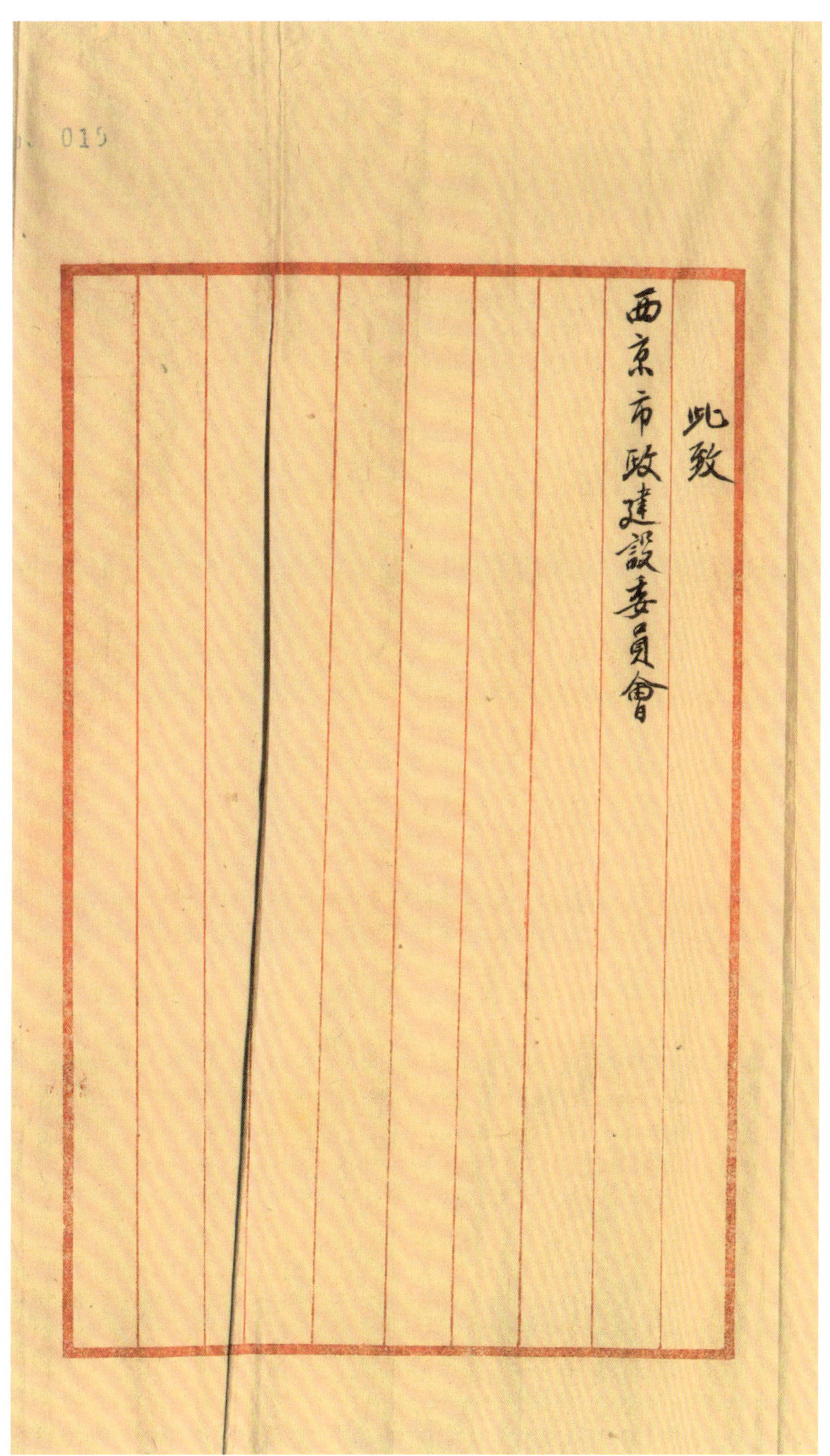
此致
西京市政建設委員會

016

中華民國二十八年二月十一日

米俊生等人与西京建委关于拆让附城墙垣事的来往文书（一九三九年二月十八日至二十二日）

米俊生等人致西京建委的呈（一九三九年二月十八日收）

008-1

呈為環城交通建築困難合詞籲懇　俯准暫緩動工事緣於本月十二日奉到本管警察分局通知以執行防空議決案建築環城交通其寬度定為五公尺限於十日以內自行拆除障碍等因奉此自應遵辦曷敢違抗第以廢曆年關轉瞬即届民等經濟方面寧已發生問題無論拆除需費民等力難負荷抑亦最近期間敵機逐日來襲設在相率拆除之際而萬惡之敵機適來肆虐因地勢之關係民等隱避無所其危險尤所堪虞職是之故民等一再會商僉以為建築環城交通原為便利人民速於趋避起見如上所陳殆將適得其反迫不獲已惟有合詞籲懇

鈞座鑒核　俯准暫免拆除從緩動工藉紓民力而資隱避實為公德兩便除分呈西安防空司令部、陝西省會警察局外謹呈

市政建設委員會

具呈人　米俊生（米峻生印）　劉志道　馬兆琪　余子衡

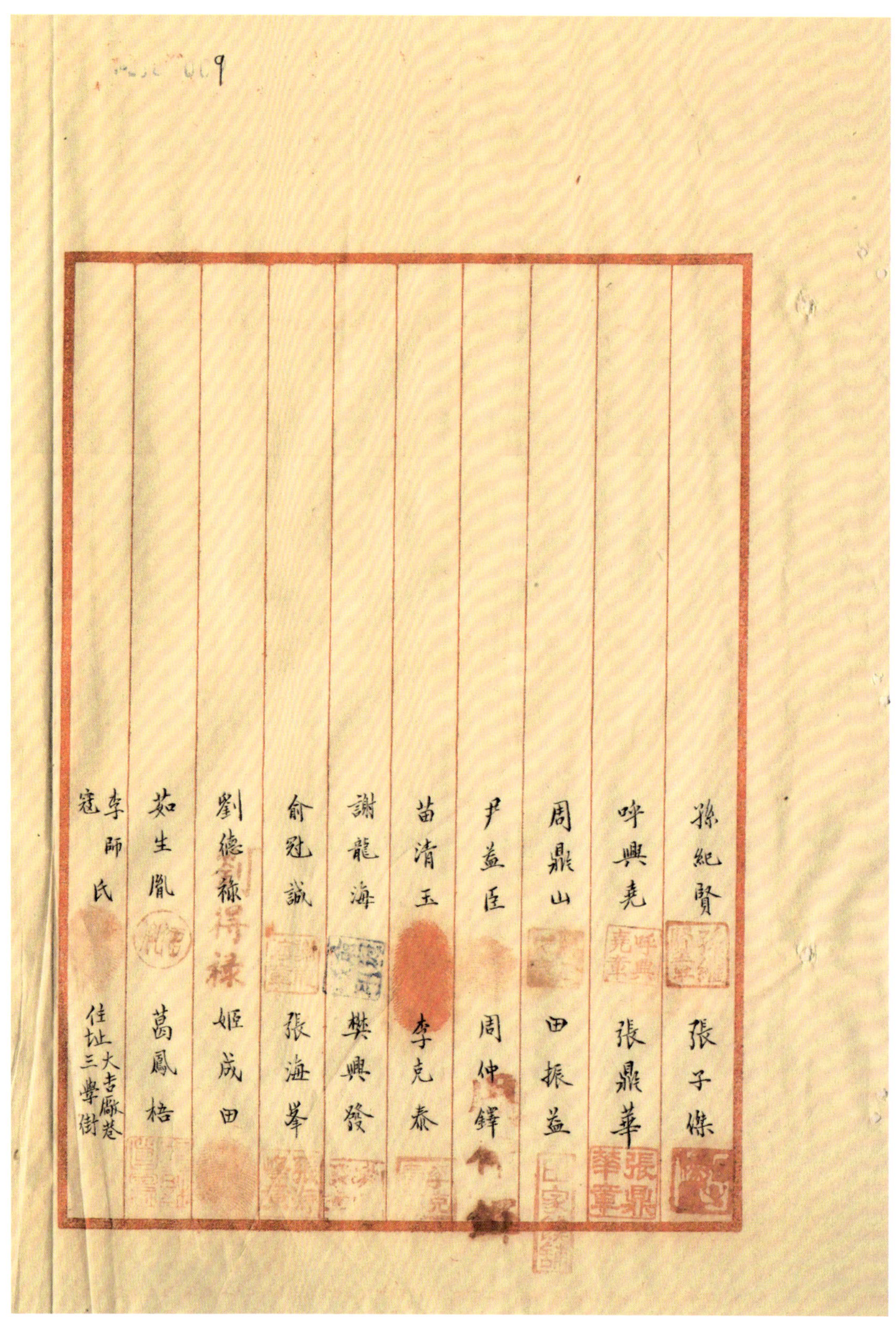

孫紀賢　張子傑
呼興堯　張鼎華
周鼎山　田振益
尹益臣　周仲鏵
苗清玉　李克泰
謝龍海　樊興發
俞冠誠　張海峯
劉德禄　姬成田
茹生胤　葛鳳梧
李師氏　住址大吉廠巷三學街
寇

009-1

中華民國二十八年 二 月 日

西京建委致米俊生等人的批示（一九三九年二月二十二日）

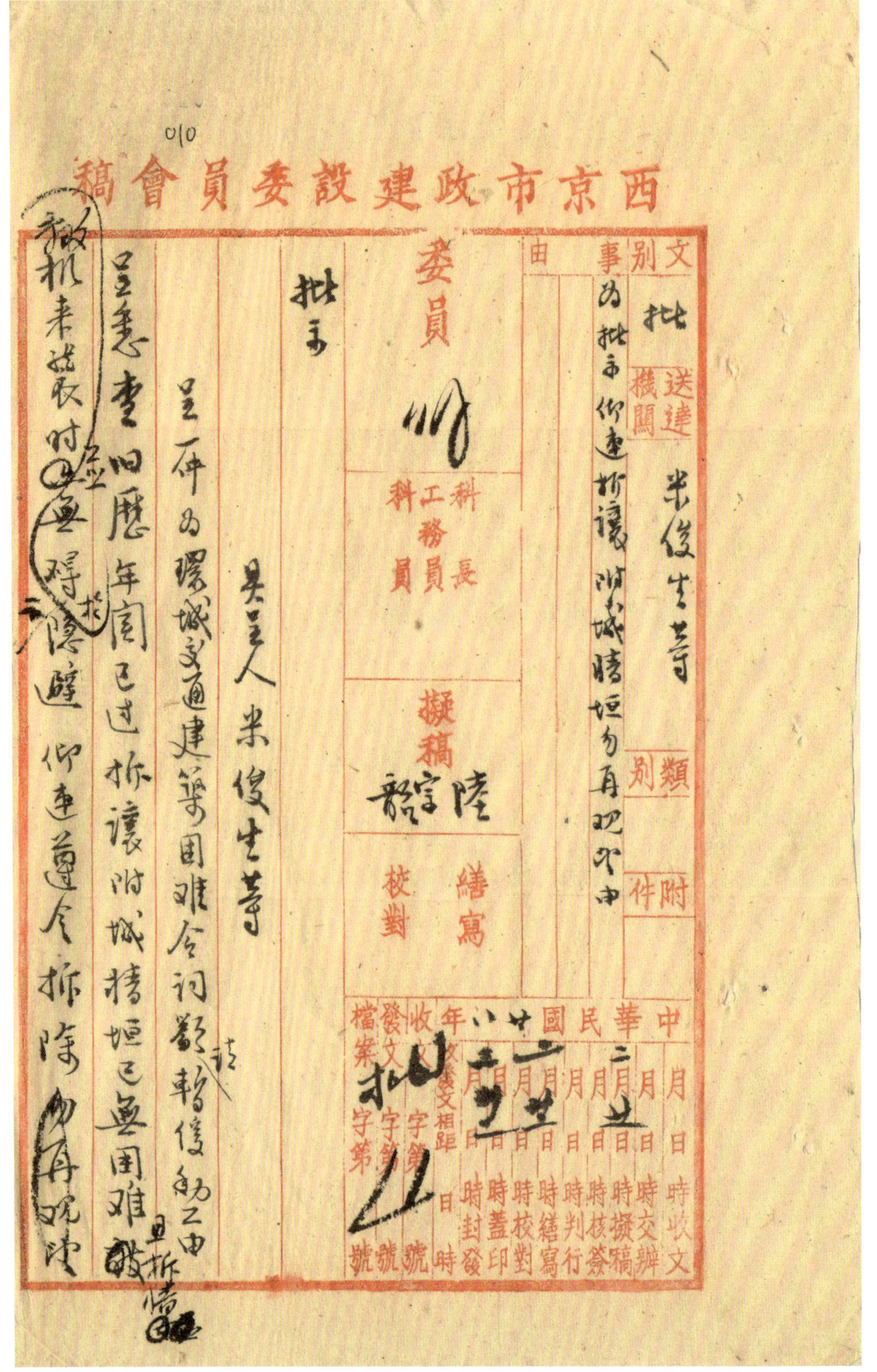
010

西京市政建設委員會稿

文別：批
送達機關：米俊生等
事由：為批示仰遵拆讓附城牆垣勿再观望由

委員
科長
工務科員
擬稿 陸定毅
繕寫
校對

中華民國廿八年二月廿二日

批示

具呈人米俊生等

呈一件為環城交通建築困難令飭暫緩[拆讓]由

呈悉。查旧歷年関已过，拆讓附城牆垣已無困难，且拆[illegible]敵机来袭时並無得隐避，仰連遵令拆除，勿再观望。

0101

[illegible]

談防空要政的要此批

委之

〇〇〇

〇〇〇

杨焌茹等人与西京建委关于拆让附城墙垣事的来往文书（一九三九年二月十八日至二十二日）

杨焌茹等人致西京建委的呈（一九三九年二月十八日收）

案奉陜西省會警察第二分局本月十一日通知書内開

為通知事奉令以准西京市政建設委員會函為依照防空司令部會商决議修築城牆内環城交通路並規定寬度為五公尺囑轉飭沿城各户依照規定尺度限期拆讓完竣逾期即由公家代拆等由轉飭遵辦到局合行通知仰該住户迅於十日内拆讓完竣毋稍延緩為要

等因奉此查修築城牆内環城交通路係便於防空事關公益自應遵照規定尺度一律拆讓曷敢違延惟十日期限適在舊歷年關查民間習慣每至舊歷年關無論何項營業均待

結束尤以工程行中人為最甚緣泥水工人本極辛苦以為
終年勞碌年終必須休息多日又適來將近一週每日均有
警報發出人心惶惶上項泥工多係鄉人相率遠避有此
以上兩種原因僱工實屬不易加之現在初交春令陽和
尚未發動泥水工程尚易成凍勉强工作一經春煖凍解泥鬆尤
虞傾圮十日期限轉瞬即至請工既感不易凍裂又屬堪虞
思維再四惟有將困難情形詳為瀝陳懇祈
鈞鑒體察實在情形
俯准寬展限期一俟舊歷年關過後春煖泥融之時各泥工
匠亦均開始動工再行着手拆讓實為公德兩便除分

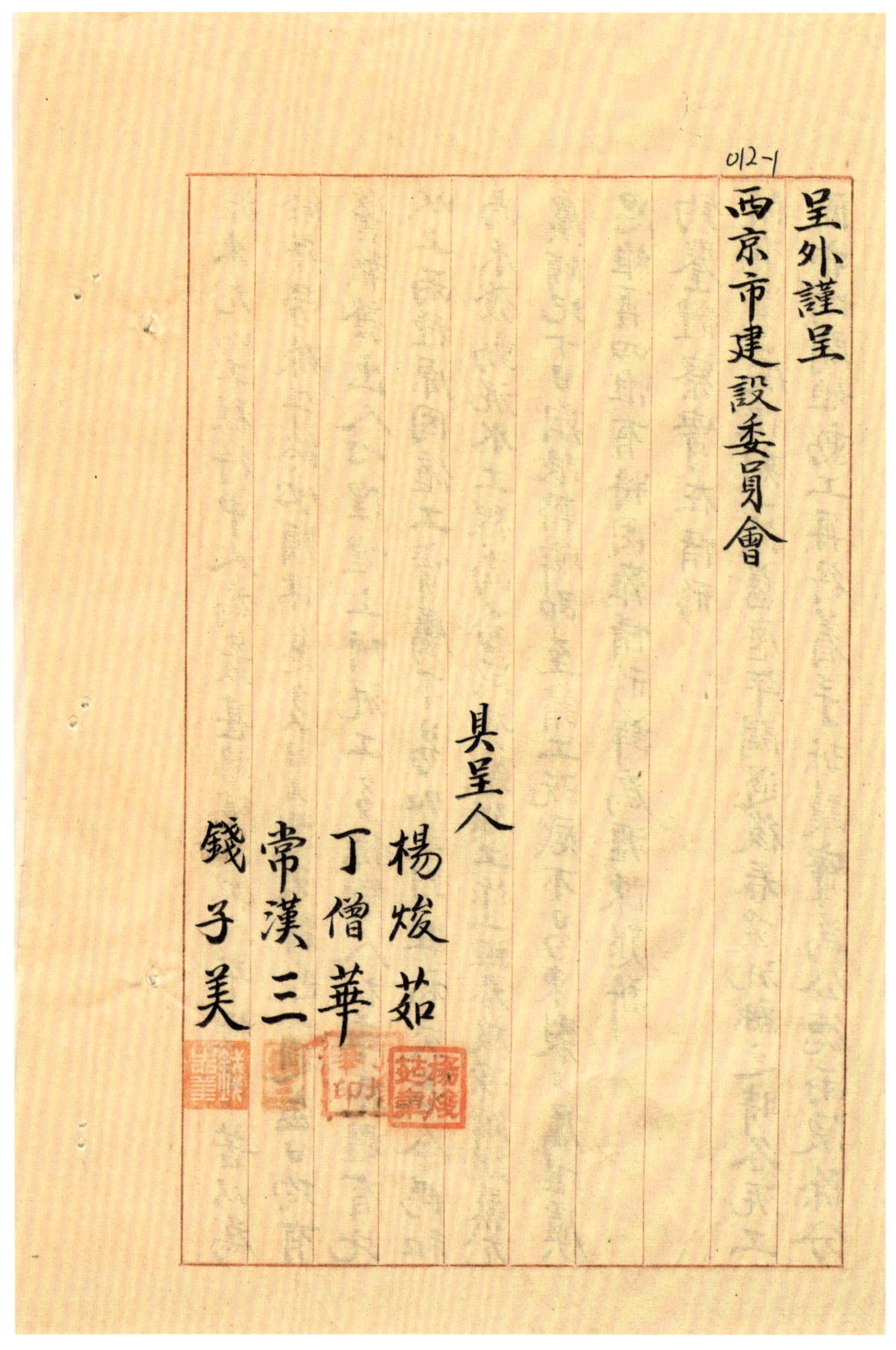
012-1

呈外謹呈

西京市建設委員會

具呈人

楊煖茹

丁僧華

常漢三

錢子美

013
小湘子廟街九號

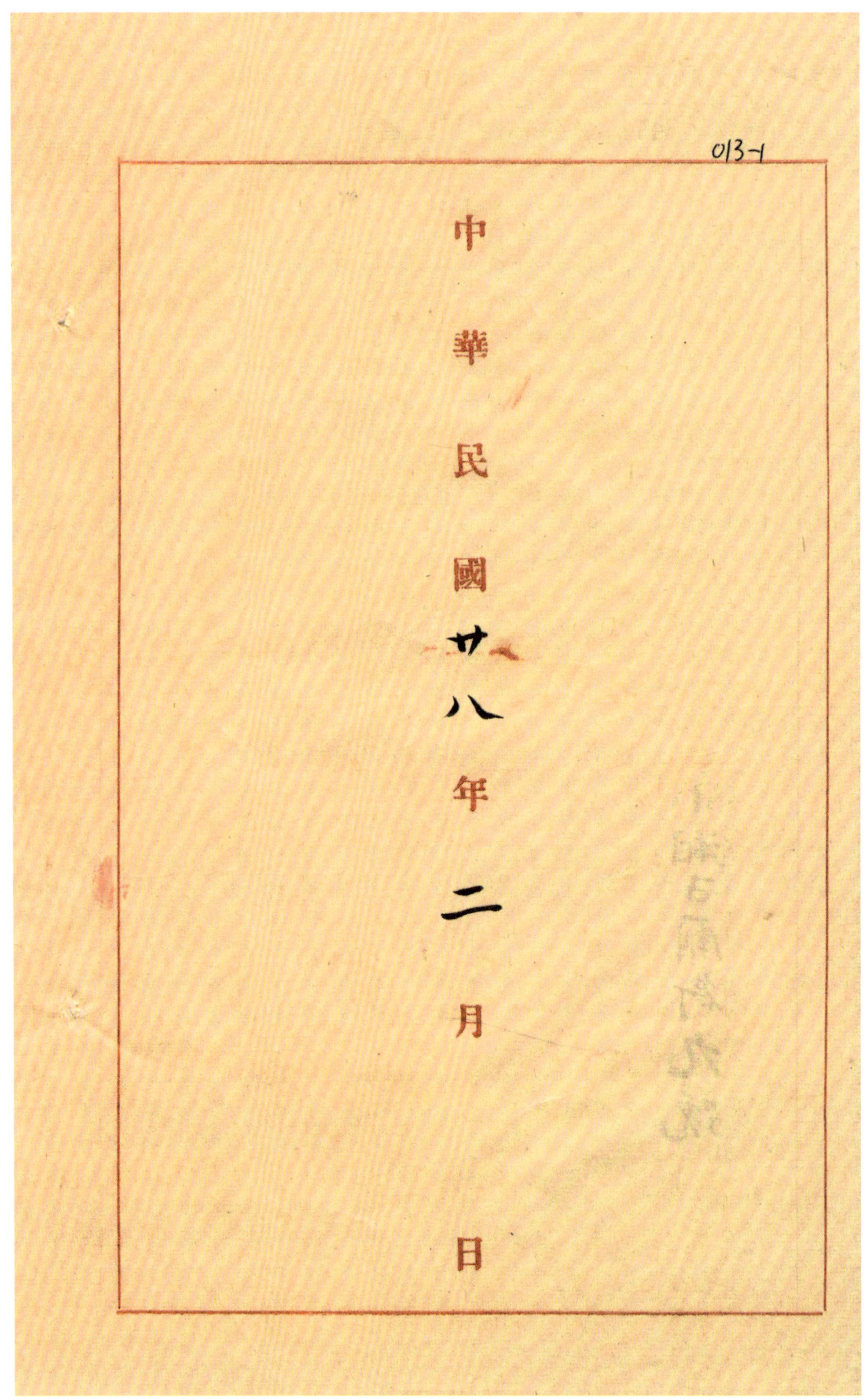
013-1

中華民國廿八年二月　日

西京建委致杨焌茹等人的批示（一九三九年二月二十二日）

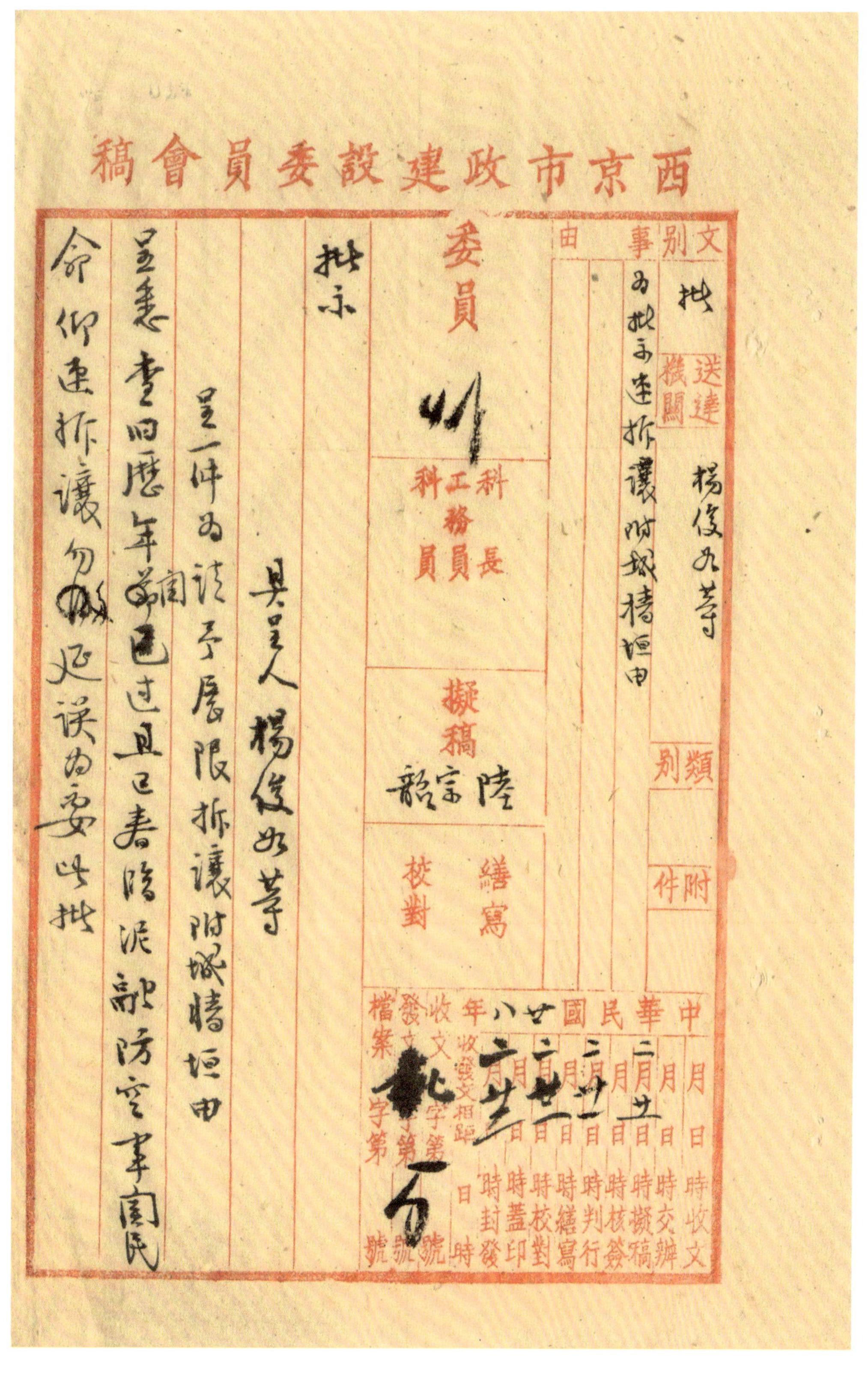

西京市政建設委員會稿

文別：批

事由：為批示速拆讓附城牆垣由

送達機關：楊俊如等

委員

科長 工務員 科員

擬稿 陸宗韶

繕寫 校對

批示

具呈人楊俊如等

呈一件為請予展限拆讓附城牆垣由

呈悉。查回歷年關已過，且已春暖，泥設防空事關民命，仰速拆讓勿再延誤為要。此批

中華民國廿八年 二月廿一日

广仁寺代理达喇嘛关符清与西京建委关于绕越修筑顺城马路事的来往文书（一九三九年二月十四日至三月二日）

关符清致西京建委的呈（一九三九年二月十四日）

交工務科及市工處會核　明　二十七

（事關防空意見如何[illegible]）

收186号　28.2.17

呈為呈請事二月十四日奉

陝西省會警察第四分局通知書内開為通知事奉　令以准西京市政建設委員會函為依照防空司令部會商決議修築城牆内環城交通路並規定寬度為五公尺囑轉飭沿城各户依照規定尺度限期拆讓完竣逾期即由公家代拆等由轉飭遵辦到局合行通知仰該住户迅於十日内拆讓完竣毋稍延緩為要等因奉此　敝寺奉令後本應遵行何敢煩瀆但有下情不得不呈明原委竊查　敝寺鄗居城垣西北角人煙稀少盜賊時有所有保存漢經藏經為數不少傳自明清至今國家文化攸關屢奉

章嘉活佛告戒及

各列憲面諭並飭妥為保存以防損失故將此經堆存城牆窰洞內以防敵機轟炸今一旦拆去牆垣恐生意外損失數百年之國粹思維至再祇得呈明

鈞會格外設法可否依照市政工程處前測劃由寺外繞越修築抑或暫緩舉行是否有當理合具文呈請

鑒核批准施行不勝迫切待命之至謹呈

西京市政建設委員會

廣仁寺代理達喇嘛關符清

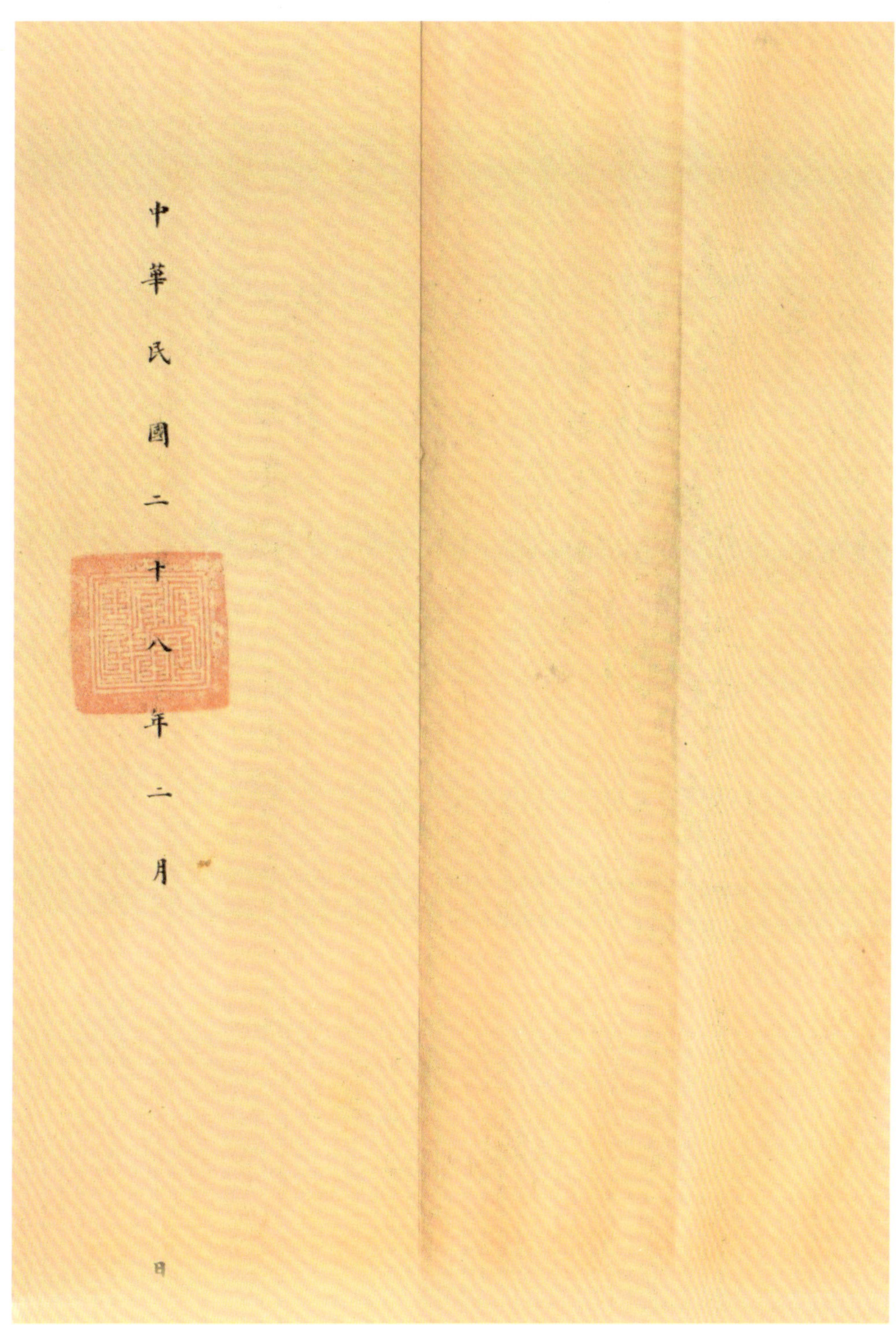
中華民國二十八年二月　日

西京建委致关符清的笺函（一九三九年三月二日）

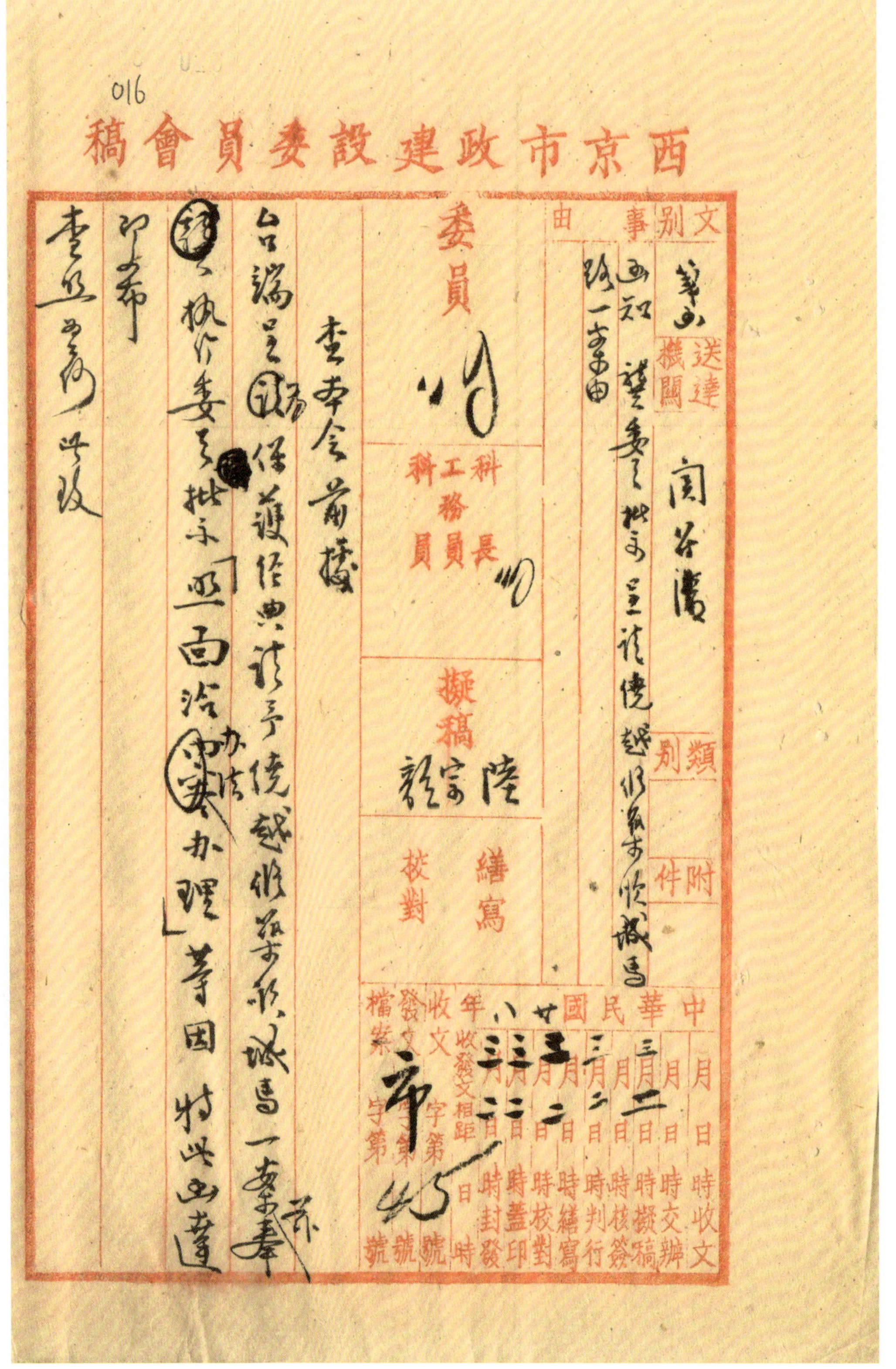

016-1

閔符[illegible]先生

總務科

陕西全省防空司令部关于修筑顺城马路暂按五市尺宽迅于进行致西京建委的公函（一九三九年三月十四日）

019-1

陝西全省防空司令部公函　陸字第0159號

案准

貴會市字第五〇號函開：「為請依照定案修築五公尺寬順城馬路一節」等情。查本部於三月三日召集各區防護團團長會議時，為目下民眾避難迅速便利計，特擬先由環城住戶將附城短牆自行開鑿五市尺寬，至以前議決開闢五公尺馬路之案，仍照案進行。相應函复，即希

查照迅予辦理為荷。此致

西京市政建設委員會

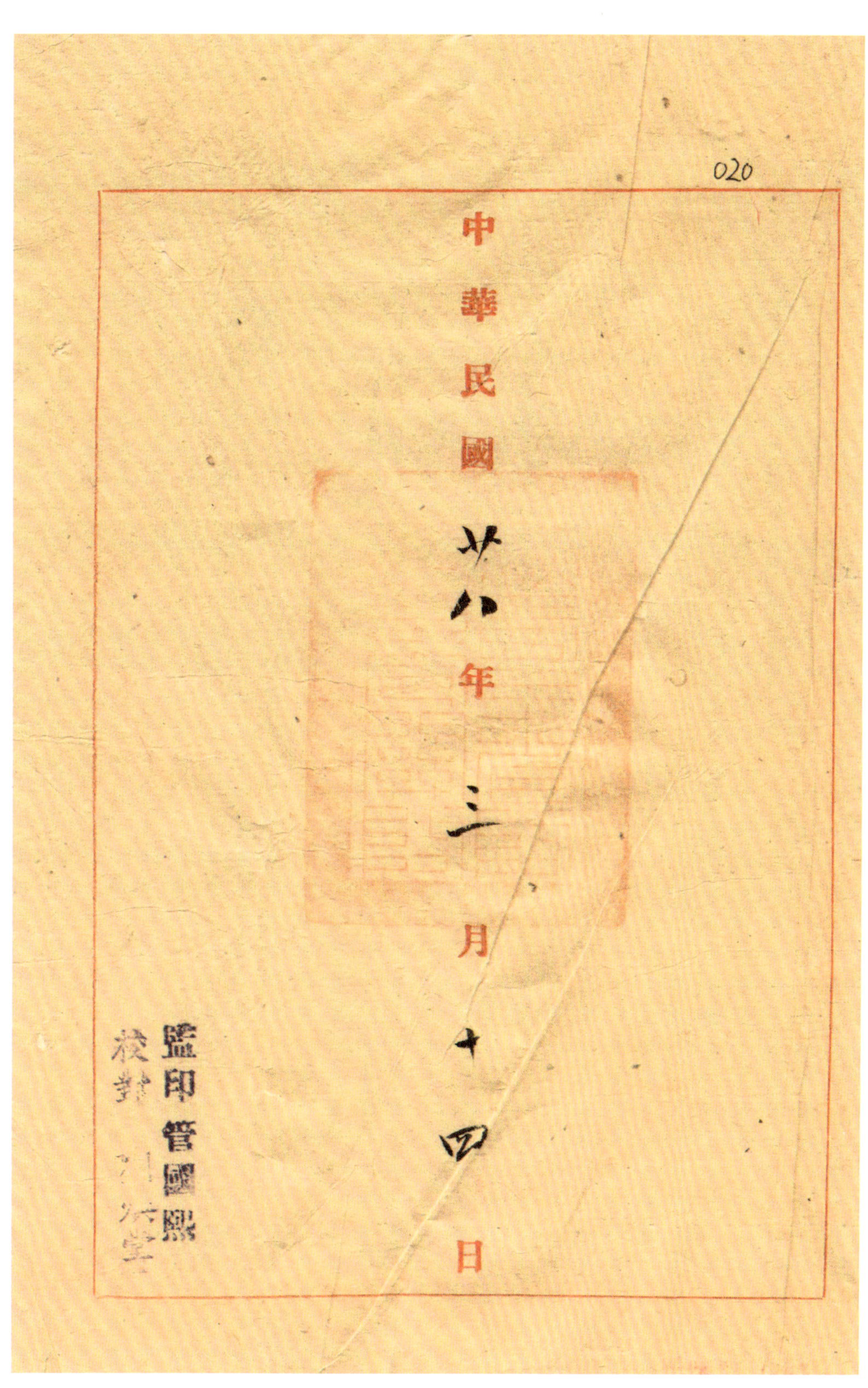

020

中華民國廿八年三月十四日

監印管國熙
校對□□堂

西京建委关于该会第一百一十九次会议议决用劳动服务民工修筑顺城马路致陕西省会警察局的公函
（一九三九年三月二十五日）

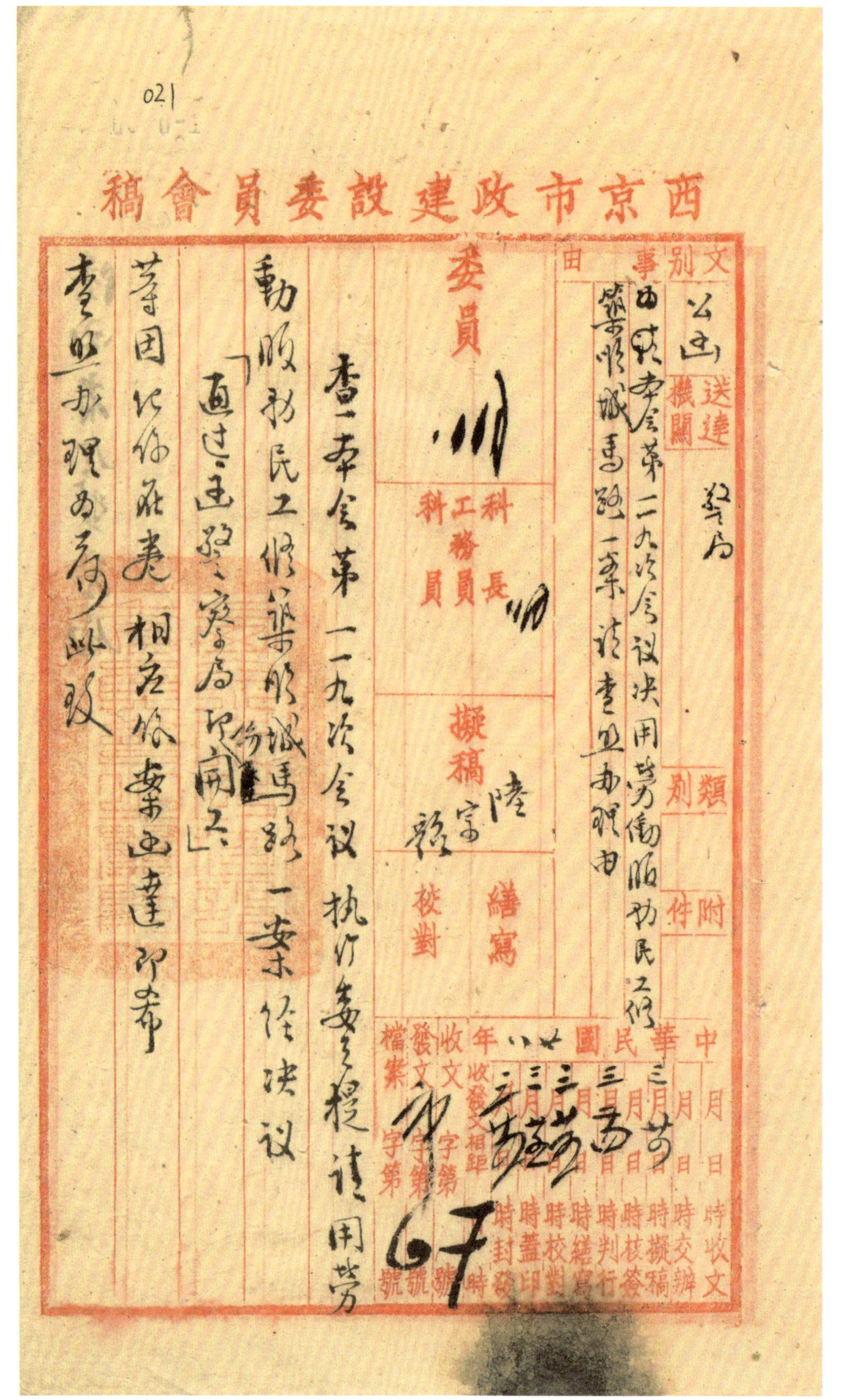

西京市政建設委員會稿

文別：公函

送達機關：警察局

事由：為本會第一一九次會議議決用勞働服務民工修築順城馬路一案請查照辦理由

查本會第一一九次會議執行委員提請用勞動服務民工修築順城馬路一案，經決議「通過，函警察局切實辦理」，等因，紀錄在卷。相應函達，即希查照辦理為荷。此致

中華民國廿八年三月廿五日

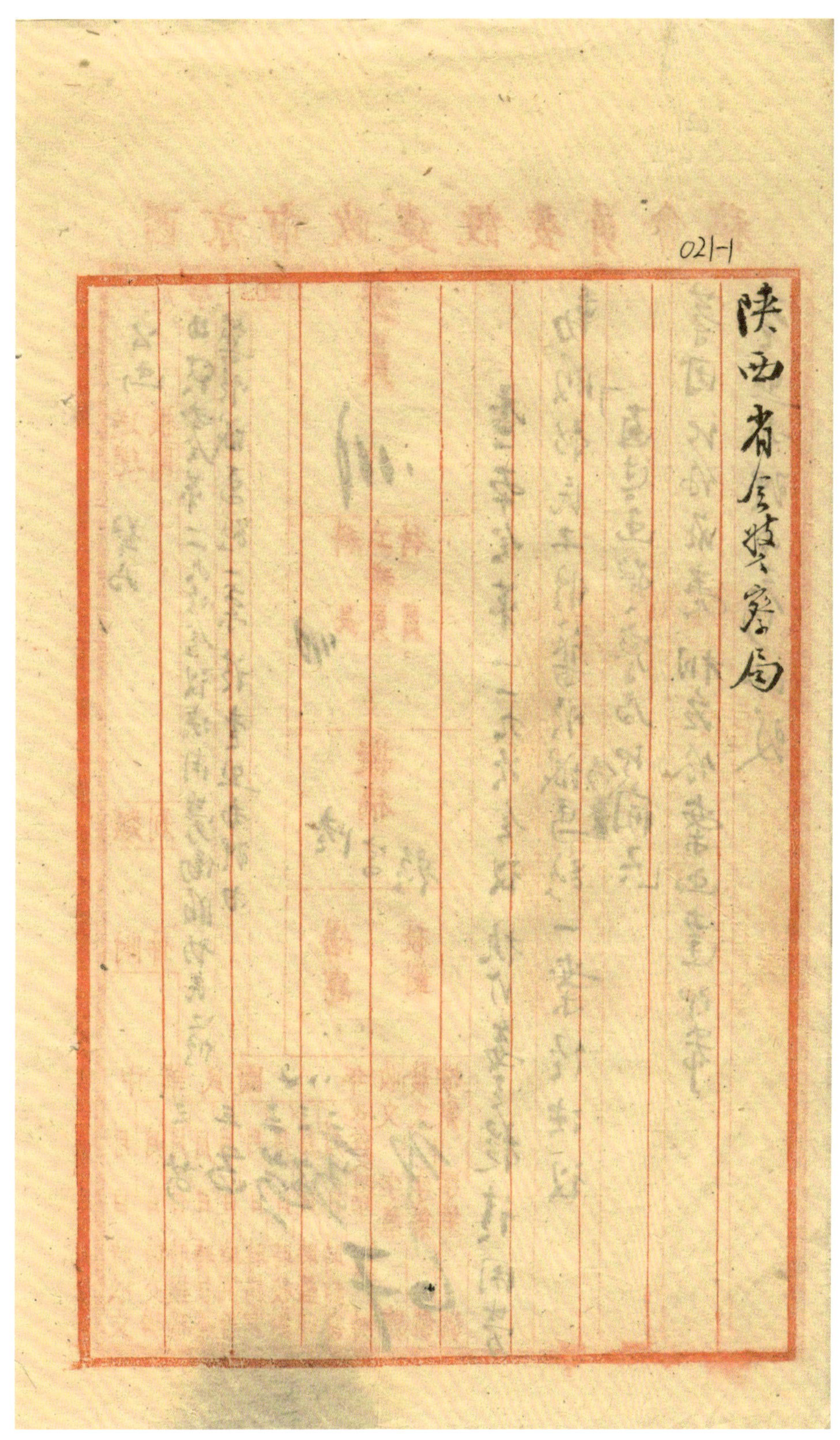

021-1

陕西省会警察局

西京建委、陕西省政府关于顺城马路仍照五公尺修筑请饬警察局强制执行的来往公函（一九三九年四月二十一日至五月二日）

西京建委致陕西省政府的公函（一九三九年四月二十一日）

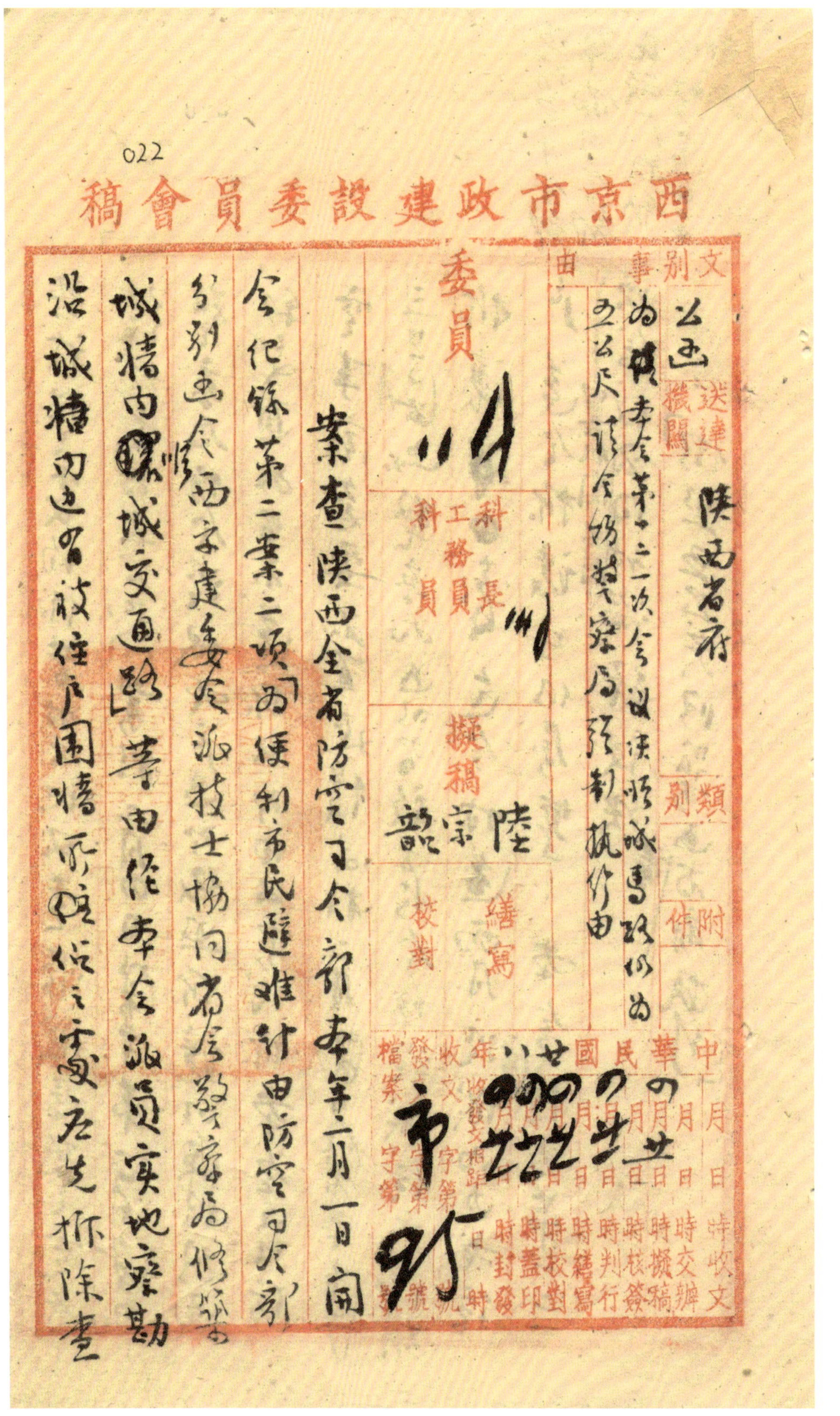

所有征收之土地均系昔时古地又查顺城马路之宽度经规定为五公尺业于二月四日以府字第一号函警察局饬令沿城各户迅即依照拆让以便修路而利交通如有不遵拆者即由公家代拆奉令又以防空事关急要不宜延缓又于二月九日以府字第二三号函警察局迅即督饬该局令饬沿城住户限期拆让尊由在案迄今时逾两月沿城内边各住户遵令拆让者仍属寥寥奉令检书第一二次会议公同讨论经议决请仍照五公尺以资画省府执行」

由防空司令部、警备司令部、民政厅、抗敌后援会等机关协核

022-1

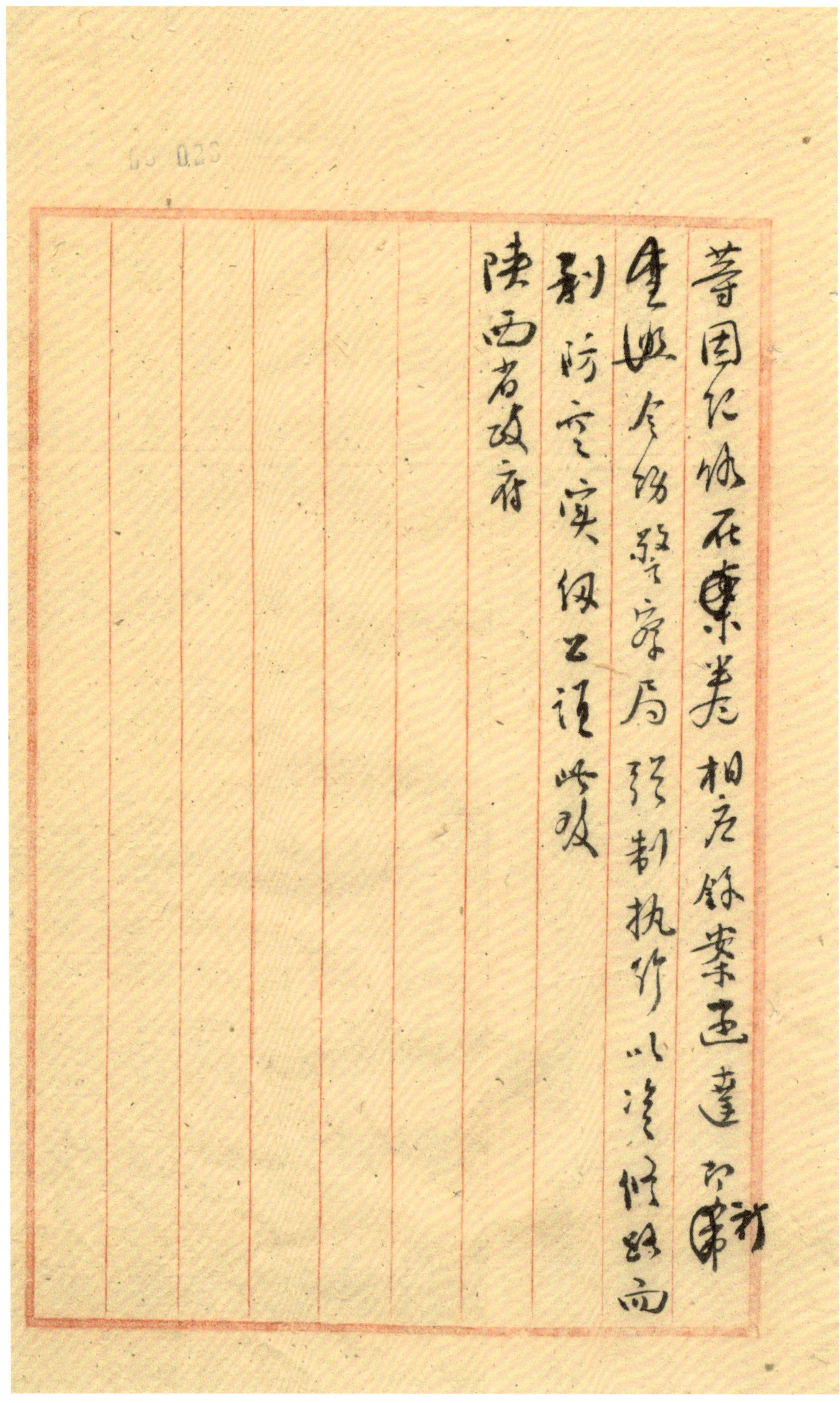
等因附件在案茲差相應錄案函達即希
查照令飭防空局遵照執行以資防範而
利防空實紉公誼此致
陝西省政府

陕西省政府致西京建委的公函（一九三九年五月二日）

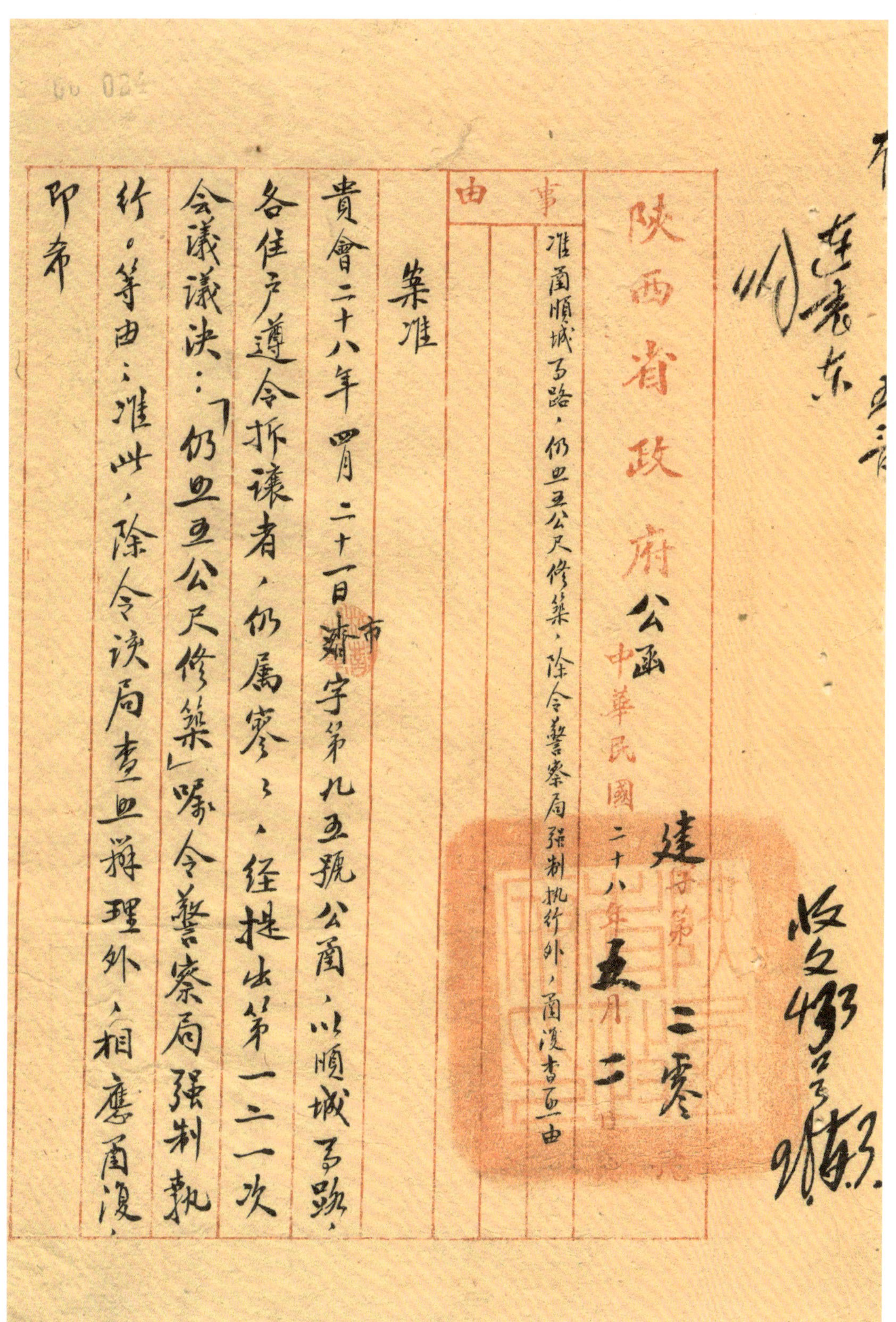

陝西省政府公函

中華民國二十八年五月二日 建字第三零號

事由：准函順城馬路，仍照五公尺修築，除令警察局強制執行外，函復查照由

案准

貴會二十八年四月二十一日市建字第九五號公函，以順城馬路，各住户遵令拆讓者，仍屬寥寥，經提出第一二一次会議議決：「仍照五公尺修築」，嘱令警察局強制執行。等由；准此，除令该局查照辦理外，相應函復，

即希

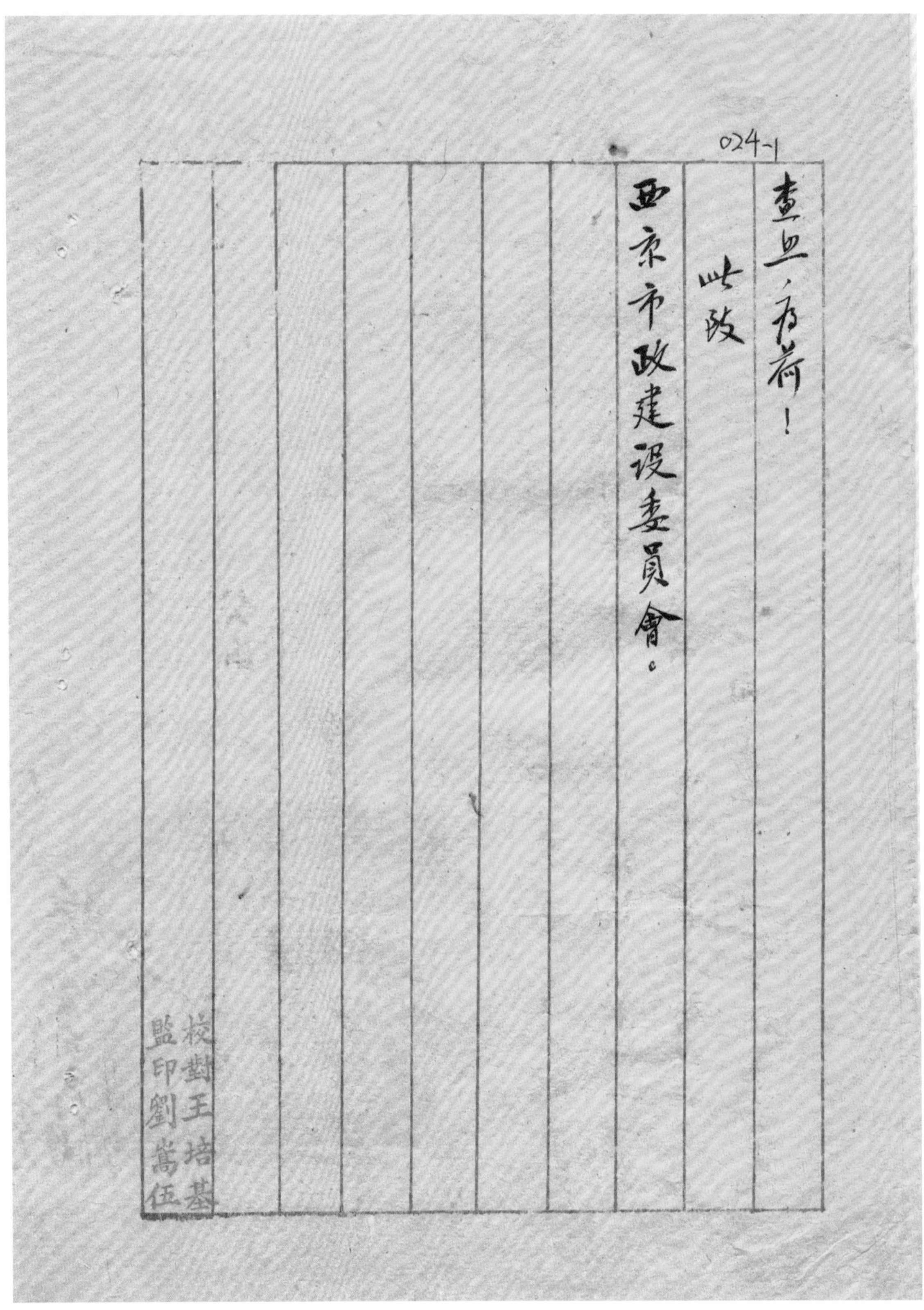
024-1

查照，为荷！

此致

西京市政建设委员会。

校对王培基
监印刘嵩伍

西京建委、陕西省会警察局关于拆除四府街门外红庙及打通顺城路与城中路交通的来往公函（一九三九年四月二十一日至五月五日）

西京建委致陕西省会警察局的公函（一九三九年四月二十一日）

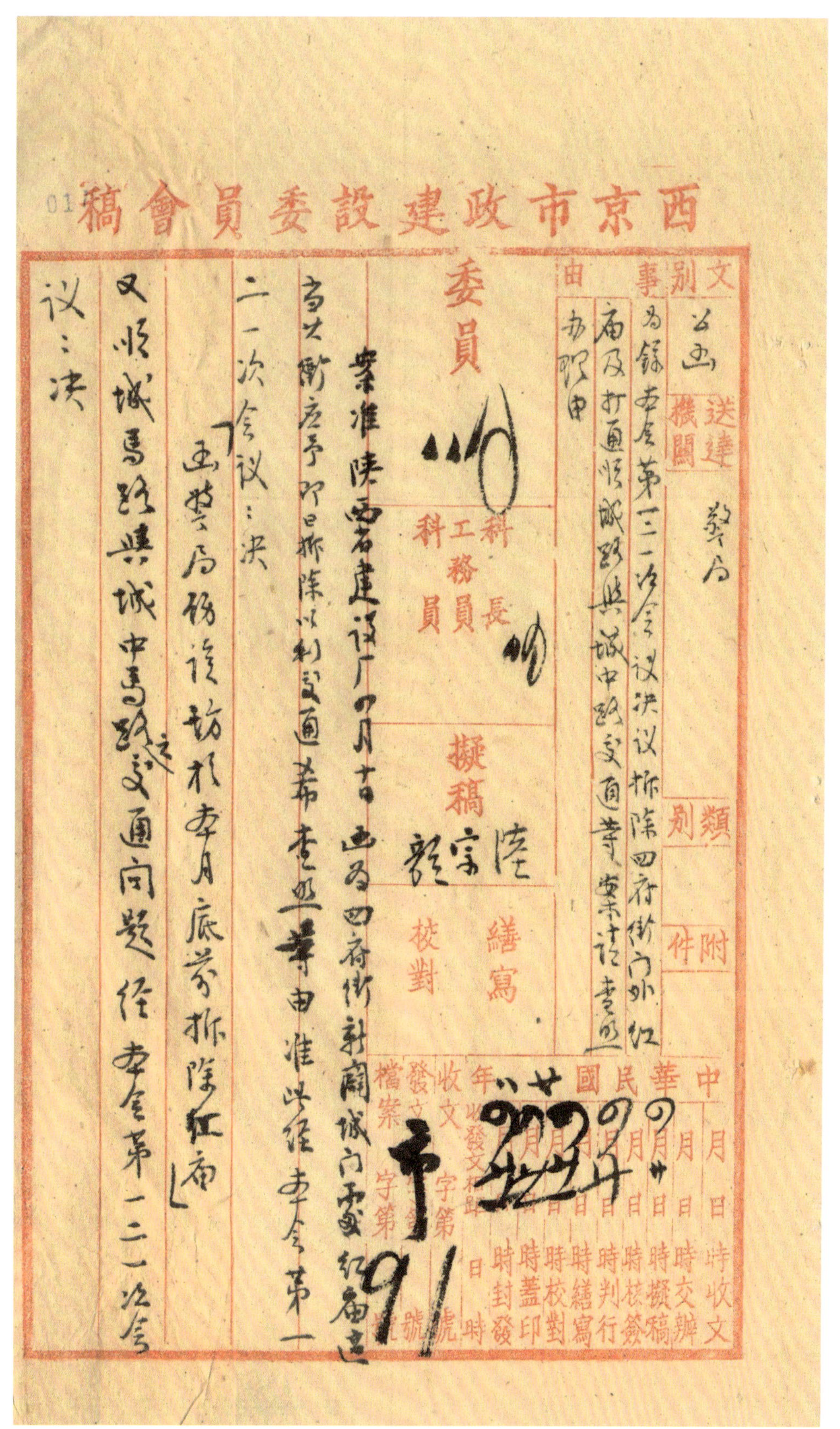

西京市政建設委員會稿

文別：公函

送達機關：警察局

事由：為録本会第一二一次会议决议拆除四府街门外红庙及打通顺城路与城中路交通等案，请查照办理由

案准陕西省建设厅四月十一日函，为四府街新开城内两红庙应予即日拆除以利交通，希查照等由，准此，经本会第一二一次会议议决：函警察局务请转饬于本月底前拆除红庙。又顺城马路与城中马路之交通问题，经本会第一二一次会议决：

中華民國廿八年四月廿日

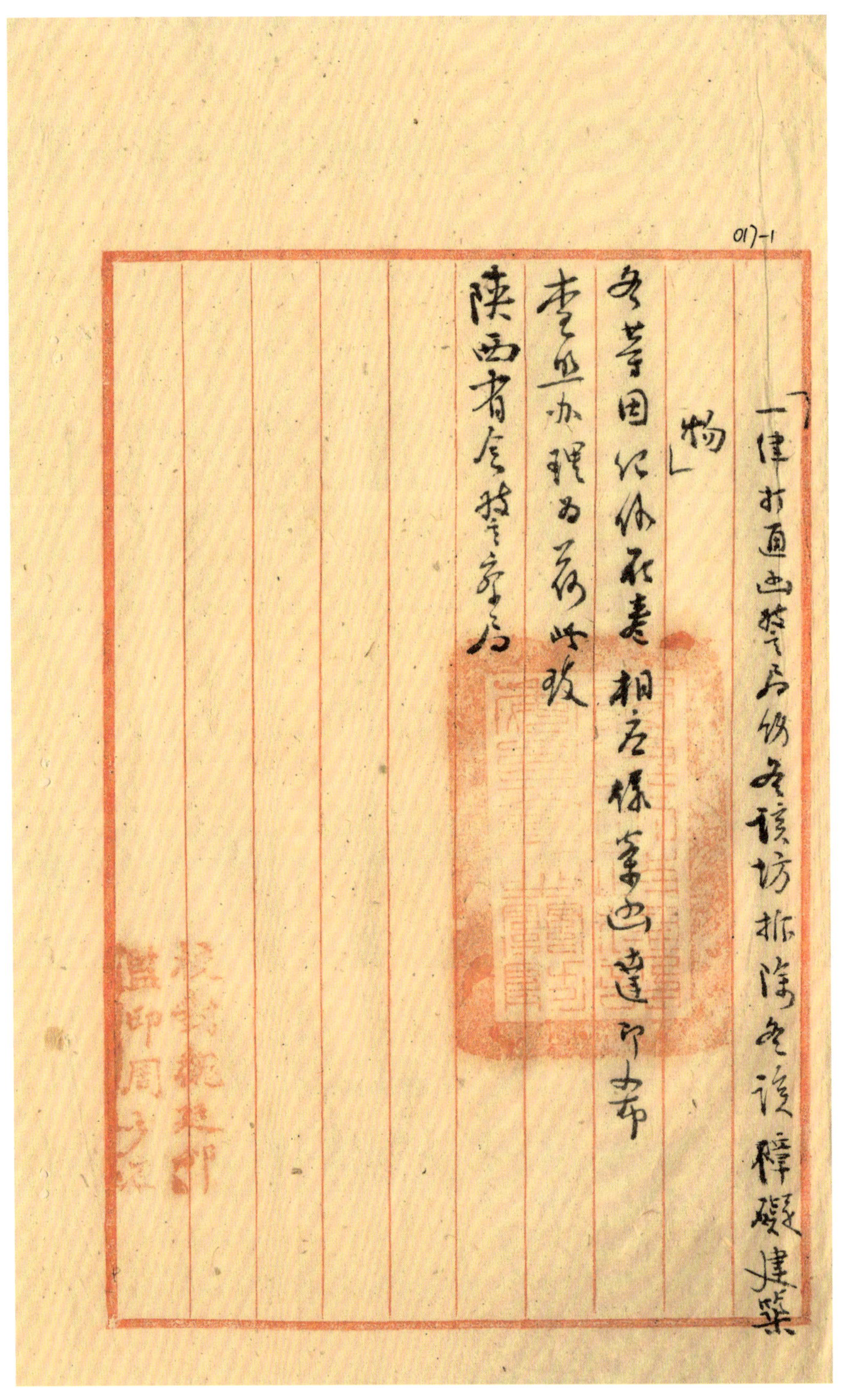

017-1

一律打通，函警察局飭各該坊拆除，免設障礙建築物」等因。准此，除分行外，相應據案函達，即希查照辦理為荷。此致

陝西省會警察局

陕西省会警察局致西京建委的公函（一九三九年五月五日）

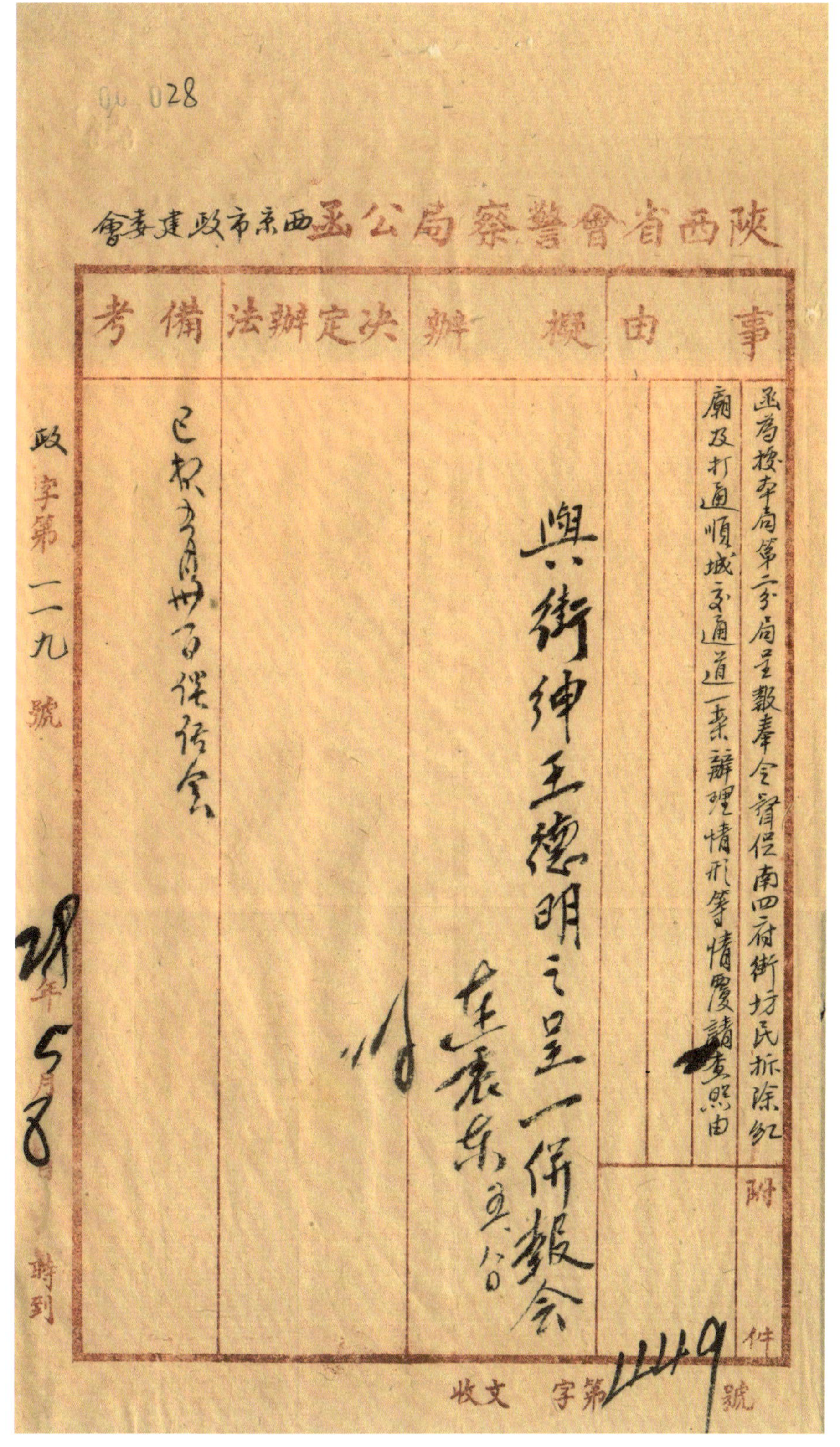
00028

陕西省會警察局公函　西京市政建委會

事由	擬辦	決定辦法	備考
函爲據本局第二分局呈報奉令督促南四府街坊民拆除紅廟及打通順城巷通道一案辦理情形等情覆請查照由	與街紳王德明之呈一併報会　李袁宗五、八		已取具保結

附件

政字第一一一九號

28年5月8日　時到

收文字第1119號

0281

陕西省會警察局公函

政字第一一九號

案據本局第二分局局長杜時雨本月三日呈稱：

「案奉鈞局政字第三六七號訓令以准西京建委會函請拆除四府街紅廟及打通順城路交通道一案。仰查照辦理具覆查核。等因；奉此，查順城路交通道早經本局打通，並拆除紅廟一節，經飭該坊民衆辦理，但以延不遵辦，乃復征工拆除一部，現已能暢通城門，並將路面修整，奉令前因，理合將辦理情形備文呈報鈞局鑒核。」

等情；據此，查此案，前准

00 029

貴會函達到府，當經令飭第二分局遵照辦理在案。茲據前情，除指令外，相應函復，即希

查照為荷！

此致

西京市政建設委員會。

030
中華民國二十八年五月五日

附：街绅王德明香长董云五等关于申请免拆红庙而重教育致陕西省会警察局的呈（一九三九年四月）

呈為呈請挽留賞予原諒逾格体恤縮小拆除保存校地而重教育事　緣有民等紅廟門街舊有私人建修關帝廟一座後經本坊民衆共同商議興改普化小學呈報在案專為開通民識普及教育乃因民坊可憐無望貧窮失學者已屬不少現當國難嚴重之際已被暴日敵機不斷前來本市任意狂炸害及民家避躲防空之時每逢警報城門非常擁擠危險萬狀今蒙上峯体念民艱開僻南門專為民衆避免空襲惟係此路窄小拆除此廟改興小學已拆一間惟留兩間現尚未拆經衆挽留倘蒙完全拆除乃因民坊小學無法存在不免失學兒童即在目前

今特呈明原委懇請

委員大發仁慈賞予轉請通格体恤格外原諒以保校地而重

教育則元閣坊民衆幸甚之至莫齒不忘於無涯矣爲此謹呈

西安市建設委員會批示祗遵恩准施行

街紳 王德明
吴華堂
孫栢恒
張凌漢

閤坊民衆人等謹呈

王鳳山
香長 董雲五
同升公

第二區第三聯第三保保長 胡煥章

陕西省会警察局关于办理顺城马路拆让情形致西京建委的公函（一九三九年六月六日）

陕西省會警察局公函 政字第一三八號

案准

貴會本年五月二十日市字第三九號函開：以順城馬路時隔甚久，竟仍因急，路基何日可以打通，囑查照見復等由。准此，當經令飭沿城各該管分局迅將督飭拆讓情形具報核轉去後，茲據第三分局呈報：該區順城路基業經拆讓完竣，早已打通；惟據第二、四分局呈報：各該區順城交通路上已征工打通，足資行走，但以拆讓寬度五公尺之馬路路基，諸多困難，因該路基上有多数民有建筑物，拒不拆让，虽经一再催促，均置不理，因之无法推进。又据第一六八分局呈报各该区顺城路基，因有军事机关公有建筑物，及团体之阻碍，以致未能推进。经派员一再商请拆让无效。附呈各该军事机关建筑物调查表及拒绝拆让图件，请转函办理。各等情，具报前来。查核所称各节，洵属实情。除分别指令外，相应抄同原件，随函附后，即请

查照核办，为荷。

此致

034-1

西京市政建设委员会

附抄送调查表及原函各一件

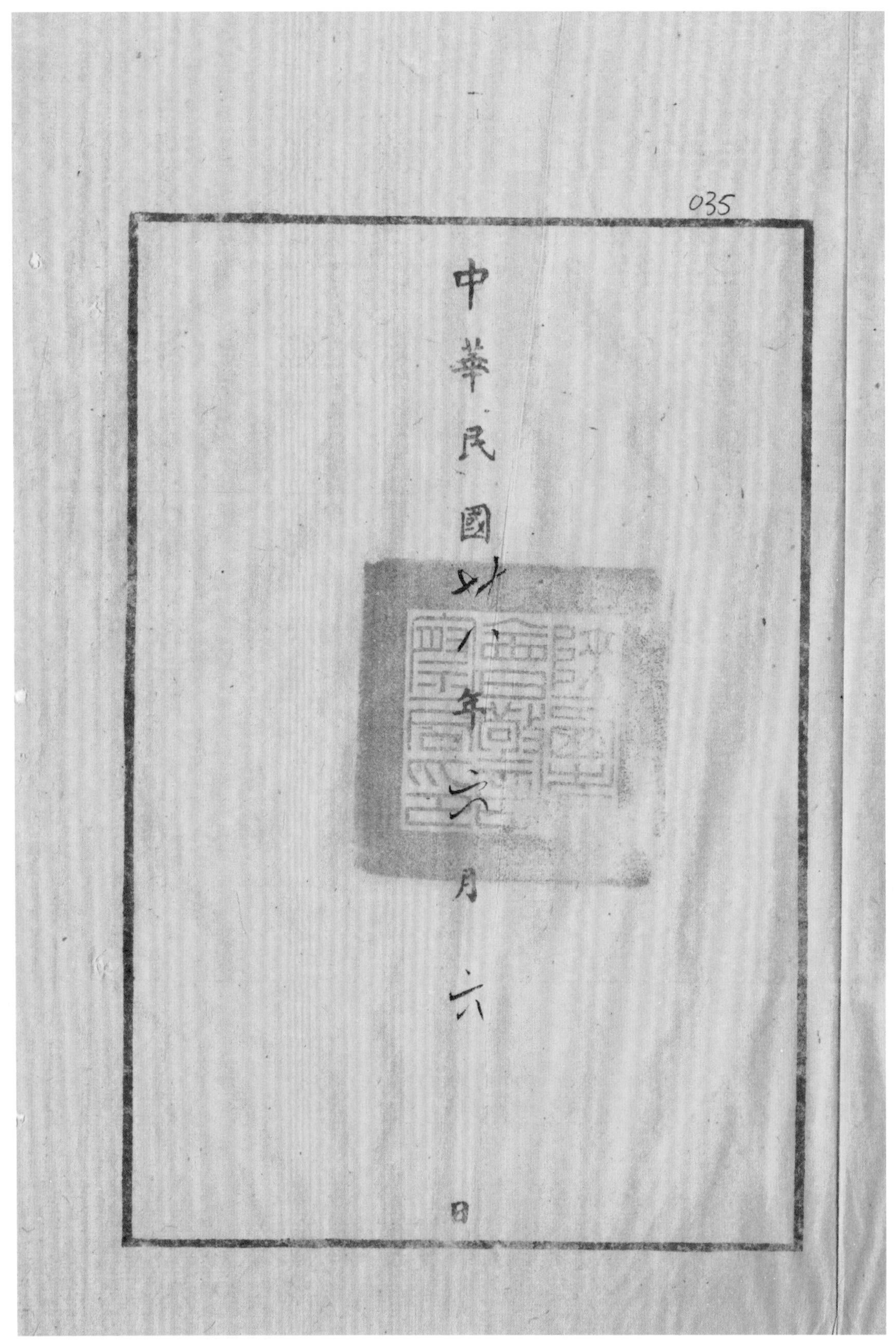
035

中華民國廿八年六月六日

附一：军政部第二十五无线电台致陕西省会警察局第六分局的公函（一九三九年六月）

照抄第六分局呈賫軍政部第二十五無線電台原函

逕啟者：茲昨經貴局派員前來洽商通敝台防空洞之旁土牆事。查敝台防空洞地處東北城隅，極偏地帶，平時遇有警報並非為交通要道。因敝台本年今已將機件及各處往來極機密之電報均已遷入洞內，以作極機密處所，如隨意使民众通行，則際此嚴重時期，難免有奸徒混入，加以破壞，且敝台平時無武裝自衛能力，故為求嚴密起見，致難將土牆開通。特此函達，即希查照為荷。

附二：陕西省会警察局第一分局管区东南城墙根尚未拆除军事机关建筑物调查表（一九三九年六月）

警察第一分局管区东南城墙根尚未拆除之军事机关建筑物调查表

机关名称	建筑物类别	所在地点	备考
骑兵第二军办事处汽油库	地下室围墙	东南城角东城墙根广惠寺内	
第十战区司令部	地下室围墙	东南城角南城墙根	
天水行营第四科	地下室围墙	东南城角南城墙根	
陆军第三集团军司令部	下马陵围墙	南城根下马陵	
军政部军医署陕西办事处	地下室围墙	柏树林南城根	
高射炮第三营无线电台	房三间	柏树林南城根	
陕西环境电讯局	地下室围墙	三学街南城根	
第四集团军无线电台办事处	房二间	三学街南城根	

037-1

後方勤務部地下室周墻三條街南城根

西京建委、第十战区长官司令部、西安警备司令部关于顺城马路拆让因有军事机关建筑物难以打通及查核办理情形的来往公函（一九三九年六月二十七日至七月九日）

西京建委致第十战区长官司令部及西安警备司令部的公函（一九三九年六月二十七日）

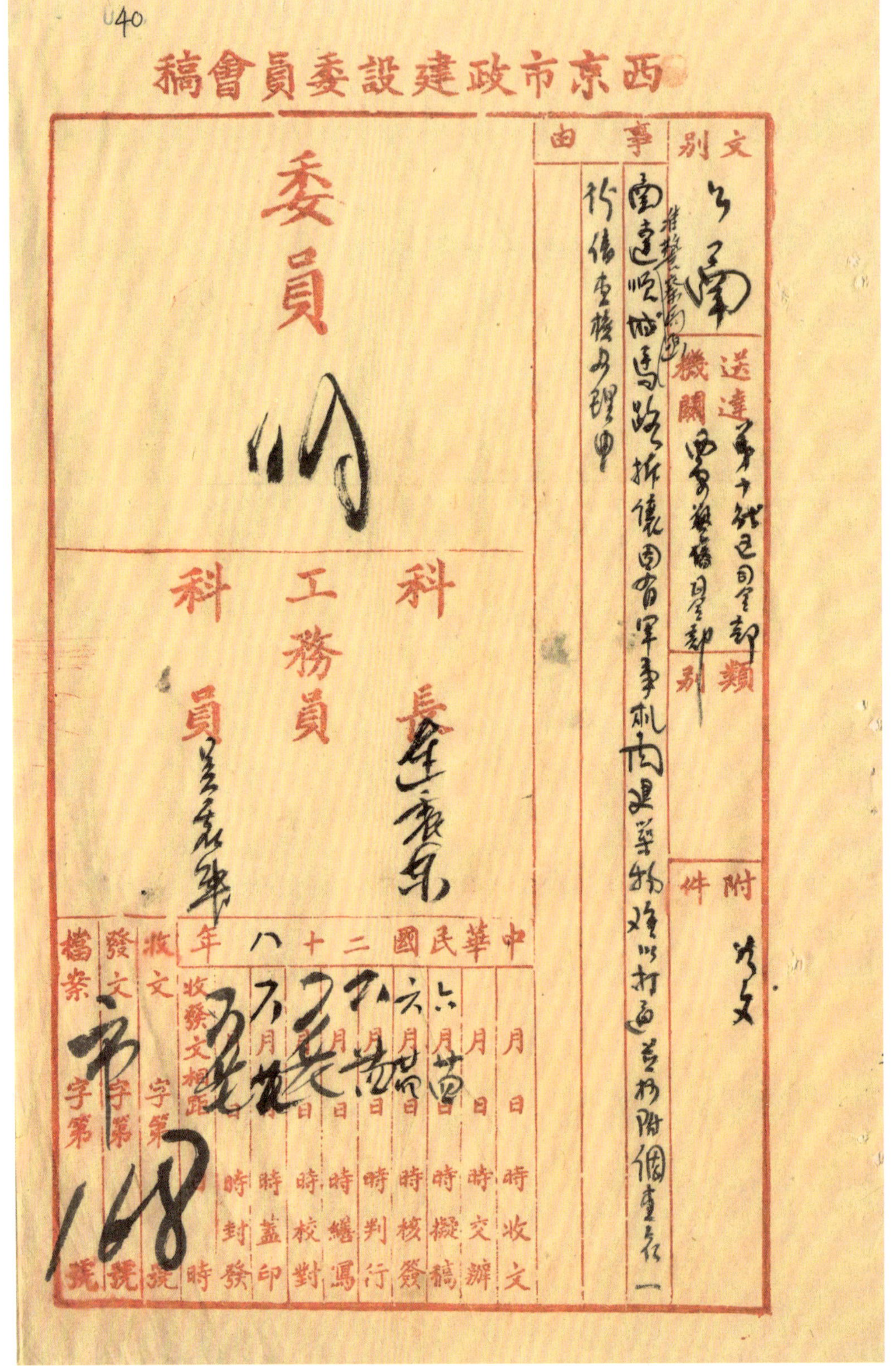

西京市政建設委員會稿

文别：公函

送達機關：第十战区司令部、西安警备司令部

事由：函達順城馬路拆讓因有軍事機關建築物難以打通……請查核辦理由

附件

委員

科長

工務員

科員

中華民國二十八年 六月 日

收文 字第 號

發文 字第 號

檔案 字第 168 號

0401

查六月廿一日本会第一二三次会议关于
第二案准陕西省政府廿八年五月二日建字第二〇
五六号咨以照城区路面仍以五公尺修筑已令饬警察
局依规执行并由该会查此案经函催警察局立
即遵令办理兹准警局六月五日函以咸城区路拆让
关于军事机关建筑物拟以打通并抄附军事机关
建筑物调查表一份送会等由提出讨论
查调查表所列各军事机关建筑物系由西安警备司令部
等因化录在卷查打通城区马路内系本市防空要
要惟限于各军事机关建筑物合组办理函致及时完成
除函外相应录案并抄附调查表一份函送查照
请
查核办理见复为荷 此致

第十战区长官司令部致西京建委的公函（一九三九年七月七日）

053-1

第十戰區司令長官司令部
~~國民政府軍事委員會委員長西安行營~~
公函　副二字第898號

頃准
貴會六月二十七日市字第一六八八號公函開：
「查六月二十一日本會第一二三次會議第二案准陝西
省政府二十八年五月二日建字第二〇號公函以順城馬路
應仍照五公尺修築已令警察局強制執行等由准此
查此案屢經函催警察局辦理迄無結果茲准該局六
月六日即復順城馬路拆讓因有軍事機關建築物
難以打通並抄附軍事機關建築物調查表一份
送會等由經決議照警察局調查表分函省府

第十戰區及警備司令部等因紀錄在卷查打通順城馬路關係本市防空交通為重要性阻于各軍事機關之建築物未能及時完成除分函外相應錄案並抄附調查表乙份一併函達敬

請查照办理見復為荷」

等由，附軍事建築物調查表一份，，准此，除將本部地下室圍墻即日拆除外，其餘各機關之建築物，應請逕行洽办，茲准前由，相應函復，希即

查照办理為荷！，

此致

西京市政建設委員會

055

中華民國二十八年七月廿日

西安警备司令部致西京建委的公函（一九三九年七月九日）

041-1

西安警備司令部公函

副字第 0830 號

案准

貴會大函，並附調查表一份，關於順城馬路之軍事機關建築物，有妨修築馬路，囑即查核辦理見復，等由，當經

本部詳呈請示，旋奉

第十戰區副二字第八九九號指令內開：

"呈悉。業已函復該會逕向各機關洽辦矣，仰即知照"

等因。相應函復，即希

查照為荷。

市政

西京市政建设委员会

042-1

中華民國廿八年七月九日

陕西省政府关于调查表中仅有环境电话处三学街南城根地下室围墙拆除为该府管辖当准函令其拆让致西京建委的公函（一九三九年七月六日）

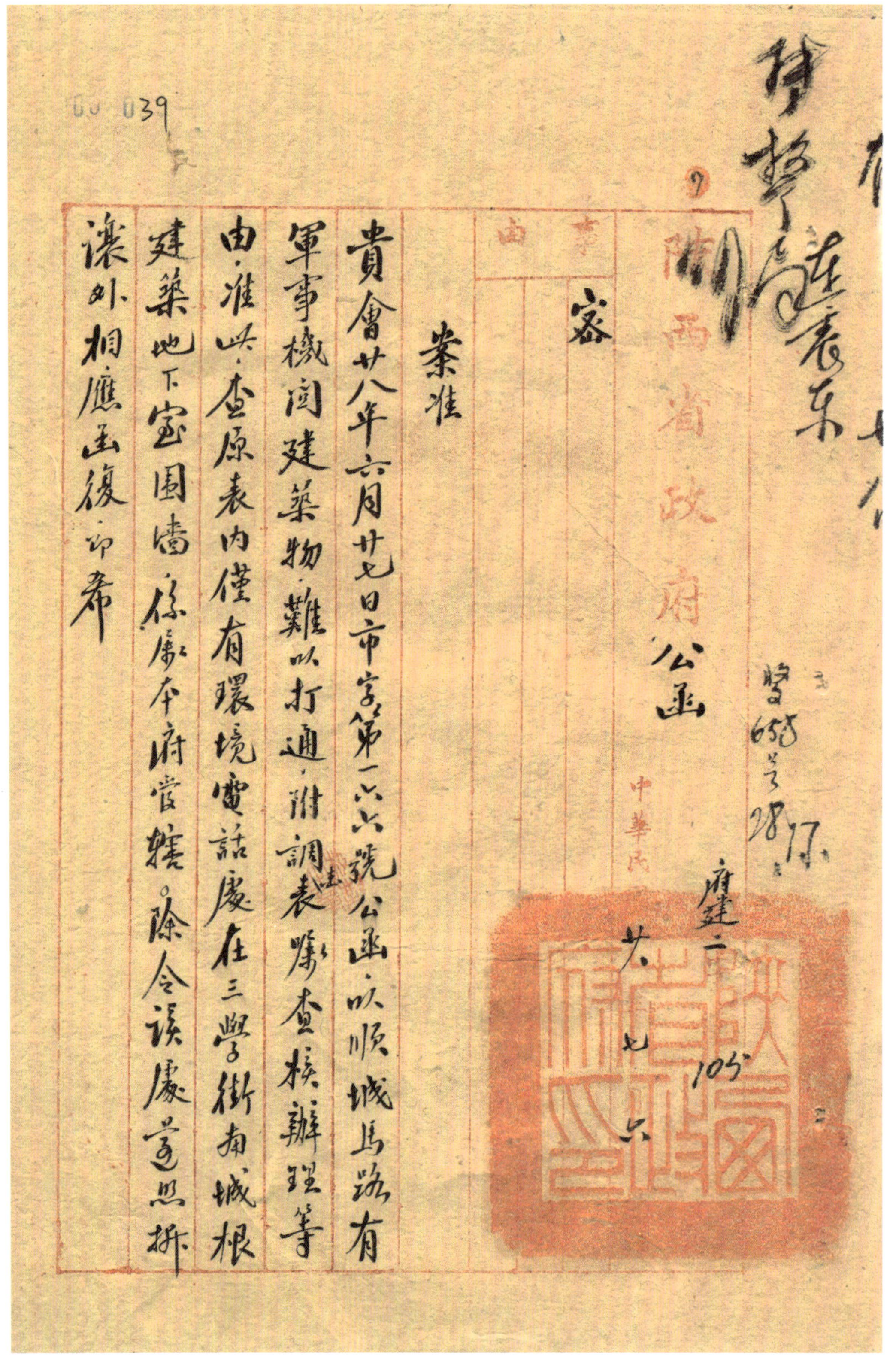

陝西省政府公函 府建二字第105號

事由

密

案准

貴會廿八年六月廿七日市字第一六六號公函，以順城馬路有軍事機關建築物，難以打通，附調表囑查核辦理等由。准此。查原表內僅有環境電話處在三學街南城根建築地下室圍牆，係屬本府管轄。除令該處遵照拆讓外，相應函復，即希

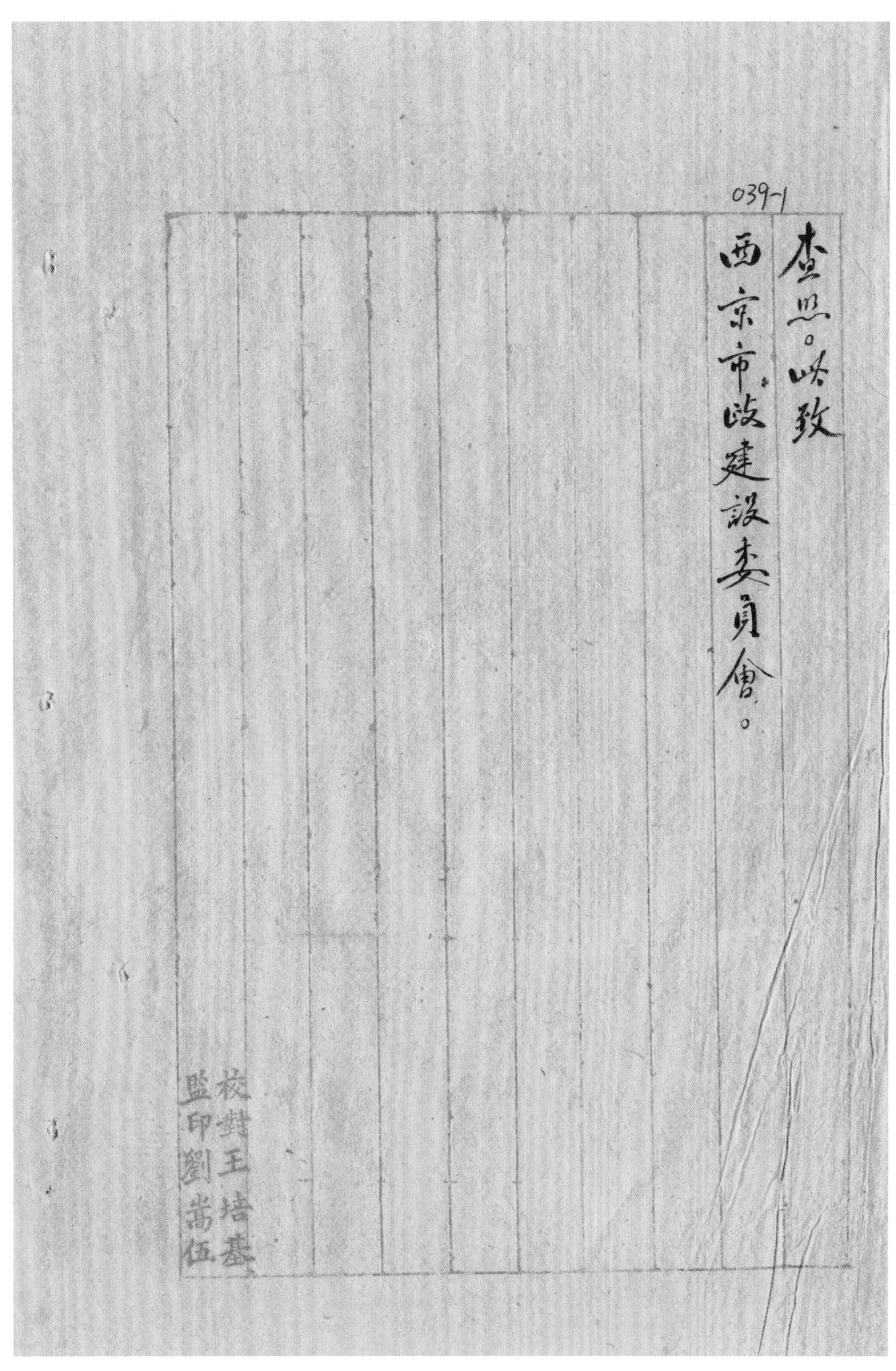
039-1

查照。此致

西京市政建設委員會。

校對王培基
監印劉嵩伍

陕西省会警察局关于已准函严饬各分局勒令沿城住户迅将顺城马路建筑物拆除净尽所有机关建筑物办理不无困难仍请派员分头接洽拆让致西京建委的公函（一九三九年七月十六日）

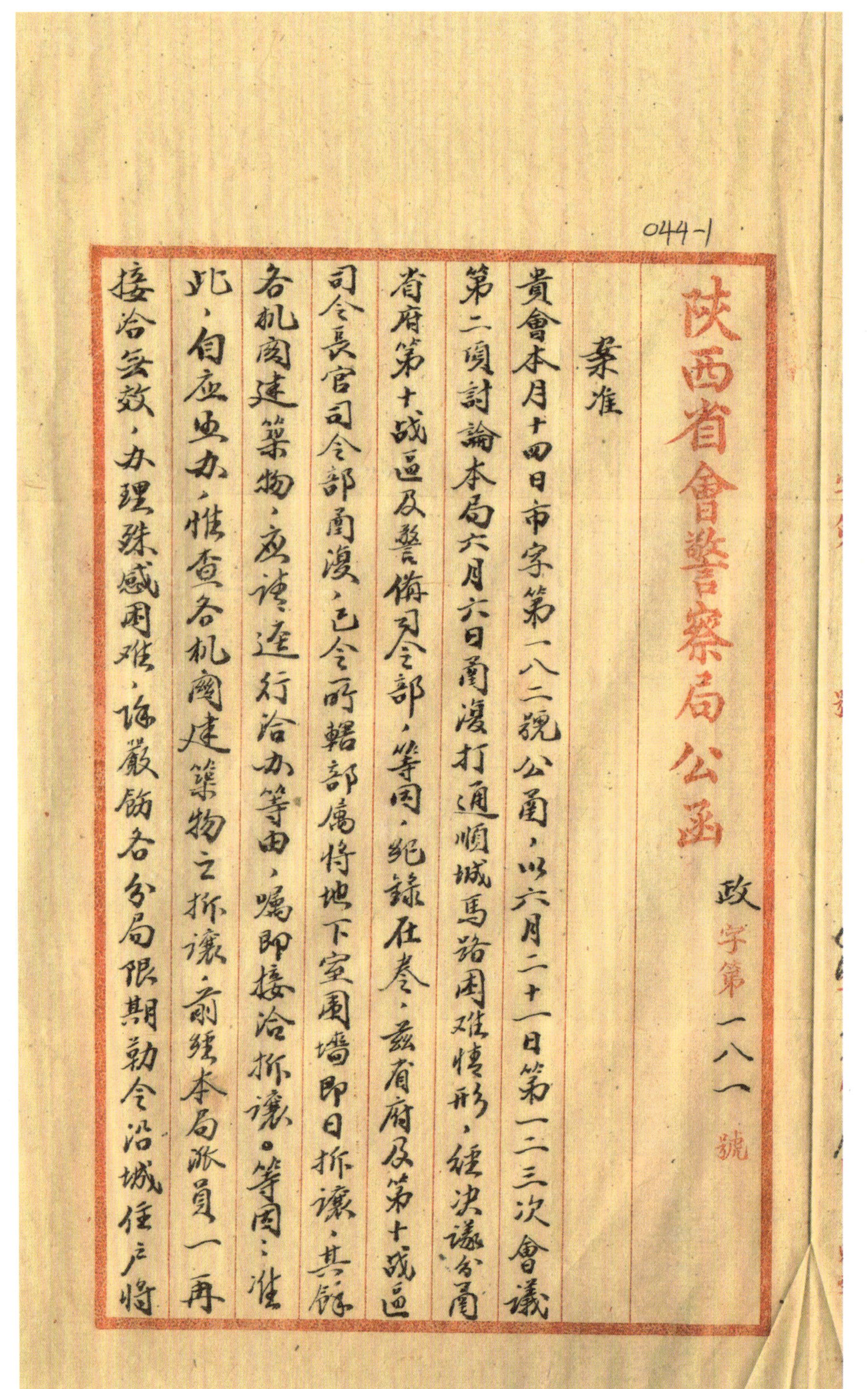

044-1

陕西省會警察局公函

政字第一八一號

案准

貴會本月十四日市字第一八二號公函，以六月二十一日第一二三次會議第二項討論本局六月六日函復打通順城馬路困难情形，經決議分函省府第十戰區及警備司令部，等因，紀錄在卷，茲省府及第十戰區司令長官司令部函復，已令所轄部屬將地下室圍墻即日拆讓，其餘各机關建築物，應请逕行洽办，等由，囑即接洽拆讓，等因，准此，自應照办，惟查各机關建築物之拆讓，前經本局派員一再接洽無效，办理殊感困难，除嚴飭各分局限期勒令沿城住户將

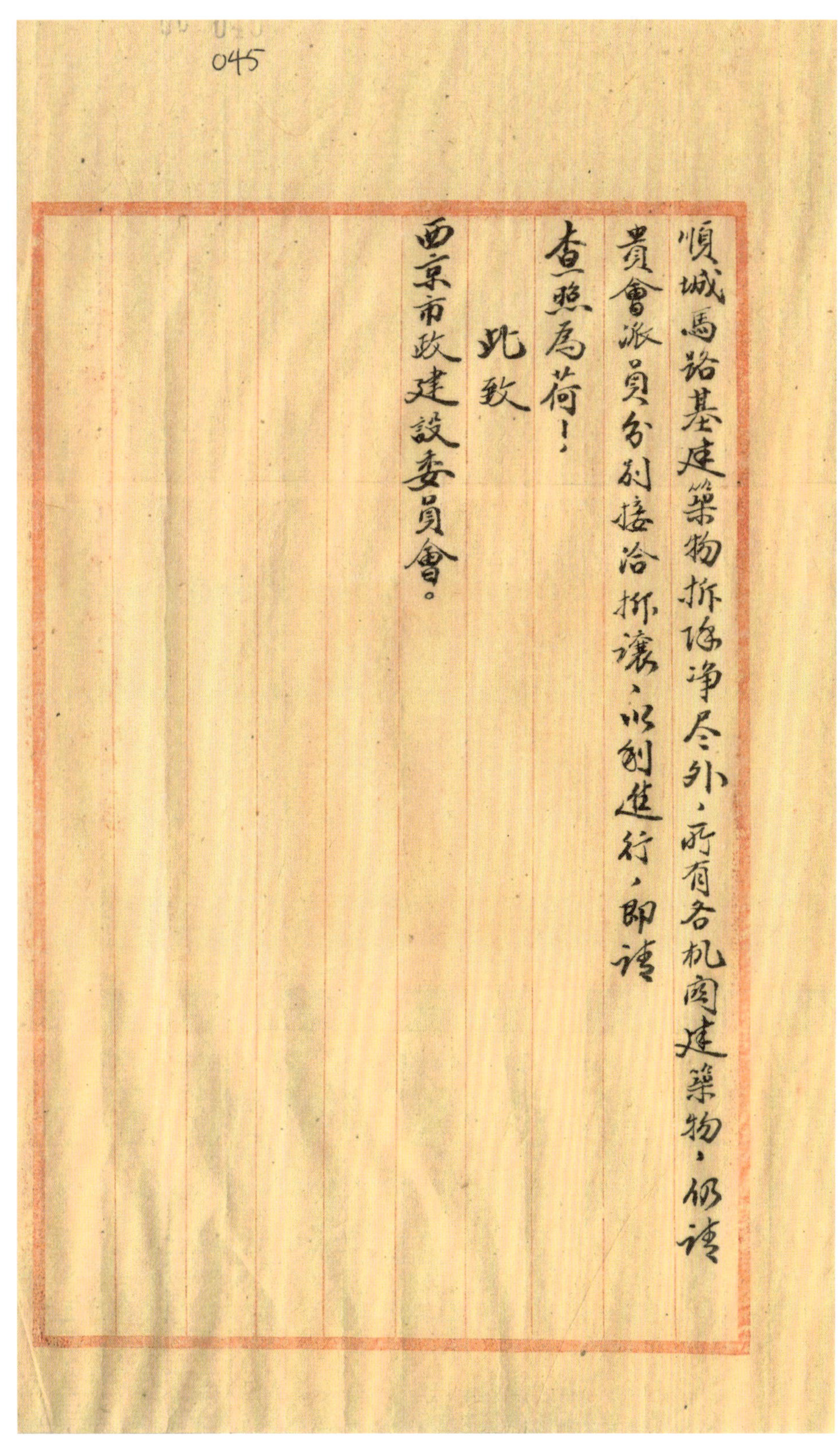
045

順城馬路基建築物拆除净盡外，所有各机関建築物，仍請
貴會派員分別接洽拆讓，以利進行，即請
查照爲荷！

此致

西京市政建設委員會。

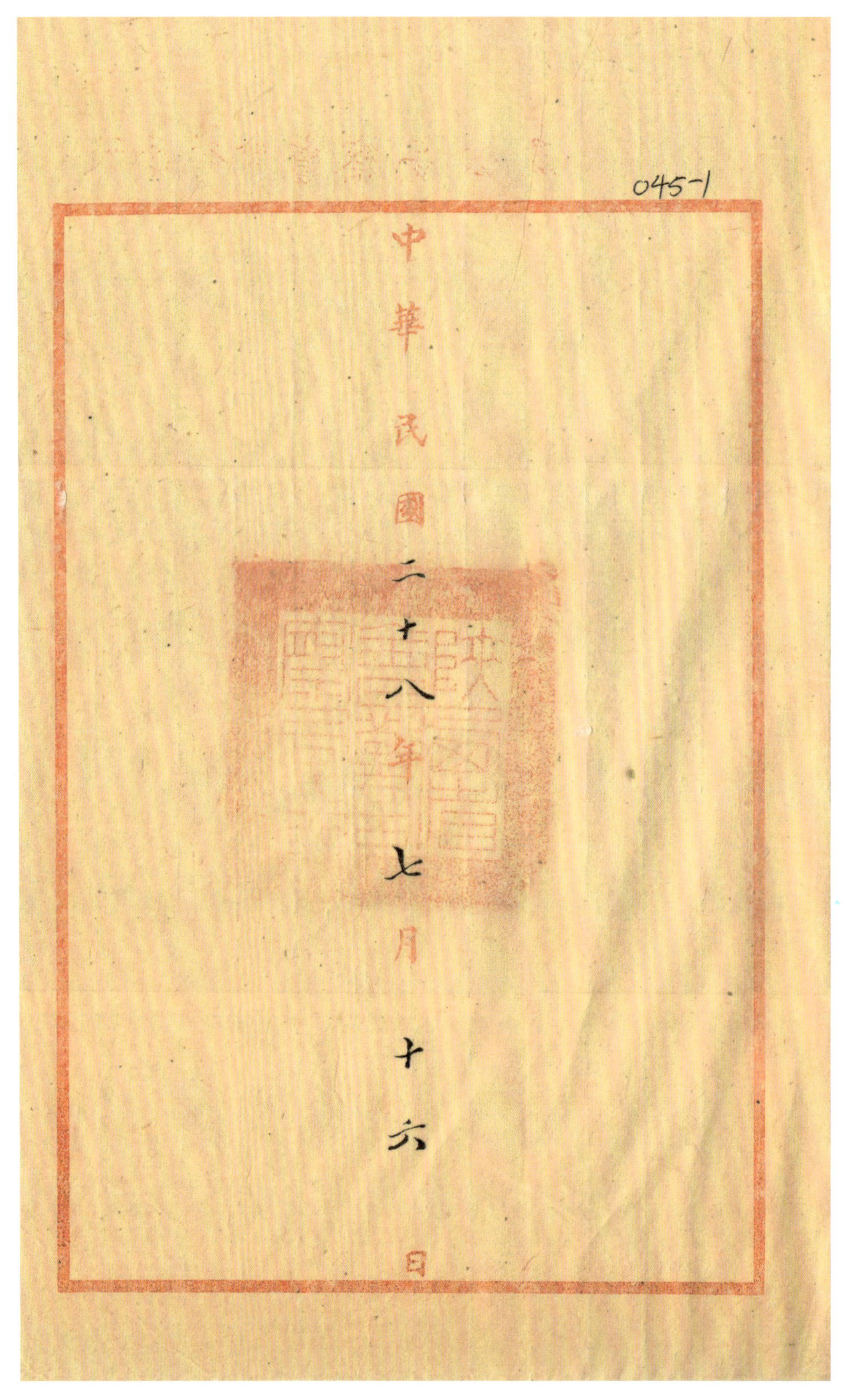

045-1

中華民國二十八年七月十六日

西京建委、陕西省会警察局关于促请催办打通顺城马路的来往公函（一九三九年八月一日至十一日）

西京建委致陕西省会警察局的公函（一九三九年八月一日）

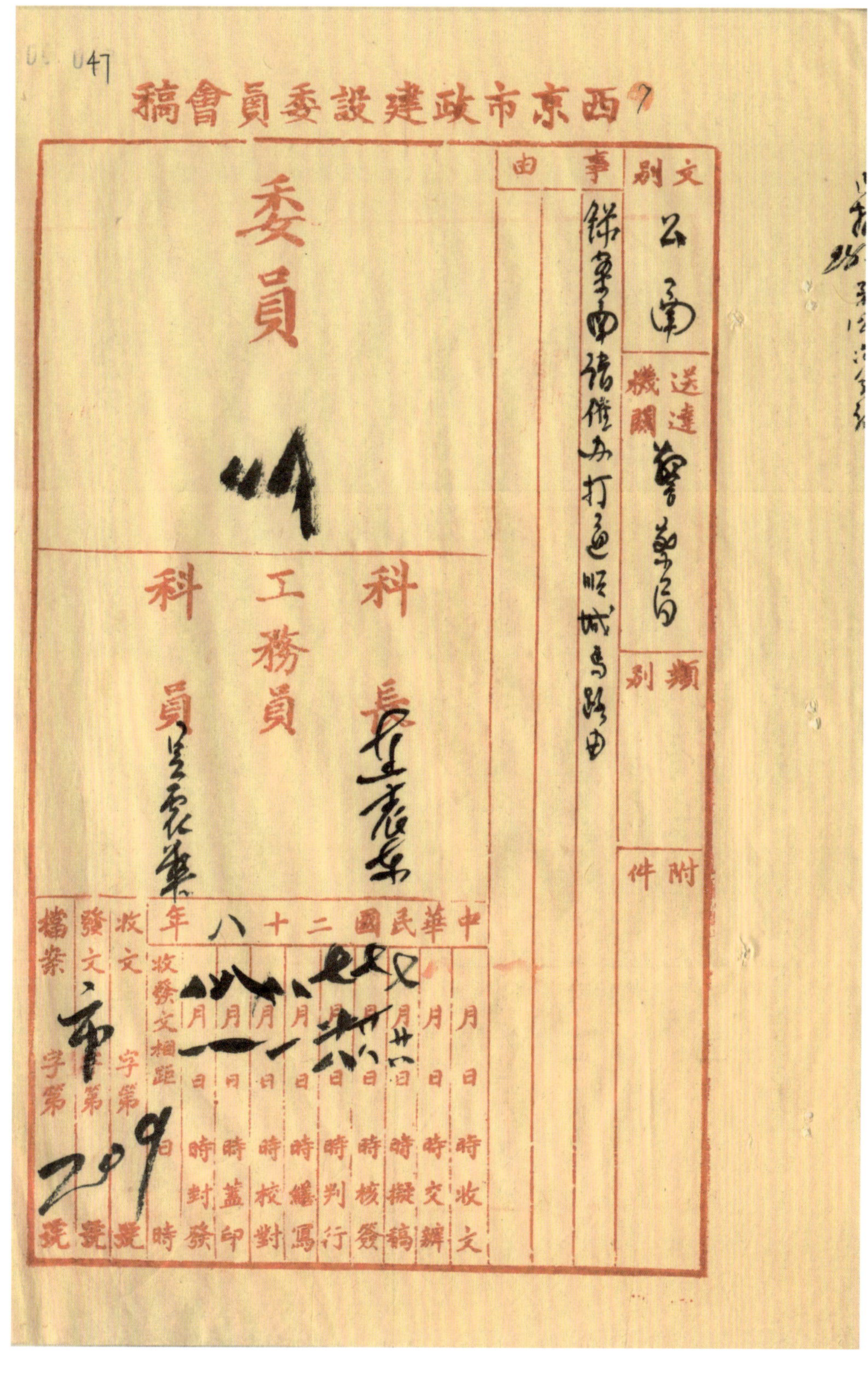
西京市政建設委員會稿

文別：公函
送達機關：警察局
事由：衔（函）請催办打通顺城马路由
類別
附件

委員
科長
工務員
科員

中華民國二十八年
月 日 時收文
月 日 時交辦
月 日 時擬稿
月 日 時核發
月 日 時判行
月 日 時繕寫
月 日 時校對
月 日 時蓋印
月 日 時封發
收發文相距 日 時
收文 字第 號
發文 市字第 209 號
檔案 字第 號

047-1

查本会七月廿六日第一二四次会议执行委员报告该府及第十战区司令部免设电文饬属拆议顺城巷路建筑物其余各机构建筑暂缓进行案

决议：照准

函省府备案

等因，准此，查此案前准贵府函，以为防空已严饬各该户勒令该城住户迅将顺城巷路建筑物拆除净尽，所有各机构建筑物办理之处，因碍于经派员分别接洽拆议，旋经本会于七月十九日以本字第一九二号函请贵府查照，各府及第十战区司令部饬属拆议顺城巷路各机关建筑物之拆除，何以后来顺城路东南两段如何办理，仍未见函复，兹准决议前因，相应录案，一并函请查照办理见复为荷。此致

陕西省会警察局致西京建委的公函（一九三九年八月十一日）

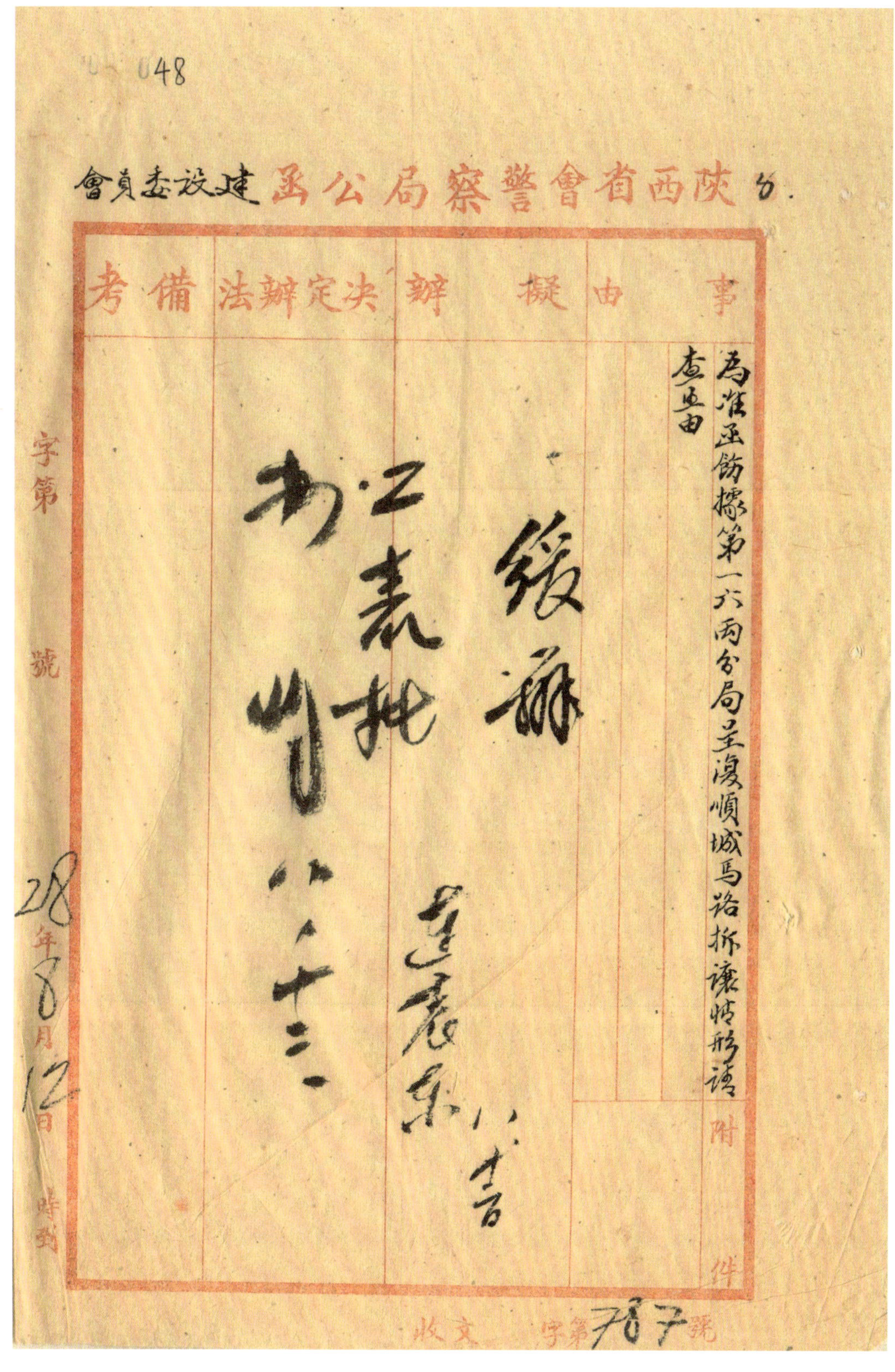
陕西省會警察局公函　建設委員會

事由	擬辦	決定辦法	備考
為准函飭據第一六兩分局呈復順城馬路拆讓情形請查照由	緩辦		

0487-1

陝西省會警察局公函

政字第一九九號

案准

貴會本年七月十九日市字第一九二號公函，為前准省府及第十戰區函復，已飭所轄部隊拆壞阻礙順城馬路之建築物，各該處順城路，已否修通，請飭屬迅予辦理。等由。准此，當經令飭該管第一、六兩分局迅予查明具復核轉去後。茲據第六分局局長楊克剛復稱：遵經督飭沿城居民大多已拆壞完竣，惟中正門東段窯洞內，有中師營區學兵隊有無線電台，接連城牆處築有圍牆，阻礙交通，雖經派員一再交涉，終無效果。又據第一分局局長李翰廷復稱：遵已督飭居民將有碍順城馬路之私有建築物拆除完竣，惟尚有軍政機關建築物數處，拒不拆讓，無法修通，附送各該機關建築物調查表，請核轉各等情到局，除分別指令外，相應抄同原表，隨函附送，即請

查照為荷！

此致

西京市政建設委員會

附抄送軍政機關建築物調查表五紙。

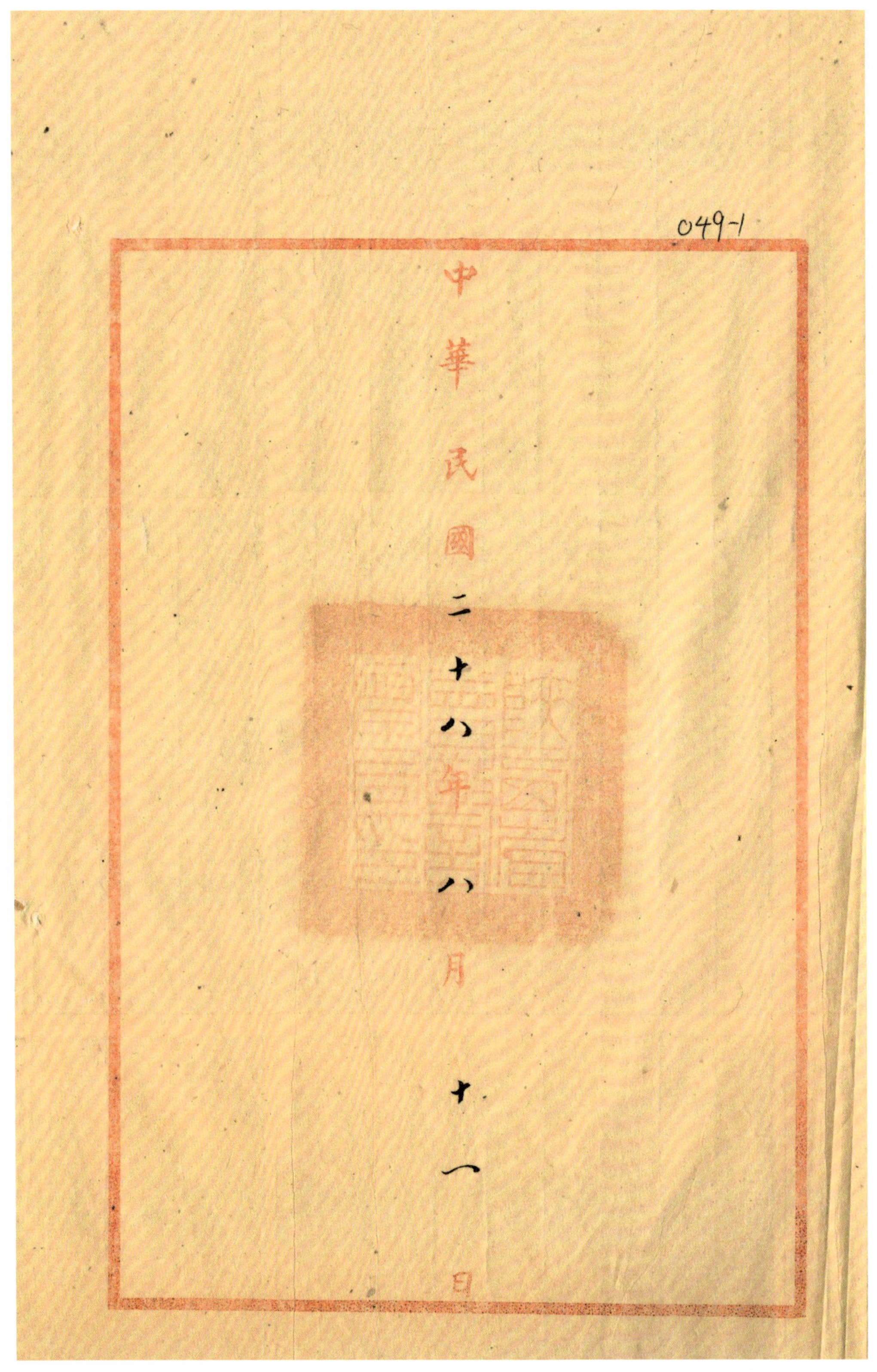

049-1

中華民國二十八年八月十一日

附：各军政机关建筑物调查表（一九三九年八月）

各軍政機關建築物調查表

地點	機關名稱	建築物	備攷
東南城角東城墻根廣慧寺	騎兵第二軍辦事處	圍墻	
東南城角南城墻根	天水行營秘書處第三科	仝	
南墻根下馬陵	第三十四集團軍總司令部	仝	
柏樹林南城墻根	高射砲第三營無線電台	房兩間	
仝右	軍政部軍医署	圍墻	
三學街南城墻根	環境電話局	仝	
仝右	第四集團軍無線電台	房兩間	

西京建委关于促请转饬各军事机关拆让建筑物以便打通顺城路线致第十战区长官司令部的公函（一九三九年八月二十五日）

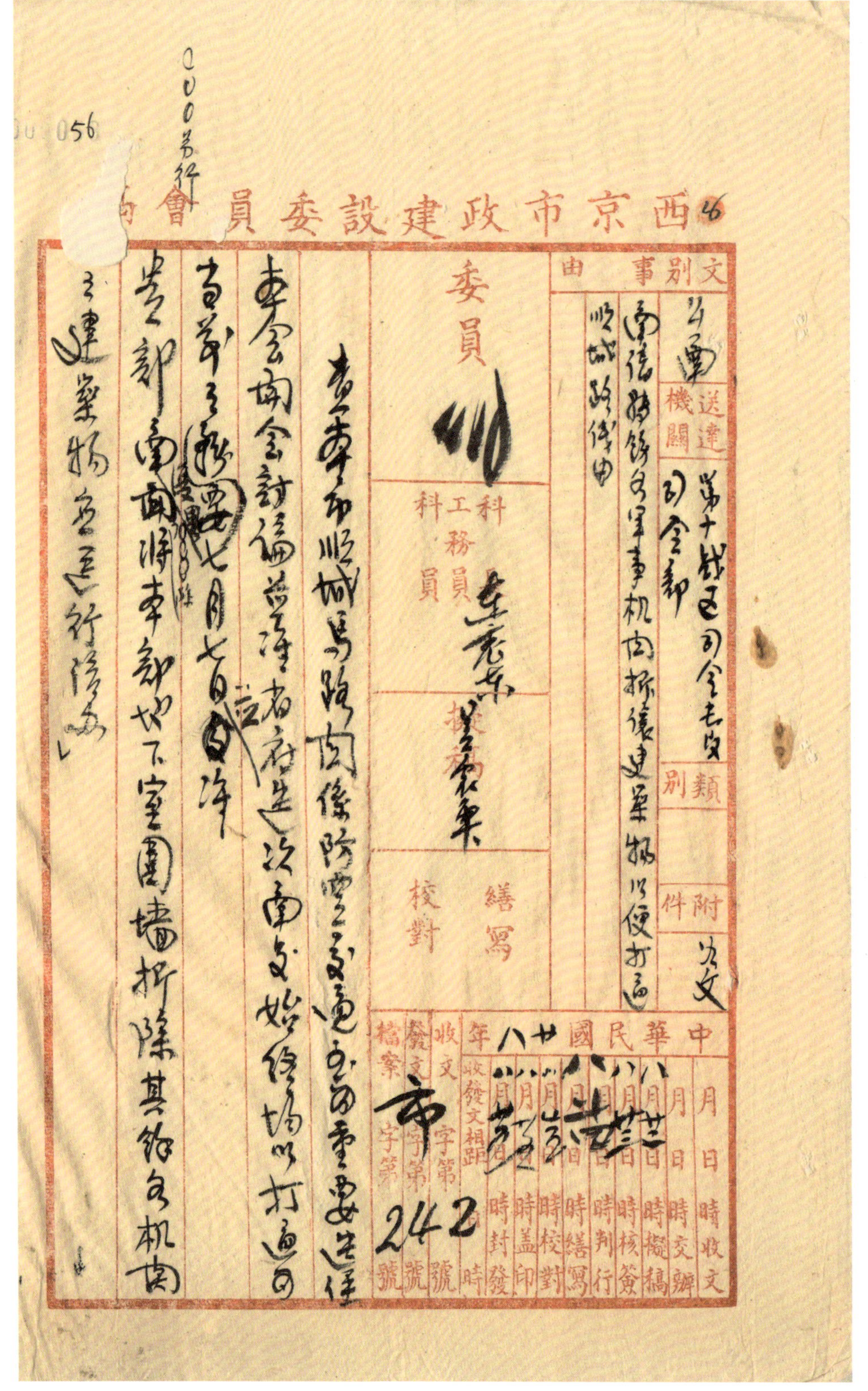

西京市政建設委員會函

文別：公函

送達機關：第十戰區司令長官司令部

事由：函請轉飭各軍事機關拆讓建築物以便打通順城路由

類別

附件

委員

科長　工務員　科員

擬稿

繕寫　校對

中華民國廿八年八月　日

收文　發文　檔案　字第242號

查本市順城馬路因係防空交通至為重要迭經[illegible]
本會[illegible]討論[illegible]者在案此次[illegible]始終協以打通[illegible]
[illegible]七月[illegible]
貴部函商將本部地下室圍牆拆除其餘各機關
之建築物[illegible]

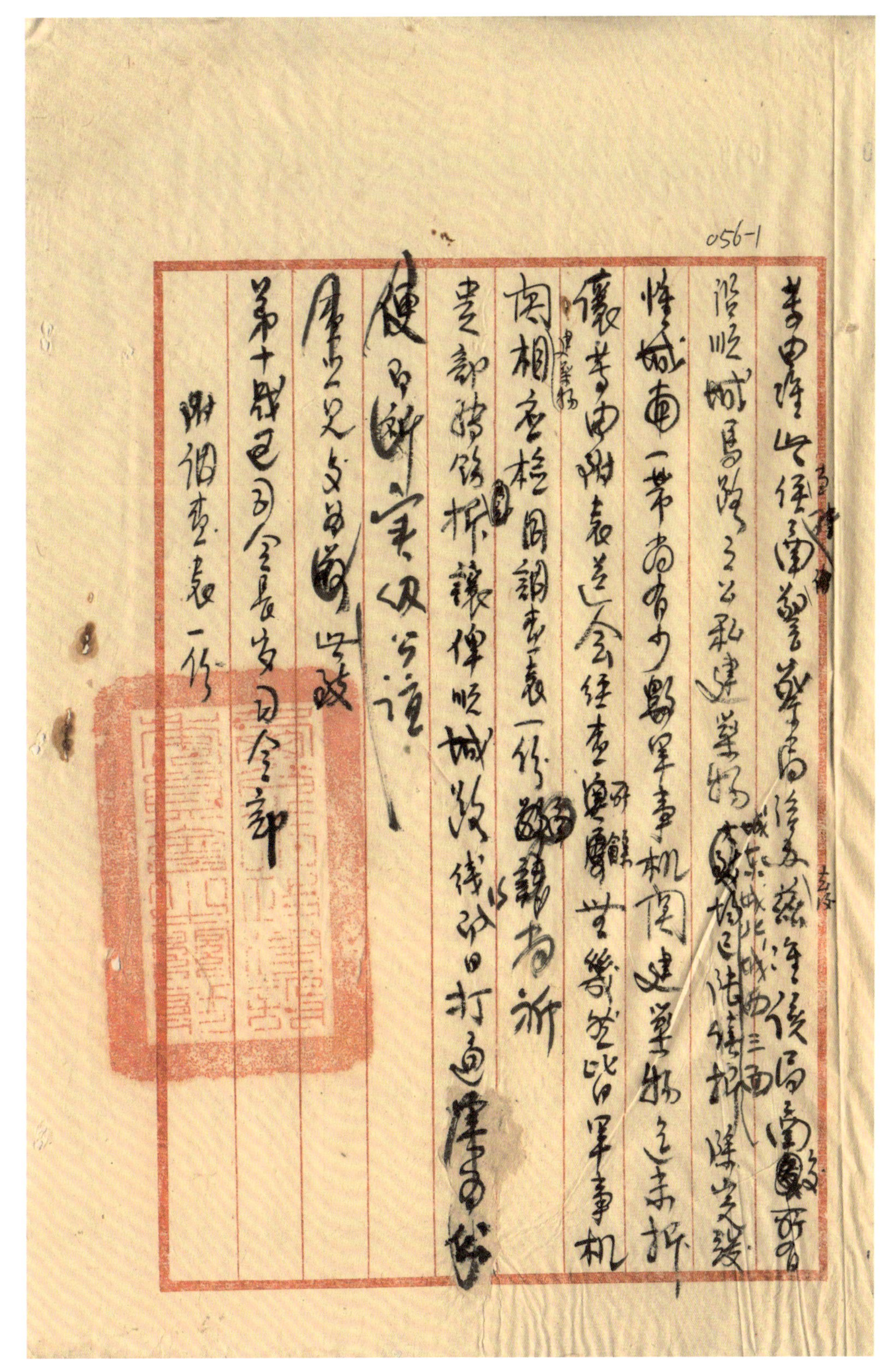

056-1

案由：准[illegible]
沿順城馬路之公私建築物（城東、城北、城西三面）暨城區[illegible]拆讓
惟城南一帶尚有少數軍事機關建築物迄未拆
讓，茲由附表並令會經查明，[illegible]等機關均係軍事機
關，相應檢同調查表一份，函請查照轉飭
貴部轉飭拆讓，俾順城路線得以打通，俾[illegible]
[illegible]實級公誼
[illegible]
第十戰區司令長官司令部
附調查表一份

附：有碍顺城马路墙房各段平面草图（一九三九年八月）

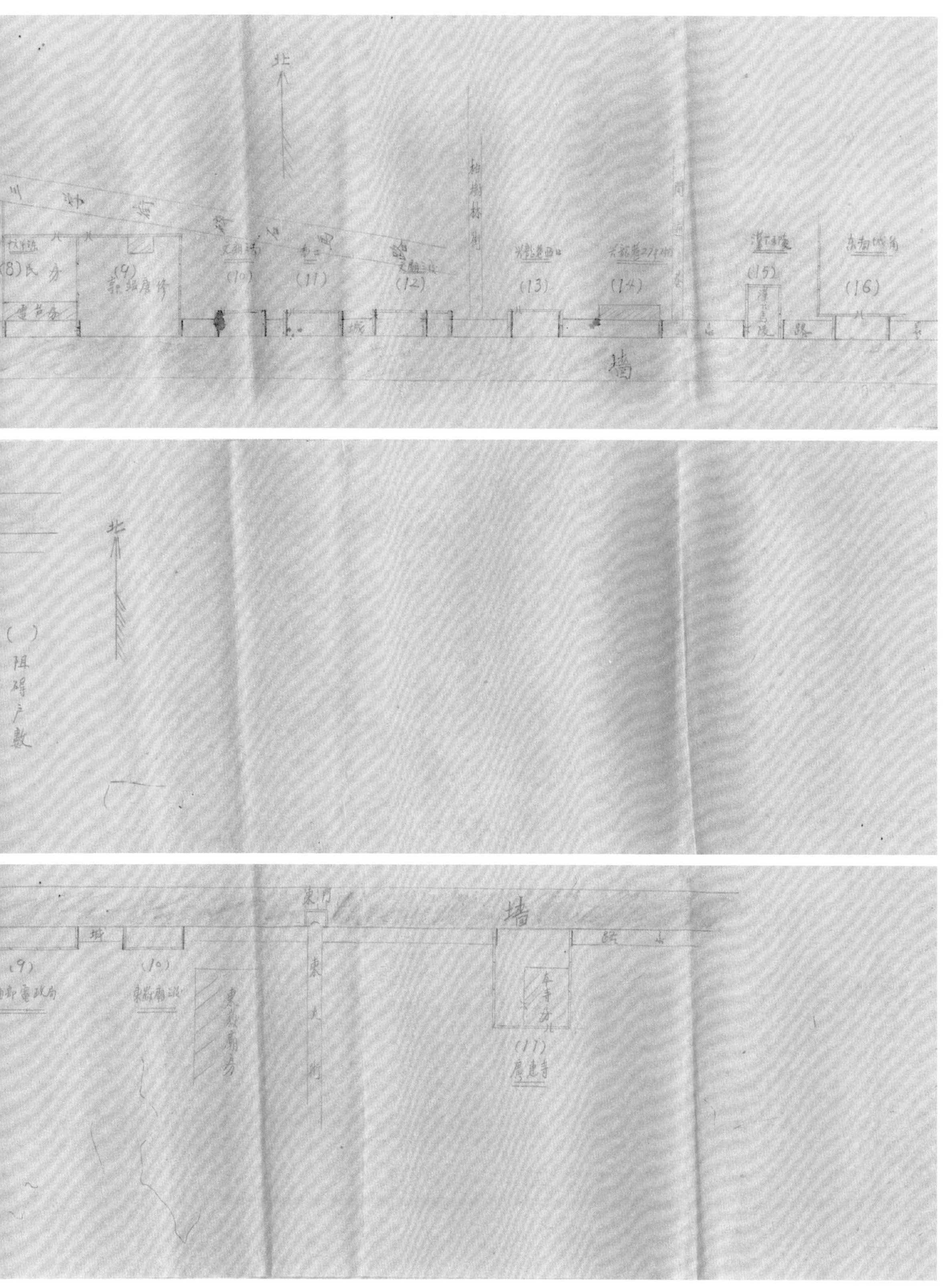

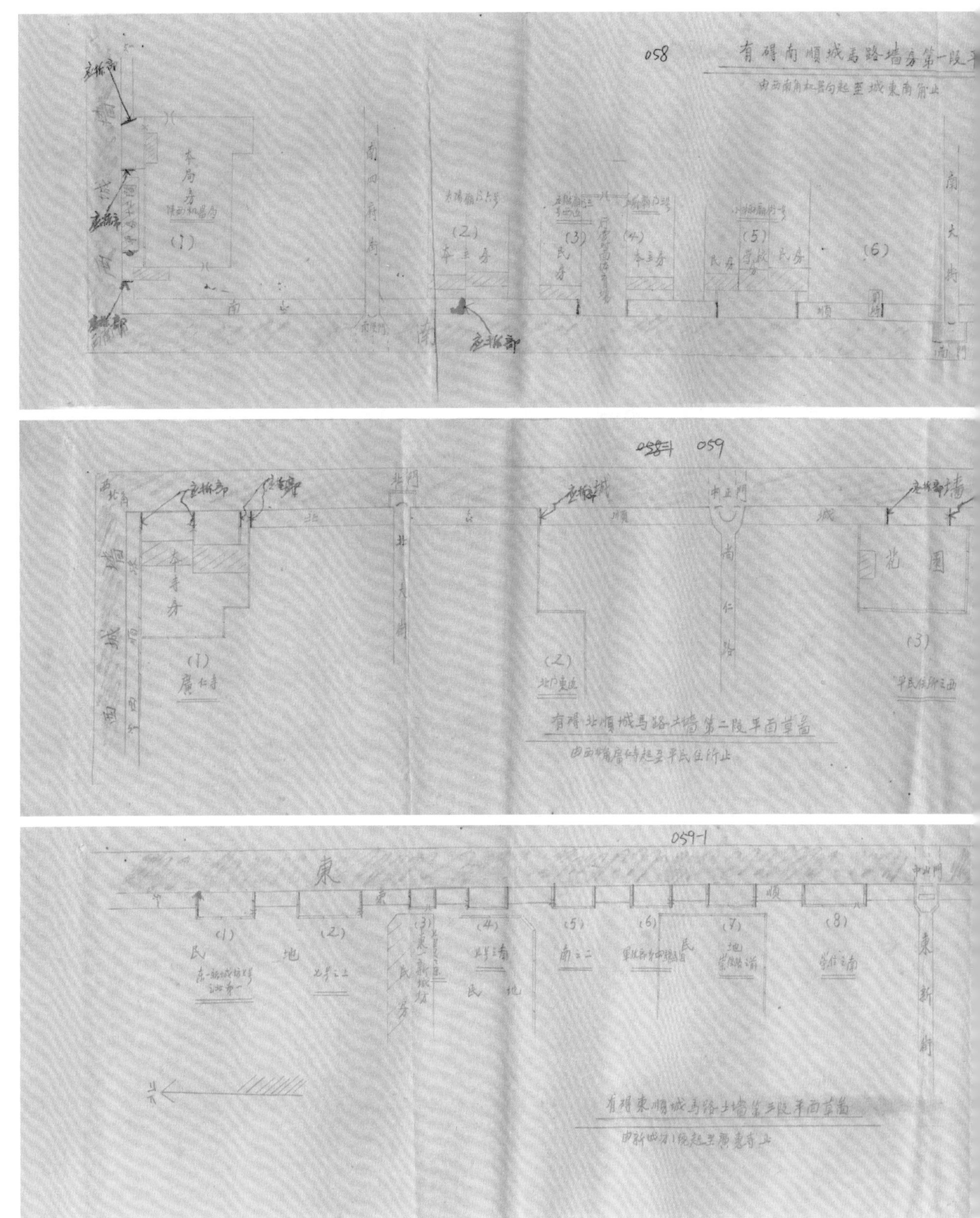

058
有碍南顺城马路墙房第一段平
(1)
(2)
本主房
(3)
民房
(4)
本主房
(5)
民房
(6)
南大街
拆部
059
北门
北大街
中正门
中仁路
花园
(1)
(2)
北门东边
(3)
有碍北顺城马路土墙第二段平面草图
由西北角居仁寺起至平民住所止
059-1
東
中山门
(1)
民
地
(2)
(3)
(4)
(5)
(6)
(7)
(8)
民房
民
地
东新街
有碍东顺城马路土墙第三段平面草图

西京建委工程处处长龚贤明关于东仓巷北段开辟防空路线致西京筹备委员会顾问张扶万的笺函

（一九四〇年一月三十一日）

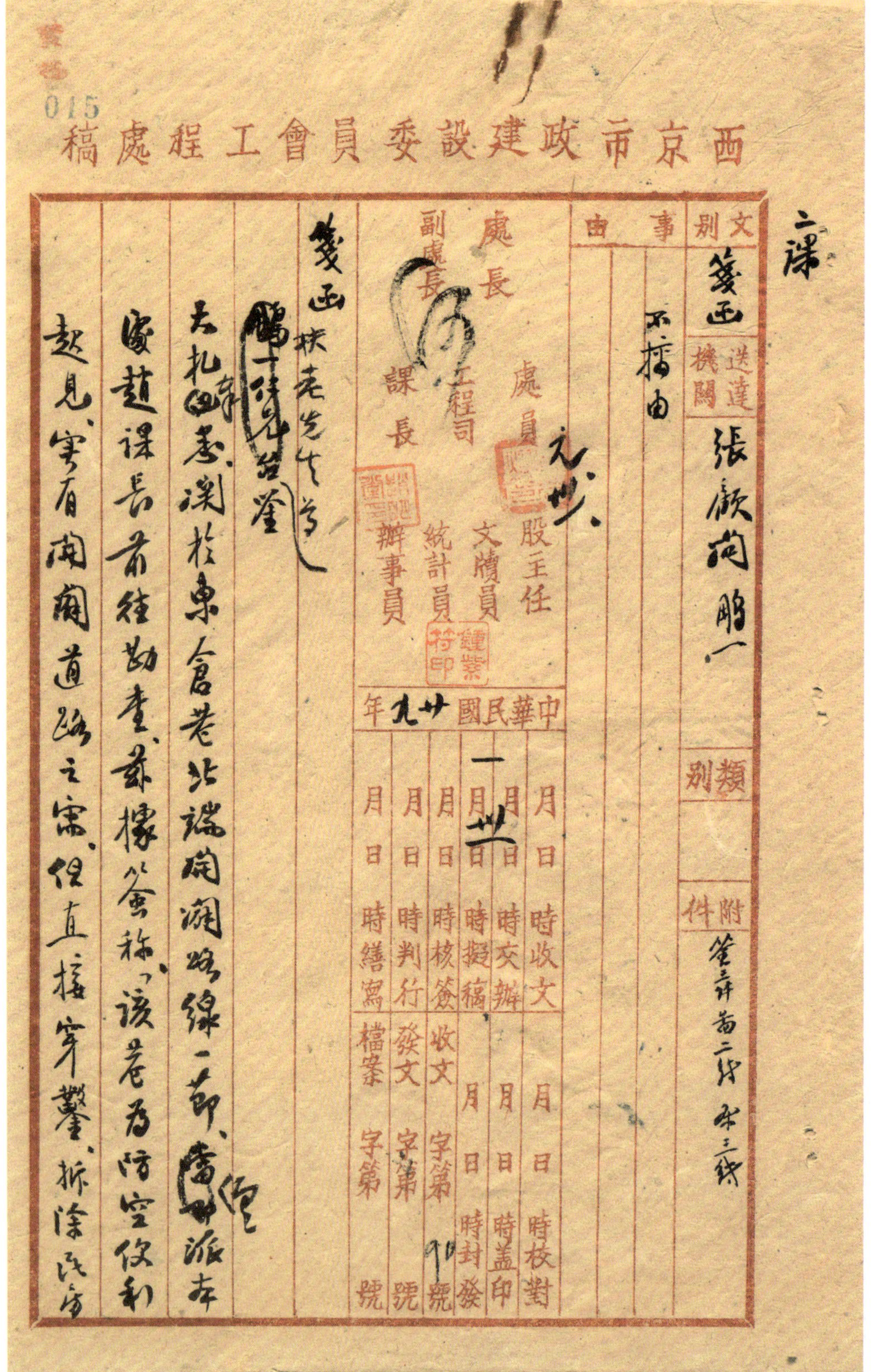

西京市政建設委員會工程處稿

文别：箋函

送達機關：張顧問鵬一

事由：不摘由

附件

箋函

扶老先生大鑒：

大札函悉。渕於東倉巷北端開闢路線一節，當即派本處趙課長前往勘查。兹據簽稱，該巷為防空俟和越見，實有開闢道路之需，但直接穿鑿，拆除民房

中華民國廿九年一月卅一日

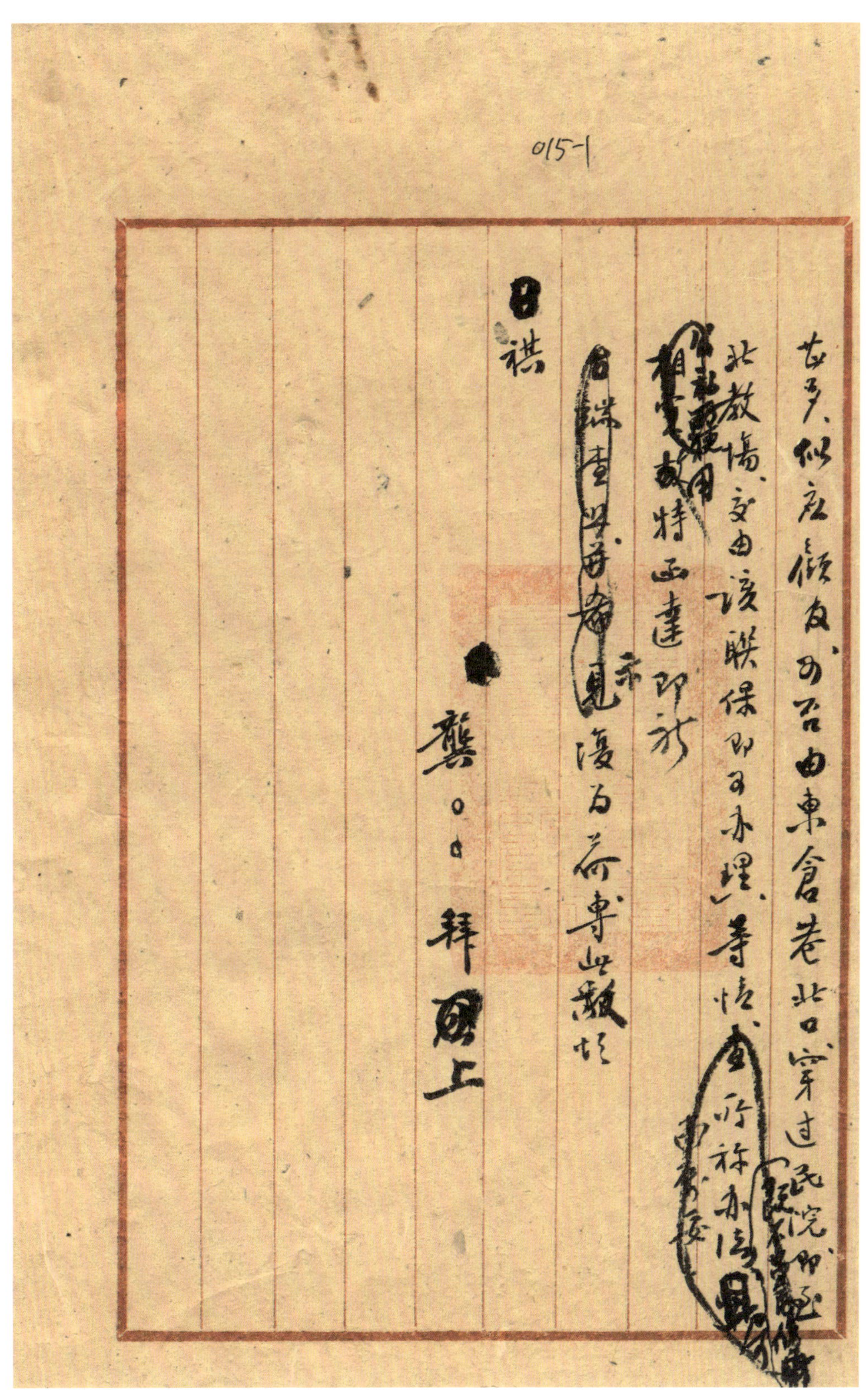

015-1

去岁，似应领发，可否由东仓巷北口穿过民院即北教场，交由该联保即可办理，等情，查所称办法

西京建委工程处、陕西省会警察局关于转饬储备仓东巷联保打通该巷北端住户史文华院内北墙的来往公函

（一九四〇年二月十二日至二十二日）

西京建委工程处致陕西省会警察局的公函（一九四〇年二月十二日）

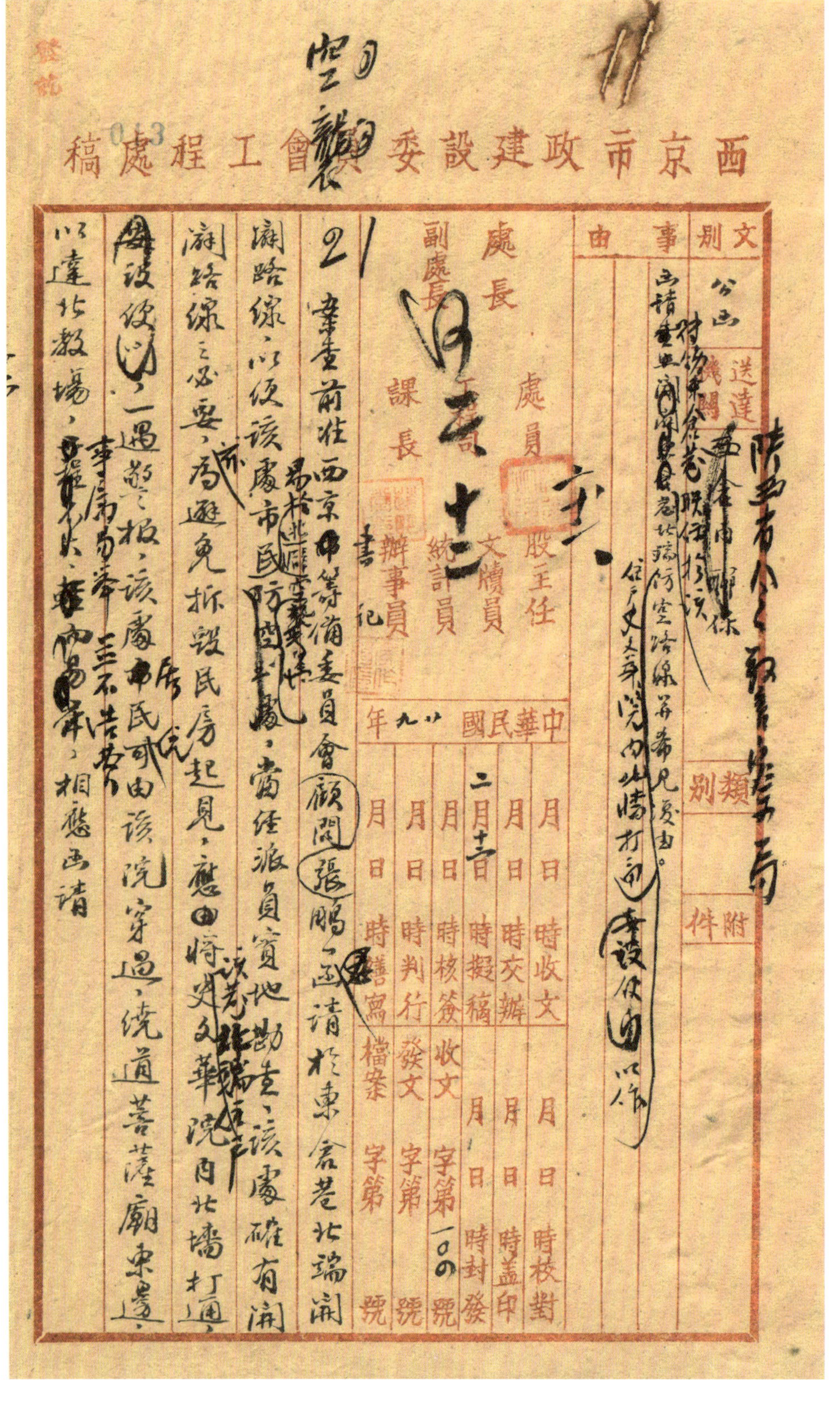
西京市政建設委員會工程處稿

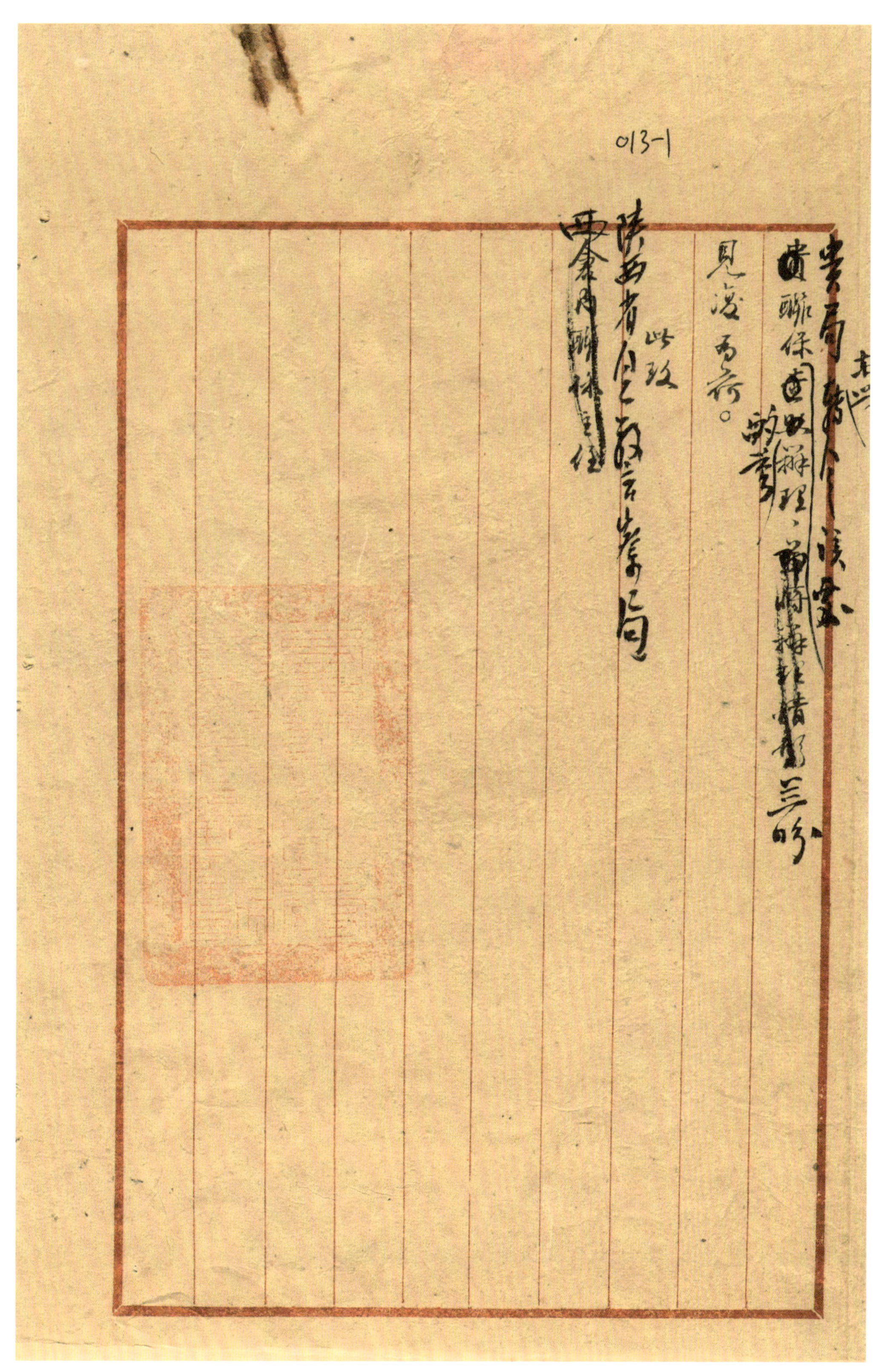

013-1

贵局[illegible]谅察

贵驻保[illegible]由此办理，兹将办理情形三份

敬希

见复为荷。

此致

陕西省[illegible]局

西京[illegible]林主任

陕西省会警察局致西京建委工程处的公函（一九四〇年二月二十二日）

陕西省会警察局公函

政字第二九号

中华民国二十九年二月廿二日发

事由：为准函已令第三分局饬仰储备仓东巷联保将该巷北端住户史文华院内北墙打通复请查照由

案准

贵处本年二月十三日未列字第二一号公函，以准西京筹备委员会张顾问鹏一函请于储备仓东巷北端开辟路线，以便该处市民易于出避空袭等情，经派员实地勘查，该处确有开辟路线之必要，为避免拆毁民房起见，应由该巷北段住户史文华院内北墙打通，一遇警报，居民可由该院穿过，绕道菩萨庙东边，以达北教场，为属易举，并予

029-1

浩費，嚮查照轉飭該廠聯保酌量办理，並見復！！等由；准此，當經令飭該管第三分局轉飭該廠聯保遵照办理，去後；茲據該分局長鄧夢棠復稱："遵已轉飭該管第五聯保主任馬明德，于本月十七日將該巷北端住戶史文華院內北墻打通，請核轉"等情前來，除指令外，相應函復，即請

查照為荷！！

此致

西京市政建設委員會工程處。

局長

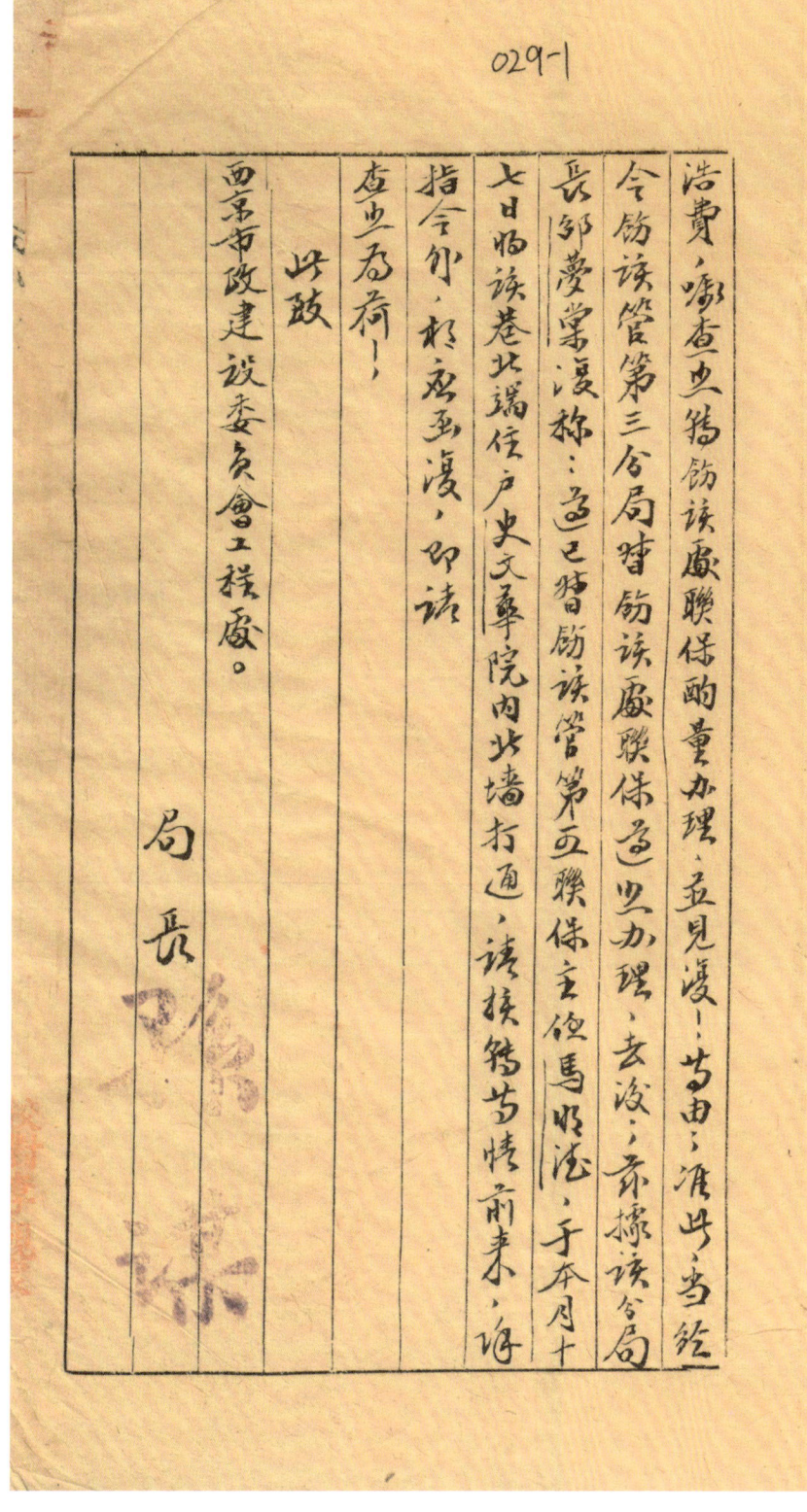

西京建委工程处关于打通东仓巷北端住户史文华院内北墙已请警局饬办在案致西京筹备委员会顾问张扶万的笺函（一九四〇年二月二十四日）

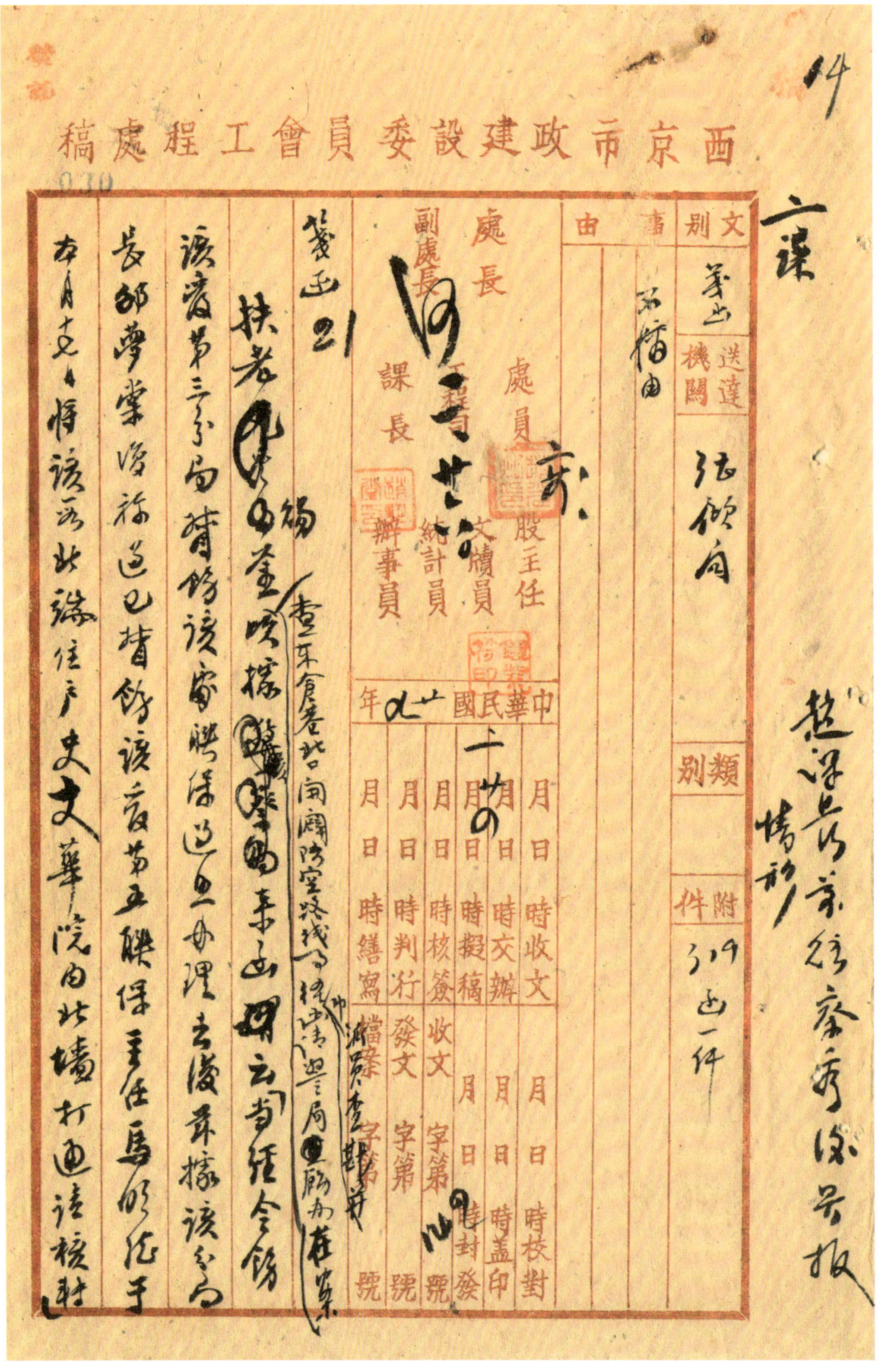

西京市政建設委員會工程處稿

文別	送達機關	事由	類別	附件
箋函	張顧問	為函覆由		附函一件

處長　副處長　處員　課長　股主任　文牘員　統計員　辦事員

中華民國二十九年二月　日

收文	交辦	擬稿	核發	判行	繕寫
月　日　時	月　日　時	月　日　時	月　日　時	月　日　時	月　日　時

校對	蓋印	封發	收文	發文	檔案
月　日　時	月　日　時	月　日　時	字第　號	字第　號	字第　號

030-1

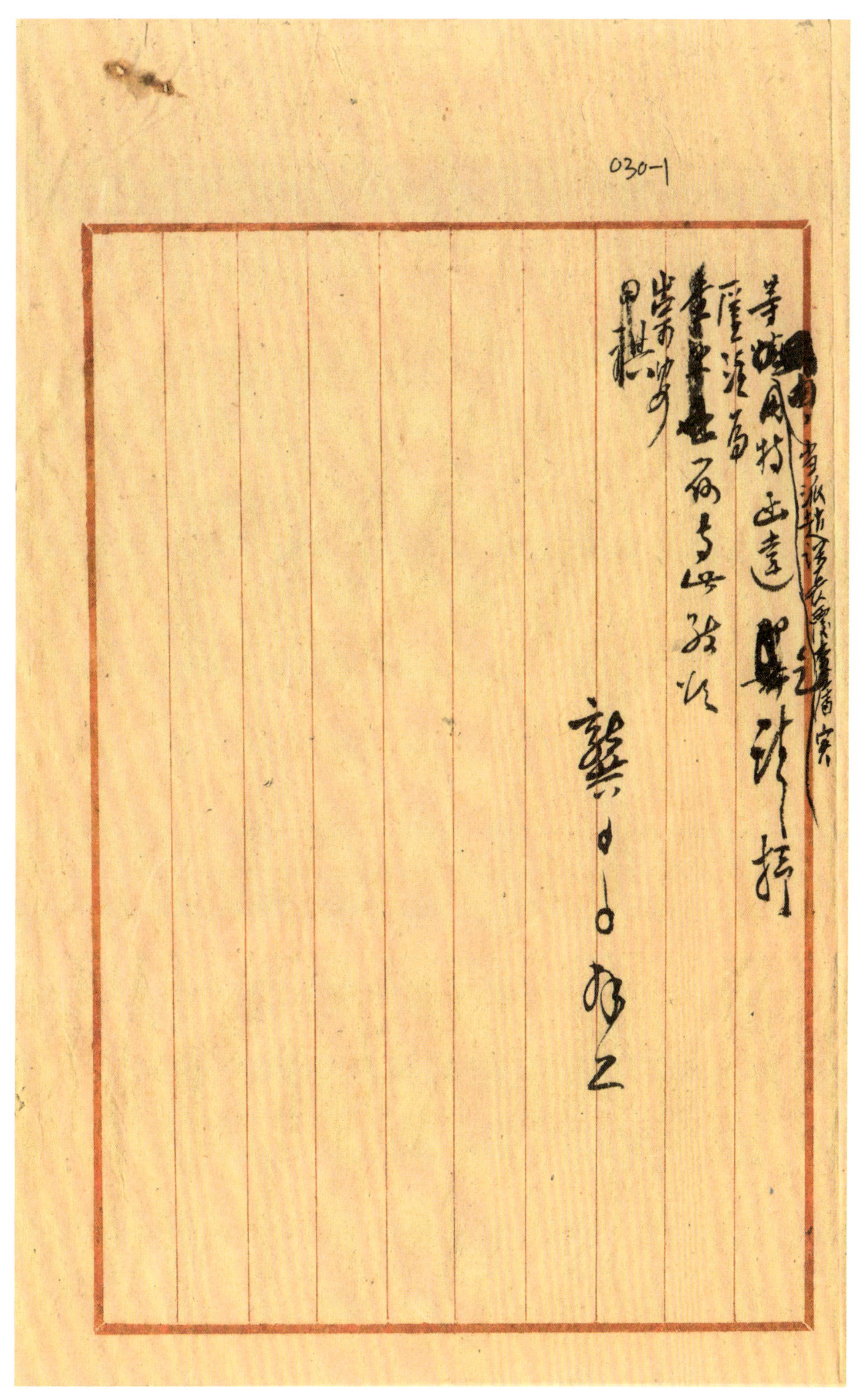

陕西省政府关于商请转饬办理临时参议会咨送参议员张扶万等提请开通西仓北边道路以便居民出避敌机致西京建委的代电（一九四〇年五月二十一日）

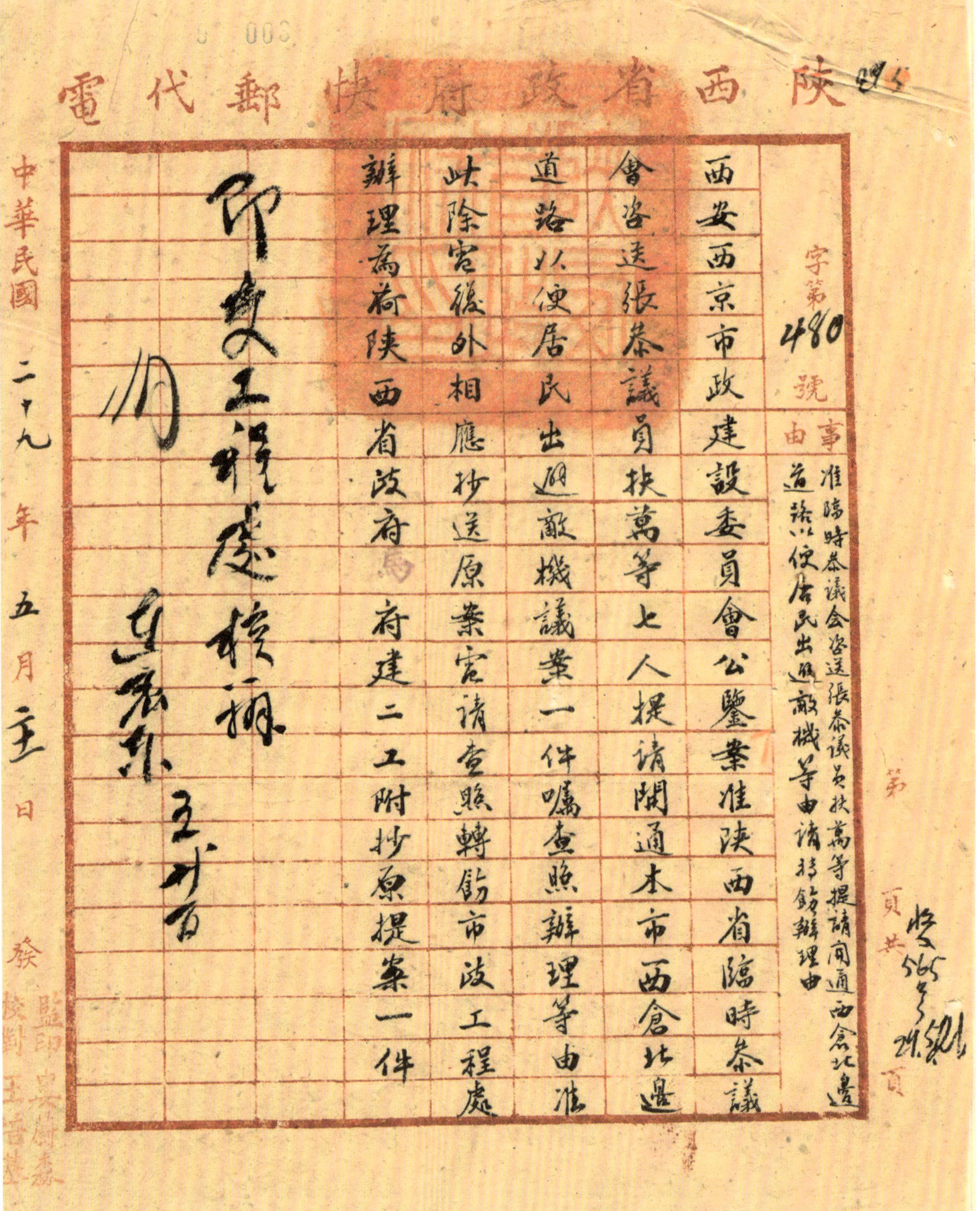

陕西省政府快郵代電

字第480號

事由：准臨時參議會咨送張參議員扶萬等提請開通西倉北邊道路以便居民出避敵機等由請轉飭辦理由

西安西京市政建設委員會公鑒：案准陝西省臨時參議會咨送張參議員扶萬等七人提請開通本市西倉北邊道路以便居民出避敵機議案一件，囑查照辦理等由，准此，除電復外，相應抄送原案，電請查照轉飭市政工程處辦理為荷。陝西省政府府建二工附抄原提案一件

中華民國二十九年五月二十一日發

附：张扶万等开通本市西仓北边道路以便居民出避敌机提案（一九四〇年五月）

卅一、張參議員扶萬等七人提：開通本市西倉北邊道路以便居民出避敵機案　原提案第一百零九號

理由、緣西倉内居民百餘家環倉而居，出入只有南邊正側兩門來往出入，久覺不便，而近來敵機肆虐，遇避無所，倉巷繞越，每誤時間。查倉内東北隅接連北教場有舊廟一所，久成空屋，無人居住，如即時拆去開通道路，於倉内居民甚便，如有警報，就近逃避，為益甚巨，請照提議辦法公決。

辦法、請咨省府轉建設廳，即令工程處派員查勘辦理，俾交通便利，警報發生，免致繞越倉巷，誤時。

004-1

本案经大会决议咨请省府依案办理

西京建委、西京建委工程处关于派员查勘开通西仓北边道路的来往公文（一九四〇年五月二十四日至六月五日）

西京建委致西京建委工程处的代电（一九四〇年五月二十四日）

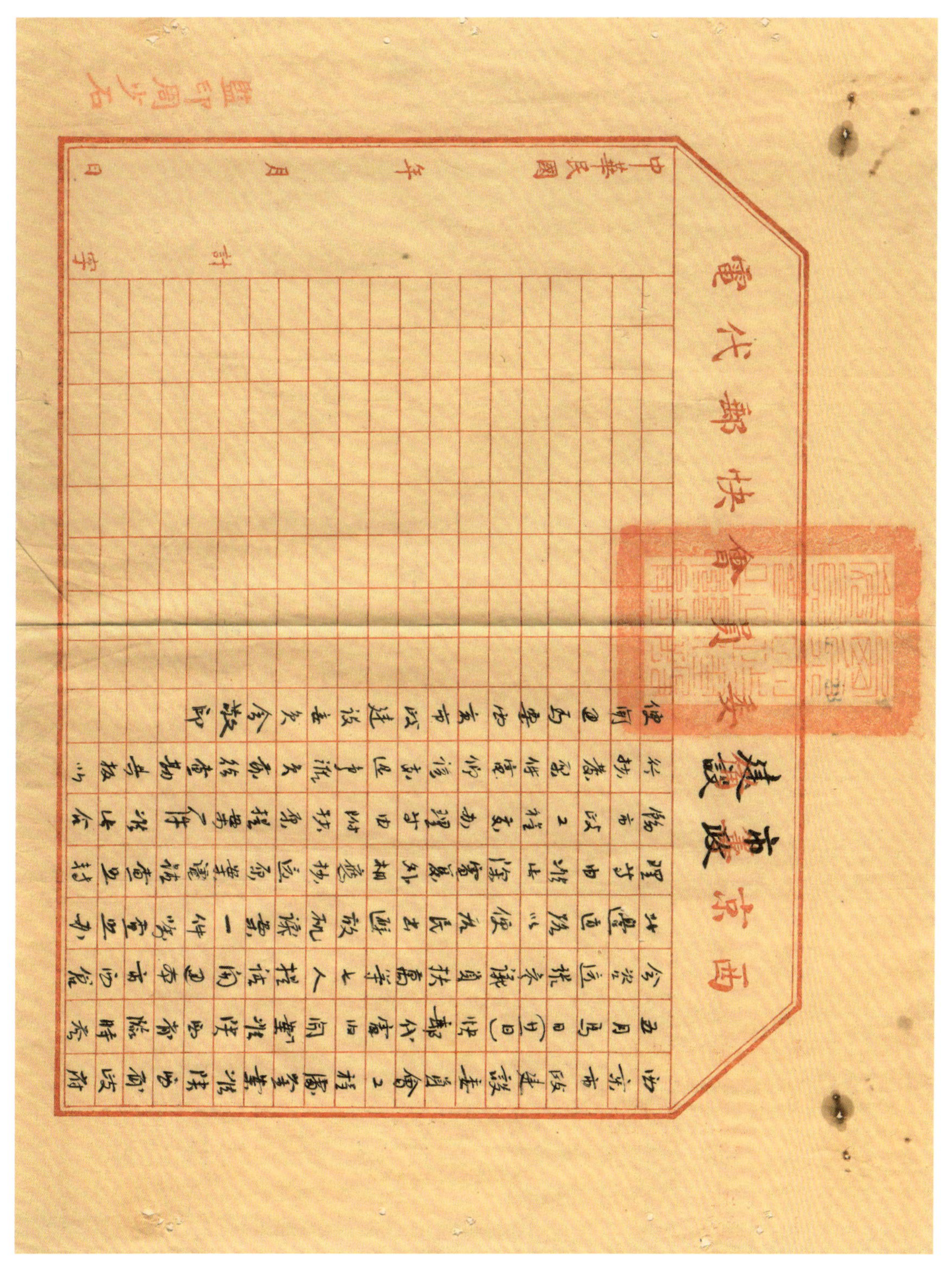
西京市政建設委員會快郵代電

西京市政建設委員會工程處鑒：案准陝西省政府五月馬日（廿一日）快郵代電內開：「案准陝西省臨時參議會咨送據參議員扶高等七人提請開通西京市西倉北邊道路以便居民出路放機課案一件，囑查照辦理等由，准此，除電覆外，相應抄送原案，電請查照轉飭市政工程處辦理等由，附抄原提案一件，准此，合行抄發原件，電仰該處迅即派員前往查勘具報，以便轉電為要。」西京市政建設委員會敬印

中華民國　年　月　日

計　字

監印周少石

西京建委工程处致西京建委的呈（一九四〇年六月五日）

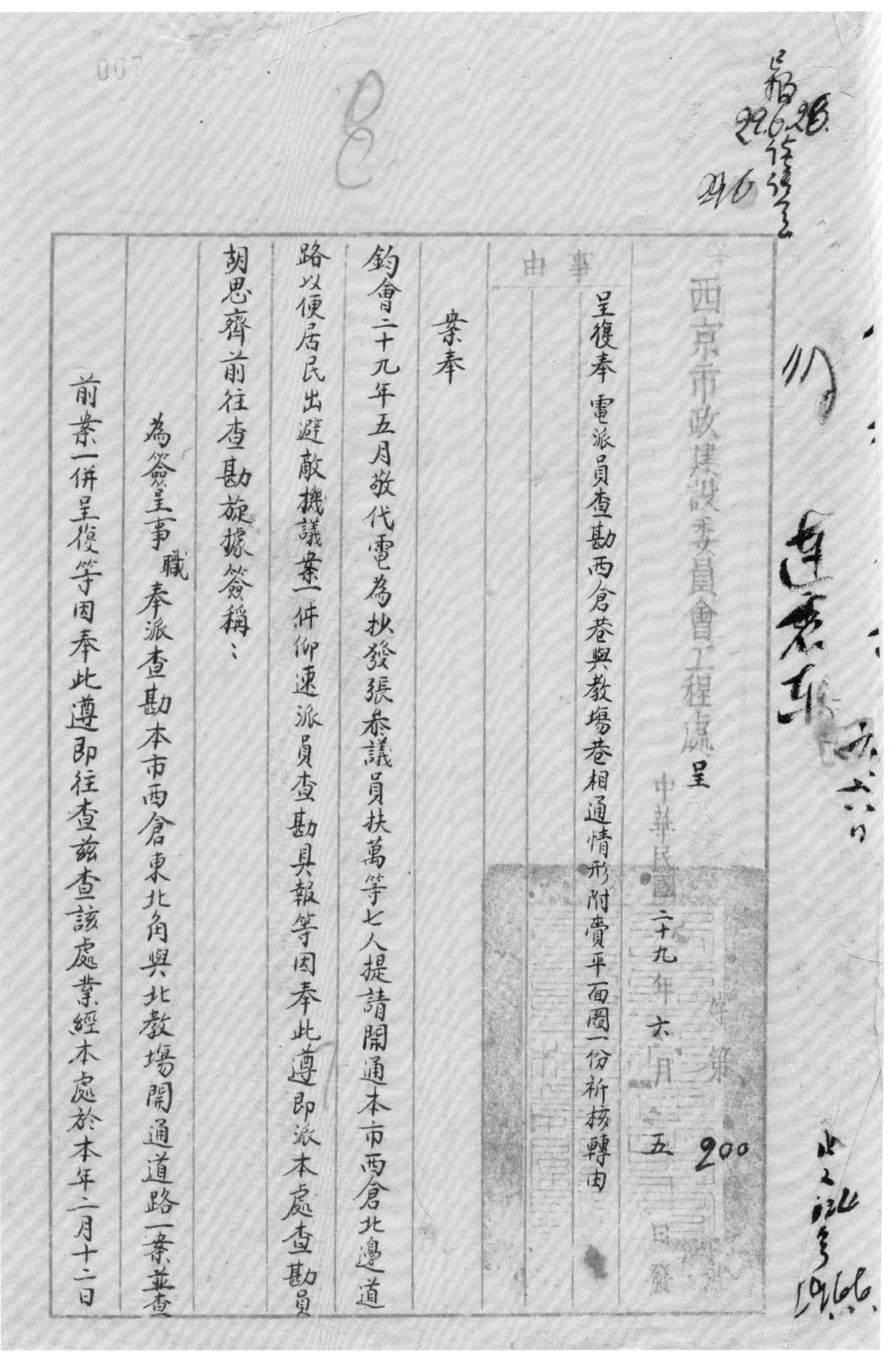

西京市政建設委員會工程處 呈

事由：呈復奉電派員查勘西倉巷與教場巷相通情形附賚平面圖一份祈核轉由

中華民國二十九年六月五日發 字第 號

案奉

鈞會二十九年五月敬代電為抄發張秦議員扶萬等七人提請開通本市西倉北邊道路以便居民出避敵機議案一件仰速派員查勘具報等因奉此遵即派本處查勘員胡思齊前往查勘旋據簽稱：

為簽呈事 職奉派查勘本市西倉東北角與北教場開通道路一條並查前案一併呈復等因奉此遵即往查茲查該處業經本處於本年二月十二日

007-1

函請警局轉飭聯保將民院南北墻拆除若干已可與北教場來往通行惟路線過於灣曲更兼中段庙之上房後寬度較窄（現寬一公尺七公寸）車馬全不可通設行人稍多即覺擁擠如擬免拆民房祇佔民地使交通少利計應按現在所通原線將庙之上房拆除若干俾中段加寬五公尺北段佔用庙之東邊空院南段佔用民院並將路面再加修平稍資便利若為永久交通便利計應將庙西鄰民房拆除使與西倉東巷南北成為直線方較妥善查西鄰上房業已被炸頃斜過甚現時街厦房三間東西廂房二間是所僅有如令拆除而該民損失較重情属可憐茲為体恤計似應將廟東邊之空院照其損失之數撥補若干並發給遷移費若干俾易遷修是否有當謹繪具該處平面詳圖一份送請鑒核謹呈

等情據此查西倉巷與教場巷業經本處設法開通以利防空在前奉令前因並據

查前情理合檢同原圖賫請

鈞會鑒核函轉實為公便

謹呈

西京市政建設委員會

附賫西倉東北角與教場巷相通平面圖一份

西京市政建設委員會工程處處長龔賢明
副處長謝清河

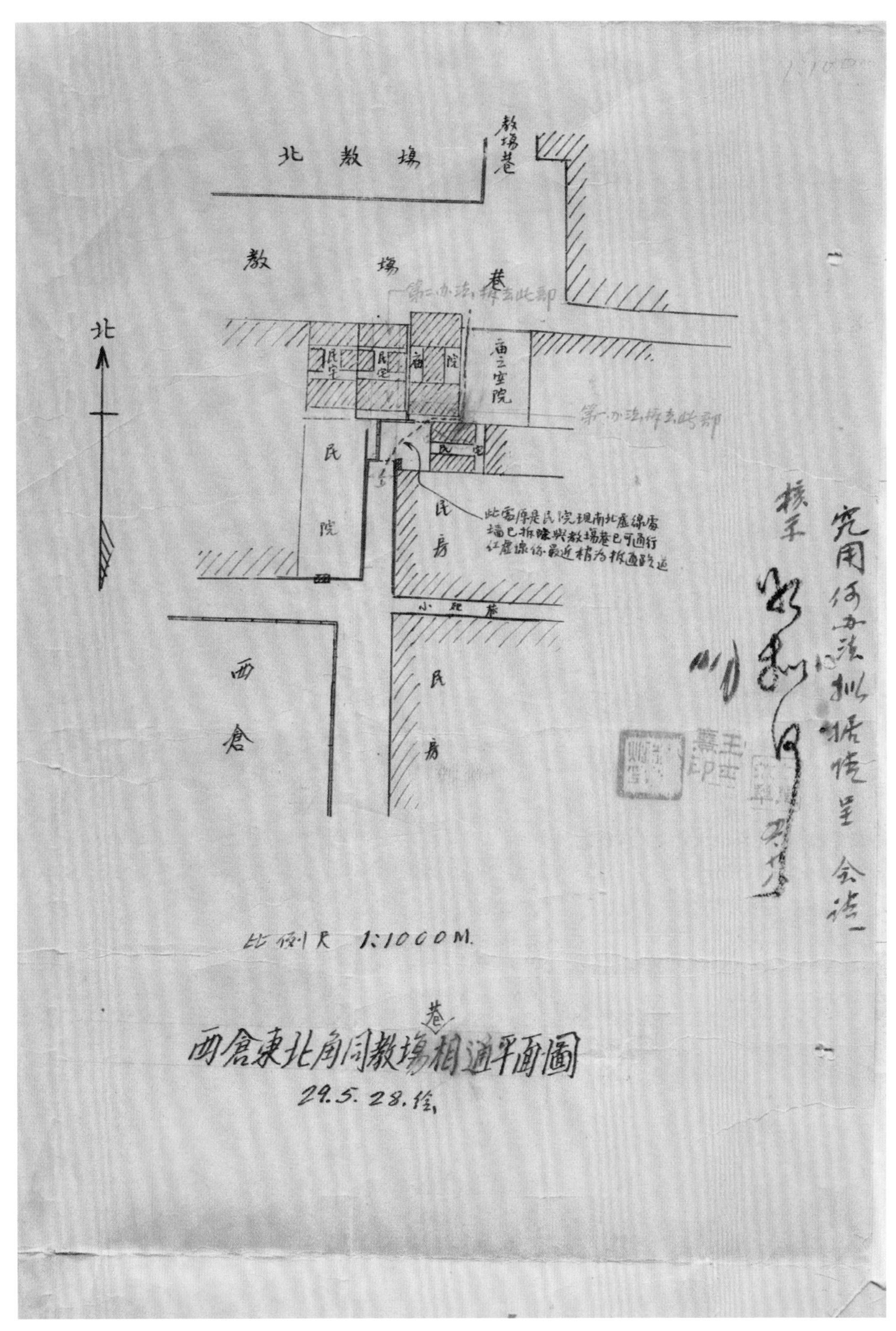

附：西仓东北角同教场巷相通平面图（一九四〇年五月二十八日）

西京建委关于仰照所拟第一项办法开通西仓巷道路致会属工程处的指令（一九四〇年六月二十九日）

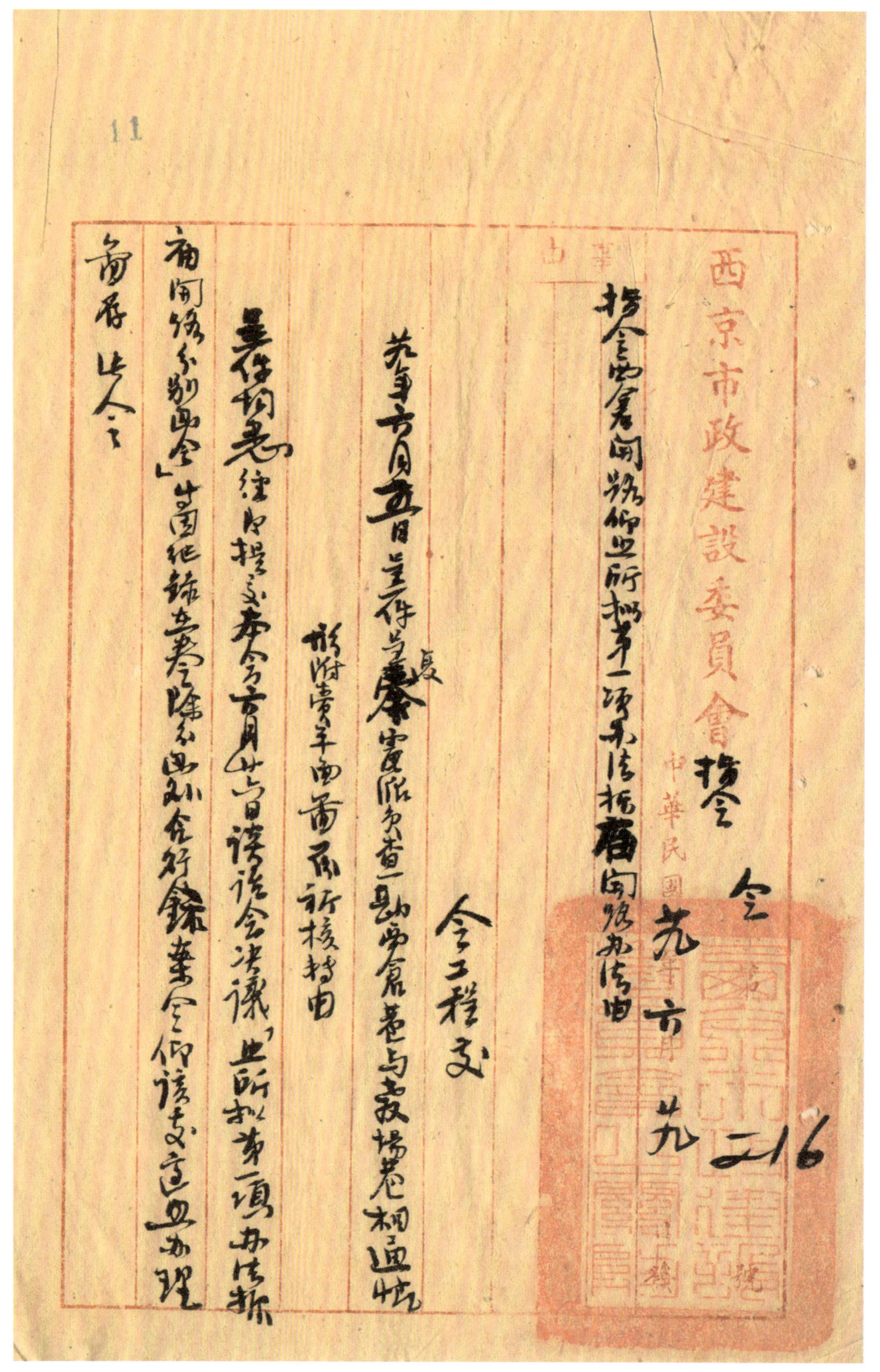

西京市政建設委員會指令

中華民國廿九年六月廿九日　字第216號

事由：指令西倉開路仰照所擬第一項辦法拆廟開路辦法由

令工程處

本年六月五日呈一件為呈復實地勘查西倉巷與教場巷相通情形，檢附草平面圖祈核轉由

呈件均悉。經提交本會六月廿六日談話會決議，「照所擬第一項辦法拆廟開路」，除分別函令外，合行錄案令仰該處遵照辦理為要！此令。

11-1

袁
龔賢明
孫紹宗
雷寶華
錢安
韓光琦

監印周少石

西京建委关于开辟西仓北边道路并附送相关平面图致陕西省政府的公函（一九四〇年六月二十九日）

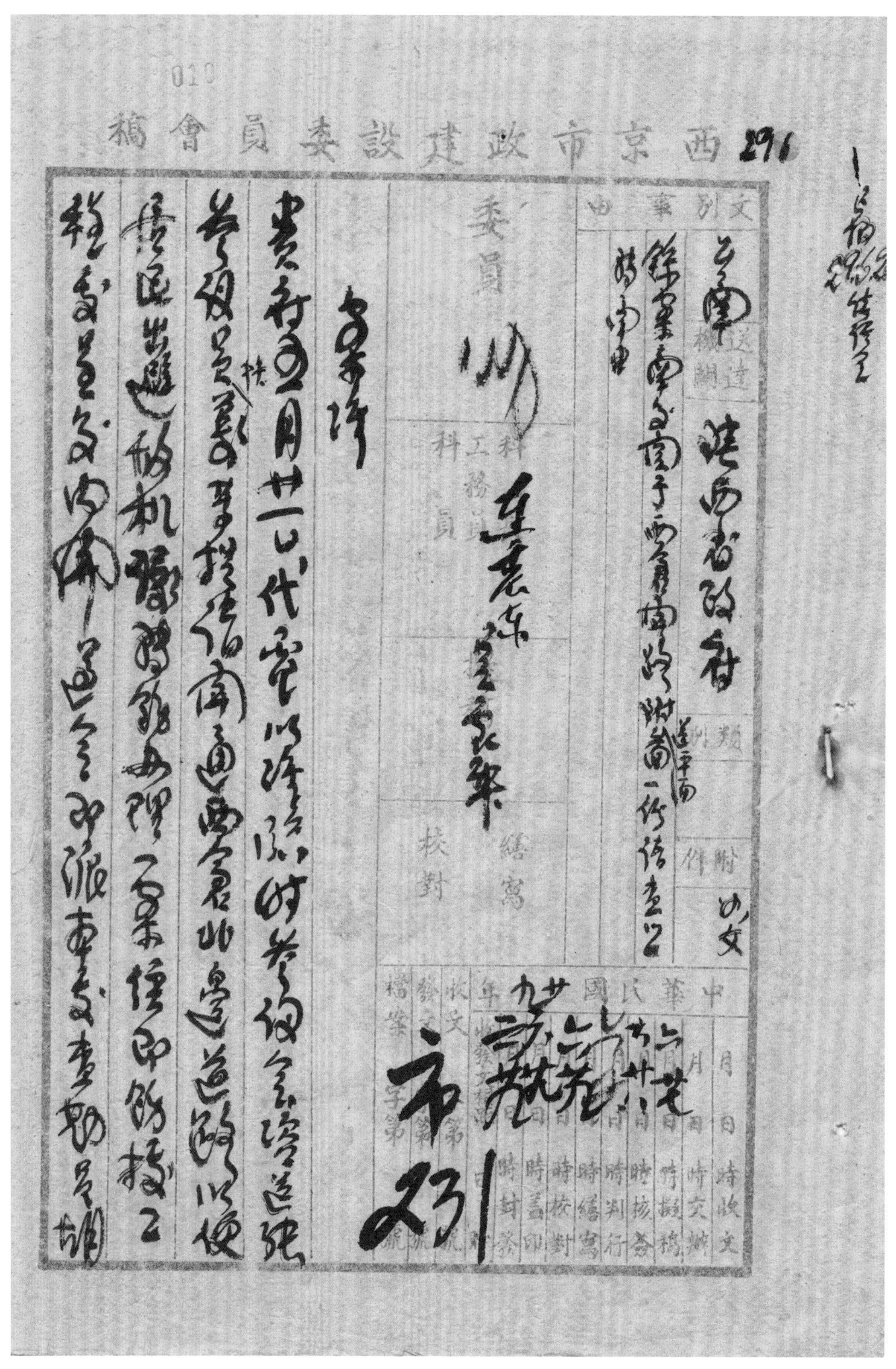

010-1

恩来并[illegible]

[illegible]

[illegible]

[illegible]

[illegible]

[illegible]

[illegible]

[illegible]

[illegible]

[illegible]

[illegible]

西京建委工程处、陕西省会警察局关于转饬西仓保长即按第一项办法拆除庙房以便派工修筑而利防空的来往公函(一九四〇年七月六日至九月九日)

西京建委工程处致陕西省会警察局的公函(一九四〇年七月六日)

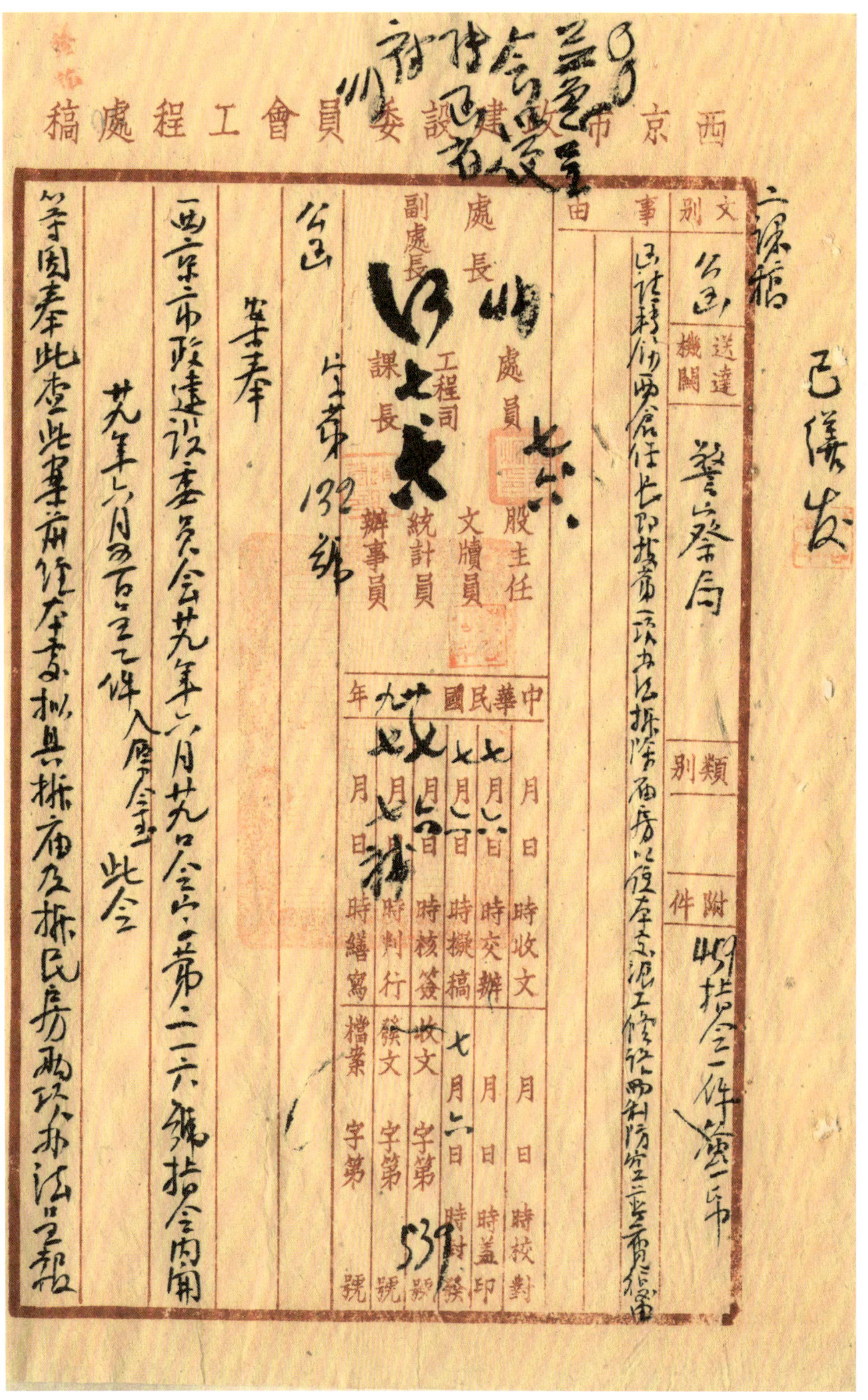

西京市政建設委員會工程處稿

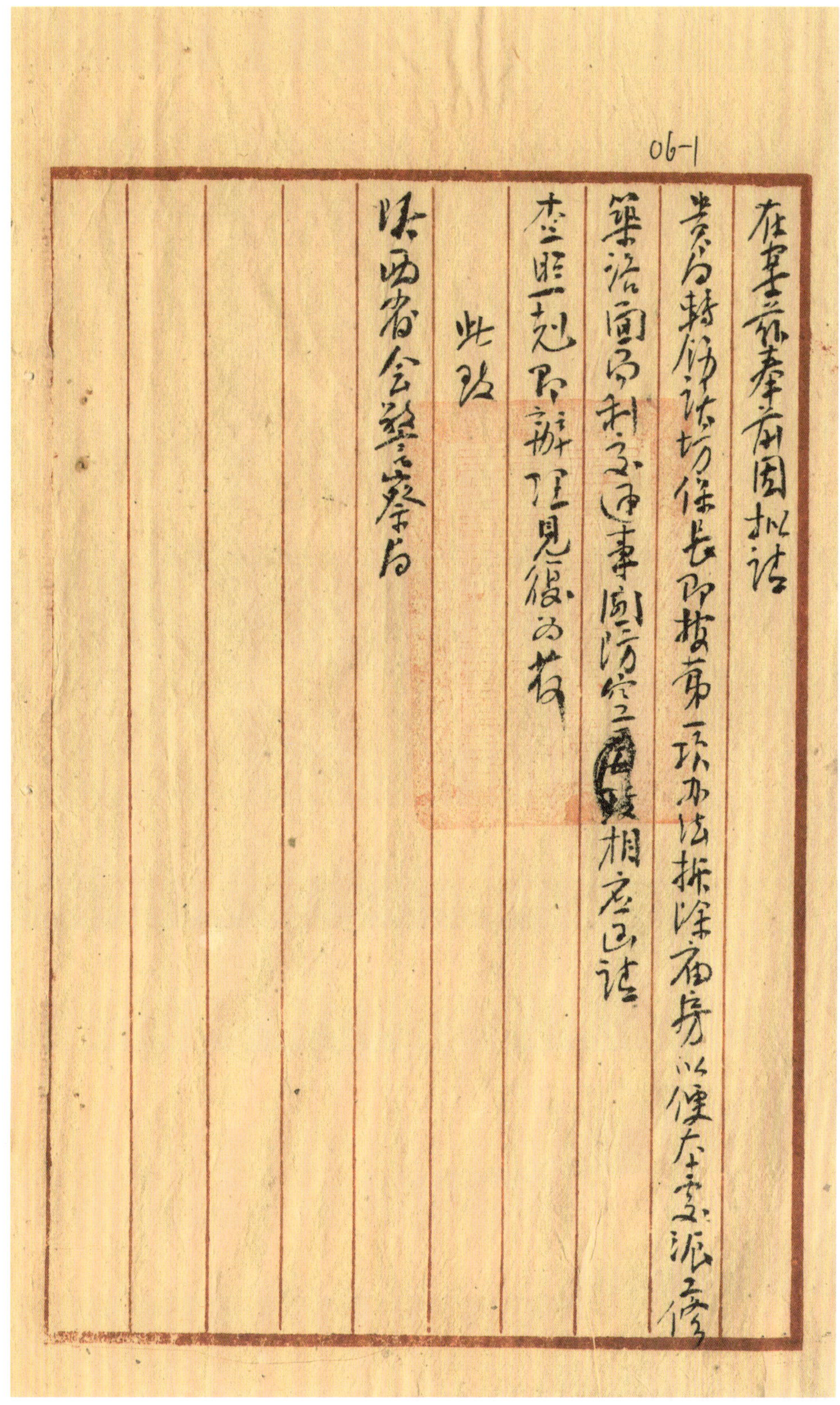
06-1

在案。兹奉前因，拟请
贵局转饬该坊保长即按第一项办法拆除庙房，以便本会派工修
筑路面，而利交通。事关防空要政，相应函请
查照，赶即办理见复为荷。
此致
陕西省会警察局

附：西仓内东北角拟辟新巷道平面设计图（一九四〇年七月六日）

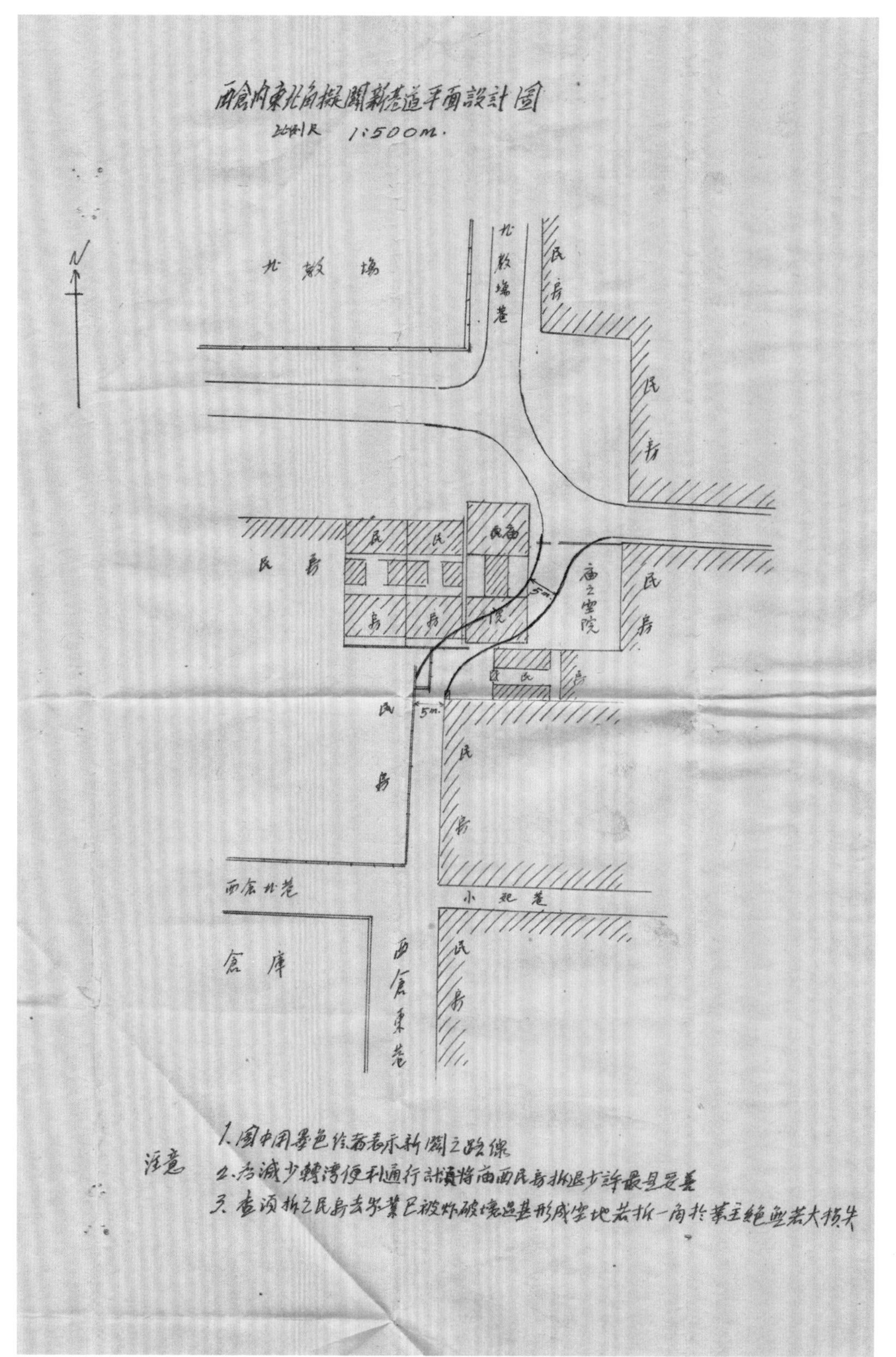

陕西省会警察局致西京建委工程处的公函（一九四〇年九月九日）

陝西省會警察局公函

陝字第三九號

中華民國廿九年九月九日發

事由：為函覆轉飭西倉保長即按第一項辦法拆除廟房以便派工修路而利防空即請查照由

案准

貴處本年七月六日市字第一三二號公函，以派員查勘西倉巷與教場巷相通情形，囑轉飭該坊保長，即按照第一項辦法拆除廟房，以便派員工修築路面而利交通等由；准此，當即令飭第四分局轉飭該聯保切實遵照辦理去後，茲據呈覆該聯第五保境內北教場巷南端與西倉巷毗連，前於本年三月一日應西倉場人民要

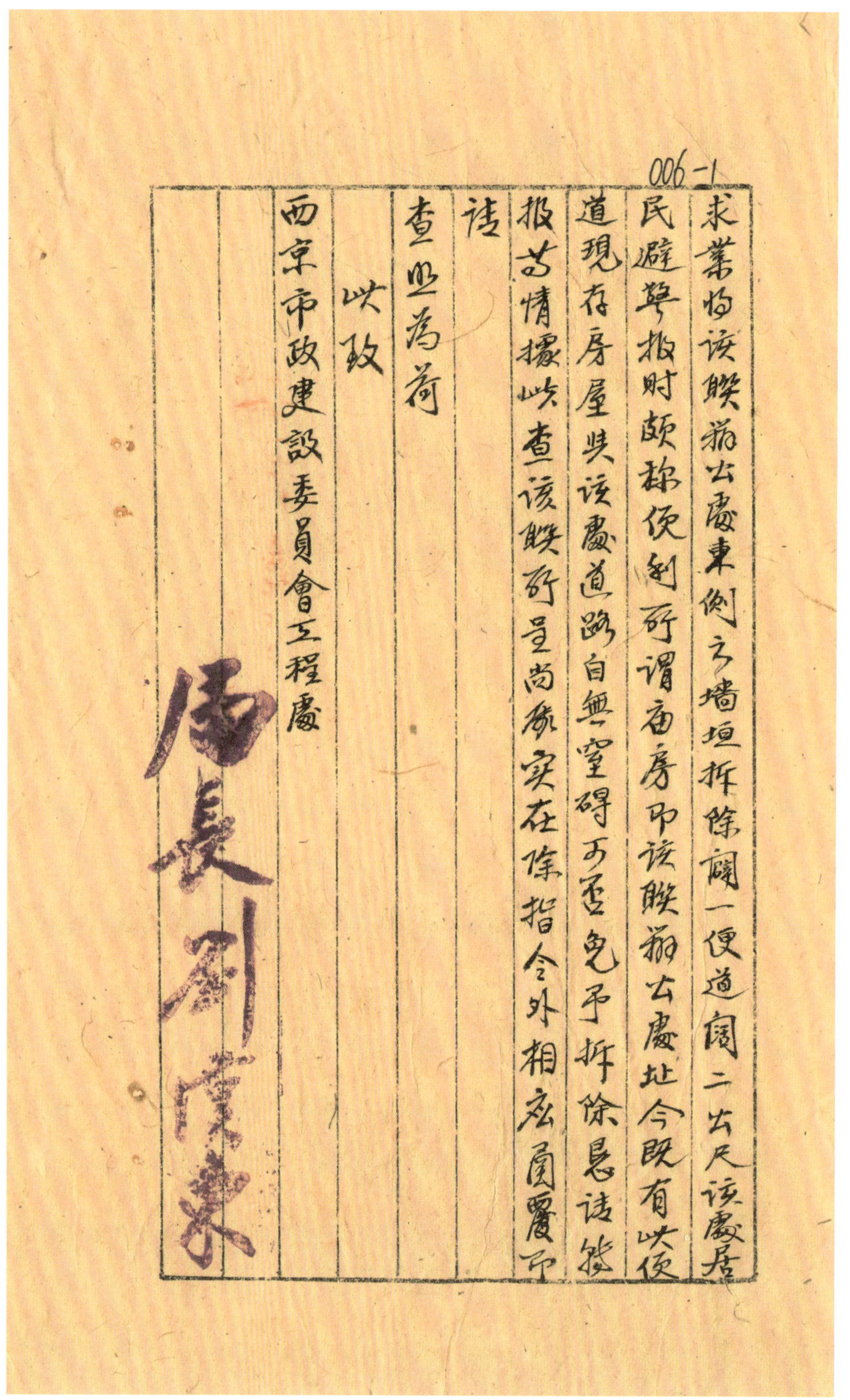

006-1

求業將該睽翁公處東側之墻垣拆除闢一便道闊二公尺該處居民避難報時頗稱便利所謂廟房即該睽翁公處址今既有此便道現存房屋與該處道路自無窒碍可否免予拆除懇請鈞核等情據此查該睽所呈尚屬實在除指令外相應函覆即請

查照為荷

此致

西京市政建設委員會工程處

局長劉[illegible]

西京建委关于已函警局转饬西仓保长拆除庙房俾便开辟西仓道路致陕西省政府的公函

（一九四〇年七月十三日）

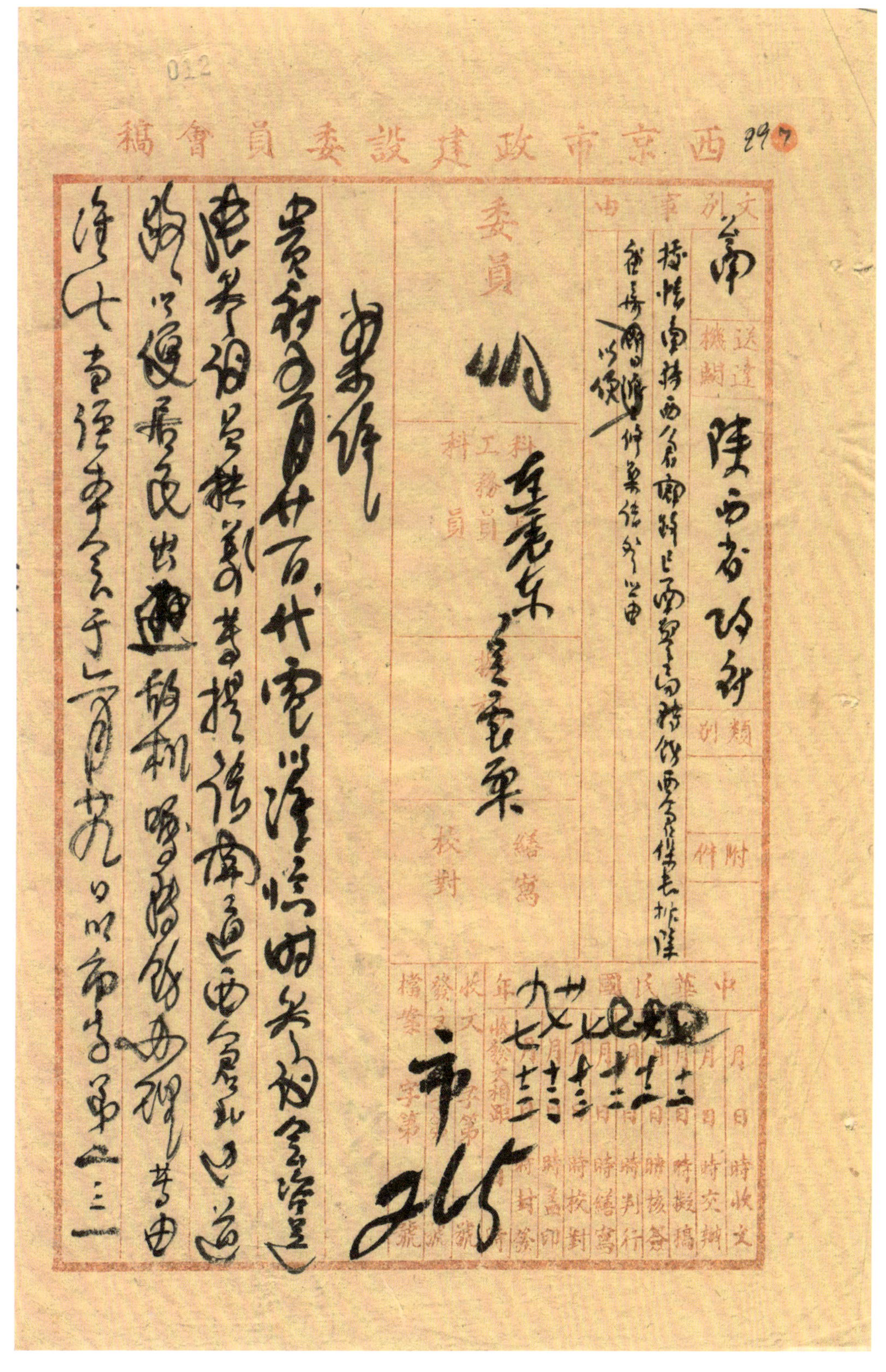
西京市政建設委員會稿

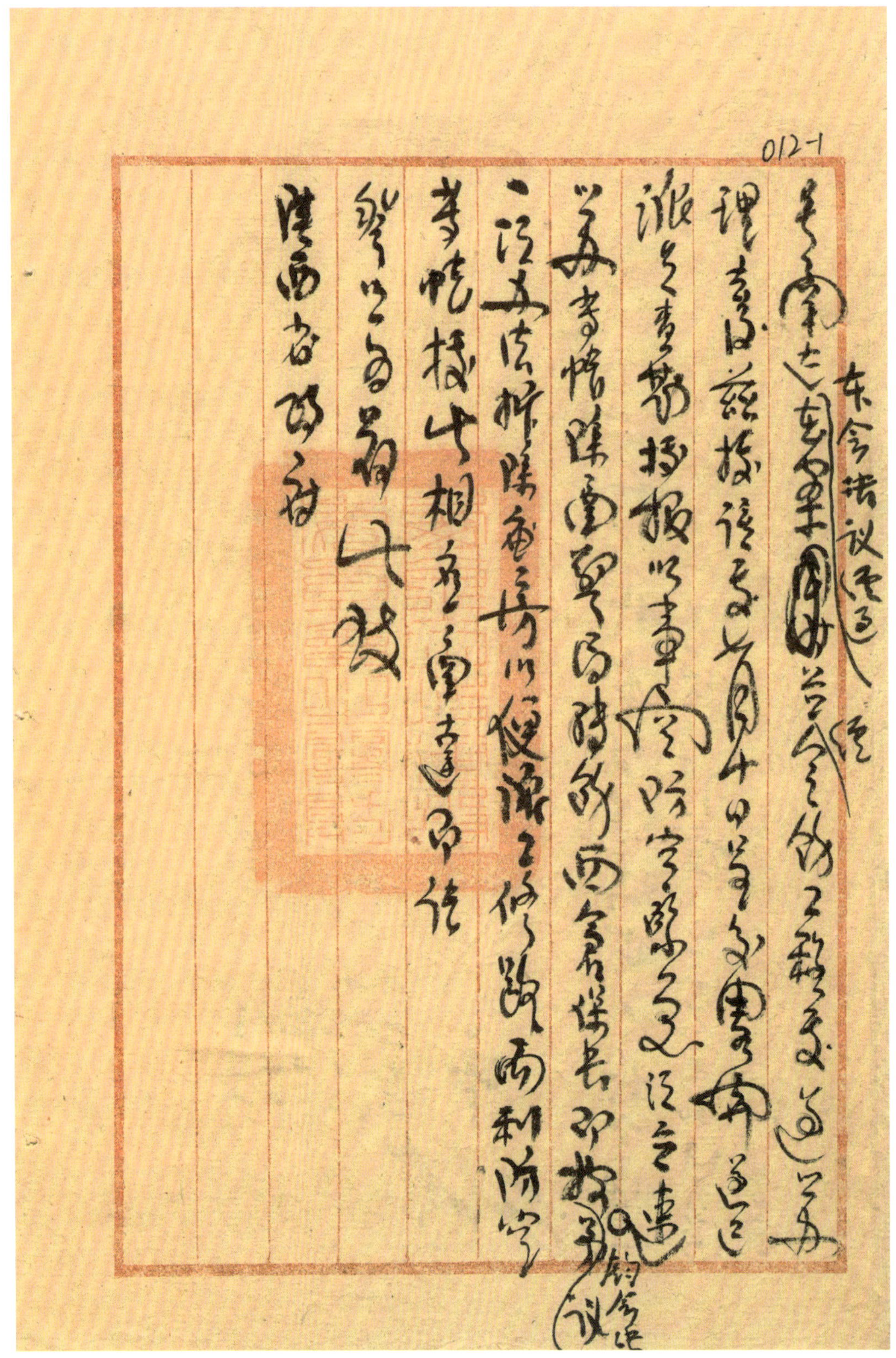

西京建委工程处关于遵令派员会同警局洽办打通顺城路经过并赍调查表分段草图致西京建委的呈
（一九四〇年八月五日）

转函警备司令部、宪兵司令部及警局会衔佈告　建表东八首

查案办函　卅

事由：呈復遵令派員會同警局洽辦打通順城路經過並賫調查表二紙分段草圖三紙祈鑒核由

西京市政建設委員會工程處　呈

中華民國二十九年八月五日發　字第二五六號

案奉

鈞會二十九年七月二十日令字第二三六號訓令，為錄案訓令該處派員會同警局洽辦打通順城馬路並仰具報等因，奉此遵即派本處調查員王志學前往會同洽辦。旋據簽稱：

為簽報事，奉派會同警局洽辦打通順城馬路并將辦理情形繪具分段草圖及門牌紀錄具報等因，奉此遵即前往警局面晤劉局長，該局派組員何坤同時前往

067-1

辦理現已完竣茲查順城路西南角陝西機器局南北舊有土墻四堵隔斷交通墻內中間又有平房十二間亦在路上（係該局舊有現為翻沙部）其餘各段均係該處阻碍之户隨意築成方長横直之土墻形勢既已錯雜更復有碍交通共計二十餘處職與何組員均面飭各户即日拆除以便通達而符功令但查各阻碍之住户雖令拆除而能遵行者甚鮮擬請出示佈告或分别通飭該處住户限期拆除較為收効迅速也是否有當理合將辦理情形及阻碍交通之處住户姓名地址門牌號數阻碍名稱列表連同分段草圖一併呈報恭請鑒核謹呈

等情前來查核所稱屬實究應如何辦理之處理合檢同該項調查表及分段草圖備文呈送

鈞會鑒核謹呈

西京市政建設委員會

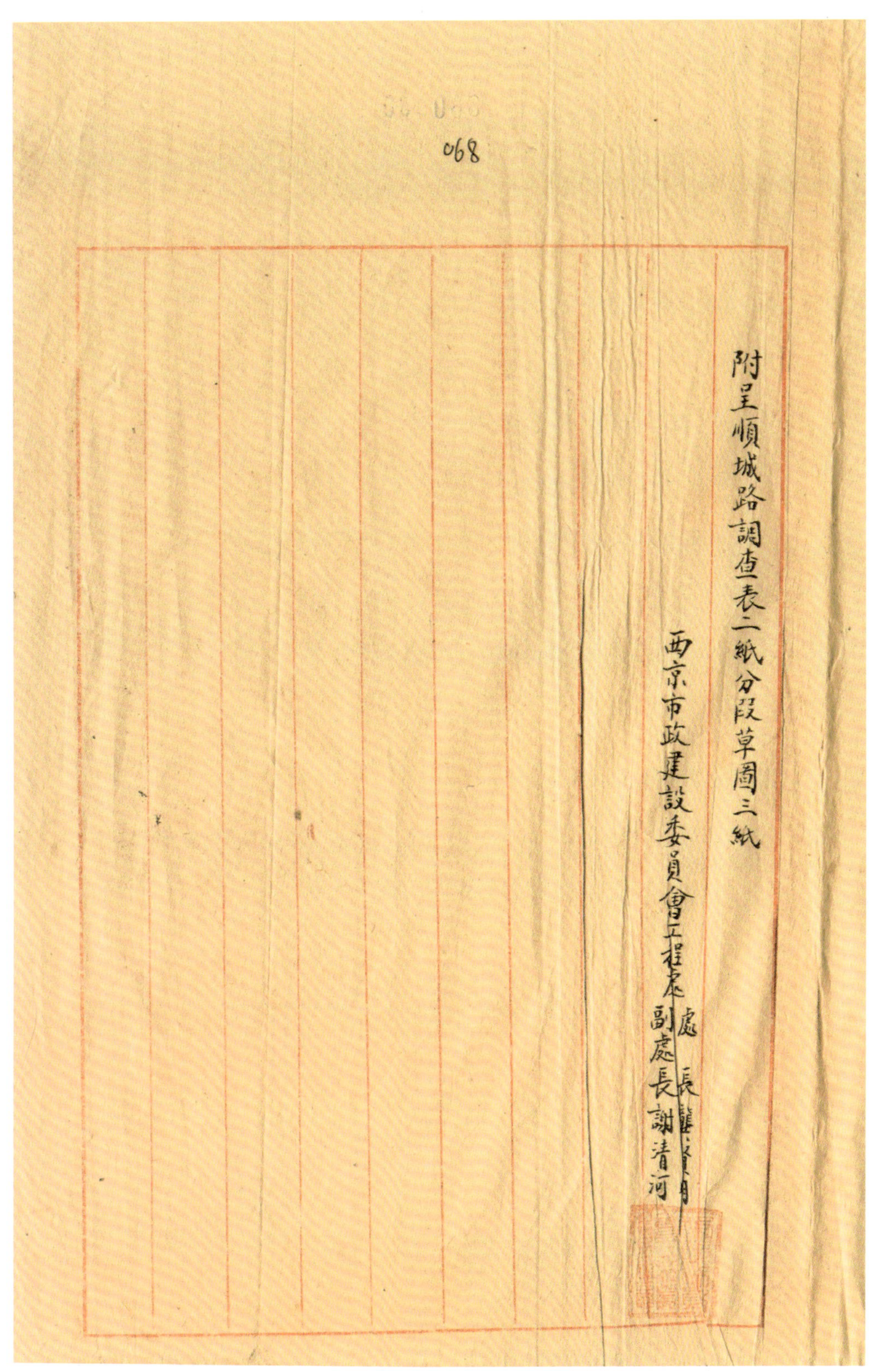

068

附呈順城路調查表二紙分段草圖三紙

西京市政建設委員會工程處處　長龔賢明
副處長謝清河

附：西京市顺城马路各段阻碍住户姓名地址门牌名称调查表（一九四〇年八月五日）

西京市順城馬路各段阻碍住户姓名地址門牌名称調查表

住户或修造人姓名	地址門牌號數	阻碍名称	单位分段	单位號數	備考
陝西机器局	順城路西南角	土墻四堵平房十二间	1	1	平房十二間係該局舊有
孫行福	太陽廟門六號	土墻二堵		2	
西安行營	五嶽廟門三号西边	磚墻一堵		3	
白榮貴	五嶽廟門三號	土墻三堵		4	
西安行營	小湘子廟街公字一號	磚墻二堵		5	
防空司令部	南順城路上	廁所一座		6	修築路中
李三文	三學街十九號	土墻六堵		7	
第四集團軍電台	三學街十六号之東	土墻二堵		8	
郭銘唐	電台之東	土墻六堵		9	
	文廟之南	土墻四堵		10	係部修築路中宜全拆除其門常鎖無法訊問姓名
	南之二	仝上		11	仝上
西安電話局電台	文廟之後	土墻六堵		12	修築路中
	興隆巷西口	土墻三堵		13	修築路中宜全拆除門常鎖無法訊問姓名
防空學校總電机	興隆巷二七號对过	土墻二堵		14	
三十四集團軍衛士營	漢下馬陵	土墻六堵		15	
	東南城角	仝上		16	附近無人無法訊問姓名
廣仁寺	順城路西北角	仝上	2	1	
	北門東边	土墻三堵		2	附近無人居住無法訊問姓名

軍政部特務團電台	平民住所之西	土墻六堵		3	
	東一新城坊七号之北第一	土墻四堵	3	1	修築路中皇全拆除衛鎮門無法詢問姓名
	七號之二	土墻三堵		2	仝上
	七号之東	土墻二堵		3	仝上
	七号之南	土墻四堵		4	仝上
	南菜第二	仝上		5	仝上
軍政部第四驛馬組	崇信路之北	仝上		6	
	崇信路之前	仝上		7	仝上
	崇信路之南	仝上		8	仝上
交通部電政局電台	中山門之南邊	土墻三堵		9	
紅十字會	東嶽廟之後	土墻四堵		10	
廣惠寺	玄風橋近端	土墻六堵		11	
合計		平房十二間 廁所一座 土墻一百十四堵			

陕西省政府关于商请转饬筹划设计继修城内环城马路俾利城防而便民众防空致西京建委的代电

（一九四〇年八月七日）

陕西省政府代电

府建二字第666号

事由：准西安警备司令部代电为运用监空部队灵活起见请转饬筹划设计继修城内环城马路以利城防而便民众防空等由除分电暨电复外电请查照会同筹办由

西京市政建设委员会鉴：案准西安警备司令部二十九年七月艳代电开：本部为防敌降落，已将对空监视部队在城郊各要点部署就绪，惟查城内环城交通尚极梗塞，万一有警，赶赴事机殊多窒碍。兹为运用灵活及便于应付计，拟恳钧座分别函请防空司令部及西京建设委员会会同筹划，仍照以前旧案，继阔城内环城马路，以便军行而利城防为祷等由。准此，除分电暨电复外，相应电请贵会查照会同筹办。陕西省政府 府建二

中华民国二十九年八月七日 发

校对 王培基

西京建委、陕西全省防空司令部关于是否出示打通顺城马路布告的来往公函（一九四〇年八月十日至十九日）

西京建委致警备防空两司令部、陕西省会警察局的公函（一九四〇年八月十日）

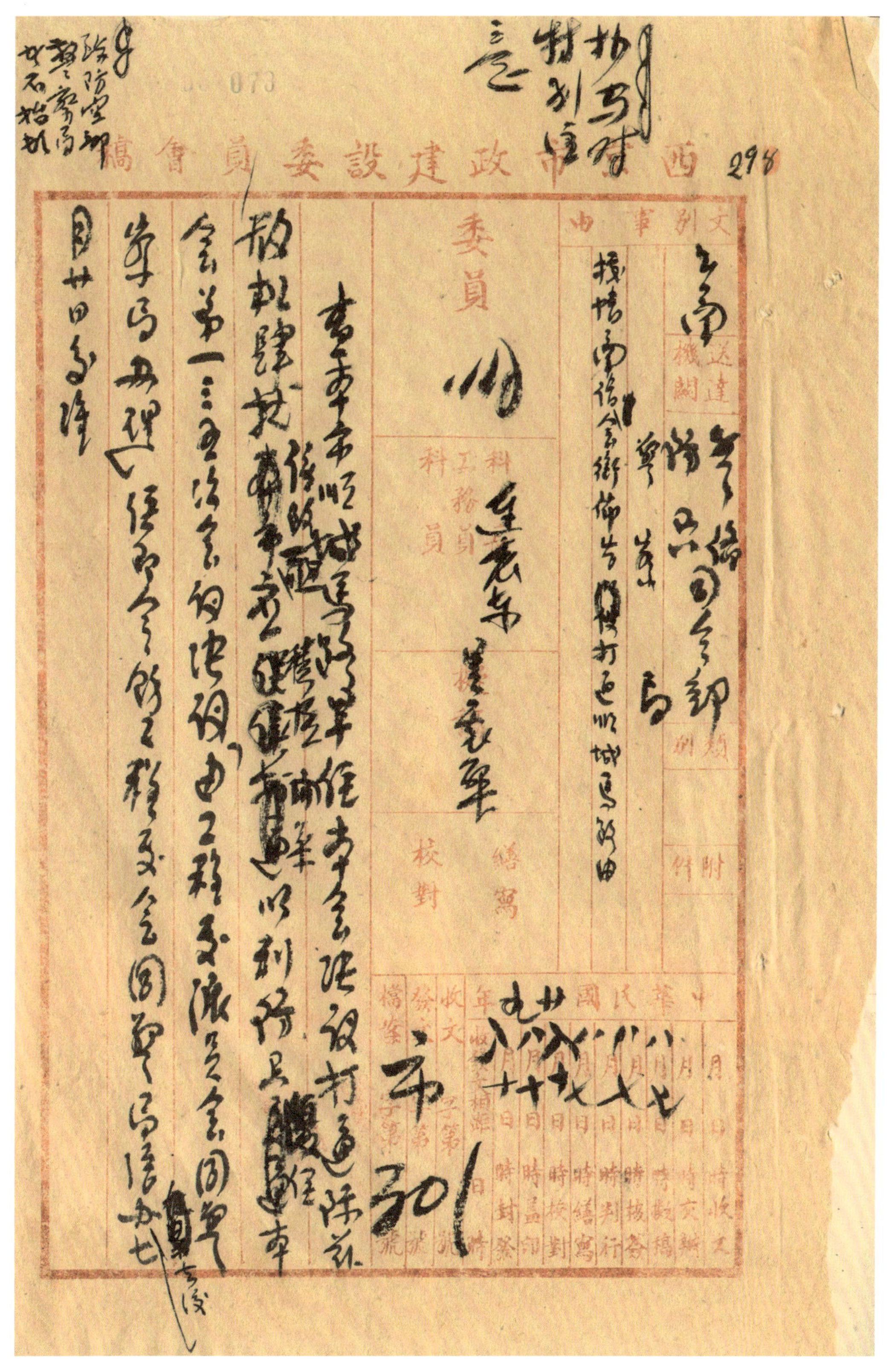

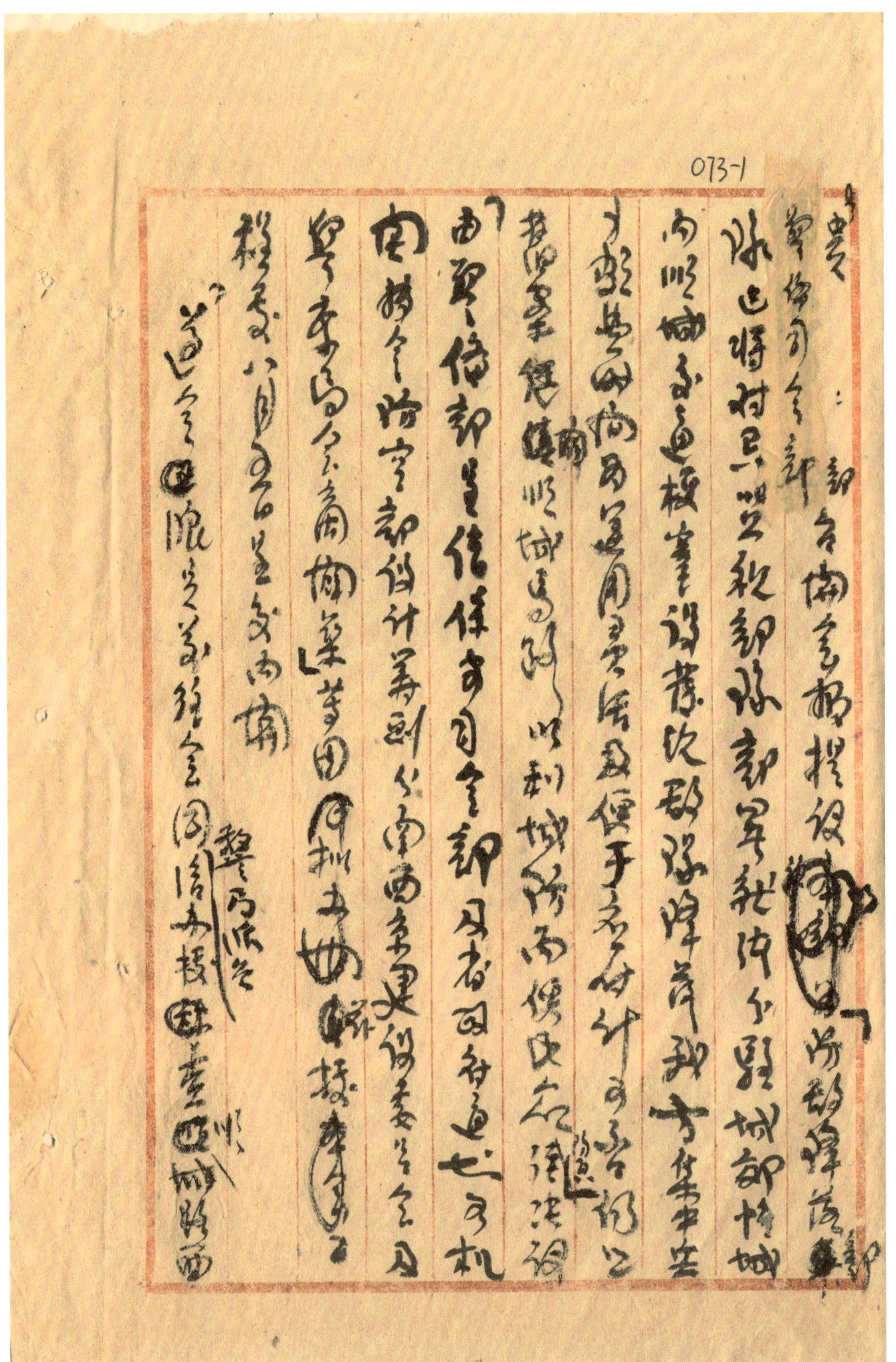

073-1

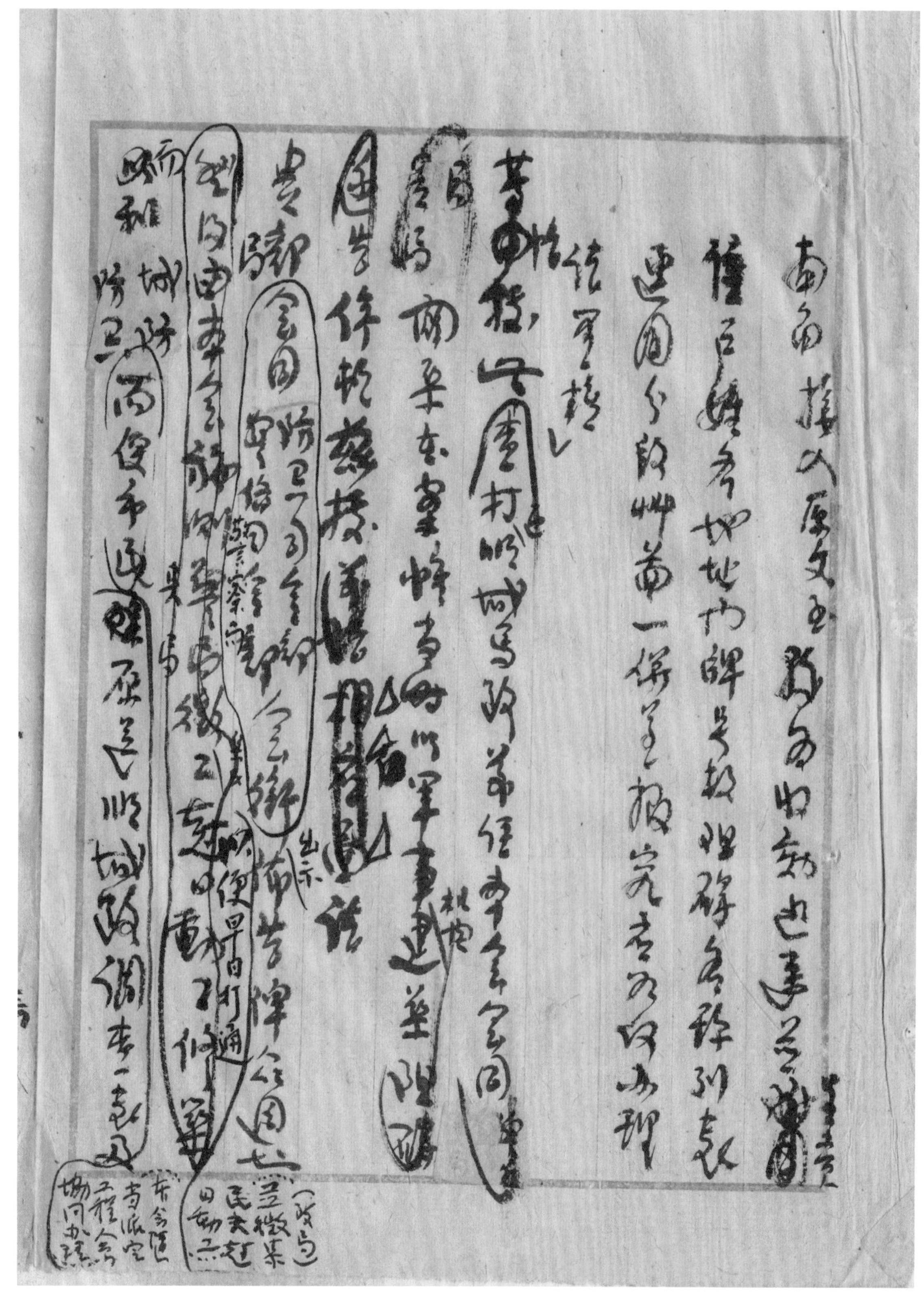

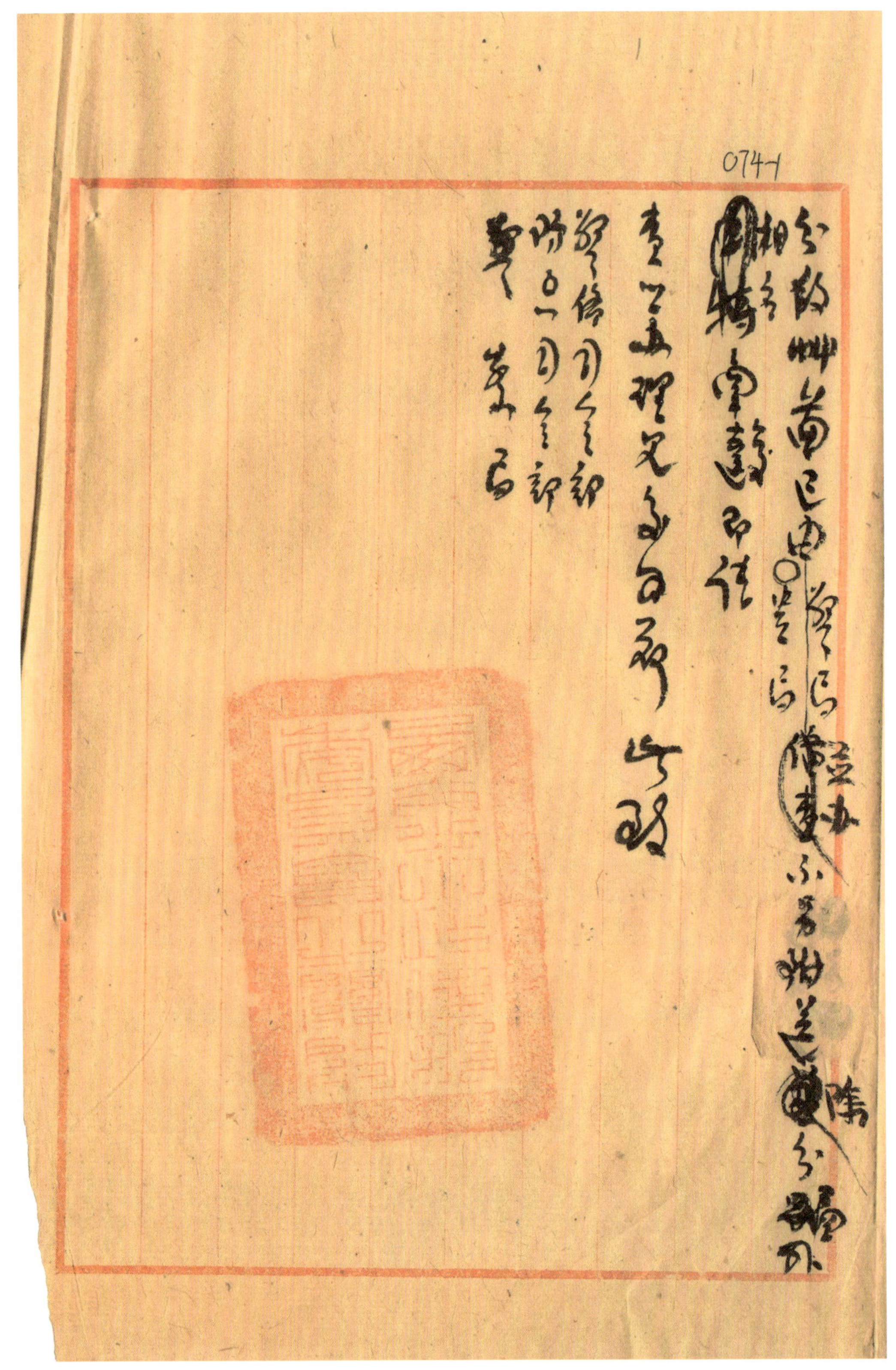

陕西全省防空司令部致西京建委的公函（一九四〇年八月十九日）

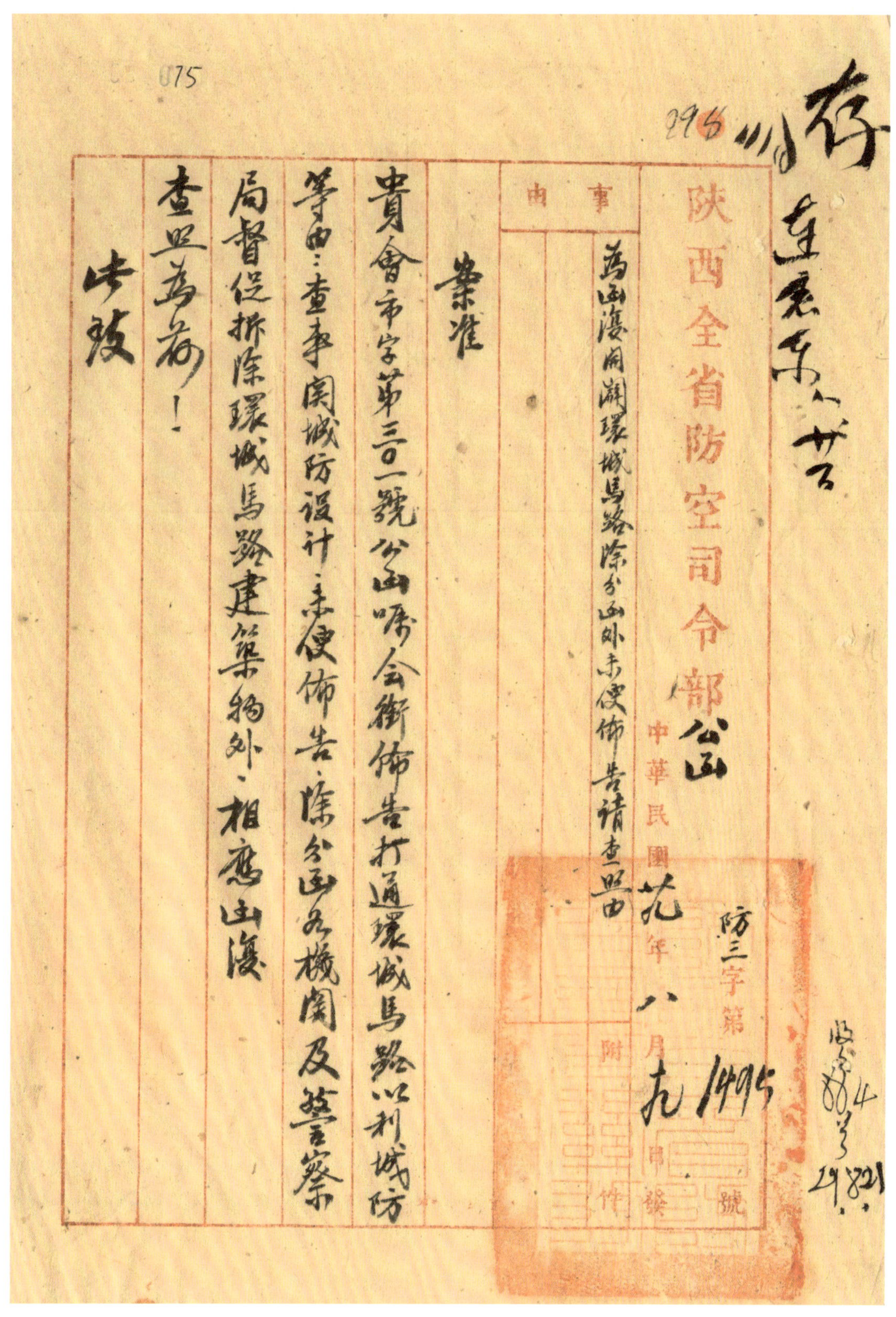

陝西全省防空司令部公函

防三字第1495號

中華民國廿九年八月十九日

附件

事由：為函復關於環城馬路除分函外未便佈告請查照由

案准

貴會市字第三〇一號公函，略以會銜佈告打通環城馬路以利城防等由。查事關城防設計，未便佈告。除分函各機關及警察局督促拆除環城馬路建築物外，相應函復

查照為荷！

此致

075-1

西京市政建设委员会

陕西省政府及全省保安司令部、西京建委关于洽商继续辟筑顺城马路俾利城防而便民众防空的来往代电（一九四〇年八月十一日至十五日）

陕西省政府及全省保安司令部致西京建委的代电（一九四〇年八月十一日）

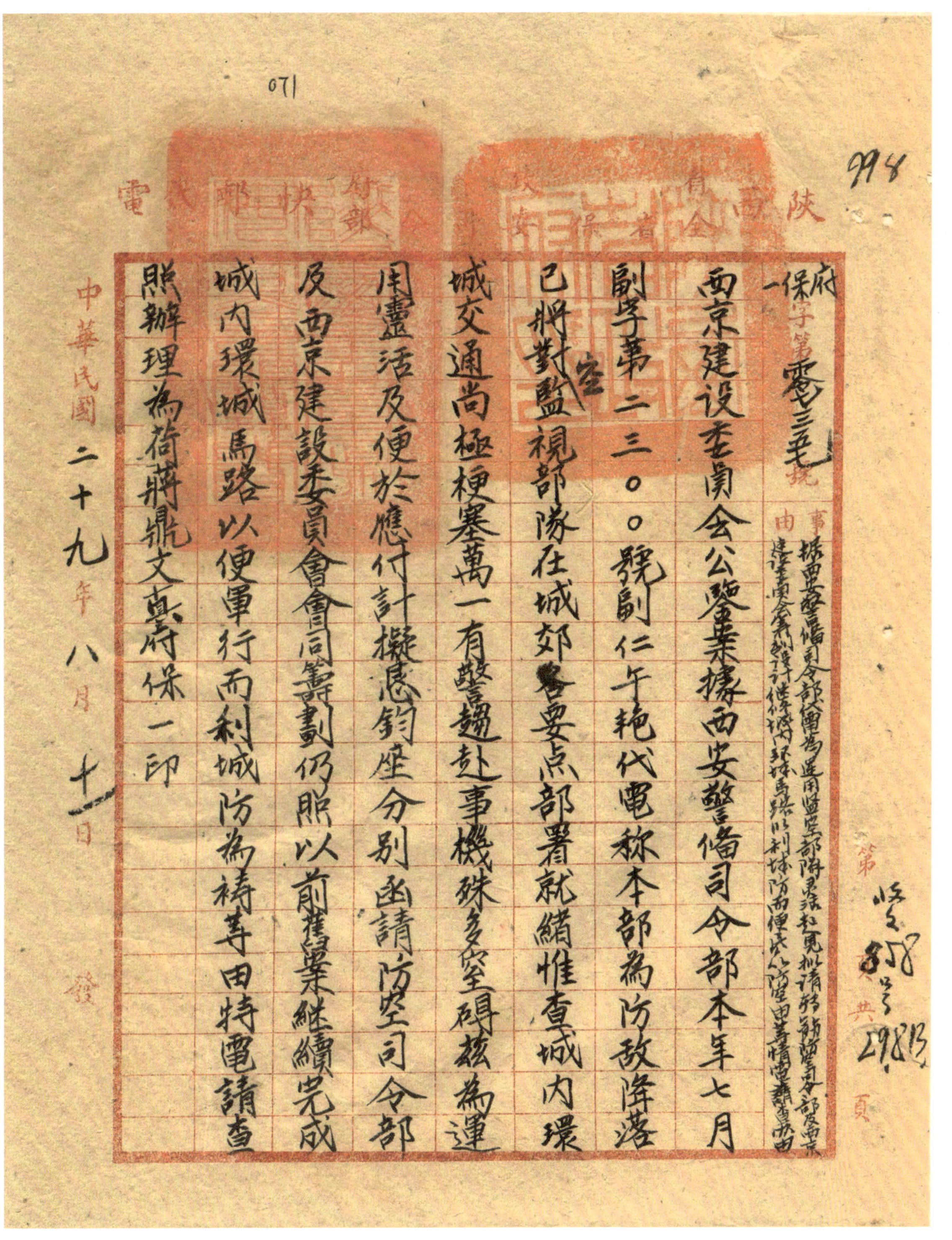

陝西省政府全省保安司令部快郵代電

府保一字第零七三五七號

事由：據西安警備司令部以[illegible]為運用防空部隊[illegible]擬請轉函防空司令部及西京建設委員會會同籌劃繼續完成城内環城馬路以利城防而便民眾防空由等情電請查照由

西京建設委員會公鑒：案據西安警備司令部本年七月副字第二三〇〇號副仁午艳代電稱："本部為防敌降落，已將對監視部隊在城郊各要点部署就緒。惟查城内環城交通尚極梗塞，萬一有警，趨赴事機殊多窒碍。兹為運用靈活及便於應付計，擬恳鈞座分别函請防空司令部及西京建設委員會會同籌劃，仍照以前擬案，繼續完成城内環城馬路，以便軍行而利城防為禱"等由。特電請查照辦理為荷。蔣鼎文。真。府保一印。

中華民國二十九年八月十一日發

西京建委致陕西省政府及全省保安司令部的代电（一九四〇年八月十五日）

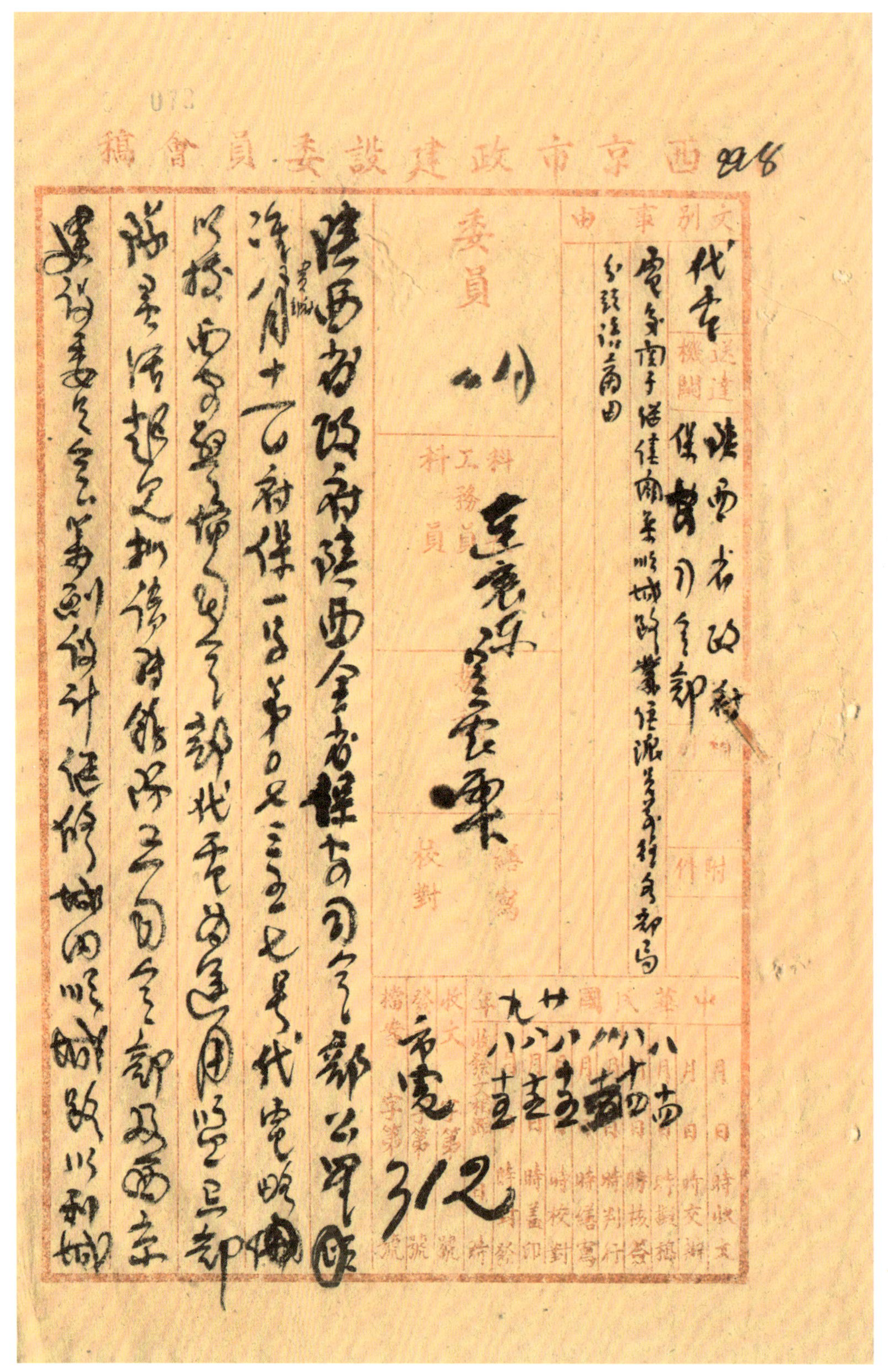

西京市政建設委員會稿

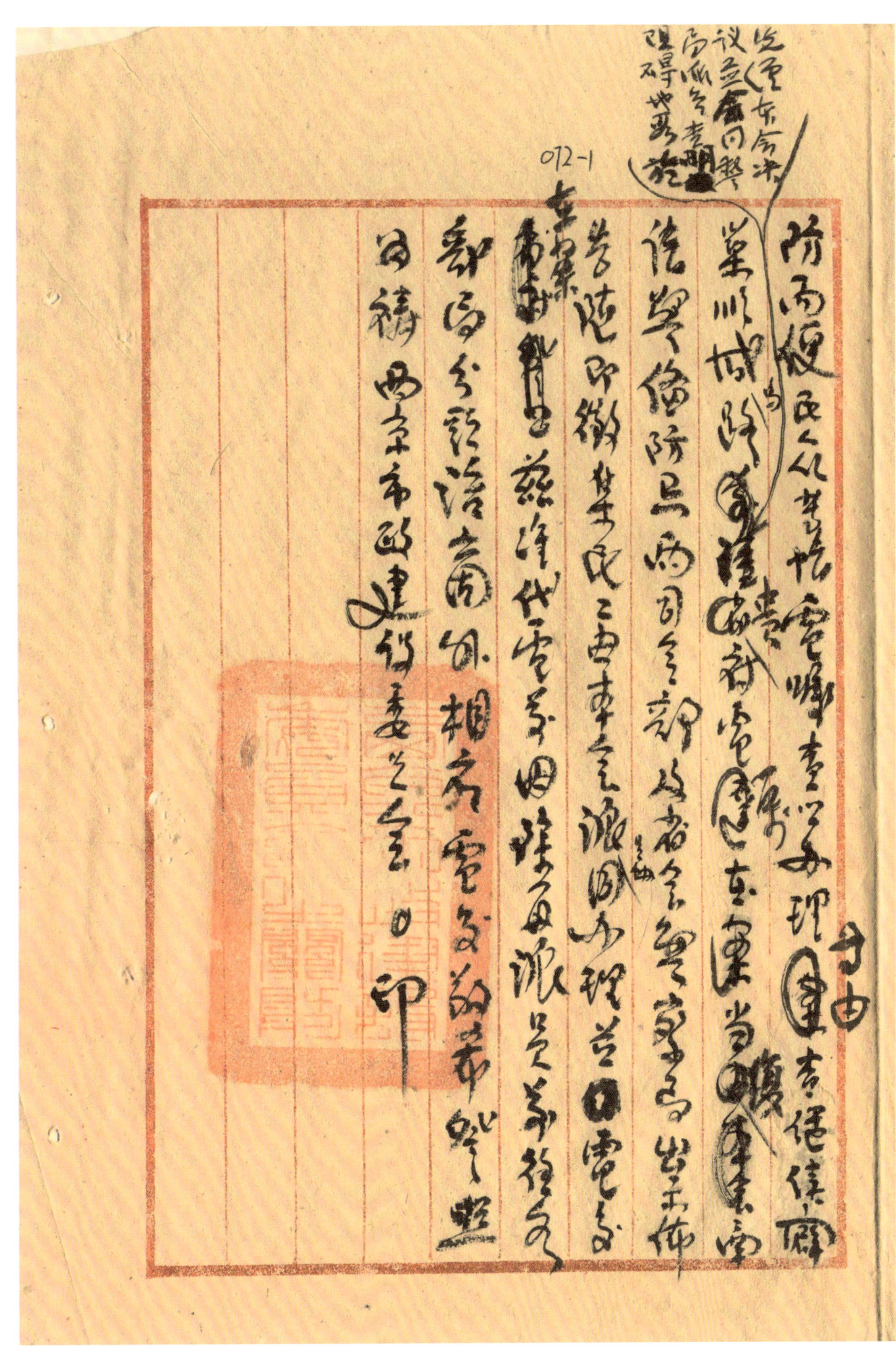

照[illegible]東分會決議並會同警局查明[illegible]地點[illegible]

072-1

前函復民人代表協會電囑李主任理由李任侯府
[illegible]州城防司令部[illegible]陳[illegible]東[illegible]當[illegible]東[illegible]
請與警備防空兩司令部及省會警察局出示佈
告隨即徵集民工由東車站濠[illegible]并回電為要
等由准此茲准代電等因除分派人員前往
部函令諮商外相應電復敬希查照
為禱　西京市政建設委員會　印

西京建委工程处关于遵令派员分头洽办拆除顺城路阻碍物情形并划定红线以为拆除标准致西京建委的呈
（一九四〇年九月十二日）

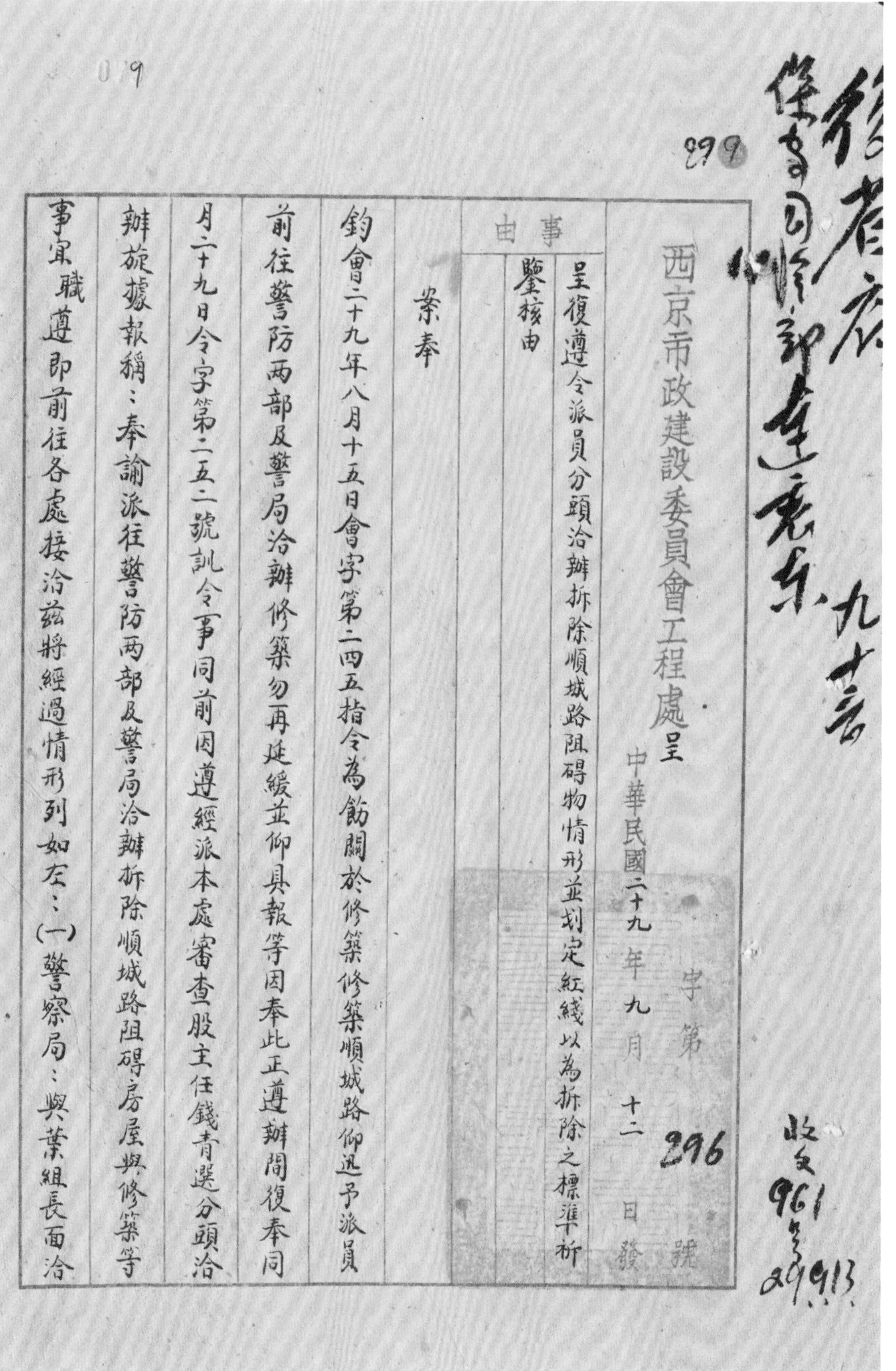
西京市政建設委員會工程處呈
中華民國二十九年九月十二日發
字第296號

事由：呈復遵令派員分頭洽辦拆除順城路阻碍物情形並划定紅綫以為拆除之標準祈鑒核由

案奉
鈞會二十九年八月十五日會字第二四五指令為飭關於修築修築順城路仰迅予派員前往警防两部及警局洽辦修築勿再延緩並仰具報等因奉此正遵辦間復奉同月二十九日令字第二五二號訓令事同前因遵經派本處審查股主任錢青選分頭洽辦旋據報稱：奉諭派往警防两部及警局洽辦拆除順城路阻碍房屋與修築等事宜職遵即前往各處接洽茲將經過情形列如左：（一）警察局：與葉組長面洽

079-1

據云先由警防兩部在各阻碍處出示佈告後再由該局執行(二)警備司令部與陳副官面洽據云由本處備函致該司令部後即在各處出示佈告並飭警憲兵執行(三)防空司令部與趙科長面洽據云已有公函復本處並已與各阻碍房屋業主分別去函囑令拆除云云等情前來並經派員劃定紅線以為拆除之標準關於整理路基工作本處即當派工辦理除函警部派憲兵依照劃線勒令拆除外理合具文呈復

鈞會鑒核實為公便

謹呈

西京市政建設委員會

西京市政建設委員會工程處處　長龔賢明

副處長謝清河

西京建委工程处关于拆除西仓庙房打通道路原系参议会提案未便变更致陕西省会警察局的公函（一九四〇年九月二十一日）

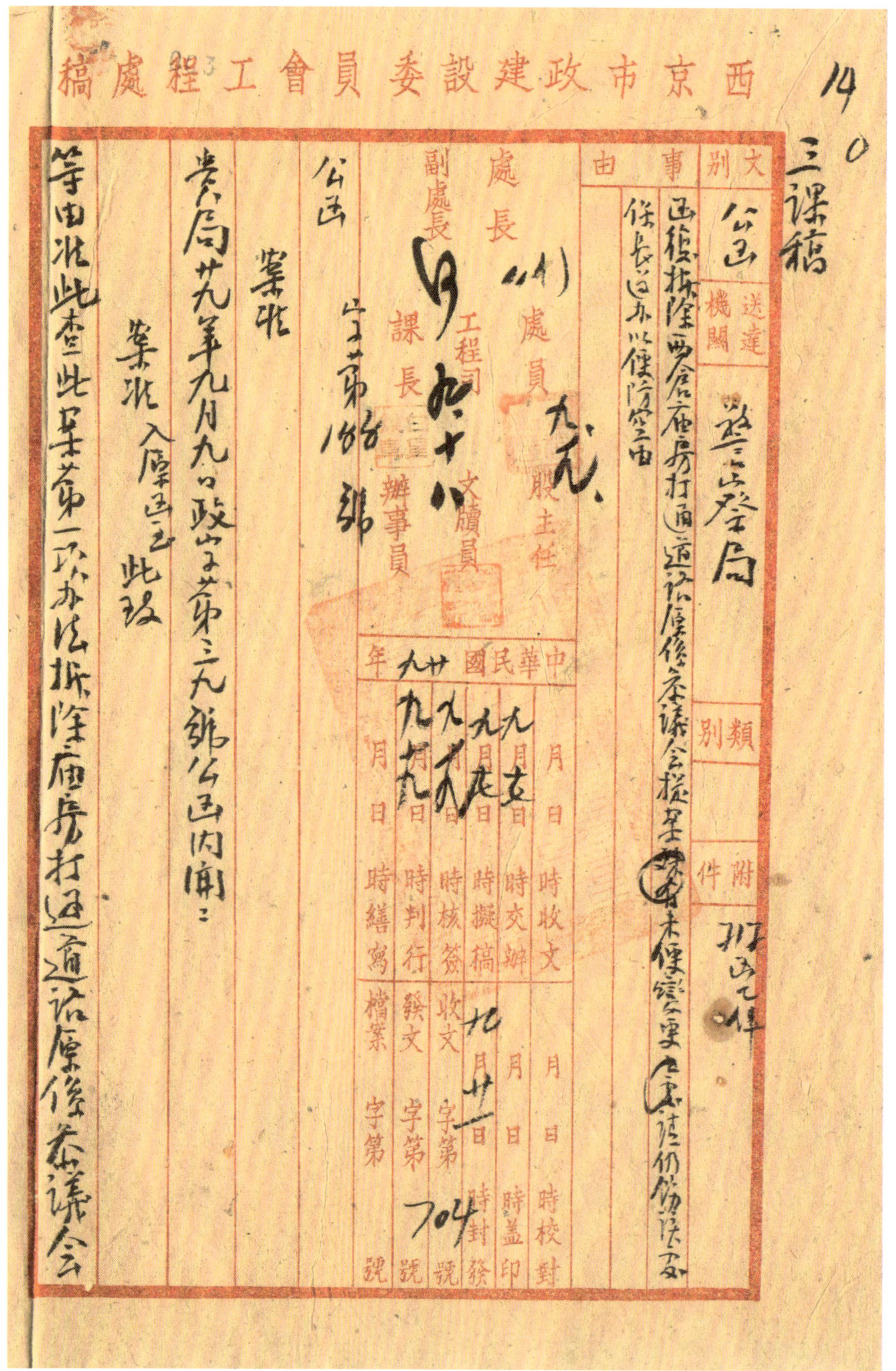

西京市政建設委員會工程處稿

三課稿

文別：公函

送達機關：陕西省会警察局

事由：函復拆除西仓庙房打通道路原係參議會提案未便變更……

處長　副處長　課長　工程司　處員　文牘員　股主任　辦事員

中華民國廿九年九月　日

公函　字第1686號

案准

貴局廿九年九月九日政字第三九號公函內開：

“案准……此致”

等由准此。查此案第一次辦法拆除庙房打通道路原係參議會……

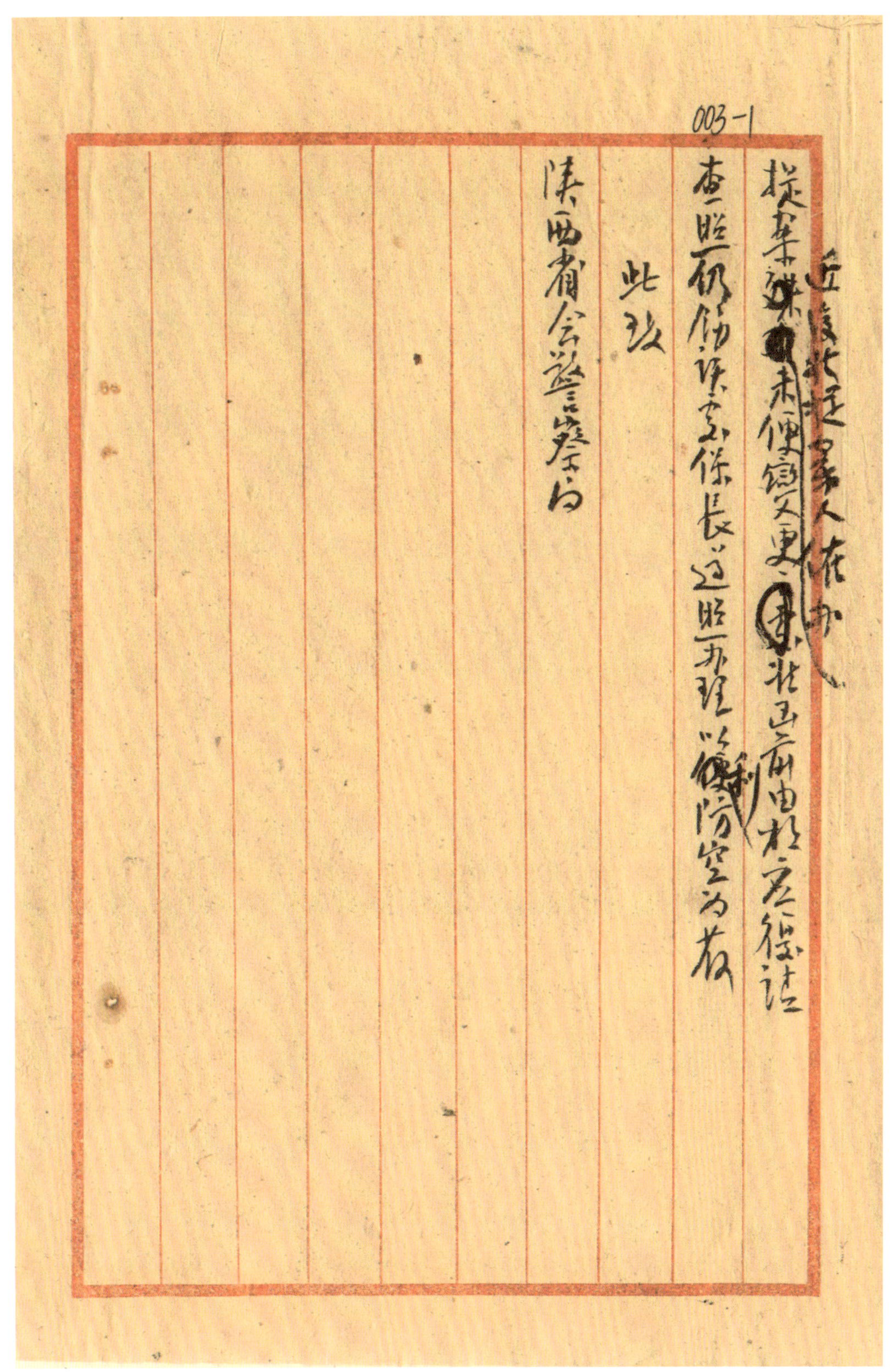

003-1

擬案[illegible]未便變更，[illegible]并函所由[illegible]請（近復據[illegible]案人依办）

查照，仍飭該市各保長遵照办理，以利防空為荷。

此致

陝西省會警察局

陕西全省防空司令部关于商请酌予拆除顺城马路土墙建筑物致西京建委的公函（一九四〇年九月二十三日）

一 轉工程處妥核
三 查案公函
建委 九 廿五

陝西全省防空司令部公函

防三字第1549號

事由：為函達環城馬路土墻建築物請酌予拆除由

中華民國二十九年九月廿二日發

附件

案查前准

貴會函送環城馬路各段阻碍住户姓名地址門牌名稱調查表到部當經函請各机關拆除環城馬路建築物以利市民防空及城防交通在案旋准陝西省銀行代電以西京机器局為本省唯一修理槍械場請免拆除電政管理局函以該局中山門南邊土墻三堵勢難拆除環境電話管理處亦稱以工作重要门前圍墻似無妨碍環城馬路第卅四集團軍

收文 1025號 2992

083-1

胡總司令函略：漢下馬陵駐衛士營無多大妨害環城馬路交通，請免爲拆除各等由，相應函達

查照，務予繞道開築，以利工作爲荷！

此致

西京市政建設委員會

監印 周少石

西京建委工程处关于报告遵令派员洽办顺城马路经过情形致西京建委的呈（一九四〇年十月十一日）

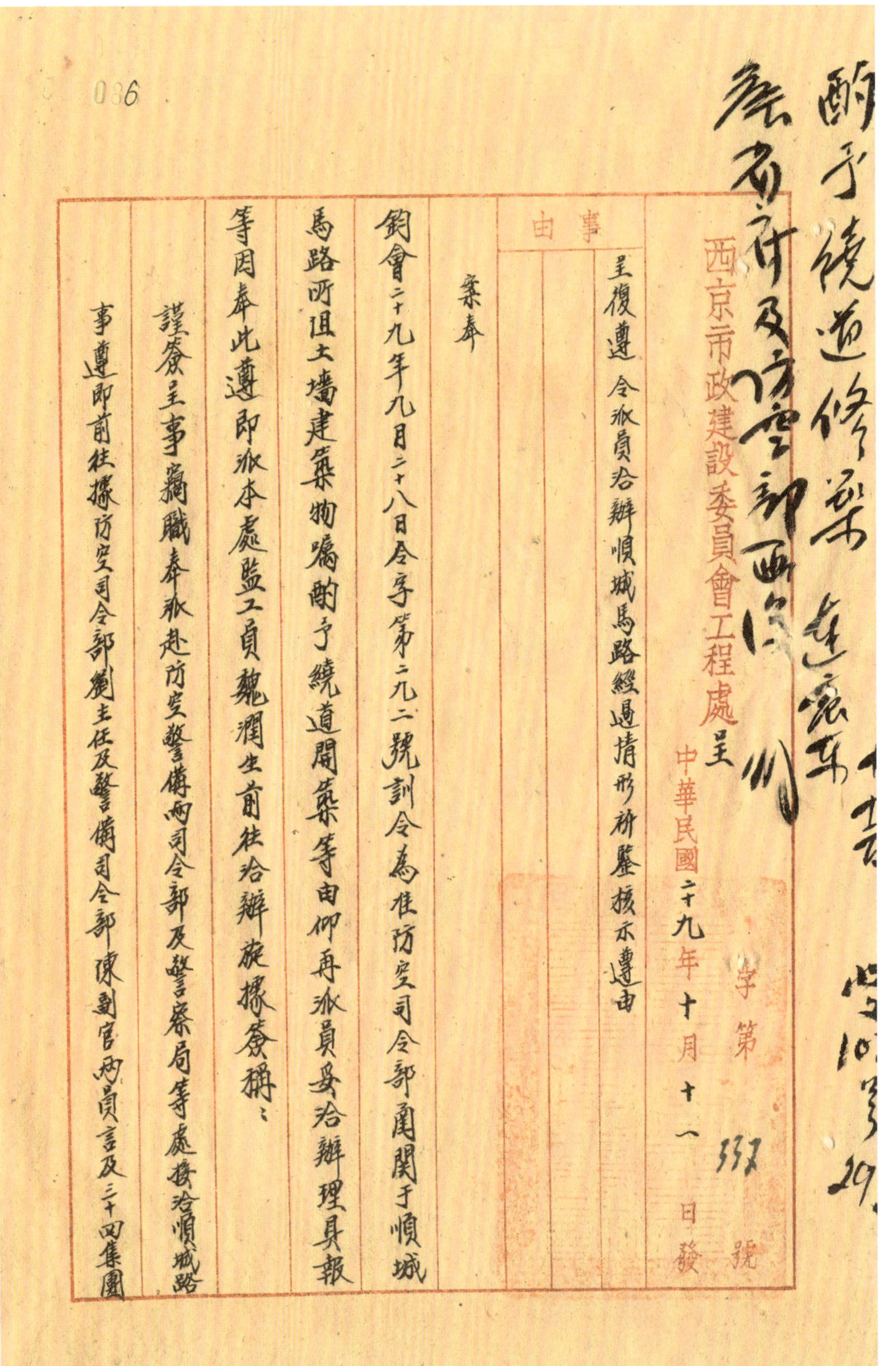

西京市政建設委員會工程處呈　字第332號

中華民國二十九年十月十一日發

事由：呈復遵令派員洽辦順城馬路經過情形祈鑒核示遵由

案奉

鈞會二十九年九月二十八日令字第二九二號訓令，為准防空司令部函關于順城馬路所阻土墻建築物囑酌予繞道開築等由，仰再派員妥洽辦理具報等因。奉此，遵即派本處監工員魏潤生前往洽辦。旋據簽稱：

謹簽呈事，竊職奉派赴防空警備兩司令部及警察局等處接洽順城路

事，遵即前往據防空司令部劉主任及警備司令部陳副官兩員言及三十四集團

87

軍機器廠電政管理局環境電話局等處之土墻無法令其拆除還是設法繞道開築據警察局余課長聲稱只要三十四集團軍機器局電話局等機關所有之阻碍土墻若能令其拆除其餘之民房不成問題已當飭該員再往商洽進行辦法復據簽稱：

謹簽呈者奉批復往防空警備司令部及警察局等處接洽順城路事宜遵即前往辦理連據三十四集團軍機器局電政管理局環境電話局等機關聲稱土墻不能拆除如搬往他處實難覓相當地点而現下四郊底無閒房並且交通不便還請繞道開築等語謹將接洽經過情形理合呈報恭請鑒核謹呈

各等情據此查核所稱均屬實情究應如何辦理之處未敢擅專奉令前因理合據情呈復

鈞會鑒核指示祇遵實爲公便

謹呈

西京市政建設委員會

西京市政建設委員會工程處處長龔賢明

陕西省政府及全省保安司令部关于顺城马路可先绕道兴筑致西京建委的公函（一九四〇年十月十三日）

轉工程處

陝西省政府
全省保安司令部 公函

府建保會 字第[illegible]號

中華民國二十九年十月十三日發

事由：准函環城馬路應如何繞道修築請定奪等由，可先繞道開築交通路復請查照由。

案准

貴會本年九月十八日市字第三六七號公函以准陝西全省防空司令部函開於各機關拆除環城馬路建築物以利市民防空及城防交通一案以陝西省銀行等機關分請免為拆除以利工作函希酌予繞道開築等由，究應如何繞道請查照定奪等由，准此查前擬開築環城馬路計劃既多妨礙可先繞道開築交通路俾利事功准函前由，相應函復請

089-1
查照为荷，此致
西京市政建设委员会

西京建委工程处、西京建委关于将顺城马路应留应拆建筑物先为指明俾定线者知所遵绕的一组公文（一九四〇年十月二十四日至三十日）

西京建委工程处致西京建委的呈（一九四〇年十月二十四日）

093

西京市政建設委員會工程處呈

字第　　號

中華民國二十九年十月二十四日發

事由：呈復整修順城馬路其沿路建築物何者應留何者可拆未經核定無所遵從擬請轉函警備司令部及有關各機關先為指明以便派工整修由

案奉

鈞會二十九年十月十八日令字第三一五號指令以准省政府保安司令部公函順城馬路可先繞道開築等由仰遵照辦理等因奉此自應遵辦惟沿路建築物究竟何者應留何者可拆未經

鈞會核定本處無所遵從茲為工作順利計擬請

鈞會函請警備司令部及有關各機關將應留應拆之建築物先為指明並勒令

093-1

早日打通以便派工整修路基实为公便

谨呈

西京市政建设委员会

西京市政建设委员会工程处长龙葆贤明

西京建委致陕西省政府、全省保安司令部的公函（一九四〇年十月三十日）

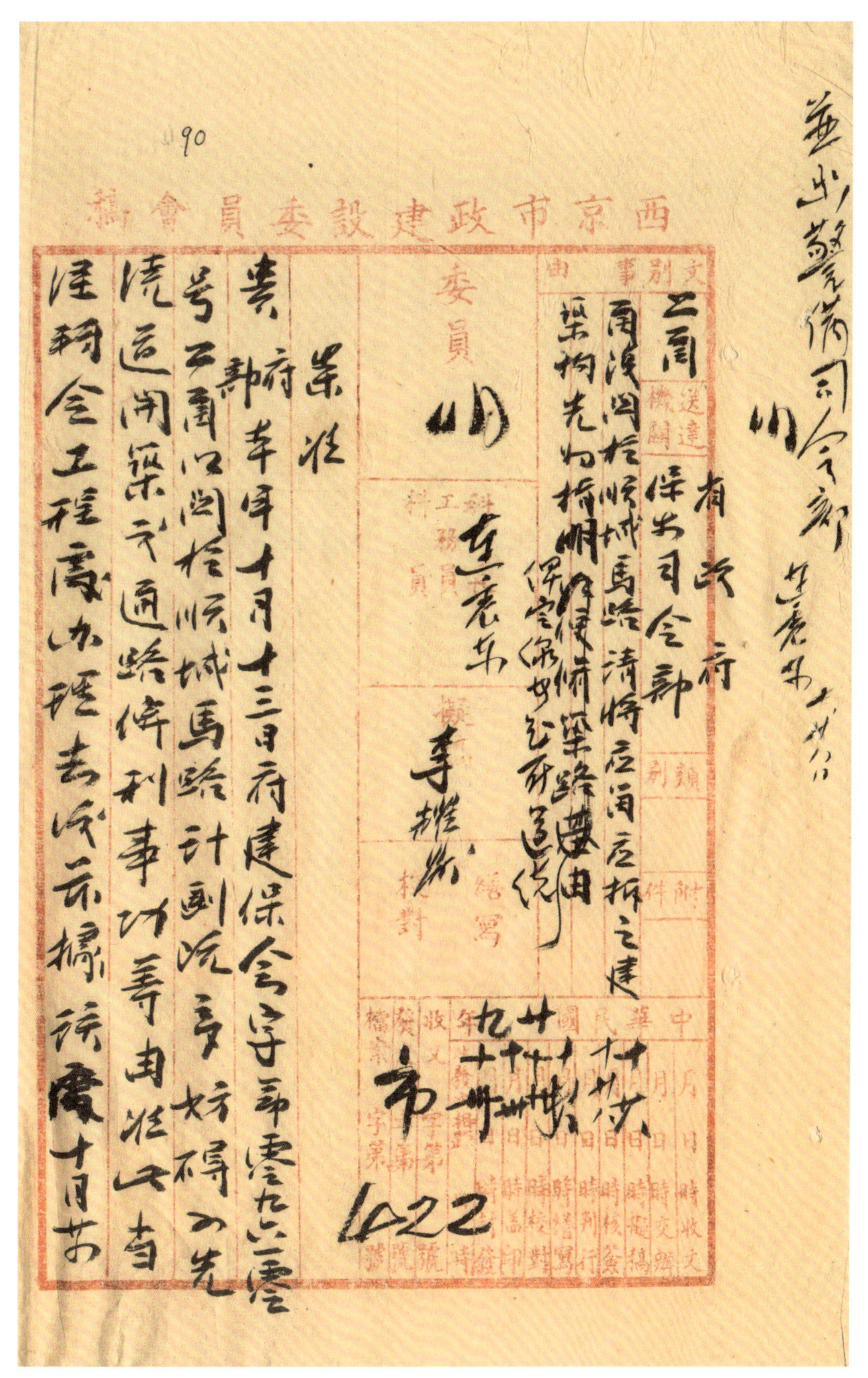

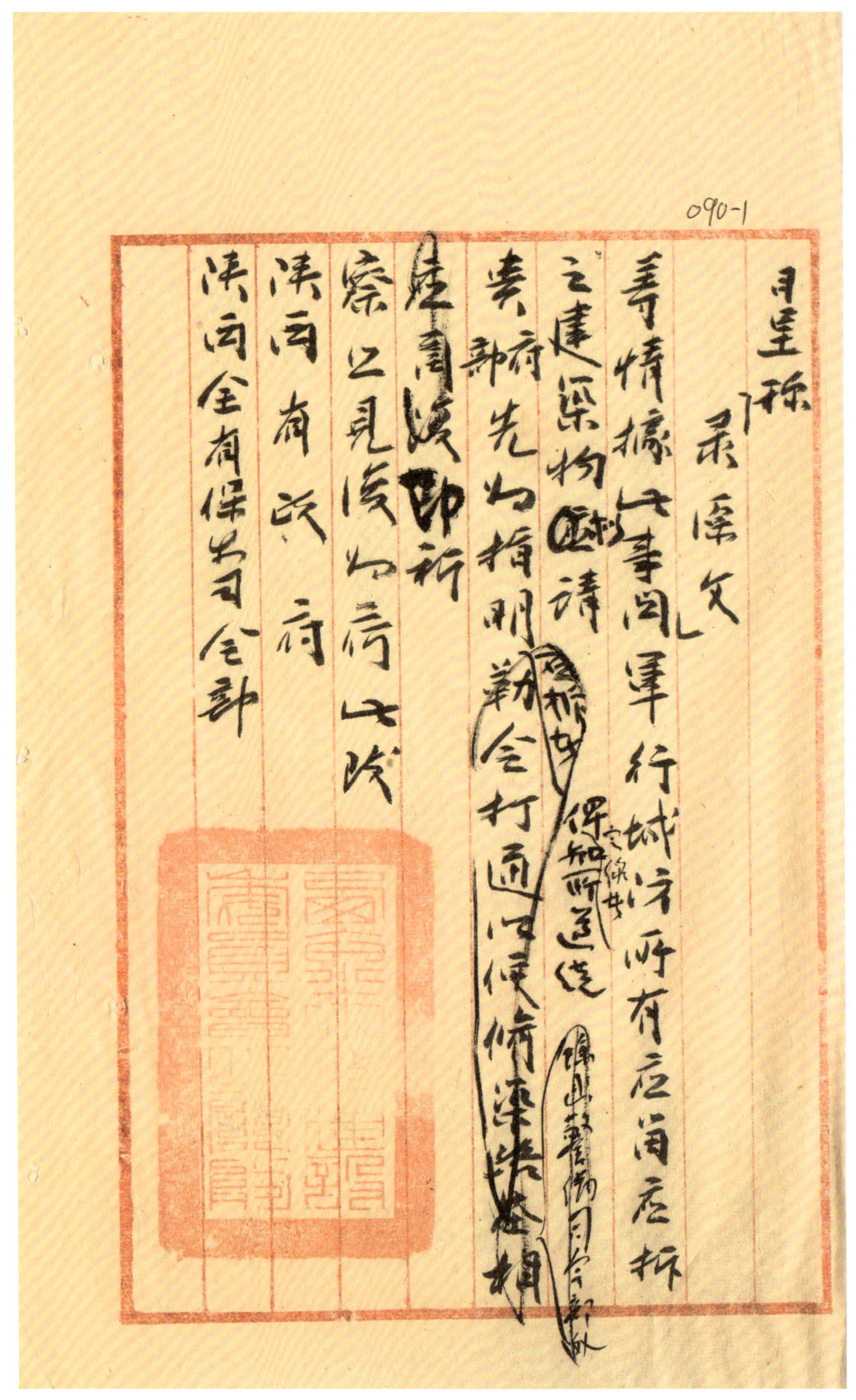

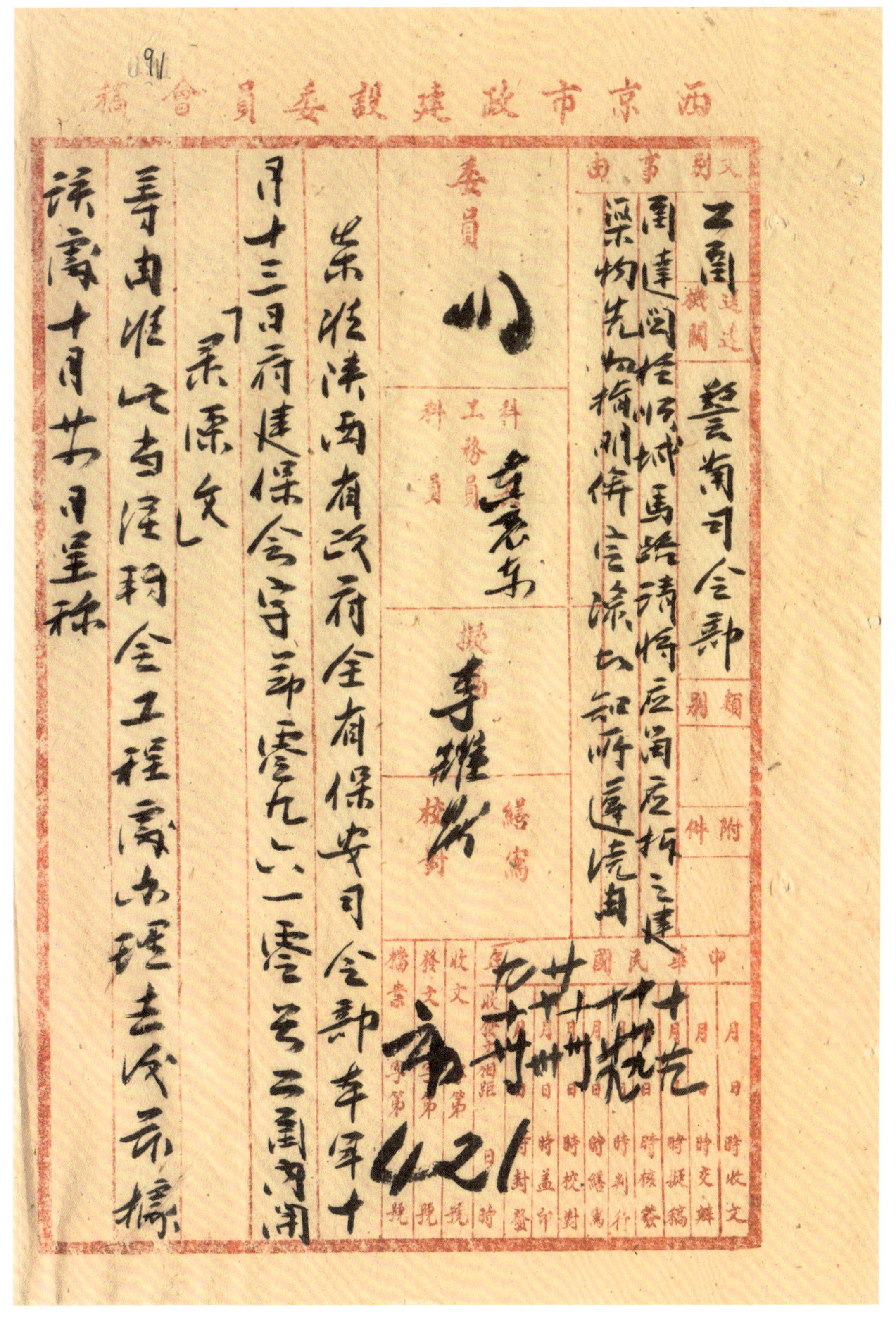

西京市政建設委員會稿

文別：公函　送達機關：警備司令部

事由：函達關於修城馬路請將應開應拆之建築物先為指明俾資[illegible]以知所遵循由

案准陕西省政府全省保安司令部本年十月十三日府建保令字第零九六一零號公函開：

「（錄原文）」

等由。准此，當經轉令工程處辦理去後，茲據該處十月廿六日呈稱

發文第421號

西京建委致西安警备司令部的公函（一九四〇年十月三十日）

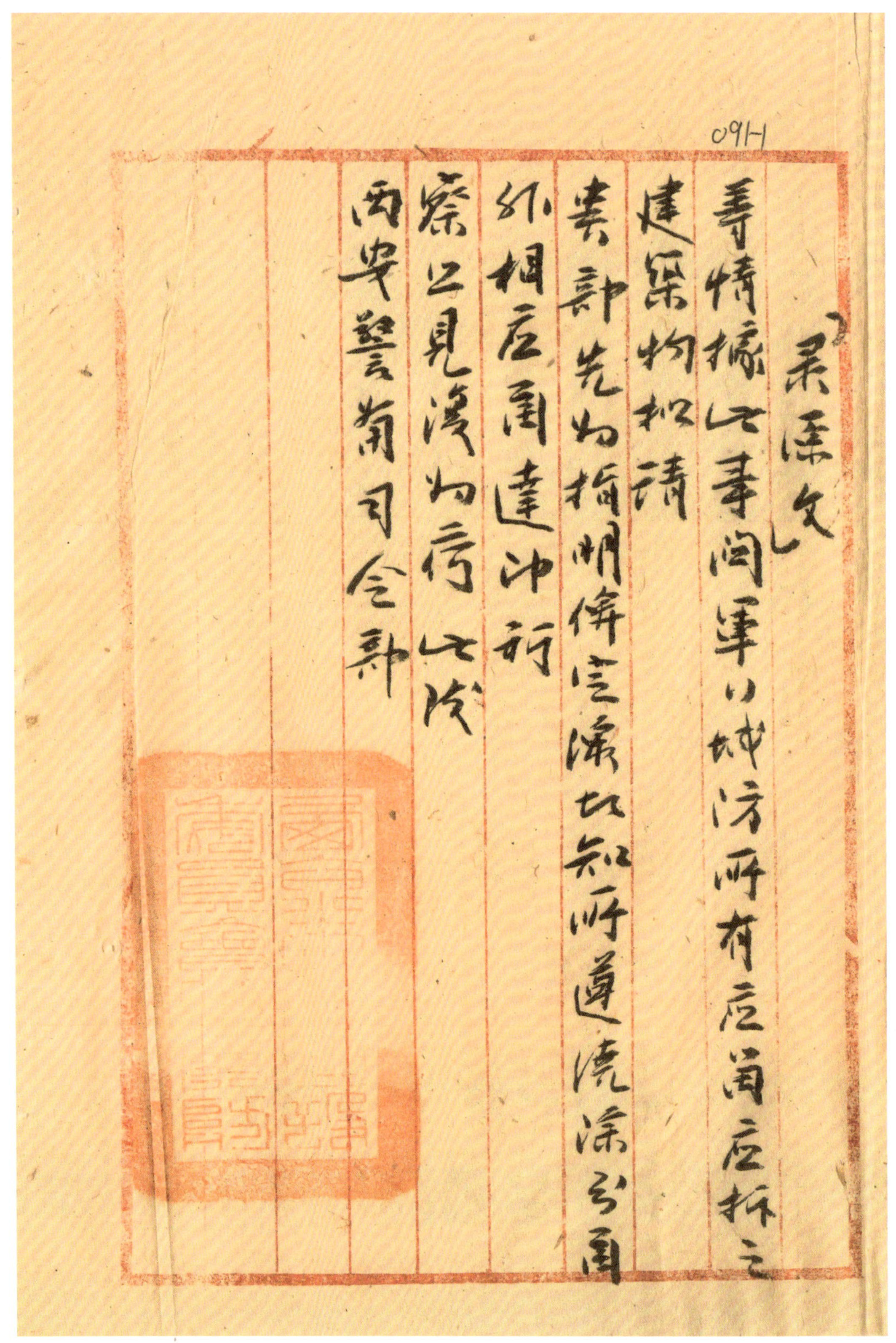
091-1

呈悉文

等情。據此，查閱軍以城防所有應當拆之

建築物擬請

貴部先為指明，俾資遵照，知所遵從，除分函

外，相應函達，即希

察照見復為荷。此致

西安警備司令部

西京建委关于通知会勘顺城马路时间致西安警备司令部的公函（一九四〇年十一月二十二日）

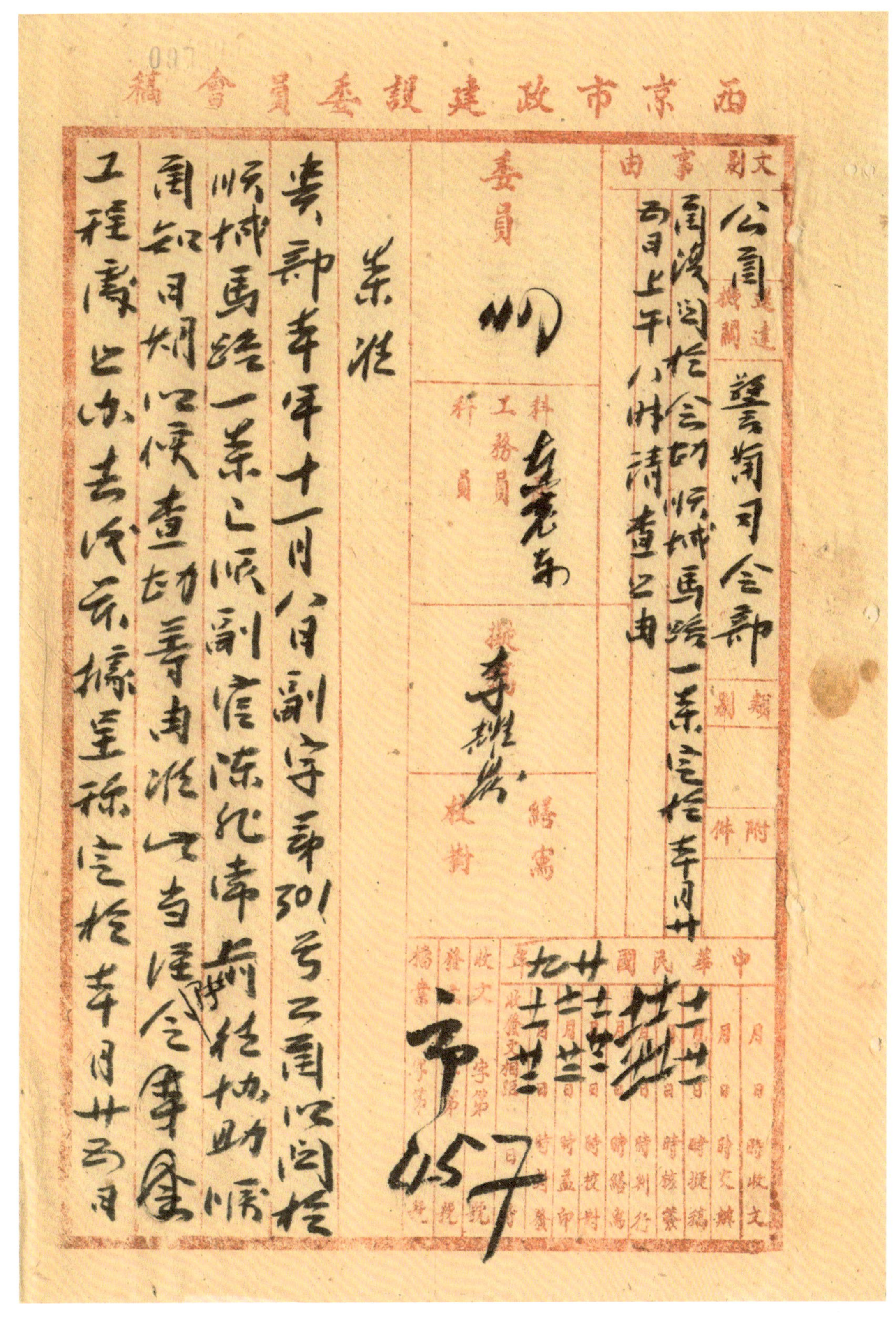
西京市政建設委員會稿

文別：公函
送達機關：警備司令部
事由：為函復定於會勘順城馬路一案定於本月廿五日上午八時請查照由

委員：明
科長、工務員：[illegible]
擬稿：李[illegible]
繕寫
校對
附件

中華民國廿九年十一月廿一日

字第057號

案准
貴部本年十一月廿日副字第301號公函以關於順城馬路一案已派副官陳紀寺前往協助勘查[illegible]函知日期以便查勘等由准此當經令飭本會工程處遵照去後茲據呈稱定於本月廿五日

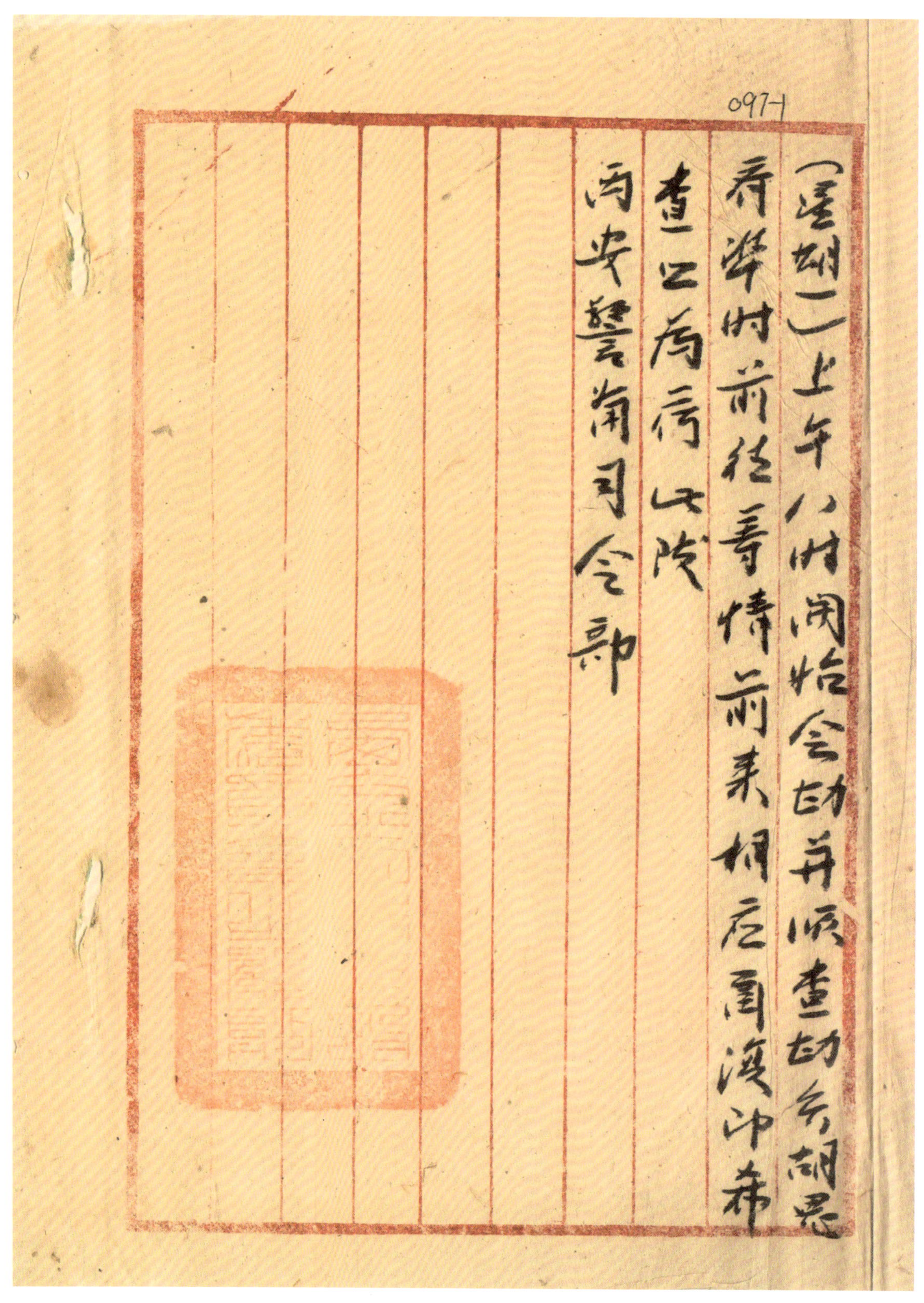

097-1

（星期二）上午八时开始会勘并派查勘员胡君齐准时前往务请前来相应函复即希查照为荷此致

西安警备司令部

陕西全省防空司令部关于开辟顺城马路时请将城下防空洞口过低者饬工注意排水道致西京建委的代电

（一九四一年七月三十日）

陕西全省防空司令部快邮代电

陕三字第2052号

事由：电请开辟顺城马路时对于城下防空洞口过低者希饬工注意各个排水道由

西京市政建设委员会：据本市城下防空洞管理队报称，关于开辟顺城马路之工程，业经贵会派工开辟，惟查本市城下防空洞其在城内之洞口有较地平过低者，相应电请于开辟时对于排水道饬工多为注意，以利防空为荷。陕西全省防空司令部防三午（陷）印

中华民国三十年七月　日发

陕西省政府关于准电转知承筑顺城路机关将路线离开城垣三公尺俾免妨碍城防工事致西京建委的代电

（一九四一年八月十九日）

陕西省政府代電

府建二字第2812號

事由：准第三十四集團軍總司令部代電城內環城馬路緊靠城根妨礙城防工事請轉知承築機關將路線離開城垣三公尺除電復外電仰查照辦理由。

西安西京市政建設委員會公鑒：案准第三十四集團總司令部參字第三九零二號未支直經書代電開：據構築西安城防工事之第七分校教導總隊劉總隊長世己工代電稱：查城內環城馬路刻在動工修築中，其路線緊靠城根，不但與城垣側防堡機槍掩體進出口及防空洞進出口均有妨礙，即工事排水設備亦因之無法設置，茲為城防及交通兼顧計，擬請轉知承築機關將環城路線離開城垣三公尺，以免工事感受影響等情，謹電請鑒照轉

中華民國　年　月　日發

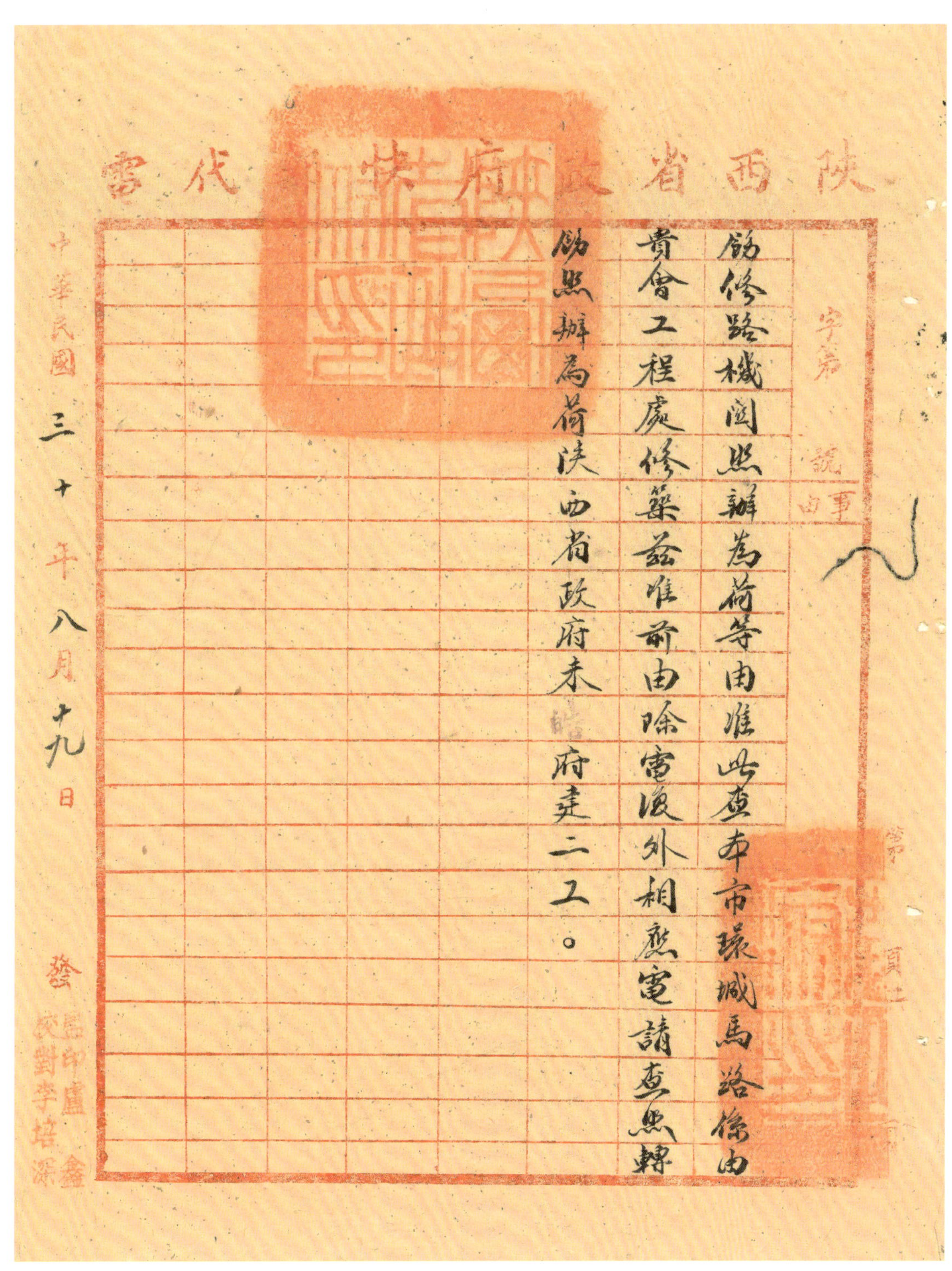

陝西省政府代電

字第　　號

事由

飭修路機關照辦爲荷等由准此查本市環城馬路係由

貴會工程處修築茲准前由除電復外相應電請查照轉

飭照辦爲荷陝西省政府未皓府建二工。

中華民國三十年八月十九日　發

監印盧鑫

校對李培深

抗日战争档案汇编

抗战时期西安防空御敌档案汇编

2

西安市档案馆 编

五洲传播出版社

三、构筑防空避难工事

（五）修筑防空便门

西京建委工程处关于请核示处理中央战时干部训练团第四团拟于西南城角开门意见致西京建委的呈
（一九三九年四月四日）

西京市政建設委員會工程處 呈 西京市政建設委員會

事由	擬辦	批示	備考
准建廳函擬於西南城角開出城門一道除函復外呈請核示由	報會酌定		已報一二〇次會

附件

文別 字第 號

28年4月4日時到

收文 字第336號

007-1

頃准

陝西省建設廳二十八年三月三十日第一七五號公函內開

「案准軍事委員會戰時工作幹部訓練團第四團二十八年三月二十六日團教寅字第十五號公函內開：「逕啟者查本團駐西門外東北大學舊址以離城較遠城內外往來交通頗為不便且於空襲時間亦常因西城城門狹仄疏散人民甚感困難茲為便利本團交通並消弭空襲危險起見擬請貴廳設法於本團後門西南角開出城門一道似屬兩便相應函達即希貴廳查照迅予飭辦至紉公誼此致」。等因准此查開闢城門關係市政建設自應徵詢貴處意見再行商辦除函復及

派技佐王冀紱趨詣接洽外相應函達即希查照辦理並希見

復為荷。

等因准此查本會原有在南四府街加開城門之案西南城角似無

再開城門之需要除函復外究應如何之處理合備文

呈請

鈞會鑒核示遵謹呈

西京市政建設委員會

西京市政建設委員會工程處處長龔賢明

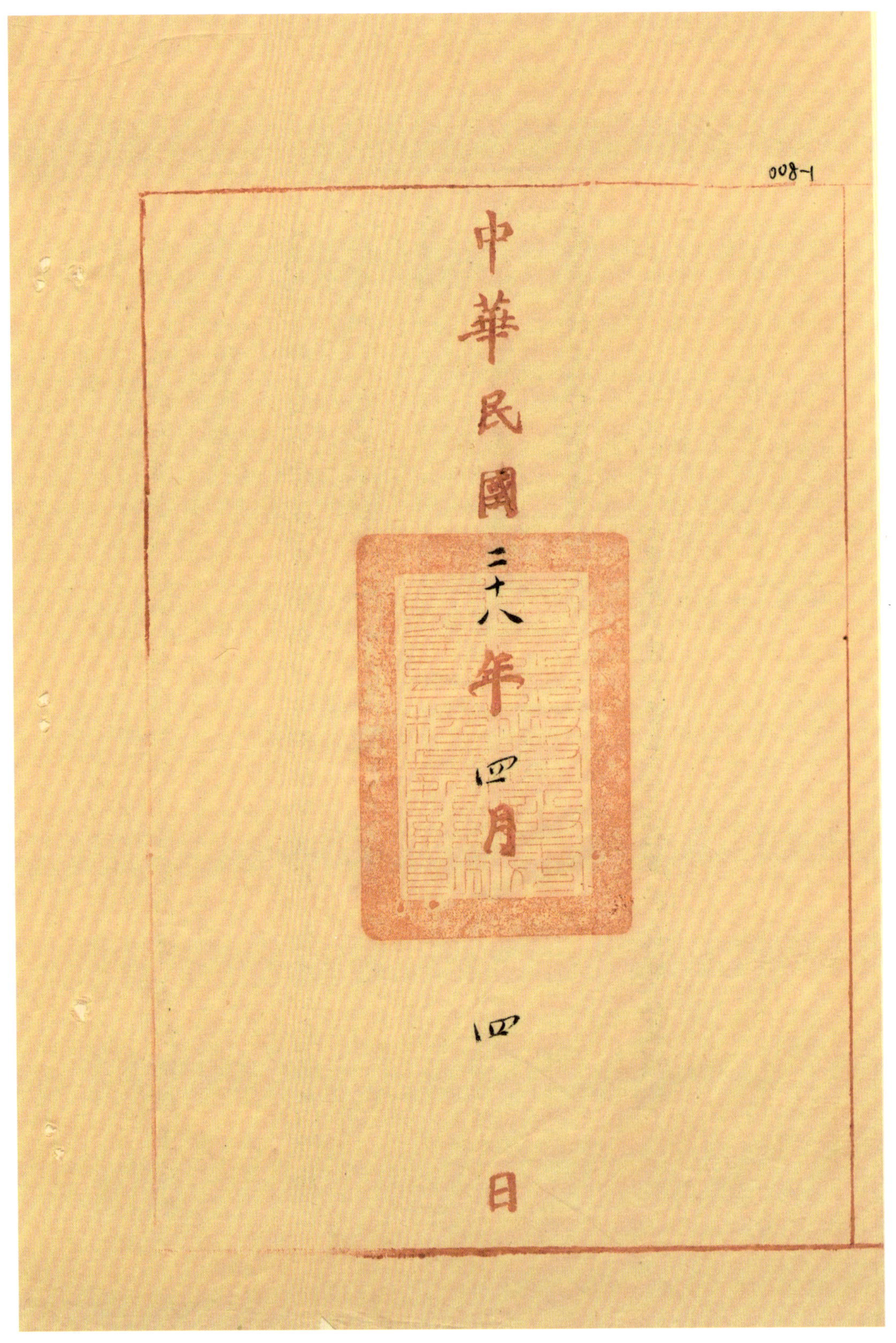
008-1

中華民國二十八年四月四日

陕西省建设厅关于四府街新辟城门与该街马路不成直线小差市挖掘处俟大差市动工时再为补修致西京建委的公函
（一九三九年四月十五日）

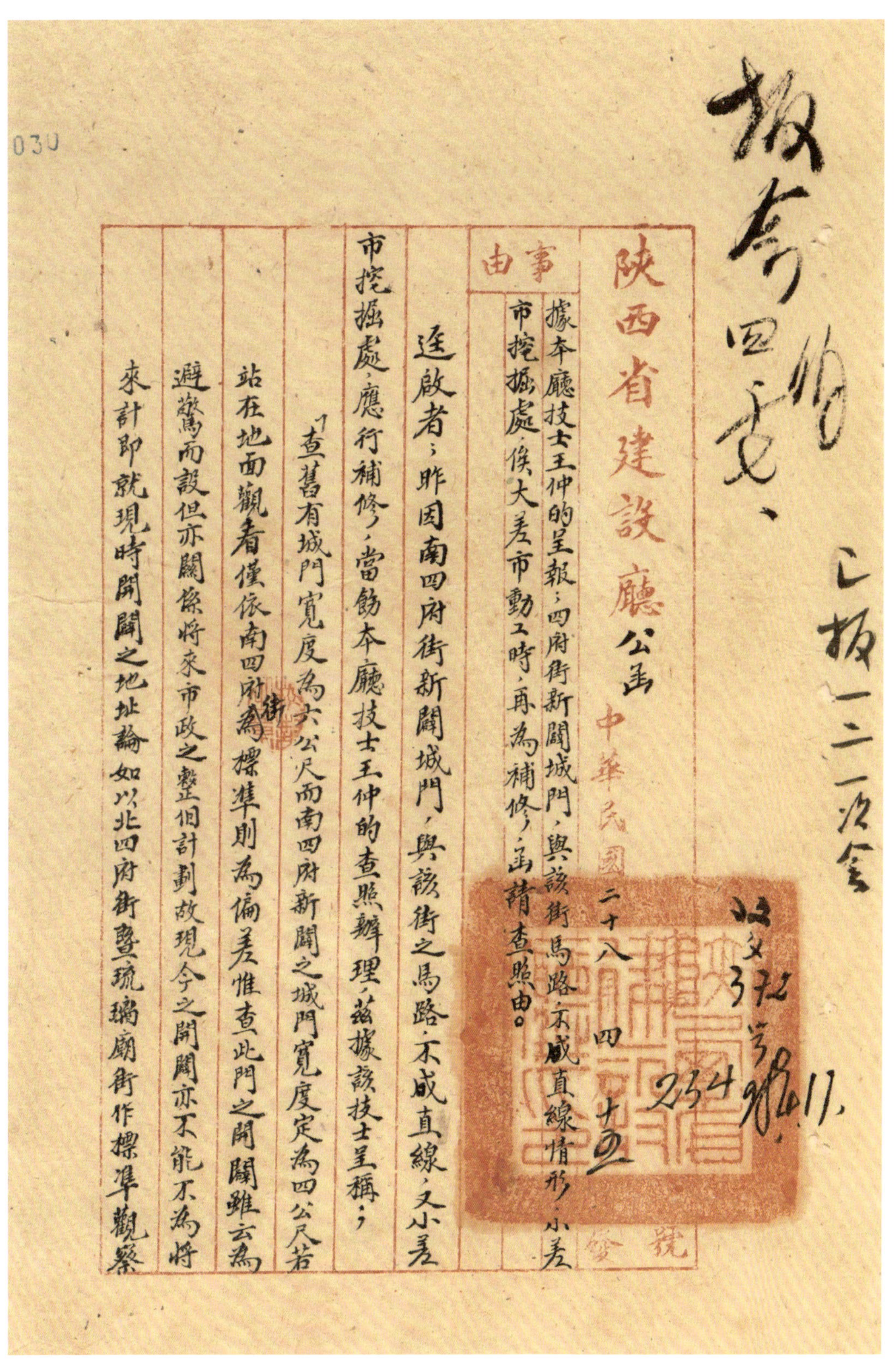
陕西省建设厅公函 中华民国二十八年四月十五日 发 号

事由：据本厅技士王仲的呈报：四府街新辟城门，与该街马路不成直线情形，小差市挖掘处，俟大差市动工时，再为补修，函请查照由。

迳启者：昨因南四府街新辟城门，与该街之马路，不成直线，又小差市挖掘处，应行补修，当饬本厅技士王仲的查照办理，兹据该技士呈称：

"查旧有城门宽度为六公尺，而南四府街新辟之城门宽度定为四公尺，若站在地面观看，仅依南四府街为标准则为偏差，惟查此门之开辟，虽云为避敌机而设，但亦关系将来市政之整个计划，故现今之开辟，亦不能不为将来计，即就现时开辟之地址论，如以北四府街暨琉璃庙街作标准观察

030-1

則甚正直即將來市政僅依南四府街之一端為標準若由西邊加寬至六公尺則亦為正直矣況開闢時僅與南四府街之一端對直當地情形有勢所不能者至小差市挖掘之一小部份當時以大差市原勘定處被阻為急於市民便於疏散故改闢於小差市後以不合將來之市政整個計劃即行停止該處缺口擬俟大差市動工時飭工再為補修謹請鑒核。

等情，據此，查核尚無不合，相應函達即希

查照，為荷。

此致

西京市政建設委員會。

監印李治甫 校對王培基

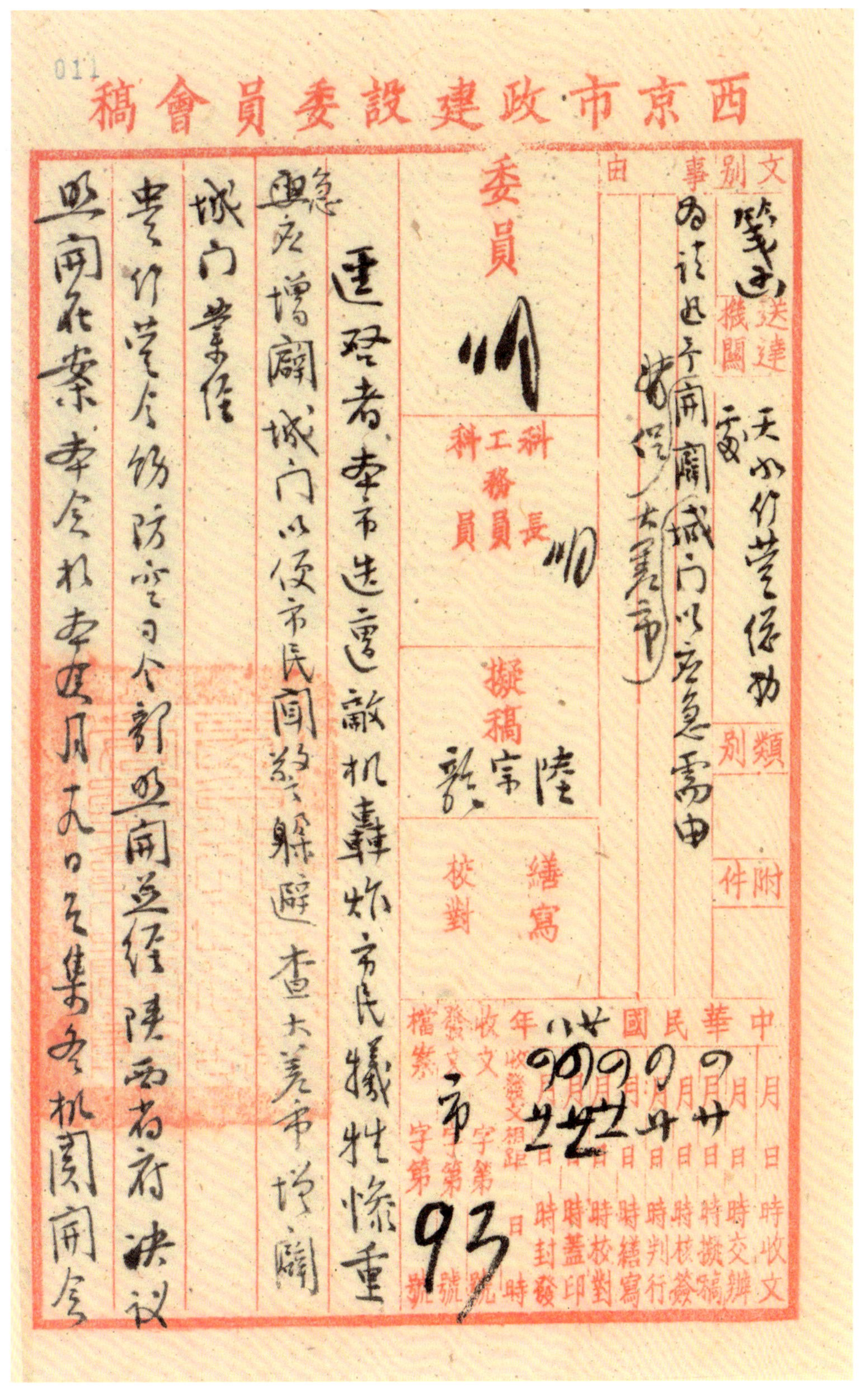

西京市政建設委員會稿

文別：箋函
送達機關：天水行營總務處
事由：為請照予開闢城門以應急需由
委員
科長
工務科科員
擬稿：陸宗毅
繕寫
校對
中華民國廿八年四月廿日

逕啓者，本市迭遭敵机轟炸，市民犠牲慘重，亟應增闢城門以便市民聞警躲避。查大差市增闢城門業經貴行營令飭防空司令部照開，並經陝西省府決議照開在案。本會於本月十九日召集各机關開會

西京建委、国民政府军事委员会委员长天水行营参谋处关于在东南城垣开设交通孔八处的一组公文
（一九三九年四月二十一日至二十四日）

西京建委致国民政府军事委员会委员长天水行营总务处的笺函（一九三九年四月二十一日）

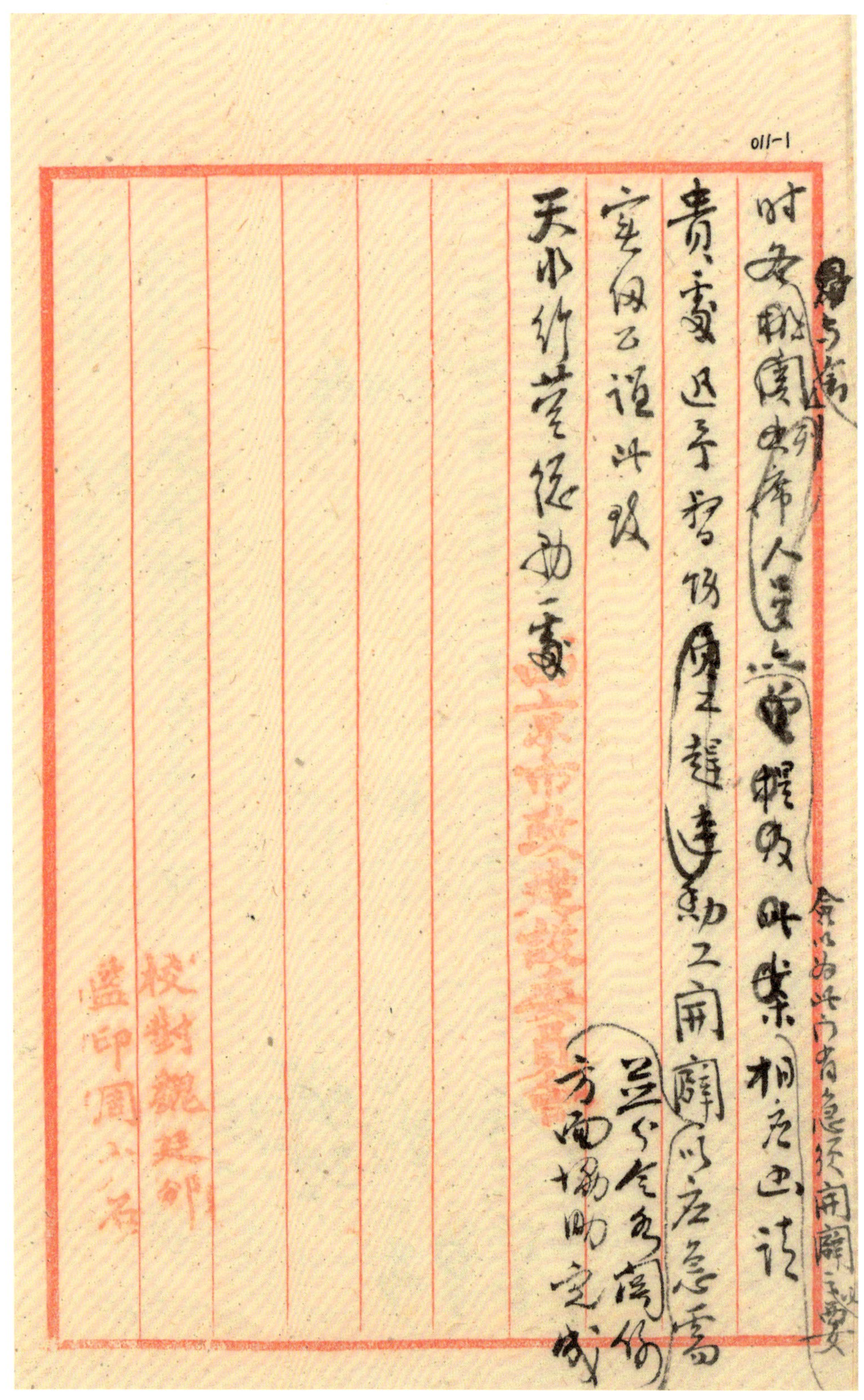

011-1

时值敌机肆虐，人民亟需躲避，此案相应函请

贵处迅予督饬原主赶速动工开辟，以应急需，

并以全力商借方面协助完成，

实纫公谊。此致

天水行营经理处

余以为此乃当急之务，开辟以安

西京市政建设委员会

校对 魏廷邵

监印 周

国民政府军事委员会委员长天水行营参谋处致西京建委的公函（一九三九年四月二十四日）

2.

012

軍事委員會委員長天水行營用箋

抄会
四・廿七

案准

貴會四月廿一日大函囑飭陝西省防空司令部及關係機關迅速完成大差市應開闢之城門等由查本行營為謀西安市民於空襲警報時向郊外趨避方便以免擁擠滋事起見曾經函請省政府轉飭防空司令部及省會警察局於東南城垣開設交通孔八處並准省府函復已轉飭照辦在案准函前由除再函

收文402号
28.4.26.

013

軍事委員會委員長天水行營用箋

防空司令部查照辦理外相應函復

查照并希迅予協助為荷

此致

西京市政建設委員會

軍事委員會委員長天水行營參謀處啓

四月廿四日

西京建委关于该会第一百二十一次会议决议增辟城门致陕西省建设厅的公函（一九三九年四月二十一日）

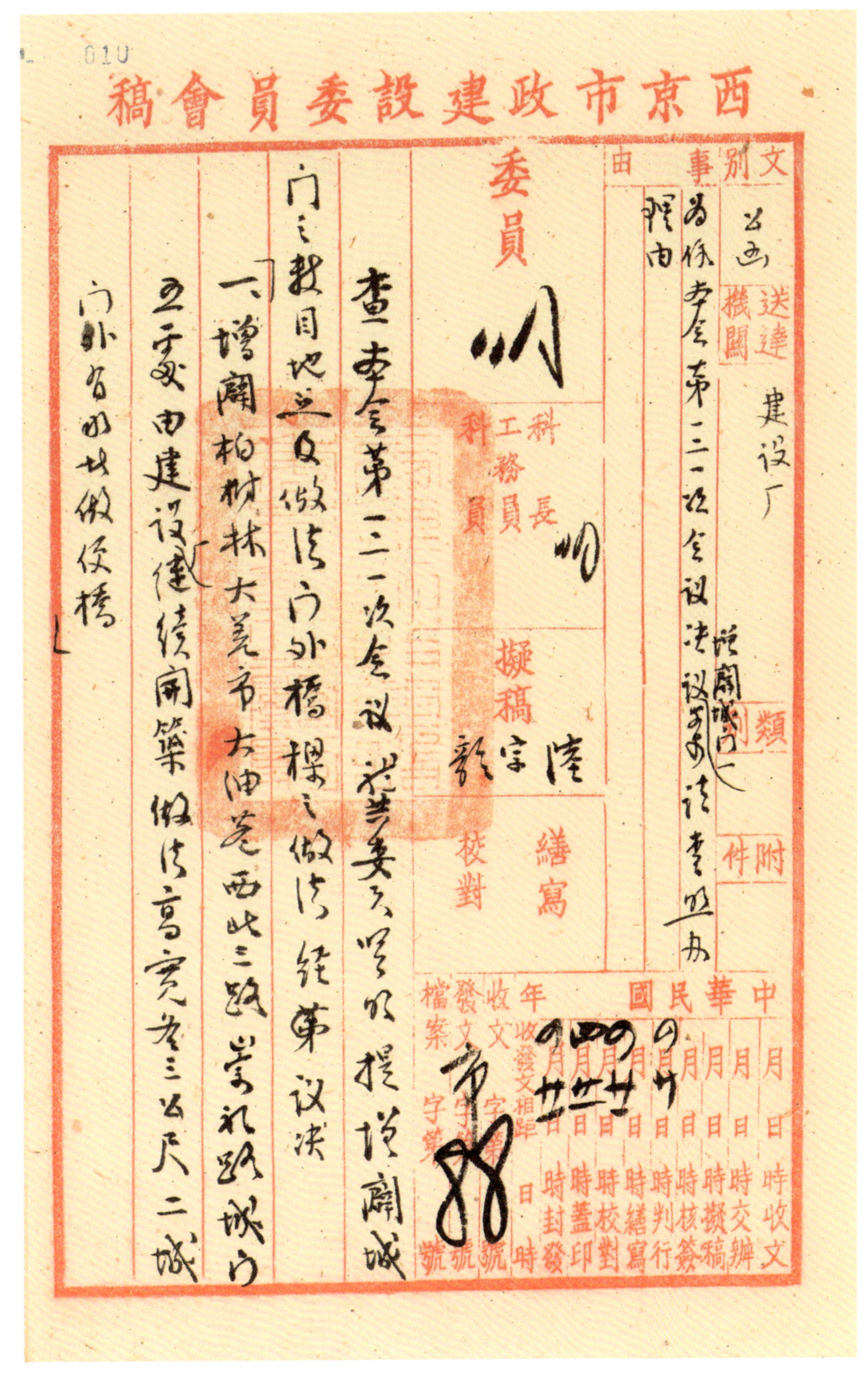

西京市政建設委員會稿

文別：公函

送達機關：建設厅

事由：為係本会第一二一次会議決議增闢城門一案函請查照辦理由

委員：明

科長：明

工務員

擬稿

繕寫

校對

查本会第一二一次会議 委員 提議增闢城門之數目地點及做法 門外橋樑之做法經第 議決

一、增闢柏樹林大差市大油巷西北三路尚仁路城門五處由建設廳續開築做法高寬各三公尺二城門外當照做便橋

中華民國 年 月 日

市 88

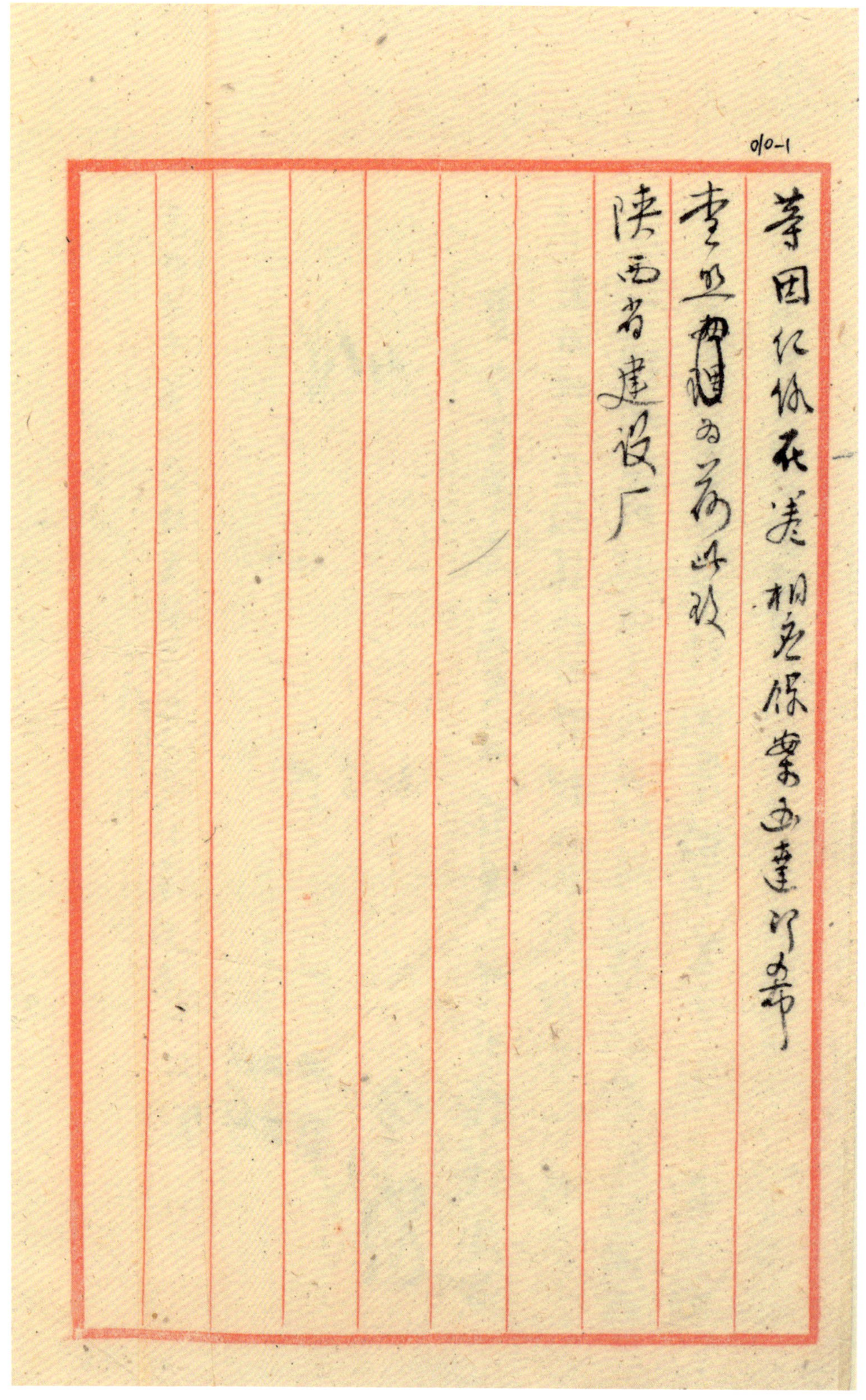

010-1

等因，准此，依照，相应录案函达，即希

查照办理为荷。此致

陕西省建设厅

陕西省建设厅关于特派该厅技佐王冀纯前往商洽处置新辟四府街城门坍塌之处致西京建委龚贤明的笺函

（一九三九年四月三十日）

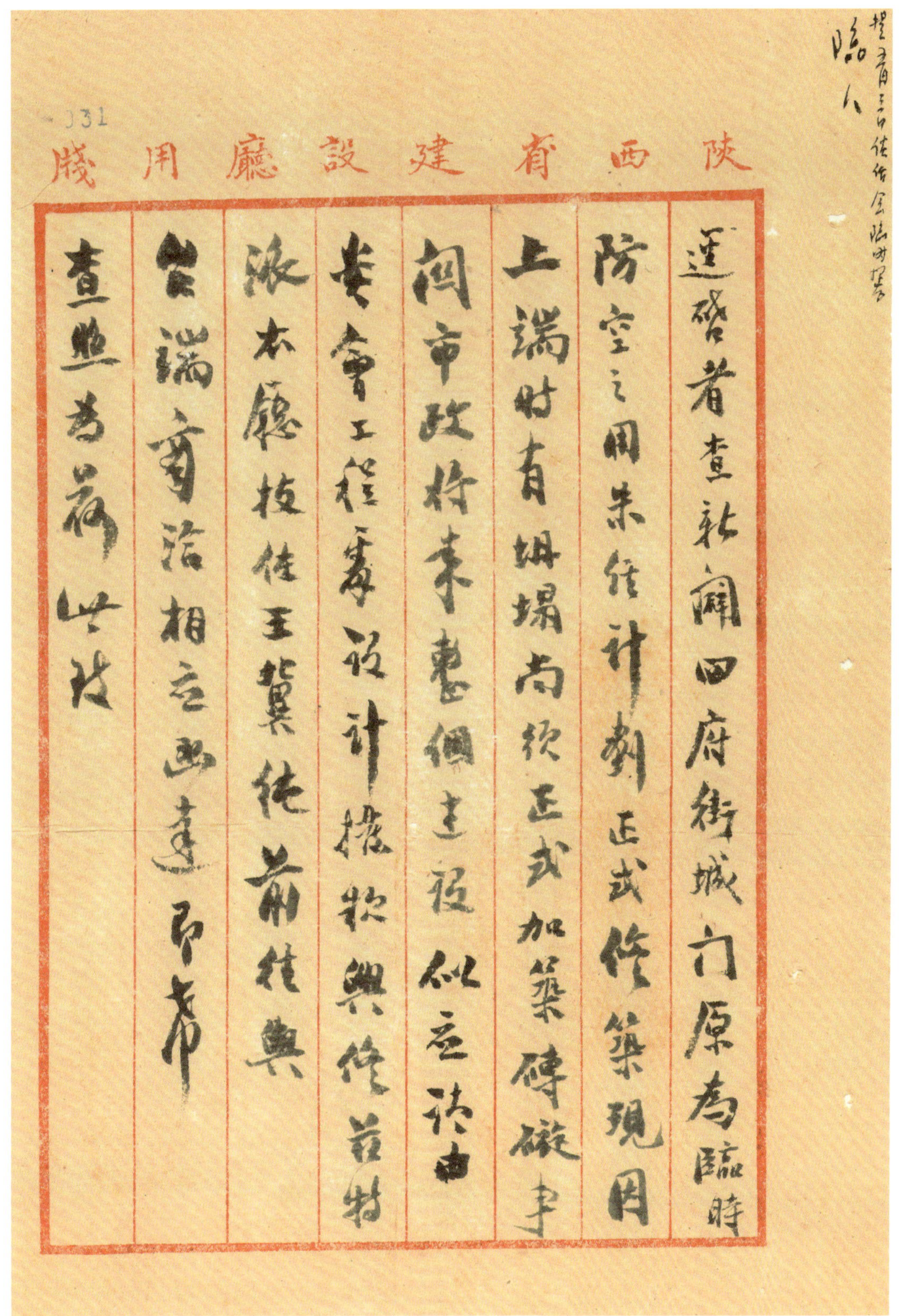

031

陝西省建設廳用牋

逕啓者查新闢四府街城門原為臨時防空之用未經計劃正式修築現因上端時有坍塌尚須正式加築磚碹以關市政將來整個建設似應該由貴會工程處設計撥款興修茲特派本廳技佐王冀純前往與台端商洽相應函達即希查照為荷此致

032
陕西省建設廳用牋
西京市政建設委員會主任委員龔
陕西省建設廳
牋 四、卅、

陕西省建设厅关于增辟五处防空便门业已全部测定并确定开工日期致西京建委的公函（一九三九年五月六日）

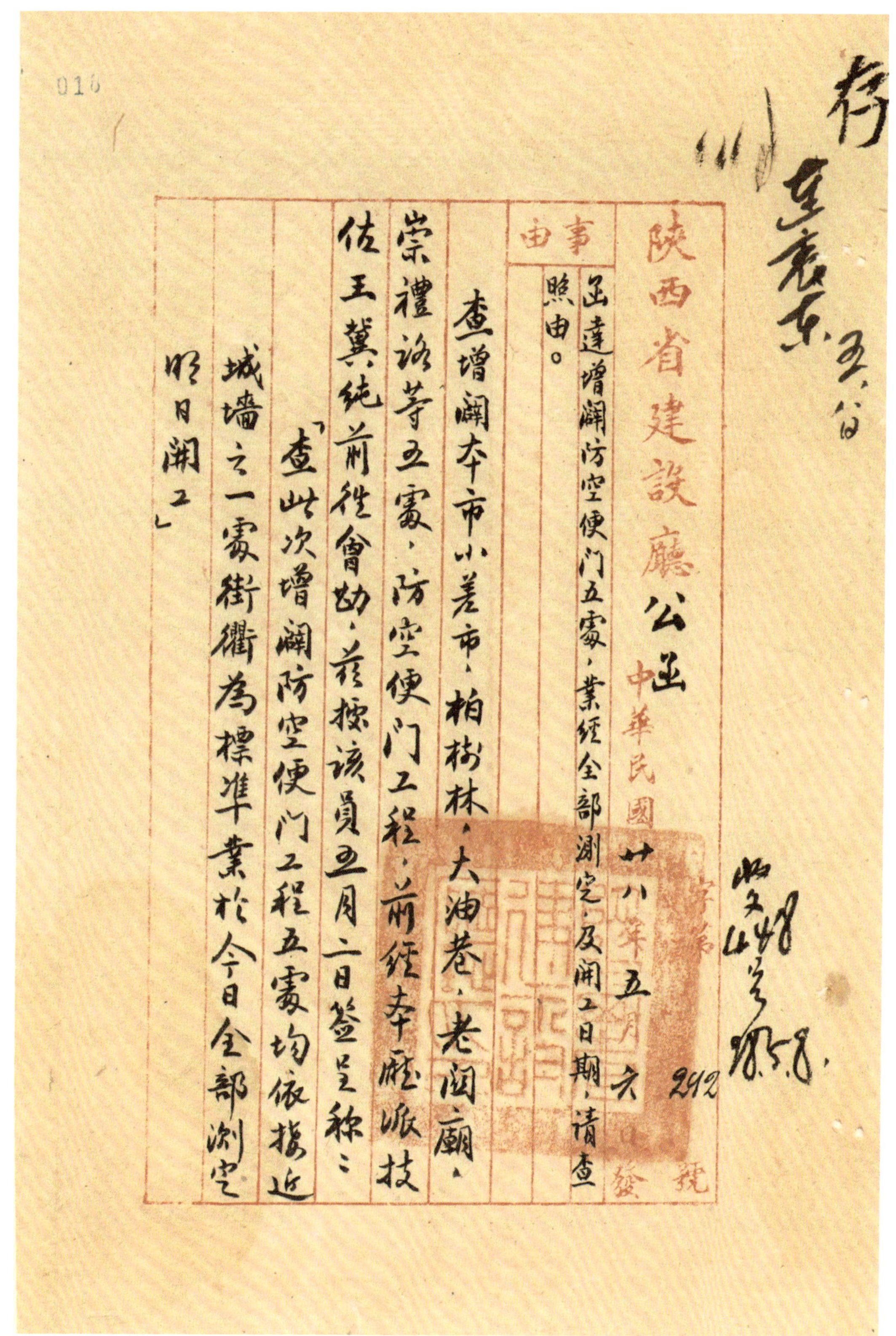

陝西省建設廳公函

中華民國廿八年五月六日發　字第292號

事由：函達增闢防空便门五處，業經全部測定，及開工日期，請查照由。

查增闢本市小差市、柏樹林、大油巷、老關廟、崇禮路等五處防空便门工程，前經本廳派技佐王冀純前往會勘，茲據該員五月二日簽呈稱：「查此次增闢防空便门工程五處均依據近城墻之一處街衢為標準，業於今日全部測定，明日開工」

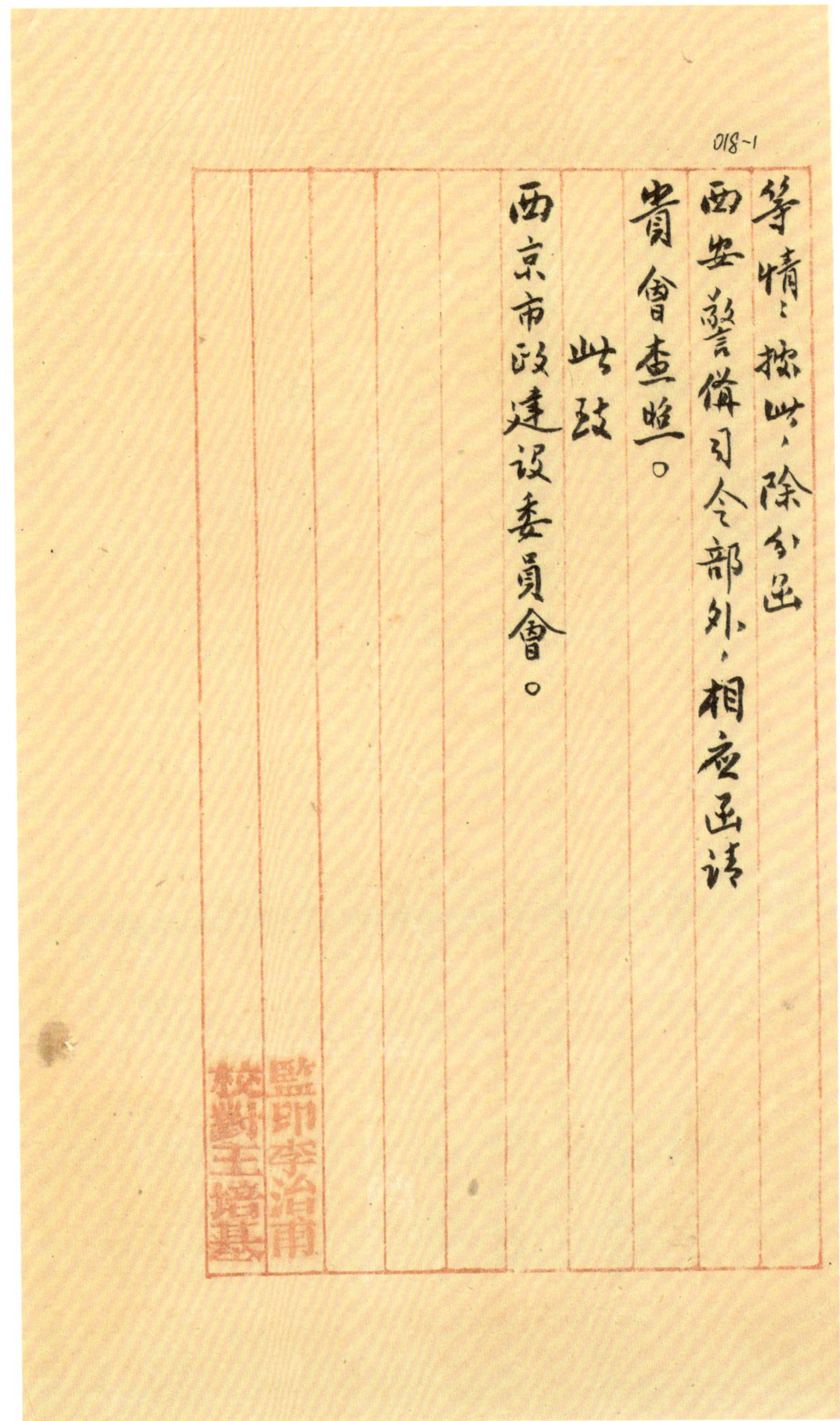
018-1

等情，据此，除分函
西安警备司令部外，相应函请
贵会查照。
此致
西京市政建设委员会。

监印李治甫
校对王培基

西京建委关于设计估价南四府街新辟城门上端砖碹致会属工程处的训令（一九三九年五月十七日）

西京市政建設委員會訓令　令字第　號

中華民國廿八年五月十七日發

事由：令飭設計估價南四府街新闢城門上端磚碹由

令工程處

案准

陝西省建設廳廿八年五月十五日第三一九號公函節開：

「四府街新闢城門須加磚碹，惟以本廳工作繁忙，技術人員不敷分配，所有上項工程請令由工程處办理」

等由准此，查南四府街新闢城門務與馬路對正，業經本會五月三日該

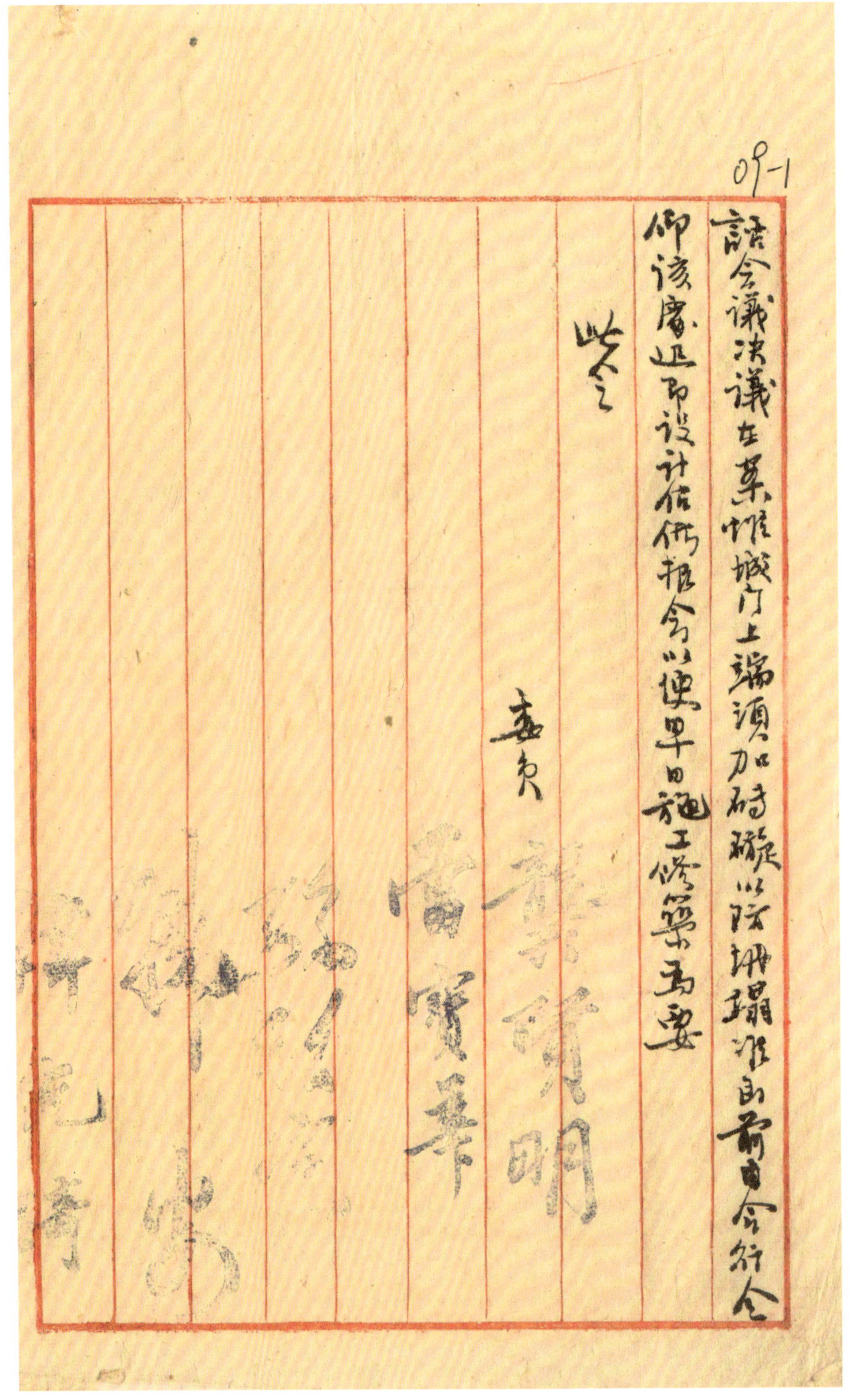
09-1

该会议决议在案。惟城门上端须加砖砌，以防挪塌。准函前由，合行令仰该处迅即设计估价报会，以便早日施工修筑为要。

此令。

委员
韩贤明
雷宝华
孙蔚如
蒋鼎文
祝绍周
许廷寿

陕西省建设厅关于请速检送测定西北三路开辟便门位置图并派员指示地点致西京建委的公函

（一九三九年五月二十三日）

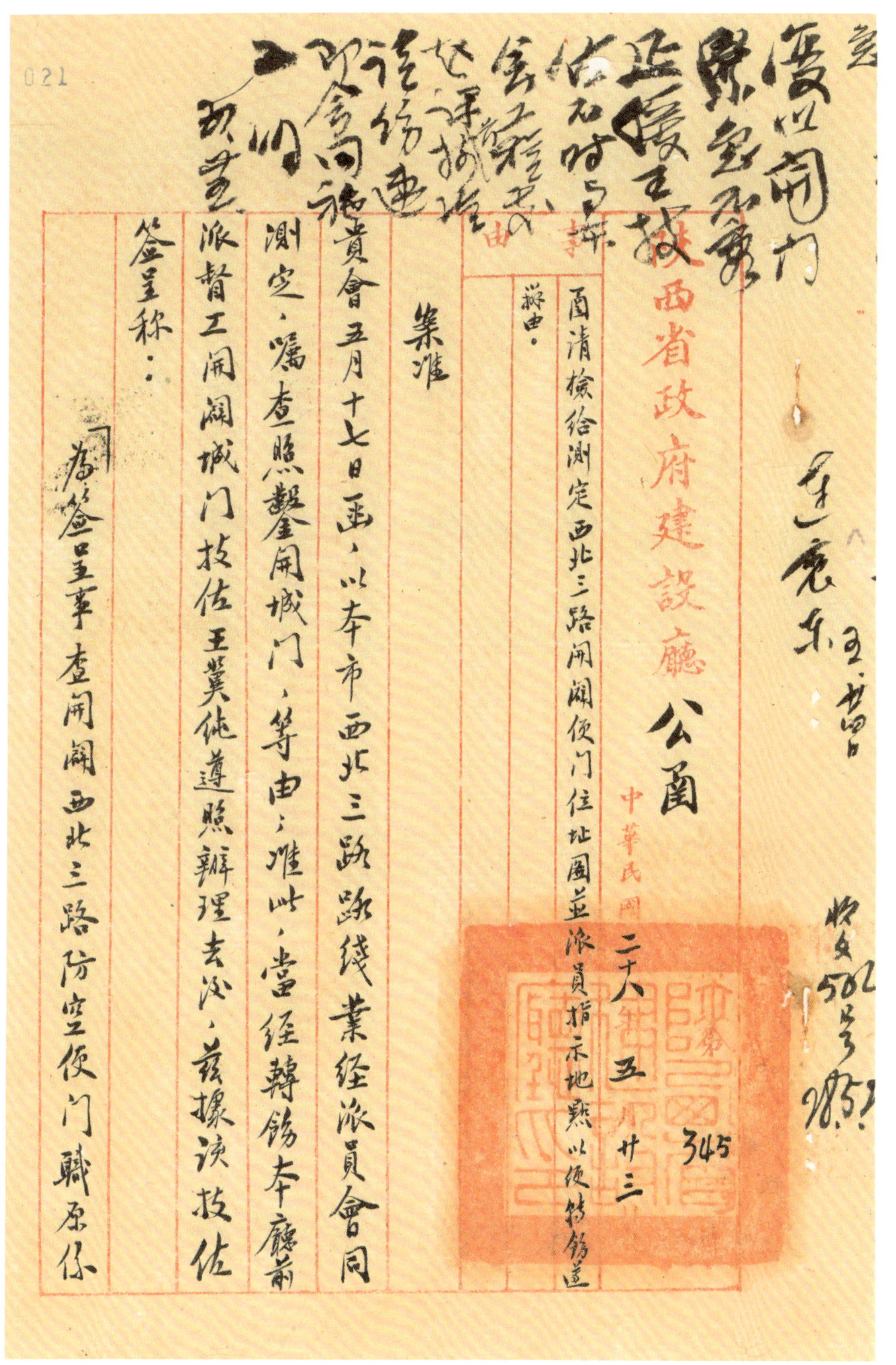

陝西省政府建設廳 公函

中華民國二十八年五月廿三日

345

事由：函請檢給測定西北三路開闢便門位址圖並派員指示地點以便飭遵

擬由。

案准

貴會五月十七日函，以本市西北三路路綫業經派員會同測定，囑查照鑿開城門，等由；准此，當經轉飭本廳前派督工開闢城門技佐王冀純遵照辦理去後，茲據該技佐

簽呈稱：

「為簽呈事。查開闢西北三路防空便門，職原係

按西老庙街為標準西定綫開闢當經由廳函達建
委会知照。嗣以發生問題，職奉命往謁該會龔主任委
員報告以更改困難情形，承龔委員面命着令即將現有
開闢處停工，并以電話告知該会工程處趙課長，明並令派
員測量定綫，西令職前往與趙課長接洽，後測定後再行（開闢職經趙課長當即令包工暫時停工以候該處測定後再行）
施工。至選定地點及測量事件，係該会市工處自行選測，職并
未會同辦理。擬函請該会派員指定地點，并賜給地點詳
圖一份，以便遵辦」
等情。據此，查開闢防空便门工程至為急要，據呈前情，相應函請
貴会查照，將測定西北三該開闢便门位址圖速賜檢給一份，

022

並派員指示地點，以便飭遵，至級公誼。

此致

西京市政建設委員會。

校對王培慧
監印李治甫

陕西省建设厅关于南四府街新辟城门砖碹工程请由市政工程处办理致西京建委的代电（一九三九年五月二十四日）

036

陝西省[illegible]郵代電

建字第一三二一號

事由：本市南四府街新闢城門磚碹工程請由市工處辦理由

西京市政建設委員會公鑒：據建設廳簽呈稱查奉令開闢本市南四府街防空城門一案經派技士王仲的前往辦理現在土城門洞及城河涵洞路基等工程已經完竣擬請派員驗收至木架城門洞現改為磚碹工料費由建委會撥付此項工程係屬修築正式城門案關市政擬請由建委會工程處辦理當否請核示等情應准如擬辦理除飭該廳派員驗收外所有南四府街新闢城門磚碹工程請由貴會轉飭辦理為荷蔣鼎文敬府建二工

中華民國二十八年五月廿四日

校對王培基 監印劉嵩伍 發

復以本會准建廳函囑已令工程處照辦

收文第106號

西京建委关于奉函转知迅即施工开辟西北三路防空便门致陕西省建设厅的公函（一九三九年五月二十六日）

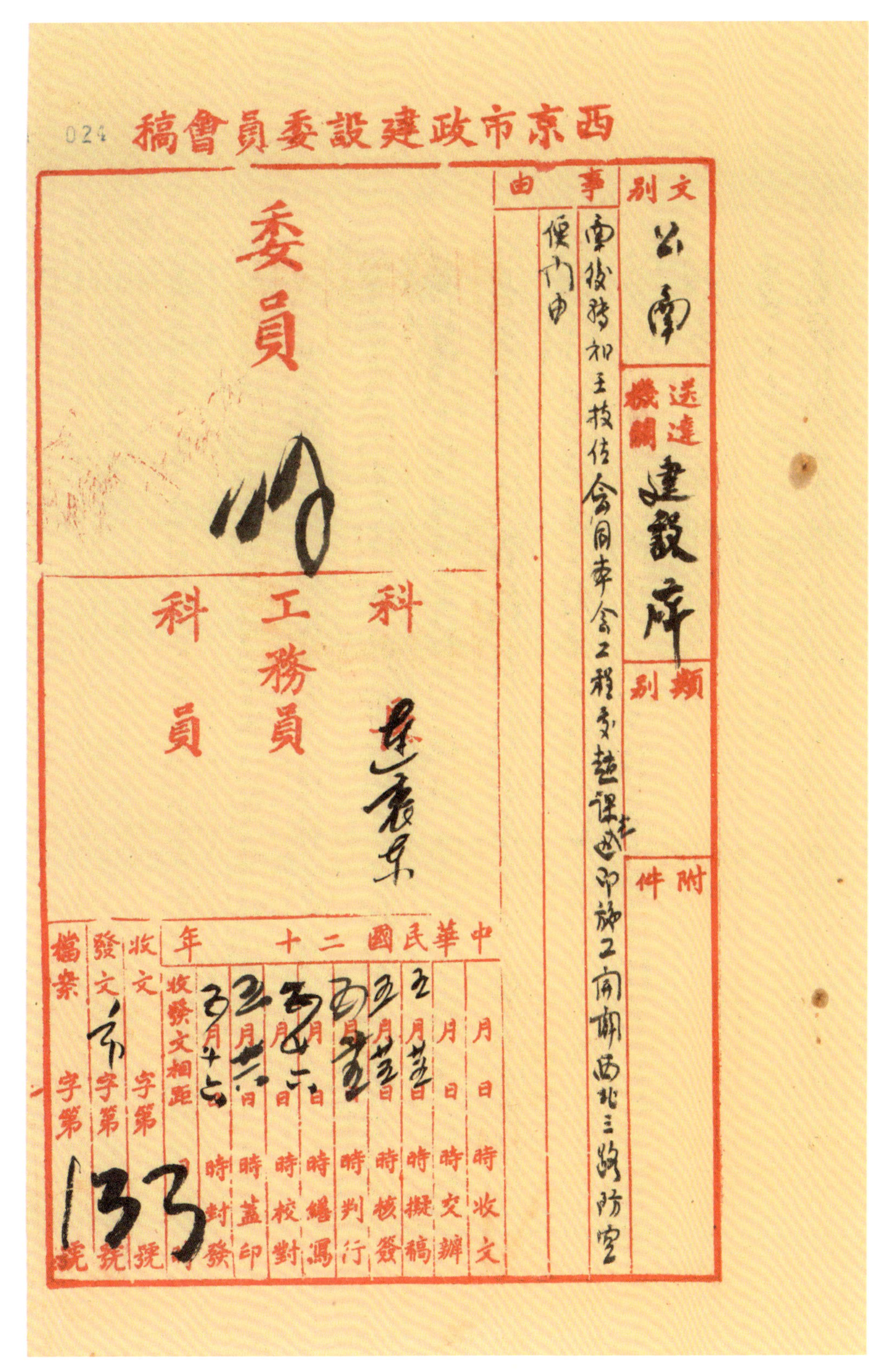

西京市政建設委員會稿

文別：公函
送達機關：建設廳
事由：函復轉知王技佐會同本會工程處趙課長迅即施工開闢西北三路防空便門由

委員
科工務員
中華民國二十八年五月二十六日

發文市字第133號

024-1

案准

贵所廿八年五月廿二日第二四五一号公函开：

「南郊桂信洞穿西北三路间开便门位址，备函

并派员指示，以便转饬遵办」等由。准此，查开辟防空便门工程紧急，不容迟缓，拟

备函请省府廿日王技佐政共本会工程处课

长以田指语，请转饬迅为会同施工，以有迟候等

续照郡而于工程急不容缓，

贵所定表同情，除已令饬本会工程处遵照外，

相应函达，即希

查照办理为荷。此致

陕西建设厅

西京建委关于四府街新辟城门砖碹工程已由市政工程处办理致陕西省政府的代电（一九三九年五月二十六日）

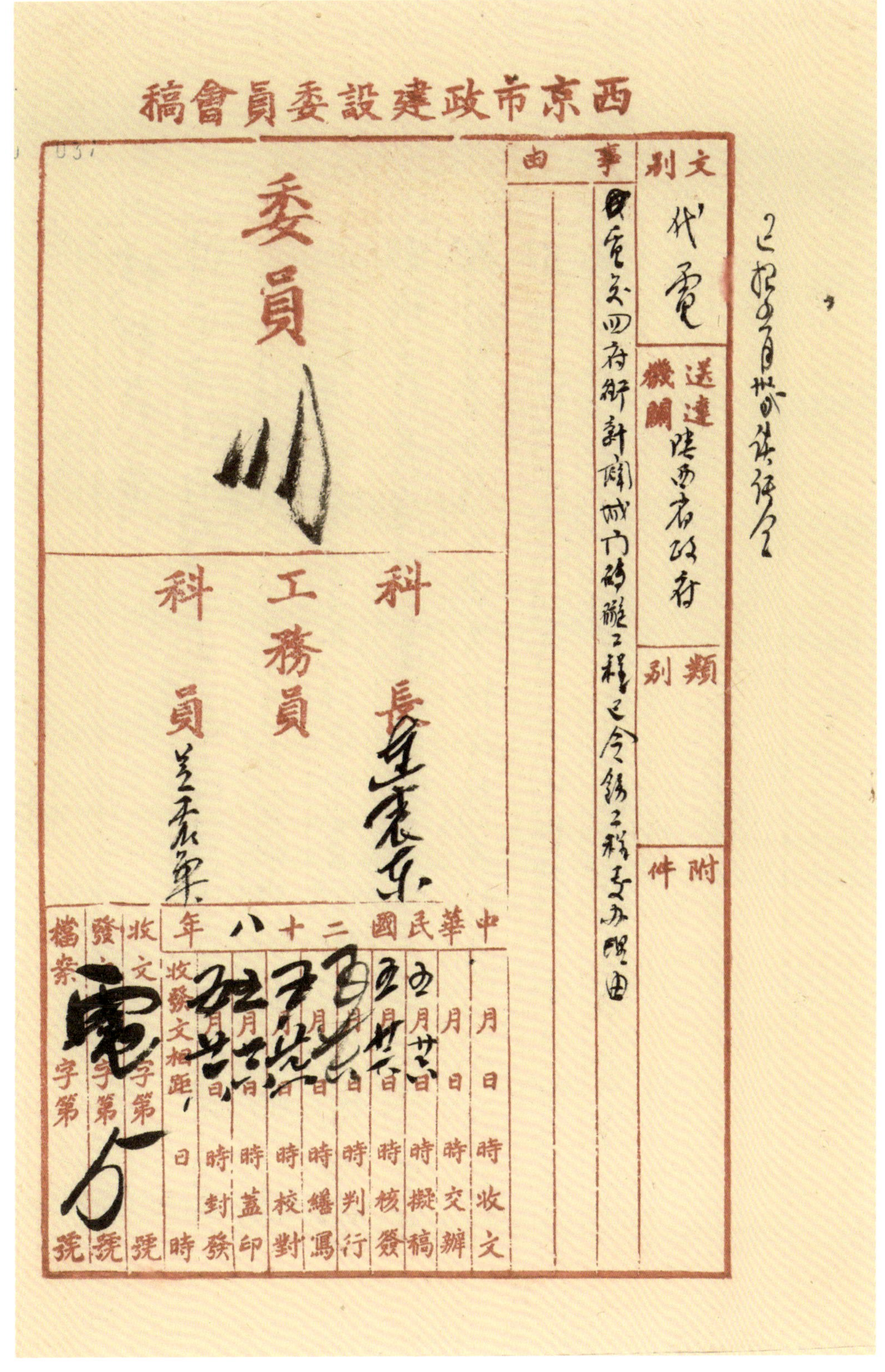
西京市政建設委員會稿

文别：代電

送達機關：陝西省政府

類别：

附件：

事由：

委員

科長

工務員

科員

中華民國二十八年

收文 月 日 時 收文
月 日 時 交辦
月 日 時 擬稿
月 日 時 核發
月 日 時 判行
月 日 時 繕寫
月 日 時 校對
月 日 時 蓋印
月 日 時 封發
收發文相距 日 時

收文 字第 號
發文 字第 號
檔案 字第 號

快邮代电

陕西省政府熊主席勋鉴：准五月廿四日建丁字第一三一号快邮代电略开：本市南四府街新开城门砖碹工程嘱由市工务处办理等因。查四府街新开城门砖碹工程前准陕西建设厅五月十五日函嘱由本会工程处办理等由，当经令饬工程处迅即设计估价，抄令在案。准电前因，除促即动工外，相应电复，即祈查照为荷。西京市政建设委员会叩宥

西京建委关于新辟西北三路防空便门迅予施工勿再延缓致会属工程处的训令（一九三九年五月二十六日）

06-1

西京市政建設委員會訓令　令字第65號

令工程處

案准

陝西省政府建設廳廿八年五月廿三日第三四五號公函內開

「案准貴會五月十七日函以本市西北三路路線業經派員會同測定，請查照鑿開城門等由，准此，當經轉飭本廳前派督工開闢城門技佐王冀純遵照辦理去後，茲據該技佐簽呈稱：『為簽呈事，查開闢西北三路防空便門，前原係按照老關廟街為標準而定線開闢，曾經由廳函達委會知照，嗣以發生問題，職奉命往謁該會龔主任委員，報告以便

007

現因張特務處龔委員面命着令即將現有開闢處停工，并以電話告知該會工程處趙課長，嗣准會派員測量空綫，並會職前往與趙課長接洽，俟測定後再行開闢。職晤趙課長後，即令包工刻時停工，以便俟該處測定後再行施工。至選定地點及測量事，係該會工程處自行進行，職并未會同辦理。擬請該會派員指定地點，并賜給地點該圖一份，以便遵辦。等情。據此，查開闢防空便門工程緊急，據呈前情，相應函請貴會查照，將測定西北三路開闢便門位址圖速賜檢給一份，並派員指示地點，以便遵照，至紉公誼。等由。准此。查開闢防空便門工程緊急，不容延緩，除已復達外，并飭王技佐速至會同本會工程處趙課長迅予施工外，合行令仰該處遵照辦理，毋再延緩為要。

此令。

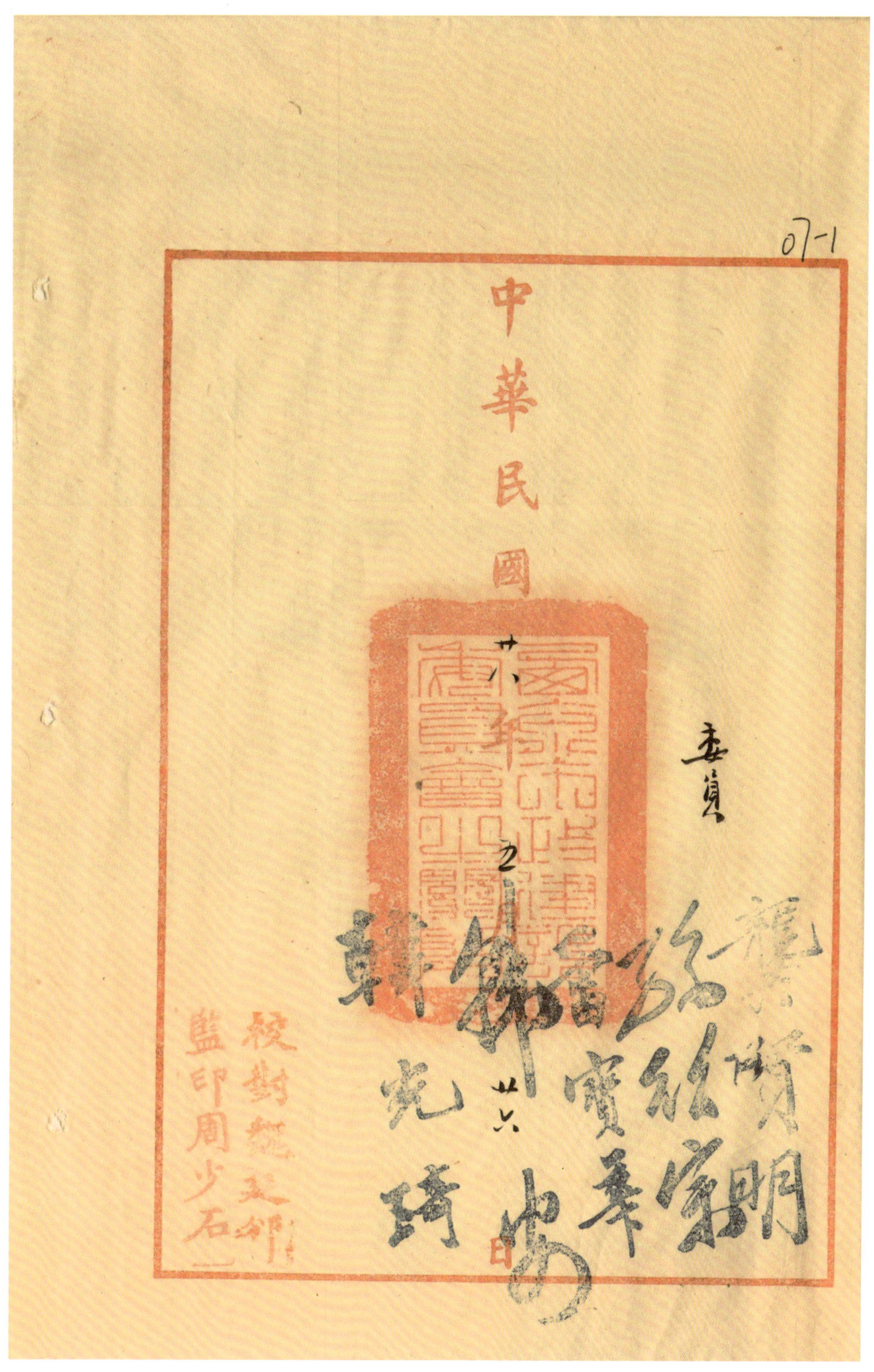

07-1

委員

中華民國廿六年二月廿六日

校對魏文郁

監印周少石

西京建委、陕西省建设厅关于注意改善柏树林及其他新辟各门城外坡度的来往公函

（一九三九年五月二十六日至六月一日）

西京建委致陕西省建设厅的公函（一九三九年五月二十六日）

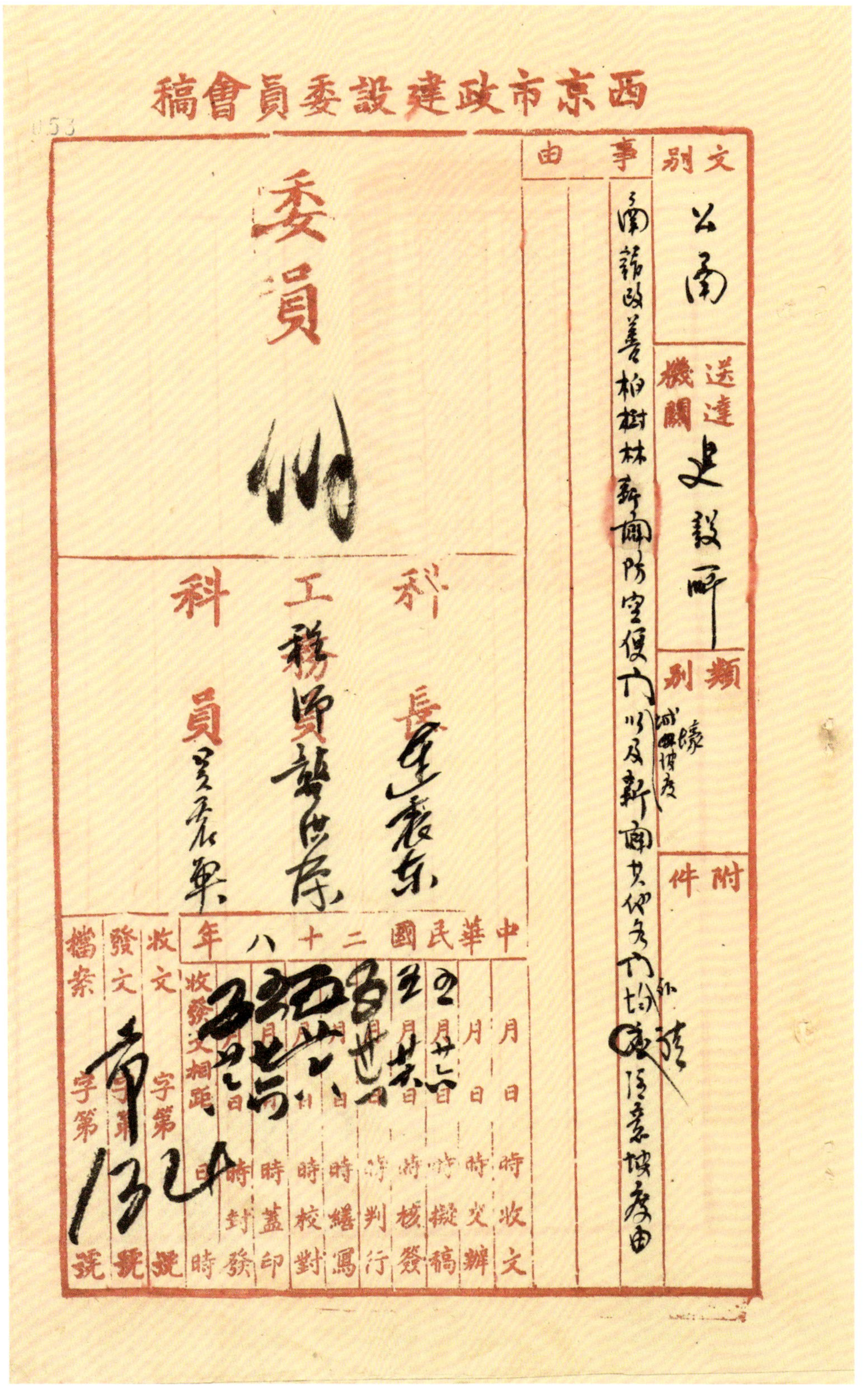

西京市政建設委員會稿

文别	公函
送達機關	建設廳
類别	
附件	
事由	函請改善柏樹林新闢防空便門以及新闢其他各門城外坡度由

委員 [签名]

科長 [签名]

工務師 [签名]

科員 [签名]

中華民國二十八年 五月廿六日收文

查柏樹林新闢防空便門城外城基與城壕高低相差懸殊，而城壕坡度甚陡，不適平時往來，倘遇警報，市民群趨城外，擁擠雜遝，實有意外之危險，相應函請貴所迅予改善，對於其他新闢各門亦請注意坡度，事關民衆安全，相應函達，即希查照辦理見復為荷。此致

陝西省建設廳

陕西省建设厅致西京建委的公函（一九三九年六月一日）

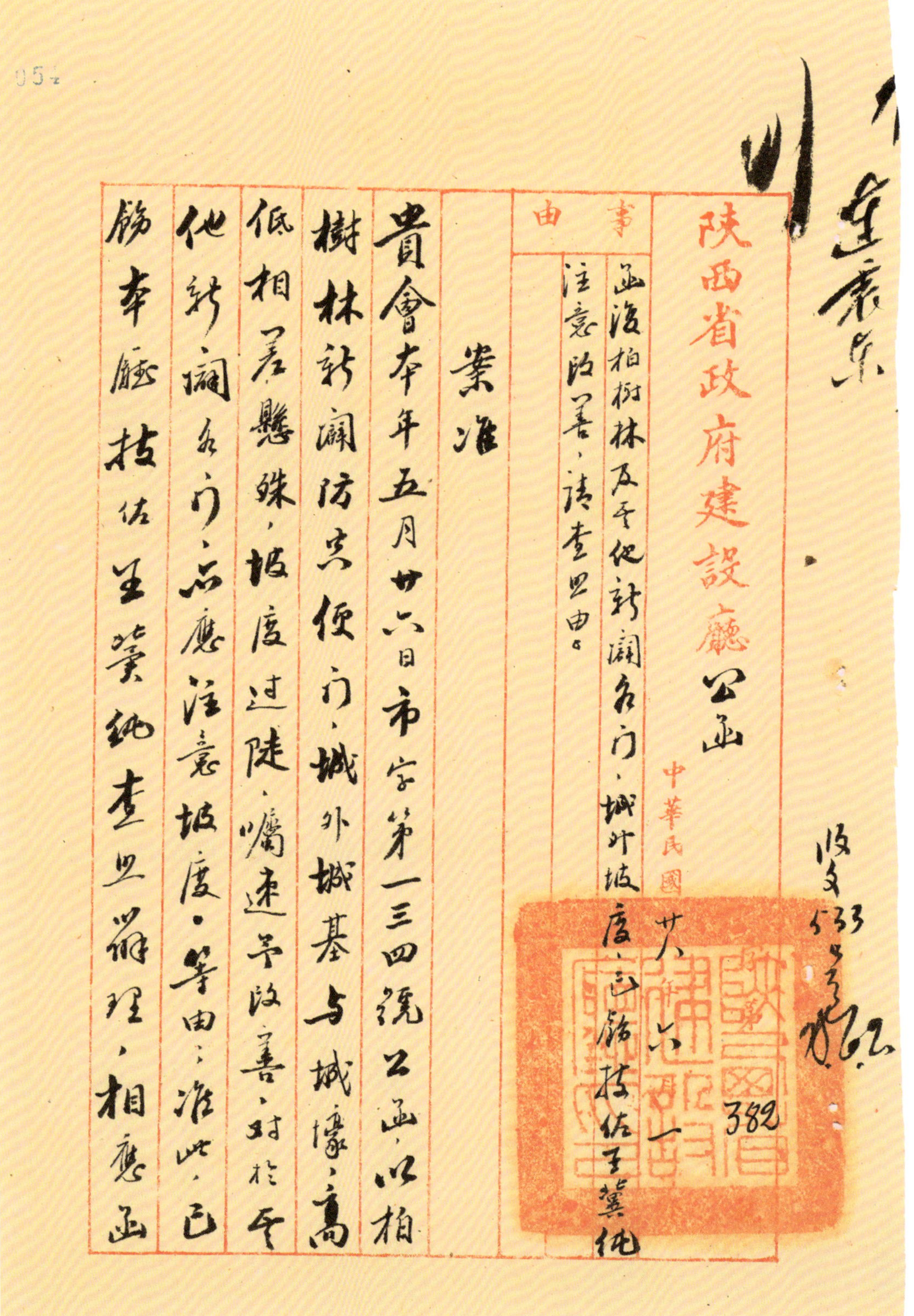

陝西省政府建設廳公函

事由：函復柏樹林及其他新闢各門、城外坡度已飭技佐王冀純注意改善，請查照由。

中華民國廿八年六月一日

逕啟者：

貴會本年五月廿六日市字第一三四號公函，以柏樹林新闢防空便門，城外城基與城壕高低相差懸殊，坡度過陡，囑速予改善，對於其他新闢各門亦應注意坡度等由；准此，已飭本廳技佐王冀純查照辦理，相應函

054-1

復，即希
查照為荷！此致
西京市政建設委員會。

監印李治甫
校對王[illegible]

陕西省建设厅关于属员签称柏树林崇礼路等三处新辟便门土质松散风蚀层落亟应用砖砌碹致西京建委的公函

（一九三九年六月九日）

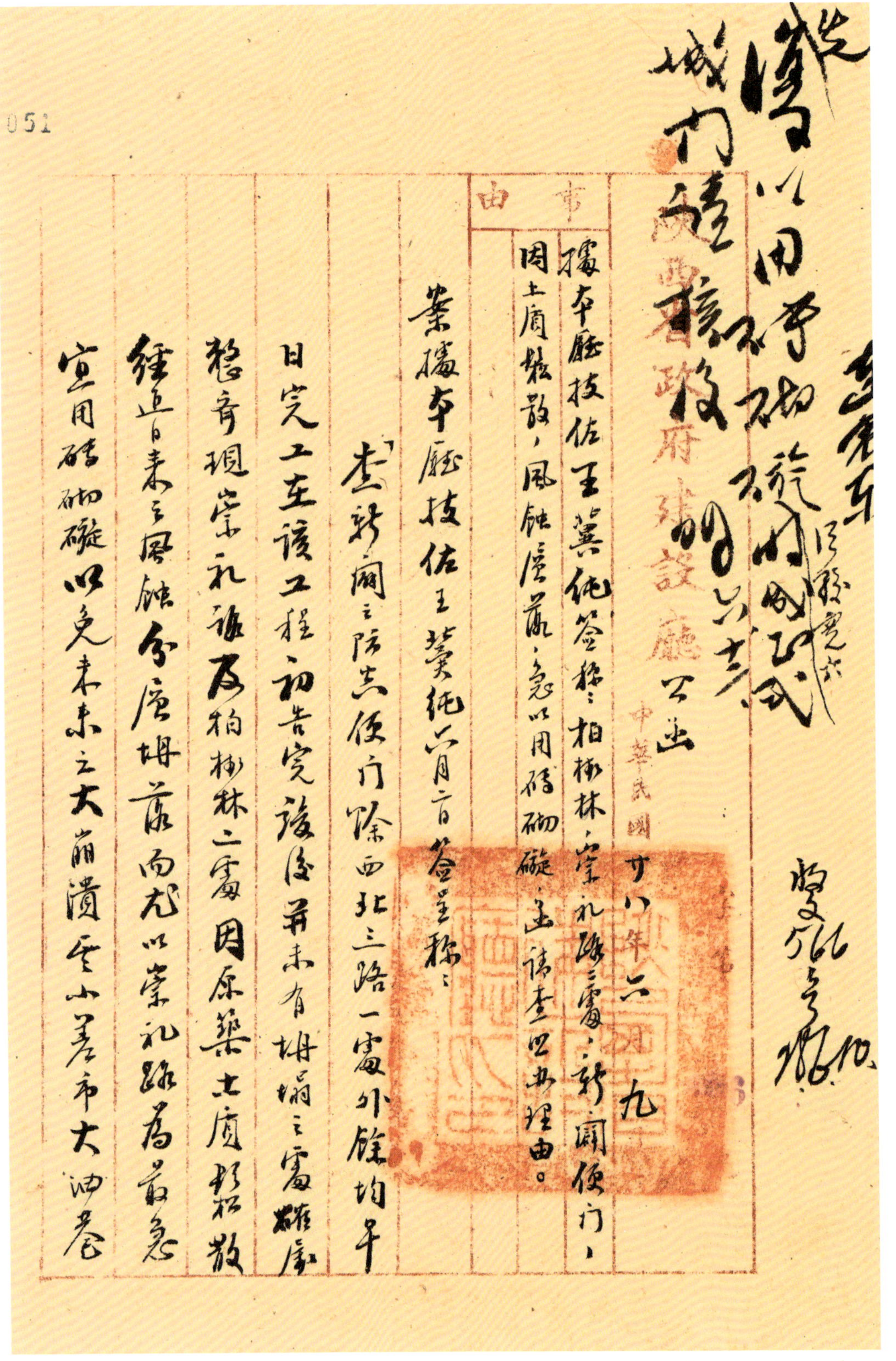

陝西省政府建設廳公函

事由：據本廳技佐王冀純簽稱：柏樹林、崇禮路三處新闢便門，因土質鬆散，風蝕層落，急以用磚砌碹，函請查照辦理由。

中華民國廿八年六月九日

案據本廳技佐王冀純六月六日簽呈稱：「查新闢之防空便門，除西北三路一處外，餘均于日前竣工。在該工程初告完竣後，並未有坍塌之處。惟最近發現崇禮路及柏樹林二處，因原築土質鬆散，經近日來之風蝕，今層坍落，而尤以崇禮路爲最急，宜用磚砌碹，以免未來之大崩潰，在小善而大沙卷

051-1

二處尚未有此項危險。正在挖掘之西北三路處土質較至他各處均為堅實。想將來或不至于有上項情形發現。應如何辦理之處。謹請鑒核」

等情。據此。查所稱各節。尚係實情。所有崇礼路及柏樹林二處。新闢便門。為謀堅固安全計。自應用磚砌碇。相應函達。即希

貴會查照辦理。並飭知照。此致

西京市政建設委員會。

陕西省建设厅关于西安警备司令部函请派员勘估四府街城门砖工程致西京建委的公函（一九三九年六月十日）

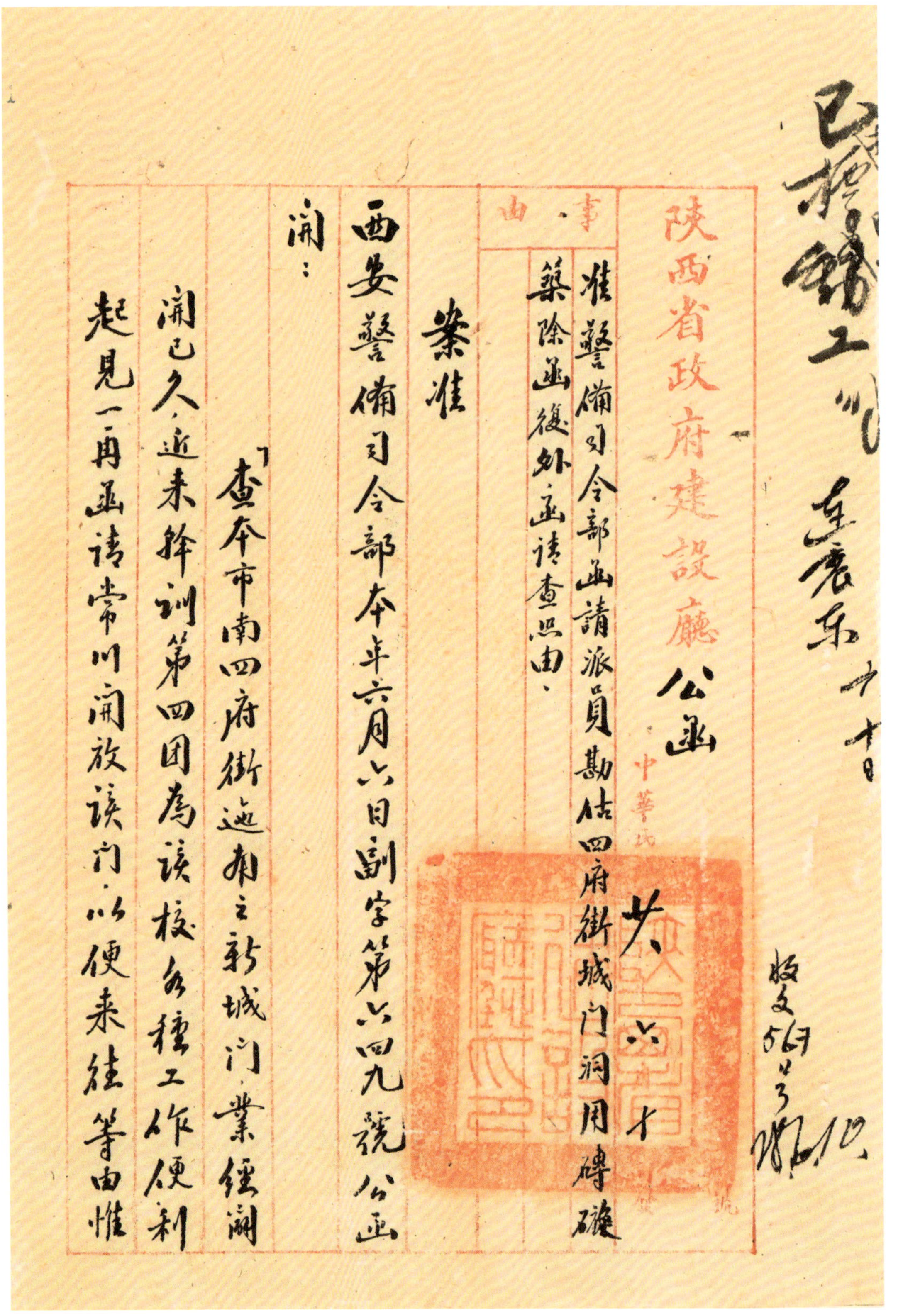

陝西省政府建設廳公函

中華民國廿八年六月十日

事由：准警備司令部函請派員勘估四府街城門洞用磚礦築除函復外函請查照由

西安警備司令部本年六月六日副字第六四九號公函開：

案准

「查本市南四府街迤南之新城門業經開闢已久，迤來幹訓第四團為該校各種工作便利起見，一再函請當川開放該門，以便來往等由。惟

041-1

查該门洞裂痕過多，时有坍塌之可能，行人往來，殊堪顧慮，擬請貴處趕派技師勘估用磚旋築，以期堅固而免危險，相應函達，即希查照辦理，并希見復為荷。等由，准此，查回府街城门磚旋工程，前因關係市政建設，業經函請貴會辦理在案，茲准前由，除函復外，相應函達，即希查照為荷。

此致

西京市政建設委員會。

西京建委工程处关于南郊铺筑碎石路面及南四府街新辟城门砌砖等工程将当众开标请派员指导致西京建委的呈（一九三九年六月十八日）

西京市政建設委員會工程處呈

中華民國二十八年六月十八日

事由：爲南郊鋪築碎石路面及南四府街開闢城門砌磚等工程定於本月二十日（星期二）下午四時在本處當衆開標請派員指道由

查南郊韋曲至申家橋段鋪築碎石路面及南四府街開闢城門砌磚等工程業經呈准鈞會修築並經登報招標承修在案。茲定本月二十日（星期二）下午四時在本處當衆開標，理合備文呈請鑒核派員指導。謹呈

西京市政建設委員會

044-1

西京市政建設委員會工程處處長龔賢明

西京市政建設委員會工程處處長

陕西省建设厅关于柏树林崇礼路两防空便门似可利用土墙加砌砖碹顶致西京建委的公函（一九三九年六月十九日）

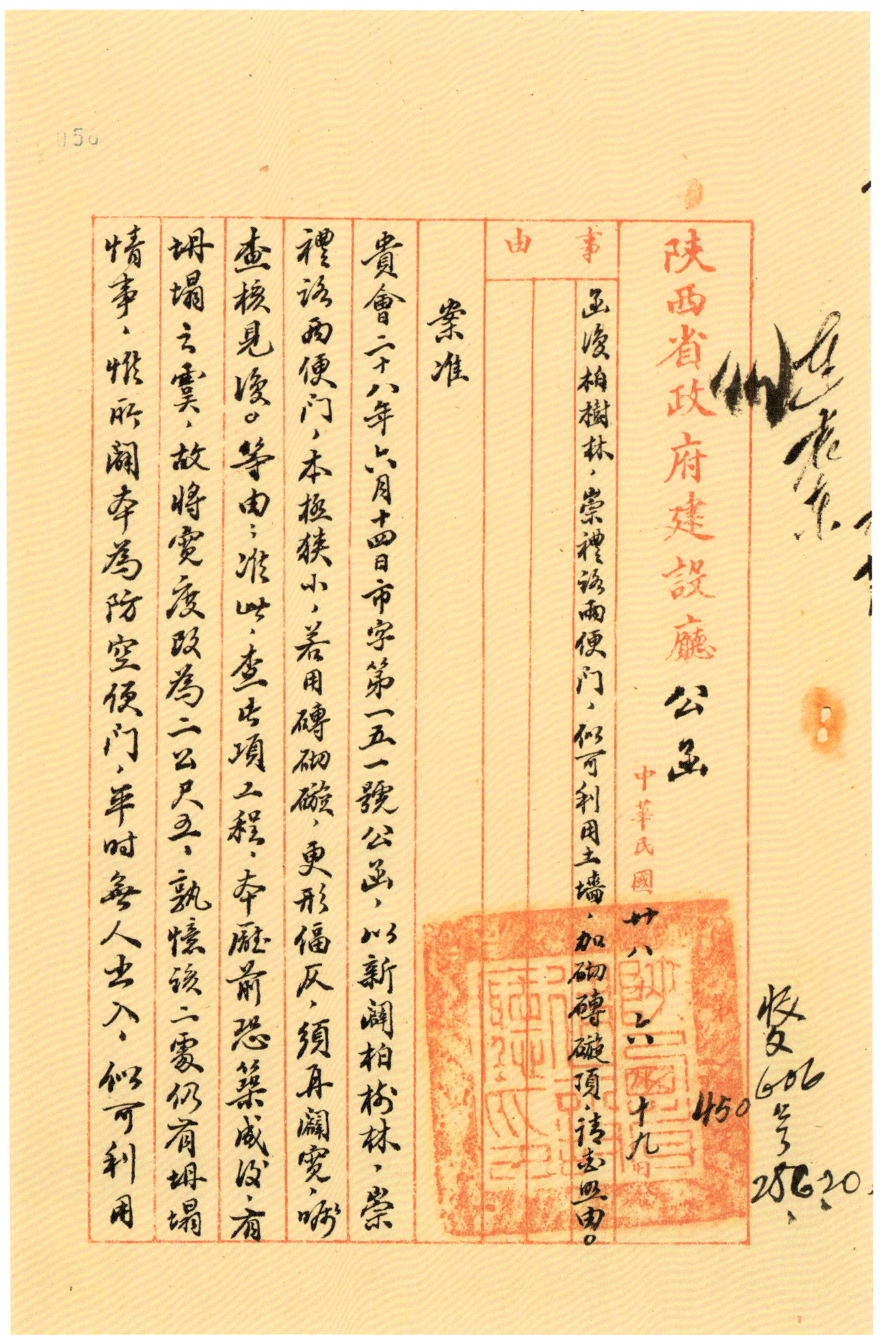

陕西省政府建設廳公函

中華民國廿八年六月十九日

事由：函復柏樹林、崇禮路兩便门，似可利用土墻，加砌磚碹頂，請查照由。

案准

貴會二十八年六月十四日市字第一五一號公函，以新闢柏樹林、崇禮路兩便门，本極狹小，若用磚砌碹，更形偏仄，須再闢寬，囑查核見復。等由；准此。查此項工程，本廳前恐築成後，有坍塌之虞，故將寬度改為二公尺五，孰悵該二處仍有坍塌情事，惟所闢本為防空便门，平时無人出入，似可利用

056-1

土墻，加砌磚礅頂，無庸再為開寬，相應函復，即希

查照，為荷！

此致

西京市政建設委員會。

監印李治甫
校對王增基

陕西省建设厅关于请将崇礼路柏树林两防空便门从速施工加砌砖碹致西京建委的公函（一九三九年七月八日）

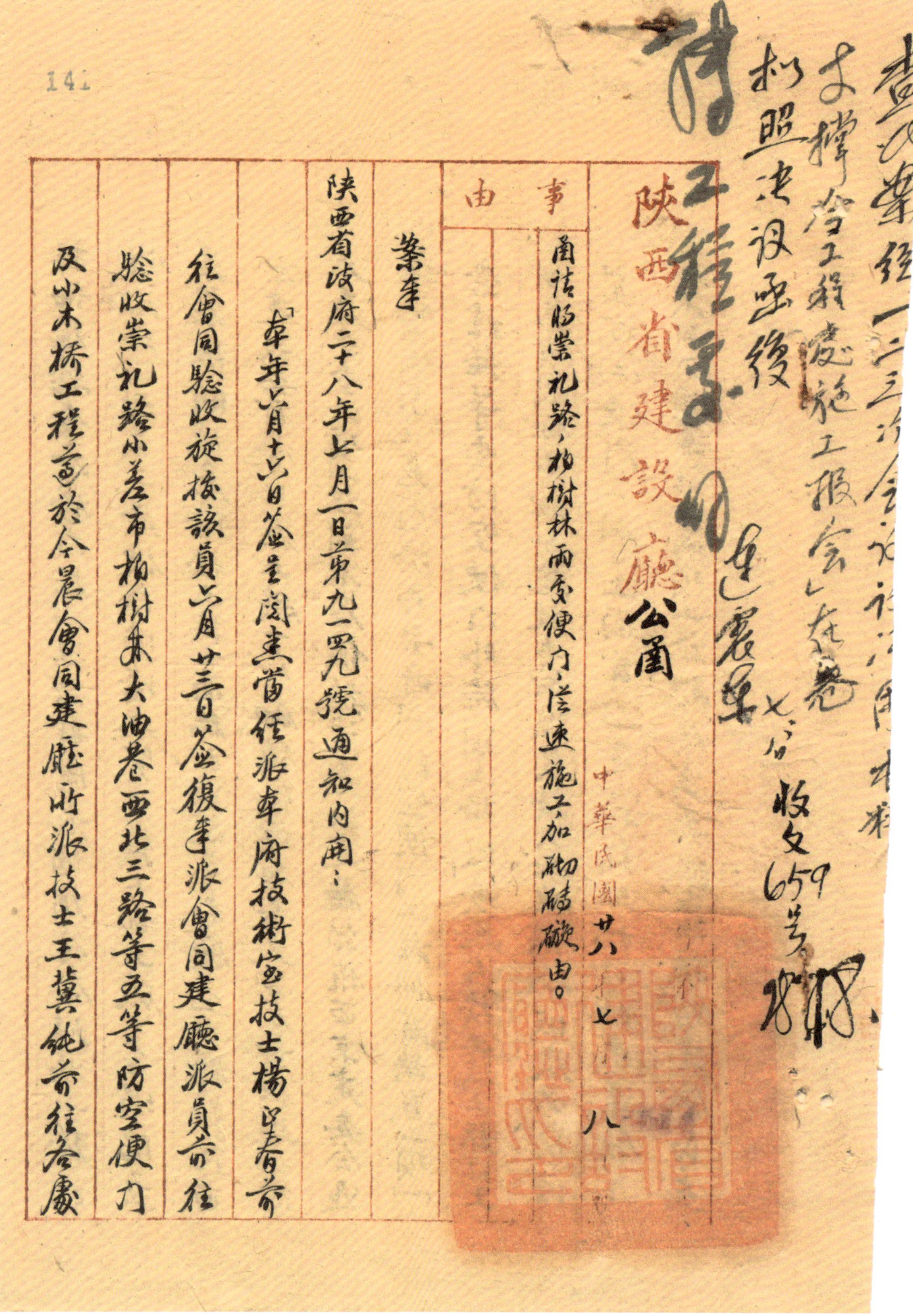

陕西省建設廳公函

收文659号

事由：函請將崇禮路、柏樹林兩處便門，從速施工加砌磚碹由。

中華民國廿八年七月八日

案奉

陝西省政府二十八年七月一日第九一四九號通知內開：

「本年六月十六日簽呈閱悉，當經派本府技術室技士杨B春前往會同驗收，旋據該員六月廿三日簽復，奉派會同建廳派員前往驗收崇禮路小差市柏樹林大油巷西北三路等五處防空便門及小木橋工程，當於今晨會同建廳所派技士王冀純前往各處

141-1

詳細檢驗查各處門橋與原設計圖表均相符合擬准予驗收惟崇礼路柏樹林二處便門墻土質甚鬆上部土碹多已塌陷並呈裂痕頗感危險據王技士面稱已由該員報廳並由廳轉請西京建設委員會即在土碹下加砌磚碹增加其支持力量但迄今尚未着手查此項工程刻不容緩擬請通知建廳轉催西京建委會迅速施工完竣以免危險再查所關防空便門工程似有缺點二項(一)崇禮路等處防空便門外橋頭土路坡度過大據王技士稱以土方包價廉仍不能多攏故土路坡度較大如須減低坡度必須增加土方(二)便門土洞口上面排水道(據稱因設計時未遑顧及故未列入預算)以上兩項工程確屬需要擬請轉飭建廳即在

原預算節餘款一百五十元七角內改築所勘缺點以防前一

等語。查該處所陳各節不無見地，茲檢發原呈並抄發簽陳

勘查工程缺點作法，通知查照核復察奪」等。

等因。奉此。除將兩項缺點工程，擬仍派技佐王冀純招集原承

修包商，即以預算節餘工款一百五十元零七角，儘數開支，修築改

善，並復候核外，查崇禮路、柏樹林兩處便門，加砌磚碹工程，業

於本年六月九日，函請

貴會查照辦理在案。茲奉前因，相應函達，即希

查照，從速施工，為荷。此致

西京市政建設委員會。

西京建委关于修筑崇礼路柏树林防空便门应加柱照做并改正图样报会致会属工程处的训令
（一九三九年七月十九日）

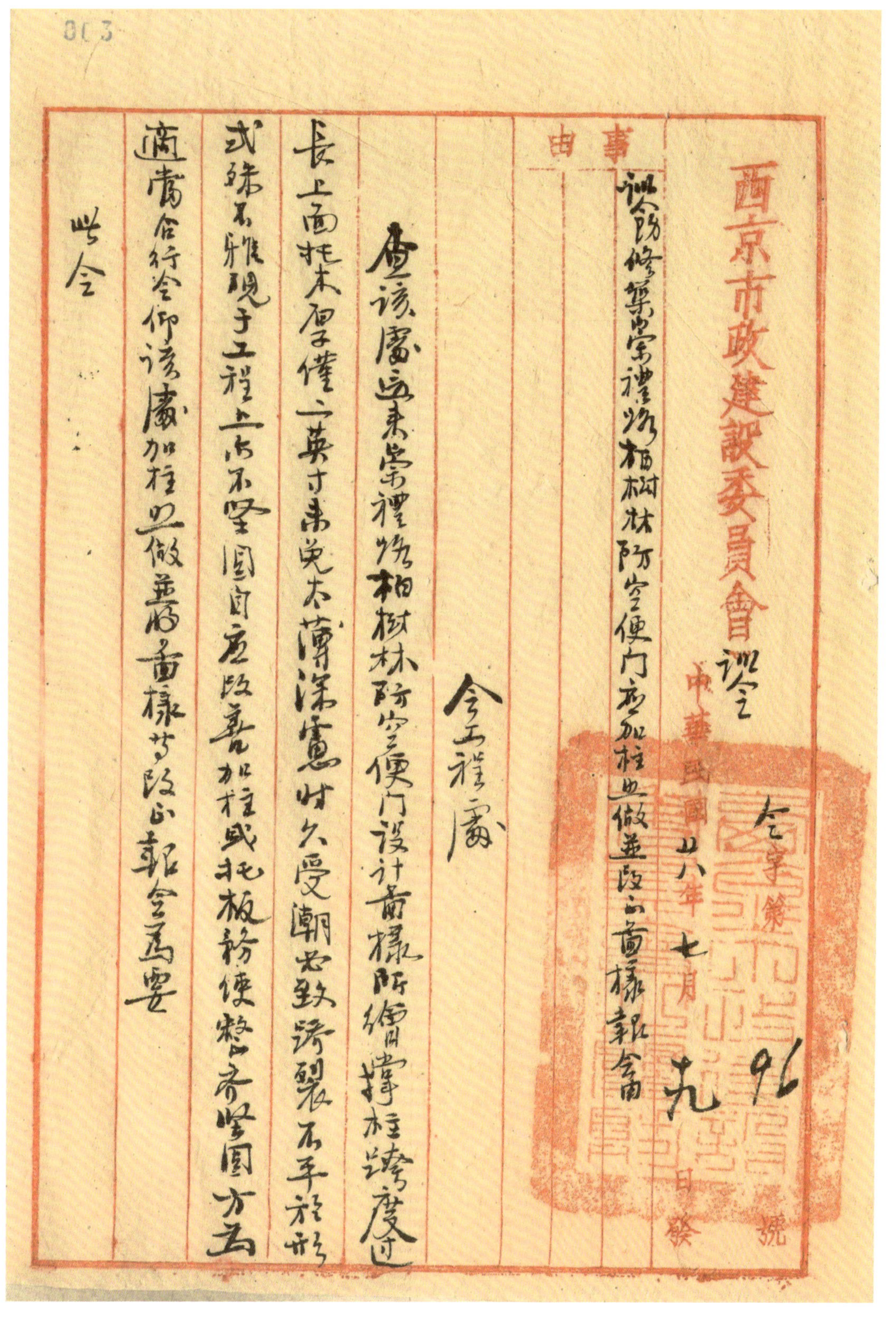

西京市政建設委員會訓令 建字第96號

中華民國廿八年七月十九日發

事由：訓令防修築崇禮路柏樹林防空便門應加柱照做並改正圖樣報會由

令工程處

查該處近來崇禮路柏樹林防空便門設計圖樣所繪撐柱跨度過長，上面托木厚僅二英寸，未免太薄，深慮時久受潮，必致誘裂，不平於形式，殊不雅觀，于工程上亦不堅固，自應改善加柱或托板，務使整齊堅固，方為適當。合行令仰該處加柱照做，並將圖樣改正報會為要。

此令

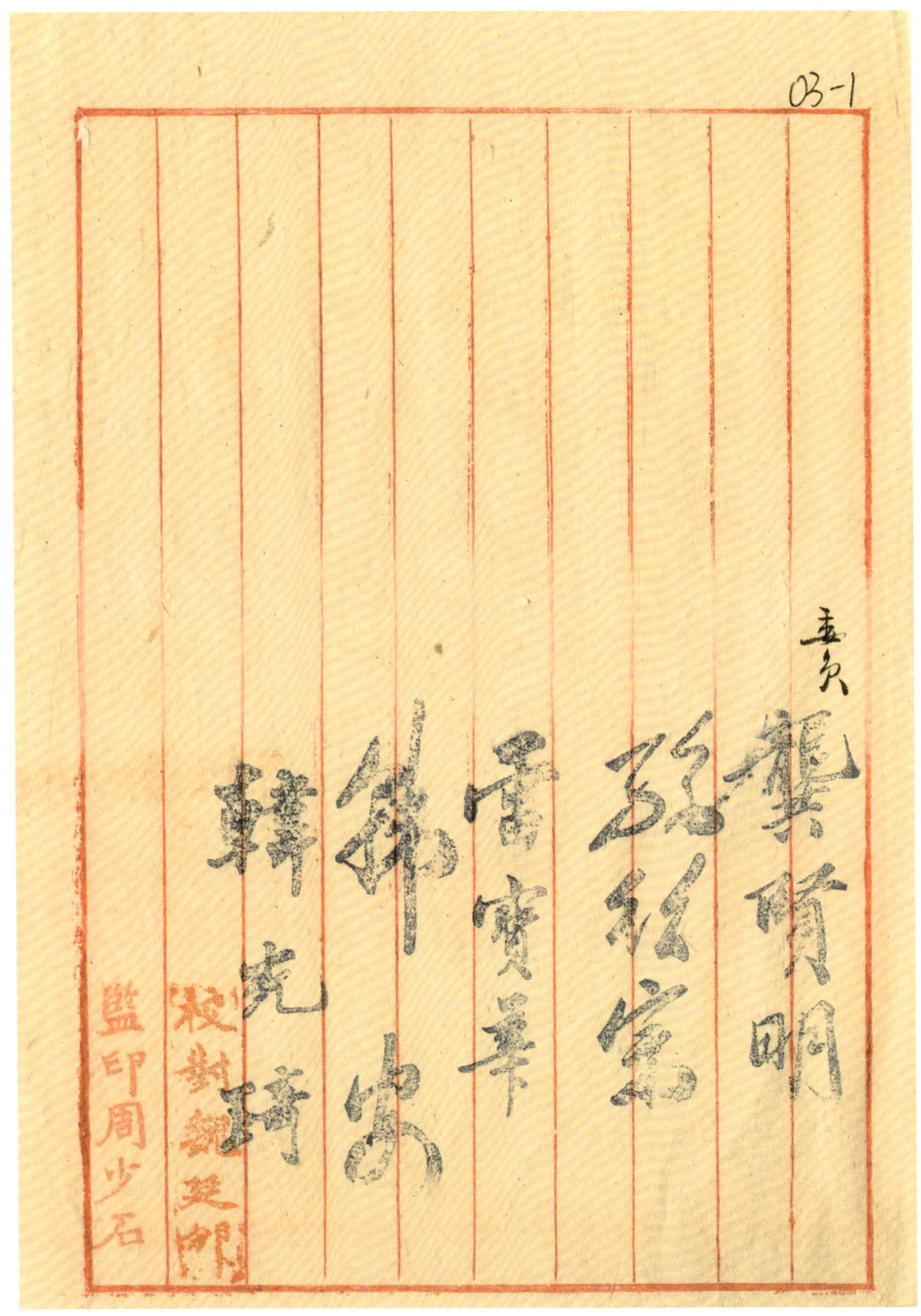

03-1

委員

龔賢明

孫紹宗

雷寶華

[illegible]

韓光琦

校對魏楚明

監印周少石

西京建委工程处关于请核除饬包商赶修南四府街新辟城门外所有中山门现堵一门可否打通致西京建委的呈（一九三九年十月七日）

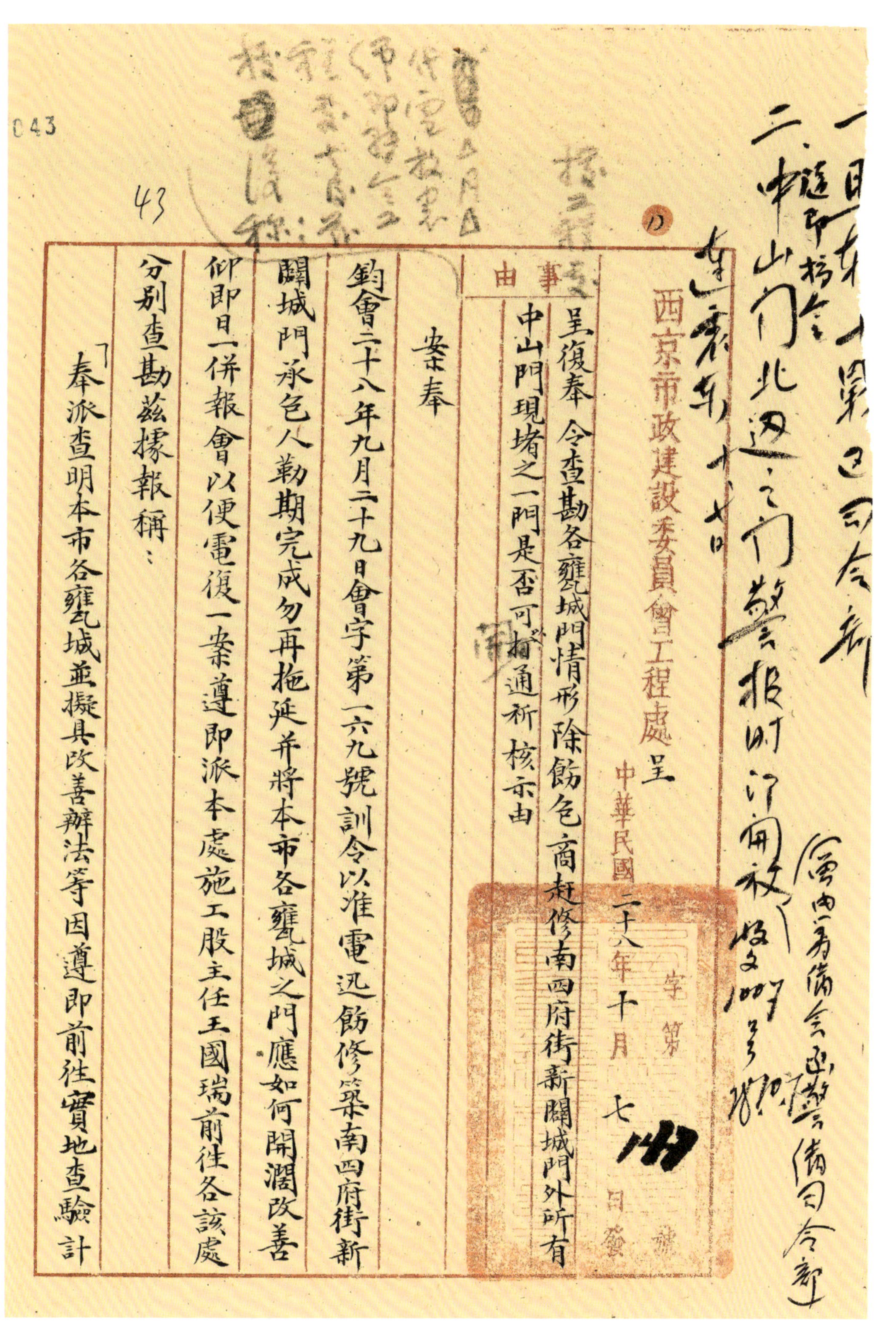
西京市政建設委員會工程處呈

中華民國二十八年十月七日

事由：呈復奉令查勘各甕城門情形除飭包商赶修南四府街新闢城門外所有中山門現堵之一門是否可以打通祈核示由

案奉

鈞會二十八年九月二十九日會字第一六九號訓令以准電迅飭修築南四府街新闢城門承包人勒期完成勿再拖延并將本市各甕城之門應如何開濶改善仰即日一併報會以便電復一案遵即派本處施工股主任王國瑞前往各該處分別查勘茲據報稱：

「奉派查明本市各甕城並擬具改善辦法等因遵即前往實地查驗計

43-1

本市各城門有甕城者僅東南西北四城門除南門甕城內經路曲折外其餘均為直綫又南甕城內新開城門一道故交通尚可無碍再本市各甕城之門均與城門同寬西二門相距不遠故無加寬甕城之必要惟中山門為雙行門現僅開一門似可打通以利交通其他中正門玉祥門則均無問題理合將查勘情形簽請鑒核謹呈

等情據此查核所稱各節尚屬實情除南四府街新闢城門工程已飭該包商與夜修築限期完成外所有中山門現在堵塞之一門是否可以打通未敢擅專理合具文呈復

鈞會鑒核轉達并祈指示祇遵實為公便

謹呈

044

44

西京市政建設委員會

西京市政建設委員會工程處處長龔賢明

陕西省建设厅关于准函增工赶修南四府街新辟城门致西京建委的公函（一九三九年十月七日）

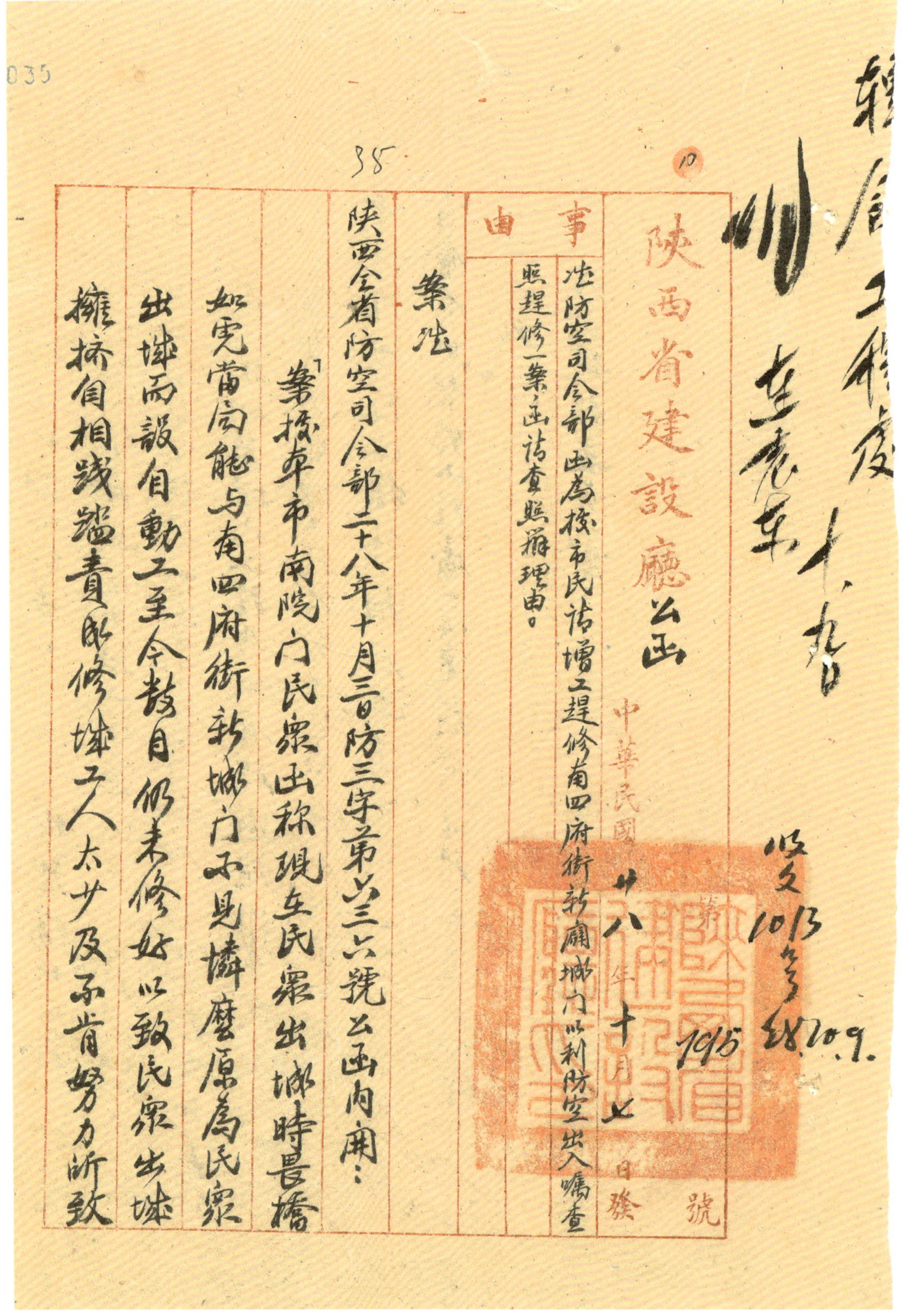

陕西省建设厅公函

中华民国廿八年十月七日發　號

事由：准防空司令部函為據市民請增工趕修南四府街新闢城門以利防空出入囑查照趕修一案函請查照辦理由。

收文1013號 28.10.9.

案准

陕西全省防空司令部二十八年十月三日防三字第三六號公函開：

「案據本市南院門民衆函稱：現在民衆出城時甚擠，如空襲當局能與南四府街新城門不是擁塞，原為民衆出城而設，自動工至今數日仍未修好，以致民衆出城擁擠，自相踐踏，責成修城工人太少及不肯努力所致

碎磚滿地，難以行走。九日晨被炸傷者以數百計，民

苦難訴。當局迅速派大批工匠急速完成，以利民衆，實民所

共盼者也。當時接此查來函語句多不明白，所稱各節，查係

附南四街所築城門工程遲延，有礙避難，難堆閲建設，相應函

達，即希查照，增工趕修，從速完成，而利市民避難為荷。此致」

等由。准此，除函復外，相應函請

貴會查照，督飭工程處從速趕修，以利交通。為荷！

此致

西京市政建設委員會。

監印李治甫

校對王增榮

西京建委关于准函赶修南四府街新辟城门致会属工程处的训令（一九三九年十月十一日）

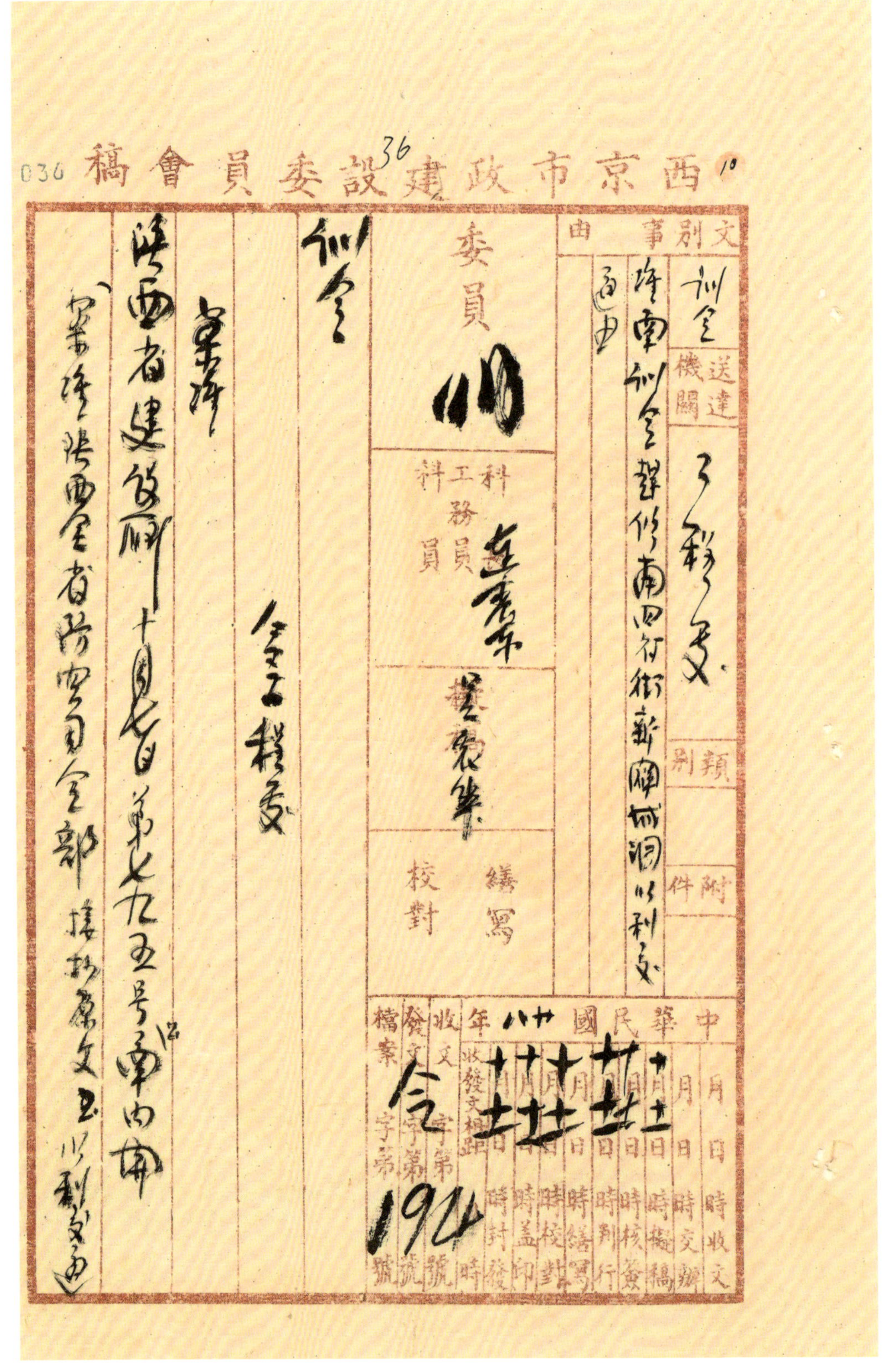

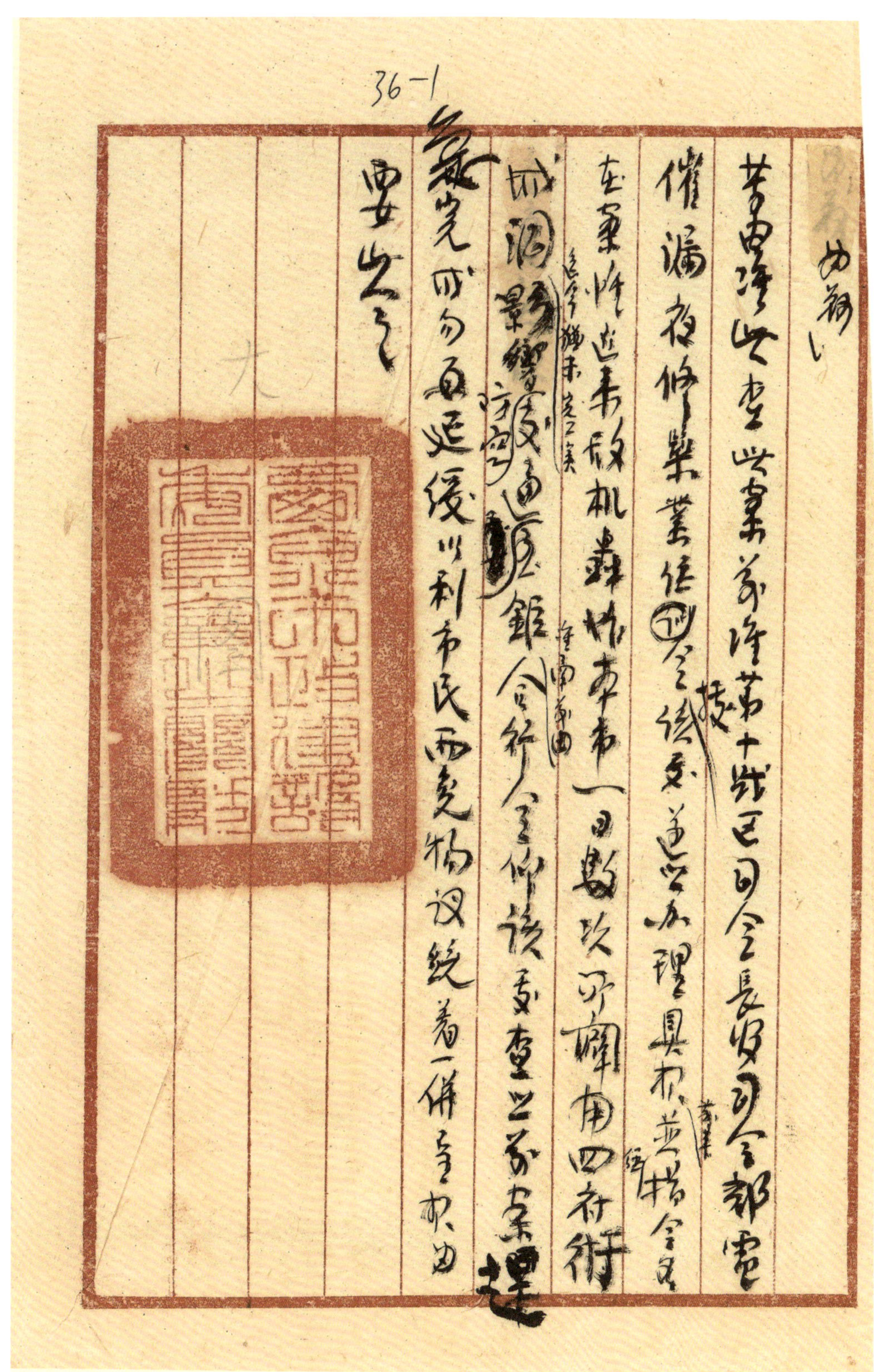

陕西全省防空司令部关于请即转饬工程处增工修筑南四府街新辟城门致西京建委的公函

（一九三九年十月十三日收）

陕西全省防空司令部公函

事由	拟办	决定办法	备考
函请转饬工程处增工修筑南四府街新修城门由	付工程处 [illegible] 卅十壹		

附件

收

收文 字第1034號

038

38

字第 號

28年10月12日 時到

38-1

陕西全省防空司令部公函

防三字第0609號

案查本部前據本市南院門民众呈請增工提修南四府街新修城门等情，當經轉函建設廳查照辦理去後，茲准函復該項工程係由西京市政建設委員會工程處辦理，等由，准此，相應函達，即希

貴會查照，轉飭工程處迅即增工修築，以利市民防空，為荷

此致

西京市政建設委員會

西京建委工程处关于南四府街新辟城门已派该处施工处主任前往督修限期完成致西京建委的呈（一九三九年十月二十三日）

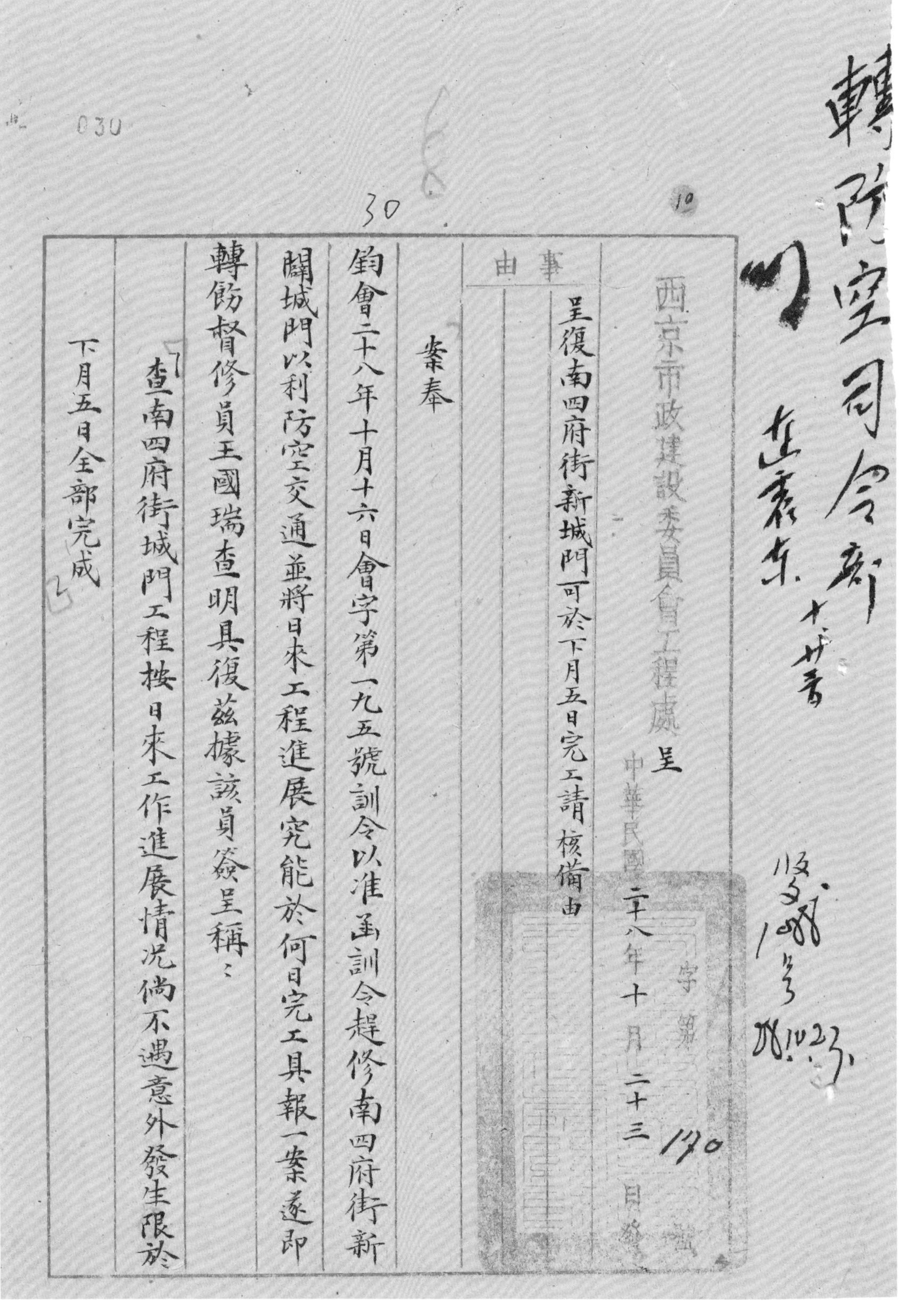

转防空司令部

西京市政建设委员会工程处呈

中华民国二十八年十月二十三日 字第 号

事由：呈复南四府街新城门可于下月五日完工请核备由

案奉

钧会二十八年十月十六日会字第一九五号训令以准函训令赶修南四府街新辟城门以利防空交通并将日来工程进展究能于何日完工具报一案遵即转饬督修员王国瑞查明具复兹据该员签呈称：「查南四府街城门工程按日来工作进展情况倘不遇意外发生限于下月五日全部完成

30-1

等情據此除再令飭加緊趕修提前完工外理合具文呈復

鈞會鑒核備查實為公便

謹呈

西京市政建設委員會

西京市政建設委員會工程處處長龍[illegible]賢明

第十战区司令长官司令部关于请即转饬员工漏夜兴筑南四府街新辟城门分别改辟东南西北及中山各城门外瓮城之门致西京筹备委员会的代电（一九三九年九月二十七日）

第十戰區司令長官司令部快郵代電

雲陶字第4711號

事由

西安西京籌備委員會勛鑒：西安城垣新闢城門洞原為便利市民出避空襲，乃查南四府街南口新闢城門興工數月迄未完成，以致磚土堆積，一遇警報民眾擁塞，危險殊甚，請即轉飭承辦員工漏夜興築。又查東南西北及中山各門外甕城之門或過狹窄，或經路曲折，阻碍交通殊甚，併希詳查分別改闢，尅期完成，以利通行，並請見復為盼。第十戰區司令長官司令部感雲陶

中華民國二十八年九月　日發

校對張世泉

陕西省建设厅关于增辟双仁府及莲花池两处防空便门致西京建委的公函（一九三九年十一月十七日）

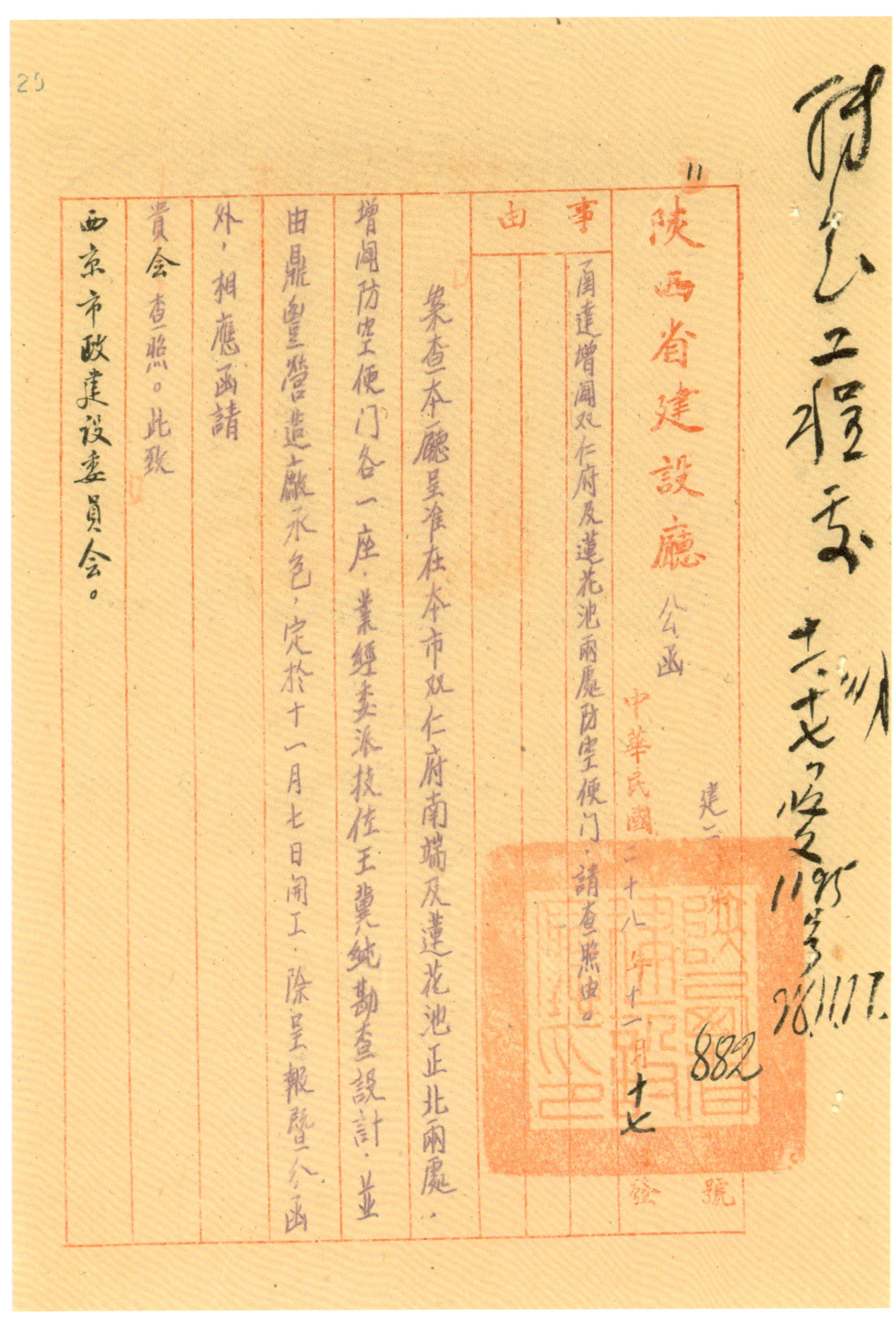

陝西省建設廳 公函

建二 號

事由：為建增闢双仁府及蓮花池兩處防空便门，請查照由。

中華民國二十八年十一月十七 發

882

案查本廳呈准在本市双仁府南端及蓮花池正北兩處，增闢防空便门各一座，業經委派技佐王冀純勘查設計，並由鼎盛營造廠承包，定於十一月七日開工，除呈報暨公函外，相應函請

貴会查照。此致

西京市政建設委員會。

025-1
監印李治甫
校對王[illegible]

西京建委关于准函增辟双仁府及莲花池两处防空便门致会属工程处的训令

（一九三九年十一月二十一日）

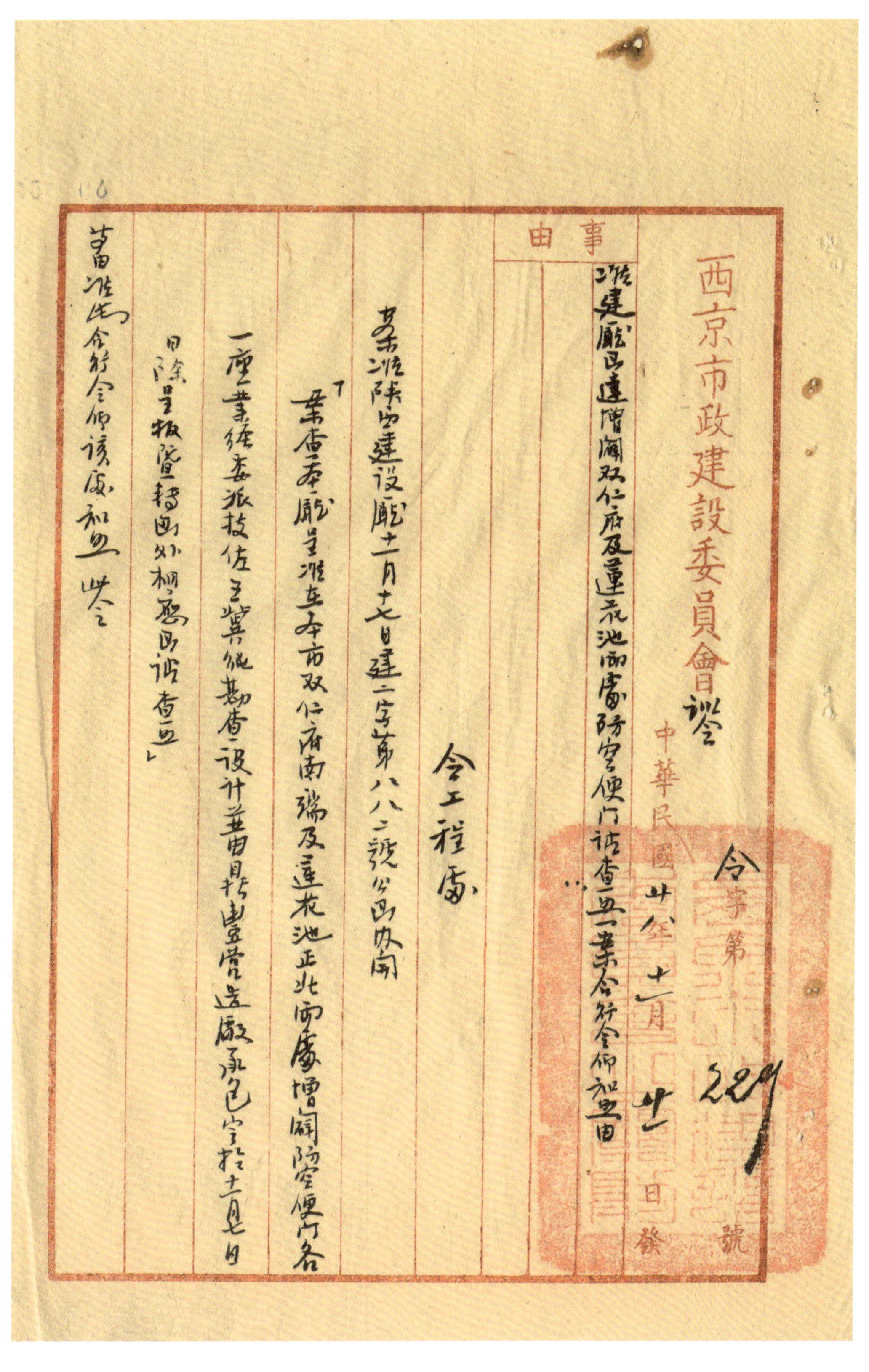

西京市政建設委員會訓令

令字第229號

中華民國廿八年十一月廿一日發

事由：准建廳函達增闢双仁府及蓮花池兩處防空便門請查照一案令仰知照由

令工程處

案准陝西建設廳十一月十七日建二字第八八二號公函內開：

「案查本廳呈准在本市双仁府南端及蓮花池正北兩處增闢防空便門各一座，業經委派技佐王冀飛勘查設計並由貝扶豐營造廠承包定於十一月七日開工，除呈報暨轉函外，相應函請查照」

等由，准此，合行令仰該處知照。此令

06-1

委员

龚贤明
路经宇
雷宝华
仲屯
韩光琦

监印 周少石

西京建委工程处关于请求派员验收南四府街新辟城门工程致西京建委的呈（一九三九年十二月八日）

西京市政建設委員會工程處　呈　中華民國二十八年十二月八日

事由　呈請派員驗收南四府街新闢城門工程由

查南四府街新闢城門工程迭經本處催促該包商加緊工作依限完成并呈報各在案茲據該包商同義建築公司呈稱：

「查敝公司承包南四府街建修城門洞該項工程於十一月五日大部完成本應將圈台木架隨時拆之，构縫及小部份工作隨時做之，不期完成旋奉處長面諭洞内圈台木架當時不能拆去，候經圈頂砌磚乾到後在行拆去，以致构縫及小部份工作不能進行，躭延二十餘日後經圈頂乾到木架

048-1

析之小部工作随时做之于十一月二十八日全部完成恳请验收是为至盼谨呈

等情据此除将所延日期照章结算罚办并分函外理合具文呈请

钧会鉴核派员会同验收以资清结实为公便

谨呈

西京市政建设委员会

西京市政建设委员会工程处处长龚贤明

西京建委工程处关于请求派员验收大油巷等处防空便门门窗工程致西京建委的呈（一九四〇年二月二十八日）

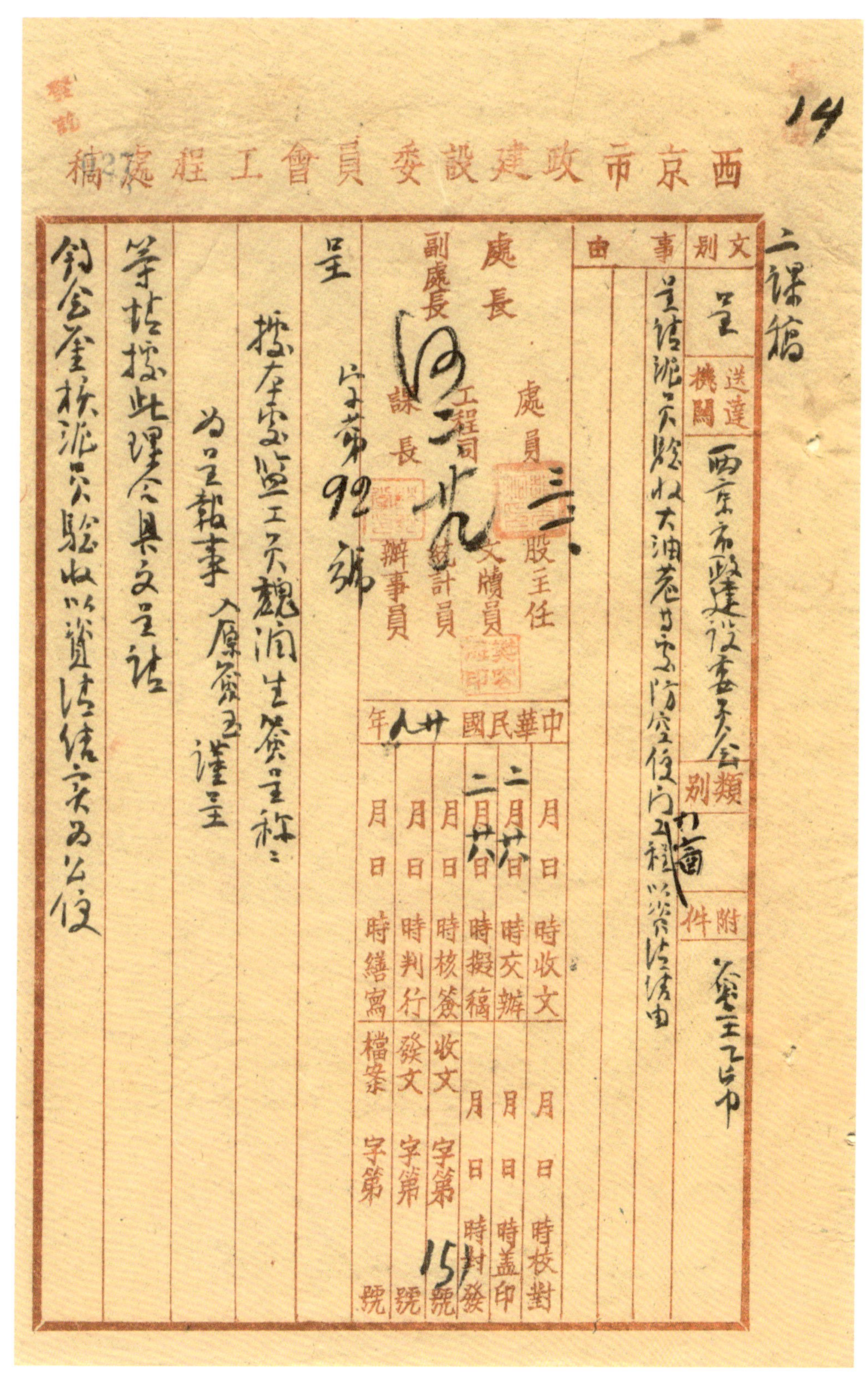

西京市政建設委員會工程處稿

文別：呈
事由：呈請派員驗收大油巷等處防空便門工程以資結清由
送達機關：西京市政建設委員會
類別：
附件：

處長　副處長
課長
處員
股主任
工程司
文牘員
統計員
辦事員

中華民國廿九年
二月廿六日擬稿
二月廿七日交辦

呈

字第92號

據本處監工員魏潤生簽呈稱：「為呈報事（原簽至）謹呈」等情。據此，理合具文呈請鈞會准予派員驗收，以資結清，實為公便。

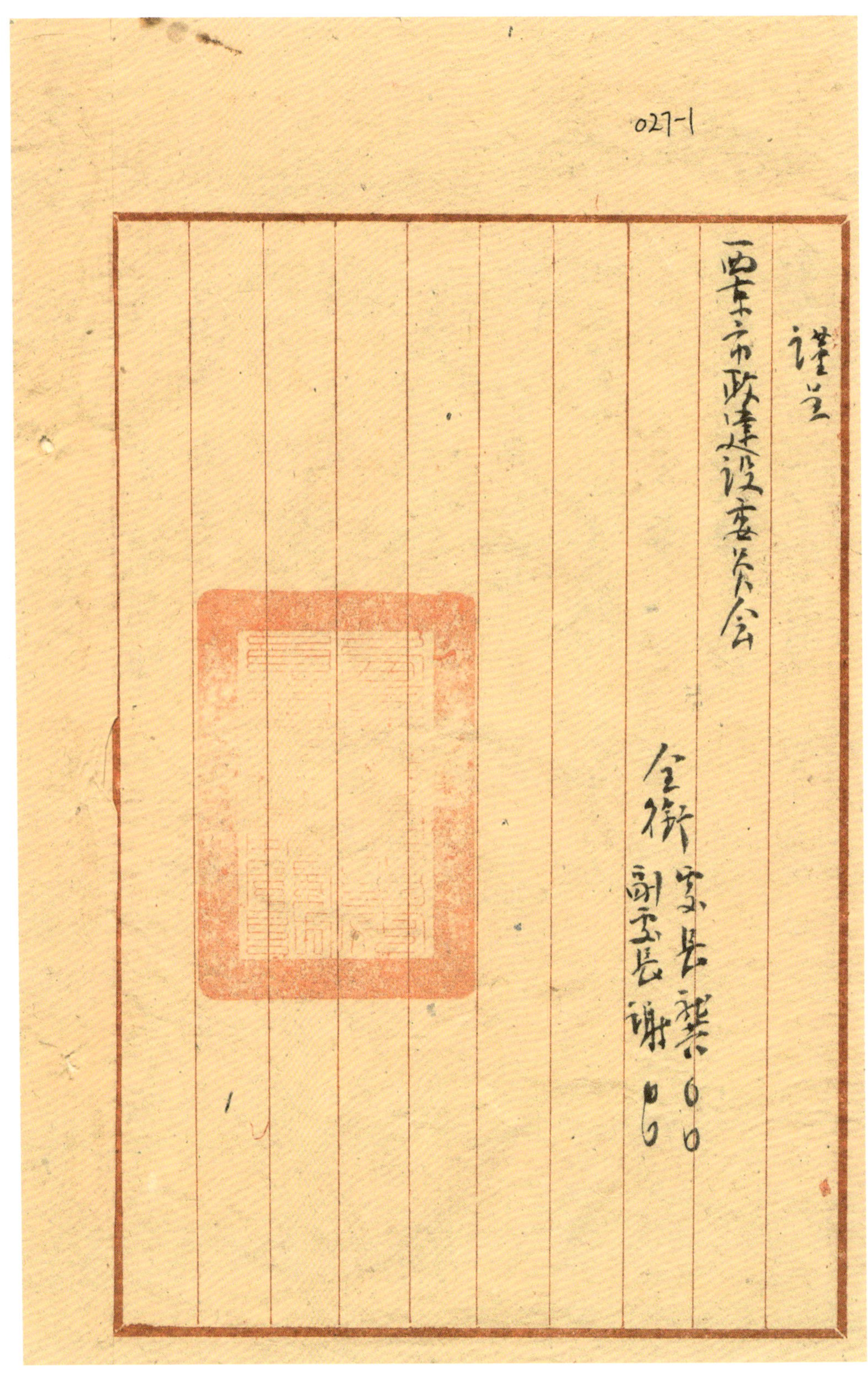

027-1

谨呈

西京市政建设委员会

全衔 处长 龚〇〇

副处长 谢〇〇

西安市政处关于饬属届时派员参加修筑本市防空便门大门等工程比价致处属工务局的训令

（一九四四年五月十日）

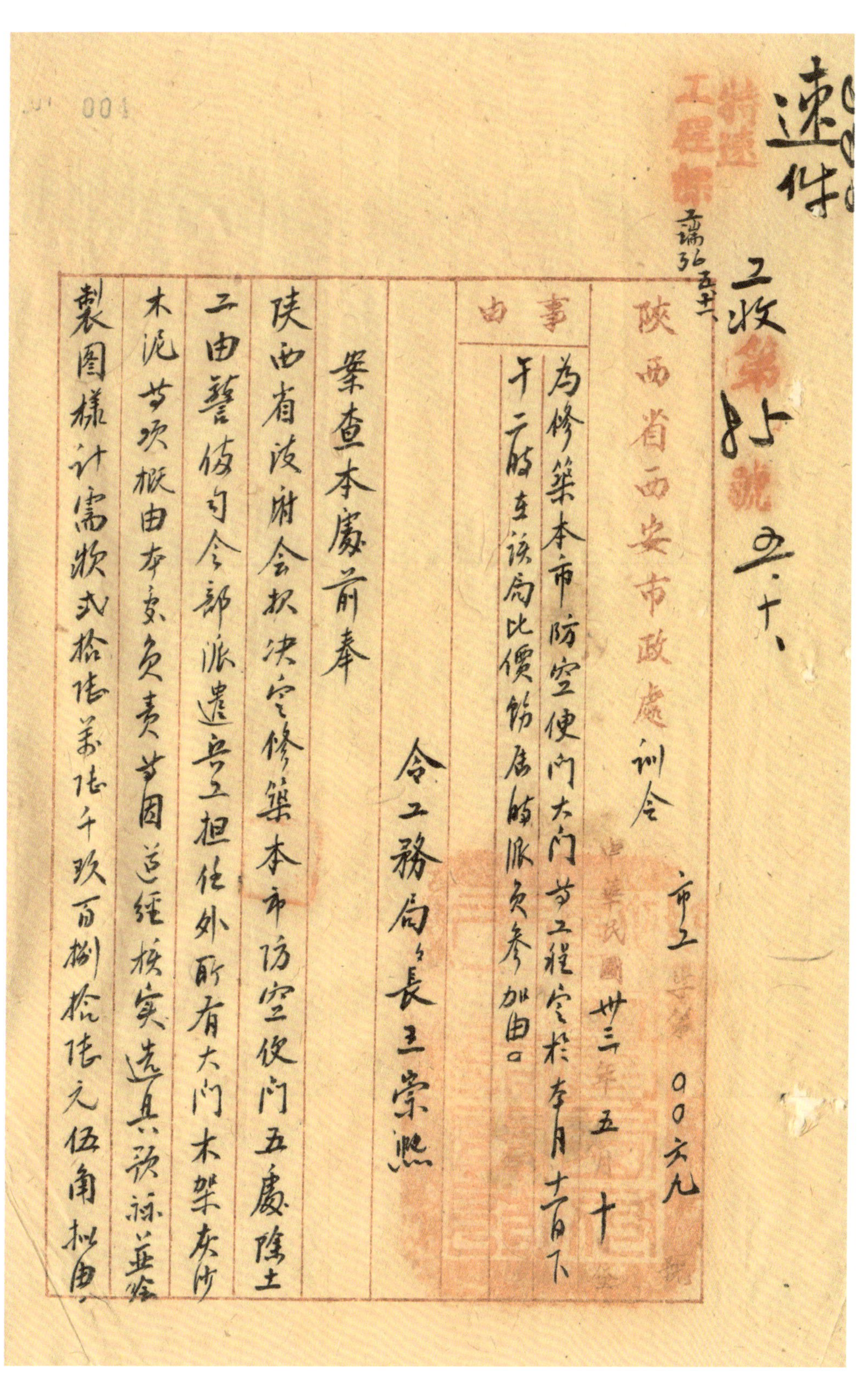

速件

特速

工程案

工收第85號 五.十

陝西省西安市政處訓令 市工字第〇〇六九號

中華民國卅三年五月十日

事由：為修築本市防空便門大門等工程定於本月十日下午二時在該局比價飭屆時派員參加由

令工務局局長王崇熙

案查本處前奉

陝西省政府令飭決定修築本市防空便門五處，除土

工由警備司令部派遣民工担任外，所有大門木架灰沙

木泥等項，概由本處負責，業經核實造具預算並繪

製圖樣，計需款貳拾伍萬伍千玖百捌拾伍元伍角，擬再

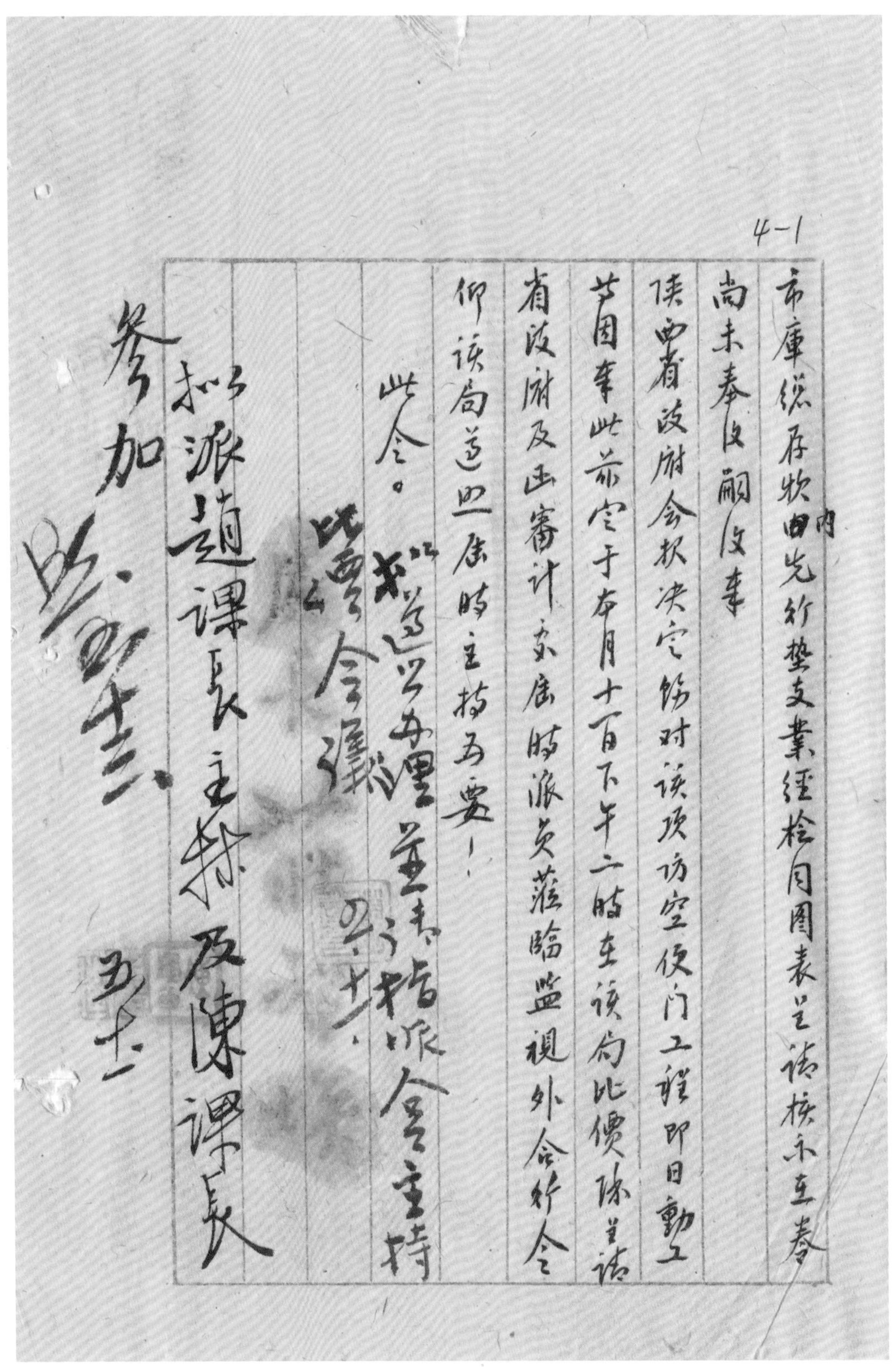
4-1

市库总存款内由先行垫支，业经检同图表呈请核示在案，尚未奉复。顷复奉陕西省政府会议决定：饬对该项防空便门工程即日动工等因。奉此，兹定于本月十日下午二时在该局比价，除呈请省政府及函审计处届时派员莅临监视外，合行令仰该局遵照，届时主持为要！

此令。

拟遵照办理并指派全主持

比会令遵

五、十

拟派赵课长主持及陈课长参加

五、十二

照 五、十三

西安市政处工务局关于赍送修筑北马道巷等五处防空便门合同等件致市政处的呈（一九四四年五月十七日）

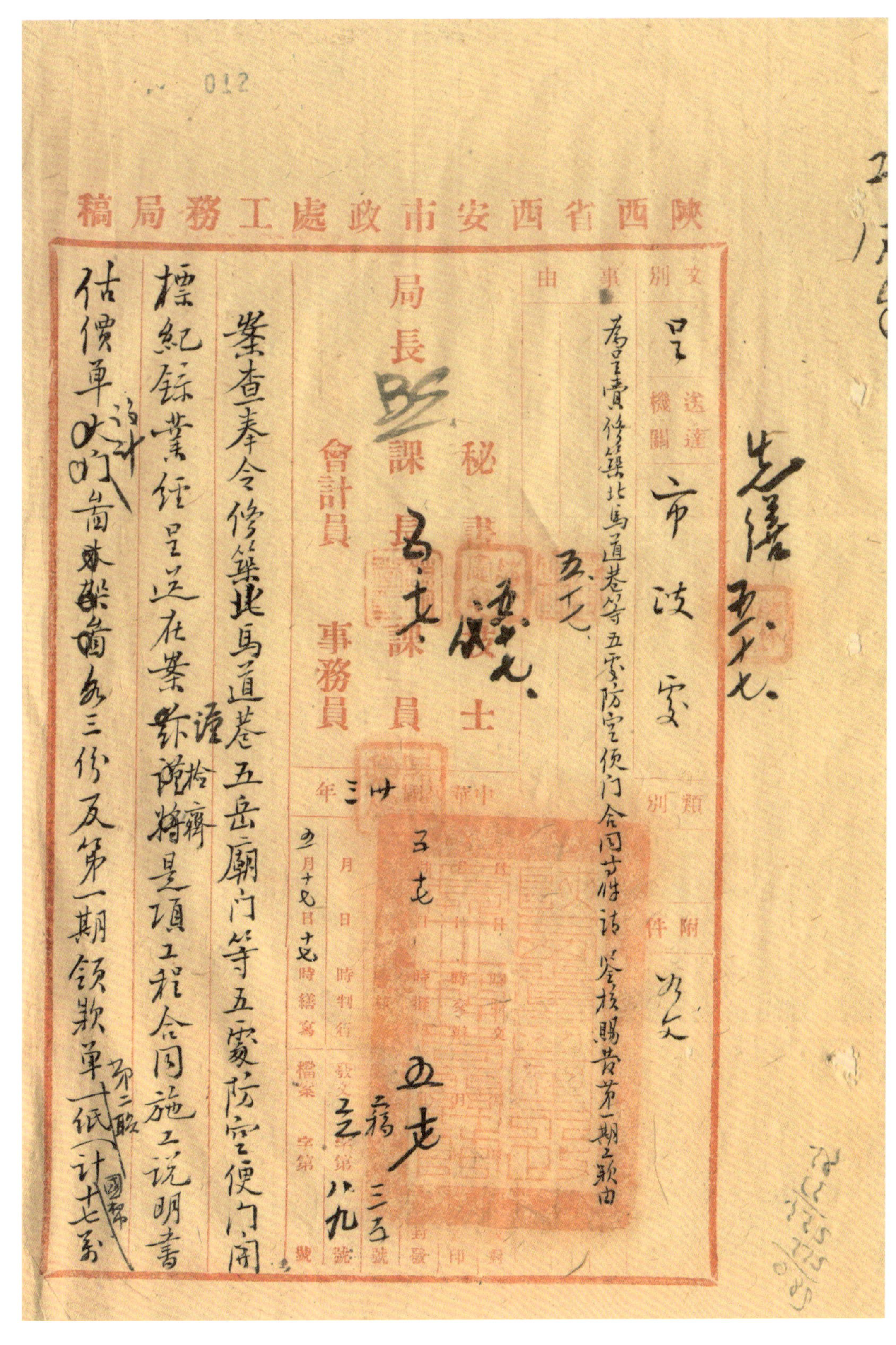
陕西省西安市政處工務局稿

文别：呈
送達機關：市政處
事由：為呈賫修築北馬道巷等五處防空便門合同等件請鑒核賜發第一期工款由

案查奉令修築北馬道巷五岳廟门等五處防空便门開標紀錄業經呈送在案，茲謹將是項工程合同施工說明書、估價單……及第一期領款單貳紙……

12-1

八千九百元正備文賚請
鑒核賜發實為公便
謹呈
西安市政處處長
附呈 合同三份
說明書三份
估價單三份
大門窗木架窗式三份
第一期領款單壹紙
全銜局長王○○

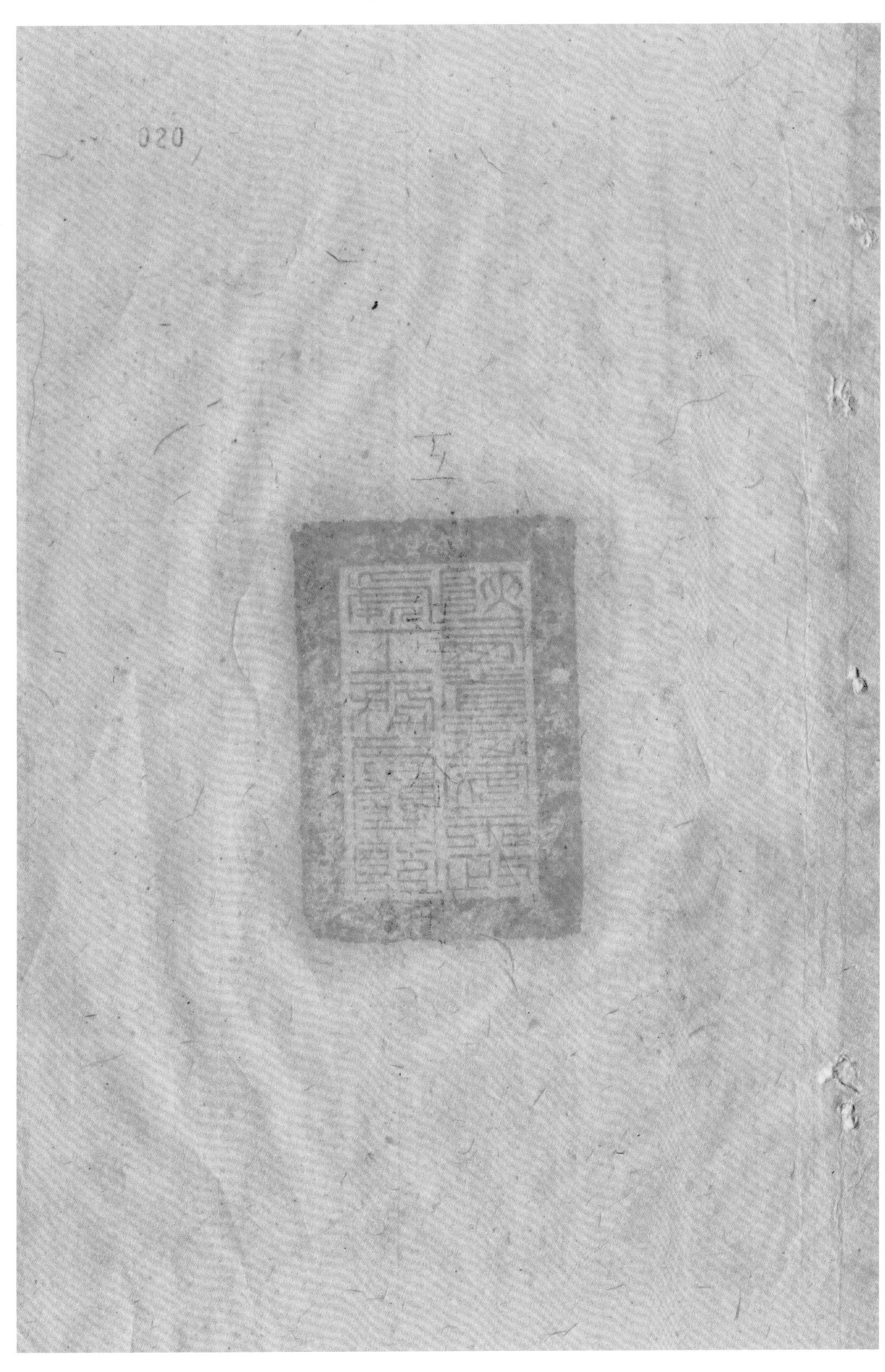

附一：修筑北马道巷等五处防空便门合同（一九四四年五月）

西安市政處工務局（以下簡稱工務局）茲以修築馬道巷、五岳廟门仁愛巷、南関二個共五處防空便门及木梁工程與承包人同仁達築公司（以下簡稱承包人）訂立合同如左：

第一條 本合同自訂立之日起發生効力至工程告竣驗收如式承包人出具保固切結後為止。

第二條 承包人投標時所填寫之標單及說明書等為本合同之一部，在工程進行期間工務局對於工程各部份有更改或增減時承包人須遵照建築所有工料按投標時所填單價計算，如標單單價不敷時按照時價另行估定。

第三條 本工程所有零星瑣碎之處如有未盡載明於施工說明書或圖樣等之內者承包人須服從工務局所派監工人員指示辦理不得另索造價

021

第四條 本工程所需一切人工物料工具及合同第十七條之設置防護之物（壓路機除由本局借用）統歸承包人負擔所有。

本工程所需用之材料須經本局所派之監工人驗收認為與規定相符合方准應用，倘有不合格者承包人須即撤運出場。

第五條 工程進行時承包人須負工人安全及維持交通之責。

第六條 承包人非得工務局之允許不得將本工程轉包他人。

第七條 承包人須派富有經驗之監工人常川在場監督並聽工務局監工員之指揮，如該監工人不稱職時工務局得通知承包人撤換之。

第八條 本工程於任何時間如工務局查有與施工說明書不符之處，得責令承包人拆卸除並依照規定之工料重築，所有因此金錢之損失統歸承包人負擔。

第九條 訂立合同時(同)承包人須繳納保證金貳萬元須取收據承包人中途有違反合同或借辭推諉不完工等情事工務局得將保證金悉數沒收作為賠償各項損失之一部

第十條 本工程經陝西省政府驗收後上項保證金可轉作保固金（保固金發還办法列後）所有保證金保固期及保固金等皆須按工務局办法办理。

第十一條 本工程自卅三年五月廿一日起動工限定工作日拾四天（雨雪或暴風警報天除外）實行逾限一日罰洋壹仟（壹佰壹拾玖）元在保證金或工款內扣除如遇雨雪或暴風確碍工作時須由本局所派負責人員簽字証明始得展期完工。

第十二條 本工程於開工之後驗收之前其全部建築工程隨時由承

022

包人負責賠償工人損失[illegible]負完全負責。

第十三條　承包人須覓殷實舖保二家擔保承包人[illegible]設遇承包人或不能履行合同條件所有條款由保證人代承包人負本合同所定一切責任，保證人須填寫保證書並在本合同後方簽字蓋章，否不承認本款。

第十四條　若承包人無故停止工作或延緩履行合同時，經本局書面通知後三日仍未遵照工作，由本局一面通知保證人，一面另雇他人繼續承包工作，所有場內之材料器具設備等，概歸本局使用，而其續造工程之費用及延期損失等，本局由承包價內扣除，並知有不足之處，由保證人賠償。

第十五條　訂立合同後，物價如何增漲，承包人不得要求加價。

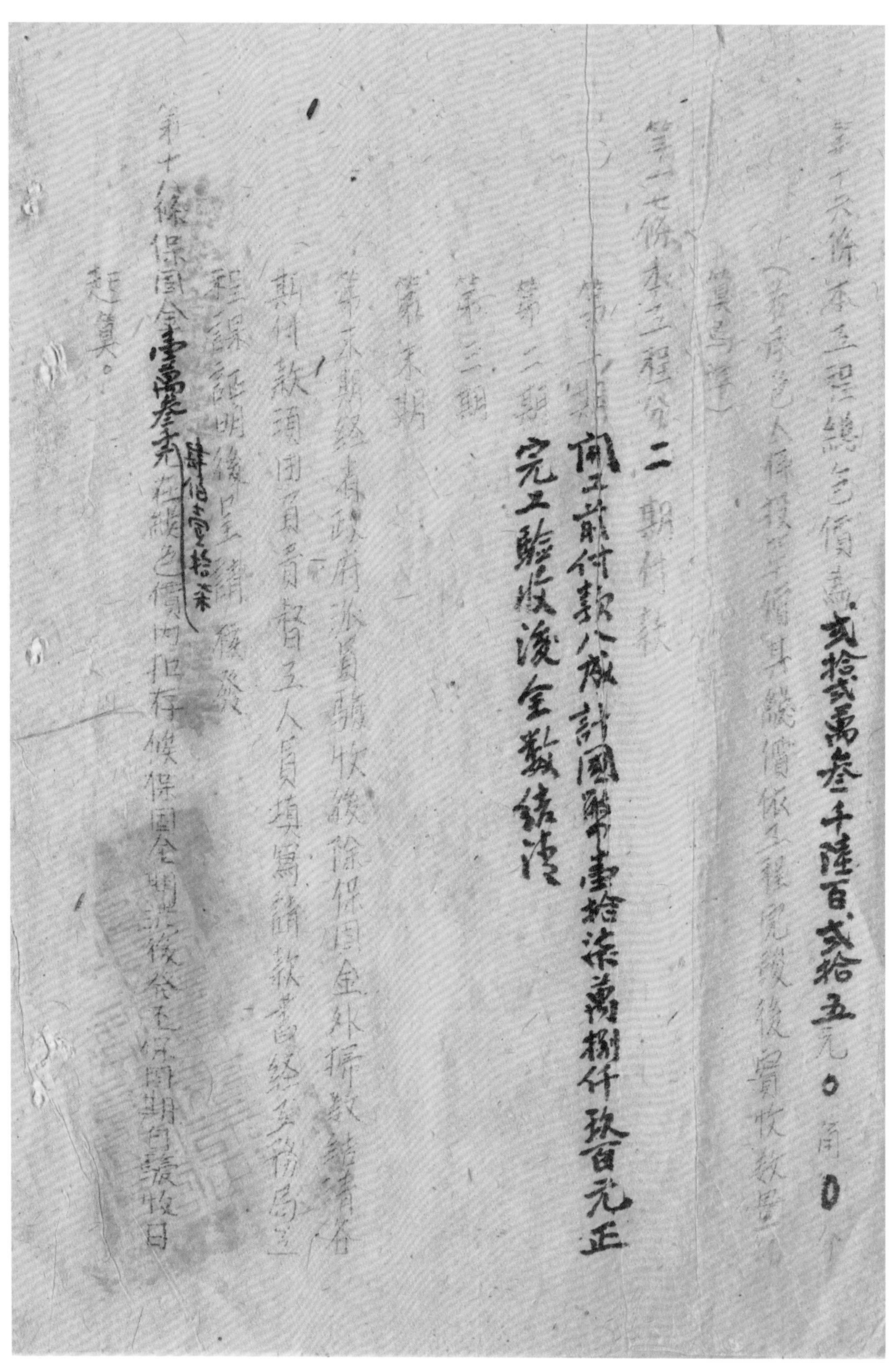
第十六條 本工程總包價為貳拾貳萬叁千陆百貳拾五元〇角〇分
（若承包人按投標單價其總價依工程完竣後實收數目
算為準）
第十七條 本工程分二期付款
第一期 開工前付款八成計國幣壹拾柒萬捌仟玖百元正
第二期 完工驗收後全數結清
第三期
第末期
第末期經市政府派員驗收後除保固金外餘款結清各
期付款須由負責督工人員填寫請款書經事務局呈
程課證明後呈請核發
第十八條 保固金壹萬叁千肆佰壹拾柒元在總包價內扣存俟保固全期滿後發還保固期自驗收日
起算。

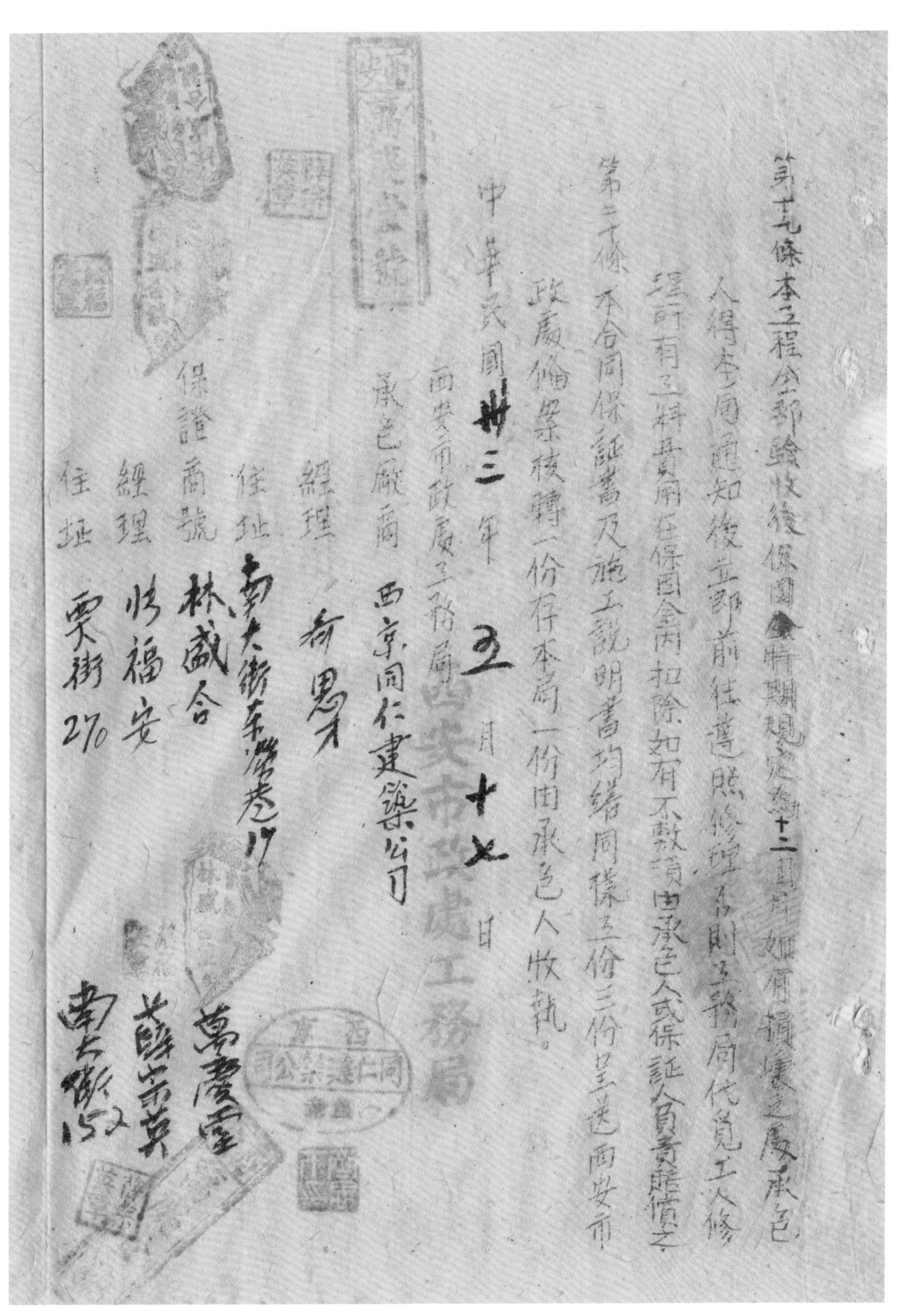
第十九条 本工程全部验收后保固金暂期规定为十二个月，如有损坏之处，承包人得本局通知后立即前往遵照修理，否则工务局代觅工人修理，所有工料费用在保固金内扣除，如有不敷，须由承包人或保证人负责赔偿之。

第二十条 本合同保证书及施工说明书均缮同样五份，三份呈送西安市政处备案核转，一份存本局，一份由承包人收执。

中华民国卅三年五月十七日

西安市政处工务局

承包厂商 西京同仁建筑公司

经理 俞思才

住址 南大街东县巷17

保证商号 林盛合

经理 孙福安

住址 南大街270

万庆堂

苏宗英

南大街152

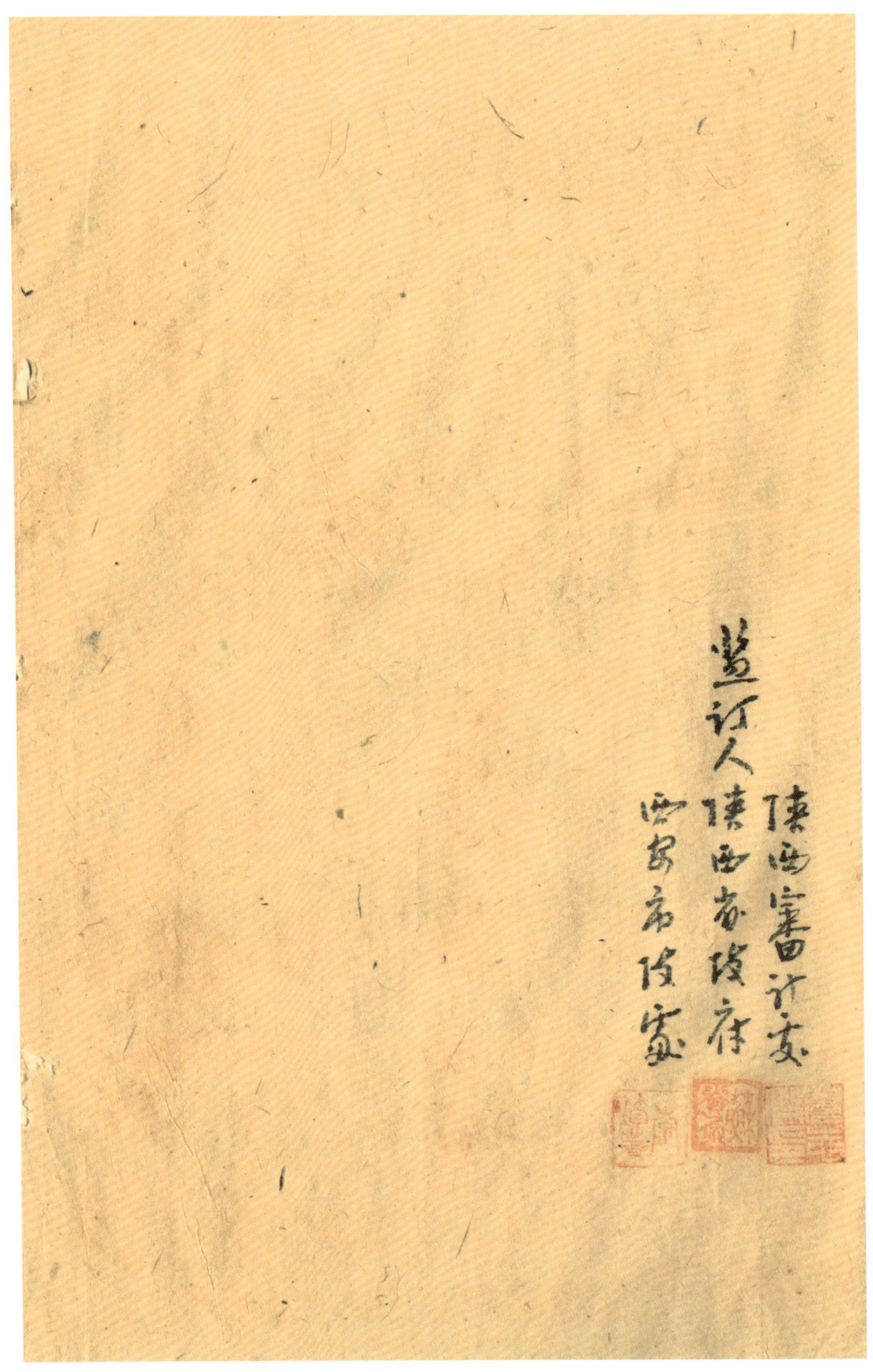
监订人 陕西省档案馆 西安市档案馆 陕西审计厅

防空便門施工說明書

一、本說明書僅限於本次工程範圍以內

二、裝設便門位置於北馬道巷五岳廟門仁愛巷各一合南関二合共計五合

三、洞架立柱用端直無裂縫之楊木料（尺寸見圖）樑子圓經須鉗於洞牆內二分之一

四、樑架用松木料（尺寸見圖）端直無裂縫疤痕接銜之處須切合無空隙

五、樑架上之棚木（尺寸見圖）撲端正無歪斜者每根須由圓經中心分開裝釘時平面向下半圓面向上緊貼

洞圈如遇不实在之處須用小木片加实
六、棚架裝釘後貼洞圈兩棚木間之空隙須用草泥抹厚
五公分以求平整堅实、
七、門框兩旁須砌磚台（尺寸見圖）利用城墻拆下之舊磚
用一比三白灰沙漿砌。
八、門框用楊木料門扇用榆木料（尺寸見圖）門扇所釘之鐵丁
分列裝釘穿過門扇上之橫木門面須光平無裂縫
九、南關兩便門所用之過木須兩根貼緊、不得有空間木料
須樓端正無歪斜、
十、本說明書如有未盡善處得隨時修改之。

附三：北马道巷等五处防空便门木架图（一九四四年五月）

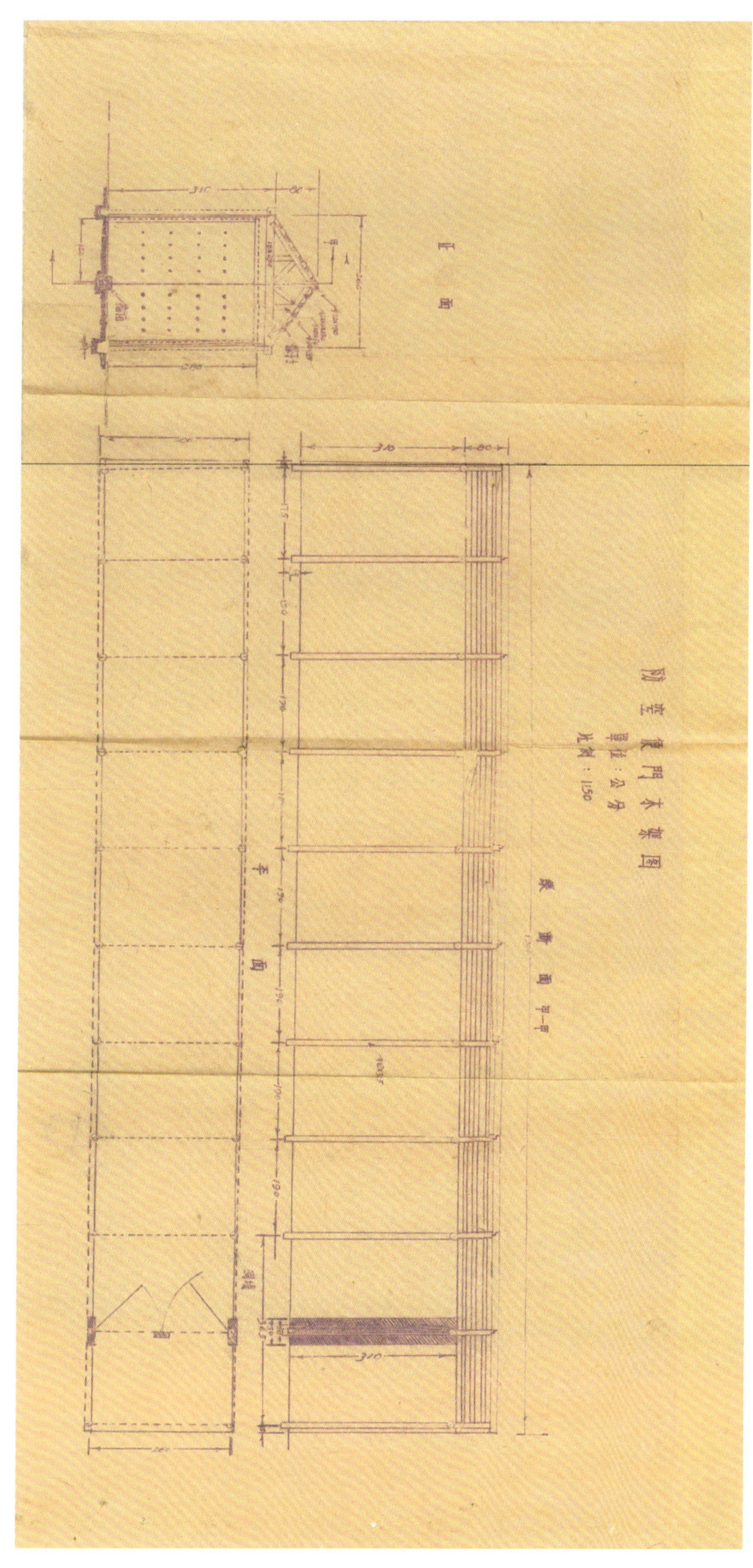

附四：修筑北马道巷等五处防空便门及木架工程估价单（一九四四年五月）

西安市政府工務局修築北馬道巷五岳廟門仁愛巷南關兩個等五處防空便門及木架工程估價單

種類	單位	單價	數量	合價	備考
椽子	根	三四〇〇.〇〇	六六.〇〇	二二四四〇〇.〇〇	φ12×325公分楊木料
大樑	〃	八五〇〇.〇〇	三三.〇〇	二八〇五〇〇.〇〇	φ18×290公分松木料
脊樑	〃	三二〇〇.〇〇	三三.〇〇	一〇五六〇〇.〇〇	φ12×170〃〃〃〃
八字撐柱樑	〃	三〇〇〇.〇〇	六三.〇〇	一八九〇〇〇.〇〇	12×10×130〃〃〃〃
中脊樑	〃	一五〇〇.〇〇	三三	四九五〇〇.〇〇	φ12×70〃〃〃〃
棚木	〃	三五〇〇.〇〇	一九八.〇〇	六九三〇〇〇.〇〇	φ15×190〃〃〃〃
大門	合	一〇〇〇〇〇.〇〇	五.〇〇	五〇〇〇〇〇.〇〇	260×210門框用松木門扇用榆木

18-1

大蓋釘門扇鐵釘	根	六〇.〇〇	三〇〇〇.〇〇	一八〇〇〇〇.〇〇	φ1.5×15
門轉軸圈	個	一〇〇.〇〇	三〇.〇〇	三〇〇〇.〇〇	門扇上下軸圈
白灰	市斤	二.五〇	六五〇.〇〇	一六二五.〇〇	利用舊磚砌門壞用
沙子	公方	四五〇.〇〇	一.〇〇	四五〇.〇〇	仝上
過木	根	五〇〇.〇〇	六〇.〇〇	三〇〇〇〇.〇〇	φ15×300
泥水匠工	工	一五〇.〇〇	一二五.〇〇	一八七五〇.〇〇	

總計國幣貳拾叁萬叁仟捌百貳拾伍元正

戰店??商同仁建築公司

經理 齊良才

中華民國三十三年五月　日

西安市政处工务局关于赍送北马道巷等五处防空便门竣工图并请派员验收致市政处的呈（一九四四年七月二十二日）

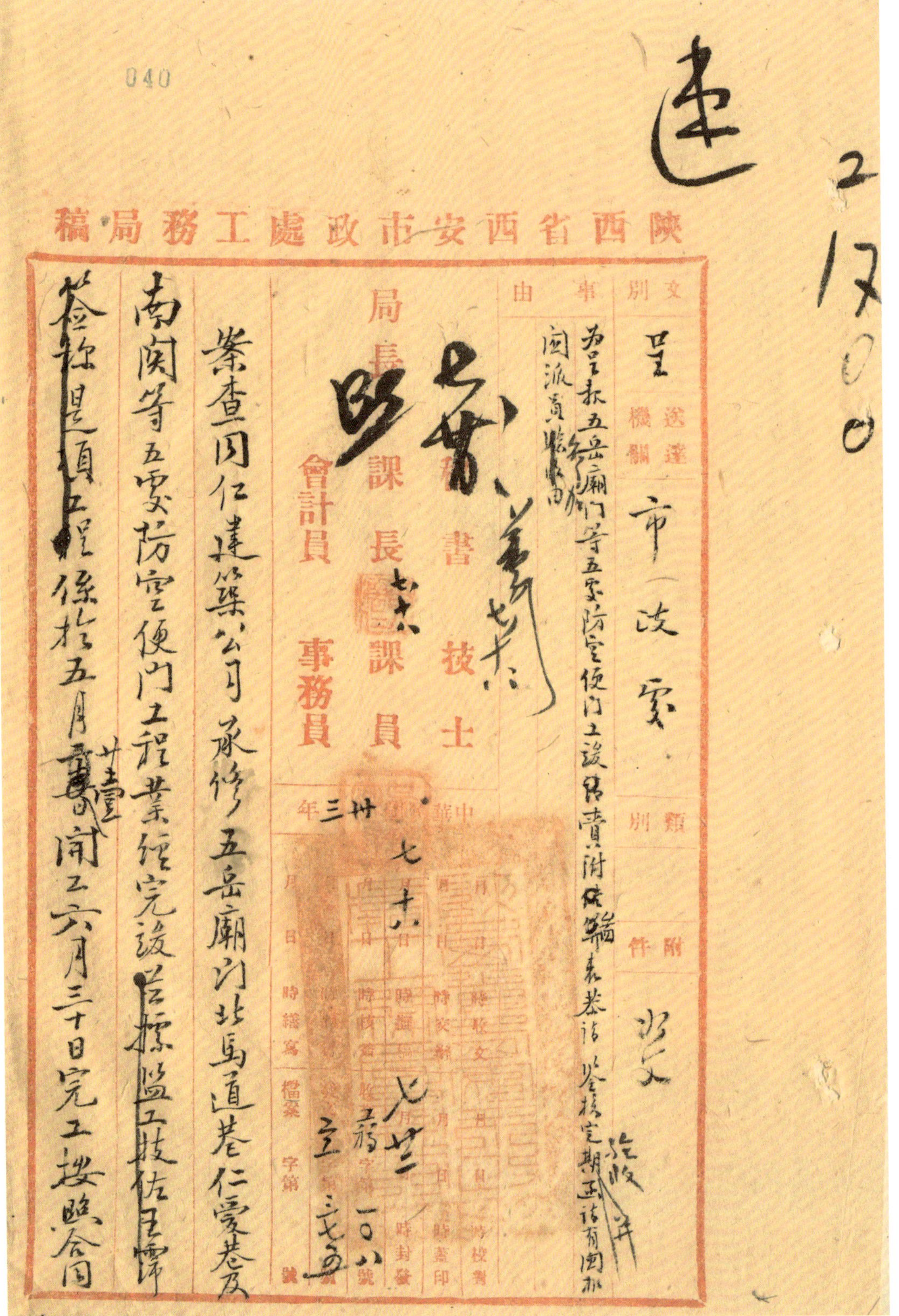

40-1

規定為十四天完工限自六月二日起防空司令部因道路交通
小經通知警備司令部派兵後於開挖延至六月二十日始行
完竣節耗二十六天不計外核計該公司實作
工程仍為十四天並未逾限期特查屬實理合檢具該工程
表備文呈請
鑒核指定日期並函請有關機關派員蒞臨驗收為公便
謹呈
西安市政府
附呈繪（繕）就表旦（單）三份

全銜局長王〇〇

附一：北马道巷等五处防空便门竣工草图（一九四四年七月）

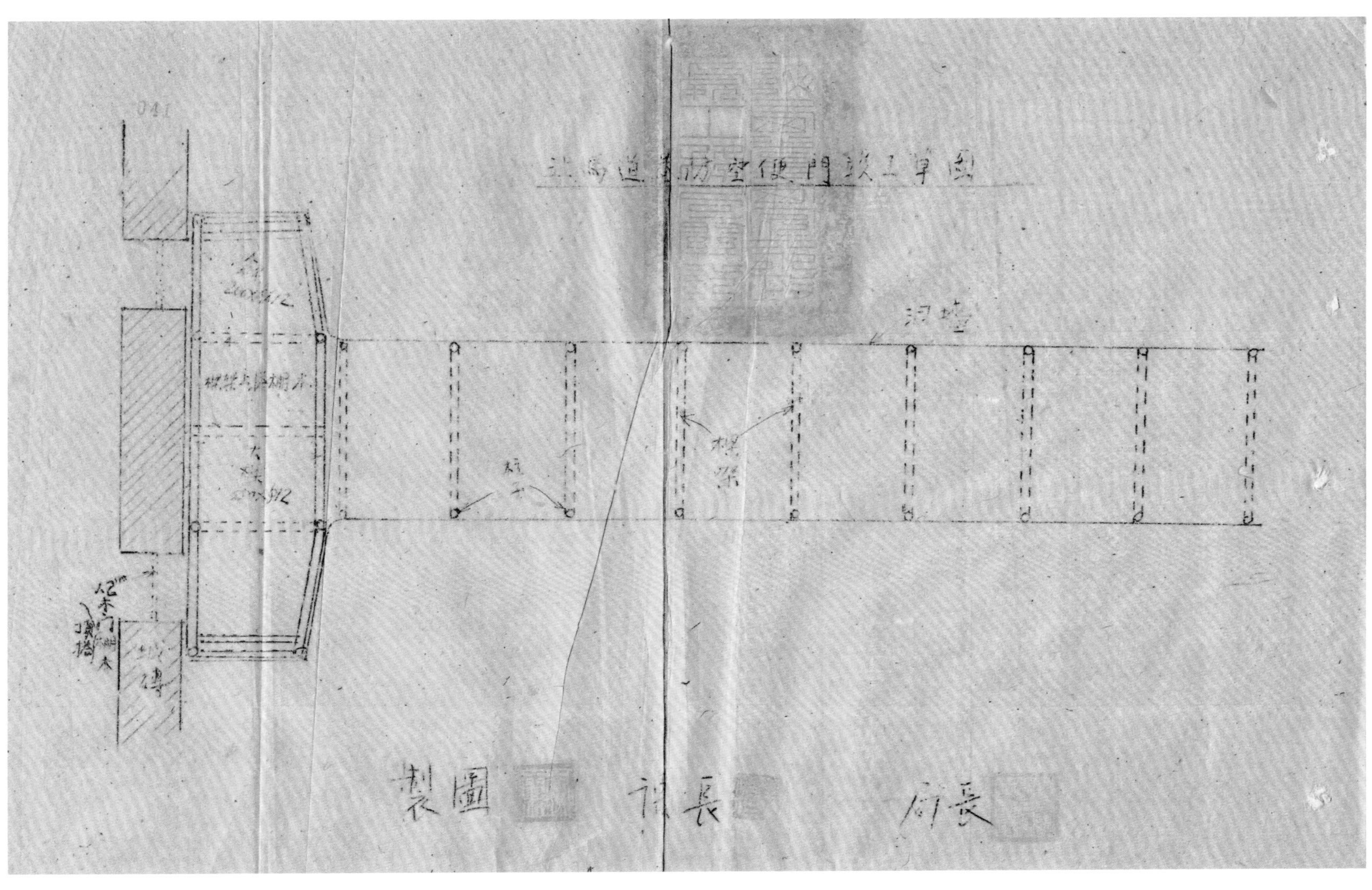

附二：北马道巷等五处防空便门竣工图（一九四四年七月）

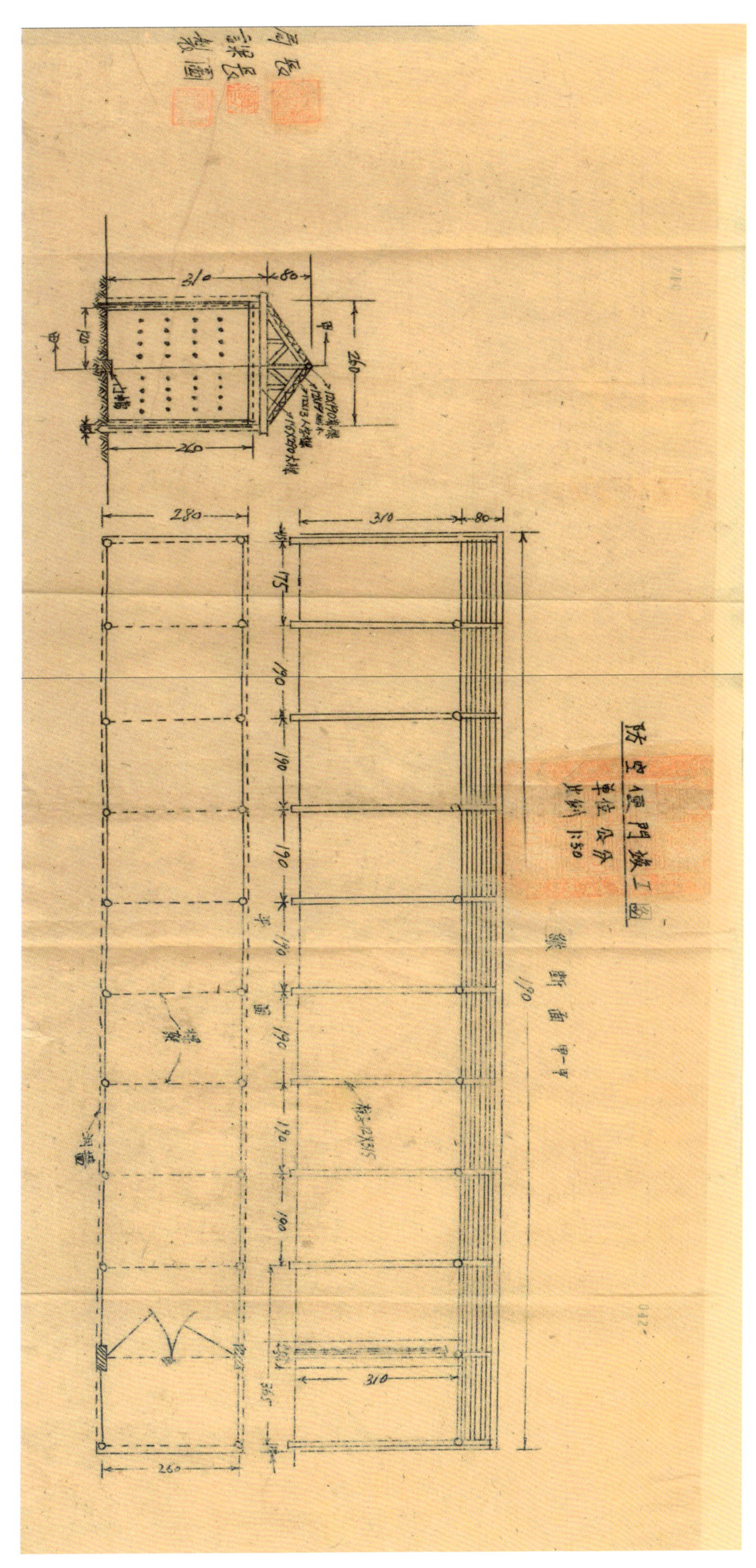

附三：北马道巷等五处防空便门工程结算表（一九四四年七月）

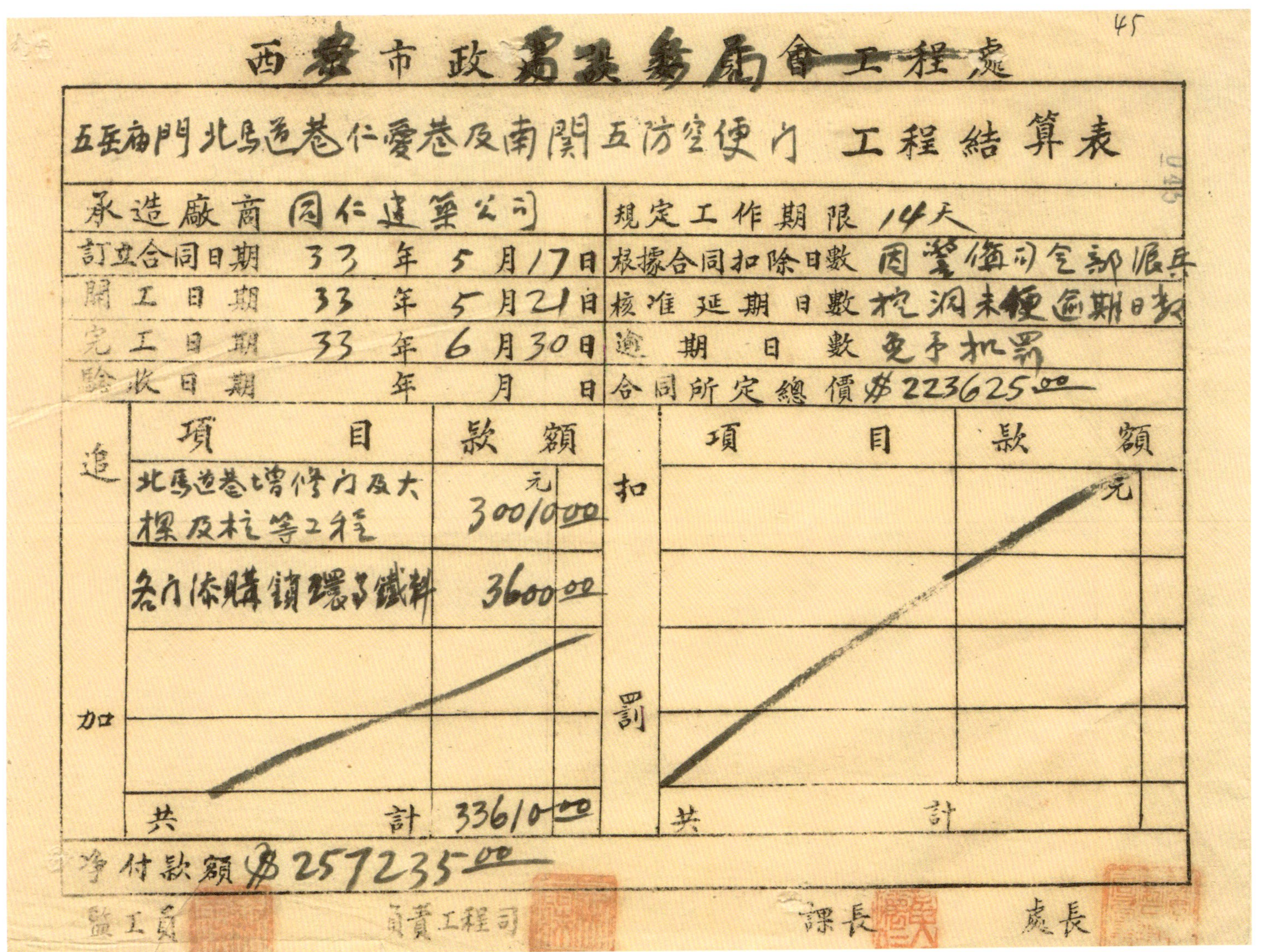

45

西安市政处会工程处

五岳庙门北马道巷仁爱巷及南关五防空便门 工程结算表

承造厂商	同仁建筑公司	规定工作期限	14天
订立合同日期	33年5月17日	根据合同扣除日数	因警备司令部派兵
开工日期	33年5月21日	核准延期日数	挖洞未便逾期日数
完工日期	33年6月30日	逾期日数	免予扣罚
验收日期	年 月 日	合同所定总价	$223625.00

	项目	款额		项目	款额
追加	北马道巷增修门及大梁及柱等工程	30010.00元	扣罚		元
	各门添购锁环等铁料	3600.00			
	共计	33610.00		共计	

净付款额 $257235.00

监工员　　负责工程司　　课长　　处长

陕西省政府、西安市政府关于派员验收北马道巷等五处防空便门工程的来往公文（一九四四年九月八日至十月六日）

陕西省政府致西安市政府的指令（一九四四年九月八日）

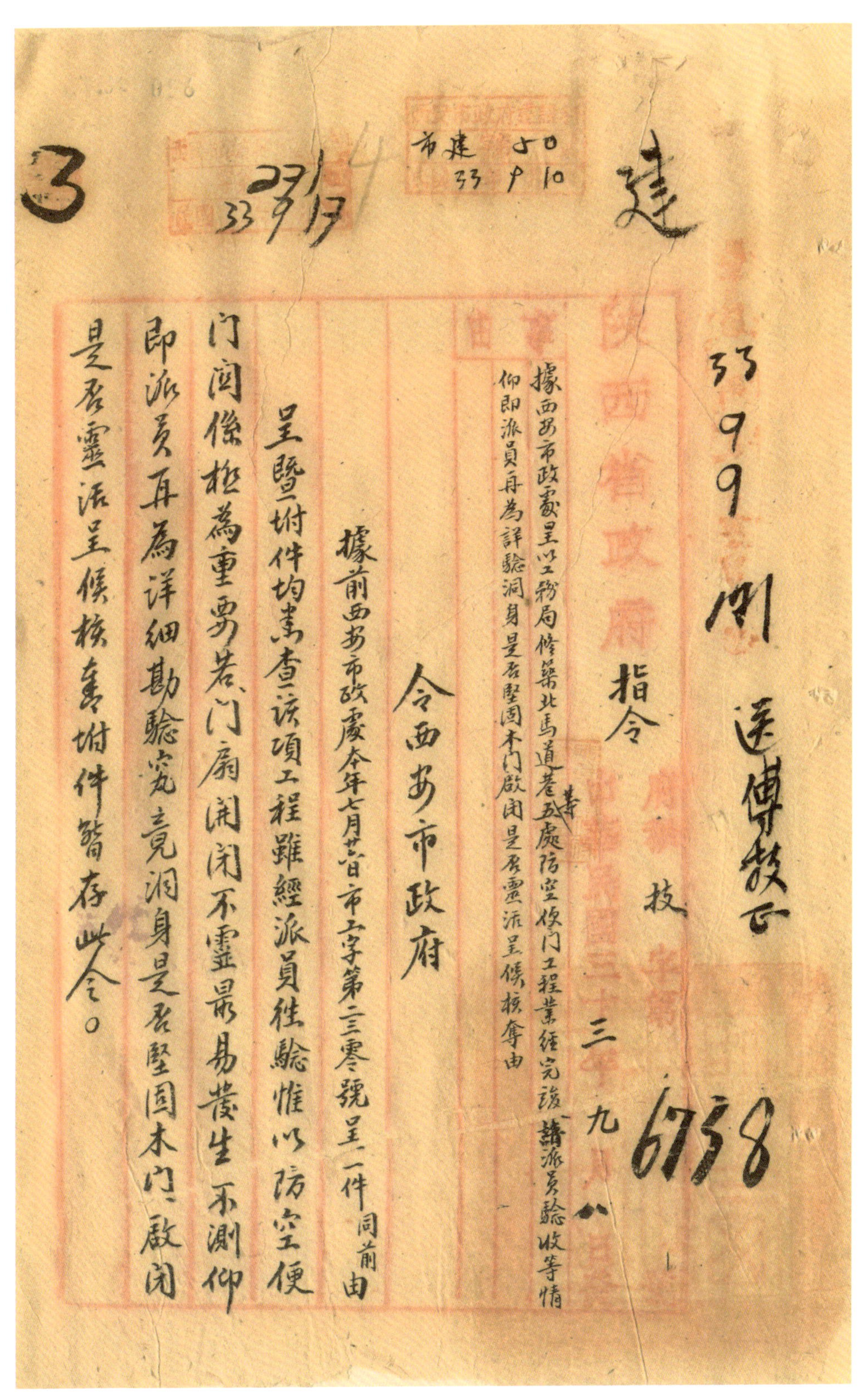

陕西省政府指令

令西安市政府

据前西安市政处本年七月廿日市工字第二三零号呈一件，同前由

呈暨附件均悉。查该项工程虽经派员往验，惟以防空便门关系枢为重要，若门扇开闭不灵，最易发生不测。仰即派员再为详细勘验，究竟洞身是否坚固，木门启闭是否灵活，呈候核夺。附件暂存。此令。

006-1

主席親閱

西安市政府致陕西省政府的呈（一九四四年十月六日）

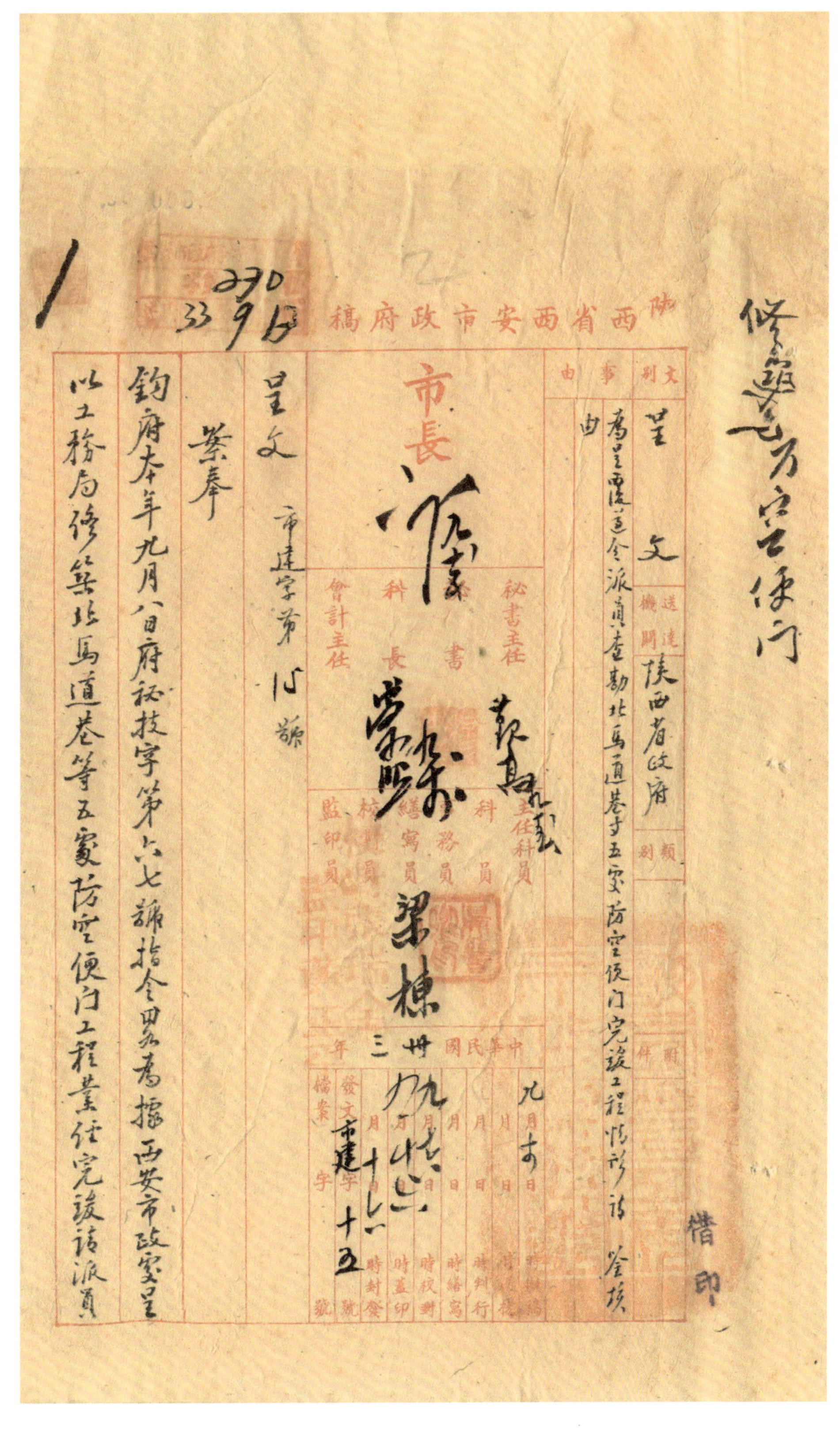
陕西省西安市政府稿

文别：呈文

事由：为呈覆遵令派员查勘北马道巷等五处防空便门完竣工程情形请鉴核由

送达机关：陕西省政府

呈文

市建字第 号

案奉

钧府本年九月八日府秘技字第六七号指令略为据西安市政府呈以工务局修筑北马道巷等五处防空便门工程业经完竣请派员

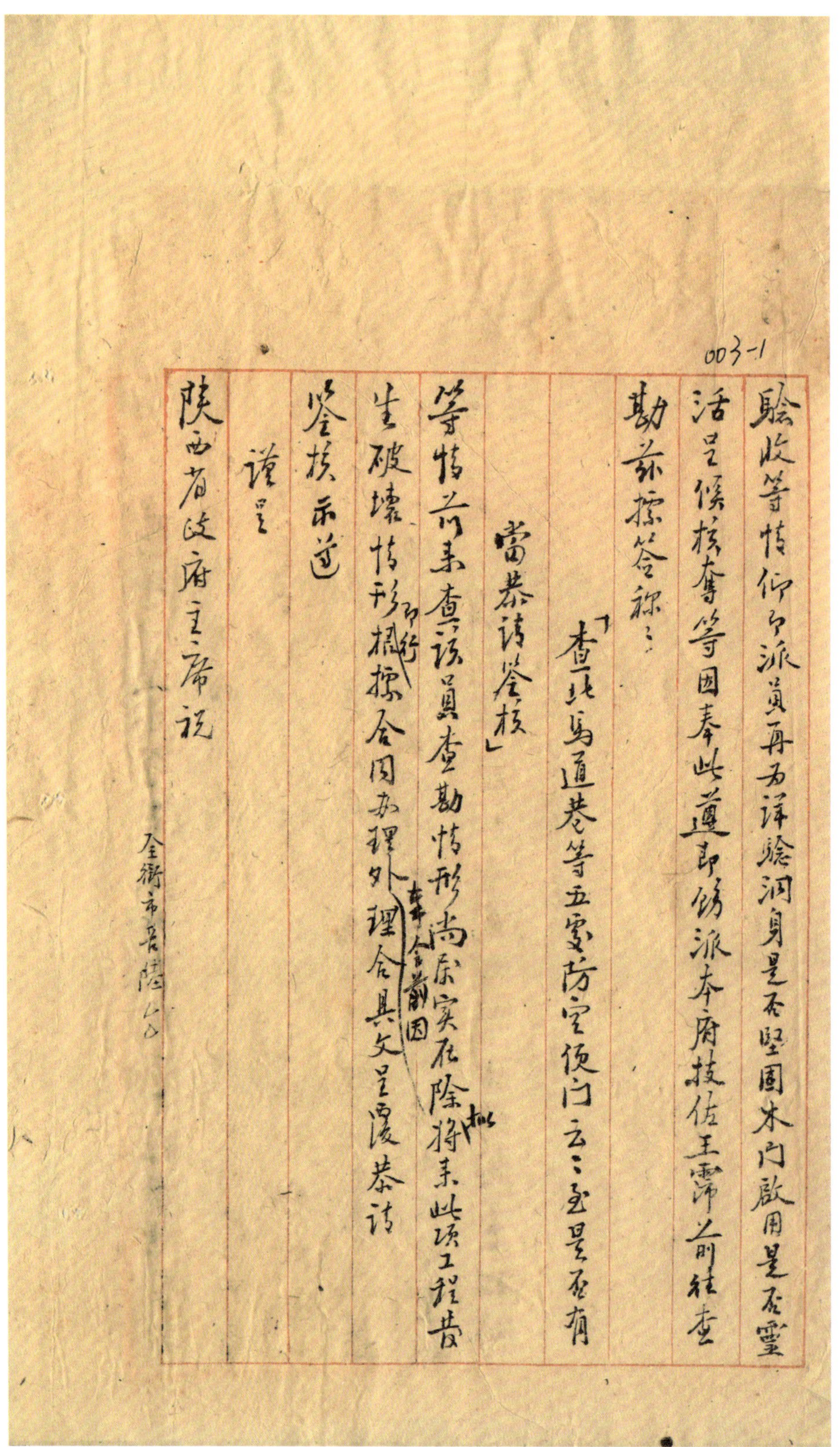
003-1

驗收等情，仰即派員再為詳驗洞身是否堅固，木門啟用是否靈活，呈候核奪等因。奉此，遵即飭派本府技佐王霈前往查勘去後。茲據簽稱：

「查北馬道巷等五處防空便門云云至是否有當，恭請鑒核」

等情前來。查該員查勘情形尚係實在，除將來此項工程昔生破壞情形，據簽合同辦理外，理合具文呈覆，恭請

鑒核示遵。

謹呈

陝西省政府主席蔣

全銜市長陸〇〇

四、召开防空御敌会议

（二）陕西省防空协会

陕西省防空协会研究组会议记录（一九三七年一月二十一日）

陝西省防空協會研究組會議紀錄 一月二十一日

討論事項

關于積極防空由戒嚴司令部担任之關于消極防空由本會担任之茲就本會應討論之事項如左

1.關于消防一案[illegible] 仍請武隊長查照前案斟酌辦理並與軍委會第三處及隴海路警務處第十段會商之（由本會分別函知）計畫案限三日內送會

2.關于救護一案 仍請石院長查照前案斟酌辦理並請於三日內將計畫案送會至防毒能否與救護并案辦理可由石院長逕商郝處長

3.關于交通管制一案 以警備部隊與警察合編分區辦理請由陳督察長與戒嚴司令部曾參謀會商之

陕西省防空协会研究组会议记录（一九三七年一月二十二日至二十三日）

陝西省防空協會研究組會議紀錄 一月二十二、二十三日

討論事項

一、防毒一案 查照前案仍由劉處長担任其編組以教育廳與東北大學及中學部湊合二百人組織之限三日內送會審核至器材亦由醫務處担任

一、工務一案 請電政管理局工務科顧科長另行編制限三日內送會審核其區域以本市城郊為限

二十三日會議紀錄

一、避難管理隊 由公安局學生聯合會紅十字會紅萬字會長安商會東北救亡會合組之以商會會長担任大隊長公安局局長担任副隊長按警區分組限二日內送會審核

一、灯火管制隊 管制手段適用總管制以督察處公安局電灯廠東北救亡會合組之督察處處長担任大隊長電灯廠廠長担任副隊長

一、偽裝遮蔽隊　由工兵團將方案編組以綏署炮兵團工兵團教育廳東北大學合組之以工兵團柱團長担任大隊長以東北大學化學教授担任副隊長

一、配給隊　以商會醫務處紅十字會紅萬字會賑務會長安縣合組之賑務會會長担任大隊長軍委會醫務處處長及商會會長担任副隊長

陕西省防空协会第十次周会记录（一九三七年七月十七日）

陝西省防空協會第十次週會紀錄

時間 二十六年七月十七日上午八時

地址 本會辦公廳

出席人員 陝西省民政廳趙森溪

陝西省會警察局潘樹儀

陝西省教育廳許洪坤

陝西省政府馬文憲

鄭自毅

陝西省保安處董韓五

陝西省財政廳周善績

陝西省立民教館郝小峯

西安大華紗廠艾鉞

陝西陸地測量局朱中奕

主席 白西垣

紀錄 王徵賢

甲、報告事項

一、幻燈片換製事。

二、宣傳計劃及宣傳週第一期支付預算送核事。

三、指導會員銅質會證暨營業會員普通會員紙質會證改製事。

四、行政機關公務員人員查報表赶辦事。

五、請求增加本会職員薪金及提高經費事。

六、本会会址交涉情形。

乙、討論事項

一、取締紅色磚瓦之製造及使用，以避空襲目標，而利本市防空案。

決議　函請建設廳飭知窯業公會，切實取締，並於建築人聲請建築登記時，限制使用紅色磚瓦，至現有之紅白色屋頂及牆壁，在可能範圍內，亦着塗改為灰色。

二、本市防空事宜，應擇其需費少而易舉辦者，先行辦理案。

決議 由關係機關團体負責組織消極防空部隊，其工作分配為（一）警備大隊與偽裝大隊由西安警備司令部負責組織（二）消防大隊與交通管制大隊由省会警察局負責組織，（三）燈火管制大隊由西安警備司令部会同省会警察局負責組織（四）救護大隊與防毒大隊由衛生委員会負責組織，（五）工務大隊由市政工程處負責組織，（六）配給大隊由長安商会與陝西省振務会共同負責組織，（七）避難管理大隊由紅什字会與紅卍字会共同負責組織。以上各種組織，統限于最近期內完成。

211

丙、臨時動議：

一、許洪坤動議，關于開会議程，應于開会前油印若干份，俾出席会議人員有所準備，並應于開会後將議決事項油印分發有關機關及人員，亦可使有準據案。

决議　通過

陕西省防空协会第二次会务会议记录（一九三七年七月三十一日）

陝西省防空協會第二次會務會議紀錄：

時間 二十六年七月三十一日上午八時。

地址 本會辦公廳。

出席人員：

西安行營 賈屏九
陝西省政府 鄭自毅
陝西省黨部 鄧後
建委會 龔洪源
省會警察局 杭毅
陝西省民政廳 趙森溪
陸地測量局 朱中炎
隴海路防空第四分處 段敵
蘇道五

西京籌備委員會李松喬

陝西省財政廳張恒翊

陝西全省保安處董輯五

西安市政工程處張剛君

陝西電政管理局連城

李義山

長安縣政府譚亞東

西北國營公路局蔣思聰

陝西省立醫院陳雅琴

陝西省會警察局潘樹儂

武元劉

警察第二分局趙勃然　張孟青代

陝西省立醫院 郗耀丞
西京電廠 黄和樸
陝西省建設廳 向圖南
陝西振務会 魏學田
大華紗廠 艾鉞
陝西省教育廳 許洪坤
紀錄 王微賢

主席 向賢矩

甲、報告事項：（略）

乙、討論事項：

一、總幹事白西恒提議：本會各組負責人員，多因其本身職務關係，未能常川駐會办公，尤以各機關曾受防空訓練人員，迄未能與本会發生密切關係，前經決議分函各有關機關指派負責人員每日莅会，然為數亦殊寥寥，除此華北戰雲密佈，西北空防緊急之際，似未便長此遷延致坐失時機，

擬請由西安行營令各有關機關，就曾指派防空受訓人員，或負責人員

莅會期收分工合作之效，是否有當，提請

公決。

決議：前經派定者，仍應繼續到會辦公，倘有防空受訓之人，而未經派定

者，亦應盡量指派到會辦公。

二、總幹事白西垣提議：頃奉　國民政府軍事委員會防三字第三

九五號訓令頒發各省市防空協會宣傳工作計劃大綱，飭即遵照辦理

等因，查防空宣傳，關係防空建設前途，極為重要，擬交由宣傳

組悉心研究，切實遵辦，是否有當，提請

公決。

決議：遵照法令規定，交由宣傳組辦理。

三、總幹事白西垣提議：查西安市消極防空部隊，經本會第十次

週會決議，由各有關機關組織後，復於本月二十二日緊急會議

決議，限一週內組織成立，現在各隊，除偽裝遮蔽大隊：尚在籌組外，餘則不成問題，擬即開始訓練而利防空，惟訓練期限及訓練人員，應如何決定之處？提請

公決。

決議：由警備司令部輔助組織訓練工作。

四、擬辦事白西垣提議：查西安防空演習關係各機關應準備事項，曾經本會擬就呈送　省府核轉，旋奉軍字第六四三〇號指令以防空演習業經呈奉　軍委會令准暫緩，飭由會分別轉知，現因防空業務，日見緊急，擬請由　省府分令遵照，是否呈當，提請

公決。

決議：緩辦。

五、總幹事白西垣提議：查西安防空情報所，尚未籌組成立，而各地防空監視隊哨，更難於最短期間，使之奏功，為應付當前急難起見，擬請由 省府分别函令隴海路西安車站及省东各縣縣長轉飭警察局、保安隊、保甲隊、電話局注意天空飛機國籍，以便發現敵機，應速用電話報告 省府核辦，是否有當？提請

公決。

決議：除長途電話、鐵路電話環境電話可以利用者外，須視事實需要架設專綫，其經費與省政府會商辦理。

六、總幹事白西垣提議：案准省会警察局政字第□號公函附送公共地下室調查表一份，囑派員勘查，赶日修整，俾便需用等由，查省会警察局調查公共地下室，係在萬花園、甜水井、蓮花池、革命公園四處，共計能容一千六百人，際此空襲吃緊，自應勘修，而此四處，恐尚不敷所用，究應派某人前

往勘查，及修築費，以何籌措，並應修築若干公共地下室之處，提請

公决。

决議：應由省会警察局继續调查，至補修暨新修經費，各若干，應報省府核發。

丙、臨時動議：

一、隴海路防空第四分處代表段畝動議：現值非常時期，空防關係重要，防空協會工作只限于平時設計及消極方面，而積極防空工作之展開，須賴防空司令部之設立，擬請呈由省府或警備司令部暫時成立防空司令部，以專責成，而資領導，是否有當？提請

公决。

决議：由省主席轉請行營如何設立。

陕西省防空協會第十五次週會議紀錄

時間——二十六年九月四日上午八時

地址——本會辦公廳

出席人員

軍政部軍需署總倉庫彭河山

陕西軍事訓練委員會吳继高

陕西省政府馬文憲

陕西省党部黄其起

三十八軍司令部邱戟生

陕西省会警察局潘樹儀

武元劍

陕西省建設廳向圖南

陕西省財政廳張恒湖

陕西陸地測量局朱中英

陝西省民政廳趙森溪
陝西省立醫院陳雅琴
西京電廠黃和樸
建設廳武肅
國營公路局蔣恩聰
陝西全省保安處陳相齋
民眾教育館趙子安

紀錄——王儆賢

主席——總幹事白西垣

開會如儀：

甲、報告事項：

一、防空宣傳週籌備情形：

二、情報訓練班籌備情形：

三、行營電知令西安警備司令兼防空司令情形。

四、八月終會務會議決議案執行情形。

討論事項：

一、准省政府第字一三五七號公函據西京戰時經濟問題研究會呈為該會會員王總生等提議迅速完成防空設備一案，請就主管範圍核辦等由，應如何辦理，請公決案。

決議：就主管範圍內辦理呈復。

二、頃據省政府世密電以奉軍政部頒發望遠鏡二十具，飭防空情報所暨防空監視哨隊組成其報一案。發給本會望遠鏡十八具分配備用等由，應如何分配，請公決案。

決議：按實際需要情形分配。

三、近聞他省有派員來西安購買大批通信器材之說，查本省防空通訊，均待積極籌設，倘器材盡被他人購買，而本省購時又得遠向他埠，萬一再受限制，豈延誤訂購，故函本市通信器材，是否有预定统制之必要？请公决案。

决议：由物价平准委员会设法统制。

丙，临时动议：

一、国民军训会吴继高动议：请由本会通知西安防空支会除将全市所有公共避难所依照区域分配外，并将分配情形责由各该区各公共避难所负责人员通知各所划区域内之住户，分别周知，以免临时纷乱案。

决议：通过。

二、国民军训会吴继高动议：请由本会通知各该当局防空警报人员，对于汽笛发音时之节奏，务须依照规定，并须清楚，以免混惑大众听闻，遗误防空案。

决议：通过。

三、國民軍訓会吴継高動議：請由本会建議防空司令部舉行防空設備大檢閱案。

決議：通過。

四、省立醫院陳雅琴動議：請會同警察局檢查各住戶商舖門前之水缸大小，及上面所書之字句，應速改正，以壯觀瞻而利寔用案。

決議：交省会警察局派員檢查糾正。

五、總幹事句西垣動議：西京防護團新職名稱，應如何規定案。

決議：定名為陝西省西安防護團。

（完）

陕西省防空协会第四次会务会议记录（一九三七年九月三十日）

陕西省防空協會第四次會務會議紀錄

時間：二十六年九月三十日上午八時

地址：本會辦公廳

出席人員 西安行營韓部欽

省政府鄭自毅

馬文憲

財政廳張恆翊

教育廳許洪坤

建設廳武 肅

向圖南

保安處董韓五

省黨部黃其起

長安縣韓卓儒

警察局武元劍

潘樹儂

測量局宋中炎

建委會龔洪源

籌備會陸宗鄂

高等法院萬楚白

軍訓會吳繼高

省立醫院陳雅琴

市政工程處張羽甫

電政管理局李馨山

賑務會韓厚田

東北大學樊洪武

公路局劉純德

民教館趙守安
西京電廠黃和樸
本會總幹事白西垣
王徽賢
主席
紀錄

（甲）報告事項：

1、擴大防空宣傳週舉行情形
2、防空情報訓練班辦理情形
3、望遠鏡分配情形
4、會員徵求及會費經收情形
5、防毒面具及電笛經辦情形
6、監視隊哨成立情形
7、各種章則方案印發情形
8、縣防空演習舉行情形
9、縣支會及防護團成立情形

10、第三次會務會議決議案執行情形

(乙)討論事項：

1、項奉 國民政府軍事委員會防三字第三九八四號訓令頒發防護團團旗授與規則，飭遵照辦理等因，應於何時辦理，請公決案。決議：俟各地防護團一律成立後，再定授旗日期

2、項准 陜西省建設廳第六〇六號公函，據机器局做製防毒面具到，防毒口罩一個，經交工業試驗所審查，認做製之防毒面具，對於普通毒氣吸收力頗佳，並簡單防毒口罩，不適於吸收酸性之毒氣，似不適用，除令机器局查照審查意見妥加改善外，檢同原件請查照等由，准此，應如何重付審查及應否大量製造之處，請公決案。決議：定期函請防空司令部警察局机器局及化學教授工業試驗所來會審查。

5. 查監視地帶各縣防空監視隊哨之設置，以及防空通信網之聯絡，關係西安防空，至為重要，經由本會印發防空監視隊哨設置條例暨防空監視隊哨暫行服務細則，飭各縣遵照辦理，同時並請環境電話管理處，將各縣環境電話綫與長途電話綫聯絡事宜，並妥速籌辦在案。現在各地監視隊哨，據報成立者祇渭南藍田盩厔鄠縣扶風澄城咸陽等縣，環境電話綫與長途電話綫聯絡事宜，亦未見復前來，擬派員分赴各地督促視察，以期早日完成，並應派某人前往之處，請公決案。決議：擬具視察辦法，商同省政府防空司令部派員前往視察。

6. 查各地監視隊番號，本市警備司令部與本會各有規定，雙方計劃方案，均經行營核准照辦。現在審訂各縣監視隊番號究應以何方計劃案為準，請公決案。決議：派員與防空司令部商洽辦理。

丙、臨時動議：

1、省黨部黃其起動議：本會擬購之電笛，應速設法購就，運回備用，在電笛未運到以前，西安各城門樓應速懸鐘數口，傳達警報，西安各工廠非法亂鳴汽笛，尤應嚴加取締案。決議：懸鐘由警察局妥速辦理，鳴笛由防空司令部切實取締。

2、軍訓會吳繼高動議：請由本會呈請行營令飭軍政各機關或民間建築物規定標準顏色，限期塗裝，以重空防案。決議：~~軍訓會吳繼高動議~~：由防空司令部取締。

3、軍訓會吳繼高動議：請由本會呈請省政府關於防毒消毒藥品指定專售藥房，以便購備案。決議：通過。

4、財政廳許洪坤動議：發警報時，汽笛聲及鐘樓之警鐘聲音太小，應如何設法，使警報能遍傳全市，請公決案。決議：繼續派員購運電笛。

五、財政廳許洪坤動議：交通管制時，民眾往往不入就近之盲竄，而成群結立十字街頭，易給敵機以目標，應如何措置，請公決案。決議：請由防空司令部飭交通管制大隊，特別注意，強令躲避。

六、財政廳許洪坤動議：上次舉行灯火管制時，電灯熄而煤油灯及燭光不熄，應如何設法制止，請公決案。決議：請由防空司令部飭灯火管制大隊切實制止。

（二）陕西全省防空司令部

陕西全省防空司令部第二次会报记录（一九三九年四月十二日）

陝西全省防空司令部第二次會報紀錄

時間 四月十二日下午一時。

地點 本部會議廳。

主席 趙壽溪。

紀錄 馬志昭。

出席人 市防護團王德仁、第一區團董潤珊、第三區團杜時雨、第五區團侯世興、第四區團吳耿生、第八區團楊席珍、第六區團于俊聲、第七區團鄭子琛、救護大隊王清濤、警備大隊丁振五、消防大隊鄭光天、工務大隊吳震華。

本部 田恒一、劉鉞德。

（甲）報告事項：……

檢討上次會報紀錄：

（乙）提議事項：

（一）由市防護團將現有之警報班團員，加以訓練，以便在被炸災區担任通訊。

（二）嗣後敵機投下未炸之彈時，統限二日內報部。

（三）在警報時，防護團員分配不週，應由各區團長負責辦理，并派指導員出動巡查。

（四）環城牆下所圍之圍牆，由所在地區團負責督促限期拆除。

（五）全市公私避難室應編號一套，各區團應依字辦理。

（六）城下防空洞之編號、清除、堵塞氣孔及整理等，由本部商同各有關机关，定期併案辦理。

（七）補充防護團員，本部已令市防護團，向善堂社團同鄉會，接洽商借在案。

（八）本月分區檢查各區防護團，定十五號起，依次於每日下午五時，檢查一、二、三、四、五、六、七、各區團。

陕西全省防空司令部第三次会报记录（一九三九年四月二十六日）

陕西全省防空司令部第三次會報議程

時間　四月二十六日下午一時

地點　本部會議廳

主席　趙森溪

紀錄　馬志昭

出席人　市防護團王德仁、第一區團董海珊、第四區團姜蔚發、第五區團楊屏北、第七區團鄭子渠、工務大隊吳震華、救護大隊王清源、本部劉純德、王　祿。

缺席者　第二、三、六、各區團、警備、消防、兩大隊。

檢討上次會報紀錄。

（甲）報告事項：

（乙）提議事項：

（一）各團隊人事應如何整頓案：

議決——由防護團將各區團負責人姓名冊、警備大隊將現任各連排長姓名冊、工務大隊將所有隊員姓名冊、分別造報本部備查。嗣後如有人員調動時、亦應具報存查。

(二)、公共地下室應如何保護案：

議決——由防護團轉飭商警切實保護。

(三)、各救護隊醫療所之醫生護士應如何整頓使其於空襲時期不至放棄職責案：

議決——由救護大隊規定各中隊、將辦公時間須在白晝、各醫療所每日須留最少人員以備救護。

(四)、上次會議決：訓練警報班員担任災區通訊、至各災區之被炸情況可否由各該員於十分鐘內詳查具報主管區團案：

議決——通過。

(五)、各區團前領之鋼軌設置地點應速報部案：

議決——由防護團二日內彙齊報部。

（丙）臨時動議：

（一）救護大隊王清源提議：

1、在敵机迴環空襲時，應如何與各救護人員通訊，以便隱蔽案；

議決——由本部訂定辦法通知施行。

2、上次會報議決，各區團應將各救護班人員姓名冊逕送救護大隊，迄未送齊如何辦理案？

議決——除三、六區團外其餘應即日造送。

（二）第五區防護團楊屏北提議：

1、被炸地區所需挖掘器具應如何添置案？

議決——由救護大隊負責購置分發各中隊備用。

2、五區通院巷落二彈南大街落一彈均未炸，前已呈准由二十八師工兵掘取，迄今未見，應如何辦理？

議決——仍由本部通知二十八師工兵挖取。

3. 每逢空襲時恒有各部隊傳令兵不聽指揮如何辦理案。

議決——仍依照交通管制辦法切實辦理違者報部懲辦。

完

陕西全省防空司令部第四次会报记录（一九三九年五月十日）

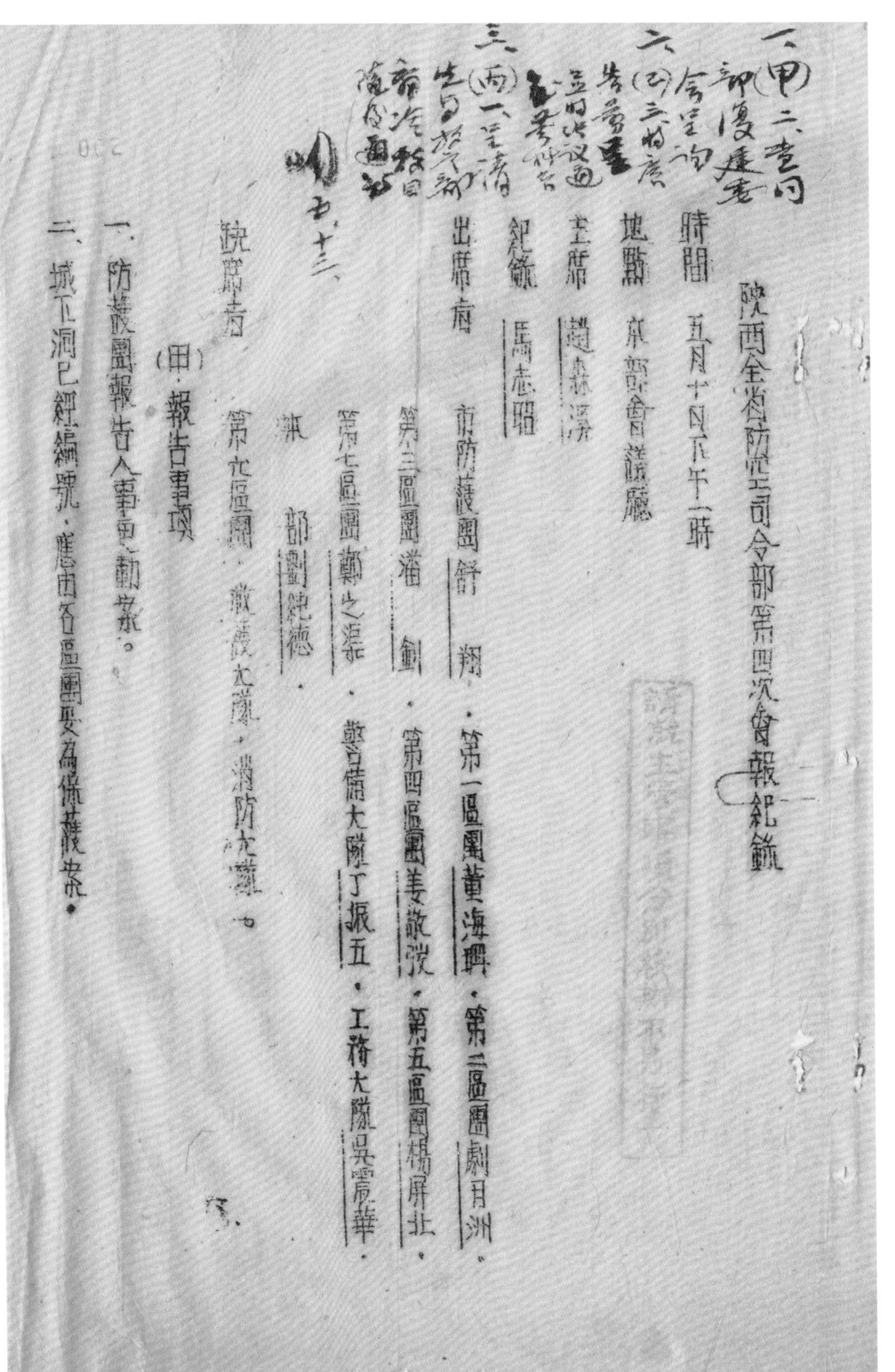

陝西全省防空司令部第四次會報紀錄

時間　五月十日下午二時

地點　本部會議廳

主席　趙森潯

紀錄　馬志昭

出席者　市防護團舒　翔、第一區團董海珊、第二區團劉月洲、第三區團潘　釗、第四區團姜敬從、第五區團楊屏壯、第七區團鄭之源、警備大隊丁振五、工務大隊吳震華、本部劉純德、

缺席者　第六區團、救護大隊、消防大隊。

（甲）報告事項

一、防護團報告人事更動案。

二、城下洞已經編號，應由各區團要為保護案。

三、檢討上次會報紀錄。

四、所議再發緊急警報、經辦會保留案。

五、獎勵四五丙區團長經過案。

（乙）提議及討論

一、各團人事更動後，所司職務，應交代明白，以免工作停頓案；

議決——通過，並由各區團將所有人事器材造冊具報。

二、如何防備夜襲案；

議決——警備事宜由警備大隊籌劃，密傳所屬。警戒及燈火管制等事宜，由各區團負責將各屬之警戒班班長，不分晝夜，勤於召集訓練演習。

三、工務大隊二號臂章失遺，由防護團負責檢查案；

已由黃仰芝登報作廢

議決——由警備大隊及各區團密傳所屬在警報時注意。

（丙）臨時動議：

一、第三區團指導員提議：據通城外之防空洞，如何補塞案。

照後送会多
三条同

議決——由各区将此次檢查通出城外之防空洞，数目報部，以便商洽警備部辦理。

二、第一区团指導員提議：防護团員應免服兵役案；

議決——由本部函兵役處通令施行。

三、第三区团指導員提議：關於歸休壯丁，如何編入防護团案；

議決——由各区团将所需補充团員数目，呈報總团部，以便洽辦。

四、第五区团指導員提議：八日敵机已達上空，仍有軍用汽車馳駛，如何制止案；

議決——仍依照管制原則切實制止。

五、第三区团指導員提議：各区指導員每人應購自行車一輛，以便工作案；

議決——由防護团酌量分配。

完

陕西全省防空司令部第五次会报记录（一九三九年五月二十四日）

00028

陝西全省防空司令部第五次會報紀錄

時間　五月二十四日下午一時

地點　本部會議廳

主席　趙森溪

紀錄　李逢泉

出席者　西安市防護團舒翔　第五區團楊屏山　第三區團潘釗　第四區團丁克珍　第六區團徐旭東　第七區團鄭子渠　消防大隊武元釗　工務大隊吳震華　第一區團董海珊　第二區團劉希州　防空司令部劉純德　救護大隊王清源

缺席者　警備大隊

（甲）報告事項

1、檢討上次會報紀錄。

2、為本部各有關機關便利通訊計特製定電話號碼及門牌號數一覽表由

031

已送司令部第三科

各單位自行填造以便彙印分發請　公鑒案。

（乙）提議事項

主席提議：

一、准警備司令部函為切實堵塞通出城外之不合法通氣孔究應如何進行辦理案。

決議：關於各機關防空洞由各區團呈報本部由本部會同警備司令部辦理。又根據各區團調查各住戶城下防空洞氣孔通出城外不合規定者即由各區團責成堵塞公共城下洞氣孔由防空司令部會同警備司令部布告取締仍由各區團責成附近聯保主任堵塞。

二、為糾正各區團每次警報中活動情形特製活動要報表可否應用案。

決議：通過。（表另印發）

三、各區團每日工作可否列表呈報以憑查考案。

決議：改為週報由防空司令部印發表式。（另發）

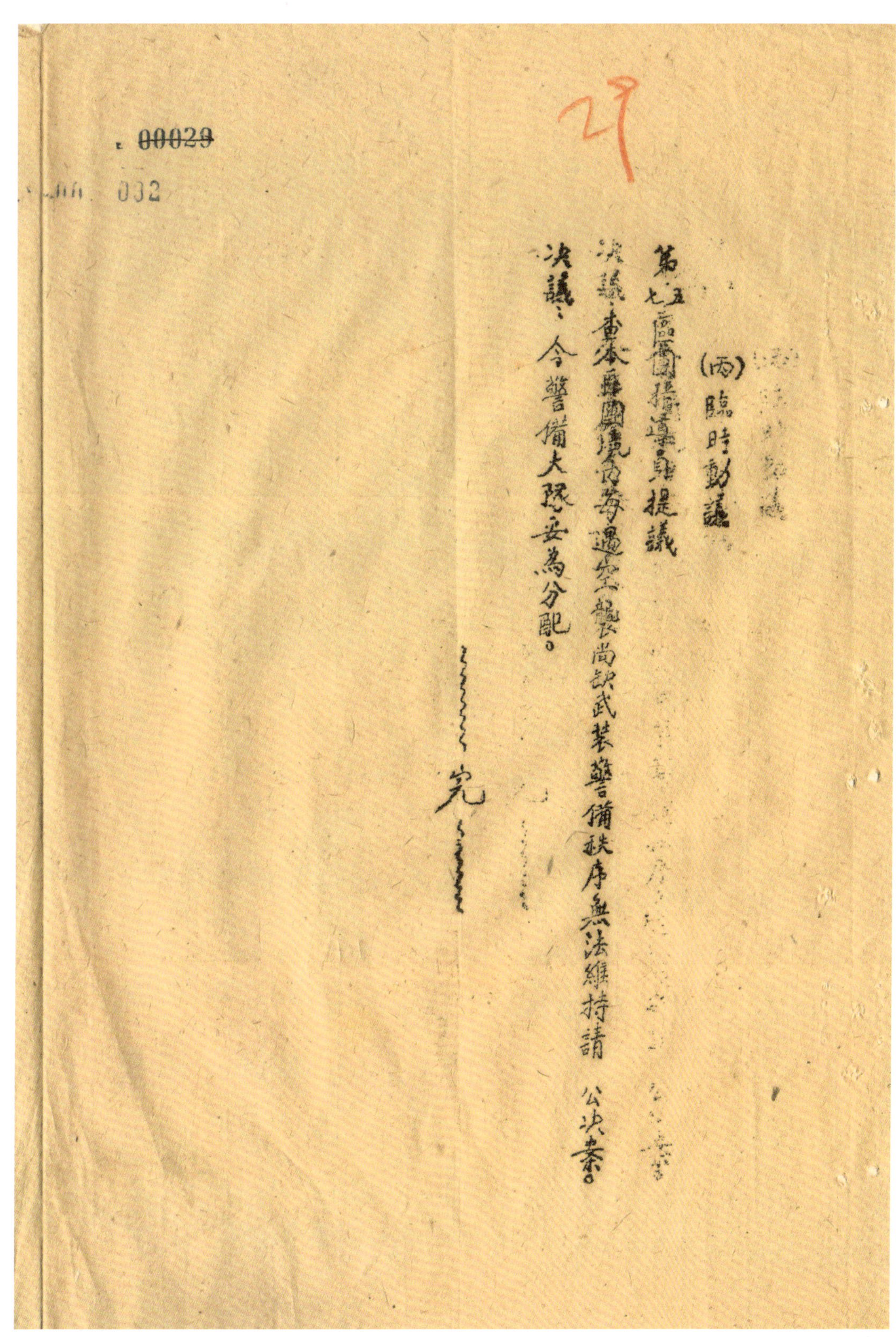

~~00029~~

032

29

(丙)臨時動議

第七五 高屏團指導員提議

決議：查本縣國境沿海邊空襲尚缺武裝警備秩序無法維持請 公決案。

決議：令警備大隊妥為分配。

完

陕西全省防空司令部第六次会报记录（一九三九年六月七日）

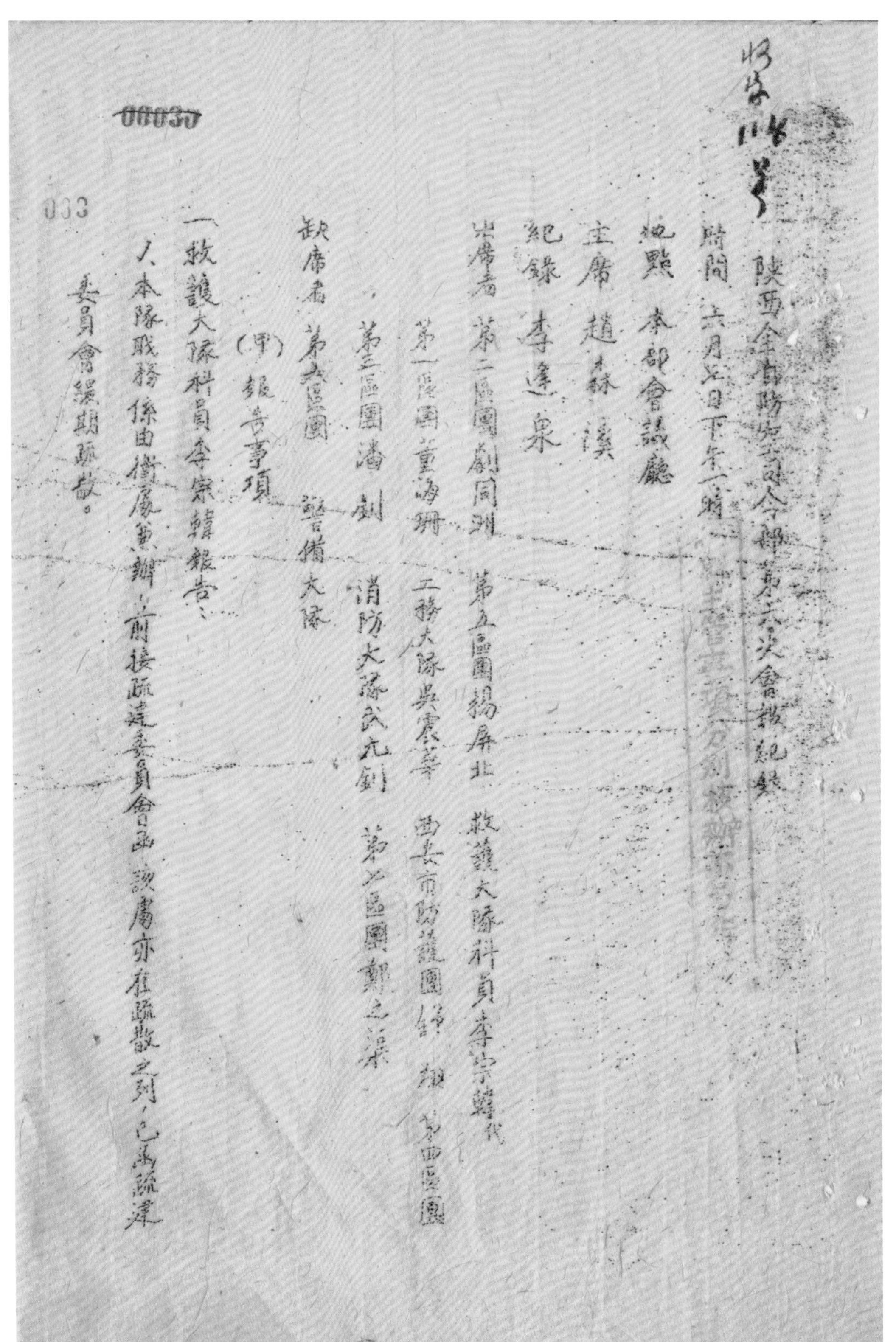
陝西全省防空司令部第六次會報紀錄

時間 六月七日下午一時

地點 本部會議廳

主席 趙琳溪

紀錄 李遠泉

出席者 第二區團劉同洲 第五區團楊屏北 救護大隊科員李宗韓代

第一區團董海珊 工務大隊吳震華 西安市防護團錦[illegible] 第四區團

第三區團潘釗 消防大隊武允釗 第六區團鄭之渠

缺席者 第七區團 警備大隊

（甲）報告事項

一、救護大隊科員李宗韓報告：

1. 本隊職務係由衛處兼辦，前接疏遣委員會函，該處亦在疏散之列，已函疏遣委員會展期疏散。

2、檢討上次會報紀錄。

3、防護各區團每次活動要報表已印發。

4、防護區團工作週報表製就不日印發。

(乙) 提議事項：

一、主席提議：

防護救護班團員擬由救護大隊派員訓練應如何規定進行案。

決議：1、由救護大隊商同救護第二中隊負責訓練。

2、地址時間由防空司令部籌辦。

3、由各區團速將現有救護班團員名冊造報防空司令部。

二、第四區團提議：

本團每抬傷兵因地址未交涉妥切常常抬至各處均被拒絕不收致延時機應如何辦理案。

決議：由防護團函商傷兵管理處每遇抬送傷兵時派副官隨同前往。

三、第五區團提議：

查救護担架多用竹杆製成現時已多裂壞甚多應如何補充案。

決議：每一區團添造担架十付并由防護團調查舊有者損壞情形一併編造預算呈請核辦。

四、第五區團提議：

查防空司令部及各區團聯絡未周擬請將各負責官佐姓名列表發團以資秘密聯絡案。

決議：由防空司令部規定列表製發。

完

缺席者：嗣後會議希屆時出席。

陝西全省防空司令部第七次會報紀錄

時間 六月二十八日下午一時

地點 本部會議廳

主席 趙森溪

紀錄 李逢泉

出席人 第七區團張維祖 第二區團劉同洲 第三區團潘 劍 第六區團徐旭東 第一區團黃海珊 第五區團楊屏北 第四區團王崇德 救護大隊科員李崇鯨 防空司令部趙森溪 劉純德 褚龍吟 西安市防護團舒 翔 消防大隊長武元釗

開會如儀：

（甲）報告事項

1、檢討上次會報紀錄

2、檢討本月廿日空襲中活動要報表

10

3、本部添築之城下防空洞業經次第完工多處，應由各區團不時派員查看並保護，以免奸人拆卸通氣孔之鉄窗。

4、訓練各防護團救護班由七月一日起，每日下午六時至七時半止，四日期滿，共計六小時，地址在革命公園。

5、各有關機關一覽表已印就隨發。

6、嗣後因事停會報時，即順延至下星期三續開。

7、各區團人事如有調動，應由防護團部即日呈報。

（乙）提議事項

一、第□區團指導員提議：
本團團員多係商號及居民征拔壯丁担任，近來疏散甚急，可否強留團員免疏散案。

決議：查各商號及居民確係疏散，應免担任團員。至各商號及居民因避免担任團員藉假行疏散，應迫留團員服務。

~~00011~~

013

二、消防大隊長武元釗提議：

查本市地區遼闊，各隊公務冗繁，屢遇處理，諸感不便，擬請由防空司令部按月津貼若干辦公費，以資應用案？

決議：通過（簽呈司令核示）

三、第二科主任褚龍添提議：

查本市對於火災及毒氣警報設備未週，應請各區團如何補備案。

決議：由各區團商同聯保徵集民間鑼鼓分別配備，限一週內造報。

完

陕西全省防空司令部第八次会报记录（一九三九年七月十二日）

陕西全省防空司令部第八次會報紀錄

時間 七月十二日下午一時

地點 本部會議廳

主席 趙森溪

紀錄 李逢泉

出席人 第一區團董海珊，消防大隊曹文英，第二區團劉同洲，第六區團徐旭東，救護大隊科員李宗韓，第四區團王崇德，第三區團潘釗，第五區團楊屏北，第七區團張維祖，工務大隊吳寰華，防護團舒翔 防空司令部 趙森溪 劉純德 李大樹

開會如儀

（甲）報告事項

1. 檢討上次會報紀錄。

2. 救護班訓練業已期滿，各區團應即時予以實習。

32

03521

2、領發之防護團員必携應由各區指導員整理不時予以講述。

3、准警備司令部函請對公共地下室城下防空洞衛生不時派員清潔應由各區團飭然定負責團員遵辦。

4、每次空襲中，警備大隊隊一至八應由警備大隊嚴密部署

5、印發救護班救護講議

（乙）提議事項：

1、主席提議：

各區團員臂章應如何整頓案。

決議：由防護團另製換發。

2、第六區團徐旭東提議：

本區團為整理毒氣及火災警報經葉氏有鑼鼓，業經調查完畢，本區區尚無，應如何辦理案。

決議：由該區團商同一三六四區借用。

乙、工務大隊吳震華提議：

本市公共地下室設遇敵機施放毒氣應如何防禦案。

決議：由救護大隊查驗原有藥物分別配備并將排氣機械加以整整。

——完——

00034

037

陝西全省防空司令部第九次會報紀錄

時間　七月二十六日下午一時

地點　本部會議廳

主席　趙森溪

紀錄　李逢泉

出席人　工務大隊吳震華　第二區團劉向州　第五區團楊屏北　第一區團[illegible]珊

第三區團王英斌　救護大隊李宗韓　第七區團張維祖　第六區團徐旭東

防護團舒翔　防空司令部趙森溪

開會如儀

（甲）報告事項

1、檢討上次會報紀錄

2、近來霪雨過多，本市舊有及新增之防空地下室應由各區團隨時檢查，以免雨水浸入。

3、本市售賣水菓者，多宿於防空地下室內，不免瓜皮菓渣抛入，應由各區團禁止。

以資清潔。

（乙）提議事項

1、第五區團楊屏北提議：

近来各地下室時有被雨浸入之虞，急宜整理，各區團工務班工務用具，尚不足用，應如何補助案。

決議：由各區團先行暫為借用。

2、第七區團張維祖提議：

救護班救護藥物應請設法發給案。

決議：由各區團向救護大隊領用救急包五包。

3、主席提議：

新增城下防空洞城外通氣孔管子時被小偷竊盜，應如何保護案。

決議：由各區團轉責各主管保甲長負責保管并負賠償之責。

完

陝西全省防空司令部第十次會報紀錄

時間——八月廿三日下午三時

地點——本部會議廳

主席——趙森溪

紀錄——李道泉

出席者 第一區團董海珊 第三區團王英斌

第二區團劉國川 第七區團張繼祖

第五區團楊屏北 救護大隊李宗韓

消防大隊武元釗 鄭大才代 第四區團王崇祛代

市防護團舒翔 工務大隊吳辰平

第六區團徐兆棠 防空司令部趙森溪 劉純德

白西垣 警備大隊梅聿清

開會如儀：

35

038-1

(甲)報告事項

1、檢討上次會議紀錄

2、由各區團派工務班切實修理城下防空洞洞口，以免水淹。

3、關於被轟炸後災區維護應由警備大隊切實負責

(乙)提議事項：

一、主席提議

近來新挖之防空洞洞外通氣孔鐵窗係由各區團責成保甲負責保管外，仍被小偷竊偷甚多，應如何保護案。

決議：1、再由各區團飭保甲長負責保管

2、由防空司令部布告民眾禁止。

二、市防護團總幹事錢翔提议：

1、防毒藥箱本團近已運回分發各區團負責保管及使用，免失效能案。

决议：由救火队派员检查向各区团口诉保管法及使用法。

四、工务班器械甚多关于挖掘被炸灾区及营救时亟宜精神紧张望预备镐锹案

决议：通过（关于器械由各区团向民人借用或征集于工业公会）

三、第二区团董海珊提议：

1、本区团境内被炸后指导员工作非常忙碌经本区团会议决定作分配指导员负警戒救护之责灾情由派出所负责调查限即刻报团案。

决议：通过（各区团仿照此案办理）

2、本区团境内新近煤栈下脚煤堆外铁窗被偷去本团现已照案缉捕案

决议：各区团亦负责缉捕以凭法办

3、高中操场前堆墙洞通气于本团奉命堵塞数次八月十七日

36

039-1

空袭时又被避难人民推开案

决议：由防空司令部派工兵堵塞坚固并另设启闭机由一区团派队员一名负责监护。

四、第二区团刘同渊提议：

五岳庙门城下防空洞现为行营专有据设又切断市民避难实感不便，应如何办理案。

决议：由防空司令部函行营总务处在操场西边筑一栅栏以便市民避难。

五、第五区团杨广兆提议：

于敌机投弹时派各班出动工作时，同各区实情，电话局接线十分迟缓，有误防护，请公决案。

决议：由防空司令部函电话局查照饬电务员迅速接转。

六、第六区团徐旭东提议：

00037

040

中山门内马空袭时汽车兵团汽车出城外，迫多民众实感拥挤，应如何办理案

决议：由该区团向汽车兵团交涉

七、第七区团临时提议

本区团住居城外，每遇空袭，民人奔逃，恐步兵常有鸣枪，应如何制止案

决议：由该区团先行分别标语民众，鸣枪由警备大队禁止

山元

陕西全省防空司令部第十一次会报记录（一九三九年九月六日）

陝西全省防空司令部第十一次會報紀錄

時間　九月六日下午三時

地址　陝西全省防空司令部會議廳

主席　趙森溪

紀錄　李逢泉

出席者

第一區團董海珊　第二區團劉同洲　第四區團綦致毅

第六區團郝輔唐　第三區團王英斌　救護大隊李宗韓

第五區團楊屏北　工務大隊吳震華　防護團舒　翔

防空司令部趙森溪　劉純德　李逢泉　第七區團張維祖

檢討事項

一、西安市防護團舒翔提議：

本會各事項分別核辦不另行文

一、八月十九日本市被炸損害情形防空司令部與防護團調查不合省府令飭查填具報開後應如何辦理具報案

決議：由各區團報防護團彙轉防空司令部再轉各機關。

二、西京市空襲緊急救濟聯合辦事處函與空襲對於傷亡人員撫卹本部救護大隊對于搶救收後傷亡人員的膳食棺埋費可否停止案

決議：由救護大隊查明詳情具報再奪。

三、警察局辦理警官訓練班擬抽調各區團指導員受訓案。（訓期一月）

決議：通過指導員之責由各區團長自行兼辦。

乙、第五區團楊屏北提議

一、八月三十一日警戒預習配備警備隊配備不週擬請在本區團境內康家墳、龍渠堡西口，中山門外，孟家巷東空地，索羅巷中間，喇嘛市巷東園巷西口，洪福寺街北口等處按當時之情形繁簡增補警備兵一名或二名案

決議：由警備大隊負責增補。

二、本團前掘防空壕多被各該地主填塞現已責成各該地主挖掘嗣後倘再同樣發生應如何辦理案

決議：如再填塞依違警罰法處辦。

三、主席報告應注意之點如下：

一、各區指導員對該管區內一切演習防護工作之籌劃應未雨綢繆。

二、各區指導員對該區團員軍事及技術訓練應切實推進以免臨時紀律渙散技術生疏。

三、各區填報週報表及空襲活動要報表多不按實際情況本部難以考查今後亟應改正。

四、警備與防護團員於空襲中應取密切連繫以免遺誤職責。

五、本市補助警報器地址數目業經各該區團報部惟管理人員尚未詳報仰各該區團依照第五區團填報方式限三日內填送本部查考。

六、各區團應事先將團員編配另按需要調整完善以便符號製就後即行佩帶。

（完）

請就主管事項分別核辦不另行文

陝西全省防空司令部第十二次會報紀錄

時間——十月四日下午一時

地址——本部會議廳

主席——趙森溪

紀錄——李逢泉

出席者——第二區團劉同洲　第七區團張維祖　第六區團郭輔唐

第四區團秦長福　第五區團楊屏北　工務大隊吳震華

救護大隊李崇韓　第一區團董海淵　消防大隊武元釗

防護團舒　翔　防空司令部趙森溪　劉純德

缺席者——警備大隊

檢討事項

1、檢討上次會報紀錄

40

乙、主席報告應注意事項：

防護團員精神不振服裝不整軍訓欠佳分配地區不能遵守規則希

各切實注意

丙、防護團總幹事舒 翔報告：

1、本團奉令動員全市壯丁在城郊挖掘防空壕實施辦法及圖樣均已擬

就由防護團及義務警察監督實行

乙、本市各避難壕洞近有傾倒垃圾及隨意便溺骯髒不堪希各切實注意清潔

丁、消防大隊長武元釗提議：

1、防空司令部招工在本市增築蓄水池十座所需抽水機請派員先行向建設廳

交涉案

決議：通過

乙、蓄水池因時過久損壞難免如有此項情形發生應如何辦理案

決議：由防空司令部函請建設廳修補

~~00041~~

042

3、本大隊因實力薄弱近奉令組設義勇消防隊由各分局派一員兼隊長消防兵由義勇警察抽派可否酌量規定辦公費案

決議：呈請　省政府核示

4、第一區團董海珊提議：

1、每遇空襲時本區團東南城角秩序紊亂除防護團員及警察盡量維持外警戒兵配備甚少應如何增補案

決議：由警備大隊酌量增補

2、現在天氣日益漸寒防護團員棉衣應如何規定籌備請決議案

決議：服裝仍定草綠色費用由各該商號負擔各自補充

6、第五區團楊屏北提議：

1、本團奉命督飭各商號住户儲備汲水各民商違抗甚多應如何辦理案

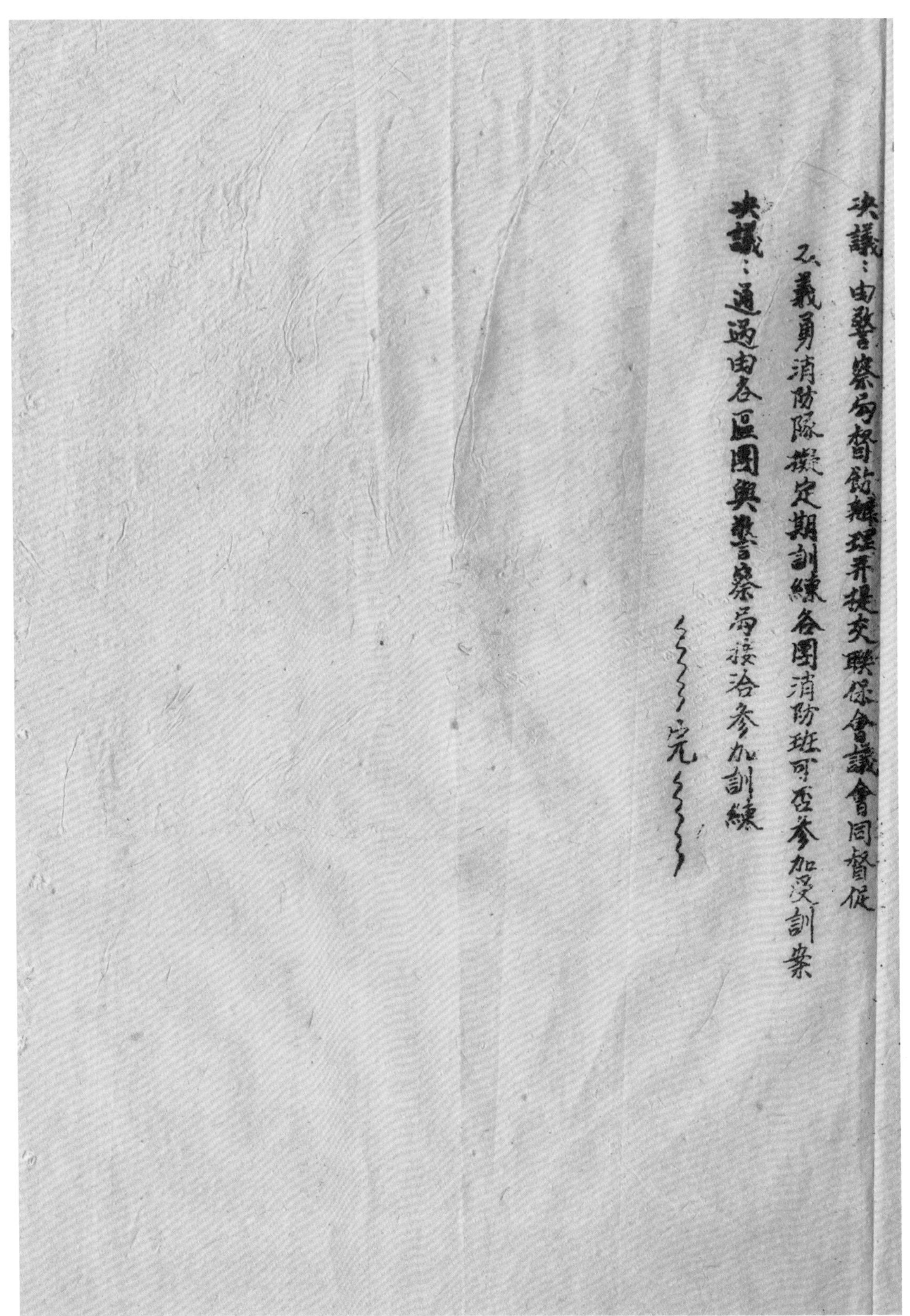

决議：由警察局督飭辦理并提交聯保會議會同督促

乙、義勇消防隊擬定期訓練各團消防班可否參加受訓案

决議：通過由各區團與警察局接洽參加訓練

～～～完～～～

00042

045

陝西全省防空司令部第十三次例會報紀錄

時間——十月十八日下午二時

地址——本部會議廳

主席——趙森溪

紀錄——李逢泉

出席人　警備大隊梅棠清　第二區團劉尚洲　救護大隊李宗韓

第一區團董海璟　第三區團徐德明　第六區團郭韓唐

工務大隊吴震華　第五區團楊屏北　第四區團王崇德

防護團舒翔　消防大隊武元釗　第七區團張維祖

防空司令部趙森溪　劉純德

1.主席報告：

（甲）報告事項

第一頁

一、防護團各分團部章符號樣式呈報本部以便通知各有關機關

二、通告民众避難時對于火柴應特別注意以免危險

（乙）提議事項

1.防護團總部事務科提議

查鐘樓被炸鐘樓下防空洞可否免修案

決議：由防護團呈請轉呈核示

2.警備大隊蔡業清提議：

本隊因各部隊調遣警備區域擬分區指揮案

決議：由該隊呈報分配情形核示。

3.本市補助警報器前由警察負責啟發現在因架設地址距離可否仍交警察啟發案

決議：通過

00043

040

二、各指導員服裝前由警察局發給現因物價昂貴警察局停發可否由防空司令部發給案

決議：由各指導員呈轉請發

三、各團員因救護災民負傷可否發給醫藥費案

決議：由防護團呈報負傷團員照發

第五區團楊屏北提議：

本區團補助警報器音響不足可否補發警旗以資傳遞消息案

決議：由該團設法移警鐘於東城門樓以資音響普遍

第六區團郭鏞唐提議：

每遇空襲本市電話迭搖不通以致救護遲延請再函電政管理局轉知話務從速接轉案

決議：函送由防空司令部辦

第二頁

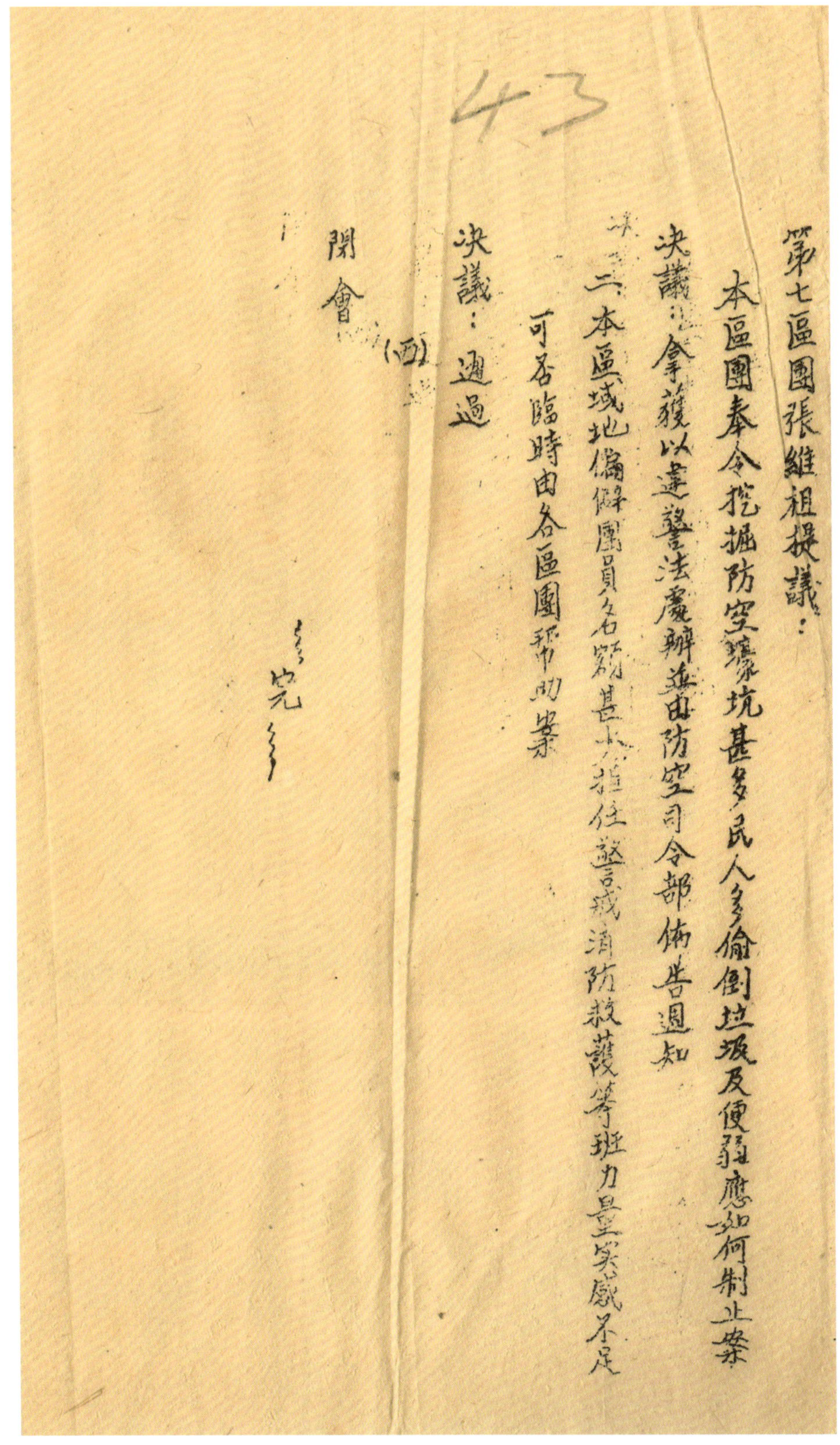

43

第七區團張維祖提議：

本區團奉令挖掘防空壕坑甚多，民人多偷倒垃圾及便溺，應如何制止案

決議：拿獲以違警法處辦並由防空司令部佈告週知

二、本區域地偏僻，團員名額甚少，擔任警戒消防救護等班力量實感不足可否臨時由各區團幫助案

決議：通過

閉會 （四）

完

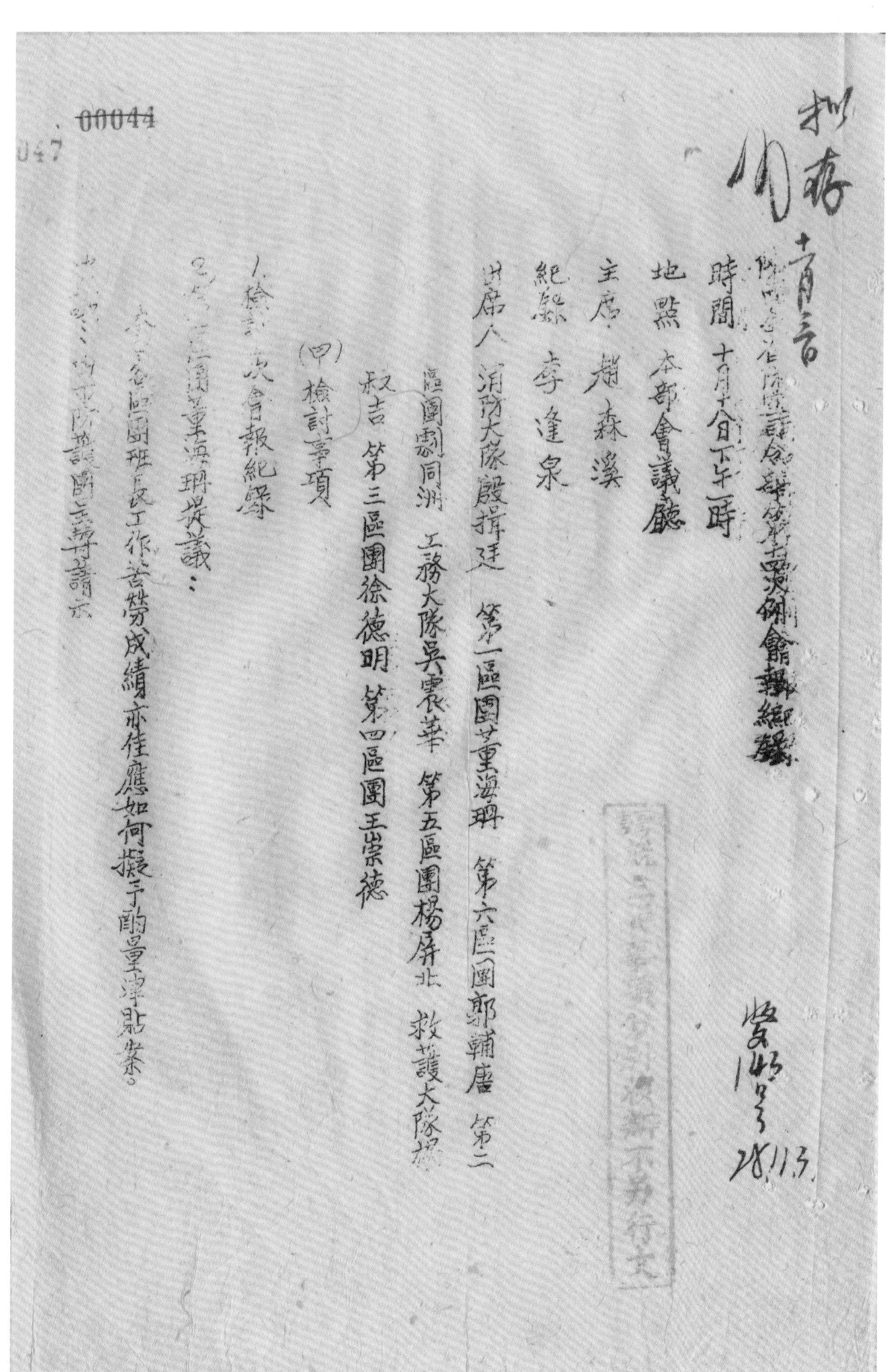

拟存

十月十八

陝西全省防空司令部第十四次會報紀錄

時間 十月十八日下午一時

地點 本部會議廳

主席 趙森溪

紀錄 李逢泉

出席人 消防大隊殷揖廷 第一區團董海珊 第六區團郭輔唐 第二區團劉同洲 工務大隊吳震華 第五區團楊屏北 救護大隊

列席 第三區團徐德明 第四區團王崇德

(甲) 檢討事項

1. 檢討上次會報紀錄

2. 第一區團董海珊提議：

本市各區團班長工作苦勞成績亦佳應如何擬予酌量津貼案。

28.11.3

44

3、第五區團楊屏北提議：

一、本市上次空襲時救護大隊隊員（帶二十四號臂章）不受團員指揮，應如何辦理案。

決議：由救護大隊查辦。

二、防護團員多係外縣來省習商學徒，近因抽派壯丁，迫令返家，應請免役案

決議：由防護團呈報緩役

4、第四區團王宗德提議：

本區團員警棍遺失多人，請設法補充案

決議：由防護團補充。

5、第六區團耿輯唐提議：

本團警報器甚不敷，商請火車站借用鋼軌補助警報器架子，請設法補充案。

決議：由防空司令部補充。

完

陕西全省防空司令部第十五次会报记录（一九三九年十一月十五日）

陕西全省防空司令部第十五次例會報紀錄

時間 十一月十五日下午一時

地點 本部會議廳

主席 趙森溪

紀錄 李逢泉

出席人 救護大隊李宗韓 第三區團徐德明 工務大隊吳震華 第二區團劉同洲 第一區團劉文軒 第七區團張維祖 第五區團楊房北 第六區團郭輔唐 第四區團王崇德 防護團舒 翔 防空司令部趙森溪 劉純德

（甲）檢討事項

1、檢討上次會報紀錄

2、第四區團王崇德提議：

A、本區團境內北城開闢避難城門應如何挖掘案。

決議：提交警備司令部會報討論。

B、本區街道地下室氣眼破壞甚多防毒箱無法裝用應知何修補案

決議：由防護團估計修理。

C、第五區團楊屏北提議：

各區防護團員因抽派壯丁先將團員家屬和押來往公文比較遲緩可否製發各團員緩役證明書案。

決議：由各區團依照第二區團證明文件辦理。

D、第六區團郭輔唐提議：

本團前共有團員六十六名以各商號停業現僅有五十餘名社訓隊抽派壯丁致礙於防護團員應如何辦理案。

決議：呈防護團辦。

完

陝西全省防空司令部第十六次會報紀錄

時間　十一月二十九日下午一時

地點　本部會議廳

主席　趙森溪

紀錄　李逢泉

出席人　第三區團徐德明　工務大隊吳空華　救護大隊李崇齡

第二區團劉同洲　第一區團劉文軒　第六區團郭[illegible]

第七區團張維祖　第五區團楊屏北　消防大隊靳天民

防空司令部趙森溪　李逢泉　西安市防護團郿翔

(甲)檢討事項

1.檢討上次會報紀錄

(2)西安市防護團郿翔提議：

46

（一）

本月二十七日首次夜襲，由南院門等地來大小湘子廟街避難人擁擠，擬請在五岳廟門修先開闢城門一處以便避難人出入，並令本市城門夜緩後開閉可否照辦案。

決議：由防空司令部商同天水行營及建設廳辦理。

[illegible]大隊李宗韓提議：

每遇警報，市民紛論敵機架數多寡，如少數市民堅不避難，倘大批繼續臨頭，損害何堪設想，請防空司令部設法禁止安

決議：通過

B. 本月二十七日晚警報發出後，市面路燈及商戶廣告燈亦未息，易示敵機目標，嗣後請傳先息滅路燈及廣告燈以策安全案。

決議：由各區團督促各戶自行管制並遮蔽車輛燈

查救護人員於轟炸後先救傷者，後救死者，城郊被炸死者救護

不及甚有將死者衣物脫去，或收身帶物件竊去，應如何保護屍體案。

決議：城內由警察局保護，城郊由防空司令部令飭長安縣責成當地保甲長負責保護，以重公理。

4、第二區團劉同洲提議：

a、關於防護團員緩役證明書可否粘貼團員像片案。

決議：查防護團員多係商號學徒抽調可免貼像片

B、近來物價昂貴地下室燈油費不敷應用擬請增加案。

決議：由防護團酌量每次共增加壹角

C、本區團擬指定南城下防空洞一個與警報時集合團員往出發案

決議：通過

5、第五區團楊屏北提議：

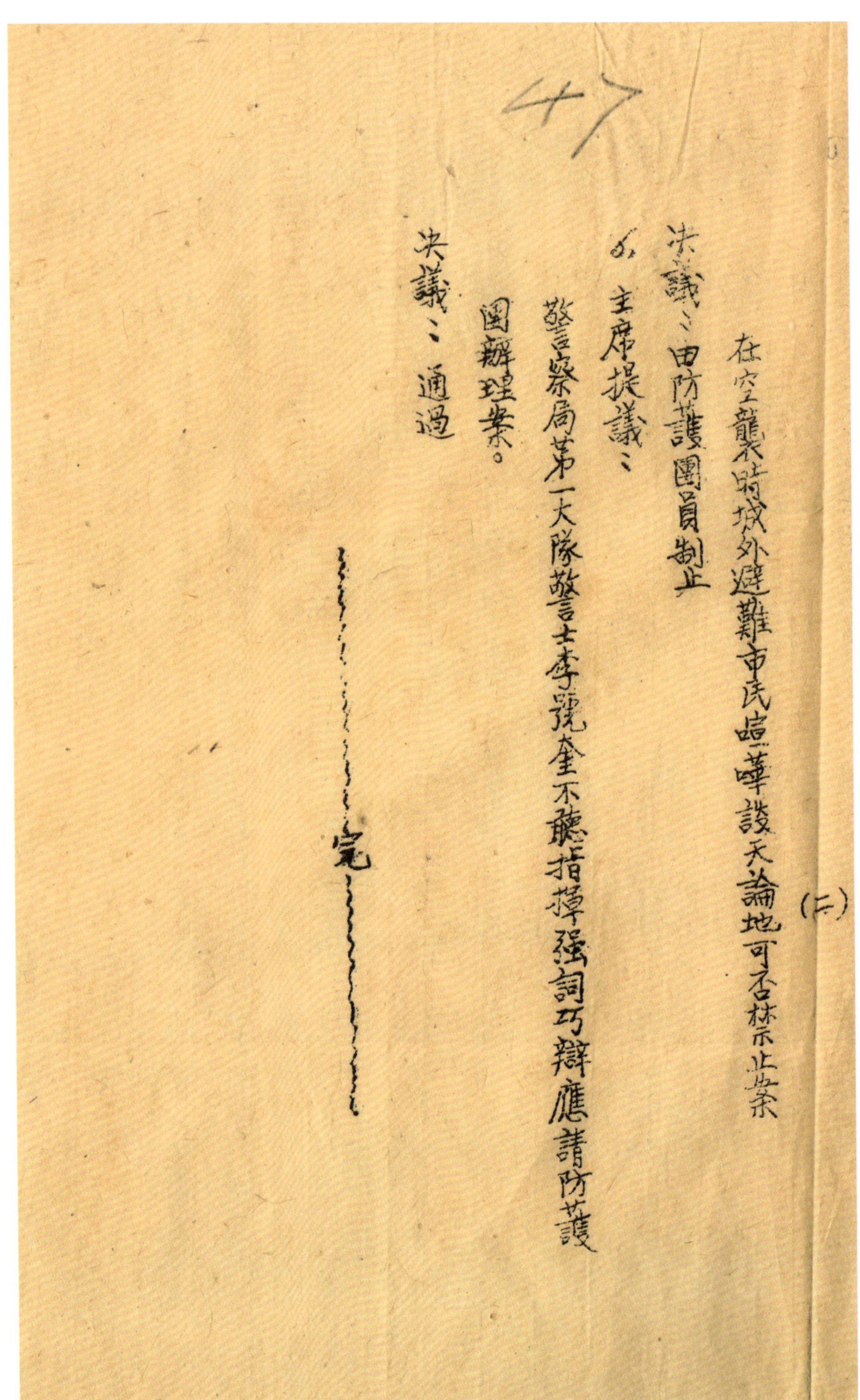

47

（二）在空襲時城外避難市民喧嘩談天論地可否禁止案

決議：由防護團員制止

5、主席提議：

警察局第一大隊警士李殿奎不聽指揮強詞巧辯應請防護團辦理案。

決議：通過

完

陕西全省防空司令部第十七次会报记录（一九四〇年一月十日）

委科会核办 卅

陕西全省防空司令部第十七次会报纪录

时间　一月十日下午二时

地点　本部会议厅

主席　赵森溪

纪录　李逢泉

出席人　第四区团王崇德　第二区团刘同洲　第一区团刘文轩

第七区团杨王龙代　第三区团徐德明　警备大队张凌霄

工务大队吴震华　救护大队李崇讲　第五区团杨屏北

西安市防护团舒翔　防空司令部赵森溪　刘纯德

消防大队长武元钊

（甲）检讨事项

1. 检讨上次会报纪录

2. 西安市防护团舒翔提议：

请就各项分别核办不另行文

发157号

29.1.15

48

A. 查城郊各防空壕坑奉省府令應再加深并盖用棚木應如何办理案。

决議：由防護團征工加深，惟需棚木过多，由團申叙理由呈請省府免盖棚木。

B. 查入冬以来，氣候益寒，警報所警士高居楼顶，寒冷难忍，請防空司令部速發各警報所炭费案。

决議：由防空司令部先行墊發。

C. 查市内各防空壕坑及公私地下室近仍有倾倒垃圾及便溺者，應請各區團切實注意案。

决議：通過，由各區團派員切实查拿懲辦。

D. 查繪製防護團位置圖，各區團仍有未繪報者，應請從速繪報案。

决議：由各區團刻日繪賫團部。

E. 准振濟委員會函囑於城外五公里内被炸災區情形由各區團調查清楚通知該會可否照办案。

决議：由各區團注意辦理

F. 查技術防護團員已有明令准予緩役本市因情形特殊普通團員亦應予以緩役應如何辦理案

决議：由防空司令部函商軍管區司令部

2. 消防大隊長武元釗提議：

A. 民政廳門前及印花布園南口蓄水池現有破裂擬請函市政建設委員會修理案。

决議：通過

B. 關於消防隊員緩役一案可否由防空司令部函商軍管區司令部

决議：通過。

3. 第四區團王崇德提議：

本區渤海池門前及九府街公共地下室已有破壞請修理案。

二

49

決議：由各區團將公共地下室調查所有破壞者估價於十日内報防護團彙轉核修估價務須確實。

4.第五區團楊屏北提議：

本區團内西元佳防空洞城外通氣孔迭次堵塞均被軍政部搭架營擬開請防空司令部制止案。

決議：先由該區團設法制止，如再不聽，報部核办。

5.主席提議：

新城每次舉行大會関於防空警備及避難路線，應由警備大隊按照上年制定避難路線图分别办理案

決議：通過。

完

陕西全省防空司令部第十八次会报记录（一九四〇年二月十四日）

陝西全省防空司令部第十八次會報紀錄

時間：二月十四日下午一時

地點：本部會議廳

主席：趙森溪

紀錄：張伯峯

出席人：警備大隊王恩霈　第七區團張維祖　第一區團劉文軒　第六區團郭輔唐　第五區團楊屏北　消防大隊鄭天才　救護大隊惠潤軒　工務大隊吳震華　第四區團王崇德　西安市防護團舒翔　第三區團徐德明　本部劉純德

缺席者：第二區團

(甲)檢討事項：

50

八、檢討上次會報紀錄

乙、西安市防護團總幹事舒翔提議：

〡、查本市防空壕洞內近來人民傾倒垃圾及雨雪堆積者甚多有礙避難應由各區團注意清除案。

決議：由各區團趕速派員清除並隨時加以制止。

〢、近月來本市城下防空洞發現死屍數起各區團應不時派員巡查以免上項情事繼續發生案。

決議：由各區團負責不時抽查並由警備大隊轉知警察處巡邏隊隨時注意為要。

〣、查各區團近來對於團員訓練精神甚覺懈怠應即振作案。

決議：由各區團剋即整振仍須按照平時訓練規定積極推進為要。

丙、主席提議：

~~00051~~

A、查本市南院門及竹笆市街一帶積於舊習燈市人民層集擁擠過甚設遇警報疏散困難應如何處置案、

決議：如有情報由本部儘先通知防護團並由第二區團切實注意如遇空襲應即派員指導人民迅為疏散各區團亦應同樣注意該轄區內熱鬧之處。

4、第二區團劉文軒提議：

各商民鋪户擔任防護團員之夥友因號內停止工作或以服兵役之故致團內團員變更情事發生者甚多應如何辦理案、

決議：由各區團在本月廿三日以前召集所有團員集中調整非有較大情事不得退服防護團任務即有情事亦仍由該原鋪户內夥友遞補並仰赶速調整造冊具報以期健全。

5、第七區團張維祖提議：

本區大華紗廠尚未組有防護團應如何組訓案、

51

決議：由本部先令該紗廠迅速成立防護團組織並由第七區團指導員負責督飭辦理訓練事項務使健全。

6、主席提議：

本部奉 航空委員會電令調整本省防空機構關於西安市防護團應如何調整案。

決議：由防護團按照頒發之調整辦法案內之各省市縣防護團組織規程乙種編製造一新預算同時附賫舊預算呈請 省府核示。

完

閱

卅三十二

陝西全省防空司令部第十九次會報紀錄

時間　三月六日下午一時

地點　本部會議廳

主席　趙森溪

紀錄　李逢泉

出席人　第四區團王忠德　第二區團劉同洲　義務大隊吳雲亭

第三區團徐德明　第十區團劉文軒　第五區團楊屏北

救護大隊袁潤軒（?）　第六區團郭輔唐　第七區團張維祖

消防大隊武元剛　防護團舒翔　本部劉純德

缺席　警衛大隊

（甲）檢討事項、

1.檢討上次會報紀錄

2.西安市防護團舒翔提議：

52

一、查本市防護團員，服裝不整，有礙衛生，應如何轉飭拆洗案。

決議：天氣漸暖，飭各團員於三月十二日一律更着單服。

二、查本團現已擬定防護團員訓練課程，不日即可分發，其教官由本團自行担任，或聘請專家參加講授防護須知及消防救護等常識案。

決議：通過。

三、救護大隊袁消軒提議：

查本隊各中隊人員，均是各醫院職員分別担任，近因逃避兵役更換甚多，應如何辦理案。

決議：應由救護大隊隨時呈報核奪，并須詳細偵察，以免防害役政。

四、消防大隊武元劍提議：

查本市蓄水池，蓄水及木壺，多被竊偷或毀踏。本隊因人員過少，保管不周，擬請各區團消防班，協助保管，并請司令部出牌指示案。

決議：通過各區團消防班每日分派一人巡視管區內蓄水池二次

乙、第七區團張維祖提議：

查本區團團員被免役後，有常不到團及自行逃走者，應如何辦理案。

決議：先拘該管團員商號號長將團員拿獲以逃避兵役論罪，并對其他團員，應不時講解逃避利害以免再有同樣事實發生

～～～完～～～

陕西全省防空司令部第二十次会报记录（一九四〇年三月二十七日）

陕西全省防空司令部第二十次会报纪录

時間　三月二十七日下午二時

地點　本部會議廳

主席　趙森濱

紀錄　李逢泉

出席人　第二區團劉同淵　第四區團王忠德　第五區團楊屏北　第三區團徐德明

第六區團郭輔唐　工務大隊吳亞民華　第一區團董海珊　防護團舒　翔

劉文新　第七區團張繼祖　警備大隊周名伯　消防大隊武允劍　本部劉繼德

缺席人　救護大隊

人防護團舒翔報告：

（甲）報告事項

一、查本市郊外每遇空襲本團警戒兵不敷分配已由本團派義勇警補充擔任。

二、查本市城外防空壕坑為防止敵机掃射業經分別開工加深

（乙）提議事項

1、防護團部提議

一、查本市保持防空壕洞清潔，迭經防空部佈告，近仍有傾倒垃圾及大小便溺者，且在警報未解除前，市民自行活動，易使敵机察覺，請防空司令一併佈告禁止案：

決議：通過。

2、本團前接市民建議，請借圖書館銅鐘，設於鐘樓，作為補助警報器案。

決議：由防空司令部核辦。

3、查本市公私地下室檢查以後，歷時甚久，為防止坍塌起見，擬請派員一檢查以保安全案。

決議：通過：（交由防部發）

2、消防大隊長武元釗提議：

一、查郭外人民對於燈火管制尚未實行，易示敵人目標，應如何辦理案。

决議：令長安縣府飭所屬防護團切實辦理。并由出城義勇警察負責督查。

二、每遇空襲城内汽車行駛飛快，且在夜間對火燈亦不管制，擾亂秩序危險殊甚，應如何取締案。

决議：呈報第十戰區暨軍政机關制止并登報勸告。

五、第一區團董海珊提議：

一、本團新團員業經補充完竣請補發袖臂章案。

决議：由防護團發給。

二、本區團夜間空襲武裝警戒兵甚少指揮軍民頗感困難請由警備大隊加派警崗案。

决議：通過。并由警備大隊將全市警備兵崗位圖具報。

六、第五區團楊層北提議：

一、接警備司令部函關於團員緩役証明應一律取締，應如何辦理案。

决議：抗衛團團員應予緩役証明。

55

二、防護團員參加三民主義青年團後藉故推諉工作應如何辦理案。

決議：請各指導員多作政治訓練，以免團員偷閒；並由總幹事與三民主義青年團商洽團員以後不得托故參加各項會議，並由指導員撥派。

三、請發團員警戒棍案。

決議：由防護團核發。

六、第六區團聯轄處提議：

一、每遇空襲，電話局無人接轉電話，以致各團隊對敵機活動情況不得明瞭，應如何辦理案。

決議：由防空司令部商同何局長辦理。

七、第七區團張維祖提議：

一、查敵機每臨市空，要槍聲四放，應如何制止案。

決議：由警備大隊制止。

完

陕西全省防空司令部第二十一次会报记录（一九四〇年四月十日）

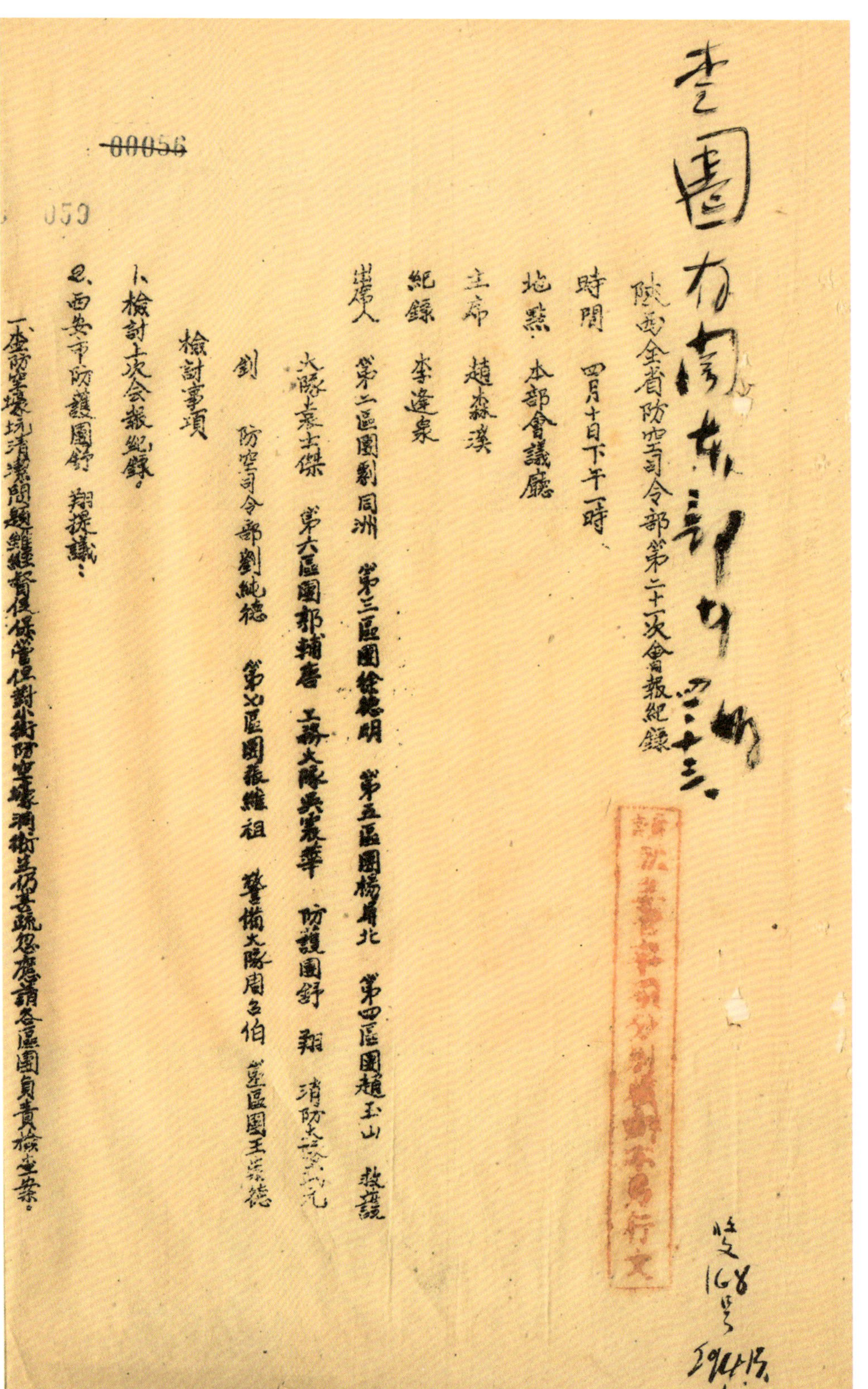

陝西全省防空司令部第二十一次會報紀錄

時間 四月十日下午一時

地點 本部會議廳

主席 趙森溪

紀錄 李逢泉

出席人 第二區團劉同洲 第三區團徐德明 第五區團楊肖北 第四區團趙玉山 救護大隊袁士傑 第六區團郝輔唐 工務大隊吳震華 防護團舒翔 消防大隊[illegible]

列 防空司令部劉純德 第七區團張維祖 警備大隊周召伯 第[illegible]區團王宗德

檢討事項

1、檢討上次会報紀錄。

2、西安市防護團舒翔提議：

一、本市防空壕坑清潔問題雖經督促保管但對小街防空壕洞衛生仍甚疏忽應請各區團負責檢查案。

56

決議：由各區團平時負責檢查編號保管。

二、請警備司令部出示以城下防空洞不論公私有通城外者應即一律裝置鐵門封鎖以免偷運東西出入城案。

決議：由各區團調查具報估單裝門。

三、在空襲時警戒班團員應普遍配備於大小街巷免發生小偷及汗奸活動案。

決議：通過。應由各區指導員及警備大隊注意佈置。

四、各區團嗣後調查空襲損害應迅速確實不得有差以免轉報案。

決議：通過。

六、警備大隊周參謀提議：

五、每逢空襲警報城下防空洞人民活動甚多若遇敵機臨頭不加隱蔽遺害不堪設想應如何制止案。

決議：由警備大隊及防護團切實制止。

六、在空襲時軍人來往各街巷私自活動違抗指揮應如何處理案。

決議：由防護團員及警備兵制止倘若不服應即押送軍憲警察處辦理。

陕西全省防空司令部第二十二次会报记录（一九四〇年五月一日）

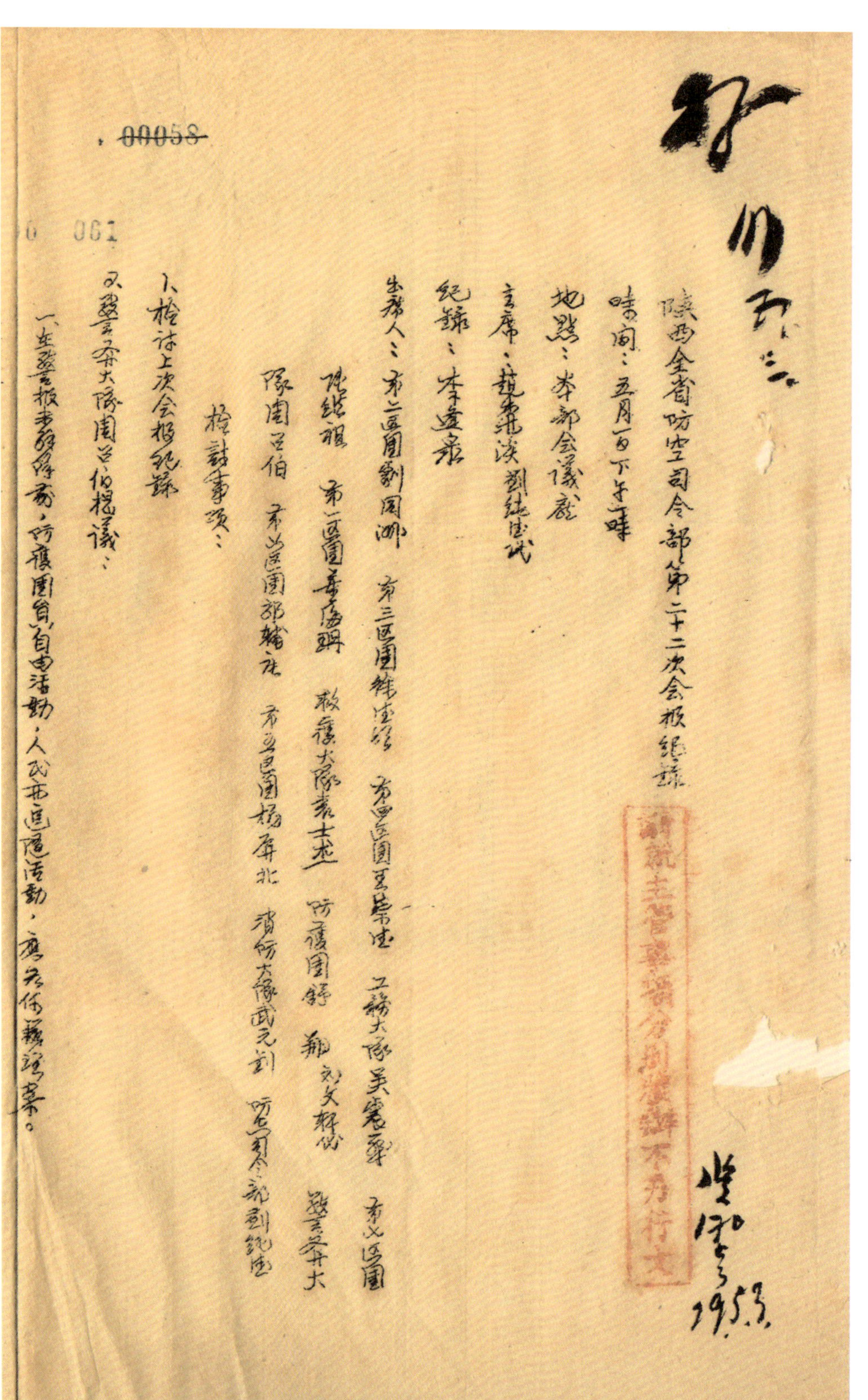

陕西全省防空司令部第二十二次会报纪录

时间：五月一日下午时

地点：本部会议厅

主席：赵兆淡 刘继武

纪录：李逢泉

出席人：第二区团刘国渊 第三区团韩宝经 第四区团王崇德 工务大队吴宪章 第六区团张继祖 第一区团李广鹏 救护大队袁士杰 防护团郭翔 刘文轩 警察第十大队周子伯 第五区团郭辅廷 第五区团杨屏北 消防大队武元刘 防空司令部刘铭德

检讨事项：

1、检讨上次会报纪录

2、警察第十大队周子伯提议：

一、在警报未解除前，防护团员自由活动，人民亦随意活动，应如何办理案。

请就主管业务分别处办不另行文

決議：防護團負有任務，無需協助，人民私設為制止。

二、尤師連通訊兵在警報中自由行動應否制止案。

決議：由防空司令部函該師嚴為制止。

六、第一區團長陳明提議：

三、菊林中學校學生約數百人，在警報未解除中，不能阻止，自由行動，倘遇敵機臨頭，危險堪虞，應如何處理案。

決議：由防空司令部函菊林中學校立即編組防護團。

四、每逢警報，該處有些婦人小孩，多躲在飛城下自採野菜，危險殊甚，應如何處理案。

決議：由警察分局負責勸助取締。

七、第三區團長孫德明提議：

五、大東門衛生所發現毒蛇，應否捕取，該住戶住宅或坑穴捕捉，應如何處理案。

決議：由防空司令部劃定區域，遇毒蛇由防護團負責捕取。

58

陕西全省防空司令部第二十三次会报记录（一九四〇年五月二十二日）

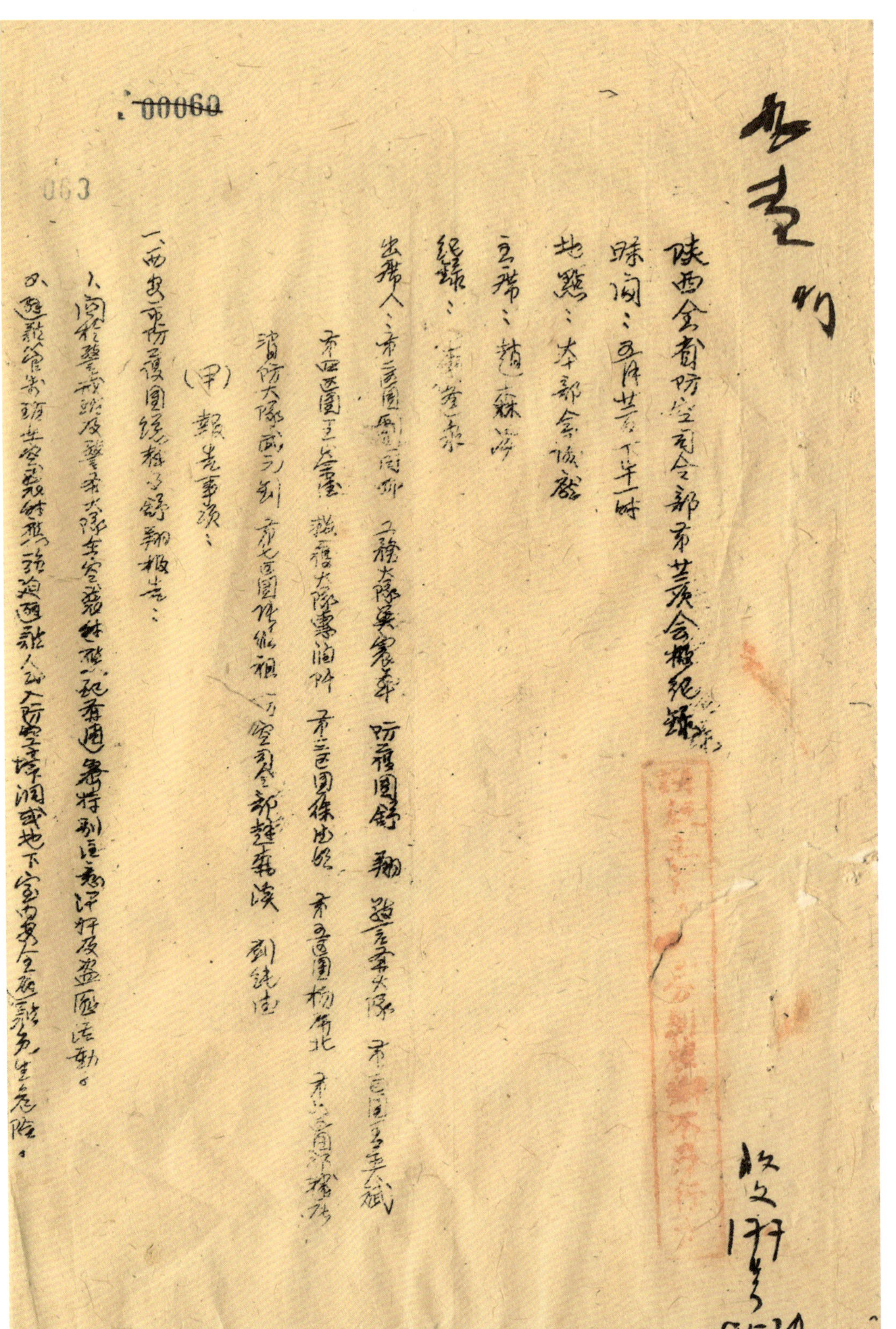

存查

陕西全省防空司令部第廿三次会报纪录

时间：五月廿二日下午一时

地点：本部会议厅

主席：赵[illegible]森[illegible]

纪录：[illegible]学[illegible]

出席人：市二区团副团部 工务大队吴震华 防护团舒翔 [illegible]大队 市[illegible]区团[illegible]

市四区团王[illegible]金 [illegible]大队[illegible] 市三区团孙[illegible] 市五区团杨[illegible]北 市六区团[illegible]

消防大队[illegible] 市七区团陈[illegible]祖 防空司令部赵[illegible] 刘[illegible]

一、西安市防护团总团舒翔报告：

（甲）报告事项：

1. 关于警戒[illegible]及警察大队[illegible]空袭时[illegible]特别注意汉奸及盗匪活动。

2. 避难管理[illegible]空袭时[illegible]避难人[illegible]入防空壕洞或地下室内，要[illegible]免生危险。

3、警报站在警报发出之时，应以迅速传达（达）送警报。

4、六号警报站于十八日被炸后，该站负责方面因此该站遂废，被炸之处应即刻派员修复，以后应即设法免发生危险。

5、本市各街巷水缸，要求各户储满，以供消防之用。

6、为确保警报台附近各楼上装置安全者，务须各方负责注意。

7、关于本区域内之调查，务须确实，不得遗漏。

8、修复各区圆场工作应预定计划，以免徒劳。

二、工务大队之报告：

9、炸后道路已修理完毕，电线（灯）线亦在修理中。

三、消防大队长武元钊报告：

10、十九日晚炸后，消防队各区团消防班均尽力已报到，并协助抢救，损失不多矣。

11、关于警报发出，各保长各班长应到场协助，须派消防班长与火场指挥，以便合力工作。

12、请各商住户存储沙土，以备燃烧时应用。

陕西全省防空司令部第二十四次会报记录（一九四〇年六月十二日）

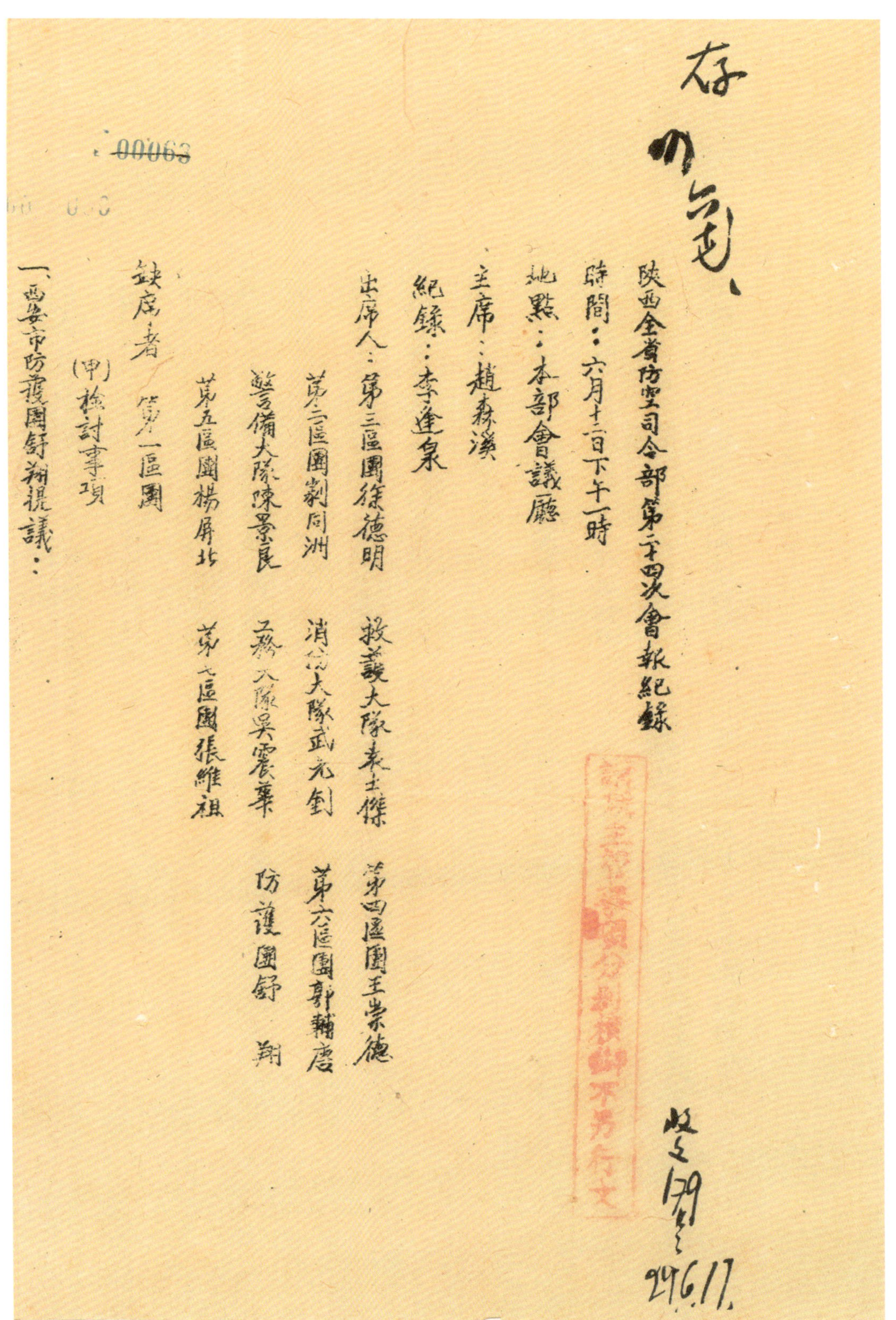
存 四笔

陕西全省防空司令部第二十四次会报纪录

时间：六月十二日下午一时

地点：本部会议厅

主席：赵森溪

纪录：李逢泉

出席人：第三区团徐德明 救护大队袁士杰 第四区团王崇德

第二区团刘同洲 消防大队武光钊 第六区团郭辅唐

警备大队陈景昆 工务大队吴震华 防护团舒翔

第五区团杨屏北 第七区团张维祖

缺席者：第一区团

(甲)检讨事项

一、西安市防护团舒翔提议：

八、關於警戒班團員佈置請各指導員注意照團配備并飭各警戒班團員必須執行警戒極嚴防奸徒活動案。

決議：通過

九、關於各防空水桶各商住户多不儲滿消防水者請注意儲備以應急需案。

決議：通過

十、查近來天氣較熱搭蓋席棚者甚多應如何辦理案。

決議：俟先取締并非搭棚不可者可著備案。

十一、本團於空襲時為便於指揮及工作起見擬請在本團設直達各區團專話綫案。

決議：由防空司令部籌劃。

二、消防大隊長武元釗提議：

今本市警報器多因綫路易失作用可否購置手搖警報器分發各部以資補助案。

決議：由防空司令部調查辦理。

陕西全省防空司令部第二十五次会报记录（一九四〇年七月三日）

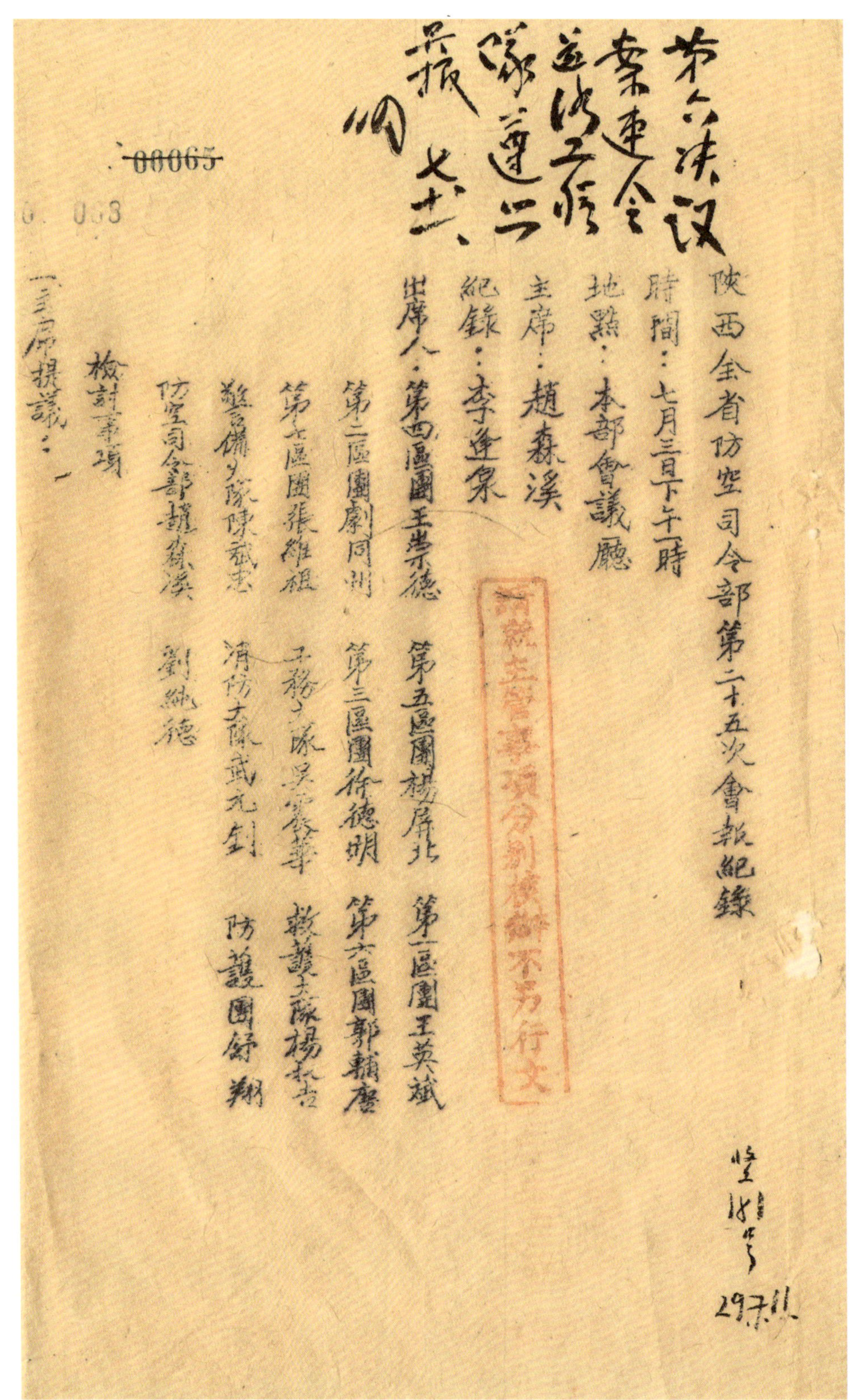
第六決議案速令送消防工程隊遵照辦理 七·廿六 吳振川

~~00065~~

0. 063

陝西全省防空司令部第二十五次會報紀錄

時間：七月三日下午一時

地點：本部會議廳

主席：趙森溪

紀錄：李逢泉

出席人：第四區團王崇德　第五區團楊屏北　第一區團王英斌

第二區團劇同州　第三區團徐德明　第六區團郭輔唐

第七區團張維祖　工務大隊吳雲華　救護大隊楊秋吉

警備大隊陳鐵忠　消防大隊武九劍　防護團舒翔

防空司令部趙森溪　劉紹德

檢討事項

一、主席提議：一

關於主管事項分別核辦不另行文

擎181号

29.7.11

八、據救護大隊提議，該隊在空襲時出動工作，消息甚感隔膜，應如何辦理案。

決議：由該隊與警察機關切取連絡。

九、救護部隊為集合便利計，擬覓就妥善地下室作為空襲時集合地點案。

決議：由救護隊覓就地點呈司令部轉防護團。

十、各區團救護[illegible]與救護大隊救護人員應如何取得連繫以資聯絡救護案。

決議：通過。

十一、查各防護團隊出動員兵多缺乏常識，在炸後防護期間盲目從人亂奔，請各團隊對於防護各員經常訓練，多加注意案。

決議：通過。

二、警備大隊陳斌志提議二

5、查緊急警報後各城門衛兵均將城門關閉可否開放案。

決議：提交警備司令部會議糾正。

三、消防大隊武元釗提議：

6、查六月二十日西安炸後大火四起本隊飭各分隊人員出動，但救火車及人員不敷應用，應如何設法補充案。

決議：下次西安辦公廳會報時提請借用西安辦公廳救火車。

2、防護團消防班團員在遇火警時必須由班長率領至火場報告火場消防隊長官聽候分配工作。

3、義勇警察消防隊由消防大隊長召集訓示遇有火警不得擅離并嗣後撥歸各區團指導員指揮以資協助消防工作。

4、各區之救火機由各區消防班及義勇消防隊使用。

四、第一區團王美箴提議：

7、防護團員警戒時，第三十集團軍衛士不從指揮，並將團員第壹區毆凌辱處罰，應如何予以保障案。

決議：防會同警備大隊警戒與協力制止，倘有不服，扭送警察處核辦。

五、第二區團劉同帆提議：

8、上次東木頭市炸後，本區團員抬受傷人民抬至來生醫院，該院閉鎖無人救護，嗣後如有同樣事發生，應如何辦理案。

決議：由救護大隊查辦，并飭炸後醫務人員必須限時返院工作。

9、本區團消防班及救護班前在南城覓就防空洞，因土質不佳，可否另行擇地挖掘案。

決議：通過，挖掘時報部審查。

六、第三區團徐德明提議：

10、本區團工務班器材缺乏，本市無法借用，應如何補助案。

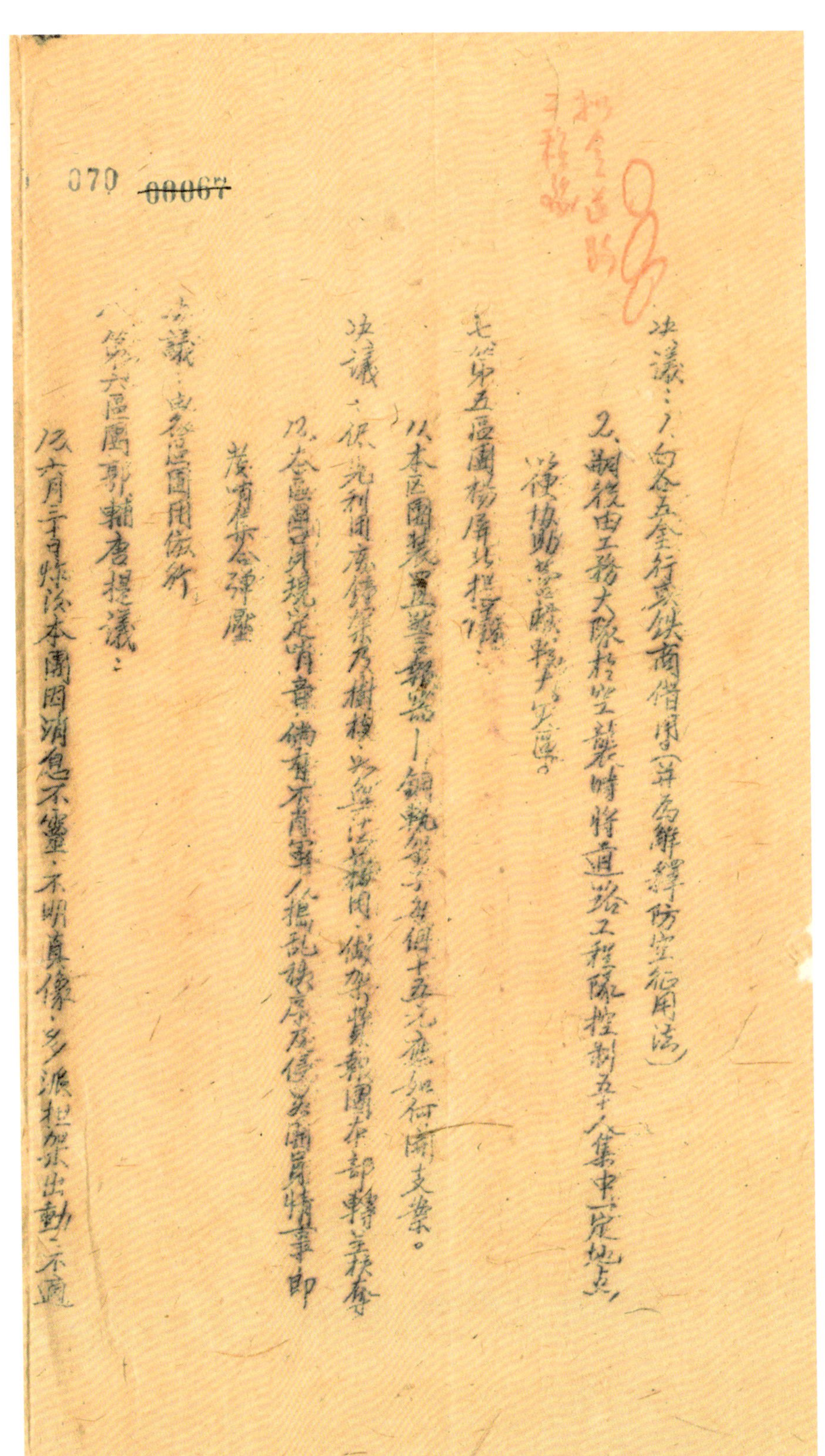

070 ~~00067~~

决议：1、向各五金行实铁商借用（并为解释防空征用法）

2、剩余由工务大队于空袭时将道路工程队控制五十人集中一定地点，以便协助营救救护工作。

七、第五区团杨队长提议：

1、本区团装置警报器一铜钟，需款十五元，应如何开支案。

决议：1、俟先利用废铁架及树枝，如无法采用，俟本会函总团本部转呈核夺

2、各区团如规定消音，倘有不肖军人捣乱秩序应便如何肃清毒事即应由本会弹压

决议：由各区团团依行

八、第六区团郭辅唐提议：

1、六月二十日炸后本团因消息不灵，不明真像，多派担架队出动，不过

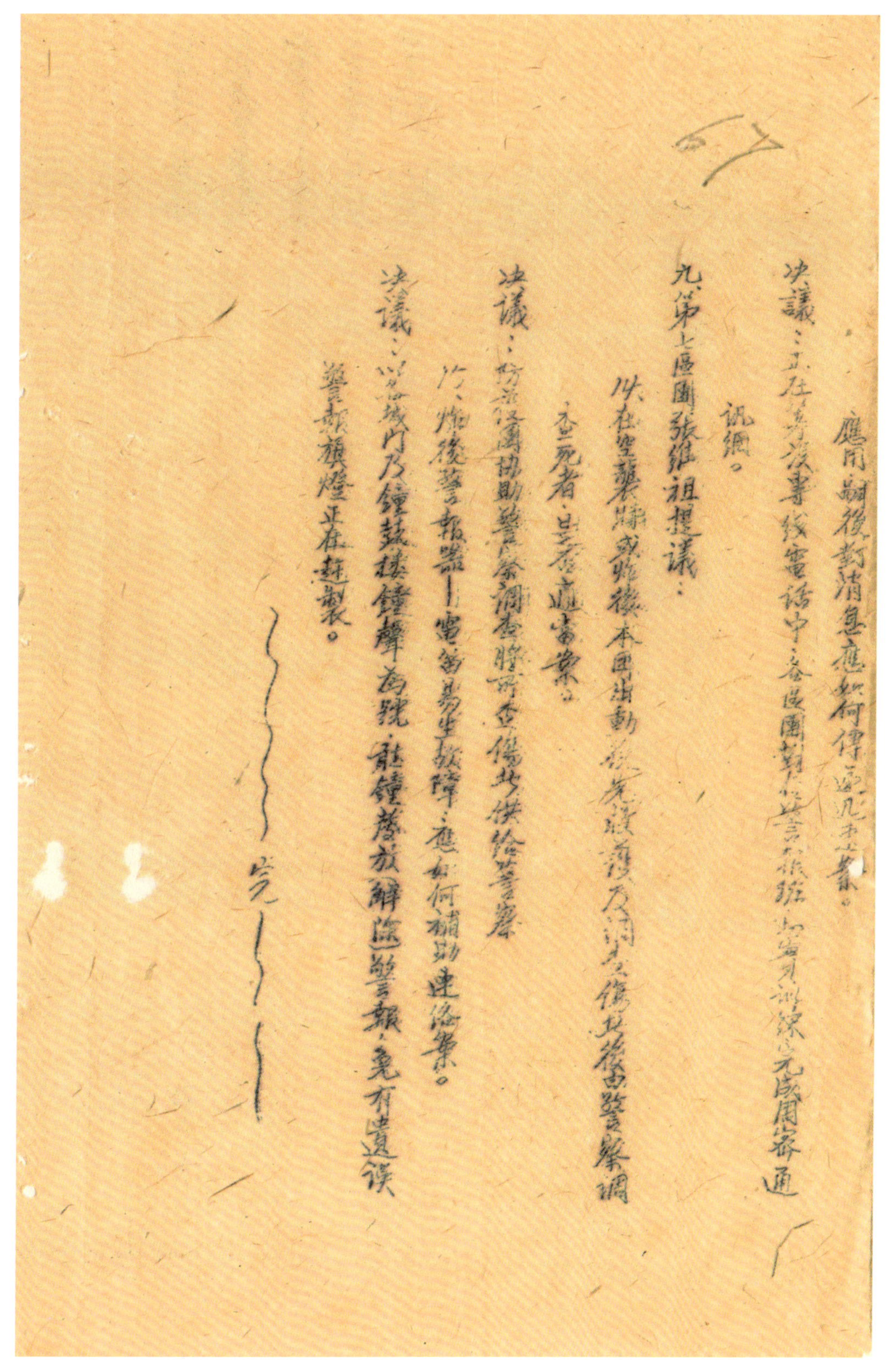

應用斷後對消息應如何傳遞迅速案。

決議：：立在該後專線電話中，各區團對於警報班，加強訓練，以充取周密通訊網。

九、第七區團張維祖提議：

14、在空襲時或炸後，本團出動搶救受傷者及調查死傷者後，由警察調查死者，是否應由當區負責案。

決議：：防護團協助警察調查，將所查傷者供給警察。

15、炸後警報器——電線易生故障，應如何補助連絡案。

決議：：以城內及鐘鼓樓鐘聲為號，敲鐘發放解除警報，免有遺誤。警報旗燈正在趕製。

——完——

陕西全省防空司令部第二十六次会报记录（一九四〇年七月三十一日）

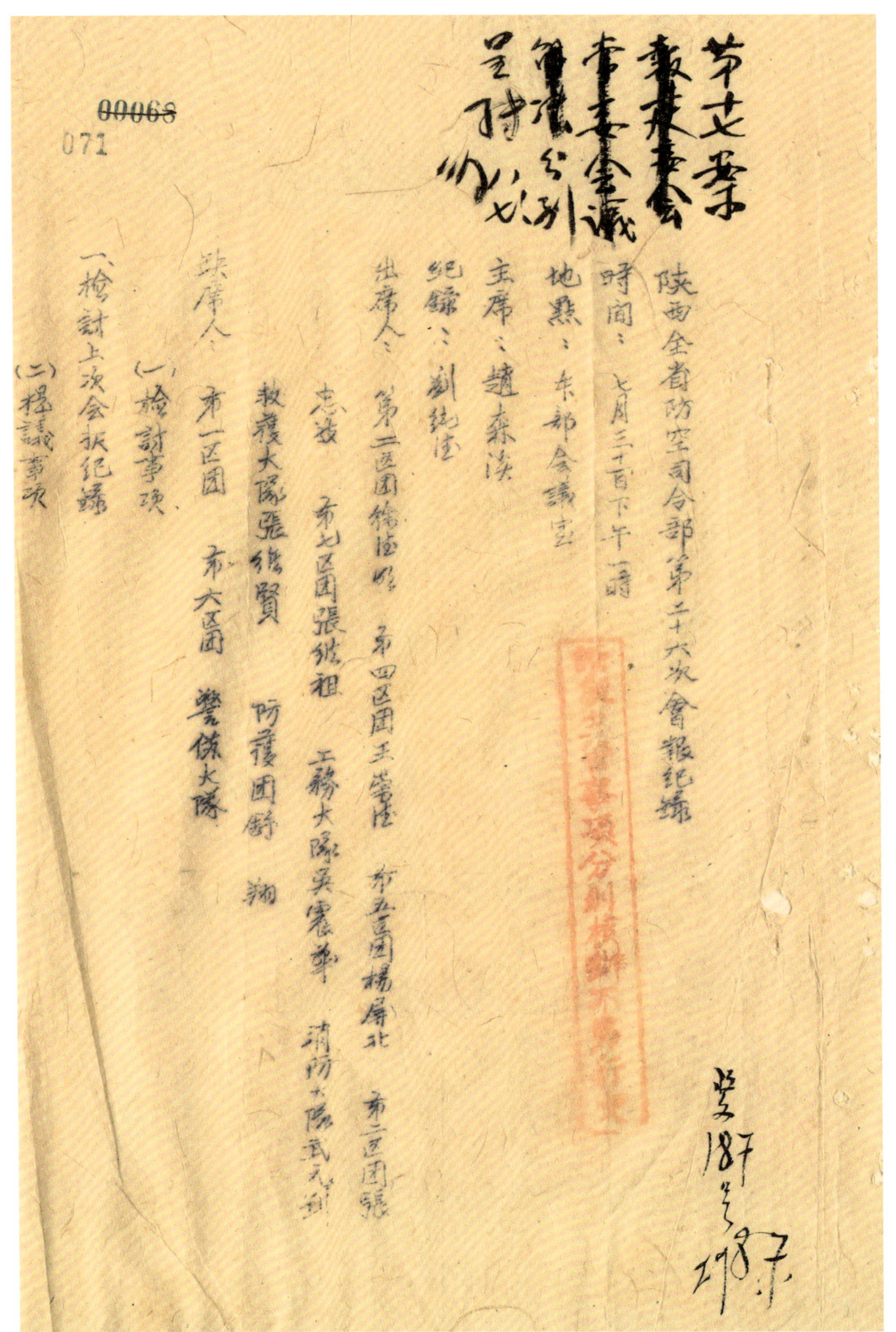
00068
071

陝西全省防空司令部第二十六次會報紀錄

時間：七月三十一日下午二時

地點：本部會議室

主席：趙森濼

紀錄：劉純德

出席人：第二區團錢德明　第四區團王常達　第五區團楊屏北　第三區團張忠義　第七區團張繼祖　工務大隊吳震華　消防大隊武天錫　救護大隊張緯賢　防護團舒翔

缺席人：第一區團　第六區團　警備大隊

（一）檢討事項

一、檢討上次會報紀錄

（二）擬議事項

68

一、防護團總幹事錢翔提議：

1、本防護團人員老弱幼童過多，應如何調整之案。

決議：由各區團整頓更換，切實調整，並將名冊呈總團部備查。

2、各區所組織之消防隊，人數老弱甚多，應如何整頓案。

決議：照救實際情形，總以精幹為主，並應注意分別訓練，並督令各地集中地點訓練。

3、本團及警察局所用汽車之通行證，可否先行發給案。

決議：由本部副官室先行發給。

4、本團新組團員甚多，由本部救護大隊派員訓練救護班，消防大隊派員訓練消防班，請公決案。

決議：由救護消防兩大隊，分別派員訓練，本會訓練期限為三週，以還混合會演完。

一俟通告防護團，擇日開始。

5、救護班所需之救急包，城內各區團，本已開辦，未悉另由何法補發案。

~~00069~~

072

决議：由救護大隊，另日配製，每區舊繪廿包，以資救急。

6、近日警報頻繁，會報時間可否改為下午五時半。

決議：通過，并改每隔兩週會報一次。

二、市四區团王崇山提議：

7、本區明星電影院，請該院組有担架隊，不許抽派防護团員，究應如何辦理。

決議：由市四區团强制抽派防護团团員，并由救護大隊去報該担架隊工作有無事實，具報本部。

8、在警報未解除前，每時間過長，民众需集城門外，遇敵機臨頭，避之不及，擬應如何制止案。

決議：提交警備司令部會報，持令城門衛兵，予以制止。

三、市五區团楊彦北提議：

9、自市三區团西大街公共地下室被炸後，各區地下室避難者減少，并因前油燈之

9、本會減少燈數案。

決議：近數月來共地下室燈油費，月支過鉅，先區團部再據區實際需要。

並將實驗中學、總團部校內燈燭數量酌減。

四、第七區區團張紹祖提議：

10、上次會議紀錄第八案第三十條決議，義勇消防隊撥歸第五區指導，第五區

查第五區義勇消防隊原為第五區屬者，由第五區指揮，似覺不便，可否歸本區管案。

決議：通過，並將上次議案修正為第五區通令。

11、本區團欲地方情形，團員調整，務以整個為評，請予從缺案。

決議：將情形轉呈總團部酌予核定。

12、查第五區防護團員，為數日多，訓練欠缺，可否責成本區主管

決議：由第五區擇一處召集，並責令全部，將該防護第十分隊檢驗。

13、本市消防隊團，已經整頓，擬出甲種之人，分三班，每班五名，責成訓練。

獲班，义務班，救護防組織校服另有消防隊不另編組，至訓練事宜，完全

應依第四案。

决議：由該区指導員協实施訓練，以便指揮。

14、本区地下室，近来無人照料，灯油費可否裁廢案。

决議：與第九案合併办理。

五、主席提議：

15、本警察分局近接各方报告，私人强佔甚多，可否由各区团长派员会同

郭秋和。

决議：通過，各区區長督飭班長在警報時切實領導市民按城洞之上兵指揮。

16、本城墙附近居民，廁所無人清潔，有碍公共卫生，可否由警察局

派员逐一检查，责令清潔案。

通過是項辦法，非係就久城內建廁妨礙川城路，城外建廁亦宜加繞城週，此案提案仍以重建為妥。

決議：通過，由警察局協助防護團辦理。

17、城墻防空洞避難者甚多，由各建築公共廁所，以重衛生案。

決議：由工務大隊擬具意見，交市政建設委員會會核辦。

六、西安市出席來賓

18、救護組織應劃分區域案。

決議：救護大隊應與衛生科劃分公私醫院擔任防護區團境界，劃分隸屬區域，遇有空襲受傷人民，不拘何區運送收容治療，不得拒絕。

19、交通管制案。

決議：由警察大隊負責與防護團切取連絡，互相協調。

完

陕西全省防空司令部第二十七次会报记录（一九四〇年十月二日）

陝西全省防空司令部第二十七次會報紀錄

時間 十月二日下午四時

地點 本部會議室

出席人 第五區團楊屏非 第四區團步登山 工務大隊吳震華

救護大隊張紹賢 第六區團郭輔唐 第一區團孫耀武

第二區團張忠敬 警備大隊陳鶴翔 第三區團徐德明

西安市防護團鄧翔 消防大隊武元劍 第七區團張維祖

防空司令部趙森溪 劉純德

主席 趙森溪

紀錄 李逢泉

（甲）報告事項

西安市防護團鄧翔報告：

1、各區警戒班團員兵單人防空壕上木蓋上月設置齊全。

71

2、自上月起本市各警察派出所每所增加守防警察二名以加强空襲時防空警戒力量。

3、上次警備司令部會議決議防空警戒由警備大隊員負責由防護團協助。

二、消防大隊武元剑報告：

4、關於本市消防蓄水池之保護及檢查二事項除由本隊督飭義勇消防隊保護外仍希各街道之負責消防班團員隨時注意。

三、主席報告：

5、嗣後凡因公受傷之防護團員送由各救護中隊治療者由各區團出具証明文件其送藥費即由撥給救護大隊之救護專款項下支付各救護醫院不得額外收費。

6、十一月二十一日為防空節奉命擴大舉行希各團隊先行整理一切俾便檢閱。

(一)

陕西全省防空司令部第二十八次会报记录（一九四〇年十月二十三日）

陝西全省防空司令部第二十八次會報紀錄

時間：十月二十三日下午四時

地點：本部會議室

出席人：工務大隊李耀鼎　第三區團徐德明　防護團舒翔

劉文軒代　救護大隊張維賢　第六區團郭輔唐

第五區團楊厚北　第一區團劉耀武　第二區團張忠敬

第四區團黃啓山　第七區團張維祖　警備大隊陳鶴翔

消防大隊武光釗　防空司令部趙森溪

劉紹德

主席：趙森溪

紀錄：李逢泉

（甲）報告事項

一、檢討上次會報紀錄

76

2、第五區團楊屏北報告：

本區團團員棉衣多係折洗，惟工務班團員因人數有調換，現新補團員依照規定縫製軍服。

（乙）提議事項

1、防護團劉文軒提議：

一、各區團緩役團員甚多，由本團函各該主管縣政府証明，各該縣府多函復不准，應如何辦理案。

決議：技術團員依照軍管區規定准予緩役，普通團員應全回縣服役。

2、救護大隊武維賢提議：

二、本隊各中隊技術隊員緩役亦感有各該主管縣府不准之困難，應如何辦理案。

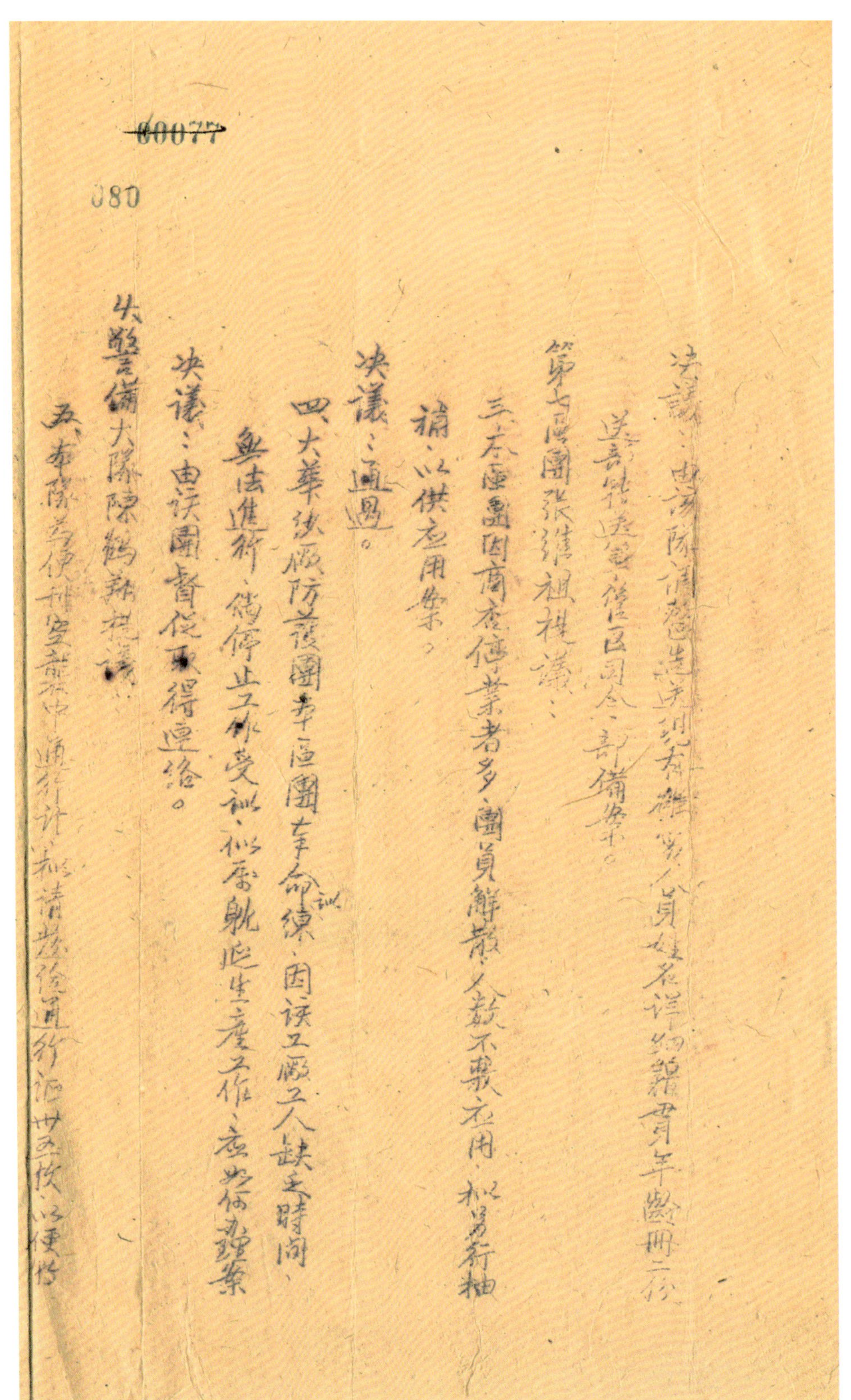

~~00077~~

080

决議：由該隊請造送現有解散人員姓名詳細籍貫年齡冊一份送呈綏靖區司令部備案。

第七區團張德祖提議：

三、本區團因商店停業者多，團員解散人數不敷應用，擬另行抽補，以供應用案。

决議：通過。

四、大華紗廠防護團奉區團本年命練（訓），因該工廠工人缺乏時間無法進行，編停止工作受訓，似屬耽誤生產工作，應如何辦理案

决議：由該團督促不得違誤。

六、警備大隊隊長鄭琳提議：

五、本隊為便利安靜夜中通行計，擬請發給通行證卅五枚，以便將

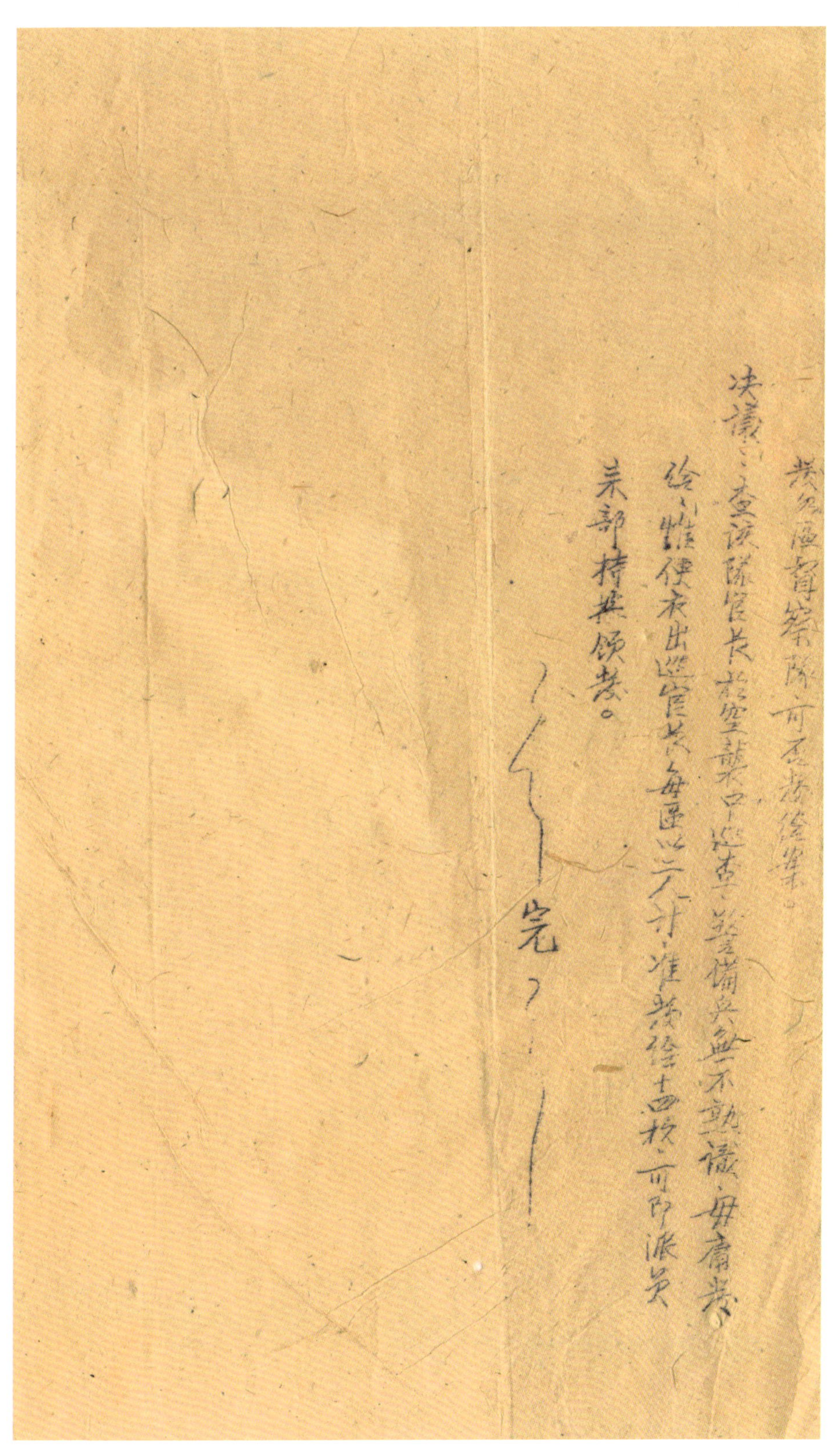

發給區督察隊，可否，請公決案。

決議：查該隊官長於空襲中巡查，警備兵無不熟識，毋庸發給，惟便衣出巡官長每區以二人計，准發給十四枚，可即派員來部持据領發。

完

陕西全省防空司令部第二十九次会报记录（一九四〇年十一月十三日）

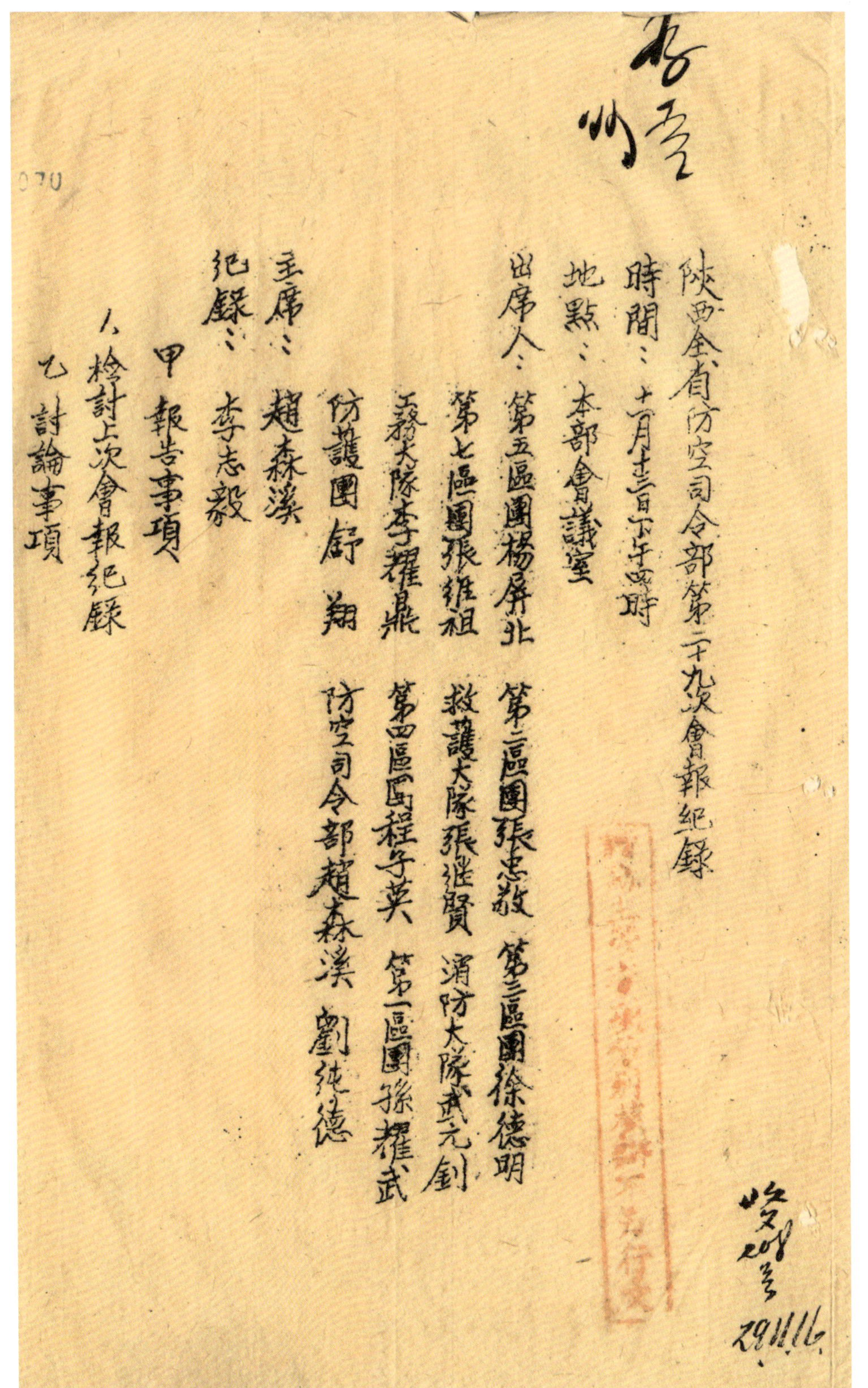

陝西全省防空司令部第二十九次會報紀錄

時間：十一月十三日下午四時

地點：本部會議室

出席人：第五區團楊屏北　第二區團張志毅　第三區團徐德明

第七區團張維祖　救護大隊張繼賢　消防大隊武元劍

工務大隊李耀鼎　第四區團程子英　第一區團孫耀武

防護團舒翔　防空司令部趙森溪　劉純德

主席：趙森溪

紀錄：李志毅

甲、報告事項

1、檢討上次會報紀錄

乙、討論事項

1、防空節日防護團暨各大隊在二十一日下午三時整隊參加於新城大操場集合開會時各部隊所站位置在各机關團体之後案

決議通過

2、大會檢閱時總指揮官由劉團長担任案

決議通過

3、大會場中各防護部隊暨各大隊須將所有器材担架等等完全帶至會場以便檢閱案

決議通過

4、関於公共地下室暨城牆防空洞限於防空節前分別一律打掃乾淨以便抽查案

決議通過

5、関於防空節獻金一節是否可以擴大舉行案

決議由司令部參謀長簽請司令核示

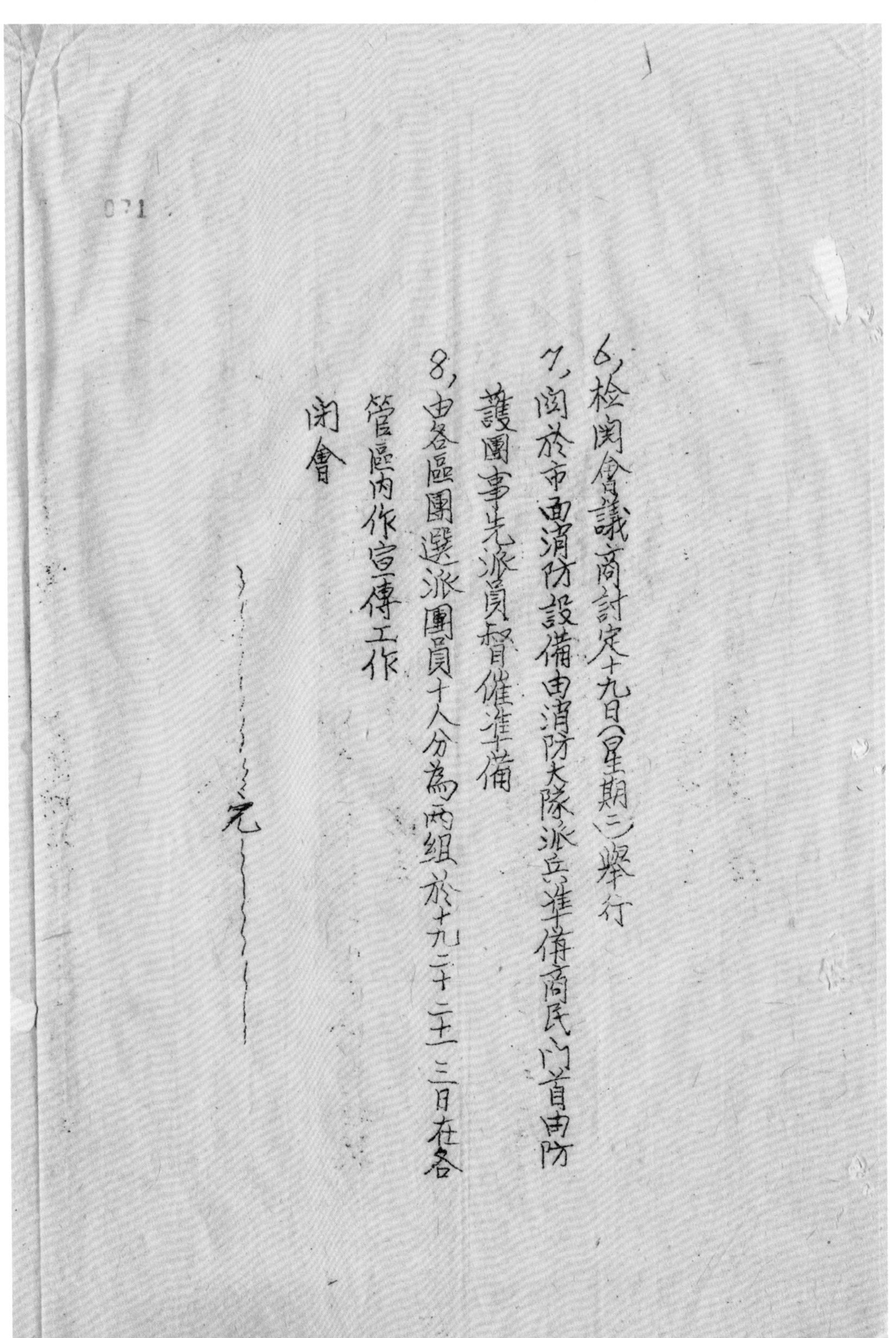

071

6，检阅会议商讨定十九日（星期二）举行

7，关于市面消防设备由消防大队派兵准备商民门首由防护团事先派员督催准备

8，由各区团选派团员十人分为两组于十九二十二十一三日在各管区内作宣传工作

闭会

～～～～完～～～～

陝西全省防空司令部加強防空設備委員會第三會議議程

時間　三十年二月七日上午九時

地點　防空司令部會議室

出席

主席

紀錄

甲、報告事項

工、築建西安情報所地下室及預備情報所

一、西安情報所地下室上年十二月已完工，支款叁千貳百玖拾元（此款係由杜公祠及喇嘛寺兩處預備情報所建築費內勻出）

二、喇嘛寺預備情報所已經完工，支款伍千伍百肆拾貳元

三、杜公祠預備情報所行將完工支款貳千玖百陸拾元

四、西安情報所地下室裝置電燈支款貳百叁拾捌元

五、購辦通信器材

一、十門交換機六部支款壹萬貳千元

二、二十門交換機一部支款肆千伍百元

三、電話機三十五部支款壹萬捌千貳百元

四、鉛絲二百五十捲支款壹拾萬元

五、七絲被覆線四十盤支款壹萬貳千元

六、收楊木桿一千根支款壹萬伍千元

七、二寸磁碍子五千只支款伍百元

八、四寸洋釘一千斤支款貳千伍百元

九、小花線及膠布各二十盤支款陸百元

十、永備電池三百只支款陸千叁百元

十一、榆木扁担一千付支款壹千捌百元

十二、羅絲鉄箍一千付支款肆千元

十三、永備方電池十八只支款壹千伍百元

十四、十五W、手搖無線電機一部支洋叁千玖百元

十五、無線電機零件及預備器材支洋伍千元

十六、五門交換機一部支洋壹千伍百元

以上共支洋壹拾捌萬玖千叁百元

III、加強城下洞

子、裝門窗

(一)外門三百四十二合支洋貳萬壹千玖百伍拾陸元肆角

(二)內門六百五十六合支洋肆萬貳千壹百壹拾伍元貳角

(三)外窗一百九十七個支洋肆千肆百壹拾貳元捌角

(四)内窗三十五個支洋柒百捌拾肆元

(五)磚方一千二百四十六方九支洋玖千貳百貳拾柒元零陸分(此次所掘磚方均係就原有老氣眼而加以擴充)

(六)土方三千捌百六十六方二支洋壹萬貳千玖百伍拾壹元柒角柒分

(七)丈二木柱二千六百八十枝半支洋伍萬叁千貳百零柒元玖角貳分

(八)木柱作成木架工費支洋壹萬貳千玖百伍拾伍元柒角伍分

(九)撥存城下預備補充門二十合計洋壹千貳百捌拾肆元

(十)撥存城下預備補充窗十個計洋貳百貳拾肆元

(九)(十)兩項預備費純為城下洞門如遇過避難民擁擠破壞而設

四、其他

以上共支洋壹拾玖萬玖千壹百壹拾捌元玖角

040

（一）消防汽油一大筒支洋壹千叁百柒拾伍元

（二）各警報所灶具支洋陸百叁拾陸元

（三）各警報所修理費支洋壹百貳拾陸元柒角

（四）手摇警報器木架五個支洋玖拾元

合共領到洋肆拾伍萬元

支洋叁拾陸萬貳千陸百肆拾陸元陸角

現存洋捌萬柒千叁百伍拾叁元肆角

以上四案請

公鑒並派員驗收

下、查城下防空洞門上棚木原討用木椽搭撑後以門上土坯面積過大權改為並

用木板其價值與木椽相等請

公鑒案

〡〤、城下防空洞遇有洞身過寬且裂縫甚長者為支撐堅固計改用木板棚支請

公鑒案

〡〣、查此次洞內支撐之木架因洞身寬高不等原來計劃每木標三枝作木架兩付不能應用是此次作成木架還就窯洞有高低不同者甚多將來竣工擬即以木標三枝作木架兩付計算工料費請

公鑒案

〡〣、查避難管理隊業經照原定預算編制於十月一日成立請

公鑒案

乙、討論事項

一、查加強工程第一期限定之款已經用盡關於支撐城下洞計應支之處尚多可否即速進行進行時是否另行招標抑或以上次得標公司繼續承包請

公鑒案

陕西全省防空司令部与各有关机关联席会议记录（一九××年五月十六日）

極機密

陝西全省防空司令部與各有關機關聯席會議紀錄

時間　五月十六日下午五時

地點　防空司令部會議廳

出席者　第一區團董海珊　第二區團劇同州　第四區團姜效[illegible]　第五區團楊屏北　第七區團鄭之渠　工務大隊龔賢明　救護大隊長楊鶴慶

李宗韓代　高射砲營王志然　警備司令部耿莊　高射機關槍營丁鎮東　防護團長孫謀　防護團總幹事舒翔　警備大隊長余翼

犀　劉紫清代　第六區團郤夢棠　西京電廠長壽光　電政管理局李馨山　環境電話管理處李百朋　陝西省振濟會空襲聯合辦事處姜序予　消防大隊長武允釗　防空司令部趙森溪　白西垣　劉純德

主席　褚靜亞

紀錄　李逢泉

甲、報告事項：

24

027-1

主席報告（略）

乙、提議事項、

主席提議、

一、查夜間空襲都市內外燈火為顯著目標在事前應確定管制辦法如電燈管制各種車輛燈火遮蔽室內燈火遮蔽背街燈火熄滅城廂野火撲滅案。

決議：1、電燈由電廠執行管制，2、其他燈火由防空司令部擬定辦法交各機關執行，并即簡易傳單宣傳民眾。

二、查夜間警戒較白天為難應由警備大隊協同各團警戒班妥籌分配地點保持秩序一面嚴禁各部士兵不得任意鳴槍一面監視漢奸發示信號措敵目標案。

決議：由警備大隊令各區團警戒班研討夜間聯絡警戒辦法并整理防空坑及

分配地點呈報本部核查

三、查白天空襲市民可能奔出城外避難夜間空襲倘仍出城則擁擠雜遝不堪設想應由防護團避難管制班將管制區以內所有人口與避難壕室妥為分配務使就近隱避案。

決議：由各區團先將人民戶口及避難地點測驗一次再行統籌支配。

四、夜間火災消防困難市內各區每戶應多備沙土並飭水龍儲滿蓄水池並責消防大隊應在每區配合消防力量聯合各區消防班準時出動案。

決議：由各消防班督促住戶每戶門首應備沙土一百公斤儲水六十加侖并由消防大隊設法聯絡各班以資增強消防力量。

五、本市過去救護任務多由救護大隊担任倘夜間發生災變困難必多救護力量應分散各區以利施救案。

決議：由救護大隊統籌辦理。

六、夜間空襲如有路面炸斷或電線炸斷工務大隊應設法迅予修復俾

028-1

夜間通行及通訊、交通滯碍案。

決議：由六路大隊統籌分配指導辦理。

七、高射部隊在夜間對敵機時非聽測十分準確不得射擊案。

決議：通知高射部隊知照。

八、本部總機地下室及各電台所需電流應由電廠儘先供給使晝夜工作不至發生困難案。

決議：通過。

九、關於防空通訊事宜應由各負責人員切實遵守規則以免遺誤情報案。

1、凡各地發來「W」（防空情報）電報或（6306）（西安防空情報所）電局應速先用電話通知再將原電送部。

2、「防空報告」先於一切各電報（話）局如遇防空情報應即停止其他通話（報）從速接轉。

〨、本市長途台宜隨時與各省（縣）直接連絡并將蒐集情報隨時報告本部。

〩、電話（報）局對於防空情報之傳遞應指派負責人員担任。

決議：通過。

十、警笛電綫平時由電廠切實注意免生故障遺誤警報如遇敵機轟炸發生故障應於三小時內立即恢復。

決議：由電廠指派工人赶速修理。

十一、本部配設之補助警報器應由警察局負責保管各警報所員兵非經本部許可不得任意調動案。

決議：通過。

完

陕西全省防空司令部紧急会议议程（时间不详）

陕西全省防空司令部緊急會議議程：

一、關於補助警報、

本市各主要警報器均由電廠借給電力如電灯綫路某一線偶遭破坏警報器即失作用警報即無由發出茲擬其補救辦法。

1、由電廠直接供給電力於各警報所。

2、利用各廠商汽笛作補助警報。

3、各街巷前所架設廟鐘由防護團派專人守望如所清他處發生解除警報即迅速敲鐘傳達之。

二、防護團隊注意事項、

1、防護人員及各區救護隊班、每日應指定專人輪流負責。

2、緊急警報後各防護隊員應即集合適當地點準備出發。

3、某區救護人員如不敷分配時、應由[illegible]隊部派員補助

16

4、各隊所分配之救護地區，內發現負傷人民，如在半小時內未能送往醫院，即以貽誤職守論。

5、各隊員發現負傷人民，在十分鐘內，未經施救及報告該班者，亦以貽誤職守論。

6、發出空襲警報後，救護隊部，應派員專司電話，以便聯絡各務。

7、各班區附近，無論公私醫院，遇有負傷人民，應即送往診治，不得拒絕。

8、籌辦臨時救護汽車。

9、電話通報時，應先說明「救護通訊」，電局接得是項報告，立即接線。〔一〕鐘樓東、西、北門電話均可使用

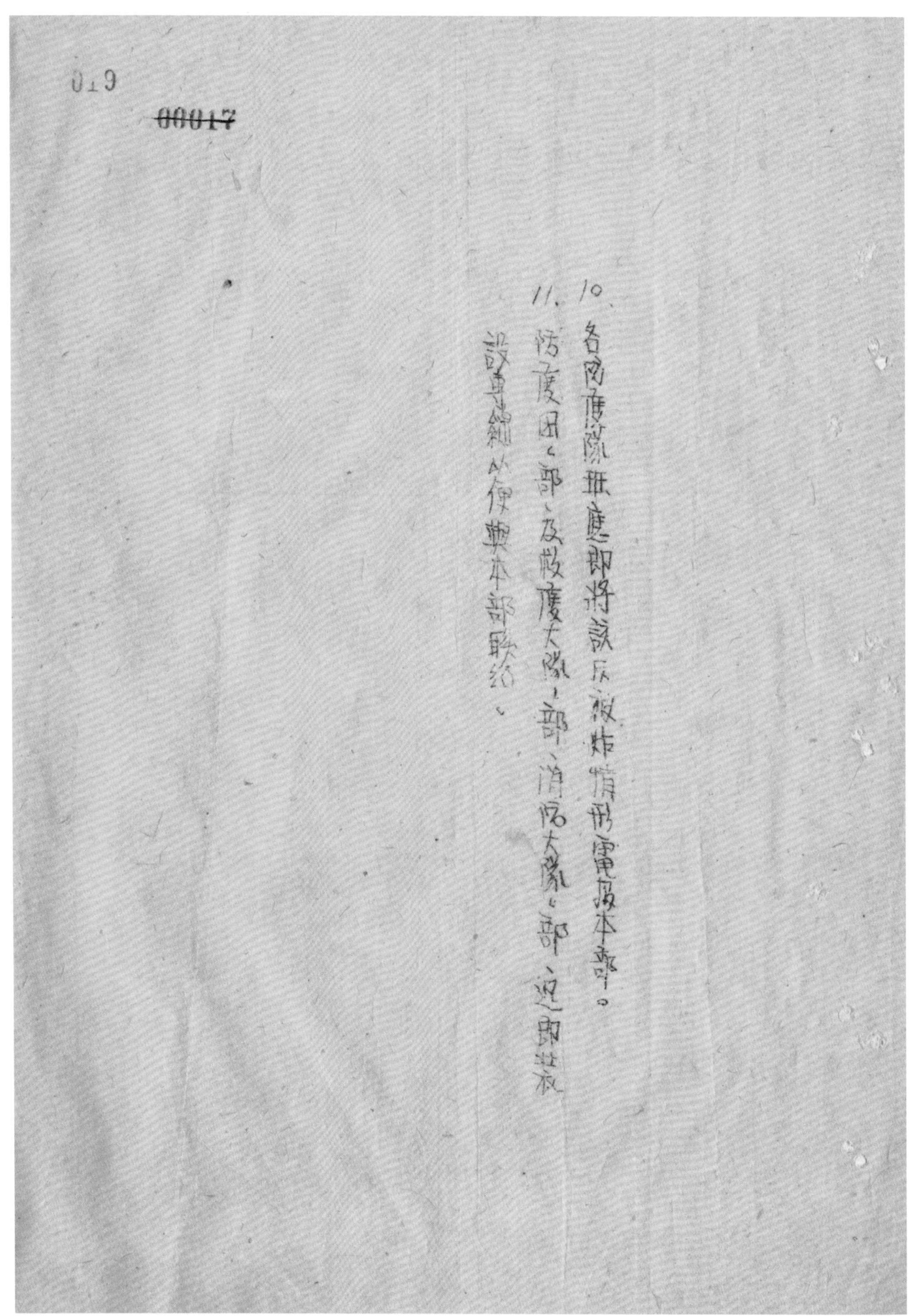
019

~~00017~~

11.10.

各防護隊並應即將該区被炸情形電報本部。

防護團〻部、及救護大隊〻部、消防大隊〻部、迅即裝設專線以便與本部聯絡。

（三）陕西全省防空司令部救护大队

陕西全省防空司令部救护大队第四次临时会议记录（一九三九年八月十日）

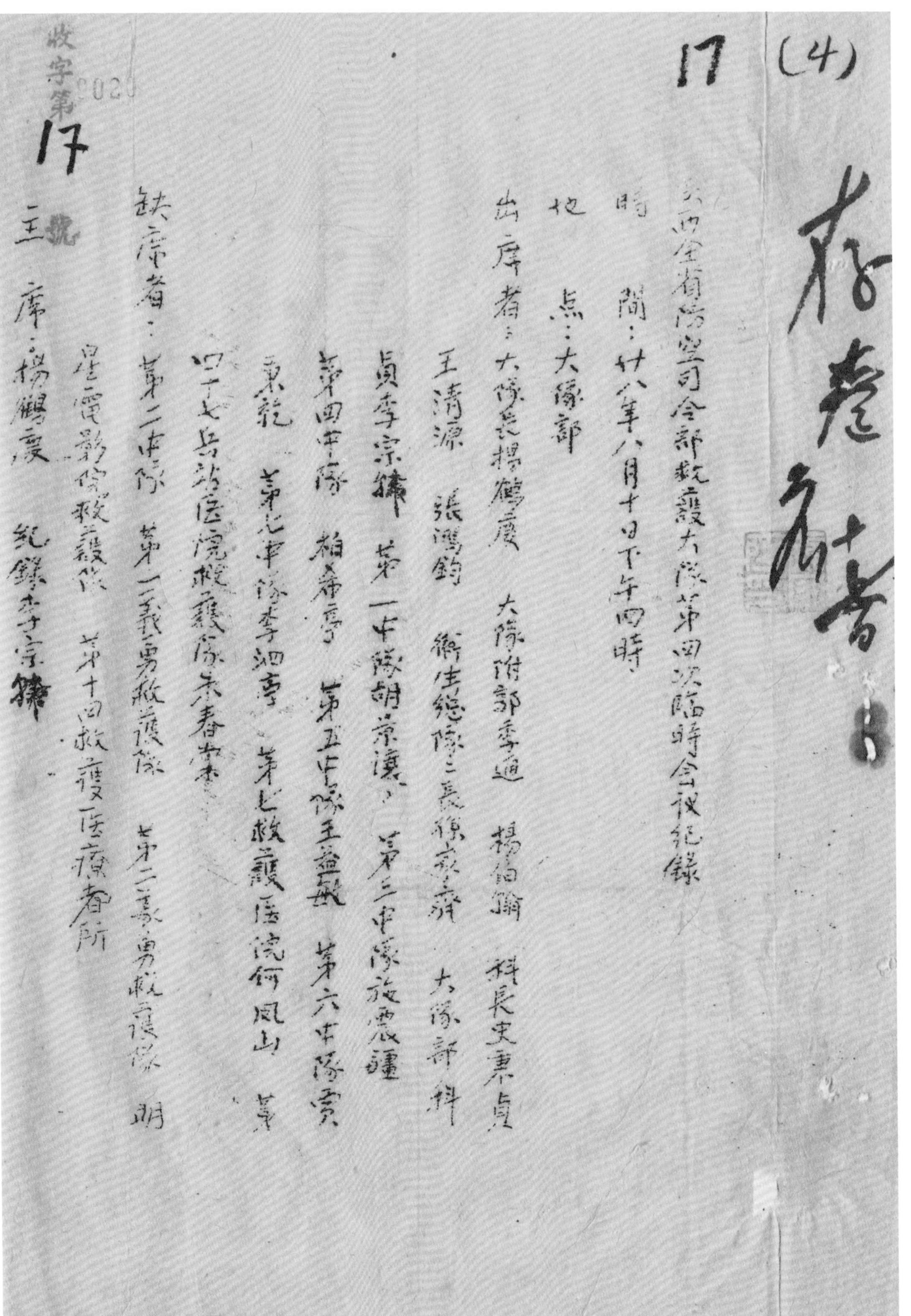
17 (4)

陕西全省防空司令部救護大隊第四次臨時會議紀錄

時　間：廿八年八月十日下午四時

地　点：大隊部

出席者：大隊長楊鶴慶　大隊附鄧季通　楊伯綸　科長史秉貞　王清源　張鴻鈞　衛生總隊長孫家齊　大隊部科員李宗鏞　第一中隊胡崇讓　第三中隊蔣震鐘　第四中隊柏希亭　第五中隊王益勳　第六中隊賈秉乾　第七中隊李細亭　第七救護医院何鳳山　第四十七兵站医院救護隊朱春棠

缺席者：第二中隊　第一義勇救護隊　第二義勇救護隊　明星電影院救護隊　第十四救護医療看所

主　席：楊鶴慶　紀錄：李宗鏞

開会如儀

甲、報告事項

一、主席報告

1、檢討上次会议议决各案，均經先後施行，惟關於提议对傷者施行注射或手術，請發補助費一案，經呈請陝西全省防空司令部，未蒙核准。

2、自五月七日本市被空襲後，迄今三月有餘，所幸未遭轟炸，而前受傷民众，均告痊癒，現在僅有女性青年一人，以其神經錯亂，無家可歸，尚留第七救護医院。

3、陝西全省防空司令部，每次開会，多顧慮敵机夜襲，吾等担任救護，尤應特別注意。

4、關於防毒消毒，亟應預作準備，就人力物力可能範圍內，尽力籌辦，各公共地下室原有之防毒藥箱及排氣

機二架由防護團借用，本處已在預備拉飛機，重行裝置
設。

5.救護機械器具，已經分發各甲隊備用，惟要兩中隊以上尚缺，

6.救火隊，救火器發給各隊，如有感覺不敷應用，可將本
處現備者，再行分配發給。

乙、提議事項

一、第三中隊請示：緊急警報時，備無救機在駛，在交通管制
之時，如遇救護人員，當發救護人員，應以何種表
示，請通行證明辦法。

議決：此案關係防空全部計劃，非本會所能決定，應
由救護大隊呈請防空司令部會議解決。

二、第七中隊李西亭提議：空襲警報發出，有時經四時間較久，當未解除時，民衆即絶使通行街衢。一但敵機驟臨，則又紛亂奔逃，如此目標顯露，危險更大，應如何制止案。

議決：此案關於交通管制，系繼本隊職權所能查核辦到，應向防空司令部建議签飭。

三、第三中隊施宸醴提議：各公共地下室，空氣流通遲滯，避難者稍久，呼吸即感不暢，應如何改善案。

議決：此案關於防空建設，本會不能决定，應向防空司令部建議改良。

[illegible]

陕西全省防空司令部救护大队第六次临时会议记录（一九四〇年四月十二日）

813

中華民國廿九年四月拾二日收到

陝西全省防空司令部救護大隊第六次臨時會議紀錄

時間：二十九年四月十二日下午四時

地點：大隊部

出席者：大隊長楊鶴慶　科長王清源　趙寶珊

張伯修　韓法孟　大隊附金子許　雷鑄章代

第一中隊閆緣儒　四七兵站醫院曾子高　第四中隊賈德榮

第三中隊李精一　第六中隊李少純　第二中隊李源孫代

第一義勇救護隊李精一　第二義勇救護隊翁惟青　第三義勇救護隊孫壽齊　蔣燦

明星戲院救護隊呂家謀　第一救護醫院閆緣儒　第二救護醫院李源孫

第四救護醫院賈德榮　第五中隊醫院盧　愈代　第七救護醫院王澄公　中西救濟院

第一救護醫療所于伯川　第三醫療所强光定　第四醫療所王文耀

第六醫療所劉均原　第十二醫療所孫元義　第十三醫療所趙瑞廷

第十四醫療所王德滴　第十五醫療所祁鳳鰲　第十七醫療所徐大信

第十八醫療所王鵬儒　第十九醫療所王國光　第二十醫療所張積俊

缺席者：第七中隊　第六救護醫院　第五、七、八、九、十、十七救護醫療所

主席楊鶴慶　紀錄袁士傑

甲、同會報告事項

一、近來偽組織之荒謬，而抗戰勝利必屬我們。

二、本月三日本市被炸救護經過情形。

三、各中隊所用一切器材用具請妥為保管具報備查。

四、各中隊隊員應隨時訓練以促進救護之效能。

五、對於通信力求確實迅速，各中隊及義勇隊宜取聯絡。

六、在被炸後救護人員出勤時羣衆圍觀，已設法制止矣。

七、救護工作後限三點鐘內報告大隊部，以便彙報。

八、救護受傷住院人數及掩埋人數按時具報。

九、各中隊所領器材用具務於四月內清查具報以便核辦。

十、防空司令部訓令本年元月一日至三日敵在晉長子縣施放毒氣情形。

乙、提議事項

一、第五中隊盧愈提議　前因被災所領擔架移交第七中隊，本隊救護無擔架應如何辦理

決議：由本隊函請第七中隊酌予交還一半。

二、第一中隊閆鍅儒提議　本隊所屬六個醫院現有遷移，或有停業，因於救護人數不敷分配應如何辦理。

決議：由該隊以書面報告由大隊部指派醫院參加。

三、第三義勇隊孫紹齊提議　救護交通工具現由本隊借到汽車一輛而汽油無着應如何辦理。

決議：現在汽油來源缺乏，人後汽車利用後應在可能範圍內自行設法。

陕西全省防空司令部救护大队第七次临时会议记录（一九四〇年六月十五日）

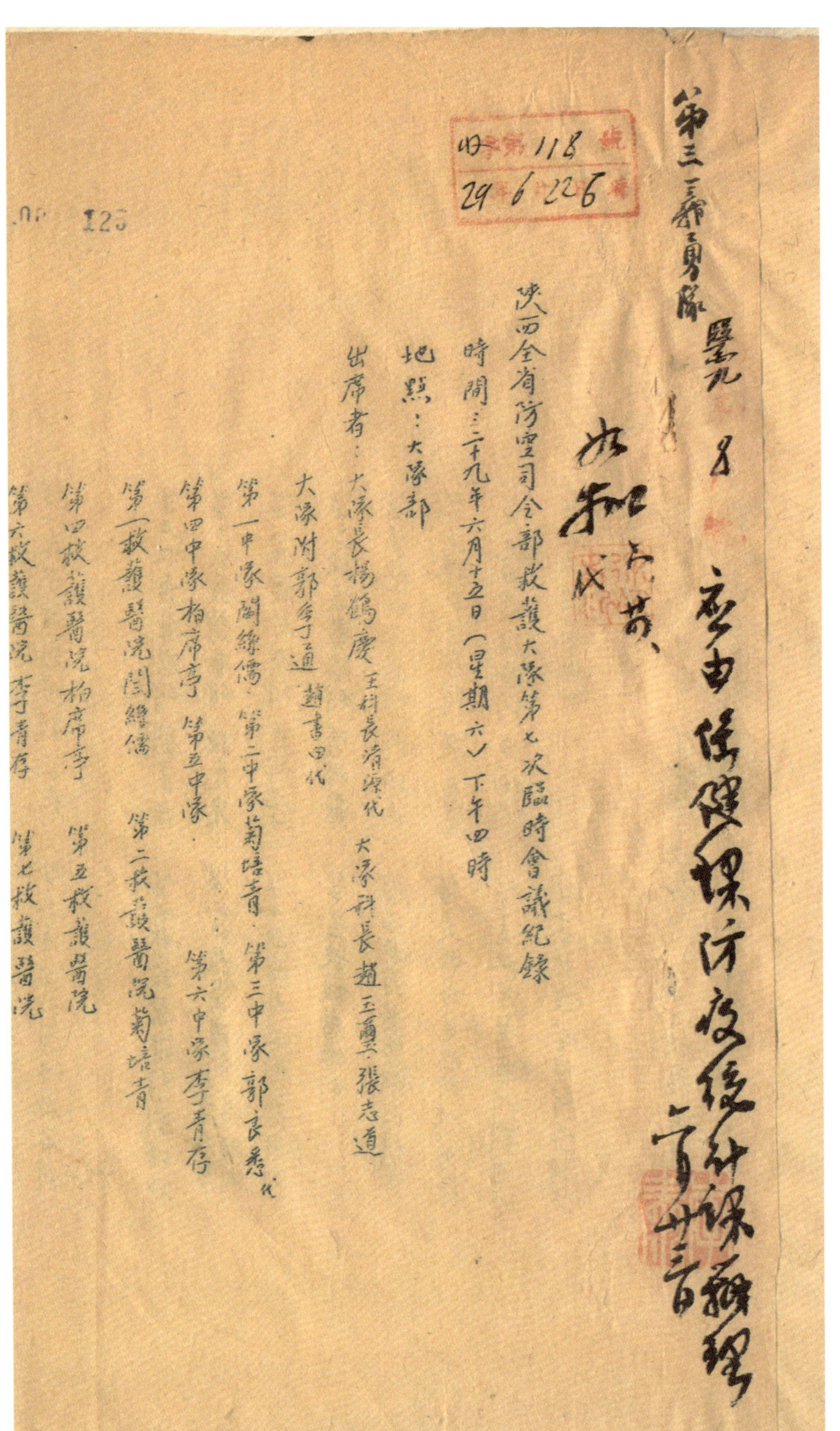

第三、二希勇隊 鑒九 8

交由保健課防疫統計課辦理 六月廿三日

收知

陝西全省防空司令部救護大隊第七次臨時會議紀錄

時間：二十九年六月十五日（星期六）下午四時

地點：大隊部

出席者：大隊長楊鶴慶（王科長清源代） 大隊副長趙三畺、張志道

大隊附郭子道（趙書田代）

第一中隊閻維儒、第二中隊菊培青、第三中隊郭良彥（代）

第四中隊柏席亭 第五中隊 第六中隊李青存

第一救護醫院閻維儒 第二救護醫院菊培青

第四救護醫院柏席亭 第五救護醫院

第六救護醫院李青存 第七救護醫院

第一義勇救護隊劉良恕　第三義勇救護隊徐春圻

第五救護醫療所劉良喬　第六救護醫療所劉培源

第三救護醫療所强克定　第二救護醫療所高志傑　張穎俊

第八救護醫療所丁耀亭　第十救護醫療所孫毓釗

第十一救護醫療所李源淼　第十二救護醫療所

第十三救護醫療所趙濟民　第十四救護醫療所王德潤

第十七救護醫療所孫文寬　第十八救護醫療所傅忠德

第十九救護醫療所王國光　第十五救護醫療所劉鳳鰲

第七救護醫療所　第二十救護醫療所張穎俊

缺席者：

大隊附金子許

第七中隊文教會　第二義勇救護隊　第三救護醫院

第一、九、十六救護醫療所　第四十七兵站醫院穆蘊田驊

128

主席杨鹤庆 王科长清源代

纪录袁士杰

开会如仪

一、主席报告：

(一)此次开会因近来敌机在我后方企图扰乱秩序、破坏我抗战力量、对于救护方面自应力为准备，以防不测。如前敌机在重庆连次轰炸数日，死伤人数过多，急宜设法补充救护力量，以期完善。

(二)各救护队及救护医疗院所，成立时间已久，须一律从新充实组织，以利救护工作，并请提出讨论，以便调整。

一、第五中队提议：

1. 本队人员过少，应如何办理案。

議決：自行調查該區內其他醫院、或醫療所、未担任救護工作者再報大隊部通知指派加入協助。

一、第六中隊提議：

2.本隊關於担架方面人數過少、應如何辦理案。

議決：北洋醫院加入該隊協助工作。

一、主席報告：

(三)第七中隊現時救護工作全無成績如再不努力應另推選担任以利救護。

一、第一中隊提議：

3.各中隊原來組織、各分區域、當席無法推選、仍請大隊在該區調查其他機關担任、請公鑒。

議決：由大隊調查、指派担任。

(四)主席報告：奉防空司令部諭：各救護醫療處所，對於被炸受傷災胞，不能拒絕收容治療，如有特殊情形，（或無床位）不能收容者，亦應說明原由請轉他處，以期解除災胞痛苦。

(五)關於担任後方救護工作人員，享有緩役之權利。與前方殺敵有相等之重要。望同仁本着道德觀念救急濟難，分外擁護。

(六)救護工作最宜神速，一轉瞬間即有生命危險，如五月十九日晚敵機轟炸本市，震塌之房屋地洞，壓斃之人民有至兩三日始經第三中隊挖出者，若當時挖掘，或者尚有回生之希望，嗣後力求迅速。以上報告各節不過就見及者略為申述，期共勉勵。

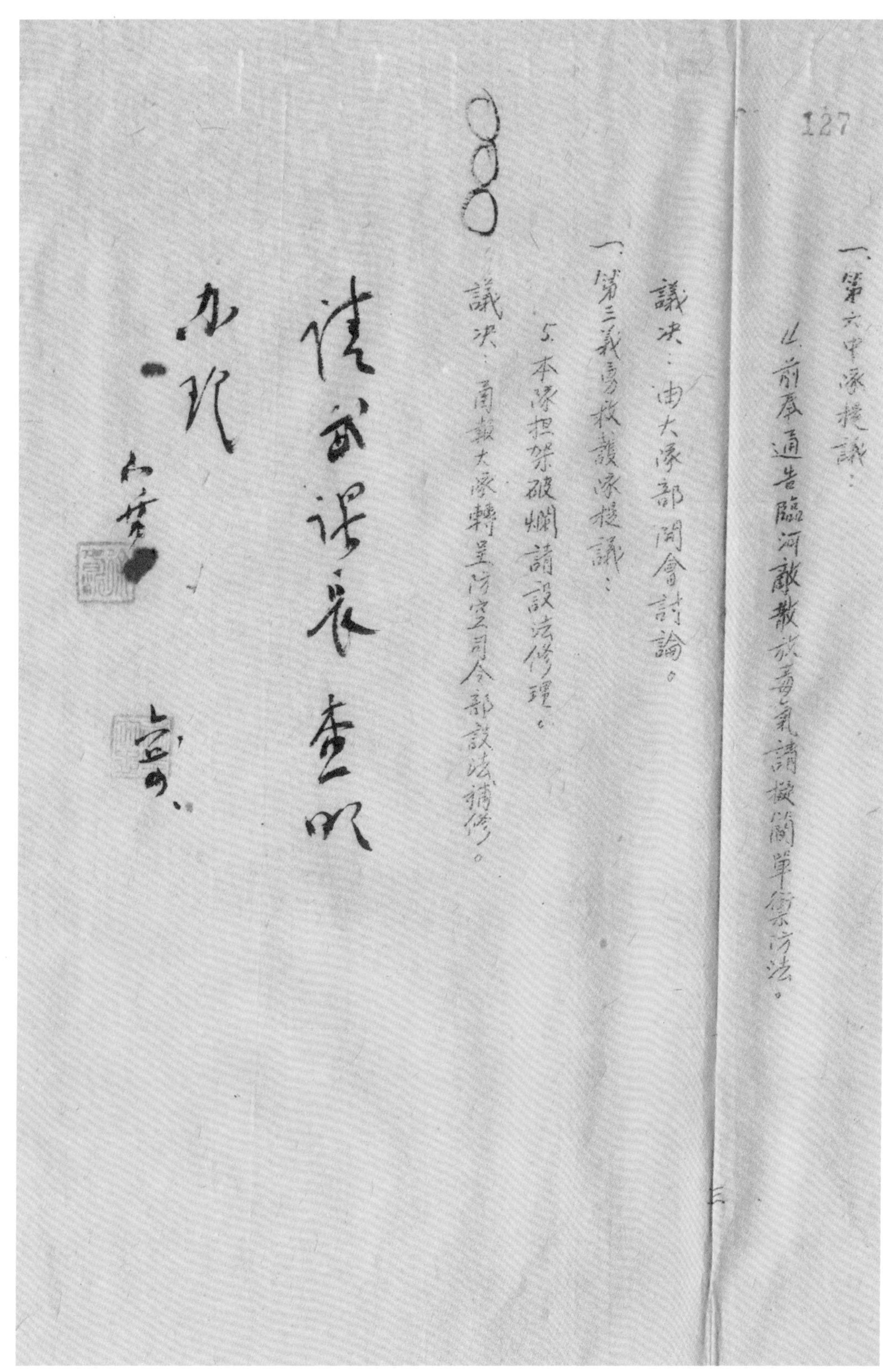

127

一、第六中隊提議：
4.前奉通告臨河敵散放毒氣請擬簡單衛防法。
議決：由大隊部開會討論。
一、第三義勇救護隊提議：
5.本隊担架破爛請設法修理。
議決：簡報大隊轉呈防空司令部設法補修。

二

008

請武課長查照
水現
□□（印）
□寅（印）

陕西全省防空司令部救护大队紧急临时会议记录（一九四〇年七月一日）

073

陝西全省防空司令部救護大隊緊急臨時會議紀錄

時間　二十九年七月一日下午五時

地點　大隊部——陝西省衛生處——

出席者：大隊長楊鶴慶　防空司令部科長趙森溪　大隊科長趙玉璽

警察局衛生科徐尚寬　大隊附郭季通　趙書田代　第一中隊閻繼儒

第二救護中隊醫院薛子南　第三中隊趙慕梅　第四中隊楊希亭

第五救護中隊醫院盧愈仝　第六救護中隊醫院李孝存　第七中隊于志傑

第一義勇救護隊李精一　第二義勇救護隊李潤之　楊全善　第三義勇救護隊徐春圻　武文忠

第七救護醫院毋克儉　第三救護醫院高子青　第一救護醫院閻繼儒

第十六救護醫療所強秉信　第十一醫療所李源淼　第十二醫療所程岩

第十三醫療所趙濟民　第十四醫療所王德潤　第一醫療所于西川

第三醫療所強克定　第十七醫療所孫文寬　第十五醫療所劉鳳鸞

第九醫療所薛子南　第二救護醫療所高志傑　第十八醫療所傅忠浩

第十九醫療所王國光　第八醫療所丁耀亭　第二十醫療所張錫俊

明星戲院救護隊宮嘉謨　第五醫療所趙慕梅

缺席者：第四救護醫院　第四、六、七、十救護醫療所　曹德安

主席：楊鶴慶　紀錄：袁士傑

開會如儀

一、主席報告：

一日昨（六月三十日上午九時二十分）敵機轟炸本市是敵人在前方累次失敗企圖擾亂我後方秩序，是不可避免之事，對於救護方面須力求充實工具，加強力量，為本日開會唯一之急切需要

二、凡我救護醫院及醫療所人員遇到本區被炸應速即出動救護，逢送到受傷災民無論院所均不得拒絕診療

三、日昨第一次警報時間過長，二次警報市民疲乏，多有未即遠避敵機來襲，震塌地洞，損傷甚重，而救護人員一時不能集中，挖掘工具缺少，非惟本人之痛心，想亦諸同志之遺憾耳，今日開會，共期圖善厥後。

四、昨夜炸多在西區，送往北洋醫院受傷市民甚多，醫師不敷分配治療，當由大隊部通告其他院所派員前往協助，嗣後如遇事送有受傷者本院不能收容，可声明轉院，勿得延誤人命。

五、重慶敵機轟炸多日，西安恐不可免，我等職司救護，義務均担，檢討此次經過，所以補救將來，各抒所見，俾資討論。

二、討論事項：

1、第一中隊報告：本隊各隊員報告前在木頭市救護經過情形與報紙登載不同，可否由大隊予以統制。

議决：嗣後消息由大隊發。

2.第二中隊報告：(一)此次救護各隊非不努力，外間不明瞭對挖掘、担架、等等困難亂談一起，(二)在此非常時相信治療對於藥品決無有惜資本之情形，(三)嗣後救護須看清死活再為送院，此次送院多已死者而耽延運送時間實有慢於救生，(四)敵機來去不知確實消息由此亦有遺誤工作，(五)請大隊部補助強心劑以便充實救護。

議決：關於通訊由大隊部負責，藥品先行自籌，大隊部當即設法酌予補充。

3.第三中隊報告：(一)昨夜掩埋被炸無主尸体回時城門不開及本隊購買之棺木現已增價應如何辦理。

議決：報告防空司令部設法解決

4.第五中隊報告：担架人員感覺甚少。

議決：自行設法充實，

5.第六中隊報告：(一)昨出勤救護包紮二十餘人、(二)請大隊部查發簡單口罩以防萬一並可宣傳民眾。

議決：原料缺乏配置無法現在研究另行設製簡單防毒辦法俟後通知。

6.第七中隊報告：昨出勤二十人包紮六人協同回教青年服務團及各隊在新寺巷菜園挖掘死屍五十餘人惟救護人員組織救護工作略有欠缺。

議決：加緊訓練

7.第一義勇救護隊報告：昨出勤救護員二十人協第三中隊共同工作。

議決：遇事時該隊應多出勤擔任挖掘。

8.第二義勇救護隊報告：遇事消息不通本隊無電話之設備現借第五分局或有五醫院轉知。

議決：由大隊部書面通知。

9.第三義勇救護隊報告：本隊共分四小隊分雙日單日值班每班出勤二十餘人再前在本頭市救護經過情形何以見得與報紙登載不同。

議決：嗣後消息由大隊部統發。

10.北洋醫院報告：救護符章不敷應用可否補發

議決：由第六中隊領去轉發。

11.第七救護醫院報告：昨救護重傷住院者二十四人，已整者三十餘人惟担架人員感覺甚少。

議決：應請自行從速充實。

12.第三義勇救護隊報告：關於救護強心藥品可否由大隊補助。

議決：先行自籌即為設法。

三、主席再報告：在此非常時期担任救護工作人員等於在前方服務，如在救護期間有損失或犧牲，當同前方抗戰將士同樣撫邮。關係救護力求迅速免致延誤，請共勉之。至於各處避警報地點，如有困難者，可報告大隊部轉請防空司令部指定。

四、防空司令部趙科長報告：今天參加出席諸位所報告各點，就愚見所及，略分六點：(一)人力過少，係全体力量尚未動員起來，如總動員起來，担架總計約百餘架，當有相當救護之效果。(二)挖掘工具缺少者，因救護處專為治療已繁，對於挖掘工作曾指派防護團担任，現感缺點由大隊部籌措補充。(三)關於注射藥由大隊籌劃，可由救濟費項下酌撥。(四)關於通訊方面，現在歐繚缺乏，司令部已於各警察分局裝設專線，各中隊可與各分局取聯絡，以利通訊。(五)關於此次救護、

四

外間不明瞭，談論各點，只求自己盡責自然冰釋，今天所報告各點

希望各單位各自訓練，加強組織，健全人力。（六）關于救護人員避暫

防空洞各自的選擇到有用難處，報大隊部轉司令部予以方便。

五主席結報：趙科長報告殊為懇切，望各同人接受，關於訓練方面，如

救衛兵人訓練，報由大隊部派人訓練，至於精神訓練由各隊自行

負責。

閉會

陕西全省防空司令部救护大队第九次临时会议记录（一九四〇年八月二十六日）

第三義勇救護隊

陝西全省防空司令部救護大隊第九次臨時會議紀錄

時間 二十九年八月二十六日下午四時

地點 大隊部會議室——陝西省衛生處

出席人數 大隊長楊叔吉 指導員王澄初 科長張伯修

科員惠恩溥 科員鄧吉千 科員褚世成

科長韓法孟

大隊附鄭壽通 趙書田代 大隊附童寶賢 吳可林代

第一中隊閻錫儒 第三中隊劉潤瑞 第四中隊柏森亭

第五中隊雷恩在 代第五救護隊 第六中隊張鳴岐

第七中隊王民三 第三義勇隊 武文忠 徐春圻 第四義勇隊方玉麟

第三救護醫院喬子青 第七救護醫院毋克徹

第三救護醫療所張一安 第九救護醫療所劉吉慶

第十二救護医療所 程[illegible] 第十三救護医療所 趙[illegible]

第十七救護医療所 孫文寬 第十四救護医療所 劉[illegible]

第十八救護医療所 王鵬儒 湖北義勇救護隊 [illegible]

缺席人數 第二軍隊 第一義勇隊 第二義勇隊

第一救護医院 第二救護医院 第四救護医院

第六救護医院 第一救護医療所 第二救護医療所

第四救護医療所 第五救護医療所 第六救護医療所

第七救護医療所 第八救護医療所 第十救護医療所

第十一救護医療所 第十五救護医療所 第十六救護医療所

第十九救護医療所 第二十救護医療所

主席 楊叔吉

紀錄 舒吉千

開會如儀

一、主席報告

本月天雨甚大，大家冒雨而來，雖感路途泥濘，但敵人的飛機在雨天卻不空襲，所以大雨之際，正是我們努力工作之時，人以為重慶被炸，西安無重慶之價值，或可幸免，不知重慶一經陰歷八月，一云霧散天晴，敵機光臨，或恐被炸西安，政府為防萬一，設法疏散，我們担任救護工作應格外注意，訓練我們的技術，健全我們的精神，上次第二中隊要求發給注射器必需品，已經呈請防空司令部，在買壹百盒，業經發記，請於月終核實具領，有請發以救急包者，亦預備做一千個，由本會同仁估價，呈報核准後，即可備辦分發應用，七月初我到各隊巡一講解救護的精神與方法，將已滿月，請各隊注意訓練勿怠，關於救護之模型，住院，門診，等費，現時已設法增加，以前一每人八元，現增為十五元，住院以前七角，現增為

一

一元，門診以前三角現增為五角，各隊義務之中不無小補，六月二十日地下室悶死的同胞，我們總覺救護不及，遺憾千萬，前設計製造鼓風機一秒鐘迴轉二十次在五丈深的地下室，把外面的空氣，可以立時換進去，價約三千七十元，已呈由防空司令部轉到省政府，已經批准，當先做一架，將來地下室換氣，或可補救萬一，我們應該研究怎樣可以增加工作效率，怎樣可以減少傷亡，雖係義務性質，完全為我們所願意，不要做到救人是大了，現值疏建緊急，我們救護工作，更應加緊，所以請大家來會商討，各隊應確連繫周到，能成為一個嚴密的救護網，總是這次開會的意義

二、討論事項

(1)南中隊周德儒提議

關於遇緊火警報，關于通訊方法，仍欠靈活，可否製一通訊

話，作為憑據，以便到各區團部詢問消息。主席謂前在防空司令部會報時，趙科長言：本擬在各中隊裝置專線電話，因感器材缺乏，先在防護團區團部、各裝電話一具，現在已竟其緒，各中隊屆時可向區團部詢問。

議決：閻先生提議俟日防空司令部會報時，由惠思尊提出請決定。

(2)第六中隊張鳴岐提議：

請發給本隊救護皮箱，以資應用由。

議決：俟查明大隊部有無存餘，再行核發。

(3)第七中隊王民三提議：

商務印書館有出版之東西救護常識，可否購買若干，分發各隊應用參考。

議決：由大隊部編輯救護訓練課本，印發各隊應用。

(4)第四中隊胡星赦救護員宗嘉謨提議：

三

本隊担架缺乏，請核發兩付。

議決：担架所存無幾，各義勇隊多係自備，式樣可照大隊部的付做。

(七)第四義勇隊方玉麟提議：

因本隊新近成立，請發給藥品若干以資應用。

議決：各項藥品，多係自備，且西安現時藥價不貴，可由自行購買應用者，以備萬一，然後由大隊部查明有無存藥再行核辦。

(八)第一中隊關維儒提議：

關於本隊請發服役證明書一事，有呈請多日，尚未發下。主席謂第一中隊隊員名册，因前後不符，有時更换不報，以致發生困難，嗣後該隊有更换人員時，務必隨换隨報，以便大隊部轉報防空司令部備案後，才可迅速辦理，且本人接辦救護大隊如果法行文程式，只要能減省麻煩，而與事實不生關係者，儘可減省無謂手續，譬如各隊與大隊須用呈文，但只要事實不錯，就是寫成簽函盡上能記，就可生效一樣，以後各隊有更換人員時，請速函報，以便轉報備案。

議決：查案速辦

(四)第二義勇隊武文忠提議：

方纔一位同志請求大隊部製發防毒口罩，本人在南京時，曾試驗防毒面具功效，也不過能耐五六分鐘，且用過一次，須換濾氣罐一次，要不換時，則全付面具，即成廢物，至於口罩則只能耐兩分鐘，要是帶的不合法，還是無益，可否另想補救辦法，請主席答問於防毒事，衛生試驗所王技正仔細研究，今請他把防毒口罩合防毒面具功效簡單的對大家講述一下，王謂防毒口罩處方，以前有軍政部發下的很濃厚，那時為價很廉，約合四

四

兩一個，但是防的仍是光氣，時間上也不過十幾分鐘，可說也是心理上一種安慰。防毒面具以德國製造的最好，能耐十六個鐘頭，本省從先有賈小侯君製造的面具，在毒氣稀薄時可用半小時，帶時還得訓練，否則仍無功效。

議決：關於製發防毒口罩，過防空司令部會報時提出請求決定。

(8)科員惠恩溥報告：

各中隊所領本大隊各種器材，現有若干？已經消耗若干？請查明核實報歸，以便轉報防空司令部，倘再稽延，則以後各隊人事調動關係，難免交代不清，請各隊注意為盼。

存查 一 卅 一

（完）

陕西全省防空司令部救护大队第十次临时会议记录（一九四〇年十一月十六日）

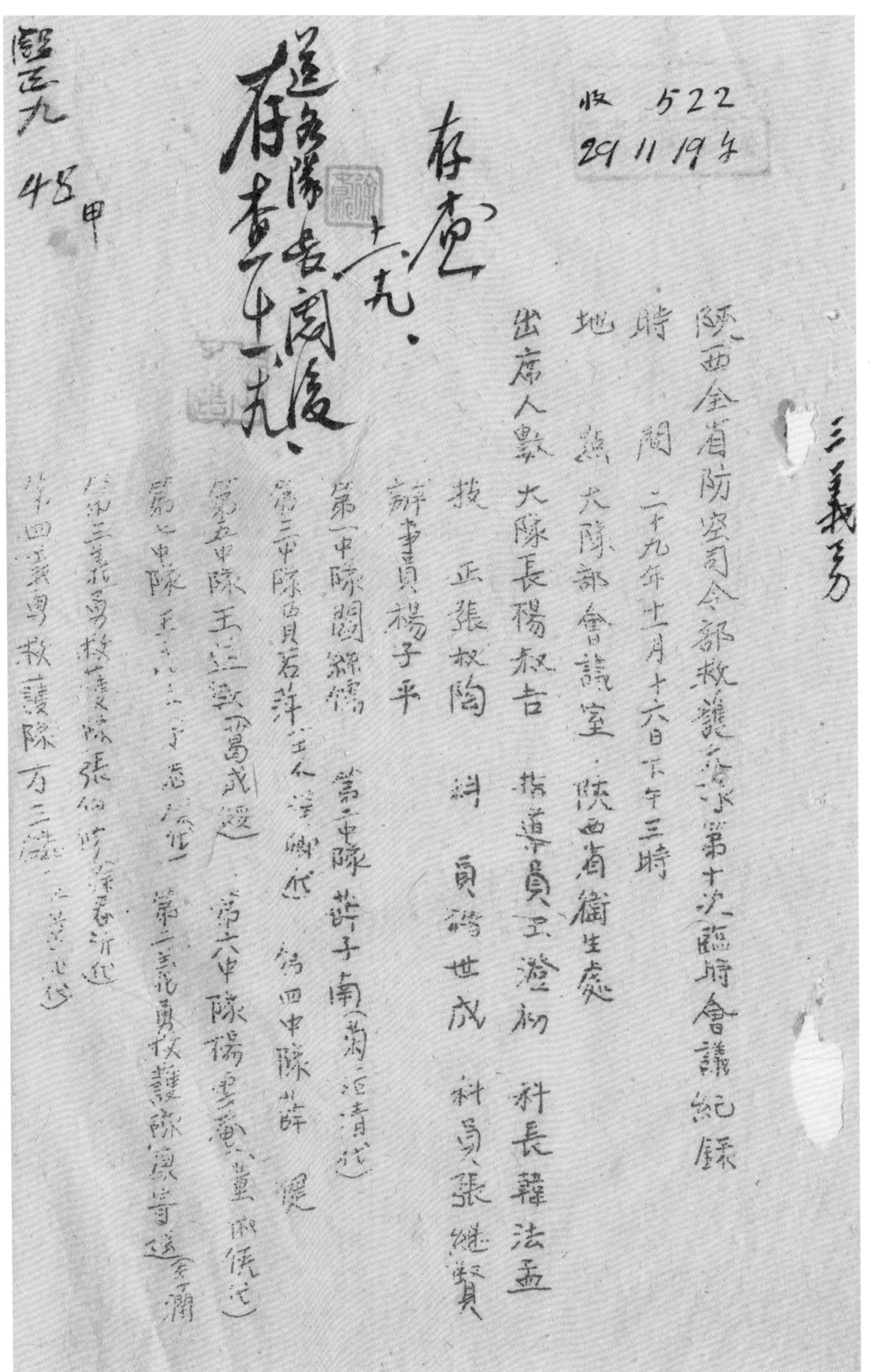

037

缺席人數 第一義勇救護隊

主　席　楊叔吉

紀　錄　張繼賢

開會如儀

甲、報告事項

主席報告　今天因二十一日防空節，要準備檢閱並擴大宣傳事，特集此會分别報告如次：一、防空司令部規定二十一日下午三時各隊一律前往新城前操場，帶應用器材如担架、皮布包、救急包等，以便參加檢閱之後。二、我們前做之鼓風机如能於是日試驗成功，亦可陳設。三、同人須穿軍衣或制服，以示皮帶佩臂章持小旗，照可發給的標識為，以壯觀瞻。四、各隊無隊旗者自行購製，俾資識别。五、本隊已准防空司令部製印救護教程五百本，不日可成，將來分發各隊，由各該隊長視各人訓練，俾便應用，而資熟習。六、前由本部通知各隊之器材，現因呈報本年一月至六月器材消耗報告表，而各隊報來者又有未合意，有以物件損壞為完事，物件既經損壞，應即修理如實在不堪修理可將損壞物件造冊呈交本部以便轉呈防空司令部核銷以重公物而為正當手續。七、此次檢閱器材人數不足之處可于事前分別補充以免臨時倉卒不及一切最好仍按照上半年檢閱辦理大家須注意。八、各隊請發服務證書名子業已在防空司令部備案者當然不能發給須先辦理補登手續後始能照發。九、近來敵機雖未來擾戰事紛擊我們生在[illegible][illegible]更不能片刻鬆懈以防萬一。此次敵人進攻遭失敗深恐抽調局部要往施滋擾我們不可不注意政府業已報告我們積極準備大家已有所聞者即請報告無則即進行討論

乙、討論事項

(1)科員傅世成提議

各隊在是日究由何人担任臨時指揮

（議決）推第三甲隊隊長吳漢卿担任

(2)科員張延賢提議

各隊集合地點應在某處事前須得定妥

(議決)訂二十日下午二時在本處大門內操場俾合整隊然後

前往新城

(3)第四義勇隊王景純提議

各隊之員多係老弱有否另行更換

(議決)由該隊自行酌辦呈報本部核轉

(完)

五、日机空袭伤亡损失

陕西省建设厅关于奉令查明摄片具报敌机轰炸情形致西安市政工程处的训令（一九三七年九月七日）

陝西省建設廳訓令　第1508號

令西安市政工程處

案奉

省政府軍字第六八六零號訓令內開：

「案准內政部世電開『查近來敵機妄肆轟炸各地方寺廟教堂學校工廠商店民房之燬壞及財產之損失以及無武裝民衆生命之危害數量已屬不少，惟是報紙紀載尚欠翔實，本部為蒐集是項材料以備統計宣傳起見，擬請令行各縣市政府迅將敵機轟炸損失情形詳細查明，並攝製照片具報到部。嗣後並應隨時呈報，即希查照轉飭遵照辦理為荷。」等因，准此。除通令各縣隨時查報，並分行外，合行令仰該廠知照。此令。

等因，奉此。合行令仰該處隨時查報為要！此令。

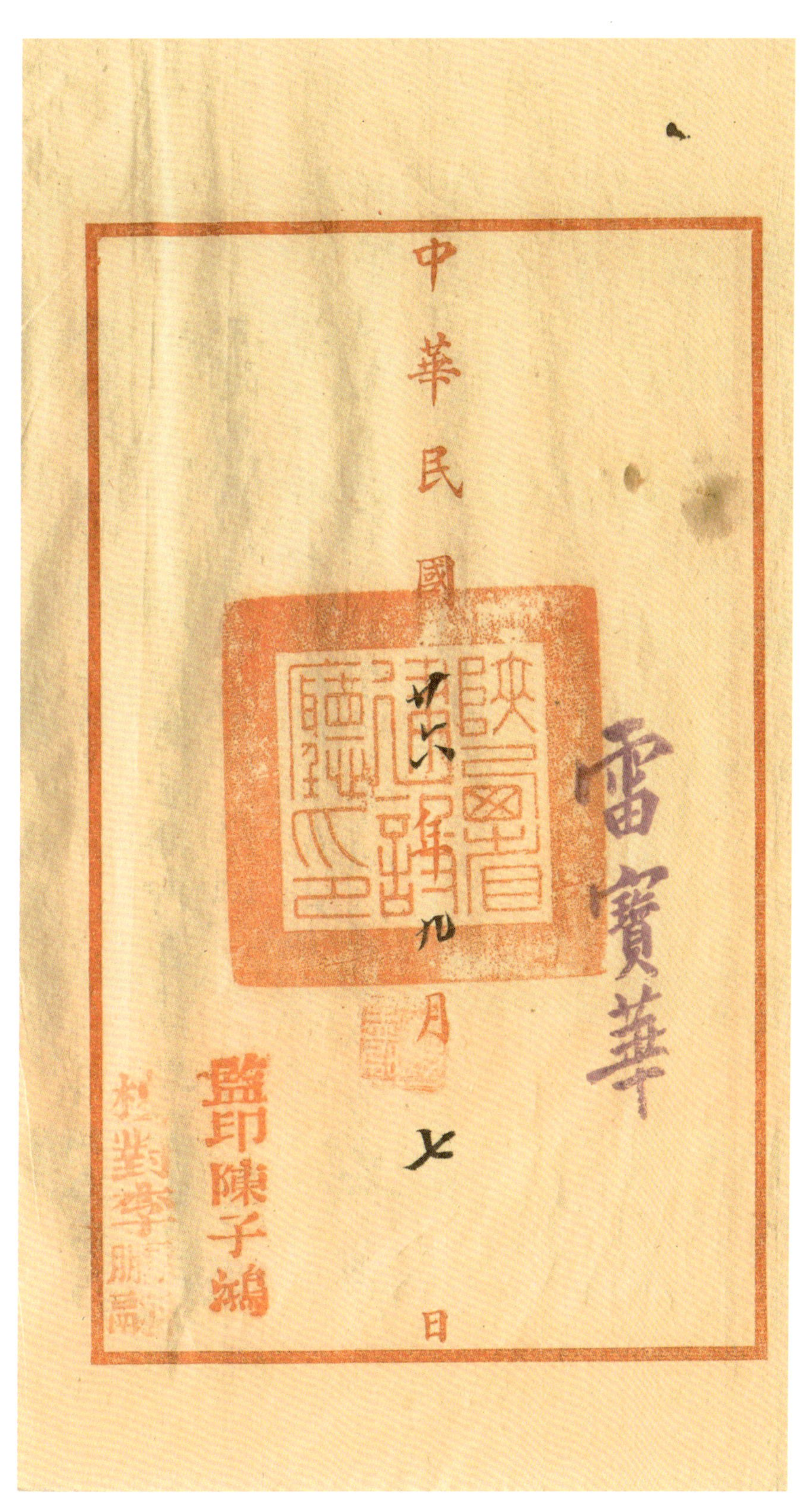

雷寶華

中華民國廿六　九月七日

監印陳子鴻

校對李鵬

陕西省建设厅关于奉令具报敌机空袭行政人员训练所伤亡学员名单照例议恤致西安市政工程处的训令

（一九三八年十二月二十四日）

陝西省建設廳訓令

訓令字第1758號

中華民國二十七年十二月廿四日發

事由：奉令敵機空襲行政人員訓練所學員因公被難，飭將所屬傷亡人員照例議卹，仰遵照擬議並填表具覆，以憑核轉由。

令西安市政工程處處長李仲蕃

案奉

省政府本年十一月廿九日訓令銓字第一零九九五三號內開：

"案據本省戰時行政人員訓練所本年十一月日呈稱：竊查本月十八日午前八時敵機空襲時，本所學員正在早操之際，當由各大隊各級官長率領，趨赴東城根防空壕及地下室避難，不幸防空壕中彈，當時被炸彈碎片擊傷要害，及因土山崩壓斃者，計有張壽芝等十三員，兵伕郭憲福等二名。受傷較重者計有王錫爵、李光林等六員，輕傷者計有余顒若等十員。因書邢崑山一員，警兵陳德明一名，各該員兵均係因公被難，情屬可憫。除分别函知各該管原機關，轉知被難人家屬外，擬懇鈞府准予援照行政人員因公殞命條例，已死者分别從優撫卹；受傷者分别輕重，核發養傷醫藥費，以安家屬，俾彰激勸。是否有當，理合分别開具名册，備文呈賫鑒核指令祗遵。謹呈等情，計附呈炸斃及受傷學員兵伕名單二份。據此，正核辦間，又據該所續報重傷學員王錫爵、苗芳因醫院鉴核，以凭予併案抚恤等情，前来。除以两呈暨附件均悉。此次该所学员官兵横被敌机轰炸，伤亡惨重，殊堪痛念，自应分别抚恤，以慰殁存。所有被炸身死学员张寿芝、傅玉蕃、袁润宸、张廷芝、张藻文、高松年、郑芳、田继先、李世菴、王安祥、程守业、饶永强、赵梓寿、王锡爵、苗芳田等十五员，重伤学员李兴林、邓传霖、王绍阳、郭经坤等四员，已由府分令各原保送机关依照公务员恤金条例暨本省各乡保甲人员抚恤暂行规则，分别照例议恤，呈候核夺。至该所被炸身死之兵伕郭宪福、邢德玉两名，应由该所酌予给恤。其轻伤学员余显若、白兴华、胡广印、方懋棠、罗兴邦、王春兴、李福林、魏恕

卿、傅興漢暨該所區隊長李崇葉、周書、邢昆山、瞿兵、陳德昭
等十二員名，應由該所酌給醫藥費一次，以示矜恤。除分令
分飭印發並照齎表存。此令。指令印發並分行分令外，合行抄
發傷亡人員名單，令仰該廳印就所屬傷亡人員查核
擬議具覆察奪。此令。
等因，計抄發傷亡人員名單三份，奉此，查該處學員白興華被
炸輕傷，其醫藥費已由訓練所酌予發給，至技佐陳廷豐之
因公殞命，情殊可憫，自應照例議恤，以慰幽魂。奉令前因，合
檢照抄原件，令仰該處長遵照，查核擬議，並依照公務員恤金條
例第十條之規定，填具該故員遺族請恤事實表，剋日具

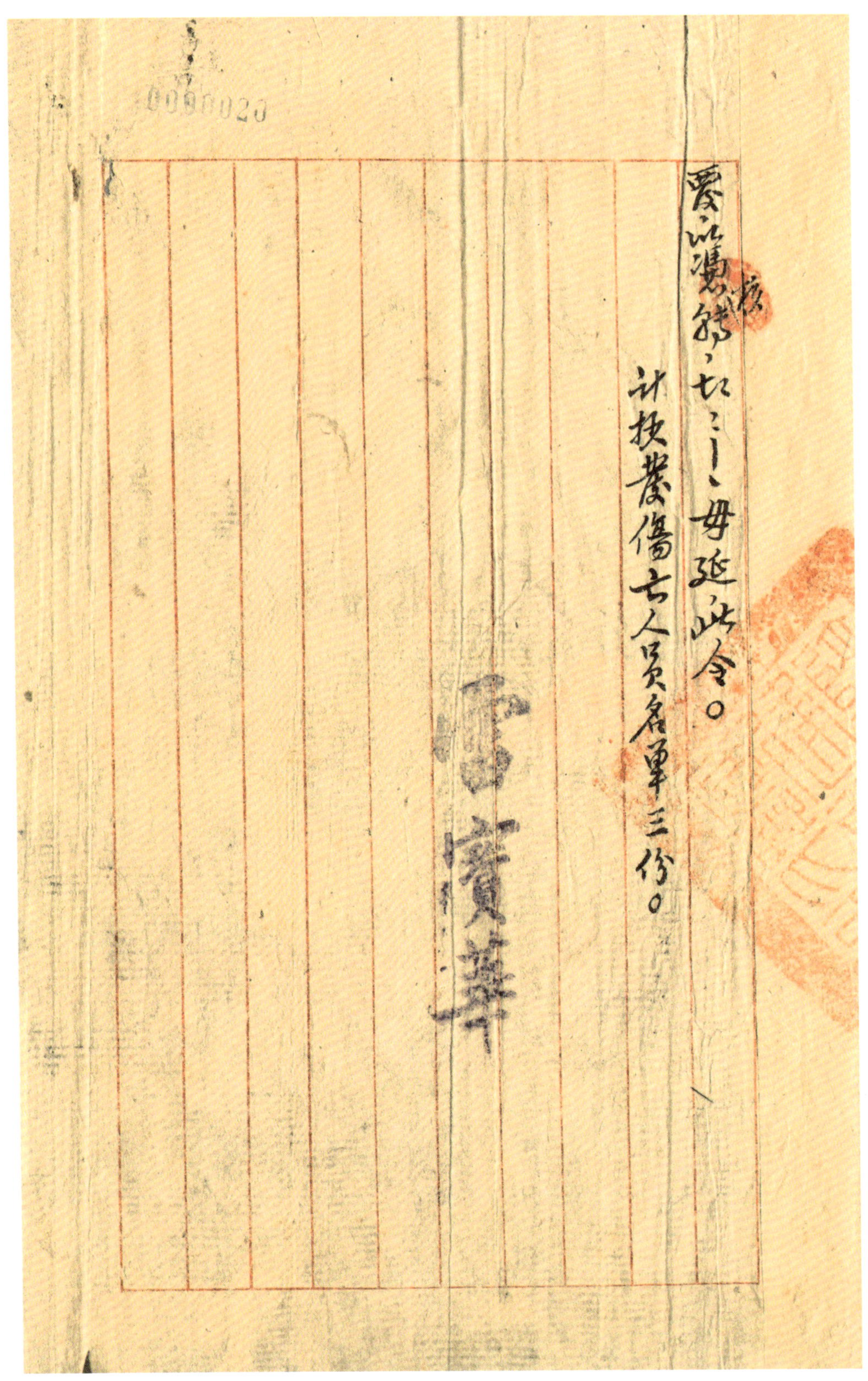

0000020

覆，以凭核转，切切勿延，此令。

计抄发伤亡人员名单三份。

雷宝华

二十七年十一月十八日本所被難學員名單

隊別	姓名	年齡	籍貫	現職	被難情形及地点	靈柩暫厝地点	備攷
二中隊	張孝芝	二五	長安	財政廳事務員	外操場南端被壓身死	东嶽廟	
二中隊	傅至善	三八	乾縣	乾縣財政助理員	仝前	仝前	
二中隊	袁閣宸	三五	邠縣	邠縣財政助理員	仝前	仝前	
三中隊	張廷芝	二五	山西安邑	西安市政工程處技佐	外操場南端被炸身死	仝前	
六中隊	張藻文	三一	江蘇上海	省會警察局督察員	外操場地洞內被壓身死	仝前	
六中隊	侷松年	四二	山西曲陽	三原警察局巡官	仝前	仝前	
六中隊	茆　芳	三八	江蘇东海	扶風縣警察局局長	仝前	仝前	
十中隊	田继先	三六	白水	馮雷鄉聯保主任	仝前	仝前	
十中隊	李世菴	三七	朝邑	洛北聯保主任	外操場防空地被炸身死	仝前	
十中隊	王安祥	二三	寧羌	寧羌諸葛鎮聯保主任	仝前	仝前	
十中隊	程守堂	三一	邠縣	邠縣四區鄉聯保主任	外操場地洞內被壓身死	仝前	

十中隊	饒永強	二六	寧羌	寧羌燕子鎮聯保主任	仝前	仝前
十中隊	趙梓喬	三十	鎮安	鎮安縣備補聯保主任	仝前	

外被難兵伕兩名

第一大隊部	郭憲福	二〇	河北河間	傳令上等兵	外撩墻南城洞內被壓身死	仝前
仝前	邢德玉		河南	伙夫	南城根被炸身死	仝前

二十七年十一月十八日本府受傷官長學員士兵名單

隊別	姓名	年齡	籍貫	現職	受傷部份	送何醫院	有無危險	備攷
七中隊	邢崑山	二五	河北趙縣	司書	臀部及左腿受傷	紅十字會		
二中隊	余顯若	三八	湖南長沙	鄠縣社訓教官	兩腿部	大同醫院	輕傷	
三中隊	白興華	二七	河北天津	西安市政工程處路工隊隊長	腿部臀部腰部炸傷	省立醫院	輕傷	

0000822

三中隊	李少林	三一	涇陽	涇陽合作登記員	腿部炸傷	紅十字会	重傷
六中隊	李崇榮	二三	南鄭	本所第六隊上尉區隊長	左大腿受傷	現在第六隊	輕傷
六中隊	胡廣印	三〇	華縣	咸陽警局長	左臂受傷	大同醫院	輕傷
十中隊	方懋棠	三七	商南	沐河鄉聯保主任	頭部受傷	省立醫院	輕傷
十中隊	鄧傳霖	二八	石泉	前池鄉聯保主任	頭及腿部受傷	大同醫院	重傷
十中隊	苗芳田	三〇	華縣	備補聯保主任	腿部受傷	大同醫院	重傷
十中隊	羅興邦	二二	留壩	江口鎮聯保主任	仝前	省立醫院	輕傷
十中隊	王居興	二六	邠縣	說高聯保主任	腰部受傷	大同醫院	輕傷
十中隊	李福林	三一	佛坪	太新鄉聯保主任	手部受傷	現在第十隊	輕傷
十中隊	魏恕卿	三一	安康	鳳凰鄉聯保主任	腿部受傷	仝前	仝前
十中隊	傅興漢	二二	寧羌	備補聯保主任	頭部受傷	省立醫院	仝前
十中隊	王紹陽	二四	鎮安	備補聯保主任	腿部受傷	紅十字会	重傷
十中隊	郭緒坤	二六	鎮安	仝前	下部受傷	大同醫院	重傷

十中隊 王錫爵 四一 涇陽 永賈聯保主任 胸部受傷 省立醫院

本所總務股 陳德明 二四 河南 號兵

二十七年十一月十八日本所被難学員名單

隊別	姓名	年齡	籍貫	現職	被難情形及地点	靈柩暫厝地点	備致
十中隊	王錫爵	四一	涇陽	永賈聯保主任	外操場被炸傷經醫治無效		
十中隊	苗芳田	三〇	華縣	備補聯保主任	外操場被炸傷經醫治無效		

陕西省卫生处卫生总队一九三九年十月十一日救护难民名单（一九三九年十月十二日）

姓名	性別	年齡	籍貫	職業	受傷地點	傷勢狀況	備考
無名氏	女	十七	河南	難民	復興路	頭部擦傷	本月十一日救護難民
無名氏	女	三二	河南	難民	復興路仝	仝右	
張志發	女	五十	山西	難民	仝右	右手臂炸傷甚重	
無名氏（丁作貴）	男	五五	河南	難民	仝右	右肋部及胯部炸傷	
王野	男	三八			自強路		
李劉氏	女	[illegible]					

陝西省衛生處衛生總隊

呈 十月十二日

陕西全省防空司令部救护大队第三义勇救护队兼省卫生处卫生总队队长孙家齐关于遭敌空袭救护情况致省卫生处的报告（一九三九年十月三十日）

救護報告

十月三十日

本日上午七時警報，十一時三十分解除。十時許敵机兩批轟炸本市，計菊花園投彈一枚，南門內投彈三枚，通义里附近投彈兩枚。本隊於第一次轟炸後，即得報告，即行出動第一二兩隊人員，前往救護，首至菊花園，該處投彈一枚，輕傷一人，已他去。次至南門內被炸死一人，傷二人，一被西北医院救護隊救起送院，一輕傷已他去。於歸途中第二批敵机復至，乃停車疏散救護人員。敵机於城北区飛過，投彈二枚而去，乃趕車趕往救護，知於通义里二号輕傷一人，傷數部被

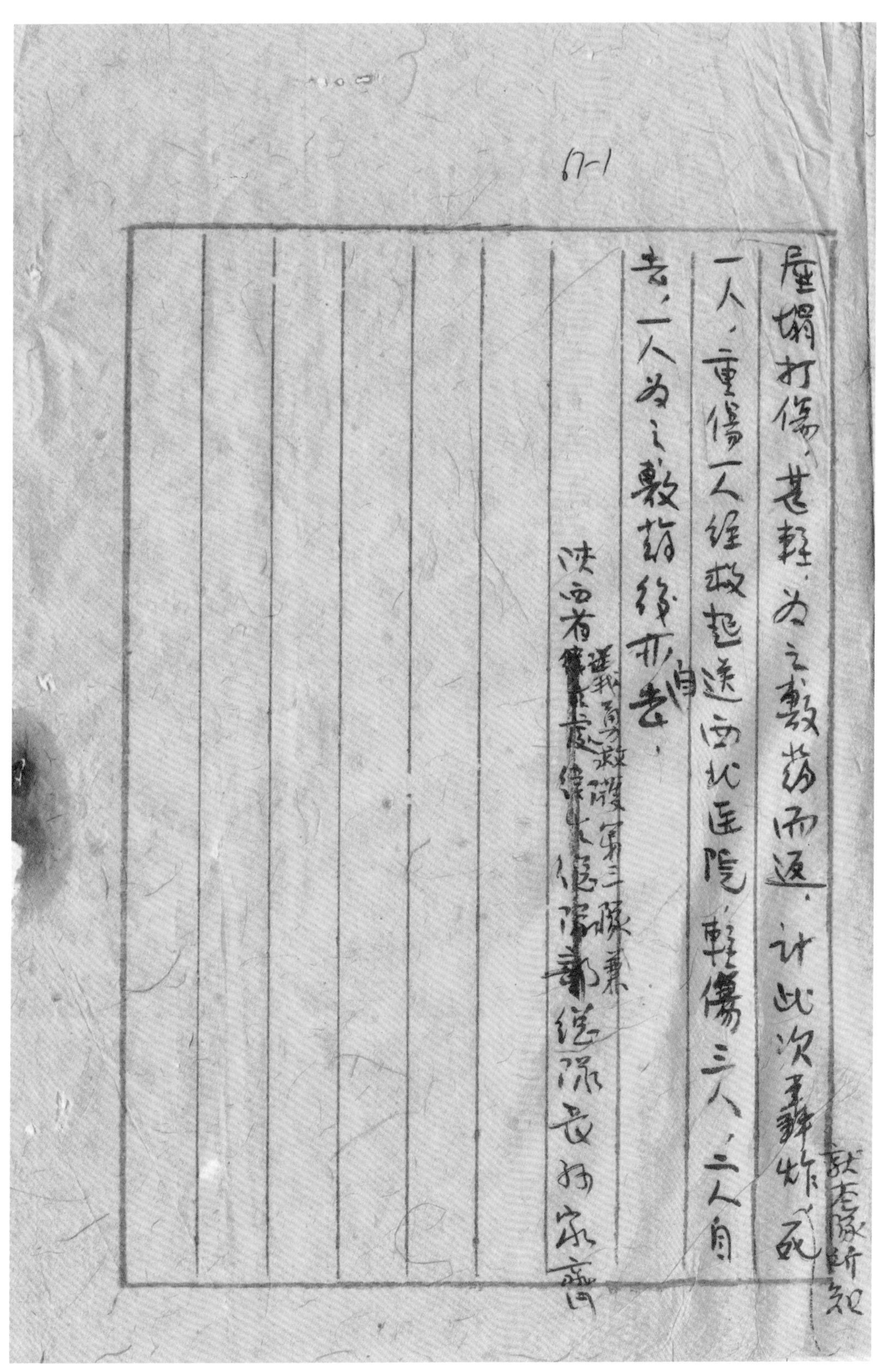

67-1

屋塌打伤，甚轻，为之敷药而返，计此次轰炸，就本队所知，死一人，重伤一人经救护送西北医院，轻伤三人，二人自去，一人为之敷药后自行去。

陕西省义勇救护队第三队 总队部总队长 孙家齐

陕西省卫生处卫生总队第一分队关于当日被炸震坏器具估价致总队的报告（一九三九年十一月八日）

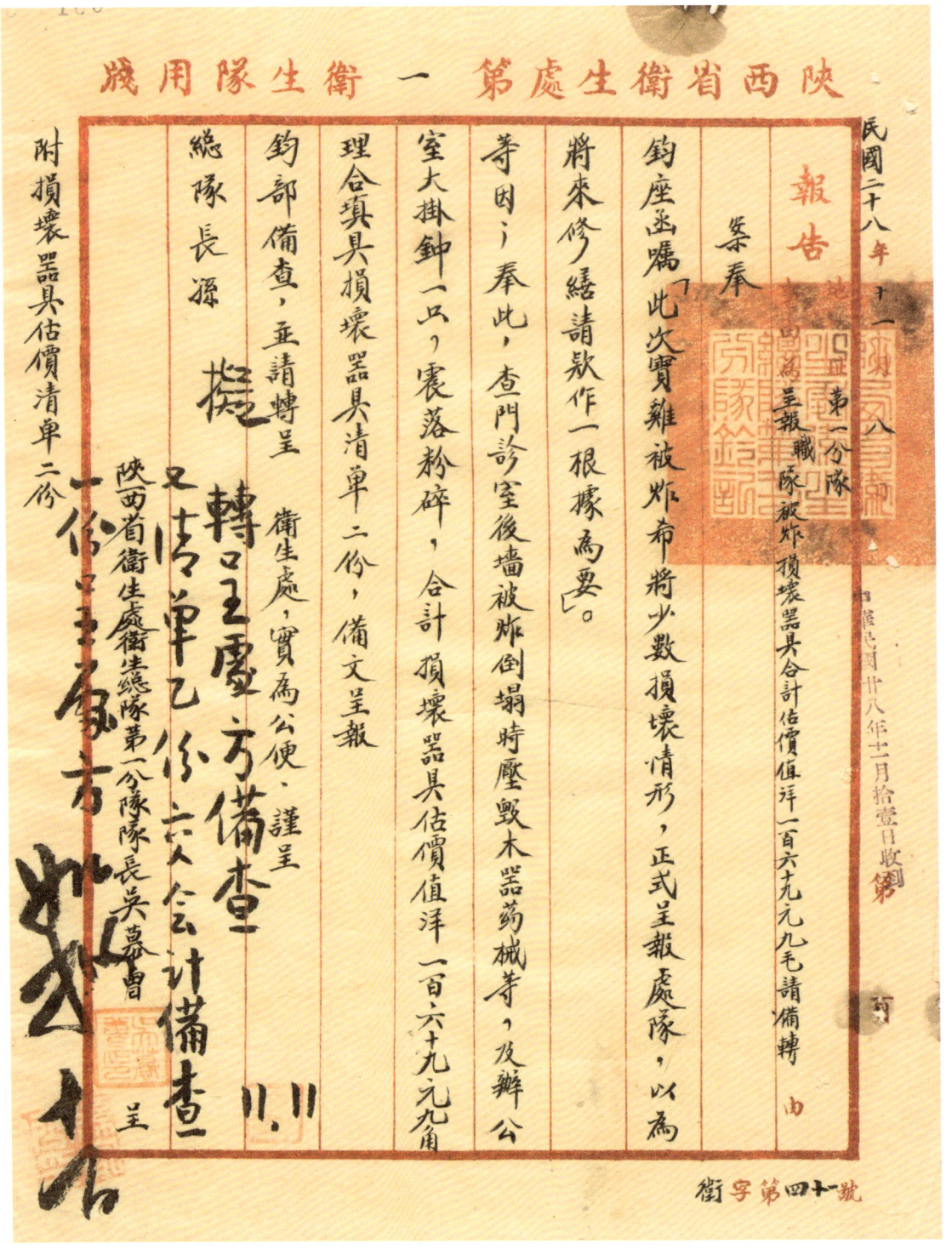

陝西省衛生處第一衛生隊用箋

民國二十八年十一月八日

報告 第一分隊 為呈報職隊被炸損壞器具合計估價值洋一百六十九元九毛請備轉 由

中華民國廿八年十一月拾壹日收到

案奉

鈞座函囑「此次實難被炸，希將少數損壞情形，正式呈報處隊，以為將來修繕請款作一根據為要」。等因。奉此，查門診室後墻被炸倒塌時壓毀木器藥械等，及辦公室大掛鐘一只，震落粉碎，合計損壞器具估價值洋一百六十九元九角，理合填具損壞器具清單二份，備文呈報

鈞部備查，並請轉呈

衛生處，實為公便。謹呈

總隊長源

陝西省衛生處衛生總隊第一分隊隊長吳慕曾 呈

附損壞器具估價清單二份

擬轉呈處，備查 11.11

又清單乙份，六合計備查

衛字第十四號

附：陕西省卫生处卫生总队第一分队被炸损坏器具估价清单（一九三九年）

陝西省衛生處衛生總隊第一分隊被炸損壞器具估價清單

品名	數量	單價	總價	品名	數量	單價	總價
大燒瓶	四個	四〇	一六〇	小燒瓶	八個	二〇	一六〇
葯水瓶（一磅）	十四個	四〇	五六〇	蒸溜水注射器（五百西西）	二只	六〇〇	一二〇〇
量杯	二只	一〇〇	二〇〇	漏斗	二只	一四〇	二八〇
口體温表	三只	五〇	一五〇	肛體温表	三只	五〇	一五〇
注射器二十西西	一只	一三〇	一三〇	注射器十西西	一只	八〇	八〇
注射器二西西	一只	四〇	四〇	洗眼壺	一只	一六〇	一六〇
油膏罐	六只	一〇	六〇	火酒燈	一只	一八〇	一八〇
玻璃棉花缸	二只	三〇	六〇	消毒鍋	一只	二八〇	二八〇

111-1

品名	數量	單價	總價
大掛鐘	一只	一六〇〇	一六〇〇
長板凳	十五條	五〇	七五〇
茶几	四張	一六〇	六四〇
鋪板	四張	二六〇	一〇四〇

總計國幣肆伯陸拾玖元玖角

陕西全省防空司令部救护大队第三义勇救护队造送救护被炸受伤人数报告表（一九三九年十一月二十五日）

第三义勇救护队造送本日 午 时救护被炸受伤人数报告表

姓名	性别	年龄	籍贯	职业	受伤地点	伤势状况	备考
马智伟	男	二十五	山东	军	东北新村	腿伤头部	
何德明	男	二十四	河南	平民	仝右	重伤死	
小瑞	女	十二	河南	平民	仝右	重伤死	
魏李氏	女	三十五	陕西	平民	仝右	[illegible]	
赵韩氏	女	六十七	河北	平民	仝右	下腿受重伤	
韩光文	男	三十一	河南	平民	仝右	重伤死	
马金桂	男	八	河南	平民	仝右	压死	
刘秀堂	男	四十	陕西	平民	仝右	压死	
王步瀛	男	三十二	河北	军	仝右	压死	

附注

中华民国二十八年十一月二十五日

陕西全省防空司令部救护大队第三义勇救护队造送当日上午十一时救护被炸受伤人数报告表

（一九三九年十一月二十六日）

第三義勇救護隊造送本日上午十一時救護被炸受傷人數報告表

姓名	性別	年齡	籍貫	職業	受傷地點	傷勢狀況	備考
任柏祥	男	六十三	陝西	農	西南城角外	炸死	又名任松年
李賈氏	女	五十	四川	農	〃	左右腕關節炸傷	送醫院
王得有	男	二十四	河南	軍	〃	全身大小傷口四十餘處	死
王金榮	男	二十七		軍	〃	頭部、臉部	送醫院
謝長彬	男	二十四		軍	〃	頭部重傷	死

附註

中華民國二十八年十一月二十六日

陕西全省防空司令部救护大队第三义勇救护队造送当日上午十时救护被炸受伤人数报告表（一九四〇年六月三十日）

第三義勇救護隊造送本日上午十時救護被炸受傷人數報告表

姓名	性别	年齡	籍貫	職業	受傷地點	傷勢狀況	備考
馬鳳明	男	三十六	陝西	工	西華市39號	窒息救活	
陳得有	男	三十	陝西	居民	北廣濟街62號	臂部傷	
馬老頭	男	六十二	陝西	民	西華市39號	額頭部打傷	
米老漢	男	五十八	陝西	鉄工	北廣濟街62號	壓死	
雲長發	女	二十三	陝西	民	東舉院巷四五號	壓傷胸部	
何彥海	男	六十一	陝西	民	仝右三十三號	頭部擦傷	
張老婆	女	九〇	陝西	民	仝右二十九號	頭臂部軋傷	
戴佐伯	男	二十	陝西	民	小學習巷五十四號	壓傷	
黄鳳標	男	三十五	湖北	軍	新寺巷二十七號	面部壓傷	
吉畝之	男	二十	陝西	教員	東舉院巷[illegible]學校	壓傷	
陳德有	男	三十二	河南	工	北廣濟街六	壓傷	

關九洲	男	三十	河南	工	仝右	壓傷
周大	男	二十三	陝西	民	北橋梓口一號	壓傷
傅有天	男	二十	陝西	民	東舉院巷四五號	壓死
徐則	男	三十五	陝西	民	仝右	仝右
徐連保	男	十五	陝西	民	仝右	仝右

附註

中華民國二十九年六月三十日

陕西省会卫生事务所关于赍送被炸财产损失报告单致警察第二分局的公函（一九四一年五月二十五日）

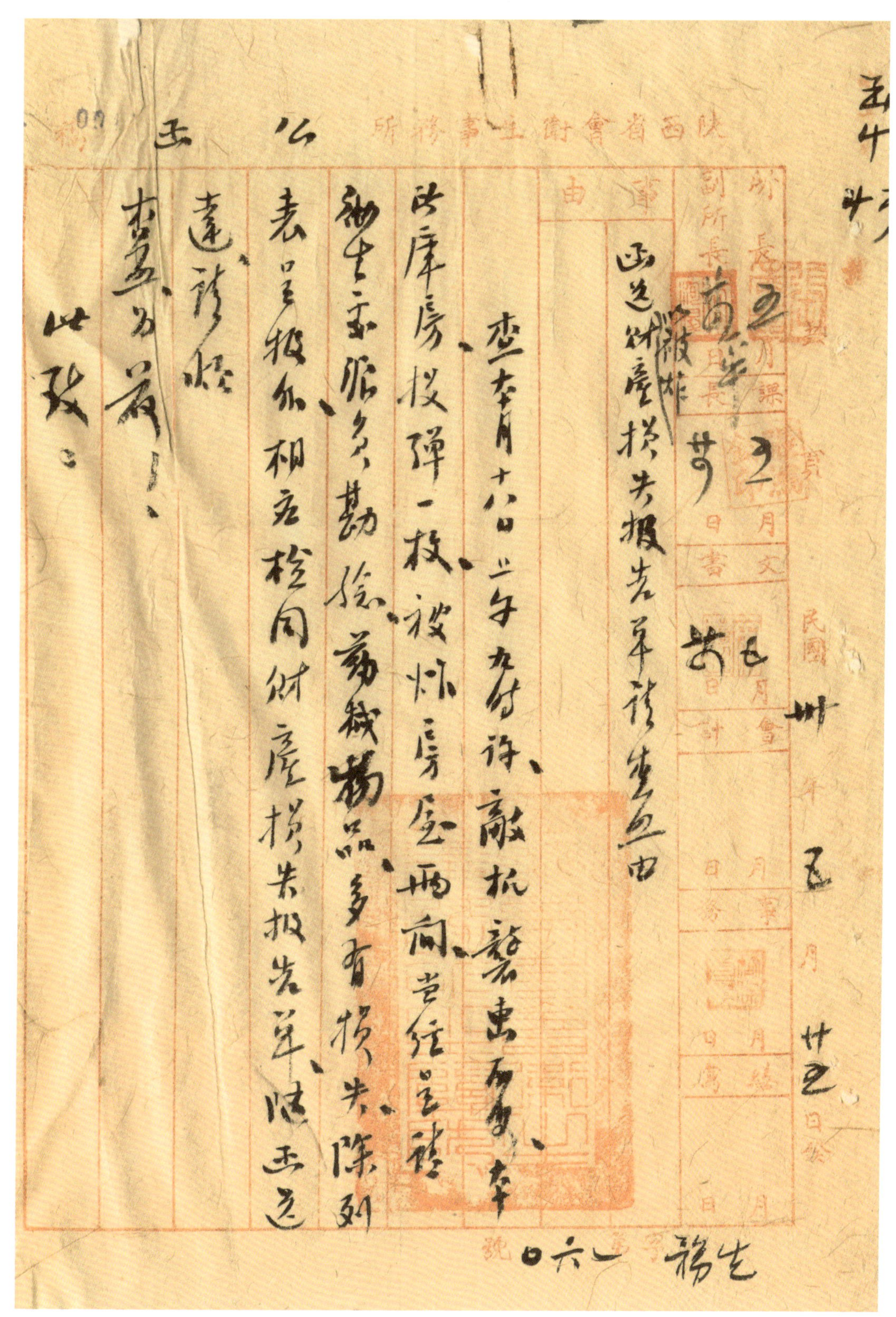

陕西省會衛生事務所 公函

事由：函送被炸财产损失报告单请查照由

查本月十六日上午九时许，敌机袭市，本所库房投弹一枚，被炸房屋两间，当经呈请卫生处派员勘验，药械物品多有损失，除列表呈报外，相应检同财产损失报告单，随函送达，请烦查照为荷。此致

民國卅年五月廿五日

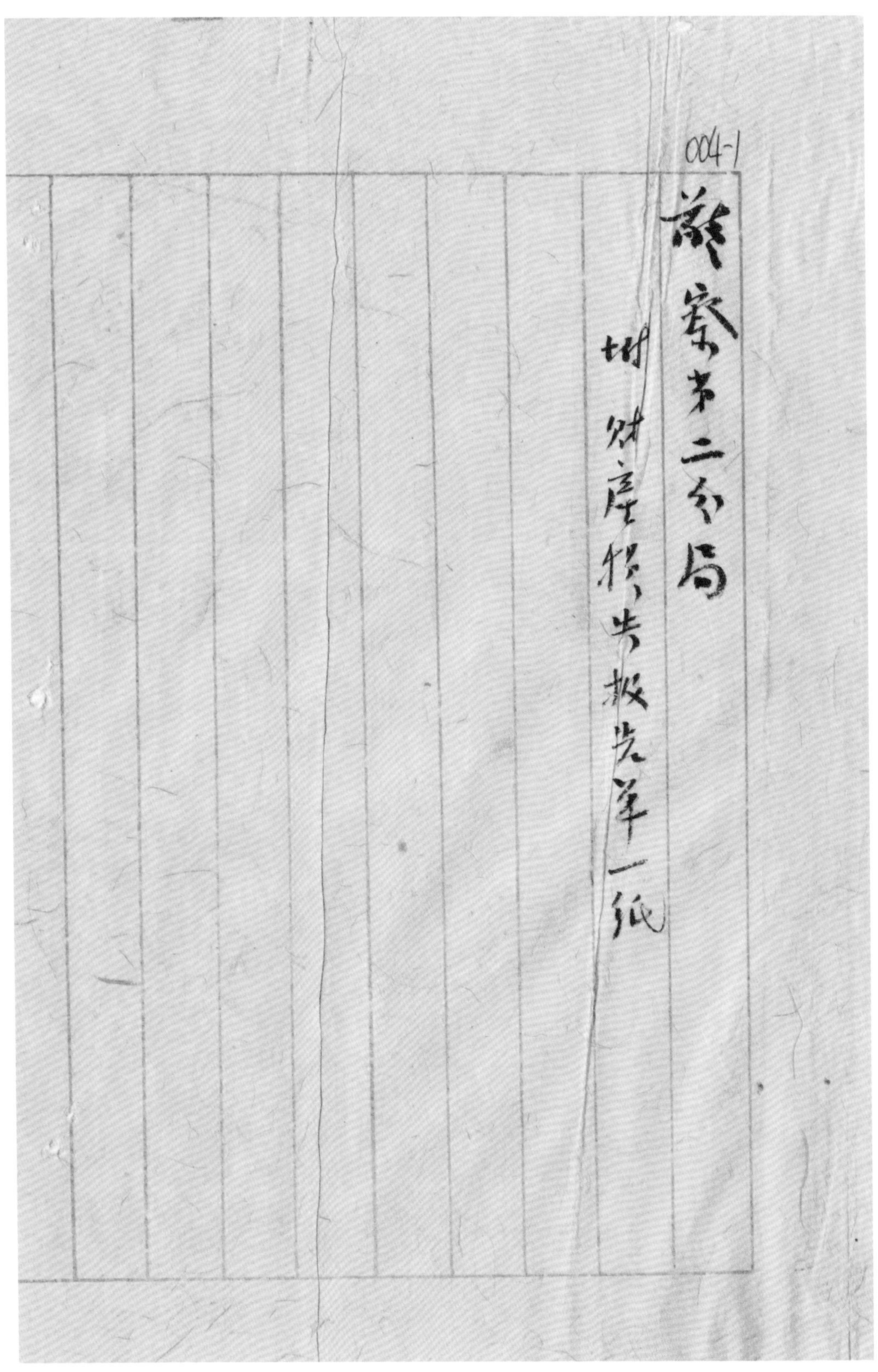
004-1
警察第二分局
附房屋损失报告单一纸

西京建委工程处职员王志学关于赍送最近两次空袭被毁建筑物调查表致该处的签呈（一九四一年八月二十七日）

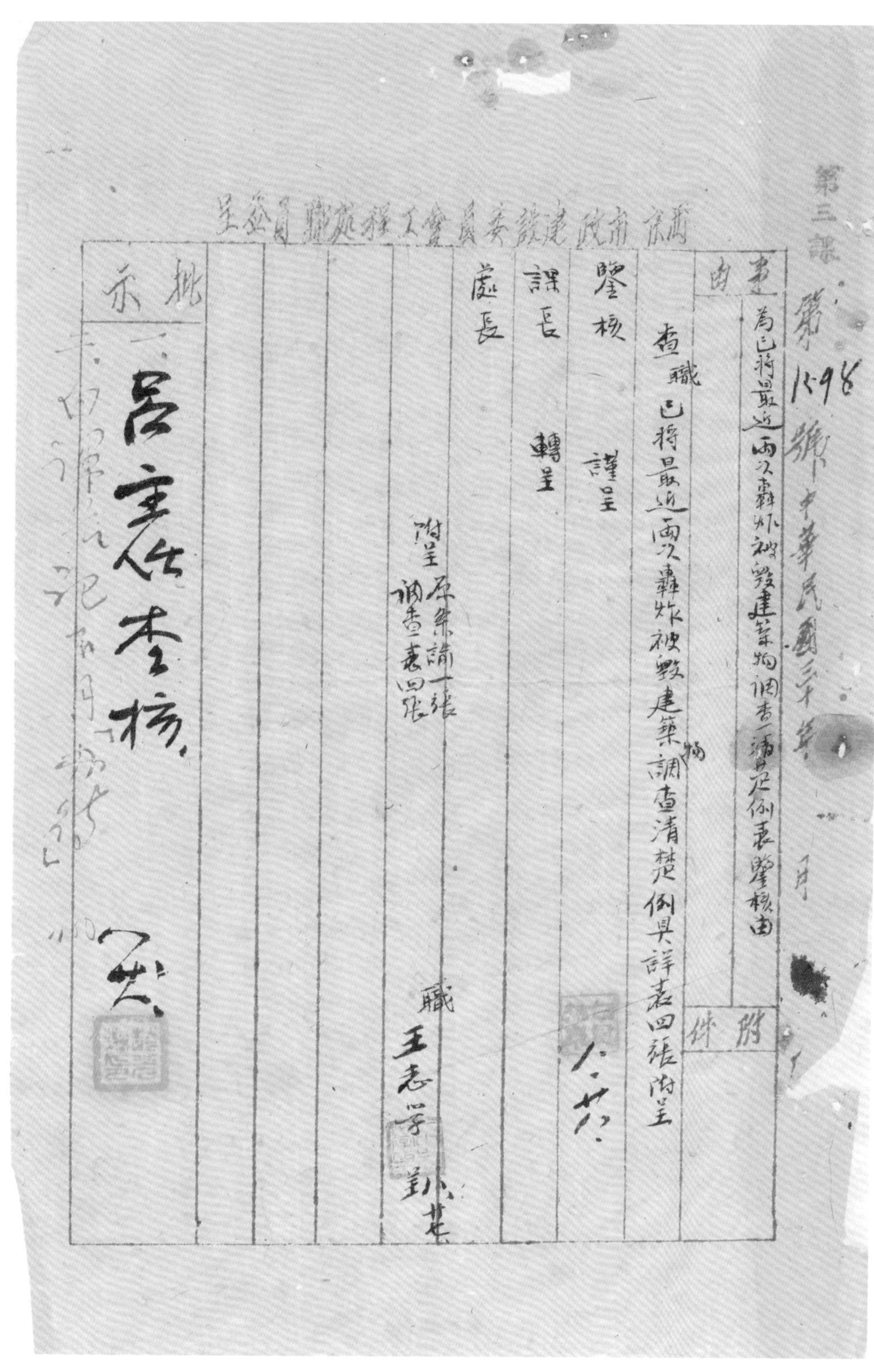

第三課 第1598號 中華民國三十年 八月 日

西京市政建設委員會工程處職員簽呈

事由：為已將最近兩次轟炸被毀建築物調查一補足例表鑒核由

查職已將最近兩次轟炸被毀建築物調查清楚，例具詳表四張附呈

鑒核

謹呈

課長 轉呈

處長

附呈 原呈請一張 調查表四張

職 王志學

附件

批示：呈送查核

附一：第一次空袭被毁建筑物调查表（一九四一年八月）

西京市最近两次轰炸被毁建築物調查表（第一次被炸表）

業主	地點門牌	名數	面積	被炸情形	備考	
焕西山	琉璃廟街23号	接簷街房三間	約54平方公尺	將該房前簷振坏房瓦振碎墙皮振脱餘尚好	業已通知盥 第一次被炸	簽
勝記	24号	接簷街房三間 南北厦房六間	98.	將該街房已簽炸完前簷尚存厦房六間完全炸完	未動工 仝	簽
王振城	北四府街[illegible]号	接簷街房三間	45.	將該房屋瓦墙皮完全振坏木椽桁有損失	未動工 仝	仰未動工
薛記	4号	接簷街房三間	36.	將該房完全炸完	未動工 仝	仝
王寶康	甲字1号	厦房六間 地窖一座	54	將該房炸完三間餘三間被振炸毀地窖長約十一公尺	業已通知盥 仝	已簽報
西湖会館	22号	厦房三間	27.	將該房墙皮房瓦振坏木椽桁有損失	未動工 仝	保案動工
西湖会館	南四府街32至34号	接簷街房七間 接簷二房七間	210.	將該房三十号街房完全炸完上房及四五号房均被振墙皮房瓦木椽均損坏	未動工 仝	仝
吉慶德	五味什字街47号	接簷街房三間	54.	將該房三間完全炸完	前因安置築打土墙而違制上已簽報罰 仝	已簽報

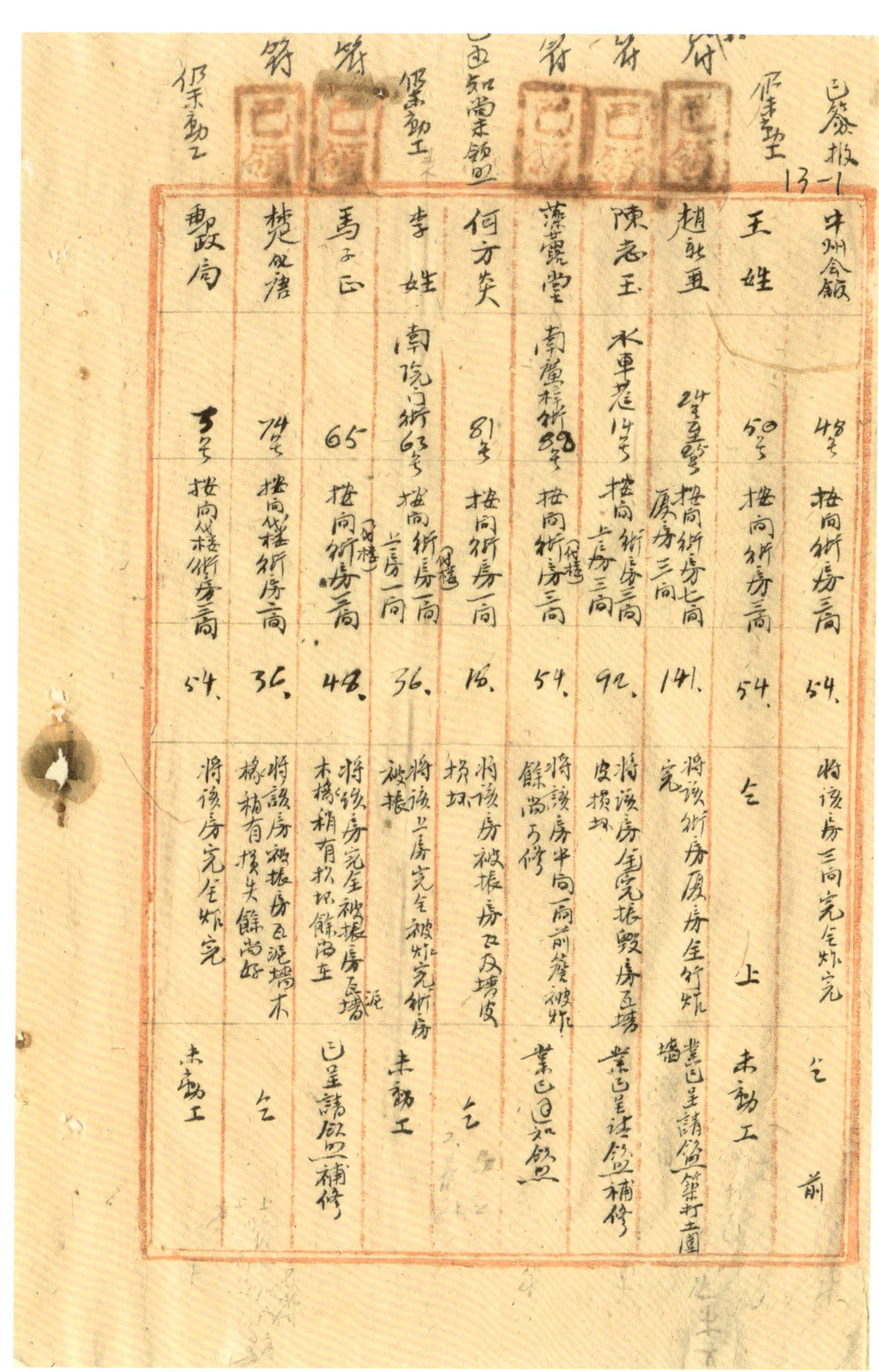

已發撥 13-1

姓名	地址	房屋	數	損毀情形	現況	附註
中州公館	48号	按向街房三间	54、	將該房三间完全炸完	仝前	
王姓	50号	按向街房三间	54、	仝上	未動工	係未動工
趙欽亞	24号	按向街房七间 夏房三间	141、	將該街房夏房全行炸完	業已呈請發築打土圍墻	已領
陳志王	水車巷14号	按向街房三间 上房三间	92、	將該房全完振毀房瓦墻皮損壞	業已呈請發補修	已領
蒲霞堂	南廣梓街88号	按向街房三间（門樓）	54、	將該房中间一间前簷被炸餘尚可修	業已遵知發照	已領
何方來	81号	按向街房一间	16、	將該房被振房瓦及墻皮損壞	仝	已通知尚未領照
李姓	南院門街63号	按向街房一间（門樓） 上房一间	36、	將該上房完全被炸完街房被振	未動工	係未動工
馬子正	65	按向街房二间（門樓）	48、	將該房完全被振房瓦泥墻木椽稍有損壞餘尚在	已呈請發照補修	已領
楚叔唐	74号	按向後樓街房三间	36、	將該房被振房瓦泥墻木椽稍有損失餘尚好	仝	已領
郵政局	5号	按向後樓街房二间	54、	將該房完全炸完	未動工	係未動工

仝	製革保[illegible]廠	南院門街4號	摧向代樓街房三間	54、	將該房完全炸完	未動工
備 已發	天豐泰	132號	摧向舖樓街房一間	54、	將該房完全被振房瓦揭皮損壞餘尚好	業已通知飭照
係未動工	楊又賓	133號	摧向樓房三間	54、	將該房完全炸完	未動工
仝	呂天仁	134號	摧向街房一間 門房三間 廈房六間	126、	將該房完全炸完	仝
已發報	閆甘元	29號	廣房一間 三層洋樓一座	72、	將該房完全炸完門房前簷及东边山墙震毁	仝
係未動工	牛興魏	30號	摧向過庭三間	54、	仝前	仝
仝	韓仲魯	小車家巷3號	摧向上房五間 廈房四間	126、	將該房上房完全炸完廈房被振	仝
已發	譚瑞生	盧進士巷7號	摧向門房三間 廈房二間	65、	將該房完全炸完	仝
係業動工	蕭銀卿	5號	摧向街房、過庭各三間 廈房八間	220、	將該房完全炸完	仝
仝	張百萬	土地廟街17號	摧向樓房三間	52、	仝前	仝

14-1

批注	户名	地址	房屋	数目	损毁情形	备注
保勤工	天主堂	土地廟街	楼向房四间	70、	將該房二间炸完餘二间尚在	仝
仝	魏尚志	草廠巷9号	楼向门房二间	36、	將該房完全被振房瓦泥墙稍有破坏	仝
仝	范張氏	10号	楼向门房四间	72、	將該房完全炸完	仝
已簽报	孟有金鈑	藍廠街18号	楼向内房三间厦房六间	98、	仝前	前因藍廠街打土墙不遵制止已簽报罰办
經照已勤令停工 未領照動工	商子蘭	58号	楼向街房三间	55、	仝前	未動工
發 已領	闫瑞亭	12号	楼向街房三间	54、	將該房完全被振房瓦泥墙稍有破坏	已着飭照補修
仝 已領	德威福	13号	楼向街房一间	98、	仝前	仝
仝 已領	胡立堂	54号	楼向街房二间	36、	將該房西边一间振坏餘尚完好	仝

附二：第二次空袭被毁建筑物调查表（一九四一年八月）

催其動工　仝　仝　仝　免　催其動工　已動工　催其動工

西京市最近兩次敵轟炸被毀建築物調查表（第二次被炸表）

業主	地點門牌	數	面積	被炸情形	備考
左姓	二府街69号	楼向街房三間（耕）	约54.4方	將該房屋及墻皮完全振坏木檩稍有損失	未動工
李子安	78号	楼向街房二間	54	將該房三間中間炸去一間餘均被振	仝
党姓	73号	楼向街房二間	36	將該房炸去前簷后簷尚好及墻皮均振坏	仝
胡保元	74号	楼向街房二間	35	將該房屋及墻皮被坏	仝
王一山	2号	楼向街房二間	54	仝前	已遷祁縣
韓季壓	4号	楼向街房四間	63	將該房三間前簷被炸以後簷尚好餘被振	未動工
賈平九	北大街甲字176号	楼向上房三間 厦房六間	90	將該房完全炸完	仝
任益亭	乙字176号	楼向街房四間 厦房四間	98	將該房上房炸去一間厦房完全炸完餘被振	仝

批注	户名	住址	房屋	数	损坏情形	备注
已通知尚未回	韩德民	北大街平民[illegible]	泥棚房六间	16、	将该房墙皮木椽稍有振坏	已通知饬回
保养动工	陕西省银行	北大街 326号	临街楼房三间 厦房四间	90、	将该房房及泥墙被振坏	未动工
15-1 仝	魏姓	王家巷 49号	临街房五间 厦房二间	115、	将该街房完全炸完 厦房被振	未动工
仝	洪弘信	41号	临街房三间	64、	将该房东边一间炸去余尚可修	仝
符 已领	高双成	32号	临街房三间	64、	将该房西边两间炸完尚余一间	业已呈请借款补修
保养动工	蔡姓	17号	临街房五间	90、	将该房西边三间墙垣振倒 房瓦全无余尚好	未动工
已通知尚未回	六区二联七保学校	公字[illegible]号	砖墙三尖嘴门楼		将该墙及门楼完全炸倒	已通知饬其已来为呈请
已签报	天主堂	56号	临街房三间	64、	将该房完全炸完	前因尚架打土墙不遵劝止已签报[illegible]
保养动工	大莲湖园	大莲花街	砖片墙一段 长十三公尺		将该墙炸倒一段长约十三公尺	未动工
仝	王坤帆	26号	厦房六间	64、	将该房屋及泥墙被振坏	未动工

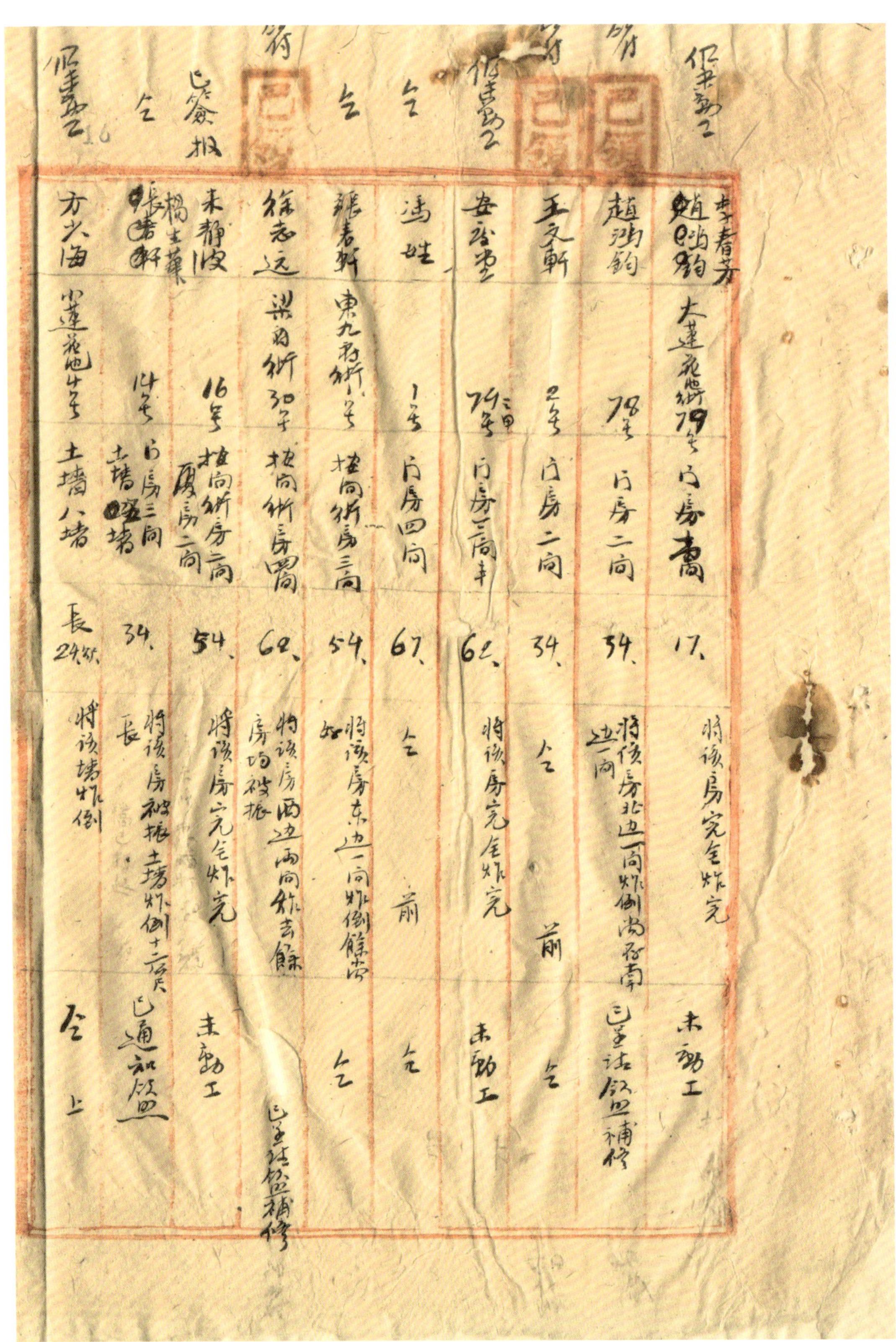

姓名	住址	房屋		被炸情形	處理
李春芳	大蓮花池街79號	瓦房壹間	17、	將該房完全炸完	未動工
趙鴻鈞	78號	瓦房二間	54、	將該房北邊一間炸倒尚存南邊一間	已呈請領照補修
王文軒	2號	瓦房二間	34、	仝前	仝
安容堂	74號（三甲）	瓦房七間半	62、	將該房完全炸完	未動工
馮姓	1號	瓦房四間	67、	仝前	仝
張春軒	東九府街11號	樓向街房三間	54、	將該房東邊一間炸倒餘尚好	仝
徐志遠	梁府街30號	樓向街房四間	62、	將該房西邊兩間炸去餘房均被振	已呈請領照補修
宋靜波	16號	樓向街房 廈房二間	54、	將該房完全炸完	未動工
楊生華 張書軒	14號	瓦房三間 土墙 短墙	34、	將該房被振土墙炸倒十六尺長	已通知領照
方火海	小蓮花池1號	土墙八墙	長24公尺	將該墙炸倒	仝上

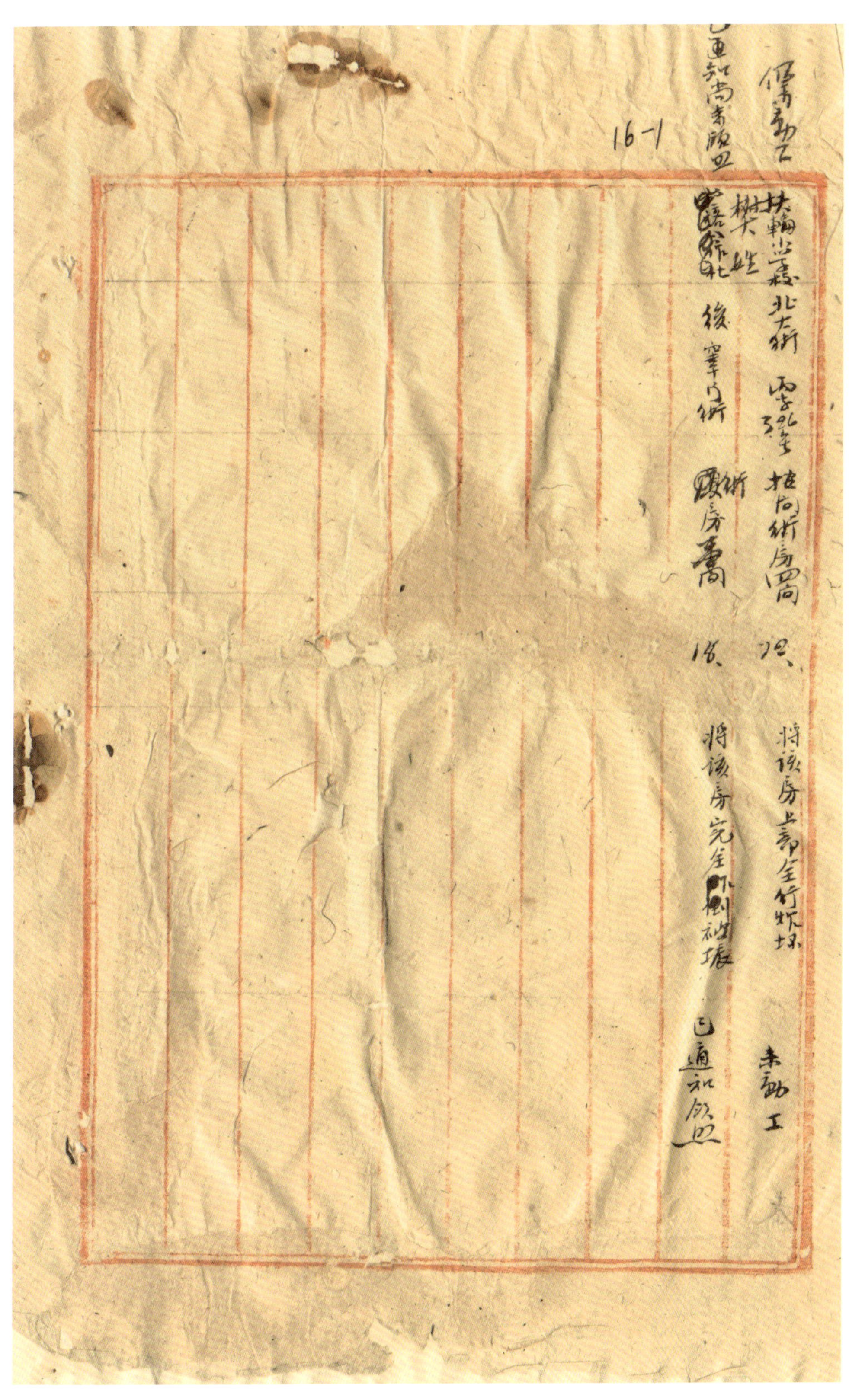

西京建委工程处职员董世忠关于被炸各区建筑物动工领照情形致该处的签呈（一九四一年九月十九日）

20

第三課 第1764號 中華民國三十年 月 日

事由 為簽報被炸各區建築物動工領照事

附件

奉 批最近兩次被毀建築物再由調查員實地查明（一）未動工者是否動工（二）罰辦者是否已遵章辦理（三）領照者是否所查一表相符奉此遵即前往分別調查一兹查（一）未動工者前卅八家現已動工者三家除閆甘園已簽報外餘二家均已通知領照（二）四罰辦者仍未遵章辦理（三）已領照者除五味什字街趙心雅築牆侵佔路基已簽報在案餘尚與原案及表相符（四）前已通知領照者現已領者一家侵佔公路勒令傳修者亦未來處辦理手續理合簽請

鑒核 謹呈

西京市政建設委員會工程處職員董世忠簽呈

批

1. 未動工者繼續查明列表
2. 四罰办之侵路基者均分案办理

請 核示

如擬 切實催辦 九.廿

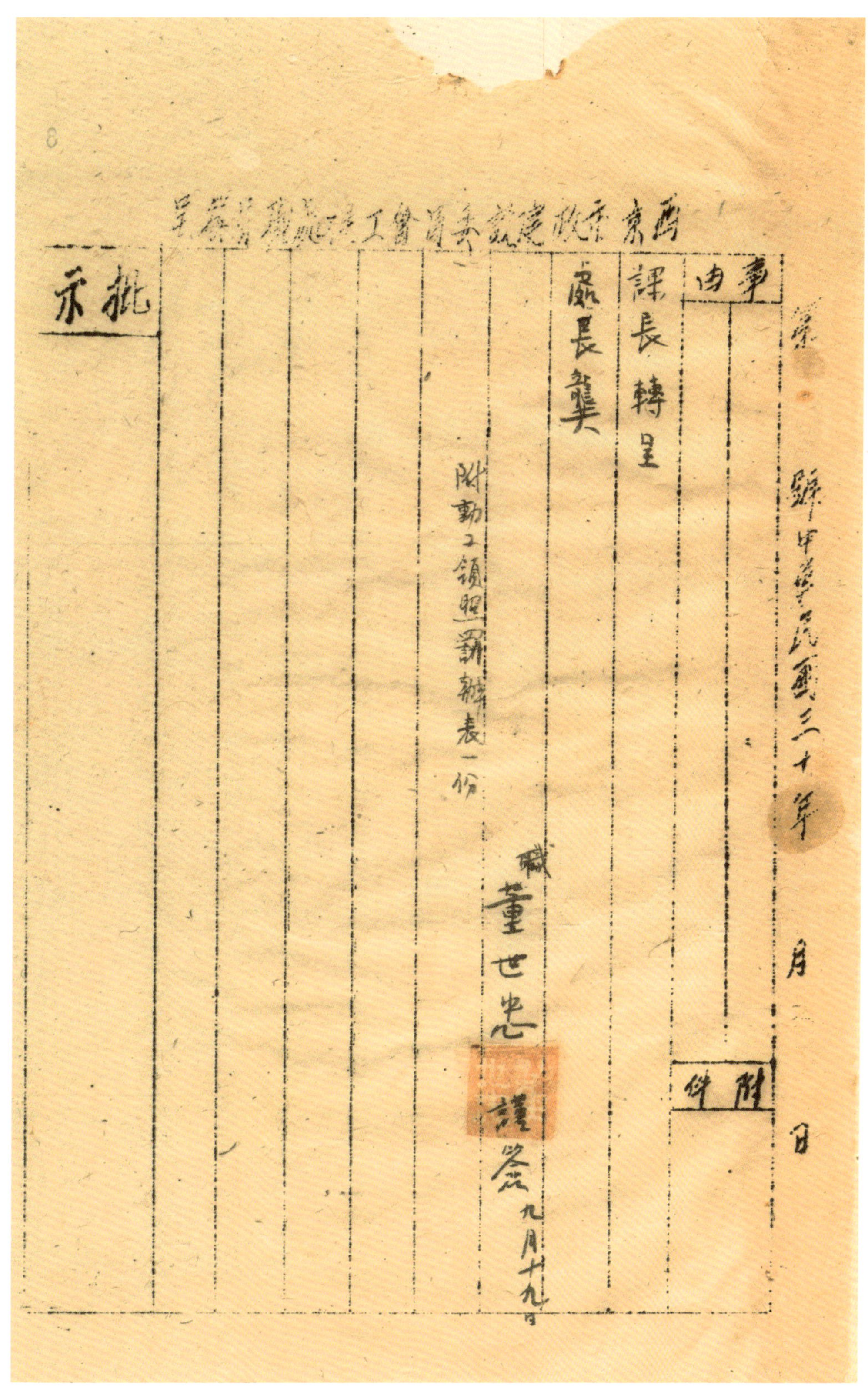

西京市政建設委員會工程處簽呈

案　　號

中華民國三十年　月　日

事由

附件

課長轉呈

處長龔

附動工領照申請表一份

職 董世忠 謹簽 九月十九日

批示

附：复查各户动工领照及罚办表（一九四一年九月十九日）

复查后各户动工领照及罚办表

動工罰办及領照者	業主	地址門牌	房屋炸壞情形	現修的情形	動工領照及罰辦者原因	附註
動工者	譚瑞生	盧進士巷十七号	安開門房三間，廈房二間炸完	廈房未修築，打土牆六堵		照已領去
仝右	賈平九	北大街一七六号	安開上房三間，廈房六間炸完	房全修		照已領去
仝右	閻甘園	南院門二九号	西式洋樓一座代樓門房一間炸完	洋樓未修，翻修門房一間		已簽報在案
罰辦者	王寶康	北四府街甲字十七号	廈房六間地窖一座	修房六間地窖十一公尺	無照動工不遵制止罰辦	
	吉慶德	五味什字四七号	安開街房三間完全炸完	房未修築牆三間	無照動工不遵制止罰辦	
	中州會館	五味什字四八號	安開街房三間炸完	仝右	仝右	
	五省會館	鹽店街公字二号	安開街房三間，廈房六間炸完	房未修築，打土牆	仝右	
	天主堂	五家巷三六号	安開街房三間炸完	仝右	仝右	

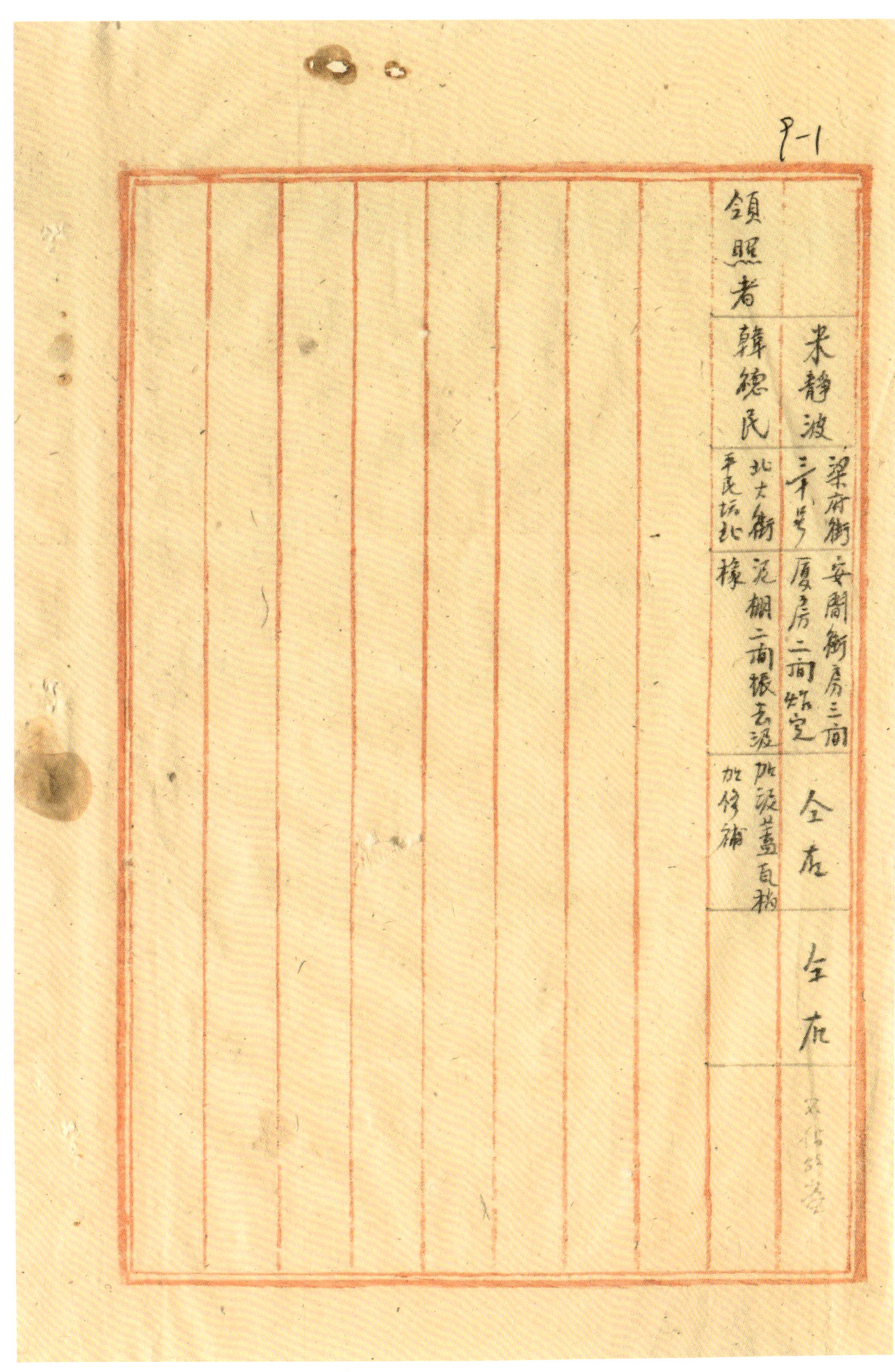
P-1

領照者 宋靜波 梁府街三十號 安閘街房三間 厦房二間 如定 仝右 仝右

韓德民 北大街 平民坊北 泥棚二間 張去泥椽 加泥蓋瓦 加修補

华峰面粉股份有限公司关于赍送遇敌轰炸期间停机时间损失表致第一区面粉工业同业公会的公函

（一九四四年五月十六日）

00021

華峯麵粉股份有限公司公函用箋

峯字第193號第 頁

案准

貴會三十三年二月二十二日會字第54號函:以准市商會函奉行政院令飭將敵機轟炸本市各業團体會員所受損失分類列報,囑查照辦理見復等由;自應照辦。茲造具所受損失表一份,相應檢表函復

查照為荷!

此致

第一區麵粉工業同業公會

附表一份

西安華峯麵粉股份有限公司啟

卅三年五月十六日

電報掛號:五一七四 電話:一三二號

西安華峯麵粉公司歷年因受空襲警報停機時間損失表

年度	空襲警報時間	備考
二十七年度	七十八小時半	
二十八年度	一百二十四小時半	
二十九年度	二百五十七小時半	
三十年度	二百一十三小時	
三十一年度	二百五十八小時	
三十二年度	九小時	
三十三年度	十四小時	
合計	九百五十三小時半	

Hwa Fung Flour Mill
西安
華峯麵粉公司
SIAN

三十三年五月十六日

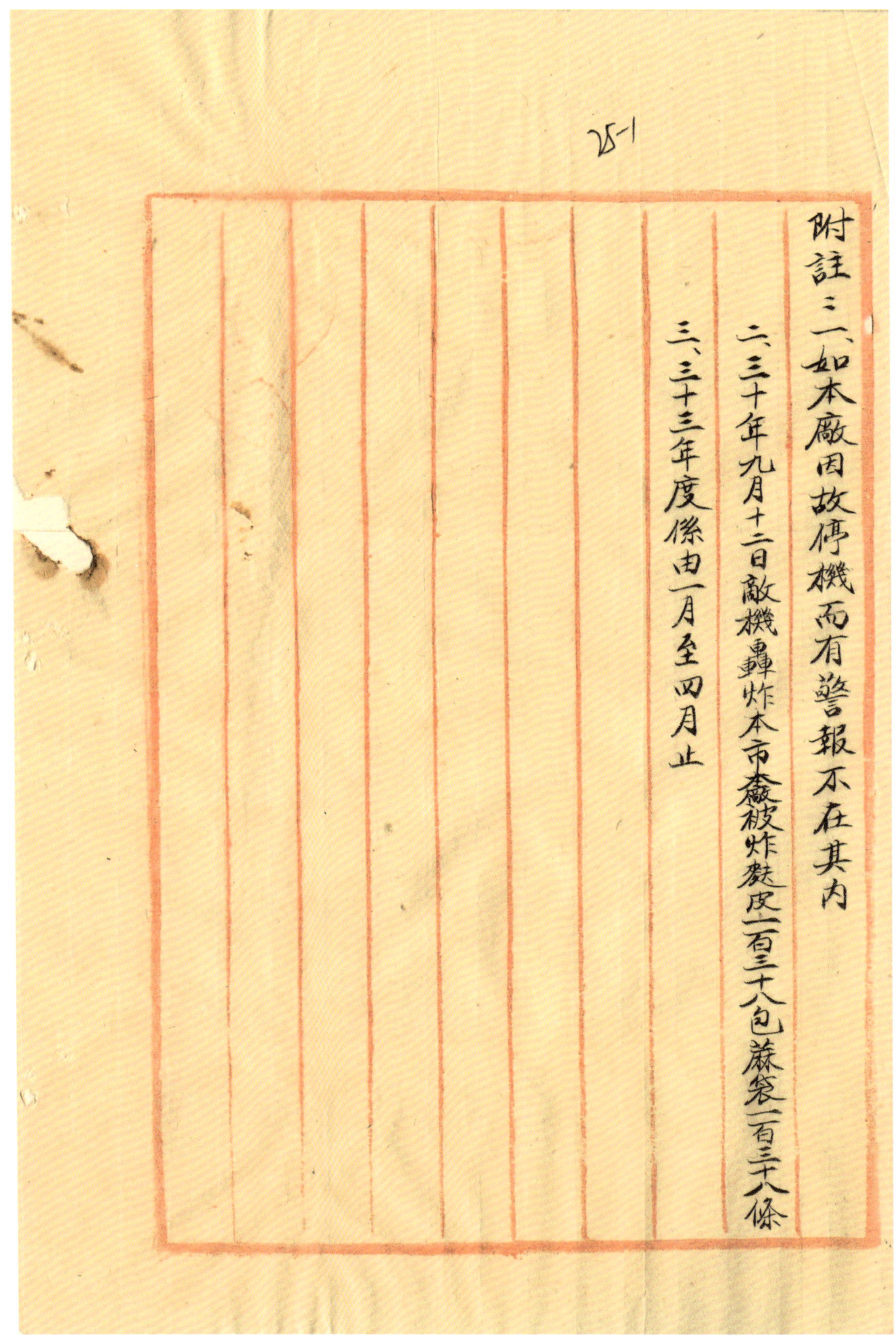
25-1

附註：一、如本廠因故停機而有警報不在其內
二、三十年九月十二日敵機轟炸本市本廠被炸麩皮一百三十八包蔴袋一百三十八條
三、三十三年度係由一月至四月止

陕西省会警察局敌机轰炸损害报告表（一九四四年九月十二日）

陝西省會警察局敵機轟炸損害報告表

三十三年九月十二日上午十一時四十五分敵機四架分批侵入市空，在西關外一帶投彈後逸去，於四時二十分解除警報

地點	投彈枚數		死亡人數	受傷人數		炸燬房屋間數	備攷
	炸	未炸		重傷	輕傷		
西關正街公一號	一		二	三			門樓被炸燬
公二號	三	〇					查該院內落未炸彈十枚均係判[illegible]
八五號							彈片炸死騾子四頭
八〇號	二		一	三			門面被炸燬

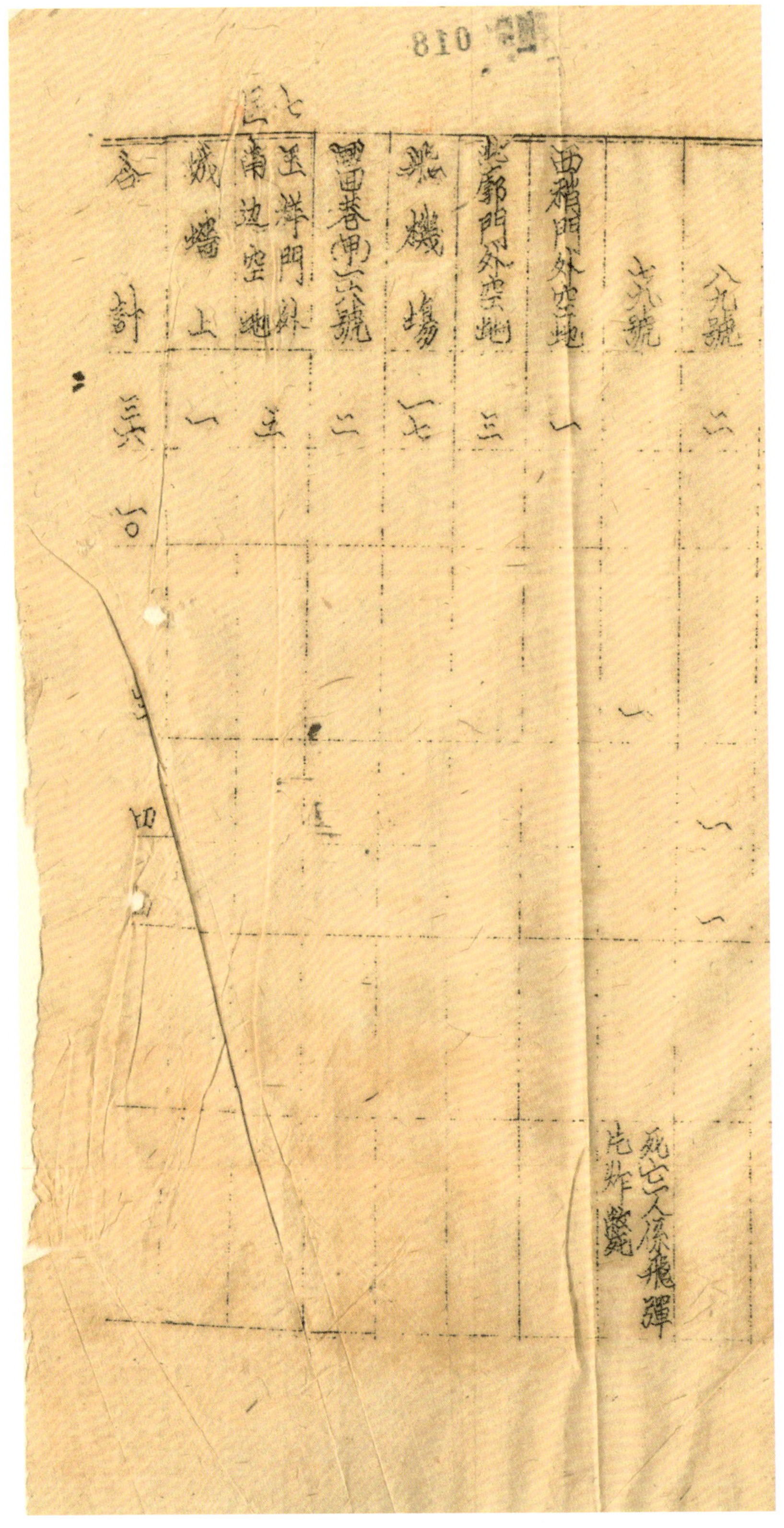

七區

八九號	二			一 一		
二九號			一			死亡人係飛彈先炸斃
西稍門外空地	一					
北郭門外空地	三					
飛機場	一七					
四冊巷甲六號	二			三		
玉祥門外南邊空地	三					
城墻上	一					
合計	三六	六	三	四		

陕西省会警察局敌机轰炸损害报告表（一九四四年九月十二日）

陕西省會警察局敵機轟炸損害報告表

三十三年九月十二日上午十二時四十分敵機二架分批竄入市空在西北郊外投彈後逸去於四時五分解除警報

地點	投彈枚數 已炸	投彈枚數 未炸	死亡人數	受傷人數 重傷	受傷人數 輕傷	炸燬房屋間數	備攷
西郊機場迤西空地	六	無	無	無	無	無	
北郊樊志村迤北空地	八	無	無	無	無	無	
合計	一四	無	無	無	無	無	

附記

陕西省会警察局敌机轰炸损害报告表（一九四四年九月二十日）

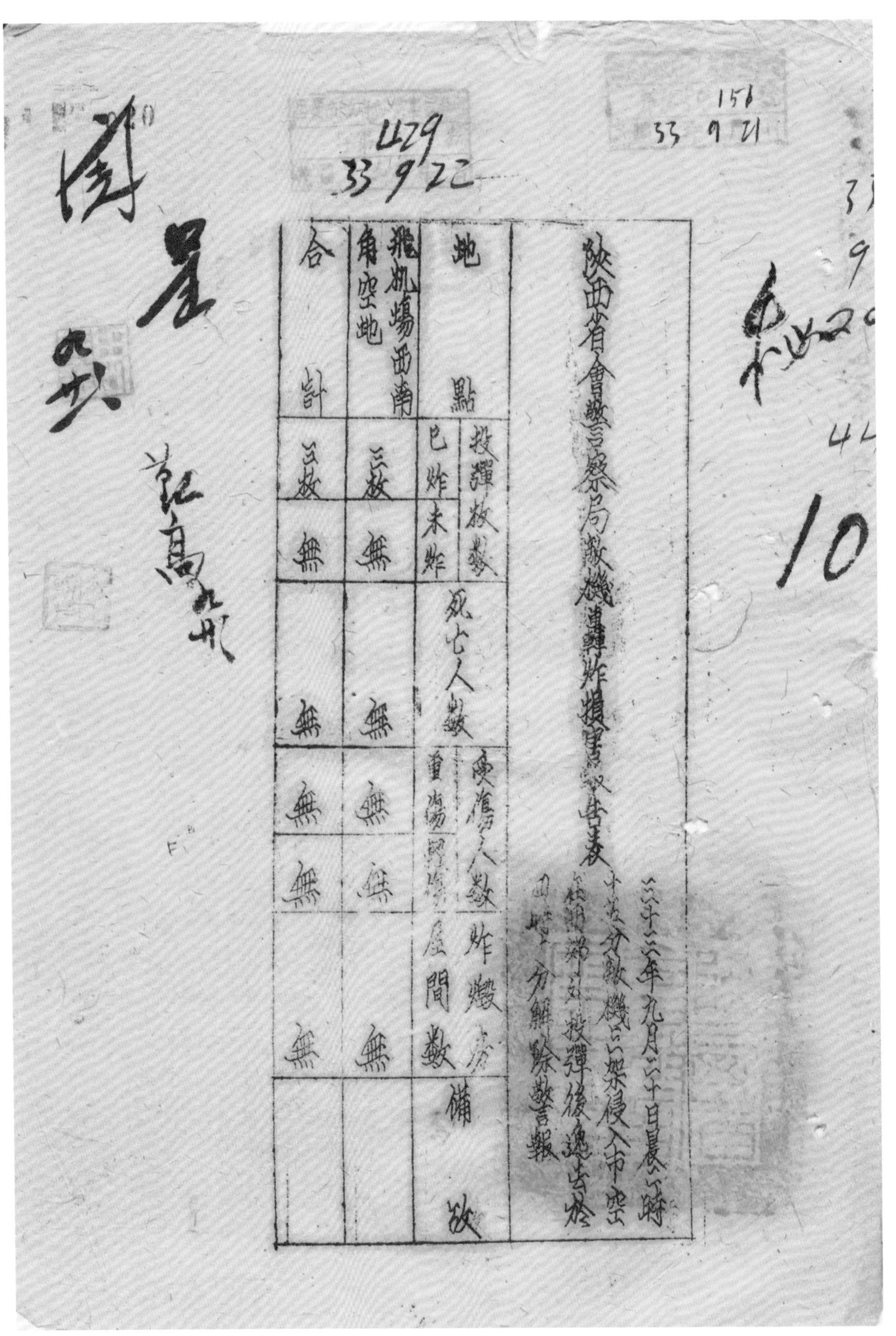

陝西省會警察局敵機轟炸損害報告表

三十三年九月二十日晨六時十五分敵機六架侵入市空，在飛機場西南角空地投彈後逸去，於[illegible]時[illegible]分解除警報

地點	投彈枚數 已炸	投彈枚數 未炸	死亡人數	受傷人數 重傷	受傷人數 輕傷	炸燬房屋間數	備考
飛機場西南角空地	三枚	無	無	無	無	無	
合計	三枚	無	無	無	無	無	

陕西省会警察局敌机轰炸损害报告表（一九四四年九月二十一日）

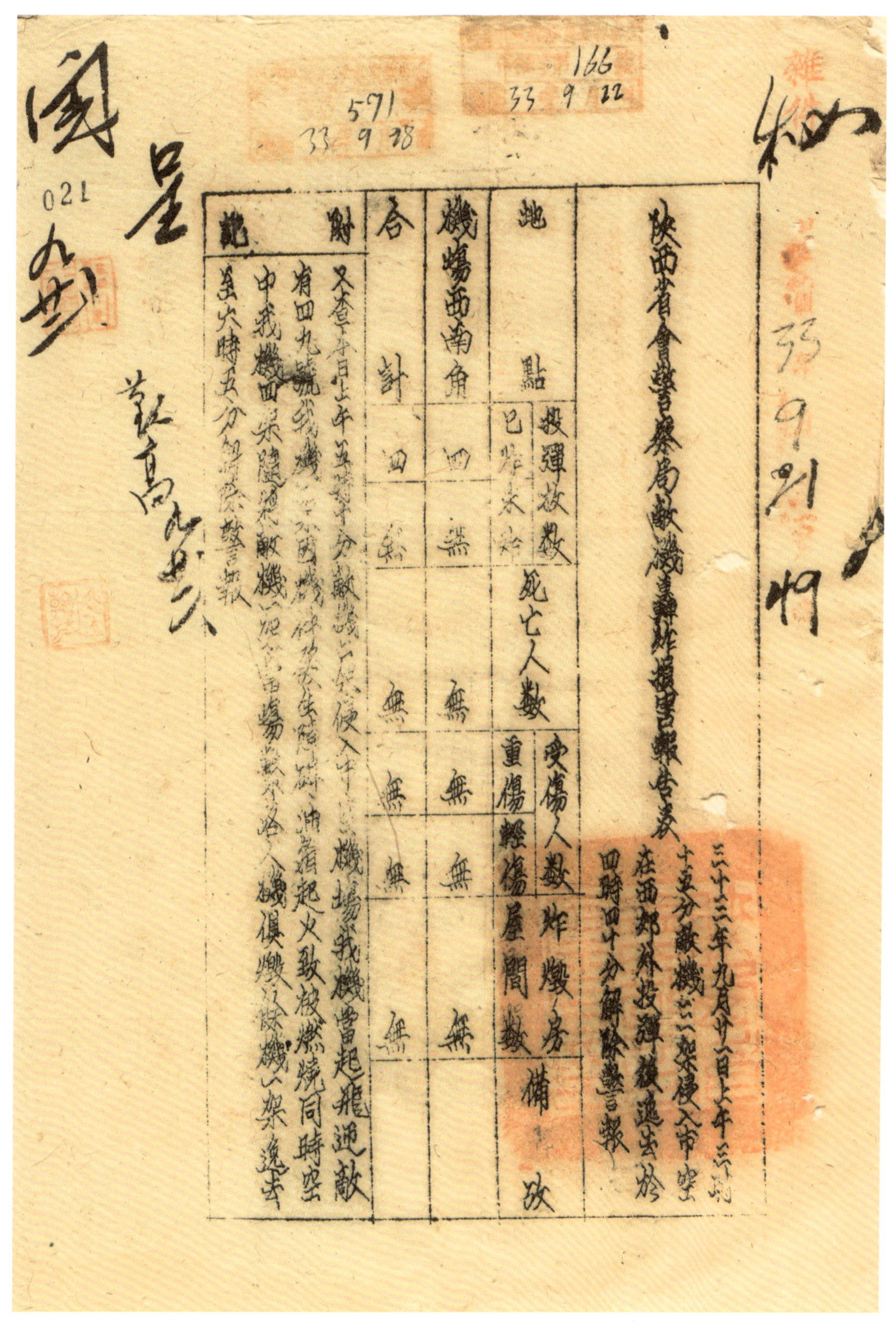

陝西省會警察局敵機轟炸損害報告表

三十三年九月廿一日上午十一時十五分敵機六架侵入市空在西郊外投彈後逸出於四時四十分解除警報

地點	投彈枚數（已炸）	投彈枚數（未炸）	死亡人數	受傷人數（重傷）	受傷人數（輕傷）	炸燬房屋間數	備考
機場西南角	四	無	無	無	無	無	
合計	四	無	無	無	無	無	

附記：又查本日上午十一時十分敵機六架侵入市空機場我機當起飛迎敵有四九號我機一架因機件發生障礙油箱起火致被燃燒同時空中我機四架隨追敵機六架至西南機場[illegible]入機俱燬又敵機六架逸去至六時五十分解除警報

西京招待所与西安市政府关于证明抗战期间财产损失以便转向敌方要求赔偿的来往文书

（一九四六年二月十九日至三月八日）

西京招待所致西安市政府的呈（一九四六年二月十九日）

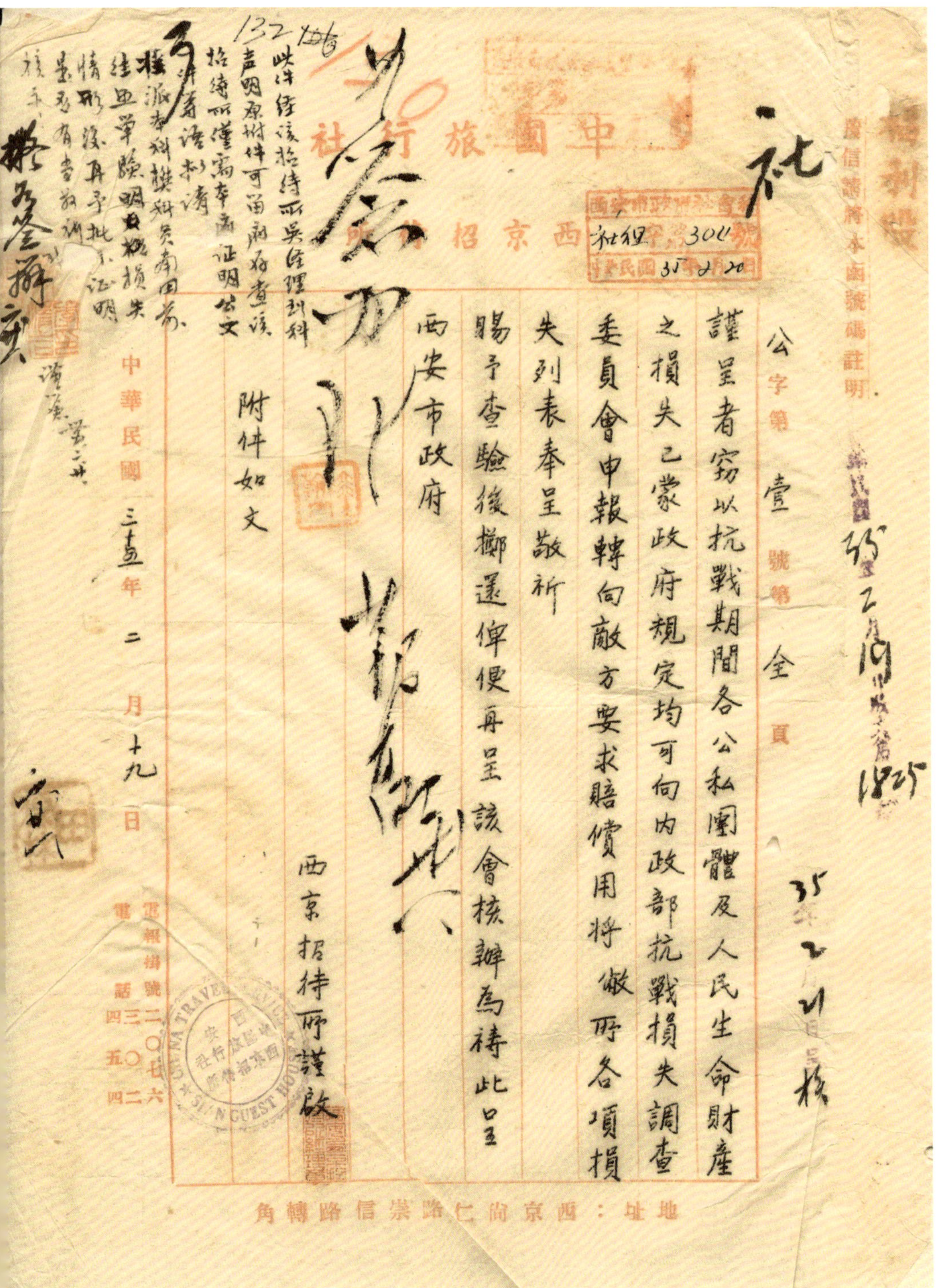

中國旅行社西京招待所

公字第壹號第全頁

謹呈者竊以抗戰期間各公私團體及人民生命財產之損失已蒙政府規定均可向内政部抗戰損失調查委員會申報轉向敵方要求賠償用將敝所各項損失列表奉呈敬祈

賜予查驗後擲還俾便再呈該會核辦爲禱此呈

西安市政府

附件如文

西京招待所謹啟

中華民國三十五年二月十九日

地址：西京尚仁路崇信路轉角

附：西京招待所各项损失表单（一九四六年二月十五日）

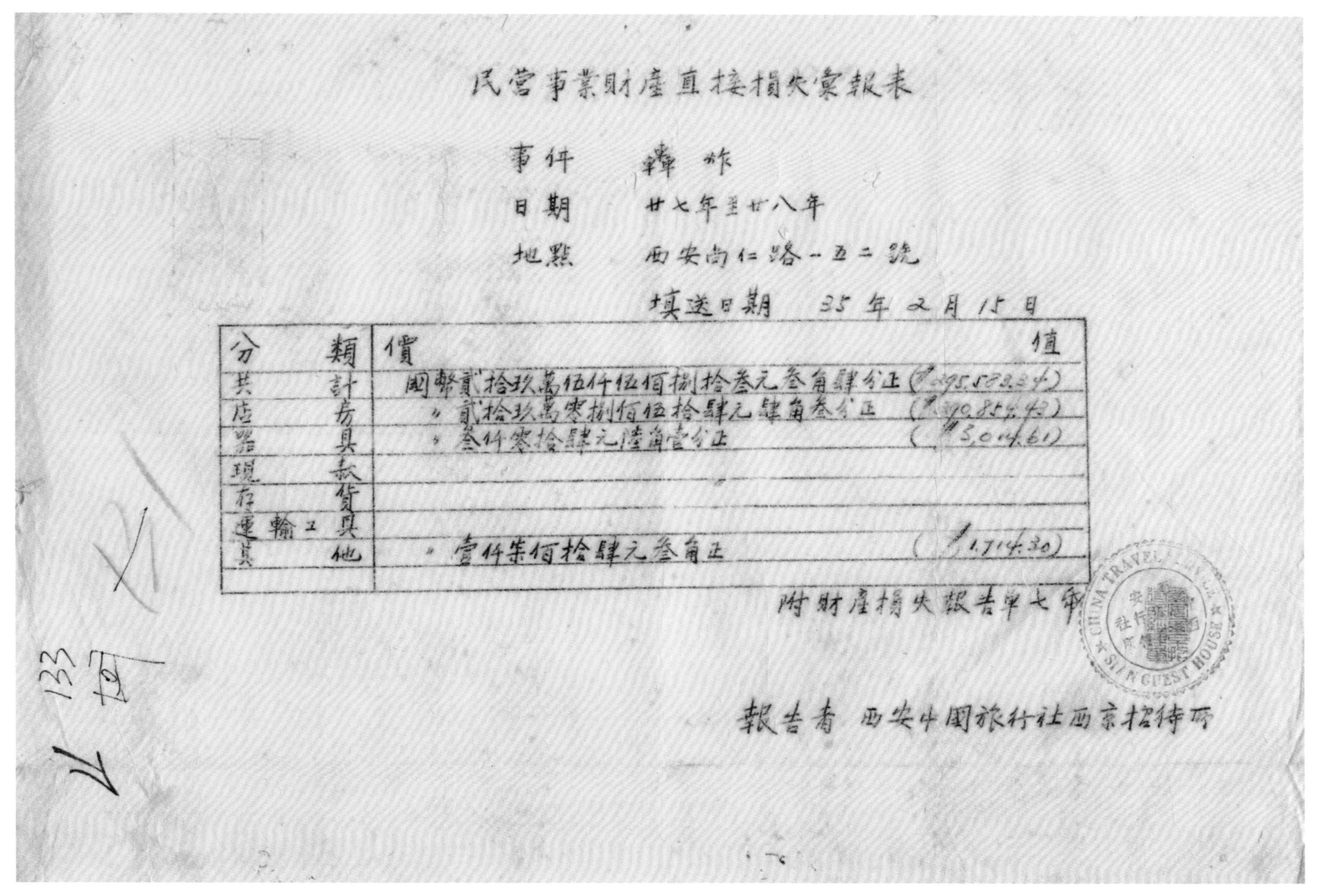

民營事業財產直接損失彙報表

事件　轟炸

日期　廿七年至廿八年

地點　西安南仁路一五二號

填送日期　35年2月15日

分類	價值
共計	國幣貳拾玖萬伍仟伍佰捌拾叁元叁角肆分正（¥295,583.34）
店房	〃貳拾玖萬零捌佰伍拾肆元肆角叁分正（¥290,854.43）
器具	〃叁仟零拾肆元陸角壹分正（¥3,014.61）
現款	
存貨	
運輸工具	
其他	〃壹仟柒佰拾肆元叁角正（¥1,714.30）

附財產損失報告單七[illegible]

報告者　西安中國旅行社西京招待所

财产损失报告单

填送日期 35年2月15日

损失年月日	事件	地点	损失项目	购置年月	单位	数量	价值 购置时价值	价值 损失时价值	
房屋损失									
27年11月18日	轰炸	西安尚仁路一五二号	餐厅炸毁修理费					290634 43	31年12月修理
28-9-20	〃	〃	毁围墙五丈余修理费					220 -	
器具损失		〃							
27-11-18	〃	〃	毁方大菜桌	24年12月	只	2	36 -	54 -	
〃	〃	〃	冲皮大菜椅	〃	〃	13	143 -	214 50	
〃	〃	〃	冲皮单背椅	〃	〃	2	22 -	33 -	
〃	〃	〃	大号木托盘	〃	〃	8	20 -	30 -	
〃	〃	〃	小 〃 〃	〃	〃	19	33 44	50 16	
〃	〃	〃	小桌	〃	〃	1	5 -	7 50	
〃	〃	〃	圆高椅	25年1月	〃	1	4 -	6 -	
〃	〃	〃	方餐桌	〃	〃	3	15 -	22 50	
〃	〃	〃	娱乐器橱	25年5月	〃	1	24 -	36 -	
〃	〃	〃	镀银汤匙	24年12月	把	35	21 -	31 50	
〃	〃	〃	〃 〃 清[illegible]刀	〃	〃	35	35 -	52 50	
〃	〃	〃	〃 〃 〃 中叉	〃	〃	58	27 84	41 76	
〃	〃	〃	〃 〃 〃 中匙	〃	〃	85	40 80	61 20	
〃	〃	〃	〃 〃 茶匙	〃	〃	86	18 92	28 38	
〃	〃	〃	〃 〃 咖啡匙	〃	〃	74	15 54	23 31	
C/F								291546 74	

134
108

損失年月日	事件	地點	損失項目	購置年月	單位	數量	價值 購置時價值	價值 損失時價值
B/F								291.546.74
7年11月18日	轟炸	西安尚仁路一五二号	鍍銀白胱刀	24年12月	把	27	8.10	12.15
〃	〃	〃	〃水菓刀	〃	〃	21	18.90	28.35
〃	〃	〃	〃 〃	〃	〃	84	82.32	123.48
〃	〃	〃	〃糖鉗	〃	〃	10	5.80	8.70
〃	〃	〃	〃沙水匙	〃	〃	1	.75	1.13
〃	〃	〃	藍金邊湯盆	〃	只	13	8.32	12.48
〃	〃	〃	〃菜盆	〃	〃	178	101.48	152.22
〃	〃	〃	〃茶壺	〃	把	25	92.46	138.69
〃	〃	〃	〃茶杯盆	〃	只	236	171.16	256.74
〃	〃	〃	〃咖啡杯盆	〃	〃	40	21.-	31.50
〃	〃	〃	〃糖盅	〃	〃	9	18.63	27.95
〃	〃	〃	〃牛奶壺	〃	〃	28	17.36	26.04
〃	〃	〃	〃蛋盅	〃	〃	9	3.24	4.86
〃	〃	〃	〃沙水船	〃	〃	1	1.80	2.70
〃	〃	〃	淡藍邊9寸菜盆	〃	〃	4	1.68	2.52
〃	〃	〃	黑金邊茶壺	〃	〃	13	14.95	22.43
〃	〃	〃	〃茶杯	〃	〃	74	24.05	36.08
〃	〃	〃	黄色茶壺	〃	把	18	20.70	31.05
C/F								292.465.81

西安市政府的批示（一九四六年三月八日）

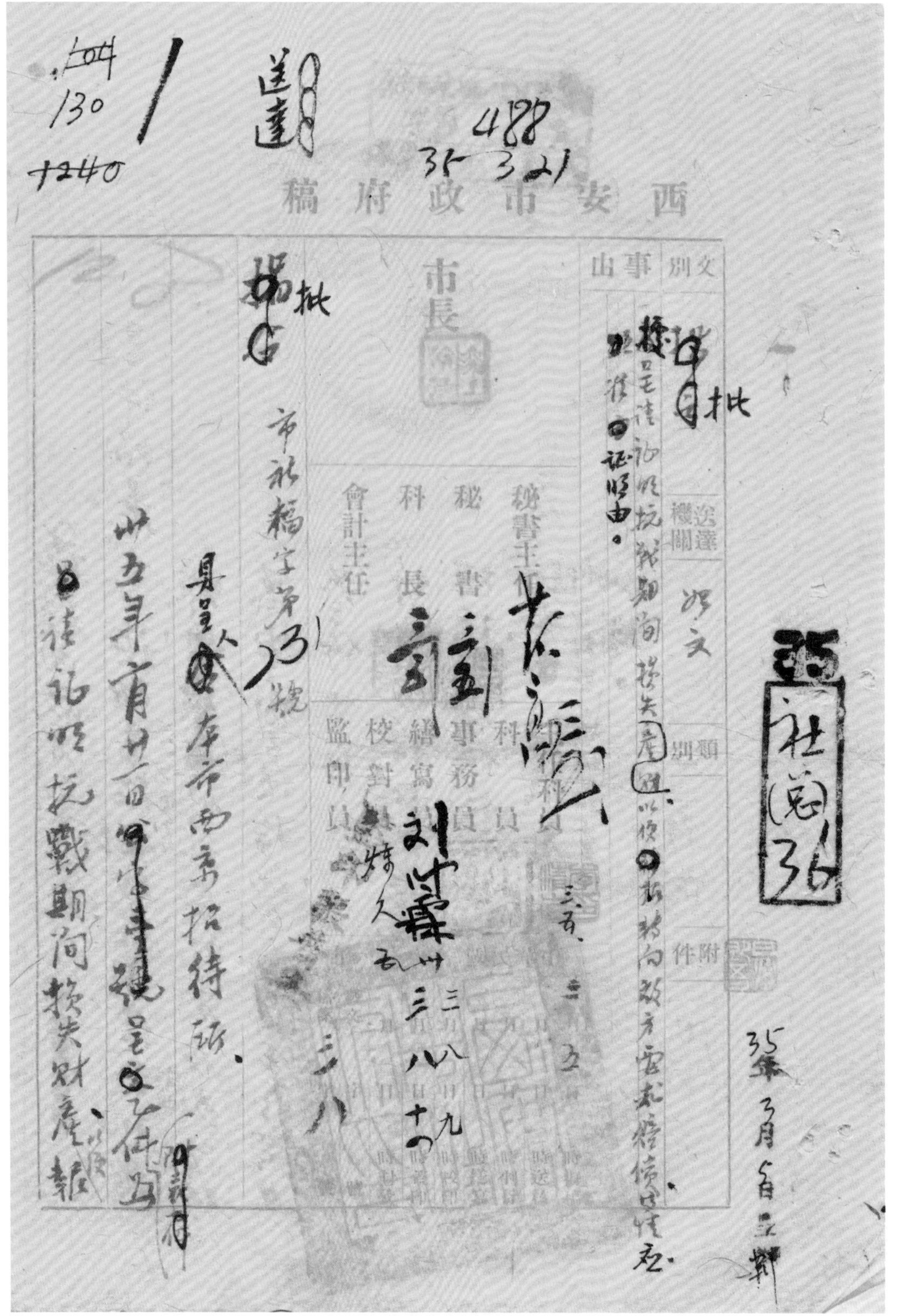

西安市政府稿

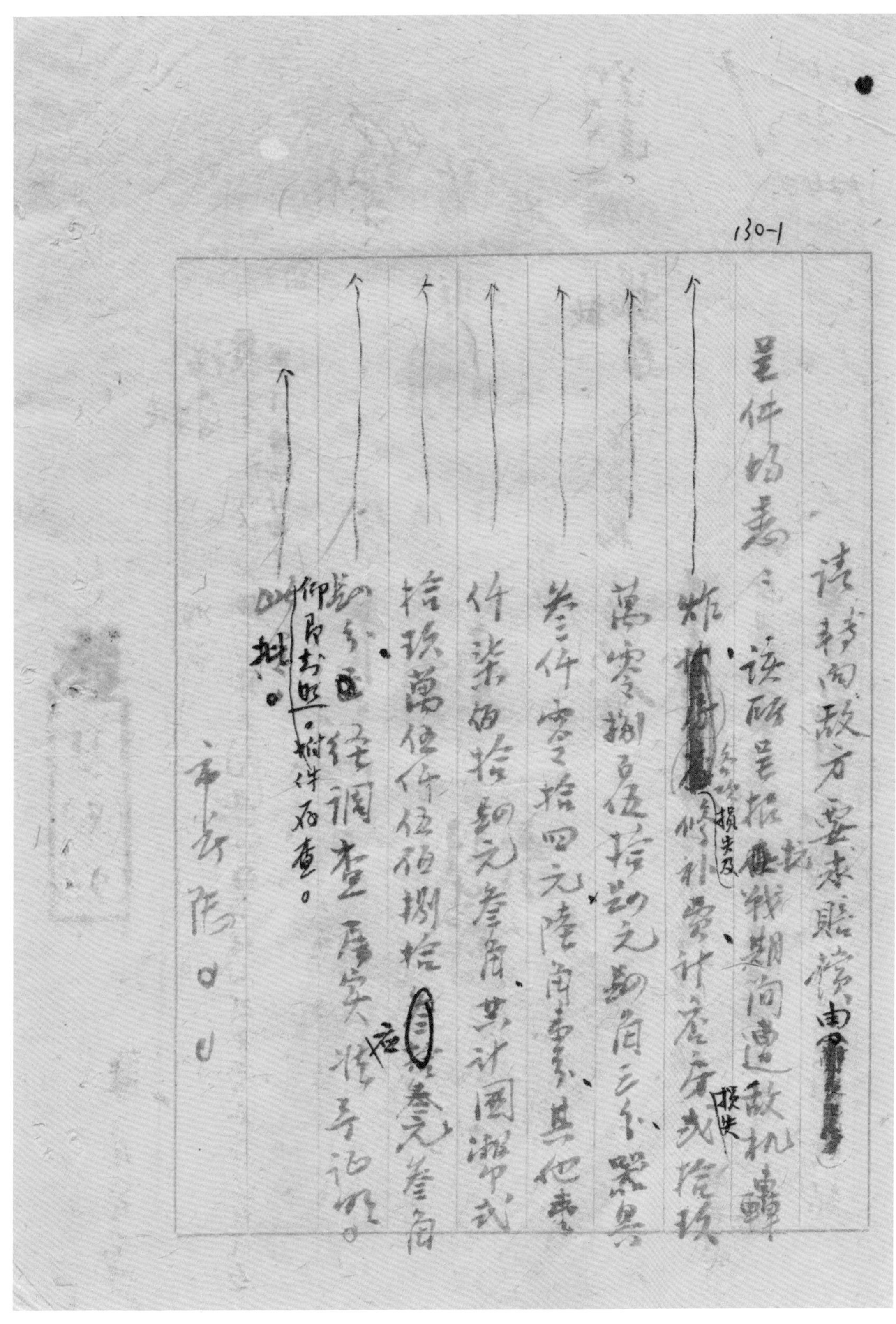

130-1

请转向敌方要求赔偿由

呈件均悉。该所呈报在战期间遭敌机轰炸损失及修补费计应有贰拾玖万零捌百伍拾贰元贰角三分、器具叁件零拾四元陆角壹分、其他叁件柒佰拾贰元叁角，共计国币贰拾玖万伍仟伍佰捌拾三元叁角贰分。经调查属实，准予证明。仰即知照。附件存查。此批。

市长 陈 □ 日

西安市浴商业同业公会关于赍送抗战时期日机轰炸损失汇报表致西安市政府的呈（一九四六年三月十日）

呈文　浴字第十一號

中華民國三十五年三月十日發

事由：為呈齎浴商業抗战時受日机轟炸損失彙報表一式三份計三十六份請鑒核准予彙轉賠償救濟由

案奉

鈞府市民三字第三九一六號代電開：「案准陕西省社会處上年十二月社一文字三五一三號亥巧代電開：案奉社会部本年統三戌馬代電開：節略：飭該處調查抗战損失，亟應作精確之統計，以為對外交涉及善後救濟之依據，特將院頒抗战損失調查表式七種，檢發各份，電令遵照下列規定查報，依

年　月　日到

145-1

限办理具报，以上各節，因奉此，敝会遵將所屬各浴室受損失者照商業同業公會會員彙報表式一種各詳填三份，計十一家三十六份，理合備文呈賫

鑒核准予彙轉賠償救濟，實為公便。謹呈

西安市政府

附送商業調查表三十六份

西安市浴商業同業公會理事長 劉海亭

劉海亭印

附：浴商业同业公会会员财产损失汇报表（一九四六年二月三日至三月七日）

表式5、浴商業同業公会之会員財産直接損失彙报表

事件（註1）日机轰炸

日期（註2）三十年六月十七日

地点（註3）西安市南院門六六號

填报者（文明池澡塘）填报日期三十五年三月七日

分類	損失時價值（國幣元）	重要物品項目及其数量
共計	伍拾伍萬伍仟元	
店房	四十八萬元	平房六間池子震裂
器具	七萬五千元	全部玻璃茶壺茶碗等几十個
現款		
存貨		
運輸工具		
其他		

148

表式5 浴商業同業公会之会員財産直接損失彙報表

事件（註1）被日机轰炸

日期（註2）二十八年一月十六日

地点（註3）西安市尚仁路五十七號

填报者（珍珠泉男女浴室　　）填报日期三十五年二月三日

分類	損失時價值（國幣元）	重要物品項目及其數量
共計	壹佰叁拾萬元	
房屋	壹佰萬元	經理室二間会客室三間宿舍楼房拾間
器具	叁拾萬元	全副木器電灯電線暖氣設備
現款		
存貨		
運輸工具		
其他		

表式5 浴商業同業公会之会員財產直接損失彙報表

事件（註1）日机轰炸

日期（註2）三十年六月十七日

地点（註3）西安市南院門巷四號

填报者（太平池澡塘）填报日期三十五年三月四日

分類	損失時價值（國幣元）	重要物品項目及其数量
共計	壹拾肆萬元	
店房	壹拾式萬元	池房頂及浴池
器具	式萬元	門窗玻璃五十五塊
現款		
存貨		
運輸工具		
其他		

154

表式5、浴商業同業公会之会員財產直接損失彙報表

事件（註1）被日机轟炸

日期（註2）二十八年一月十六日

地点（註3）西安市尚仁路十四號

填报者（群益池）填报日期三十五年三月三日

分類	損失時價值（國幣元）	重要物品項目及其數量
共計	壹佰萬元	
店房	陸拾伍萬元	浴室十八間、浴池兩間
器具	叁拾伍萬元	卅一個全副電灯電線玻璃磁壺碗
現款		
存貨		
運輸工具		
其他		

159

表式5、浴商業同業公会之会員財產直接損失彙報表

事件(註1)日机轰炸

日期(註2)三十一年八月二十五日

地点(註3)西安市西大街四四五號

填報者(靈龍泉澡塘) 填報日期三十五年三月三日

分類	損失時價值(國幣元)	重要物品項目及其數量
共計	弍拾肆萬伍千元	
店房	弍拾萬元	樓房一間·樓板·窗門
器具	肆萬伍千元	玻璃六十尺·茶桌二張·茶壺二把·茶盅四個
現款		
存貨		
運輸工具		
其他		

160

表式5、洛商業同業公会之会員財産直接損失彙报表

事件（註1）被日机轰炸

日期（註2）二十七年十一月一次二十八年十月十日一次

地点（註3）西安市南大街五一號

填报者（義和園澡塘）填报日期三十五年三月三日

分類	損失時價值（國幣元）	重要物品項目及其数量
共計	四十四萬三千〇一十七元	
店房	四十萬五千元	樓房平房六間
器具	三萬八千〇一十七元	全部玻璃窗細瓷茶壺茶碗震毀
現款		
存貨		
運輸工具		
其他		

表式5 浴商業同業公会之会員財産直接損失彙报表

事件（註1）日机轰炸

日期（註2）二十八年十月十日

地点（註3）西安市北大街三七號

填报者（北海池浴室） 填报日期三十五年三月五日

分類	損失時价值（國幣元）	重要物品項目及其数量
共計	壹佰壹拾伍萬元	〃
店房	捌拾伍萬元	大楼全部窗門格扇玻璃及電料門面
器具	叁拾萬元	桌凳躺床及洗毛巾房两間全部用具
現款		
存貨		
運輸工具		
其他		

表式5、浴商業同業公会之会員財産直接損失彙報表

事件(註1)被日机轰炸

日期(註2)二十八年五月十九日晚七点十分

地点(註3)西安市炭市街一七八號

填报者(太液池浴室　)填报日期三十五年三月五日

分類	損失時價值(國幣元)	重要物品項目及其數量
共計	國幣壹佰式拾萬元	
店房		楼上池子房頂底及楼房間門窗
器具		玻璃茶壺茶碗震坏無存
現款		
存貨		
運輸工具		
其他		

169

表式5、浴商業同業公会之会員財產直接損失彙報表

事件（註1）日机轟炸

日期（註2）二十八年古歷正月十四日

地点（註3）西安市東大街二九八號

填報者（大同園澡塘）填报日期三十五年三月二日

分類	損失時價值（國幣元）	重要物品項目及其数量
共計	三十五萬叁仟八百五十元	
房屋		
器具		門板電料大小玻璃窗玻璃磚鏡茶壺碗
現款		
存貨		
運輸工具		
其他		

172

表式5、浴商業同業公会之会員財產直接損失彙報表

事件(註1)被日机轰炸

日期(註2)二十八年一月十六日

地点(註3)西安市尚仁路四四〇號

填報者(華清池男浴室　　)填报日期三十五年三月三日

分類	損失時價值(國幣元)	重要物品項目及其數量
共計	壹佰弍拾伍萬元整	
店房	壹佰零伍萬元	会客室三間後院宿舍房十二間
器具	弍拾萬元	全副木器電灯電線設備
現款		
存貨		
運輸工具		
其他		

175

表式5、浴商業同業公会之会員財產直接損失彙報表

事件（註1）被日机轟炸

日期（註2）二十八年五月十九日晚七点十分

地点（註3）西安市炭市街一七九號

填报者（明星浴室　　　　）填报日期三十五年三月五日

分類	損失時價值（國幣元）	重要物品項目及其數量
共計	國幣叁佰弍拾伍萬元	
店房		街樓房十間設備茶壺茶碗
器具		並全部門窗玻璃震碎無存
現款		
存貨		
運輸工具		
其他		

178

181

表式5、浴商業同業公会之会員財產直接損失彙報表

事件（註1）日机轟炸

日期（註2）二十七年九月二

地点（註3）西安市西大街十二號

填报者（驪宮池澡塘）填报日期　　年　月　日

分類	損失時價值（國幣元）	重要物品項目及其数量
共計	壹佰萬元	
店房		楼窗格板房頂瓦
器具		全部玻璃門窗及大鏡茶壺碗
現款		
存貨		
運輸工具		
其他		

陕西省会抗战损失调查报表（一九四六年三月七日至五月二十五日）

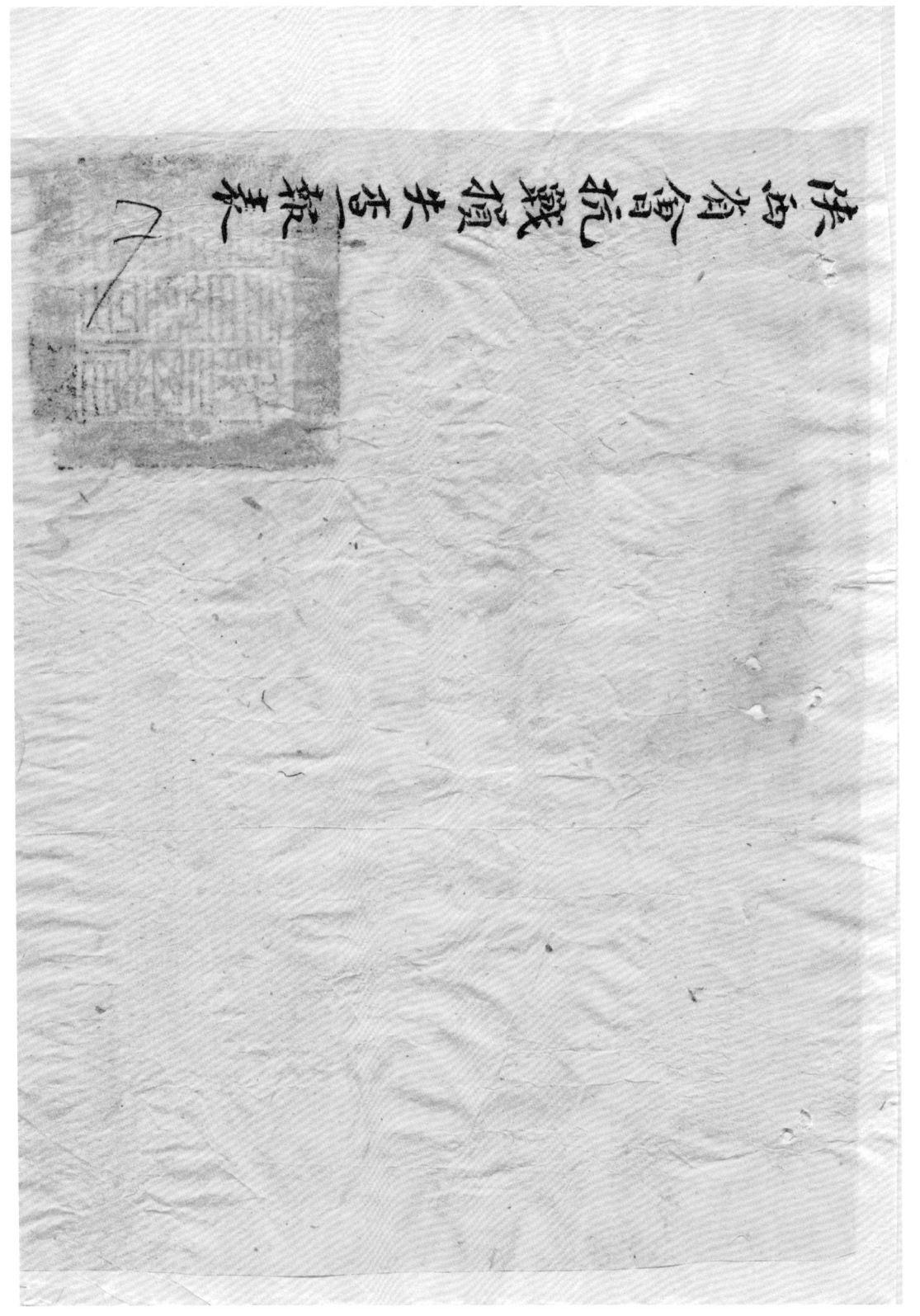
陝西省會抗戰損失查報表

民營商業財產直接損失调查表

事　件：1、日机轟炸
日　期：2、27年10月10日
地　點：3、西安东大街端履68號

填報者　大陸飯店　　　　填報日期35年5月24日

分類	損失時價值（國幣元）	重要物品項目及其數量
共計	$3,000,000元	
房屋	31间$3,000,000元	
器具		
現款		
存貨		
運輸工具		
其他		

民營商業財產直接損失調查表

事件：1. 日机轟炸

日期：2. 28年1月18日

地点：3. 西安东大街386號

填報者 花園飯店　　　　填报日期 35年5月24日

分類	損失時價值（国幣元）	重要物品項目及其數量
共計	$20,025,600元	
房屋	36间 $5,000,000元	
器具	$15,025,600元	
現款		
存貨		
運輸工具		
其他		

民營商業財產直接損失調查表

事件：人日機轟炸

日期：29年5月12日上午11時

地點：又西區东木頭市37號

填报者 豐繼淡　　　　填报日期35年5月24日

分類	損失時價值（國幣元）	重要物品項目及其数量
共計	共600,000元	
房屋	十間共200,000元	
器具	共150,000元	
現款	共50,000元	
存貨	共200,000元	
運輸工具		
其他		

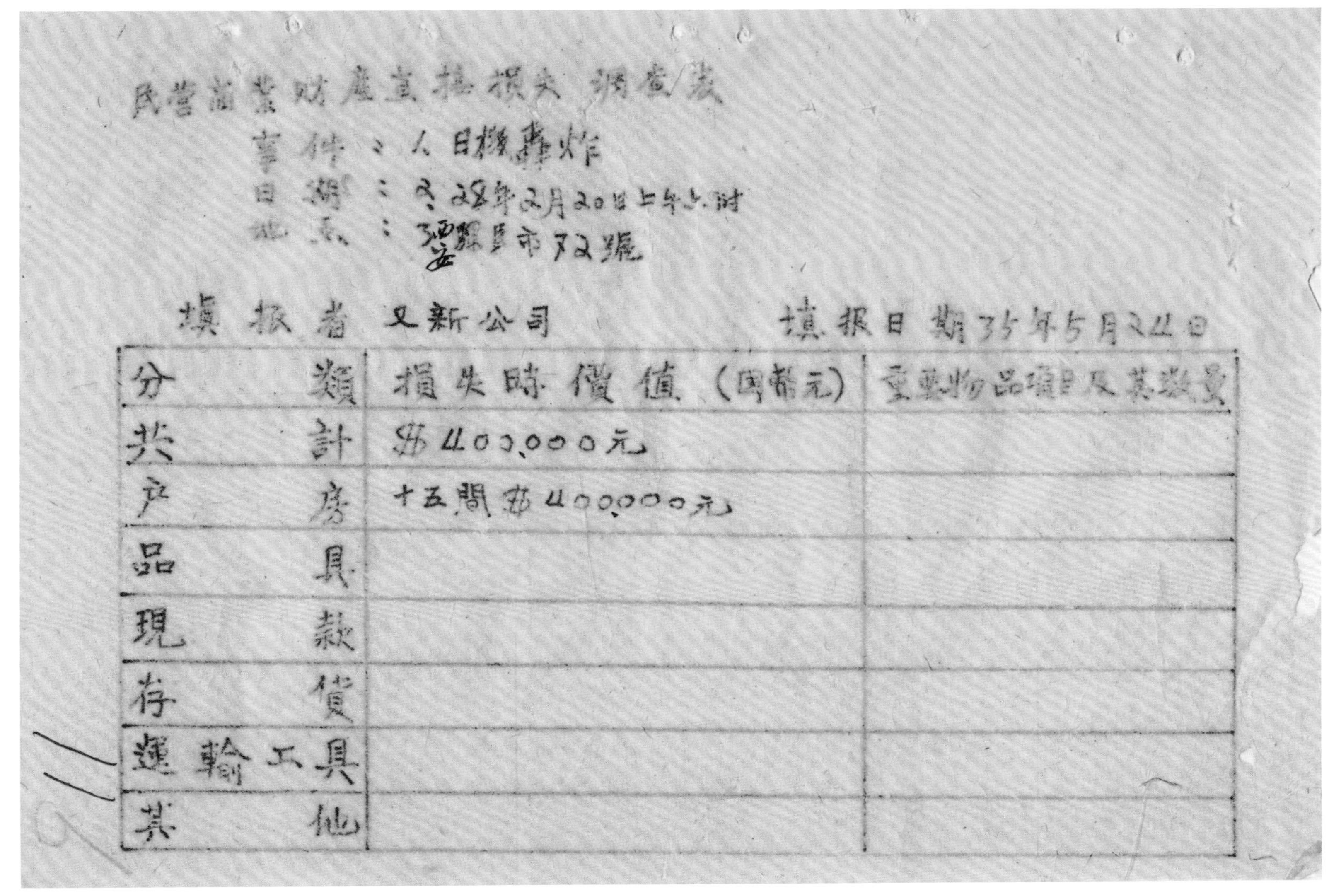

民營商業財產直接損失調查表

事件：日機轟炸

日期：28年2月20日上午[illegible]時

地點：西安縣[illegible]市[illegible]號

填報者 又新公司　　填報日期 35年5月24日

分類	損失時價值（國幣元）	重要物品項目及其數量
共計	$400,000元	
房屋	十五間 $400,000元	
器具		
現款		
存貨		
運輸工具		
其他		

民營商業財產直接損失調查表

事件：被日機轟炸

日期：民28年4月13日上午七時

地點：湖南安鄉縣署市7號

填報者張家[illegible]　　填報日期35年5月24日

分類	損失時價值（國幣元）	重要物品項目及其數量
共計	弍210,000元	
房屋	五間弍100,000元	
器具	弍50,000元	
現款		
存貨	弍60,000元	
運輸工具		
其他	死二人 騾子一頭	

12

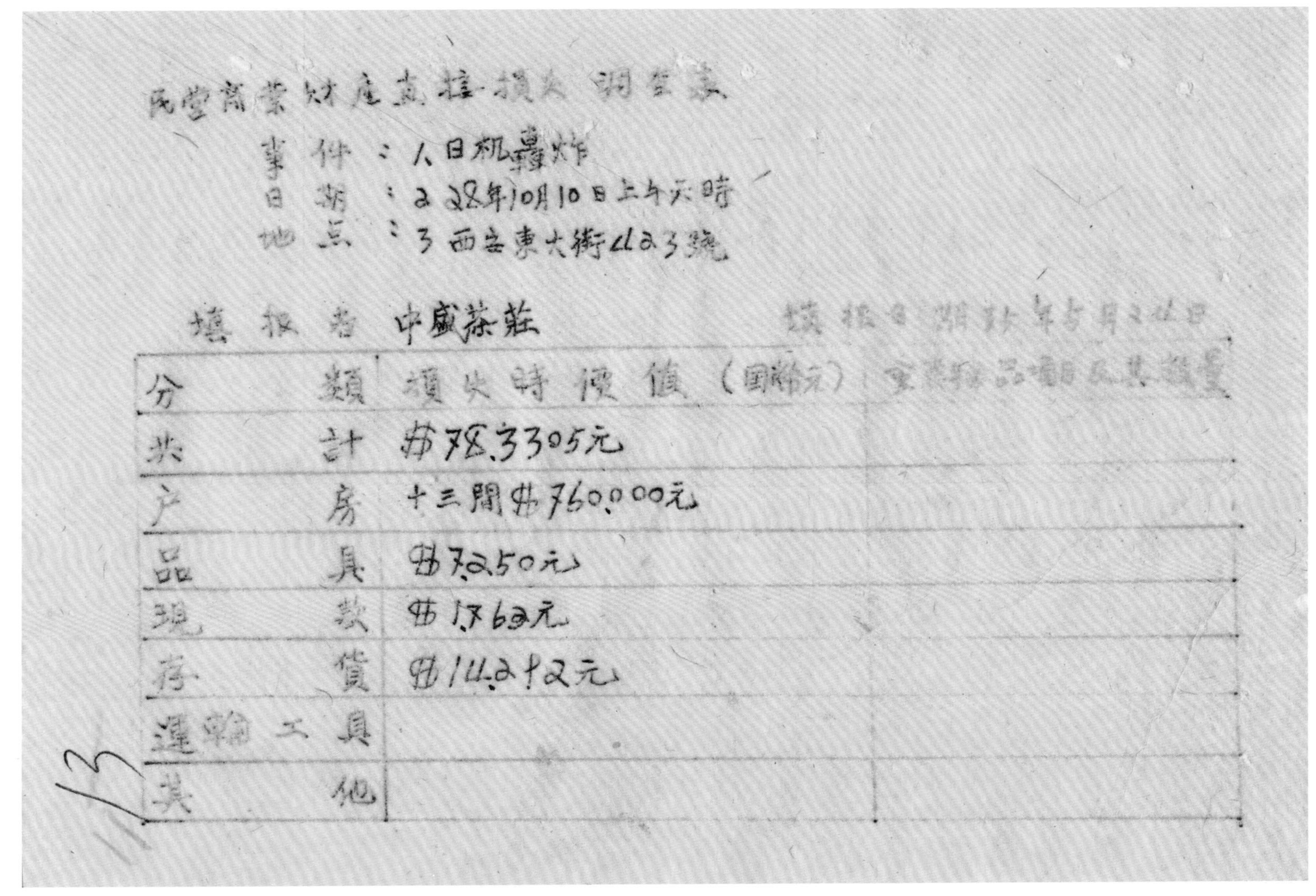

13

民營商業財產直接損失調查表

事件：日机轟炸

日期：28年10月10日上午六時

地點：西安東大街423號

填報者 中威茶莊　　填報日期 [illegible]

分類	損失時價值（國幣元）	[illegible]
共計	$783305元	
房產	十三間$760000元	
器具	$7250元	
現款	$1762元	
存貨	$14292元	
運輸工具		
其他		

民營商業財產直接損失調查表

事件：1.日机轟炸
日期：2.28年10月10日
地點：3.西安东木头市86号

填報者 王顺五　　　　填報日期 35年5月24日

分類	損失時價值（国幣元）	重要物品種目及其數量
共計	$5,200,000元	
房屋	50间$1,200,000元	
器具	$4,000,000元	
現款		
存貨		
運輸工具		
其他		

民营商业财产直接损失调查表

事件：日机轰炸
日期：30年5月18日
地点：西安东木头市116号

填报者陈蔚新　　　　填报日期35年5月25日

分类	损失时价值（国币元）	
共计	$3600000元	
房屋	12间3000000元	
品具	$600000元	

15

民營商業財產直接損失　調查表

事件：一、日機轟炸

日期：29年3月7日下午2時又14日上午11時

地點：西安東大街563號

填報者　和記稻香村朱子和　填報日期　35年5月24日

分類	損失時價值（国幣元）	重要物品項目及其數量
共計	国幣3,100,000元	
房屋	門面房3間 # 500000元	
器具	電灯貨架櫃台等 1,000,000元	
現款		
存貨	各種糕點心罐頭油 # 1500000元	
運輸工具		
其他	八位伙計衣物 # 100000元	

民營商業財產直接損失調查表

事件：1.日机轟炸

日期：2.28年1月18日上午七時

地点：3.西安東大街364號後院

填報者　鴻慶成　　　　填報日期35年5月24日

分類	損失時價值（國幣元）	重要物品項目及其數量
共計	$1,500,000元	
房屋	十間 $500,000元	
器具	$100,000元	
現款	$200,000元	
存貨	$400,000元	
運輸工具	$300,000元	
其他	死傷6人	

工業同業公會之會員（公司行號）商會直轄之公業公司行號及工業生產合作社用民營工業財產直接損失彙報表

事件：（註1） 日机轟炸

日期：（註2） 三十年九月十四日

地點：（註3） 西京市尚仁路223號

填報者 陝西省會警察局第四分局　　填報日期 三十五年五月　日

分類		
共計	損失時價值	
房屋	房二十二間值壹百柒拾萬元	
現款		
製成品		
原料	損失時價值壹百萬元	
機械及工具	大米机二部值捌拾萬元	
運輸工具		
其他		

商業同業公會之會員(公司行號)商會直轄之商業公司行號及消費暨一般合作社用民營商業及交通運輸業財產直接損失彙報表

事件：(註1) 日机轟炸

日期：(註2) 二十八年四月九日至三十三年四月三日

地點：(註3) 西京市尚仁路尚儉路崇廉路等處

填報者 陝西省會警察局第四分局 填報日期 三十五年五月 日

分類	損失時價值 (國幣元)	
共計		
房屋	損失時價值貳仟玖百貳拾萬元	
器具	損失時價值壹仟叁百陸拾柒萬元	
現款		
存貨	損失時價值貳百柒拾萬元	
運輸工具		
其他		

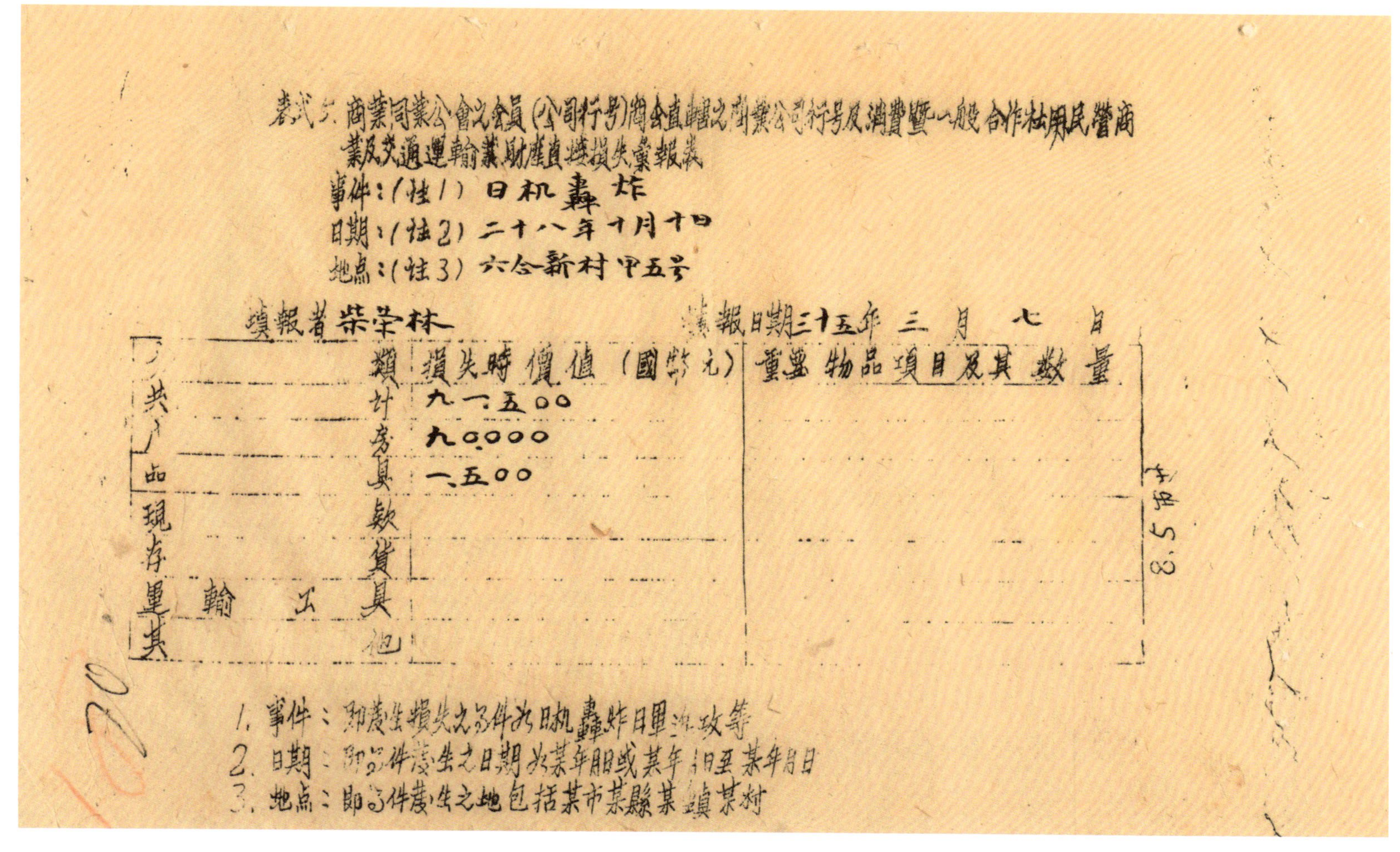

表式5 商業同業公會之會員（公司行號）商會直轄之商業公司行號及消費暨一般合作社用民營商業及交通運輸業財產直接損失彙報表

事件：（注1）日机轟炸

日期：（注2）二十八年十月十日

地点：（注3）六合新村甲五号

填報者 柴榮林　　填報日期 三十五年 三 月 七 日

類別	損失時價值（國幣元）	重要物品項目及其數量
共計	九一·五00	
房屋	九0·000	
器具	一·五00	
現款		
存貨		
運輸工具		
其他		

1. 事件：即發生損失之事件如日机轟炸日軍進攻等
2. 日期：即事件發生之日期如某年某月某日或某年某月某日至某年某月某日
3. 地点：即事件發生之地包括某市某縣某鎮某村

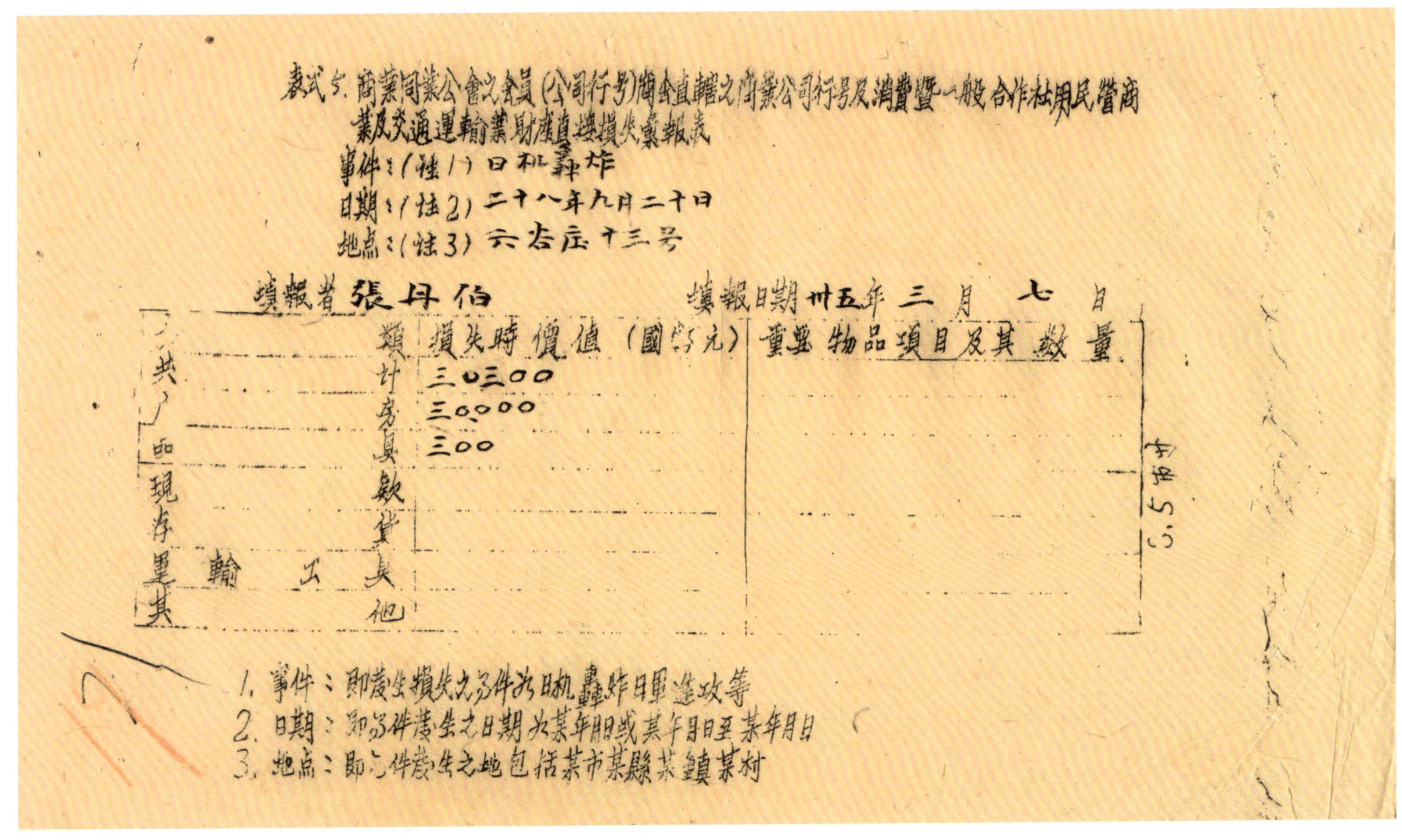

表式5. 商業同業公會之會員（公司行號）商會直轄之商業公司行號及消費暨一般合作社用民營商業及交通運輸業財產直接損失彙報表

事件：（註1）日机轟炸

日期：（註2）二十八年九月二十日

地点：（註3）六谷庄十三号

填報者 張丹伯　　填報日期 卅五年 三 月 七 日

類別	損失時價值（國幣元）	重要物品項目及其數量
共計	三〇三〇〇	
房屋	三0000	
器具	三00	
現款		
存貨		
運輸工具		
其他		

1. 事件：即發生損失之事件如日机轟炸日軍進攻等
2. 日期：即事件發生之日期如某年月日或某年月日至某年月日
3. 地点：即事件發生之地包括某市某縣某鎮某村

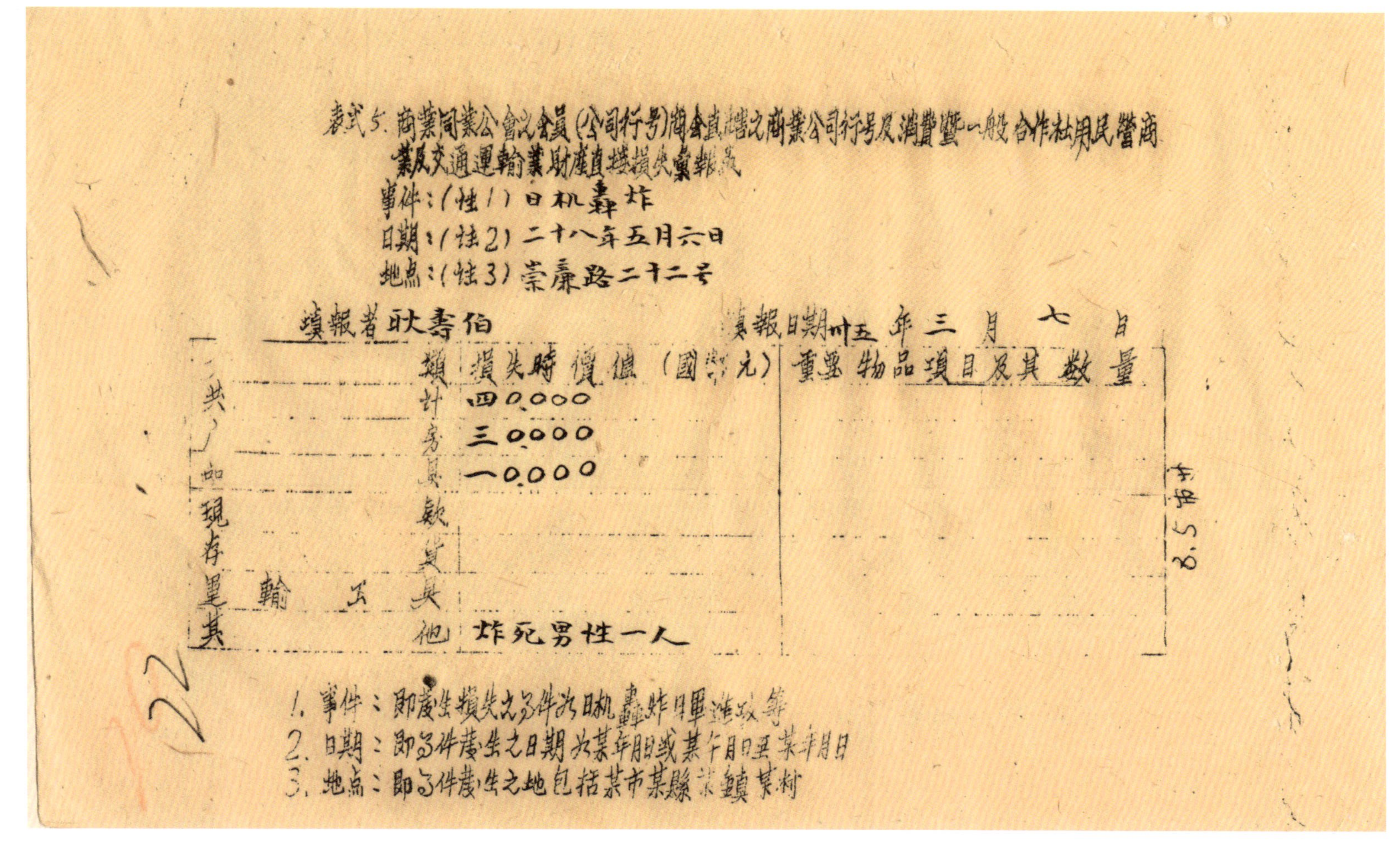

表式5：商業同業公會之會員（公司行号）商会直屬之商業公司行号及消費暨一般合作社用民營商業及交通運輸業財產直接損失彙報表

事件：（註1）日机轟炸

日期：（註2）二十八年五月六日

地点：（註3）崇康路二十二号

填報者耿壽伯　　　　填報日期卅五年三月七日

分類	損失時價值（國幣元）	重要物品項目及其數量
共計	四0,000	
房屋	三0,000	
器具	一0,000	
現款		
存貨		
運輸工具		
其他	炸死男性一人	

8.5市寸

1. 事件：即發生損失之事件如日机轟炸日軍進攻等
2. 日期：即事件發生之日期如某年月日或某年月日至某年月日
3. 地点：即事件發生之地包括某市某縣某鎮某村

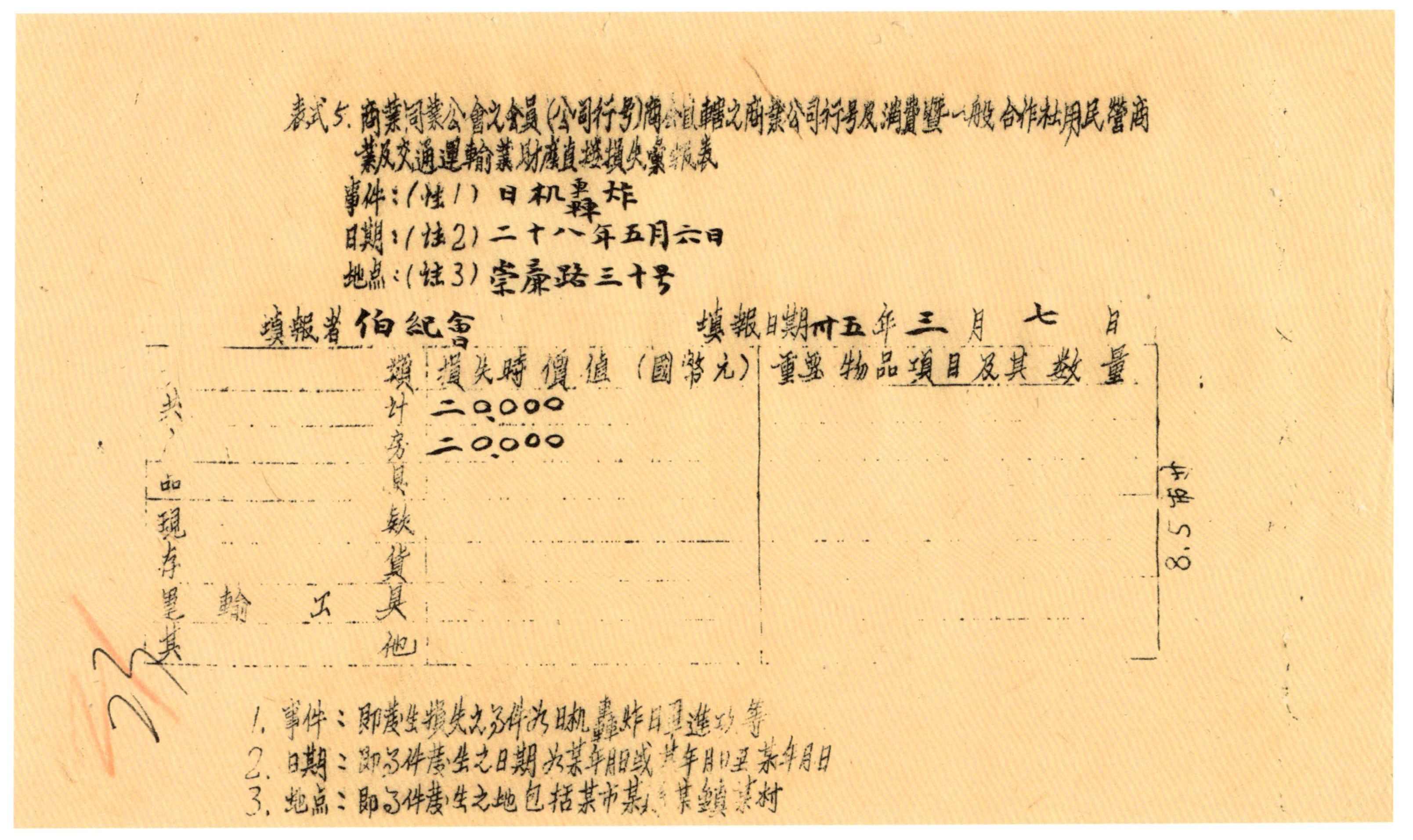

表式5：商業同業公會之會員（公司行号）商会直轄之商業公司行号及消費暨一般合作社用民營商業及交通運輸業財產直接損失彙報表

事件：（註1）日机轟炸

日期：（註2）二十八年五月六日

地點：（註3）崇廉路三十号

填報者　伯紀會　　　　填報日期　卅五年三月七日

分類	損失時價值（國幣元）	重要物品項目及其數量
共計	20,000	
房屋	20,000	
器具		
現款		
存貨		
運輸工具		
其他		

8.5公分

1. 事件：即發生損失之事件，如日机轟炸、日軍進攻等
2. 日期：即事件發生之日期，如某年某月某日或某年某月某日至某年某月某日
3. 地點：即事件發生之地點，包括某市某縣某鎮某村

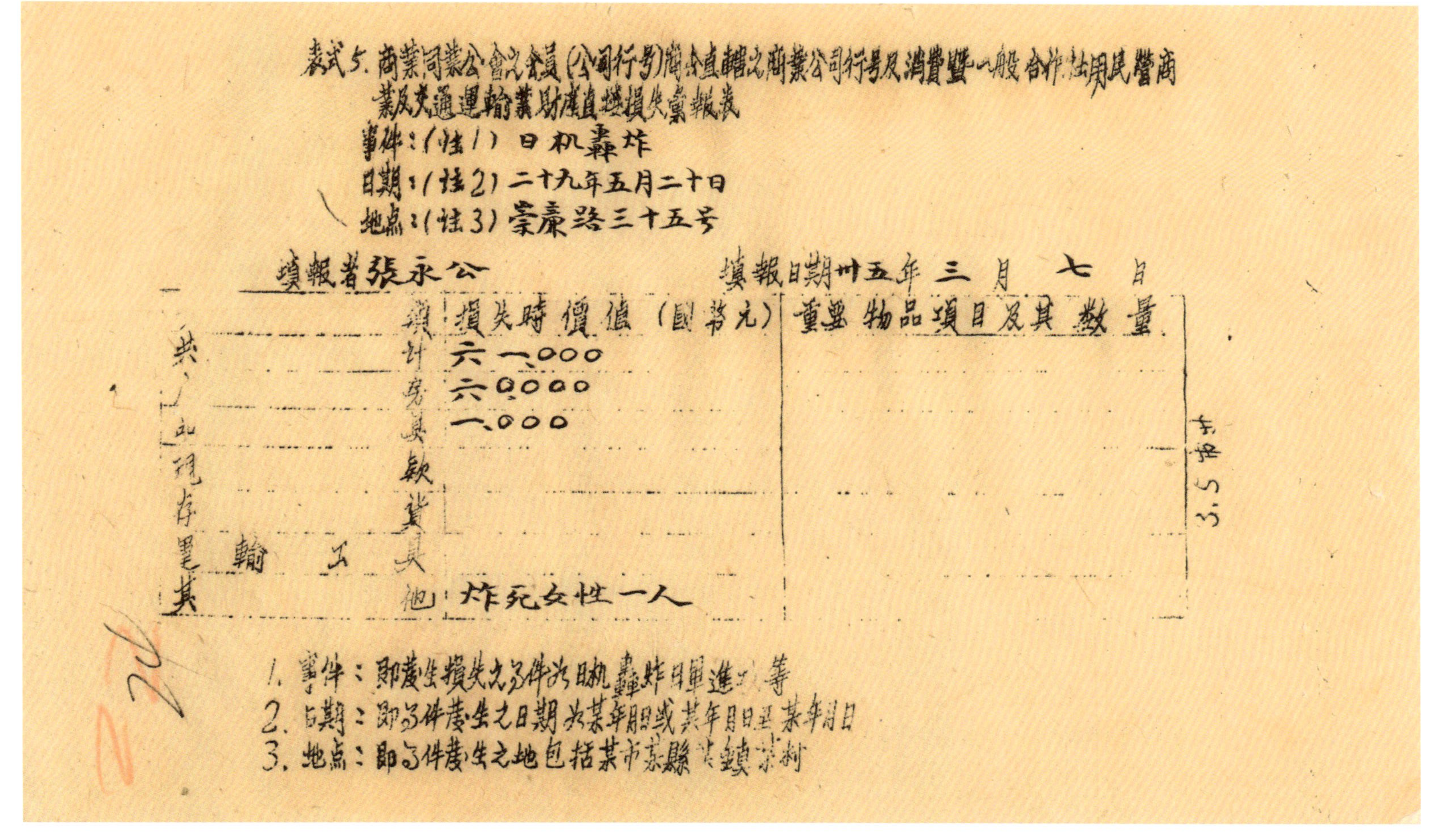

表式5. 商業同業公會之會員（公司行號）暨未直轄之商業公司行號及消費暨一般合作社與民營商業及交通運輸業財產直接損失彙報表

事件：（註1）日机轟炸

日期：（註2）二十九年五月二十日

地點：（註3）棠豪路三十五号

填報者張永公　　　　填報日期卅五年三月七日

損失項目	損失時價值（國幣元）	重要物品項目及其數量
共計	六一,000	
房屋	六0,000	
器具	一,000	
現款		
存貨		
運輸工具		
其他	炸死女性一人	

3.5市

1. 事件：即發生損失之事件如日机轟炸日軍進攻等
2. 日期：即事件發生之日期如某年某月某日或某年某月某日至某年某月某日
3. 地點：即事件發生之地點包括某市某縣某鎮某村

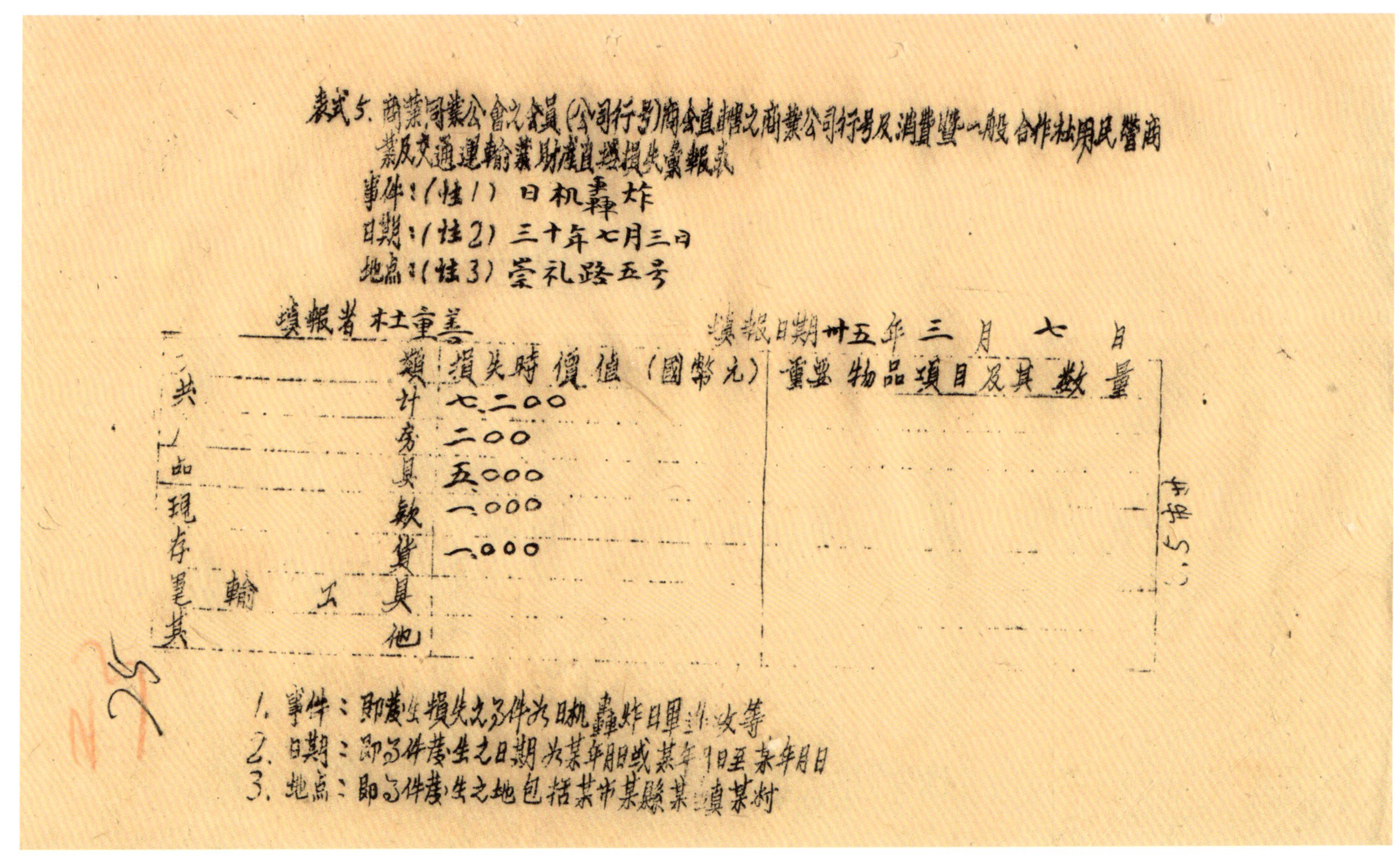

表式5. 商業同業公會之會員(公司行號)商會直轄之商業公司行號及消費暨一般合作社與民營商業及交通運輸業財產直接損失彙報表

事件:(注1) 日机轟炸

日期:(注2) 三十年七月三日

地點:(注3) 崇礼路五号

填報者 杜重善　　填報日期 卅五年三月七日

類別	損失時價值(國幣元)	重要物品項目及其數量
共計	七二〇〇	
房屋	二〇〇	
器具	五〇〇〇	
現款	一〇〇〇	
存貨	一〇〇〇	
運輸工具		
其他		

1. 事件:即發生損失之事件如日机轟炸日軍進攻等
2. 日期:即事件發生之日期如某年月日或某年月日至某年月日
3. 地點:即事件發生之地包括某市某縣某鄉鎮某村

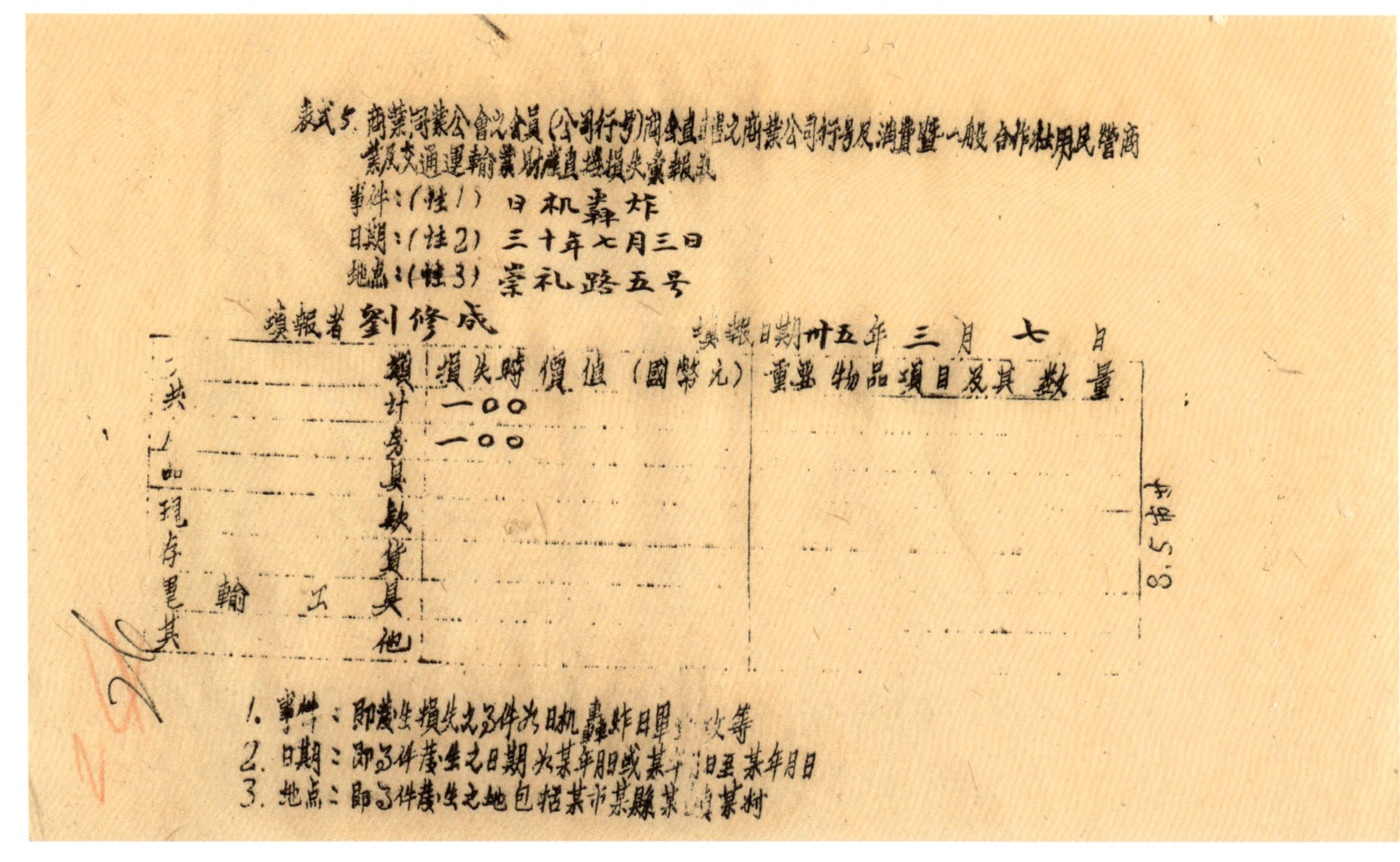

表式5 商業同業公會之會員（公司行号）商會直屬之商業公司行号及消費暨一般合作社用民營商業及交通運輸業財產直接損失彙報表

事件：（注1） 日机轟炸

日期：（注2） 三十年七月三日

地點：（注3） 崇礼路五号

填報者 劉修成　　填報日期 卅五年 三 月 七 日

分類	損失時價值（國幣元）	重要物品項目及其數量
共計	一〇〇	
房屋	一〇〇	
器具		
現款		
存貨		
運輸工具		
其他		

8.5 市

1. 事件：即發生損失之事件如日机轟炸日軍進攻等
2. 日期：即事件發生之日期如某年月日或某年月日至某年月日
3. 地点：即事件發生之地包括某市某縣某鄉某村

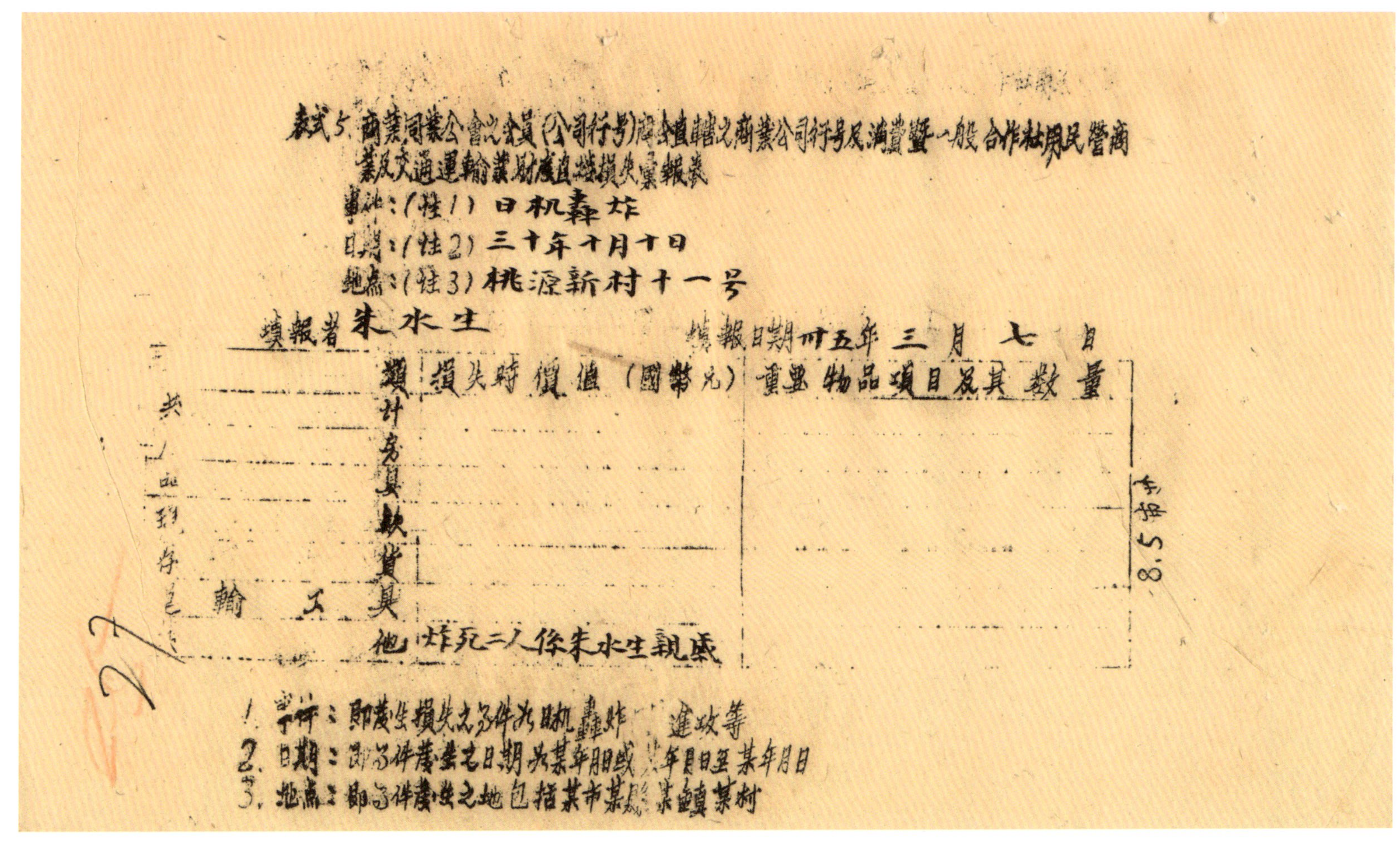

27

表式5 商業同業公會之會員（公司行號）除直轄之商業公司行號及消費暨一般合作社用民營商業及交通運輸業財產直接損失彙報表

事件：（注1）日机轟炸

日期：（注2）三十年十月十日

地點：（注3）桃源新村十一号

填報者 朱水生　　填報日期 卅五年 三 月 七 日

類別	損失時價值（國幣元）	重要物品項目及其數量
共計		
房屋		
器具		
現款		
貨物		
運輸工具		
其他	炸死二人係朱水生親戚	

8.5 市寸

1. 事件：即發生損失之事件如日机轟炸……進攻等

2. 日期：即事件發生之日期如某年某月某日或某年某月某日至某年某月某日

3. 地點：即事件發生之地點包括某市某縣某鎮某村

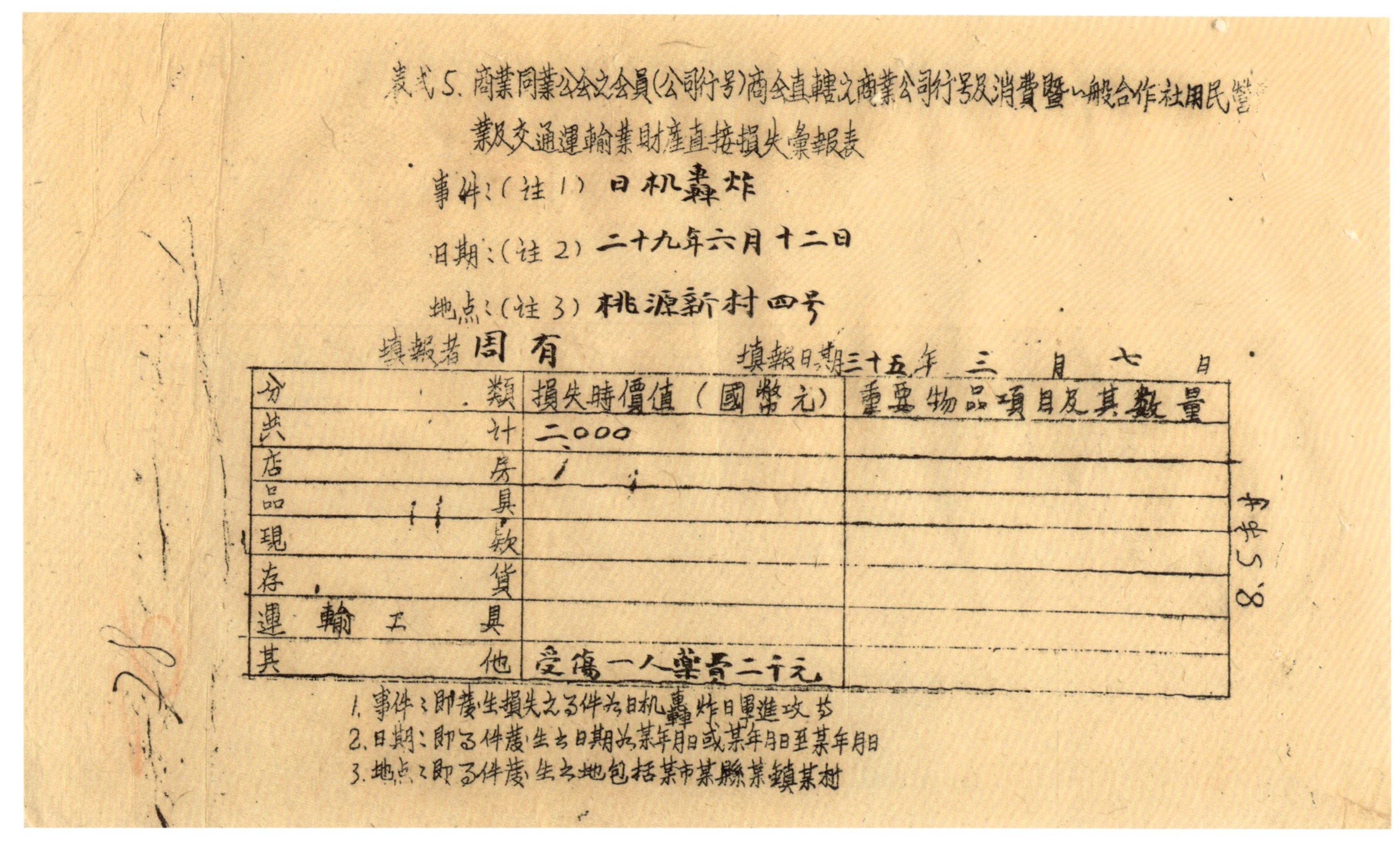

表式5. 商業同業公会之会員（公司行号）商会直轄之商業公司行号及消費暨一般合作社用民營業及交通運輸業財產直接損失彙報表

事件：（注1）日机轟炸

日期：（注2）二十九年六月十二日

地点：（注3）桃源新村四号

填報者 周有　　填報日期 三十五年 三 月 七 日

分類	損失時價值（國幣元）	重要物品項目及其數量
共計	二、〇〇〇	
店房		
品具		
現款		
存貨		
運輸工具		
其他	受傷一人藥費二千元	

1. 事件：即發生損失之事件如日机轟炸日軍進攻等
2. 日期：即事件發生之日期如某年月日或某年月日至某年月日
3. 地点：即事件發生之地包括某市某縣某鎮某村

中58

表式5. 商業同業公会之会員(公司行号)商会直轄之商業公司行号及消費暨一般合作社用民營業及交通運輸業財產直接損失彙報表

事件:(註1) 日机轟炸

日期:(註2) 二十九年四月十三日

地点:(註3) 北大街一一四号

填報者 童志遠　　填報日期 三十五年 三 月 七 日

分類	損失時價值(國幣元)	重要物品項目及其數量
共計	一0五000	
房	一00000	
店品具	五000	
現款		
存貨		
運輸工具		
其他		

1. 事件:即發生損失之事件如日机轟炸日軍進攻等
2. 日期:即事件發生之日期如某年月日或某年月日至某年月日
3. 地点:即事件發生之地包括某市某縣某鎮某村

表式5. 商業同業公会之会員(公司行号)商会直轄之商業公司行号及消費暨一般合作社用民營業及交通運輸業財產直接損失彙報表

事件：(註1) 日机轟炸

日期：(註2) 二十九年四月十三日

地点：(註3) 北大街三〇四号

填報者 西華醫院　　填報日期 三十五年 三 月 七 日

分類	損失時價值(國幣元)	重要物品項目及其數量
共計	五00000	
店房	二00000	
品具		
現款		
存貨	三00000	
運輸工具		
其他		

1. 事件：即發生損失之事件如日机轟炸日軍進攻等
2. 日期：即事件發生之日期如某年月日或某年月日至某年月日
3. 地点：即事件發生之地包括某市某縣某鎮某村

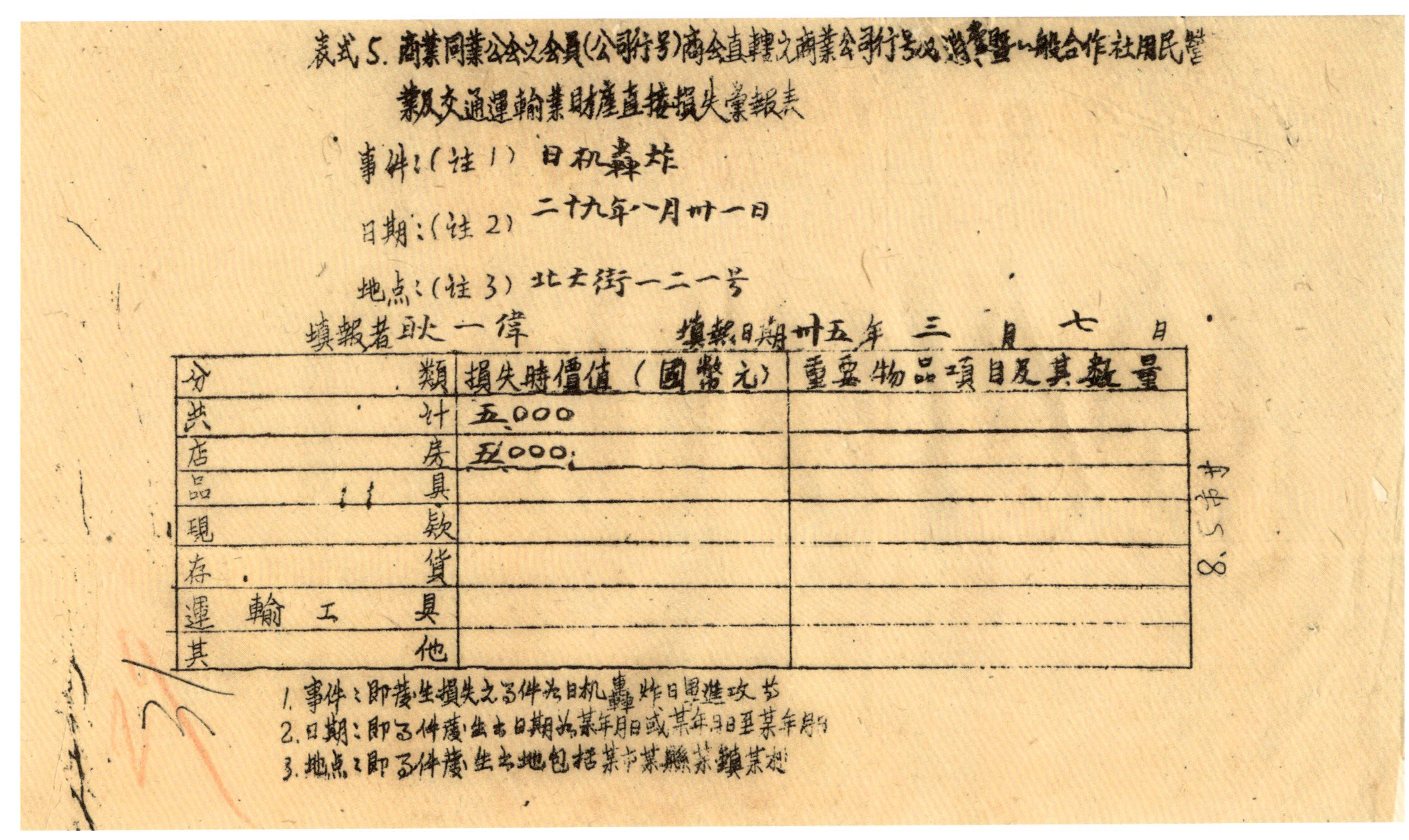

表式5. 商業同業公会之会員(公司行号)商会直轄之商業公司行号及消費暨一般合作社用民營業及交通運輸業財產直接損失彙報表

事件：(註1) 日机轟炸

日期：(註2) 二十九年一月卅一日

地点：(註3) 北大街一二一号

填報者 耿一偉　　填報日期 卅五年 三 月 七 日

分類	損失時價值(國幣元)	重要物品項目及其數量
共計	五,000	
店房	五,000	
品具		
現款		
存貨		
運輸工具		
其他		

1. 事件：即發生損失之事件，如日机轟炸、日軍進攻等
2. 日期：即事件發生之日期，如某年某月某日或某年某月某日至某年某月某日
3. 地点：即事件發生之地点，包括某市某縣某鎮某村

32

表式5. 商業同業公会之会員（公司行号）商会直轄之商業公司行号及消費暨一般合作社用民營業及交通運輸業財產直接損失彙報表

事件：（註1）日机轟炸

日期：（註2）三十年十月十日

地点：（註3）通濟北坊一号

填報者通濟公司　　　　填報日期三十五年　三　月　七　日

分　類	損失時價值（國幣元）	重要物品項目及其數量
共計	五00,000	
店房	二00,000	
品具		
現款		
存貨		
運輸工具		
其他	炸燬机器三00,000	

1. 事件：即發生損失之事件如日机轟炸日軍進攻等
2. 日期：即事件發生之日期如某年月日或某年月日至某年月日
3. 地点：即事件發生之地包括某市某縣某鎮某村

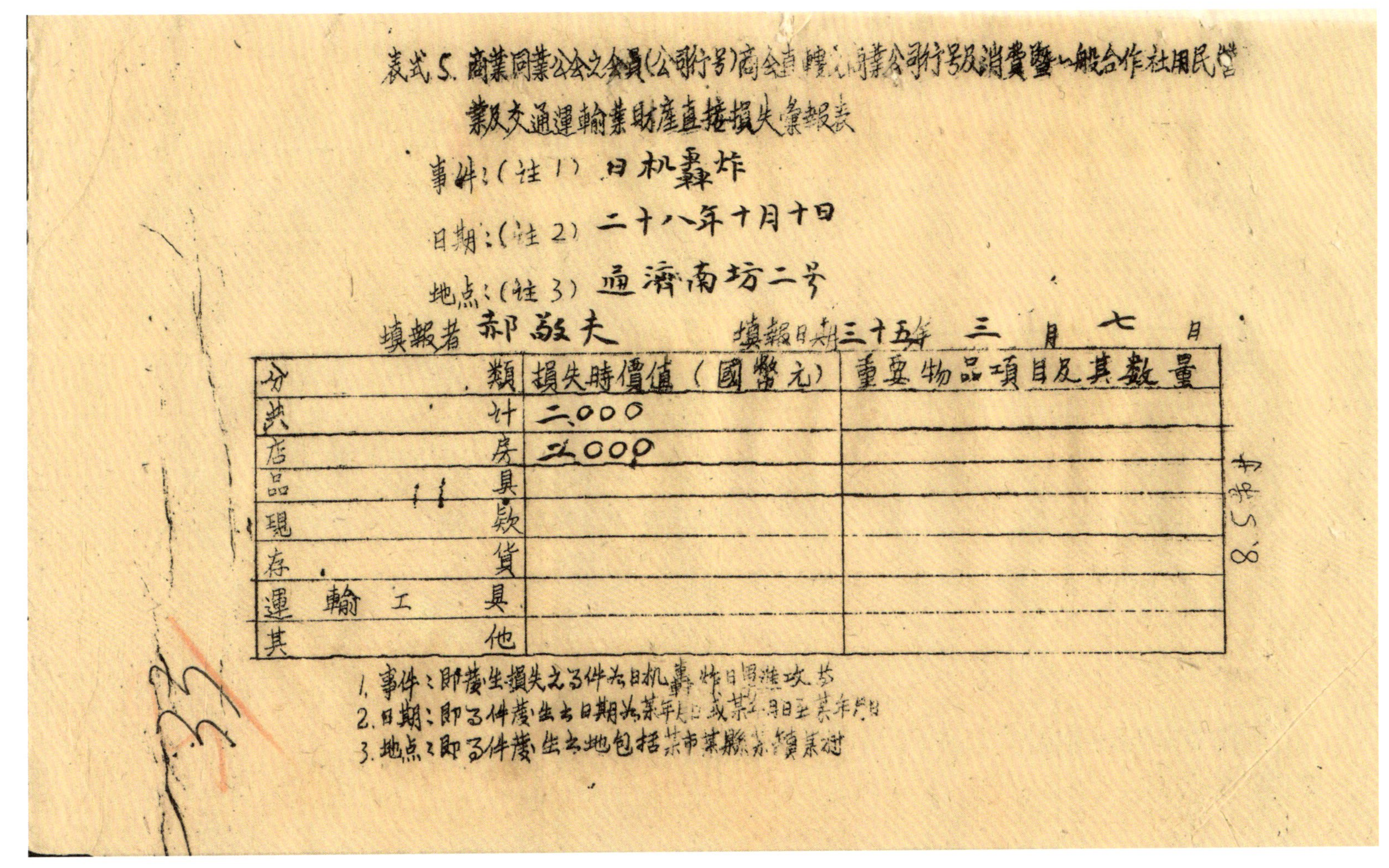

表式5. 商業同業公会之会員(公司行号)商会直轄之商業公司行号及消費暨一般合作社用民營業及交通運輸業財產直接損失彙報表

事件：(注1) 日机轟炸

日期：(注2) 二十八年十月十日

地点：(注3) 通濟南坊二号

填報者 郝敬夫　　填報日期 三十五年 三 月 七 日

分類	損失時價值(國幣元)	重要物品項目及其數量
共計	二,000	
店房	二,000	
品具		
現款		
存貨		
運輸工具		
其他		

1. 事件：即發生損失之事件如日机轟炸日軍進攻等
2. 日期：即事件發生之日期如某年月日或某年月日至某年月日
3. 地点：即事件發生之地点包括某市某縣某鄉鎮某村

中第5、8

表式5. 商業同業公会之会員（公司行号）商会直轄之商業公司行号及消費暨一般合作社用民營業及交通運輸業財產直接損失彙報表

事件：（註1） 日机轟炸

日期：（註2） 二十八年十月十日

地点：（註3） 通濟北坊二号

填報者 南幼文　　　　填報日期 三十五年 三 月 七 日

分類	損失時價值（國幣元）	重要物品項目及其數量
共計	二五00	
店房	二000	
品具	五00	
現款		
存貨		
運輸工具		
其他		

1. 事件：即發生損失之事件如日机轟炸日軍進攻等
2. 日期：即事件發生之日期如某年某月某日或某年某月某日至某年某月某日
3. 地点：即事件發生之地包括某市某縣某鄉鎮某村

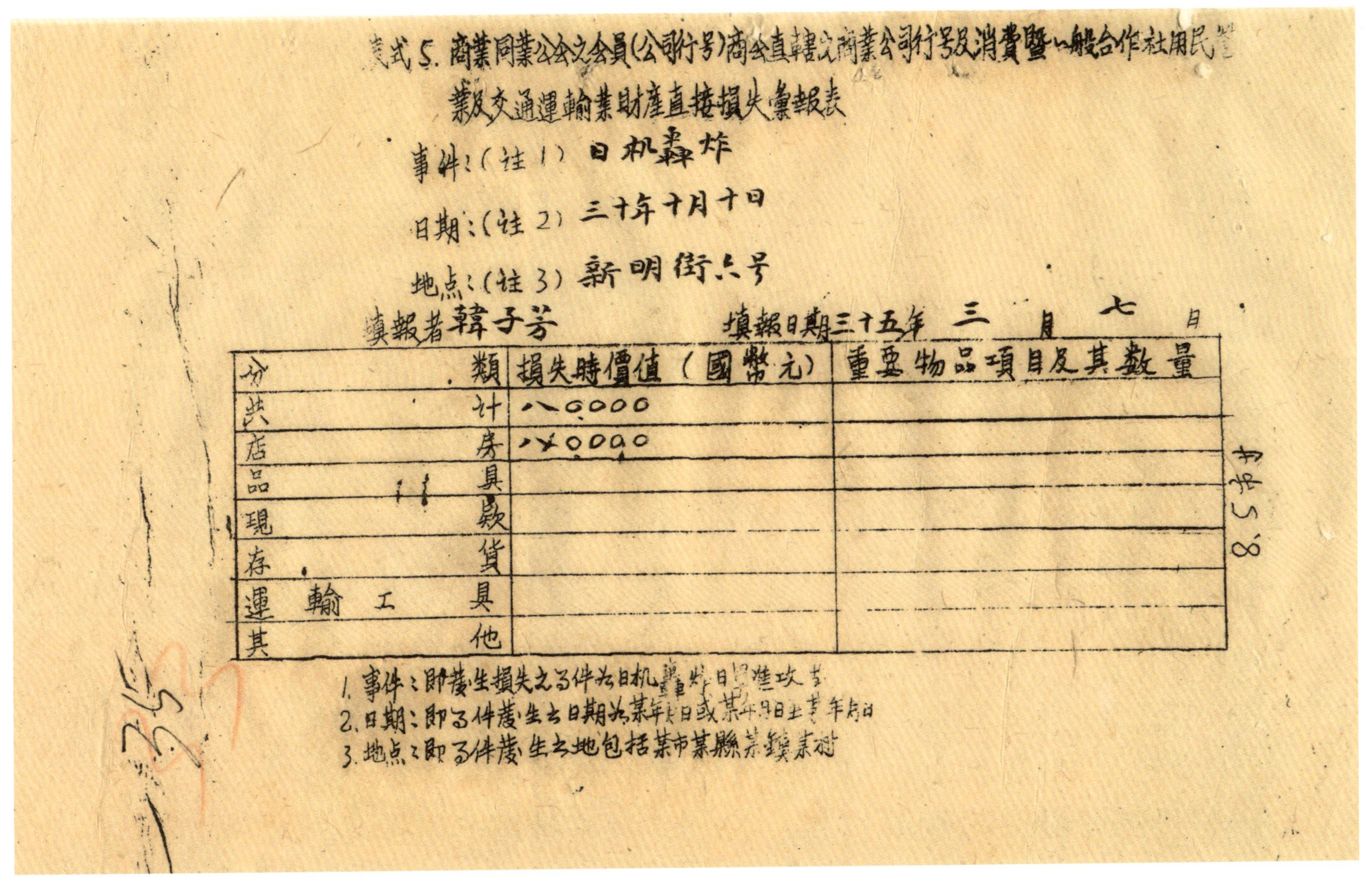

表式5. 商業同業公會之會員(公司行号)商會直轄之商業公司行号及消費暨一般合作社用民營業及交通運輸業財產直接損失彙報表

事件：(註1) 日机轟炸

日期：(註2) 三十年十月十日

地点：(註3) 新明街六号

填報者韓子芳　　　　填報日期三十五年三月七日

分類	損失時價值(國幣元)	重要物品項目及其數量
共計	八0000	
店房	八0000	
品具		
現款		
存貨		
運輸工具		
其他		

1. 事件：即發生損失之事件如日机轟炸日軍進攻等
2. 日期：即事件發生之日期如某年某月某日或某年某月某日至某年某月某日
3. 地点：即事件發生之地包括某市某縣某鄉某鎮某村

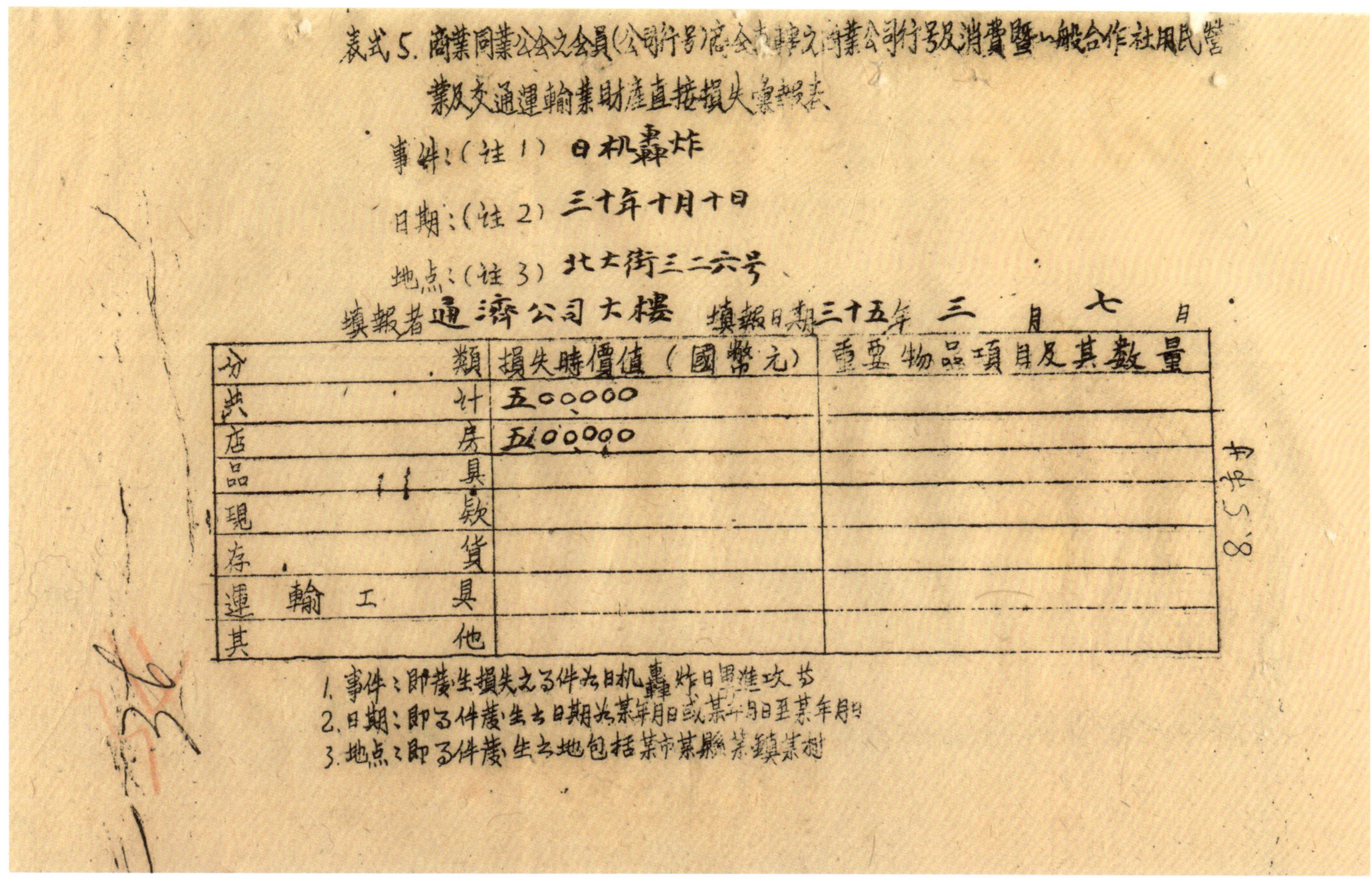

表式5. 商業同業公会之会員(公司行号)暨非会員之商業公司行号及消費暨一般合作社用民營業及交通運輸業財產直接損失彙報表

事件：(註1) 日机轟炸

日期：(註2) 三十年十月十日

地点：(註3) 北大街三二六号

填報者 通濟公司大樓 填報日期 三十五年 三 月 七 日

分類	損失時價值(國幣元)	重要物品項目及其數量
共计	五00000	
店房	五00000	
器具		
現款		
存貨		
運輸工具		
其他		

1. 事件：即發生損失之事件如日机轟炸日軍進攻等
2. 日期：即事件發生之日期如某年月日或某年月日至某年月日
3. 地点：即事件發生之地包括某市某縣某鎮某村

36

5.8

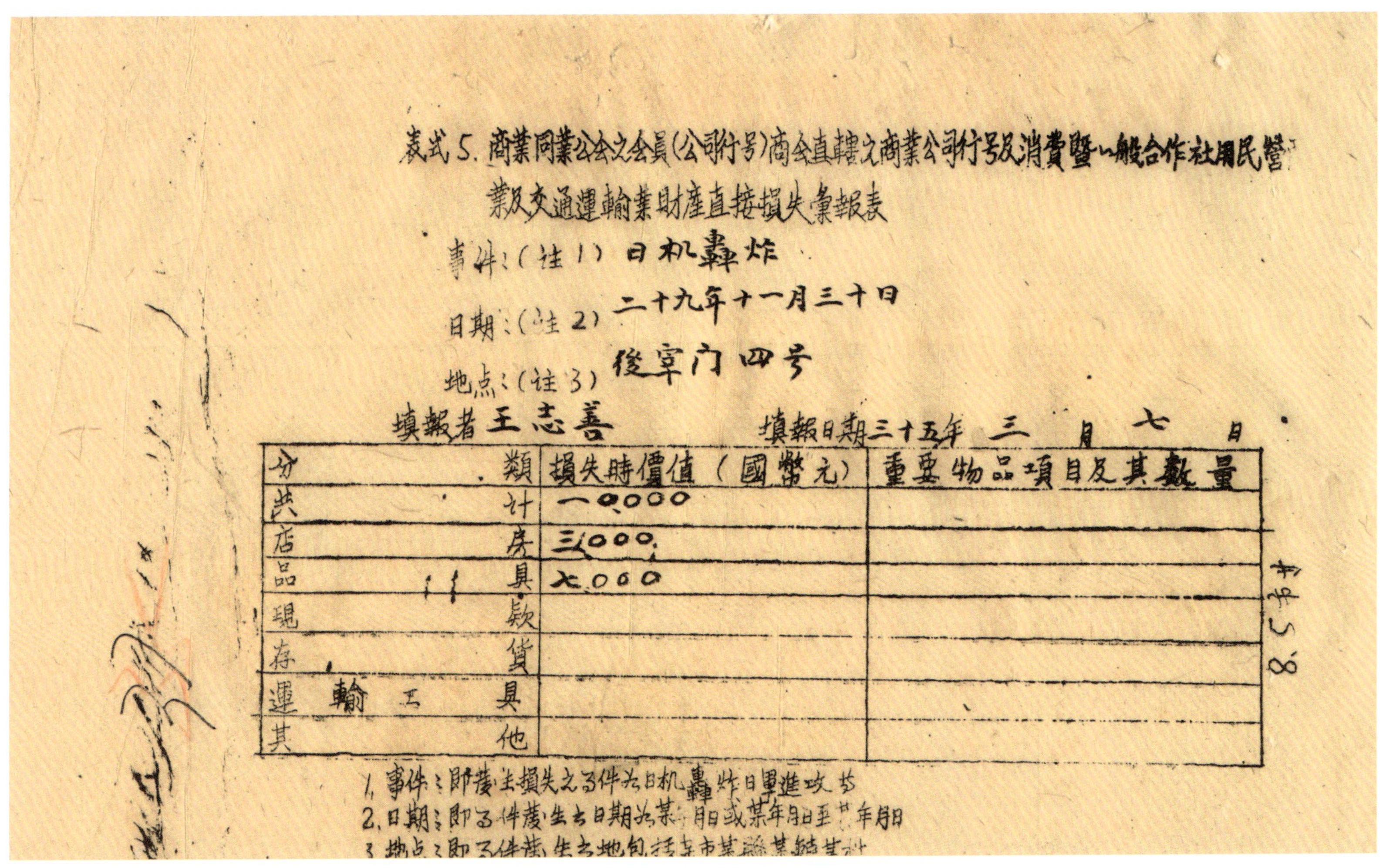

表式5. 商業同業公会之会員（公司行号）商会直轄之商業公司行号及消費暨一般合作社用民營業及交通運輸業財產直接損失彙報表

事件：（注1）日机轟炸

日期：（注2）二十九年十一月三十日

地点：（注3）後宰门四号

填報者 王志善　　填報日期 三十五年 三 月 七 日

分類	損失時價值（國幣元）	重要物品項目及其數量
共計	一〇,〇〇〇	
店房	三,〇〇〇	
品具	七,〇〇〇	
現款		
存貨		
運輸工具		
其他		

1. 事件：即發生損失之事件，如日机轟炸、日軍進攻等
2. 日期：即事件發生之日期，如某年月日或某年月日至某年月日
3. 地点：即事件發生之地，包括某市某縣某鄉鎮某村

58

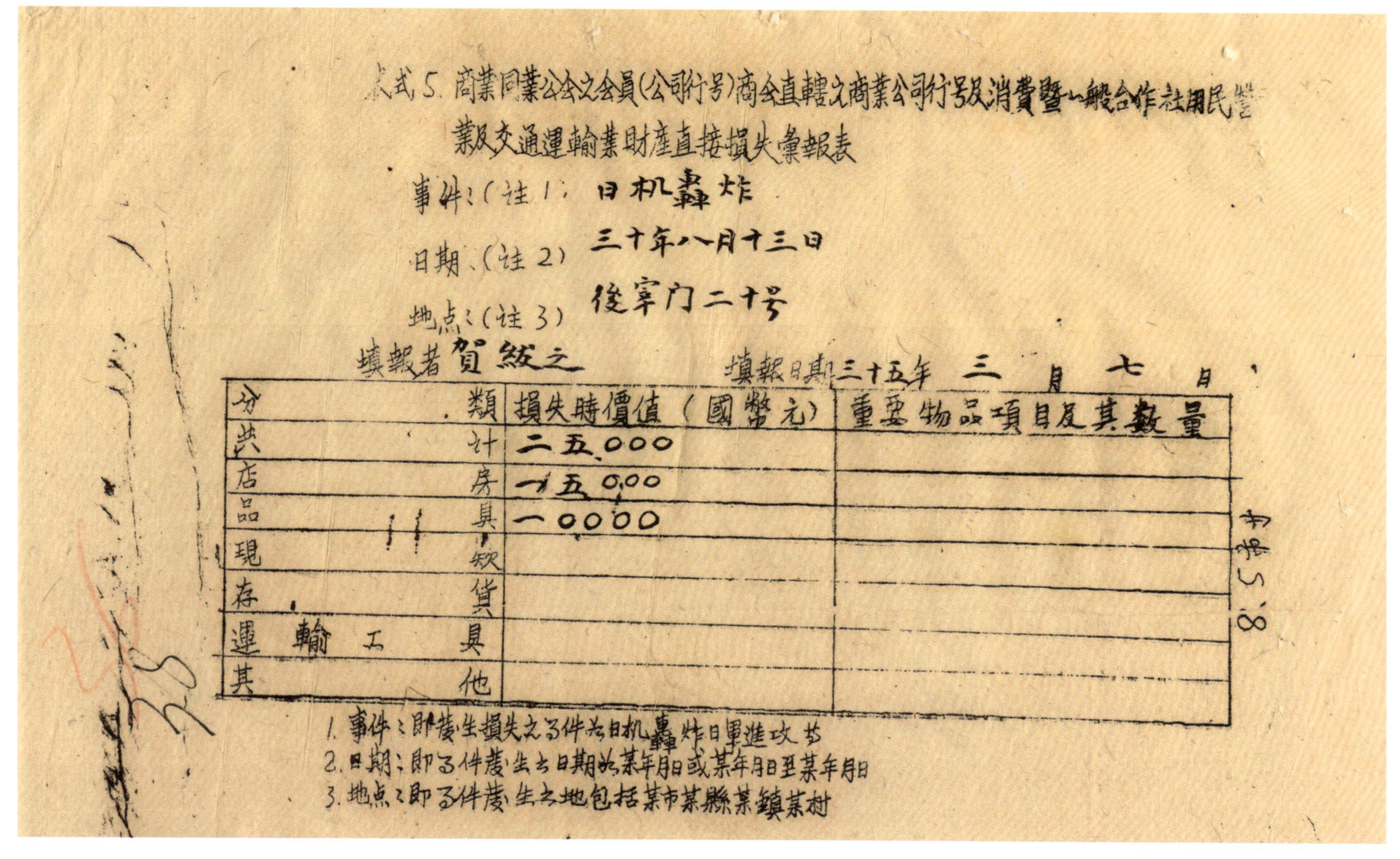

表式5. 商業同業公会之会員（公司行号）商会直轄之商業公司行号及消費暨一般合作社用民營業及交通運輸業財產直接損失彙報表

事件：（注1）日机轟炸

日期：（注2）三十年八月十三日

地点：（注3）後宰门二十号

填報者 賀紱之　　　填報日期 三十五年 三 月 七 日

分類	損失時價值（國幣元）	重要物品項目及其數量
共計	二五,000	
店房	一五,000	
品具	一0000	
現款		
存貨		
運輸工具		
其他		

1. 事件：即發生損失之事件如日机轟炸日軍進攻等
2. 日期：即事件發生之日期如某年月日或某年月日至某年月日
3. 地点：即事件發生之地包括某市某縣某鎮某村

5.8

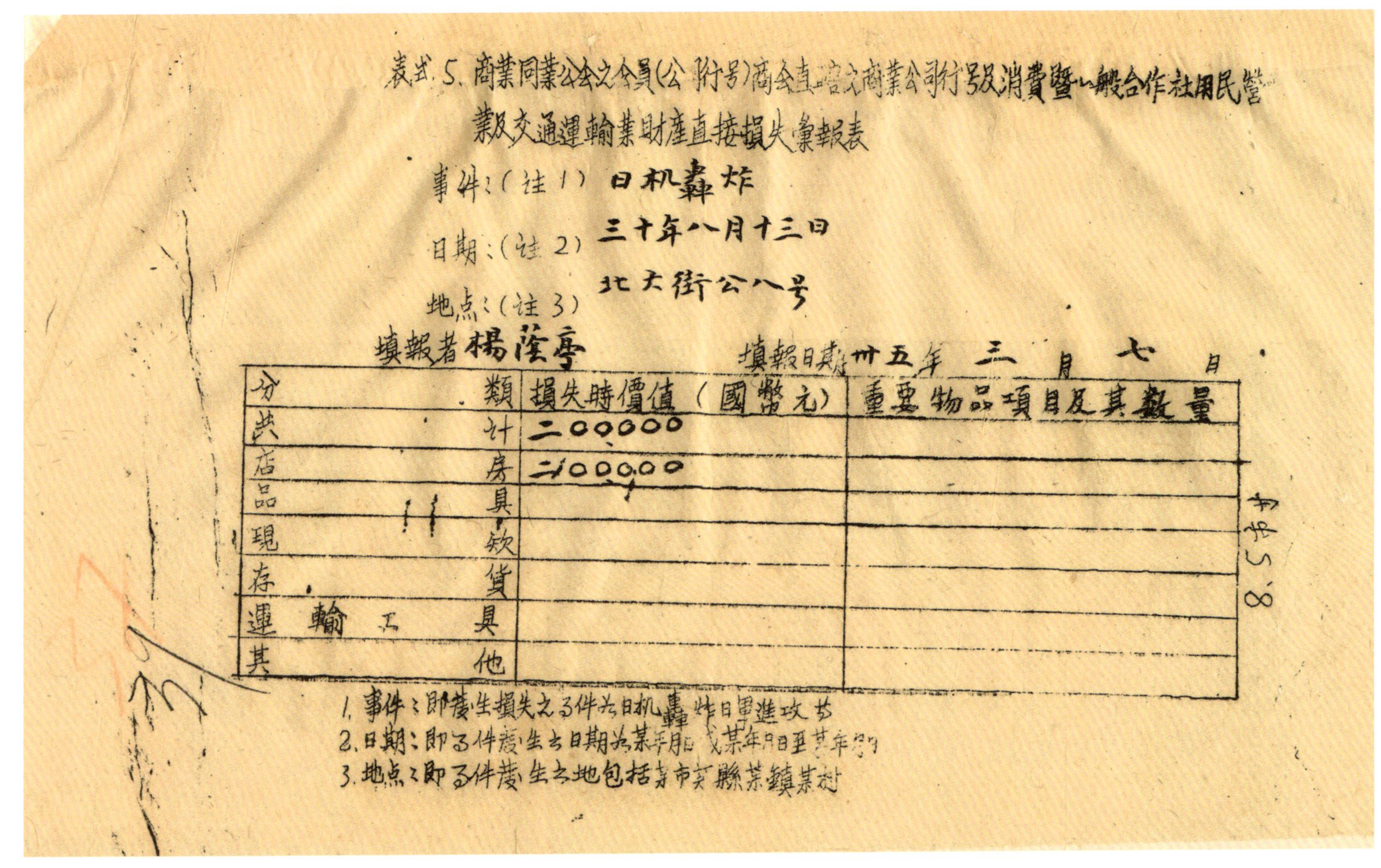

表式5. 商業同業公会之会員(公司行号)商会直屬之商業公司行号及消費暨一般合作社用民營業及交通運輸業財産直接損失彙報表

事件:(註1) 日机轟炸

日期:(註2) 三十年八月十三日

地點:(註3) 北大街公八号

填報者 楊蔭亭　　填報日期 卅五年 三 月 七 日

分類	損失時價值(國幣元)	重要物品項目及其數量
共計	二〇〇〇〇〇	
店房	二〇〇〇〇〇	
器具		
現款		
存貨		
運輸工具		
其他		

1. 事件:即發生損失之事件如日机轟炸日軍進攻等
2. 日期:即事件發生之日期如某年某月某日或某年某月某日至某年某月某日
3. 地點:即事件發生之地包括某市某縣某鎮某村

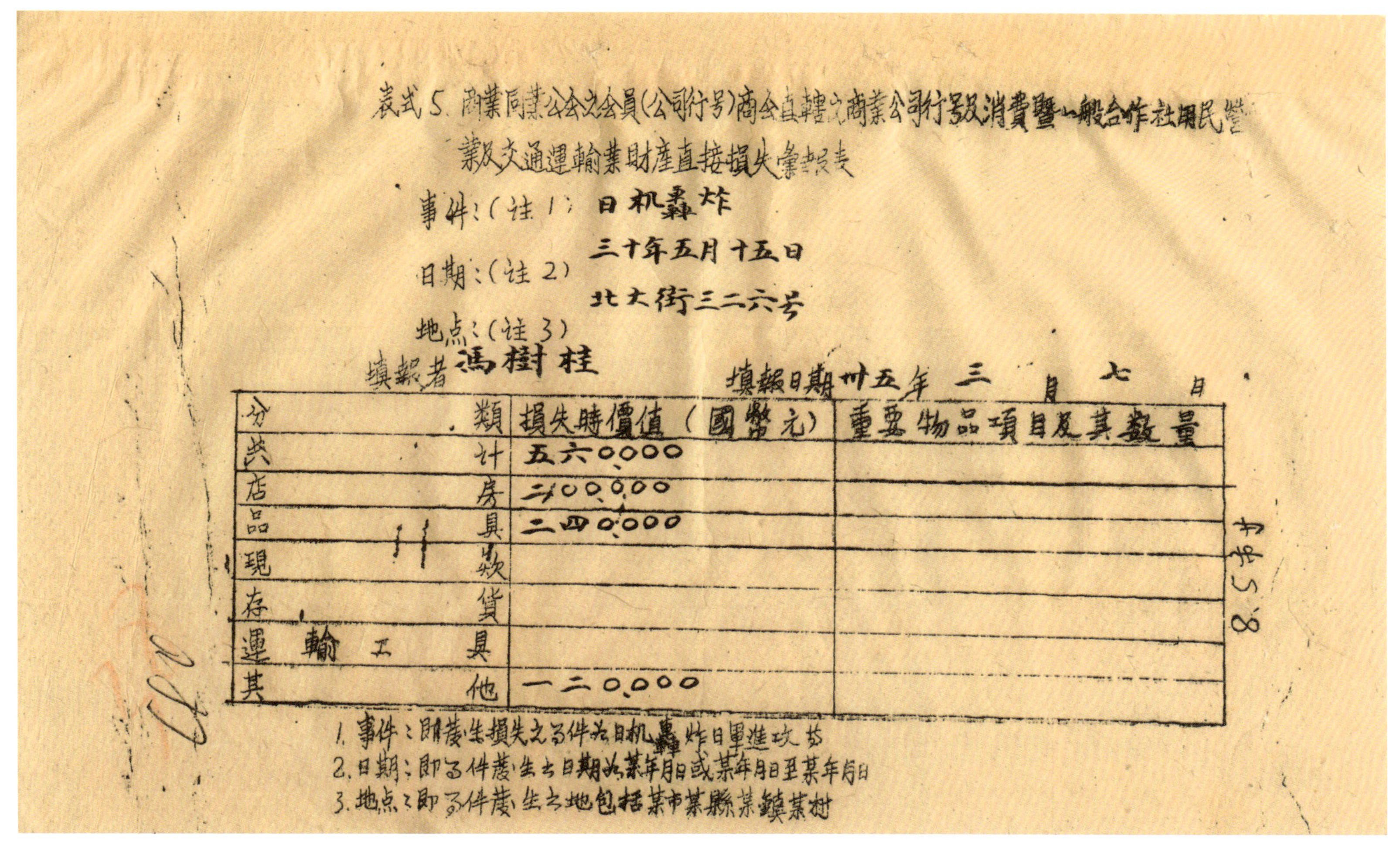

表式5. 商業同業公会之会員（公司行号）商会直轄之商業公司行号及消費暨一般合作社用民營業及交通運輸業財產直接損失彙報表

事件：（註1） 日机轟炸

日期：（註2） 三十年五月十五日

地点：（註3） 北大街三二六号

填報者 馮樹柱　　　　填報日期 卅五年 三 月 七 日

分類	損失時價值（國幣元）	重要物品項目及其數量
共计	五六0000	
店房	二00,000	
品具	二四0,000	
現款		
存貨		
運輸工具		
其他	一二0,000	

1. 事件：即發生損失之事件如日机轟炸日軍進攻等
2. 日期：即事件發生之日期如某年月日或某年月日至某年月日
3. 地点：即事件發生之地包括某市某縣某鎮某村

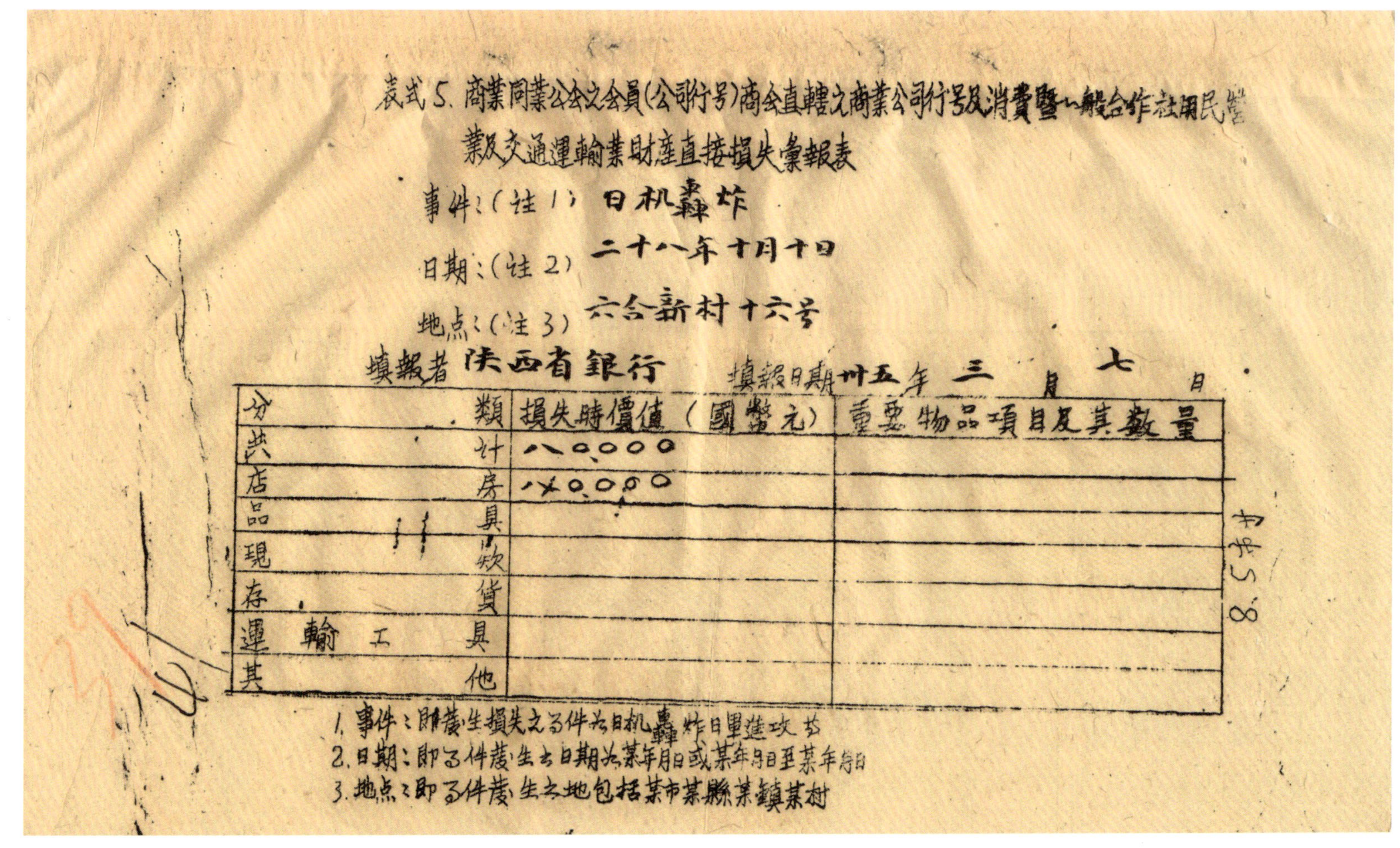

表式5. 商業同業公会之会員（公司行号）商会直轄之商業公司行号及消費暨一般合作社用民營業及交通運輸業財產直接損失彙報表

事件：（注1）日机轟炸

日期：（注2）二十八年十月十日

地点：（注3）六合新村十六号

填報者 陕西省銀行　　填報日期 卅五年三月七日

分類	損失時價值（國幣元）	重要物品項目及其數量
共計	80,000	
店房	80,000	
品具		
現款		
存貨		
運輸工具		
其他		

1. 事件：即發生損失之事件如日机轟炸日軍進攻等
2. 日期：即事件發生之日期如某年月日或某年月日至某年月日
3. 地点：即事件發生之地包括某市某縣某鎮某村

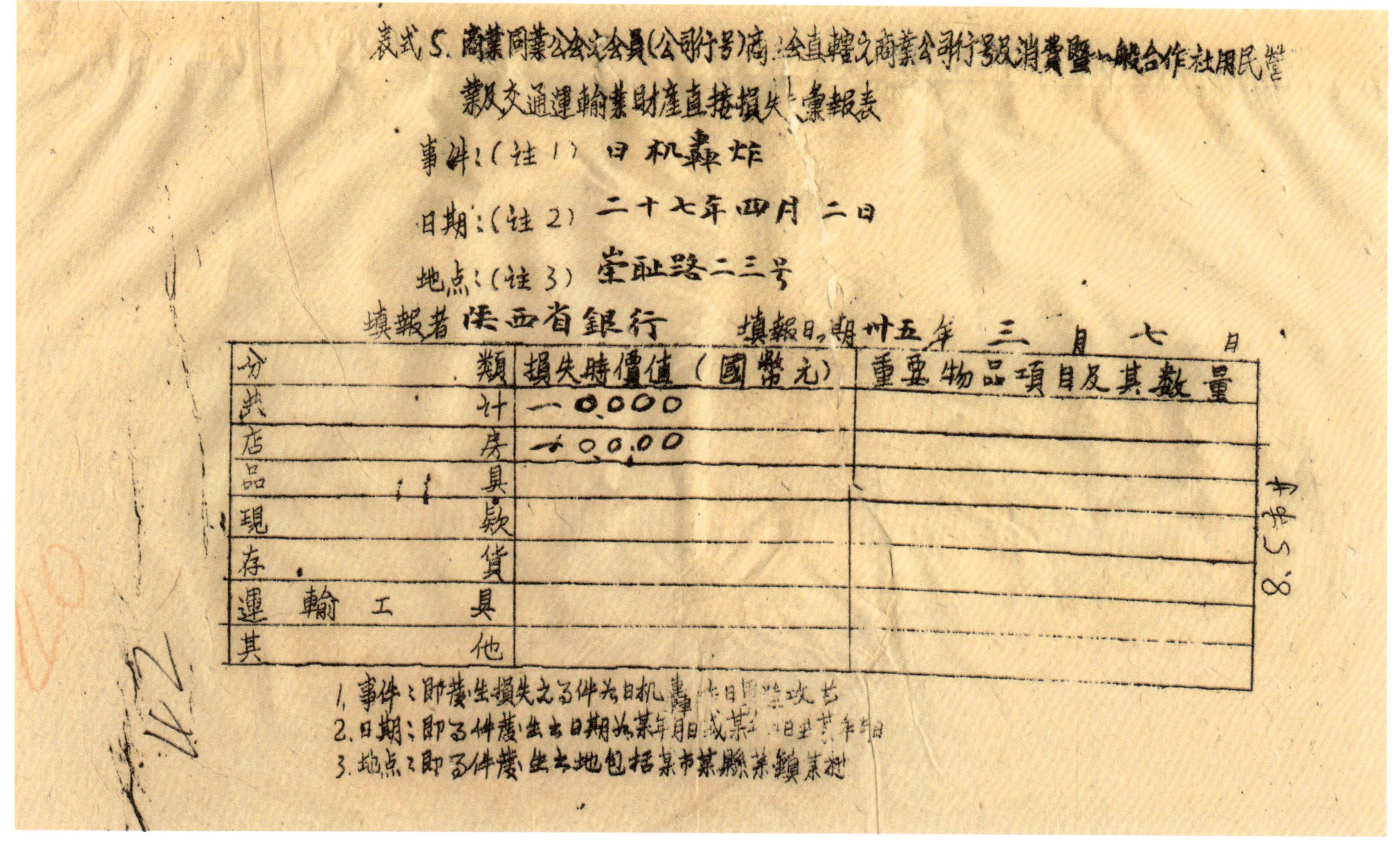
表式5. 商業同業公会之会員（公司行号）商会直轄之商業公司行号及消費暨一般合作社用民營業及交通運輸業財産直接損失彙報表

事件：（註1） 日机轟炸

日期：（註2） 二十七年四月二日

地点：（註3） 崇耻路二三号

填報者 陝西省銀行 填報日期 卅五年三月七日

分類	損失時價值（國幣元）	重要物品項目及其數量
共計	一0,000	
店房	一0,000	
品具		
現款		
存貨		
運輸工具		
其他		

卅五.3.8

1. 事件：即發生損失之事件如日机轟炸日軍進攻等
2. 日期：即事件發生之日期如某年某月某日或某年某月某日至某年某月某日
3. 地点：即事件發生之地点包括某市某縣某鎮某村

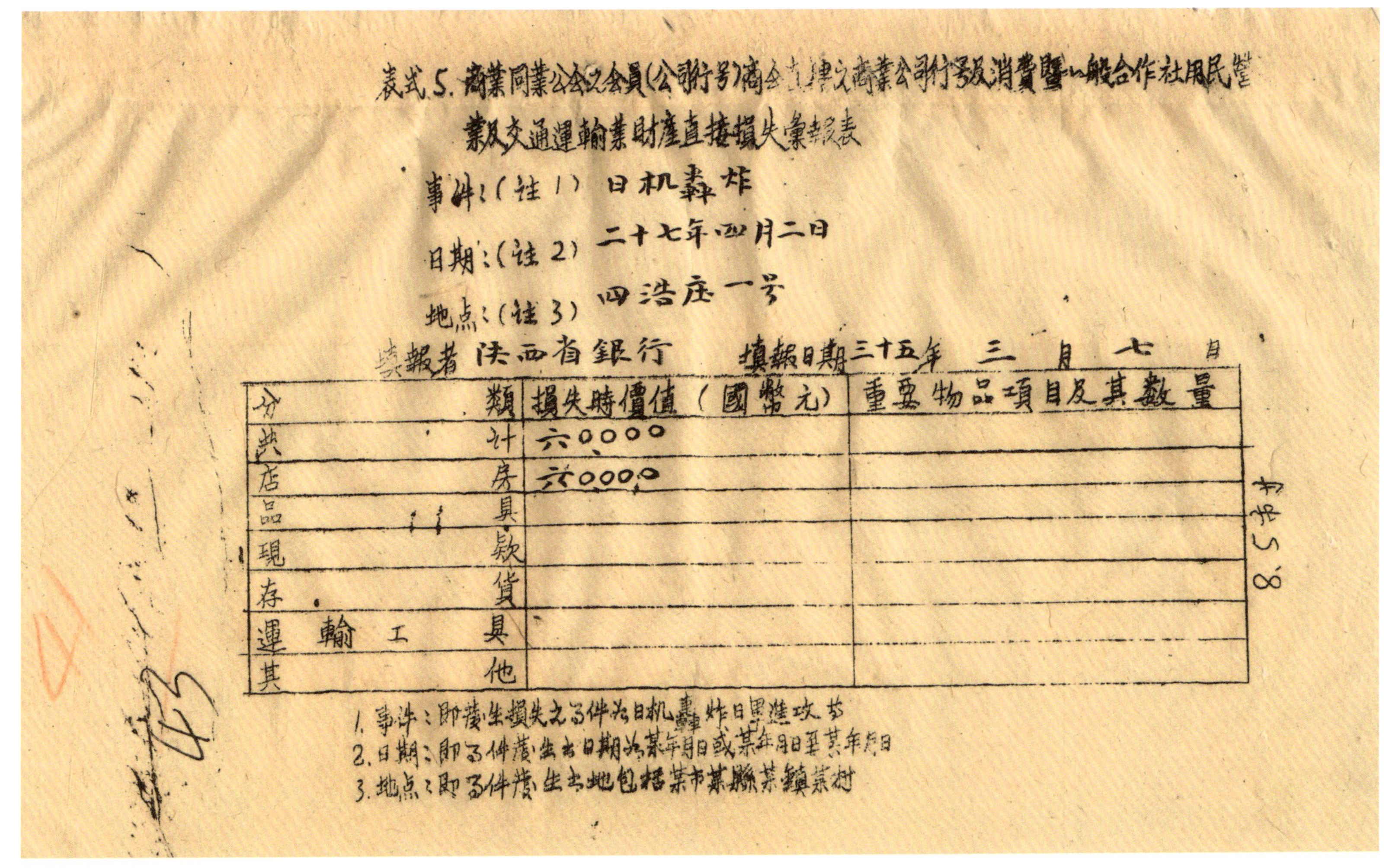

表式5. 商業同業公会之会員(公司行号)商会直接之商業公司行号及消費暨一般合作社用民營業及交通運輸業財產直接損失彙報表

事件：（註1） 日机轟炸

日期：（註2） 二十七年四月二日

地点：（註3） 四浩庄一号

填報者 陕西省銀行　　填報日期 三十五年 三 月 七 日

分類	損失時價值（國幣元）	重要物品項目及其數量
共計	六〇〇〇〇	
店房	六〇〇〇〇	
器具		
現款		
存貨		
運輸工具		
其他		

1. 事件：即發生損失之事件如日机轟炸日軍進攻等
2. 日期：即事件發生之日期如某年月日或某年月日至某年月日
3. 地点：即事件發生之地包括某市某縣某鎮某村

表式5. 商業同業公会之会員(公司行号)商会直轄之商業公司行号及消費暨一般合作社用民營業及交通運輸業財產直接損失彙報表

事件：(註1) 日机轟炸

日期：(註2) 二十七年四月二日

地点：(註3) 四浩庄一六号

填報者 陝西省銀行　　填報日期 三十五年 三 月 七 日

分　　類	損失時價值(國幣元)	重要物品項目及其數量
共　　計	五0,000	
店　　房	五0,000	
品　　具		
現　　款		
存　　貨		
運輸工具		
其　　他		

1. 事件：即發生損失之事件如日机轟炸、日軍進攻等
2. 日期：即事件發生之日期如某年某月某日或某年某月某日至某年某月某日
3. 地点：即事件發生之地包括某市某縣某鄉某鎮某村

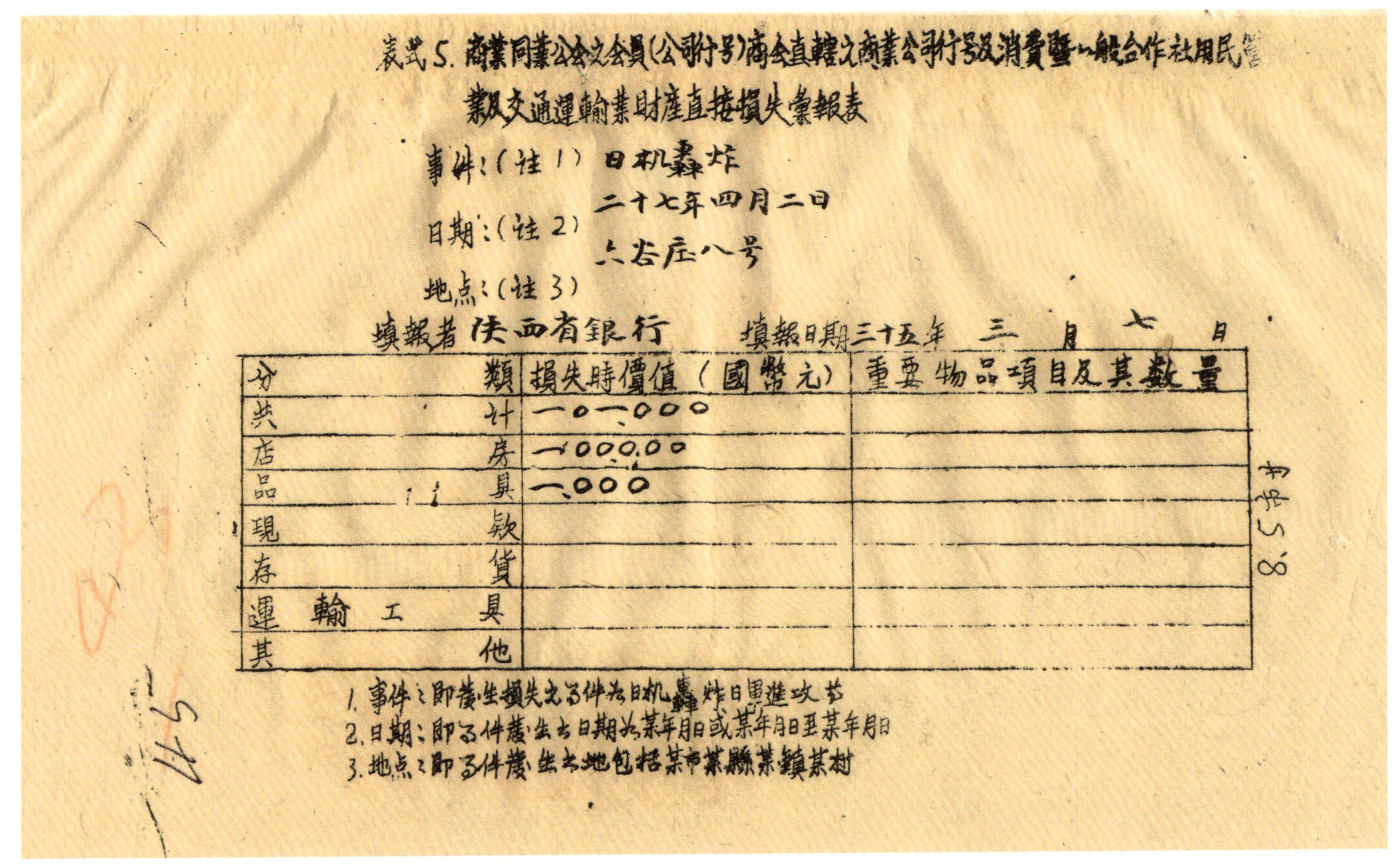

表式5. 商業同業公会之会員（公司行号）商会直轄之商業公司行号及消費暨一般合作社用民營業及交通運輸業財產直接損失彙報表

事件：（註1） 日机轟炸

日期：（註2） 二十七年四月二日

地点：（註3） 六谷庄八号

填報者 陕西省銀行　　填報日期 三十五年 三 月 七 日

分類	損失時價值（國幣元）	重要物品項目及其數量
共計	一〇一,〇〇〇	
店房	一〇〇,〇〇〇	
品具	一,〇〇〇	
現款		
存貨		
運輸工具		
其他		

1. 事件：即發生損失之事件如日机轟炸日軍進攻等
2. 日期：即事件發生之日期如某年月日或某年月日至某年月日
3. 地点：即事件發生之地包括某市某縣某鎮某村

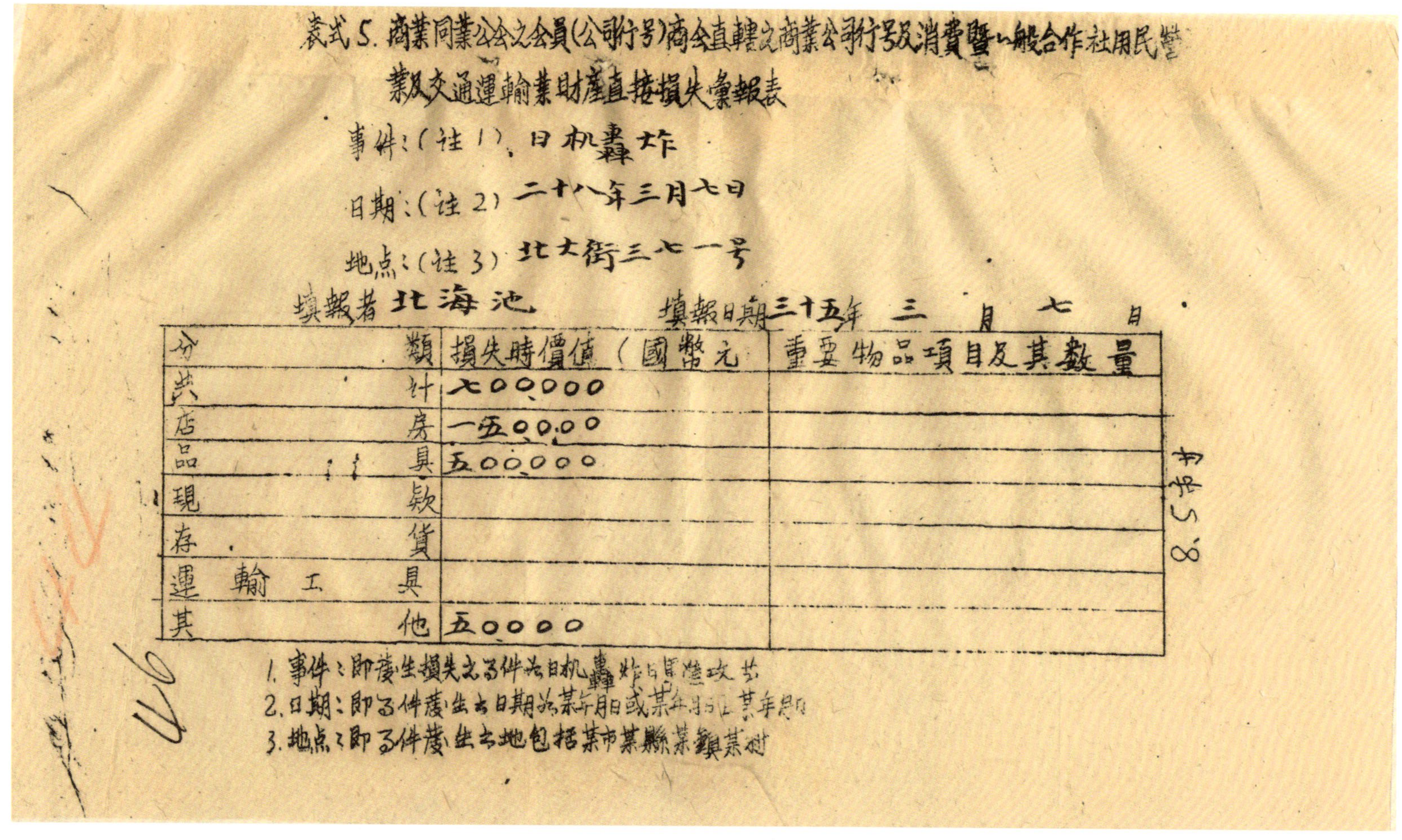

表式5. 商業同業公会之会員（公司行号）商会直轄之商業公司行号及消費暨一般合作社用民營業及交通運輸業財產直接損失彙報表

事件：（註1）日机轟炸

日期：（註2）二十八年三月七日

地點：（註3）北大街三七一号

填報者 北海池　　　　填報日期 三十五年 三 月 七 日

分　　類	損失時價值（國幣元）	重要物品項目及其數量
共　　計	七00,000	
店　　房	一五0,000	
品　　具	五00,000	
現　　款		
存　　貨		
運輸工具		
其　　他	五0000	

1. 事件：即發生損失之事件如日机轟炸、日軍進攻等
2. 日期：即事件發生之日期如某年某月某日或某年某月某日至某年某月某日
3. 地點：即事件發生之地點包括某市某縣某鎮某村

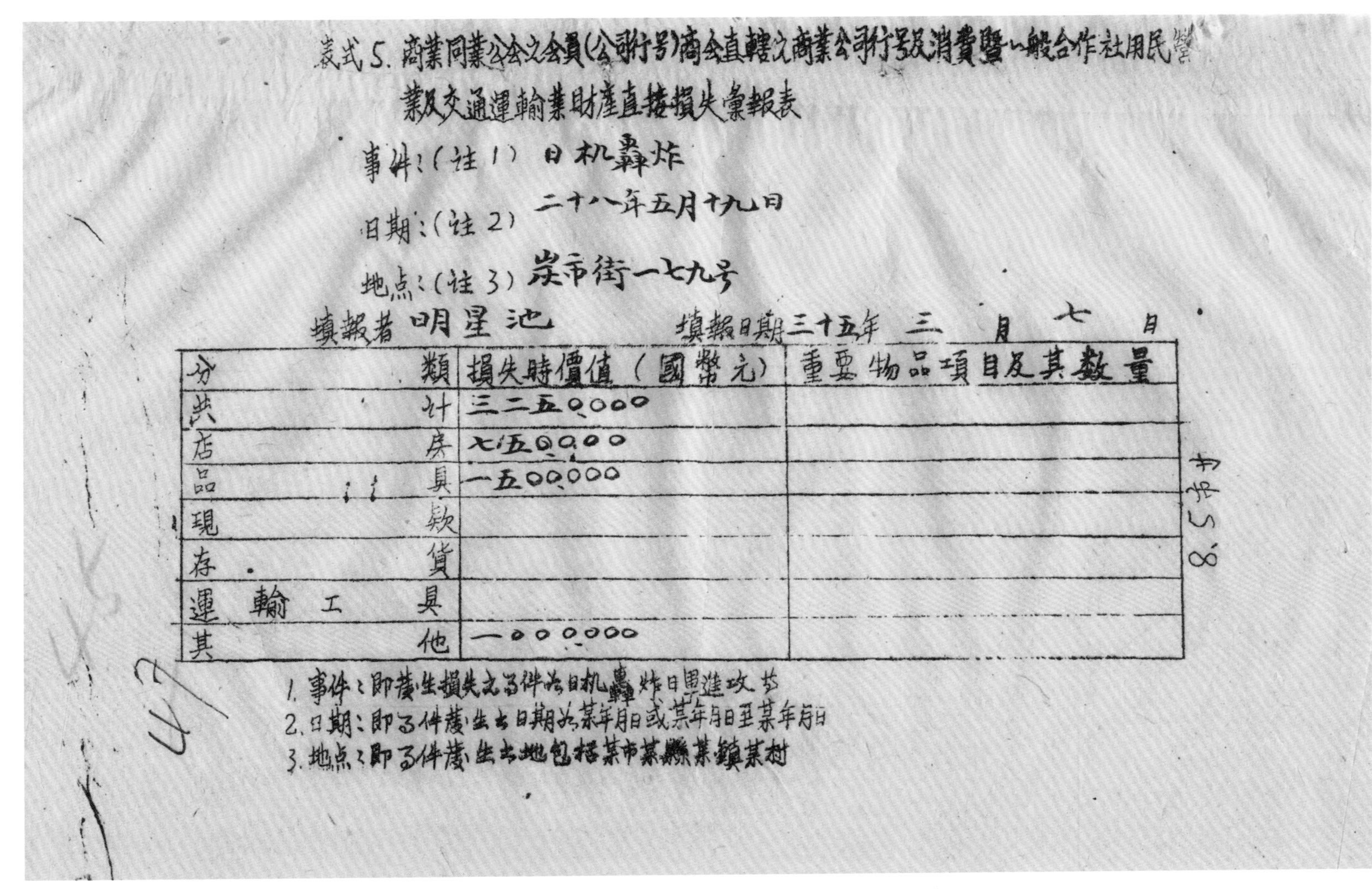

47

表式5. 商業同業公会之会員（公司行号）商会直轄之商業公司行号及消費暨一般合作社用民營業及交通運輸業財產直接損失彙報表

事件：（註1） 日机轟炸

日期：（註2） 二十八年五月十九日

地點：（註3） 炭市街一七九号

填報者 明星池　　填報日期 三十五年 三 月 七 日

分類	損失時價值（國幣元）	重要物品項目及其數量
共計	三二五0,000	
店房	七五0,000	
品具	一五00,000	
現款		
存貨		
運輸工具		
其他	一000,000	

8.5市

1. 事件：即發生損失之事件如日机轟炸日軍進攻等
2. 日期：即事件發生之日期如某年月日或某年月日至某年月日
3. 地點：即事件發生之地包括某市某縣某鎮某村

表式5. 商業同業公会之会員（公司行号）商会直轄之商業公司行号及消費暨一般合作社用民營業及交通運輸業財產直接損失彙報表

事件：（註1）日机轟炸

日期：（註2）二十八年三月五日

地点：（註3）北大街公二号

填報者 韓城會館　　填報日期 三十五年 三 月 七 日

分類	損失時價值（國幣元）	重要物品項目及其數量
共計	20000	
店房	20000	
品具		
現款		
存貨		
運輸工具		
其他		

1. 事件：即發生損失之事件如日机轟炸日軍進攻等
2. 日期：即事件發生之日期如某年月日或某年月日至某年月日
3. 地点：即事件發生之地包括某市某縣某鎮某村

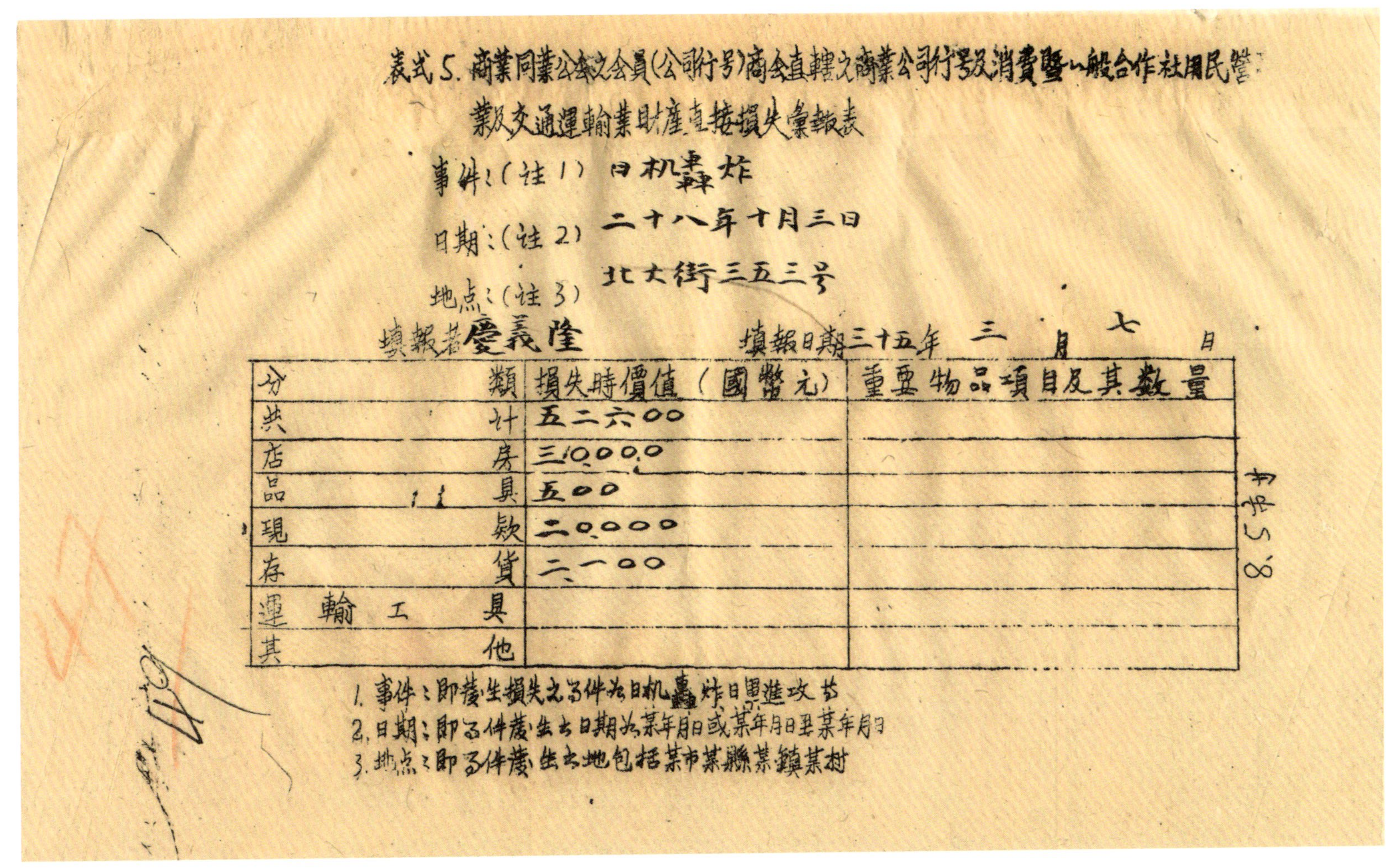

表式5. 商業同業公會之會員(公司行号)商會直轄之商業公司行号及消費暨一般合作社用民營事業及交通運輸業財產直接損失彙報表

事件：(注1) 日机轟炸

日期：(注2) 二十八年十月三日

地点：(注3) 北大街三五三号

填報者 慶義隆　　填報日期 三十五年 三 月 七 日

分類	損失時價值(國幣元)	重要物品項目及其數量
共計	五二六〇〇	
店房	三〇〇〇〇	
品具	五〇〇	
現款	二〇〇〇〇	
存貨	二一〇〇	
運輸工具		
其他		

1. 事件：即發生損失之事件如日机轟炸日軍進攻等
2. 日期：即事件發生之日期如某年月日或某年月日至某年月日
3. 地点：即事件發生之地包括某市某縣某鎮某村

市 5.8

表式5. 商業同業公会之会員（公司行号）商会直轄之商業公司行号及消費暨一般合作社用民營業及交通運輸業財產直接損失彙報表

事件：（注1） 日机轟炸

日期：（注2） 二十八年十月三日

地点：（注3） 北大街五三号

填報者 董俊邦　　　填報日期 卅五年 三 月 七 日

分類	損失時價值（國幣元）	重要物品項目及其數量
共計	四0二00	
店房	八000	
器具	二00	
現款		
存貨	三二000	
運輸工具		
其他		

1. 事件：即發生損失之事件如日机轟炸日軍進攻等
2. 日期：即事件發生之日期如某年某月某日或某年某月某日至某年某月某日
3. 地点：即事件發生之地点包括某市某縣某鄉鎮某村

市5.8

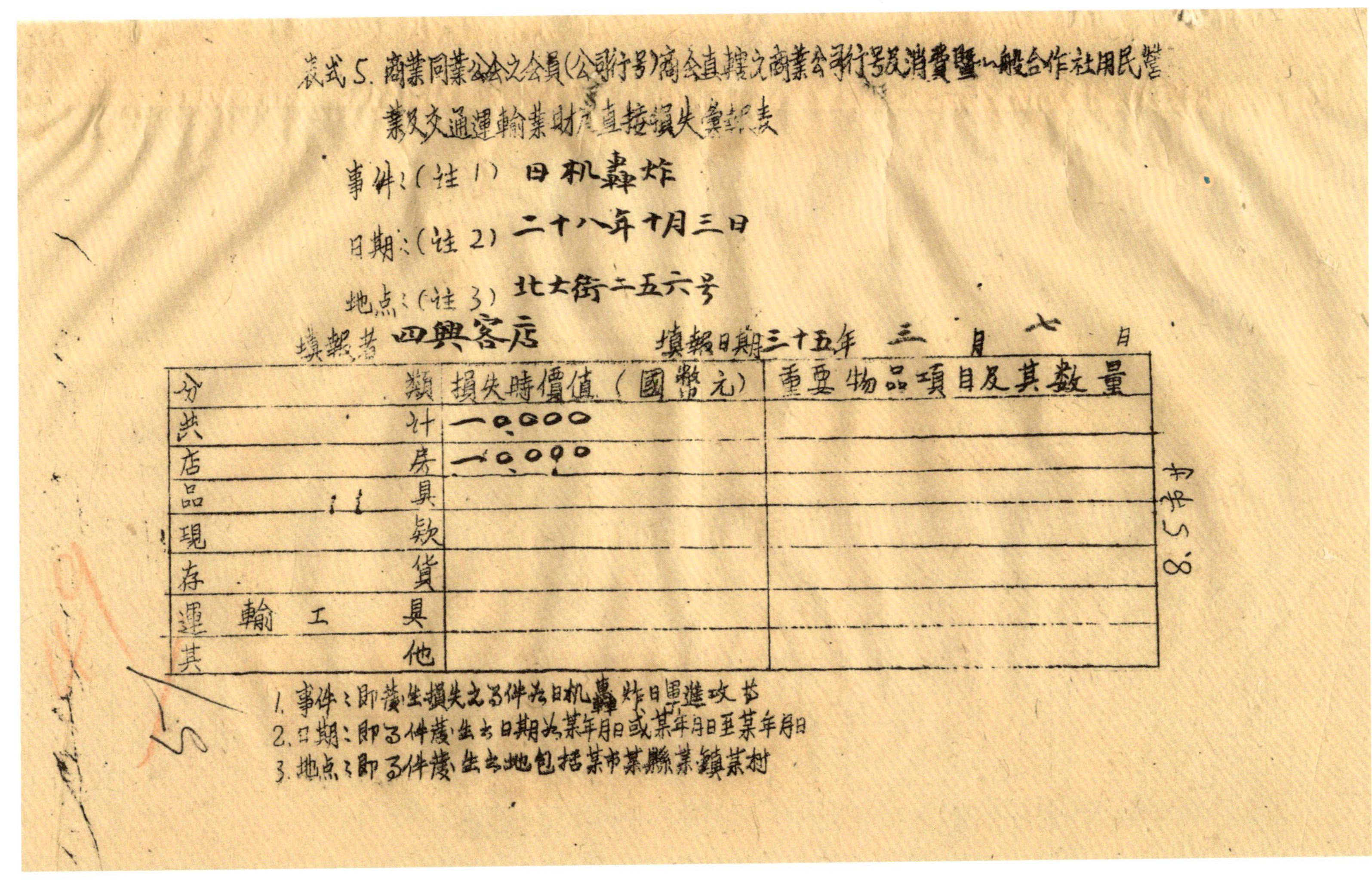

表式5. 商业同业公会之会员（公司行号）商会直辖之商业公司行号及消费暨一般合作社用民营业及交通运输业财产直接损失汇报表

事件：（注1）日机轰炸

日期：（注2）二十八年十月三日

地点：（注3）北大街二五六号

填报者 四兴客店　　　　填报日期三十五年　三　月　七　日

分类	损失时价值（国币元）	重要物品项目及其数量
共计	一〇,〇〇〇	
店房	一〇,〇〇〇	
品具		
现款		
存货		
运输工具		
其他		

1. 事件：即发生损失之事件如日机轰炸日军进攻等
2. 日期：即事件发生之日期如某年月日或某年月日至某年月日
3. 地点：即事件发生之地包括某市某县某镇某村

牛5.8

表式5. 商業同業公会之会員（公司行号）商会直轄商業公司行号及消費暨一般合作社用民營業及交通運輸業財產直接損失彙報表

事件：（注1）日机轟炸

日期：（注2）二十八年十月三日

地点：（注3）北大街三五一号

填報者 自立合　　　　填報日期 三十五年 三 月 七 日

分類	損失時價值（國幣元）	重要物品項目及其數量
共計	六，〇〇〇	
店房	四，〇〇〇	
品具	二，〇〇〇	
現款		
存貨		
運輸工具		
其他		

1. 事件：即發生損失之事件如日机之轟炸日軍之進攻等
2. 日期：即事件發生之日期如某年某月某日或某年某月某日至某年某月某日
3. 地点：即事件發生之地包括某市某縣某鄉某鎮某村

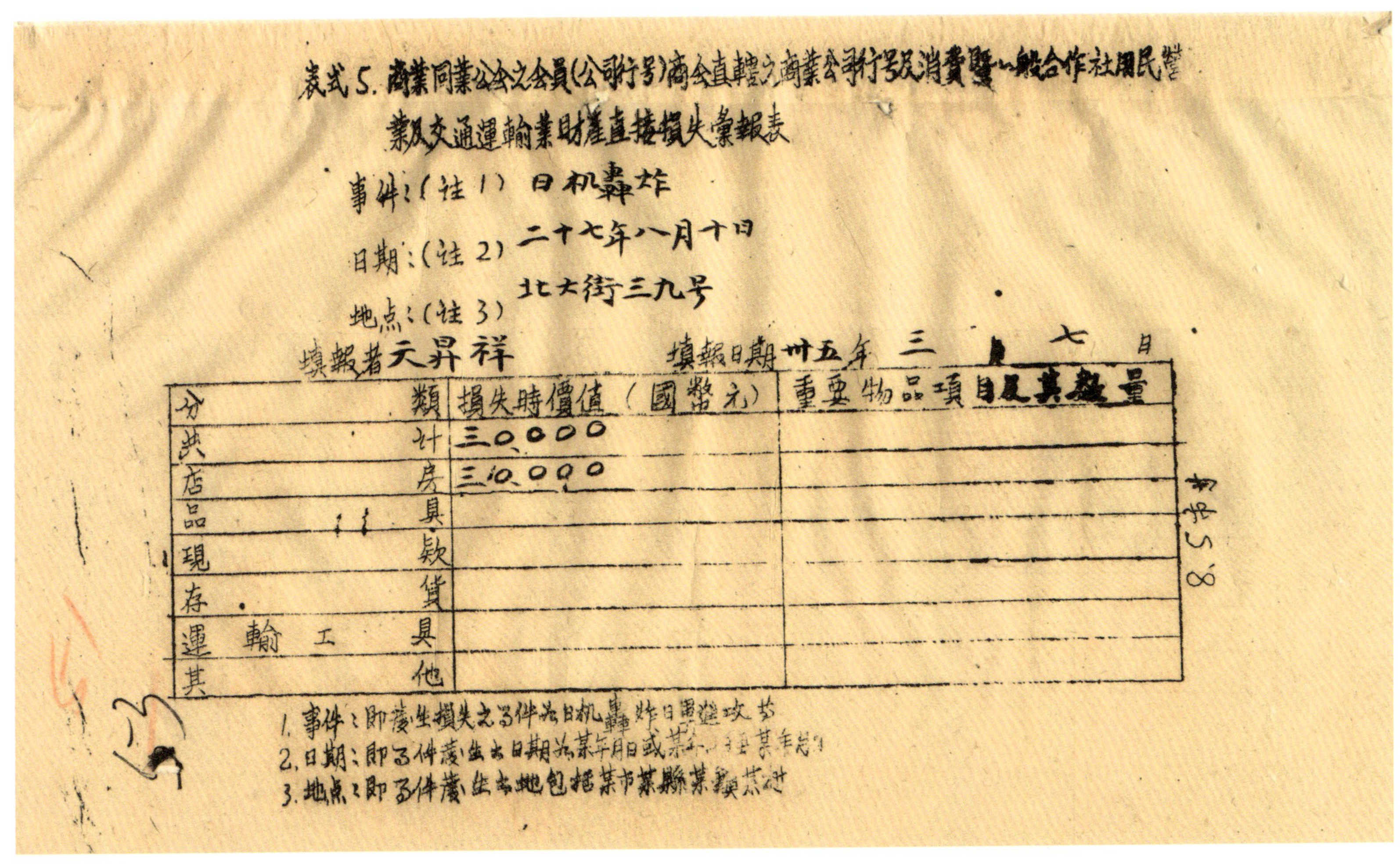

表式5. 商業同業公会之会員（公司行号）商会直轄之商業公司行号及消費暨一般合作社用民營業及交通運輸業財產直接損失彙報表

事件：（注1） 日机轟炸

日期：（注2） 二十七年八月十日

地点：（注3） 北大街三九号

填報者 天昇祥　　填報日期 卅五年 三 月 七 日

分類	損失時價值（國幣元）	重要物品項目及其數量
共計	三0,000	
店房	三0,000	
品具		
現款		
存貨		
運輸工具		
其他		

1. 事件：即發生損失之事件如日机轟炸日軍進攻等
2. 日期：即事件發生之日期如某年某月某日或某年某月某日至某年某月某日
3. 地点：即事件發生之地点包括某市某縣某鄉鎮某村

表式5. 商業同業公会之会員（公司行号）商会直轄之商業公司行号及消費暨一般合作社用民營業及交通運輸業財產直接損失彙報表

事件：（注1） 日机轟炸

日期：（注2） 二十九年四月十三日

地点：（注3） 北大街三〇号

填報者 驭勝軍服店　　填報日期 卅五年 三 月 七 日

分　類	損失時價值（國幣元）	重要物品項目及其數量
共　計	五〇〇〇	
店　房	三〇〇〇	
品　具	一〇〇〇	
現　款		
存　貨	一〇〇〇	
運輸工具		
其　他	炸死二人	

1. 事件：即發生損失之事件如日机轟炸日軍進攻等
2. 日期：即事件發生之日期如某年月日或某年月日至某年月日
3. 地点：即事件發生之地包括某市某縣某鎮某村

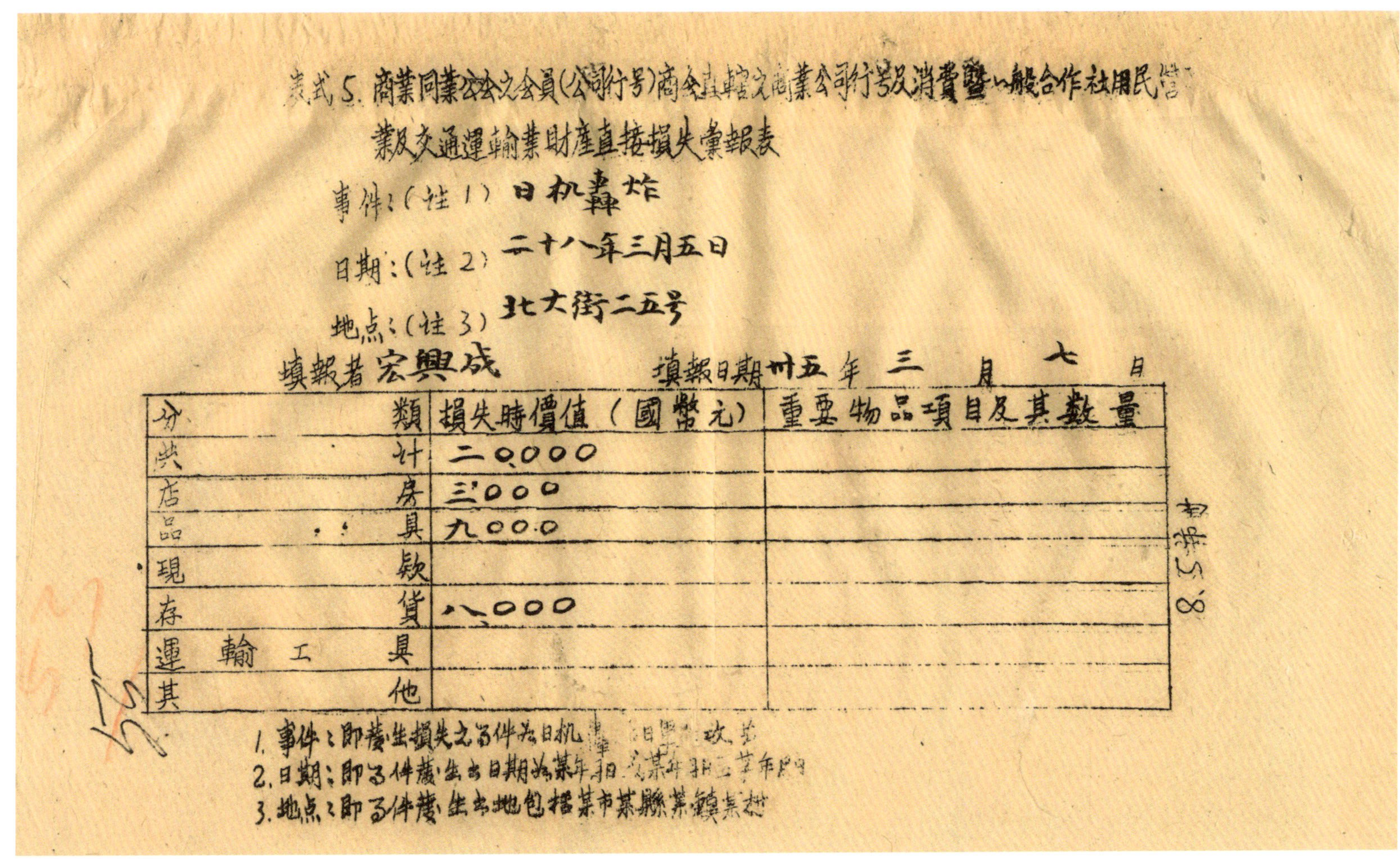

表式5. 商業同業公会之会員（公司行号）商会直轄之商業公司行号及消費暨一般合作社用民營業及交通運輸業財產直接損失彙報表

事件：（注1）日机轟炸

日期：（注2）二十八年三月五日

地点：（注3）北大街二五号

填報者 宏興成　　填報日期 卅五年 三 月 七 日

分　類	損失時價值（國幣元）	重要物品項目及其數量
共計	二〇，〇〇〇	
店房	三，〇〇〇	
器具	九，〇〇〇	
現款		
存貨	八，〇〇〇	
運輸工具		
其他		

1. 事件：即發生損失之事件如日机轟炸[illegible]
2. 日期：即事件發生之日期如某年某月某日或某年某月某日至某年某月[illegible]
3. 地点：即事件發生之地包括某市某縣某鎮某村

表式5. 商業同業公会之会員（公司行号）商会直轄之商業公司行号及消費暨一般合作社用民營業及交通運輸業財產直接損失報告表

事件：（注1）日机轟炸

日期：（注2）二十八年三月五日

地点：（注3）武庙街公一号

填報者 易俗社　　　填報日期 卅五年 三 月 七 日

分類	損失時價值（國幣元）	重要物品項目及其數量
共計	一六五〇〇	
店房	一五〇〇〇	
品具	一五〇〇	
現款		
存貨		
運輸工具		
其他		

1. 事件：即發生損失之事件如日机轟炸日軍進攻等
2. 日期：即事件發生之日期如某年月日或某年月日至某年月日
3. 地点：即事件發生之地点包括某市某縣某鎮某村

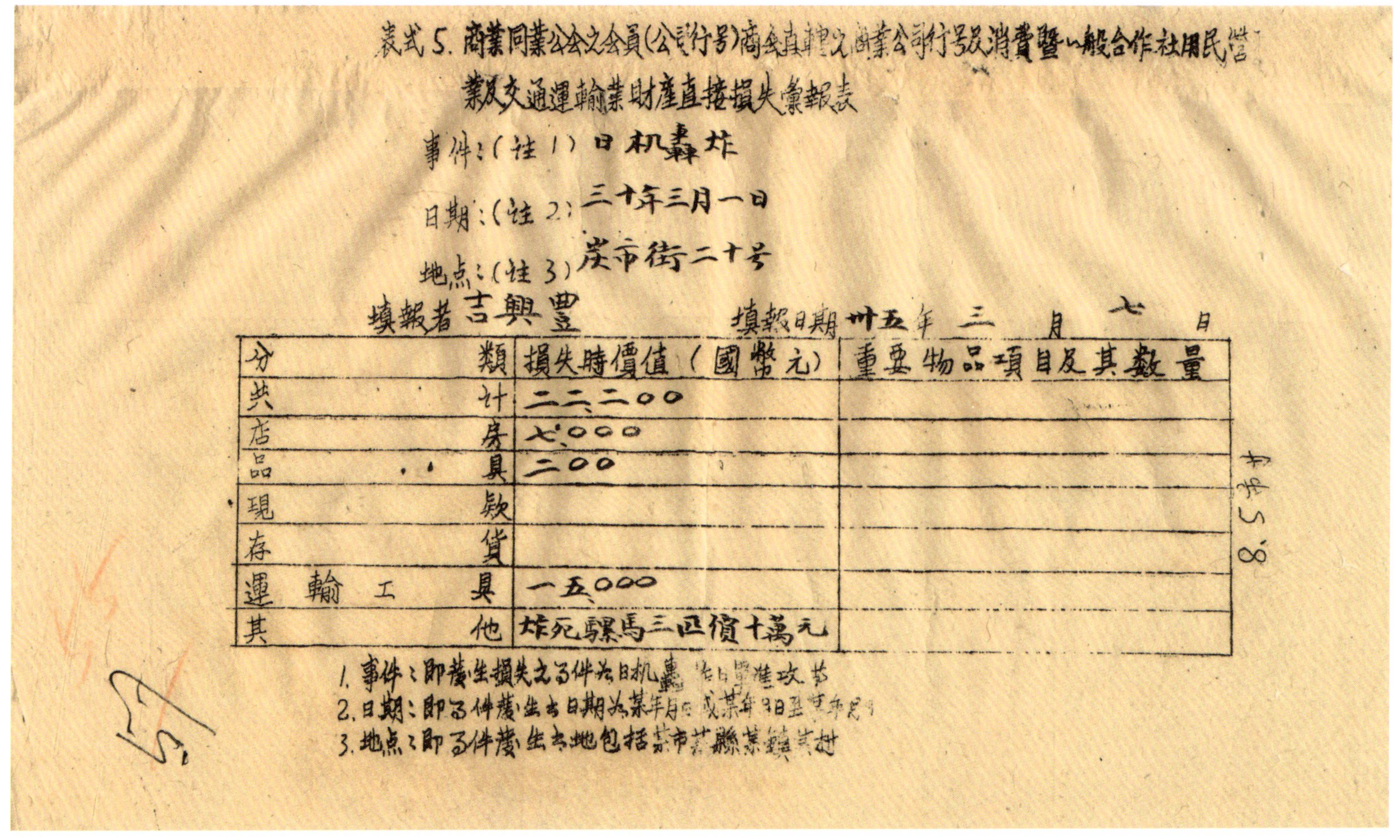

表式5. 商業同業公会之会員(公司行号)商会直接之商業公司行号及消費暨一般合作社用民營業及交通運輸業財產直接損失彙報表

事件：(注1) 日机轟炸

日期：(注2) 三十年三月一日

地点：(注3) 炭市街二十号

填報者 吉興豐　　填報日期 卅五年 三 月 七 日

分類	損失時價值(國幣元)	重要物品項目及其數量
共計	二二、二〇〇	
店房	七、〇〇〇	
品具	二〇〇	
現款		
存貨		
運輸工具	一五、〇〇〇	
其他	炸死騾馬三匹價十萬元	

1. 事件：即發生損失之事件如日机轟炸日軍進攻等
2. 日期：即事件發生之日期如某年月日或某年月日至某年月日
3. 地点：即事件發生之地包括某市某縣某鎮某村

表式丁. 人民团体机関公司行号合作社及私人通用
財産间接損失彙報表

西安女子師範名称 (二十七年十月十日至三十年三月七日)

分類		
共計	一〇五〇〇〇	
迁移費	一〇〇〇〇〇	
防空設備費	五〇〇〇	
疏散費		
救濟(性)費		
撫卹費		
生産減少		
盈利減少		

註:1. 本机関支出者

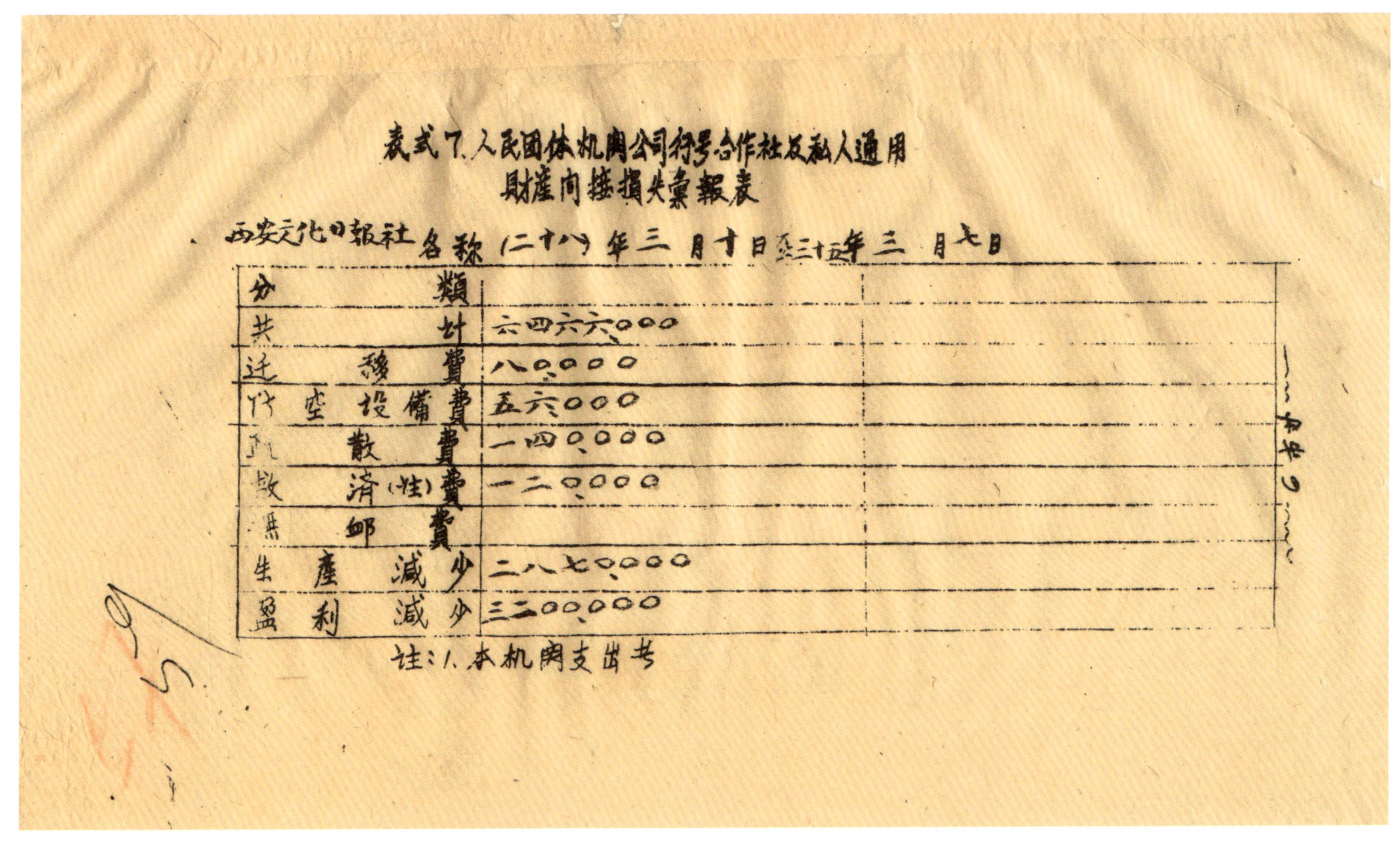

9
5

表式7、人民团体机关公司行号合作社及私人通用
财產间接损失彙報表

西安文化日報社 名称 (二十八)年三月十日至三十五年三月七日

分類		
共計	六四六六〇〇〇	
遷移費	八〇〇〇〇	
防空設備費	五六〇〇〇	
疏散費	一四〇〇〇〇	
救濟（注）費	一二〇〇〇〇	
撫卹費		
生產減少	二八七〇〇〇〇	
盈利減少	三二〇〇〇〇〇	

註：1、本机関支出者

六、被炸人员设施善后

（一）补修被炸鼓楼

西京建委关于派员查勘补修钟鼓楼被炸工程并估价报会致会属工程处的训令（一九三九年九月九日）

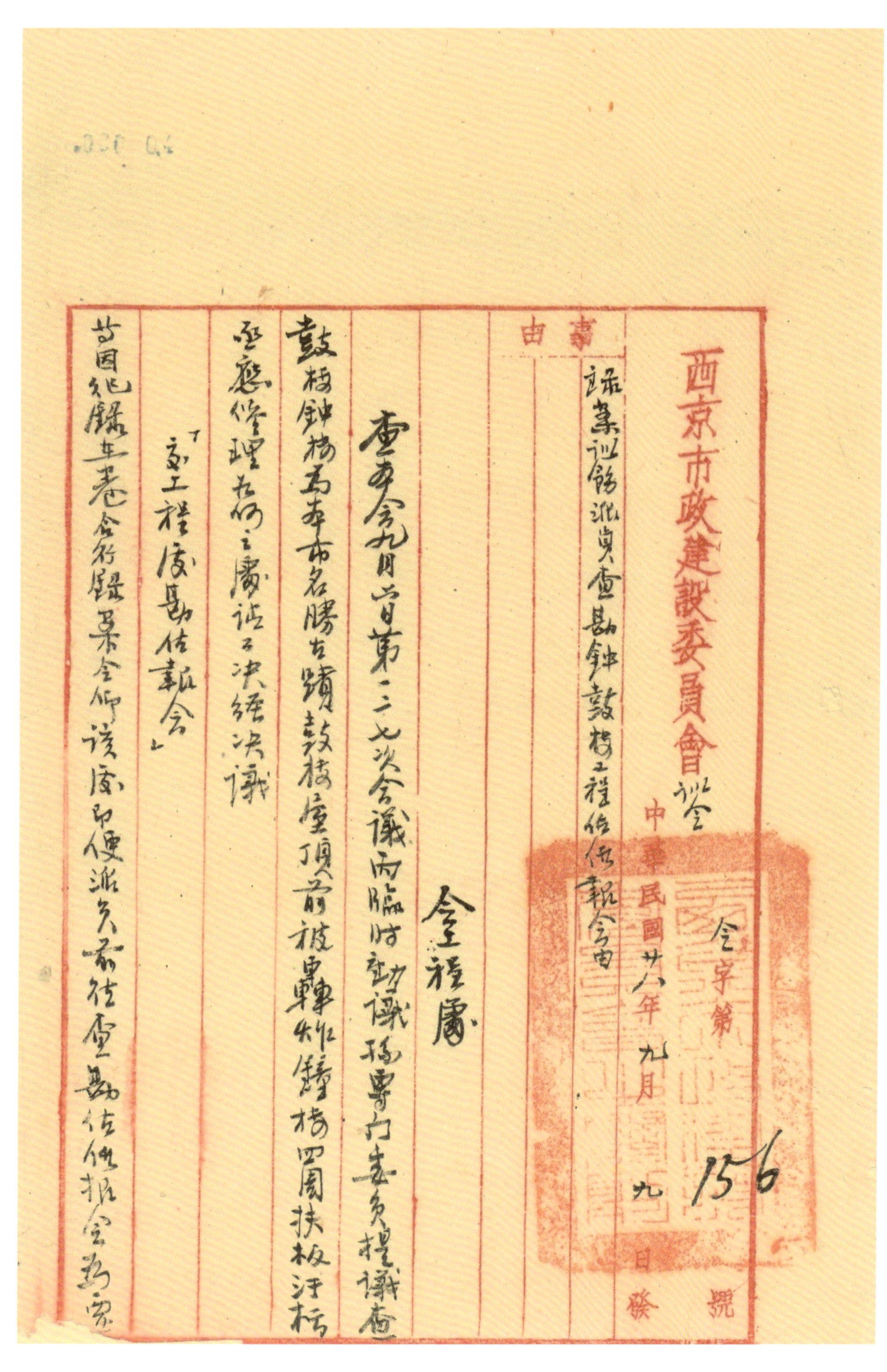

西京市政建設委員會訓令　令字第156號

中華民國廿八年九月九日發

事由：録案訓飭派員查勘鐘鼓樓工程估價報會由

令工程處

查本會九月首第一二七次會議兩臨時動議據常務委員提議查鼓樓鐘樓爲本市名勝古蹟鼓樓屋頂前被轟炸鐘樓四圍扶板牙檣亟應修理在案之處請公決經決議

交工程處勘估報會

等因紀錄在卷合行録案令仰該處即便派員前往查勘估價報會爲要

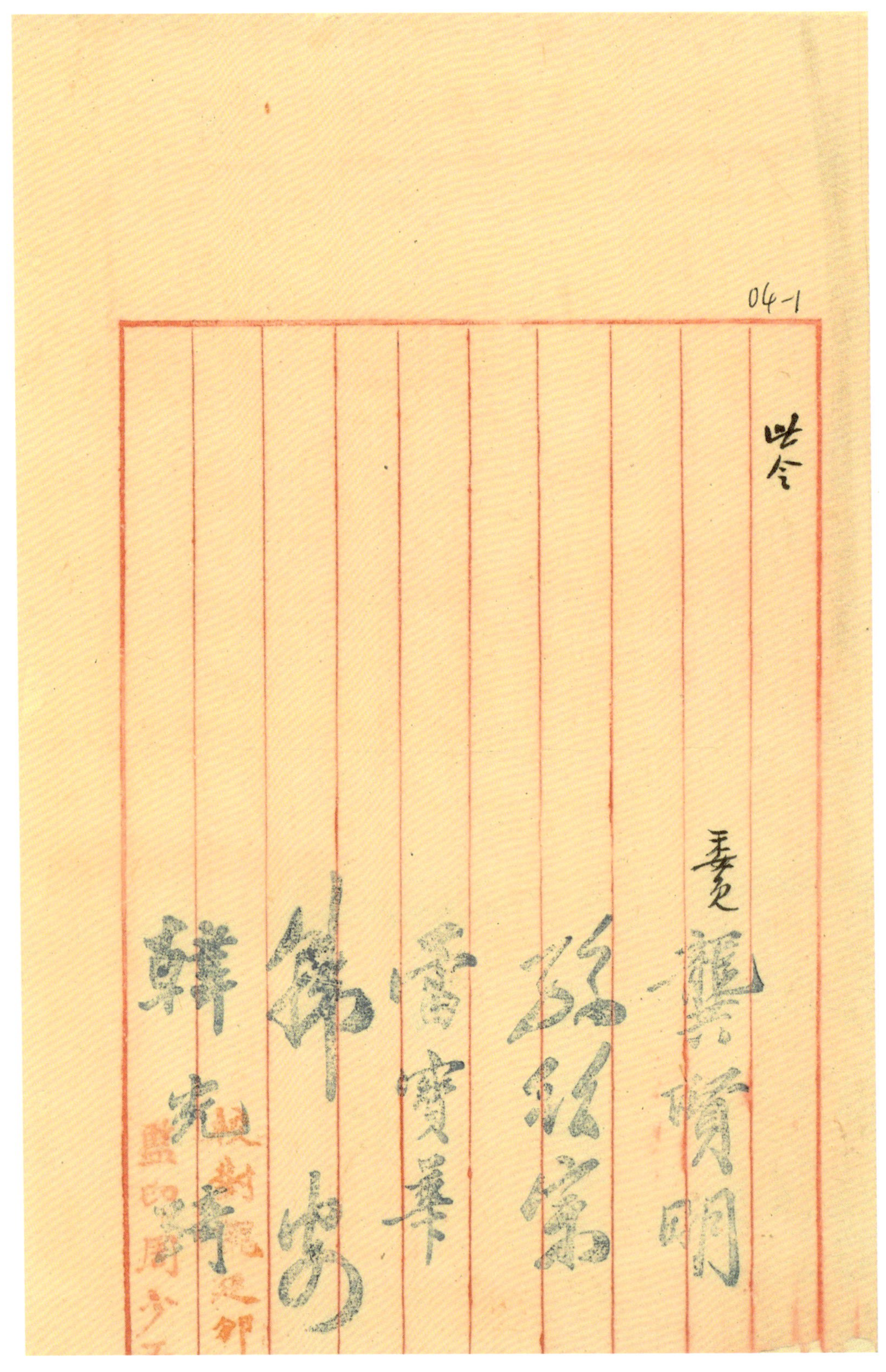

04-1

此令

委员 龚贤明 孙绍宗 雷宝华 郑自明 韩光琦

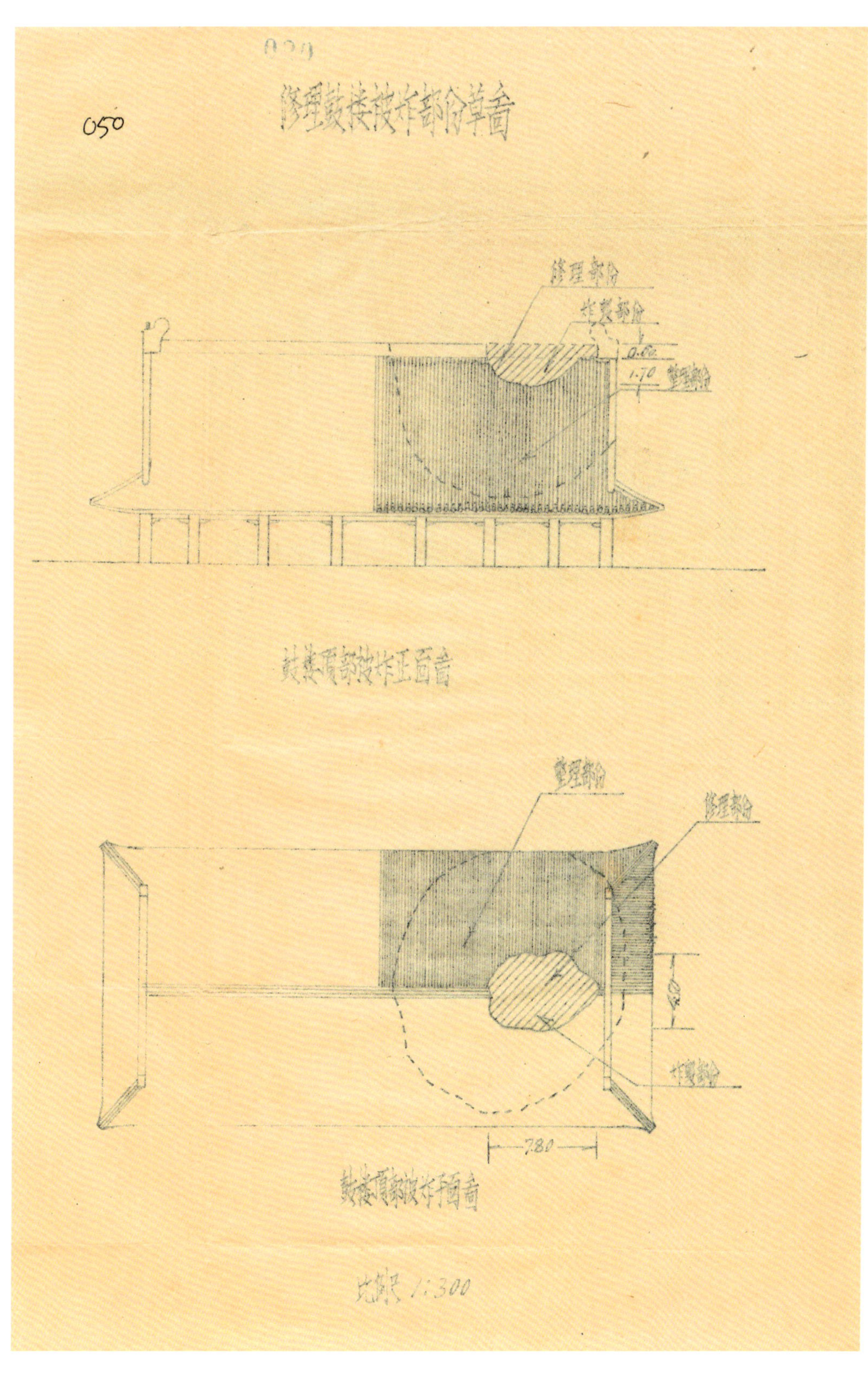

西京建委工程处修理鼓楼被炸部分草图（时间不详）

西京建委工程处修补鼓楼楼顶工程预算表（一九三九年九月二十日）

032

西京市政建設委員會工程處

修補鼓樓樓頂工程預算表

字第……號第……項

中華民國28年9月20日

種類	單位	單價（元）	數量	合價（元）	附記
正脊	丈	30.00	2.00	60.00	用普通
垂脊	〃	25.00	2.50	62.50	〃
板瓦	千頁	40.00	3.00	120.00	〃
筒瓦	〃	35.00	1.50	52.50	〃
扶簷木	根	15.00	1.00	15.00	松木
松木椽	〃	1.80	38.00	68.40	徑一寸
金瓜柱	〃	12.00	2.00	24.00	松木
額枋	〃	14.00	4.00	56.00	
墊板	〃	10.00	3.00	30.00	
望板	平方	6.00	35.00	210.00	
工資	大工	1.60	80.00	128.00	
工資	小工	1.00	200.00	200.00	
木架費			180.00	180.00	內外二個
雜項				100.00	所有舊料能用者用
小計				1306.40	
預備費				65.32	百分之五
總計				1371.72	

計算　　審核　　核准

西京建委工程处关于赍送补修鼓楼被炸工程合同标单说明书保证书致西京建委的呈（一九三九年十一月二十日）

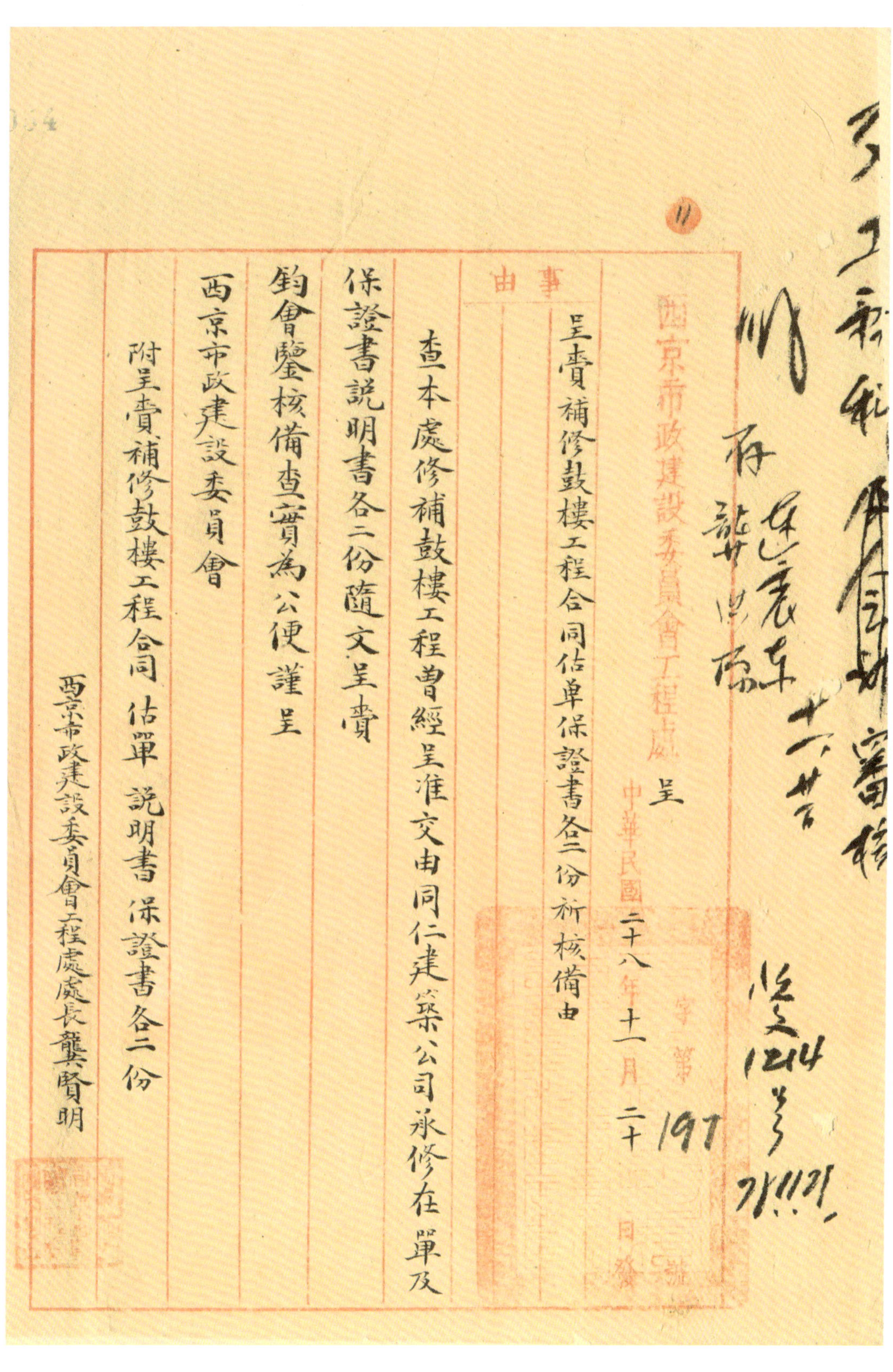
事由

呈賫補修鼓樓工程合同估单保證書各二份祈核備由

西京市政建設委員會工程處 呈

中華民國二十八年十一月二十日發

字第197號

查本處修補鼓樓工程曾經呈准交由同仁建築公司承修在案，理合將該工程合同、估單及保證書、說明書各二份隨文呈賫，鈞會鑒核備查，實為公便。謹呈

西京市政建設委員會

附呈賫補修鼓樓工程合同、估單、說明書、保證書各二份

西京市政建設委員會工程處處長龔賢明

附一：补修鼓楼被炸工程合同（一九三九年十一月二十日）

035

字197號 二十八年十一月二十日

補修鼓樓

工程合同

承包人 西京仁建公司 公司經理

西京市政建設委員會工程處

056

西京市政建設委員會工程處（以下簡稱工程處）與築 補修鼓樓

工程與承包人 同仁公司

（以下簡稱承包人）訂立合同如左

第一條 工程處所設計之各種圖樣及施工說明書等承包人願簽字蓋章切實遵照辦理

第二條 承包人投標時所填需之標單及說明書等為本合同之一部在工程進行期間工程處對於工程各部份有更改或增減時承包人須遵照建築所有工料按投標時所填之單價計算如標單單價不詳時按照時價另行估定

第三條 本工程所有零星瑣碎之處如有未盡載明於施工說明書或圖樣等之內者承包人須服從工程處所派監工人員指示辦理不得另索造價

第四條 本工程所需之人工物料工具竹籬蘇繩木椿以及各種生力之法暨

防護之物（壓路機路滾由本處供給）統歸承包人負擔所有本工程所需用之材料須經本處所派負責監工人員驗收後方許應用

第五條　工程進行時承包人須負工人安全及維持交通並應于工作地點日間設置紅旗夜間懸掛紅燈倘有疏忽或設備不周以致發生任何意外之事均由承包人負責

第六條　承包人非得工程處之允許不得將本工程轉包他人

第七條　承包人須派遣富有工程經驗之監工人常川在場監督並聽工程處監工員之指揮如該監工人不稱職時工程處得通知承包人撤換之

第八條　本工程於任何時間如工程處查有與施工說明書不符之處得責令承包人應即拆除並依照規定之工料重築所有時間及金錢之損失統歸承包人負担

第九條　訂立合同時承包人須繳納保證金洋伍十万元領取收據承包人中途有違反合同或藉辭推諉不完工等情事工程處得將保證金悉

57

數沒收作為賠償各項損失之一部

第十條 本工程經西京處委會驗收後上項保証金可移作保固金（保固金發還辦法列後）所有保証金保固期及保固金等皆須按工程處規定辦法辦理

第十一條 本工程自二十八年十一月九 日起動工限定工作日二十五 天（雨雪或暴風警報天除外）逾限由承包人按日罰洋四十五元〇角〇分（約合總包價 百分之三）工程處在應發工款內扣除之如遇雨雪或暴風確難工作時須由本處所派負責人員之簽字証明始得展期完工

第十二條 本工程於開工之後驗收之前其已成之工程概由承包人負責保管凡一切意外所受之損失皆由承包人完全負責

第十三條 承包人須覓殷實鋪保一家（資本在 萬元以上）倘承包人有違背合同或不能履行合同任何條款由保證人代承包人負本合同所

訂一切責任保証人須填寫保証書並在本合同後方簽字盖章表示承認各款

第十四條　若承包人無故停止工作或延緩履行合同時經本處書面通知後三日仍未遵照工作由本處一面通知保証人一面另雇他人繼續承包工作所有場內之材料器具設備等概歸本處使用而其續造工程之費用及延期損失等本處由工程包價内扣除之如有不足之處均歸保證人賠償

第十五條　本工程總包價為一仟伍佰四十元6角6分（若承包人係投單價其總價依工程完竣後實收數量結算為準）

第十六條　本工程分二　期付款

第一期　工料到齊三分之二付洋壹仟元

第十期

第十一期

第末期　工竣驗收全數付清

第末期經西京建委會派員驗收後除保固金外掃數結清

各期付款須由負責督工人員填寫請款書經工程處第一課証明後呈請核發

第十七條　保固金△元在總包價內扣存俟保固期滿後發還保固期自驗收日算起

第十八條　本工程全部驗收後保固時期規定為六個月如有損壞之處承包人得本處通知後立即前往遵照修理否則工程處代覓工人修理所有工料費用在保固金內扣除

第十九條　本合同保証書及施工說明書均繕同樣五份三份送呈西京建委會備案一份存西京建委會工程處一份由承包人收執

058

中華民國二十八年十一月六日立

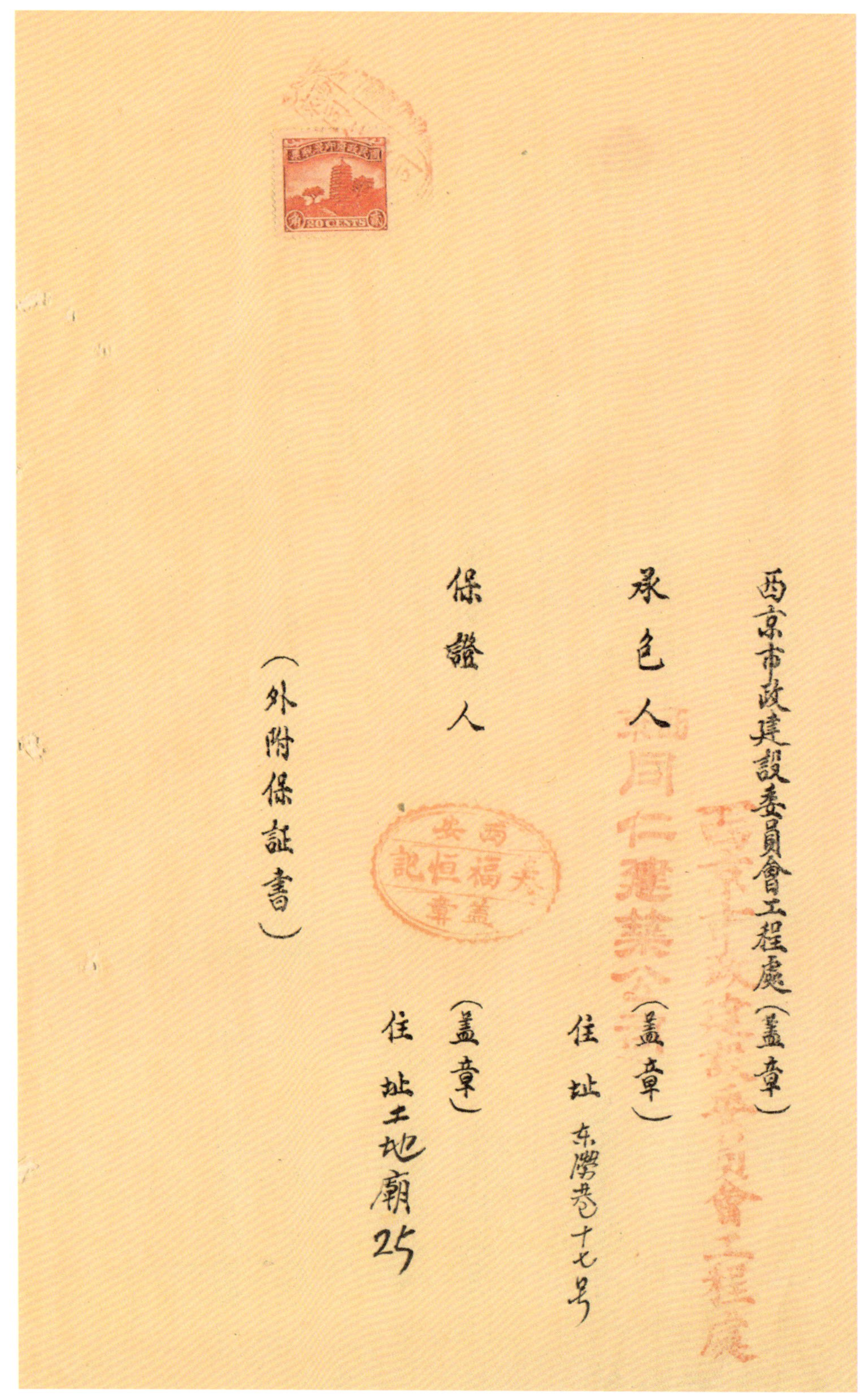
西京市政建設委員會工程處（蓋章）

承包人（蓋章）　住址 东關巷十七号

保證人（蓋章）　住址土地廟25

（外附保証書）

62

西京市政建設委員會工程處修補鼓樓頂上損壞部分工料估價單

種類	單位	單價（元）	數量	總價	備考
正脊	丈	三〇〇〇	二	六〇〇〇	用方磚做之
垂脊	丈	二八〇〇	四	一一二〇〇	用臨時小脊
小布瓦	千頁	一五〇〇	七	一〇五〇〇	
小筒瓦	千頁	三〇〇〇	四五	一三五〇〇	臨時小筒瓦
枎簷木	個	三〇〇〇	一	三〇〇〇	舊料補修單價
松木椽	個	二五〇〇	十八	四五〇〇	大頭一公寸
補柱	個	二〇〇〇	一	二〇〇〇	用舊料改做
額方	個	一〇〇〇	四	四〇〇〇	用楊木做
墊板	個	三〇〇〇	一	三〇〇〇	用楊木做

站板	立平方	七〇〇	三〇、	二一〇〇〇
白灰	千斤	四五〇〇	二、	九〇〇〇
麦草	百斤	三〇〇	四〇	一二〇〇〇
釘子	斤	一〇〇	五〇、	五〇〇〇
松墨	斤	五〇	三〇、	一五〇〇
黄土	車	一〇〇	二〇、	二〇〇〇
木泥坐	個	一二〇	四五〇、	五四〇〇〇

以上共計洋壹仟伍百壹拾肆元整

承包人

二十八年十一月十日

西京市政建設委員會工程處修補鼓樓施工說明書

總則

1.屬本工程範圍內之一切修補事項均須按照本說明書辦理之

2.在未施工前被炸部份必須清理清楚未頹下而已有裂縫及歪斜部份均需拆除以不危及上層建築為標準

3.承包人應遵照原有舊樣修理不得稍有更改

4. 材料

1.青磚：本工程所用磚料必需火色透均方得使用

2.石灰：以塊灰未經水濕為合用塊灰中不得少于三分之一面灰不得多于二分之一

3.黄沙：沙粒需匀不得雜有泥土

4.青瓦：瓦分普通瓦、流水瓦、筒瓦等，均需揭取，旧式大小田水瓦

人自行办理[illegible]

5.所用木材均先尽旧料，改用损坏者，或补砌部份，均需用新木料接补

施工

1.砌砖：用一比二灰将木[illegible]新砖[illegible]用[illegible]适足[illegible]

2.盖瓦：[illegible]相有[illegible]大[illegible]

3.木工：[illegible]木[illegible]用[illegible]旧有[illegible]用[illegible]

4.木[illegible]如有[illegible]随时[illegible]

附四：承修鼓楼被炸工程保证书（一九三九年十一月六日）

保證書

茲因承包人同仁公司與西京市政建設委員會工程處訂立合同興築補修鼓樓工程，保證人願担保該承包人切實履行合同，如有違反合同或因任何事故發生不能履行合同時，保證人願按照合同規定負完全責任，並賠償該項工程所受一切損失。自具此保證書後，即負担保之責，至全部工程驗收，並保固期滿後為止。所具保證書是實。

保證人

二十八年十一月六日

西京建委工程处关于请求派员验收补修鼓楼被炸工程致西京建委的呈（一九三九年十二月二十日收）

西京市政建設委員會工程處呈

中華民國二十八年十二月　字第　號

事由　呈請派員驗收包修鼓樓被炸工程以便結算由

查本處招商補修鼓樓被炸工程前以完成三分之二時當經呈報在案茲據該包商同仁建築公司呈稱：

「為呈報事敝公司補修鼓樓工程定立合同限期二十五天完竣由十一月九日開工至十二月十一日完工除天雨警報八天展限為一日共計工作二十六天外懇請貴處派員驗收以便結算而清手續理合陳明伏祈鑒核謹呈」

067-1

等情據此查核所稱屬實除將該公司延誤日期照章罰辦外理合具文呈請

鈞會鑒核派員驗收以便清結

謹呈

西京市政建設委員會

西京市政建設委員會處　長龔賢明

副處長謝清河

西京建委工程处关于赍送补修鼓楼被炸工程结算表决算表致西京建委的呈（一九四〇年一月二日）

交工務科及會計
股核辦
明 送表冊下午
照

241

西京市政建設委員會工程處呈

中華民國二十九年一月二日發 字第2號

事由：呈賫鼓樓被炸工程結算表及決算表各二份祈核備由

查本處招商補修鼓樓被炸工程前於十二月十一日完成一部份當經呈請

鈞會派員驗收在案所有該項工程結算表及決算表各二份現已核計完畢理合備文呈賫

鈞會鑒核

謹呈

西京市政建設委員會

068-1

附呈贵结算表及决算表各二份

西京市政建设委员会工程处处　长龚贤明
副处长谢清河

附一：补修鼓楼被炸工程结算表（一九三九年十二月三十日）

西京市政建設委員會工程處

補修鼓樓被炸部份 工程結算表

承造廠商 同仁公司	規定期限 二十五天
訂立合同日期 二十八年十一月五日	根據合同扣除日數 八天
開工日期 二十八年十一月九日	核准延期日數 雨期及警報七天 換料延期二天 共計九天
完工日期 二十八年十二月十一日	逾期日數

預計		結算	
合同所訂總價	$1514.00	實做工程費額	$1514.00
追加——1		扣罰款額——1	
2		2	
3		3	
4		4	
共計	$1514.00	淨付	$1514.00

處長　　課長　　負責工程司　代　　監工員

069

西京市政建設委員會工程處

修補鼓樓樓頂工程決算表

071

字第……號第……項

中華民國28年12月30日

種類	單位	單價(元)	數量	合價(元)	附記
正脊	丈	30.00	2.00	60.00	
垂脊	〃	28.00	4.00	112.00	
布瓦	千頁	15.00	7.00	105.00	
筒瓦	〃	30.00	4.50	135.00	
荻簷木	根	30.00	1.00	30.00	
松木椽	〃	2.50	18.00	45.00	
補柱	〃	20.00	1.00	20.00	
額方	〃	10.00	4.00	40.00	
墊板	〃	30.00	1.00	30.00	
站板	公平方	7.00	30.00	210.00	
白灰	千斤	45.00	2.00	90.00	
麥草	百斤	0.03	4.00	12.00	
釘子	斤	1.00	50.00	50.00	
松墨	〃	0.50	30.00	15.00	
黄土	車	1.00	20.00	20.00	
木泥工	名	1.20	450.00	540.00	
總計				1511.00	

計算　　審核　　核准

附二：补修鼓楼被炸工程决算表（一九三九年十二月三十日）

西京建委工程处关于请求派员验收补修鼓楼被炸工程修复经过情形致西京建委的呈（一九四〇年一月四日）

西京市政建設委員會工程處呈

中華民國廿九年一月四日 七

事由：呈報派員驗收鼓樓被炸工程修復經過情形祈核備由

案據本處技士孟昭義簽呈稱：

「謹簽者職奉派于十二月廿九日會同建委會李技士前往驗收鼓樓補修工程即至該工地實地察驗所有補修各部份尚無不合之處謹將驗收情形理合簽請鑒核謹呈」

等情據此查鼓樓被炸工程前於補修完成後當經飭派該員會同鈞會李技士前往驗收在案茲據前情理合具文呈報

94-1

鈞會鑒核備查

謹呈

西京市政建設委員會

西京市政建設委員會工程處

處　長　龔賢明

副處長　謝清河

（二）补修被炸钟楼

西京建委工程师龚洪源关于宜早补修钟楼被炸部分以策安全致西京建委的签呈（一九三九年十月十四日）

查本市鐘樓兩邊拱門於十月十日被敵機炸燬中間[illegible][illegible]坐損壞

擬令 十、十四

為簽呈事查本市鐘樓係文化古蹟兩邊拱門及大樓下層屋面於十月一日被 敵機炸燬中間均係灰土填嵌日來天氣晴明故未発生危險倘經霪雨浸需勢必鬆軟且大樓壓力過重更難收拾將來補修費更大宜早籌謀以保萬一擬轉飭工程處照工補修似較費簡工速是否之處理合簽請 鑒核謹呈

執行委員龔

工程師龔洪源 謹簽

西京建委关于补修钟楼被炸工程估价致会属工程处的训令（一九三九年十月二十八日）

西京市政建設委員會稿

文別：訓令

送達機關：工程處

事由：據案訓令估價修葺鐘樓被炸工程由

訓令

令工程處

查本會第一二九次會議討論事項第一案，執行委員提案：據工務科簽呈，十月十日鐘樓西南被敵機轟燬，以致東土斗、窗[illegible]，倘再經風雨沖刷，傾圮

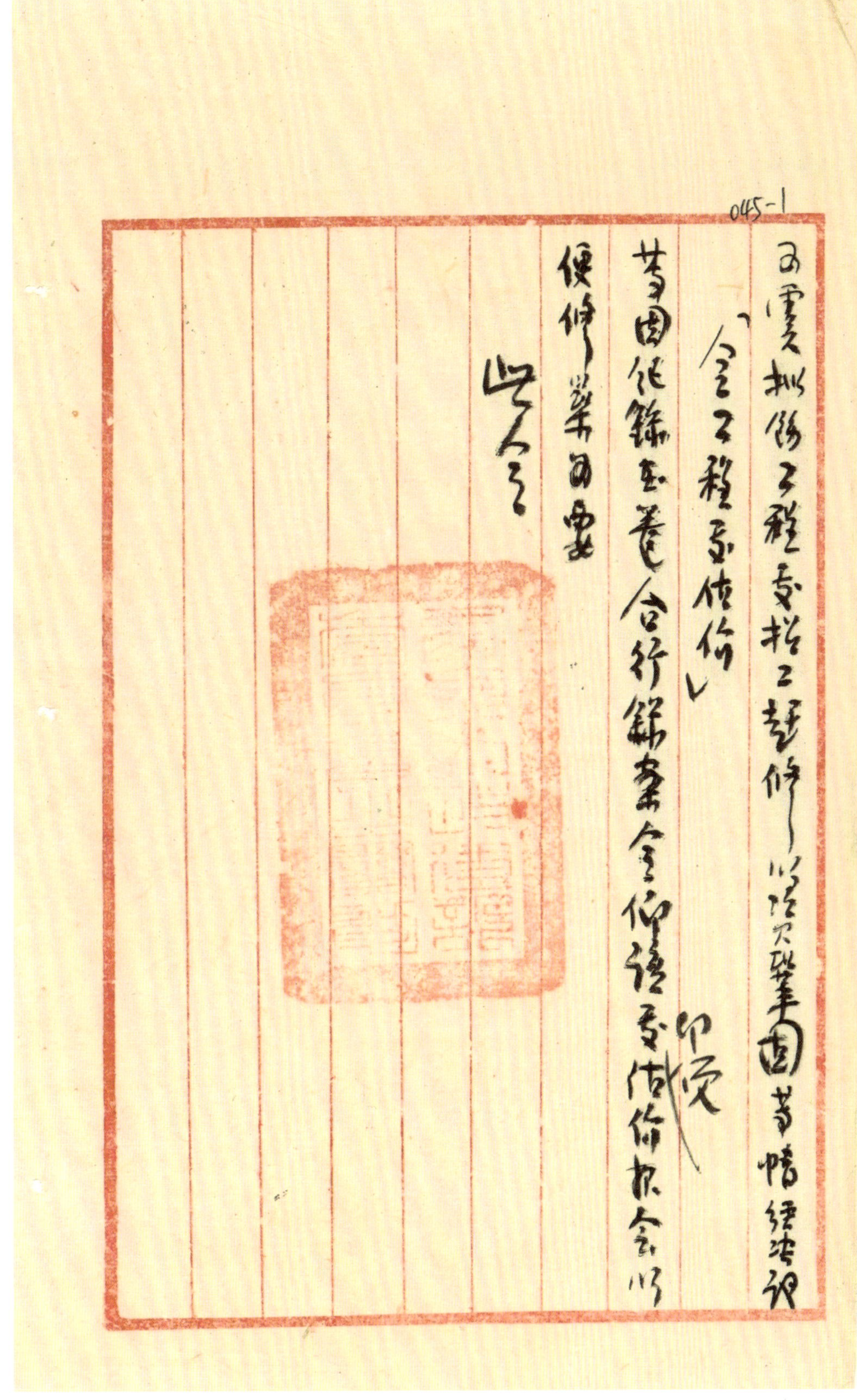

045-1

函電撥歸工程處指定整修以防火災等因准此經批

令工程處估價

並由貴處代錄原函合行錄案令仰該處估價具報以

便修葺為要

此令

西京建委工程处关于奉令造赍补修钟楼被炸工程图表致西京建委的呈（一九三九年十一月七日）

西京市政建設委員會工程處 呈

中華民國二十八年十一月七日　字第　號

事由：呈復奉令造賫修築鐘樓被炸工程圖表各二份祈核示由

案奉

鈞會二十八年十月二十八日會字第二一三號訓令為錄案訓令估價修築鐘樓被炸工程一案遵即本諸該項工程舊有式樣繪具詳圖並按現時工料最低價額編造預算計共需國幣壹萬貳仟肆百玖拾元零肆角玖分理合將該項工程詳圖及預算各二份隨文呈賫

鈞會鑒核并祈指示祇遵實為公便

004-1

謹呈

西京市政建設委員會

附呈責修築鐘樓詳圖及預算說明書各二份

西京市政建設委員會工程處處長龔賢明

附一：修补钟楼工程设计图（一九三九年十一月四日）

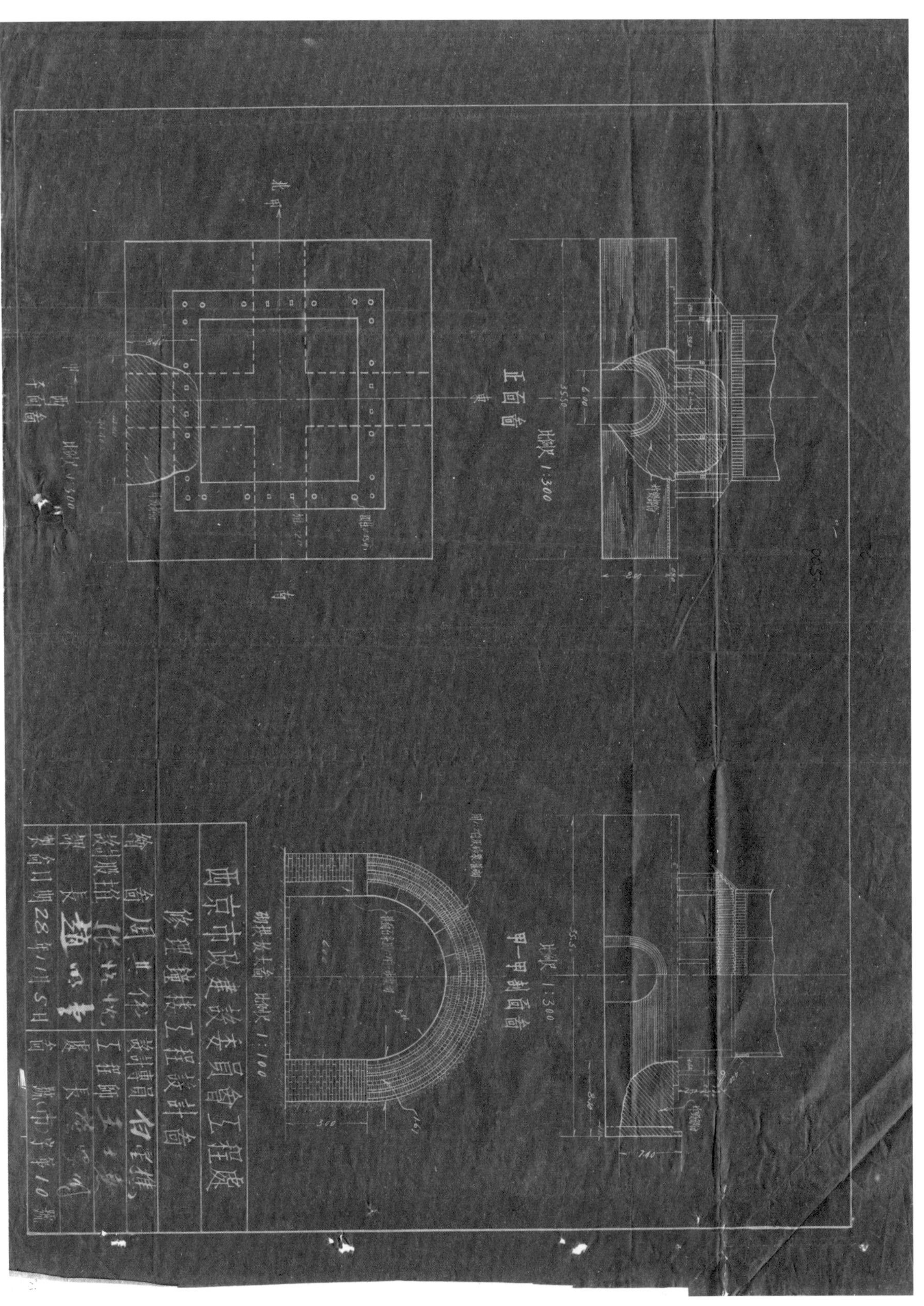

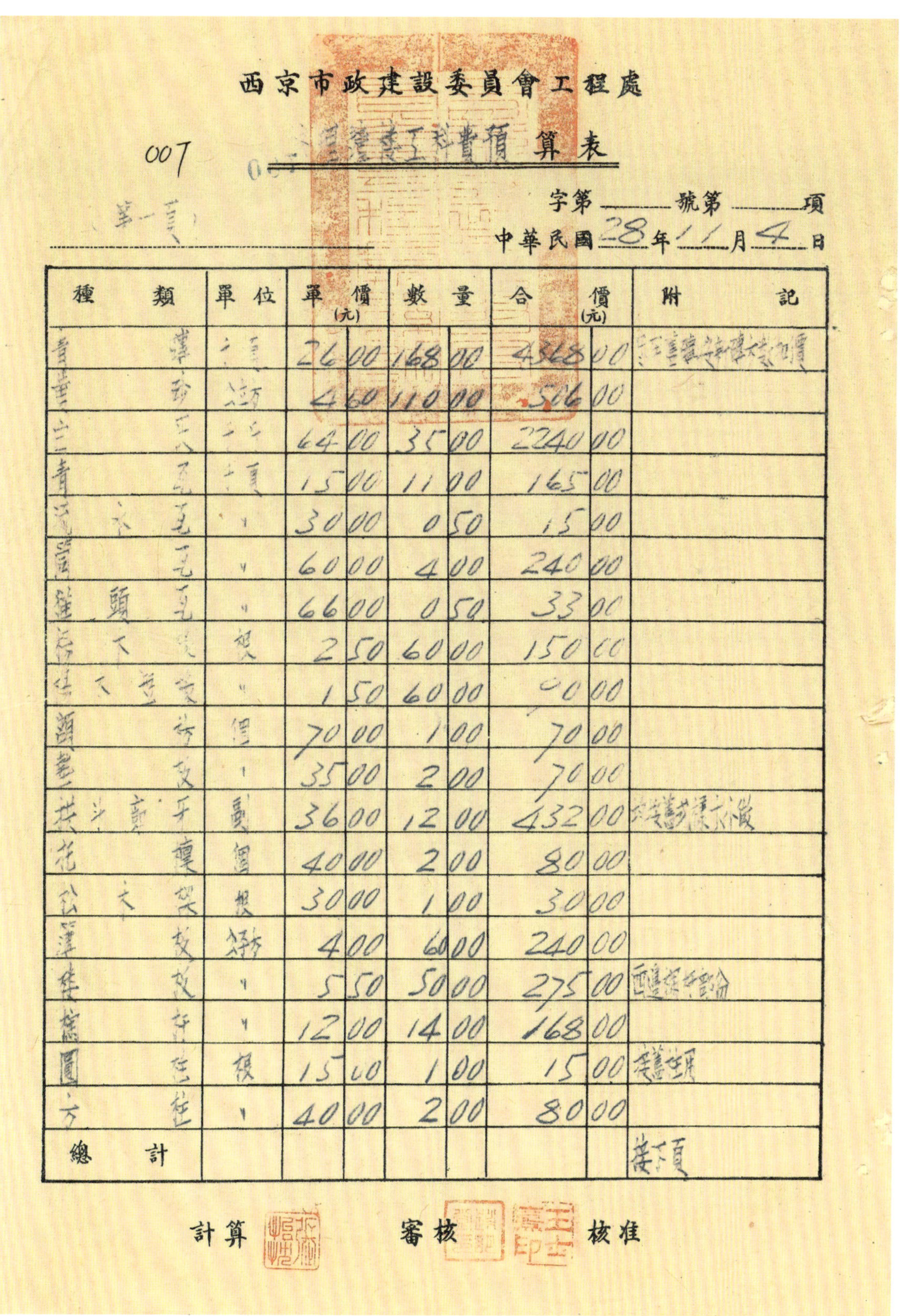

西京市政建設委員會工程處

007

[illegible]鐘樓工料費預 算表

（第一頁）

字第＿＿號第＿＿項

中華民國 28 年 11 月 4 日

種類	單位	單價（元）	數量	合價（元）	附記
青磚	千塊	26.00	168.00	4368.00	[illegible]
黄砂	公方	4.60	110.00	506.00	
[illegible]	[illegible]	64.00	35.00	2240.00	
青[illegible]瓦	[illegible]	15.00	11.00	165.00	
滴水瓦	〃	30.00	0.50	15.00	
[illegible]瓦	〃	60.00	4.00	240.00	
[illegible]頭瓦	〃	66.00	0.50	33.00	
[illegible]下板	塊	2.50	60.00	150.00	
[illegible]下[illegible]板	〃	1.50	60.00	90.00	
[illegible]枋	個	70.00	1.00	70.00	
[illegible]	〃	35.00	2.00	70.00	
拱[illegible]	[illegible]	36.00	12.00	432.00	[illegible]
花[illegible]	個	40.00	2.00	80.00	
松木[illegible]	根	30.00	1.00	30.00	
[illegible]板	公方	4.00	60.00	240.00	
樓[illegible]板	〃	5.50	50.00	275.00	西邊樓梯[illegible]
[illegible]	〃	12.00	14.00	168.00	
圓柱	根	15.00	1.00	15.00	[illegible]
方柱	〃	40.00	2.00	80.00	
總計					接下頁

計算　　審核　　核准

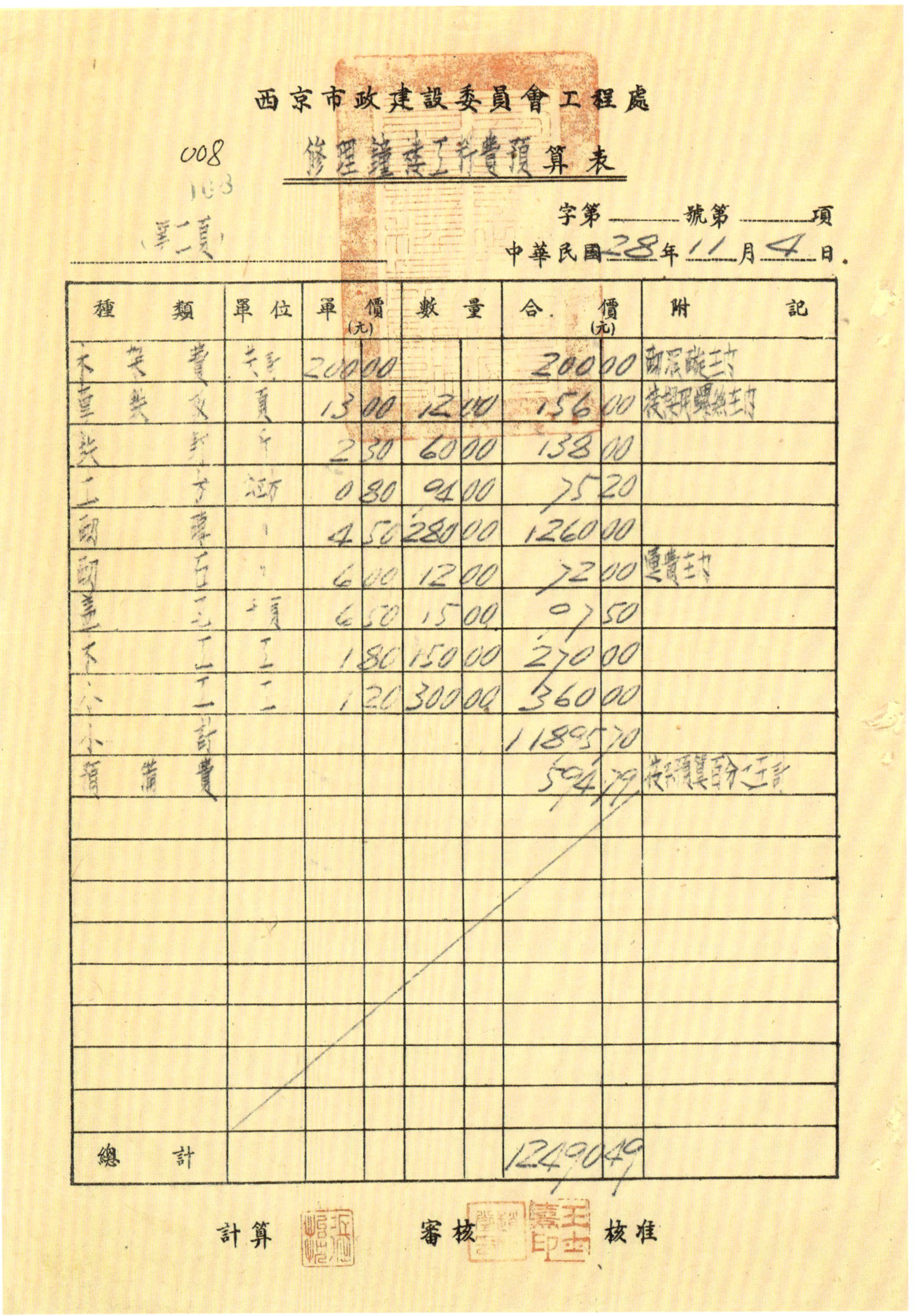

008

103

（第一頁）

西京市政建設委員會工程處

修理鐘樓工料費預算表

字第＿＿＿號第＿＿＿項

中華民國28年11月4日.

種類	單位	單價（元）	數量	合價（元）	附記
木架費	共計	200.00		200.00	[illegible]
[illegible]	[illegible]	13.00	12.00	156.00	[illegible]
[illegible]	[illegible]	2.30	60.00	138.00	
[illegible]	[illegible]	0.80	94.00	75.20	
[illegible]	〃	4.50	280.00	1260.00	
[illegible]	〃	6.00	12.00	72.00	運費在內
[illegible]	[illegible]	6.50	15.00	97.50	
木工	工	1.80	150.00	270.00	
小工	工	1.20	300.00	360.00	
小計				11895.70	
預備費				594.79	按預算百分之五計
總計				12490.49	

計算 [印]　　審核 [印]　　核准

西京建委关于准予照修钟楼被炸工程唯于承包公司须随时注意切勿疏忽致会属工程处的指令
（一九三九年十一月十八日）

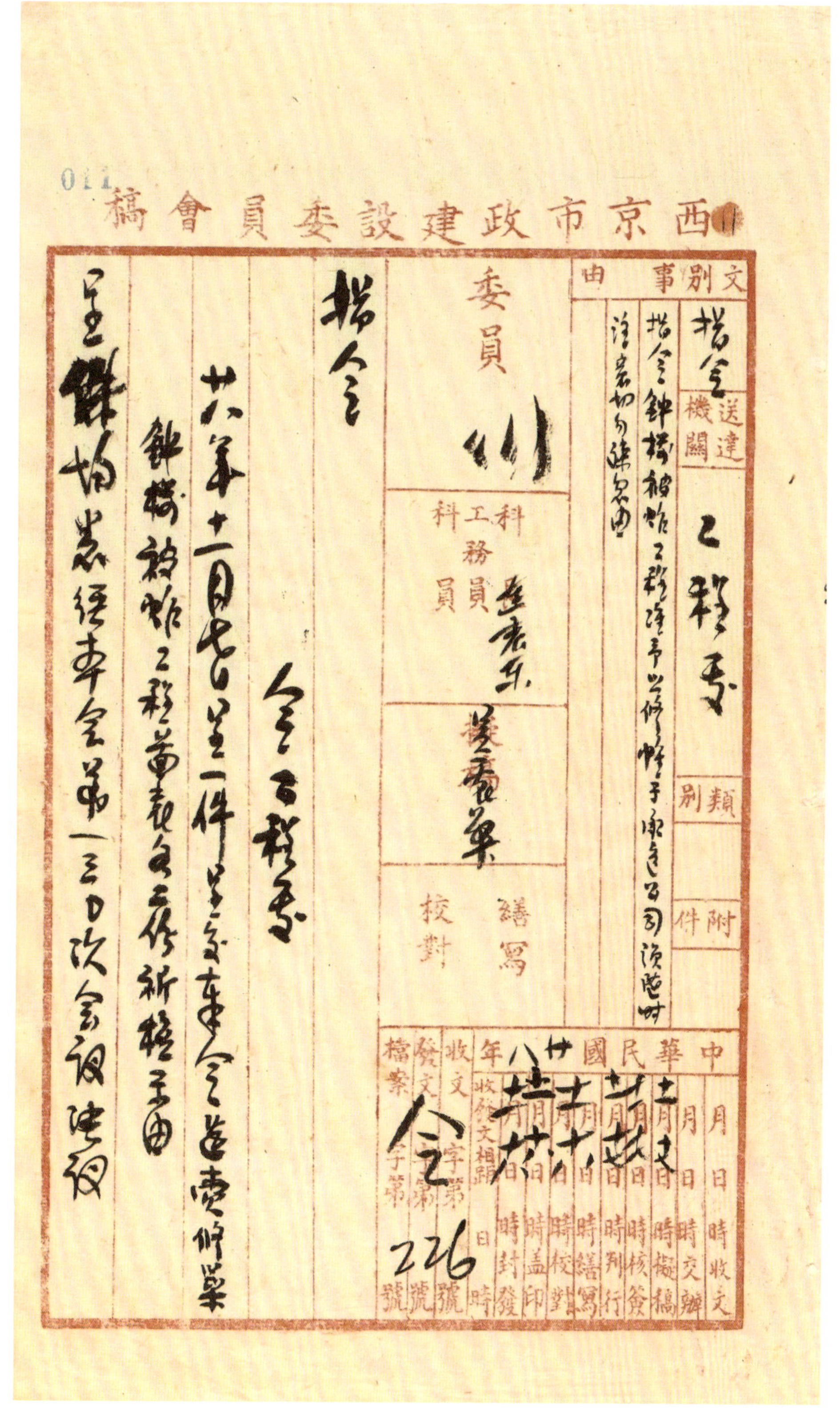

西京市政建設委員會稿

文別	指令
送達機關	工程處
類別	
附件	

事由

委員

科長　工務科員

繕寫　校對

中華民國廿八年　月　日

收文　字第　號
發文　令字第226號
檔案　字第　號

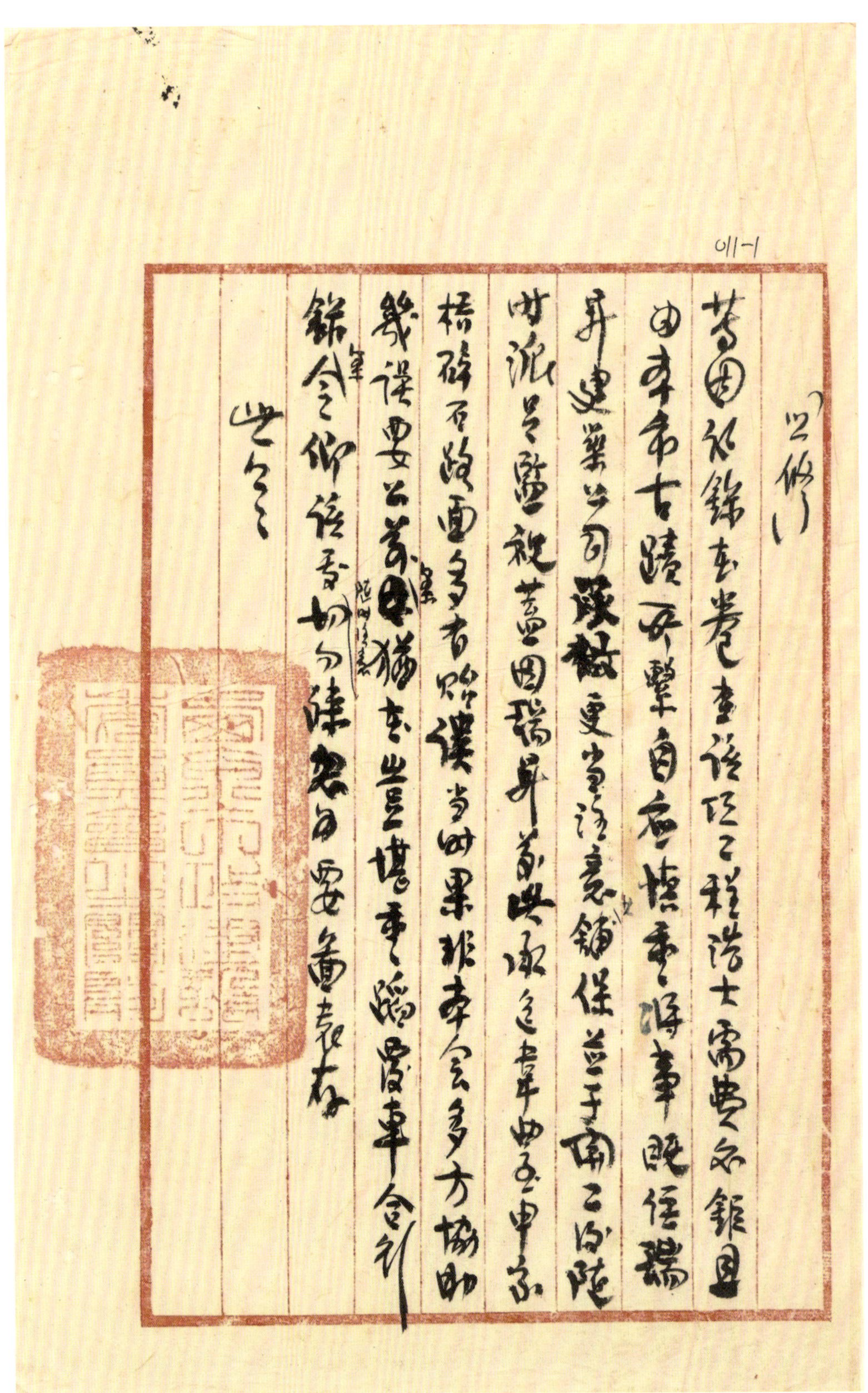
011-1

以修

兹因以錄委卷查該項工程諸士需要急鉅且
由本市古蹟碑林自應特予保存既經瑞
昇建築公司承攬更當該處鋪保並予備工以陸
續派員監視茲因瑞昇前與承造者曾由中家
橋碑石路面多有毀損當時業非本會多方協助
幾誤要公茲因瑞委豈堪再蹈覆轍合行
錄令仰該會切勿陳忽自要為去報存
此令

西京建委工程处关于奉令赍送补修钟楼被炸工程合同估单说明书保证书致西京建委的呈
（一九三九年十二月六日）

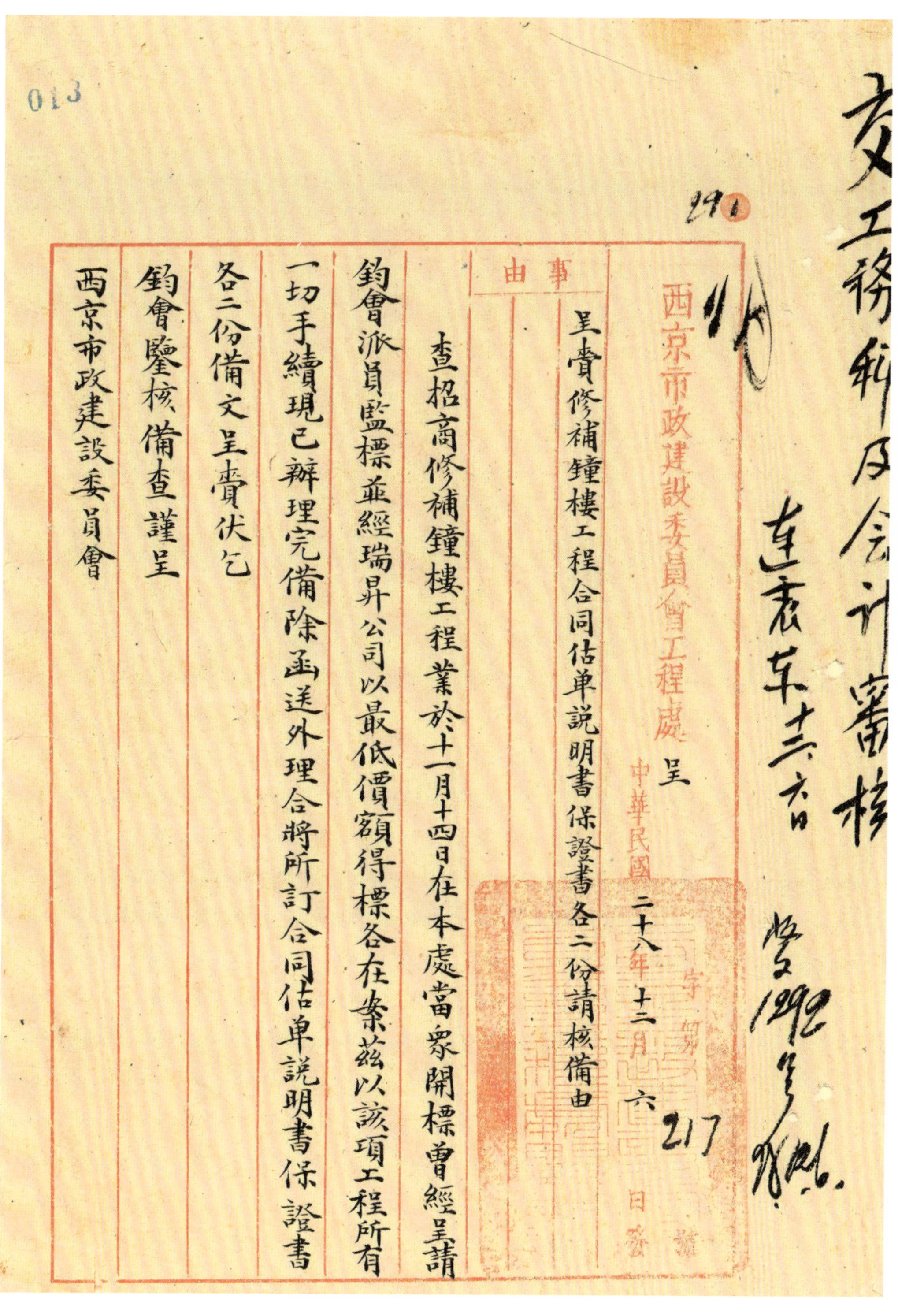
西京市政建設委員會工程處 呈

事由
呈賫修補鐘樓工程合同估单説明書保證書各二份請核備由

中華民國二十八年十二月六日發

查招商修補鐘樓工程業於十一月十四日在本處當衆開標曾經呈請
鈞會派員監標並經瑞昇公司以最低價額得標各在案茲以該項工程所有
一切手續現已辦理完備除函送外理合將所訂合同估单説明書保證書
各二份備文呈賫伏乞
鈞會鑒核備查謹呈
西京市政建設委員會

013-1

附呈修補鐘樓工程合同估单説明書保證書各二份

西京市政建設委員會工程處處長龔賢明

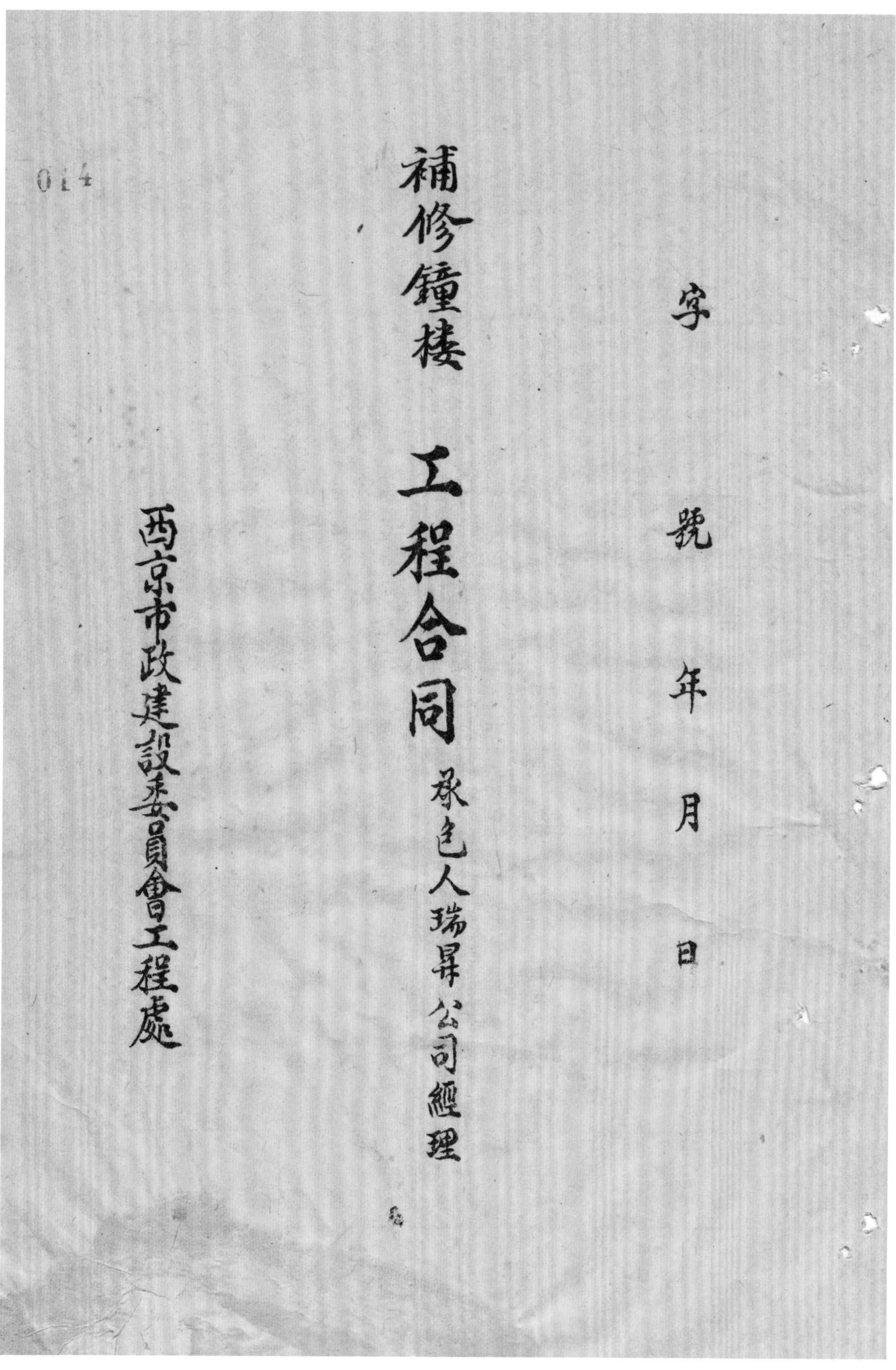

014

字　號　年　月　日

補修鐘樓　工程合同

承包人瑞昇公司經理

西京市政建設委員會工程處

015

西京市政建設委員會工程處（以下簡稱工程處）與築 補修鐘樓

工程與承包人 瑞昇公司

（以下簡稱承包人）訂立合同如左

第一條 工程處所設計之各種圖樣及施工說明書等承包人願簽字蓋章切實遵照辦理

第二條 承包人投標時所填需之標單及說明書等為本合同之一部在工程進行期間工程處對於工程各部份有更改或增減時承包人須遵照建築所有工料按投標時所填之單價計算如標單單價不詳時按照時價另行估定

第三條 本工程所有零星瑣碎之處如有未盡載明於施工說明書或圖樣等之內者承包人須服從工程處所派監工人員指示辦理不得另索造價

第四條 本工程所需之人工物料工具竹蘺蔴繩木樁以及各種生力之法暨

防護之物（壓路機路滾由本處供給）統歸承包人負擔所有本工程所需用之材料須經本處所派負責監工人員驗收後方許應用

第五條　工程進行時承包人須負工人安全及維持交通並應于工作地點日間設置紅旗夜間懸掛紅燈倘有疏忽或設備不周以致發生任何意外之事均由承包人負責

第六條　承包人非得工程處之允許不得將本工程轉包他人

第七條　承包人須派遣富有工程經驗之監工人常川在場監督並聽工程處監工員之指揮如該監工人不稱職時工程處得通知承包人撤換之

第八條　本工程於任何時間如工程處查有與施工說明書不符之處得責令承包人應即拆除並依照規定之工料重築所有時間及金錢之損失統歸承包人負担

第九條　訂立合同時承包人須繳納保證金洋四百　元領取收據承包人中途有違反合同或藉辭推諉不完工等情事工程處得將保証金悉

數沒收作爲賠償各項損失之一部

第十條　本工程經西京建委會驗收後上項保証金可移作保固金（保固金發還辦法列後）所有保証金保固期及保固金等皆須按工程處規定辦法辦理

第十一條　本工程自二十八年十一月二十日起動工限定工作日六十天（雨雪或暴風警報天除外）逾限由承包人按日罰洋一八〇元〇角〇分（約合總包價　百分之二）工程處在應發工款內扣除之如遇雨雪或暴風礙難工作時須由本處所派負責人員之簽字証明始得展期完工

第十二條　本工程於開工之後驗收之前其已成之工程概由承包人負責保管凡一切意外所受之損失皆由承包人完全負責

第十三條　承包人須覓殷實舖保一家（資本在　萬元以上）倘承包人有違背合同或不能履行合同任何條款由保證人代承包人負本合同所

訂一切責任保証人須填寫保証書並在本合同後方簽字蓋章表示承認各款

第十四條　若承包人無故停止工作或延緩履行合同時經本處書面通知後三日仍未遵照工作由本處一面通知保証人一面另雇他人繼續承包工作所有場內之材料器具設備等概歸本處使用而其續造工程之費用及延期損失等本處由工程包價內扣除之如有不足之處均歸保證人賠償

第十五條　本工程總包價為九仟八六元玖角[illegible]分（若承包人係投單價其總價依工程完竣後實收數量結算為準）

第十六條　本工程分三期付款

第一期　磚墩及前面磚牆砌起付第一期款四仟元

第二期　土方填竣椽柱立起台簽作好付第二期款三仟伍百元

第三期

第末期　工竣驗收後除保固金外全數付清

第末期經西京建委會派員驗收後除保固金外掃數結清

各期付款須由負責督工人員填寫請款書經工程處第二課証明後呈請核發

第十七條　保固金三百元在總包價內扣存俟保固期滿後發還保固期自驗收日算起

第十八條　本工程全部驗收後保固時期規定為六個月如有損壞之處承包人得本處通知後立即前往遵照修理否則工程處代覓工人修理所有工料費用在保固金內扣除

第十九條　本合同保証書及施工說明書均繕同樣五份三份送呈西京建委會備案一份存西京建委會工程處一份由承包人收執

中華民國二十八年十一月十八日立

西京市政建設委員會工程處（蓋章）

承包人瑞昇公司（蓋章）

住址城隍廟後街一〇三

保證人永發誠（蓋章）

住址西大街四八二號

（外附保証書）

附二：补修钟楼被炸工程标单（一九三九年十一月十三日）

西京市政建設委員會工程處修補鐘樓標單

種類	單位	單價	數量	總價	備攷
青磚	千頁	二六.00(元)	九五.00	二四七0.00(元)	尽舊磚用接新磚方數扣佩
黃沙	公立方	四.五0	七0.00	三一五.00	
白灰	千斤	四五.00	三八.00	一七一0.00	富平灰
青瓦	千頁	四二.00	二.五00	一0五.00	
流水瓦	千頁	五0.00	0.一0	五.00	
筒瓦	千頁	四二.00	一.五0	六三.00	
貓頭瓦	千頁	五0.00	0.一0	五.00	
揚木椽	根	二.00	六六.00	一三二.00	
揚木短椽	根	一.二0	六六.00	七九.二0	
接補材料	個			一五0.00	連簷在內
墊板	個	六.00	一.00	六.00	接補現有八二公尺長墊板

拱斗廊牙	小托標	托標下頦坊	松木樑	篷板	樓板	欄杆	圓柱	方柱	木架費	厚鉄板	鉄釘	土方
付	根	公尺	根	公平方	公平方	公平方	根	根	共計	共計	斤	公立方
七二.00	四二.00	四.00	三五.00	二.五0	八.00	六.七0	三0.00	三五.00			一.五0	二.00
八.00	一.00	三八.00	二.00	五四.00	四八.00	三一.00	一.00	二.00			三六.00	三00.00
五七六.00	四二.00	一五二.00	七0.00	一三五.00	三八四.00	二0七.七0	三0.00	七0.00	一五0.00	一五0.00	五四.00	六00.00
均按舊式樣尺寸做			若松木特則以楊木為準	代葦簾用	西边欄杆部份		換舊柱用		砌洞碹台在內	接樑用四分之厚螺釘在內		

砌磚	公立方	四五.〇〇	三一.〇〇	一三九五.〇〇	用一比二灰砂混砌
砌石	公立方	七.〇〇	五.〇〇	三五.〇〇	單價系用一比一灰砂混砌
蓋瓦	千頁	一〇.〇〇	四.二〇	四二.〇〇	
木工	工	一.三八	一八〇.〇〇	六八.〇〇	
工	工	一.二〇	一二〇.〇〇	一四四.〇〇	

以上共計總標價國幣玖仟伍百捌拾陸元玖角整

（全數用新磚應合壹万壹仟玖百弍拾陸元玖角）

除註明者外一切木貨均以楊木為準

共需工作日數

保證人

住址

投標人 瑞昇建築公司（簽名蓋章）

住址

中華民國二十八年十一月十三日投

西京市政建設委員會工程處修補鍾樓施工說明書

總則

1.凡屬本工程範圍内之一切修補事項均須按照本說明書辦理之

2.在未施工前被炸部份必需清理清楚未塌下而已有裂縫及歪斜部份均需拆除以不危及上層建築為標準

3.承包人應切實遵照本處所發藍圖尺寸大小辦理之不得稍有更改

4.開工後應注意四週路線不得有阻碍四週交通

材料

1.青磚：本工程所用磚料先修舊磚使用不足數用新磚補足舊磚未用前必需將灰縫除淨新磚必需火色透均方得使用

2.白灰：以單縣灰未經水濕者為合用塊狀不得少于三分之一面狀不得多于三分之二

3、黄沙：砂粒需匀不得雜有泥土

4、青瓦：瓦分普通瓦流水瓦筒形瓦貓头瓦四種均需按照舊式尺寸大
小由承包人自行办理之必需火色透匀方得使用

5、木料：所用木料均先準舊料使用損坏者或腐朽部份均需用
新木料接補不得因循將就木椽大头一〇公分方柱三十二公
分正方高為三百公分圓柱直徑四十五公分高五百弍拾公分
額坊四十五公分乘三十五公分見方長度四百弍拾公分八百一十
公分者各一墊板三十五公分乘二十五公分見方長度共一千弍
百叁拾公分相接部份必須在方柱或圓柱上端不得至空
間連接拱斗廊牙上下樑及托檁均按舊式尺寸大小仿做
不得稍有更改補修樓上欄杆及西边由欄杆至墻根樓板全部

施工

1、砌磚：用一比二灰漿灌砌新磚未用前必需经过水濕之

2、砌石：用一比一灰漿砌石料不足时請主管工程司酌量办理之

3、蓋瓦：不得稍有離縫或不齊之處

4、木工：樑木長度不足而用新料接補时上下必需墊鉄板用螺釘釘緊不得稍有疏忽

5、本說明書如有未盡事項得隨时增加之

附四：承修钟楼被炸工程保证书（一九三九年十一月十三日）

保證書

茲因承包人瑞昇公司與
西京市政建設委員會工程處訂立合同與築
補修鐘楼　工程，保證人願担保該承包
人切實履行合同；如有違反合同或因任
何事故發生不能履行合同時，保證人願
按照合同規定負完全責任，並賠償該
項工程所受一切損失。自具此保證書
後，即負担保之責，至全部工程驗收，
並保固期滿後爲止。所具保證書是實。

保證人

廿八年
十一月十三日

西京建委工程处补修钟楼被炸工程增修各部略图（一九四〇年二月十八日）

西京建委工程处关于请求派员验收补修钟楼被炸工程致西京建委的呈（一九四〇年二月二十四日）

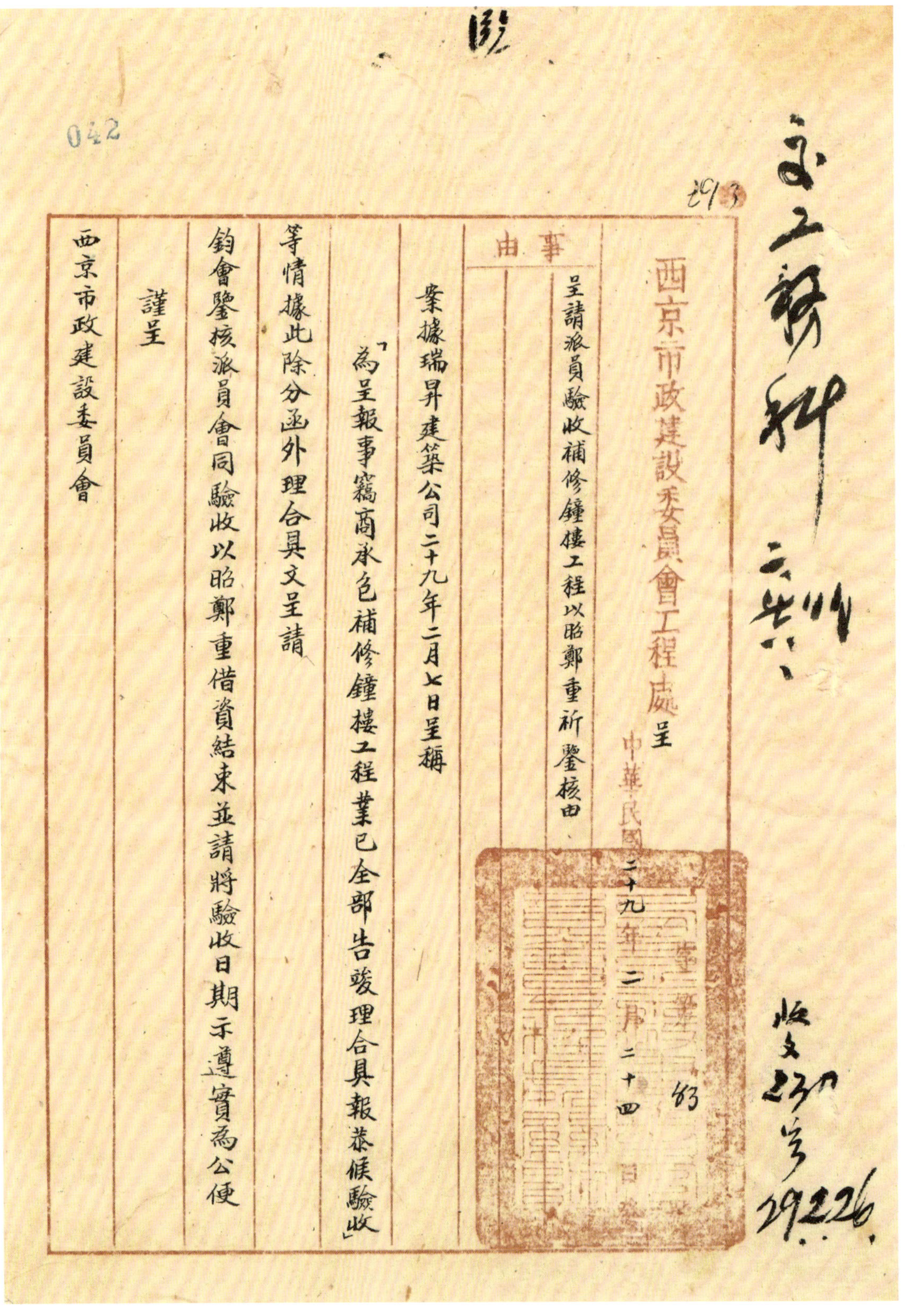

西京市政建設委員會工程處呈

事由：呈請派員驗收補修鐘樓工程以昭鄭重祈鑒核由

中華民國二十九年二月二十四日

案據瑞昇建築公司二十九年二月七日呈稱：「為呈報事竊商承包補修鐘樓工程業已全部告竣理合具報恭候驗收」等情。據此，除分函外，理合具文呈請鈞會鑒核，派員會同驗收，以昭鄭重，借資結束，並請將驗收日期示遵，實為公便。

謹呈

西京市政建設委員會

042-1

西京市政建設委員會工程處處長 龔賢明
副處長 謝清河

陕西省会警察局、西京建委关于饬工从速修竣钟楼内部以便配驻警队维护公安的来往公函（一九四〇年三月十一日至十九日）

陕西省会警察局致西京建委的公函（一九四〇年三月十一日）

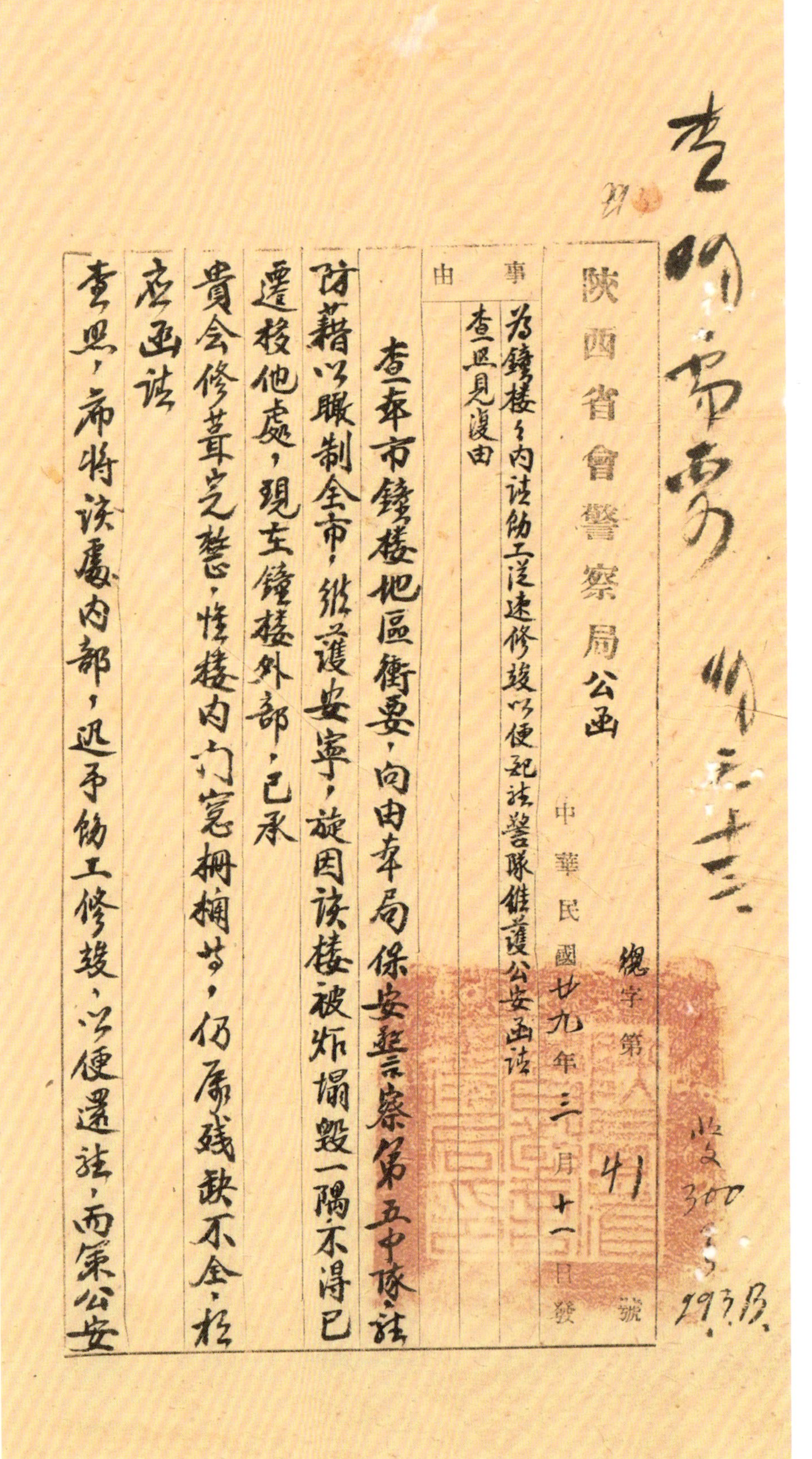

查明常委

陕西省會警察局公函

總字第41號

中華民國廿九年三月十一日發

事由：為鐘樓內部請飭工從速修竣以便配駐警隊維護公安函請查照見復由

查本市鐘樓地區衝要，向由本局保安警察第五中隊駐防，藉以瞭制全市，維護安寧，旋因該樓被炸塌毀一隅，不得已遷移他處，現在鐘樓外部，已承貴会修葺完整，惟樓內門窗搁栅等，仍屬殘缺不全，相應函請查照，希將該處內部，迅予飭工修竣，以便還駐，而策公安

并盼

見復為荷！

此致

西京市政建設委員會

西京建委致陕西省会警察局的公函（一九四〇年三月十九日）

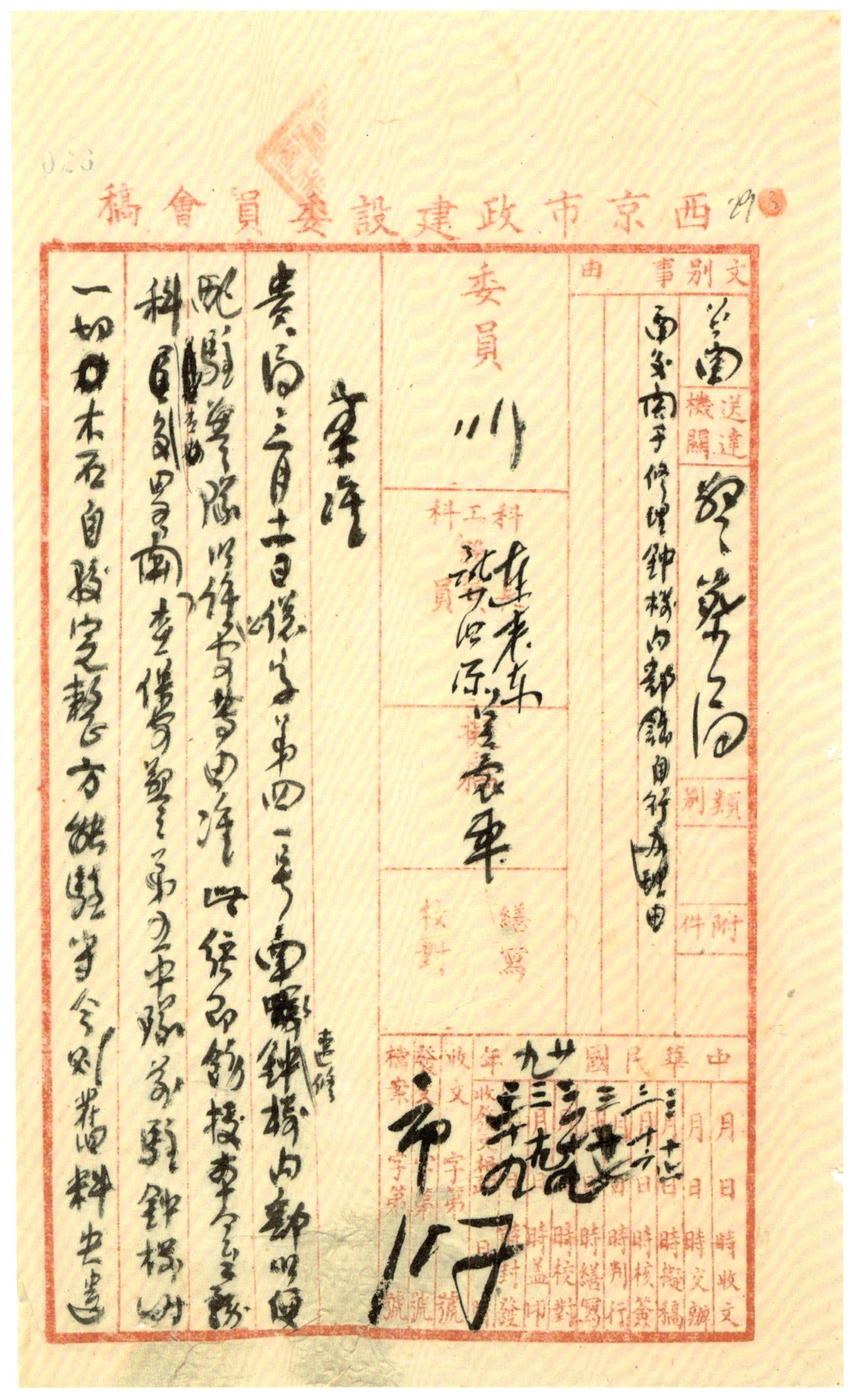

西京市政建設委員會稿

文別：公函

送達機關：警察局

事由

類別

附件

委員

科工科

科員

繕寫

校對

中華民國　年　月　日時收文

月日時交辦

月日時擬稿

月日時核簽

月日時判行

月日時繕寫

月日時校對

月日時蓋印

月日時封發

收文字第　號

發文字第　號

檔案字第　號

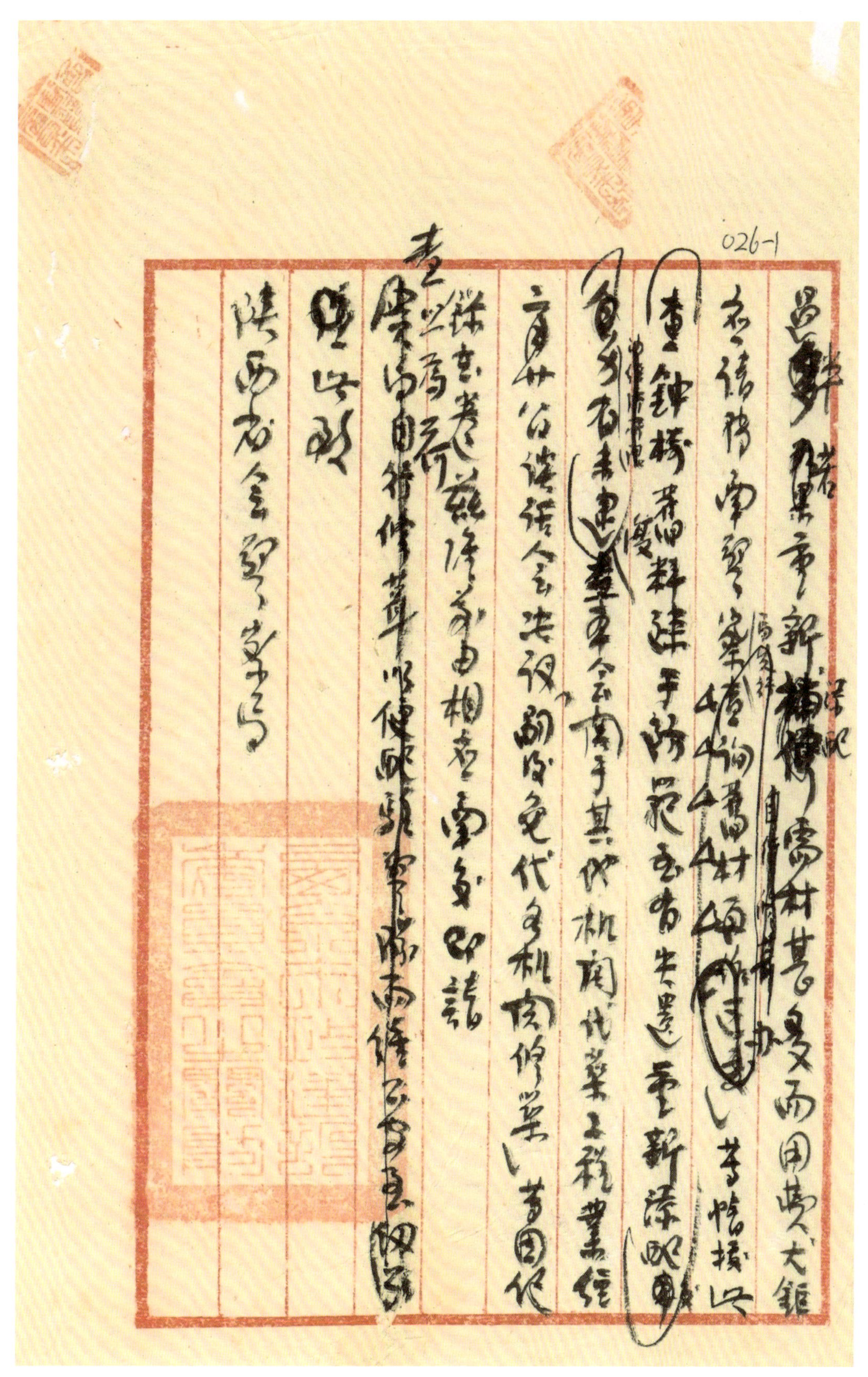

026-1

西京建委工程处关于遵令赍送钟楼二楼被炸檐柱修补估价致西京建委的呈（一九四〇年四月十一日）

西京市政建設委員會工程處呈

中華民國二十九年四月十一日

事由：呈復遵令轉飭承修鐘樓色商估計該二樓簷柱時價情形附賫估單一紙祈鑒核由

案奉

鈞會二十九年三月十四日令字第一零二號指令為派員驗收鐘樓工程關於二樓欄桿尚未接連蓋以缺少簷柱一根仰即轉飭承色人補添需價若干報會俟審核後再行辦理一案遵即着該色商從低估計茲據色商送來估單計洋為肆拾伍元正是否有當理合將該估單一紙備文呈賫

044-1

鈞會鑒核

謹呈

西京市政建設委員會

附費估單一紙

西京市政建設委員會工程處

處　長　龔賢明

副處長　謝清河

西京建委关于迅予增补具报钟楼二楼被炸檐柱致会属工程处的训令（一九四〇年六月七日）

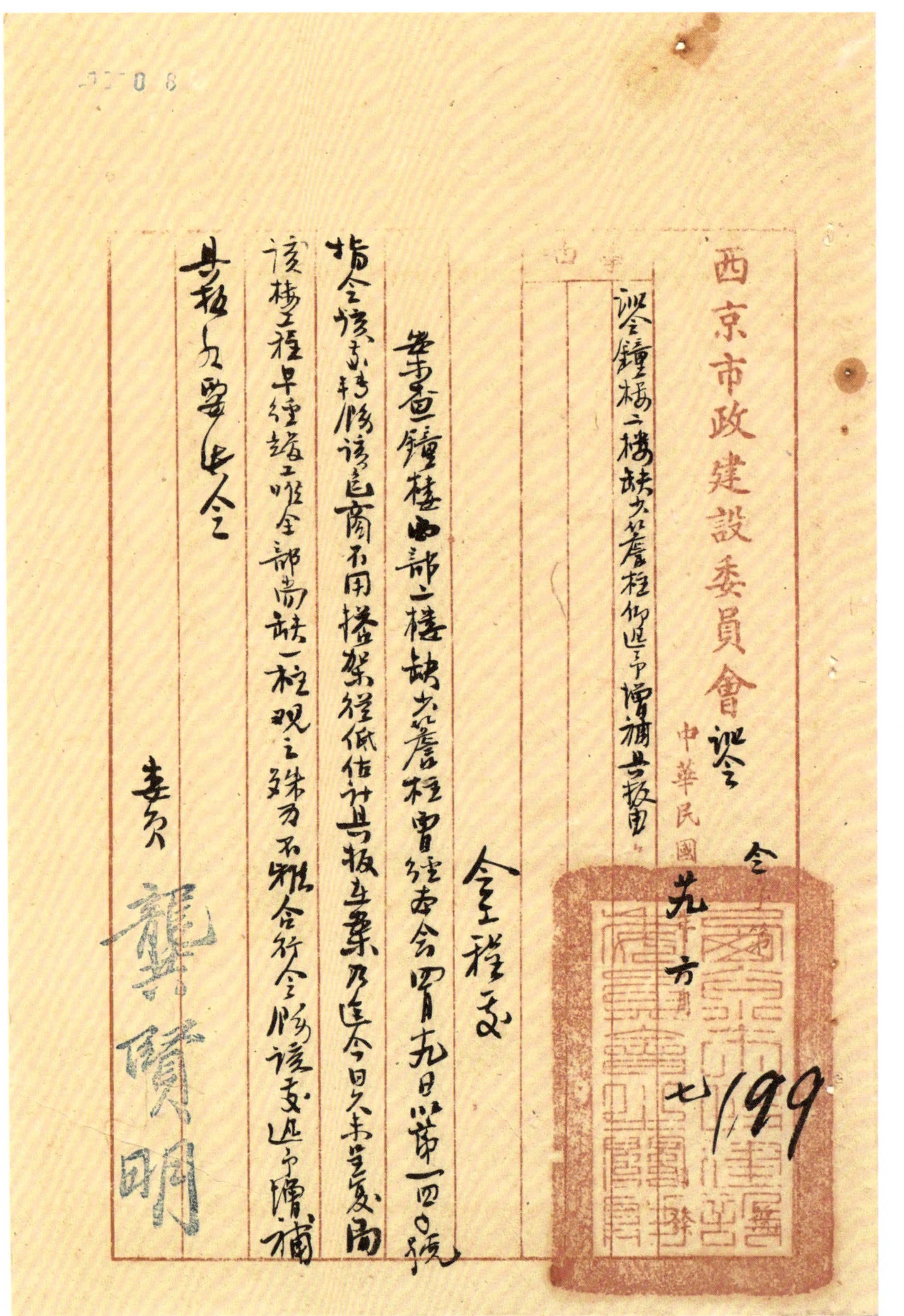

西京市政建設委員會訓令
事由 訓令鐘樓二樓缺少簷柱仰迅予增補具報由
中華民國廿九年六月七日
199
令工程處
案查鐘樓西部二樓缺少簷柱曾經本會四月九日以第一四〇號
指令該處轉飭該包商不用搭架從低估計具報在案乃迄今日久未呈復尚
該樓工程早經竣工唯全部尚缺一柱觀之殊為不雅合行令仰該處迅予增補
具報為要此令
委員 龔賢明

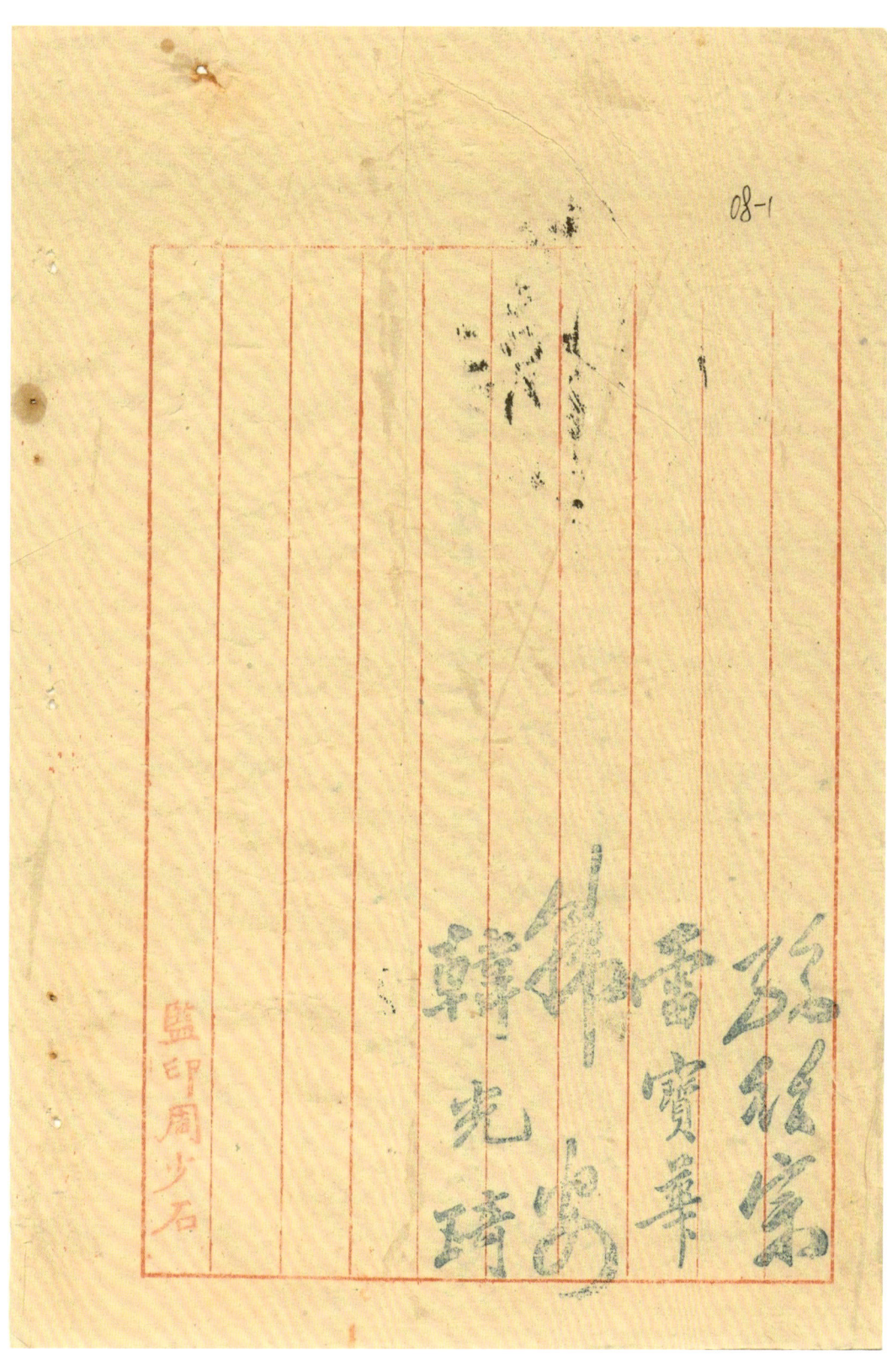

孫紹宗
雷寶華
韓光琦

監印周步石

（三）修复被炸民居、环城路

民人张季衡与西京建委工程处关于租赁被炸房屋地基筑墙搭棚营业事的来往文书（一九四〇年一月二日至四日）

民人张季衡致西京建委工程处的呈（一九四〇年一月二日）

具呈人張季衡年三十六歲陝西省長安縣人住草廠巷門牌五號為
據情呈明事緣 民 東大街騾馬市什字東南角外轉樓房捌間於
本年十月十日為敵機投彈轟炸肆間刻下 民 欵項拮据無力建築
而原日招住之房客王增壽等均係小本生意茲因被炸時頗受損
失生活無法懇求將彼炸地基暫行租賃築墻搭棚營業以維
生活異日 民 籌有欵項時再行正式建修房屋藉時即當遵照定
章呈報領照為此據情呈請
鈞處鑒核照准施行謹呈
西京市政建設委員會工程處

013-1

呈

中華民國二十九年一月二日呈

具呈人張季衡

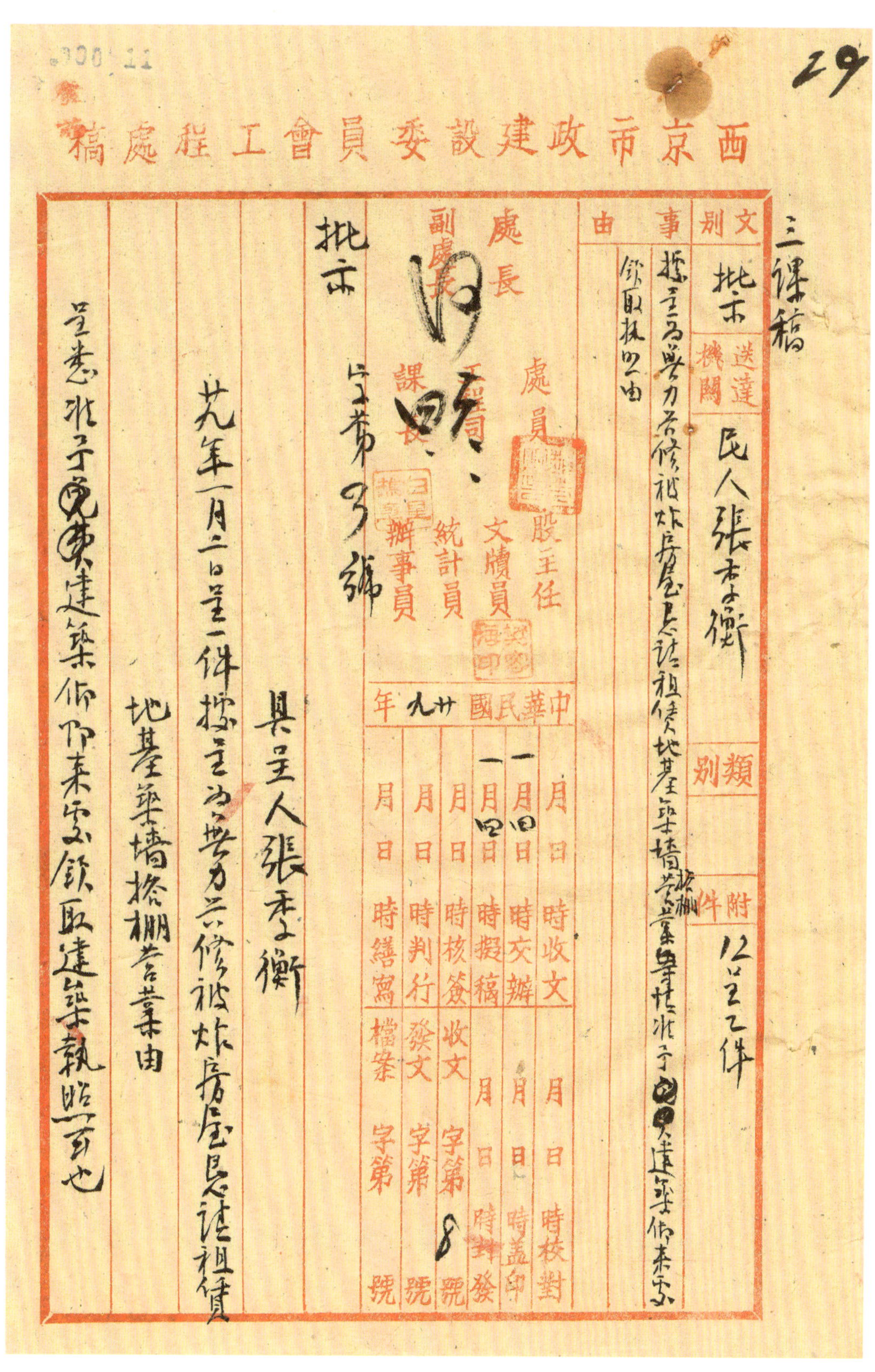

西京市政建設委員會工程處稿

三課稿

文別	批示
送達機關	民人張季衡
事由	據呈為無力呈修被炸房屋懇請租賃地基築牆搭棚營業等情准予免費建築仰來處領取執照由
類別	
附件	以上二件

處長

副處長

處員

工程司

課長

股主任

文牘員

統計員

辦事員

中華民國廿九年

月　日　時收文	一月四日　時交辦	一月四日　時擬稿	月　日　時核簽	月　日　時判行
月　日　時繕寫	月　日　時校對	月　日　時蓋印	月　日　時封發	
收文　字第8號	發文　字第　號	檔案　字第　號		

批示　字第97號

具呈人張季衡

廿九年一月二日呈一件據呈為無力呈修被炸房屋懇請租賃地基築牆搭棚營業由

呈悉。准予免費建築，仰來處領取建築執照可也。

照

西京建委工程处的批示（一九四〇年一月四日）

〇一一
此批

西京建委工程处职员胡思修关于文化服务社两旁被炸房屋修复调查情况致该处的签呈（一九四〇年三月二十八日）

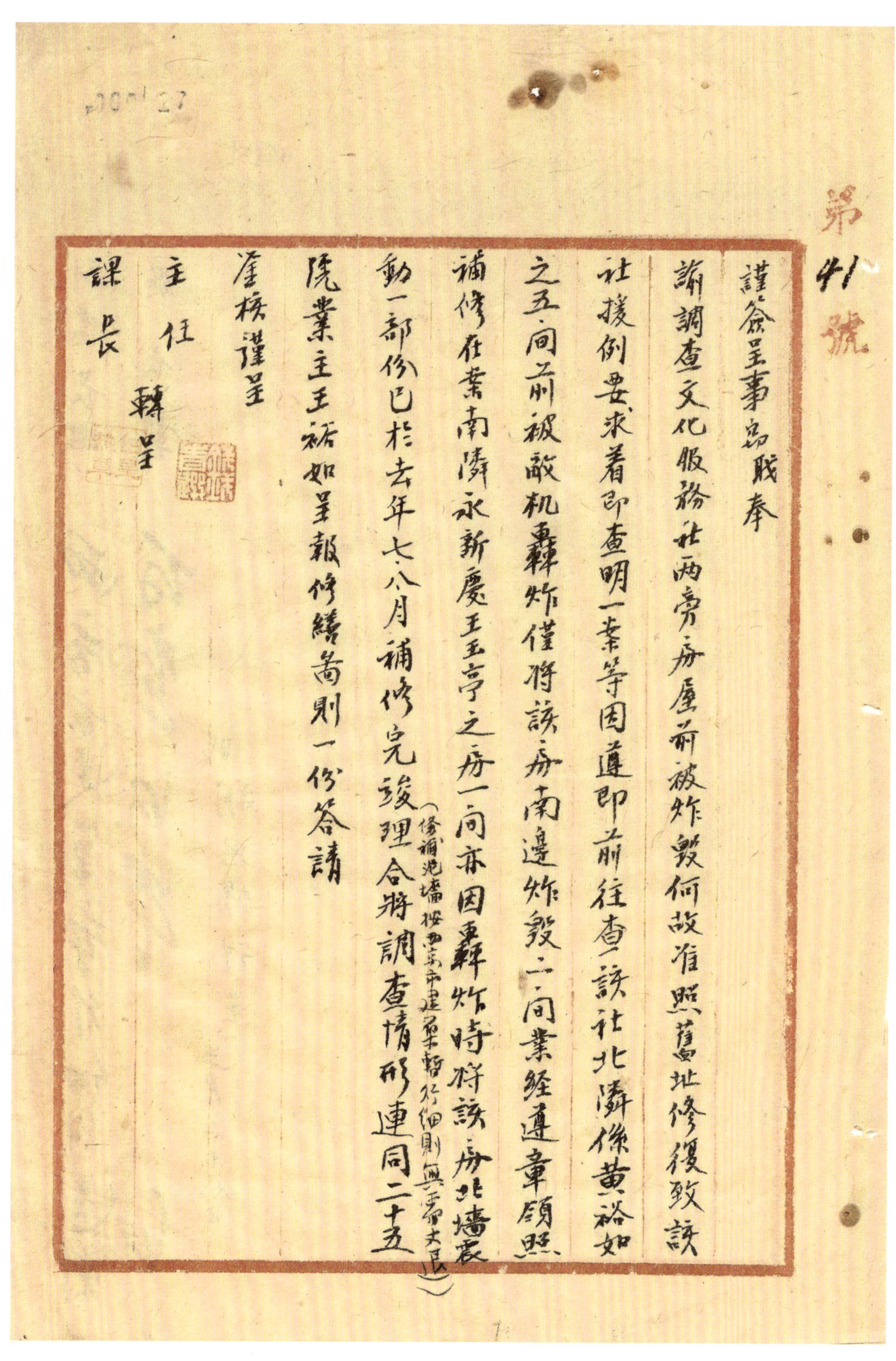

第41號

謹簽呈事竊職奉

諭調查文化服務社兩旁房屋前被炸毀何故准照舊址修復致該社援例要求着即查明一案等因遵即前往查該社北鄰係黃裕如之五間前被敵機轟炸僅將該房南邊炸毀二間業經遵章領照補修在案南鄰永新處王玉亭之房一間亦因轟炸時將該房北墻震動一部份已於去年七八月補修完竣（係補砲墻按西京市建築暫行細則無需執照）理合將調查情形連同二十五院業主王裕如呈報修繕簡則一份簽請

鑒核謹呈

主任 韓

課長

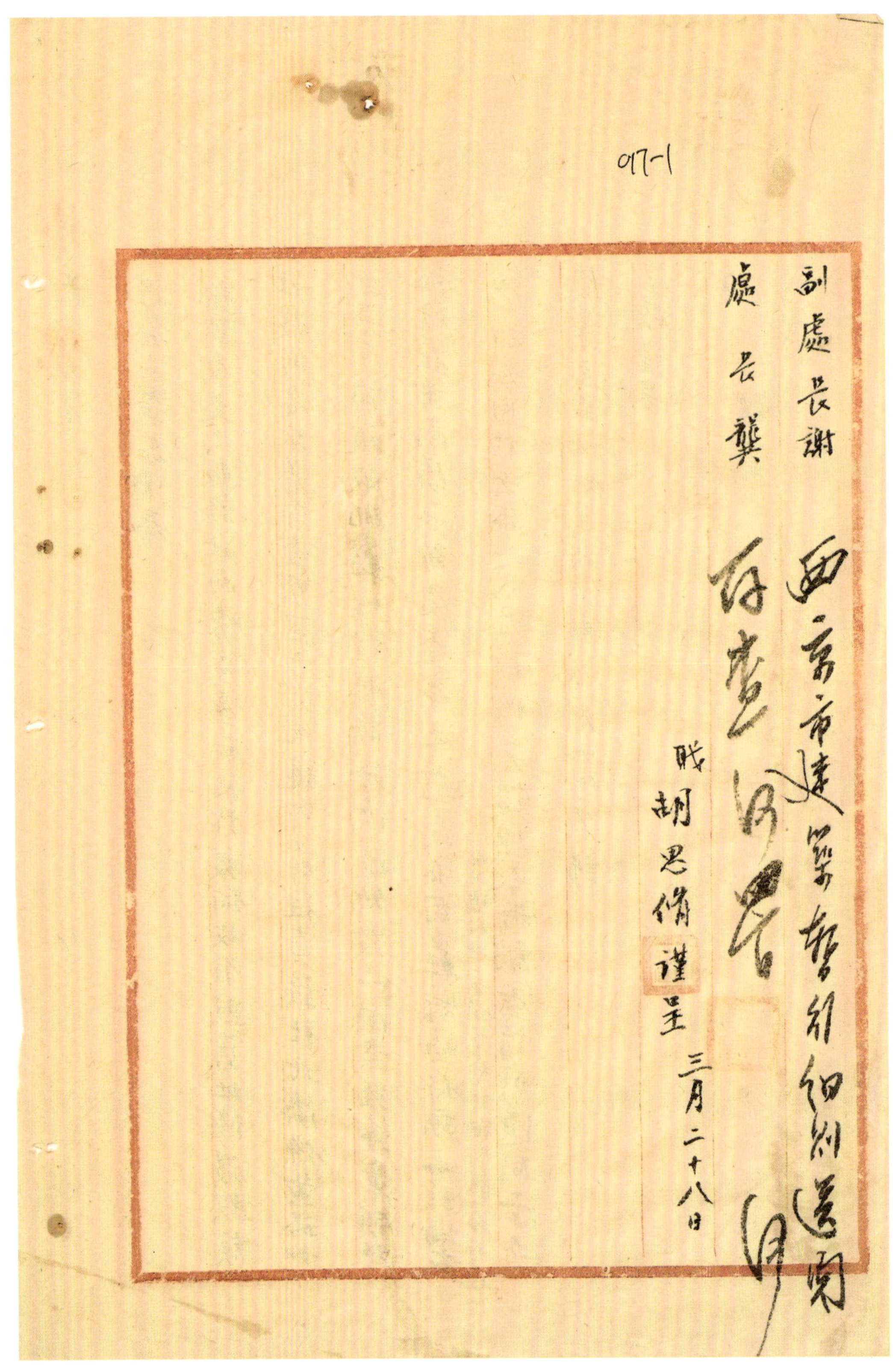

097-1

副處長謝
處長龔

西京市建築警衛組織通則
存查

職 胡思備 謹呈

三月二十八日

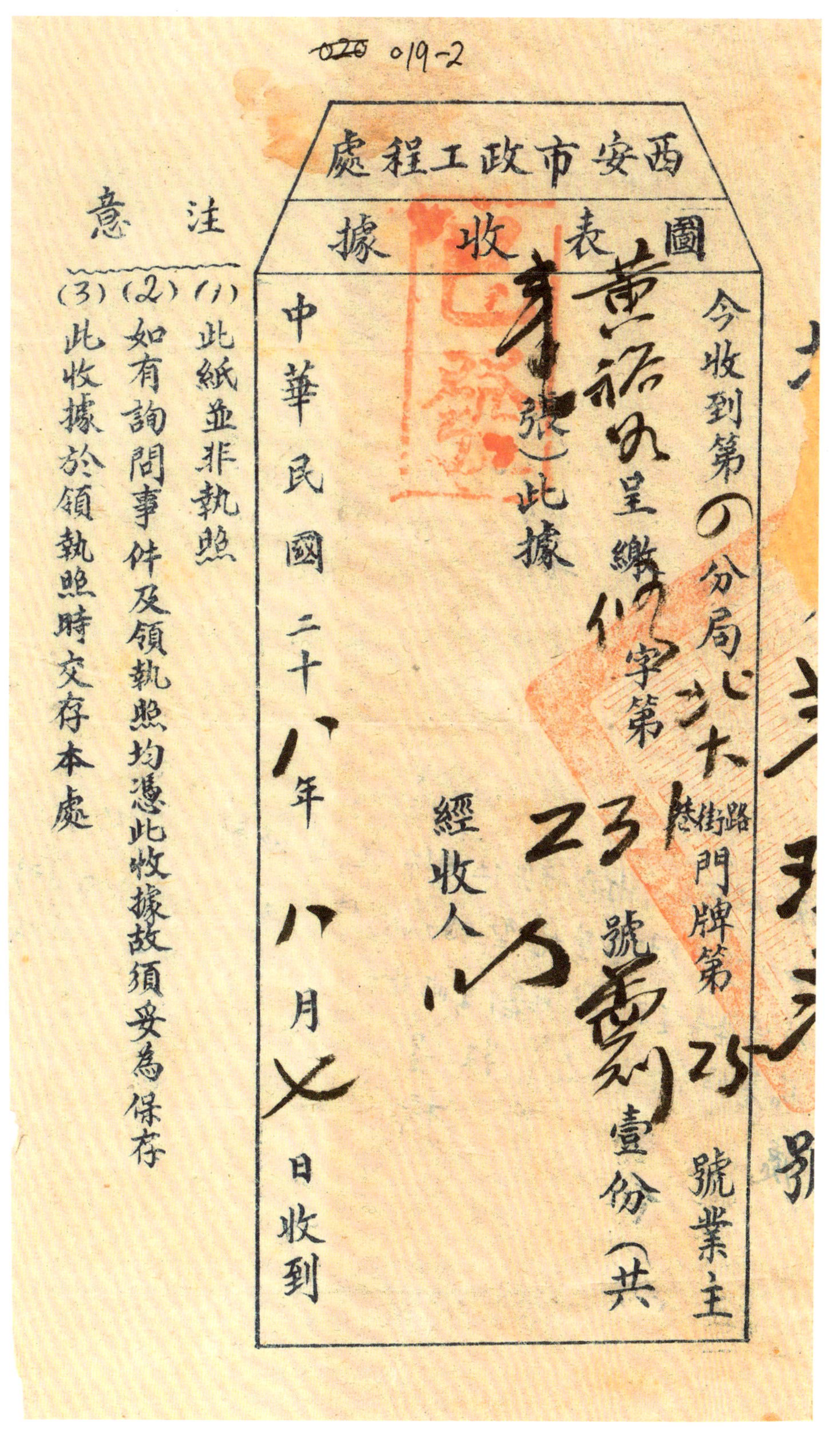

019-2

西安市政工程處

圖表收據

今收到第　分局　字第　號　路街巷　門牌第　號業主黄裕如呈繳　壹份（共　張）此據

經收人

中華民國二十八年八月七日收到

注意

(1)此紙並非執照

(2)如有詢問事件及領執照均憑此收據故須妥為保存

(3)此收據於領執照時交存本處

附二：黄裕如等所缴暂行修缮呈报图则（一九三九年八月十一日）

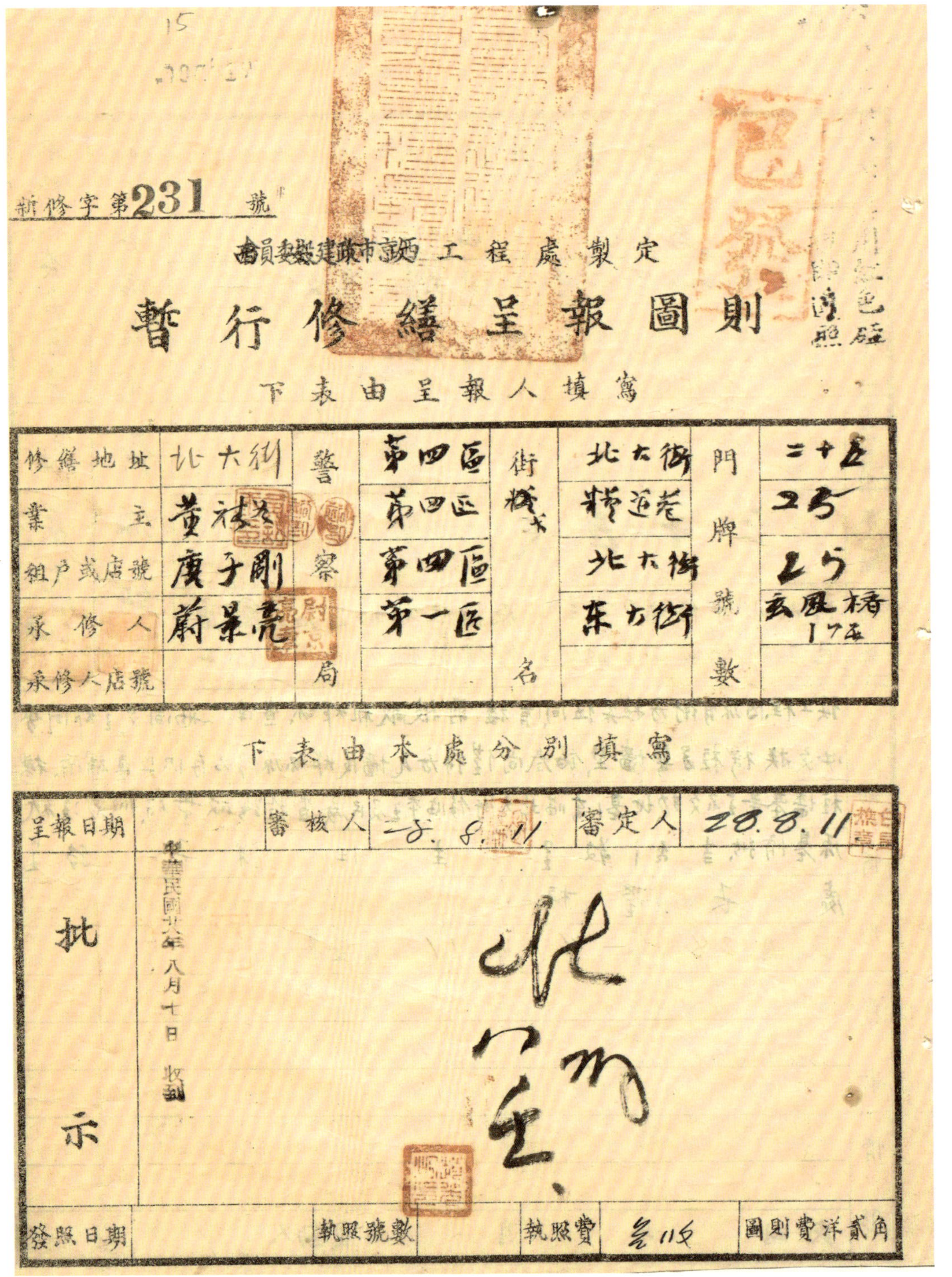
新修字第231號

西京市政建設委員會工程處製定

暫行修缮呈報圖則

下表由呈報人填寫

修繕地址	北大街	警察局	第四區	街名	北大街	門牌號數	二十五
業主	黄裕如		第四區		梆子巷		25
租户或店號	廣子剛		第四區		北大街		25
承修人	蔚景亮		第一區		东大街		玄風橋17号
承修人店號							

下表由本處分別填寫

呈報日期		審核人	28.8.11	審定人	28.8.11
批示	中華民國廿八年八月十日收到	准照。			
發照日期		執照號數		執照費	免收	圖則費洋貳角

16

019-1

修繕費	二百元	業主簽名蓋章	承修人簽名蓋章
四至	東至 馬路　　西至 後廈 南至 公字二号　　北至 孫姓	黃裕如	蔚景元
屋宇情形	被炸補修街房伍間		
街道情形			
限期	二十五天		
備考	何人出資修繕？業主　原係住宅抑商店？商店 包工抑係做工？做工　修理後擬作何用？仝上		
查勘情形	該工程因原有街房接架伍間（有樓）前被敵機炸壞，查南邊兩間完全炸倒，勢必更換樑柱另築墻壁，餘叁間僅將房瓦墻皮炸壞，原形尚存，仍以蓋補修，樑柱墻基等全不更動地基，東臨北大街，餘臨本主及民房，查於路政無礙，似應准就原基修繕，當否，謹簽呈 主任 課長 轉呈 處長 鑒核 民國 28 年 6 月 11 日查勘人		
覆勘情形	民國　年　月　日覆勘人		

附三：查勘修缮工程地点概图（一九四〇年八月十一日）

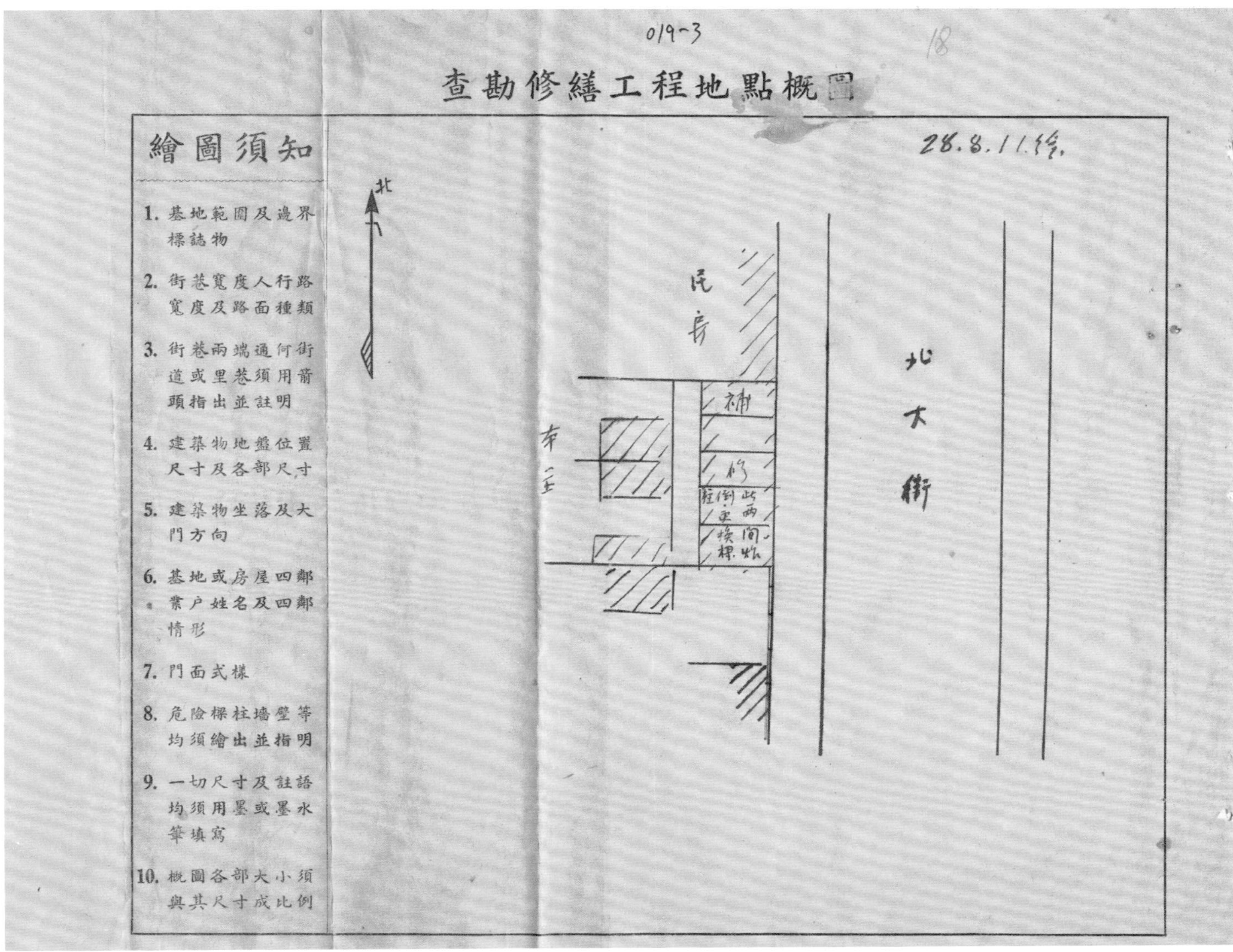

查勘修繕工程地點概圖

28.8.11.

繪圖須知

1. 基地範圍及邊界標誌物
2. 街巷寬度人行路寬度及路面種類
3. 街巷兩端通何街道或里巷須用箭頭指出並註明
4. 建築物地盤位置尺寸及各部尺寸
5. 建築物坐落及大門方向
6. 基地或房屋四鄰業户姓名及四鄰情形
7. 門面式樣
8. 危險樑柱墻壁等均須繪出並指明
9. 一切尺寸及註語均須用墨或墨水筆填寫
10. 概圖各部大小須與其尺寸成比例

西京建委工程处职员胡思齐与该处关于商民崔景震呈请免拆被炸房屋地基上搭盖泥棚事的一组文书（一九四〇年六月二十六日至七月三日）

胡思齐致西京建委工程处的签呈（一九四〇年六月二十六日）

為簽呈事職

奉派查明商民崔景震呈為不妨行人及交通之原委懇請免予拆除以恤被炸小商事一案查明具報等因奉此遵即前往詳查茲查該民確因敵机炸壞街房三間前已領照翻建並遵照中指示已將應退之路基捌公尺完全退出且已完竣惟在所退之地基上另搭泥棚三間亦已竣工據該民云因被炸損失甚重生活無法幸由同業數家念民被炸之苦生活困難遂經相議助工料費若干洋使民在原地另建房屋繼續營業不料領照後照中載明令民退讓路基八公尺當時民想路政甚關重要未敢稍忽即按照中指示如數退讓奈退讓後民

013-1

房較兩鄰之房深為四進以致門面偏僻生意日漸蕭條使民生活仍歸艱困現在天氣炎熱所賣菜蔬食品衛生很関重要故想所退地基前原有人行道丈餘全由民用磚鋪妥甚利交通所退之地除民號夥友及顧客出入行走外其他南北過往者因有兩鄰舊房之阻全不能過民為暫蔽風塵炎日計因不碍交通之故則於退地上本搭蓆棚三間面正搭時忽有警士及防護團員當面告民防空期間蓆棚最不適宜應另改換當時民為免生危險並稍加堅固起見遂又改為泥棚在改換時又有貴處來員言搭棚地基有碍路政即令民拆除嗣後又奉到貴

處通知一紙緣民有違建築規則四四条之規定本應轉函
警局依法處辦姑念初次暫准從寬免罰仰即日來
處辦理改定執照手續並將人行道上之泥棚趕
即拆除等語奉知之後在民本應感念從寬不罰之恩即
為拆除何敢延誤只因搭棚時業已用去工料數約百元棚
已搭竣再拆時實覺困難故望貴再俯情之可憐始終
從寬暫准緩拆各等情查該民上稱各節本係實情
然所搭泥棚雖現時確不碍於交通而終碍將來之
路政究屬非是理應仍令拆除可否再念該民被炸
之苦及現時不碍交之可取准予緩拆之處理合連

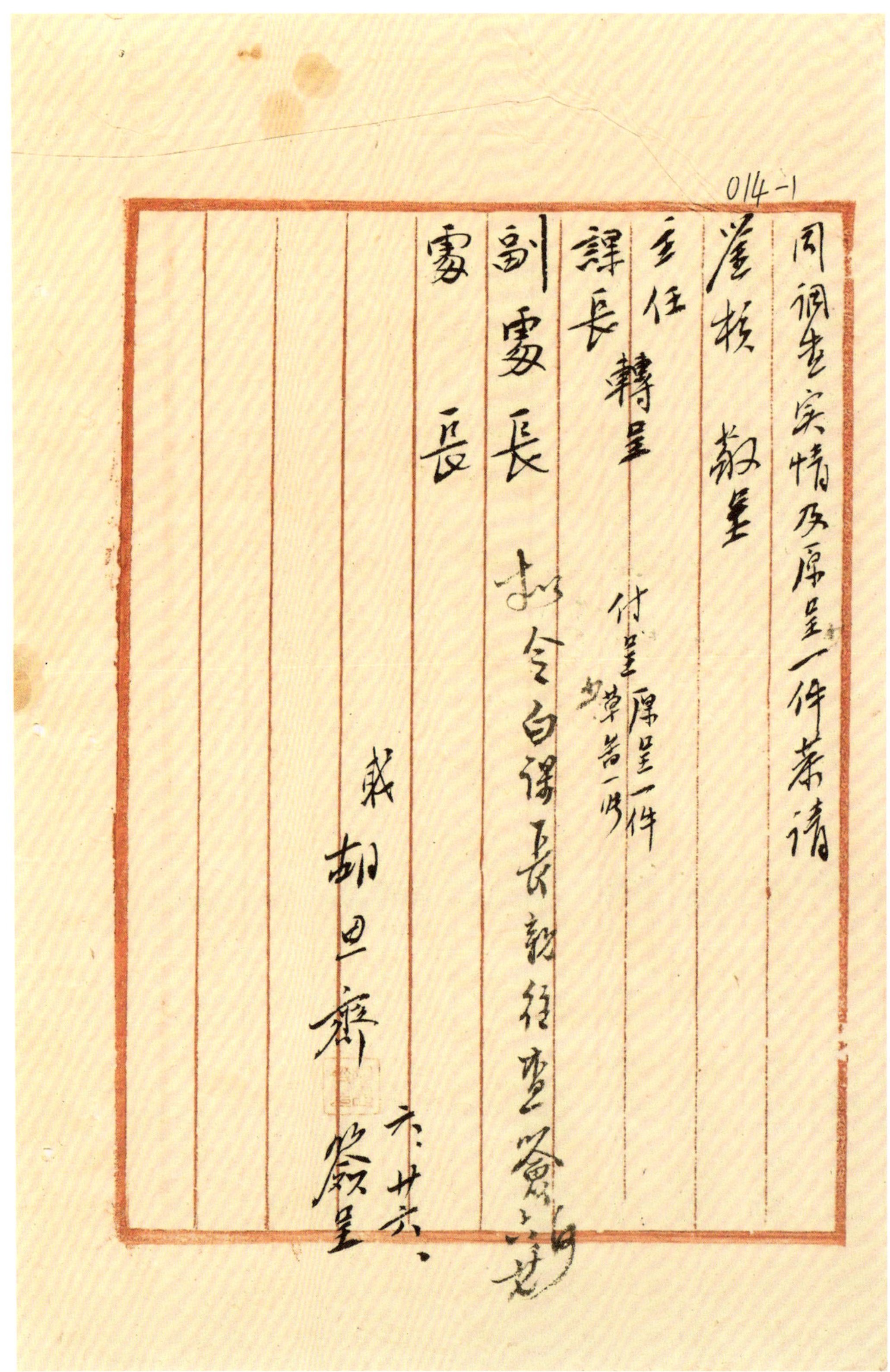
014-1

同调查实情及原呈一件恭请

鉴核　敬呈

主任

课长　转呈

副处长

处长

付呈原呈一件
草签一件

拟令白课长就往查覆　六

职　胡思齐签呈　六、廿六、

附：商民崔景震关于恳请免拆被炸房屋地基上所搭泥棚致西京建委工程处的呈（一九四〇年六月）

018-1

字第602號 [illegible]年六月十五日下五時到

具呈懇人崔景震年五十五歲山西人住北大街二三四號猪肉架生理

為呈明不妨行人及交通之原委懇請恩准免予拆除以示体恤被炸小商事緣民在北大街二三四號開設猪肉架生理不幸于双十節被仇機轟炸傢俱鋪衣全毀全家立如乞丐不得已經仝業鄰助在原地仍營舊業至於建修房屋業經房主王志堂呈報按以指定界限勘修（公工發）惟以縮進過多兩旁一望難見營業大受虧損兼之天氣炎熱鮮肉宜涼熱則易壞故而遂搭泥扇棚一截然對於人行道及交通方面俱離過遠均不妨碍較之舊有地址及左右隣仍屬縮進數尺（扇棚在舊墻以上枕搭）伏請派員調查驗明如虛愿受處罰設如日後通令放道或左右隣有建築者定当立時拆除絕不敢延緩違誤今因房主代傳公函理合據情呈報伏請念以被炸商艱体恤從寬俯准暫免拆除感恩不淺謹呈

西京市政工程處公鑒

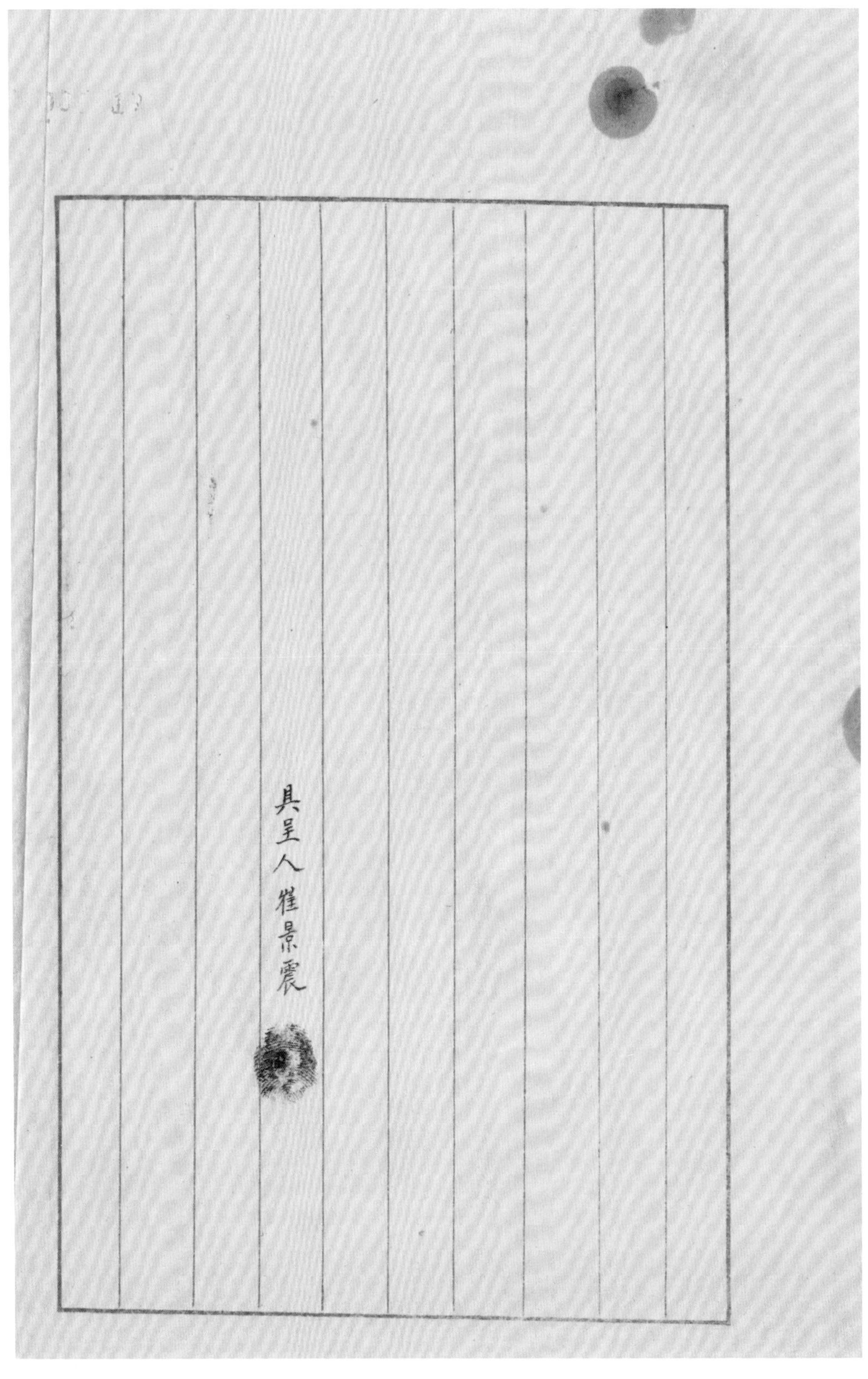

具呈人 崔景震

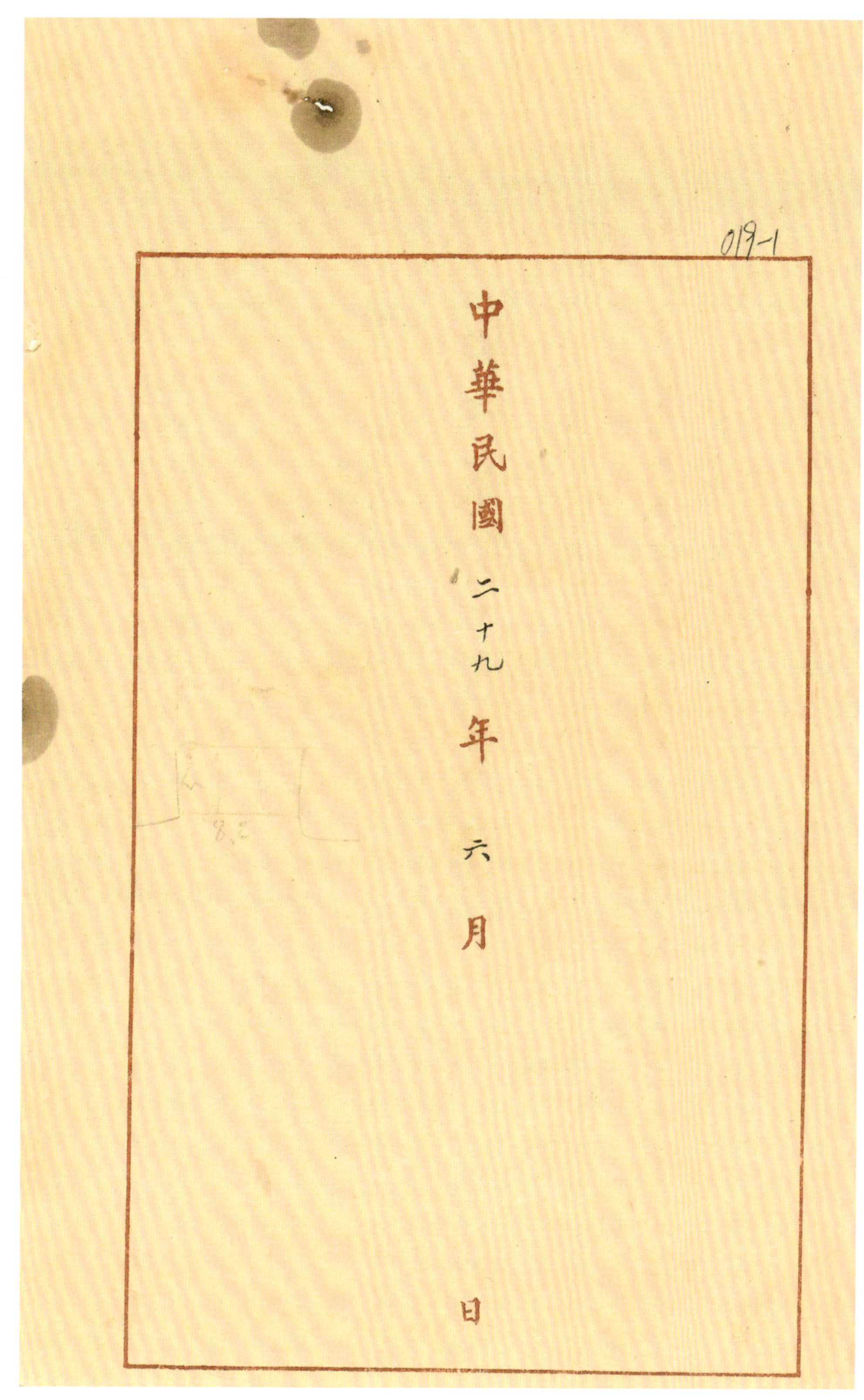
019-1

中華民國二十九年六月日

西京建委工程处的批示（一九四〇年七月三日）

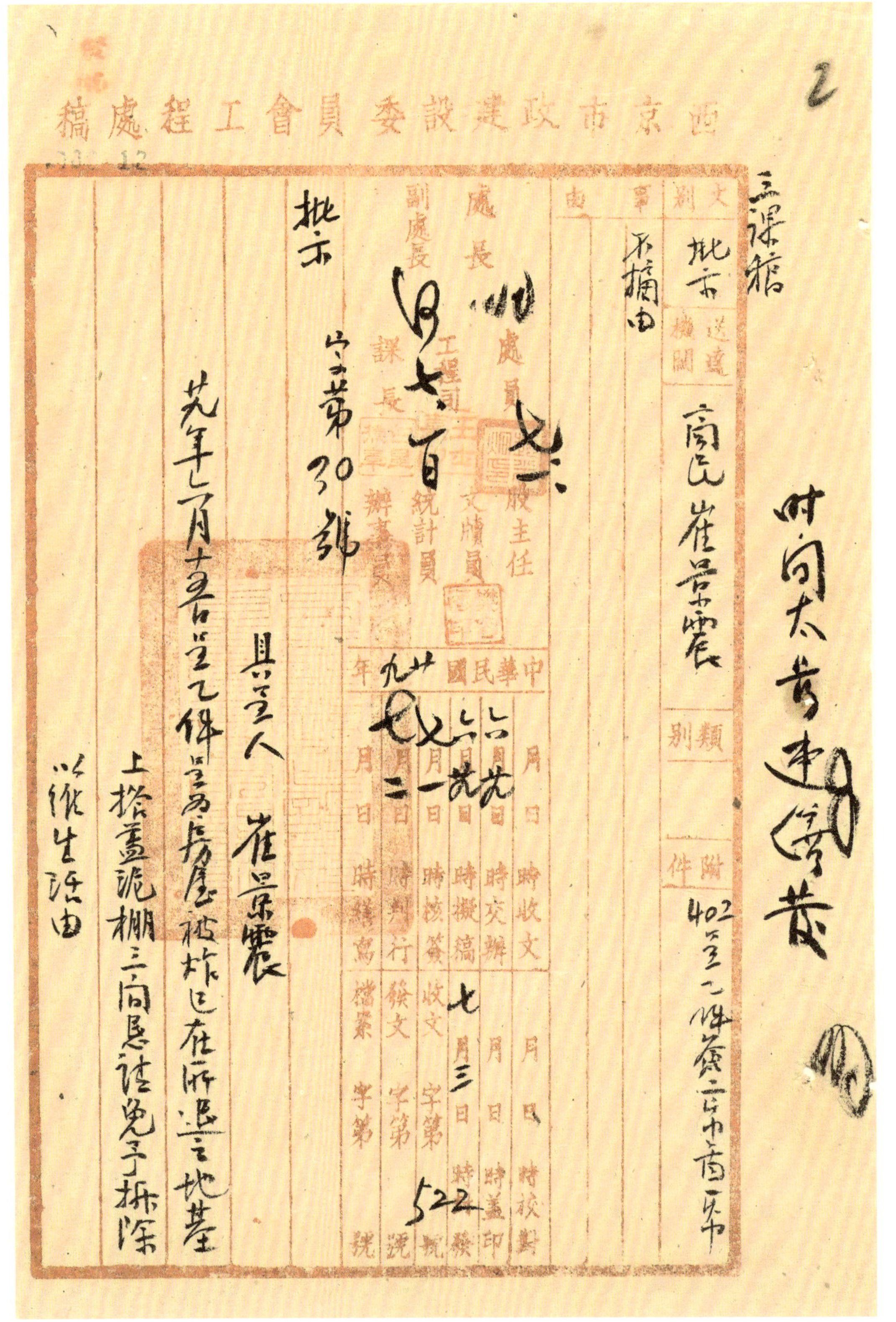

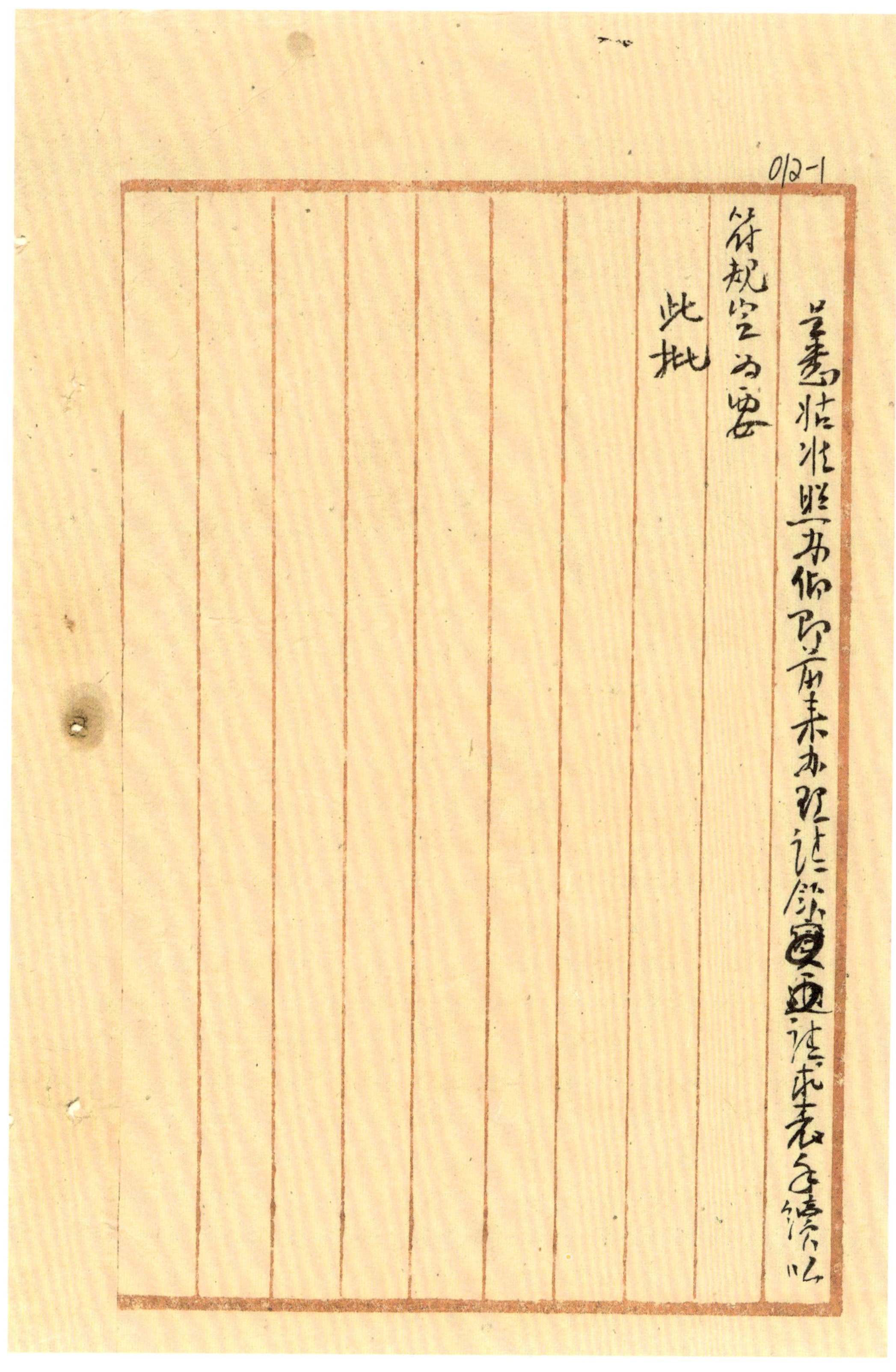

012-1

呈悉。姑准照办。仰即前来办理证领更正请求表手续，以符规定为要。

此批

西京建委工程处、西京市国民兵团团部关于继续派兵整修环城路被炸路面的来往公文
（一九四一年五月三十日至六月一日）

西京建委工程处致西京市国民兵团团部的笺函（一九四一年五月三十日）

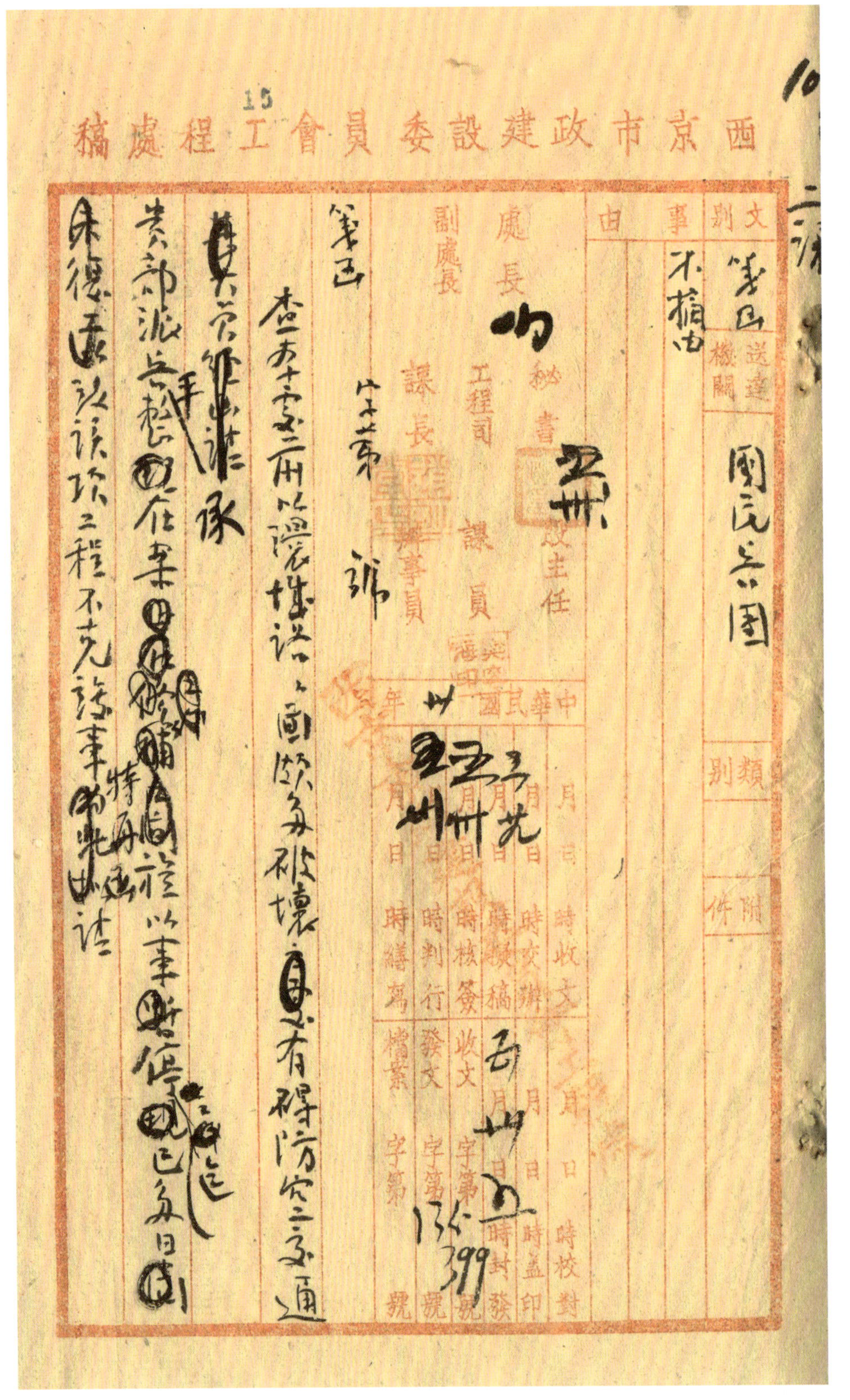

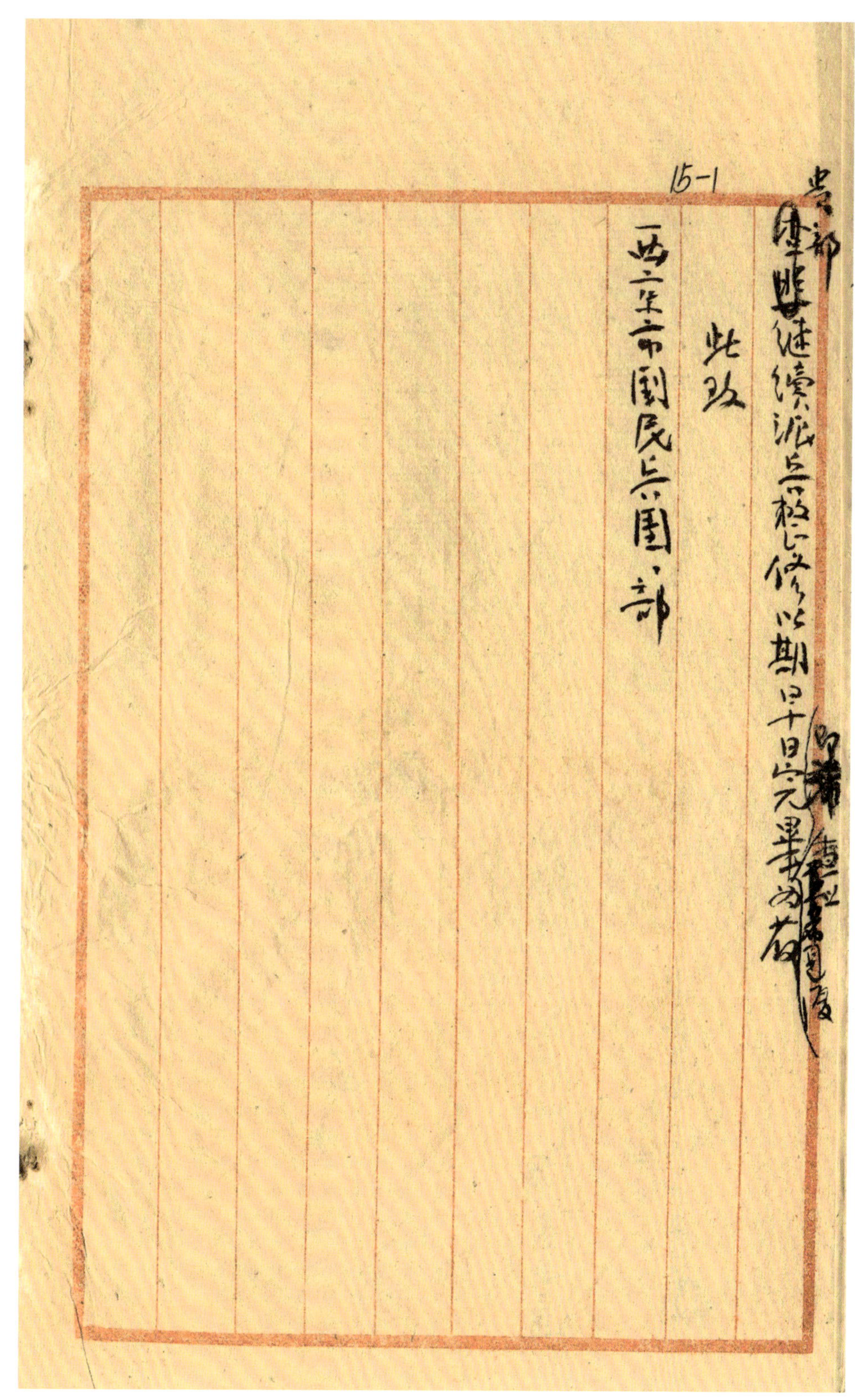

15-1

贵部

准照继续派兵协修以期早日完毕为荷

此致

西宁市国民兵团部

西京市国民兵团团部致西京建委工程处的公函（一九四一年六月一日）

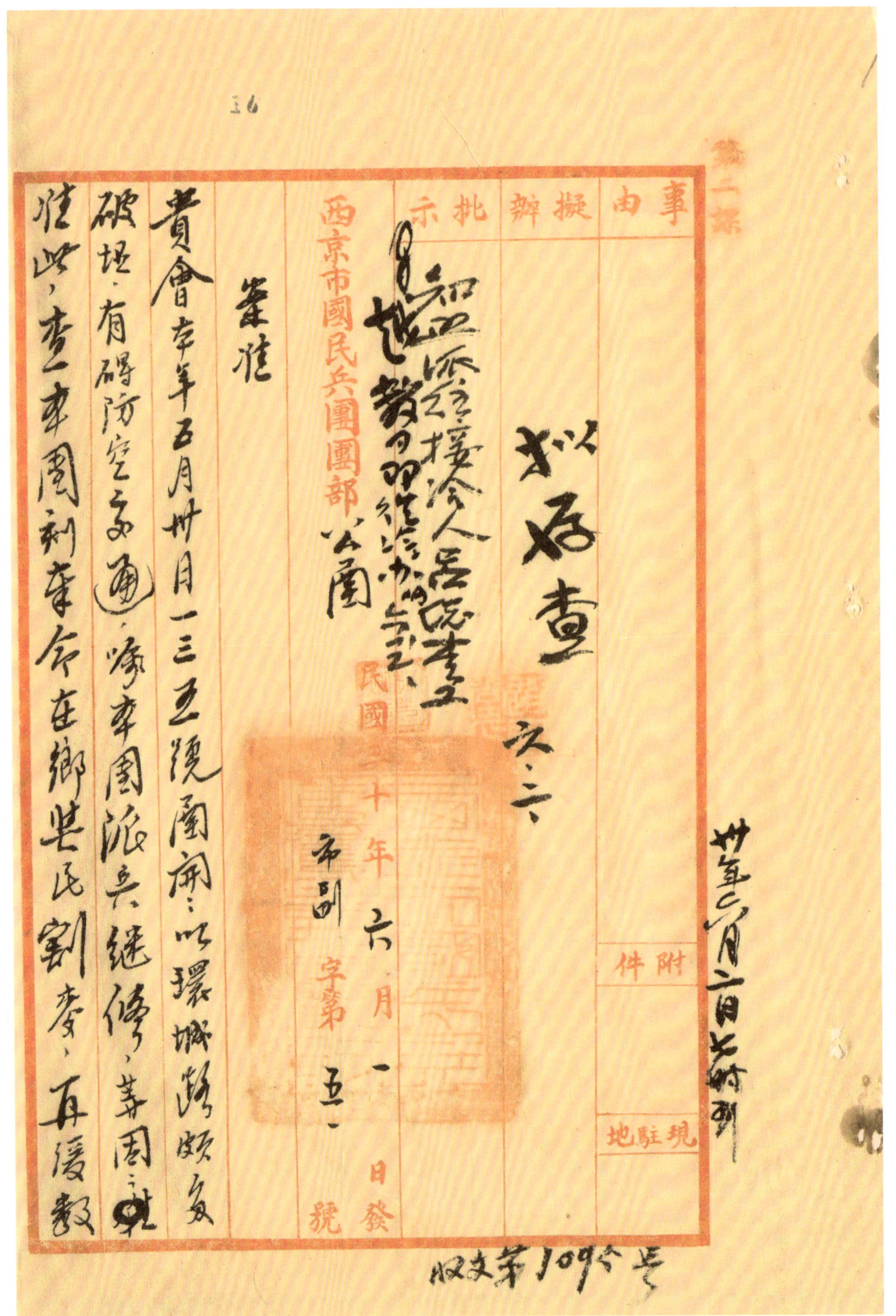

事由
擬辦 擬存查 六、六
批示
附件
現駐地

卅年六月二日七時到

西京市國民兵團團部公函
民國三十年六月一日發
市副字第五一號

案准
貴會本年五月卅日一三五號函開：以環城路頻受破壞，有礙防空交通，嗣本團派兵巡修，幷用……准此，查本團刺奉令在鄉甚民劉李、再復斂

收文第1090號

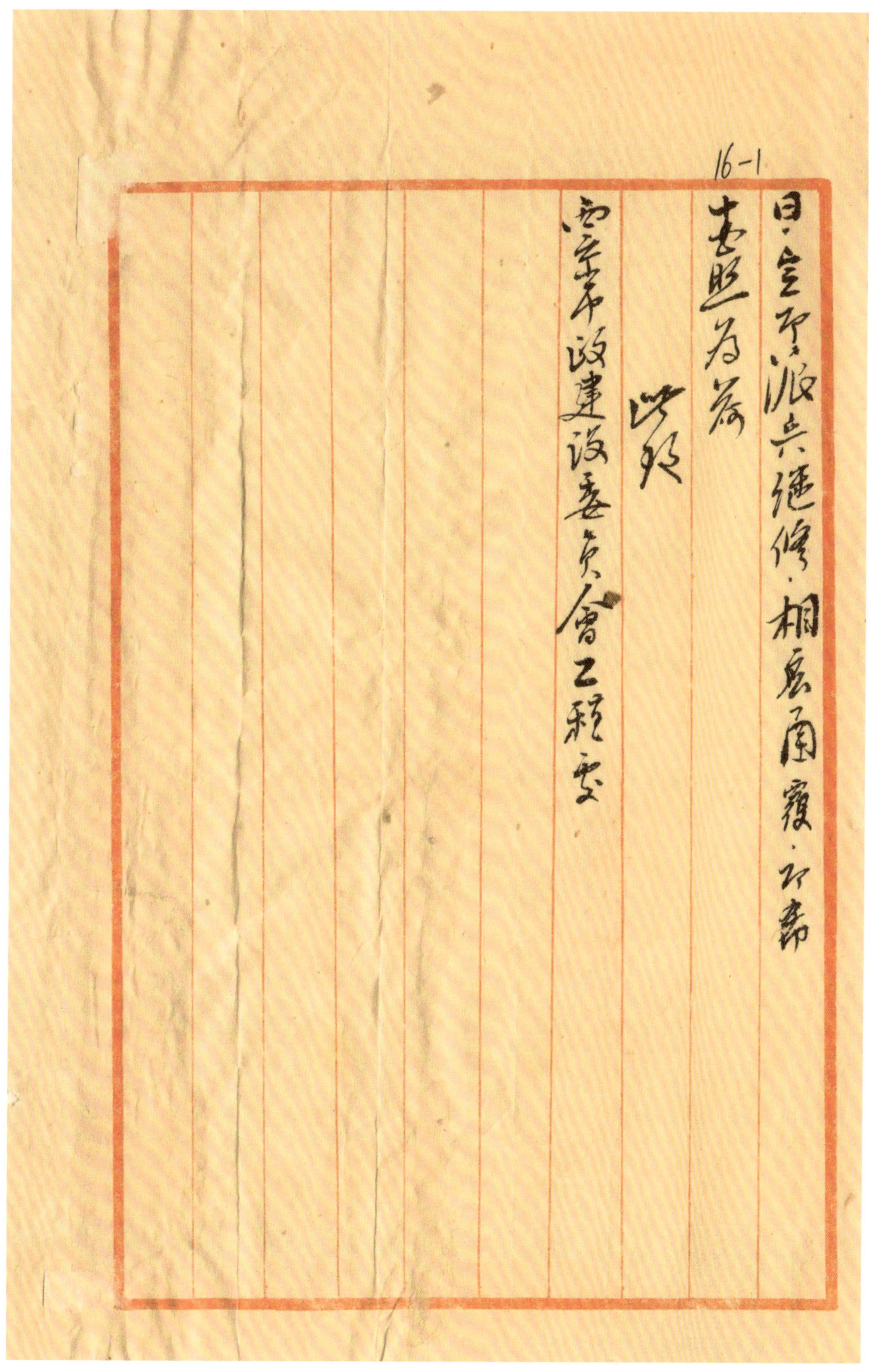

16-1

日，全部派兵缮修，相应函复，即希

查照为荷

此致

南京市政建设委员会工程处

（四）修复西大街桥梓口被炸地下室

陕西全省防空司令部、西京建委关于派员修复桥梓口被炸公共地下室的来往公函（一九四〇年七月五日至十日）

陕西全省防空司令部致西京建委的公函（一九四〇年七月五日）

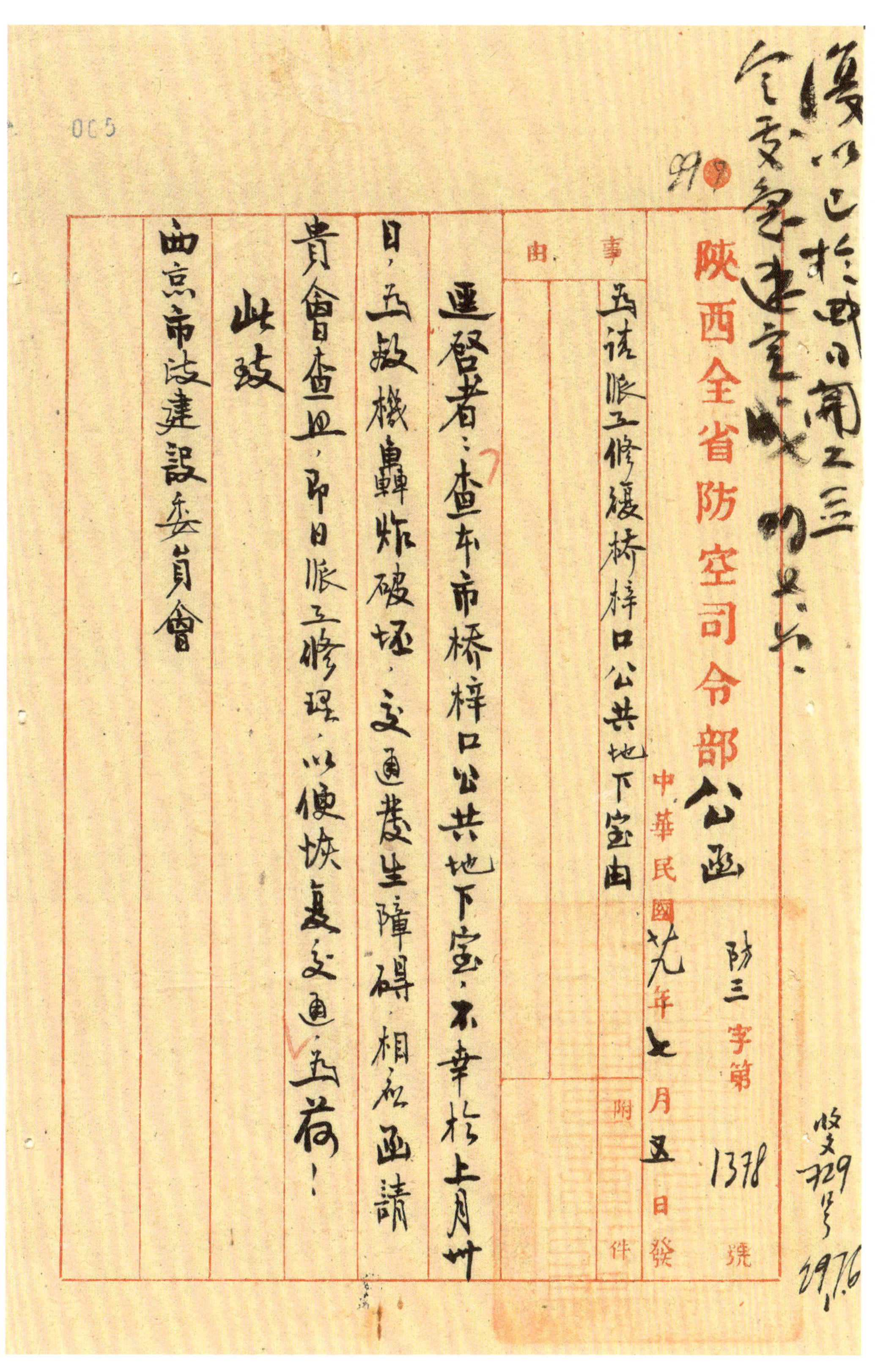

陕西全省防空司令部公函　防三字第1378號

中華民國廿九年七月五日發

事由：為請派工修復橋梓口公共地下室由

逕啓者：查本市橋梓口公共地下室，不幸於上月卅日，為敵機轟炸破壞，交通發生障碍，相應函請貴會查照，即日派工修理，以便恢復交通為荷！

此致

西京市政建設委員會

復以已於卅日開工三
令交急速完成，明此只

收文329號　29.7.6

西京建委致陕西全省防空司令部的公函（一九四〇年七月十日）

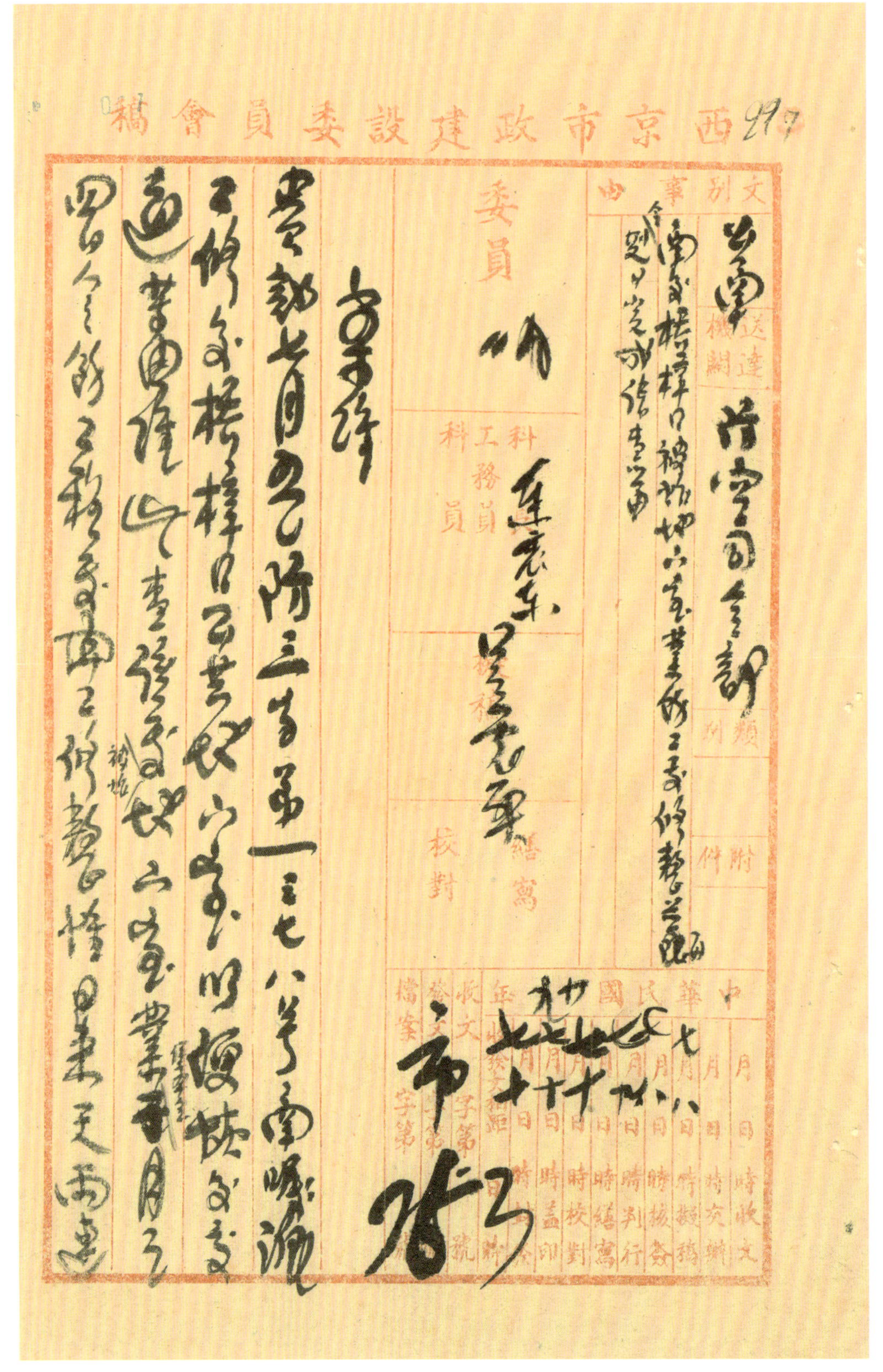

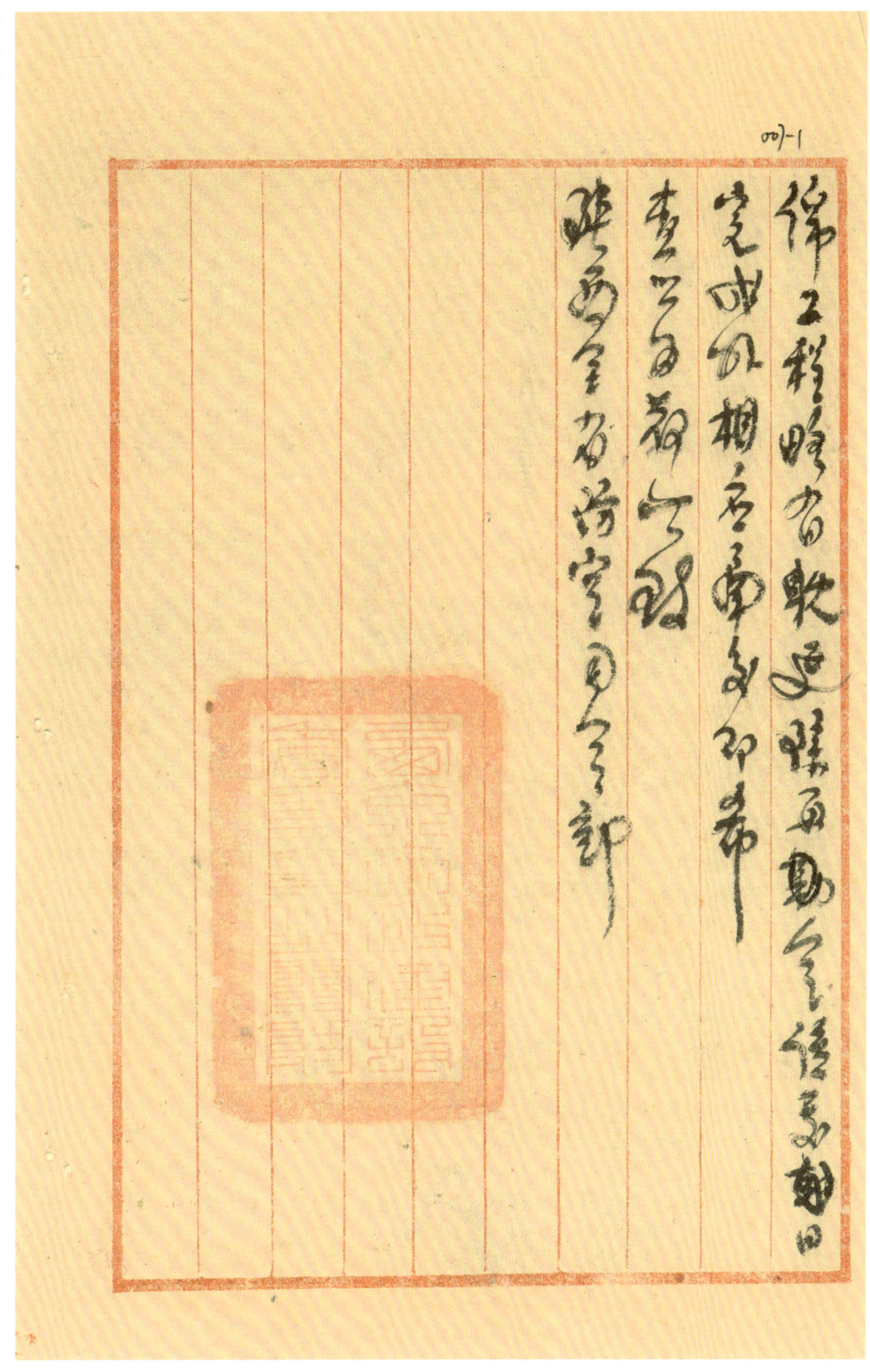

007-1

西京建委关于迅急修整桥梓口被炸地下室并报会备转致会属工程处的训令（一九四〇年七月十日）

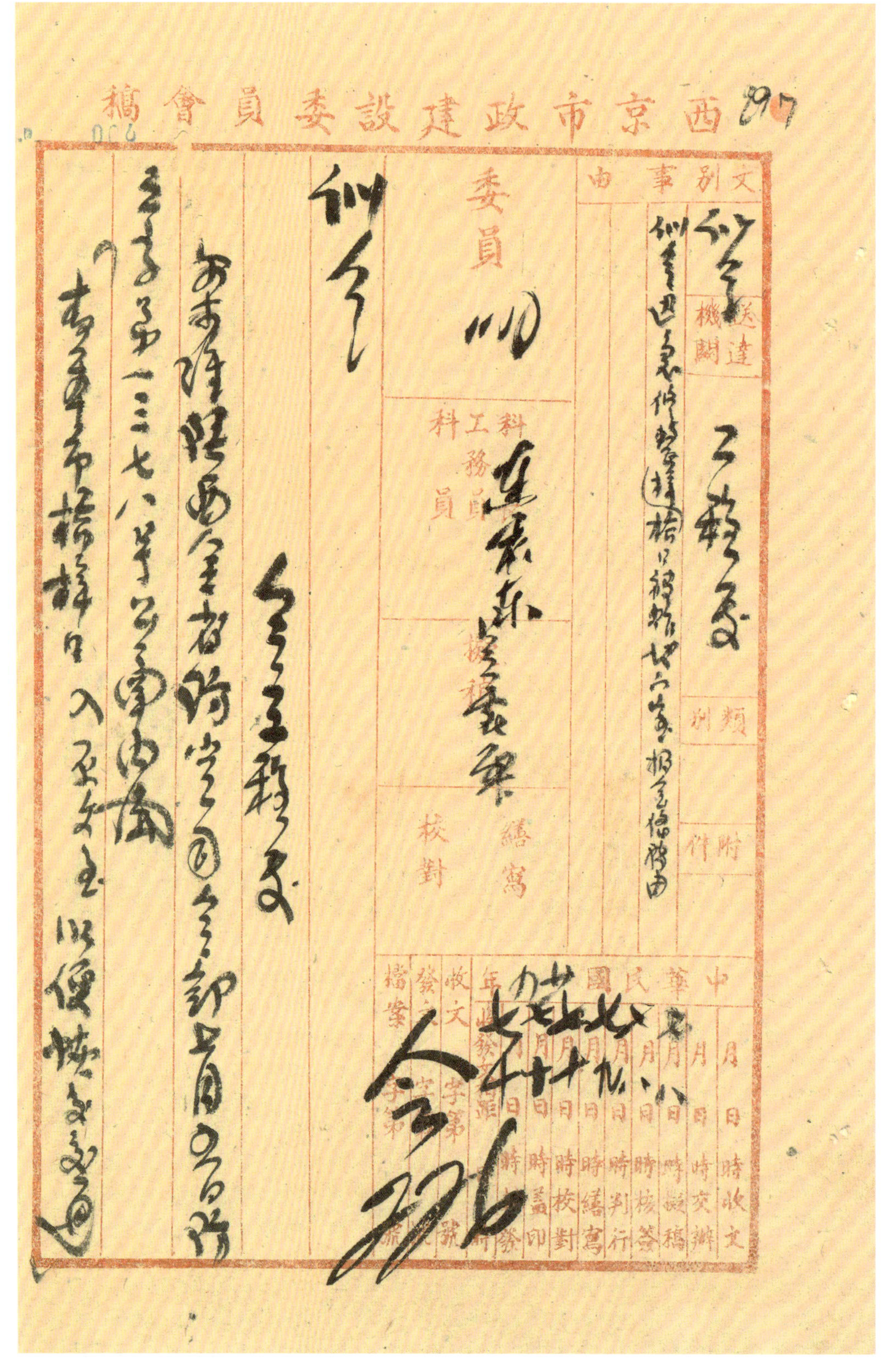
西京市政建設委員會稿

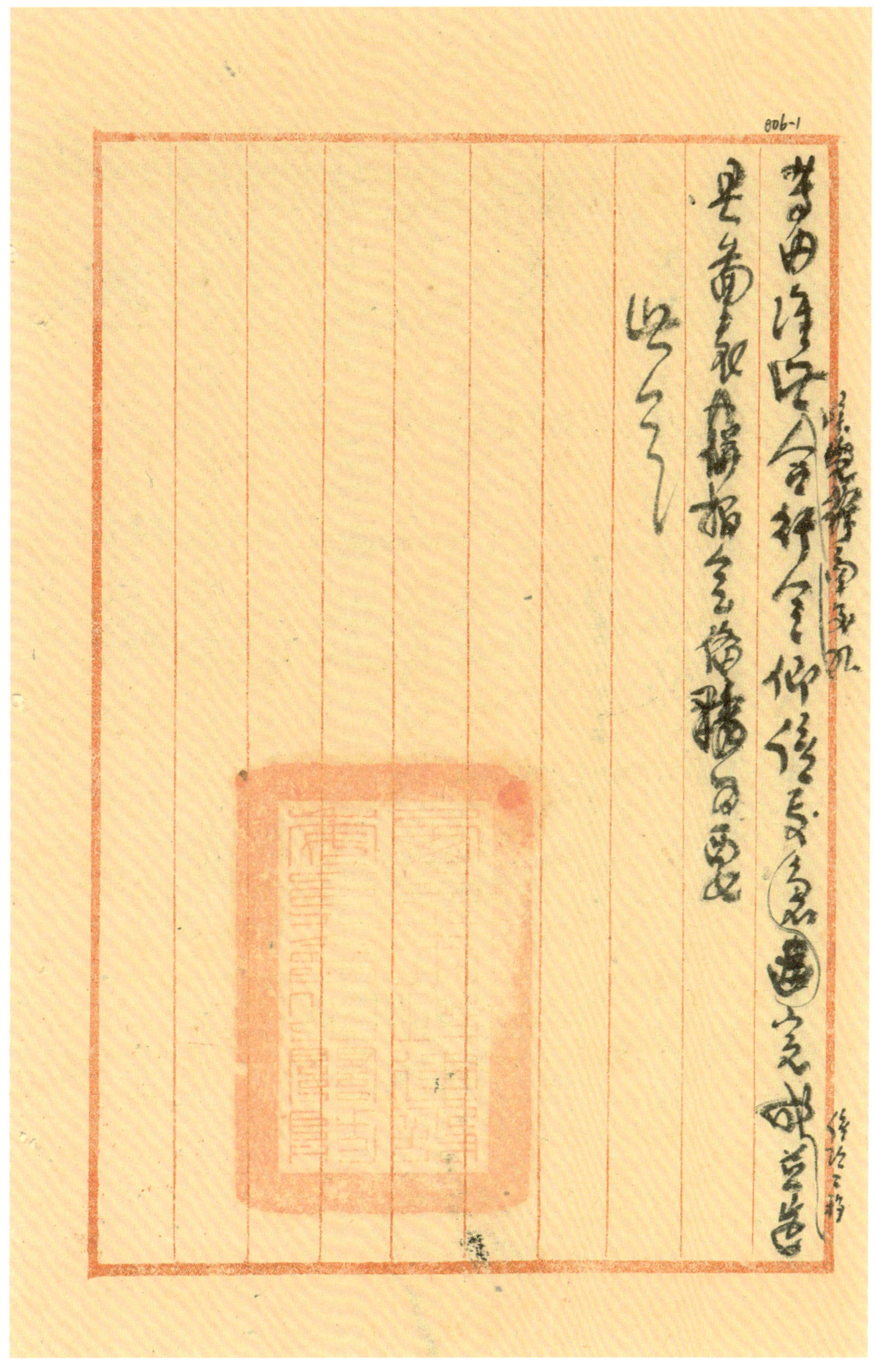

西京建委工程处关于赍送修筑西大街地下室被炸部分预算及草图致西京建委的呈（一九四〇年七月十日）

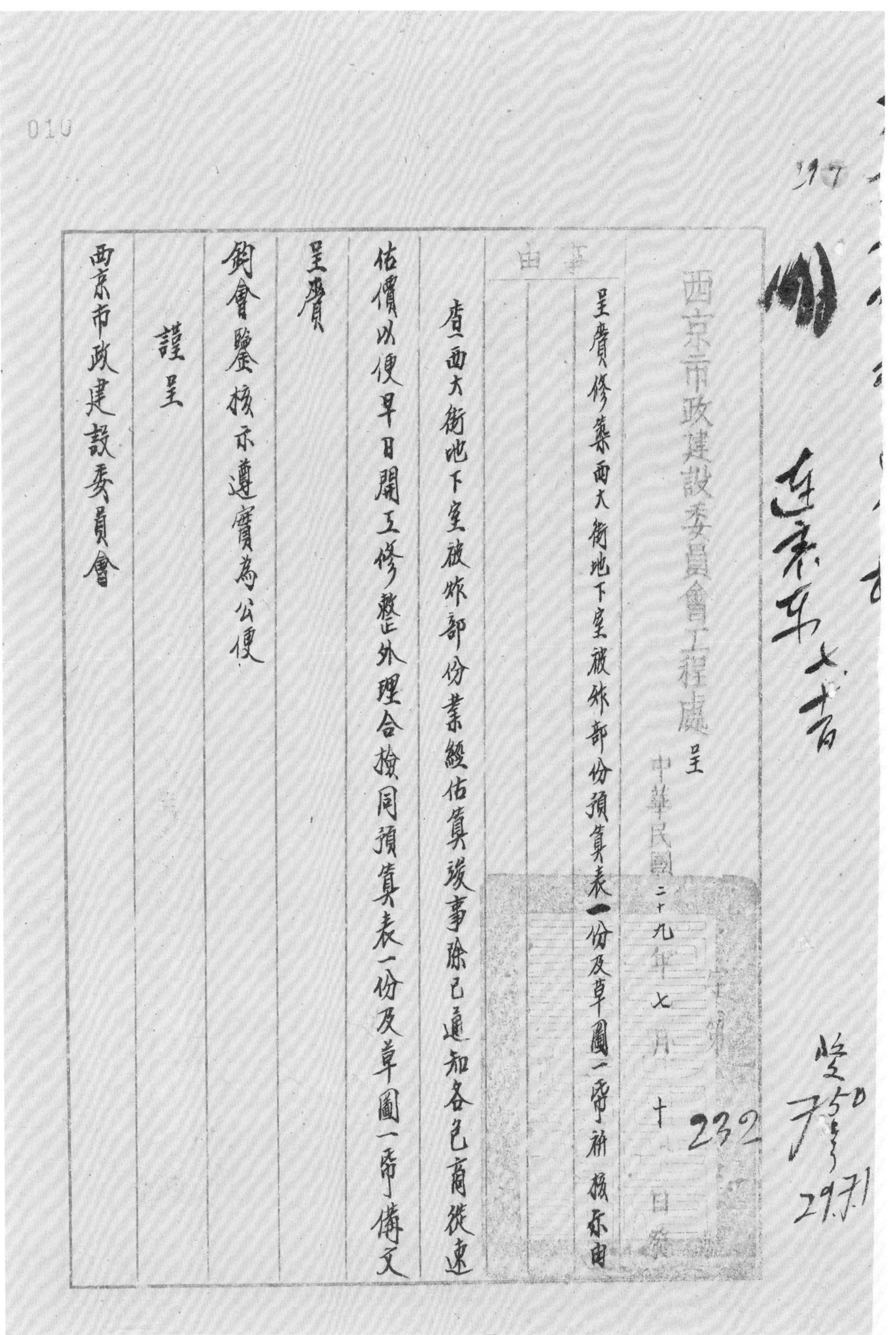

西京市政建設委員會工程處呈

中華民國二十九年七月十日發

事由：呈賫修築西大街地下室被炸部份預算表一份及草圖一張祈核示由

查西大街地下室被炸部份業經估算竣事，除已通知各包商從速估價，以便早日開工修整外，理合檢同預算表一份及草圖一張，備文呈賫

鈞會鑒核示遵，實為公便。

謹呈

西京市政建設委員會

010-1

附賫修築西大街地下室被炸部份預算表一份草圖一幀

西京市政建設委員會工程處 處長 龔賢明
副處長 謝清河

西京建委工程处关于赍送修筑西大街地下室被炸部分估单致西京建委的呈（一九四〇年七月十一日）

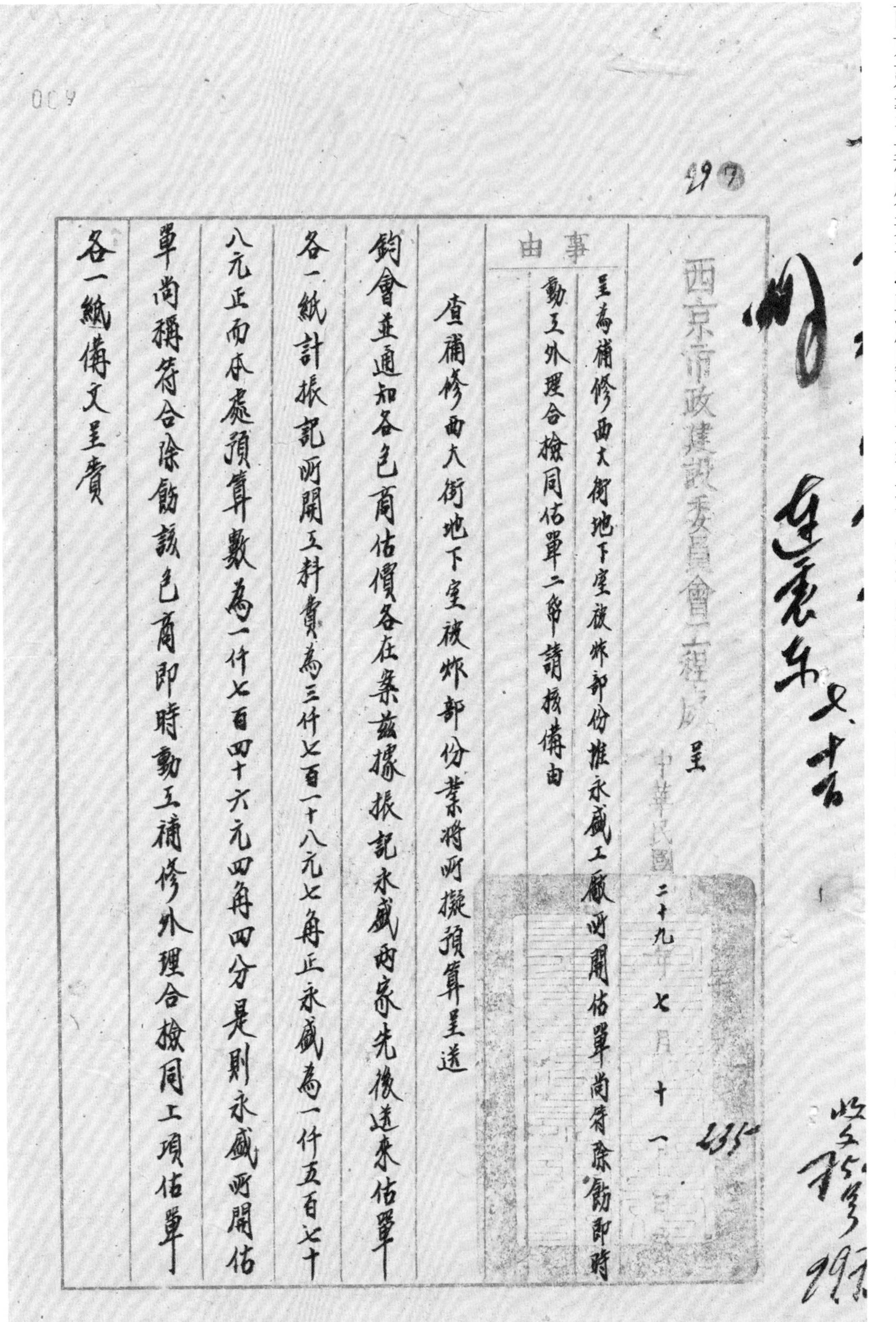

西京市政建設委員會工程處 呈

事由：呈為補修西大街地下室被炸部份准永盛工廠所開估單尚符除飭即時動工外理合檢同估單二紙請核備由

中華民國二十九年七月十一日

查補修西大街地下室被炸部份業將所擬預算呈送鈞會並通知各包商估價各在案茲據振記永盛兩家先後送來估單各一紙計振記所開工料費為三仟七百一十八元七角正永盛為一仟五百七十八元正而本處預算數為一仟七百四十六元四角四分是則永盛所開估單尚稱符合除飭該包商即時動工補修外理合檢同上項估單各一紙備文呈賚

005-1

鈞會鑒核備查

謹呈

西京市政建設委員會

附賫補修西大街地下室被炸部份估單二紙

西京市政建設委員會工程處

處長 龔賢明

副處長 謝清河

附：补修西大街地下室被炸部分估单（一九四〇年七月三日）

008

西京市政建設委員會工程處補修西大街防空地下室工料估價單

名稱	單位	尺寸	數量	單價	小記	總價	備攷
青磚	頁		18000.0	550	990.0		用西[illegible]新
白灰	斤		10000.0	720	720.0		
黃沙	公立方		162	75	1215		
挖土	公立方		420.0	18	7560.0		
填土打夯	〃〃〃		420.0	140	5880.0		
拆除西磚	〃〃〃		440	240	1056		
砌石磚工資	〃〃〃		440	790	3476		
短運餘土	〃〃〃			200			
券胎				90.0	90.0		不代舖築石子路面
						371870	

民国二十九年七月三日　振記營造廠　呈

（印：振記營造廠）

西京建委关于修理西大街被炸地下室预算表单审核结果致会属工程处的指令

（一九四〇年七月十三日）

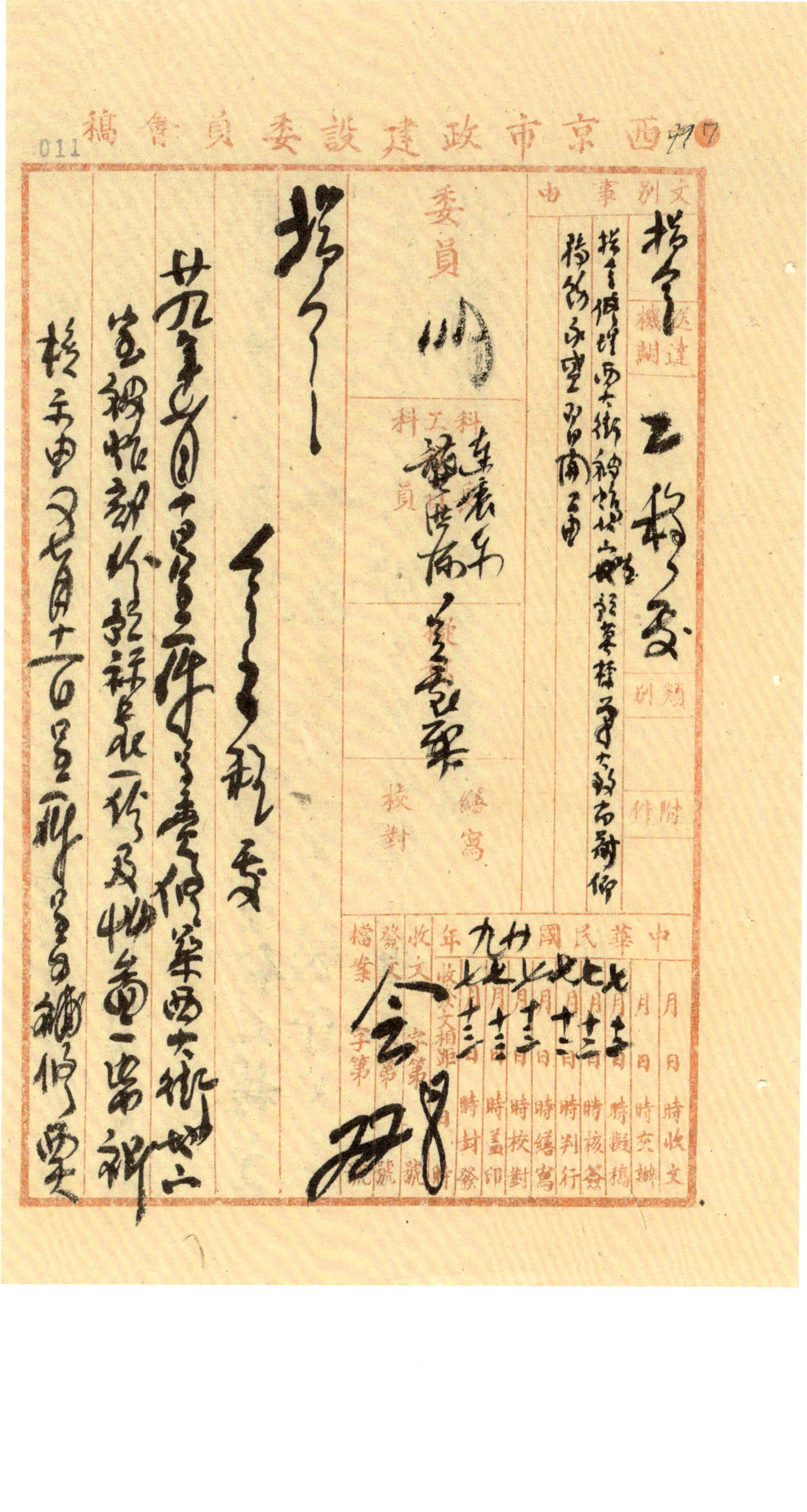

西京市政建設委員會稿

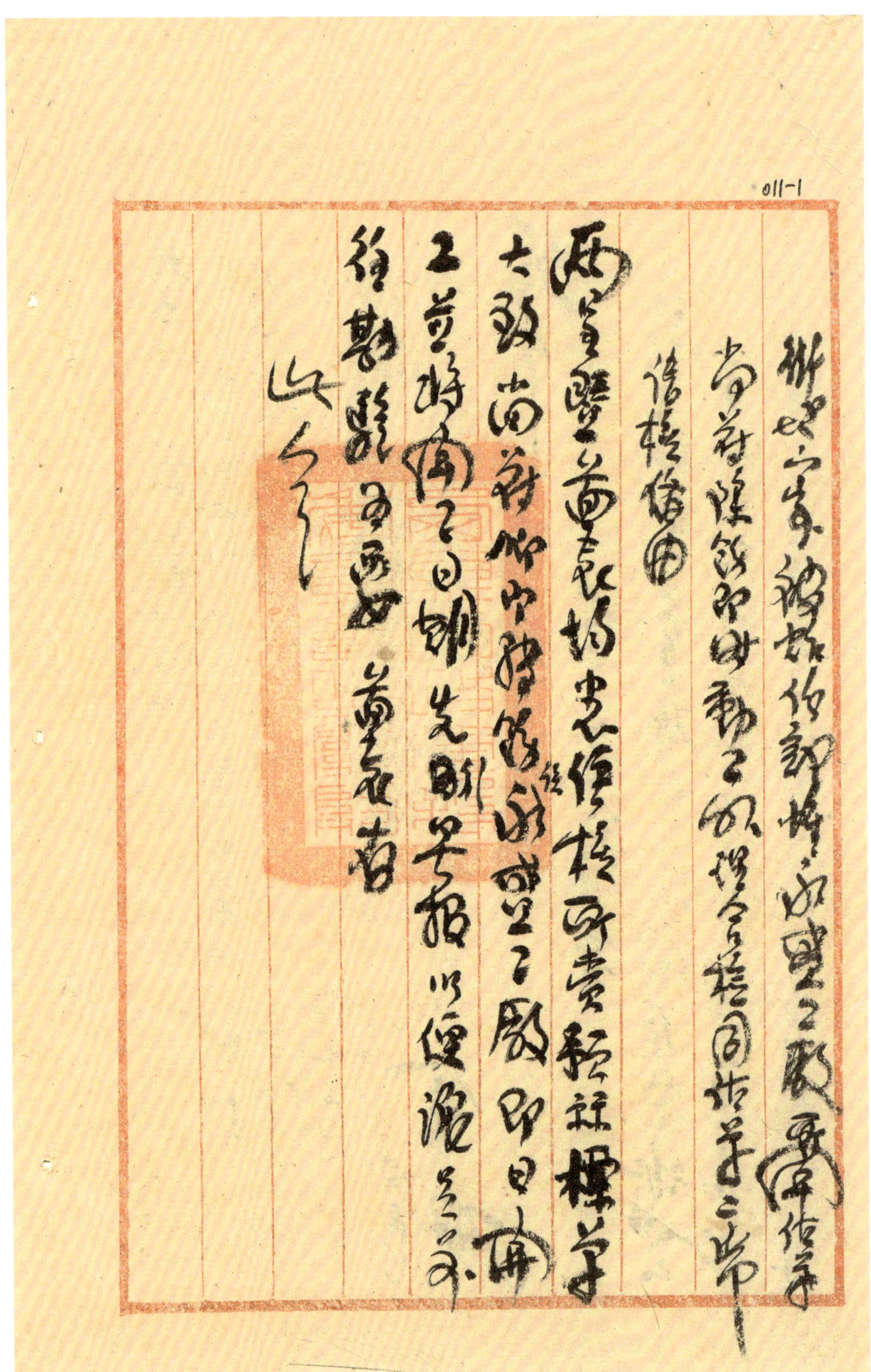

011-1

[illegible]

此令

西京建委工程处关于赍送修整西大街被炸地下室工程合同说明书保证书致西京建委的呈（一九四〇年七月十三日）

西京市政建設委員會工程處呈

中華民國二十九年七月十三日 237

事由：呈賫修整西大街地下室被炸部份工程合同説明書保證書各二份祈核備由

查已修西大街地下室被炸部份曾經交由永盛工廠照做並將預算表及草圖估單各一份呈送各在案茲將該項工程合同及説明書保證書各二份理合備文呈賫

鈞會鑒核備查

謹呈

西京市政建設委員會

020-1

附賫修理西大街地下室被炸部份工程合同説明書保証書各二份

西京市政建設委員會工程處
處長 龔賢明
副處長 謝清河

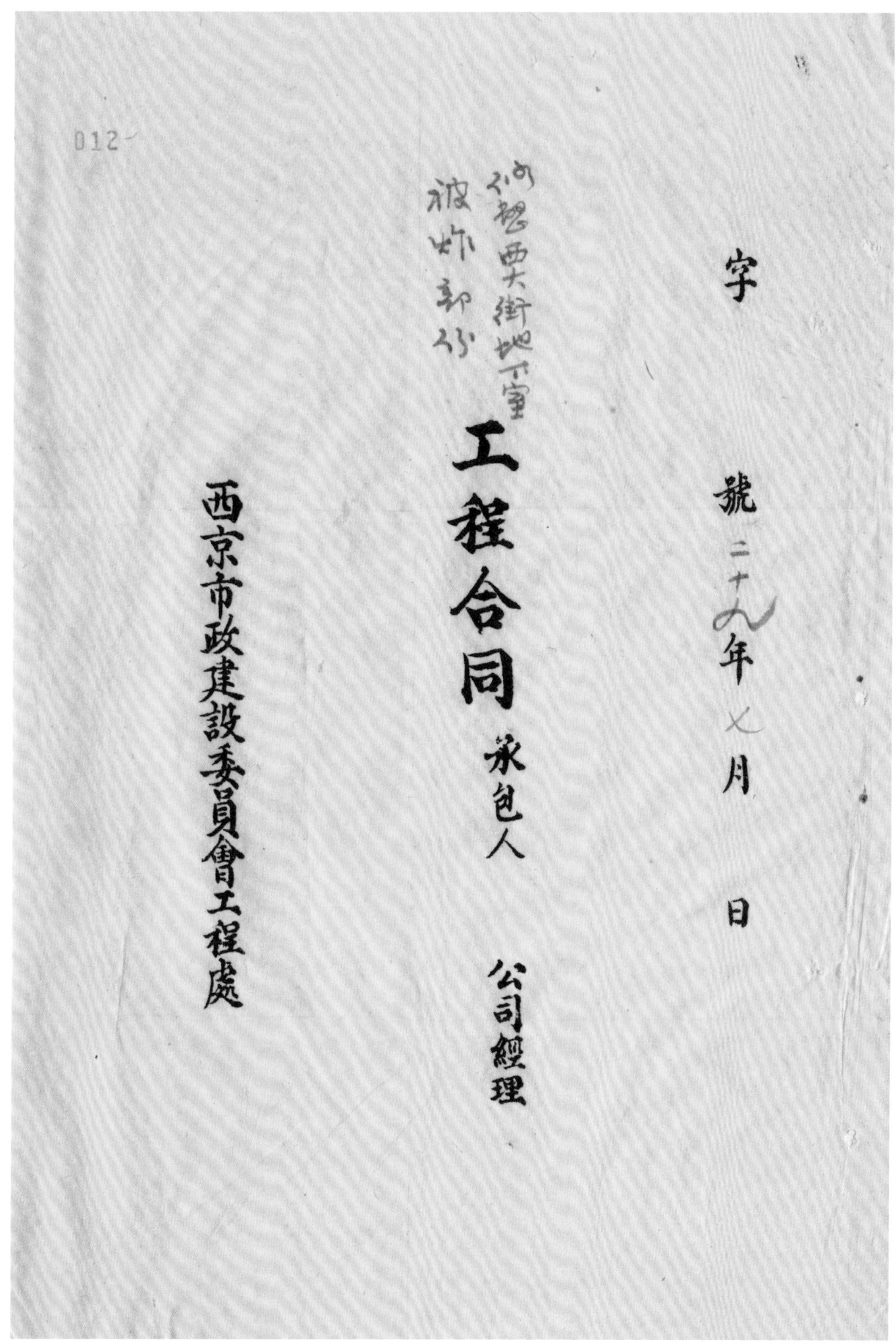

012

字　號　二十九年七月　日

修理西大街地下室
被炸部分

工程合同

承包人　公司經理

西京市政建設委員會工程處

西京市政建設委員會工程處（以下簡稱工程處）與築西大街地下室

橋洞被炸 工程與承包人 李樹林

（以下簡稱承包人）訂立合同如左

第一條 工程處所設計之各種圖樣及施工説明書等承包人願簽字蓋章切實遵照辦理

第二條 承包人投標時所填寫之標單及説明書等為本合同之一部在工程進行期間工程處對於工程各部份有更改或增減時承包人須遵照建築所有工料按投標時所填之單價計算如標單單價不詳時按照時價另行估定

第三條 本工程所有零星瑣碎之處如有未盡載明於施工説明書或圖樣等之内者承包人須服從工程處所派監工人員指示辦理不得另索造價

第四條 本工程所需之人工物料工具竹籬蔴繩木樁以及各種生力之法暨一

013

防護之物（壓路機路滚由本處供給）統歸承包人負擔所有本工程所需用之材料須經本處所派負責監工人員驗收後方許應用

第五條　工程進行時承包人須負工人安全及維持交通並應于工作地點日間設置紅旗夜間懸掛紅燈倘有疏忽或設備不周以致發生任何意外之事均由承包人負責

第六條　承包人非得工程處之允許不得將本工程轉包他人

第七條　承包人須派遣富有工程經驗之監工人常川在場監督並聽工程處監工員之指揮如該監工人不稱職時工程處得通知承包人撤換之

第八條　本工程於任何時間如工程處查有與施工說明書不符之處得責令承包人應即拆除並依照規定之工料重築所有時間及金錢之損失統歸承包人負担

第九條　訂立合同時承包人須繳納保證金洋　　元領取收據承包人中途有違反合同或藉辭推諉不完工等情事工程處得將保証金悉

數沒收作為賠償各項損失之一部

第十條　本工程經西京建委會驗收後上項保証金可移作保固金（保固金發還辦法列後）所有保証金保固期及保固金等皆須按工程處規定辦法辦理

第十一條　本工程自二十九年七月十日起動工限定工作日二十天（雨雪或暴風警報天除外）逾限由承包人按日罰洋　元　角　分（約合總包價　百分之（二）工程處在應發工款內扣除之如遇雨雪或暴風確難工作時須由本處所派負責人員之簽字証明始得展期完工

第十二條　本工程於開工之後驗收之前其已成之工程概由承包人負責保管凡一切意外所受之損失皆由承包人完全負責

第十三條　承包人須覓殷實舖保一家（資本在　萬元以上）倘承包人有違背合同或不能履行合同任何條款由保證人代承包人負本合同所

訂一切責任保証人須填寫保証書並在本合同後方簽字蓋章表示承
認各款

第十四條　若承包人無故停止工作或延緩履行合同時經本處書面通知後
三日仍未遵照工作由本處一面通知保証人一面另雇他人繼續承
包工作所有場內之材料器具設備等概歸本處使用而其續造工
程之費用及延期損失等本處由工程包價內扣除之如有不足之
處均歸保證人賠償

第十五條　本工程總包價為一五七八九〇角〇分（若承包人係按單價其總
價依工程完竣後實收數量結算為準）

第十六條　本工程分　二　期付款

第一期　開始砌磚至材料到齊五分之三時付壹仟元

第二期

第三期

第末期 工程驗收後除保固金外全部付清

第末期經西京建委會派員驗收後除保固金外掃數結清

各期付款須由負責督工人員填寫請款書經工程處第二課証明後呈請核發

第十七條 保固金五十元在總包價内扣存俟保固期滿後發還保固期自驗收日算起

第十八條 本工程全部驗收後保固時期規定為之個月如有損壞之處承包人得本處通知後立即前往遵照修理否則工程處代覓工人修理所有工料費用在保固金内扣除

第十九條 本合同保證書及施工說明書均繕同樣五份三份送呈西京建委會備案一份存西京建委會工程處一份由承包人收執

中華民國二十九年七月九日立

西京市政建設委員會工程處（蓋章）

承包人 李樹林（蓋章）

住址

保證人 秦志明（蓋章）

住址 南院門119

（外附保證書）

附二：修整西大街被炸地下室工程施工说明（一九四〇年七月）

014

修補西大街地下室被炸部分施工說明書

A. 總則

一、施工時承包人應切實遵照本處所繪圖樣切實施工，如有不明瞭處得隨時陳明本處所派負責監工人員指示辦理。

二、工程上所用一切材料須經本處派員驗明後方得使用。

三、施工時如有損坏附近各項公私建築或其他之外損失均由承包人負責或賠償。

四、承包人或其負責代表須常川在工地監督工作，如本處認為經驗缺少得隨時令承包人更動，不得推辭。

五、工程所需一切用具（如打架工具以及燈火附屬物件）均由承包人自備

019-1

六、本工程所有一切廢土餘料於完工後三日內須由承包人清除淨盡

B. 施工

一、基腳被炸部分及拆除部分均須挖掘另為填實（砌）填砌之前須先將地腳夯實如遇空穴之處須繼續挖下每層夯打素土。

二、砌磚所有墻身及脊部青磚均用一比三灰砂砌須滿抹並灌漿抅縫青磚須燒透整齊聲音響亮用時要為透水拆下舊磚經管處人員許可方准動用白灰用富平灰黃砂須淨水砂不得混合其他雜物

三、鋪地用青磚鋪砌須與其他地面一致地基須先夯為平整。

四、填土脊上填土須俟灰砂干後方准填入分步錘填其餘部分夯填每次下土不得超過三分寸。

五、脊框或支架須俟灰砂干後始得搖動不得隨砌隨動。

附三：承修西大街被炸地下室工程保证书（一九四〇年七月）

017

保證書

茲因承包人李樹林與西京市政建設委員會工程處訂立合同興築西大街被炸地下室工程，保證人願担保該承包人切實履行合同。如有違反合同或因任何事故發生不能履行合同時，保證人願按照合同規定負完全責任，並賠償該項工程所受一切損失。自具此保證書後，即負担保之責，至全部工程驗收，並保固期滿後為止。所具保證書是實。

保證商號 南院門一九七

保證人 秦志明

中華民國廿九年七月 日

西京建委关于修整桥梓口被炸地下室所需费用拟由防空设备费项下开支致陕西省政府的公函
（一九四〇年七月二十日）

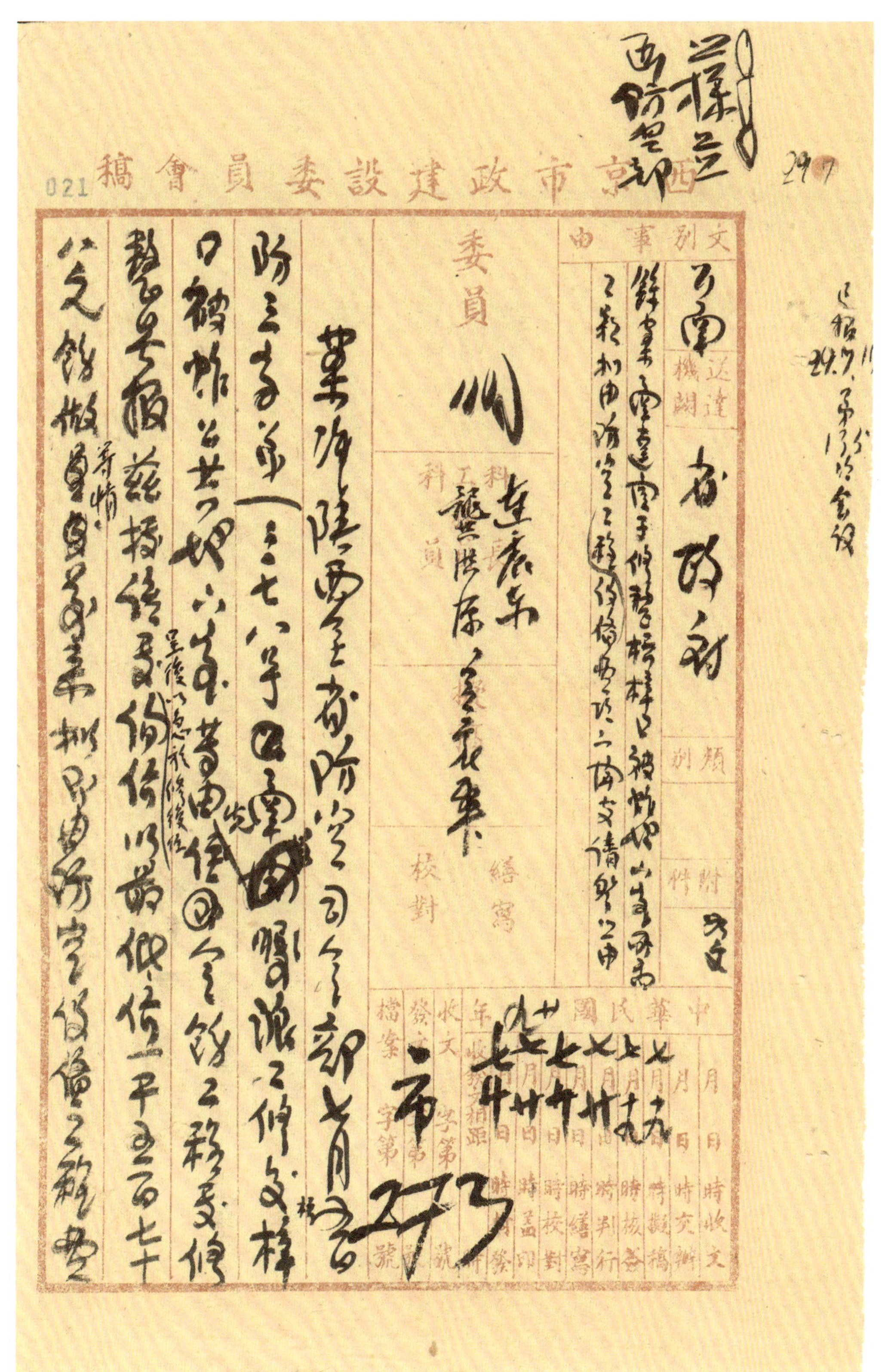

西京市政建設委員會稿

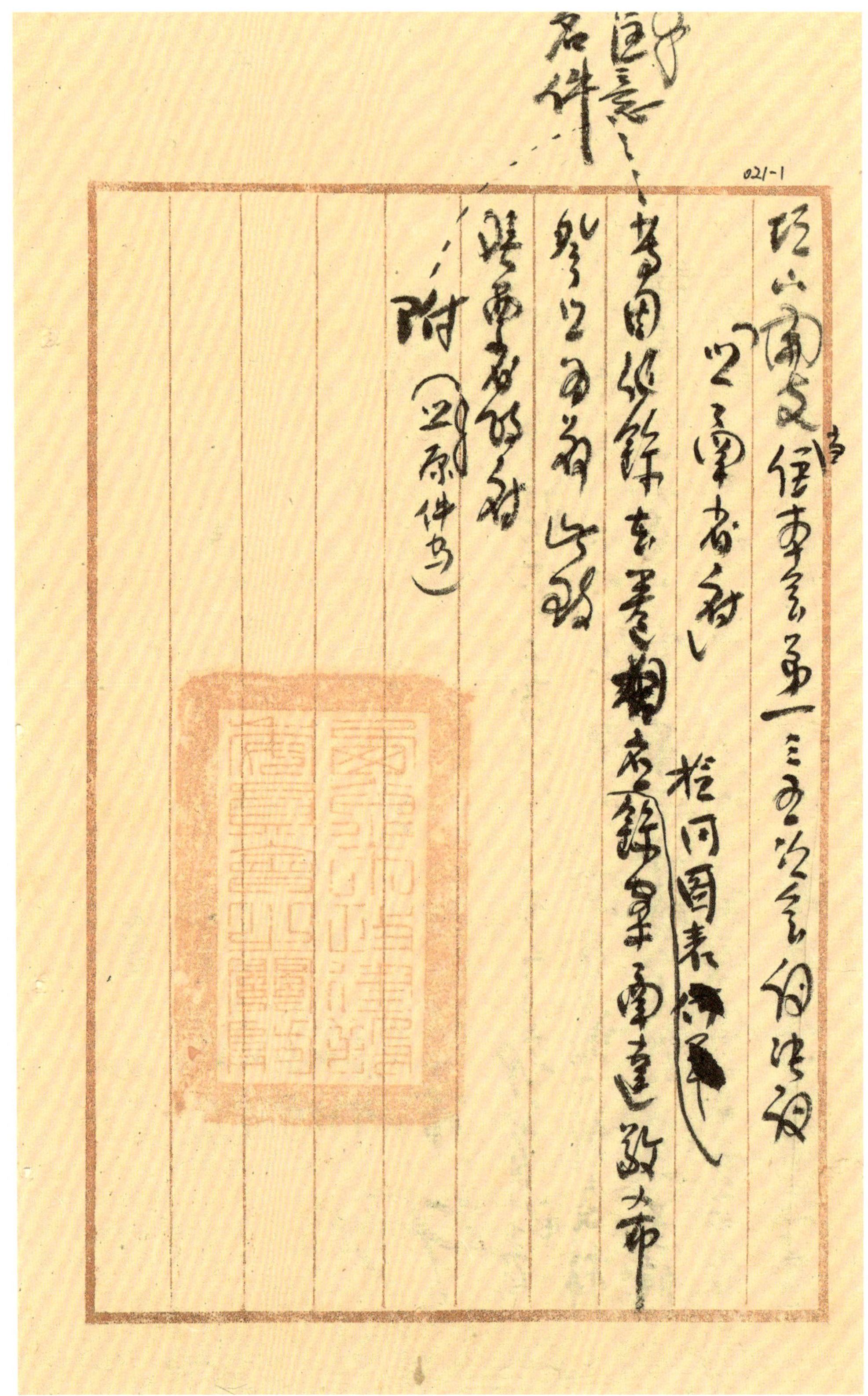
021-1

西京建委工程处关于赍送修理西大街被炸过街水沟工程决算表及草图致西京建委的呈
（一九四〇年八月六日）

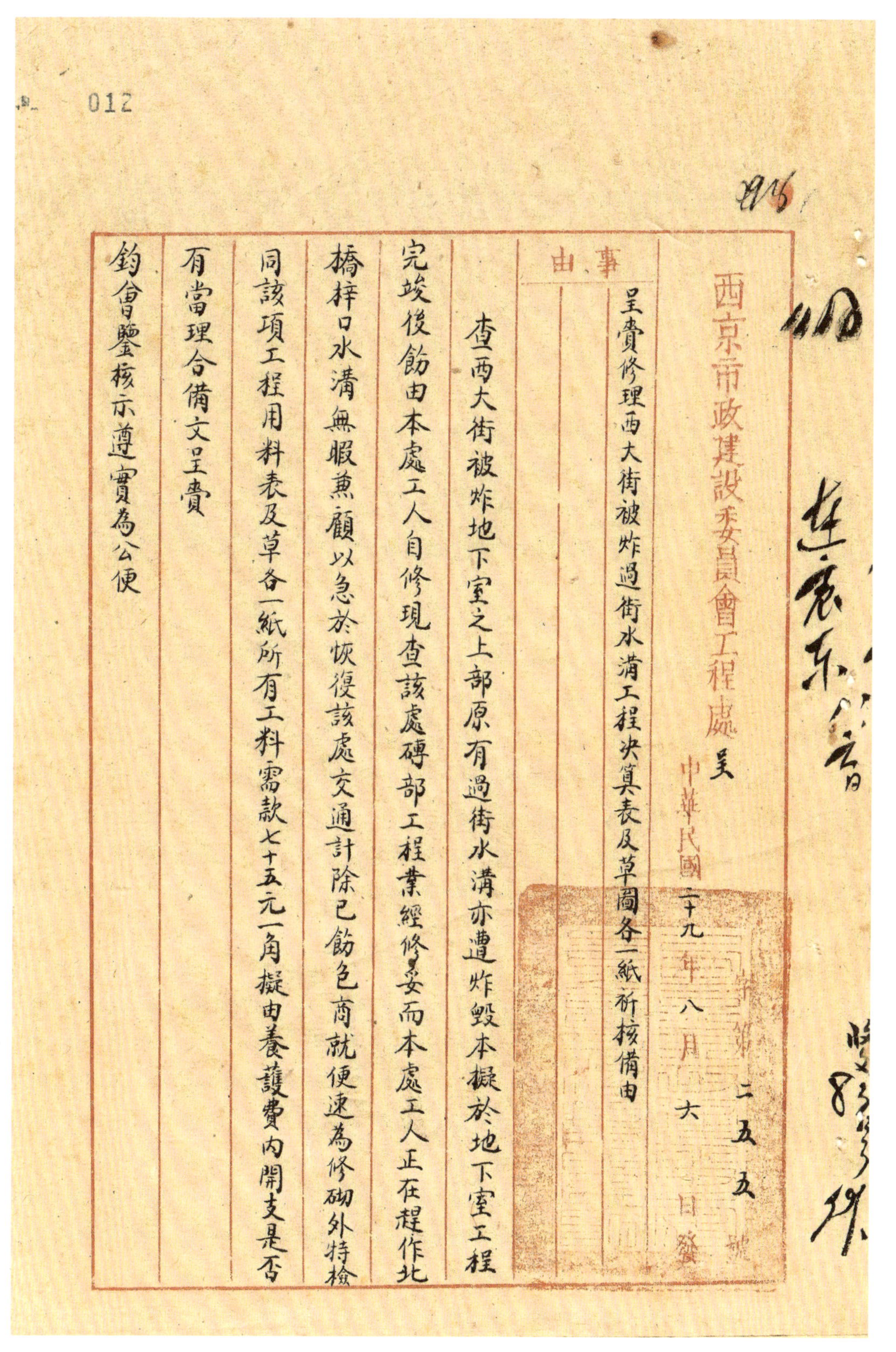
西京市政建設委員會工程處　呈　中華民國二十九年八月六日發　字第二五五號

事由：呈賫修理西大街被炸過街水溝工程決算表及草圖各一紙祈核備由

查西大街被炸地下室之上部原有過街水溝亦遭炸毀本擬於地下室工程完竣後飭由本處工人自修現查該處磚部工程業經修妥而本處工人正在趕作北橋梓口水溝無暇兼顧以急於恢復該處交通計除已飭包商就便速為修砌外特檢同該項工程用料表及草各一紙所有工料需款七十五元一角擬由養護費內開支是否有當理合備文呈賫

鈞會鑒核示遵實為公便

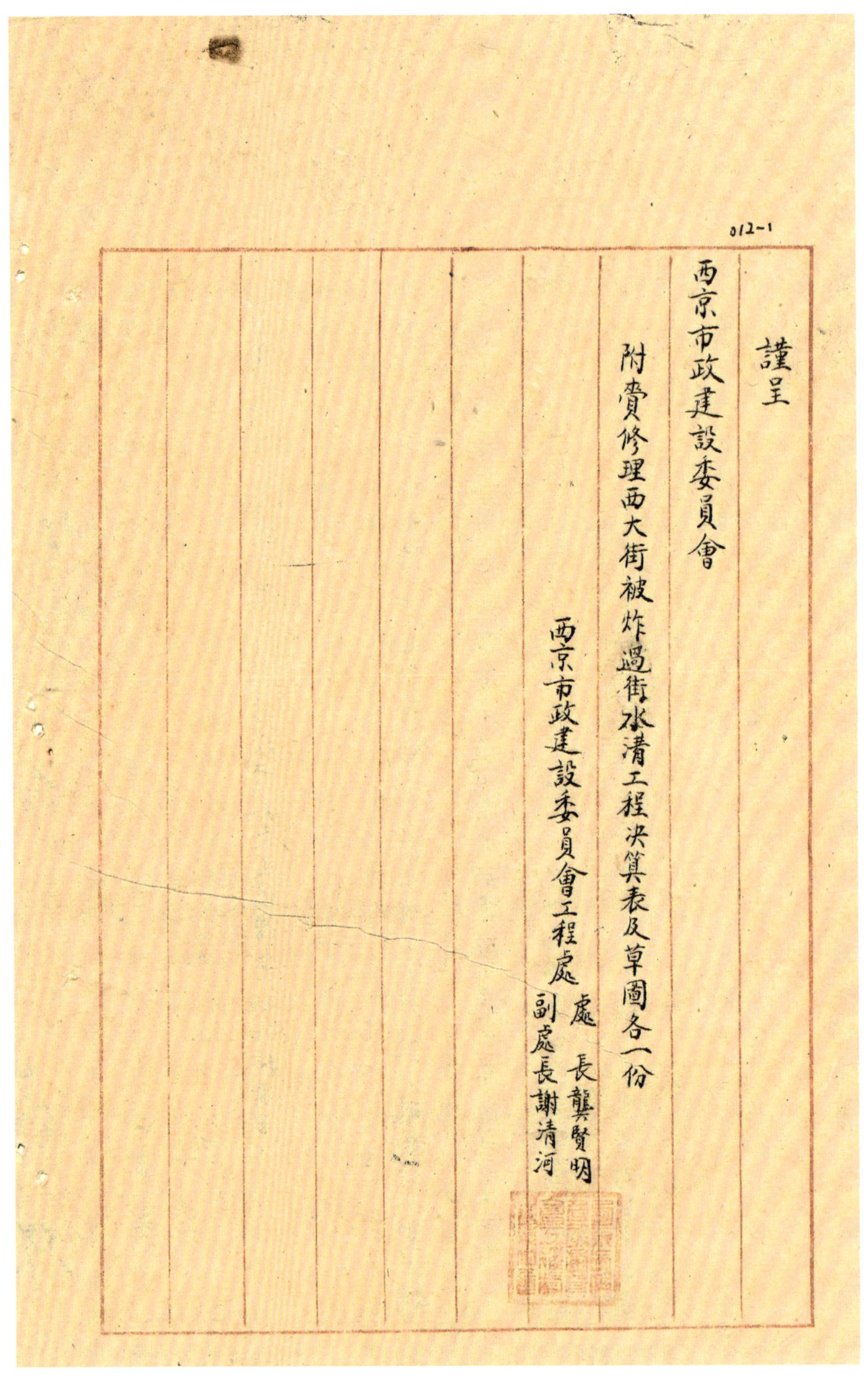

012-1

謹呈

西京市政建設委員會

附賚修理西大街被炸過街水渻工程決算表及草圖各一份

西京市政建設委員會工程處處　長龔賢明

副處長謝清河

附：修理西大街被炸过街水沟工程决算表（一九四〇年七月三十一日）

011

西京市政建设委员会工程处

西大街被炸地下室过街沟决算表

字第　　號第　　項

中華民國 29 年 7 月 31 日

種類	單位	單價(元)		數量		合價(元)		附記
青磚	百頁	55	00	9	12	50	16	
白灰	百市斤	60	00	1	74	10	44	
黄沙	公立方	10	00		35	3	50	
大工	工	2	50	2		5	00	
小工	工	2	00	3		6	00	
總計						75	10	

計算 應試祖　　審核　　核准

西京建委关于修理西大街被炸过街水沟费用准由养护费项下开支致会属工程处的指令（一九四〇年八月十日）

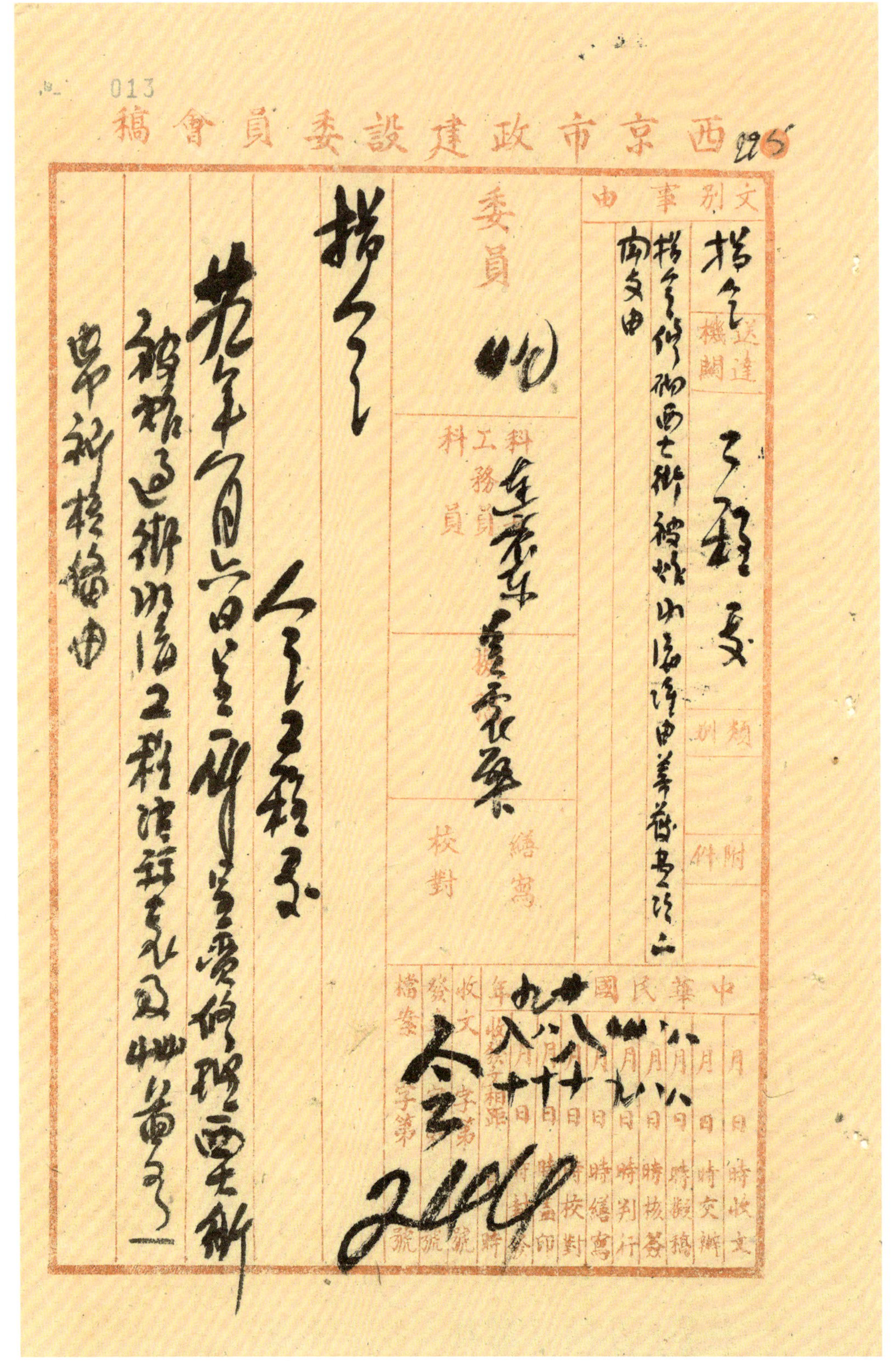

西京市政建設委員會稿

013-1

吴璧翁先生切忠済由吴路岐項六

南支抑山中也以翁義存

此々

西京建委工程处关于请求派员莅临验收西大街被炸地下室工程致西京建委的呈（一九四〇年八月十五日）

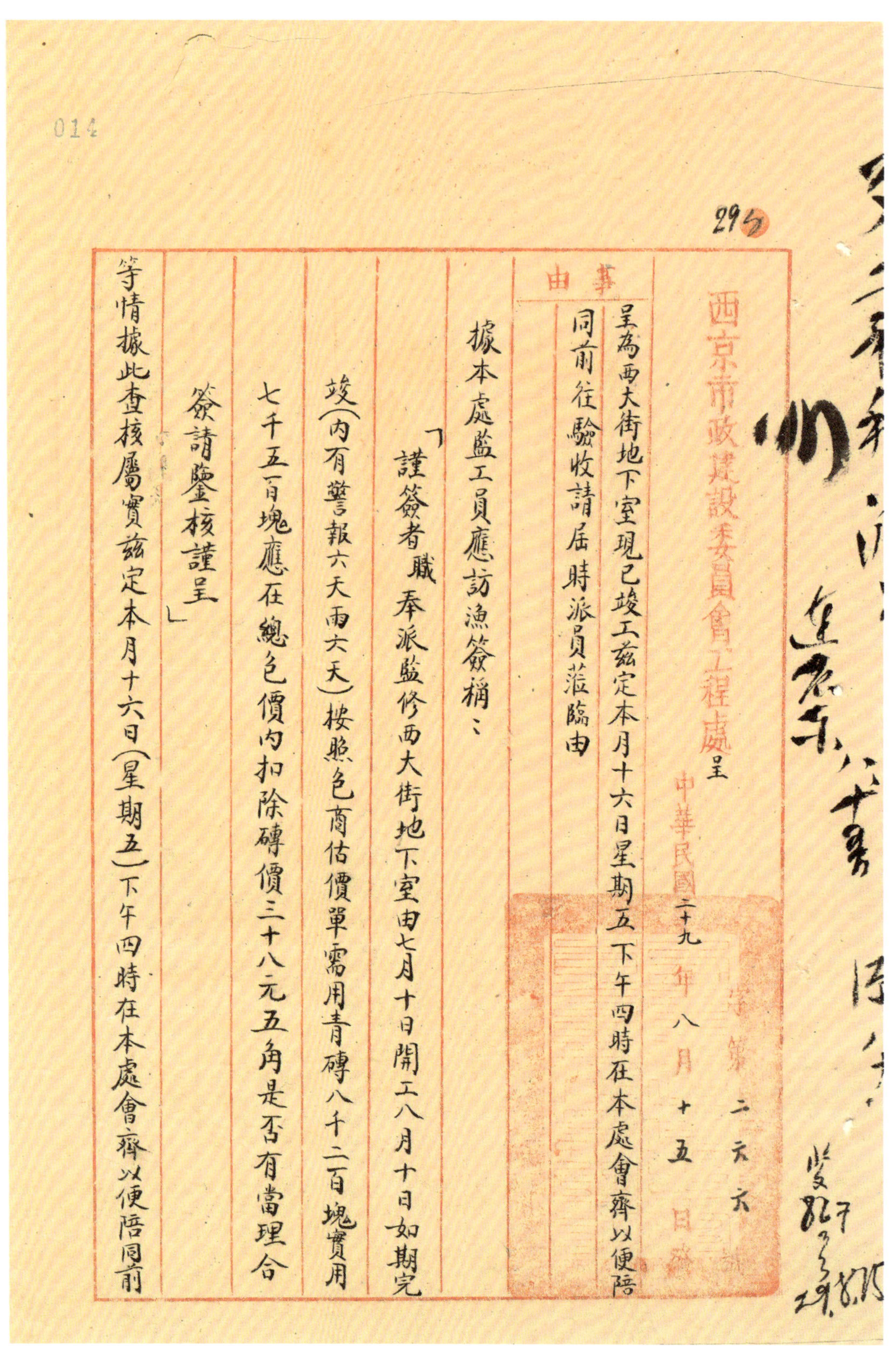
西京市政建設委員會工程處呈

中華民國二十九年八月十五日 字第二六六號

事由：呈為西大街地下室現已竣工茲定本月十六日星期五下午四時在本處會齊以便陪同前往驗收請屆時派員蒞臨由

據本處監工員應訪漁簽稱：

「謹簽者職奉派監修西大街地下室由七月十日開工八月十日如期完竣（內有警報六天雨六天）按照包商估價單需用青磚八千二百塊實用七千五百塊應在總包價內扣除磚價三十八元五角是否有當理合簽請鑒核謹呈」

等情據此查核屬實茲定本月十六日（星期五）下午四時在本處會齊以便陪同前

014-1

往驗收除分函外理合具文呈請

鈞會鑒核屆時派員莅臨以資清結實為公便

謹呈

西京市政建設委員會

西京市政建設委員會工程處處長龔賢明

副處長謝清河

附：修整西大街被炸地下室工程结算表（一九四〇年八月）

西京市政建設委員會工程處

修整西大街被炸地下室工程結算表

承造廠商	永盛工廠	規定工作期限	20天
訂立合同日期	29年7月10日	根據合同扣除日數	雨六天警報六天
開工日期	29年7月10日	核准延期日數	——
完工日期	29年8月10日	逾期日數	——
驗收日期	29年8月20日	合同所定總價	1578.00

追加 項目	款額	扣罰 項目	款額
		扣青磚	38.50
共計		共計	38.50

淨付款額 $1539.50

監工員　　負責工程司或股主任　　課長　　處長

西京建委、西京建委工程处关于转饬承包人重新修整西大街被炸地下室内部工程的来往公文（一九四〇年八月二十三日至九月二日）

西京建委致西京建委工程处的指令（一九四〇年八月二十三日）

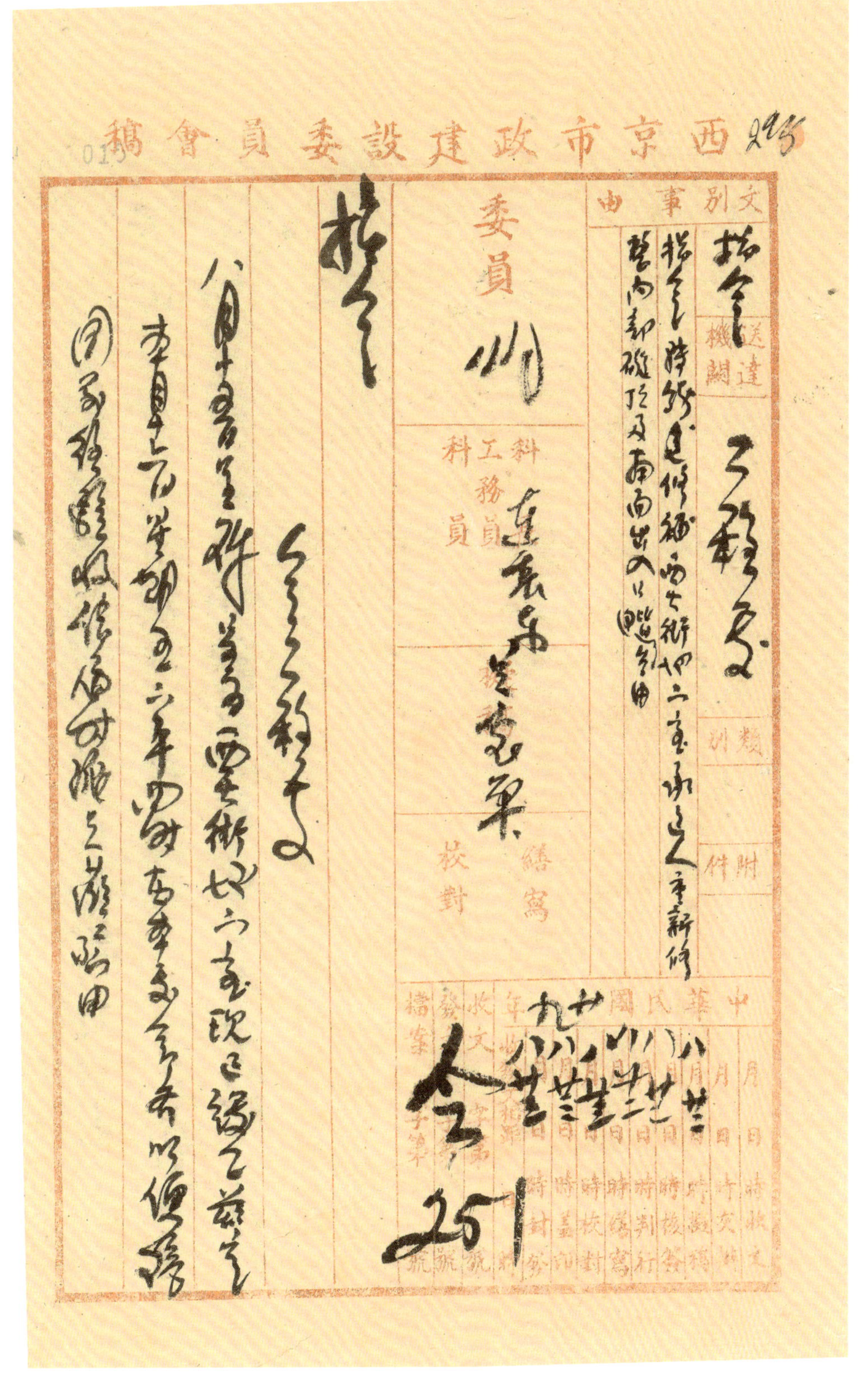

西京市政建設委員會稿

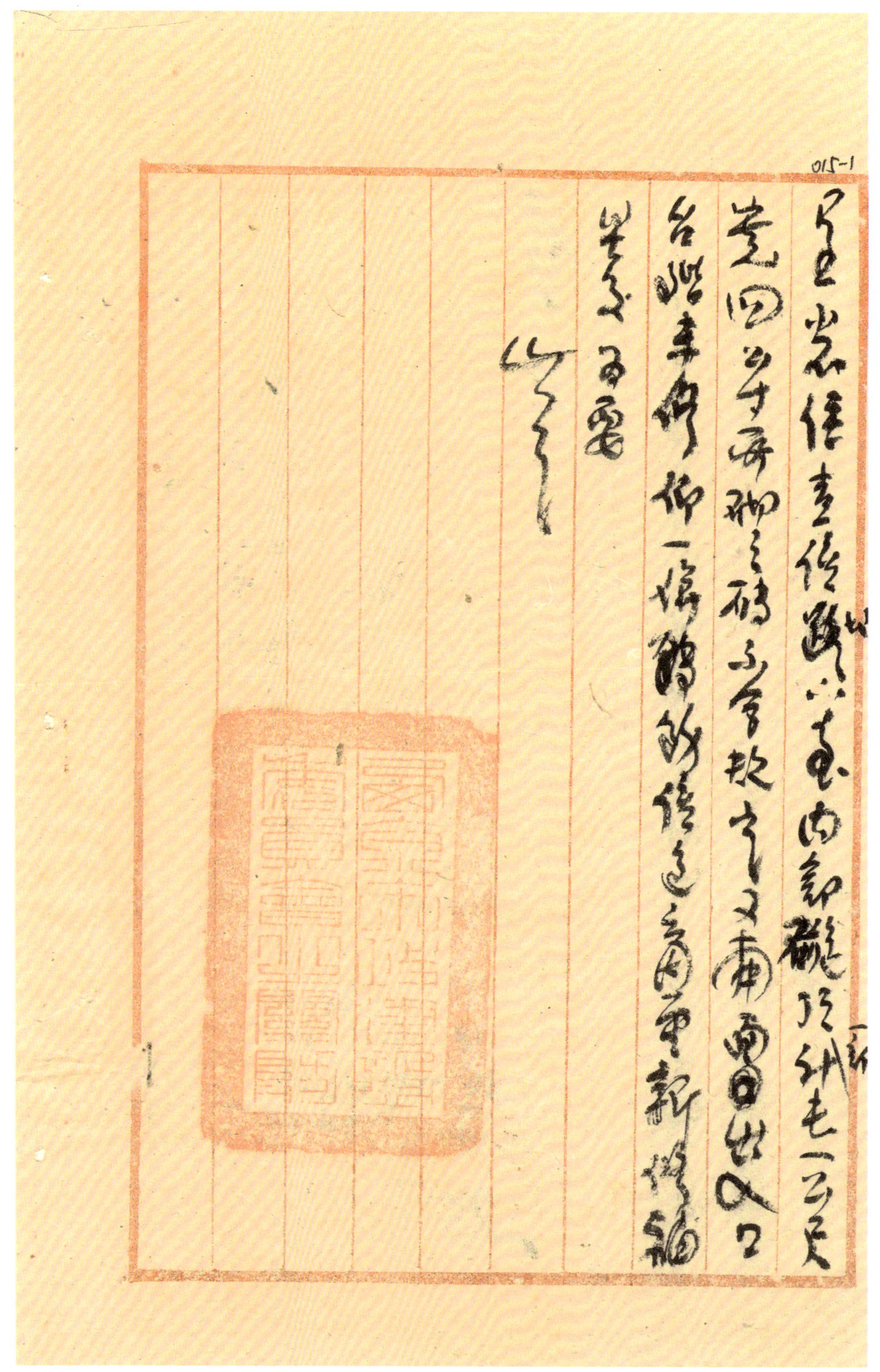

西京建委工程处致西京建委的呈（一九四〇年九月二日）

西京市政建設委員會工程處呈

中華民國二十九年九月二日

事由：呈復重新修整西大街地下室內部工程已遵令轉飭辦理祈核備由

案奉

鈞會二十九年八月二十三日令字第二五一號指令為指令轉飭修補西大街地下室承色人重新修整內部礎頂及南面出入口階台等因奉此查南面出入口階台未在計劃之內已飭本處工程隊派工辦理關於礎頂部份除已轉飭該包商剋日修整外奉令前因理合具文呈復

鈞會鑒核備查

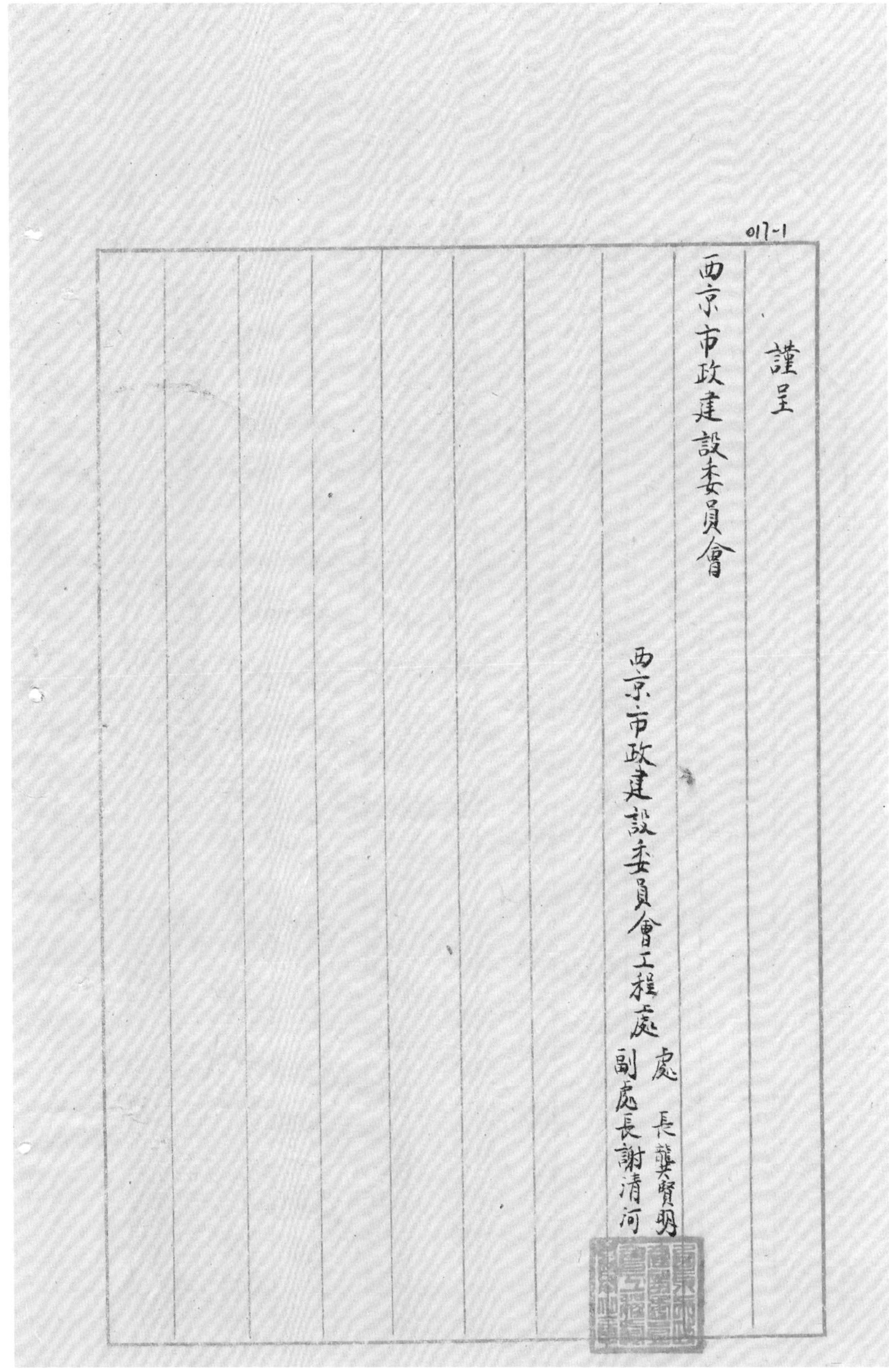
017-1

謹呈

西京市政建設委員會

西京市政建設委員會工程處處　長龔賢明

副處長謝清河

西京建委关于修整桥梓口被炸地下室所需费用拟由防空设备费项下开支致陕西全省防空司令部的公函

（一九四〇年八月三十日）

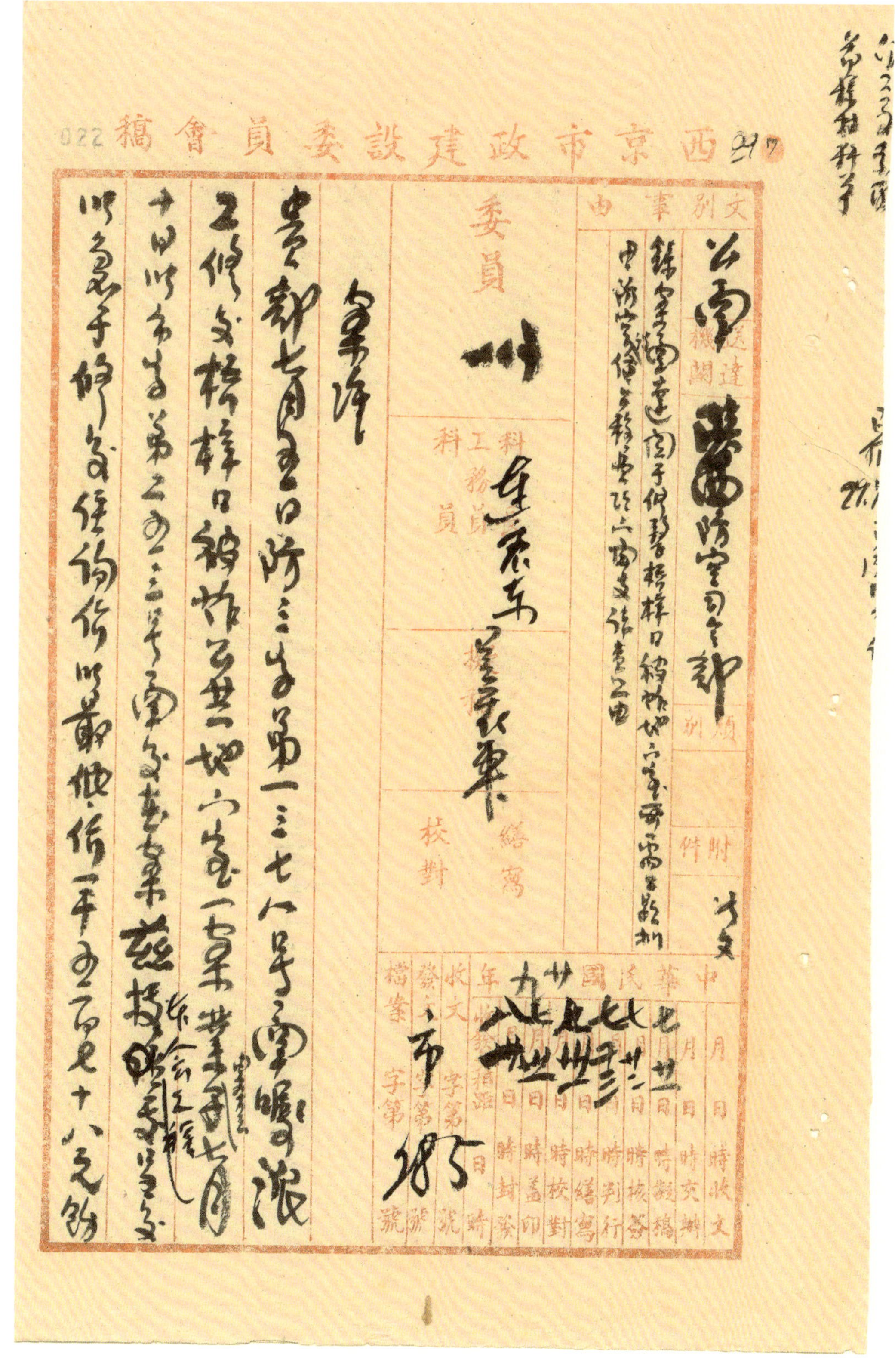

（五）修复东厅门被炸地下室

西京建委关于东厅门被炸地下室已先修复其他小整理径由该会工队自行修整致陕西省政府的公函（一九四〇年七月五日）

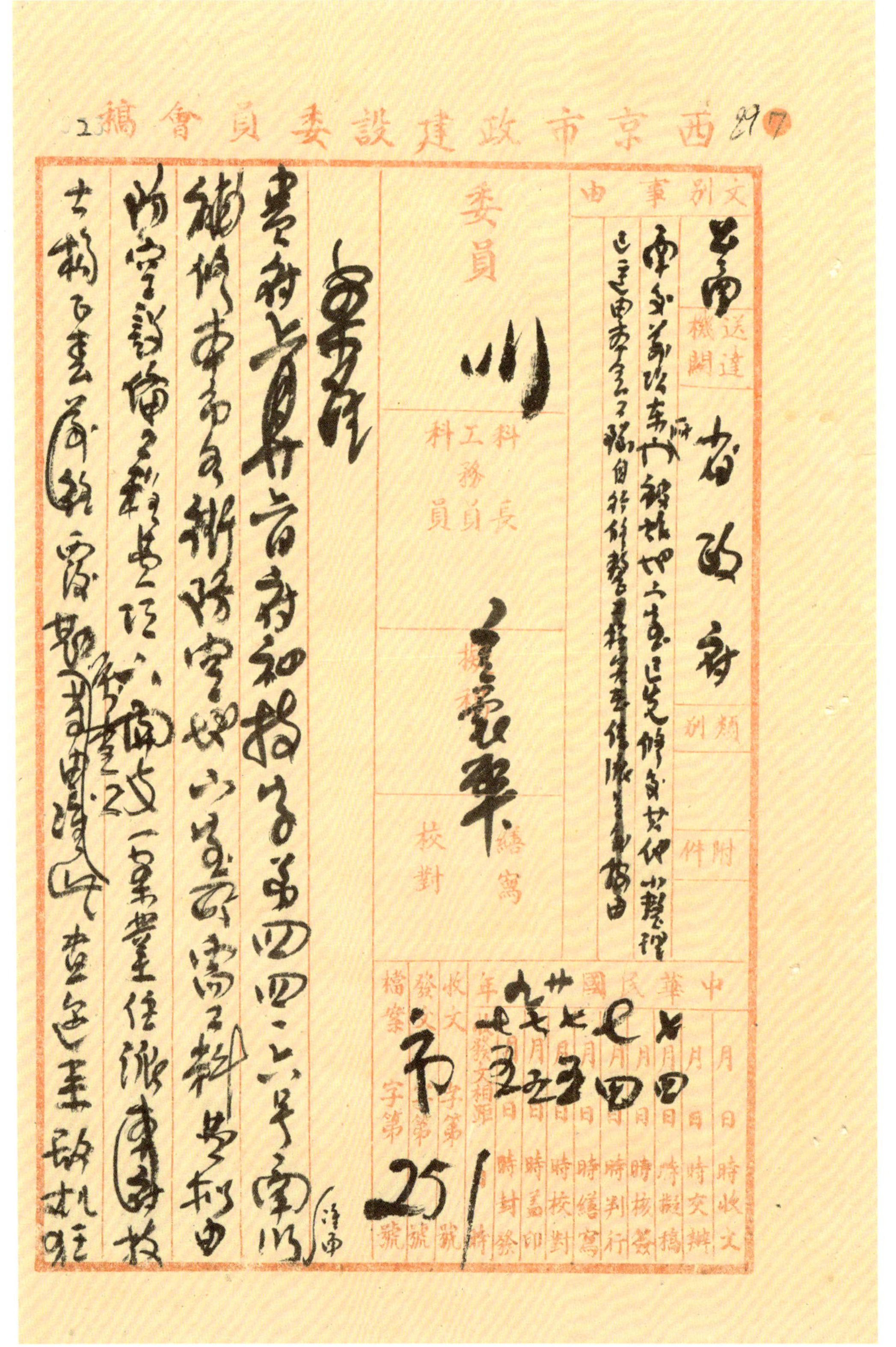
西京市政建設委員會稿

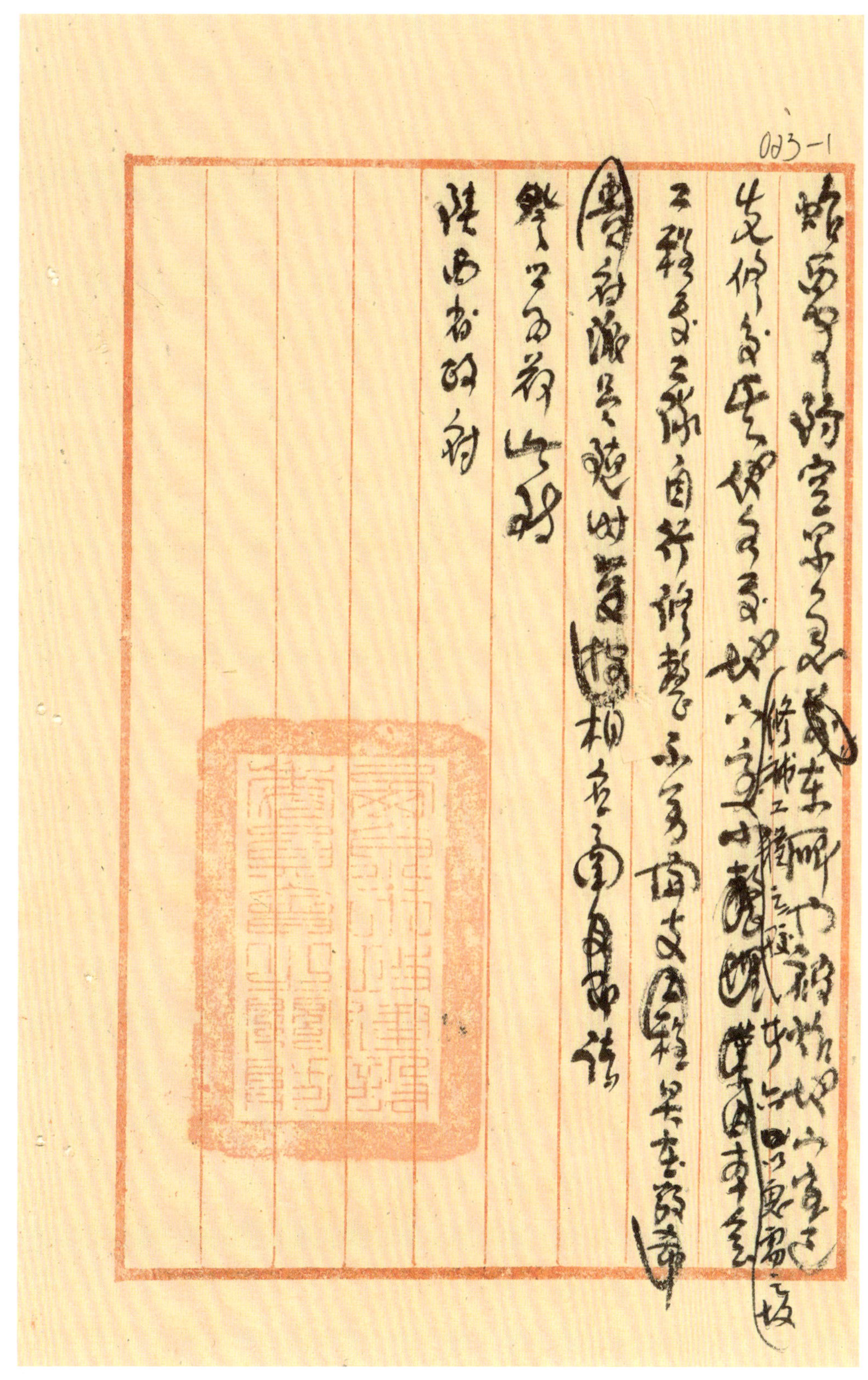

西京建委工程处关于请求派员验收东厅门被炸地下室修整工程致西京建委的呈（一九四〇年七月五日）

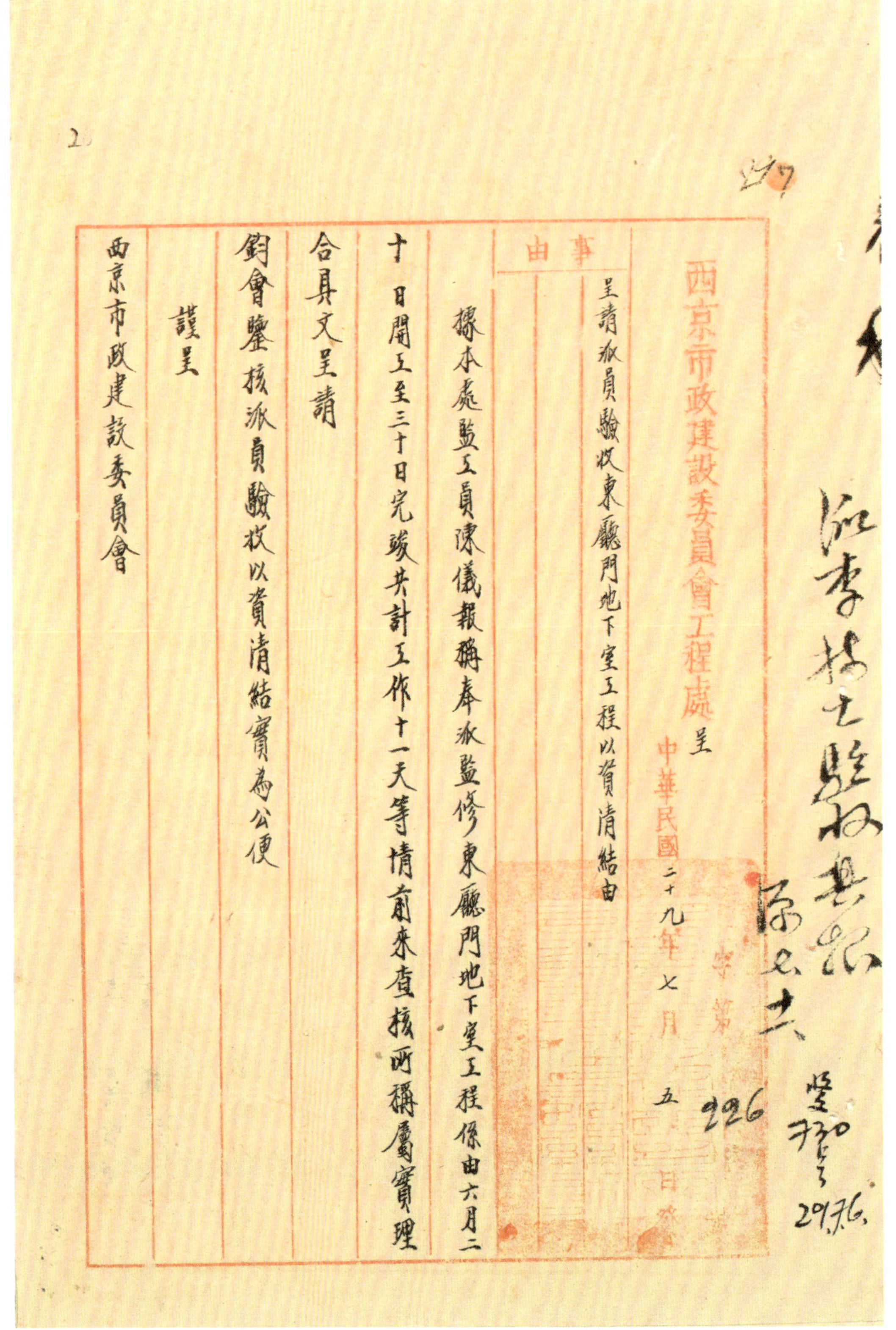

西京市政建設委員會工程處呈

中華民國二十九年七月五日

事由：呈請派員驗收東廳門地下室工程以資清結由

據本處監工員陳儀報稱：奉派監修東廳門地下室工程，係由六月二十日開工，至三十日完竣，共計工作十一天等情，前來查核所稱屬實，理合具文呈請

鈞會鑒核，派員驗收，以資清結，實為公便。

謹呈

西京市政建設委員會

028-1

西京市政建設委員會工程處

處長 龔賢明

副處長 謝清河

西京建委关于补修东厅门地下室工程准予验收请制图表送会存转致会属工程处的指令

（一九四〇年七月十六日）

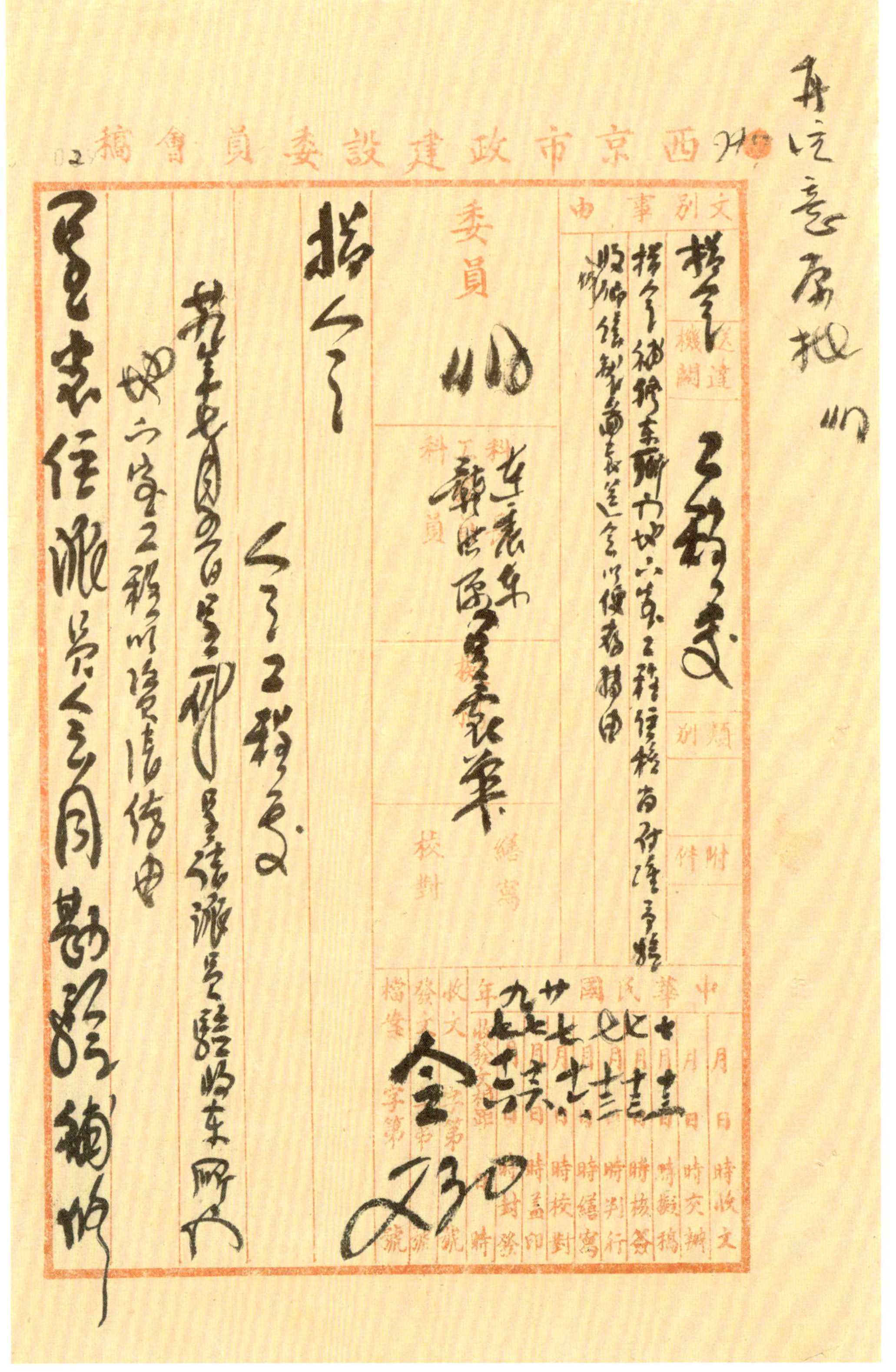

西京市政建設委員會稿

文別　指令

事由　指令補修東廳門地下室工程准予驗收仰繪製圖表送會以便存轉由

送達機關

類別

附件

委員

科長　科員

繕寫　校對

中華民國　年　月　日

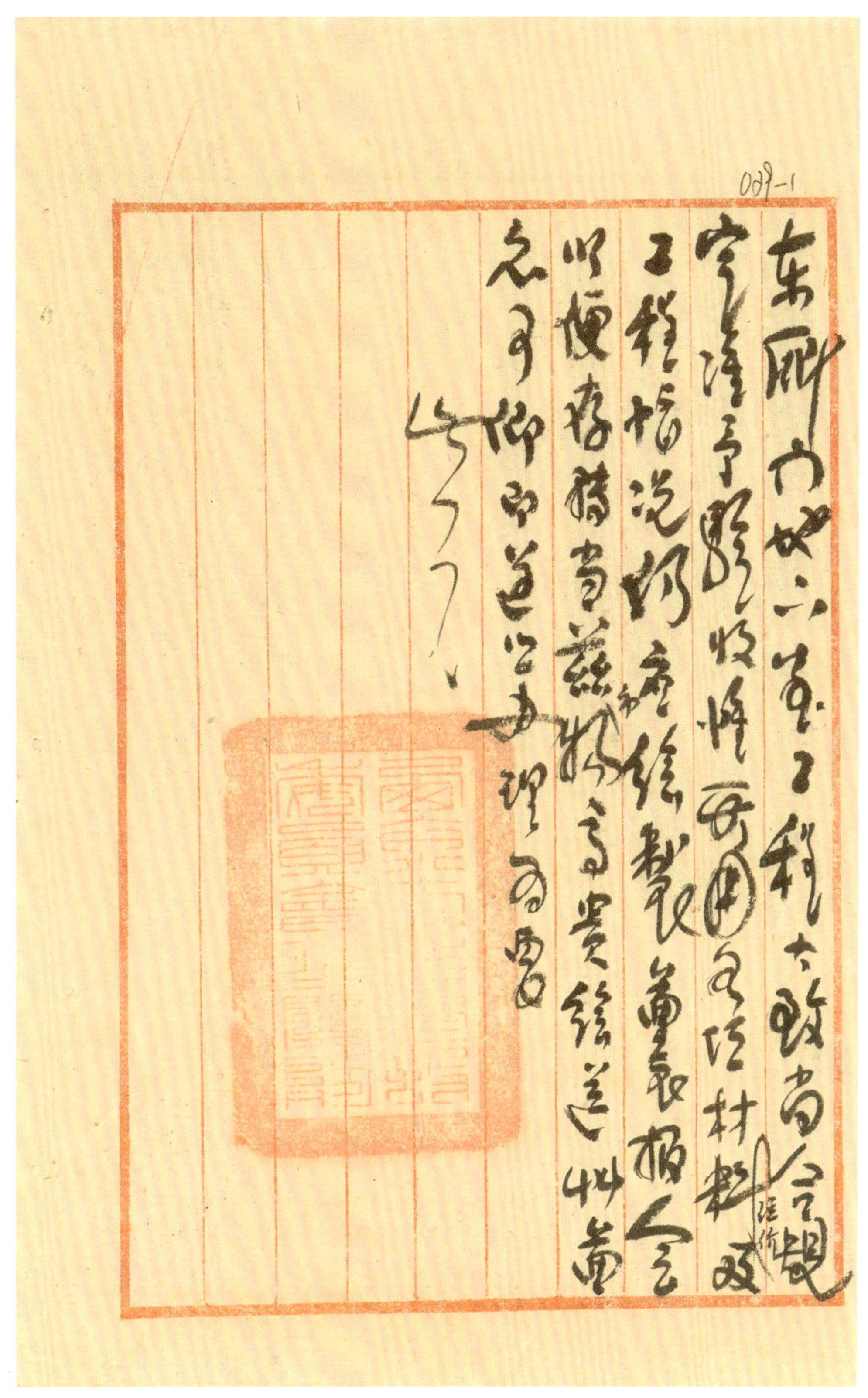

东厂六廿六号工程大致尚合规
定，准予验收，惟所用各项材料及
工程情况均应绘制简图报会，
以便存档。据前项并将高员绘送卅份，
急予仰即遵照办理为要。
此令

陕西省政府关于修整东厅门被炸地下室较大工程仍请商同防空司令部详勘估计拟复核办致西京建委的公函

（一九四〇年七月十七日）

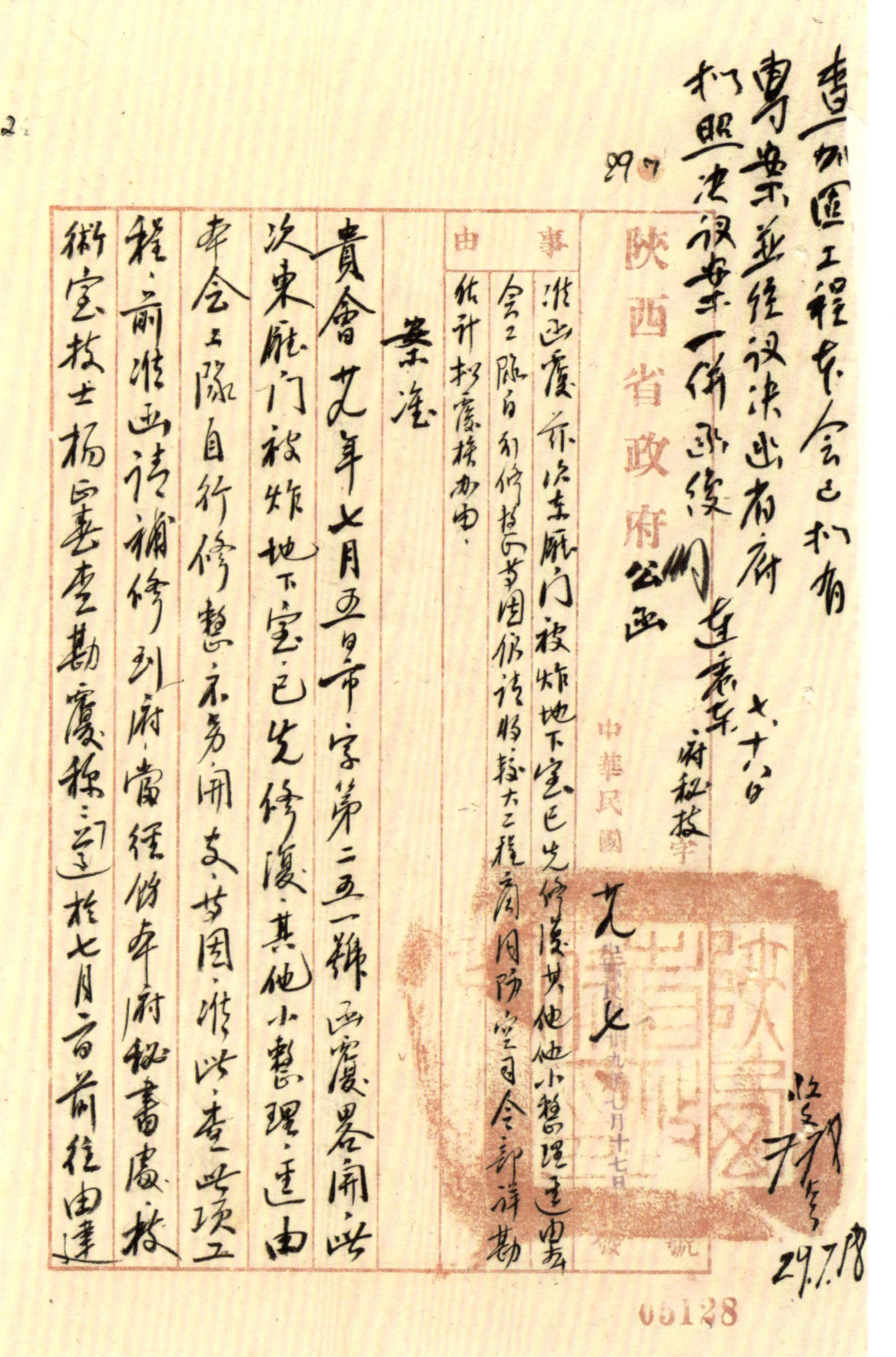

查此区工程本会已拟有专案并经议决函省府，拟照决议案一併函复。

陕西省政府公函

事由：准函复东厅门被炸地下室已先修复其他小整理由本会工队自行修整其较大工程仍请商同防空司令部详勘估计拟复核办由

案准

贵会廿九年七月五日市字第二五一号函复略开："此次东厅门被炸地下室，已先修复，其他小整理，业由本会工队自行修整，不另开支。其余此项工程，前准函请补修到府，当经饬本府秘书处技术室技士杨⋯⋯查勘覆称⋯⋯于七月⋯日前往⋯⋯"

中华民国二十九年七月十七日

05128

024-1

委会派工程师王士熹、工程处设计股朱主任、暨防空司令部主任刘纯法陪同查勘，经职详细丈量检查，所制工料估计表内，单价数量，均无不合。惟正拟复间，准此前因，除备查外，相应函请查照，仍将该加固工程，商同防空司令部详勘估计，另拟见复，以便核办为荷。此致

西京市政建设委员会

校对 監印

西京建委工程处关于修补本市各街及东厅门地下室经过情形致西京建委的呈（一九四〇年七月十九日）

西京市政建設委員會工程處 呈

中華民國二十九年七月十九日 字第241號

事由：呈報遵令補修本市各街及東廳門地下室經過情形祈核備由

查本處前擬具補修本市各街及東廳門地下室工程預算共計二千零四十六元一角五分曾經呈奉

鈞會令字第二零二號指令准予補修在案遵將東廳門地下室包工修復計包價國幣肆百肆拾伍元弍角伍分此外其他各地下室所有氣孔台階以及零星破壞之處均經本處派工分别整修至所擬南院門地下室之簡單加固辦法以西大街地下室被毀並已呈明停修復為市民安全計深感本市各公共地下

030-1

室實有詳確統盤改定加固之必要除將加固計劃及工程預算設計圖等件

業經呈送

鈞會核示外理合將前擬修補本市各地下室二千餘元之工程費支配情形及

辦理經過具文呈報伏乞

鑒核備查實為公便

謹呈

西京市政建設委員會

西京市政建設委員會工程處處　長龔賢明

副處長謝清河

西京建委关于修补东厅门被炸地下室及补修该市各街道地下室工程情形致陕西省政府的公函（一九四〇年七月二十日）

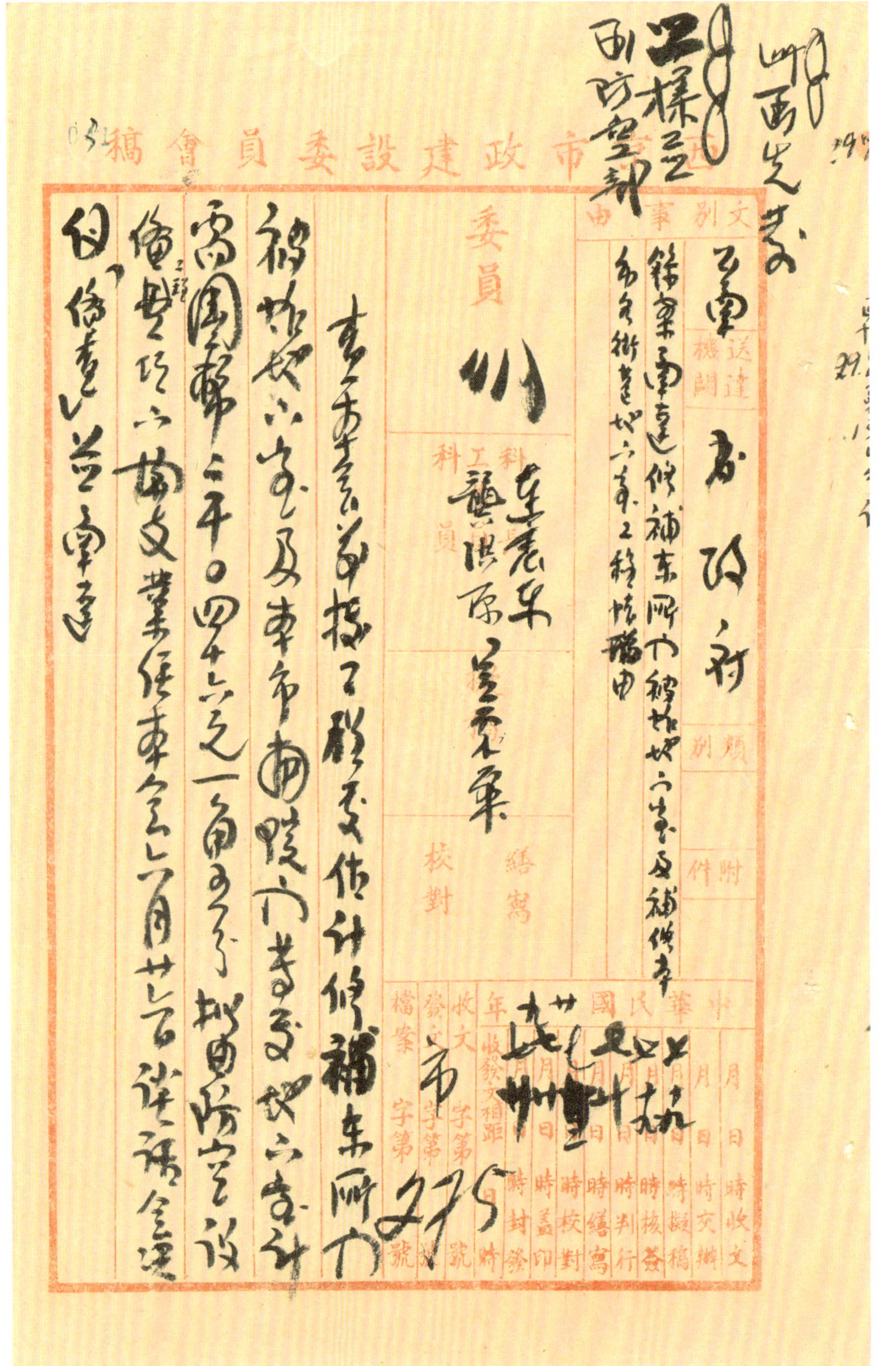
西京市政建設委員會稿

奉到 填

已由工程處移
南包做茶估
工料

031-1

貴府來案茲查總稅務司所開稅務司六年
良友南院內十七六案移案從平之時十七六案
敕修之山御理已由工程處之除分別自做由總
委員路費經六倚文來總稅務司支數總公司
有甚擬列入之等由爲總理事會[illegible]之一三三頁
會同法國
南府核
並同照錄來單相應錄案函達即請
貴署即爲核照辦
順頌台祺

西京建委工程处关于赍送修理东厅门地下室图表致西京建委的呈（一九四〇年七月二十二日）

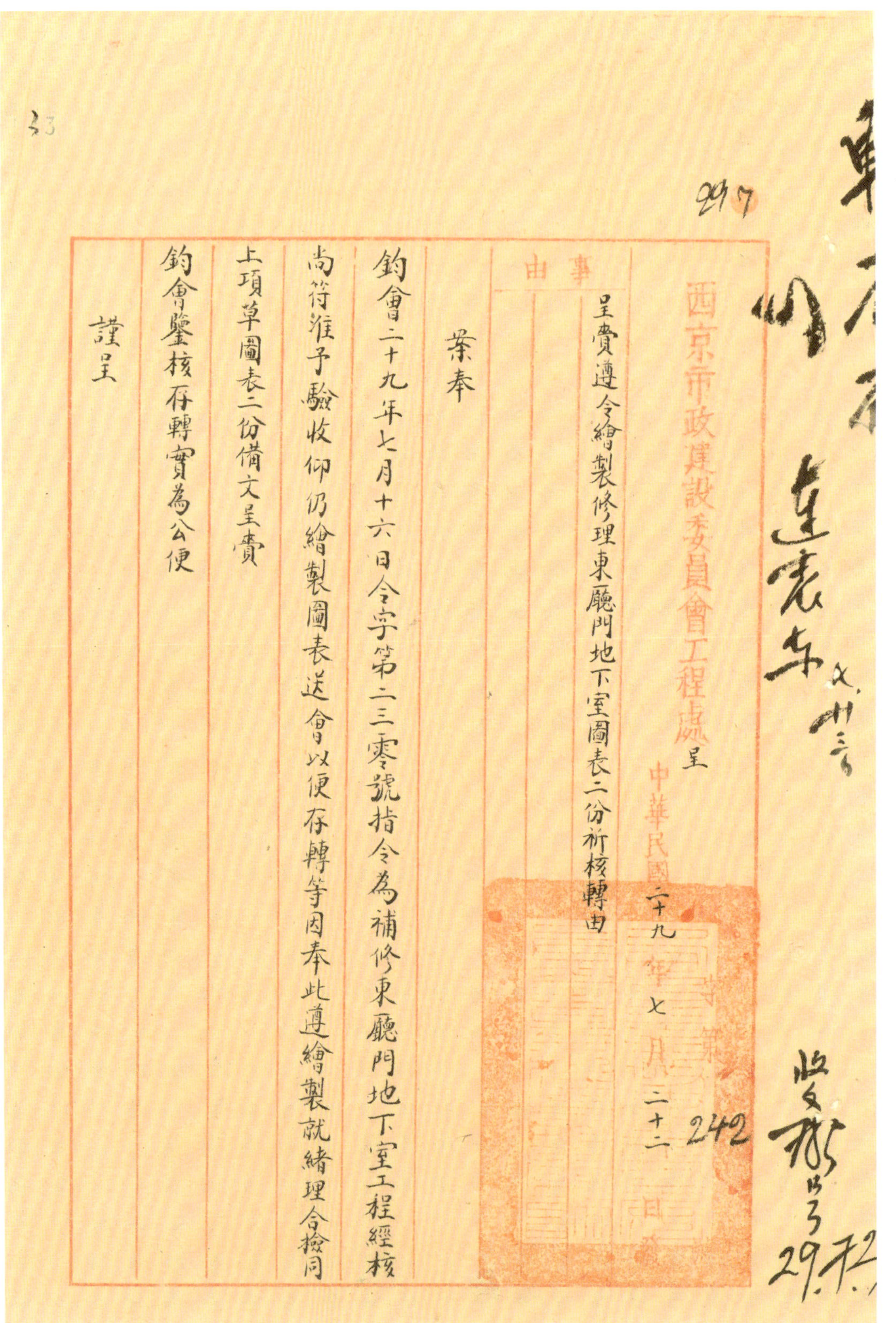

西京市政建設委員會工程處呈

事由：呈賫遵令繪製修理東廳門地下室圖表二份祈核轉由

中華民國二十九年七月二十二日

案奉

鈞會二十九年七月十六日令字第二三零號指令爲補修東廳門地下室工程經核尚符准予驗收仰仍繪製圖表送會以便存轉等因奉此遵繪製就緒理合檢同上項草圖表二份備文呈賫

鈞會鑒核存轉實爲公便

謹呈

033-1

西京市政建設委員會

附賫修理東廳門地下室草圖表二份

西京市政建設委員會工程處處　長龔賢明

副處長謝清河

附：修理东厅门地下室草图表二份（一九四〇年七月二十二日）

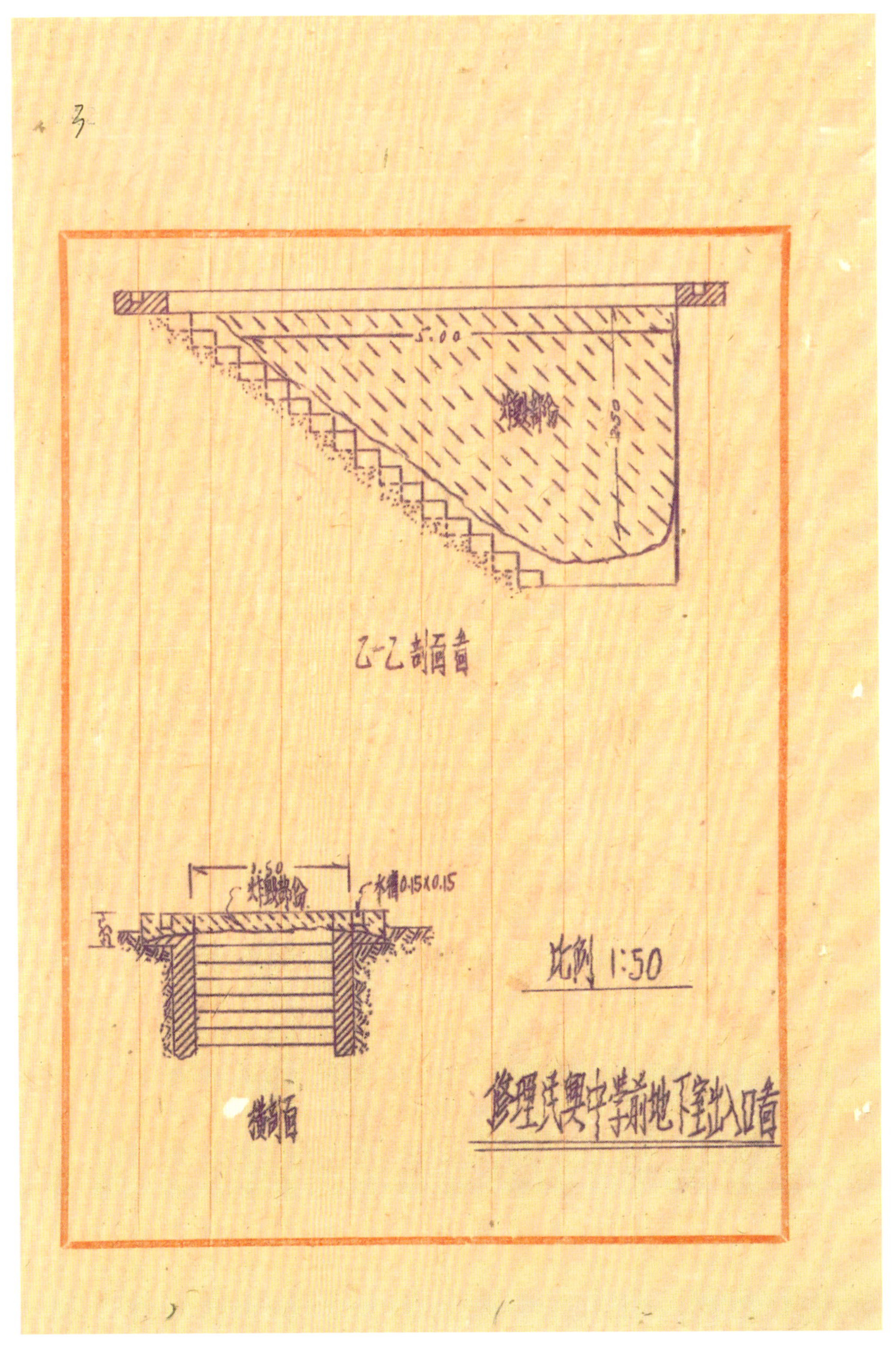

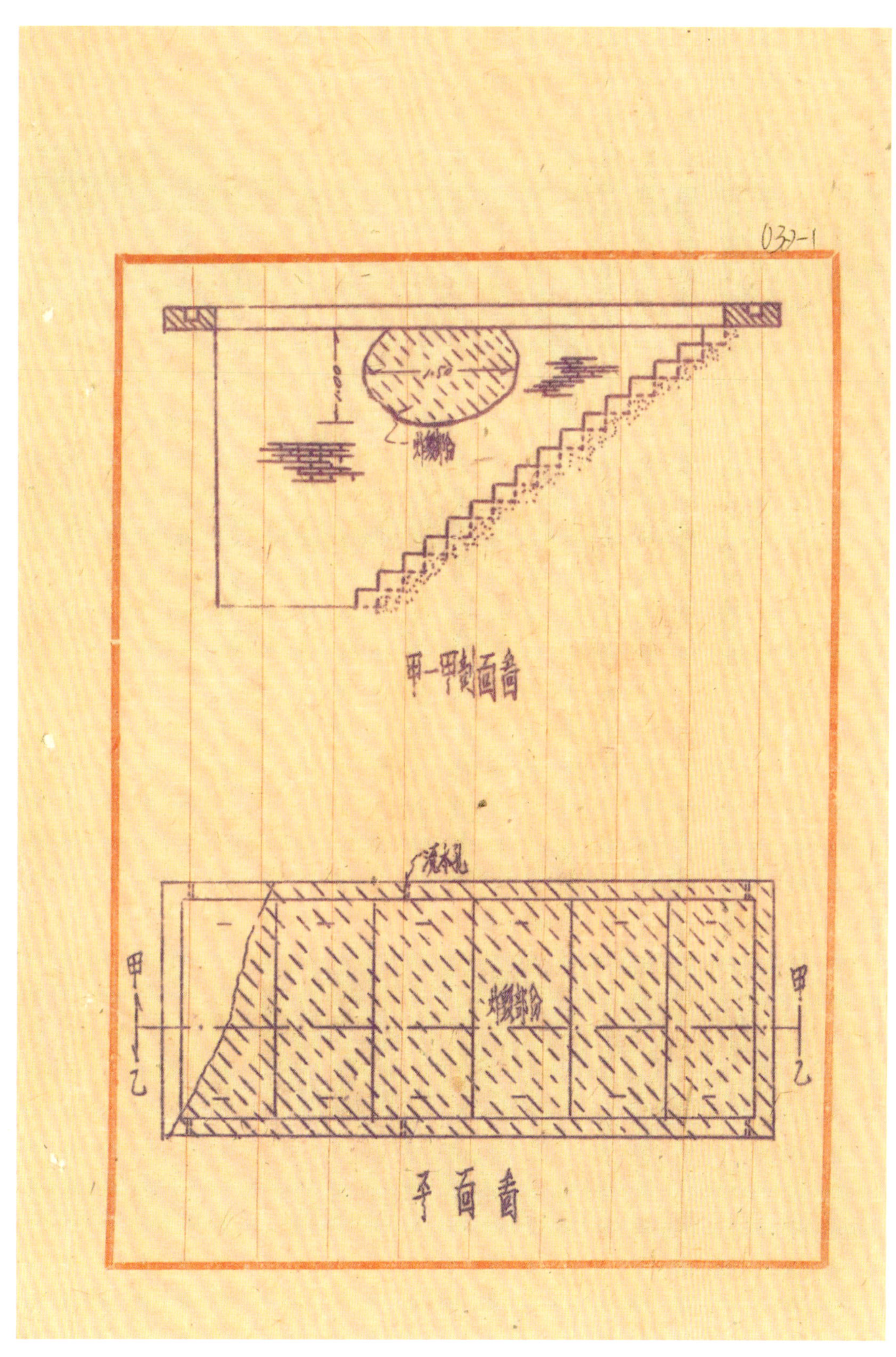

032-1
1.50
炸燬部份
甲—甲剖面畫
漏水孔
甲
乙
炸燬部份
甲
乙
平面畫

西京建委关于赍送修整东厅门地下室草图致陕西省政府的公函（一九四〇年七月二十五日）

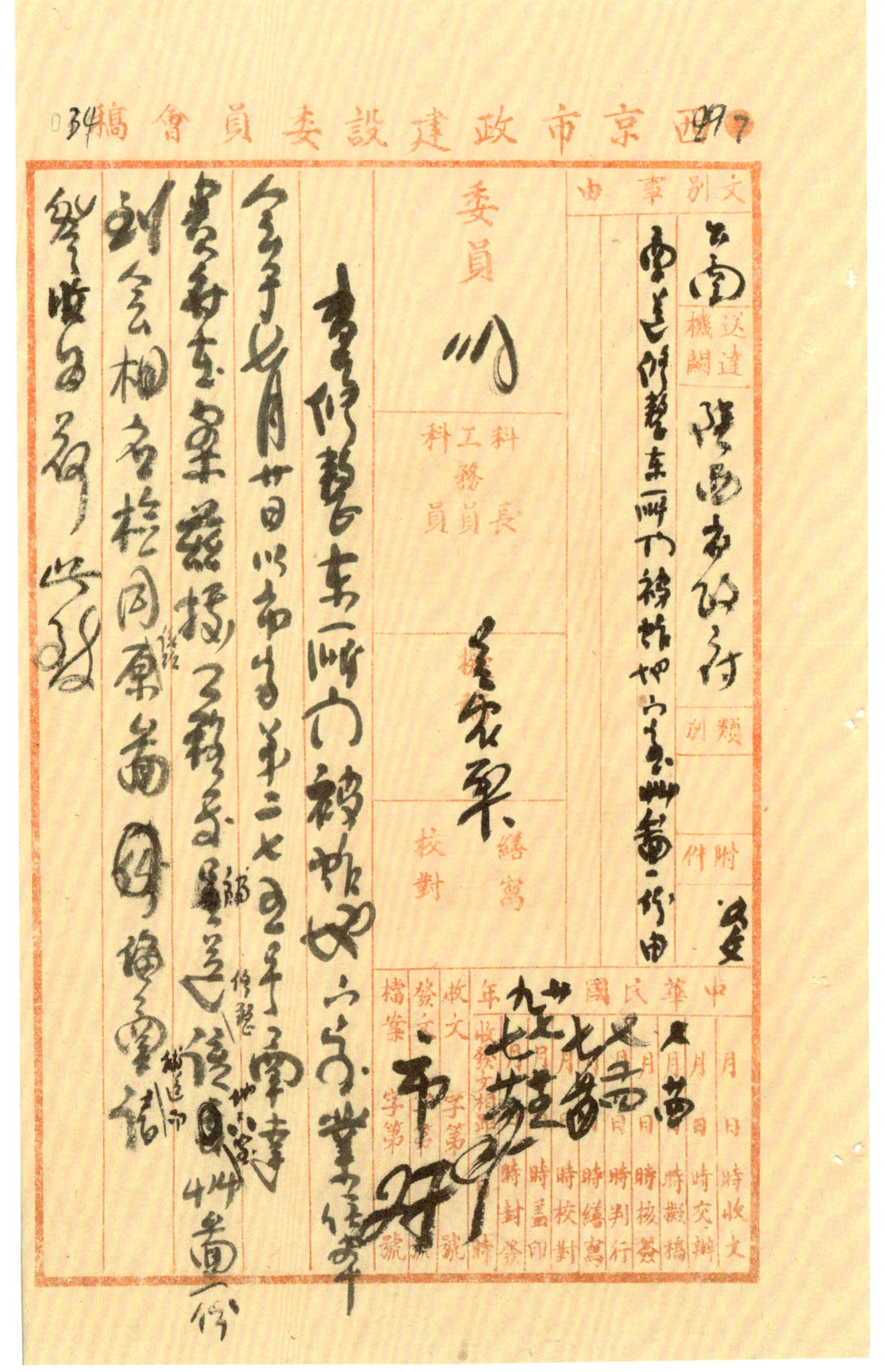

西京市政建設委員會稿

文別：公函

送達機關：陝西省政府

事由：賫送修整東廳門內防護地下室草圖一份由

034-1

附送修整基隆四七六京清單一紙

西京建委关于加固该市地下室及城墙防空洞致陕西省政府的公函（一九四〇年七月二十五日）

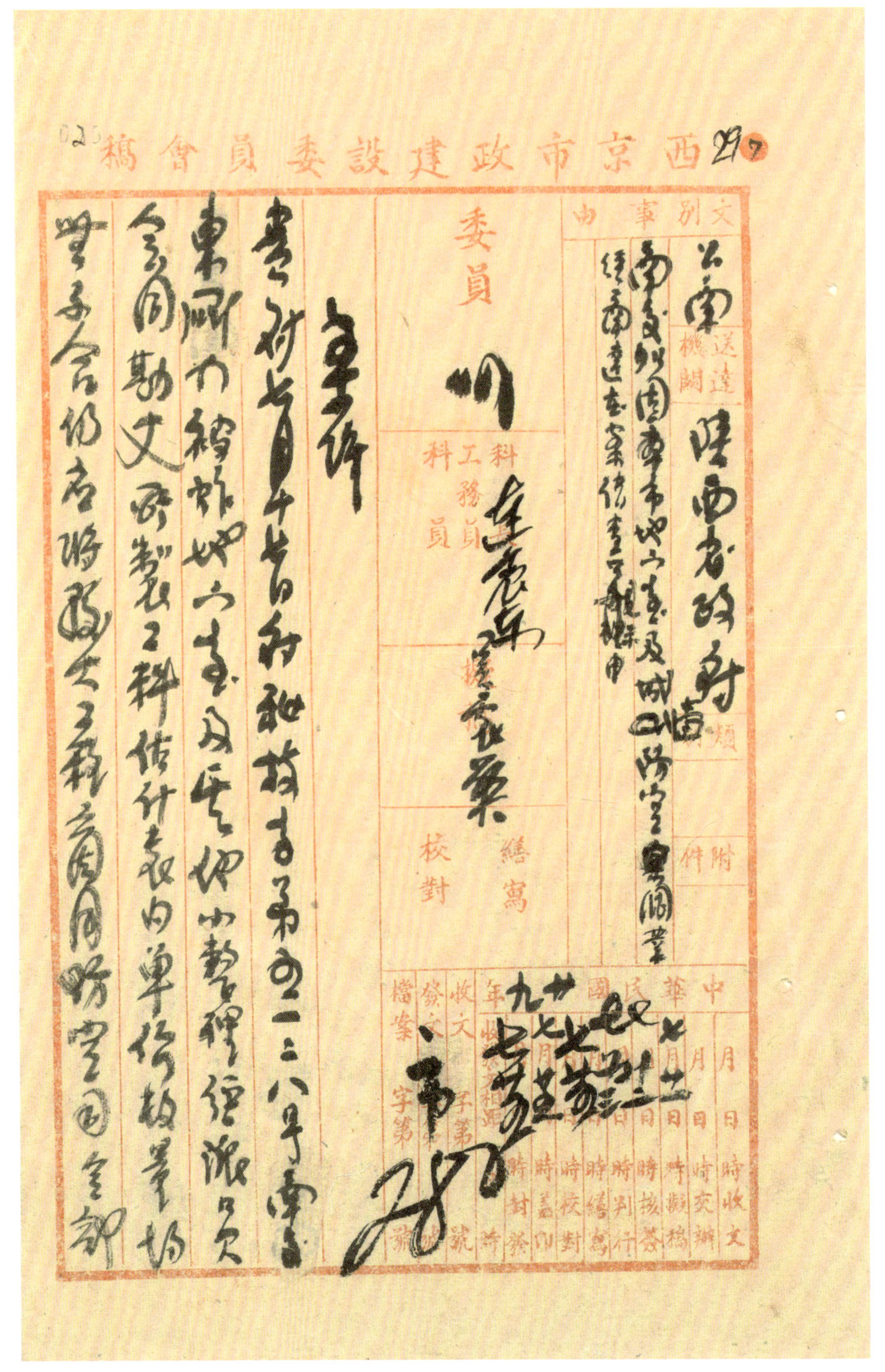

西京市政建設委員會稿

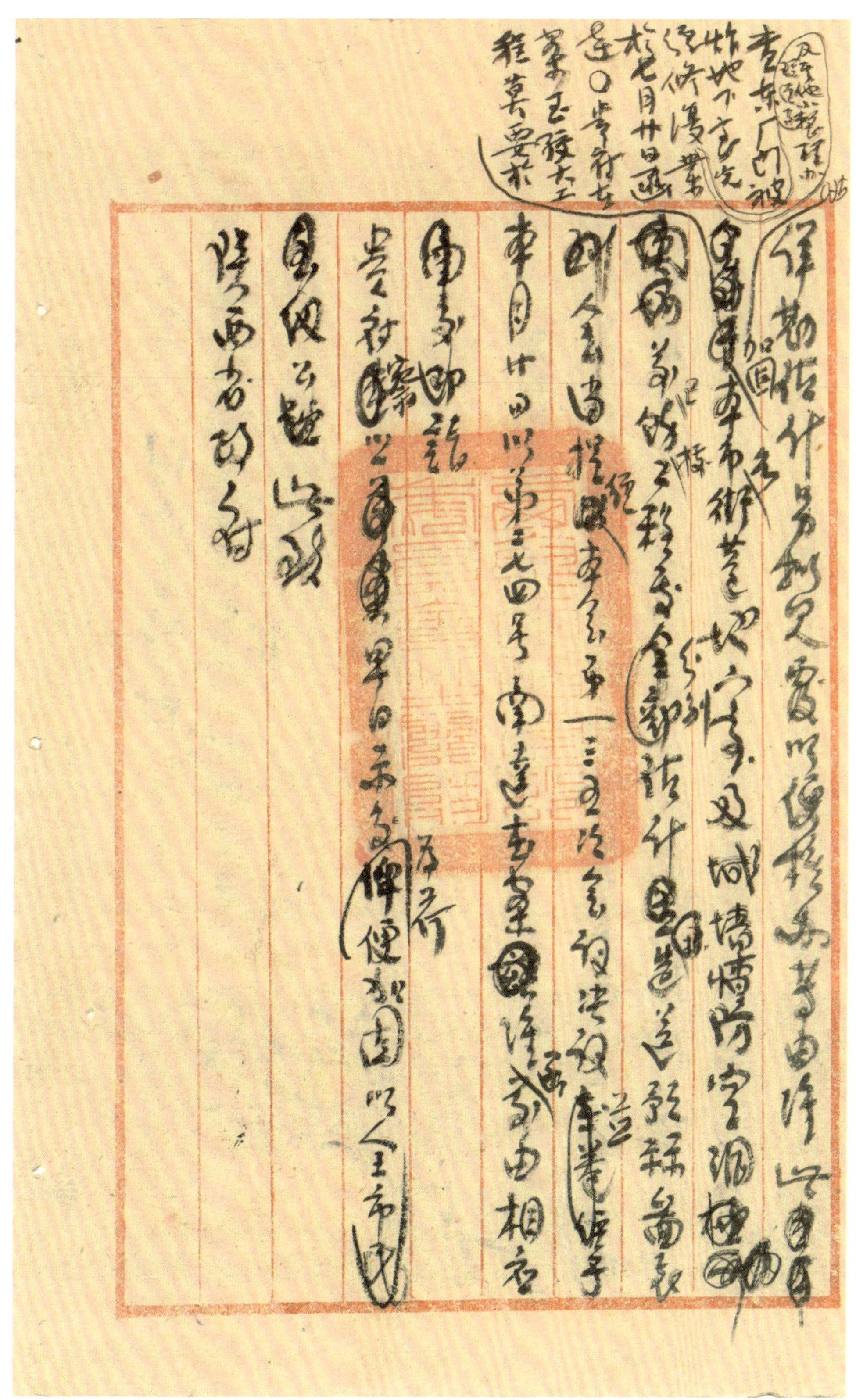

西京建委关于修补东厅门被炸地下室及补修该市各街道地下室工程情形致陕西全省防空司令部的公函

（一九四〇年七月二十五日）

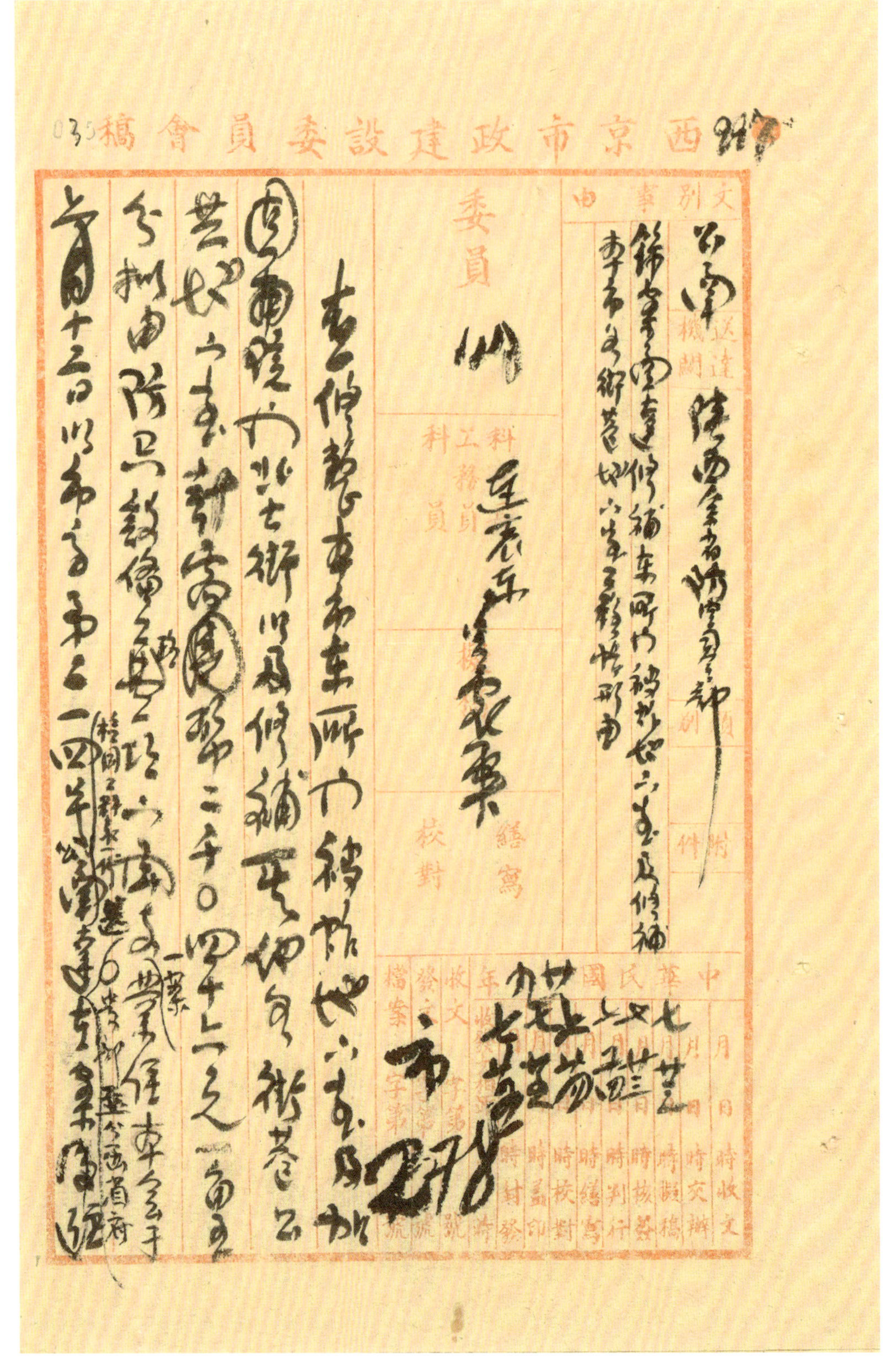
西京市政建設委員會稿

查 035-1

據本年六月廿六日接奉鈞函以[illegible]
僑務委員會內東路被炸損毀之屋宇已由本局委
飭商人估價照原估工料計國幣三萬五千九百元之
角又另加水泥共六十六元之共要四百四十五元二角五分
旋[illegible]查該會所派技士稱西畫委員會 貴部之
條例純建屋工程費多派員前往查勘
工料價計單據並[illegible]不合舊由隨同[illegible]
此項工業修[illegible]所估修理之費由部付小
修理之由本局委之[illegible]由[illegible]
一切不另估報請查照

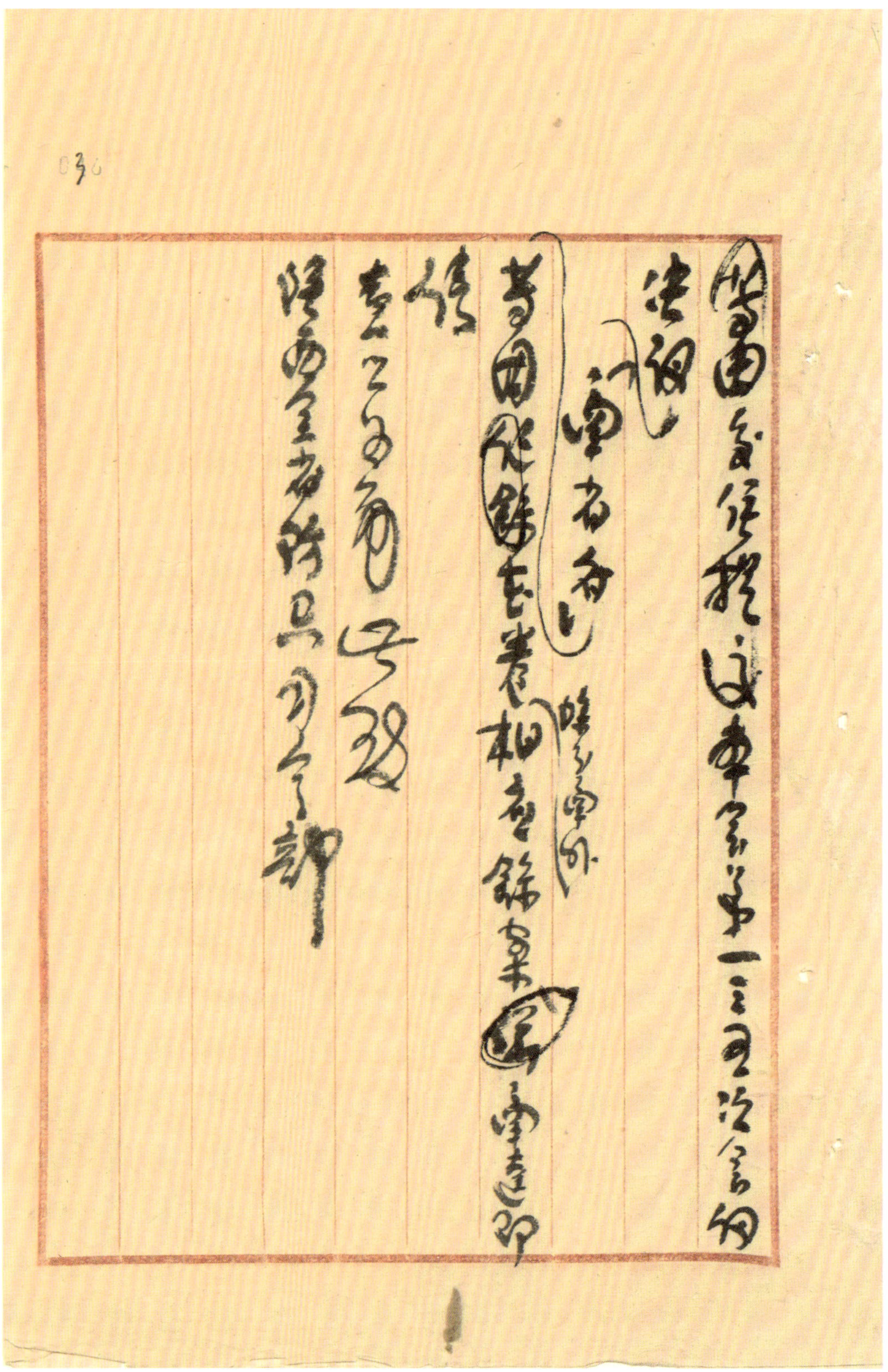

案由会经提出本会第一三五次会议

决议

准予备查

并由代电长安县除分令外相应录案函达即

请

贵会查照为荷

陕西全省防空司令部

西京建委关于修整东厅门被炸地下室工程费由处存防空设备费项下开支致会属工程处的指令（一九四〇年九月二十日）

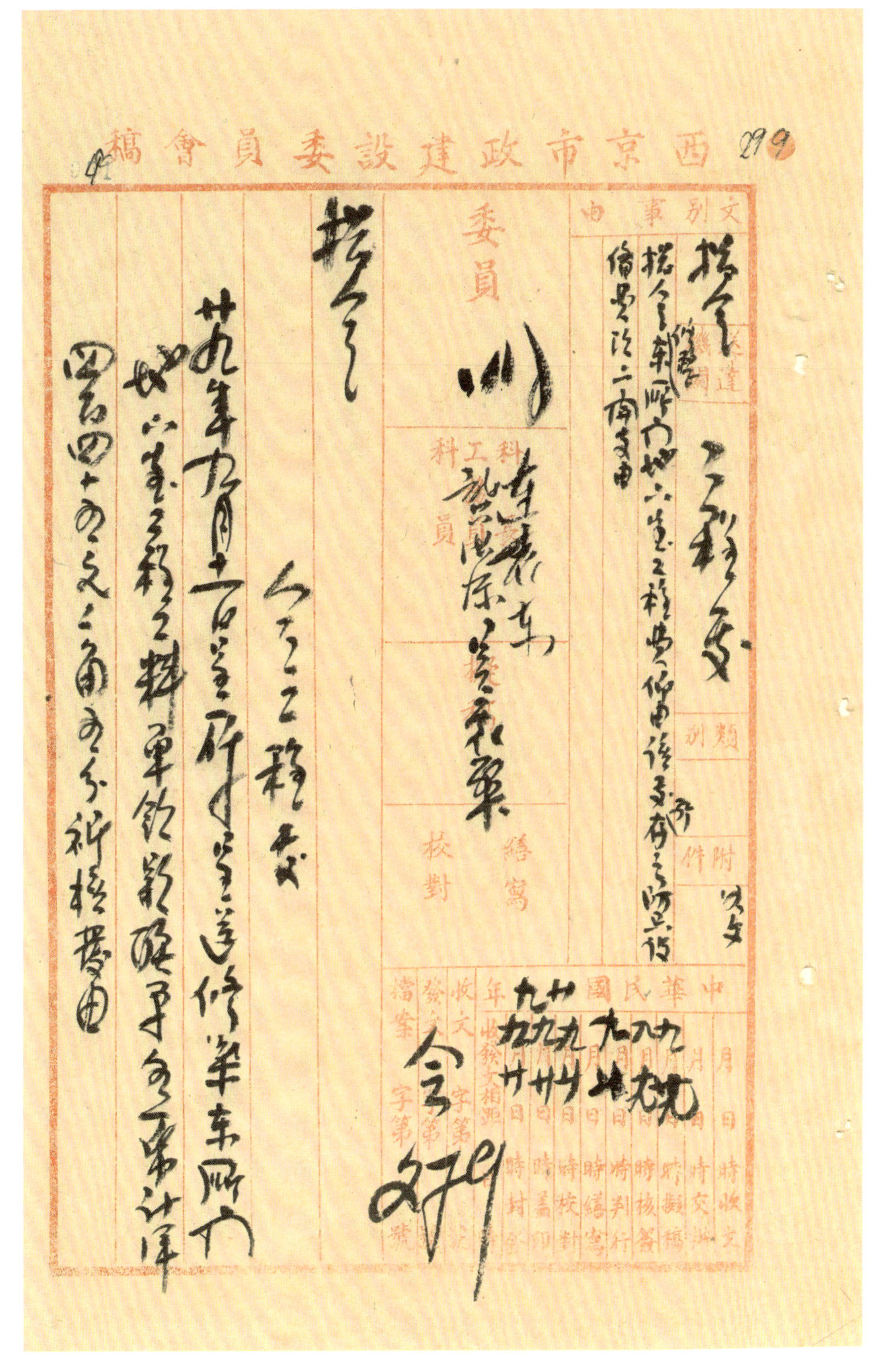

041-1

呈为呈报修理费用单据请查照
核发由　查本会前以第二区第五号以上各处
办事处防空设备之工程由本会自办
修筑所有防空设备修建费支用七
二元整检同修建费用单据备文呈送

此呈

附呈修筑所有一切工程之材料单据

总会交通部

后记

本书编纂工作在《抗日战争档案汇编》编纂出版工作领导小组和编纂委员会的具体领导下进行。编者主要来自西安市档案馆编研展览处。西安市档案馆信息资源处、保管利用处、收集整理处有关同志为本书的编辑出版提供了大力支持和帮助，陕西省档案馆张若筠、张文峰、张一诺等同志审阅了书稿并提出了重要修改意见，五洲传播出版社对本书的编纂出版工作给予了鼎力支持。谨向上述单位和同志致以诚挚的感谢！

编　者